Der große Märchenschatz

Der große Märchenschatz

Die schönsten Märchen der Welt

Ausgewählt und herausgegeben
von Erich Ackermann

Anaconda

Die Deutsche Nationalbibliothek verzeichnet diese Publikation in der Deutschen Nationalbibliografie; detaillierte bibliografische Daten sind im Internet unter http://dnb.d-nb.de abrufbar.

© 2011 Anaconda Verlag GmbH, Köln
Alle Rechte vorbehalten.
Umschlaggestaltung: Druckfrei. Dagmar Herrmann, Köln
Satz und Layout: paquémedia, Ebergötzen
Printed in Germany 2012
ISBN 978-3-86647-693-6
www.anacondaverlag.de
info@anacondaverlag.de

Inhalt

- 9 Vorwort
- 13 Des Märchens Geburt
- 18 Das Zweibrüdermärchen
- 30 Der verwunschene Prinz
- 36 Der Schatz des Rhampsinit
- 40 Hero und Leander
- 46 Pyramus und Thisbe
- 50 Die Hexe Pamphile
- 52 Amor und Psyche
- 77 Der Schuss auf den Leichnam
- 78 Der Wettlauf der Prinzessin
- 80 Die untreue Frau
- 84 Eliduc
- 90 Aucassin und Nicolette
- 107 Melusina
- 129 Die Zauberrose
- 136 Die sieben Schwäne
- 145 Die Frau im Schrein
- 152 Das Land der Cockanyngen
- 155 Ritter- und Frauentreue
- 159 Die drei Ratschläge
- 166 Zauberer Merlin und der arme Holzfäller
- 171 Thors Fahrt zum Utgard-Loki
- 180 Balders Tod
- 184 Der goldene Ball
- 186 Junker Rowland
- 193 Der Katzenkönig
- 194 Die Prinzessin von Colchester
- 200 Die Geschichte von Tom Däumling
- 209 Der Lindwurm von Lambton
- 213 Jack der Riesentöter
- 227 Jack und die Zauberbohnen
- 235 Die drei Bären
- 239 Tam Lin
- 245 Herr und Diener
- 252 Der Pfeifer und der Puka

255	Conall
266	Der Erzähler, dem die Geschichten ausgingen
275	Die verheiratete Meermaid
278	Die Schöne und das Tier
288	Petiton
298	Blaubart
305	Der gestiefelte Kater
311	Die Feen
315	Riquet mit dem Schopf
323	Die Königin der Fische
326	Die drei Orangen
329	Die Steine von Plouhinec
336	Die zwei alten Bäume
342	Das Mädchen mit dem Leichentuch
348	Der Karren des Todes
349	Der König, der Kuhhirte und der Stier Barroso
352	Juan Holgado und Frau Tod
357	Der goldene Apfelbaum und die neun Pfauinnen
369	Der böse Blick
376	Schön-Ilonka
380	Das goldene Spinnrad
394	Von den zwölf Monaten
402	Das Mädchen und der Vampir
408	Taubenliebe
413	Petru Firitschell
422	Der Tod als Geliebter
423	Pfefferkorn
426	Von dem Schönen und dem Drakos
430	Das Schloss des Helios
433	Die drei Rätsel
439	Oraggio und Bianchinetta
441	Die Tochter des Schlangenkönigs
447	Die Granatäpfel
450	König Schwein
457	Zauberturban, Zauberknute, Zauberteppich
462	Die gebrochenen Eide
471	Oschoo
472	Die Drachenprinzessin
476	Der neidische Nachbar
481	Uraschimataro

486 Märchen aus der Südsee
487 Kohuki und seine zwei Frauen
496 Der Mord des Massiloniane
499 Der kleine Hase
502 Die Vogelfrau
505 Der Magier vom Huronsee
509 Das Nordlicht
510 Der rote Schwan
520 Froschkönigs Tochter
524 Der Brahmane, der Tiger und der Schakal
528 Prinz Achmed und die Fee Pari Banu
547 Die Abenteuer Sindbads des Seefahrers
561 Der Fuchs und der Bär
563 Der Nordlands-Drache
580 Wassilissa die Wunderschöne
590 Schwesterchen Alenuschka
      und Brüderchen Iwanuschka
595 Der Frost
600 Zarewna Frosch
607 Die weiße Ente
612 Das Federchen vom hellen Falken Finist
621 Das Märchen von Iwan-Zarewitsch, dem
      Feuervogel und dem grauen Wolf
634 Marija Morewna
646 Die Riesin im Steinboot
654 Königssohn Ring und sein Hund Snati-Snati
667 Östlich von der Sonne und westlich vom Mond
679 Per Gynt
685 Die Mühle, die auf dem Meeresgrund mahlt
691 Das Weihnachtsmahl der Zwerge
700 Lippo und Tapio
704 Der Königssohn und die Prinzessin Singorra
715 Die Prinzessin in der Erdhöhle
725 Die Rehprinzessin
728 Drei rote Ferkelchen
734 In Hülle und Fülle
739 Der Vogel Phönix
748 Hondidldo
752 Da Seppl mit di goldenen Hoar
754 Das Pomeranzenfräulein

758 Der starke Hans
762 's Wiehnechtchindli
766 Der Zwerg auf Herbergssuche
767 Der kleine Häwelmann
771 Rattenkönig Birlibi
780 Nussknacker und Mausekönig
797 Die künstliche Orgel
800 Der verrostete Ritter
807 Die Geschichte vom Kalif Storch
817 Woher der Rübezahl seinen Namen hat
823 Rübezahl und der Glashändler
825 Rübezahl und der reiche Bäcker
830 Die drei Schwestern
854 Der Tannenbaum
863 Der Schweinehirt
868 Das Feuerzeug
877 Das kleine Mädchen mit den Schwefelhölzern
880 Goldener
884 Der goldene Rehbock
888 Das Natternkrönlein
892 Der starke Gottlieb
901 Zwergenmützchen
910 Vom Knaben, der das Hexen lernen wollte
914 Der weiße Wolf
919 Der Hasenhüter und die Königstochter
923 Hirsedieb
926 Die Sterntaler
928 Jorinde und Joringel
931 Die zertanzten Schuhe
935 Von dem Machandelboom
944 Dornröschen
948 Sneewittchen
958 Die Gänsemagd
965 Der Froschkönig oder der eiserne Heinrich
970 Schneeweißchen und Rosenrot
978 Brüderchen und Schwesterchen
985 Aschenputtel
995 Quellenverzeichnis

Vorwort

Mit dem Begriff *Märchen* steht die deutsche Sprache ziemlich alleine da. In anderen Sprachen sind die Bezeichnungen allgemeiner und umfassen auch benachbarte Gattungen. In der Antike ist es der *Mythos*, der die Welt und den Menschen allumfassend deutet. Das englische *tale* und das französische *conte* schränken das Märchen mit dem Beisatz *fairy tale* und *conte de fées* allzu sehr auf das Feenmärchen ein. So sind also in den meisten Kulturen Mythos, Sage, Legende, Volkserzählung und echtes Märchen nicht scharf voneinander getrennt und bilden zusammen die Literatur einer Gesellschaft ohne schriftliche Überlieferung. Schon der Begriff Märchen ist ein Diminutivum, eine Verniedlichung der mittelhochdeutschen *märe* und spricht somit auch sprachlich diesen Erzählungen eine gewisse Ernsthaftigkeit ab und drängt sie in die Ecke des Kindlichen, was das eigentliche Märchen aber gar nicht ist. Die Märchen waren vom Ursprung her nie Kindergeschichten, mag auch ihre Darstellung einer naiven und unkomplizierten Weltordnung der kindlichen Seele entsprechen: Gut und Böse werden klar getrennt, was sich vor allem auch in der Form von guten und bösen Figuren ausdrückt. Meist steht der gute Held oder die Heldin im Vordergrund und muss eine Auseinandersetzung, eine Prüfung gegen böse Mächte bestehen. Das Märchen weist eine positive Weltsicht auf, denn am Ende wird das Gute belohnt und das Böse bestraft, womit die Weltordnung wieder hergestellt ist.

Das Wesen des Märchens ist vielfältig und entzieht sich nachgerade einer einfachen Definition. Unter den eigentlichen Volksmärchen versteht man vor allem Zauber- und Wundermärchen, wobei das Magische und Übernatürliche den Kern ausmacht. Meist spielt sich die Handlung in einer unwirklichen Welt und in einem Nie- und Nirgendsland ab. Das Märchen ist von den Bedingungen der Wirklichkeit unabhängig und auch um die Kategorien von Zeit, Raum und Kausalität schert sich die wundersame Erzählung kaum. Die fantastischen Begebenheiten und Umstände in der Märchenwelt werden dem Hörer und Leser sinnlich in Bildern vermittelt. Das hat nach der schriftlichen Niederlegung der Märchen geradezu zu einer bildlichen Veranschaulichung gedrängt. Die bekanntesten Illustratoren haben sich deshalb mit den Märchen beschäftigt und Bilder verschiedenster Art für die Sammlungen angefertigt.

Das Märchen ist so uralt wie die Menschheit; es ist eine Erzählgattung, die die ganze Welt umfasst. Erstaunlich ist, dass in den Märchen der unterschiedlichsten Völker, so weit diese auch räumlich auseinanderliegen mögen, immer wieder die gleichen Bilder, Motive und Grundmuster auftauchen. Und nicht nur einzelne Bilder, sondern ganze Motivketten ähneln sich auf frappierende Weise. Es gibt sogar gleiche Versionen ein und desselben Märchens in weit voneinander entfernt liegenden Gebieten, wobei die dort lebenden Völker historisch gesehen noch nichts voneinander wussten.

Hierüber und auch über den Ursprung der Märchen haben sich viele Theorien entwickelt. Manche Gelehrte, vor allem im 19. Jahrhundert, meinten, das Märchen sei indogermanischen Ursprungs und habe letztlich durch die vielen historischen Völkerwanderungen seinen Weg aus Indien zu den anderen Völkern zurückgelegt (Wandertheorie). Andere Gelehrte im 20. Jahrhundert vertreten die Meinung, die Märchen seien an den verschiedensten Orten unabhängig voneinander entstanden, sobald die Menschen dort ein bestimmtes geistiges Entwicklungsstadium erreicht hatten. Dieser eher psychologische Ansatz geht davon aus, dass sich die Märchenmotive manchmal bis in die Einzelheiten gleichen, weil die wesentlichen inneren Entwicklungen der Menschen bei allen Völkern und auch Individuen dieselben sind. Wie immer liegt die Wahrheit sicherlich in der Mitte.

Für die Wandertheorie spricht, dass die Märchen mit Sicherheit nicht nur von Mensch zu Mensch und von Generation zu Generation mündlich weiterwanderten, sondern auch räumlich von Volk zu Volk: durch Kaufleute, Seefahrer, wandernde Handwerker oder Söldner zum Beispiel, die die Märchen aus fernen Ländern mitbrachten. Daher kommt es auch, dass von den Volksmärchen unterschiedliche Varianten und Versionen existieren. So liegen etwa den Irrfahrten des antiken Odysseus und denen Sindbads aus

Tausendundeiner Nacht die gleichen alten Seefahrermärchen zugrunde.

Aber sicherlich spielen auch die psychischen Urerlebnisse und Urwünsche der kollektiven Menschheit eine entscheidende Rolle. Diese entwickelten sich geografisch und historisch unabhängig voneinander, sodass viele Urmotive und Urbilder in verschiedenen Kulturkreisen parallel entstanden. So taucht z. B. in den unterschiedlichsten Ländern der Welt als Urmotiv ein hässliches Tier auf (Kröte, Schlange, Bär oder sonstiges Ungetüm), das sich mit einem Schlag in ein Königskind verwandelt, wenn der Held oder die Heldin ihm ihre Liebe schenkt. Novalis, ein Dichter der deutschen Romantik, meinte schon Ende des 18. Jahrhunderts in einem Fragment, »dass, wenn der Mensch sich selbst überwindet, er auch die Natur zugleich überwindet und ein Wunder vorgeht. Die Verwandlung des Bären in einen Prinzen in dem Augenblicke, als der Bär geliebt wurde – vielleicht geschähe eine ähnliche Verwandlung, wenn der Mensch das Übel in der Welt lieb gewönne.«

Diese symbolische Deutung ist schon der Anfang einer psychologischen Sichtweise, wie sie im 20. Jahrhundert Raum gewinnt. Als deren Hauptvertreter kann C. G. Jung (1875–1961) gelten, ein Schweizer Psychiater und Begründer der analytischen Psychologie. C. G. Jung unterscheidet zwischen individuellem und kollektivem Unbewussten. Im kollektiven Unbewussten befinden sich Inhalte und Verhaltensweisen, welche überall in der Welt und bei allen Individuen dieselben sind. Inhalte des kollektiven Unbewussten sind Ursprungsbilder (Archetypen). Die Märchenbilder stammen nach Jung aus geschichtlicher und vorgeschichtlicher Zeit und spiegeln das ungelernte Verhalten und die Weisheit der menschlichen Art wider, sie sind einfach da, dem Menschen immanent. Jung fand bei Forschungsarbeiten heraus, dass solche ursprünglichen Bilder auch in den menschlichen Träumen, in Visionen und in den Wahnvorstellungen psychisch kranker Menschen auftauchen, weshalb das Märchen auch eine große Rolle bei der Therapie spielen kann. Gemäß dieser Lehre C. G. Jungs verwenden viele analytische Psychologen Märchen zur Veranschaulichung psychischen Verhaltens.

Der amerikanische Kinderpsychologe Bruno Bettelheim vertritt die Ansicht, dass Märchen für die Entwicklung von Kindern unabdingbar sind, vor allem bei Konfliktlösungen. Schon der deutsche Titel seines aufsehenerregenden Werkes zeigt uns sein Programm: *Kinder brauchen Märchen* (1976). Aber genug der grauen Theorie. Wir alle brauchen Märchen: um aus ihnen zu lernen, um Prüfungen zu meistern, oder damit das optimistische Weltbild des Märchens das Leben nicht so düster aussehen lässt. Vielleicht führen sie uns auch in eine verlorengegangene Zeit der Kindheit zurück, in deren Verklärtheit es scheinbar gar keine Probleme gab – Märchen als Nostalgie – oder sie versetzen uns in eine anheimelnde Atmosphäre, die einfach gut tut.

Die vorliegende Sammlung enthält sowohl Volksmärchen, die aus der kollektiven menschlichen Seele herrühren, also gar keinen Autor haben, als auch einige Kunstmärchen, wobei sich ein namentlich bekannter Autor der Eigenarten des Volksmärchens bedient oder gar aus seinen Motiven schöpft. Und da das Märchen wesentlich von Bildern lebt, sind die vielen unterschiedlichen Illustrationen dieses Bandes eigentlich klassischer Bestandteil einer echten Märchensammlung, die alle Generationen von Jung bis Alt ansprechen will.

Die Auswahl der Märchen enthält typisches Erzählgut aus aller Welt und versucht der großen Fülle der Märchenmotive gerecht zu werden. Hauptziel dabei ist nicht das akribische Sammeln, sondern die pure Freude beim Lesen und Hören.

Erich Ackermann

Des Märchens Geburt

Es war einmal eine Zeit, da es noch keine Märchen gab, und die war betrübend für die Kinder, denn es fehlte in ihrem Jugendparadiese der schönste Schmetterling. Und da waren auch zwei Königskinder, die spielten miteinander in dem prächtigen Garten ihres Vaters. Der Garten war voll herrlicher Blumen, seine Pfade waren mit bunten Steinen und Goldkies bestreut und glänzten wetteifernd mit dem Taugefunkel auf den Blumenbeeten. Es gab in dem Garten kühle Grotten mit plätschernden Quellen, hoch zum Himmel aufrauschende Fontänen, schöne Marmorbildsäulen, liebliche Ruhebänke. In den Wasserbecken schwammen Gold- und Silberfische; in goldenen großen Vogelhäusern flatterten die schönsten Vögel, und andere Vögel hüpften und flogen frei umher und sangen mit lieblichen Stimmen ihre Lieder.

Die beiden Königskinder aber hatten und sahen das alle Tage, und so waren sie müde des Glanzes der Steine, des Duftes der Blumen, der Springbrunnen und der Fische, welche so stumm waren, und der Vögel, deren Lieder sie nicht verstanden. Die Kinder saßen still beisammen und waren traurig; sie hatten alles, was nur ein Kind sich wünschen mag, gute Eltern, die kostbarsten Spielsachen, die schönsten Kleider, wohlschmeckende Speisen und Getränke und durften tagtäglich in dem schönen Garten spielen – sie waren traurig, obschon sie nicht wussten, warum – und nicht wussten, was ihnen fehle.

Da trat zu ihnen ihre Mutter, die Königin, eine schöne Frau mit mildfreundlichen Zügen, und sie bekümmerte sich darüber, dass ihre Kinder so traurig waren und sie nur wehmütig anlächelten, statt mit Jauchzen ihr entgegenzufliegen; sie betrübte sich, dass ihre Kinder nicht glücklich waren, wie doch Kinder sein sollen und sein können, weil sie noch keine Sorgen kennen, und weil der Himmel der Jugend meist ein wolkenloser ist. Die Königin setzte sich zu ihren beiden Kindern, die ein Knabe und ein Mädchen waren, und schlang um jedes derselben einen ihrer vollen weißen Arme, welche goldne Spangen schmückten, und fragte gar mütterlich und liebreich: »Was fehlt euch, meine lieben Kinder?«

»Wir wissen es nicht, teure Mutter!«, sprach der Knabe.

»Wir sind so traurig!«, sprach das Mädchen.

»Es ist so schön hier in diesem Garten, und ihr habt alles, was euch Freude machen kann; macht es euch denn keine Freude?«, fragte die Königin, und eine Träne trat in ihr Auge, aus dem eine Seele voll Güte lächelte.

»Nicht genug Freude macht uns, was wir haben«, antwortete dieser Frage das Mädchen. »Wir wünschen uns was und wissen nicht, was!«, setzte der Knabe hinzu.

Die Mutter schwieg bekümmert und sann nach, was wohl die Kinder wünschen möchten, das sie mehr erfreue als die Pracht des Gartens, der Schmuck der Kleider, die Menge der Spielsachen, der Genuss edler Speisen und Getränke, aber sie fand nicht, was ihre Gedanken suchten.

»Oh wäre ich nur selbst wieder ein Kind«, sprach die Königin still zu sich, mit einem leisen Seufzer, »dann fiele mir wohl ein, was Kinder froh macht. Um Kindeswünsche zu begreifen, muss man selbst ein Kind sein. Aber ich bin schon zu weit gewandert aus dem Jugendlande, wo die goldnen Vögel durch die Bäume des Paradieses fliegen, jene Vögel, die keine Füße haben, weil die Nimmermüden irdischer Ruhe nicht bedürfen. Oh käme doch ein solcher Vogel her und brächte meinen teuern Kindern, was sie glücklich macht!«

Siehe, wie die Königin also wünschte, da wiegte sich plötzlich über ihr in den blauen Lüften ein wunderherrlicher Vogel, von dem ein Glanz ausging, wie Goldflammen und Edelsteinblitze, der schwebte tiefer und tiefer, und es sah ihn die Königin, es sahen ihn die Kinder.

Diese riefen nur: »Ah, ah!«, und Staunen ließ sie keine anderen Worte finden.

Der Vogel war überaus herrlich anzusehen, wie er, immer tiefer schwebend, sich niedersenkte, so schimmernd, so glänzend, im Regenbogenfarbengefunkel, fast das Auge blendend und doch immer wieder das Auge fesselnd. Er war so schön, dass die Königin und die Kinder vor Freude leise schauerten, zumal sie jetzt das Wehen seiner Flügel

fühlten. Und ehe sie es ahnten, so hatte sich der Wundervogel niedergelassen in den Schoß der Königin, der Mutter, und sah aus Augen, die wie freundliche Kinderaugen gestaltet waren, die Kinder an, und doch war etwas in diesen Augen, das die Kinder nicht begriffen, etwas Fremdartiges, Schauerhaftes, und sie wagten darum nicht, den Vogel zu berühren, auch sahen sie jetzt, dass der seltsame, überirdisch schöne Vogel unter seinen glänzendbunten Federn auch einige tiefschwarze Federn hatte, die man aber von weitem nicht gewahrte. Indes blieb den Kindern zu näherer Betrachtung des schönen Wundervogels kaum so lange Zeit, als nötig war, dies zu erwähnen, denn alsbald hob sich der Vogel wieder empor, der Paradiesvogel ohne Füße, schwebte, schimmerte, flog immer höher, bis er nur eine im Äther schwimmende bunte Feder schien, dann nur noch ein goldner Streif, und dann entschwand – so lange aber, bis das geschah, sahen ihm die Königin und die Kinder mit Staunen nach.

Aber oh Wunder! Als Mutter und Kinder wieder niederblickten, wie staunten sie da aufs Neue! Auf dem Schoße der Mutter lag ein goldnes Ei, das hatte der Vogel gelegt, oh und das schimmerte auch so grüngolden und goldblau wie der köstlichste Labradorstein und die schönste Perlenmuschel der Meerestiefen. Und die Königskinder riefen aus einem Munde: »Ei, das schöne Ei!« Die Mutter aber lächelte selig und ahnte voll Dankgefühl, das müsse der Edelstein sein, der noch zum Glück ihrer Kinder fehle, das Ei müsse in seiner zauberfarbig schillernden Schale ein Gut enthalten, das den Kindern gewähre, was dem Alter versagt ist, Zufriedenheit, und das ihre Sehnsucht, ihre kindische Trauer stille.

Die Kinder aber konnten sich nicht satt sehen an dem prächtigen Ei und vergaßen bald über dem Ei den Vogel, der es brachte; erst wagten sie nicht, es zu berühren, endlich aber legte das Mägdlein doch eines seiner rosigen Fingerchen daran und rief plötzlich, indem sein Unschuld volles Gesichtchen sich mit Purpur übergoss: »Das Ei ist warm!« Nun tippte auch der Königsknabe vorsichtig und leise an das Ei, um zu fühlen, ob die Schwester wahr gesprochen. Endlich legte auch die Mutter ihre zarte weiße

Hand auf das köstliche Ei, und siehe, was begab sich da? Die Schale fiel in zwei Hälften auseinander, und aus dem Ei kam ein Wesen hervor, wunderbar anzusehen. Es hatte Flügel und war nicht Vogel, nicht Schmetterling, Biene nicht und nicht Libelle, und doch von allen diesen etwas, aber nicht zu beschreiben; mit einem Wort, es war das buntgeflügelte, farbenschillernde Kinderglück, selbst ein Kind, nämlich das des Wundervogels Phantasie, das Märchen.

Und nun sah die Mutter ihre Kinder nicht mehr traurig, denn das Märchen blieb fortan immer bei den Kindern, und sie wurden seiner nicht müde, solange sie Kinder blieben, und seit sie das Märchen hatten, wurden ihnen Garten und Blumen, Lauben und Grotten, Wälder und Haine erst recht lieb, denn das Märchen belebte alles zur Lust der Kinder; das Märchen lieh selbst den Kindern seine Flügel, da flogen sie weit umher in der unermesslichen Welt und waren doch immer gleich wieder daheim, sobald sie nur wollten.

Jene Königskinder – das waren die Menschen in ihrem Jugendparadiese, und die Natur war ihre schöne mildfreundliche Mutter. Sie wünschte den Wundervogel Phantasie vom Himmel nieder, der so prächtige Goldfedern und auch einige tiefdunkle hat, und er legte in ihren Schoß das goldne Märchenei.

Und wie die Kinder das Märchen innig lieb gewannen, das ihre Kindheitstage verschönte, in tausenderlei Gestaltungen und Verwandlungen sie ergötzte und über alle Häuser und Hütten, über alle Schlösser und Paläste flog, so war des Märchens Art auch diese, dass es selbst den Erwachsenen gefiel, und sie sich seiner freuten, wenn sie nur etwas aus dem Garten der Kindheit mit herübergetragen in das reifere Alter, nämlich die Kindlichkeit des Herzens.

Ludwig Bechstein

Das Zweibrüdermärchen

Es waren einmal zwei Brüder, die hatten die gleiche Mutter und den gleichen Vater gehabt, Anepu (Anubis) war der Name des älteren, Bata-u (Bytis) war der Name des jüngeren. Nun besaß Anepu ein Haus und besaß eine Frau. Der jüngere Bruder unterstand seiner Gewalt, wie das für einen Jüngeren Sitte ist. Er machte die Kleider, er ging hinter den Rindern auf das Feld, er bebaute das Land, er drosch das Getreide, er besorgte jede Feldarbeit. Siehe! Der jüngere Bruder war ein vorzüglicher Arbeiter, nicht gab es seinesgleichen im ganzen Lande, es war als wäre die Kraft jedes Gottes in ihm. Als nun viele Tage vergangen waren, da war der jüngere Bruder nach seiner täglichen Gewohnheit hinter seinen Rindern her. An jedem Abend kehrte er nach Hause zurück: dann war er beladen mit allen Kräutern des Feldes. Und wenn er vom Felde zurückkehrte, dann tat er Folgendes: Er legte die Kräuter nieder vor seinem älteren Bruder, der da saß mit seiner Frau. Er trank, er aß von den Broten, er ging in seinen Stall und bewachte seine Rinder.

Dann, wenn die Erde hell geworden war und der nächste Tag angebrochen war und die Brote gebacken waren, dann legte er sie hin vor seinen älteren Bruder. Er trug die Brote hinaus auf das Feld, er trieb seine Rinder an, um sie auf dem Felde fressen zu lassen. Er ging hinter seinen Rindern her, und sie sagten ihm: »An jenem Platz ist das Gras schön«. Er verstand alles, was sie sagten, und führte sie an den Platz der guten Kräuter, an den sie zu gehen wünschten. Die Rinder, die er antrieb, wurden sehr schön, äußerst zahlreich waren bei ihnen die Geburten.

Als nun die Zeit des Pflügens gekommen war, da sagte sein älterer Bruder zu ihm: »Wohlan, rüste uns das Gespann zum Pflügen. Denn die Felder sind aus dem Überschwemmungswasser herausgetreten, sie sind jetzt im richtigen Zustande, um beackert zu werden.« Ferner sagte er: »Gehe du mit Saatkorn auf das Feld, denn wir wollen morgen eifrig pflügen.« So sagte er, aber der jüngere Bruder besorgte alle

Dinge, von denen ihm der ältere Bruder gesagt hatte, dass er sie besorgen solle.

Dann, als die Erde hell geworden war und der nächste Tag angebrochen war, da gingen sie mit ihrem Gespann auf das Feld. Sie pflügten fleißig, sie freuten sich sehr über ihre Arbeit, sie verließen ihre Arbeit nicht. Als nun viele Tage vergangen waren und sie sich auf dem Felde befanden, da hatten sie kein Saatkorn. Da schickte der ältere Bruder den jüngeren fort, indem er ihm sagte: »Eile dich, bringe uns Saatkorn aus unserem Wohnort.« Der jüngere Bruder fand die Frau seines älteren Bruders, wie sie da saß und ihr Haar machte. Er sagte ihr: »Stehe auf! Gib mir Saatkorn. Ich will auf das Feld eilen, denn mein älterer Bruder ließ mich laufen und sagte: Sei nicht faul!« Sie sagte ihm: »Gehe, öffne den Kasten, nimm du dir selbst was dir am Herzen liegt, damit nicht unterwegs meine Perücke verloren geht.« Der Jüngling ging in seinen Stall, er nahm einen großen Topf, er wollte viel Saatkorn nehmen, er belud sich mit Korn und Durra° und kam mit ihnen heraus. Da sprach die Frau zu ihm: »Was für eine Last trägst du auf dem Nacken?« Er sagte ihr: »Drei Maß Korn, zwei Maß Durra, im Ganzen sind fünf Maß auf meinem Nacken.« Das sagte er ihr.

Da sagte sie ihm: »Große Kraft ist in dir, denn ich sehe täglich Beweise deiner Kraft.« Sie stand auf, sie war von dem Gedanken an ihn erfüllt und sagte ihm: »Wohlan! Wir wollen eine Stunde zusammen ruhen. Gewährst du mir meine Bitte, so will ich dir schöne Kleider machen.« Da wurde der Jüngling so wütend wie ein Panther des Südens, er zürnte wegen des bösen Vorschlages, den sie ihm gemacht hatte. Sie aber fürchtete sich sehr. Er sagte zu ihr und sprach: »Nun, wohlan! Du stehst zu mir in dem Verhältnis einer Mutter, und dein Gatte steht zu mir im Verhältnisse eines Vaters, denn er ist älter als ich und er lässt mich leben. Ach! Was für eine große Schlechtigkeit hast du mir gesagt! Wiederhole sie mir nicht noch einmal. Nun, ich werde es niemanden sagen, ich werde es keinen Menschen aus meinem Munde vernehmen lassen.«

° Eine Getreideart

Dann nahm er seine Last, ging auf das Feld und kam zu seinem älteren Bruder, sie waren fleißig an der Arbeit. Als aber der Abend herankam, da kehrte der ältere Bruder nach seinem Hause zurück, und der jüngere Bruder ging hinter seinen Rindern her und war beladen mit allen Dingen, die er vom Felde brachte. Er trieb seine Rinder vor sich her, damit sie sich in ihrem Stalle, der bei ihrem Wohnort war, zur Ruhe legen könnten. Siehe da! Die Frau des älteren Bruders fürchtete sich wegen des Vorschlages, den sie gemacht hatte. Sie nahm Fett und einen Lappen und richtete sich zu wie eine Frau, die von einem Übeltäter geschlagen worden ist. Sie wollte ihrem Gatten sagen: »Dein jüngerer Bruder hat mich geschlagen.«

Ihr Gatte kehrte am Abend zurück, wie das seine tägliche Gewohnheit war. Als er nach Hause kam, da fand er seine Frau wie sie dalag und sich krank stellte. Sie goss kein Wasser auf seine Hand, wie er das sonst gewohnt war, sie hatte kein Feuer angemacht, sein Haus lag im Dunkeln, sie lag schmutzig da. Ihr Gatte sagte ihr: »Wer sprach mit dir?« Da sagte sie: »Niemand sprach mit mir außer deinem jüngeren Bruder. Als er kam, um für dich Saatkorn zu holen, da fand er mich allein sitzend. Er sagte zu mir: ›Wohlan! Wir wollen eine Stunde zusammen ruhen; ziehe deine Kleider aus!‹ So sprach er zu mir. Ich hörte nicht auf ihn und sagte: Bin ich nicht deine Mutter, denn dein älterer Bruder steht zu dir im Verhältnisse eines Vaters. So sprach ich zu ihm. Er erschrak, er schlug mich, damit ich es dir nicht anzeige. Wenn du ihn leben lässt, so werde ich sterben. Siehe! Wenn er am Abend kommt und wenn ich diesen bösen Vorschlag verkünde, dann wird er sich weiß zu waschen suchen.«

Der ältere Bruder wurde wütend wie ein Panther des Südens, er schärfte sein Messer, er nahm es in die Hand. Der ältere Bruder stellte sich hinter die Türe seines Stalles, um seinen jüngeren Bruder zu töten, wenn er am Abend käme, um seine Rinder in den Stall hineinzulassen. Als nun die Sonne unterging, da belud sich der jüngere Bruder mit allerhand Kräutern der Felder, wie er das täglich zu tun gewohnt war, und dann ging er nach Hause. Als das erste Rind in den Stall trat, da sagte es zu seinem Hüter: »Passe auf! Dein älterer Bruder steht vor dir mit seinem Messer, um dich zu töten. Laufe vor ihm fort.« Er hörte die Worte seines ersten Rindes. Als das zweite Rind hineintrat, da sagte es dasselbe.

Da blickte er unter die Türe seines Stalles, er sah die Beine seines älteren Bruders, der stand hinter der Tür, und sein Messer war in seiner Hand. Er legte seine Last auf den Boden, er gab sich an das Laufen mit seinen Beinen. Sein älterer Bruder eilte hinter ihm her mit seinem Messer. Da beschwor der jüngere Bruder den Sonnengott Râ-Harmachis und sagte: »Oh du mein gnädiger Herr! Du bist es, der die Lüge der Wahrheit gegenüber klar legt.« Da hörte der Gott Râ alle seine Bitten. Der Gott Râ ließ ein großes Gewässer zwischen ihm und seinem älteren Bruder entstehen, und das war voll von Krokodilen. Der eine von ihnen stand auf der einen, der andere auf der andern Seite. Der ältere Bruder schlug zweimal mit seiner Hand, ohne den andern töten zu können. Das tat er. Der jüngere Bruder rief von seiner Seite her und sagte: »Bleibe stehen, bis die Erde hell wird. Wenn die Sonne aufgeht, dann werde ich mich vor ihr mit dir auseinandersetzen, um der Wahrheit den Sieg zu geben, denn ich werde bis in alle Ewigkeit nicht mehr mit dir zusammen sein, ich werde nicht mehr an dem Orte sein, an dem du bist. Ich werde in das Tal der Zedern gehen.«

Als nun die Erde hell wurde und der nächste Tag anbrach, da ging der Gott Râ-Harmachis auf und einer von ihnen sah den andern. Da sagte der Jüngling zu seinem älteren Bruder und sprach: »Was soll das bedeuten, dass du hinter mir her gehst, um mich hinterlistig zu töten? Du hast nicht gehört, was mein Mund zu sagen hatte und ich bin doch in der Tat dein jüngerer Bruder, denn du stehst zu mir in dem Verhältnisse eines Vaters und dein Weib steht zu mir in dem Verhältnis einer Mutter. Nicht wahr? Nun, als du mich schicktest, um uns Saatkorn zu bringen, da sagte dein Weib zu mir: Wohlan, wir wollen eine Stunde zusammen ruhen. Aber siehe! Diese Tatsache wurde dir in etwas anderes verdreht.« Er ließ seinen Bruder alles wissen, was sich zwischen ihm und dessen Weibe zugetragen hatte. Er schwor bei Râ-Harmachis und sagte: »Was sollte deine Absicht, mich hinterlistig zu töten, bedeuten? Da standst du mit deinem Messer an der Türe wegen jener elenden Person.«

Er nahm ein scharfes Messer, er schnitt sich sein männliches Glied ab, er warf es in das Wasser, der Zitterwels fraß es, er wurde ohnmächtig, es wurde ihm schlecht. Der ältere Bruder verfluchte sich selbst gar sehr, er stand laut weinend da, er konnte wegen der Krokodile nicht dahin gelangen, wo sein jüngerer Bruder war. Sein jüngerer Bruder rief zu ihm herüber und sagte: »Siehe! Du dachtest an etwas Schlechtes, du dachtest an nichts Gutes, auch nicht an etwas von dem, was ich für dich getan hatte. Ach! Gehe jetzt nach Hause und sieh nach deinen Rindern, denn ich werde nicht mehr an einem Orte weilen, an dem du bist. Ich werde in das Zederntal gehen. Aber das, was du für mich tun sollst, ist Folgendes: Du sollst kommen, um für mich zu sorgen, wenn du erfährst, dass mir etwas geschehen ist. Ich werde nämlich mein Herz beschwören, ich werde es auf die Spitze einer Zederblüte legen. Wenn nun die Zeder abgeschnitten wird und das Herz auf die Erde fällt, dann sollst du kommen, um es zu suchen. Und wenn du auch sieben Jahre damit verbringst, es zu suchen, so soll sich dein Herz nicht ekeln. Wenn du mein Herz gefunden hast und es in einen Krug mit frischem Wasser legst, so werde ich wiederum aufleben und werde dir Antwort geben auf das, was du gegen mich vorgebracht hast. Nun! Du wirst dann wissen, dass mir etwas zugestoßen ist, wenn man dir einen Krug Bier in die Hand gibt und das Bier überschäumt. Dann bleibe nicht stehen, wenn dir das zustößt.«

Dann ging der jüngere Bruder zu dem Zederntal und der ältere Bruder ging nach seinem Hause. Er legte als Zeichen seiner Trauer seine Hand auf sein Haupt und hatte sich mit Staub beschmiert. Als er nach Hause gekommen war, tötete er sein Weib und warf es den Hunden vor. Dann saß er da in Trauer um seinen jüngeren Bruder.

Nun, nachdem viele Tage nach diesen Ereignissen vergangen waren, da war der jüngere Bruder in dem Zederntal, es war kein Mensch bei ihm. Er vertrieb sich bei Tage die Zeit damit, dass er die Tiere des Gebirges erjagte, am Abend ging er schlafen unter der Zeder, auf deren Blütenspitze sein Herz lag. Nun, nachdem viele Tage nach diesen Ereignissen vergangen waren, da erbaute er sich mit eigener Hand in dem Zederntal einen Turm, der war angefüllt mit allerhand schönen, wünschenswerten Dingen. Als er das Haus besaß, da ging er einmal aus dem Turme heraus, und da begegnete er dem Kreise der neun Götter, die umhergingen, um die Angelegenheiten ihrer ganzen Erde zu ordnen. Da sprachen die neun Götter untereinander und sprachen zu ihm: »Oh Bata-u, du Stier der neun Götter! Da weilst du nun allein. Du hast deinen Wohnort verlassen wegen dem Weibe deines älteren Bruders Anepu. Siehe! Er hat sein Weib getötet, denn du hast ihm alles Schlechte, was er gegen dich beging, klar gemacht.«

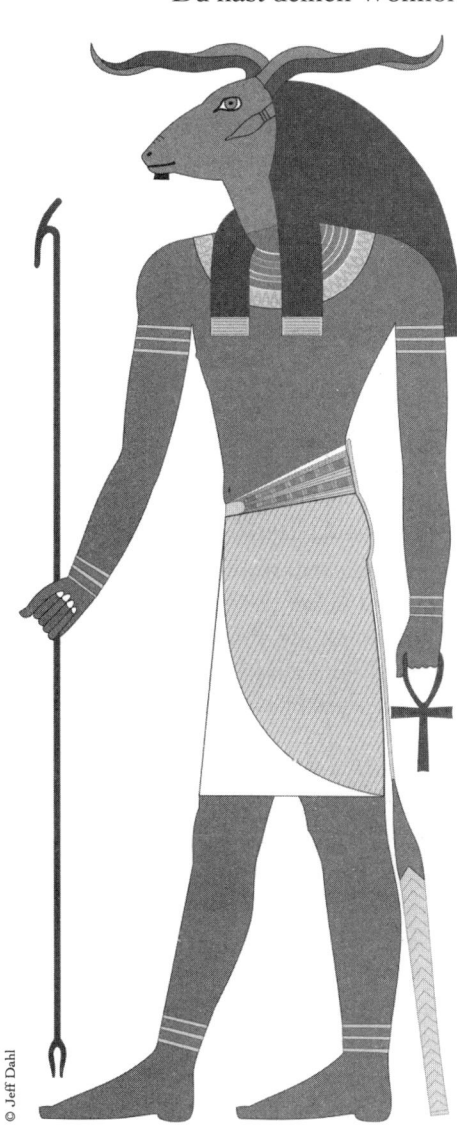

Ihr Herz war von Mitleid für ihn ganz erfüllt und Râ-Harmachis sprach zu dem Schöpfergott Chnum: »Erbaue für Bata-u ein Weib, damit er nicht allein dasitze.«

Da schuf ihm Chnum eine Gefährtin, und da saß diese da, ihre Glieder waren schöner als die irgendeines Weibes im ganzen Lande, es war jeder Gott in ihr. Da kamen die sieben Schicksal verkündenden Hathoren, um sie sich anzusehen und sagten einstimmig: »Sie wird eines gewaltsamen Todes sterben.« Bata-u liebte sie gar sehr. Sie saß in seinem Hause, wenn er den Tag damit verbrachte, das Wild des Gebirges zu erjagen, um es vor sie als Beute niederlegen zu können. Er sagte ihr: »Gehe nicht heraus, damit dich der Fluss nicht ergreife, denn ich kann dich nicht aus seiner Macht erretten, denn ich bin ein Weib gerade so wie du. Mein Herz, das liegt auf der Spitze der Zedernblüte. Wenn das ein anderer findet, so werde ich mit ihm kämpfen«. Und er erklärte ihr alles, was es mit seinem Herzen auf sich habe.

Als nun viele Tage nach diesen Ereignissen vergangen waren, da war Bata-u, seiner täglichen Gewohnheit folgend, ausgegangen, um zu jagen, und das Mädchen war aus dem Hause gekommen, um unter der Zeder, die neben ihrem Hause stand, spazieren zu gehen. Siehe! Da erblickte sie der Fluss und schleuderte Wasser nach ihr, sie lief vor ihm fort, sie ging in ihr Haus. Der Fluss aber wandte sich bittend an die Zeder und sagte: »Ach, ich möchte von ihr und ihrem Wohlgeruch erfüllt sein.« Die Zeder brachte dem Flusse eine Locke ihres Haares; die trug der Fluss nach Ägypten und legte sie an der Stelle nieder, an der die Wäscher des Pharao, dem Leben, Heil und Gesundheit zuteilwerden möge, wuschen. Da gelangte der Geruch der Locke in die Kleider des Pharao, dem Leben, Heil und Gesundheit zuteilwerden möge, und man schalt die Wäscher des Pharao, dem Leben, Heil und Gesundheit zuteilwerden möge, und sagte: »Es ist der Geruch von Salben in den Kleidern des Pharao, dem Leben, Heil und Gesundheit zuteilwerden möge.« Täglich schalt man sie deswegen, und sie wussten nicht, was sie tun sollten. Da ging der Oberwäscher des Pharao, dem Leben, Heil und Gesundheit zuteilwerden möge, an das Ufer, sein Herz war sehr traurig wegen des Ärgers, den man ihm täglich bereitete. Er blieb stehen, und da stand er am Ufer gerade der Locke, die im Wasser lag, gegenüber. Er schickte dahin, man brachte sie ihm, man fand, dass ihr Geruch sehr schön war, er trug sie zu dem Pharao, dem Leben, Heil und Gesundheit zuteilwerden möge.

Man holte die Schreiber und Gelehrten des Pharao, dem Leben, Heil und Gesundheit zuteilwerden möge, herbei. Sie sagten zu dem Pharao, dem Leben, Heil und Gesundheit zuteilwerden möge: »Das ist die Locke einer Tochter des Gottes Râ-Harmachis, es ist der Stoff jeden Gottes in ihr, sie ist ein Gruß für dich aus einem anderen Lande. Lasse Boten in alle Länder gehen, um sie zu suchen. Der Bote aber, der zu dem Zederntale geht, mit dem sollen viele Leute gehen, um sie hierher zu bringen.« Da sagte Seine Majestät, der Leben, Heil und Gesundheit zuteilwerden möge: »Schön, sehr schön ist eure Rede«. Dann ließ man die Boten forteilen.

25 Nachdem viele Tage nach diesen Ereignissen vergangen waren, da kamen die Leute, die in die Fremde gegangen waren, zurück um Seiner Majestät, der Leben, Heil und Gesundheit zuteilwerden möge, Bescheid zu bringen. Die Leute aber, die nach dem Zederntale gegangen waren, die kamen nicht, Bata-u hatte sie getötet und hatte nur einen von ihnen übrig gelassen, um Seiner Majestät, der Leben, Heil und Gesundheit zuteilwerden möge, Bescheid zu bringen. Da ließ Seine Majestät, der Leben, Heil und Gesundheit zuteilwerden möge, viele Leute, Fußsoldaten und Reiterei ausziehen, um die Frau zu ihm zu bringen. Und es war auch ein weibliches Wesen mit ihnen, die gab der Frau allerhand schöne Schmucksachen, wie sie die Frauen tragen, in ihre Hand. Da ging die Frau mit ihr nach Ägypten. Man jubelte ihr im ganzen Lande zu. Seine Majestät, der Leben, Heil und Gesundheit zuteilwerden möge, liebte sie sehr und erhob sie zu seiner großen Favoritin. Man sprach mit ihr, um sie zu veranlassen, zu sagen, wie es sich mit ihrem Gatten verhielte, und da sagte sie Seiner Majestät, der Leben, Heil und Gesundheit zuteilwerden möge: »Man soll die Zeder abschneiden, um ihn zu vernichten.« Da ließ man Leute und Soldaten mit ihren Geräten ausziehen, um die Zeder abzuschneiden, sie kamen zu der Zeder, sie schnitten die Blüte ab, auf der das Herz des Bata-u sich befand, da fiel er in dieser Unglücksstunde tot hin.

Als nun die Erde hell wurde und der nächste Morgen nach dem Abschneiden der Zeder anbrach, da kam Anepu, der ältere Bruder des Bata-u, in sein Haus. Er setzte sich, er wusch seine Hände, man reichte ihm einen Krug mit Bier. Da schäumte dieses auf. Man gab ihm einen anderen Krug mit Wein, da wurde dieser trübe. Da ergriff er seinen Stock und seine Sandalen und seine Kleider und sein Werkzeug, er machte sich auf den Weg zum Zederntale, er trat in den Turm seines jüngeren Bruders, er fand seinen jüngeren Bruder auf seinem Ruhebett tot daliegen. Da weinte er bitterlich.

Dann ging er hin, um das Herz des jüngeren Bruders unter der Zeder zu suchen, unter der sein jüngerer Bruder abends zu schlafen pflegte. Er suchte drei Jahre lang und fand es nicht. Als das vierte Jahr begann, da wünschte sein

Herz nach Ägypten zurückzukehren, und so sagte er: »Ich werde morgen fortgehen.« So sprach er in seinem Herzen. Als nun die Erde hell wurde und der nächste Tag anbrach, da ging er unter die Zeder und verbrachte den Tag mit Suchen. Am Abend kehrte er zurück, er blickte nochmals suchend umher, da fand er ein Korn, er brachte es mit, da war es das Herz seines jüngeren Bruders. Er trug einen Topf mit frischem Wasser herbei, er warf das Herz hinein und dann saß er da, wie er das alle Tage zu tun pflegte.

Als es nun Nacht wurde, da hatte das Herz das Wasser aufgesogen, da zitterte Bata-u mit allen seinen Gliedern, er sah seinen älteren Bruder an, während sein Herz kraftlos in dem Kruge war. Sein älterer Bruder Anepu ergriff den Krug mit frischem Wasser, in dem das Herz seines jüngeren Bruders war, er ließ ihn das Herz trinken, das Herz kam an seinen richtigen Platz und da war der jüngere Bruder wieder gerade so, wie er einst gewesen war. Die beiden umarmten sich, und beide sprachen miteinander. Dann sagte Bata-u zu seinem älteren Bruder: »Siehe! Ich werde ein großer Stier werden, der alle schönen Zeichen des heiligen Apisstieres an

seinen Haaren haben wird, man wird seine Art nicht kennen. Du setze dich auf meinen Rücken, und wenn die Sonne aufgeht, dann werden wir da sein, wo sich mein Weib befindet, die werde ich zur Rechenschaft fordern. Du sollst mich dahin bringen, wo der König sich befindet, denn er wird dir dann allerhand schöne Dinge geben und dich mit Silber und mit Gold beladen, weil du mich dem Pharao, dem Leben, Heil und Gesundheit zuteilwerden möge, brachtest, denn ich werde als ein großes Wunder gelten. Wenn man mir zujauchzt in dem ganzen Lande, dann gehe du wieder an deinen Wohnort.«

Als nun die Erde wieder hell wurde und der nächste Tag anbrach, da nahm Bata-u die Gestalt an, die er seinem älteren Bruder angegeben hatte. Anepu, sein älterer Bruder, setzte sich bei Tagesanbruch auf seinen Rücken und gelangte an den Platz, an dem der König sich befand. Man teilte dies Seiner Majestät, der Leben, Heil und Gesundheit zuteilwerden möge, mit. Der König besichtigte den Stier und war sehr erfreut, er ließ ihm ein großes Fest feiern, indem er sagte: »Das, was da geschieht, ist ein großes Wunder.« Man jubelte dem Stier zu in dem ganzen Lande, man belud seinen älteren Bruder mit Silber und mit Gold, und dann ließ er sich wieder in seinem Wohnort nieder. Man gab ihm viele Diener und reichen Besitz, und der Pharao, dem Leben, Heil und Gesundheit zuteilwerden möge, liebte ihn weit mehr als sonst irgendeinen anderen Menschen im ganzen Lande.

Als nun viele Tage nach diesen Ereignissen vergangen waren, da ging der Stier in den Harem, er blieb da stehen, wo sich die Favoritin befand, und fing an, zu ihr zu sprechen und sagte: »Siehe! Das bin ich, ich lebe tatsächlich.« Sie sagte ihm: »Wer bist du?« Er sagte zu ihr: »Ich bin Bata-u. Du wusstest es wohl, als du die Zeder, unter der mein Haus stand, durch den Pharao, dem Leben, Heil und Gesundheit zuteilwerden möge, abschneiden ließest, dass das geschah, damit ich nicht mehr leben sollte. Siehe! Ich bin aber da, ich lebe in der Tat, ich bin in dem Stier.« Da erschrak die Favoritin sehr bei dieser Kunde, die ihr ihr Gemahl sagte. Er ging aus dem Harem heraus. Seine Majestät, der Leben, Heil und Gesundheit zuteilwerden möge, saß aber da und machte sich mit der Favoritin einen vergnügten Tag. Sie war am Tische Seiner Majestät, der Leben, Heil und Gesundheit zuteilwerden möge, und der König war sehr freundlich zu ihr. Da sagte sie zu Seiner Majestät, der Leben, Heil und Gesundheit zuteilwerden möge: »Schwöre mir einen Eid, der also lautet: ›Das, was du sagen wirst, das werde ich für dich erhören.‹« Er erhörte alle ihre Worte. »Ich möcht von der Lunge des Stieres essen, denn er wird nie etwas Brauchbares tun.« Das sagte sie zu ihm. Da fluchte der König wegen ihrer Rede; das Herz Seiner Majestät, der Leben, Heil und Gesundheit zuteilwerden möge, wurde sehr traurig.

Als aber die Erde hell wurde und der neue Tag anbrach, da bereitete man für den Stier ein großes Opferfest, und man ließ einen der höchsten Beamten Seiner Majestät, der Leben, Heil und Gesundheit zuteilwerden möge, kommen, um den Stier zu schlachten. Als er geschlachtet war und auf den Schultern der Leute, die ihn fort trugen, lag, da schüttelte er seinen Nacken und spritzte zwei Tropfen Blut auf den Vorplatz Seiner Majestät, der Leben, Heil und Gesundheit zuteilwerden möge; der eine Tropfen kam auf die eine Seite der großen Türe Seiner Majestät, der Leben, Heil und Gesundheit zuteilwerden möge; der andere Tropfen kam auf die andere Seite. Die Blutstropfen erwuchsen zu zwei großen Persea-Bäumen, von denen einer immer noch größer war wie der andere. Man kam, um Seiner Majestät, der Leben, Heil und Gesundheit zuteilwerden möge, zu sagen: »Es erwuchsen zwei große Persea-Bäume als ein großes Wunder für Seine Majestät, der Leben, Heil und Gesundheit zuteilwerden möge.« Man jubelte den Bäumen in dem ganzen Lande zu und der König brachte ihnen Opfer dar.

Als nun viele Tage nach diesen Ereignissen vergangen waren, da legte Seine Majestät, der Leben, Heil und Gesundheit zuteilwerden möge, ihr aus Lapislazuli bestehendes Diadem an, der Hals des Königs war bekränzt mit allerhand Blumen, er stieg auf seinen aus Silbergold bestehenden Wagen, er verließ den Palast, dem Leben, Heil und Gesundheit zuteilwerden möge, um die Persea-Bäume zu besichtigen. Die Favoritin fuhr hinter Seiner Majestät, der Leben, Heil und Gesundheit zuteilwerden möge, auf einem Wagen heraus. Seine Majestät, der Leben, Heil und Gesundheit zuteilwerden möge, setzte sich mit der Favoritin unter die Bäume, da begann einer der Persea-Bäume zu seinem Weibe zu sprechen: »Oh, was ist das für eine Schlechtigkeit, die du begangen hast. Ich bin Bata-u, ich bin am Leben trotz allem Bösen, das du gegen mich ins Werk gesetzt hast. Du wusstest wohl, was das Abschneiden der Zeder, unter der mein Haus stand, zur Folge haben sollte. Ich ward ein Stier, da ließest du mich töten.«

Als nun viele Tage nach diesen Ereignissen vergangen waren, da befand sich die Favoritin an der Tafel des Pharao, dem Leben, Heil und Gesundheit zuteilwerden möge. Er war freundlich gegen sie und da sprach sie zu Seiner Majestät, der Leben, Heil und Gesundheit zuteilwerden möge: »Schwöre mir einen Eid bei Gott und sage: Das, was die Favoritin mir sagen wird, das werde ich für sie erhören. Sprich doch!« Er erhörte alle ihre Worte. Da sagte sie: »Man möge die beiden Persea-Bäume abschneiden, um aus ihnen schöne Bretter zu machen.« Der König erhörte alle ihre Worte.

Als nun viele Tage nach diesen Ereignissen vergangen waren, da ließ Seine Majestät, der Leben, Heil und Gesundheit zuteilwerden möge, geschickte Arbeiter kommen, die schnitten die Persea-Bäume für den Pharao, dem Leben, Heil und Gesundheit zuteilwerden möge, ab. Die Königliche Gemahlin, die Favoritin, stand dabei, um zuzusehen. Da flog ein Splitter ab, er drang in den Mund der Favoritin ein, sie bemerkte, dass sie schwanger geworden war, als man die Bretter machte. Der König tat mit den Brettern alles, was die Favoritin wünschte.

Als nun viele Tage nach diesen Ereignissen vergangen waren, da gebar die Favoritin einen Knaben, der niemand anders als Bata selbst war. Man ging hin und meldete Seiner Majestät, der Leben, Heil und Gesundheit zuteilwerden möge: »Es wurde dir ein Knabe geboren.« Man brachte ihm das Kind, er gab ihm Ammen und Pflegerinnen. Man freute sich im ganzen Lande, man setzte sich hin und feierte einen frohen Tag, man fing an, den Namen des Knaben bei öffentlichen Gelegenheiten zu verwenden. Seine Majestät, der Leben, Heil und Gesundheit zuteilwerden möge, liebte ihn von Stund an sehr. Er ernannte ihn zum Statthalter von Äthiopien. Als viele Tage nach diesen Ereignissen vergangen waren, da machte ihn Seine Majestät, der Leben, Heil und Gesundheit zuteilwerden möge, zum Erbfürsten des ganzen Landes.

Als nun viele Tage nach diesen Ereignissen vergangen waren und er viele Tage als Erbfürst des ganzen Landes verbracht hatte, da flog Seine Majestät, der Leben, Heil und Gesundheit zuteilwerden möge, zum Himmel. Da sprach der Erbfürst, der jetzt König geworden war: »Man bringe mir meine Fürsten, die hohen Würdenträger Seiner Majestät, der Leben, Heil und Gesundheit zuteilwerden möge, ich werde ihnen alle Dinge mitteilen, die mir begegnet sind.« Man brachte sein Weib herbei und er ging mit ihr ins Gericht vor den Fürsten. Man vollstreckte an dem Weibe ihren Urteilsspruch. Er ließ seinen älteren Bruder herbeiführen, er ernannte ihn zum Erbfürsten des ganzen Landes. Dann herrschte er zwanzig Jahre als König über Ägypten. Als er aus dem Leben ging, da trat am Tage des Begräbnisses sein älterer Bruder an seine Stelle.

So ist denn dieses Buch in Frieden vollendet für die zu Ehren der göttlichen Persönlichkeit des Schreibers des Schatzhauses Kagabu, der zum Schatzhause des Pharao, dem Leben, Heil und Gesundheit zuteilwerden möge, gehört, und für den Schreiber Hora, und für den Schreiber Mer-em-apt. Es verfertigte es der Schreiber Annana, der Herr der Schriften. Demjenigen, der von diesem Buche spricht, dem möge der Gott Thoth im Kampfe beistehen.

Ägypten

Der verwunschene Prinz

Es war einmal ein König, dem wurde kein Sohn geboren. Sein Herz war traurig, und er betete zu den Göttern, die seine Zeit beherrschten, und diese befahlen, dass ihm ein Sohn geboren werde. Er näherte sich eines Nachts seiner Frau und diese wurde schwanger. Als sie nun die Monate bis zu der Entbindung vollendet hatte, da wurde ein Knabe geboren. Da kamen die Schicksal verkündenden Göttinnen, die Hathoren, um das Geschick des Kindes zu bestimmen und sprachen: »Es wird durch ein Krokodil oder durch eine Schlange oder durch einen Hund sterben.« Als dies die Leute, die bei dem Kinde waren, vernahmen, da gingen sie hin und sagten es Seiner Majestät, der Leben, Heil und Gesundheit zuteilwerden möge. Da ward das Herz Seiner Majestät sehr betrübt. Er ließ dem Knaben im Gebirge ein Haus aus Steinen erbauen, das war mit Leuten und allerhand schönen Dingen aus dem Haushalt des Königs ausgestattet. Der Knabe aber ging nicht aus dem Hause heraus.

Als nun der Knabe groß geworden war, da stieg er auf das flache Dach des Hauses und sah einen Windhund, der hinter einem Manne herlief, der auf dem Wege einherging. Da sagte er zu seinem Diener, der bei ihm war: »Ach! Was ist denn das, was hinter dem Mann da herläuft?« Der Diener sagte ihm: »Das ist ein Windhund.« Da sagte der Knabe: »Man soll mir ein derartiges Geschöpf bringen.« Der Diener ging, um dies Seiner Majestät zu melden. Seine Majestät aber sagte: »Man bringe ihm einen kleinen, laufenden

Hund, damit sich sein Herz nicht betrübe.« Da brachte man ihm einen Windhund.

Als nun die Tage dahin gingen und der Jüngling und sein ganzer Körper älter geworden waren, schickte er zu seinem Vater und ließ ihm sagen: »Wohlan! Warum soll ich faul herum sitzen? Da mir nun einmal ein trauriges Geschick bevorsteht, so möge es mir erlaubt sein, meinen Wünschen gemäß zu handeln. Gott wird doch das tun, was ihm am Herzen liegt.« Man folgte seinem Wunsche, man gab ihm allerhand Waffen, man gab ihm seinen Windhund, der ihm folgen sollte, man ließ ihn zu Schiffe auf die östliche Seite des Niltales bringen und sagte ihm: »Wohlan! Gehe wie es dir beliebt!« Sein Windhund war bei ihm, und so zog er nach seinem Belieben durch das Land nach Norden hin und lebte von dem besten Wild des Landes. Dann gelangte er, da er die Absicht hatte zu fliegen, zu dem Fürsten des Landes Neharina in Syrien.

Siehe da! Dem Fürsten von Neharina war außer einem Mädchen kein Kind geboren worden. Für dieses hatte er ein Haus bauen lassen, dessen siebzig Fenster siebzig Ellen von dem Erdboden entfernt waren. Dann hatte er alle Kinder aller Fürsten des Landes Syrien herbeikommen lassen und hatte ihnen gesagt: »Derjenige, der das Fenster meiner Tochter erreicht, dem soll sie als Frau angehören.«

Als nun viele Tage verstrichen waren und diese Prinzen sich in üblicher Weise beschäftigten, kam auch der Jüngling an der Stelle vorbei, an der sie sich befanden. Sie führten den Jüngling zu ihrem Hause, sie wuschen ihn, sie gaben seinen Pferden Futter, sie taten alles Mögliche für den Jüngling, sie reinigten ihn, sie salbten ihm die Füße, sie gaben seinen Dienern Nahrung. Im Gespräch sagten sie zu ihm: »Woher kommst du, du schöner junger Mann?« Da sagte er zu ihnen: »Ich bin der Sohn eines Offiziers der Wagenkämpfer im Lande Ägypten. Meine Mutter starb, und da nahm mein Vater ein anderes Weib. Als nun Kinder kamen, fing sie an mich zu hassen. So ging ich fort und floh vor ihr.« Da umarmten ihn die Prinzen und bedeckten alle seine Glieder mit Küssen.

Als nun viele Tage verstrichen waren, sagte er zu den Prinzen: »Was macht ihr denn hier?« Sie sagten ihm: »Wir verbringen hier unsere Zeit mit Fliegen, und derjenige, der das Fenster der Tochter des Fürsten von Neharina erreichen wird, dem wird sie als Frau gegeben werden.« Da sagte er zu ihnen: »Wenn es euch recht ist, so werde ich die Götter für mich beschwören und mit euch fliegen gehen.« Nun gingen sie, wie sie das täglich zu tun pflegten, hin, um zu fliegen; der Jüngling aber stand, um zuzusehen, in der Ferne. Da wandte sich ihm das Gesicht der Tochter des Fürsten von Neharina zu. Als nun einige Tage verstrichen waren, kam der Jüngling mit den Kindern der Fürsten herbei, um zu fliegen. Er flog, er erreichte das Fenster der Tochter des Fürsten von Neharina, sie küsste ihn, sie umarmte alle seine Glieder.

Dann ging man hin, um das Herz ihres Vaters zu erfreuen, und sagte ihm: »Einer der Leute hat das Fenster deiner Tochter erreicht.« Der Fürst erkundigte sich und fragte: »Der Sohn welches Fürsten?« Man sagte ihm: »Der Sohn eines Offiziers der Wagenkämpfer, der auf der Flucht vor seiner Mutter aus Ägypten hierher kam, er kam wegen deren Kindern.« Da wurde der Fürst von Neharina sehr zornig und sagte: »Soll ich etwa meine Tochter einem Flüchtling aus Ägypten geben? Der mag nach Hause zurückkehren!« Man ging, um dem Jünglinge zu sagen: »Gehe gefälligst wieder dahin, woher du gekommen bist.« Aber das Mädchen umarmte den Jüngling, sie schwor bei Gott und sagte: »Beim Leben des Gottes Râ-Harmachis! Wenn man ihn mir fortnimmt, dann werde ich nicht mehr essen, dann werde ich nicht mehr trinken, dann werde ich noch in derselben Stunde sterben.«

Der Bote ging fort, um alles, was sie gesagt hatte, ihrem Vater mitzuteilen. Da schickte der Fürst Leute aus, um den Jüngling zu töten, während er in seinem Hause war. Aber das Mädchen sagte zu ihnen: »Beim Leben des Gottes Râ! Wenn man ihn tötet, so werde auch ich beim Sonnenuntergang tot sein, ich werde keine Stunde ohne ihn leben!« Man ging hin und meldete das ihrem Vater. Der Fürst ließ den Jüngling und das Mädchen zu sich bringen. Als der Jüngling vor dem Fürsten stand, zitterte er vor Furcht. Aber der Fürst umarmte ihn, küsste alle seine Glieder und sagte: »Sage mir, wer du bist, denn siehe, für mich bist du mein Sohn geworden!« Der Jüngling sagte ihm: »Ich bin der Sohn eines Offiziers der Wagenkämpfer im Lande Ägypten. Meine Mutter starb, und da nahm sich mein Vater ein anderes Weib. Dieses begann mich zu hassen, und da ging ich fort und floh vor ihr.« Da gab ihm der Fürst seine Tochter zur Frau, er gab ihm ein Haus, Arbeiter, Felder und auch Vieh und allerhand schöne Dinge.

Als nun manche Tage verstrichen waren, da sagte der Jüngling zu seiner Frau: »Drei Schicksale sind über mich verhängt worden: Das Krokodil, die Schlange, der Hund.« Und sie entgegnete: »Man soll den Windhund töten, der hinter dir herläuft.« Er aber sagte zu ihr: »Oh nein! Ich werde meinen Hund nicht töten, den ich aufgezogen habe, als er noch klein war.« Die Frau bewachte nunmehr eifrigst ihren Gatten und ließ ihn nicht allein aus dem Hause gehen. Der Jüngling aber wünschte eine Reise zu unternehmen, um das Land Ägypten zu besuchen und es zu durchstreifen. Als er in Ägypten angelangt war, kam aber sogleich das Krokodil aus dem Nil heraus und gelangte bis in die Mitte der Ortschaft, in der sich der Jüngling befand. Man fing es und sperrte es in ein Haus ein, in dem sich ein Riese befand, und der Riese ließ das Krokodil nicht herausgehen. Wenn aber das Krokodil schlief, dann verließ der Riese das Haus und ging spazieren, und wenn die Sonne aufging, kam der Riese zurück, und das tat er während zwei Monaten an jedem Tag.

Als nun manche Tage vergangen waren, blieb der Jüngling zu Hause, um sich einen vergnügten Tag zu machen. Als die Nacht herankam, legte er sich zum Schlaf auf sein Ruhebett und schlief ein. Die Frau aber füllte eine Schale mit Milch, in die sie eine berauschende Flüssigkeit gegossen hatte. Plötzlich kam eine Schlange aus ihrem Loche heraus, um den Jüngling zu beißen. Aber seine Frau saß neben ihm und schlief nicht. Sogleich kamen die Dienerinnen herbei, die sie um Hilfe rief, als sie die Schlange erblickte, und gaben der Schlange die Milch. Die Schlange trank und ward berauscht und blieb auf dem Rücken liegen und die Frau schlug sie mit ihrer Axt in Stücke. Dann weckte sie ihren Gatten und er wunderte sich. Sie aber sagte ihm: »Siehe! Dein Gott hat dir eines der dir verhängten Geschicke in deine Hand gegeben, er wird dir auch die anderen geben.« Dankbar opferte er dem Gott und pries ihn und erkannte jeden Tag die Macht des Gottes hoch an.

Als nun viele Tage nach diesen Ereignissen verstrichen waren, da verließ der Jüngling seine Wohnung, um in der Nähe seiner Behausung spazieren zu gehen. Er ging nicht allein heraus, sein Hund lief hinter ihm her. Auf einmal lief sein Hund fort um zu jagen, und der Jüngling lief hinter dem Hunde her. Als er an den Nil kam, stieg er hinter seinem Hund das Ufer zum Nil herab. Da kam das Krokodil heraus und schleppte ihn an den Ort, an dem der Riese war. Flugs eilte der Riese heraus und rettete den Jüngling. Aber das Krokodil sagte zu dem Jüngling: »Ich bin dein Schicksal, das dir nachfolgt. Du wirst mir schon noch einmal in den Weg kommen, du und der Riese. Denn siehe! Ich lasse dich jetzt entrinnen, aber gerettet bist du darum noch nicht, erinnere dich dessen wohl, ich werde wiederkommen, Entsetzen verbreiten und den Riesen töten. Und wenn du den Riesen tot siehst, dann wirst auch du deinen Tod sehen.«

Als nun die Erde wieder hell wurde und der nächste Tag anbrach, da kam …

Mit diesen Worten bricht der erhaltene Teil des Textes ab. Zwei der ihn bedrohenden Schicksale hatten den Jüngling verschont, die Schlange hatte ihn nicht getötet, das Krokodil, das ihn schon ergriffen hatte, hatte ihn wieder freilassen müssen. Aber das, was die Götter verhängt haben, das muss nach ägyptischer und allgemein orientalischer Anschauung geschehen. Der Jüngling wird dem dritten Geschick, also dem Hund, zum Opfer gefallen sein.

Ägypten

Der Schatz des Rhampsinit

Ein König aus Ägypten namens Rhampsinit – erzählt man sich – hatte so großen Reichtum an Gold und Geld, dass kein König ihn darin übertreffen, ja ihm nicht einmal gleichkommen konnte. Aus Angst vor Dieben und anderem lichtscheuen Gesindel ließ er sich deshalb eine steinerne Kammer bauen, die mit einer Mauer an der Außenseite seines Palastes lag, mit dieser also eine Wand bildete. Der Bau-

meister der Schatzkammer aber war listig: Einen Stein der Mauer fügte er so ein, dass er von zwei Männern, ja sogar von einem einzigen mit Leichtigkeit herausgenommen werden konnte. Als der Baumeister das Werk abgeschlossen hatte, nahm der König all seine kostbaren Schätze und verwahrte sie in dieser Kammer.

Kurze Zeit später fühlte der Baumeister, dass es mit ihm zu Ende ging und sein Leben sich neigte. Da rief er seine beiden Söhne zu sich und erzählte ihnen, wie gut er für sie vorgesorgt habe und dass es ihnen dank seiner Fürsorge später an nichts fehlen werde. Er erklärte ihnen genau, wie sie den einen Stein aus der Mauer lösen könnten, gab ihnen auch die Stelle an, an der dieser in der Mauer versteckt eingesetzt war. »Wenn ihr dieses Geheimnis gut für euch bewahrt«, sagte er auf dem Sterbebett, »dann werdet ihr bald die Schatzmeister des Königs sein.« Darauf schloss er die Augen für immer.

Die beiden Söhne gingen unverzüglich ans Werk. Bei dunkler Nacht schlichen sie sich an den Palast heran und fanden mühelos den losen Stein in der Mauer. Leicht ließ sich der Stein herausnehmen, und beide ließen viel des kostbaren Goldes mit sich gehen. Als nun aber der König einmal seine Schatzkammer öffnen ließ, da bemerkte er sofort voller Staunen, dass in den ehemals so prall gefüllten Truhen Gold fehlte. Doch konnte er sich nicht vorstellen, wie die Schätze abhanden gekommen waren, sah er doch, dass die Schatzkammer verschlossen war und die Siegel zum Eingang noch unversehrt waren. So erging es dem König jedes Mal, wenn er die Schatzkammer betrat, um sich am Anblick des glitzernden Goldes zu weiden: seine Schätze schwanden immer mehr dahin. Da ließ er Fußschlingen anfertigen und verteilte sie rings um die Truhen, in denen die verbliebenen Schätze ruhten. Nun kamen die beiden Diebe wie gewohnt zum Schatzhaus, um sich dort am Gold gütlich zu tun. Kaum aber war einer von ihnen durch die enge Maueröffnung in die Kammer gestiegen und auf die Truhen zugeschlichen, verfing er sich in der Schlinge, die ihn nicht mehr losgab.

Jetzt war guter Rat teuer. Als er erkannte, dass seine Lage aussichtslos war und er nicht befreit werden konnte, rief er seinem Bruder zu, ihm eiligst den Kopf abzuschlagen, damit man ihn nicht erkenne, wenn die Wächter des Königs die Kammer öffneten. »Wenn man mich erkennt«, sagte er, »so wirst vor allem du verdächtigt und in die Sache hineingezogen. Mich wird ohnehin dieser heutige nächtliche Zug den Kopf kosten.« Trotz aller Liebe zu seinem Bruder leuchtete diese Rede dem noch freien Dieb als vernünftig ein. Er erfüllte seinem Bruder diesen letzten Wunsch, setzte den losen Stein wieder ins Mauerwerk ein und verschwand ungesehen, den Kopf seines Bruders unter dem Mantel, nach Hause.

Als der Tag nun dämmerte, ließ der König die Schatzkammer, neugierig auf den Erfolg seiner Falle, öffnen. Voll

Entsetzen sah er da den Leichnam eines Diebes ohne Kopf in den Fallschlingen hängen; doch waren die Riegel zur Schatzkammer wie vordem unbeschädigt, noch konnte man gewahr werden, wo oder wie der Dieb hineingeschlüpft sein könnte. Nun konnte der König sich die Sache vollends nicht mehr erklären. Da er aber annahm, dass es sich um ein menschliches Wesen handeln müsse, nicht um einen Geist oder ein Gespenst, gab er seinen Dienern folgenden Befehl: »Hängt den kopflosen Leichnam draußen an der Mauer öffentlich auf, stellt euch als Wächter daneben, und wenn jemand vorbeikommt und weint, so nehmt ihn fest und führt ihn mir vor!« Der König war nämlich der Meinung, dass keine Menschenseele so verrucht sein könne, dass sie nicht beim Anblick eines verstümmelten und aufgehängten Angehörigen ein Zeichen des Schmerzes von sich gibt. Damit wollte er die Diebe überlisten. Und er sollte recht behalten!

Kaum war die Leiche des einen Bruders so erbärmlich an der Mauer aufgehängt, wurde dessen Mutter von tiefem Schmerz bewegt. Da sie es nicht ansehen konnte, dass ihr eigen Fleisch und Blut derart gedemütigt wie ein Vieh aufgehängt blieb, rief sie ihren noch verbliebenen Sohn zu sich. »Bringe mir irgendwie meinen toten Sohn zurück, koste es, was es wolle«, bat sie ihn flehentlich und setzte drohend hinzu: »Wenn du es nicht zuwege bringst, die Leiche deines unglückseligen Bruders abzunehmen und seiner alten Mutter als letzte Gabe zu überbringen, werde ich selbst zum König gehen und ihm verraten, dass du die gestohlenen Schätze besitzt.«

Hierauf wusste der überlebende Sohn keinen anderen Ausweg mehr, als der Mutter ihren Willen zu lassen, und ersann für sich eine List: Er nahm seine Esel aus dem Stall und zäumte sie auf. Dann füllte er Schläuche voll Wein, lud sie den Grautieren auf und trieb sie dann davon, vor sich her. Als er nun mit den Lasttieren zu dem Ort kam, an dem die Wächter den Leichnam des toten Bruders bewachten, da zog er an einigen herabhängenden Zipfeln der Schläuche, sodass diese aufgingen und das köstlich duftende Nass auf die Erde verströmte. Als er dies nun sah, tat er so, als wüsste er nicht, aus welchem der Schläuche der Wein sich ergoss, an welchen Esel er sich zuerst wenden sollte, um die Zipfel der Schläuche zu-

zubinden. Kaum aber hatten die Wächter den roten Saft, der da auslief, gesehen, da eilten sie schon mit Töpfen heran, um für sich zu retten, was noch zu retten war. Der überlebende Bruder tat nun so, als sei er über die Dreistigkeit der Wächter, die ihm seinen Wein abspenstig machten, äußerst erzürnt, und tobte herum. Als die Wächter ihn aber zu beruhigen suchten, stellte er sich so, als ging er darauf ein, schirrte die Esel wieder ein und trieb sie aus dem Wege. Zu guter Letzt schenkte er den Wächtern noch einen Schlauch Wein, den diese gerne annahmen. Voller guter Dinge und erfreut darüber, einen Streit geschlichtet zu haben, ließen sie sich nieder, um zu feiern und zu zechen. »Bleib doch noch etwas bei uns und trinke mit uns«, baten sie ihn. Der Bruder ließ sich nicht lange bitten und gesellte sich in die frohe Runde. Als der erste Schlauch sich zu Ende neigte, und man lustig und gesellig beim Umtrunk saß, gab der Bruder noch einen zweiten Schlauch in die Runde. Die Wächter taten sich am süßen Trank gütlich und, wie es der Bruder listig geplant hatte, streckten sie sich schließlich, vom Schlaf und vom Wein übermannt, nieder und schliefen ihren Rausch aus. Da es nun aber schon tiefe Nacht war und alles schlief, nahm der überlebende Bruder den Leichnam ab, lud ihn auf einen Esel und kehrte nach Hause zurück. Damit hatte er die Bitte, oder eher den Befehl, seiner Mutter erfüllt.

Als man dem König meldete, der so gut bewachte Leichnam sei gestohlen, da gebärdete er sich anfangs zornig, war er doch wiederum überlistet worden. Doch er gab nicht auf und dachte sich eine weitere List aus, den Dieb doch noch zu fangen. Er hatte nämlich eine wunderschöne Tochter, und die wollte er jedem als Dirne preisgeben; sie sollte sich jedem ohne Unterschied hingeben. Doch bevor sie sich mit jemandem einlasse, müsse sie jeden Liebhaber fragen, welche schlaueste und listigste Tat er in seinem Leben begangen habe. Wenn ihr nun der dreiste Diebstahl des königlichen Goldes und der Leiche geschildert würde, dann sollte sie unverzüglich diesen Liebhaber festhalten und nicht aus ihrem Gemach hinauslassen.

Aus Liebe zu ihrem Vater tat die Tochter, was er sie geheißen hatte. Sie setzte sich in eine Bude und gab sich jedem feil, der ihr seine größten Listen und Betrügereien erzählte. Doch hatte der König nicht mit der Schlauheit unseres Meisterdiebes gerechnet. Dieser durchblickte sofort die List in der Anordnung des Königs und, forsch wie er war, wollte er seinen König ein drittes Mal an List übertreffen. So schnitt er also einer frischen Leiche einen Arm ab, verbarg diesen unter seinem Mantel und trat in die Bude der königlichen Dirne ein. Als die Tochter des Königs, bevor sie sich ihm hingab, ihn nach seiner listigsten Tat fragte, beichtete er ihr freimütig den Raub der königlichen Schätze und des Leichnams. Froh, den Dieb gefasst zu haben und ihrer Arbeit ledig zu sein, ergriff die Königstochter den Arm des Meisterdiebes, um ihn festzuhalten. Der Dieb aber hatte ihr in der Dunkelheit den toten Arm der Leiche hingehalten, den sie erfasste, und wie im Fluge war der Meisterdieb wieder verschwunden. Der König war erneut überlistet. Die Tochter saß in ihrer Bude, den Arm einer Leiche in der Hand.

Als man dem König nun diesen letzten tollkühnen Streich verkündet hatte, kam er aus dem Staunen nicht mehr heraus. In alle Städte und Gegenden seines Reiches sandte er Boten aus, die verkünden sollten, dass der tollkühne Dieb Straffreiheit und dazu noch eine reiche Belohnung zu erwarten habe, wenn er sich melde. Der König gäbe sich geschlagen. Seines Sieges sicher, vertraute der Meisterdieb diesen Worten und stellte sich dem König. Dieser war voller Bewunderung über ihn und gab ihm seine Tochter zur Gemahlin, da der Dieb doch noch ein bisschen gescheiter sei als er, der König.

Ägypten

Hero und Leander

In Sestos wohnte Hero, die wunderschöne Tochter reicher und vornehmer Eltern, in einem Schloss, das dicht am Meere auf steiler, hochaufragender Klippe sich erhob. Hier wohnte sie ganz allein: Denn von den bewundernden Mitbewohnern ihrer Heimatstadt war sie zur Priesterin der Aphrodite gewählt und geweiht worden, und als solche zu ewiger Keuschheit verpflichtet. Nie nahm sie teil an den Versammlungen ihrer Altersgenossen, nie sah man ihre holde Gestalt im Reigentanze schweben, sondern ständig diente sie der Göttin und deren gefährlichem Sohne, dem Eros. Und doch sollte auch sie der Liebe Pfeil erreichen!

Es kehrte nämlich im Laufe der Zeit das Fest wieder, das alles Volk aus Sestos dem Adonis und der Aphrodite feierte, und von allen Seiten strömte das Volk zusammen, um an der Feier teilzunehmen. Das herrlichste aber an ihm war die fast überirdische Schönheit der Priesterin, die in Anmut ihres heiligen Amtes waltete. Alle jungen Männer, die sich in Sestos eingefunden hatten – und es war deren eine große Zahl –, waren wie bezaubert von der priesterlichen Jungfrau, und ein jeder hätte sich wohl glücklich geschätzt, ein solches Mädchen zum Weibe zu gewinnen.

Unter ihrer Zahl war auch Leandros, der zu dem Feste eigens aus Abudos herübergekommen war; auch er war ein herrlicher Jüngling, dessen Schönheit wie ein Stern unter seinen Altersgenossen hervorstrahlte. Kaum hatte er die holde Priesterin der Aphrodite erblickt, da schwirrte auch die Sehne am Bogen des Liebesgottes, und der Pfeil saß tief innen im Herzen des Jünglings, hell loderte in ihm die Flamme der Leidenschaft auf, aber auch das Mädchen blieb von der Liebe nicht unberührt. Kaum hatte sie den schönen Jüngling erblickt und den Eindruck bemerkt, den er von ihr und ihrer Schönheit empfangen hatte, da durchzog heimliche Freude auch ihr Herz. Zauberisch zu ihm hingezogen suchte bald ihr Auge das seine, bald senkte sie in holder Verschämtheit errötend den Blick, wenn sie glaubte, dass sein Auge auf ihr ruhe. Und doch, die Augen der beiden schönen Kinder suchten – und fanden sich gar bald, und ihrer beiden Seelen strebten gemeinsam einem Ziele zu.

Inzwischen war der Tag vergangen: Die Schatten des Abends senkten sich, die Sonne ging unter und am dunkeln Himmel funkelte der Sterne Licht. Da gelang es endlich Leandros, sich einen Mut zu fassen und bis in die unmittelbare Nähe der Jungfrau zu gelangen. Wie nun ein leichter Nebel auf die Erde niedersank und selbst die nahen Gegenstände dem forschenden Blicke entzog, da faßte Leandros leise ihre zitternde Hand und seufzte tief. Hero aber entzog sie ihm sogleich wieder, als wenn sie ihm zürnte: Doch Leandros ließ sich nicht abschrecken und zupfte sie am Kleide und flehte sie leise an, sie möge ihm in den Hintergrund des Tempels folgen. Zwar drohte sie ihm mit strengen Worten, doch folgte sie ihm, und daran merkte Leandros, dass sie auch ihm in Liebe geneigt war. Er drückte deshalb einen Kuss auf ihren rosigen Nacken und sprach: »Du zweite Kypris, du andere Athene, hoch stehst du mir über allen Frauen! Wahrlich, des Zeus' Tochter dürftest du heißen! Höre auf meine Bitte und erbarme dich meiner Sehnsucht! Du willst eine Priesterin der Kypris sein und kennst die Liebe nicht? Ehe und Liebesgenuss sind dir vielmehr eine Pflicht! Wenn du nur willst, will ich dein Knecht und auch dein Gatte sein. Bedenke Atalantas Schicksal, die einst dem Milanion entfloh, um ihn nicht lieben zu müssen, und nun, wo er ewig dahin ist, sich in Wehmut immerdar nach ihm verzehrt!«

Da senkte das Mädchen in holder Scham seinen Blick, tiefes Rot färbte ihre Wange, sie verhüllte ihr Antlitz und unstet war ihr Wesen – lauter Zeichen, dass die Liebesworte des Leandros tiefen Eindruck auf sie gemacht hatten. Der bittersüße Stachel der Liebe war in ihr Herz gedrungen, hellauf glühte es in Leidenschaft, und nun begehrte auch sie nach der Schönheit des Jünglings. Aber erst nach einer Weile sprach sie: »Fremdling, mit deinen Worten vermagst du selbst Felsen zu bewegen! Wer hat es dich gelehrt, mit deinen Worten so künstlich verschlungene Pfade einzuschlagen? Wie kamst du in dies Land? All deine Worte sind aber umsonst! Denn niemand kann mein Gatte sein, am wenigsten aber ein Fremder, der im Lande herumirrt. Aber auch selbst wenn du, als weitgereister Mann, im Lande bleiben wolltest, meine Eltern werden es niemals zugeben, denn sie haben mich ja zur Priesterin bestimmt, die keines sterblichen Mannes Weib sein darf. Hero heiße ich und wohne allein auf dem weitberühmten Turm am Meer. Nur eine Magd ist mir zur Dienerin gegeben: Weder Jugendgespielen darf ich haben, noch kann ich den frohen Reigen mit ihnen genießen. Nur das ewig rauschende Meer klingt mir Tag und

Nacht ans Ohr.« So sprach sie, und rosig lugte dabei ihr Antlitz unter dem Mantel hervor, mit dem sie vorher verschämt sich die Augen verdeckt hatte.

Da erglühte Leandros von Neuem, und Eros, der eben erst den Mann mit seinem Pfeile getroffen hatte, flüsterte ihm nun auch zu rechter Zeit den rechten Gedanken zu. Und Leandros rief: »Mädchen, um deiner Liebe willen zittere ich nicht vor der Strömung des tiefen Meeres, nicht vor dem Donner der Brandung: Allnächtlich werde ich, dein Geliebter, zu dir durch den Hellespont kommen. Denn wisse, deinem Schlosse gegenüber liegt meine Heimat, die Stadt Abydos! Nur stelle du dort, wo der alte Turm jäh zur Küste abstürzt, ein Licht hin, das mich warnt vor Klippen und mir weithin leuchtet – für mich der schönste Stern in dunkler Nacht! Denn dann kann ich leicht zu deiner mir gegenüberliegenden Heimatstadt gelangen. Aber, du Liebe, gib auch acht, dass nicht neidische Winde das Licht verlöschen, und ich dann das Leben verlieren muss. Und wenn du wissen willst, wer ich bin und wie ich heiße, so höre: Ich führe den Namen Leandros, von nun an der Gatte der holden Hero.«

Und so beschlossen sie denn, die heimliche Ehe zu schließen; nur der dabei scheinenden Lampe gestatteten sie es, Mitwisserin des süßen Geheimnisses zu sein. Hero sorgte sich allnächtlich um das Licht, und ihr Gatte durchschwamm ebenso oft die nächtliche See. So waren sie denn alle Nächte beisammen und trennten sich nur ungern, wenn der Morgen graute. Hero blieb in ihrem Turm zurück, und Leandros kehrte heim und nahm des Turmes Feuerzeichen zum Signal, um nicht abzuirren. So kehrte er stets unbemerkt nach Abydos heim, und des Tags über konnten beide Liebende es kaum erwarten, bis die Sonne wieder sank, um von Neuem sich in Liebe einen zu können. Und dann, wenn alle Menschen schliefen, eilte Leandros hinab zum Meeresstrande und wartete, ob für ihn jenseits des Hellespontos die Fackel aufleuchten würde, die ihm zu der heimlich Geliebten den Weg zeigen sollte. Doch das Meer rauschte in tiefem Grollen, und Leandros faßte sich eine feste Zuversicht und sprach sich selbst Mut ein: »Was fürchtest du das Meer? Ist nicht Aphrodite, die Schaumgeborene, selbst seine Tochter? Sollte es stärker als unsere Liebe sein?« Dann aber riss er sich die Kleider von den blühenden Gliedern und sprang hinein in die sich übersteigenden Wogen. Immer dem Glanze des aus der Ferne schimmernden Lichtes schwamm er zu, er selber Ruderer, Steuermann und Schiff zugleich. Oben aber auf dem hohen Turme hütete Hero der Fackel Licht, damit kein neidischer Wind es verlösche, und hielt vorsorglich den Mantel davor, bis Leandros an Sestos' Gestade ans Ufer stieg. Dann stieg sie hinab von ihrem Turme, geleitete ihn in dessen Inneres, strich ihm die Tropfen der Salzflut aus den Locken, umarmte den von der Anstrengung noch heftig Atmenden und zog ihn dann zu sich in ihr Gemach. Dort aber salbte und säuberte er sich und entfernte den Geruch des Meeres, und dann erst einten sie sich in heimlicher Liebe und feierten miteinander das heimliche Hochzeitsfest. Die Hochzeit freilich war nur still: Nicht Vater, noch Mutter sprachen den Segen! Kein festliches Hochzeitslied erklang, kein heiterer Hochzeitsreigen durchzog das Hochzeitshaus. Und allein feierten sie das schönste Fest. Der Morgen aber sah Leandros nicht mehr in Sestos: Er schwamm hinüber zu seiner Heimat und wartete ungeduldig auf die nächste Nacht.

So genossen sie beide eine Weile lang die Liebe, doch sollte ihr Leben nicht lange dauern. Denn es kam der Winter mit seinen Stürmen, gewaltig gingen die Wogen und heftig bliesen die Winde. Im Sturme gingen damals viele Schiffe zugrun-

de, aber nichts vermochte dich, du tapferer Leandros, zurückzuhalten: Allnächtlich zogst du deiner heimlichen Liebe gefahrvollen Pfad. Hero freilich hätte sich bezwingen und ihn hindern sollen, doch die Liebe und ihr Schicksal waren mächtiger als die Klugheit.

Und so kam denn wieder ein Sturm, in dem die Wellen brausten und die Winde rasten. Und abermals trugen die Gewässer den Leandros hin über den Rücken des Meeres zu der sehnsuchtsvollen Geliebten. Aber immer schlimmer raste das Unwetter: Woge türmte sich auf Woge, bis die dampfende Gischt bis zum Himmel emporstieg. Ohnmächtig gegen der Elemente Gewalt wurde Leandros davongetragen, und trotz alles bangen Flehens zu den Göttern der See fand er keine Rettung. Und nicht genug! Bei dem letzten Versuche, sich aus dem Meere zu retten, erlosch auch noch die Fackel der Hero, die ihm bis zum letzten Augenblick ein Hoffnungsstrahl gewesen war. Der bangen Hero gelang es trotz aller Versuche nicht, im Sturme die Fackel wieder zu entzünden, und sie wartete ängstlich und vergeblich auf den Geliebten, bis der Morgen kam. Endlich kam der erste blasse Schein der Morgenröte, und wie sie erst mit ihren Blicken des weiten Meeres Fläche abgesucht hatte, da entdeckte sie schließlich die Leiche ihres Geliebten am Sockel ihres Turmes liegen, wo sie spielend von den Wellen hin- und hergeworfen wurde, um schließlich an das Ufer geschleudert zu werden. Da tat sie einen entsetzlichen Schrei, zerriss sich über der Brust ihr herrliches Gewand, und mit einem Sprung stürzte sie sich hinab in die tief aufrauschende See.

So starb auch Hero, mit dem Gatten im Meeresgrabe auf immer vereint.

Antike

Pyramus und Thisbe

In jener Stadt, um die Semiramis
dereinst den Wall gebrannter Mauern türmte,
in Babylon, erwuchsen Wand an Wand
als Nachbarskinder Pyramus und Thisbe –
der schönste Jüngling er und sie von allen
den schönen Mädchen Asiens die Schönste.

Die Nachbarschaft schon lehrte sie sich kennen
und bald auch lieben – und die Liebe wuchs
im Lauf der Zeiten. Doch der Väter Spruch
verbot der Hochzeitsfackeln schönen Glanz,
doch nicht verbieten konnte er, dass hell
in beider Herzen loderte die Glut
der Leidenschaft. Denn umso stärker brennt
ein Feuer ja, je mehr verdeckt es brennt.
Sie hatten keinen Helfer, keinen Freund.
Mit Blicken nur und Winken sprachen sie
einander zu. Doch durch die Mauer, die
gemeinsam beiden Häusern war, lief schon
seitdem sie stand, ein dünner Spalt. Im Lauf
der langen Jahre, ja Jahrhunderte
entdeckte niemand diesen Fehl. Jedoch
ihr, Liebende, bemerktet ihn – was merkt
die Liebe nicht? Ihr machtet ihn zum Weg
für eure Stimme. Leis und unbemerkt
drang so das Liebeswort von Mund zu Ohr.

Oft, wenn auf einer Seite Pyramus
und Thisbe auf der andern stand und sie
das leise Flüstern gierigen Ohres tranken,
dann klagten sie: »Oh neidische Wand, warum
trennst du die Liebenden? Was klaffst du nicht
so weit, dass wir uns in die Arme schließen,
dass wir, wenn dies zu viel, uns küssen könnten?
Doch sei'n wir dankbar: Dein ist das Verdienst,
dass unser Wort zu lieben Ohren dringt.«

47

Wenn so getrennt sie lang umsonst geklagt,
so schieden sie zur Nacht und jeder gab
der Wand die Küsse, die den lieben Mund
des andern nicht erreichen sollten. Ging
die Sonne dann von Neuem strahlend auf,
vertrieb die Nacht und trocknete den Tau,
so standen beide schon am alten Platz
und klagten flüsternd sich ihr Leid.

Zuletzt beschließen sie, den Wächtern zu entrinnen.
Sie wollen in der stillen Nacht das Haus
und auch die Stadt verlassen. Doch um nicht
im Dunkeln ziellos durch die Flur zu irren,
bestimmen sie als Ziel des Ninus Grab.
Dort ragte hoch ein Maulbeerbaum empor,
an dessen Zweigen weiße Früchte glänzten,
und nah dabei floss eine kalte Quelle.
Der Plan gefiel den beiden und es schien
die Sonne diesmal allzu spät zu sinken.

Nun öffnet Thisbe leis' das Tor, entrinnt
geschickt den Ihrigen und eilt, gehüllt
in ihren Schleier, durch die Nacht zum Grab
und lagert sich am Fuß des Maulbeerbaums.
Die Liebe gab ihr Mut. Doch sieh', da naht
mit blutbeflecktem Maule eine Löwin,
die eben erst im Rindermord geschwelgt,
um an der Quelle ihren Durst zu löschen.
Wie Thisbe sie von fern im Strahl des Monds
erblickte, floh sie eilig voller Angst
in eine dunkle Höhle und beim Fliehen
entgleitet ihr der Schleier. Als das Tier
den Durst gestillt hat und zum Walde kehrt,
trifft es zwar Thisbe nicht, doch ihr Gewand
und reißt mit blutigem Maule es entzwei.

Zu spät erscheint jetzt Pyramus und sieht
im tiefen Sand des Untiers sich're Fährte.
Er schrickt zusammen. Doch, wie er nun gar
den blutigen Schleier findet, ruft er aus:

»So töte diese Nacht zwei Liebende.
Sie war des Lebens wert wie keine sonst,
und mich, mich trifft die Schuld an ihrem Tod.
Ich hieß an diesen schauervollen Ort
zur Nacht dich kommen und ich kam nicht selbst
zuerst hierher. Zerreißt, ihr Löwen, denn,
die ihr in diesen Felsen haust, auch mich,
zerreißt den schuldigen Leib mit wilden Bissen!
Doch ist es feig, den Tod sich nur zu wünschen.«
Er spricht's und nimmt den Schleier Thisbes auf
und trägt ihn zu dem wohlbekannten Baum.
Er überströmt mit Tränen ihn, küsst ihn
und ruft: »So trinke du denn auch mein Blut!«
Dann reißt er von der Seite sich das Schwert,
bohrt tief es in die Brust und reißt es rasch
im Todeskampf noch aus der heißen Wunde.
Wie er nun rücklings daliegt, schießt das Blut
in hohem Bogen in die Luft, wie wenn
aus einer Röhre durch ein kleines Loch
das Wasser stoßweis' in die Höhe steigt
und zischend einen weiten Bogen spannt.
Des Maulbeerbaumes Früchte färben sich
vom dunkeln Blut getroffen purpurrot.

Inzwischen kehrt auch Thisbe noch voll Angst
zurück zum Baum, um ihren Pyramus
nicht zu enttäuschen. Ihre Augen späh'n
und die Gedanken nach dem Jüngling aus,
dem sie so gern erzählte, welcher Not
sie klug entronnen. Wie sie nun den Ort
erkennt und den ihr so vertrauten Baum,
lässt sie der Früchte dunkle Farbe zweifeln,
ob sie am rechten Platze sei. Doch wie
den blutigen Körper sie in wilden Stößen
den Boden schlagen sieht, fährt sie zurück.

Dem fahlen Buchsbaum gleicht ihr blasses Antlitz,
und sie erstarrt, so wie der Meeresspiegel,
den keines Windes Lufthauch mehr bewegt.
Wie nun allmählich den Geliebten sie

erkennt, da schlägt sie ihre arme Brust,
zerrauft das Haar sich, schlingt um ihn den Arm
und ihre Tränen mischt sie in sein Blut.
Sie küsst den kalten Mund. »Mein Pyramus«,
ruft sie, »welch ein Geschick entriss dich mir?
Antworte, Pyramus, denn Thisbe ist's,
die Liebste, die dich ruft! Oh, höre mich!
Erhebe deinen Blick!« Und Pyramus
erhob beim Namen Thisbe seinen Blick,
den todesstarren, und dann schloss er ihn
für ewig. Nun erkennt den Schleier sie
und sieht: Das Schwert fehlt in der schmucken Scheide.
»Die Liebe«, sprach sie, »und die eigne Hand
gab, Armer, dir den Tod. Auch meiner Hand
gibt meine Liebe Mut zu gleicher Tat.
Ich folge dir und werde deines Tods

Genossin sein, wie seine Schuld ich war.
Der Tod allein vermochte dich von mir
zu scheiden und auch er vermag es nicht.
Doch eine Bitte richten wir an euch,
Unselige, die ihr unsere Eltern seid:
Lasst uns, die treue Liebe – wenn auch erst
im Tod – geeint, in einem Grabe ruh'n.
Und du, oh Baum, der du den armen Leib
des einen deckst mit deinen Zweigen und
bald beide bergen wirst, behalte du
als Denkmal unsres Tods für alle Zeit
die dunkle Trauerfarbe deiner Frucht.«
Sie sprach's und stieß das Schwert, das warm vom Blut
des Liebsten war, sich in die eig'ne Brust.

Gerührt von ihrem Fleh'n bewilligten
die Eltern und die Götter ihren Wunsch:
Des Maulbeerbaums Früchte sind nun schwarz,
wenn sie herangereift sind, und der Staub
von beiden Körpern ruht in einer Urne.

Antike

Die Hexe Pamphile

Pamphile war eine schöne Zauberin und Hexe aus Thessalien. Sie hatte über Verstorbene Gewalt, konnte Sterne verdunkeln, Geister bannen und sich alle Elemente dienstbar machen. Am meisten aber gebrauchte sie diese Macht, wenn sie sich in einen jungen Mann verliebt hatte, und das kam recht oft vor.

Wieder einmal war Pamphile in Liebe verfallen. Sie schmachtete unsterblich nach einem Böotier, und alles setzte sie daran, ihn für sich zu gewinnen. Als sie den jungen Mann einmal abends in einer Barbierstube sitzen sah, da schickte sie eilends ihre Dienerin Photis dorthin, um die abgeschnittenen Haare des jungen Griechen einzusammeln; diese brauchte sie nämlich für ihren Liebeszauber. Der Barbier aber entdeckte, dass Photis die Haare entwenden wollte, und schnell entriss er sie ihr wieder. Um aber nicht unverrichteter Dinge zur Herrin heimzukehren und bitterem Tadel ausgesetzt zu sein, schnitt Photis auf dem Heimweg einigen Ziegen Haare ab und gab diese ihrer Herrin als die Haare des jungen Böotiers aus. Kaum war die Nacht angebrochen, da stieg schon die Zauberin hinauf auf ihren Speicher, der dem Wind auf allen Seiten zugänglich und deshalb für ihre Zauberei der geeignetste Ort war. Zunächst rüstete

sie ihre Zauberkammer mit allen Werkzeugen ihrer magischen Kunst aus. Da konnte man Salben jeder Art sehen: Täfelchen mit geheimnisvollen Zeichen, tote und verweste Körper lagen herum. Aufbewahrtes Blut stand in einer Ecke und dort Menschenfleisch, zertrümmerte Schädel, gar schaurig war diese Hexenküche anzusehen. Nun sprach Pamphile Zauberworte über Eingeweiden, goss Quellwasser, Kuhmilch und Honig darüber. Sie knüpfte dann die Haare des Böotiers, die in Wirklichkeit die von Ziegen waren, zu einem Knoten zusammen und warf sie beschwörend in die glühende Kohlenasche, wo sie mit viel Rauchwerk verbrannten. Die Haare knisterten in der Kohlenasche und schienen bald menschliches Leben anzunehmen. Der Zauber aber misslang dieses Mal, doch gab sich die schöne Hexe nicht geschlagen.

Ein paar Nächte später drängte es sie wiederum, zu ihrem geliebten Jüngling zu gelangen. Bei dunkler Nacht stieg Pamphile auf ihren Speicher und zog sich nackt aus; dann schloss sie eine Truhe auf und entnahm ihr verschiedene kleine Behälter mit Salbe. Mit diesen Salben rieb sie dann ihren schönen Körper ein, von der Sohle bis zum Scheitel. Lange unterhielt sie sich darauf mit der flackernden Lampe, die sie mit in ihre Zauberkammer genommen hatte. Kaum hatte sie sich dann geschüttelt, da begann Flaum auf ihren Gliedern zu wachsen, Federn wurden daraus, und krumm bog sich nun ihre hübsche Nase, Krallen wurden aus den Zehen. Eine Eule ist Pamphile geworden, und mit schrecklichem Geheul schwang sie sich auf und flog zu ihrem geliebten Böotier.

Hier endet die Geschichte im Roman; das Ende teilt uns der Autor Apuleius nicht mit, da der Held, der von diesem Liebeszauber erzählt, die Gegend verlassen muss, weil er selbst wie Pamphile zaubern will, dabei aber zum Esel wird.

Antike

Amor und Psyche

Es lebten einmal in einer Stadt ein König und eine Königin, die drei wunderschöne Töchter hatten. Die beiden älteren waren von großer Anmut, doch glaubte man allgemein, dass Worte sie hinreichend rühmen könnten. Die jüngste Schwester aber war von so einzigartiger Schönheit und Anmut, dass die menschliche Sprache nicht ausreichte, ihre göttergleiche Erscheinung zu preisen.

So waren also viele Einwohner der Stadt und auch zahlreiche Fremde, die von dieser Schönheit hörten und herbeigeeilt waren, sie zu sehen, starr vor Staunen. Sie berührten mit ihrer rechten Hand den Mund und verehrten sie damit wie eine Göttin, wie Venus, mit ehrfürchtigem Gebet. Schon ging das Gerücht in die nahe liegenden Städte und Gebiete, die Göttin Venus selbst, die in der Tiefe des blauen Meeres geboren wurde und die der Schaum der Wogen genährt hatte, wandle nun selbst unter den Menschen und gewähre diesen ihren herrlichen Anblick. Oder man glaubte wenigstens, dass nun die Erde, so wie früher das Meer, eine zweite Venus in herrlicher jungfräulicher Blüte hervorgebracht habe.

Täglich verbreiteten sich solche Gerüchte immer mehr und gelangten schon zu den nahe liegenden Inseln, ja fast alle Gegenden des Festlandes wurden davon erfasst. So strömte denn das Volk auf weiten Reisen zu Wasser und zu Lande herbei, um dieses gefeierte Wunder des Jahrhunderts zu erblicken und es zu grüßen. Niemand reiste mehr zu den bekannten Tempeln der Liebesgöttin Venus nach Paphos oder nach Knidos, ja selbst ihr berühmtes Heiligtum auf der Insel Kythera mied man. Da verfielen ihre Heiligtümer, vernachlässigt von den abgefallenen Gläubigen. Man kümmerte sich nicht mehr um die heiligen Bräuche, ohne Kränze blieben die Bildnisse der Göttin, die Asche auf den Altären blieb kalt und schändete so das Heiligtum. Zu der Königstochter wendet man nun seine Aufmerksamkeit, und in ihrem menschlichen Antlitz huldigt man der Majestät der großen Göttin. Wenn die Jungfrau morgens aus dem Haus tritt, strömt schon das Volk herbei, ruft sie an und versucht durch Opfer, die Person der Venus gnädig zu stimmen. Wenn sie durch die Straßen schreitet, wirft man Blumen und Kränze zu ihren Füßen.

Wegen dieser Übertragung göttlicher Ehren auf ein menschliches Mädchen war die Göttin Venus in wildem Zorn entbrannt. Unwillig schüttelte sie ihr schönes Haupt und sprach bei sich: »Ich, die heilige Mutter aller Kreatur, der Ursprung aller Elemente, ich, die Liebesgöttin des ganzen Erdkreises, ich muss mit einer sterblichen Jungfrau die göttliche Ehre, die nur mir allein zusteht, teilen. Mein Name, der im Himmel aufgeschrieben ist, soll durch irdischen Staub entweiht werden? Soll ich es dulden, geteilte Huldigungen zu empfangen, und soll ein irdisches Ebenbild von mir ungestraft auf der Erde wandeln? Dann hätte Paris ja umsonst mir als der Schönsten den Apfel gegeben. Sei es, wie es wolle! Nicht lange mehr soll dieses Weib Freude an ihrer Verehrung haben. Bereuen soll sie die unerlaubte Schönheit.«

Sprach's und rief schnell ihren Knaben herbei, den geflügelten Amor, der leichtsinnig und beschwingt sich über alle Sitten hinwegsetzt und, mit seinen Pfeilen bewaffnet, nachts in fremde Häuser eindringt, die Banden der Ehe stört, der nur Unheil, aber nichts Gutes stiftet.

Sie stachelte ihren Sohn, der ohnehin schon ausgelassen und frech ist, noch weiter an, führte ihn zu jener Stadt und zeigte ihm Psyche, so hieß nämlich die Königstochter. Venus erzählte ihm die ganze Geschichte, wie die Jungfrau mit ihr in den Wettstreit getreten war. »Bei den Banden der mütterlichen Liebe«, rief sie aus, »bei den lieblichen Wunden, die deine Pfeile schlagen, bei den süßen Bränden deiner Flammen, räche das Unrecht, das man deiner Mutter getan hat, und bestrafe die freche Schönheit dieser Irdischen. Um eines bitte ich dich besonders: Mach, dass dieses Mädchen in heftiger Liebe zu dem niedrigsten und abscheulichsten Menschen erglüht, zu jemandem, den das Schicksal um Ehre, Vermögen und Gesundheit gebracht hat und der so niedrig steht, dass er auf dem ganzen Erdkreis seinesgleichen suchen muss.«

So hatte sie gesprochen und gab ihrem Sohn heftige Küsse. Dann strebte sie dem nahen Ufer des brausenden Meeres zu; und kaum hatten ihre rosigen Sohlen den Schaum der Wellen berührt, da ruhte auch schon die Tiefe des Meeres, und alle Meeresgottheiten kamen herauf als ihr Gefolge. Es kamen die Töchter des Nereus und sangen im Chor, Palämon, der auf einem Delphin reitet, und Scharen von Tritonen, die auf ihren tönenden Muscheln ein liebliches Lied bliesen oder ihrer Herrin einen Spiegel vorantrugen oder unter dem Wagen der Liebesgöttin umherschwammen. Ein ganzes Heer von Gefolge begleitete Venus, als sie zum Ozean zurückeilte.

Psyche aber war unterdessen trotz all ihrer Schönheit nicht glücklich geworden. Obwohl sie von allen bestaunt und gefeiert wurde, kam kein König, kein Prinz, nicht ein-

mal aus dem Volk kam ein Mann, der um ihre Hand angehalten hätte. Man bestaunte ihr wunderbares göttliches Aussehen, aber so wie man ein kunstvolles Bildnis bewundert, das doch ohne Leben ist. Schon längst hatten ihre beiden Schwestern, über deren Schönheit nicht geredet wurde, Könige geheiratet. Psyche aber blieb allein und unverheiratet im Hause der Eltern.

In ihrer Einsamkeit weinte sie bitterlich und wurde krank an Leib und Seele. Schon begann sie, ihre so gepriesene Schönheit zu hassen. Der Vater Psyches aber deutete aus dem Schicksal seiner schönen Tochter den Zorn der Götter. So befragte er denn das Orakel des Apollon und erbat von ihm durch Opfer einen Bräutigam für seine Tochter. Apollon aber antwortete ihm: »Schmücke deine Tochter zur Hochzeit und stelle sie dann auf den Gipfel des Berges, doch erhoffe dir nicht, dass der Auserwählte aus sterblichem Geschlecht entstammt. Ein wildes Ungetüm ist es, tückisch und grausam. Auf Flügeln durchmisst es den Äther und bezwingt alles mit Feuer und Eisen. Ja, Jupiter selbst fürchtet sich vor ihm.«

Als der Vater das vernommen hatte, kehrte er tief betrübt und traurig nach Hause zurück und erzählte seiner Gattin den unheilvollen Spruch des Orakels. Nichts als Weinen und Jammern hörte man da tage- und nächtelang im Palast.

Doch schon nahte der Tag, an dem der Unheilsspruch des Orakels in Erfüllung gehen musste. Man schmückte mit allem Prunk die Braut für ihre grausige Hochzeit. Vor Ruß und Asche wurden die Brautfackeln düster, die lieblichen Töne der Hochzeitsflöte wurden zu Klagen, und an ihrem Hochzeitsschleier trocknete die Braut ihre Tränen. Die ganze Stadt seufzte und nahm innigen Anteil am verhängnisvollen Los der Königstochter. Doch man muss den Worten eines Gottes gehorchen. Als man die Hochzeitsfeier im Hause tief betrübt durchgeführt hatte, da folgte das ganze Volk dem Hochzeitszug, der aber eher einem Leichenzug glich.

Von tiefem Leid erschüttert, versuchen die Eltern, das grausige Geschick noch hinauszuschieben. Doch da spricht ihre liebliche Tochter unter Tränen ihnen Trost zu: »Warum martert ihre eure alten Tage noch mit Jammern und Wehklagen? Was klagt und seufzt ihr dauernd und rauft euch das Haar? Über euer Gesicht, das mir so lieb ist, rinnen ständig Tränen. Ist das der Lohn, den meine Schönheit euch bringt? Jetzt erst merkt ihr, dass der entsetzliche Neid euch getroffen hat. Ihr hättet weinen und klagen sollen, als alle Länder und Völker mir göttliche Ehre brachten und mich als zweite Venus verehrten. Da hättet ihr mich als tot beklagen sollen. Ich fühle es ganz deutlich, dass mich dieser Name Venus zugrunde richtet. Führt mich nun ruhig weiter und stellt mich auf den steilen Felsen, den mir das Schicksal bestimmt hat. Ich verlange sehnlichst nach meiner Hochzeit und nach meinem edlen Bräutigam. Warum sollte ich es aufschieben, warum ablehnen, da er doch zum Verderben der ganzen Welt geboren ist?«

Nachdem Psyche so gesprochen hatte, mischt sie sich schnellen Schrittes unter das Volk, das sie begleitet, und man gelangt schließlich auf den Gipfel des Berges. Dann verlassen alle Psyche und lassen sie ganz allein da droben stehen. Die Eltern kehren, krank vor Gram, in ihren Palast zurück; nichts kann sie mehr erfreuen. Sie verschließen sich, um das Licht der Sonne nicht mehr sehen zu müssen.

Psyche stand unterdessen auf dem Gipfel des Berges und weinte und betete. Da plötzlich erhob sich ein sanfter Lufthauch über ihr und spielte mit ihrem Gewand. Der säuselnde Zephirwind hob sie empor und trug sie sanft den Berg hinab über die steilen Abgründe und setzte sie dann sachte unten in einem Tal ab, auf einen Rasen voller duftender Blumen. Sanft lehnte sich Psyche im weichen Rasen zurück und fiel sogleich in einen süßen Schlummer.

Als sie sich wieder vom Schlaf gestärkt erhebt, da sieht sie sich in einem schattigen Hain, in dem uralte Bäume wachsen. Hell wie ein Kristall fließt eine Quelle mitten hindurch. Nahe an der sprudelnden Quelle erblickt sie einen Palast, der so herrlich erstrahlt, dass er nicht von Menschenhand, sondern von Götterhand erbaut sein musste. Schon gleich, als sie über die Schwelle des Palastes tritt, erkennt sie, dass dies das liebliche Heim eines Gottes ist. Goldene Säulen tragen die prächtige Decke, die in Felder von Elfenbein und Citrusholz aufgeteilt ist. Getriebenes Silber prangt an den Wänden und stellt wilde Tiere dar. Kostbares Gestein bildet kleingehauen den Fußboden, mannigfaltige Bilder sind darin zu sehen. Auch alle anderen Räume des Palastes sind ebenso prächtig ausgestattet, überall erglänzt an den Wänden gediegenes Gold; selbst die Türen erstrahlen im gleichen Prunk. Ja, dies muss die Wohnung eines Gottes sein; man hätte glauben können, Jupiter selbst habe diesen Palast für sein Beisammensein mit Menschen erbauen lassen.

Entzückt über die Schönheit solch prächtiger Räume, tritt Psyche näher und geht durch eine herrliche Pforte ins Innere. Alle Einzelheiten sieht sie sich genau an und erblickt auch die Schatzkammern, die prall mit allen denkbaren Kostbarkeiten gefüllt sind.

Wie erstaunt war sie aber, als sie kein Schloss und keinen Riegel erblickte, der die Schätze sicherte. Und als sie voller Staunen all dies betrachtete, da ertönte plötzlich eine weibliche Stimme, ohne dass man eine Person wahrnehmen konnte, die sprach: »Was staunst du, Herrin, über all diese Pracht? Es gehört ja alles dir. Geh also ruhig ins Schlafgemach, leg dich zur Ruhe aufs Lager und nimm ein Bad, wenn du willst. Wir, deren Stimmen du hörst, sind deine dienstbaren Geister und warten nur auf deine Befehle.« Jetzt merkte Psyche, dass sie in der Obhut eines Gottes war, und legte sich aufs Lager zur Ruhe. Nachdem sie ein Bad genommen hatte, wie ihre Dienerinnen ihr vorgeschlagen hatten, setzte sie sich an eine festliche Tafel. Und sogleich wurden ihr die herrlichsten Weine und die köstlichsten Speisen aufgetischt. Sie standen plötzlich auf dem Tisch, und Psyche konnte nicht sehen, wer sie aufgetragen hatte, nur die Stimmen konnte sie vernehmen. Als sie das Mahl zu sich genommen hatte, da erschien plötzlich ein unsichtbarer Sänger, der von einem ebenso unsichtbaren Zitherspieler begleitet wurde, und beide gaben der schönen Königstochter ein Konzert; himmlisch klangen die Töne in ihren Ohren. Als die Nacht gekommen war, legte sich Psyche zur Ruhe, und bald umfing sie ein tiefer Schlaf.

Mitten in der Nacht aber klang ein sanfter Ton an das Ohr Psyches, und sie wurde aus dem Schlaf geweckt. Angstvoll saß sie auf ihrem Lager, fürchtete sie doch um ihre mädchenhafte Unschuld in dieser Verlassenheit des Palastes. Es kam der Gatte, den das Orakel verkündet hatte, und er bestieg ihr Lager und machte sie zu seiner Gemahlin. Und noch bevor es

Morgen wurde, erhob er sich von der Lagerstatt und entschwand, von Psyche noch ungesehen. So ging es jeden Abend und jeden Morgen. Und wie es oft geschieht, hatte das völlig Neue in Psyches Leben in ihr Freude hervorgerufen, und auch die Stimmen ihrer unsichtbaren Dienerinnen gaben ihr Trost und halfen ihr über die Einsamkeit ihres Daseins am Tage hinweg; denn nachts erschien immer der Gatte, und die Zeit verging dann wie im Fluge.

Die Eltern Psyches verzehrten sich inzwischen im Gram über das Schicksal ihrer Tochter. Auch die beiden Schwestern Psyches hatten von der Hochzeit mit dem Ungetüm gehört und kehrten deshalb ins elterliche Heim zurück, um ihren Eltern Trost zuzusprechen und um Näheres zu erfahren.

In derselben Nacht, in der die beiden Schwestern im Heim der Eltern angekommen waren, da sprach in seinem Palast der Gemahl zu Psyche: »Geliebte Psyche, eine unheilvolle Gefahr droht dir vom Schicksal; sei auf der Hut! Deine Schwestern glauben, du seist tot, und bald werden sie auf der Spitze des Berges oben erscheinen, um dich zu suchen. Wenn du dann ihr klagendes Rufen hörst, antworte ihnen nicht, sonst wird dir tiefer Schmerz und unsägliches Unheil widerfahren.« Psyche hörte diese mahnenden Worte ihres Gemahls, den sie noch nie von Angesicht gesehen hatte, und versprach ihm, so zu verfahren, wie er sie geheißen hatte. Doch als er bei Morgengrauen ihr Lager verlassen hatte, da wurde sie erst recht von Einsamkeit ergriffen. In Weinen und Wehklagen brach sie den ganzen Tag aus. Ganz und gar verlassen kam sie sich vor, da nicht einmal ihre Schwestern sie trösten durften, in einen goldenen Käfig wähnte sie sich eingeschlossen, von der menschlichen Gesellschaft gänzlich getrennt. An diesem Tag nahm sie weder Speise noch Trank zu sich und begab sich abends todunglücklich und tränenüberströmt in ihr Schlafgemach.

In dieser Nacht kam ihr unbekannter Gemahl früher als üblich, doch Psyche hörte nicht auf mit dem Weinen. So sprach er vorwurfsvoll zu ihr: »Folgt so meine geliebte Psyche meinen Mahnungen, dass sie Tag und Nacht Tränen vergießt? Mach es, wie du möchtest, nur denk an meine Worte, wenn die Reue zu spät kommt.« Doch diese Rede konnte Psyche nicht trösten, und ihr Tränenstrom versiegte nicht. So wurde schließlich ihr liebender Gemahl gerührt und er erlaubte ihr, die Schwestern zu sehen, mit ihnen zu sprechen und ihnen sogar kostbare Schätze des Palastes zu schenken. »Aber«, sprach er, »wenn sie dich nach meiner Gestalt fragen, so enthülle ihnen nichts, sonst verlierst du dein gegenwärtiges Glück, und ich werde dich nicht mehr besuchen.« Überglücklich bedankte sich Psyche bei ihrem Gemahl auf zärtlichste Weise. Hundertmal wollte sie lieber sterben, als ihren geliebten Gemahl zu verlieren. Schließlich erreichte sie es noch, dass der Gemahl es ihr zusagte, dass der sanfte Zephirwind auch die Schwestern den Berg hinab ins Tal bringen dürfe. Als der Morgen graute, erhob der unbekannte Gatte sich wieder vom Lager und entschwand wie immer.

Inzwischen waren schon die beiden Schwestern auf dem Gipfel des Berges angekommen, und laut ertönte ihr Wehgeschrei in den Felsen. Als sie nun auch noch den Namen der totgeglaubten Schwester riefen, lief Psyche schnell aus ihrem Palast und bat sie, doch mit Weinen und Jammern aufzuhören, sie sei ja noch am Leben, die Schwestern könnten zu ihr kommen, um sie in die Arme zu schließen. Und es kam der Wind Zephir und trug die Schwestern sanft hinab ins Tal zu Psyche. Stürmisch umarmten und küssten sie sich da alle, und Psyche führte die Schwestern dann hinein in den Palast und zeigte ihnen die ganze Pracht. Nachdem sie sich durch ein erfrischendes Bad gestärkt hatten, setzten sie sich an die Tafel, und sogleich trugen unsichtbar die Dienerinnen ein reichliches Festmahl auf.

Die Schwestern aber waren in ihrem Neid auf Psyches Glück neugierig geworden und fragten, wer denn eigentlich der Herr dieses Palastes und wer ihr Gemahl sei und wie er aussehe. Psyche aber erinnerte sich der Warnungen ihres Gatten und log den Schwestern vor, ihr Gatte sei ein schöner Jüngling, dem der erste Bartflaum die Wangen bedecke. Hauptsächlich widme er sich der Jagd in den Bergen und Fluren. Doch hatte sie Angst, doch den neugierigen Fragen der Schwestern zu erliegen. So rief sie den Zephir und hieß ihn, die Schwestern wieder auf den Berg zurückzubringen. Zuvor aber beschenkte sie sie noch reichlich mit kostbaren Schmuckstücken aus Gold und Edelsteinen.

Als die beiden Schwestern zu ihren Eltern zurückkehrten, da stieg erneut abscheulicher Neid in ihren Herzen auf. »Wie ungerecht ist doch das Schicksal«, sprach die eine, »wir, die älteren Schwestern, sind weit weg von unserer Heimat und müssen unseren Männern fast wie Mägde dienstbar sein, Psyche aber lebt in Reichtum und Prunk und hat noch einen Gott zum Gemahl. Du hast es doch gesehen, Schwester, welcher Reichtum an Kostbarkeiten dort im Haus liegt; bald wird sie vielleicht noch zur Göttin erhoben, dauernd blickt sie ja schon nach oben; sie verfügt über unsichtbare Dienerinnen, deren Stimmen man nur hört, und auch dem Wind vermag sie zu befehlen. Ich aber habe einen Gemahl, der noch älter als mein Vater ist, kahl ist er und schwächer als jeder Knabe, noch dazu verriegelt und bewacht er das ganze Haus.« Da sprach die andere: »Ich habe einen Mann, der von der Gicht geplagt wird und dauernd gebückt geht; nicht erwidert er mein zartes Verlangen; fortwährend muss ich seine steinernen Knöchel reiben und ihm Umschläge machen. Nicht seine Frau, sondern seine Pflegerin bin ich. Ich kann es nicht mehr länger ertragen, dass unserer jüngsten Schwester das Glück in den Schoß gefallen ist. Wie stolz und hochmütig hat sie uns doch behandelt, wie anmaßend gab sie uns ein paar Kleinigkeiten aus ihren großen Schätzen. Dann wurde sie unserer Anwesenheit überdrüssig und ließ uns vom Wind wieder entfernen. Ich will nicht mehr Frau sein, wenn ich sie nicht von ihrer Höhe hinabstürzen kann. Wir wollen gemeinsam einen Plan aushecken; den Eltern wollen wir von ihren Geschenken nichts zeigen, wir wollen ihnen auch nichts von ihr erzählen. Doch lasst uns jetzt zu unseren armseligen Männern und jämmerlichen Behausungen zurückkehren, bis wir einen Plan haben, ihren Hochmut zu bestrafen.« Die beiden Schwestern verstecken also ihre Geschenke, raufen sich heuchlerisch das Haar und zerkratzen sich ihr Gesicht. Damit rufen sie bei den alten Eltern den alten Schmerz um das vermeintliche Los Psyches wieder wach und reißen die alten Wunden auf. Dann begibt sich jede zu ihrem Mann, wo sie geradezu Meuchelmord gegen ihre Schwester ausdenken.

Unterdessen wurde Psyche wieder von ihrem Gemahl gewarnt: »Eine große Gefahr droht dir«, sprach er auf dem nächtlichen Lager zu seiner Gattin. »Deine beiden Schwestern werden wiederkommen, um von dir über meine Gestalt zu erfahren. Hast du aber einmal meine Gestalt gesehen, Psyche, so wirst du sie nie wieder sehen. Wenn deine bösen Schwestern also hierhin zurückkehren, so sprich nicht mit ihnen. Kannst du das aber nicht aushalten, so rede zumindest nichts über mich. Denn du trägst ein Kind unter dem Herzen. Bewahrst du das Geheimnis seines Vaters, so wird es ein göttliches, wenn nicht, ein sterbliches.«

Wie glücklich war Psyche, als sie hörte, dass sie Mutter werde, wie freute sie sich schon über den göttlichen Säugling. Kaum konnte sie den Tag der Niederkunft erwarten und zählte schon Monate und Tage bis zu jener Zeit. Doch ihre beiden Schwestern waren schon aufgebrochen, um ihren ruchlosen Plan in die Tat umzusetzen. Und erneut mahnte da nachts der Gatte: »Er ist jetzt da, der letzte Tag der Prüfung des Schicksals. Schon haben deine Schwestern die Waffen ergriffen und drohen deiner Kehle. Erbarme dich meiner, geliebte Gattin, bewahre dein Haus und deinen Gatten, dich und das Kind, das du in dir trägst, vor dem Unheil. Diese beiden Weiber, die du nicht mehr Schwestern nennen dürftest, solltest du weder sehen noch anhören, wenn sie wie Sirenen vom Berg herab ihr heuchlerisches Rufen ertönen lassen.« Unter Tränen erwiderte ihm Psyche: »Meine Treue und meine Verschwiegenheit hast du schon längst erprobt und als bewährt empfunden. Befiehl ruhig dem Zephir, beide zu mir hinabzubringen, damit ich sie zumindest sehen kann, wenn es mir schon nicht erlaubt ist, dein Antlitz zu schauen. Denn bald werde ich in unserem Kind dein Angesicht erkennen. Lass mich doch die Schwestern sehen, ich werde nicht mehr nach deiner Gestalt forschen, und die nächtliche Finsternis macht mir nichts mehr aus.« Durch diese zärtlichen Worte und durch Umarmungen und Liebkosungen wurde der Gemahl bezaubert, und er trocknete mit seinen weichen Locken Psyches Tränen. Er versprach, ihr den Wunsch zu erfüllen, und vor Morgengrauen verließ er wieder das Lager und ging von dannen.

Die bösen Schwestern waren inzwischen an der Küste gelandet und sogleich zum Gipfel des Berges geeilt, ohne vorher noch ihre Eltern aufzusuchen. Ohne die Hilfe des Windes abzuwarten, stürzten sie sich hastig in den Abgrund. Doch Zephir fing sie, wenn auch unwillig, kurz vor dem harten Aufprallen auf und trug sie auf Geheiß seines Herrn sachte zur Erde hinab. Überstürzt hasteten sie zum Palast, umarmten ihre Beute und schmeichelten ihr, beglückwünschten sie zu ihrem Mutterglück und heuchelten, das Kind werde ein wahrer Amor werden. So gewinnen sie allmählich völlig das Herz der harmlosen Psyche. Diese bewirtet sie köstlich, und nach der Tafel erklingt wunderbare Musik, von unsichtbaren Spielern und Sängern vorgetragen. Doch die harten Herzen der beiden Schwestern werden dadurch nicht weich. Sie wollen jetzt heimtückisch ihren Plan ausführen und fragen Psyche wieder, wer denn ihr Gemahl sei und woher er komme. Diesmal erzählt Psyche ihnen, er sei ein großer Kaufmann und komme aus der nahe liegenden Provinz, ein Mann im mittleren Alter sei er und erste Silberstreifen färbten schon sein Haar. Dann beschenkt Psyche wieder ihre Schwestern reichlich, und Zephir bringt sie hoch hinauf auf den Berg zurück.

Die Schwestern aber glaubten Psyche nicht; zuerst hatte sie vorgegeben, die Gattin eines jungen Mannes zu sein, jetzt die eines Kaufmanns in mittleren Jahren. »Entweder beleidigt sie uns«, sagten sie untereinander, »oder aber sie kennt das Aussehen ihres Mannes nicht. Dann aber wird es ein Gott sein, und sie wird Mutter eines göttlichen Kindes werden.« Das wollten die Schwestern aber aus Neid auf keinen Fall aushalten, lieber wollten sie sich noch erhängen. Kurz nur besuchten sie ihre Eltern, und schon am nächsten Morgen eilten sie zur Bergspitze und stürzten sich hinab, wiederum unwillig von Zephir aufgefangen. Sie heucheln Tränen und reden Psyche so an: »Glücklich bist du, denn du ahnst nichts von der Gefahr, die dir droht. Aufs tiefste waren wir betrübt, als wir erfahren haben, dass dein Gatte ein fürchterlicher Drache ist. Denk doch zurück an den Spruch des Orakels, das dir eine blutige Hochzeit mit einem Ungeheuer prophezeite. Viele Bauern und Jäger haben das Untier schon gesehen, wenn es abends von seinem Fraß zurückkehrte und sich in den Fluten des nahen Flusses badete. Nicht lange wird er dich mit diesen herrlichen Speisen mästen, glaube es. Wenn die Frucht deines Leibes größer ist, wird er auch dich verschlingen. Du aber entscheide, ob du dem Rat deiner Schwestern, die sich um dein Wohl sorgen, folgen willst, oder ob du dich lieber in den Armen eines Drachen ergötzt, um schließlich doch gefressen zu werden. Wir jedenfalls haben das unsere getan und dich gewarnt.«

Über diese Rede erschrak die gutgläubige Psyche fürchterlich und dachte nicht mehr an die warnenden Worte ihres Gemahls und an die Versprechungen, die sie ihm gegeben hatte. »Vielen Dank, liebe Schwestern«, sprach sie zitternd, »wie recht ihr habt, denn noch nie habe ich die Gestalt meines Gatten gesehen, ich weiß auch nicht, woher er stammt. Nur nachts sucht er mich auf; er ist bestimmt ein Ungetüm, da er das Licht derart scheut. Warum hat er mich sonst gewarnt, je seine Gestalt zu sehen? Helft mir doch, Schwestern, gebt mir doch einen Rat!«

Nun hatte der ruchlose Plan der bösen Schwestern kein Hindernis mehr, denn wehrlos war ihren Heucheleien die hilfesuchende Psyche erlegen. Da redeten sie: »Wir wollen alles für deine Rettung tun, Schwester. Verbirg auf deinem Lager einen scharfen Dolch und eine kleine Lampe. Und wenn der Drache neben dir eingeschlafen ist, nimm beides hervor und trenne mit einem Streich den Kopf vom Rumpf des Ungetüms. Wir werden in der Nähe bleiben, um dir zu helfen.« So heuchelten sie und machten sich in Wirklichkeit schnell von dannen, vom Zephir getragen. Sogleich bestiegen sie das Schiff und segelten davon, da sie Unheil ahnten.

Psyche aber blieb allein in ihrem Palast, und tiefer Kummer ergriff ihr Herz. Hin und her schwankt sie, bald will sie dem Rat der Schwestern entschlossen folgen, bald wird sie unsicher. In dem gleichen Wesen fürchtet sie das Ungetüm und liebt darin den Gatten. Doch als sich der Abend naht, da legt sie die Werkzeuge bereit.

Und der Gatte kam und bestieg ihr Lager. Sobald er aber an ihrer Seite eingeschlafen war, da nahm Psyche den Dolch und die Lampe hervor und beleuchtete die Gestalt ihres Gemahls. Doch welch ein Anblick bot sich ihr nun. Da lag kein grausiger Drache neben ihr, sondern der Liebesgott selbst in seiner ganzen Schönheit. Heller flackerte die Lampe bei seinem Anblick auf, und blanker blitzte der Dolch. Durch den wunderbaren Anblick entzückt sank Psyche in die Knie und fast hätte sie sich selbst, ihrer Sinne nicht mehr Herr, mit dem Dolch durchbohrt, um ihn in der eigenen Brust zu verbergen. Aber er war ihr hingefallen.

Sie kann nicht genug bekommen von dem herrlichen Anblick des Gottes, es raubt ihr die Sinne. Wie liegt er da, in lockiges Gold den Kopf gehüllt, an den Schultern des Gottes leuchten die Flügel. Am Fuße des Lagers ruhen Bogen, Köcher und Pfeile, die Zeichen seines munteren Wirkens. Neugierig nimmt Psyche einen Pfeil aus dem Köcher und betastet ihn. Bei ihrem Spiel ritzt sie sich damit etwas den Finger, sodass kleine Blutströpfchen hervorkommen. Damit verfällt Psyche, ohne es zu wissen, in heiße Liebe zu Amor und heftig küsst sie den schlafenden Gott. Doch das Unglück schreitet schnell. Als sie den Körper ihres Geliebten immer wieder küsst, fällt ein Tropfen heißen Öls aus der Lampe und träufelt auf die rechte Schulter des Gottes. Sogleich erwacht Amor hiervon, und als er den Vertrauensbruch Psyches gemerkt hat, schwingt er sich schweigend in die Lüfte. Psyche ergreift noch seinen rechten Fuß, will ihn zurückhalten, doch bald versagen ihr die Kräfte, und sie gleitet zur Erde.

Doch konnte Amor seine geliebte Psyche nicht sofort verlassen. Er schwang sich auf die nächste Zypresse und rief sie in tiefer Erregung an: »Einfältige Psyche! Damals wollte meine Mutter dir den elendsten Menschen zum Gemahl geben und rief mich deshalb zu sich. Ich aber wurde selbst in Liebe zu dir ergriffen und habe dich zu meiner Gemahlin gemacht. Und dafür hast du mich für ein Untier gehalten und wolltest mir den Kopf abhauen. Deine beiden Schwestern werden sofort von mir bestraft. Deine Strafe wird sein, dass ich von dir gehe.« Sprach's, schwang sich in die Lüfte und flog von dannen.

Psyche verfolgte noch den Flug ihres Amor mit den Augen, bis er entschwunden war. Dann aber wollte sie vor Gram und Schmerz um den Verlust ihrer großen Liebe nicht mehr leben und stürzte sich in den nächsten Fluss. Doch der gütige Fluss setzte sie aus Angst vor dem Gott wieder sanft ans Ufer, wo gerade der ländliche Gott Pan saß und seine schöne Nymphe Echo in den Armen hielt. Tröstend sprach da Pan der Psyche zu, als er von ihrem Missgeschick erfah-

ren hatte. Doch Psyche antwortete nicht, sondern verehrte Pan nur im Stillen und eilte weiter.

Nachdem sie lange umhergeirrt war, kam sie eines Abends auch in eine Stadt, in der einer ihrer Schwager König war. Sogleich eilte Psyche zu ihrer Schwester und sprach zu ihr: »Ihr habt mir doch geraten, meinen Gemahl, der ein Ungeheuer sein sollte, zu töten. Als ich aber sein Angesicht beim Schein der Lampe sah, da erblickte ich den Sohn der Venus, Amor. Ein Tropfen heißen Öls fiel auf seine Schulter, und er erwachte. Da befahl er mir, ihn sogleich zu verlassen, und sagte mir noch, dass er dich heiraten wolle.« Da wurde die Schwester von glühender Liebesgier ergriffen, heuchelte ihrem Gatten vor, ihre Eltern seien gestorben, stieg schnell in ein Schiff und bestieg den Gipfel des unheilvollen Berges. Dort stürzte sie sich wild in die Tiefe, um zu Amor zu gelangen. Aber diesmal war Zephir nicht mehr da, der sie sonst sanft in die Tiefe brachte. Und so zerschellte sie am abgründigen Felsen, ihr Körper diente den Tieren zum Fraß.

Auf ihrer langen Irrfahrt war inzwischen Psyche auch in die Stadt gelangt, in der ihr anderer Schwager König war. Auch hier erzählte sie der anderen Schwester die gleiche Geschichte, und sogleich wurde diese von derselben Raserei ergriffen und stürzte wie ihre Schwester in den Tod.

In allen Ländern suchte nun Psyche ihren geliebten Gemahl; doch Amor lag krank im Hause seiner Mutter und stöhnte unter der Wunde, die der Tropfen heißen Öls aus der Lampe Psyches ihm beigebracht hatte. Und eine schneeweiße Möwe tauchte nun tief hinab in den Ozean und erzählte Venus, die gerade badete, dass ihr Sohn sich bei einem irdischen Mädchen oben in den Bergen am Öl der Lampe verbrannt habe. Das ganze Haus der Venus gerate in schlechten Ruf, denn auch sie selbst kümmere sich nicht mehr um die Menschen, sie bade und schwimme nur. Lust und Anmut seien entflohen, Ehe, Freundschaft und Kindesliebe lägen brach, und an ihre Stelle seien Laster und Gehässigkeit getreten.

Darüber geriet Venus in große Wut und schrie: »Was, mein Söhnchen hat schon ein Liebchen? Gib mir sofort ihren Namen an! Ist es eine Nymphe, eine Hore, eine Grazie oder Muse?« – »Ich glaube nicht, Herrin«, erwiderte die Möwe, »ich glaube, es ist eine gewöhnliche Sterbliche, sie heißt Psyche.«

Als Venus den Namen ihrer einstigen Nebenbuhlerin hörte, geriet sie vollends in unbändigen Zorn, eilte schnell in ihre goldene Wohnung und schrie ihrem kranken Sohn zu, kaum dass sie die Schwelle überschritt: »Vortrefflich hast du dies gemacht. Du hast meine Feindin nicht durch eine Liebe gequält, sondern sie zu deiner eigenen Geliebten gemacht. Schon als kleiner Junge hast du nicht viel getaugt. Soll ich meine Feindin, die Göttin der Mäßigkeit, um Hilfe rufen, sie, die ich wegen meiner Zügellosigkeit so oft gequält habe? Hart ist es, gerade sie zu bitten, aber es bleibt mir kein anderer Weg. Sie wird dir schon die Flügel stutzen, dir die Pfeile aus dem Köcher nehmen und sie stumpf machen und dir deine goldglänzenden Locken scheren. Dann erst ist meine Kränkung gesühnt.« Nach diesen Worten verließ sie in wildem Zorn die Wohnung. Ceres und Juno, die ihr begegneten, bat sie noch, ihr bei der Suche nach Psyche behilflich zu sein; doch diese beiden Göttinnen versuchten ihr den Zorn auszureden, denn sie fürchteten die Liebespfeile des jungen Amor. So ließ Venus die beiden verächtlich stehen und strebte schleunigst dem Meer zu.

Inzwischen suchte Psyche Tag und Nacht ohne Rast ihren Gatten; sie wollte seinen Zorn besänftigen, koste es, was es wolle, durch zärtliche Liebkosungen oder aber auch durch demütige Bitten. So kam sie umherirrend auch zu einem hohen Berg, auf dessen Gipfel ein Tempel stand. Eiligen Fußes machte sie sich daran, den Berg zu besteigen, da sie glaubte, ihr Gemahl hielte sich dort auf. Schon hatte sie die Steigung erklommen und nahte sich dem Tempel. Da erblickte sie Weizenähren und Gerstenähren auf einem Haufen oder zu Kränzen gebunden. Auch Sicheln und anderes Erntegerät lag durcheinander und ungeordnet da, so wie die Erntearbeiter es wohl hingeworfen hatten, als sie bei der Sonnenglut sich in den Schatten zurückgezogen hatten. Sogleich ordnete Psyche einzeln alle Geräte und legte sie richtig zusammen, denn sie glaubte, keiner Gottheit Dienst vernachlässigen zu dürfen, wenn sie überall Mitleid finden wollte. Als sie eifrig dabei war, alles zu ordnen, da näherte sich ihr Ceres, die Göttin der Erde und des Wachstums, und sprach zu ihr: »Oh, unglückliche Psyche! Überall auf dem ganzen Erdkreis sucht dich die erzürnte Venus, um sich bitter an dir zu rächen. Und du bist hier und denkst an nichts als an Dinge, die mich betreffen.« Demütig warf sich da Psyche zu Füßen der Göttin und benetzte diese mit ihren Tränen. »Komm mir zur Hilfe«, flehte sie, »lass mich doch einige Tage hier zwischen den Ährenbündeln verbringen, bis sich der Zorn der Venus etwas gelegt hat, und ich mich von dem endlosen Umherirren erholt habe!« Doch obwohl Ceres gerührt war, wies sie die Bitte zurück. Sie mochte wohl Psyche beistehen, doch konnte sie nicht, denn sie wollte sich ihre Verwandte Venus nicht zur Feindin machen.

So machte sich Psyche doppelt betrübt wieder auf den Weg und gelangte in einem schattigen Hain zu einem herrlichen Tempel. Und da sie den Schutz und die Hilfe jeder Gottheit dringend brauchte, ging sie auf ihn zu. Kostbare Weihgeschenke und goldbestickte Gewänder erblickte sie an den Ästen der Bäume und den Türpfosten des Tempels aufgehängt; sie verkündeten den Namen der Göttin, der sie geweiht waren. Psyche wischte ihre Tränen ab, betrat den Tempel, umfasste mit ihren Armen den warmen Altar und betete: »Schwester und Gemahlin des großen Jupiter, hilf mir in meinem Elend, in welchem deiner Tempel du dich auch jetzt aufhältst. Ich kann nicht mehr weiter und breche zusammen unter der Last meines Unglücks. Du hilfst ja auch besonders den Schwangeren.« Da trat die Göttin in ihrer ganzen Majestät hervor und verkündete: »Wie gerne würde ich dir helfen, aber ich kann nichts gegen den Willen der Venus tun, ist sie doch meine Schwiegertochter.«

Wiederum war Psyche in ihrer Erwartung getäuscht und gab jede Hoffnung auf, ihren geliebten Gemahl jemals zu finden. Von wem konnte sie jetzt noch Hilfe erwarten, da ja nicht einmal die mächtigen Göttinnen ihr Beistand leisten durften. Überall war sie gefangen, es gab keinen Schlupfwinkel mehr für sie. So beschloss sie denn, alle Hoffnung mutig aufzugeben, sich Venus freiwillig zu stellen. Noch allein ihre Demut konnte vielleicht den Zorn der Venus besänftigen, und vielleicht würde sie im Haus der Mutter auch ihren Amor finden. Mit diesen Gedanken bereitete sie sich auf die Demütigung oder sogar aufs sichere Verderben vor, doch es war ihr nun einerlei.

Venus aber gab es nun auf, mit irdischen Mitteln nach Psyche zu suchen. Sie ließ den Wagen anspannen, den ihr einst Vulkan zur Hochzeit geschenkt hatte, und fuhr hinauf in die Höhe zur Herrscherburg Jupiters. Dort bat sie den höchsten der Götter, ihr Hermes, den Boten, zur Hilfe zu geben, und Jupiter schlug der schönen Göttin diese Bitte nicht ab. Hermes fuhr nun mit ihr hinab zur Erde und verkündete überall, dass Venus eine hohe Belohnung für den aussetze, der Psyche ausfindig mache. Der Lohn bestand in sieben honigsüßen Küssen der Göttin.

Alle Menschen wetteiferten nun darin, diese Belohnung zu erhalten. Dadurch aber wurde Psyche nur noch in ihrem Vorhaben bestärkt und gelangte schon zur Tür der Wohnung der Venus. Schon dort beschimpfte eine aus dem Gesinde der Venus Psyche mit beleidigenden Worten und schleifte sie an den Haaren zu Venus, doch Psyche wehrte sich nicht. Als Venus sie erblickte, da rief sie in ihrem Zorn schadenfroh aus: »So kommst du nun endlich zu deiner Schwiegermutter, oder hast du vor, deinen kranken Geliebten aufzusuchen. Doch sei beruhigt, ich will dir helfen.« Und sie rief ihre Dienerinnen, die Sorge und die Traurigkeit. Diese erschienen, und Psyche wurde von ihnen gequält. Mit Geißeln und anderen Werkzeugen marterten sie sie und schleppten sie dann wieder vor Venus.

Deren Zorn aber ist noch immer nicht verraucht. »Du willst wohl durch deinen Zustand bei mir Mitleid erregen«, höhnt sie, »du willst mich außerdem in der Blüte der Jahre schon zur Großmutter machen. Aber schlage dir das aus dem Kopf. Die Ehe ist ungültig, sie ist ja ohne Zeugen geschlossen. Und das Kind, das du zur Welt bringen wirst, ist nicht mein Enkel.« Dann stürzt sie sich wild auf Psyche, zerreißt ihr die Kleider, zerzaust ihr das Haar und schlägt ihr auf den Kopf. Weizen, Gerste, Hirse, Mohn, Erbsen, Linsen und Bohnen lässt sie dann bringen, vermischt alle Körner auf einem Haufen und spricht: »Abscheuliche Kreatur, hier kannst du dich in geduldiger Arbeit üben. Sondere die ganze Masse nach den einzelnen Arten und liefere mir die fertige Arbeit noch vor dem Abend ab.« Dann geht Venus zu einem Hochzeitsmahl.

Starr vor Schreck war Psyche und fing gar nicht erst mit der unlösbaren Aufgabe an. Eine kleine Ameise aber hatte alles mit angehört und wurde von Mitleid erregt. Emsig lief sie hin und her und rief alle ihre Brüder und Schwestern herbei. Die ganze Ameisenschar lief nun zusammen, und in höchstem Eifer sonderten sie alle Körner auseinander und machten von jeder Art einen kleinen Haufen. Und nach getaner Arbeit entschwanden sie wieder flink.

Als Venus vom Wein berauscht und von Balsam duftend heimkehrte und das vollendete Werk sah, da rief sie: »Das ist nicht deiner Hände Werk, sondern seiner, dem du zu deinem, aber auch zu seinem Unglück gefallen hast.« Sie warf Psyche ein Stück groben Brotes vor die Füße und legte sich zum Schlaf. Während dieser ganzen Zeit aber war Amor im Innern des mütterlichen Schlosses eingesperrt und wurde streng bewacht. So brachten beide Liebenden, unter einem Dach, aber doch getrennt, eine schreckliche Nacht zu.

Schon früh am nächsten Morgen rief Venus Psyche zu sich und stellte ihre eine zweite unlösbare Aufgabe: In einem Hain an den Ufern eines Flusses weideten goldfarbene Schafe ohne Hirten. Von ihrer Wolle sollte Psyche der Venus eine Flocke bringen. Sogleich ging Psyche los, nicht aber, um den Befehl der Göttin auszuführen, sondern um durch einen Sturz vom felsigen Ufer in den Wellen den Tod zu suchen. Es wuchs aber dort viel Schilf. Dieses war durch göttlichen Hauch beseelt und raunte Psyche zu: »Unglückliches Mädchen, beflecke nicht mein heiliges Wasser durch deinen unseligen Tod, geh auch nicht jetzt, wo die Sonne hoch am Himmel steht, zu den furchtbaren Schafen. Denn sie nehmen von der Sonne Glut in sich auf, und in wilder Raserei versuchen sie jeden, der sich ihnen naht, mit ihrer Eisenstirn, ihren spitzen Hörnern und ihren giftigen Bissen zu töten. Wenn es aber Abend wird, dann legen sich die Tiere in den Schatten am Fluss. Halte dich unterdessen unter jener riesigen Platane auf, und wenn die Schafe sich durch die Kühle beruhigt haben, dann schüttle das Laub des Hains, und du findest die Goldflocken an den Zweigen.« So sprach das menschenfreundliche Schilf, und Psyche folgte seinem Rat und brachte am Abend einen ganzen Schoß voll Goldwolle zu Venus.

Die Göttin wurde dadurch immer noch nicht gnädig gestimmt und glaubte nicht, dass Psyche diese Aufgabe allein vollführt habe. Und sie gab ihr eine dritte, noch schwerere Aufgabe: Von einer hohen Felsenspitze herab fließen die dunklen Wasser einer Quelle, sie bewässern in einem Tal tief drunten den stygischen Sumpf und speisen die brausenden Fluten des Cocytus, eines Flusses in der Unterwelt. Dort droben auf der Felsenspitze sollte Psyche von der Quelle der dunklen Wasser ein Gefäß schöpfen. Venus überreichte ihr einen Krug aus Bergkristall und ging dann drohend von dannen.

Sogleich machte Psyche sich auf den Weg zum Gipfel des Felsens, doch wiederum nicht, um die Aufgabe zu lösen, sondern um ihrem Leben dort ein Ende zu setzen. In der Nähe des Gipfels angekommen, erkannte sie aber die schreckliche Gefahr, die ihr drohte. Jäh ragte über ihr der Fels, in dem der Quell des dunklen Wassers entsprang, das sogleich tief in einem Sturzbach nach unten brauste. Links und rechts hausten in Höhlen schreckliche Drachen, die furchtbar die Augen geöffnet hielten und nie schliefen. Entsetzlich reckten sie ihre Hälse empor. Und auch die Fluten des herabstürzenden Wassers riefen ihr zu: »Hinweg von hier, fliehe, du bist verloren.«

Vor Schreck war Psyche erstarrt, nicht einmal Tränen konnten ihren Augen entrinnen. Doch wiederum nahm sich die Vorsehung ihrer an. Der Adler, der Vogel Jupiters, stieß vom Himmel herab; er wollte Psyche helfen, denn er hatte sich daran erinnert, dass Amor ihm damals, als er für Jupiter den Ganymed rauben musste, geholfen hatte. Jetzt wollte er also auch dessen Gemahlin nicht im Stich lassen und redete sie an: »Glaubst du wirklich, dass du die Wasser des Styx, den selbst Jupiter fürchtet, in dein Krüglein füllen kannst, du Törichte? Doch gib mir nur deinen Krug her.« Und der Adler erfasste den Krug mit seinen Fängen, schwang sich hoch über die fürchterlichen Drachen bis hin zum Gipfel und schöpfte für Psyche das Wasser aus der Quelle. Dem Wasser, das sich freiwillig nicht schöpfen ließ, rief er zu, er komme von Venus, sie habe es ihm befohlen. So brachte er den Krug zu Psyche, die damit hocherfreut zu Venus zurückkehrte.

Doch Venus wurde auch dadurch noch nicht in ihrem Zorn besänftigt. Jetzt dachte sie sich die schwerste Aufgabe für Psyche, die doch schon so vieles Unheil erduldet hatte, aus: »Nimm diese Büchse«, sprach sie, »und gehe geschwind in die Unterwelt. Bringe sie dort der Proserpina und sage ihr, Venus bitte sie, noch etwas von ihrer Schönheit in einer Salbe zu schicken. Sag ihr, dass meine Schönheit verblichen sei bei der Pflege meines Sohnes. Komm aber sofort zurück, denn ich brauche die Schönheit, noch bevor ich zur Versammlung der Götter gehe.«

Nun erkannte Psyche, dass ihr Ende nahe war und dass Venus sie absichtlich in den Tod schickte. Sie ging aber dennoch los, zu einem sehr hohen Turm, um sich von dort in den Tod zu stürzen, denn das sei der beste Weg, in die Unterwelt zu gelangen, glaubte sie.

Da hatte sogar der Turm Erbarmen mit ihr und sprach: »Warum willst du jetzt bei deiner letzten Aufgabe versagen? Erst wenn sich dein Geist vom Körper getrennt hat, wirst du hinab in die Unterwelt kommen, freilich aber nicht mehr zurück. Doch höre auf mich! Nicht weit weg von hier liegt die Stadt Sparta. Von dort gehe in das abseits gelegene Taenarus, da ist ein Eingang zur Unterwelt. Dort wird dir eine unwegsame Straße gewiesen, auf der du durch eine Schlucht zur Burg der Unterwelt gelangst. Erscheine aber nicht mit leeren Händen. Nimm in jede Hand einen honigsüßen Gerstenkuchen und in den Mund zwei Geldstücke. Wenn du ein gutes Stück des Weges gegangen bist, wird dir ein lahmer Esel, der Holz trägt, begegnen, und auch ein lahmer Eselstreiber wird dich bitten, ihm herabgefallene Holzstücke aufzusammeln. Geh' aber, ohne ein Wort zu sagen, an ihnen vorbei. Dann wirst du an den Fluss der Unterwelt gelangen, wo der Fährmann Charon erst das Geld für die Überfahrt verlangt. Gib ihm als Fährlohn eines der Goldstücke, denn selbst bei den Toten herrscht noch die unselige Gier nach Gold. Charon muss sie aber selbst aus deinem Mund nehmen.

Bei der Überfahrt über den Fluss der Toten wird der Schatten eines Greises im Fluss auftauchen und dich bitten, ihn doch auch ins Schiff zu ziehen. Doch bleibe auch ihm gegenüber standhaft. Am anderen Ufer angekommen, wirst du alte Frauen treffen, die dasitzen und spinnen. Sie werden dich bitten, ihnen beim Spinnen zu helfen. Doch hüte dich, dies zu tun, denn all dies sind Hinterhalte der Venus, damit du einen der Kuchen verlierst. Hast du aber einen Kuchen verloren, so wirst du nie mehr aus der Unterwelt zurückkehren können. Vor dem Palast der Proserpina liegt nämlich ein dreiköpfiger Hund, der die Toten mit fürchterlichem Gebell empfängt. Er bewacht die Burg Plutos, des Herrschers der Unterwelt. Gib diesem schrecklichen Hund einen der beiden Kuchen, und er wird sanft und lässt dich in den Palast der Proserpina. Sie wird dich gnädig aufnehmen und dich bitten, dich hinzusetzen und etwas zu essen. Das darfst du aber nicht annehmen! Setz dich nur zu Boden und bitte um ein Stück Brot. Dann verrichte deinen Auftrag, hole dir die gewünschte Salbe, gib bei der Rückkehr dem Hund den zweiten Kuchen und dem Fährmann das zweite Geldstück und lass dich dann wieder zurück über den Totenfluss setzen. Geh dann wieder der unwegsamen Straße entlang zurück zum Licht der Sonne. Aber vor allem hüte dich, die Büchse, die dir Proserpina übergab, zu öffnen, das würde dir große Gefahr bringen.«

So sprach der gütige Turm. Psyche aber hörte auf alle diese guten Ratschläge des Turmes und gelangte wohlerhalten zu Proserpina. Wie der Turm ihr geraten hatte, lehnte sie höflich die Bitten Proserpinas ab und trug ihr ihren Wunsch vor. Heimlich füllte Proserpina die Büchse mit dem, was Venus gewünscht hatte. Psyche nahm sie in Empfang und gelangte glücklich ans Licht der Oberwelt zurück. Alle Vorsichtsregeln des Turmes hatte sie bislang erfüllt, doch jetzt erwachte wiederum die unselige Neugier in ihrem Herzen. Sie wollte sich auch ein wenig von der göttlichen Schönheitssalbe nehmen, um ihrem Gatten zu gefallen. Aber wie erschrak sie, als sie die Büchse öffnete. Keine Schönheit war darin enthalten, nur der Schlaf. Dieser ergriff Psyche, sodass sie auf ihrem Heimweg plötzlich wie tot hinfiel.

In der Zwischenzeit war Amor gesund geworden und konnte es nicht mehr länger aushalten, dass seine geliebte Psyche ihm fern war. So schwang er sich durch das oberste

Fenster seines Zimmers, in dem er gefangengehalten wurde, hinaus. Und da seine Flügel durch die Ruhe gestärkt worden waren, eilte er schneller denn je zu Psyche, streifte sorgsam den höllischen Schlaf von ihr ab, schloss diesen wiederum in die Büchse ein und erweckte Psyche durch einen kleinen harmlosen Stich mit seinem Pfeil. »Wiederum, geliebte Psyche«, sprach er, »bist du durch deine Neugier in großes Unglück geraten. Doch geh jetzt schnell zu meiner Mutter und erfülle ihren Auftrag, das andere will ich schon besorgen.« Dann schwang er sich wieder in die Lüfte, und Psyche überbrachte sogleich der Venus das Geschenk Proserpinas.

Amor aber fürchtete noch immer, seine Mutter werde ihre Drohungen wahrmachen und ihn der Mäßigkeit ausliefern. So ersann er eine neue List. Schnell durcheilte er den Himmel und schwang sich zum großen Jupiter auf, um diesen um Hilfe für Psyche und sich selbst zu bitten. Der oberste Gott aber streichelte seine Wange, liebkoste ihn und sprach: »Du hast zwar nie meine Ehre gewahrt, sondern mein Herz oft durch deine schnellen Pfeile in Liebe zu irdischen Frauen entflammt. Aber dafür will ich dir nicht böse sein, da du unter meinen Händen groß geworden bist. So will ich dir deine Bitte erfüllen. Als Gegendienst möchte ich nur, dass du mir das hübscheste Mädchen der Erde beschaffst.« Dann befahl er Merkur, die Götter sogleich zu einer Versammlung einzuberufen.

Bald hatte sich der ganze Himmelssaal gefüllt, und von seinem hohen Thron herab sprach Jupiter: »Alle, die ihr euch hier eingefunden habt, wisst, dass dieser Jüngling von meinen Händen erzogen worden ist. Und da der ganze Erdkreis jetzt schon von seinen dreisten und losen Streichen spricht, habe ich beschlossen, ihm etwas Zügel anzulegen, die der Ehe. Ein Mädchen hat er ja schon gewählt und ihm die Unschuld genommen. So soll er denn seine geliebte Psyche behalten und sich mit ihr an der Liebe erfreuen.« Und zu Venus gewandt sprach er dann: »Du, meine Tochter, sei nicht betrübt, fürchte nicht um deine Abstammung. Ich will die beiden Gatten gleichmachen, damit die Ehe rechtskräftig wird.« Und sogleich befahl er dem Merkur, Psyche in den Himmel zu holen. Er reichte ihr einen Becher Ambrosia mit den Worten: »Trink, Psyche, und werde unsterblich. Nie wird dein geliebter Amor von dir weichen, eure Ehe soll ewig dauern.«

Sogleich wurde ein prächtiges Hochzeitsmahl aufgetragen. Oben an der Tafel saß der junge Ehemann, seine geliebte Psyche auf seinem Schoß. Dann saßen an der Tafel Jupiter mit Juno und die anderen Götter, alle der Reihe nach. Alle Himmlischen trugen zum Glanz dieser Feier bei. Ganymed reichte Jupiter den Becher, den übrigen schenkte Bacchus ein. Vulkan hatte die Speisen gekocht, die Horen hatten mit Rosen und anderen Blumen den Saal geschmückt, die Grazien erfüllten die Luft mit Balsam. Und beim Mahl sangen die Musen die herrlichsten Lieder, Apollo begleitete sie auf seiner Zither. Venus selbst aber tanzte

voller Anmut, wozu die Musen im Chor sangen und ein Satyr die Flöte spielte.

So wurde Psyches Hochzeit mit Amor in aller Form gefeiert. Und als die Zeit herangereift war, da kam Psyche nieder und schenkte ihrem Gemahl eine Tochter, die die sterblichen Menschen Lust nannten.

Antike

Der Schuss auf den Leichnam

Es lebte einst ein sehr edler König, weise und reich, der eine ihm sehr teure Gattin hatte, die der ihm schuldigen Liebe uneingedenk drei Söhne außerhalb ihrer Ehe gebar, die beständig aufrührerisch gegen den König und demselben in nichts ähnlich waren. Nachher aber empfing sie aus dem Samen des Königs einen vierten Sohn, gebar und säugte ihn. Nun begab es sich aber, dass, als der Kreislauf seiner Tage geschlossen war, der König starb und sein königlicher Leib in einem Sarg verschlossen wurde. Da fingen nun nach seinem Tod die vier obengenannten Söhne an, um die Oberherrschaft im Reich zu streiten. Endlich kamen sie darin miteinander überein; sie wollten zu einem alten Krieger, der vormals Geheimschreiber des verstorbenen Königs gewesen war, gehen und sich einfach auf seine Entscheidung verlassen, und also geschah es. Als nun aber der Krieger sie geduldig angehört hatte, sprach er: »Hört meinen Rat! Und wenn ihr denselben werdet befolgt haben, wird alles gut sein. Es ist aber ersprießlich für euch, dass ihr den Leichnam des seligen Königs aus seinem Sarg herausnehmt und dann ein jeder von euch seinen Bogen und Pfeil in Bereitschaft hält; wer nun am tiefsten in den Leichnam hineinschießen wird, der soll sein Reich erhalten.« Dieser Rat gefiel ihnen, sie gruben den Leichnam aus seinem Ruheplatz aus und befestigten ihn an einem Baum. Der erste aber, welcher seinen Pfeil abschoss, verwundete die rechte Hand des

Königs, weshalb man ihn beinahe schon zum alleinigen Erben und Herrn des Reichs ausrief. Der zweite aber schoss seinen Pfeil gewissermaßen voller Fröhlichkeit näher in das Gesicht hinein, woher er sich den Sieg mit größerer Gewissheit zuschrieb. Der dritte aber durchbohrte das Herz desselben und meinte nun, er werde vor seinen andern Brüdern auf das Sicherste die Herrschaft ohne Widerstreit in Besitz nehmen können. Als nun aber der vierte zu dem Leichnam hintrat, seufzte er schwer und sprach mit kläglicher Stimme: »Weh mir, mein Vater, dass ich deinen Leichnam von deinen eigenen Söhnen verwundet sehen muss: Ferner sei es von mir, dass ich nach dem Leib meines Vaters, sei er nun lebendig oder tot, jemals schießen sollte.« Als er so gesprochen hatte, da hoben ihn die Fürsten des Landes und das ganze Volk miteinander auf ihre Schultern und setzten ihn als den wahren Erben und Herrn des Reichs auf den Thron seines Vaters: Die andern drei aber wurden aller ihrer Würden und Reichtümer beraubt und aus dem Land gejagt.

Mittelalter

Der Wettlauf der Prinzessin

Es war einst ein König, der eine einzige Tochter hatte, die war schön und reizend und hieß Rosimunda. Wie nun dieses Mädchen zu ihrem zehnten Lebensjahr gelangt war, war sie so geschickt im Laufen, dass sie eher an das Ziel gelangte, als irgendjemand sie einholen konnte. Der König ließ also in seinem ganzen Reich ausrufen, dass, so jemand mit seiner Tochter einen Wettlauf machen wolle und eher als sie das Ziel erreiche, er sie zur Frau bekommen und nach seinem Tod auch das Reich erhalten solle. So aber jemand dieses unternähme und im Laufen besiegt würde, der müsse das Haupt verlieren. Wie diese Verkündigung ausgerufen worden war, da erboten sich unendlich viele, mit ihr zu laufen, aber alle, die mit ihr liefen, blieben hinter ihr zurück und verloren ihre Köpfe. Nun war damals im Land ein gewisser armer Mann, dessen Name war Abibas. Der dachte bei sich: »Ich bin arm und aus gemeinem Blut entsprossen: Wenn ich nun auf irgendeine Weise jenes Mädchen besiegen könnte, würde ich nicht allein vorwärtskommen, sondern auch alle aus meinem Geblüt.« Er versorgte sich demnach mit drei Hilfsmitteln, erstens mit einem Rosenkranz, weil Mädchen dieselben gern haben, dann mit einem seidenen Gürtel, welchen sich alle Mädchen wünschen, drittens mit einem seidenen Beutel, in welchem ein vergoldeter Ball war, auf welchem folgende Aufschrift stand: »Wer mit mir spielt, der wird nie dieses Spiel satt werden.« Diese drei Dinge steckte er in seinen Busen, ging nach dem Palast und klopfte an. Der Pförtner war da und verlangte den Grund des Anklopfens zu wissen. Der aber sprach: »Ich bin bereit, mit der Prinzessin einen Wettlauf zu machen.« Wie die das hörte, öffnete sie ein Fenster, und als sie ihn erblickt hatte, verachtete sie ihn in ihrem Herzen und sprach: »Siehe, da ist ein elender Kerl, mit dem du laufen musst.« Indessen konnte sie nichts dagegen einwenden, sondern bereitete sich zum Laufen. Beide liefen nun nebeneinander fort, allein, bald kam ihm das Mädchen auf einen großen Zwischenraum zuvor, und wie das Abibas bemerkte, warf er den Rosenkranz vor sie hin. Wie nun die Prinzessin den Kranz sah, bückte sie sich, hob den Kranz auf und setzte sich ihn auf den Kopf. Sie freute sich aber so über den Kranz, dass sie wartete, bis Abibas ihr vorgekommen war. Als sie das sah, sprach sie in ihrem Herzen: »Nie darf die Tochter meines Vaters mit einem solchen Landstreicher verbunden werden.« Alsbald warf sie den Kranz in eine tiefe Grube, lief ihm nach und erreichte ihn, und als sie ihn erreicht hatte, gab sie ihm eine Ohrfeige und sprach: »Bleib stehen, elender Kerl. Es geziemt sich nicht, dass mich der Sohn deines Vaters zur Frau erhält, und alsogleich kam sie ihm vor.« Wie das Abibas gewahr wurde, warf er den seidenen Gürtel vor sie hin und als sie den erblickte, bückte sie sich, hob ihn auf, gürtete sich mit ihm und freute sich so über denselben, dass sie sich eben damit länger aufhielt, sodass sie Abibas zum zweiten Mal weit überholte. Als das die Prinzessin bemerkte, weinte sie bitterlich, nahm aber den Gürtel und riss ihn in drei Stücke, lief jenem hierauf nach, holte ihn ein und als sie ihn erreicht hatte, hob sie die Hand auf, gab ihm eine Ohrfeige und sprach: »Oh Elender, du sollst mich nie zur Frau bekommen.« Alsbald holte sie ihn wieder ein, aber Abibas, wie er das sah, wartete solange, bis sie ihm ganz nahe war. Hierauf warf er den seidenen Beutel vor sie hin und sie hatte denselben kaum erblickt, als sie sich auch bückte und den Beutel aufhob. Sie öffnete ihn und fand den vergoldeten Apfel darin, und als sie die Aufschrift las: »Wer mit mir spielt, wird niemals dieses Spiel satt werden«, fing sie dermaßen und solange an, mit ihm zu spielen, bis Abibas schneller zum Ziel gelangte und sie zur Frau bekam.

Mittelalter

Die untreue Frau

Einst war ein Kaiser Titus, in dessen Reich ein gewisser edler Ritter lebte, der Gott sehr ergeben war und eine schöne Frau besaß, die ihm aber oft untreu war und nie von ihren Treulosigkeiten ablassen wollte. Wie solches der Ritter gewahr wurde, trauerte er sehr in seinem Herzen und dachte, das heilige Grab zu besuchen, und sprach also zu seinem Weib: »Meine Liebe, ich will nach dem heiligen Land ziehen und übergebe euch eurer eigenen Ehre.« Wie er aber über das Meer gegangen war, da verliebte sich die Dame in einen Kleriker, der wohl in der schwarzen Magie erfahren war, und schlief bei ihm. Nun begab es sich einstmals, dass sie beieinander lagen und die Dame zu ihm sprach: »Wenn du imstande wärest, mir eine einzige Sache durchzusetzen, könntest du mich zur Frau nehmen.« Und jener versetzte: »Was ist denn das, was du willst, so ich es irgend kann, will ich dir zu Diensten sein.« Jene aber sprach: »Mein Mann ist nach dem gelobten Land gezogen und liebt mich nicht besonders, so du ihn durch eine besondere Kunst töten könntest, würdest du alles, was ich habe, erhalten.« Darauf erwiderte der Kleriker: »Ich will dir zu Willen sein, jedoch unter der Bedingung, dass du mich zum Mann nimmst.« Jene aber sprach: »Darauf nimm mein festes Versprechen.« Der Kleriker aber machte ein Bild mit dem Namen des Ritters, und hing es vor seinen Augen an die Wand auf. Während mittlerweile der Ritter durch eine Straße der Stadt Rom ging, begegnete ihm ein gewisser kluger Meister, sah ihn genau an und sprach zu ihm: »Mein Lieber, ich habe dir etwas im Geheimen zu sagen.« Jener aber entgegnete: »Redet, Meister, was euch beliebt.« Der aber versetzte: »Noch heute wirst du ein Kind des Todes sein, so du nicht Beistand von mir erhältst. Deine Frau ist eine Buhlerin und hat deinen Tod angestellt.« Wie der Ritter aber hörte, dass jener so die Wahrheit über seine Frau sprach, da hing er sich an ihn, glaubte ihm und sprach: »Oh lieber Meister, rette mein Leben, und ich will dir einen würdigen Lohn geben.« Der antwortete aber: »Ich will dich herzlich gern retten, so du tust, was ich dir heißen werde.« Der Ritter aber sprach: »Ich bin bereit.« Hierauf ließ der Meister ein Bad zurichten, zog dem Ritter seine Kleider aus und hieß ihn in das Bad gehen. Nachher aber gab er ihm einen hell polierten Metallspiegel in die Hand und sprach: »Sieh fleißig in den Spiegel und du wirst Wunderdinge schauen.« Wie der aber in

den Spiegel blickte, während der Meister neben ihm in einem Buch las und zu ihm sprach: »Sage mir, was du siehst«, sagte er zu ihm: »Ich sehe in meinem Haus einen Kleriker, der von Wachs ein Bild gemacht hat, das mir ganz ähnlich ist, und an die Wand aufgehängt hat.« Darauf sprach der Meister weiter: »Was siehst du jetzt?« Jener aber sprach: »Eben hat er einen Bogen ergriffen, einen spitzigen Pfeil auf denselben gelegt und fängt an nach dem Bild zu schießen.« Da sprach der Meister: »So dir dein Leben lieb ist, so wirf, sobald du einen Pfeil nach dem Bild zu fliegen siehst, deinen Körper in das Wasser des Bades, so lange, bis ich dir etwas anderes heißen werde.« Wie das der Ritter gesehen und gehört hatte, dass sich der Pfeil in Bewegung setzte, verbarg er seinen Körper gänzlich unter dem Wasser, und als er das gemacht hatte, sprach der Meister zu ihm: »Stecke deinen Kopf heraus und schaue in den Spiegel.« Wie er das gemacht hatte, sagte er zu ihm: »Was erblickst du jetzt im Spiegel?« Jener aber antwortete: »Das Bild ist nicht getroffen worden, sondern der Pfeil ist an der Seite desselben vorbeigegangen, und der Kleriker ist bekümmert. Darauf sprach der Meister: »Sieh jetzt wieder in den Spiegel, was er beginnt.« Jener aber entgegnete: »Er ist jetzt näher nach dem Bild zu gerückt und hat einen Pfeil auf den Bogen gelegt, um nach dem Bild zu schießen.« Jener aber versetzte: »Gerade so, wie du vorher getan hast, so tue auch jetzt, wenn du dein Leben liebhast.« Als aber der Ritter im Spiegel sah, wie der Kleriker den Bogen spannte, steckte er seinen ganzen Körper ins Wasser. Hierauf sprach der Meister: »Sieh jetzt, wie es steht?« Und als jener das gemacht hatte, sprach er: »Der Kleriker ist sehr traurig, dass er das Bild nicht getroffen hat und spricht zu meiner Frau, wenn ich das Bild zum dritten Mal nicht treffe, muss ich deshalb mein Leben einbüßen. Eben rückt er noch näher an dasselbe, sodass es mir vorkommt, als könne es nicht fehlen, dass er das Bild treffen müsse.« Darauf sprach der Meister: »So du dein Leben liebst, sorge dafür, dass, sobald du den Bogen angezogen siehst, du alsbald deinen ganzen Körper unter das Wasser steckst, so lange, bis ich zu dir sprechen werde.« Der Ritter schaute also unverwandt in den Spiegel, und wie er den Kleriker den Bogen zum Schießen spannen sah, fuhr er mit seinem ganzen Körper unter das Wasser, bis der Meister zu ihm sprach: »Komm schnell heraus und sieh in den Spiegel.« Wie aber der Ritter hineingeschaut hatte, lachte er, und der Meister sprach: »Lieber, sage mir doch, was du lachst.« Jener aber antwortete: »Ich sehe ganz deutlich in dem Spiegel, dass der Kleriker das Bild nicht getroffen hat, der Pfeil aber umgekehrt ist, ihn zwischen der Lunge und dem Magen durchbohrt hat, und er eben gestorben ist: Meine Frau hat aber unter meinem Bett eine Grube gemacht und ihn darin begraben.« Da sprach der Meister: »Stürze dich jetzt schnell heraus, lege deine Kleider an und bitte zu Gott für mich.« Der Ritter aber dankte ihm für die Rettung seines Lebens, und als seine Reise beendet war, machte er sich wieder zu seinem Land auf, und wie er nach Hause kam, da eilte ihm seine Frau entgegen und empfing ihn voller Freude. Der Ritter aber verstellte sich mehrere Tage lang, endlich aber schickte er nach den Eltern seiner Frau und sprach zu ihnen: »Meine Teuren, ich habe euch aus folgender Ursache zu mir beschieden: Hier ist eure Tochter, meine Frau, welche Ehebruch an mir verübt hat, und was weit schlimmer ist, darauf umging mir den Tod zu geben.« Jene aber leugnete es mit einem Eid, allein, der Ritter begann jetzt und trug den ganzen Hergang und das Verfahren des Klerikers vor und sprach: »Wenn ihr mir nicht glaubt, so kommt her und seht den Ort, wo der Kleriker eingescharrt ist.« Hierauf führte er sie in sein Gemach, und sie fanden den Leichnam des Klerikers unter seinem Bett. Der Richter ward alsbald herbeigerufen und entschied, sie solle durch Feuer verbrannt werden: Und also geschah es, und die Asche ihres Leibes ward in die Luft gestreut. Nachmals aber nahm sich der Ritter eine schöne Jungfrau zur Gemahlin, zeugte mit ihr Kinder und beschloss sein Leben in Frieden.

Mittelalter

Eliduc

Ein Ritter von edlem Sinne namens Eliduc lebte einst in der Bretagne, der hatte sich Guildeluec zur Gattin auserwählt, ein Weib von hohem Stamme, und beide lebten lange Zeit zufrieden und in treuer Liebe. Der Held stand im Dienste des Bretonenkönigs und erwarb sich vor allen andern des Herren Gunst und Wohlgefallen. Dadurch zog er sich die Missgunst der Neider zu, die Tag und Nacht dem König anlagen, bis sie sein Ohr gewannen. Der König befahl ihm plötzlich, von nun an seinen Hof zu meiden und blieb taub gegen seine Bitten, den Verleumdern keinen Glauben zu schenken. Da wusste Herr Eliduc, dass seine Zeit um war und ritt gedankenvoll nach Hause. Er berief seine Freunde und tat ihnen kund, wie ihn unverschuldete Ungnade getroffen habe. Darauf vertraute er sein Eheweib den Verwandten an und bat sie, dieselbe treu zu bewahren. Als es aber zum letzten Abschied kam, brach die Frau in laute Klagen aus. Er tröstete sie und schwor ihr mit heiligen Eiden, er wolle ihr niemals die Treue brechen; dann setzte er mit wenigen Begleitern über das Meer und landete zu Logres an der englischen Küste.

Um diese Zeit wurde England von mehreren Königen regiert, die untereinander in ständigem Streite lagen. In Exeter saß ein stolzer Herrscher, der nur eine Tochter sein eigen nannte. Um diese hatte ein Nachbar geworben und war abgewiesen worden. Aus diesem Grunde war er mit Heeresmacht eingebrochen und verwüstete das Reich des Alten. Zu diesem König kam Herr Eliduc und bot ihm seine Dienste an. Der Herrscher nahm ihn ehrenvoll auf und wies ihm Herberge bei einem reichen Bürger an. Der Ritter gab große Feste und schärfte seinen Mannen ein, dass sie vierzig Tage lang kein Geld und keine Zehrung annehmen sollten. Noch war der Held keine drei Tage in der Stadt Exeter, da erhob sich ein Geschrei: »Der Feind! Schon füllen seine Scharen ringsum das weite Land, schon rückt er gegen die Burgstadt vor und wird noch heute unsere Mauern berennen!« Herr Eliduc wappnete sich und sammelte den geringen Rest von Kämpfern, die noch zur Verteidigung übrig geblieben waren. Mit diesen verbarg er sich in einem Hohlwege und überfiel den Feind, als er von einem Plünderungszuge heimkehrte. Die Schar der Gegner wurde zersprengt, und es wurden mehr Gefangene gemacht, als ihr eigenes Häuflein stark war. Der König sah den Trupp mit Beute beladen zurückkommen, ein Knappe sprengte voraus und rühmte, wie der fremde Held des Feindes Macht gebrochen habe.

Erfreut dankte der König dem Degen. Der aber lieferte ihm die Gefangenen aus und verteilte die Beute unter seine Begleiter. Von nun an tat der Herrscher ihm vielerlei Ehren an und hielt ihn samt seinem Gefolge ein ganzes Jahr zu Gast.

Von diesen ritterlichen Taten erfuhr die schöne Guilljadun, die Königstochter. Da sie aus aller Munde Eliducs Lob hörte, ließ sie die Neugier nicht ruhen: sie sandte ihm ihren Kämmerer, um ihn in ihr Gemach zu bitten. Eliduc begab sich eilends zu dem Königskind und redete in holden Worten zu ihr. Sie führte ihn zum Rande des Lagers, und während er von mancherlei Dingen plauderte, sah sie ihn schweigend an und fand ihn ohne Fehl und Tadel. In ihre Sinne fiel der Machtspruch der Liebe: »Den liebe du und keinen mehr!«, und sie ward blass und seufzte. Nach einer Weile nahm er Urlaub von ihr, und sie wagte ihn nicht zu halten noch ihm ihre Liebe zu zeigen.

Eliduc kehrte zwiespältigen Herzens in seine Herberge zurück: Wohl strebte sein Herz zu der Königstochter hin, die ihn so huldreich empfangen hatte, und es reute ihn, dass er schon so manchen Tag in ihres Vaters Land gewesen war, ohne sie zu sehen. Dann aber fasste ihn wieder Scham, da er der Gattin gedachte, der er beim Scheiden Treue geschworen hatte. Das Königskind aber dachte nur mehr an ihn und lag die ganze Nacht, ohne Schlaf zu finden. Als das Morgenrot dämmerte, rief sie ihren Kämmerer und klagte ihm ihr Leid. »Raubt er Euch so die Ruhe«, erwiderte der treue Mann, »so sendet ihm eine Botschaft und ein Geschenk. Freut Euer Gruß den edlen Herrn und nimmt er Eure Gabe an, so zweifelt nicht, dass er Euch liebt.« Der Rat gefiel der Jungfrau, und sie gab dem Kämmerer einen Ring und einen Gürtel, um ihn Herrn Eliduc mit tausend Grüßen zu überbringen. Indes sie noch angstbeklommen harrte, kehrte der Bote zurück. »Ich brachte ihm, wie es Euer Wille war, Geschenk und Grüße. Er nahm den Gurt und schlang ihn schweigend um die Hüften, den Ring steckte er sogleich an den Finger, doch weiter sprachen wir kein Wort.« Nun wusste sie nicht mehr als zuvor und sie beschloss, ihm selber ihre Liebe zu gestehen.

Eliducs Sinn schwankte zwischen der Gattin, der er Treue schwor, und der Königstochter, die sein Herz gefangen hielt, und ruhelos sprengte er zum Schlosse, um die Geliebte zu schauen. Der König saß gerade mit einem fremden Herrn beim Schach, und Guilljadun schaute dem Spiele zu. Als der Ritter eintrat, sprach der Vater: »Kommt diesem edlen Herrn mit Huld und Höflichkeit entgegen, Tochter, es leben wenige, die ihm gleichen.« Ihr Herz lachte bei diesen Worten und sie führte den Ritter abseits. Sie saßen stumm beisammen mit glühenden Herzen und blitzenden Augen, sie fürchtete sich, ihn anzureden, und er wagte nicht das Schweigen zu brechen. Endlich begann er, ihr für ihr Geschenk zu danken: »Nie ward mir holdere Gabe«, sagte er, »als die, welche ich von Eurer Hand gewann.« Da errötete sie und sprach: »Ich sandte Euch den Ring, weil all mein Sinnen nach Euch steht, Euch den Gürtel, weil mein Leben in Eurer Macht ist; ich liebe Euch allein auf Erden, Ihr sollt mein Herr und Gatte sein, und kann ich Euch nicht gehören, so soll mein kein andrer Mann genießen!« Er antwortete verwirrt: »Eure Liebe beglückt mich, süße Maid! Doch stehe ich in Eures Vaters Sold und schwor ihm nicht zu scheiden, bis seine Feinde überwunden sind. Ist dies geschehen, so kehre ich in mein Land zurück.« Sie sagte, sie ergebe sich und ihre Zukunft vertrauensvoll in seine Hände, und sie gaben einander ihr Wort und legten ihre Hände ineinander. Von nun ab kam Herr Eliduc oft, um dem Mägdlein zu dienen, doch ihrer Herzen Bund blieb rein von kühneren Wünschen.

Herr Eliduc hatte alle Gegner des Königs unterworfen und das ganze Land befreit, und man pries allerwärts seine Klugheit und seine Freigebigkeit. Da erschienen eines Tages Boten des Bretonenkönigs. In dessen Land war der Feind eingefallen, und es reute ihn, dass er seinen besten Mann verloren hatte, dadurch dass er Verleumdern Gehör geschenkt hatte. Er hatte die Verräter mit Schimpf vom Hof verjagt und beschwor ihn nun in seiner Not, bei seinem einstigen Lehenseid, ihm beizustehen. Herr Eliduc vernahm die Botschaft und grämte sich gar sehr um sein Lieb, doch die Geschenke und Versprechungen des englischen Königs vermochten ihn nicht zurückzuhalten, denn seine Ehre verlangte es, dass er seinem bedrängten Lehnsherrn zu Hilfe eile. Doch versprach er wiederzukommen, sobald der König seiner Hilfe bedürfe.

Nachdem ihm dieser reiche Geschenke gegeben hatte, bat der Ritter, von der Königstochter Abschied nehmen zu dürfen, was der Vater gern gewährte. Kaum hatte die Jungfrau die Botschaft erfahren, als ihre Wangen verblichen und sie ohnmächtig zu Boden sank. Er neigte sich zu ihr und hielt sie umschlungen, bis sie wieder zu sich kam.

»Um Gottes willen, süßes Lieb, höre meine Worte geduldig an! Fort muss ich in mein Heimatland, schon gab mir dein Vater Urlaub, so sag nun du mir deinen Willen!«

»Bleibst du nicht hier«, erwiderte das Fräulein, »so nimm mich mit dir! Und tust du das nicht, so töte ich mich!«

Er mahnte sie sanft: »Noch stehe ich in des Königs Pflicht und bräche frevelnd meine Treue, wenn ich seine Tochter rauben wollte. Doch sage mir, wann ich wiederkehren soll. Keine Macht der Welt wird mich daran hindern, an dein Herz zu eilen.«

Sie nannte ihm den Tag, da sie seiner warten wollte, dann tauschten sie Goldringe und küssten einander zärtlich zum Abschied.

Die treue Guildeluec empfing ihren Gatten zärtlich, doch er ging sorgenvoll einher und zählte die Tage, die ihn vom

Anblick der Liebsten trennten. Er schloss sich ab und suchte die Einsamkeit. Seine Frau wusste nicht, wie ihm geschehen sei und fragte ihn, ob Verleumder ihn an ihrer Treue zweifeln gemacht hätten. Er entschuldigte sich mit seinen Lehnsmannpflichten und zog in den Kampf. Als der Feind zurückgedrängt und der Friede geschlossen war, bestieg er sogleich ein Schiff und kehrte nach England zurück.

In einem entlegenen Hause stieg er unerkannt ab und sandte seinen Kämmerer zur Königstochter: »Sag ihr, dass, wenn der Tag zu Ende geht, sie sich mit dir aus den Toren schleichen soll. Dann eile ich ihr auf geheimen Pfaden mit offenen Armen entgegen.«

Der Kämmerer fand bei dem Fräulein Zutritt und raunte ihr seine Botschaft ins Ohr. Sie erschrak vor Freude und weinte, als aber die Nacht hereingebrochen war, entwich sie heimlich. Ihr seidenes, goldgesticktes Gewand umhüllte sie mit einem Mantel und sie klammerte sich ängstlich an die Hand des Führers. Vor einem Forst erwartete sie der Held; fröhlich hob er sie auf sein Ross, schwang sich dann selber in den Sattel und sprengte zum Hafen.

Schon dämmerte vor ihren Blicken die bretonische Küste auf, da kam ein Sturm heran gebraust, die Segel rissen und es splitterte der Mast. Das Schiff schwankte, und der Tod drohte ihnen im Sturmesgrimm. Plötzlich rief der Schiffsjunge: »Herr, was nützt unser Beten? Werft sie in die wilde See, die Ihr in Euren Armen hegt, Ihr, der Ihr daheim ein Eheweib habt, und sogleich wird sich das Unwetter legen.« Als die Königstochter das Schreckenswort vernahm, dass ihr Freund vermählt sei, da fiel sie leblos auf ihr Angesicht. Er schrie in wildem Schmerz auf, schlug den frechen Verräter mit einem Ruder zu Boden, ergriff dann mit starker Hand das Steuer und lenkte das Schiff in den Hafen.

An abgelegenem Orte, mitten im wilden Tannenwald, lag eine kleine Kapelle, die sich ein Klausner einst erbaut hatte. Herr Eliduc legte die tote Maid vor sich aufs Ross und ritt langsam und tief traurig in den dunklen Tann. Seine Begleiter wollten ein Grab schaufeln, doch er bat sie, die Leiche auf des Altars Stufen zu betten. Da legten sie die Jungfrau auf ein Lager von weichen Teppichen. Noch einmal küsste sie der Ritter und sprach: »Weh, Lieb, dass du mich je erblicktest!

Du warst zur Königin bestimmt, wenn nicht dein Herz so treu gewesen wäre, dies Herz, das so ganz mein eigen war. Weh, dass du so arglos mir vertrautest! Nie wieder will ich Waffen tragen, sondern mich in eine Mönchskutte kleiden, damit deine Gruft täglich von meinen Klagen widerhalle!«

Dann befahl er sein treues Lieb dem Herrn und seiner Engel Scharen und ritt heim auf sein Schloss, wo ihn sein Weib liebevoll empfing. Er aber lächelte hinfort nicht mehr, noch kam ein freundlich Wort über seine Lippen. Alltäglich nach der Messe wanderte er weit durch den grünen Forst zum Kirchlein, in welchem seine Liebste ruhte. Und wunderbar! Wenn auch kein Atem ihren Busen hob, so blieb ihre Haut doch weiß und rosig. Lange weinte und betete er über ihr, dann wandte er seine Schritte wieder heimwärts.

Der Gattin fielen seine heimlichen Gänge auf, und sie sandte ihm einen Späher nach. Der sah, wie Herr Eliduc in die Kapelle trat und drinnen weinte und betete. Als die Frau die seltsame Mär erfuhr, sprach sie: »Heute gedenkt mein Herr an den Königshof zu reiten. Wir wollen gehen und selber Nachschau halten, was ihn in der Kapelle fesselt. Ich glaube nicht, dass er um den alten Klausner, der dort begraben liegt, solchen Schmerz im Herzen trägt.«

Mit ihrem Diener ritt die Frau durch den Forst. Sie trat in die öde Zelle und sah auf des Altars Stufen die Jungfrau liegen, die einer frischen Rose glich. Sie hob das Tuch, das sie umwallte, auf und schaute den schlanken Leib und die weißen Hände. Nun wusste sie, warum ihr Herr so traurig war. Sie zeigte dem Burschen das Wunderbild: »Sieh, wie sie daliegt, ein Juwel von lichter Schönheit! Das ist die Liebste meines Herrn. Sie war so hold, nun wundert's mich nicht mehr, dass ihm alle Freude fernbleibt. Aber auch ich muss klagen vor Mitleid und Liebe, denn aus meinem Leben entschwand das Glück!«

Während die Frau so sprach, siehe, da schlüpfte ein Wiesel aus seinem Bau und huschte über die Tote. Der Knabe aber erschlug das Tier mit seinem Stecken und warf es vor die Tür. Da kam das Weibchen des Wiesels, lief um seinen Kopf, beschnüffelte es und zupfte an seiner Pfote, als es aber sah, dass das Männchen tot war, lief es alsbald in den Tann und brach mit seinen Zähnen eine kleine purpurrote Blume ab. Diese legte es in den Mund des toten Tieres, worauf sich dieses sogleich erhob und lebend und gesund davon sprang. Hurtig jagte der Knabe dem Tier die Blume ab, und die Frau schob diese mit ihrer zarten Hand der Jungfrau durch die Lippen. Nach kurzer Frist hub die Maid zu seufzen an, blickte um sich und sprach leise: »Mein Gott, wie lange habe ich geschlafen!«

Als die Frau dies Wunder sah, dankte sie Gott und bat die Jungfrau, ihr ihr Schicksal zu erzählen. Nachdem sie alles erfahren hatte, führte sie tröstend das Königskind aus dem Walde und brachte es heim auf ihr Schloss.

Zur Nachtzeit kam Herr Eliduc nach Hause, und als er sein holdes Lieb gesund wieder fand, da war ihm Lust und Leben zurückgegeben; er beugte sich zu der Jungfrau, um sie zu küssen, und sie hing sich an ihn und küsste ihn wieder. Als die Hausfrau das stille Glück der beiden sah, ging sie ganz leise aus dem Gemach, ließ ihr Ross satteln und ritt davon. Herr Eliduc vermählte sich, da seine Gemahlin den Schleier genommen hatte, mit der Königstochter, aber nachdem sie einige Jahre in treuer Liebe gelebt hatten, entsagten sie der Welt und traten in ein Kloster. Frau Guildeluec nahm die junge Frau wie eine Schwester auf, und sie beteten beide für die Seele Herrn Eliducs, der viel gefehlt und viel gelitten hatte.

Altfranzösisches Märchen

Aucassin und Nicolette

Der Graf Bougar von Valence führte mit dem Grafen Garin von Beaucaire einen so großen, erstaunlichen, blutigen Krieg, dass nicht ein Tag anbrach, an dem er nicht vor die Tore, Mauern und Schlagbäume seiner Stadt kam mit hundert Rittern und zehntausend Knechten zu Fuß und zu Ross, in seinem Land sengte und brannte, seine Felder verwüstete und seine Leute erschlug. Der Graf Garin von Beaucaire war alt und gebrechlich und hatte seine Tage gelebt. Er hatte keinen

Erben, nicht Sohn noch Tochter, außer einem einzigen Knaben. Den will ich euch beschreiben: Aucassin hieß der Jungherr; er war schön und anmutig, groß und wohlgebaut an Beinen, Füßen, Leib und Armen; er hatte blonde, dichtgelockte Haare, blaue, lachende Augen, ein klares, längliches Gesicht, eine hohe, wohlstehende Nase, und so reich war er mit guten Eigenschaften ausgestattet, dass an ihm gar keine schlimme zu finden war. Aber so überwältigt war er von der Liebe, die alles besiegt, dass er weder Ritterschaft üben, noch die Waffen ergreifen, noch ein Turnier besuchen, noch irgendetwas tun wollte, was er gesollt hätte. Sein Vater und seine Mutter sagten zu ihm: »Sohn, nimm doch deine Waffen und steige zu Ross, verteidige dein Land und hilf deinen Mannen. Wenn sie dich unter sich sehen, werden sie besser Leib und Habe, dein Land und das unsere beschirmen.« »Vater«, sprach Aucassin, »was redet ihr da? Traun, Gott soll mir nichts gewähren, darum ich ihn bitte, so ich jemals Ritterschaft übe, zu Rosse steige oder in Sturm und Schlacht ziehe, um dort mit einem Ritter Hiebe zu wechseln, wenn ihr mir nicht Nicolette gebt, mein süßes Mädchen, das ich von Herzen liebe.« – »Sohn«, sprach der Vater, »das kann nicht sein. Lass von Nicolette. Denn sie ist eine Gefangene, die aus fremden Landen hierher gebracht wurde. Von Sarazenen kaufte sie der Vizegraf dieser Stadt und führte sie hierher; er hob sie aus der Taufe und machte sie zu seinem Patenkind und wird ihr nächstens einen jungen Mann vermählen, der ihr ein ehrlich Brot verdiene. Damit hast du nichts zu schaffen, und wenn du eine Frau willst, so gebe ich dir die Tochter eines Königs oder Grafen. Kein so mächtiger Mann lebt in Frankreich, dessen Tochter du nicht haben kannst, wenn du sie begehrst.« – »Ach, Vater«, sprach Aucassin, »wo gibt es die hohen Ehren auf Erden, die nicht wohl angewandt wären, wenn sie Nicolette, mein süßes Liebchen, hätte? Und wäre sie Kaiserin von Konstantinopel oder von Deutschland oder Königin von Frankreich oder von England, so wäre das noch zu wenig für sie. So edel und fein und freundlich ist sie und begabt mit allen guten Gaben.«

Als der Graf Garin von Beaucaire sah, dass er seinen Sohn Aucassin von der Liebe zu Nicolette nicht abbringen konnte, begab er sich zum Vizegrafen der Stadt, der sein Dienstmann war, und redete ihn also an: »Herr Vizegraf, schafft mir Nicolette, euer Patenkind, von hinnen. Verwünscht sei das Land, woher sie zu uns geführt wurde. Denn durch sie verliere ich Aucassin, dass er nicht Ritterschaft üben, noch irgendetwas tun will, was er sollte. Und wisset wohl, wenn ich ihrer habhaft werde, verbrenne ich sie, und ihr selber dürft um euch in großen Sorgen sein.« »Herr«, sagte der Vizegraf, »es ist mir leid, dass er zu ihr kommt und mit ihr redet. Ich habe sie mit meinem Gelde gekauft und aus der Taufe gehoben und zu meinem Patenkind gemacht und hätte ihr einen jungen Mann gegeben, der ihr ein ehrlich Brot verdiente. So hätte Aucassin, euer Sohn, nichts mit ihr zu schaffen.  Aber da es euer Wunsch und Wille ist, so werde ich sie in ein fernes Land schicken, dass er sie nimmer mit Augen sehen soll.« »Ja, hütet euch«, sprach der Graf Garin, »sonst könnte euch ein großes Leid daraus erwachsen.«

Damit schieden sie. Der Vizegraf aber war ein reicher Mann und hatte einen prächtigen Palast nach seinem Garten hin. Dort ließ er Nicolette in einem oberen Stockwerk in eine Kammer bringen und eine Alte mit ihr, um ihr Gesellschaft zu leisten. Auch Brot und Fleisch und Wein und was ihnen sonst vonnöten war, ließ er hinschaffen. Dann ließ er die Türe versiegeln, dass man nirgends herein- noch herauskommen konnte. Nur ein kleines Fensterchen ging nach dem Garten zu, durch das ihnen ein wenig frische Luft zukam.

Aber das Gerücht ging durch das ganze Land, dass Nicolette verschwunden sei. Die einen sagten, sie sei in die Fremde geflohen, und die anderen, der Graf Garin von Beaucaire habe sie ermorden lassen. Wenn sich aber jemand darüber freute, so war dies Aucassin gewiss nicht. Er begab sich zum Vizegrafen der Stadt und fragte ihn: »Herr Vizegraf, was habt ihr mit Nicolette gemacht, meinem süßen Lieb, dem Wesen, das mir am teuersten auf der Welt war? Wisst, wenn ich davon sterbe, wird man an euch Rache nehmen, und das mit Recht. Denn ihr habt mich mit euren eigenen Händen getötet, als ihr mir das Liebste nahmt, das ich auf dieser Welt mein nannte.« »Lieber Herr«, sprach der Vizegraf, »lasst diese Rede. Nicolette ist eine Gefangene, mit ihr habt ihr nichts zu schaffen. Nehmt euch die Tochter eines Königs oder Grafen. Überdies was meint ihr, dass euer Gewinn wäre, wenn ihr sie verführt hättet? Ihr hättet wenig Frommen davon. Denn eure Seele würde darum für alle Tage der Zeit in der Hölle sein, und nie würdet ihr eingehen ins Paradies.« »Was habe ich im Paradies zu tun? Ich will gar nicht hinein, wenn ich nur Nicolette habe, mein süßes Mädchen, das ich von Herzen liebe. Ins Paradies kommen nur solche Leute, wie ich euch sagen will. Dahin kommen jene alten Pfaffen und jene alten Krüppel und Lahmen, die Tag und Nacht vor den Altären und in den alten Grüften hocken, die mit den alten abgeschabten Kapuzen und den alten Lumpen angetan, die nackt sind und barfuß und ohne Hosen, und vor Hunger und Durst, Frost und Elend sterben: Die kommen ins Paradies, mit denen habe ich nichts zu tun. Aber in die Hölle will ich gehen. Denn in die Hölle kommen die weisen Meister und die schönen Ritter, die in Turnieren und in gewaltigen Kriegen gefallen sind, die guten Knappen und die freien Männer. Mit diesen will ich gehen. Auch kommen dahin die schönen höfischen Damen, die neben ihrem Herrn zwei oder drei Freunde hatten. Auch kommt dahin das Gold und das Silber, Pelz und Grauwerk und Harfner und Spielleute und die Könige der Welt. Mit diesen will ich gehen; aber Nicolette, mein süßes Lieb, mag bei mir sein.« »Wahrlich«, sprach der Vizegraf, »alles reden ist vergebens. Denn nie sollt ihr sie wiedersehen. Und wenn ihr mit ihr sprächet und euer Vater erführe es, so würde er mich und sie im Feuer verbrennen, und ihr selber dürftet in großen

Sorgen sein.« »Das jammert mich«, sprach Aucassin, schied tiefbekümmert vom Vizegrafen und ging in sein Zimmer.

Inzwischen war der Graf von Valence, der seinen Krieg zu fördern gedachte, nicht müßig. Er hatte seine Mannen zu Fuß und zu Ross aufgeboten und zog vor die Burg, um sie zu stürmen. Da erhob sich Geschrei und Lärm; Ritter und Knechte waffneten sich und liefen zu den Toren und Mauern, um das Schloss zu stürmen, und die Bürger stiegen auf die Wehrgänge der Mauern und schossen Bolzen und zugespitzte Pfähle hinab. Schon war der Sturm in vollem Gange, da kam der Graf Garin in das Zimmer, wo Aucassin um Nicolette, sein süßes Liebchen, klagte. »Ha, Sohn«, sprach er, »wie elend und jämmerlich bist du, dass du zuschaust, wie man deine beste Burg bestürmt. Wisse, dass du erbelos bist, wenn du sie verlierst. Sohn, nimm deine Waffen und steig aufs Ross, schirme dein Land, hilf deinen Mannen und geh in den Kampf. Wenn sie dich nur in ihrer Mitte sehen, und solltest du auch mit keinem Manne Hiebe wechseln, so werden sie doch Habe und Leben, dein Land und das meine besser beschirmen. Du bist so groß und stark, dass du es wohl tun kannst, und es ist deine Schuldigkeit.« »Vater«, sprach Aucassin, »was redet ihr da? Gott soll mir nichts gewähren, darum ich ihn bitte, so ich jemals Ritterschaft übe, zu Rosse steige und in den Kampf ziehe, um mit einem Ritter Hiebe zu wechseln, wenn ihr mir nicht Nicolette gebt, mein süßes Mädchen, das ich von Herzen liebe.« »Sohn«, sprach der Vater, »das kann nicht sein. Eher will ich's ertragen, dass ich erbelos werde und alles verliere, was ich besitze, als dass du sie zum Weib und Ehgemahl haben sollst.« Damit wandte er sich ab. Doch Aucassin, als er ihn gehen sah, rief ihn zurück. »Vater«, sprach er, »kommt her. Ich will euch einen guten Vorschlag machen.« »Und welchen, lieber Sohn?« »Ich will die Waffen ergreifen und in den Kampf ziehen unter der Bedingung, dass, wenn mich Gott heil und gesund zurückführt, ihr mich Nicolette, mein süßes Lieb, nur so lange sehen lasst, bis ich zwei oder drei Worte mit ihr gesprochen und sie ein einzig Mal geküsst habe.« »Ich bin's zufrieden«, sprach der Vater. Er sagte es ihm zu und Aucassin ward fröhlich, er wappnete sich und sprang auf sein Ross. Gott, wie gut saß ihm der Schild am Hals, der Helm auf dem Haupt und das Schwertgehäng an der linken Hüfte. Der Jungherr war groß und stark, schön und schmuck und wohlgebaut, und das Ross, worauf er saß, war schnell und flüchtig, und er lenkte es gerade durch das Tor. Glaubt aber ja nicht, dass er daran dachte, Ochsen, Kühe oder Ziegen zu rauben oder mit einem Ritter Hiebe zu wechseln. Nein, durchaus nicht! Er war so in Gedanken an Nicolette, sein süßes Lieb, verloren, dass er ganz der Zügel vergaß und alles dessen, was er hätte tun sollen. Das Ross aber, das die Sporen fühlte, trug ihn ins Gedränge und stürzte sich mitten unter die Feinde. Diese legten Hand an ihn von allen Seiten und ergriffen ihn, entrissen ihm Schild und Lanze, führten ihn spornstreichs als Gefangenen fort und berieten sich schon, welchen Tod sie ihn sterben lassen wollten. Als Aucassin das hörte, sprach er: »Ach Gott, süßes Wesen. Sind das nicht meine Todfeinde, die mich davon führen, um mir den Kopf abzuschneiden! Aber wenn mir der Kopf abgeschnitten ist, dann kann ich ja nicht mehr mit Nicolette, meinem süßen Liebchen, reden! Noch habe ich hier ein gutes Schwert und sitze auf einem guten frischen Ross. Wehre ich mich jetzt nicht um ihretwillen, so soll Gott sie verlassen, wenn sie ferner noch liebt.« Der Jungherr legte Hand an das Schwert und begann nach rechts und links um sich zu hauen, spaltete Helme und Nasenstangen, Fäuste und Arme und richtete um sich her ein Blutbad an wie ein Eber, wenn ihn die Hunde im Forst anfallen. Der Graf Rouger von Valence hatte gehört, dass man seinen Feind Aucassin hängen wollte und kam eben daher, Aucassin erkannte ihn wohl und hieb ihn mit dem Schwert durch den Helm ins Haupt, dass er zu Boden stürzte. Aucassin aber reckte die Hand aus, ergriff ihn und überlieferte ihn seinem Vater. »Vater«, sprach er, »hier ist euer Feind, der euch so lange bekriegt und so viel geschädigt hat; zwanzig Monate hat diese Fehde gewährt, ohne dass sie jemand zu Ende brachte.« »Lieber Sohn«, sprach der Vater, »solche Jugendtaten sollst du vollbringen, nicht Torheiten nachjagen.« »Vater«, sprach Aucassin, »erspart euch diese Predigt und erfüllt mir meine Bedingung.« »Bah, welche Bedingung, lieber Sohn?« »Oho, Vater, habt ihr sie vergessen? Bei meinem Haupt! Vergesse sie, wer da will, ich nicht; denn sie liegt mir sehr am Herzen.

Habt ihr mir etwa nicht gelobt, wenn ich die Waffen ergreife und in den Kampf ziehe und Gott mich heil und gesund zurückführe, dass ihr mich Nicolette, mein süßes Lieb, so lange sehen lassen wollet, bis ich mit ihr zwei oder drei Worte gesprochen und sie ein einzig Mal geküsst habe? Das habt ihr mir gelobt; und ich verlange, dass ihr mir's haltet.« »Ich«, sprach der Vater, »Gott soll mich verlassen, wenn ich dir diese Bedingung erfülle. Wenn ich sie hier hätte, würde ich sie im Feuer verbrennen und du selber dürftest in großen Sorgen sein.« »Ist das euer letztes Wort?«, sprach Aucassin. »So wahr mir Gott helfe«, sprach der Vater, »ja.« »Traun«, sprach Aucassin, »so schmerzt mich sehr, dass ein Mann in eurem Alter lügt. Graf von Valence«, sprach er, »ich habe euch gefangen?« »Ja, wahrlich, Herr«, sprach der Graf. »Reicht mir eure Hand«, sprach Aucassin. »Herr, gerne.« Er legte seine Hand in die Aucassins. »Wollt ihr mir geloben«, sprach dieser, »dass ihr keinen Tag eures Lebens unterlassen wollt, meinen Vater zu verunglimpfen und an Leben und Habe zu schädigen, soviel ihr vermögt?« »Herr, um Gott«, sprach jener, »scherzet nicht, sondern setzt mir ein Lösegeld. Ihr dürft nur verlangen: Gold und Silber, Rosse und Zelter, Pelz und Grauwerk, Hunde und Federspiel, ich will es euch geben.« »Wie«, sprach Aucassin, »wollt ihr nicht anerkennen, dass ich euch gefangen habe?« »Ja, doch, Herr«, sprach Graf Bougar. »So helfe mir Gott«, sprach Aucassin, »wenn ihr mir das nicht versprecht, lasse ich euer Haupt vom Rumpfe fliegen.« »In Gottes Namen«, sprach jener, »ich verspreche euch, soviel euch gefällt.« Er gab ihm sein Wort darauf, und Aucassin ließ ihn auf ein Ross steigen, stieg selber auch auf ein anderes und geleitete ihn, bis er in Sicherheit war. Der Vater aber ward so zornig, dass er Aucassin in einen finstern Kerker werfen ließ.

Es war zur Sommerzeit, im Monat Mai, wo die Tage warm, lang und klar sind und die Nächte still und heiter. Eines Nachts lag Nicolette in ihrem Bette und sah den Mond hell durch das Fenster scheinen und hörte die Nachtigall im Garten schlagen und gedachte Aucassins, ihres Freundes, den sie von Herzen liebte. Auch begann sie zu überdenken, wie der Graf Garin von Beaucaire sie so tödlich hasse, und sie fürchtete, sie werde nicht lange mehr hier sein, sondern dem Grafen verraten werden, und dann werde sie dieser eines schlimmen Todes sterben lassen. Als sie nun merkte, dass die Alte, welche sie bei sich hatte, im Schlafe lag, stand sie auf und kleidete sich in ihr schönes seidenes Obergewand, knüpfte die Bettlinnen und Handtücher aneinander und machte so ein Seil daraus, so lang als sie konnte, schlang es um den Fensterpfeiler und ließ sich hinunter in den Garten. Dann nahm sie den Saum ihres Kleides mit der einen Hand vorne, mit der andern hinten auf, schützte sich so vor dem Tau, der reichlich auf dem Grase lag, und ging in den Garten hinab. Sie hatte blonde, dichtgelockte Haare, blaue, lachende Augen, ein längliches Angesicht, eine hohe, wohlstehende Nase, Lippen von zarterem Rot als Kirsche und Rosen zur Sommerszeit und kleine weiße Zähne. Ihre Brüstlein waren hart und hoben ihr Gewand nicht höher, als zwei Walnüsse getan hätten. Sie war schlank um die Lenden, dass ihr sie mit euren beiden Händen hättet umspannen können, und die Maßliebchen, die, von ihren Zehen geknickt, ihr auf den Reihen des Fußes fielen, waren geradezu schwarz gegen ihre Füße und Beine: So weiß war das Mägdlein. Sie kam an das Hinterpförtchen, öffnete es und ging hinaus durch die Straßen von Beaucaire. Dabei ging sie so lange, bis sie zu dem Turme kam, worin ihr Geliebter eingeschlossen war. Der Turm war da und dort gespalten, und sie schmiegte sich hinter einen der Pfeiler, wickelte sich in ihren Mantel und legte das Haupt in einen Riss des Turmes hinein. Da hörte sie Aucassin, wie er drinnen weinte und große Klage erhob und nach seinem süßen Mädchen rief, das er von Herzen liebte, und als sie ihm lang genug zugehört hatte, begann sie zu reden:

»Edler Ritter Aucassin,
hoher Jungherr reich an Ehren,
ach was frommen eure Zähren,
die um meinetwillen fließen?
Nimmer sollt ihr mein genießen!
Euer Vater stößt mich aus,
er und euer ganzes Haus.
Euretwillen muss ich fliehn,
über's Meer von dannen ziehn.«

Als Aucassin Nicolette sagen hörte, dass sie in ein anderes Land gehen wollte, kam er außer sich vor Erregung. »Schönes, süßes Lieb«, sprach er, »geh nicht fort. Denn das wäre mein Tod. Der erste, der dich sieht, wird sich deiner sofort bemächtigen und dich zu seiner Liebsten machen. Aber wenn du einem andern als mir angehört hast, glaube nicht, dass ich dann so lange warte, bis ich ein Messer finde, um es mir ins Herz zu stoßen und mich zu töten. Nein, wahrlich, so lange würde ich nicht warten, sondern auf das nächste Gemäuer würde ich zustürzen und den Kopf so hart dagegenrennen, dass mir die Augen herausflögen und mein Gehirn verspritzte.« Während Aucassin und Nicolette zusammen sprachen, kamen die Scharwächter der Stadt die Straße mit gezogenen Schwertern unter den Mänteln. Denn der Graf Garin hatte ihnen befohlen, dass sie Nicolette töten sollten, wenn sie dieselbe fänden. Aber der Wächter, der auf dem Turme stand, sah sie kommen und hörte, wie sie von Nicolette sprachen und sie mit dem Tode bedrohten. Ihn dauerte das schöne Mägdlein und er sang von der Zinne herab:

»Mägdelein voll Herzensgüte,
in des Leibes Jugendblüte.
Du mit lichtem Lockengold,
blauen Augen hell und hold,
Mägdelein, aus deinem Wesen
glaub' ich eines klar zu lesen:
mit dem Liebsten sprachst du da,
der um dich dem Tode nah.
Lass dich warnen! Höre mich!
Vor Verrätern hüte dich,
die hier eben nach dir spüren
und versteckte Schwerter führen!
Drohend heischen sie dein Blut:
bist du nicht auf deiner Hut,
wird dir Leid geschehen!«

Nicolette dankte dem Wächter für die Warnung und drückte sich, von ihrem Mantel verhüllt, in den Schatten des Pfeilers, bis sie vorüber waren. Dann nahm sie Abschied von Aucassin und ging weiter, bis sie an die Mauern der Burg kam. Sie stieg über die zerstückten Mauern, bis sie zwischen der Mauer und dem Graben stand. Der war sehr tief und abschüssig, und sie fürchtete sich sehr. »Ach Gott«, sprach sie, »süßes Wesen! Wenn ich mich hinab fallen lasse, so breche ich den Hals, und wenn ich hierbleibe, so ergreift man mich morgen und verbrennt mich im Feuer. Aber lieber will ich hier sterben, als dass mich morgen das Volk zu seiner Verwunderung angaffe.« Sie bekreuzte ihr Haupt und ließ sich in den Graben hinabgleiten, und als sie auf dem Grunde ankam, da waren ihre schönen Füße und Hände so zerstochen und zerschunden, dass das Blut wohl an zwölf Stellen hervordrang. Dennoch fühlte sie keinerlei Schmerz vor der großen Furcht, die sie hatte. Schritt für Schritt klomm sie auf der anderen Seite mit großer Mühsal empor, bis sie oben anlangte. Da lag nun ein Wald zwei Bogenschüsse entfernt, der sich wohl dreißig Meilen in die Länge und in die Breite dehnte, und darin waren wilde Tiere und Gewürm. Sie scheute sich, ihn zu betreten, aus Furcht, von ihnen gefressen zu werden; andererseits überlegte sie, wenn man sie hier fände, würde man sie in die Stadt zurückbringen und verbrennen. Auf verwachsenem Steige schritt sie durch den tiefen, dichten Tann, bis sie an einen Ort kam, wo sich sieben Pfade schnitten. Hier bereitete sie aus frischem Stechpalmgrün und aus Lilien ein Laubgemach, indem sie sprach:

»Kommt mein Freund auf diesem Pfade,
ohne dass sein Herz ihm kündet,
wer dies blum'ge Haus gegründet,
und er mir die Liebe tut,
dass er hier ein Weilchen ruht,
dann ist falsch, was er verspricht,
und wir wollen länger nicht
Lieb und Liebchen heißen!«

Mittlerweile ging das Gerücht durch das ganze Land, dass Nicolette verschwunden sei. Die einen sagten, sie sei entflohen, und die anderen, der Graf Garin habe sie ermorden lassen. Wenn sich aber jemand darüber freute, so war dies Aucassin gewiss nicht. Der Graf Garin, sein Vater, entließ ihn aus dem Kerker und lud die Ritter des Landes und die Edelfräulein zu einem prächtigen Feste, womit er Aucassin, seinen Sohn, zu trösten dachte. Aber obgleich die Gäste sich vollzählig einfanden, so stand doch Aucassin ganz traurig und niedergeschlagen auf eine Estrade gestützt. Wer auch immer nach Freude begehrte, er hatte kein Verlangen danach, da er nichts von dem sah, was er liebte. Ein Ritter betrachtete ihn, trat auf ihn zu und sprach ihn an. »Aucassin«, sagte er, »am selben Übel wie ihr war auch ich erkrankt. Ich will euch einen guten Rat geben, wenn ihr mich hören wollt.« »Herr«, sprach Aucassin, »großen Dank. Einen guten Rat werde ich werthalten.« »Steigt auf ein Ross«, sprach jener, »und reitet durch den Wald, euch zu erlustigen, beschaut euch Gras und Blumen und hört auf der Vöglein Gesang. Von ungefähr vernehmt ihr vielleicht ein Wort, wovon euch besser wird.« »Herr«, sprach Aucassin, »großen Dank. Das will ich tun.« Er ging aus dem Saal und stieg die Treppen hinab und kam in den Stall, wo sein Ross stand. Er ließ es satteln und zäumen, setzte den Fuß in den Bügel, schwang sich auf und ritt aus dem Schloss.

Die Nacht war schön und still, und er kam zu den sieben Wegen mitten im Walde und sah die Laube vor sich, welche Nicolette außen und innen über und über mit Blumen durchflochten hatte, dass es keine schönere geben konnte. Als Aucassin sie erblickte, hielt er mit einem Ruck inne, und der Strahl des Mondes fiel hinein. »Ha, bei Gott«, rief Aucassin, »hier war Nicolette, mein süßes Lieb, und das baute sie mit ihren schönen Händen. Um ihrer Huld und Liebe willen werde ich absteigen und hier die Nacht vollends ruhn.« Er zog den Fuß aus dem Bügel, um abzusteigen. Das Ross war aber groß und hoch, und er dachte so viel an Nicolette, sein süßes Lieb, dass er hart auf einen Stein fiel und sich die Schulter verrenkte. Er fühlte sich schwer verletzt; aber er zwang sich, so gut es ging und band sein Ross mit der andern Hand an einen Dornstrauch, drehte sich auf die Seite und kroch in die Laube. Auf dem Rücken liegend schaute er durch eine Öffnung der Laube empor und sah die Sterne am Himmel, darunter einen, der heller leuchtete als die übrigen und begann zu sprechen:

»Sternlein in des Mondes Nacht,
der dich nachzieht durch die Nacht,

traun, bei dir, ich seh's am Schein,
weilt mein blondes Mägdelein.
Gott entrückte sie der Erde,
dass sein Himmel lichter werde.
Wollte Gott, ich wär mit ihr
fern der schlimmen Welt bei dir!
Wenn ich dann auch später wieder
stürzte zu der Erde nieder,
hätt' doch einmal ohne Bangen
küssend Mund an Mund gehangen.
Ach, wär ich ein Königssohn,
dir gebührte Reich und Kron,
Schwester, süßes Liebchen.«

Als Nicolette Aucassin hörte, kam sie zu ihm; denn sie war gar nicht ferne. Sie trat in die Laube, schlang ihre Arme um seinen Hals und küsste und herzte ihn. »Lieber, süßer Freund, seid mir willkommen.« »Ach, Gott willkommen, mein holdes, süßes Lieb.« Sie küssten und umfingen sich und die Freude war schön. »Ach, süßes Lieb«, sprach Aucassin, »ich war eben noch schwer an der Schulter verletzt; nun aber fühle ich weder Schmerz noch Weh, da ich dich habe.« Sie befühlte ihn und fand, dass er sich die Schulter ausgerenkt habe. Da strich sie ihn so lange mit ihren weißen Händen und ließ nicht ab, bis sie mit Gottes Hilfe, der den Liebenden wohl will, ihm die Schulter wieder einrenkte. Dann nahm sie Blumen, frisches Gras und grüne Blätter und band sie darauf mit einem Schoß ihres Hemdes, und er wurde ganz gesund. »Aucassin«, sprach sie, »lieber, süßer Freund, geht zu Rate, was ihr tun wollt. Wenn euer Vater morgen diesen Wald durchstreifen lässt und man mich findet, so wird man mich töten, was auch aus euch werde.« »Traun, süßes Lieb, davon würde ich großes Leid haben. Doch wenn ich etwas vermag, sollen sie dich nie ergreifen.« Er stieg auf sein Ross und nahm sein Lieb vor sich mit Küssen und Umarmungen. So kamen sie aufs freie Feld und ritten immerfort, bis sie zum Meere kamen. Da sahen sie ein Schiff und Kaufleute darin, welche ganz nahe am Ufer vorübersegelten. Aucassin winkte diesen; sie kamen ans Land, und er verhandelte mit ihnen, bis sie ihn in ihr Schiff aufnahmen. Doch als sie auf hoher See waren, erhob sich ein großer, gewaltiger Sturm und trieb sie von Land zu Land, bis sie an eine fremde Küste kamen. Sie liefen in den Hafen einer Burg ein und fragten, was das für ein Land sei, und man sagte ihnen, es sei das Land des Königs von Torelore. Aucassin fragte, welch ein Mann das sei und ob er Krieg führe. »Ja, einen großen Krieg.« Da nahm er Abschied von den Kaufleuten, und diese befahlen ihn Gott. Er stieg auf sein Ross, sein Schwert umgegürtet und sein Liebchen vor sich, und ritt, bis er in die Burg kam. Er fragte nach dem König, und man sagte ihm, er liege im Kindbett. »Und wo ist denn seine Frau?« Man erwiderte, sie sei auf der Heerfahrt und mit ihr alle Leute des Landes. Als Aucassin das hörte, verwunderte er sich gar sehr. Er kam in den Palast und stieg ab, sowohl er als sein Liebchen. Sie hielt sein Ross; er aber stieg in den Palast hinauf, das Schwert umgegürtet, und kam in das Zimmer, wo der König lag. »Sag, du Narr, was machst du da?«, redete er ihn an. »Herr«, sprach der König, »ich liege in den Wochen. Wenn mein Monat vorüber ist und ich ganz genesen bin, werde ich nach altem Brauch die Messe hören. Dann aber werde ich mit großer Macht meine Gegner schlagen.« Da Aucassin den König also reden hörte, nahm er alle Decken, die auf ihm lagen und schüttelte sie auf den Boden. Er sah hinter sich einen Stock, ergriff ihn, wandte sich um und schlug damit so auf den König los, dass er ihn fast umbrachte. »Ach, lieber Herr«, rief der König, »was wollt ihr von mir! Seid ihr verrückt, dass ihr mich in meinem eigenen Hause schlagt?« »Beim Herzen Gottes«, sprach Aucassin, »armseliger Wicht, ich schlage euch tot, wenn ihr mir nicht gelobt, dass in eurem Lande kein Mann mehr im Kindbett liegen soll.« Er gelobte es ihm, und als dies abgetan war, sagte Aucassin: »Herr, nun führt mich zu eurer Frau ins Heer.« »Gerne, Herr«, sprach der König. Er stieg auf ein Ross und Aucassin auf das seine, und Nicolette blieb in den Gemächern der Königin. Der König und Aucassin ritten zur Königin ins Feld, wo eben mit gerösteten Holzäpfeln, Eiern und frischen Käsen eine Schlacht geliefert wurde. Als Aucassin dieses wunderliche Schauspiel sah, ging er zum König und redete ihn an: »Herr, sind das eure Feinde?« »Ja, Herr«, sagte der König. »Und wollt ihr, dass ich euch an ihnen rächen soll?« »Ja«, sprach jener, »gerne.« Da legte Aucassin Hand ans Schwert, stürzte sich mitten unter sie, begann nach rechts und links um sich zu hauen und tötete viele. Doch als der König sah, dass er sie tot schlug, fiel er ihm in den Zügel und rief: »Ach, lieber Herr, tötet sie mir nicht so ohne weiteres.« »Wie«, sprach Aucassin, »wollt ihr denn nicht, dass ich euch räche?« »Herr«, sprach der König, »das habt ihr schon zuviel getan. Es ist nicht Brauch unter uns, dass wir einander tot schlagen.« Die Feinde wandten sich zur Flucht, und der König kehrte mit Aucassin ins Schloss Torelore zurück. Aucassin lebte auf der Burg Torelore herrlich und in Freuden; denn er hatte Nicolette, sein süßes Liebchen, bei sich. Doch als er in diesen Wonnen schwamm, kam ein Schiffsheer Sarazenen übers Meer daher, lief die Burg an und nahm sie im Sturm. Sie raubten das Gut und schleppten Männer und Frauen gefangen fort. Auch Nicolette und Aucassin ergriffen sie, banden dem Jungherrn Hände und Füße und warfen ihn in ein Schiff und Nicolette in ein anderes. Da erhob sich ein Sturm über dem Meer, der sie trennte. Das Schiff, darin Aucassin lag, trieb aufs Geratewohl durch die Wellen hin, bis es beim Schloss Beaucaire landete. Die Leute der Gegend liefen herzu, um ihr Strandrecht zu üben; da fanden sie Aucassin und erkannten ihn. Als die von Beaucaire ihren Jungherrn sahen, erhoben sie großen Jubel; denn Aucassin hatte wohl drei Jahre in der Burg Torelore zugebracht, und seine Eltern waren unterdes gestorben. Sie führten ihn auf das Schloss von Beaucaire und huldigten ihm als seine Mannen, und er hielt sein Land in Frieden.

Lassen wir nun von Aucassin und reden wir von Nicolette! Das Schiff, darin sie war, gehörte dem König von Karthago, und der war ihr Vater, und sie hatte zwölf Brüder, alle Prinzen und Könige. Als diese Nicolette so schön sahen, erwiesen sie ihr hohe Ehren und feierten sie und fragten sie oft, wer sie sei; denn sie scheine eine edle Frau von hoher Geburt. Aber sie wusste ihnen nicht zu sagen, wer sie sei; denn sie war als kleines Kind geraubt worden. Sie segelten fort, bis sie vor die Stadt Karthago kamen. Doch als Nicolette die Mauern der Burg und die Gegend sah, da erinnerte sie sich, dass sie hier erzogen und als kleines Kind geraubt worden sei. Denn so klein war sie doch nicht gewesen, um sich nicht daran zu erinnern. Mit gerungenen Händen rief sie:

»Weh, was frommt mein hoher Stand?
Und was bringt es mir Gewinn,
dass ich eine Fürstin bin
aus Karthagos Königssaal
und verwandt dem Admiral?
Was soll all die Hoheit mir?
Wildes Volk entführt mich hier.
Aucassin, du mein Begehren,
edler Jungherr, reich an Ehren,
deine Liebe schafft mir Leid,
mahnt und müht mich allezeit!
Stille, Gott, mein heiß Verlangen,
dich noch einmal zu umfangen,
einmal noch in süßem Bund
dir zu ruhen Mund an Mund,
du mein Herz und Liebling.«

Wie der König von Karthago Nicolette also reden hörte, schlang er ihr die Arme um den Hals und sprach: »Liebes, süßes Kind, sagt mir, wer ihr seid und scheut euch nicht vor mir.« »Herr«, sprach sie, »ich bin die Tochter des Königs von Karthago und wurde als kleines Kind geraubt, wohl vor fünfzehn Jahren.« Als sie das hörten, erkannten sie, dass sie die Wahrheit sagte, und feierten sie sehr und geleiteten sie mit hohen Ehren in den Palast als die Tochter des Königs. Sie wollten ihr einen Heidenkönig zum Manne geben; aber sie hatte keine Lust, sich zu vermählen. Sie war gegen drei oder vier Tage dort; da überlegte sie, durch welche List sie Aucassin aufsuchen könnte. Sie verlangte eine Fiedel und lernte darauf spielen, bis man sie eines Tages einem mächtigen Heidenkönig vermählen wollte. Da schlich sie sich in der Nacht davon, kam nach dem Hafen und nahm Herberge bei einer armen Frau auf dem Strande. Sie färbte sich Haupt und Antlitz, dass sie ganz dunkel wurde, ließ sich Rock und Mantel, Hemd und Hosen machen und kleidete sich so in die Tracht eines Spielmanns. Dann nahm sie die Fiedel, ging zu einem Schiffsmann und verhandelte mit ihm, dass er sie in sein Schiff nahm. Sie spannten die Segel auf und fuhren durch die hohe See, bis sie nach dem Lande Provence kamen.

105 Dort stieg Nicolette aus und wanderte fiedelnd durch das Land, bis sie zum Schloss von Beaucaire kam, wo Aucassin wohnte.

An einem schönen Sommertag saß Aucassin mit seinen Herren der Rede pflegend auf der Treppe vor dem Saal. Er sah die Blumen sprießen und vernahm den Gesang der Vöglein, aber stets gedachte er des Mägdleins, deren Liebe er so lange im Sinn getragen hatte, und er seufzte von Herzens Grunde. Siehe, da trat Nicolette unerkannt vor ihn und sang zum sanften Geigenspiel:

»Hört mich an, ihr edlen Herrn,
höret alle, nah und fern!
Duldet ihr in eurem Kreise
meines Sanges schlichte Weise,
künd' ich euch die Liebesmäre
von dem Jungherrn von Beaucaire,
wie er lange Zeit geminnt
Nicolette, das fremde Kind,
wie sie vor des Vaters Drohn
durch den tiefen Wald entflohn,
wie zu Torelor im Schloss
sie geraubt ein Heidentross.
Wo der Jungherr hingekommen,
hab' seitdem ich nicht vernommen;
aber Nicolette fand
überm Meer ihr Heimatland,
wo Karthagos Trümmer ragen.
Dort von Lieb und Huld getragen,
weilt sie noch zu dieser Frist,
wo ihr Vater König ist.
Dieser will sie nun fürs Leben
einem Heidenfürsten geben.
Anders steht's in ihrem Sinne;
denn des treuen Kindes Minne
ist nur einem zugewandt;
der ist Aucassin genannt,
und sie schwört, nur ihm allein
sich mit Seel' und Leib zu weih'n,
der ihr Wunsch und Sehnen.«

Als Aucassin Nicolette so erzählen hörte, ward er sehr fröhlich, zog sie beiseite und fragte sie: »Lieber, süßer Freund, wisset ihr von dieser Nicolette, von der ihr hier gesungen habt?« »Ja, Herr, ich weiß von ihr als von dem edelsten, holdesten und klügsten Geschöpf, das je geboren ward. Sie ist die Tochter des Königs von Karthago, der sie da gefangen nahm, wo auch Aucassin gefangen wurde, und sie nach der Stadt Karthago führte, bis er erfuhr, dass sie seine Tochter sei. Er feiert sie seitdem in hohen Ehren und will ihr jeden Tag einen der erlauchtesten Könige von ganz Spanien zum Gemahle geben. Aber sie ließ sich lieber hängen und brennen, als dass sie einen nähme, so mächtig er auch wäre.« »Ach, lieber süßer Freund«, sprach Aucassin, »wenn ihr in jenes Land zurückkehren und ihr sagen wolltet, sie solle zu mir kommen, würde ich euch so viel von meiner Habe geben, als euch zu fordern und zu nehmen gelüstete. Wisset, dass ich aus Liebe zu ihr keine andere Frau nehmen werde, und wäre sie auch von noch so hohem Stamme, sondern ihrer harre und nur sie zur Frau haben will, und hätte ich gewusst, wo sie zu finden wäre, so hätte ich sie längst schon aufgesucht.« »Herr«, sprach sie, »wenn ihr das wollt, so will ich sie aufsuchen um euret- und um meinetwillen, die ich sehr liebe.«

Er machte es mit ihr ab und ließ ihr darauf zwanzig Pferde geben. Sie schied von ihm, und er weinte um die Anmut Nicolettes. Doch als sie ihn weinen sah, sprach sie: »Herr, härmt euch nicht. Denn über kurzem werde ich sie euch in diese Stadt bringen, dass ihr sie sehen sollt.« Als Aucassin das hörte, wurde er fröhlich, und sie schied von ihm und begab sich in die Stadt in das Haus der Vizegräfin; denn der Vizegraf, ihr Pate, war gestorben. Sie nahm dort Herberge, sprach mit ihr und vertraute ihr alles an, und die Vizegräfin erkannte sie und sah, dass es Nicolette war, die sie erzogen hatte. Sie ließ sie waschen und baden und acht volle Tage ausruhen. Darauf nahm Nicolette ein Pflänzchen, Schellkraut geheißen, und salbte sich damit und wurde wieder so schön, als sie je gewesen. Dann kleidete sie sich in reiche Seidengewande, deren die Dame zur Genüge hatte, setzte sich im Zimmer auf ein Polster von gesteppter Seide und bat die Vizegräfin, zu Aucassin, ihrem Liebsten, hinzugehen, und die Dame tat so. Als sie in den Palast kam, fand sie Aucassin, wie er weinte und um Nicolette, sein Liebchen, klagte, weil sie so lange säumte. Die Dame sprach ihn an und sagte: »Aucassin, nun grämt euch nicht länger, sondern kommt mit mir, ich will euch das Wesen zeigen, das ihr auf der Welt am meisten liebt. Das ist Nicolette, euer süßes Lieb, die aus fernen Landen gekommen ist, euch aufzusuchen.« Da ward Aucassin aller Sorgen bar; fröhlich und in ungeduldiger Hast eilte er in das Haus der Vizegräfin und trat in die Kammer. Das holde Mägdlein sprang flink empor und begrüßte ihn jubelnd. Aucassin zog sie selig mit beiden Armen an sich, hielt sie zärtlich umfangen und küßte ihr Augen und Mund. Als aber der Morgen kam, führte der Graf sein Liebchen zum Altar und sie ward Herrin von Beaucaire. Sie verlebten lange, wonnereiche Tage, und das Glück bescherte ihnen alles, was sie begehrten.

Altfranzösisches Märchen

Melusina

Vor langer Zeit lebte einst Graf Emmerich (von Poitiers), ein gelehrter und besonders in der Sternkunde sehr erfahrener Herr, der auch zukünftige Dinge vorauszusagen vermochte. Er besaß reiche Ländereien und war ein großer Freund der Jagd. Er war immer freundlich, kümmerte sich um die Armen und war sehr freigiebig. Als sein Vetter in große Armut geriet, nahm er sich dessen unversorgter Kinder an und ließ dessen jüngsten Sohn, Raimund, als eigenen Sohn in seinem Hause wohnen und erziehen. Er wuchs zu einem schönen Jüngling heran, und Graf Emmerich gewann ihn immer lieber und behandelte ihn mit großer Auszeichnung.

Einmal gingen sie auf Jagd, um einen Eber zu erlegen. Der Graf und Raimund verirrten sich im Walde, sie verloren die anderen Jäger und die Hunde. Aber der Mond schien hell, und die Sterne leuchteten. Der Graf aber blickte gen Himmel, sah das schöne Gestirn der Nacht, betrachtete es lange und seufzte tief: »Oh Gott, wie groß und unbegreiflich sind deine Wunder!«, und zu Raimund gewendet fuhr er fort: »Komm her, mein Sohn! Ich will dir große Wunder und unerhört seltsame Dinge zeigen! Ich sehe am Himmel, dass in dieser Stunde einer seinen Herren töten und selbst ein gewaltiger Herr werden wird!« Raimund schwieg still, und so ritten sie weiter.

Da trafen sie auf ein Feuer, welches Hirten im Walde angemacht und verlassen hatten. Sie legten Holz auf, um sich zu wärmen. Plötzlich hörten sie etwas durchs Holz brechen. Ein Eber kam mit wildem Schnauben auf sie zu. Der Graf versuchte mit seinem Spieß den Eber zu erlegen, dieser jedoch warf den Grafen zu Boden. Raimund sprang herzu, ergriff den Spieß und wollte den Eber durchbohren. Jedoch er verfehlte sein Ziel, und er traf den Grafen! Da begann Raimund bitterlich zu klagen, und er rang die Hände und raufte sein Haar: »Ach, ich habe meinen Wohltäter erschlagen, ihm, der mir sein Herz gab, habe ich sein Leben genommen! Wär ich nur auch tot! Solange ich lebe, wird man denken, ich hätte meinen Herrn meuchlings ermordet!« Endlich setzte er sich auf sein Ross, klagte und schrie ohne Unterlass und ließ – versunken in sein Leid – sein Pferd gehen, wohin es wollte.

So kam der junge Ritter in die Nähe eines Brunnens, der wurde der Durstbrunnen genannt. Bei dem Brunnen standen drei wunderschöne Jungfrauen, aber Raimund war so sehr in seinen Kummer vertieft, dass er dieselben nicht wahrnahm. Da trat die jüngste und lieblichste ihm entgegen und sprach: »Ei, habe ich doch nicht geglaubt, dass es einen Ritter gäbe, der ohne Gruß und freundliche Anrede bei Frauen vorübereilte!« Aber Raimund hörte so wenig, als er sah, sondern klagte immer noch sich selber sein Leid, als die Jungfrau seinem Ross in den Zügel griff und rief: »Seid Ihr aus adeligem Blut, Herr Ritter, so reitet nicht so ohne Gruß vorüber!« Da schlug Raimund die Augen empor und erblickte das wunderliebliche Fräulein, erschrak aber heftig, denn er wusste nicht, ob er ein irdisches Weib oder ein Geschöpf aus einer andern Welt wahrnehme. »Ihr habt gar ein

betrübtes Aussehen, Herr Ritter«, fuhr die Jungfrau fort, »und schwerer Kummer scheint auf Eurer Seele zu lasten; aber darum sollet Ihr doch nicht unterlassen, was ritterliche Höflichkeit gebietet!«

Raimund schwang sich schnell vom Ross und sagte, sich ehrerbietig verneigend: »Holdseliges Fräulein, vergebet mir meinen Fehler!« Aber wie erstaunte er, als ihn die Jungfrau beim Namen nannte und sagte: »Ach, Raimund, werter Freund, Eure Klagen sind mir herzlich leid!« – »Woher«, rief der Ritter, »woher, edles Fräulein, wisset Ihr meinen Namen, da ich Euch doch nie in meinem Leben erblicket? Hätte ich Euch nur einmal gesehen, Euer Bild würde nie meinem Andenken entschwunden sein. Seht, wenn ich Euch jetzt so anschaue, so heitert sich mein betrübtes Gemüt auf, und es redet eine Stimme in meinem Herzen, als wäret Ihr es, von der ich einigen Trost in meinem Elende zu erwarten hätte.«

Die Jungfrau erwiderte: »Raimund, obschon Ihr Euren Herrn und teuren Ohm getötet und Euch selbst dadurch in Angst und Jammer gestürzt habt, so möge Euch doch dieses zu einiger Beruhigung dienen, dass Ihr nur ohne Euern Willen diese Tat vollbracht habt. Folget meinen Lehren und es soll Euch an Glück, Gütern und Ehre niemals fehlen, vielmehr sollt Ihr glücklicher, reicher und geehrter werden, als irgendeiner aus Eurem Hause noch gewesen ist. Euer Ohm selbst hat es Euch geweissagt, und mit Gottes gnädiger Hilfe soll es vollbracht werden.«

Als Raimund hörte, dass sie den Namen Gottes nannte, so fiel es ihm wie ein Stein vom Herzen, denn obgleich ihm aus dem Angesicht der Jungfrau eine himmlische Schönheit entgegenleuchtete und sein Herz mächtig anzog, so war ihm doch ein Zweifel angewandelt, ob ihr seltsames, mehr als menschliches Wissen nicht vielleicht durch böse verworfene Künste erworben sei. »Gern, liebliches Fräulein«, sagte er, »will ich auf Eure Lehren hören und sie beherzigen; aber sagt mir, woher Ihr meinen Namen und die Ursache meines Kummers kennet?« – »Tröstet Euch!«, erwiderte die Jungfrau, »ich bin die, durch welche alles in Erfüllung gehen kann und soll, was kurz vor seinem Tode Euer edler Oheim Euch geweissagt. Zweifelt auch nicht an mir, ich fürchte Gott, und unter keiner andern, denn unter seiner gnädigen Hilfe sollet Ihr glücklich werden!«

Da Raimund dies hörte, schlug sein Herz fröhlich und mutig auf, und alles was ihm vorher noch unheimlich und gespensterhaft an der lieblichen Erscheinung gedünkt hatte, verschwand vor seinen Blicken. »Holdseliges, liebreizendes Mädchen«, rief er, »sage, was ich tun soll, ich bin bereit, dir in allem Folge zu leisten!« – »Zunächst, lieber Raimund«, flüsterte sie, »sollst du mir schwören beim allmächtigen Gott, dass du mich zu deinem ehelichen Weibe nehmen willst, und ferner sollst du geloben, dass, wenn ich nun deine Gemahlin bin, jeder Sonnabend ganz mein eigen sein soll, sodass du an diesem Tage weder nach mir begehrest, noch nach mir forschest, noch mich von einem andern beobachten lassest. Dagegen will ich dir schwören und geloben, dass ich dein treues und gehorsames Weib sein will und an jenen Tagen, welche du mir frei geben sollst, mit niemand zusammenkommen, noch an einen Ort mich begeben will, der dir zu Schaden und Nachteil gereichen könnte!«

Raimund leistete glückseligen Herzens den geforderten Schwur, aber Melusina seufzte schwer und sagte wie in tiefer Bekümmernis: »Ach, Raimund, ich weiß wohl, dass du

110

deinen Eid nicht halten wirst; aber ich sage dir: Wenn du ihn brichst, so wirst du mich verlieren und nimmermehr wiedersehen, dein Glück wird schwinden, deine Güter werden abnehmen.« Der Ritter aber schwur noch einmal und versicherte hoch und teuer, dass er sein feierliches Gelübde unverbrüchlich halten werde.

»Lasset es jetzt«, sagte die Jungfrau, »steiget wieder auf Euer Ross und reitet gen Poitiers. Wenn sie Euch fragen, wo Euer Herr geblieben, so saget, Ihr hättet ihn im Walde verloren. Sie werden den Leichnam finden und ihn auf das Schloss bringen, wo sich großes Trauern und Klagen erheben wird. Nehmet Euch der Witwe und der Waisen an und tröstet sie in ihrem Unglück. Wenn aber der edle Herr begraben sein wird, so werden seine Lehnsmannen sämtlich nach dem Schlosse kommen. Dann tretet auch Ihr vor Euren Vetter und bittet ihn um eine Gnade, nämlich um so viel Landes am Durstbrunnen samt allem, was darauf steht, als man mit der Haut eines Hirsches umspannen kann. Der junge Graf wird der treuen Dienste gedenken, die Ihr seinem Vater getan, und Euch Eure Bitte nicht versagen, Ihr aber vergesset nicht, das Geschenk durch eine Urkunde mit Namensunterschrift und Siegel versichern zu lassen. Wartet dann noch eine Weile bei Hofe, so wird Euch ein Mann begegnen, welcher eine Hirschhaut feil bietet. Kauft ihm dieselbe ab und gebt ihm, was er verlangt; nachher aber schneidet die Hirschhaut in so dünne und feine Riemen, als nur möglich ist, bindet die Riemen in einem Büschel und kommt hierher zum Durstbrunnen. Hier umspannet Ihr dann so viel ringsum des Landes, als die Riemen vermögen, und das zwischen ihnen liegende Land wird Euer Eigentum sein. Und nun lebe wohl, mein Raimund; Gott tröste dich! Dort geht der Weg nach Poitiers. Wenn du alles ausgeführt hast, was ich dir gesagt, so werden wir hier am Durstbrunnen uns wiedersehen!«

Raimund kehrte nach Poitiers zurück und es geschah, wie ihm Melusina gesagt hatte. Als er allein ankam, fragte man ihn, wo er den Grafen gelassen habe? Er aber sagte, dass er am vorigen Abend auf der Jagd von ihm abgekommen wäre. Nach und nach kam ein Diener des Grafen nach dem andern, und allen war es eben so gegangen, wie Raimund vorgegeben hatte. Nur zwei Diener blieben noch aus, und als sie endlich ankamen, führten sie den Leichnam mit sich und sagten, dass sie ihn bei einem Eber tot im Walde gefunden hätten. Schon vorher war im Schlosse Wehklagen um den vermissten Grafen Emmerich geführt worden; als man nun aber des geliebten Herrn entstellten Leichnam erblickte, wurde der Jammer noch viel größer. Mit hohen Ehren wurde der edle Herr am nächsten Tage bestattet, und Raimund zeigte dabei eine so große Betrübnis, dass bei niemand auch nur der geringste Zweifel gegen ihn aufkam.

Bald erschienen die Vasallen vor dem Sohne des Verstorbenen, dem Grafen Bertram, um, der Sitte gemäß, ihm ihre Huldigung darzubringen und ihre Besitzungen als Lehen von ihm zu empfangen. Da trat auch Raimund vor und tat die Bitte, welche ihn Melusina gelehrt hatte. Graf Bertram antwortete: »Ich will dir gern deine Bitte gewähren, wenn meine Räte dagegen nichts einzuwenden haben!« Die Räte stimmten zu, und so erhielt denn Raimund eine Urkunde über die Schenkung, wie es sich gehörte, unterschrieben und besiegelt.

Noch an demselben Morgen traf Raimund einen Mann, der eine Hirschhaut feilbot, und kaufte ihm dieselbe ab, ließ sie auch in lange schmale Riemen zerschneiden und begab sich wieder zum Grafen, bittend, dass ihm sofort die bewusste Schenkung Übermacht werden möge. Graf Bertram befahl sogleich, dass mehrere seiner Diener und einige seiner Räte mit Raimund zum Durstbrunnen sich begeben und ihm das Land überantworten sollten, das er mit der Hirschhaut umspannen würde. Als sie nun zum Durstbrunnen kamen und sahen, wie Raimund aus der Haut einen langen Riemen geschnitten hatte, wunderten sie sich und waren ratlos, was sie in diesem unvorhergesehenen Falle zu tun hätten. Sie sahen auch, wie zwei unbekannte Männer herzutraten, einen Pfahl in die Erde steckten und daran das eine Ende des dünnen Riemens befestigten, dann aber den Faden weit ringsum zogen, sodass er den Durstbrunnen und weit umher Wald und Felsen und einen großen Teil des Tales, in welchem ein Bach floss, umfing. So sehr sich die Räte aber auch wunderten, so mussten sie doch an Raimund, der ihnen die mit des Grafen eigener Hand unterzeichnete Urkunde vorhielt, die ganze schöne Besitzung übergeben.

Sie ritten darauf nach Poitiers zurück und erzählten dem Grafen alles, was sich begeben. Der Graf aber sagte: »Das mag wohl mit rechten Dingen nicht ganz zugegangen sein, und schon oftmals habe ich von wunderbaren Erscheinungen gehört, die sich in der Nähe des Durstbrunnens zugetragen; möge es Gott ihm aber zum Besten lenken, denn es ziemt mir, meinem Freunde und Vetter alles Gute zu gönnen und zu wünschen.« Indessen war auch Raimund zurückgekehrt und dankte dem Grafen für das ihm erteilte Geschenk, wurde von demselben auch gnädig und freundlich empfangen.

Am nächsten Morgen ließ Raimund früh sein Pferd satteln und ritt nach dem Durstbrunnen. Da trat ihm Melusina freundlich entgegen und sagte: »Sei mir herzlich willkommen, lieber Raimund! Du hast dich als ein weiser und verständiger Mann bewiesen und alles klüglich ausgeführt, was ich zu dir geredet habe; darum sollst du nun auch Dank und Ehre empfangen.« Damit reichte sie ihm die Hand und führte ihn nach einer Kapelle, die er früher nicht wahrgenommen hatte. Dort fanden sie ein zahlreiches Volk versammelt, darunter auch schöne und reich gekleidete Damen, Ritter, Priester und Knechte in Menge. Raimund konnte seine Bewunderung nicht bergen und fragte die Jungfrau, woher die gekommen. »Wundere dich nicht«, sagte Melusina, »sondern glaube, dass sie alle deine Untertanen sind.« Dann aber wendete sie sich zu dem Volk und befahl allen, Raimund, ihrem Bräutigam und künftigen Gemahl, gehorsam und untertan zu sein und ihn als ihren Herrn und Gebieter zu betrachten. Solches taten sie auch von Stund an und gelobten ihm Treue, Liebe und Gehorsam.

Raimund aber beschlich abermals eine Bangigkeit, was doch seine Geliebte für ein wunderbares Wesen sein möge, und betete inbrünstig in seinem Herzen zu Gott. Melusina aber, als wenn sie die Gedanken seiner Brust zu lesen vermochte, sagte: »Zweifle nicht an mir, teurer Raimund, nicht eher wirst du meinen Stand und mein Wesen erkennen, als wenn du mein ehelicher Gemahl sein wirst.« – »Holde Geliebte«, sagte Raimund, »ich bin bereit, jetzt und allzeit in allen Dingen Euch zu Willen zu sein.« – »Nun wohl«, erwiderte die Jungfrau, »so lass uns daran denken, wie wir unsere Hochzeit auf geziemende Weise ausrichten. Lade von deinen so viele du willst, und sei unbekümmert, es wird an aller Bequemlichkeit, an Speise und Trank kein Mangel sein. Es ist alles bereit, und zum nächsten Montag erwarte ich dich mit deinen Gästen an dieser Stelle.«

Raimund ritt nun eilend zurück nach Poitiers, trat vor den Grafen Bertram und sprach: »Gnädiger Herr Vetter, da ich Euer Diener und Verwandter bin, so ziemet es sich, Euch nicht länger ein mich betreffendes Geheimnis vorzuenthalten, sondern Euch anzuzeigen, dass ich mich zu vermählen gedenke und am kommenden Montag am Durstbrunnen Hochzeit halten werde. Ich hoffe, Ihr und Eure gnädige Mutter werden mir Eure Gesellschaft nicht versagen.«

Der Graf antwortete: »Lieber Herr Vetter, herzlich gern will ich Eure freundliche Einladung annehmen und hoffe, auch meine Frau Mutter wird sie nicht ausschlagen. Aber saget mir noch dies eine: wer und woher ist Eure Braut, und habet Ihr Euch auch wohl vorgesehen, dass Ihr Euch durch Eure Wahl ein echtes und bleibendes Glück bereitet habt? Aus welchem Lande ist Eure Braut, welches ist ihr Name und ihr Stand?« – »Es gehet nicht an«, sagte Raimund, »dass ich Euch, Herr Vetter, gegenwärtig anzeige, woher und welches Namens meine Braut sei; habet die Güte, Euch damit zu begnügen, dass Ihr selbst sie wegen ihres Standes betrachten und prüfen könnet.«

Da sich nun der Graf nicht wenig wunderte, dass Raimund eine Gattin wählen wolle, ohne Stand und Verwandtschaft derselben zu kennen, sagte dieser: »Herr Vetter, meine Braut ist so wunderhold und schön, so klug und vollkommen in allen ihren Gebärden, dass sie wohl einer Königstochter gleichet. Nie in meinem Leben habe ich ein herrlicheres Geschöpf gesehen, und darum habe ich nicht gefraget, aus welchem Geschlecht sie stamme. Genug, sie besitzt mein Herz, und darum will auch ich das ihre besitzen.« Da sah der Graf wohl ein, dass sein Vetter nicht auf andere Gedanken zu bringen sei, und sagte ihm daher zu, dass er samt seiner Mutter und allen den Seinen am bestimmten Tage zur Hochzeit erscheinen wolle, wofür sich Raimund höflichst bedankte.

Am Montag, frühmorgens, ritten der Graf Bertram, seine Mutter, alles Hofgesinde und eine große Anzahl von Rittern und Knechten nach dem Durstbrunnen zu, um die Hochzeit mitzufeiern. Unterwegs dachte der Graf, es würde wohl mager dort zugehen und er und seine Dienerschaft würden schlechte Herberge finden, er schwieg aber still und wartete es ab. Wie sie nun durch den Wald zogen und von fern den Fels am Durstbrunnen erblickten, siehe, da schimmerten zwischen den Bäumen durch viele schöne, herrlich aufgeputzte Zelte, welche auf dem grünen Rasen standen, rings um den Durstbrunnen stieg Rauch auf von den Speisen, welche in den Küchen bereitet wurden; überall wimmelte es von Volk, vornehme Herren und Damen bewegten sich auf dem Rasen vor den Zelten, und zahlreiche Diener waren bemüht, ihnen aufzuwarten.

Alles dieses kam dem Grafen Bertram und seinen Begleitern wie ein Zauberbild vor, aber schon ritten ihnen sechzig Reiter entgegen auf herrlichen Rossen, in kostbaren Gewändern und schimmernden Waffen, wohlgewachsene Männer von adeliger Haltung. Diese empfingen den Grafen und seine Mutter, die Gräfin, erwiesen ihnen alle Höflichkeit mit ritterlichem Anstande und führten jene zu Raimund, als dem Herrn, welchem sie dienten. Für die Gäste und ihre Leute und Rosse war auf das sorgfältigste und mit verschwenderischer Pracht gesorgt. Edeldamen empfingen die Gräfin, und Raimund führte seinen Herrn Vetter in die für ihn bereitete Wohnung, zu welcher eine mit köstlichen Kleinodien gezierte Kapelle gehörte.

Sodann wurde zur Brautmesse geläutet; da traten die Jungfrauen hervor, welche Melusina führten. Melusina hatte die wunderbare Schönheit ihres Körpers mit köstlichen Gewändern umgeben, tausend Edelsteine schimmerten wie Sterne auf dem hellblauen Grunde ihres Kleides, aber allen Glanz dieser Sterne überstrahlte das holdselige Angesicht der Jungfrau, gleich einer Sonne, sodass sie mehr einem Engel denn einem sterblichen Wesen glich. Graf Bertram, der ihr beim Eintritt in die Kapelle entgegeneilte, war wie geblendet von dieser überirdischen Erscheinung und überhäufte sie mit Ehrenbezeugungen, welche sie mit Sittsamkeit und Bescheidenheit aufnahm und soweit es sich ziemte, erwiderte. Indem ertönte eine liebliche Musik von sichtbaren und unbekannten, aber überaus wohltönenden Instrumenten. Aller Herzen jubelten

auf, und Graf Bertram sprach zu sich selber: Wahrlich, das ist ein herrliches Hochzeitsfest, wie man an so seltsamem Orte noch niemals gehört hat.
Raimund und Melusina standen vor dem Altar und die vornehmsten Hochzeitsgäste, Graf Bertram und die Gräfin Mutter, zur Seite des Bräutigams und der Braut. Ein Bischof im prachtvollen Ornate trat vor den Altar, segnete sie und legte ihre Hände ineinander, dass sie fortan in untrennbarer Liebe und Treue Zusammensein sollten. Nachdem aber die heilige Handlung vollzogen war, reichte Graf Bertram der jungen Vermählten den Arm, und ein vornehmer regierender Herr aus derselben Gegend ging an ihrer linken Seite. So schritt der festliche Zug, dem sich der Bräutigam und die übrigen Gäste anschlossen, in ein prachtvoll aufgeputztes Zelt. Diener in kostbarer Kleidung reichten steinerne Becken mit klarem Wasser, und nachdem man die Hände benetzt und an feinen weißen Tüchern getrocknet, setzte man sich zum Mahle. Graf Bertram und der vorher genannte Herr, nebst der Mutter des Grafen, saßen zunächst der reizenden Melusina. Raimund aber und die vornehmsten der Dienstmannen, adelige Jünglinge trugen die Speisen auf, wie es die Sitte der Zeit mit sich brachte. Sie pflegten dieses Dienstes mit gar feinen und zierlichen Sitten, und zu den seltenen und wohlschmeckenden Speisen schenkten sie reichlich von den edelsten Weinen. Was Frankreich, Deutschland und Spanien nur hat von köstlichem Rebensaft, das floss in goldnen und purpurnen Strömen aus silbernen Kannen in kristallene Becher. Fröhliche Gespräche kreisten rund um die Edlen, und dazu ertönte herzerfrischende Musik wunderbarer Instrumente.

Als die Tafel aufgehoben wurde, da brannte den Rittern das Herz in Streitlust und Mut, und sie forderten Waffen und Rosse, und hinaus ging es auf den Turnierplatz, der mit weichem Sande bestreut und geebnet und mit flaggenden Fähnlein umsteckt war. Auf den Seiten waren Balkone errichtet und mit kostbaren Decken und Teppichen behangen, da saßen die edlen Frauen in wunderbarer Schönheit und schauten herab auf den Kampfplatz. Die Trompeten schmetterten, die Rosse schnaubten, und die Ritter flogen zum Streit. Viele köstliche Kleinodien wurden von der schönen

Melusina und von dem Grafen Bertram ausgesetzt, und mancher edle Gast trug schöne Siegeszeichen davon. Es war ein ritterliches Turnier, und die Damen schauten mit leuchtenden Augen zu.

Raimund tummelte sein Ross bis an den Abend und empfing den Dank aus den Händen seiner teuren Melusina. Als es aber Abend geworden war, setzte man sich abermals zu Tisch, und sittige Reden, vermischt mit heiterem Scherz, würzten das Mahl. Dann rief fröhliche Musik zum Tanz, und bis tief in die Nacht flogen im bunten Reigen glückliche Paare. Als es aber Zeit zu sein schien, da traten Melusinas Jungfrauen zu ihr und baten sie, mit ihnen in das Schlafgemach zu gehen und führten sie in das für sie bereitete Zelt. Ringsum waren die Wände desselben mit herrlichen Teppichen behangen, auf denen mit bunter Seide, Gold und Silber seltene Vögel, Blumen und Sterne gewirkt waren, Blumengirlanden und Fruchtgewinde zogen sich ringsum in zierlicher Ordnung und schwebten von Wand zu Wand.

Inmitten des Gemaches aber stand das Brautbett mit seidnen Kissen und Decken. Es war von köstlichem Holze zierlich gearbeitet; Säulen bildeten die Füße und dazwischen schwebten beflügelte Liebesgötter in anmutigem Spiele, und »Raimund und Melusina« war in herzinniger Verschlingung zu lesen. Rosen und Lilien und andere zartduftende schöne Gewächse, wunderbar herrliche Pflanzen aus unbekannten Gärten standen rings um das Lager. Nachdem die Jungfrauen Melusina den Kranz und die Gewänder abgenommen, zogen sie sich zurück, und Raimund wurde nun seinerseits in das Brautgemach von dem Grafen Bertram und dessen Mutter geführt. Auch der Bischof kam mit, segnete noch einmal das Paar und betete über dasselbe, dass es der allmächtige Gott in seinen gnädigen Schutz nehmen möge. Darauf zogen sich alle unter herzlichen Glückwünschen zurück. Die bejahrteren Gäste begaben sich nun ebenfalls zur Ruhe und fanden in ihren Zelten alles auf das Kostbarste und Sorglichste eingerichtet. Die Jugend aber schwärmte noch die ganze Nacht hindurch.

Auch des köstlichen Weines ward nicht vergessen, und so währte Lust und Freude, bis der Morgen erschien. Raimund und Melusina hatten das hochzeitliche Lager bestiegen und mit zärtlicher Liebe hielten sie einander umschlungen; da sprach Melusina: »Raimund, mein allerliebster Freund und Gemahl! Das Glück hat uns zusammengefügt, dass wir in ehelicher herzinniger Liebe beieinander bleiben sollen bis an das Ende unserer Tage. Sieh, mein teurer Raimund, ich ergebe mich ganz in deinen Willen und dein Gebot, aber halte auch du, was du mir versprochen und mit feierlichem Schwur versichert hast. Du hast nicht mit Unrecht deinem Vetter, dem Grafen von Poitiers, geantwortet, dass ich von edlem Geschlecht sei. Glück, Ehre und Reichtum werden dir nimmer mangeln, höher als einer deiner Vorfahren wirst du steigen – wenn du hältst, was du mir gelobet hast. Not, Armut und Kummer dagegen wird, mein lieber Gatte, dein Los sein, wenn du dein Versprechen brichst; ach! und was das Traurigste für mich selber ist, du wirst auch mich verlieren und nie – nie mich wiederfinden.«

Noch einmal gelobte ihr Raimund unter herzlichem Umarmen, dass er seinen Eid mit unverbrüchlicher Treue halten werde. »O, wenn du es tätest, mein Raimund«, rief Melusina, »dann wärest du in glücklicher Stunde geboren!« Damit umschlang sie ihn mit unaussprechlicher Zärtlichkeit. In Liebe und Entzücken durchwachten sie eine glückliche Nacht.

Noch vierzehn Tage währten die hochzeitlichen Feste in Freude und Herrlichkeit. Immer neue und höhere Genüsse waren den entzückten Gästen bereitet, am fünfzehnten Tage aber schloss Melusina einen elfenbeinernen Schrank auf, darin lagen herrliche Kostbarkeiten an Perlen, Gold und Edelgestein, dergleichen man niemals gesehen hatte, und mit diesen beschenkte Melusina die Gräfin Mutter und wer sonst an edlen Frauen bei der Hochzeit gewesen war. Da waren alle des Staunens und der Bewunderung voll und priesen Melusina und die glückliche Stunde, in welcher Raimund sie gefunden hatte. Graf Bertram und seine Mutter samt ihrer Begleitung, sowie die anderen Gäste, die zur Hochzeit geladen gewesen waren, schieden dankbar und herzlich glückwünschend von dem jungen Paare, Raimund aber gab mit seinem ritterlichen Gefolge dem Grafen das Geleit bis an die Grenze des Waldes, und obschon dieser gern noch einmal gefragt hätte, wer Melusina eigentlich wäre, so unterdrückte er doch seine Neugierde, denn er fürchtete, Raimund könne in ihr einen ungebührlichen Zweifel an der edlen Abkunft seiner Gemahlin finden.

Acht Tage waren dem jungen Ehepaare in tausend Freuden verflossen, da erschienen auf Melusinas Befehl eine große Menge von Handwerksleuten und Arbeitern und begannen ein Schloss zu bauen. »Das Schloss soll nicht anders denn Lusinia heißen und soll zu meines Namens Gedächtnis bis in die spätesten Zeiten stehen!«, sprach Melusina. Nachdem sich die glücklichen Gatten in dem schönen Schlosse wohl eingerichtet hatten, kam die Zeit heran, dass Melusina eines Kindleins genesen sollte. Sie gebar einen starken und an Gliedern wohlgestalteten Knaben und nannte ihn Uriens. Das Gesicht des Knaben, aus dem nachmals ein gar mannhafter Ritter wurde, war jedoch wunderbar missgestaltet, denn es war kurz und breit, und unter der flachen Stirn lag ein grünes und ein rotes Auge, der Mund war groß und weit, und die Ohren hingen lang herab.

Auch die Söhne, welche Melusina in den folgenden Jahren zur Welt brachte, zeichneten sich sämtlich durch eine auffallende Gesichtsbildung aus. Der zweite Sohn, Gedes, hatte eine solche Röte im Angesicht, dass förmlich ein Schein von demselben ausging, übrigens aber war er schön gebildet und von geschickten Gliedmaßen. Dem Gyot, Melusinas drittem Sohne, stand das eine Auge etwas höher als das andere, obschon er übrigens schön war. Antoni ward der vierte Sohn geheißen; der hatte auf dem einen Backen einen Löwengriff, war ganz rau von Haaren und hatte lange Nägel an den Fingern. Wer ihn sah, der musste sich fürchten; er war wild und ein Schrecken seiner Feinde.

Als es Gott fügte, dass Melusina ihren fünften Sohn gebar, welcher den Namen Reinhardt erhielt, da hatte der Knabe nur ein Auge. Dasselbe stand ihm aber mitten auf der Stirn, und er sah mit demselben so viel als andere mit zwei Augen. Der sechste Knabe Geoffroy brachte einen Zahn mit auf die Welt, der war so groß, dass er wie ein Eberzahn zum Munde herausragte. Als er den sah, erschrak Raimund, denn er gedachte der Missetat, die er an seinem edlen Ohm verübt hatte, als er den Eber töten wollte.

Freimund, das siebente Knäblein, welches Melusina gebar, wurde ein kluges Kind, hatte aber auf der Nase einen garstigen haarigen Fleck, der war nicht anders anzusehen, denn wie ein Stück Wolfshaut. Hatte Reinhardt ein Auge zu wenig, so war dagegen sein Bruder Horibel mit einem zu viel ausgestattet. Denn außer den zwei gewöhnlichen Augen hatte dieser achte Sohn Melusinas noch ein drittes Auge auf der Stirn. Derselbe zeigte nachmals böse Sitten und ein arges Gemüt.

Zuletzt gebar Melusina hintereinander noch zwei Söhne, von denen der ältere Dietrich, der jüngere wie sein Vater Raimund geheißen war, und die beide ohne Fehl waren. Raimund war Melusinas zehnter und letzter Sohn.

Inzwischen verflossen die Jahre, Raimund und Melusina lebten glücklich und zufrieden. Alle ihre Söhne waren trotz ihrer außergewöhnlichen Gestalt zu Ruhm und Ehre gelangt und waren tapfere Ritter und mächtige Herrscher geworden. Ach! Aber das Unglück, welches über Raimund kommen sollte, stand schon vor der Türe!

Es war eines Sonnabends, als Raimund Melusina wie gewöhnlich vermisste, denn diesen Tag hatte sie sich von ihm ausbedungen. Raimund hatte bisher seinen Eid, dass er an diesem Tage nicht nach ihr forschen wolle, treu gehalten, denn er liebte sie und hatte keinen Argwohn gegen sie. In derselben Zeit aber war Raimunds Vater, der alte Graf vom Forst, gestorben, und es war ihm sein ältester Sohn als Graf gefolgt. Dieser kam an jenem Sonnabende seinen Bruder Raimund zu besuchen, und dieser hatte, um ihn zu ehren, aus der Umgegend viele vornehme Gäste zu sich geladen.

Als nun die Gäste ankamen, wendete sich der Graf vom Forst an Raimund und sagte ihm, er möge doch seine Gemahlin rufen lassen, dass sie die Gäste gebührendermaßen empfange. »Lieber Bruder«, sagte Raimund, »heute verlange meine Gemahlin nicht zu sehen, morgen wird sie dich begrüßen.« Hierbei begnügte sich der Graf vom Forst fürs erste, nach dem Mittagessen aber nahm er seinen Bruder auf die Seite und sagte zu ihm: »Raimund, lieber Bruder, glaube mir, dass ich herzlich um dich besorgt bin. Siehe, es geht ein allgemeines Gerücht in dem Lande, das sagt, du seist verzaubert, und deiner Gemahlin, nach der du keinen Sonnabend fragen darfst, wird viel Übles nachgesagt. Ich muss dir dies aber sagen, weil ich dein Bruder bin und die Schande mir zu Herzen geht, welche die Leute dir und deiner Gemahlin antun. Einige meinen, sie pflege heimliche Buhlschaft; andere, sie sei ein Ungeheuer, welches zu Zeiten die menschliche Gestalt ablegen müsse. Darum solltest du nachforschen, wie deine Frau die Sonnabende zubringt, um entweder selbst des bösen Zaubers dich zu entledigen, oder das üble Gerede der Leute aus Überzeugung widerlegen zu können.«

Als Raimund diese Rede seines Bruders vernahm, wurde er rot und bleich vor Zorn, griff nach seinem Schwerte und eilte in die Gemächer seiner Gemahlin, welche sie besonders für sich hatte anlegen lassen und die er bis dahin noch niemals, seinem Versprechen gemäß, betreten hatte. Bald kam er an eine eiserne Tür und stand still, überlegend, was er zu tun im Begriff sei. Er gedachte der Rede seines Bruders und wie seine Gemahlin vielleicht in diesem Augenblick eine Sünde begehe, welche ihm selbst zu Schaden und Unehre gereiche, aber er wollte sie über der Tat ereilen, um sie desto gerechter mit seiner Rache zu treffen. Er entblößte das Schwert und trat der Tür näher, als er in derselben eine Öffnung entdeckte, durch welche er das ganze Gemach zu übersehen vermochte.

Pochenden Herzens legte er sein Auge an die Öffnung. Er sah, wie das Gemach eine wunderbare Grotte war, auf deren Boden ein Springquell sein kristallklares Wasser in ein weites Becken ergoss. Melusina ganz entkleidet badete sich. Sie tat, als merkte sie nicht, dass sie beobachtet werde, und kämmte ihr langes, herrlich gelocktes Haupthaar. Wie erschrak und erstaunte aber Raimund, als er bemerkte, dass Melusina nur bis zur Mitte des Leibes ein überaus schönes blühendes Weib sei, von da an aber ihr Körper in einen garstigen Schlangen- oder Drachenschwanz auslief, welcher in azurblauer Farbe mit weißem Silberfaden besprengt glänzte.

Eine Zeit lang stand Raimund in den seltsamen Anblick und tiefes Nachsinnen versenkt, der Angstschweiß lief ihm von der Stirn, denn obgleich ihm vor der abschreckenden Gestalt, in welcher ihm sein Weib erschien, innerlich graute, so sah er doch auch ihr holdes, nur Unschuld und Liebe ausdrückendes Gesicht, gedachte ihrer Tugend und Frömmigkeit, ihrer treuen Liebe und ihres Gehorsams. Er kämpfte einen harten Kampf mit sich selbst, ging endlich schweigend

wieder zurück, machte sich selbst Vorwürfe, dass er sich zum Zweifel an der Treue seiner Gemahlin habe hinreißen lassen und fasste einen tiefen Groll gegen seinen Bruder, welcher ihn zu der Unbesonnenheit verleitet hatte, die ihm nach Melusinas Weissagung all sein herrliches Lebensglück kosten sollte. Als ihn aber sein Bruder tiefsinnig und mit zornfunkelnden Augen zurückkommen sah, empfing er ihn mit den Worten: »Ich sehe es dir an, lieber Bruder, dass du die Untreue und Ehrlosigkeit deines Weibes entdeckt hast!« Raimund aber fuhr heftig auf: »Nein, du hast mich belogen! Du bist mir ein schändlicher Bruder und zur unglücklichen Stunde in dieses Haus gekommen, welches ich dir niemals vergessen kann. Hüte dich, dass du ferner meinem unschuldigen Weibe Übles nachredest, denn sie ist fromm und tugendhaft, und du eile von dannen, sobald als möglich, wenn dir dein Leben lieb ist. Ich sage dir, du allein bist schuld an meinem Verderben, denn du hast mich verführt, zu tun, was mich um Glück und endlich um das Leben bringen wird. Darum geh und hüte dich, dass wir einander noch einmal begegnen, während wir leben!«

Raimund tobte in seiner Wut also, dass jeder meinte, er sei von Sinnen gekommen, und der Graf vom Forst sowie alle anwesenden Gäste eilten, aus seiner gefährlichen Nähe zu entfliehen. Als sie fort waren, versank Raimund in tiefes Herzeleid. Er gedachte, wie hoch und teuer er seinem lieben Weibe geschworen, an keinem Sonnabende ihr nachzuforschen, gedachte ihrer Drohung, die sie mit so herzinniger Wehmut mehr als einmal gegen ihn ausgesprochen, gedachte seines süßen herrlichen Glückes und wie dieses nun mit seinem holden Weibe für immer von ihm gehen werde. Vergebens suchte er sich damit zu trösten, dass ihn Melusina vielleicht nicht bemerkt haben möchte, als er sie belauschte, aber er erinnerte sich, wie sie ja sogar verborgene Dinge wisse, und fand daher keinen Trost in seinem Elend.

»Ach«, seufzte er, »wehe mir, wehe der unglücklichen Stunde, in der ich armer, elender Mensch geboren bin! Soll ich nun durch meine schändliche Untreue und Wortbrüchigkeit sie verlieren, sie, die all meine Freude, mein Trost, meine Zuversicht, der Fels ist, auf dem mein Glück sich gründet! Ach, Melusina, teures süßes Weib, wenn ich dich verliere, so will ich aus der Welt fliehen, in Wüsteneien mich bergen und nichts mehr denken und tun, als um dich klagen und weinen, und mich verwünschen, der ich selbst mein herrliches Glück von mir gestoßen habe!«

Solche Klagen trieb Raimund den ganzen Tag und die folgende Nacht, wälzte sich weinend und jammernd auf seinem Lager und tat vor großem Herzeleid kein Auge zu. Als aber der Sonntagmorgen anbrach, kam Melusina wie gewöhnlich zu ihm ins Schlafgemach, heiter und unbefangen, entkleidete sich und war wieder ganz ein natürlich schönes Weib. Sie legte sich und umfing ihn mit liebreicher Zärtlichkeit, und indem sie merkte, dass er ganz kalt und vor Leid und Unmut krank war, redete sie ihn an: »Was ist dir, Raimund, mein allerliebster Gemahl! Bist du krank, so offenbare dich mir, dass ich mit Gottes Hilfe dir Beistand leisten kann!« Melusina kannte gar wohl die Ursache seines Leidens, hatte aber ein inniges Mitleid mit ihm, weil sie ebenfalls wusste, wie schweres Leid er um sein Unrecht trage und dass er an niemand das Geheimnis verraten, welches er zu seinem eigenen Schaden aufgedeckt hatte. Raimund sagte, dass er sich erhitzt habe und nun von Krankheit und Frost befallen sei; Melusina tröstete ihn, dass er bald wieder genesen werde, küsste und liebkoste ihn. Da fasste Raimund wieder Mut und Hoffnung und wurde durch seines treuen Weibes zärtliche Pflege bald wieder gesund.

So verstrich die Zeit und heilte die Wunden. Raimund war glücklich, dass Melusina seinen Treuebruch anscheinend nicht bemerkt oder ihm verziehen hatte.

Jedoch eines Tages brachte ein Bote die Nachricht, dass ihr Sohn ›Geoffroy mit dem Zahne‹ das Kloster Malliers samt seinem Bruder und den anderen Mönchen aufs grässlichste verbrannt und ausgerottet habe. Die Grausamkeit dieses Brudermordes erboste Raimund so sehr, dass er den eigenen Sohn als Strafe umzubringen gedachte. Er ritt aus, um ihn zu finden, jedoch vergebens. Er kehrte nach Lusinia zurück, verwünschte seinen Sohn und kehrte seinen Zorn gegen sich selbst und sein gutes Weib Melusina.

Er dachte daran, wie missgeschaffen sowohl Geoffroy als seine übrigen Söhne zur Welt gekommen wären und wie Melusina selbst kein rechter Mensch, sondern ein Meerwunder sei. Deswegen klagte er nun diese, welche doch sein ganzes Glück begründet hatte, schändlicher Verführungskünste an und war in großem Zorn. Indessen waren Melusina und die Dienerschaft Raimunds in Sorgen, dass ihrem Herrn, welcher aus seinem Zimmer nicht wieder herauskam, ein Unfall zugestoßen und er krank sein möchte, und gingen deswegen zu dem Schlafzimmer, welches Melusina mit ihrem Schlüssel öffnete. Als diese nun ihren Gemahl in so tiefem Leid erblickte, redete sie ihm gar liebreich zu: »Raimund, lieber Gemahl, betrübe dich doch nicht also tief um eines Unglücks willen, welches abzuwehren du nicht vermögend warst. Übergib deinen Kummer Gott, welcher die Schicksale der Menschen leitet, und bedenke, dass er nach seiner Gerechtigkeit auch Übles in Segen verwandeln wird.«

Raimund hatte kein Ohr für die weisen Reden seiner Gattin, denn der Zorn hatte ihn gänzlich aller Vernunft beraubt. Er richtete sich auf und blickte sein frommes Weib mit grimmigen Augen an, worauf er die unglücklichen Worte ausstieß: »Siehe, welchen trefflichen Anfang es mit deinem Geschlechte genommen, und so wird es nun fortgehen mir zu Schand und Gram. Weh, dass ich solche Brut mit dir gezeugt habe, denn du, du selbst bist nichts anderes als ein schändlicher, scheußlicher Wurm, eine böse, giftige Schlange!« Als Raimund diese Worte entfuhren, da erbleichte Melusina und sank, ohne nur einen Schrei auszustoßen, zu Boden. Ihre Frauen sprangen eilend herbei und suchten sie wieder ins Leben zurückzubringen. Nach langem fruchtlosen Bemühen gelang es endlich, Melusina richtete sich auf ihre Dienerinnen gestützt auf und sprach gegen Raimund gewendet mit leise klagender Stimme:

»Wehe, Raimund, was hast du getan! Ach, warum hast du uns beide in Elend und Verderben gestürzet! Wehe mir, dass ich jemals an deinen holden Gebärden Wohlgefallen gefunden! Wehe mir, dass ich am Durstbrunnen dich getroffen! Wehe mir, dass ich je liebend dich umfangen habe! Wisse, du unglücklicher, wortbrüchiger Mann, wie du für meine Liebe und Treue mir gelohnt hast: Angst, Not, Mühsal ohne Ruh und Rast sind mein unseliges Los, das ich tragen muss bis an das Ende aller Tage! Oh, hättest du dein Gelübde nicht gebrochen, hättest du wenigstens in deiner Brust verschließen können das Geheimnis, in welches du mit frevlem Übermute dich eingedrängt, so wäre ich bei dir geblieben, bis Gott mir wie einem anderen irdischen Weibe die Augen geschlossen und meine Seele von hinnen genommen, um mich in himmlischer Freude wieder mit dir zu vereinigen. Nun muss ich als ein unglückliches Gespenst hausen in diesem Leibe bis zum Tage des Gerichts! Wehe aber auch dir, auch dein eigenes Glück hat dein frecher Mund zerstört! Du wirst fortan ein elendes Leben führen, denn der Vorwurf wird an deinem Herzen nagen mit bitterer Reue, dein Land wird zerteilt werden, und über dein Geschlecht wird manch schweres Leiden kommen. Ach, Raimund, siehe, wie du übel und schändlich an mir und dir getan hast, und dennoch kann ich nicht aufhören, dich zu lieben. Höre denn noch meinen letzten Rat und vollbringe ihn, weil du mich immer fromm und wahrhaft erfunden hast, damit von deines Hauses Glück noch soviel gerettet werde, als möglich ist. Wenn ich von dir gegangen sein werde, so sollst du deinen Sohn Horibel töten, denn so er am Leben bleibt, wird er dich, dein ganzes Geschlecht und dein Land verderben. Deinem Sohn Geoffroy sollst du vergeben, denn die Mönche hat Gott in seine zornige Hand gegeben, weil sie ein gottloses Leben geführt haben und ihrem heiligen Gelübde untreu gewesen sind. Du und alle unsre Nachkommen bis in die fernsten Geschlechter, Ihr alle sollt aber wissen, dass, sooft Ihr eine Klage in der Luft über dem Schlosse Lusinia vernehmet und meine Gestalt über dem Schlosse dahinschweben sehet, sooft wird das Schloss einen andern Herrn bekommen, und so lange als man mich zuweilen in der Nähe des Durstbrunnens erblicket, wird das Schloss Lusinia, welches ich zu meines Namens Gedächtnis erbauet, bestehen, denn ich will es schirmen und bewachen, so lange, als es mir von Gott vergönnt wird.

Ach, Raimund, Raimund, warum hast du mich so elend gemacht, da ich dich doch so herzinnig geliebt habe! Sieh, du konntest mich erlösen aus Not und Pein und hast es nicht getan, und dein armes Weib muss nun in Not und Pein leben bis an der Welt Ende! Gott vergebe dir, wie ich dir vergebe, und entgelte nimmer an dir die bittre Not, die ich tragen muss, weil mich die Liebe verraten hat!«

Raimunds Zorn war längst verflogen und in unaussprechlichen Kummer übergegangen. Er weinte helle Tränen und umfing sein süßes Weib mit seinen Armen, drückte sie an sein Herz, küsste sie auf den Mund und sank dann vor allzu großem Leide vor ihr in die Knie, indem er nur einzelne Worte herauszustammeln vermochte, mit denen er sie um Vergebung anflehte. Melusina mischte ihre Tränen mit den seinigen, redete noch mancherlei mit ihm von ihren Kindern und sagte ihm ihr Schicksal voraus, dann entwand sie sich langsam seinem Arm und trat in ein geöffnetes Fenster. Hier wendete sie sich noch einmal zu Raimund und allen, welche in Leid und Tränen zugegen waren, und sprach mit milder herzergreifender Stimme: »Segne dich Gott, mein liebes Herz! Segne dich Gott, der du so lange mir Trost und Hoffnung gewesen bist! Segne dich Gott, Schloss Lusinia, das ich selbst groß und schön gemacht! Lebe wohl, Raimund, Raimund, mein allerliebster Freund, – lebe wohl – lebe wohl!«

Sieh, indem sie diese letzten Worte redete, sanken ihre Gewänder von ihr hernieder, und nur ein langer weißer Schleier umflatterte sie und trug sie durch das Fenster, fort in die Luft, und zugleich verwandelte sich von den Hüften abwärts ihr Körper in einen unheimlichen Wurm, worüber alle, die es sahen, in einen Schrei des Erstaunens ausbrachen. Hoch in der Luft umfuhr sie das Schloss dreimal und stieß jedes Mal ein herzzerreißendes Wehgeschrei aus; darnach aber verschwand sie.

Raimund indessen warf sich zur Erde nieder, weinte und schrie laut einmal über das andere: »Oh wäre ich niemals geboren!«, dabei raufte er sein Haar, rang die Hände und schlug wider seine Brust. Nachdem er sich einigermaßen gesammelt, trat er von den Seinen gehalten zu dem Fenster und rief mit klagender Stimme: »Segne dich Gott der Allmächtige, meine schöne Gemahlin, meine allerliebste Freundin! Ach, das Licht meines Lebens ist erloschen, und meine Tage sind vergangen, seit ich dich nicht mehr sehe!« – So klagte er noch lange fort, bis ihm die Kräfte schwanden und er nur noch still zu weinen vermochte. Im Schloss und im ganzen Lande erhob sich gleichermaßen eine große Klage um Melusina, denn alle hatten sie herzlich geliebt und verehrt; und obgleich nun kundbar wurde, dass sie ein Meerwunder gewesen sei, so verachteten sie dieselbe darum doch nicht.

Melusinas beiden jüngsten Kinder Dietrich und Raimund waren noch so jung, dass sie noch an der Brust genährt werden mussten, daher zwei Ammen für sie angenommen wurden. Diese nun erblickten oftmals beim Einbruch der Nacht, in der Dunkelheit, wie Melusina in das Gemach trat, hin zur Wiege ging und eines der Kinder nach dem andern herausnahm. Sie liebkoste die Kinder mit zärtlichen Gebärden, setzte sich mit ihnen zum Kamine, wärmte sie und reichte ihnen ihre Brust. Darauf trug sie dieselben wieder in die Wiege, hüllte sie wohl ein, küsste sie und verschwand wieder, wie sie gekommen war. Die Ammen, welche dies sahen, wagten nicht, ihr zu nahen, noch sie anzureden, denn sie fürchteten sich. Raimund aber, der es erfuhr, schöpfte daraus einige Hoffnung, dass er sein liebes Weib doch wohl noch einmal wiedersehen könne; so oft er jedoch in der Kammer auf sie wartete, ließ sich die Gestalt nicht blicken. Die Kinder wuchsen, genährt von der Milch ihrer Mutter, zusehends und in fröhlicher Gesundheit empor. Melusina aber kehrte nicht mehr zurück.

Altfranzösisches Märchen

Die Zauberrose

In Großbritannien lebte einst ein vornehmer Herzog, der Herr des Tales der Wahren Liebenden war. Er hatte eine Tochter, die in einzigartiger Schönheit erblühte, und Lisane war ihr Name. In der Nähe wohnte auch ein schöner junger Ritter, der sich im Waffenhandwerk tüchtig auszeichnete, und sein Name war Margon. Und wie es so im Leben ist, verliebte sich der junge Margon in die schöne Tochter seines Nachbarn, und sein Herz blieb nicht unerhört, seine Liebe wurde erwidert. So ging er denn auch eines Tages zum Herzog, um um die Hand von dessen Töchterlein anzuhalten; der Herzog indes sah diese Verbindung nicht gern, doch hatte er seine Lisane so lieb, dass er schließlich doch in die Heirat seiner Tochter mit Margon einstimmte; allerdings, der Herzog gab seinem Eidam keine Mitgift und auch nicht das geringste Stückchen seines Landes.

Da standen nun die Jungvermählten mittellos da, und Margon überlegte, wie er sein Dasein fristen und seiner jungen Gemahlin ein standesgemäßes Leben bieten sollte. Doch da antwortete ihm seine schöne Gemahlin: »Liebster, ich kenne einen Herrn, dem man nicht ohne Belohnung seine Dienste anbietet. Es ist König Perceforest. Gehe hin und diene ihm, dies wird uns von großem Nutzen sein. Sei tapfer und ihm treu, mild gegenüber den Untergebenen und gehorsam den Großen gegenüber.« Margon hörte diesen Rat seiner Gattin und fand ihn gut, doch tief in seinem Herzen nagten der Zweifel an der Treue seiner Gattin und die Eifersucht. Und so sprach er denn: »Frau, wenn ich so weit von dir weg bin, dann werden andere Ritter hier bei dir auftauchen; du wirst mich vergessen und mir untreu werden.« Doch seine Gattin wusste ihn zu trösten und schwor ihm ihre Liebe. Und als Unterpfand überreichte sie ihm ein Kästchen und sprach: »Nimm hier von mir als Zeichen und Beweis meiner Treue diese Schachtel. Drinnen befindet sich eine purpurne Zauberrose, die ich kunstvoll darin eingeschlossen habe. Immer wird sie blühen und nicht verwelken, solange ich dir die Treue wahre. Doch ändert sie ihre Farbe und wird fahl, dann trau meinen Worten nicht mehr, was ich dir auch sagen werde. Dann lass mich Untreue von wilden Pferden vierteilen.«

Ob dieser Worte ward Margon ruhig, und die Eifersucht verließ sein Herz. Jetzt konnte ihn nichts mehr hindern, fortzuziehen und seine Dienste dem König Perceforest anzubieten. Und so begab er sich denn nach schmerzlichem Abschied von seiner geliebten Gemahlin auf den Weg, um fremde Dienste anzunehmen.

Bewaffnet ritt Margon los und machte sich auf den Weg zu König Perceforest, wo er auch gastfreundlich aufgenommen wurde. Und sogleich trug er auch schon einen Preis in einem Turnier davon, das der König eben abhielt. Der König neigte sich zu ihm und sprach: »Margon, seid herzlich willkommen und mein Gast.« Margon war über diesen Empfang sehr erfreut und schwor dem König den Treueeid. Und fortan diente er seinem König ergeben und übertraf alle anderen Ritter an Tüchtigkeit, sodass der König ihn alsbald in den Rat seiner Vertrauten berief. Doch brachte seine Tüchtigkeit ihm nicht nur Ruhm, sondern auch sehr viel Neid.

Zwei dieser Neider waren Nabon und Melean, und sie versuchten mit allen Mitteln, den tüchtigen Ritter beim König anzuschwärzen. Nun ging Margon oft an einen verborgenen Ort, um dort die Zauberrose anzusehen, die seine geliebte Gattin ihm als Zeichen der Treue mitgegeben hatte, und jedes Mal, wenn Margon die vollen Blüten erblickte, erstrahlte sein Herz vor Freude. Die Verräter aber bemerkten, dass Margon ein Geheimnis hatte, und berichteten dem König davon. »König«, sprach Nabon, »wir stehen für Eure Ehre ein. Wisset, große Gefahr droht Euch von einem Verräter aus den eigenen Reihen. Habt acht auf Margon, denn oft geht er abseits an einen entlegenen Ort und sieht sich dort irgendwelche bösen Sachen an; besser wäre es, ihn zu verbannen.« Der König indes, der voll auf Margon vertraute, ließ diesen rufen, und Margon erzählte seinem Herrn ohne Falsch das Geheimnis seiner Liebe: »Auf mich braucht Ihr nicht zu achten, Herr, ich betrüge Euch nicht. Ich ziehe mich nur an einen entlegenen Ort zurück, um den Zustand meiner Frau zu erfahren, und wenn ich die Rose aufblühen sehe, dann bin ich glücklich.« Die Verräter aber waren sehr missmutig, dass sie nichts erreicht hatten.

Da sprach eines Tages Nabon zu Margon: »Ihr habt eine Frau, so glaubt Ihr, an die sich niemand herantraut. Ich gebe Euch alle meine Güter, wenn ich sie nicht spätestens bis zum ersten Maitage verführe und mein nenne. Wenn es mir aber gelingt, so sollt Ihr Euch im Gegenzuge auf Euren Schild malen lassen, wie Ihr auf allen Vieren geht und Euer Weib auf Eurem Rücken. Und diesen Schild sollt Ihr auf allen Turnieren tragen, damit alle Welt weiß, dass man Euch Hörner aufgesetzt hat.« Margon war damit einverstanden, und man bat den Honig, Schiedsrichter bei diesem Handel zu sein.

So ritt denn Nabon gleich los und gelangte zum Schloss, in dem Lisane lebte; und diese empfing den Ritter freundlich und höflich und fragte nach ihrem lieben Ehemann. »Edle Frau«, erwiderte da der Verräter, »er ist ein Ehrenmann und jeder bewundert seine Tüchtigkeit und Tapferkeit.« Die schöne Lisane war überglücklich über diese geheuchelten Worte und bewirtete den Neider reichlich. Festlich war die Tafel hergerichtet, und Nabon saß auf dem hohen Ehrenplatz und musste wieder und wieder von der Tüchtigkeit Margons erzählen. Der böse Nabon aber wollte nur wissen, ob Ulsanes Herz noch für ihren Gatten schlage. »Herrin«, begann er da zu sprechen, »als Euer lieber Mann Abschied von Euch nahm, da gefiel ihm Eure große Schönheit und er war besorgt, anderen würde sie auch sehr gefallen. Aber auch seine Tapferkeit beeindruckt die Damen und erweckt bei ihnen mancherlei Sehnsucht. Ich kenne eine, die sehr in ihn verliebt ist, und ihre Liebe blieb nicht unerwidert. Ihr aber wäret zu sehr betrogen, wenn Ihr allein wärt und kein Liebchen hättet.« Über eine solche Rede war Lisane sehr erbost und sie entgegnete: »Ich habe volles Vertrauen zu Gott, dass mein Gatte mir keinen solchen Schmerz antun wird, und auch mein Herz ist nicht so närrisch, dass ich Euren Vorschlag annähme. Anders als einen bösen Scherz kann ich Eure Worte auch nicht aufnehmen, solche Scherze ziemen sich freilich nicht für einen Edelmann. Ich will rein und keusch der Rückkehr meines Gatten harren.« Da entschuldigte sich der üble Nabon bei der Dame für die törichten

Worte, die er gesprochen hatte, und Lisane verzieh ihm, gütig wie sie war.

Das Festmahl ging weiter, und Nabon redete verständiger und kam nicht mehr auf seine vorherigen Anträge zurück. Aber auf einmal wandte er sich zu seiner Gastgeberin und flüsterte ihr zarte Liebesworte ins Ohr, er liebe sie zärtlich und könne nicht mehr ohne sie leben. Und der darob entsetzten Lisane entgegnete er: »Herrin, ich kann nicht mehr anders, selbst wenn ich dafür von wilden Pferden zerrissen würde. Habt doch Mitleid mit mir Armen und tröstet mich, denn sonst werde ich nie aufhören, Euch zu bedrängen.« Wie nun Lisane sah, dass die Sache so stand, tat sie, als wolle sie ihm willfahren. »Gut. Der Handel ist abgemacht!«, sprach sie da. »Ich will Euch mein Herz schenken, nicht vermag ich, mich Euch weiter zu versagen. Doch geduldet Euch noch bis zum Abend. Ich will einer meiner Zofen den Weg zeigen, wo Ihr mich erwarten könnt, und wenn ich meine häuslichen Pflichten erfüllt habe, werde ich zu Euch kommen und Euch willens sein.« Wie froh war da der böse Neider und willig ließ er sich von einer Zofe in einen Turm führen. Dort könne er sich verteidigen, wenn das Tor angegriffen würde, sagte ihm die Zofe.

Da stieg er denn ahnungslos mit der Zofe die Turmtreppen hoch, und die Zofe schmeichelte sein lüsternes Herz: »Bald wird meine Herrin kommen; seht, da steht schon das hergerichtete Lager, dass Ihr bald mit ihr besteigen könnt, um der Wollust zu frönen.« Das hörte er wohl gern; und schon ging die Zofe und sperrte des Gitter am Tor ab. Nabon aber harrte lustvoll der Ankunft Ulsanes und malte sich schon das Gesicht von Margon aus, wenn er in Perceforests Schloss seine Rose welken sähe.

So saß er denn da in froher Erwartung der Dinge, die noch kommen sollten. Der Abend war schon lange angebrochen, aber nichts tat sich. Und als die Nacht hereinbrach, da merkte er, dass er Opfer einer List geworden war. Zornig und schnaubend rüttelte er am Tor, doch dieses war gut verriegelt. So blieb ihm nichts als seine ohnmächtige Wut, und er schwor Rache, sollte er jemals wieder dem Turm entkommen.

Er wartete schlaflos, bis die Sonne aufgegangen war. Und da erblickte er in einer Mauerritze einen kleinen Zettel, auf dem geschrieben stand: »Dieses Schloss ist so beschaffen: Wenn ein Ritter Schimpfliches von seiner Herrin verlangt, dann kann er sein Leben nur retten, wenn er ein ganzes Jahr lang am Spinnrocken sitzt. Wenn er Gesellschaft bekommen sollte, dann helfe ihm sein Genosse beim Haspeln, andernfalls soll er des Todes sein.« Als Nabon dies gelesen hatte, da verdoppelte sich sein Zorn. Und wie er seinen Blick zur Tür richtete, da sah er dort einen Spinnrocken, Flachs und Spindel. Alles war so vorgesorgt, dass er sich ans Werk begeben konnte. Alsbald kam auch die Zofe ans Türgitter und sprach: »Spinnt oder Ihr müsst Hungers sterben.« Und voller Angst erwiderte ihr Nabon: »Diese Kunst habe ich nie gelernt. Noch nie wurde einem Mann meines Geschlechts solche Schande einer Weiberarbeit angetan.«

Die Zofe indes ging fort, ohne ein weiteres Wort zu verlieren. So wütend Nabon auch war und so sehr er sich auch schämte, Weiberarbeit zu leisten, wenn er seine aussichtslose Lage betrachtete, blieb ihm nichts anderes übrig, als sich an den Spinnrocken zu setzen und die Spindel zu drehen, wollte er nicht verhungern. Nach einiger Zeit verstand er es, so glänzend mit dem Spinnrocken umzugehen, dass die Herrin Lisane ihm seine Arbeit mit reichlichem Essen lohnte.

Inzwischen waren die Maientage, bis zu denen Nabon die schöne Lisane verführt haben wollte, längst vorbei, und sein Spießgeselle Melean war voller Angst und Besorgnis, wusste er doch nicht, was aus Nabon geworden war. Dem lauteren Margon aber quoll jedes Mal das Herz schier über, wenn er sah, dass seine Rose frischer blühte denn je. Melean aber beschloss, sich selbst auf den Weg zu machen, um auch sein Glück bei der Schönen zu versuchen. Und er hegte keinen Zweifel, dass er bald Margons Rose zum Verwelken bringen würde.

So ritt er denn geradewegs zum Schloss der schönen Lisane, und diese nahm den Ritter wie vordem Nabon gastfreundlich auf, denn sie freute sich, wieder einmal Munde vom edlen König Perceforest zu bekommen, bei dem ihr geliebter Margon seine Dienste tat. Alsbald auch erkundigte sie sich nach Margon, und der treulose Melean antwortete Ihr: »Herrin, ich kenne Euren Margon wohl; er ist ein tapferer Recke und bei Hofe sehr berühmt; ja, gar Richter ist er geworden und er übt sein Amt ohne Ansehen der Person. Weder schaut er auf Gold und Silber noch auf den Rang. Jeder mag ihn gern, so höfisch und gefällig ist seine Art; es geht sogar unter den Rittern das Gerücht, dass er bald vom König ein Herzogtum vermacht bekommt.« Darob war Lisanes Freude sehr groß, und stolz war sie auf die Verdienste ihres lieben Mannes. Sie bewirtete Melean noch festlicher und feierlicher; doch das Herz des bösen Ritters war anderen Sinnes. Nicht verließ ihn der Gedanke, wie er seine Gastgeberin verführen und sie sich seines Willens machen könnte.

Und nachdem er anfangs bei Tisch hilflos versucht hatte, ihr nahezukommen, wurde er auf einmal stürmisch und ungestüm. »Herrin«, brach es aus ihm hervor, »ich sterbe bass um Eure Liebe. Von Tag zu Tag werde ich mehr vor Sehnsucht nach Euch verzehrt, und nicht mehr vermag ich es, meine Liebesglut für mich zu behalten. Ich bitte Euch um Gottes Willen, erhört mich und schenkt mir Eure Liebe!« – »Herr Ritter«, erwiderte ihr da die Schöne, »Eure Mühe ist vergeblich. Denn wenn Ihr meine geheimen Pläne kennen würdet, so suchtet Ihr gewiss, Eure Liebespein anderswo zu stillen. Hört aber nun auf, mich mit Euren Aufdringlichkeiten zu beleidigen.« So sprach sie, denn längst hatte sie die List seiner Absicht erkannt. Und als der falsche Melean beteuerte, sein Werben sei ohne Heuchelei, da gab sich die schöne Herrin nicht einmal die Mühe, ihn abzuweisen, sondern gewährte ihm wie weiland seinem Spießgesellen ein Stündchen, in dem sie der Liebe genießen könnten. Zuvor aber müsse sie noch das Haus besorgen, alldieweil ihre Zofe ihn aber in ein Turmzimmer bringe, wo beide ungestört seien und sie ihm zu Willen sein wolle.

Da brachte die Kammerfrau Melean in den Turm und verriegelte hinter ihm die Tür. Und als dieser sich nach allen Seiten umblickte, bemerkte er seinen Spießgesellen Nabon, der am Spinnrocken saß und emsig am Werk war. Da seufzte Melean und sprach zu seinem Gefährten: »Nabon, Ihr versetzt mich in Zorn, weh dem, der Euch hierhin lockte!« – »Ritter«, entgegnete da Nabon, »lernt spinnen und haspeln, denn wenn Ihr mich anschaut, dann seht Ihr, was Euch noch bevorsteht. Lasst nun ab von Eurem Stolz, sonst werdet Ihr hier Hungers sterben.« – »So werde ich mich nie erniedrigen«, war des Genossen Antwort, »eher soll man mir die Nase und alle Glieder abhacken.«

Inzwischen war die Kammerfrau ans Gitter gekommen und sagte beiden: »Herr Nabon, spinnt jetzt emsig, und Ihr, Herr Melean, haspelt; am Abend werde ich Euch dafür einen schönen Schinken und Speck zum Mahle bringen. Unser gnädiger Herr Margon braucht dringend Wäsche, die Herrin will sie ihm alsbald schicken.« Da stieg Melean vor Zorn die Röte ins Gesicht, und wutentbrannt versetzte er: »Wie? Soll ich die Wäsche für den spinnen, der uns die Zuneigung des Königs abspenstig gemacht hat, für den, dem wir seiner Frau die Ehre nehmen wollten. Aber das soll mir dieser Schuft noch büßen, ich werde ihn in Stücke reißen.«

Zwei Tage hintereinander fastete Melean, doch da bemächtigte sich der Hunger seiner und brachte ihn sanft dazu, zu haspeln. Darüber lachte Nabon heimlich, und so saßen beide wilde Gesellen traut beisammen am Spinnrocken.

Margon aber, fern bei König Perceforest, war tief betrübt und in großer Sorge, denn noch nie hatte er von seiner Gemahlin eine Nachricht erhalten. Der Maientag, bis zu dem die beiden Gesellen sich seiner Frau in Liebe nähern wollten, war längst vorbei, und noch immer blühte die Zauberrose in unveränderter Frische. »Es wäre doch gut«, sprach er da zu sich, »wenn ich mich auf den Weg zu meiner Frau machen würde, denn mich auf die Wette mit Nabon und Melean einzulassen, war doch gar eine zu große Tollheit.«

So stieg er denn auf sein Pferd und ritt den ganzen Tag lang, bis er sich abends an einer kühlen Quelle niederließ. Groß war die Eifersucht, die an ihm nagte, und er fürchtete doch, dass seine Frau den beiden vielleicht willens sei. Da klagte und jammerte er am kühlen Nass. Doch drei Ritter hatten ihn gehört. Und als es Morgen wurde, da kamen die Ritter, und Margon erkannte sie als Freunde und erzählte ihnen die ganze Begebenheit. Der eine der Ritter hieß Lionel, und der sprach zu ihm: »Wie viel Leid Ihr auch habt, Herr, tröstet Euch und seid doch nicht so verzweifelt. Eure Rose ist noch taufrisch, das sieht ja jeder. Verdörrt wäre sie gewiss, wenn Eure Gattin einen Fehltritt begangen hätte. Seid also beruhigt und guter Dinge.« Da ward Margon ruhiger und gelassener, und er bat die Ritter, ihn doch auf sein Schloss zu begleiten.

Kaum hatte man Lisane die Ankunft ihres Gemahls gemeldet, lief sie ihm freundlich entgegen und umarmte ihn. »Geliebter«, sprach sie da, »mein Herz schlug voller Sehnsucht nach dir, du aber hast meinen Körper verkauft und eine Wette auf ihn gesetzt, dafür bin ich sehr gegen dich erzürnt.« – »Darüber bin ich sehr betrübt«, erwiderte der Gatte, »aber erzähle mir doch, wie du deine Treue gegenüber den beiden verteidigst?« Da führte sie ihren Gatten und die drei Ritter in den Turm, wo Melean gerade haspelte und Nabon am Spinnrocken wirkte. »Fürwahr«, rief da Lionel erstaunt, »ein solches Schauspiel habe ich bisher noch nicht gesehen, Ritter spinnen für ihr tägliches Brot.« – »Gern will ich zulassen«, sprach da Lisane, »dass sie damit jetzt aufhören. Margon soll bestimmen, was mit den beiden jetzt geschehen soll.«

Margon aber verzieh ihnen und schickte sie weg. Das taten sie auch und wurden nie mehr wieder gesehen. Und am nächsten Tag machte er sich wieder auf den Weg zum König und nahm auch seine schöne Gemahlin mit. Der König lachte, als sie ihm vom Ausgang der Wette erzählten. Margon aber erhielt von ihm alle Güter zum Lehen, die beide Spießgesellen innehatten, und Lisane bekam von der Königin ein Schloss zum Geschenk, denn auch die Königin hatte ihren Spaß daran, wie Lisane die beiden Schurken getäuscht hatte.

Altfranzösisches Märchen

Die sieben Schwäne

Einst jagte ein vornehmer junger Graf allein mit seinen Hunden in einem großen Wald, als er plötzlich auf eine Hirschkuh stieß. Die hatte ein zehnendiges Geweih, das weißer als der Schnee leuchtete. Den ganzen Tag setzte er ihr nun mit seinem Pferd nach, denn er wollte dieses prächtige Wild unbedingt erlegen. Und so geriet er immer tiefer in den dichten und dunklen Forst, bis die Hirschkuh ihm doch schließlich entschwand.

Allein stand er nun da mit seinem Pferd, auch seine Hunde hatte er bei der wilden Hatz im Dickicht verloren. Immer wieder blies da der Graf in sein Jagdhorn, um die Hunde herbeizurufen, allein sein Rufen blieb ungehört. Als er nun irrend im Gehölz umherstreifte, kam er in eine tiefe, dicht bewaldete Schlucht, in der ein klarer Quell sprudelte. Er traute seinen Augen kaum, als er eine wunderschöne Nixe im kühlen Nass der Quelle sah, wie sie dort ihre nackten Glieder badete. Eine goldene Kette hielt sie in der Hand. Wie geblendet war er vor ihrer hinreißenden Schönheit, und sogleich ergriff Liebe sein Herz. Leise schlich er sich zum Quell hin und stahl ihr die Kette, in der die geheime Kraft ihrer Jungfernschaft verborgen war. Und so konnte er sie, nackt und machtlos wie sie nun war, auf seinen Armen aus dem Quell heben. Hirschkuh und Hunde waren nun für den Grafen vergessen, und er feierte noch in der gleichen Nacht mit seiner schönen Nixe an der Quelle Hochzeit.

In der Stille der mitternächtlichen Stunde aber blickte die Nixe auf zu den Sternen, und da erkannte sie aus deren Lauf, dass sie sechs Knaben und ein Mädchen auf einmal

unter ihrem Herzen trug. Zitternd vor Angst vertraute sie dies ihrem jungen Geliebten an. Der aber tröstete sie, gab ihr einen Kuss und versprach, sie am nächsten Morgen heim auf sein Schloss zu nehmen. Und so geschah es.

Die Mutter des Grafen aber sah es gar nicht gern, dass ihr Sohn eine Nixe als Gemahlin heimgeführt hatte, denn es quälte sie der Neid, die neue Schwiegertochter werde ihr an Macht und Ansehen gleichgesetzt. So dachte sie darüber nach, wie sie ihrem Sohn seine Liebste abspenstig machen könne. Als der Sohn aber nicht auf ihre bösen Worte hörte, ja sogar darüber entsetzt war, da hielt sie es vorerst für besser, der Schwiegertochter ein schönes Gesicht zu machen und sie in die Familie aufzunehmen. Tief in ihrem Herzen jedoch ersann sich die Heuchlerin einen bösen Plan.

Als nun die Zeit gekommen war, da gebar die junge Gemahlin dem Grafen wirklich wie vorhergesagt sieben Kinder auf einmal, sechs Knaben und ein Mädchen, und jedes der Kinder hatte um seinen Hals ein goldenes Kettchen. Ein Abbild ihrer Mutter waren sie, hatte doch auch sie damals am sprudelnden Quell eine güldene Kette getragen.

Nun war aber auch die Zeit für die böse Mutter des Grafen gekommen, ihr lange geplantes Verbrechen in die Tat umzusetzen. Sie nahm der jungen Schwiegertochter alle sie-

ben Kinder ab, übergab sie ihrem treuen Knecht, und statt der Kinder legte sie auf das Bett der schlafenden Nixe sieben junge Hunde, die erst vor neun Tagen zur Welt gekommen waren. Dem Knecht aber befahl sie, die neugeborenen Kinder in einen tiefen und dichten Wald zu tragen und sie dort zu erwürgen oder zu ertränken. Und der getreue Knecht musste hoch und heilig versprechen, diesen verbrecherischen Befehl auszuführen.

Während der Knecht noch mit den Kindern auf dem Weg in den Wald war, rief die böse Mutter ihren Sohn zu sich und sprach:

»Komm und schau dir mal an, was für schöne und edle Kinder deine Gemahlin dir geschenkt hat«, und sie zeigte ihm die Hündchen, wobei sie die junge Gemahlin ihres Sohnes mit den bittersten Vorwürfen überschüttete. Als nun der Graf die Brut der Hunde erblickte, stieg unbändiger Zorn in ihm auf, und seine böse Mutter gewann wieder Gewalt über ihn. Nur noch Abscheu hegte er in seinem Herzen für seine vordem geliebte Frau, die er doch während der Jagd so heiß begehrt hatte. Sogleich hieß er seine Diener an, die Hündchen zu ertränken und seine Gemahlin mitten im Hof seiner Burg bis zu den Brüsten einzugraben, ohne dass die Unglückliche die Möglichkeit hatte, sich zu rechtfertigen und die Missetat ihrer bösen Schwiegermutter aufzudecken.

Nur Hundefutter sollte man ihr in einem Napf reichen. Gleichzeitig befahl der junge Graf all seinen Rittern, Dienern, Spielleuten und auch Gästen, sich die Hände vor dem Mahl nur noch über dem Kopf seiner elenden Gemahlin zu waschen und sie sich an ihren Haaren abzutrocknen. Sieben Jahre lang musste sie nun diese Schmach erleiden. Ihre ehedem so weißen Glieder wurden aschgrau, ihre Kleider vermoderten zu Lumpen und in ihrem fahlen Gesicht gruben sich die Augen tief in die Höhlen; so bot sie ein Bild des Grauens und des Mitleids zugleich.

Der Knecht aber, der inzwischen die Kinder auf Befehl der bösen Schwiegermutter im Wald hatte töten sollen, war vor Mitleid und Erbarmen gerührt worden. Er hatte es nicht übers Herz bringen können, ihnen das Leben zu nehmen. So hatte er denn die Kindchen unter einen Baum gelegt und war dann seines Weges gegangen. Dort hatte ein frommer

Einsiedler aber die Kinder noch rechtzeitig gefunden, bevor sie verhungert und verdurstet waren, und sie in seine Höhle gebracht. Er ernährte sie mit der Milch einer Hirschkuh und zog sie wie seine eigenen auf. So wuchsen die Kindlein heran und wurden stark. Schon jagten sie im Wald und schossen Vögel und anderes Wild, mit dem sie ihren Hunger stillten und sich so am Leben hielten.

So waren sieben Jahre ins Land gezogen. Als der Graf, ihr Vater, nun wieder einmal im Wald dem Weidwerk nachging,

erblickte er plötzlich sieben Kinder, die goldene Kettchen um den Hals hatten. Und sogleich empfand er eine natürliche Zuneigung zu den Kleinen und begann, ihnen zu folgen, als sie ängstlich flohen; doch sie entschwanden plötzlich seinen Augen, und traurig ritt er, um eine geheimnisvolle Sehnsucht betrogen, zurück auf sein Schloss, wo er seiner Mutter und allen anderen die wundersame Begebenheit erzählte. Sobald die Mutter dies aber gehört hatte, begann ihr Herz zu pochen; eine böse Vorahnung stieg in ihr auf, und sie ließ sogleich den Knecht kommen, der die Kinder damals töten sollte. Der Knecht gestand ihr, er habe die Kleinen zwar nicht getötet, aber doch schon halb sterbend unter einem Baum ausgesetzt.

Da fauchte sie ihn wutentbrannt an: »Eile sogleich in den Wald, suche sie und nimm ihnen die goldenen Kettchen ab.

Mein Sohn hat die Kinder heute gefunden! Wenn du sie nicht aufspürst und meinen Befehl befolgst, sind wir beide verloren.«

So eilte der Knecht flugs in den Wald, und nachdem er drei Tage lang vergeblich gesucht hatte, traf er schließlich am vierten auf die Knaben, die in Schwäne verwandelt waren. Sie tummelten sich auf einem kleinen Teich, der mitten im tiefen Wald lag. Am Ufer saß das Mädchen, ihre Schwester, in Menschengestalt, hütete die goldenen Kettchen und

sah vergnügt auf ihre Brüder, die lustig im kühlen Nass spielten. Leise schlich sich da der Knecht heran, stahl, vom Mädchen unbemerkt, die Ketten; allein das Kettlein des Mädchens musste er ihr zurücklassen, sie trug es nämlich um ihren Hals.

Froh eilte der Knecht aufs Schloss zurück und übergab seiner Herrin die Kettchen. Die ließ sogleich einen Goldschmied kommen, der aus den Kettchen einen Becher fertigen sollte. Doch war das Gold besonderer Art. Der Goldschmied versuchte, die Kettchen im Feuer zu schmelzen, doch vergebens, sie schmolzen nicht. Dann wollte er sie mit einem Hammer gefügig machen, auch diese Mühe war umsonst: Das Gold widersetzte sich den Schlägen, und nur an einem einzigen Kettchen brach ein Ring. Da er also seinen

Auftrag nicht auszuführen vermochte, ersann er eine List: Er wog die Ketten und verwahrte sie bei sich. Dann nahm er von seinem eigenen Gold soviel, wie die Kettchen gewogen hatten, und trieb damit den Becher. Nach getaner Arbeit brachte er ihn ins Schloss, und die böse Alte verschloss ihn sogleich in einen Schrein. Nie nahm sie auch nur einen einzigen Schluck daraus, zeigte ihn auch keinem, auch nicht ihrem Sohn.

Die sechs Knaben aber konnten ohne ihre Ketten nicht mehr menschliche Gestalt annehmen. Fortan tönte mit süßem Klang ihre Klage über Seen und Wälder. Mit ihrer Schwester, die sich wieder in einen Schwan verwandelt hatte, schwangen sie sich hoch in die Lüfte, um nun eine neue Bleibe zu suchen, einen Fluss oder einen See vielleicht. Als sie nun schon lange über das weite Land geflogen waren, da erblickten sie plötzlich einen wunderbar großen See, der an einem Schloss gelegen war. Froh, einen so schönen Ort zum Bleiben gefunden zu haben, ließen sie sich auf der glatten Oberfläche des Wassers nieder. Das Schloss aber war das ihres Vaters. Hoch reckte es sich auf dem Gipfel eines Felsens, der in den Himmel zu wachsen schien, und weit ragte es in den See hinein, der es fast umschloss. Nur von der Bergseite her konnte man es auf schmalem Steg erklimmen.

Gerade saß der Graf an einem Fenster, das tief zum See ging, und schaute gedankenversunken auf den See drunten im Tal. Da erblickte er auf einmal die seltsam anmutenden Vögel, wie sie sich gerade niederließen. Noch nie hatte er solche an diesem Ort gesehen. Er war so angetan von ihrem Liebreiz und ihren wohlklingenden Stimmen, dass er sogleich seinem Gesinde befahl, die herrlichen Tiere ja nicht zu erschrecken und ihnen täglich die Speisereste seiner Tafel zuzuwerfen. Von Tag zu Tag verloren nun die Schwäne mehr und mehr ihre Zurückhaltung, wurden immer zahmer und kamen zuletzt sogar zur gewohnten Zeit, um ihr Mahl zu nehmen. Spaßig war es anzuschaun, wenn sie zutraulich heranschwammen und die Brotreste und Fischstückchen zu erhaschen suchten.

Das Mädchen, ihre Schwester, hatte aber wieder menschliche Gestalt angenommen und ging tagtäglich ins hohe Schloss hinauf, wo es wie eine Waise um Brosamen bettelte.

Von dem, was es von des Vaters Tisch erhielt, behielt es stets einen Teil für die arme Frau, die noch immer im Burghof bis an die Brust eingegraben war. So ein gutes Herz hatte das Mädchen, dass es in Tränen ausbrach, wenn es die unglückliche Nixe sah, ohne dass es wusste, dass es seine leibhaftige Mutter war. Den Rest der Speisen trug es dann ihren Schwanenbrüdern zum See, die ihr frohlockend entgegenflogen und sie mit dem Schlagen ihrer Flügel freudig begrüßten. Sie nahmen die Speisen aus dem Schoß ihrer Schwester, und nachdem diese jeden Bruder lange geküsst und geherzt hatte, ging sie aufs Schloss zurück. Dort legte sie sich jede Nacht neben die arme Frau in den Hof des Schlosses.

Alle Schlossbewohner sahen das Mädchen täglich zu der eingegrabenen Frau gehen, dann zu den Schwänen und wunderten sich über die große Ähnlichkeit, die es mit der früheren Herrin hatte. Auch der Graf, der ihr immer wieder nachsah, wurde von einer eigenartigen und gleichsam natürlichen Zuneigung zu ihr erfasst.

So ließ er es zu sich rufen und entdeckte erstaunt das goldene Kettchen um seinen Hals. Als er noch weitere Zeichen seiner Familie an ihm sah, fragte er es nach seiner Herkunft: »Sag mir, wer bist du und wo kommst du her, wer sind deine Eltern und wieso kommen die Schwäne immer zu dir?« – »Oh, Herr«, erwiderte das Mädchen unter Tränen, »ich weiß nicht, ob ich je Vater und Mutter gehabt habe; doch jeder Mensch hat diese wohl; ich weiß aber nicht, wer sie sind, habe ich sie doch nie gesehen. Eines aber weiß ich sicher: dass die Schwäne dort unten auf dem See meine leiblichen gleichaltrigen Brüder sind.« Dann erzählte es dem Grafen alles von Anfang an, wie sie von einem alten Mann im Wald gefunden worden sind, wie sie sieben Jahre lang von der Milch einer Hirschkuh genährt worden sind, wie die Brüder ihre Kettchen im Teich verloren hatten, warum sie sich nicht wieder in Menschen zurückverwandeln können und wie sie sich hier am Schloss niedergelassen hatten.

Die böse Mutter des Grafen hatte aber alles heimlich mitgehört und ließ sogleich ihren Knecht rufen, der ihr schon bei den früheren Verbrechen zur Seite gestanden hatte: Er sollte das Mädchen töten. So schlich er dem Mädchen am nächsten Morgen nach, als dieses gerade zum See hinabstieg, um seinen Brüdern Brosamen zu bringen. Eben wollte er ihm mit dem Schwert den Todesstoß geben, da kam zufällig der Graf des Weges; dieser erkannte sofort die böse Absicht des Mörders und schlug ihm flugs das Schwert aus der Hand. Aus Angst vor dem Tod erzählte nun der Knecht

dem Grafen alles, was ihn die grausame Alte geheißen hatte. Der Graf stellte nun seine Mutter zur Rede, und auf der Folter gestand sie ihm all ihre bösen Taten.

Da wurde der goldene Becher aus dem Schrein geholt und der Goldschmied gerufen. Der gab auch gleich zu, die echten Kettchen bei sich versteckt zu haben. Er gab diese heraus, und freudig eilte damit das Mädchen zum See und gab jedem seiner Brüder seine Kette. Und sie wurden sogleich erlöst und nahmen wieder Menschengestalt an bis auf den einen, an dessen Kette der Goldschmied das Ringlein zerschlagen hatte. Der musste Schwan bleiben, doch war er fortan immer bei seinen Brüdern.

Überglücklich nahm der Graf seine Kinder auf und ließ seine Gemahlin aus der Erde im Hof ausgraben. Bald hatte diese durch Bäder und Salben auch wieder ihre alte Schönheit erlangt. Seine Mutter aber, die die Urheberin alles Bösen war, ließ der Graf anstelle der Nixe in den Boden eingraben, wo sie ihre gerechte Strafe fand.

Mittelalter

Die Frau im Schrein

In Neapel war zu der Zeit des alten Königs, nämlich des Königs Manfred, ein Ritter, Astulf mit Namen, der hatte eine wunderschöne, wohledle Gemahlin, Madonna Lagrinta genannt, und ihr ward alle Luft, die ein Gatte seiner Frau gewähren kann, und beide glaubten in einem zweiten Paradiese zu leben, und das dauerte eine lange Zeit. Dann aber geschah es, dass sich Madonna Lagrinta zu often Malen mit andern Damen und mit einigen Baronen bei Gartenfesten vergnügte, und da entbrannte sie in heftigster Liebe zu einem Edelknappen, Nieri mit Namen, einem gar mindern Menschen im Vergleiche zu ihrem Gatten, und nach vielen Tänzen und Liedern fasste sie Mut, mit ihm zu reden und ihm von der Liebe zu sprechen, die sie zu ihm gefasst hatte, und Nieri willigte in alles, was sie von ihm heischte, und sie trafen Abrede, wie sie zusammenkommen wollten, und hatten ihre Lust aneinander, und daran gewannen sie beide große Befriedigung. Das konnte aber nicht so heimlich hergehen, dass es nicht schließlich ans Licht gekommen wäre. Eines Tages verließ Herr Astulf aus irgendeinem Grunde den Hof früher als sonst und begab sich nach Hause, und die Frau hatte, da sie sich seiner früheren Rückkehr nicht versah, die Türen offen gelassen, und sie und Nieri trieben im Bette ihr süßes Spiel, als Herr Astulf ins Gemach trat, und über das, was er sah, war er so entsetzt, dass er vor Schmerz schier in Ohnmacht fiel. Nieri sprang aus dem Bette und lief, was er konnte, und Herr Astulf sagte als weiser Mann: »Frau, du hast, indem du mich geschändet, allzu arg gefehlt, und dein Fehler würde, wenn du flöhest, nur noch größer, mit dem, was du mir angetan hast, werde ich mich nie abfinden können, und darum will ich nichts mehr mit dir zu schaffen haben, bis ich vernehme, dass du deinen Fehler völlig gesühnt hast.« Und tief betrübt verließ er sein Haus und kehrte an den Hof zurück in der Absicht, zu verreisen und nimmer zu seiner Frau zurückzukehren.

König Manfred, dem sein Kummer auffiel, fragte ihn oft und oft um den Grund, und einmal sagte er ihm dies, ein andermal das, aber von der Verfehlung seiner Frau sagte er ihm nichts, und so vergingen etliche Monate. Und eines Tages stand er trübsinnig an einem Fenster seines Gemachs in dem königlichen Schlosse und bedachte, was ihm seine Gattin angetan habe und ob er sie nicht töten solle und ob ihn nicht das Übermaß des Schmerzes zur Verzweiflung treiben werde. Und während er sich solchen Gedanken hingab, sah er, wie ein Kerl, der den Hintern auf einer Britsche nachzog, zu der Tür des Palastes von Madonna Fiammetta, der Königin und Gattin des Königs Manfred, rutschte und mit der Krücke an die Tür pochte. Nach langem Pochen kam die Königin an die Tür und öffnete sie, und der Bursche, der auf der Britsche saß, schleuderte ihr die Krücke an die Brust und beschimpfte sie, dass sie so lange verzogen habe. Die Königin entschuldigte sich, sie sei so rasch wie möglich gekommen, umfing ihn mit ihren Armen und zog ihn hinein, und sie entledigte ihn der Britsche und gab sich ihm auf dem

Estrich hin. Und nach einer Weile, nachdem sie ihn wieder auf die Britsche gesetzt und ihm eingemachte Früchte und einen Trunk gereicht hatte, entließ sie ihn aus dem Hause.

Herr Astulf, der alles gesehen hatte, begann sich der Trübsal, von der er bis zu diesem Augenblicke befangen gewesen war, einigermaßen zu getrösten, und er sagte bei sich: »Jetzt will ich darüber, dass mir meine Gattin einen Schildknappen vorgezogen hat, nicht mehr verzweifeln, da ich sehe, dass die Königin dem König einen Lumpen vorgezogen hat, der mit dem Hintern auf der Britsche rutscht«; und er nahm sich vor, fortan fröhlich zu leben und guter Dinge zu sein und allen Trübsinn abzutun. Und er ging zu der Hofgesellschaft und gab sich dem Vergnügen hin und tanzte und sang mit den andern, sodass sich König Manfred fragte, wie es denn zugegangen sei, dass sich die so große Trauer einer so langen Zeit in einer kurzen Stunde in eine solche Fröhlichkeit habe verkehren können, und er lag ihm an, ihm Grund und Ursache zu erzählen. Herr Astulf, der es verheimlichen wollte, gab bald das, bald jenes vor, aber der König, der all diese Reden als Ausflüchte erkannte, fragte: »Wahrhaftig, Herr Astulf, wenn Ihr nicht die Wahrheit sagt, so werdet Ihr die Liebe einbüßen, die ich zu Euch trage, und fortan werde ich gering von Euerer Freundschaft denken.« Herr Astulf sagte sich: »Verheimliche ich die Geschichte, so gerate ich in Missachtung bei dem Manne, den ich mehr als je liebe, und enthülle ich die Tat, sage ich ihm, welche Schmach ihm die Königin angetan hat, so kann er daran sterben.« Endlich entschloss er sich, ihm auf schickliche Weise alles zu erzählen, und bat ihn um Verzeihung, wenn er etwas ihm Widerwärtiges sprechen werde, und der König sagte: »Sprich nur kühnlich, alles, was du sagen wirst, soll dir vergeben sein, und nichts als Gutes soll dir daraus erwachsen.« Und Herr Astulf sagte: »Herr König, da Ihr es denn durchaus verlangt, werde ich Euch alles der Reihe nach berichten; weil das aber eine lange Geschichte sein wird, so bitte ich Euch, lasst es Euch belieben, dass niemand sonst dabei ist.« Der König war einverstanden und begab sich mit ihm in ein andres Gemach, und das ganze Gefolge musste draußen bleiben, und nachdem die Tür verschlossen worden war, begann Herr Astulf zu erzählen: Wie ihn seine Frau mit Nieri betrogen habe, den er bei ihr im Bette gefunden, und wie darob ein solcher Trübsinn über ihn gekommen sei, dass er oftmals beschlossen habe, sich zu rächen, und wie ihm viel andere absonderliche Gedanken gekommen seien, und das sei der Grund seiner Traurigkeit gewesen, und er fuhr fort: »Solcherlei Gedanken waren es, mit denen ich an dem Fenster meines Gemachs in Euerm Schlosse stand, als ich einen Kerl kommen sah, der, weil er lahm war, mit dem Hintern auf einer Britsche rutschte. Und er schob sich zu der Pforte des Palastes der Frau Königin und pochte mehrmals mit der Krücke an, und nach einer Weile sah ich, wie die Frau Königin kam und die Pforte öffnete. Der Kerl beschimpfte sie und warf ihr die Krücke, die er in der Hand hatte, an die Brust und schrie: »Lang hast du gebraucht, zu öffnen!« Die Königin entschuldigte sich, sie habe nicht früher kommen können, öffnete die Arme, nahm ihn und zog ihn ins Haus, und in meiner Gegenwart, sodass ich alles sah, nahm sie ihm die Britsche ab und stieg auf ihn. Nach einer Weile brachte sie ihm Früchte und einen Trunk und setzte ihn wieder auf die Britsche und entließ ihn. Und da er so kam und sich betrug, so schloss ich, dass der Handel mit der Königin schon eine längere Zeit dauere, und wie ich mir so überlegte, wem Euch die Königin vorgezogen hat, so sah ich ein, dass das Betragen der Königin noch viel schlechter als das meiner Frau ist, weil Ihr tausendmal mehr wert seid als der, den Euch die Königin vorgezogen hat, während ich nicht viel besser bin als Nieri. Und darum nahm ich mir vor, wieder lustig zu sein und den Trübsinn fahren zu lassen.«

Der König sagte: »Wahrhaftig, wenn es so ist, wie du sagst, so sage ich dir, dass du Grund zur Fröhlichkeit hast und ich zur Betrübnis; gleichwohl will es mir nicht in den Sinn, dass die Königin so töricht gewesen sein sollte, so weit zu gehen, und wäre es wirklich wahr, so würde ich nimmer froh werden.« Sagte Herr Astulf: »Wahrhaftig, ich versichere Euch, es ist wahr, aber herzlich leid tut mir, dass Ihr mich gezwungen habt, es Euch zu erzählen.« Und der König sagte: »Wie ich dir früher gesagt habe, so bewähre ich dir jetzt, dass ich dich, wenn ich dich je geliebt habe, nun noch hundertmal mehr liebe; aber ich bitte dich, verschaffe mir in dieser Sache Gewissheit, auf dass ich mir von den schwarzen Gedanken helfen könne.« Herr Astulf sagte: »Ich gedenke es

Euch sehen zu lassen, sodass Euch kein Zweifel bleibt, und das kann am besten von dem Fenster meines Gemachs geschehen, und ich werde Euch zur Zeit verständigen.« Und der König war es zufrieden.

Herr Astulf begann sich verborgen zu halten, und nach einigen Tagen, es war gerade ein Feiertag, sah er den Kerl wieder kommen. Sofort holte er den König, und der trat an sein Fenster, und nun sah er, wie der Kerl mit der Krücke pochte und, weil die Königin nicht zur Stelle war und er sie nicht kommen hörte wieder und wieder pochte; und schließlich kam die Königin, leicht gekleidet, und öffnete ihm, und der Lump holte aus, um ihr die Krücke an den Kopf zu werfen, und er hätte sie getroffen, wäre sie nicht ausgewichen, und er schrie sie an: »Du Hure, warum kommst du so spät?« Und sie nahm ihn furchtsam in die Arme und schaffte ihn hinein und tat mit ihm in Gegenwart des Königs, wie Herr Astulf gesagt hatte, und dann entließ sie ihn. Und der König sagte zu Herrn Astulf: »Wahrhaftig, Astulf, ich bin entschlossen, nicht mehr in der Welt zu leben, und ich möchte, dass du und ich auf und davon gehen und es niemand sagen, und wir nehmen uns genug Geld mit und gehen unerkannt und ohne Begleitung zu Fuß; und wir kehren nimmer zurück, es wäre denn, dass uns ein Abenteuer zustößt, das uns zur Heimkehr bestimmt.« Herr Astulf sagte, er gehe gern von seinem Weibe und mit ihm, und der König nahm viel Geld, und Sie machten sich insgeheim auf den Weg.

Auf ihrer Wanderung kamen sie einmal in der Gegend von Lucca an ein luftiges, schattiges Plätzchen, wo ein liebliches Wässerlein floss, und ob der Hitze, es war im Juli, hielten sie dort Rast. Da sahen sie einen Mann kommen, der trug auf dem Rücken einen großen, gewichtigen Schrein, und er schritt leicht genug unter ihm einher; und als er sich ihnen auf Bogenschussweite genähert hatte, beschlossen sie, sich in einem Gehölz in einiger Entfernung von dem Wasser zu verstecken, um zu sehen, welchen Weg er einschlagen werde, und das taten sie. Der Mann kam heran, tüchtig verschwitzt von der Hitze sowohl als auch vom Gehen und von der Last, und als er den Schatten und das Bächlein sah, gedachte er zu rasten und setzte den Schrein auf den Boden. Dann nahm er aus der Tasche einen Schlüssel und öffnete den Schrein, und heraus sprang ein gar hübsches Mägdlein, etwa zwanzig Jahre alt, und die setzte sich an seine Seite, und nachdem sie aus dem Schreine Brot, Fleisch und eine Flasche Wein genommen hatten, begannen sie in frommer Eintracht ihr Mahl zu halten. Und nach dem Essen, es war um die dritte Nachmittagsstunde, legte der Mann sein Haupt dem Mädchen in den Schoß, und er entschlief und begann zu Schnarchen, Der König und sein Gesell, die alles beobachtet hatten, hörten den Mann nicht so bald schnarchen, als sie beschlossen, dem Mädchen zu eröffnen, wie sehr sie einer ihresgleichen bedürften; hatten sie doch seit ihrer Abreise mit keinem Weibe zu schaffen gehabt. Sie traten ein wenig vor das Gehölz und winkten ihr, zu ihnen zu kommen, und das Mädchen, dem sie anständige Leute zu sein Schienen, schob sachte, sachte dem Mann die Flasche unter den Kopf und sich selber weg, und sie ging zu ihnen, und sie wurde trefflich empfangen und von dem Könige und seinem Gesellen viermal befriedigt; und gar froh über dieses Abenteuer lobte sie den Herrn und die zwei Männer. Dann fragte sie der König, wer sie sei und woher und wer der Mann sei, der sie in einem Schrein auf dem Rücken trage, und warum er das tue. Das Mädchen sagte: »Ich bin aus Siena, und man nennt mich die Savia oder die Kluge, und ich bin die Frau des Mannes, der dort schläft, und er heißt Arnulf, und der Grund, dass er mich solcherweise mitträgt, ist Eifersucht, damit ich es mit keinem andern als mit ihm halte; darum nimmt er dieses Ungemach auf sich, sooft er des Handels halber Siena verlassen muss, und sind wir in Siena, so sperrt er mich in eine Kammer im Erdgeschoss, die keine Tür hat und kein Fenster, außer ganz oben ein paar Luftlöcher mit Eisengittern und zu der es keinen Zugang gibt, als eine Falltür mit dem Fußboden der obern Stube, und auf dieser Falltür sitzt er Tag und Nacht bei seiner Beschäftigung; er öffnet und verschließt sie mit einem Schlüssel und schläft bei mir, und so macht er es immer. Aber die Natur hat mich und überhaupt die Frauen Sienas dermaßen begnadet, dass wir auch gegen solche Maßnahmen Rat finden; ich habe unter meinem Bette ein Loch gegraben, das aus dem Hause führt, und so lasse ich alltäglich einen oder den andern zu mir ein, und hin und wieder gehe ich auch auswärts meiner Lust nach, und auf diese Weise verschaffe ich mir Trost und Zeitvertreib, und das

Denken und die Trübsal lasse ich meinem Gatten Arnulf.« Der König, der mit Vergnügen gehört hatte, welches Verfahren der Mann beobachtete und dass sie sich die Savia oder die Kluge nennen ließ, sagte zu seinem Gesellen: »Von ihr haben wir so viel gelernt, dass wir mit trefflicher Wissenschaft heimkehren können.« Und das Mädchen, dem es an der Zeit schien, wieder zu ihrem Manne zu gehen, sagte zu den beiden, wenn Sie bisher mit ihr zufrieden gewesen seien, so möge jeder noch ein Äpfelchen aus ihrem Garten pflücken, und auf dieses gefällige Angebot pflückte der König ein Äpfelchen, und eines pflückte sein Gesell, und zur Belohnung für die guten Dienste gab ihr der König einen schönen, wertvollen Ring; sachkundig, wie sie war, erkannte sie den Wert des Kleinods, und sie sagte sich, dass das Herren von hohem Stande sein müssten, und sie befahl sie Gott. Und sie ging zu ihrem Gatten zurück, weckte ihn und sagte, als wäre sie immer bei ihm gewesen: »Ach, schwer bist du mir auf den Schenkeln gelegen!« Der Mann steckte sie in den Schrein, verschloss ihn, nahm ihn auf den Rücken und schlug den Weg nach Siena ein.

Und König Manfred sagte: »Herr Astulf, nun brauchen wir nicht weiter durch die Welt zu tappen: Das Mädchen hat uns unterwiesen, dass man eine Frau nie so hüten kann, dass sie keinen Fehltritt beginge; vereitelt man ihnen auch dieses oder jenes Stückchen, schließlich tun sie doch, was sie wollen.

Mittelalter

Das Land der Cockanyngen

Mannigfacher Art ist der Unterhalt, mit dem man sein Leben in den verschiedenen Ländern fristet. Nun hört, ich will euch etwas erzählen! Ich kam letzthin in ein Land, das mir fremd war. Ihr sollt großes Wunder hören, was Gott da gebot: In dem Lande soll man immerdar ohne Arbeit und ohne Mühe sein. Das ist das Land von Cockanyngen, schöner als Spanien und Indien, das Land der schönen Frauen, das heilige Geister schufen. Wer da am längsten schläft, der verdient am meisten und niemand arbeitet dort, er sei alt oder jung und stark, und doch kennt man dort keinen Mangel. Da sind die Wände aus Würsten gemacht, die Fenster und die Türen aber aus Salmen und Stören. Die Pfeiler, die das Haus tragen, sind alle von Karfunkelstein, die Balken, die in dem Hause liegen, sind von Butterwecken gefertigt und die Söllerplanken von reinem Pfefferkuchen. Bänke und Stühle sind aus Zuckerwerk gebacken; Haspeln, Spinnrocken und solche Dinge sind gar aus Bretzeln geflochten und die Bretter aus gebratenen Aalen, gedeckt aber sind die Häuser mit Pfannkuchen. Die Zäune, die auf dem Felde stehen, sind aus großen, schönen Lampreten geflochten. Auf den Feldern tanzen die Hasen und Kaninchen, die wilden Hirsche und Schweine ihren Reihen; die kann man mit der Hand fangen und ohne Koppel hinwegführen, die Rosse aber sind mit köstlichen Geschmeiden bedeckt und brauchen nicht gekauft zu werden. Dies ist das Land, das Gott lieb hat. Wer am längsten schläft, der findet das meiste, und was man in dem Lande liegen findet, das darf man ohne zu fragen aufheben, und man kann damit tun, was einem beliebt, als ob man es zu eigen hätte. Schöne Kleider sind dort billig zu haben, denn vor allen Häu-

sern liegt ein Haufen von Gewändern, Hosen und Schuhen, wer will, der mag sie sich anziehen. In allen Straßen findet man schöne Tafeln aufgestellt mit weißen sauberen Laken darüber gebreitet. Brot und Wein, Fleisch und Fisch steht darauf, da kann man den ganzen Tag essen und trinken, wonach einem das Herz gelüstet, ohne eingeladen zu sein. Wenn es regnet, so regnet es Eierkuchen, Mooraale und Pasteten, davon findet jedermann genug nach seinem Bedarf. Niemand bleibt da unbefriedigt, denn die Gänse laufen gebraten umher, Fisch, Fleisch und fettes Geflügel kocht sich selbst zur Essenszeit, das ist so des Landes Sitte. Ein Fluss läuft durch das Land aus gutem Wein und Bier, an dessen beiden Ufern silberne Schalen und große Schüsseln liegen. Da rinnt Claret und Muskateller, den einem niemand verbietet, jeder darf dort billig trinken, mag er Wein, Bier oder Most. Mit Ingwer und Muskatnüssen sind die Straßen gepflastert, Felle hängen darüber, unter denen man geht. Die schönste Sitte in dem Lande aber ist, dass niemand des andern Feind ist, sondern jeder ist des andern Freund und hilft und dient ihm gern. Im ganzen weiten Land ist immerdar Sommerszeit und Maienwetter. Jeder Monat hat fünf Wochen; vier Ostern, vier Pfingsten und vier Christtage fallen aufs Jahr, aber nur alle hundert Jahre gibt es eine Fastenzeit. Noch einen andern Vorzug hat das Land: da ist kein Weib, das einem Manne ein freundliches Schlafengehen verweigern kann, das könnt ihr mir glauben. Da sind Trompeten und Schalmeien, nach denen sie ihren Reihen tanzen; schöne Frauen und Jungfrauen, die gehören einem jeden ohne Sünde und Schmach, das ist des Landes Brauch. Das Land ist nicht stark bevölkert, das sagen alle, die von dort kommen; deshalb rate ich allen denen, die ungern arbeiten und sich mühen, aber gerne gut essen und trinken und Lotterspiel treiben, dass sie ihre Sache hier stehen lassen und in jenes Land ziehen. Dahin kommt niemand, der ein andres Amt hat als den ganzen Tag essen und trinken und des Abends seine Zeche borgen, der ungern seine Rechnung bezahlt und immer borgt und grübelt, wie er seiner Schulden ledig werde. Hiermit will ich meine Rede schließen, gehe jeder selber hin und sehe!

Mittelalter

Ritter- und Frauentreue

Es war einmal ein Ritter, der war ein arger Feind seines Heimatlandes, und nachdem er vieler Verbrechen überwiesen und des Todes schuldig erkannt worden war, wurde er auf königlichen Befehl und Volksgeheiß verbannt. Und weil er weder in der Heimat, noch in der Umgebung einen Freund hatte, floh er weit weg in die Fremde, wo nicht nur seine Missetaten, sondern auch sein durch sie geschändeter Name unbekannt war, und er nahm sich in lobenswerter Sinnesänderung vor, seine alte Grausamkeit in Milde und seine zügellose Überhebung in maßvolle Tapferkeit zu verkehren. Er fügte sich zu einem mächtigen Herrn, und dem diente er so weislich, dass er dessen Untertanen möglichst wenig Abbruch tat und sich großen Nutzen schaffte; er half ihnen, soweit es die Treue zuließ, und schadete ihnen weniger, als es die ihm angeborene Grausamkeit heischte, nicht ohne solcherweise deutlich zu zeigen, um wie viel mehr er vermocht hätte, als er tat.

Unter seinen Gesellen bei jenem Machthaber war auch ein gar wackerer Mann, und der bat ihn, weil er ihm gleich trefflich zu sein schien, um seine Freundschaft. Er weigerte sie ihm nicht, und sie bekräftigten die Freundschaft mit Schwüren und machten miteinander ab, jeden Schaden und jeden Gewinn zu teilen, und dieser Ritter nahm ihn in seine Stadt mit. Da er ihn aber nicht mit seiner Gattin bekannt machen wollte, so führte er ihn, ohne ihm sogar sein Haus zu zeigen, in eine Herberge. Nun wurde diese Stadt von Nachbarn bekriegt, aber deren Kräfte vernichtete in wenigen Tagen die Kraft des Verbannten, und er teilte mit seinem Gesellen alle Beute und allen Gewinn.

Und als dann wieder Friede war, ritt eines Tages der Fremde, trefflich angetan mit Gold und Purpur, auf einem prächtigen Streithengst durch die Straßen, und da sah ihn die Gattin seines Freundes, und schon entbrannte sie auch in Liebe zu ihm. Und sie entbot ihm durch ihre Kammermagd, er solle in der Nacht zu ihr kommen, und er ging zu ihr, und beim Abschiede beschenkte sie ihn mit einer großen

Menge Goldes und allerlei kostbaren Steinen. Bei der Teilung dieses Schatzes fragte ihn sein Freund, woher er ihn habe, und so kam er darauf, dass seine Frau verdorben und sein Geld vermindert worden war. Und da er seinen Reden entnahm, dass er in der nächsten Nacht wieder hingehen werde, so gedachte er ihm das Spiel zu verderben.

Er gab eine längere Reise vor, kam aber mitten in der Nacht unversehens zurück. Seine Frau verbarg ihren Buhlen in dem Troge, in dem der Ritter seinen Harnisch zu fegen pflegte. Trotz eifrigem Suchen fand ihn der Ritter nicht, wohl aber hätte er ihn, wie er, erbost schreiend, mit dem Schwerte blindlings herumstach, bald verwundet. Endlich ließ der Eifersüchtige von seinem Lärmen und ging, und nun ging auch sein Freund, noch mehr mit Geschenken beladen als das erste Mal. Wieder wurde der Gewinn geteilt, wiederum Tücke geplant. Diesmal wurde der Buhle hinter der Tür verdeckt; er wurde nicht gefunden. Der Gewinn wurde wieder geteilt, und zum dritten Mal legte es der Gatte an, ihn zu ertappen. Als er in der Nacht kam, steckte die Frau ihren Liebhaber in eine Kleidertruhe. Er wollte die Truhe durchsuchen, und die Frau stimmte gleichmütig und unveränderten Gesichtes zu und sagte nur, sie wolle sie selber öffnen, weil sie sich besser darauf verstehe, die Kleider zu behandeln und umzuwenden. Und sie zog einen langen Mantel hervor und breitete ihn aus, und dahinter verbarg sie ihren Buhlen, und dann warf sie den Mantel über ihn, und der Ritter ging tiefbetrübt weg. Nun wurde auch der Buhle entlassen, nicht ohne dass ihm sein Geschenk, ob der ausgestandenen Furcht, vervielfacht worden wäre. Als er aber mit seinem Gesellen geteilt hatte, schwor er, nun werde er nicht mehr hingehen.

Traurig über den Verlust seines Eigentums, noch trauriger aber über den Ehebruch seiner Gattin, plante der Ritter, seinen Gesellen und seine Gattin als Ehebrecher und Ehebrecherin zu verderben. Er teilte ein reiches Mahl an und lud seine vornehmsten Nachbarn und seine Verwandten und Freunde; seine Gattin aber ließ er gefesselt hinter einem Vorhang sitzen. Und als dann sein Gesell trunken war, fragte er, ob er nicht zur Unterhaltung den Tischgenossen erzählen wolle, wie viel Geld er von jener Frau, mit der er die Ehe gebrochen, erhalten habe und unter welchen Umständen. Durch die vielen

Bitten und das viele Trinken verleitet, erzählte er die Geschichte. Als ihm aber gegen Schluss der Erzählung vor vielem Lachen die Stimme, wie das oft geschieht, ersticken wollte, hob er, um auszuspeien, den Vorhang, und da sah er jene gebunden und in Qualen. Sofort kam er zur Vernunft, und um alles, was er erzählt hatte, als Lüge und Erfindung hinzustellen, schloss er seine Geschichte so: »Und nachdem ich das und andres getan hatte, war es mir, als stünde ich auf einer Brücke aus Glas, und es donnerte fürchterlich, und die Brücke brach unter mir, und ich fiel in einen reißenden Strom, und in entsetzlichem Schrecken erwachte ich aus meinem Traume.« Und so verkehrte er in behänder List die Wahrheit seines Tuns in ausschweifende Dichtung und rettete die Frau, die er schier schon verdorben gehabt hatte. Ins Verderben aber brachte er fast seinen Gesellen, und der wäre auch verdorben gewesen, hätte er nicht eidlich gelobt, er werde aller Missgunst gegen ihn und allen Grolls auf seine Gattin entsagen.

Frau aber gab sich damit nicht zufrieden, sondern ersann nach der Versöhnung neue Pläne des Ehebruchs. Auf ihren Rat kaufte ihr Geliebter das Haus neben dem, wo sie wohnte, und grub einen unterirdischen Gang von dem einen in das andere, sodass er frei hin und her gehen konnte, sooft er wollte. Da ihr aber auch das noch nicht genügte, schlug sie ihm Ehe und Hochzeit vor, und das legte sie ihm so dar: »Mein Herr ist dein Gesell. Sag ihm, aus deiner Heimat sei ein Mädchen gekommen, und die wollest du zur Frau nehmen, und es sei euere Sitte und sarazenisches Gesetz, dass eine Frau rechtsgültig nur aus den Händen eines Mannes genommen werden könne; und da du in dieser Stadt keinen Freund habest, so möchtest du sie aus seiner Hand empfangen. Wenn er dann mich sieht, wird er meinen, ich sei seine Frau, und wird stutzig werden. Und er wird in sein Haus hinüberlaufen, um sich zu überzeugen, ob ich es bin, und ich werde früher als er im Schlafgemach sein. Da wird er glauben, er habe sich getäuscht, und wird zu dir zurückkommen; und ich werde schon vor ihm wieder zur Stelle sein, und er wird mich dir vor allen, die da sein werden, zur Gattin geben.« Und so ist es auch geschehen.

Die drei Ratschläge

Grimaud, ein edler Königssohn, ritt auf der Suche nach seinem Vater durch fremdes Land. An einem Tage geschah es, dass er um die neunte Morgenstunde auf einen guten Weg kam, auf dem er frische Pferdespuren bemerkte. Darin täuschte er sich nicht, denn eine Schar Landstreicher – es mochten wohl ihrer vierzig sein – waren vor ihm dieses Weges gezogen, um eine Einsiedelei auszuplündern, in welcher sie reiche Beute zu erlangen hofften, denn man hatte ihnen erzählt, die Bauern der Umgebung hätten in Kriegszeiten an dieser versteckten und wüsten Stelle ihre Habe verborgen. Sie hatten die Zelle erbrochen und da sie nichts darin fanden, wollten sie sie in Brand stecken; den Einsiedler aber hatten sie gepackt, und drohten ihm unter fortwährenden Schlägen, ihn lebendig zu schinden, wenn er ihnen nicht sagen wolle, wo die Schätze verborgen seien. Während sie ihn so schlugen, kam Grimaud an, und heftiges Mitleid ergriff ihn mit dem alten Mann, von dem er schon viel Gutes gehört hatte. Er trieb sein Ross an und sprengte auf den ersten der Räuber los, dem er mit einem Schwertschlag den Kopf vom Rumpfe trennte. Den zweiten traf er so, dass er ihm den Kopf bis zu den Zähnen spaltete und dem dritten schlug er den linken Arm ab. Als die andern das sahen, ergriffen sie eilends die Flucht und zerstreuten sich hierhin und dorthin. So verlor er sie bald aus den Augen, denn der Wald war groß und dichtbewachsen. Er hielt also in der Verfolgung inne, kehrte um und fand den Einsiedler vor der Tür seiner Zelle sitzen, und die Dunkelheit begann schon einzubrechen. Der fromme Mann erhob sich gegen ihn und hieß ihn willkommen: »Denn die Ungläubigen hätten mich getötet, wenn du nicht so schnell gekommen wärest, und Gott dem Herrn gebührt Preis und Dank, dass er dich hergeführt hat. Nun aber bleibe über Nacht bei mir und ruhe dich und dein Pferd, denn heute würdest du doch keine Herberge mehr finden, wo du übernachten könntest. Ich habe Fleisch genug für dich und Hafer und Heu für dein Ross.« Grimaud blieb also die Nacht über bei dem Einsiedler und wurde gut verpflegt.

Am andern Morgen sagte der Einsiedler zu Grimaud: »Ich habe kein Gold und keine Schätze zu verschenken, aber zum Dank dafür, dass du mich gerettet hast, will ich dir drei Ratschläge geben. Der erste meiner Ratschläge ist: Verlasse nie eine gute Landstraße um eines schmalen Pfades willen, wenn du auf Reisen bist. Fernerhin gib dich nie mit einem Rothaarigen ab, denn auf einen guten, den man darunter findet, kommen sieben schlechte. Schließlich, mein Sohn, warne ich dich, bei einem alten Mann zu herbergen, der eine junge Frau hat, denn dadurch könntest du an Leib und Seele Schaden nehmen. Diese drei Dinge verbiete ich dir, und ich bitte dich, meiner Ratschläge eingedenk zu sein, in welchem Lande du auch seist.« Der andere sagte, er würde sich mit Vergnügen darnach richten, dann dankte er dem frommen Mann für seine Gastfreundschaft, empfahl ihn Gott und ritt davon.

Den ganzen Tag ritt er durch den Wald, bis es Abend wurde. Da geschah es, dass er in einem schönen Tale eine Schar Kaufleute traf, welche ihre Waren zum nächsten Hafen bringen wollten. Sie ließen ihre Maultiere und Pferde weiden und hatten sich an den Rand eines Brunnens im Schatten einer Sykomore gelagert, um zu essen. Auch Grimaud kam an diesen Brunnen und tränkte sein Ross. Er begrüßte die Kaufleute und diese gaben ihm seinen Gruß höflich zurück, denn sie sahen, dass er ein Ritter war. Solange baten sie ihn, mit ihnen zu essen, bis er abstieg und von ihrem Fleische nahm; auch seinem Pferde gaben sie Hafer. Als sie gegessen hatten und die Tiere ausgeruht waren, bot ihnen Grimaud seine Dienste an, und die Kaufleute, welche Gefallen an ihm gefunden hatten, baten ihn, er möge mit ihnen nächtigen und ihnen bis zur nächsten Stadt Gesellschaft leisten: »Denn wie müssen einen gefährlichen Pass durchreiten, wo schon mancher beraubt worden ist.« Sie blieben also am Brunnen über Nacht.

Am andern Morgen machten sich die Kaufleute frühzeitig auf den Weg, aber Grimaud blieb noch schlummernd mit seinem Ross an der Quelle zurück und sagte ihnen, sie sollten nur vorgehen, er werde sie bald einholen, doch sollten sie nicht die gute Straße um eines schmalen Pfades willen verlassen. Die Kaufleute wussten nicht, was er damit sagen wolle; sie ritten vergnügt ihres Weges, denn sie freuten sich der Gesellschaft, die Gott ihnen zugeführt hatte, waren sie doch in großer Furcht vor jenem gefährlichen Pass. Als sie ein gutes Stück geritten waren, kamen sie an eine Weggabelung, wo ein schmaler Seitenpfad nach links von der großen Straße abzweigte. Die Kaufleute schlugen den Seitenweg ein und ritten, bis sie in ein großes Tal gelangten. Hier trafen sie auf eine Anzahl Räuber, die gut bewaffnet waren und auf feurigen Pferden saßen. Sie begannen, sich und ihre Habe zu verteidigen, aber da sie nur Dolche und Stöcke hatten, fiel ihre Gegenwehr übel aus. Mehr als dreißig der Kaufleute und Knechte wurden verletzt, sie flohen hierhin und dorthin und schrien: »Verrat, Verrat!«

Inzwischen war auch Grimaud bis zur Weggabelung geritten und bemerkte, dass sich die Kaufleute nach links gewandt hatten. Da er jedoch von ihrem Unglück nichts ahnte, blieb er auf der guten Straße. Kaum war er ein kleines Stück weitergeritten, als er die Schreie und den Lärm des Überfalls im Tale drunten hörte. Er wandte sein Ross um und sprengte quer durch den Wald hindurch, bis er die verwundeten und fliehenden Kaufleute traf. Er hielt sie auf und fragte sie, was ihnen geschehen wäre. Diese umringten ihn und erzählten, wie ihnen ihr Hab und Gut fortgeschleppt würde, und baten ihn, ihnen zu helfen. Grimaud band seinen Helm fest und ließ sein Ross laufen, bis er an den Kampfplatz kam, wo sich noch einige der Kaufleute gegen die Räuber wehrten. Mit großem Ungestüm schlug er auf die Wegelagerer los und warf alsbald ihrer drei zu Boden. Nun wandten sich auch die geflohenen Kaufleute wieder um und drangen auf die Räuber ein, die eilends die Flucht ergriffen. Grimaud verfolgte sie, nahm ihnen die Pferde wieder ab und führte den Kaufleuten ihre Schätze wieder zu, indem er ihnen verbot, je wieder um eines schmalen Pfades willen die gute Straße zu verlassen. Die Kaufleute dankten ihm für seine Hilfe, sammelten ihre Tiere wieder, die alle erschreckt umherliefen, und machten sich wieder auf den Weg.

Sie ritten, bis sie in eine volkreiche und wohlbewehrte Stadt kamen, welche in einer großen Ebene lag. Die Kaufleute nahmen bei einem alten Bürger Quartier, welcher ein junges Weib zur Frau hatte, die sehr stolz auf ihre Schönheit war und nicht bei ihrem Ehemann schlafen wollte, weil er schon so alt war. Wenn ihre Nachbarinnen ihr darüber Vorwürfe machten, so sagte sie, sie könne ihn seines hohen Alters wegen nicht leiden; dann lachten die Nachbarinnen und sagten, sie werde noch auf schiefe Bahn geraten. Als die Kaufleute in diesem Hause Herberge genommen hatten, kam Grimaud angeritten, um mit ihnen zu übernachten. Er sah den Hausherrn vor der Türe sitzen, auf der anderen Seite aber gewahrte er die Frau, welche jung und schön war und prächtig gekleidet wie zu einem Feste. Er fragte die Kaufleute, wer der Herr des Hauses sei und wer die Frau, und sie zeigten ihm jenen und diese. Da verfiel er in Nachdenken und wandte wortlos die Zügel. Die Kaufleute, welche sein Sinnen wohl bemerkten, sagten zu ihm: »Steigt ab, Herr, wohin wollt ihr heute noch gehen?« Er antwortete ihnen, er wolle die Stadt nicht verlassen, aber hier werde er nicht übernachten, weil es ihm hier nicht behage. »Warum, Herr? Der Hausherr ist so wohlhabend, dass es uns an nichts fehlen wird.« »Das ist gleich«, versetzte Grimaud, »aber hier ist Gefahr im Verzuge.« »Gefahr?«, sagten jene, »und warum, Herr?« »Mehr sage ich euch nicht, aber ich hoffe, dass ihr heil und gesund bleiben werdet.«

Mit diesen Worten ritt er in eine andere Herberge, wo ein junger Mann mit rotem Gesicht und braunem Bart Hausherr war, und auch die Frau war hell und braunhaarig. Sie waren beide im gleichen Alter – sie zählten nicht mehr als 35 Jahre – und liebten einander von Herzen. Bei diesem Paar quartierte sich Grimaud ein und mit ihm sechs der reichsten Kaufleute, die ihn nicht verlassen wollten. Als der Mann und die Frau sie absteigen sahen, gingen sie ihnen entgegen, empfingen sie sehr freundlich und ließen ihre Pferde einstellen und versorgen. Sie geleiteten Grimaud in das Zimmer, und als er sich entwaffnet hatte, brachte die junge Frau warmes Wasser und wusch ihm sein waffengeschwärztes Gesicht, worauf sie ihn mit einem sauberen Handtuch abtrocknete; darauf legte sie ihm einen pelzgefütterten Mantel um die Schultern, damit er sich nicht erkälten solle. Inzwischen hatten die sechs Kaufleute ein Abendessen bereiten lassen und bemühten sich, Grimaud zu bedienen, den sie wegen seiner großen Schönheit und Tapferkeit sehr wert hielten. Dieser stand an das Fenster gelehnt auf dem Söller und blickte auf die Straße. Es dauerte nicht lange, so sah er einen hübschen, rothaarigen Kleriker von protzigem Gehaben vor die Herberge kommen, in der er nicht hatte übernachten wollen, und der Hausfrau ein Zeichen geben, dass er in der Nacht zu ihr kommen werde; damit nicht genug, trat er ins Haus, unterhielt sich lange mit der Frau und ging dann wieder fort. Darauf ging Grimaud zum Essen, das inzwischen fertig geworden war; sie wuschen sich die Hände und wurden nach Gebühr bewirtet. Als die Schüsseln abgetragen waren, lustwandelten sie mit dem Hausherrn noch eine Zeitlang im Garten, während die Wirtin die Betten in einem schönen und großen Zimmer zu ebener Erde nach der Straße hinaus herrichten ließ. Dann kam auch sie in den Garten und sagte, alles sei bereit und sie könnten schlafen gehen, wenn sie wollten. Grimaud wünschte sich frühzeitig niederzulegen, denn er beabsichtigte, am andern Morgen früh aufzustehen, und auch die Kaufleute fanden, dass es Zeit sei. Grimaud schlief zuerst ein wenig, dann fuhr er wieder in die Kleider und trat ans Fenster, um zu lauschen, ob sich nichts Verdächtiges zeigen würde. Es mochte schon Mitternacht vorüber sein. Wie er so am Fenster gelehnt stand und nach der Herberge der Kaufleute herüberschaute, siehe, da kam der rothaarige Kleriker, der am Abend zuvor sich mit der Frau des Wirtes beraten hatte, klopfte an die Türe des Zimmers, in welchem die Hausfrau lag, und diese kam heraus, nur mit einem Hemd und einem kurzen Mantel bekleidet. Sobald sie hinausgekommen war, umarmte er sie und tat seinen Willen an ihr auf offener Straße; dann traten sie in das Haus und alsbald hörte Grimaud Lärm und Schreie darin wie von brüllenden Tieren. Er ergriff sein Schwert und ging unbemerkt von seinem Gastfreund auf die Straße und wie er herunterkam, begannen die Schreie im Hause vernehmlicher zu werden und es erhob sich ein allgemeiner Ruf: »Räuber, Räuber!« Und der Kleriker, der auf den Söller gestiegen war, hatte nicht Zeit, da wieder hinauszugehen, wo er hereingekommen war, sondern er sprang aus dem Fenster auf die Straße herab. Einer der Kaufleute stürzte aus dem Hause und schlug mit einer Stange nach seinem Kopf, aber der Rote ließ sich zu Boden fallen, und so ging der Schlag fehl. Grimaud eilte mit entblößtem Schwert auf ihn zu und gedachte ihm den Kopf zu spalten, aber wieder wich der andere aus, und das Schwert fuhr herab und traf den Kleriker so an den linken Fuß, dass ihm

die Ferse abgeschlagen wurde. Ehe Grimaud wieder ausholen konnte, wandte sich der Rothaarige zur Flucht und lief schneller als ein Windhund die Straße hinab. Grimaud mochte ihn nicht verfolgen, sondern nahm die Ferse, die er ihm abgehauen hatte und steckte sie in die Tasche; darauf kehrte er in seine Herberge zurück, legte sich ruhig wieder nieder und schlief bald ein.

Als der Morgen kam und die Kaufleute sich erhoben, fanden sie zwei von ihren Kameraden mit schweren Messerstichen zwischen den Schultern in ihrem Blute liegen und dem Tode nahe, und zwei von ihren Koffern waren aufgesprengt, aber es war nichts geraubt, da der Dieb überrascht worden war. Das Gerücht von dem Überfall verbreitete sich bald in der Stadt und viel Volk versammelte sich vor dem Hause; auch die Gerichtsbeamten kamen und fragten, ob niemand wisse, wer das getan habe. Der Kaufmann, der mit der Stange nach dem Mörder geschlagen hatte, sagte aus, was er wusste, und der Burggraf versprach den Kaufleuten strengste Bestrafung des Täters, möge er auch noch so hochstehende Verwandte haben. Währenddessen kam Grimaud mit den sechs Kaufleuten aus seiner Herberge, begrüßte den Burggrafen und bat ihn, der Sache gut nachzugehen. »Lieber Freund«, sagte der Burggraf, »ratet mir, was ich tun soll; es soll alles mit Freuden geschehen.« »Herr«, erwiderte Grimaud, »wenn ihr meinem Rate folgen wollt, so lasst alle Männer und Frauen der Stadt einen nach dem andern vor die Toten führen, und sobald der kommt, der sie getötet hat, werden die Wunden aufbrechen und von Neuem zu bluten beginnen.« Alsbald wurde in der Stadt der Befehl erlassen, dass alle, reich und arm, vor die Toten geführt werden sollten. Und wie sie kamen, ließ Grimaud ihre Fersen untersuchen, und niemand wusste zu sagen, warum er das tat. Als aber alle, die man herbefohlen hatte, gekommen waren, sagte Grimaud, dass die Kleriker der Stadt noch nicht dagewesen seien. Die Boten des Burggrafen gingen zu allen Klerikern und fanden den, dessen Ferse Grimaud abgeschlagen hatte, im Bette liegen. Sie schleppten ihn vor den Burggrafen und sobald er am Platze war, brachen die Wunden der Toten auf und bluteten so frisch, als ob sie eben geschlagen worden wären. Und Grimaud trat vor, ließ seine Ferse entblößen und fragte, wo er sich das geholt habe. Der antwortete, er habe sich beim Holzhacken verletzt. »Bei Gott«, erwiderte Grimaud, »in jener Nacht, als ihr vom Fenster auf die Straße spranget, schnitt man euch die Ferse ab.« Und sogleich griff er in seine Tasche, zog die Ferse hervor und fragte: »Ist es diese?« Der Burggraf fragte Grimaud, wie sich die Sache verhielte, und dieser erzählte sein Abenteuer von Anfang bis zu Ende. Darauf sprach der Burggraf: »Elender Rotkopf, ist es wahr, was dieser Herr von dir erzählt hat? Warum hast du die Kaufleute getötet?« Der Kleriker gestand die ganze Wahrheit; er sagte, er hätte die Kaufleute töten und in eine Grube werfen wollen, um ihre Habe zu rauben und mit seiner Geliebten in ein anderes Land zu fliehen. Der Hausherr habe von alledem nichts gewusst, die Frau aber habe er durch Schläge gezwungen, ihn gewähren zu lassen, und durch das Geschrei, das sie vollführt habe, sei er bemerkt worden, sonst hätte er alle getötet und zerstückelt. Darauf wurde der Verbrecher an den Schwanz eines starken Gaules gebunden und durch die ganze Stadt geschleift und zuletzt zerrissen. Die Stücke ließen sie auf dem Felde liegen, die Frau aber wurde auf Lebenszeit in einen finstern Turm geworfen.

Mittelalter

Zauberer Merlin und der arme Holzfäller

In der Bretagne lebte einmal ein armer Mann, der konnte nur mühsam seine Frau und seine beiden Kinder ernähren. Jeden Morgen stand er in der Frühe auf, um im Wald Holz zu machen, und spät am Abend kehrte er dann mit seinem Eselchen, seinem einzigen Besitz, aus dem Forst zurück, beladen mit einer kärglichen Last an Holz.

Oft klagte der arme Mann, wenn er so im Wald alleine war: »Herrgott, du hast kein Mitleid mit mir. Mein Esel und

ich sterbe fast Hungers, ich bin schon so schwach, dass mir die Axt aus der Hand fällt, kein Geld habe ich, Brot für meine Familie zu kaufen. Es ist ein sehr trauriges Los, als armer Mensch geboren zu sein!«

So klagte er oft, bis er eines Tages – er hatte noch kein Holz gefunden – auf einmal eine Stimme hörte, die aus einem Gebüsch kam. Die fragte ihn, warum er denn so jammere und klage; und der arme Holzhauer schüttete sein Herz aus und klagte sein Leid. Da antwortete ihm die Stimme: »Ich werde dir aus deiner Not helfen und dich reich machen für den Rest deiner Tage. Aber eines musst du mir versprechen: Zeige dich nicht undankbar, und hab immer Mitleid mit den Armen.«

Als der Holzfäller dies versprochen hatte, fuhr die Stimme fort: »Wisse, ich bin der Zauberer Merlin, der Herr dieses Waldes. Geh nun auf der Stelle nach Hause und grabe dort unter dem Holunder, dort wirst du einen großen Schatz finden. Und jedes Jahr sollst du an diesem Tag hierher in den Wald kommen und mir Rechenschaft abgeben und sagen, was du getan hast.« So sprach der Zauberer Merlin, und der arme Holzfäller kehrte mit seinem leeren Eselchen hocherfreut und glücklich nach Hause zurück.

Als seine Frau ihn nun so ohne Holz einherkommen sah, da hob sie an zu zetern und machte ihm bittere Vorwürfe. Wovon sollten sie jetzt leben? Der arme Holzhauer aber beruhigte sie schnell und erzählte ihr alles, was sich begeben hatte. Da gingen sie hinaus in den Garten und gruben mit Hacke und Spaten unter dem Holunder, und wirklich, sie fanden dort einen großen Schatz und trugen ihn ins Haus. Nun war des Elends ein Ende, und sie lebten reich und prächtig. Jetzt, wo der Holzhauer reich geworden war, war er von Freunden und Verwandten umgeben, die sich vorher nie um ihn gekümmert hatten. Doch an sein Versprechen, das er Merlin gegeben hatte, hielt er sich nicht: Um die Armen und Elenden kümmerte er sich nicht, ja, er zeigte nur Verachtung für sie, denn sie erinnerten ihn zu sehr an sein ehemaliges kümmerliches Dasein.

Ein Jahr war inzwischen ins Land gezogen, und der Tag war gekommen, an dem der ehemalige Holzfäller Merlin im Wald wieder aufsuchen sollte, um ihm über seine Taten Rechenschaft abzulegen. So ging er denn in den Wald zu jenem Gebüsch, aus dem er dereinst die Stimme vernommen hatte, und rief: »Gnädiger Herr Merlin, dank Euch bin ich reich geworden! Kommt und redet mit mir!«

»Was willst du von mir«, entgegnete da der Zauberer.

»Gnädiger Herr«, sagte der Holzfäller, »Ihr habt mir alles gegeben, Weib und Kindern geht es gut, und täglich werde ich reicher. Doch habe ich noch einen Wunsch. Ich möchte so gerne Schulze in meinem Dorf werden.«

»Geh«, antwortete da Merlin, »in sechs Wochen wirst du es sein. Aber denke an das Versprechen, das du mir gegeben hast.« Der Holzfäller bedankte sich und zog nach Hause. Und in sechs Wochen wurde er zum Schulzen seines Dorfes benannt. Doch gegen die Armen und Elenden war er hart und voller Verachtung wie immer, schimpfte sie sogar oft, und die Reichen, die ehrte und bediente er in seiner Macht.

Wiederum ging ein Jahr vorbei, und unser Holzfäller ging in den Wald und rief: »Herr Merlin, kommt, zeigt Euch und redet zu mir!«

»Was willst du«, kam alsbald die Antwort.

»Ich möchte«, entgegnete da der Schulze, »dass mein Sohn Bischof wird; denn der alte Bischof ist gestorben und vorgestern begraben worden. Weiter werde ich Euch dann nicht mehr mit Wünschen bedrängen.«

»Geh«, kam die Antwort, »in sechs Wochen wird er es sein.« Und der Elende ging heim, aber sein Verhalten gegen die Armen änderte sich nicht. Sein Sohn wurde Bischof, und der Vater glaubte nun, aller Sorgen enthoben zu sein.

Nach einem Jahr ging er wiederum wie abgemacht in den Wald und rief: »Merlin, wo bist du? Sprich sofort mit mir!«

»Was wünschst du«, hallte es ihm da entgegen.

»Mach doch, dass meine Tochter den Sohn eines reichen Edelmannes heiratet, sie ist schön, klug und zu allen höflich, makellos ist ihr Aussehen.«

»Geh hin«, hörte er da wieder, »in sechs Wochen wird die Hochzeit sein. Aber denke an unsere Abmachung!«

Und fürwahr, es ereignete sich, wie Merlin es gesagt hatte. Die Tochter des ehemaligen Holzhauers vermählte sich mit einem reichen Edelmann, und alles schien schön und gut. Jeder im Lande neidete ihn um sein Glück. Der Holzhauer lebte nun in herrlichstem Prunk und in allen Ehren, doch sein Herz blieb vor den Bitten der Armen hart und verschlossen. Auch die Besuche bei Merlin im Wald begannen ihm lästig zu werden. So sprach er denn zu seiner Frau: »Ich werde nun nicht mehr in den Wald gehen, denn ich habe ja alles, was ich will: Geld, Schätze, Freunde und eine angesehene Verwandtschaft.« Die Frau indes riet ihm, doch noch ein letztes Mal hinzugehen, um sich höflich von Merlin zu verabschieden.

Als das Jahr wiederum verstrichen war, stieg der Mann auf sein Pferd, ritt mit zwei Knechten in den Wald und rief: »Merlinchen«.

Da antwortete ihm eine Stimme von oben aus dem Baum.

»Warum bist du denn heute da oben im Baum?«, fragte da der hochmütige Mann, und Merlin antwortete: »Dein Pferd hätte mich beinahe getreten! Was willst du denn heute?«

»Oh Merlinchen«, entgegnete der Wicht, »heute will ich Abschied von dir nehmen. Ich kann mir wirklich nicht mehr die Mühe machen, so oft zu dir zu kommen. Ich brauche dich nicht mehr, denn nun habe ich alles, was ich will. Leb also wohl!« Da aber fuhr ihm zornig die Stimme des Zauberers entgegen: »Du elender Kerl! Im ersten Jahr, als du hierher kamst, warst du noch ehrerbietig und nanntest mich ›Gnädiger Herr Merlin‹, im zweiten Jahr war dein Stolz schon so gewachsen, dass du nur noch ›Herr Merlin‹ sagtest, im dritten gar genügte dir ›Merlin‹, und jetzt nennst du mich verächtlich ›Merlinchen‹. Du hast mir fürwahr meine Wohltaten schlecht gedankt, und grausam und hart hast du gegen die Armen gehandelt. Doch nun wisse: Ich werde dich wieder genauso arm machen wie du warst. So hoch du gestiegen bist, so tief wirst du auch wieder fallen. Und jetzt schere dich weg!«

Der Elende kehrte heim und konnte nur über die Drohungen Merlins lachen. Aber schon bald begann sein jäher Sturz: Innerhalb weniger Tage starben sein Sohn und seine Tochter. Darüber empfand er schon großen Schmerz, doch blieb sein Hochmut noch ungebrochen, hatte er doch, so glaubte er, noch genug Schätze. Da begann der König des Landes einen Krieg mit einem anderen, und als der Krieg zu Ende war, da waren auch des Königs Kassen leer. Da kam dem König zu Ohren, in seinem Lande gäbe es einen Dorfschulzen, der habe Geld und Gut in Fülle, doch sei er weder gut noch milde.

Da ließ der König ihn zu sich kommen und bat um tausend Pfund. Der Schulze indes lehnte ab und sagte, der König solle doch anderswo um Geld betteln. Darüber wurde der König aber so erzürnt, dass er dem ehemaligen Holzfäller nun alles, was er besaß, abnahm. Nun hatte er alles verloren: Kinder, Reichtum und Ehren, und nichts blieb ihm mehr. Und auch die falschen Freunde, die ihm ehedem geschmeichelt hatten, zogen sich zurück und ließen ihn in seinem Elend allein.

Fortan musste er wieder Tag für Tag hart im Wald arbeiten, und nach langer Zeit hatte er sich eine kärgliche Summe gespart, mit der er wieder einen Esel kaufen konnte, der ihm Holz und Reisig heim zur Hütte trug. Und in dieser Armut blieb er sein ganzes elendes Leben lang.

Altfranzösisches Märchen

Thors Fahrt zum Utgard-Loki

Der Donnergott Thor fuhr einst übers Meer zum Lande der Riesen und landete dort mit Loki seinem Genossen, mit Thjalfi dem Knecht und mit Röskwa der Magd. Nach kurzer Wanderung sahen sie sich vor einem großen Walde; und sie wanderten durch diesen weiter den ganzen Tag bis zur Dunkelheit. Thjalfi war ein außerordentlich schneller Läufer. Er trug Thors Reisesack. Aber der Mundvorrat war knapp. Als es dunkel geworden war, suchten sie nach einer Nachtherberge und fanden einen sehr großen Schlafsaal mit einer Tür am Ende in voller Breite des Saales; dort suchten sie Unterkunft. Gegen Mitternacht setzte ein starkes Erdbeben ein, der Boden unter ihnen wankte, und das Haus wackelte. Da stand Thor auf und rief seine Gefährten, sie tasteten sich vorwärts, fanden in der Mitte des Saales auf der rechten Seite einen Nebenraum und gingen dort hinein. Thor setzte sich am Eingang hin, während die andern sich weiter drinnen aufhielten und in großer Angst waren; Thor aber hielt den Hammerschaft umklammert und gedachte sich zu wehren; sie hörten lautes Summen und Rauschen. Bei Tagesanbruch ging Thor ins Freie hinaus und sah in der Nähe im Walde einen Mann liegen, der war nicht gerade klein; er schlief und schnarchte laut. Da glaubte Thor dahinter zu kommen, was das in der Nacht für Geräusche gewesen waren. Er legte sich den Kraftgürtel um, und es wuchs ihm die Asenkraft. In diesem Augenblick erwachte der Mann und stand schnell auf, und nun, erzählt man, zögerte Thor zum ersten Mal, mit dem Hammer zuzuschlagen und fragte jenen nach dem Namen. Er nannte sich Skrymir.

»Dich«, sagte er, »brauche ich nicht nach dem Namen zu fragen, denn ich merke, du bist der Asen-Thor. Hast du meinen Handschuh weggeschleppt?«

Skrymir langte hin und nahm den Handschuh auf. Da sah Thor, dass er diesen als Nachtherberge benutzt hatte; der Nebenraum war der Däumling des Handschuhs.

Skrymir fragte, ob Thor seine Begleitung wünsche, und Thor sagte ja. Dann nahm Skrymir seinen Proviantsack, band ihn auf und schickte sich an zu frühstücken. Thor aber und seine Begleiter taten dasselbe an einer andern Stelle. Skrymir machte da das Angebot, eine Speisegemeinschaft einzugehen, und Thor stimmte zu. Da band Skrymir all ihren Mundvorrat in einen Packen zusammen und nahm diesen auf seinen Rücken. Er ging voran den Tag über und nahm recht große Schritte, und spät am Abend suchte Skrymir für sie ein Nachtlager unter einer großen Eiche. Da sagte Skrymir zu Thor, er wolle sich schlafen legen, »ihr aber nehmt den Proviantpacken und bereitet euch das Abendessen!«

Alsbald schlief Skrymir ein und schnarchte kräftig. Thor aber nahm den Proviantpacken und sollte ihn nun aufbinden – aber das Unglaubliche ist zu erzählen, dass er keinen einzigen Knoten lösen und kein einziges Riemenende so verschieben konnte, dass es loser wurde als vorher. Als er sah, dass seine Mühe vergeblich war, wurde er zornig, ergriff mit beiden Händen den Hammer Mjölnir, trat mit dem einen Fuße zu dem liegenden Skrymir hin und schlug ihn auf den Kopf. Der erwachte und fragte, ob ihm ein Laubblatt auf den Kopf gefallen wäre und ob sie zu Ende gespeist hätten und soweit wären, zu Bett zu gehen. Thor sagte, sie würden Schlafengehen. Und sie traten unter eine andere Eiche. Man kann sich denken, dass da von sorglosem Schlaf nicht die Rede sein konnte. Um Mitternacht hörte Thor den Skrymir in tiefem Schlaf schnarchen, dass es im Walde dröhnte. Da stand er auf, ging zu ihm hin, schwang seinen Hammer schnell und kräftig und versetzte ihm einen Schlag mitten auf den Scheitel; er merkte, wie der Hammer tief in den Kopf eindrang. Sogleich erwachte Skrymir und rief:

»Was gibt es? Ist mir eine Eichel auf den Kopf gefallen? Was ist mir dir los, Thor?«

Thor begab sich schleunigst zurück und sagte, er sei diesen Augenblick wach geworden, es sei Mitternacht und also noch reichliche Schlafenszeit. Er dachte bei sich, bekäme er Gelegenheit, jenem einen dritten Schlag zu versetzen, so solle er ihn nicht wieder erblicken. So lag er und lauschte, ob Skrymir wieder in tiefen Schlaf versinke. Und kurz vor Tagesanbruch hörte er, dass Skrymir eingeschlafen war. Er stand auf, sprang auf ihn zu, hob den Hammer mit voller Kraft und schlug auf die Schläfe, die oben lag. Der Hammer drang bis an den Schaft ein. Skrymir setzte sich auf, strich sich über die Schläfe und sagte:

»Sitzen da etwa Vögel über mir auf dem Baum? Mir war es so beim Erwachen, als wäre mir Reisig aus der Baumkrone auf den Kopf gefallen. – Bist du wach, Thor? Es ist Zeit, aufzustehen und sich anzuziehen. Ihr habt aber jetzt keinen langen Weg mehr bis zur Burg Utgard. Ich hörte euch untereinander flüstern, ich wäre nicht klein von Wuchs, aber wenn ihr nach Utgard kommt, so könnt ihr dort noch größere Leute sehen. Ich will euch einen guten Rat geben: Macht kein großes Wesen von euch! Die Gefolgsleute des Utgard-Loki werden sich von solchen Bürschlein keine Spottreden bieten lassen. Oder aber kehrt vorher um, das wäre am Ende das Beste. Wollt ihr vorwärts, so nehmt die Richtung nach Osten. Mein eigener Weg führt nordwärts zu jenen Bergen, die ihr dahinten sehen könnt.«

Und Skrymir nahm den Proviantpacken, warf ihn sich auf den Rücken und wandte sich seitwärts in den Wald hinein, von ihnen weg, und es verlautet nichts davon, dass die Asen »Auf Wiedersehen« gesagt hätten.

Thor und seine Begleiter machten sich auf den Weg und wanderten geradeaus bis Mittag. Da sahen sie auf weitem Felde eine Burg stehen und mussten den Hals hintenüberbeugen, um bis oben an ihr hinaufzusehen. Sie traten heran, und es war ein geschlossenes Gatter vor der Toröffnung. Thor trat gegen das Gatter, brachte es aber nicht auf. Da sie sich aber anstrengten, um hineinzugelangen, schmiegten sie sich zwischen den Latten hindurch und kamen so ins Innere. Da sahen sie eine große Halle und gingen auf diese zu. Die Tür stand offen. Sie traten ein und sahen drinnen auf beiden Bänken viele Leute sitzen, die meistens recht groß von Wuchs waren. Alsbald standen sie vor dem Könige Utgard-Loki und begrüßten ihn. Er wandte ihnen seinen Blick nur langsam zu, zeigte spöttisch die *Zähne* und sagte:

»Wer soweit herkommt, den fragt man nicht mehr nach Neuigkeiten. Aber habe ich nicht recht mit meiner Vermutung, dass der kleine Bursche da der leibhaftige Wagen-Thor ist? Du wirst aber wohl bedeutender sein, als du mir aussiehst. Was für Leistungen sind es, zu denen ihr Fahrtgenossen euch gerüstet fühlt? Es soll nämlich niemand unter uns sein, der nicht irgendeine Kunst oder Fertigkeit versteht und sich dadurch vor den meisten Menschen auszeichnet.«

Da erwiderte, der am weitesten hinten stand, nämlich Loki: »Ich verstehe eine Kunst, die zu erproben ich voll bereit bin: Hier ist niemand anwesend, der sein Essen schneller verzehren wird als ich!«

Utgard-Loki versetzte: »Das ist wirklich eine Kunst, wenn du es leistest, und man erprobe also diese Kunst!«

Und er rief nach dem äußeren Bankende hin, einer namens Logi (d. i. Lohe) solle auf die Tenne vortreten und seine Kraft gegen Loki versuchen. Es wurde ein Trog geholt, auf die Tenne gebracht und mit Fleischstücken gefüllt. Loki setzte sich an das eine Ende, Logi an das andere, und beide aßen aus Leibeskräften und begegneten sich schließlich mitten im Troge. Da hatte Loki alles Fleisch sauber von den Knochen abgegessen, aber Logi hatte das Fleisch samt den Knochen und auch samt Trog verzehrt. Daraufhin schien es allen, als hätte Loki das Spiel verloren.

Nun fragte Utgard-Loki, welches Spiel der junge Mensch dort verstände, und Thjalfi antwortete, er wolle versuchen, mit jedem, den Utgard-Loki dazu stelle, um die Wette zu laufen. Utgard-Loki sagte, das sei eine wertvolle Kunst, und er sei vermutlich sehr flink zu Fuß, wenn er in dieser Kunst sich zeigen wolle; man solle aber sogleich die Probe anstellen. Und Utgard-Loki erhebt sich und geht hinaus, und dort auf dem flachen Felde war in der Tat eine gute Rennbahn. Da rief Utgard-Loki einen kleinen Burschen zu sich, Hugi (das ist Gedanke) mit Namen, und hieß ihn mit Thjalfi um die Wette laufen. Sie begannen den ersten Wettlauf, und Hugi gewann einen solchen Vorsprung, dass er seinem Partner am Ziel bereits wieder entgegenkam. Da sagte Utgard-Loki:

»Du wirst dich etwas mehr ins Zeug legen müssen, Thjalfi, wenn das Spiel gewonnen werden soll. Aber es ist wahr: Es ist noch niemand hierher gekommen, der ein besserer Läufer gewesen wäre.«

Da begannen sie den zweiten Wettlauf, und als Hugi ans Ziel kam und umkehrte, da war Thjalfi noch eine gute Bolzenschussweite entfernt. Utgard-Loki sagte:

»Thjalfi läuft gut, wie mir scheint, doch traue ich ihm nicht zu, dass er das Spiel gewinnt. Man wird es jetzt sehen, wenn sie den dritten Lauf machen.«

Sie begannen wieder zu rennen. Und als Hugi am Ziel war und umkehrte, da war Thjalfi noch nicht bis zur Mitte gekommen. Alle sagten, das Spiel sei damit entschieden.

Nun fragte Utgard-Loki Thor, was für eine Kunst es wäre, die er ihnen vorführen wolle; die Leute erzählten ja so viel von seinen großen Taten. Thor versetzte, am liebsten wähle er einen Wettstreit im Trinken.

Utgard-Loki erklärte, das könne gern geschehen, ging in die Halle, rief seinen Mundschenken und befahl ihm, das Strafhorn zu bringen, aus dem die Gefolgsleute zu trinken pflegten. Alsbald erschien der Mundschenk mit dem Horn und überreichte es dem Thor. Da sprach Utgard-Loki:

»Gut trinken aus diesem Horn heißt, es in einem Zuge austrinken. Manche trinken es in zwei Zügen aus. Aber niemand ist so wenig trunkfest, um es nicht in dreien zu leeren.«

Thor sah sich das Horn an und fand es nicht groß, wenn es auch ziemlich lang war. Er war sehr durstig, begann zu trinken, schluckte gewaltig und dachte, er werde nicht öfter als dies eine Mal ins Horn zu schauen brauchen. Als er aber absetzen musste und nachsah, um wie viel das Getränk abgenommen habe, da schien ihm dessen Stand nur ganz wenig sich gesenkt zu haben. Utgard-Loki sagte:

»Gut getrunken, wenn auch nicht allzu viel! Hätte mir einer gesagt, der Asen-Thor vermöchte keine größeren Schlücke zu tun, so hätte ich es nicht geglaubt. Ich weiß aber, du wirst beim zweiten Ansetzen das Ganze austrinken wollen.«

Thor antwortete nichts, setzte das Horn an den Mund und nahm sich vor, einen größeren Trunk zu tun. Er strengte sich an, so sehr er konnte, und musste doch sehen, dass die Spitze des Horns nicht so in die Höhe wollte, wie es ihm gefallen hätte. Als er das Horn absetzte und hineinsah, schien es ihm weniger abgenommen zu haben als das erste Mal; es war immer noch voll und zeigte nur einen Rand. Da sagte Utgard-Loki:

»Was nun, Thor? Du sparst wohl deine Kraft zu einem größeren Trunk, als dir eigentlich liegt? Mir scheint, wenn du beim dritten Ansetzen den Rest vertilgen willst, so muss dieser Trunk als der größte gedacht sein. Du wirst aber bei uns für keinen so großen Mann gelten können wie bei den Asen, wenn du nicht in andern Wettkämpfen mehr leistest, als du mir in diesem scheinst leisten zu wollen.«

Da wurde Thor zornig, setzte das Horn an den Mund und trank so mächtig, wie er irgend konnte. Als er ins Horn sah, da zeigte sich wohl wirklich ein merkbarer Unterschied, aber er gab jetzt das Horn ab und wollte nicht mehr trinken.

Utgard-Loki sprach: »Jetzt ist der Beweis erbracht, dass deine Kraft nicht so groß ist, wie wir glaubten. Willst du noch andere Wettkämpfe versuchen? Dass dieser dir nichts einbringt, ist ja klar.«

Thor erwiderte: »Ich kann noch ein paar Kämpfe versuchen. Aber als ich zu Hause bei den Asen war, da wäre es mir seltsam vorgekommen, wenn solche Trünke derart gering geschätzt worden wären. Welches Spiel schlagt ihr mir jetzt vor?«

Da sagte Utgard-Loki: »Kleine Jungen machen das bei uns als etwas gar nicht Besonderes, dass sie meine Katze vom Boden aufheben. Ich wäre nicht darauf verfallen, dem Asen-Thor von so etwas zu sprechen, hätte ich nicht gesehen, dass du viel unbedeutender bist, als ich glaubte.«

Alsbald kam eine graue Katze auf die Tenne gesprungen, ein ziemlich großes Tier. Thor trat heran, langte ihr mit der Hand mitten unter den Bauch und versuchte, sie aufzuheben. Aber je höher er hob, einen um so krummeren Rücken machte die Katze, und erst als Thor sich so hoch aufreckte, wie er irgend konnte, da hob die Katze den einen Fuß – weiter kam Thor nicht mit diesem Spiel.

Da sagte Utgard-Loki: »Das Spiel hat den Verlauf genommen, den ich erwartet habe. Die Katze ist ziemlich groß, aber Thor ist niedrig von Wuchs und klein gegen die großen Leute hier bei uns.«

Thor rief: »Klein, wie ihr mich nennt, so komme nur einer her und messe sich mit mir; jetzt bin ich zornig!«

Utgard-Loki antwortete, indem er die Bänke entlang sah: »Ich sehe niemanden hier, für den es nicht eine Kleinigkeit sein wird, sich mit dir zu messen.« Und er fuhr fort: »Zuerst rufe mir die alte Frau her, meine Pflegemutter Elli (das ist Alter), dass Thor mit ihr ringt, wenn er will. Sie hat schon Leute zu Fall gebracht, deren Stärke mir nicht geringer schien als die Thors.«

Alsbald kam ein uraltes Weib in die Halle gegangen. Utgard-Loki sagte, sie solle mit dem Asen-Thor einen Ringkampf beginnen. Es war ein kurzes Abmachen. Das Ringen begann so, dass, je heftiger Thor arbeitete, sie umso fester stand. Dann ging die alte Frau zum Angriff über, und Thor verlor seinen festen Stand, es gab ein heftiges Hin und Her, und es dauerte nicht lange, so sank Thor mit dem einen Bein ins Knie. Nun trat Utgard-Loki hinzu, ließ sie aufhören mit dem Ringen und sprach so: Thor werde es nicht nötig haben, noch weiteren Leuten in seinem Hause einen Ringkampf anzubieten. Inzwischen war es Abend geworden. Utgard-Loki wies Thor und seinen Begleitern Plätze an, und sie verbrachten die Nacht in guter Verpflegung.

Sobald es am nächsten Morgen tagte, standen Thor und die Seinen auf, kleideten sich an und waren aufbruchbereit. Da erschien Utgard-Loki und ließ ihnen Tische decken; es fehlte da nicht an guter Bewirtung, Speise und Trank. Als sie gespeist hatten, machten sie sich auf den Weg. Utgard-Loki geleitete sie hinaus und ging mit ihnen bis vor die Burg. Ehe er umkehrte, redete er Thor an und fragte, wie er über den Ausfall seiner Reise denke und ob er jemanden getroffen hätte, der mächtiger sei als er selbst. Thor erwiderte, er wolle nicht leugnen, dass ihr Handel ihm zu großer Unehre ausgeschlagen sei, »aber«, sagte er, »ich weiß, dass ihr geringschätzig von mir reden werdet, und das behagt mir nicht.«

Da sagte Utgard-Loki: »Nun sollst du die Wahrheit hören, nachdem du aus der Burg heraus bist; bleibe ich am Leben und kann entscheiden, so kommst du niemals wieder in sie hinein. Und wahrlich, du wärest niemals in sie hineingekommen, wenn ich vorher gewusst hätte, dass du solche Kraft hättest und uns so nahe an schwere Verlegenheit heranführen würdest. Die Sinnestäuschungen habe ich dir bereitet. Der, dem ihr im Walde zuerst begegnetet, war ich. Als du den Proviantpacken aufbinden solltest, da hatte ich ihn mit Zauberdraht zugeschnürt, sodass du die Stelle nicht fandest, von wo du lösen musstest. Danach versetztest du mir mit dem Hammer drei Hiebe, der erste war der schwächste und doch stark genug, dass er mich getötet hätte, wenn er mich traf; aber du sahest ja bei meiner Halle einen Berg und oben darin drei viereckige Täler, das eine davon am tiefsten; das waren deine Hammerspuren; diesen Berg schob ich mir als Schutz gegen deine Hiebe vor, ohne dass du es sahest.

Ähnlich war es bei den Wettkämpfen, die ihr mit meinen Leuten aufführtet. Der erste war der, den Loki ausfocht. Er war sehr ausgehungert und aß schnell. Aber der mit dem Namen Logi war das *Lauffeuer* und verbrannte den Trog ebenso geschwind wie das Fleisch. Und als Thjalfi sich im Rennen maß mit dem namens Hugi, da war das mein *Gedanke*, und von Thjalfi war nicht zu verlangen, dass er diesem an Schnelligkeit gleichkommen sollte. Und als du aus dem Horne trankest und es dir zu langsam abzunehmen schien, da geschah wahrhaftig ein Wunder, das ich nie für möglich gehalten hätte: Das andre Ende des Hornes lag, deinen Augen verborgen, draußen im Meere, und kommst du jetzt ans Meer, so wirst du sehen können, was für eine Schrumpfung du dem Wasser zugefügt hast durch dein Trinken; das ist, was man jetzt Ebbestrand nennt.«

Ferner sagte er: »Keine geringere Leistung schien es mir, als du die Katze aufhobst. Um dir die Wahrheit zu sagen: alle bekamen Angst, als du ihren einen Fuß vom Boden lüftetest. Diese Katze war nicht das, als was sie aussah: es war die *Midgardschlange*, die um alle Lande herumliegt, und ihre Länge reichte kaum hin, dass Schwanz und Kopf an der Erde blieben; du recktest dich so hoch auf, dass der Himmel ganz nahe war. – Und auch der Ringkampf war ein großes Wunder: Dass du so lange widerstandest und weiter nicht fielst als mit dem einen Bein aufs Knie, als du mit Elli rangest, denn es hat niemanden gegeben und wird niemanden geben, den das *Alter* nicht zu Fall bringt, wenn er alt genug wird, es zu erleben. – Und jetzt ist es so weit, dass wir scheiden müssen, und es wird für beide Teile das beste sein, wenn ihr nicht öfter mich besuchen kommt; ich gedenke jedenfalls das nächste Mal meine Burg mit ebensolchen oder andern Künsten zu verteidigen, dass ihr auch dann mir nichts anhaben könnt.«

Als Thor diese Rede hörte, griff er zum Hammer und schwang ihn in die Höhe. Aber als er zuschlagen wollte, sah er den Utgard-Loki nirgends. Da wandte er sich zur Burg zurück und gedachte, sie aufzubrechen. Aber er sah nur weite, grüne Felder und keine Burg. Er kehrte um und zog seines Weges, bis er heim nach Thrudwang kam.

Altnordisches Märchen

Balders Tod

Schweres Unheil kündete sich an: Balder, den Edlen, quälten böse, todverheißende Träume. Als er sie den Asen erzählte, hielten sie Rat, wie sie die Drohung von seinem Haupte abwenden könnten. Da ging die mütterliche Frigga hin und nahm Eide von allen Wesen und Dingen, dass sie Balder verschonen wollten, und alle schwuren ihr zu: Feuer und Wasser, Eisen und Erz, Steine und Erde, Seuchen, vierfüßige Tiere, Vögel und Giftschlangen. Als das geschehen war, schien jede Gefahr gebannt. Freudig und aufrecht stand Balder, die Brust ungeschützt, das freie Haupt vom hellen Blondhaar umweht, auf dem Thingplatz, und die Asen vergnügten sich damit, Pfeile nach ihm zu schießen, mit Schwertern nach ihm zu schlagen, Steine auf ihn zu werfen: nichts vermochte ihn zu versehren, lachend fing er die Geschosse aus der Luft, und alle freuten sich ihres unverwundbaren Lieblings.

Nur Loki sah mit Neid und Hass auf das hohe Glück der Götter. In Gestalt eines alten Weibes kam er zu Frigga und sprach sie an: »Schön ist's zu sehn, wie die Asen mit Balder spielen. Aber vermag ihm wirklich gar nichts in der Welt zu schaden?« Frigga antwortete: »Nein, nichts wird ihm schaden, ich habe Eide empfangen von allen Wesen und Dingen.« Loki fragte weiter: »Haben wirklich alle ohne Ausnahme geschworen?« Lächelnd antwortete Frigga: »Im Westen Walhalls sah ich einen kleinen Mistelzweig, der war so jung und schwach, dass ich ihm den Eid nicht abnahm.«

Da ging Loki hinweg und brach den Mistelzweig ab. Er eilte mit ihm zum Thing zurück und sah abseits von allen den Hödur stehen: Der nahm als einziger an dem Spiel nicht teil, denn er war blind. Loki trat, von den andern Göttern unbemerkt, hinter ihn und fragte: »Warum schießt du nicht auch einmal nach Balder?« Hödur antwortete: »Ich sehe ja nicht, wo er steht, und habe auch keine Waffe.« »Ich will dir helfen«, sprach Loki, »damit du wie die andern Asen Balder Ehre erweisen kannst. Schieße nach ihm mit dieser Gerte, ich will den Schuss lenken!« Da nahm Hödur den Mistelzweig und schoss, wie Loki lenkte, und während der Verräter rasch entschwand, durchbohrte der Zweig Balder, dass er tot zur Erde fiel. Nie wurde bei Göttern und Menschen ein unheilvollerer Schuss getan. Den Asen sanken die Hände, sie standen erstarrt vor Schreck, das Wort erstarb ihnen im Munde. Fassungslos blickten sie einander an und auf den unglücklichen Schützen, aber keiner legte Hand an ihn, so heilig war die Stätte. Vergebens versuchten sie zu sprechen, sie vermochten es nicht, denn zu gewaltsam entstürzten ihnen die Tränen. Keiner aber trug tiefer an dem Leid als Odin, denn keiner wusste so gut wie er, was die Götter mit Balder verloren hatten.

Als die Asen sich endlich gefasst hatten, gingen sie miteinander zu Rate, und Frigga sagte: »Wer unter euch allen meine ganze Huld und Liebe gewinnen will, der reite hinab zur Hel und biete ihr Lösegeld, damit sie Balder freigibt und uns wiederschickt.« Es erbot sich der kühne Hermod, Odins Sohn, zu dem Ritt. Der Vater gab ihm seinen Hengst Sleipnir, Hermod schwang sich auf und sprengte davon. Die Asen aber rüsteten Balder ein Leichenbegängnis, wie es noch keinem je bereitet ward. Alle Götter waren zur Stelle, voran Odin und Frigga, begleitet von allen Walküren und

Einheriern; Frey kam in seinem Wagen, vom goldborstigen Eber gezogen, Heimdall auf seinem goldmähnigen Hengst, Freia mit ihrem Katzengespann; aber es waren auch Zwerge da und selbst manche aus dem Geschlecht der Berg- und Reifriesen; denn alle waren Balder hold gewesen.

Sie trugen seine Leiche hinab zum Meer, um sie auf sein Schiff zu betten, das größte und schönste von allen. Als sie es aber vom Strand hinabstoßen wollten in die Flut, rührte es sich nicht vom Flecke. Da riefen sie die Riesin Hyrockin zu Hilfe. Sie kam angeritten auf einem Wolf, der mit Schlangen aufgezäumt war, und als sie absprang, mussten vier Berserker das ungebärdige Tier auf den Boden werfen, um es zu bändigen. Mit wildem Griff packte die Riesin den Bug des Schiffes, mit einem Ruck riss sie es vorwärts, dass das Feuer aus den Walzen stob und die Erde erbebte. So furchtbar war der Anblick ihrer Riesenkraft, dass Thor ergrimmte und den Hammer hob, um sie zu erschlagen; doch die Götter baten ihn, Frieden zu halten.

Nun schichteten sie einen Holzstoß auf dem Schiff und legten Balders Leiche darauf, und als des Toten Gattin, Nanna, das sah, zersprang ihr vor Leid das Herz. Sie betten sie dem Gatten zur Seite, köstliche Kleinode wurden um die Toten gehäuft, Odin gab dem toten Sohn seinen Ring Draupnir mit, von dem jede neunte Nacht acht gleichschwere Ringe troffen, und auch Balders Hengst wurde herbeigeführt mit Sattel und Zaumzeug. Dann ward der Scheiterhaufen entzündet, und Thor weihte den lohenden Leichenbrand mit dem Hammer; dabei rannte ihm ein Zwerg vor die Füße, den stieß er mit der Fußspitze ins Feuer, dass er mitverbrannte. Lodernd schwamm das Schiff, das den toten Gott trug, ins Meer hinaus. Die trauernden Töchter Ögirs begleiteten es weit, sie weinten und warfen ihre feuchten Schleier himmelan.

Nun aber ist zu berichten von Hermods Ritt zur Hel. Neun Tage und Nächte ritt er durch tiefe finstere Täler, nichts rings um sich erkennend, bis er zu dem brausenden Fluss kam, über den eine goldleuchtende Brücke führte. Unter ihr wachte ein Riesenweib, das rief ihn an und fragte ihn nach Namen und Herkunft. »Fünfhundert tote Männer ritten gestern über die Brücke«, sagte sie, »aber sie dröhnte unter ihnen nicht so laut wie unter dir allein. Du trägst nicht die bleiche Farbe der Toten, warum reitest du dahin auf dem Höllenweg?« Er antwortete: »Ich reite zur Hel, Balder zu suchen. Hast du gesehen, wie er des Weges fuhr?« »Ja«, sagte sie, »hier ist er geritten, über die Brücke weg und nordwärts weiter zu dem Hause der Hel.« Weiter ritt Hermod und kam zum Höllentor. Hier stieg er vom Ross und zog den Sattelgurt fest, dann schwang er sich auf und setzte die Sporen ein: der Hengst flog hinweg über das hohe Gatter, ohne es mit dem Hufe zu streifen, Hermod ritt vorbei an dem Höllenhund, der ihn mit blutbefleckter Brust anheulte, bis hin zur Halle. Dort stieg er ab und ging hinein und sah seinen Bruder Balder auf dem Hochsitz, blass und blutig, aber königlich geehrt: denn die Bänke waren mit goldenen Ringen bestreut, und der schimmernde Trank stand eingeschenkt unter dem Schild zu seinen Häupten.

Eine Nacht lang weilte Hermod bei dem toten Bruder. Am Morgen bat er Hel, dass sie Balder mit ihm heimreiten lasse, denn allzu tief sei die Trauer bei Göttern und Menschen und allen Wesen um seinen Tod. Darauf sagte Hel: »Ist es wirklich so, wie du behauptest, dass alle Balder so innig lieben und alle nach ihm weinen, dann möge er zurückkehren nach Asgard! Aber hier muss er bleiben, wenn nur ein einziges Wesen seine Wiederkehr nicht begehrt oder über sein Hinscheiden nicht weint.« Mit diesem Bescheid schied Hermod hinweg, Balder begleitete ihn bis ans Tor und gab ihm für seinen Vater Odin den Draupnir zum Gedenken wieder mit, Nanna schenkte ihm ein Tuch für Frigga und einen Ring für Fulla, Friggas Schmuckmaid.

Die Asen sandten Botschaft in alle Welt und baten alle Wesen, mit ihnen zusammen Balder aus der Hölle herauszuweinen. Da weinten alle, Menschen und Tiere, auf Erde, Steinen und Bäumen standen Tränen wie Tau, und vom Erz tropften sie, als wenn es schmölze. Beglückt über diese Trauer aller eilten die Boten zurück, da sahen sie unterwegs in einer Höhle ein altes Riesenweib sitzen, das nannte sich Thöck, und sie baten auch Thöck, mitzuweinen, damit Balder erlöst werde. Aber sie antwortete: »Aus Thöcks Augen tropft keine Träne um Balders Tod. Weder lebend noch tot hat mir der Sohn des Götteralten Gutes getan – mag Hel behalten, was sie hat!« So blieb Hels Forderung unerfüllt, und

Balder durfte aus ihrem dunklen Reiche nicht zurückkehren ins Licht. Die aber die Götter für Thöck, die Riesin, hielten, das war abermals Loki in trügerischer Gestalt.

Noch wussten die Götter nicht, dass Loki der Übeltäter war, obwohl sie Verdacht auf ihn hatten, und so entging er fürs erste der Strafe. Aber an Hödur, der den tödlichen Schuss gegen Balder entsandt hatte, nahm Wali Rache. Ihn gebar die Riesin Rind dem Odin; einen Tag alt, ehe er noch die Haut mit Wasser genetzt oder das Haar gekämmt hatte, erschlug der Starke den blinden Mörder Balders. Loki aber sollte die Rache selbst auf sein Haupt herabziehen.

Altnordisches Märchen

Der goldene Ball

Vor vielen hundert Jahren lebte ein Priester namens Elidurus, welchem folgende Geschichte begegnet ist. Als er noch ein Knabe und ungefähr zwölf Jahre alt war, da ward es ihm einst zu lästig, von seinen Lehrern immer zum Lernen angehalten zu werden. Denn wenn auch der weise Salomon sagt, dass die Frucht des Studierens süß sei, so fühlte Elidurus doch jetzt nur die Bitterkeit seiner Wurzel. Kurzum, eines Tages lief er fort, um der Zucht und den Schlägen seines Lehrers zu entgehen, und versteckte sich unter dem hohlen Ufer eines Flusses. Nachdem er dort zwei Tage gehungert hatte, erschienen ihm zwei Männer, klein wie die Zwerge, und sagten ihm: »Wenn du mit uns gehen willst, so wollen wir dich in ein Land voll Lust und Freude bringen!« Er willigte gleich ein, stand auf und folgte seinen Führern auf einem Pfad, der zuerst unterirdisch und finster war, endlich aber in ein gar wunderherrliches Land mit schönen Strömen und Wiesen, Wäldern und Ebenen führte. Aber das Land war dunkel und nicht von dem vollen Licht der Sonne beschienen. Die Tage waren alle trüb, und die Nächte äußerst finster. Kein Mond und kein Stern waren zu sehen.

Der Knabe ward vor den König geführt und ihm in Gegenwart des ganzen Hofes vorgestellt. Nachdem dieser längere Zeit mit ihm geredet und ihn hinreichend erforscht hatte, übergab er ihn seinem Sohn, der auch noch ein Knabe war.

Diese Leute waren alle von der kleinsten Statur, aber sehr lieblich und ebenmäßig gebaut. Sie hatten schönes und glänzendes Haar, welches ihnen, wie das der Frauen, reich über die Schulter fiel. Sie aßen weder Fleisch noch Fisch, sondern lebten nur von Milchspeisen, welche in Schüsseln mit Safran angerichtet wurden. Sie bedienten sich niemals eines Eides; denn nichts war ihnen so sehr verhasst wie Lügen. So oft sie aus der Oberwelt heimkehrten, tadelten sie die Eitelkeit, Untreue und Unbeständigkeit der Menschen. Sie hatten keinen Gottesdienst; das einzige, was sie liebten und heilig hielten, war die Wahrheit.

Der Knabe kehrte oft an die Oberwelt zurück: zuweilen auf dem Weg, den er zuerst gegangen war, zuweilen auf einem anderen. Das erste Mal führten ihn einige Zwerge, um ihm den rechten Weg zu weisen; später ging er allein. Sein Geheimnis vertraute er nur seiner Mutter an, der er auch von den Sitten, der Natur und Beschaffenheit des Volkes erzählte.

Da diese ihn nun einmal bat, ihr etwas Gold, an welchem das unterirdische Reich Überfluss hatte, mitzubringen, so stahl er bei einem Spiel mit dem Sohne des Königs den goldenen Ball, mit welchem der zu spielen pflegte, und brachte ihn seiner Mutter in großer Hast. Aber als er die Tür seines väterlichen Hauses erreicht hatte und in aller Eile eintreten wollte, da stolperte er über die Schwelle und schlug der Länge nach in die Stube, wo seine Mutter saß. Zugleich nahmen die beiden Zwerge, die ihm heimlich gefolgt waren, den Ball auf, der aus seiner Hand gerollt war, und entfernten sich, wobei sie aber den Knaben anspuckten und verhöhnten. Als er sich von seinem Fall erholt hatte, von Scham verwirrt und den schlimmen Rat seiner Mutter verwünschend, kehrte er auf dem gewohnten Pfad zu dem unterirdischen Reich zurück. Aber er konnte den Eingang nicht wieder finden, obgleich er ein ganzes Jahr lang suchte. Seine Freunde und seine Mutter brachten ihn endlich wohlbehalten zurück.

Und weil er sich fortan den gelehrten Studien ernstlicher als vorher zuwandte, so ward er auch im Laufe der Jahre zum Priester geweiht. Aber so oft David der Zweite, Bischof von St. David, mit ihm – selbst noch in seinem Greisenalter – von diesem Ereignis sprach, konnte Elidurus die einzelnen Umstände niemals ohne viele Tränen erzählen.

England

Junker Rowland

Jung Rowland und seine Brüder,
Die warfen nach dem Ziel,
Jung Ellen, ihre Schwester,
Nahm teil an ihrem Spiel.

Sanft wurde der Ball geworfen
Und aufgefangen gemach,
Dann flog er, mächtig geschleudert,
Hoch übers Kirchendach.

> Jung Ellen ist um die Ecke geeilt,
> Den Ball sie sucht mit dem Blick.
> Die Brüder warten und warten,
> Doch sie kommt nicht zurück.
>
> Sie suchen im Osten und Westen,
> Sie rufen in Feld und Wald,
> Doch von Ellen – wie groß ist ihr Jammer! –
> Keine Antwort entgegenschallt.

Endlich ging ihr ältester Bruder zu dem Zauberer Merlin, erzählte ihm den Fall und fragte ihn, ob er wüsste, wo Maid Ellen sei.

»Die holde Maid Ellen«, erwiderte der Zauberer, »muss von den Elfen entführt worden sein, weil sie in entgegengesetzter Richtung zur Sonne um die Kirche gegangen ist. Sie ist nun im finsteren Turm des Königs vom Elfenland, und es gehört der kühnste Ritter der Christenheit dazu, sie zurückzubringen.«

»Wenn es möglich ist, sie zurückzubringen«, sagte ihr Bruder, »so werde ich es tun oder das Wagnis mit dem Leben bezahlen.«

»Möglich ist es«, versetzte Merlin, »aber wehe demjenigen, der es versucht, bevor er genau unterrichtet ist, was er zu tun hat.«

Der älteste Bruder Maid Ellens hatte keine Angst vor den Gefahren und ließ sich von dem Versuch nicht abhalten. So bat er den Zauberer, ihm zu sagen, was er tun und was er unterlassen müsse, wenn er sich auf die Suche nach seiner Schwester begebe. Nachdem ihn Merlin unterrichtet und er alles wiederholt hatte, machte er sich auf den Weg ins Elfenland.

> Sie harren in Kummer und Zweifel,
> Und Tage und Wochen vergehen,
> Doch wehe dem armen Bruder,
> Denn er ist nicht wieder zu sehen.

Da wurde der zweite Bruder überdrüssig, noch länger zu warten, und er ging zum Zauberer Merlin und fragte ihn um Rat wie sein Bruder. Dann ging er fort, um Maid Ellen zu suchen.

Sie harren in Kummer und Zweifel,
Und Tage und Wochen vergehen,
Doch wehe dem armen Bruder,
Denn er ist nicht wieder zu sehen.

Und als sie lange, lange gewartet hatten, da wollte Junker Rowland, der jüngste von Maid Ellens Brüdern, fortgehen, um sie zu suchen. Und er bat seine Mutter, die gute Königin, ihn fortzulassen. Sie wollte zuerst nichts davon hören, denn er war das letzte und liebste ihrer Kinder, und mit ihm hätte sie alles verloren. Aber er bat und bat immer wieder, so lange, bis die gute Königin es ihm erlaubte, und sie gab ihm seines Vaters gutes Schwert, das traf mit jedem Streich. Als sie es ihm umgürtete, da sprach sie den Zauberspruch, der ihm Sieg verleihen sollte.

So nahm denn Junker Rowland von der guten Königin, seiner Mutter, Abschied und ging in die Höhle des Zauberers Merlin.

»Noch einmal, nur noch ein einziges Mal«, bat er den Zauberer, »sage mir, wie ich Maid Ellen und ihre beiden Brüder erlösen kann.«

»Mein Sohn«, erwiderte Merlin, »es sind nur zwei Dinge zu merken, aber so einfach dies scheint, so schwer ist es zu vollbringen. Eines ist zu tun, das andere zu lassen. Zu tun ist Folgendes: Wenn du ins Feenland gekommen bist, so musst du, wenn jemand zu dir spricht, bevor du Maid Ellen siehst, das Schwert deines Vaters ziehen und dem Betreffenden, wer immer es auch sei, den Kopf abschlagen. Und was du lassen musst, ist Folgendes: Nimm keinen Bissen zu dir, und trinke keinen Tropfen, und wärst du noch so hungrig und durstig; denn trinkst du einen Tropfen und isst du einen Bissen, solange du im Elfenland bist, so wirst du nie wieder die Mutter Erde sehen.«

Junker Rowland wiederholte die beiden Dinge wieder und immer wieder, bis er sie auswendig wusste. Dann dankte er dem Zauberer Merlin und ging seines Weges. Und er ging weiter und weiter und immer weiter, bis er zu dem Pferdehirten des Königs von Elfenland kam; der fütterte seine Pferde. Diese erkannte Junker Rowland an ihren feurigen Augen, und so wusste er, dass er endlich im Elfenland war.

»Kannst du mir sagen«, fragte Junker Rowland den Pferdehirten, »wo der finstere Turm des Königs von Elfenland ist?«

»Ich weiß es nicht«, antwortete der Pferdehirt, »aber gehe ein bisschen weiter, bis du zum Kuhhirten kommst, der wird es dir vielleicht sagen können.«

Da zog Junker Rowland, ohne ein Wort zu verlieren, das gute Schwert, das mit jedem Streiche traf, und der Kopf des Pferdehirten flog vom Rumpfe. Junker Rowland ging weiter, bis er zum Kuhhirten kam, dem er dieselbe Frage vorlegte.

»Ich kann es dir nicht sagen«, antwortete dieser, »aber gehe ein bisschen weiter, bis du zur Hühnerfrau kommst, die weiß es sicherlich.«

Da zog Junker Rowland sein gutes Schwert, das mit jedem Streiche traf, und der Kopf des Kuhhirten flog vom Rumpfe. Dann ging er weiter, bis er zu einer alten Frau in einem grauen Mantel kam, und er fragte sie, ob sie wisse, wo der finstere Turm des Königs von Elfenland sei.

»Gehe ein wenig weiter«, sagte die Hühnerfrau, »bis du zu einem runden, grünen Hügel kommst, der vom Fuße bis zum Gipfel von Rasenbänken wie von Ringen umgeben ist. Gehe dreimal in entgegengesetzter Richtung zur Sonne herum und sage jedes Mal:

Türe, Türe, öffne dich,
Türe, Türe, lass mich ein.

Und beim dritten Male wird sich die Türe auftun, und du kannst hineingehen.«

Junker Rowland wollte gerade weitergehen, als er sich erinnerte, was er zu tun hatte. So zog er denn das gute Schwert aus der Scheide, das mit jedem Streiche traf, und der Kopf der Hühnerfrau flog vom Rumpfe. Dann zog er weiter und weiter und immer weiter, bis er zu dem runden, grünen Hügel kam. Und er ging dreimal in entgegengesetzter Richtung zur Sonne herum und sagte jedes Mal:

»Türe, Türe, tu dich auf,
Türe, Türe, lass mich ein.«

Und beim dritten Male tat sich die Türe auf, er trat ein. Sie fiel klirrend ins Schloss, und Junker Rowland stand im Dunkeln da.

Es war aber nicht ganz dunkel, sondern eine Art Zwielicht oder Dämmerung. Es waren weder Fenster noch Kerzen da, und er konnte nicht herausfinden, woher das Zwielicht kam, wahrscheinlich durch die Mauern und das Dach. Diese bestanden aus einem durchsichtigen Felsen, der mit Glimmer und Feldspat und anderen glänzenden Steinen bekleidet war. Trotz der Felsen war die Luft ganz warm, wie immer im Elfenland. Er ging weiter, bis er zu zwei breiten Flügeltüren kam, welche halb offen standen. Als er sie ganz aufriss, bot sich seinen Blicken ein wundervoller, herrlicher Anblick: eine große Halle, so groß, dass sie so breit und lang zu sein schien wie der ganze grüne Hügel. Das Dach war von schönen Säulen getragen, die waren so hoch, dass die Säulen einer Kathedrale nichts dagegen waren; sie bestanden ganz aus Gold und waren über und über mit Silber in getriebener Arbeit bedeckt. Um die Säulen schlangen sich Blumengewinde aus Diamanten und Smaragden und anderen Edelsteinen. Sogar die Schlusssteine der Bogen waren mit Bouquets aus Diamanten und Rubinen und anderen kostbaren Steinen verziert. Und alle diese Bogen vereinigten sich in der Mitte des Daches, und dort hing an einer goldenen Kette eine ungeheure Lampe, die aus einer einzigen ausgehöhlten, durchsichtigen Perle bestand. In der Mitte dieser Perle aber befand sich ein riesig großer Karfunkel, der sich immerfort im Kreise drehte und die ganze Halle durch seine Strahlen erleuchtete, sodass es den Eindruck machte, als würde sie von der untergehenden Sonne beschienen.

An einem Ende der herrlichen Halle befand sich ein wunderschönes Ruhebett, das ganz aus Samt und Seide und Gold bestand, und darauf saß Maid Ellen und kämmte ihr goldenes Haar mit einem silbernen Kamm. Als sie Junker Rowland sah, stand sie auf und sagte:

»Oh Tor, auch du vom Hause fort!
Was willst du an diesem Ort?
Mein armer jüngster Bruder,

Schier bricht mir mein Herz um dich!
Und hättest du hundert Schwerter,
Dich rettet nicht Hieb noch Stich.
Ruh' aus! Doch wehe, wehe!
Dass jemals du wardst geboren,
Denn sieht dich der König von Elfenland,
So bist du ganz verloren.«

Dann setzten sie sich zusammen hin, und Junker Rowland erzählte seiner Schwester alles, was er getan hatte, und sie erzählte ihm, wie ihre beiden Brüder den finsteren Turm erreicht hatten, wie der König von Elfenland sie verzaubert hatte, sodass sie nun da in einem Sarg lägen, als wären sie tot. Nach einiger Zeit verspürte Junker Rowland großen Hunger und bat seine Schwester, ihm etwas zu essen zu geben; er hatte die Warnung des Zauberers Merlin ganz vergessen.

Maid Ellen blickte ihn traurig an und schüttelte den Kopf, aber sie war verzaubert und konnte ihn nicht warnen. Sie stand auf und ging hinaus und kam bald mit einer goldenen Schale zurück, die mit Milch und Brot gefüllt war. Und schon war Junker Rowland im Begriff, die Schale an die Lippen zu führen; da sah er seine Schwester an und erinnerte sich, warum er hergekommen sei. Er schleuderte die Schale zu Boden und sagte: »Keinen Bissen will ich essen, keinen Tropfen will ich trinken, bevor Ellen frei ist.«

In diesem Augenblicke hörten sie jemand näher kommen, und eine laute Stimme rief:

»Feh, fei, foh, fum,
Einen Christen wittere ich hier herum!
Er sei jung, er sei alt,
Mit diesem Schwert mach' ich ihn kalt.«

Die Flügeltüren wurden aufgerissen, und der König von Elfenland stürzte herein.

»Tu es, wenn du es wagst«, rief Junker Rowland und stürzte ihm mit seinem guten Schwerte entgegen, das noch nie versagt hatte. Sie kämpften und kämpften und kämpften, bis Junker Rowland den König von Elfenland schlug, dass er auf die Knie sank und um Erbarmen flehte.

Junker Rowland sagte: »Erlöse meine Schwester von deinem Zauber, gib meinen Brüdern das Leben wieder und lass uns alle frei fortziehen, so schenke ich dir dein Leben.«

»Ich willige ein«, sagte der König von Elfenland. Er erhob sich und ging zu einem Schrank, dem er ein Fläschchen entnahm; das war mit einer blutroten Flüssigkeit gefüllt. Damit bestrich er die Ohren, Augenlider, Nasenlöcher, Lippen und Fingerspitzen der beiden Brüder, die sofort ins Leben zurückkehrten. Sie sagten, ihre Seelen wären aus ihrem Leibe entschwunden gewesen, seien aber nun wiedergekehrt.

Dann sprach der König der Elfen einige Worte zu Maid Ellen, und sie war erlöst, und sie gingen alle fort aus der Halle und kehrten dem finsteren Turm den Rücken, um nie wieder zurückzukehren. So kamen sie nach Hause zu der guten Königin, ihrer Mutter. Aber Maid Ellen ging nie wieder in entgegengesetzter Richtung zur Sonne um eine Kirche herum.

England

Der Katzenkönig

Vor vielen, vielen Jahren verbrachten zwei junge Leute den Herbst im hohen Norden. Sie lebten in einem kleinen, einsamen Häuschen. Eine alte Frau, welche für sie kochte, deren Katze und zwei Jagdhunde machten den ganzen Haushalt aus.

Eines Tages wollte der ältere der beiden jungen Leute nicht ausgehen; der jüngere ging also allein auf die Hühnerjagd, beabsichtigte aber, noch vor Sonnenuntergang nach Hause zu kommen. Allein er kam nicht, und der ältere war sehr besorgt, als er umsonst lange über die Abendessenzeit hinaus wartete.

Endlich kehrte der jüngere zurück, sagte aber nicht, warum er so lange ausgeblieben war. Erst als sie nach dem Abendessen mit ihren Pfeifen am Feuer saßen, die Hunde zu ihren Füßen, die Katze am Herd, da begann der junge Mann wie folgt:

»Du wirst dich über mein langes Ausbleiben gewundert haben. Aber ich hatte ein seltsames Abenteuer. Wie beabsichtigt schlug ich unseren gestrigen Weg ein. Gerade als ich heimkehren wollte, fiel ein dichter Nebel, und ich verlor vollständig den Weg. Lange Zeit wanderte ich herum, ohne zu wissen, wo ich mich befand, bis ich endlich ein Licht sah, auf das ich in der Hoffnung auf Hilfe los schritt. Wie ich näher kam, verschwand es, und ich fand mich in der Nähe eines großen, alten Eichenbaums. Ich kletterte hinauf, um besser nach dem Licht ausblicken zu können, und da sah ich es auch, aber unter mir, in dem hohlen Stamme des Baumes. Mir schien, als blickte ich in eine Kirche hinunter, wo gerade ein Begräbnis stattfand.

Ich hörte singen und sah einen Sarg von Fackeln umgeben, und diese wurden von – aber ich weiß, dass du mir es nicht glauben wirst, wenn ich es dir erzähle!«

Sein Freund bat ihn inständig, weiter zu erzählen, und legte seine Pfeife hin, um besser zuhören zu können. Die Hunde schliefen ruhig, aber die Katze saß da und hörte offenbar ebenso aufmerksam zu wie der junge Mann. Unwillkürlich blickten die beiden jungen Leute zu ihr hinüber.

»Jawohl«, fuhr der Erzähler fort, »es ist wirklich wahr. Der Sarg und die Fackeln wurden von Katzen getragen, und auf dem Sarg war eine Krone und ein Szepter gemalt!«

Weiter kam er nicht. Die Katze fuhr empor und kreischte: »Bei Jupiter! Der alte Peter ist tot, und ich bin Katzenkönig!«, stürzte den Kamin hinauf und ward nicht mehr gesehen.

England

Die Prinzessin von Colchester

Lange vor König Arthur und den Rittern der Tafelrunde, da regierte im Osten von England ein König, der in Colchester Hof hielt. Er war stark, tapfer und klug, sodass er seiner Feinde nach außen Herr wurde und im Innern seines Landes unter seinen Untertanen den Frieden aufrecht erhielt. Doch mitten in seinem Glanze starb die Königin und ließ eine einzige Tochter im Alter von fünfzehn Jahren zurück. Alle, die die Prinzessin kannten, bewunderten sie ob ihrer Schönheit, ihrer Leutseligkeit und ihrer Herzensgüte.

Aber Habsucht ist die Wurzel aller Übel. Das bewährte sich auch hier. Der König hörte von einer Dame, welche er um ihres Reichtums willen zu heiraten beschloss, obwohl sie alt, hässlich, bucklig und krummnasig war. Auch besaß sie eine Tochter, eine gelbe Frauensperson, die sehr neidisch und boshaft, kurz, ihrer Mutter sehr ähnlich war. Trotz alledem brachte der König, von den Edlen des Landes begleitet, seine missgestaltete Braut in den königlichen Palast, wo die Hochzeit stattfand.

Die beiden Frauen waren noch nicht lange am Hofe, als sie auch schon den König durch falsche Berichte und Anklagen gegen seine eigene schöne Tochter aufzuhetzen begannen. Nachdem die junge Prinzessin die Liebe ihres Vaters verloren hatte, wurde sie des Lebens am Hofe überdrüssig, und als sie eines Tages mit ihrem Vater im Garten zusammentraf, bat sie ihn mit Tränen in den Augen, ihr etwas Geld zu geben, denn sie wolle fortziehen und ihr Glück in der weiten Welt suchen. Der König willigte ein und befahl ihrer Stiefmutter, ihr nach ihrem Ermessen eine kleine Summe zu geben. Die Königin gab ihr einen Leinwandbeutel mit Schwarzbrot und hartem Käse und eine Flasche Bier: eine erbärmliche Ausstattung für eine Königstochter. Aber die Prinzessin nahm, was sie ihr gab, und dankte ihr dafür. Dann machte sie sich auf den Weg und kam durch Felder, Wälder und Täler bis zu einer Höhle, an deren Eingang sie einen alten Mann auf einem Steine sitzen sah.

Der sagte: »Guten Morgen, holde Maid, wohin so schnell?«

Sie antwortete: »Vater, ich gehe mein Glück suchen.«

»Was hast du in dem Beutel und in der Flasche?«

»Im Beutel habe ich Brot und Käse, in der Flasche gutes, leichtes Bier. Möchtest du vielleicht davon haben?«

»Jawohl«, sagte er, »von Herzen gern.«

Da zog die Prinzessin ihre Vorräte hervor und lud ihn ein, zu essen. Das tat er und dankte ihr herzlich. Dann fügte er hinzu: »Du wirst gleich vor eine dichte dornige Hecke kommen, die dir undurchdringlich erscheinen wird. Aber nimm diesen Zauberstab, klopfe dreimal damit und sage: ›Bitte, Hecke, lass mich durch‹, und sie wird sich sofort öffnen. Ein bisschen weiter wirst du eine Quelle sehen. Setze dich an deren Rand, und bald werden drei goldene Köpfe hervortauchen, welche dich ansprechen werden. Was sie auch verlangen mögen, das tue.«

Die Prinzessin versprach es dem alten Manne und nahm Abschied von ihm. Als sie zur Hecke kam und seine Weisungen befolgte, teilte diese sich und ließ sie durch. Und als sie bei der Quelle angelangt war und sich eben niedergesetzt hatte, kam ein goldener Kopf empor und sang:

»Wasche mich, kämme mich,
und leg mich sachte nieder.«

»Jawohl«, sagte sie, streckte die Hand aus und erwies ihm mit einem silbernen Kamme den verlangten Dienst, worauf sie ihn am Ufer auf ein Beet von Primeln hinlegte. Bald kam ein zweiter und dann ein dritter Kopf, die dasselbe verlangten, und deren Wunsche sie ebenfalls nachkam.

Darauf sprachen die Köpfe einer zum anderen: »Was sollen wir für die Jungfrau tun, die uns so freundlich behandelt hat?«

Da sagte der erste: »Ich werde ihrer Schönheit solche Reize hinzufügen, dass der mächtigste Prinz auf Erden davon bezaubert werden soll.«

Hierauf der zweite: »Ich werde ihr einen solch betörenden Duft verleihen, dass er die süßesten Blumen noch übertrifft.«

Zuletzt der dritte: »Mein Geschenk wird nicht das geringste sein. Da sie eine Königstochter ist, werde ich ihr zu dem Glück verhelfen, die Gemahlin des mächtigsten aller Fürsten auf Erden zu werden.«

Dann baten die drei Köpfe die Prinzessin, sie möge sie wieder in die Quelle zurück legen. Sie tat es und setzte ihre Reise fort.

Sie war noch nicht sehr weit gegangen, da sah sie im Park einen König, von Adligen umgeben, auf der Jagd. Sie wäre ihm gern ausgewichen, aber der König hatte sie erblickt und näherte sich ihr. Ihre Schönheit und ihr duftiger Atem bezauberten ihn so sehr, dass er seine glühende Liebe nicht unterdrücken konnte, sondern sofort um sie zu freien begann. Er gewann ihre Liebe und brachte sie in seinen Palast. Dort ließ er sie in die herrlichsten Gewänder kleiden.

Als der König hörte, dass sie die Tochter des Königs von Colchester war, ließ er sofort mehrere Wagen anspannen, um dem König einen Besuch zu machen. Der Wagen, in welchem er mit seiner Braut fuhr, war mit Gold und kostbaren Edelsteinen geschmückt. Der König von Colchester war ganz erstaunt über das Glück seiner Tochter, bis der junge König ihm erzählte, wie alles zugegangen war. Die Freude aller am Hofe war groß, nur die Königin und ihre klumpfüßige Tochter beneideten die Prinzessin um ihr Glück und waren nahe daran, vor Bosheit zu bersten. Ihre Wut war umso größer, als die Prinzessin nun hoch über ihnen allen stand. Große Festlich-

keiten folgten, bei denen gegessen und getrunken und getanzt wurde; das dauerte viele Tage. Endlich, nachdem der junge König noch die Mitgift seiner jungen Frau erhalten hatte, kehrte er mit ihr nach Hause zurück.

Als die bucklige Stiefschwester sah, mit welchem Erfolg die Prinzessin ihr Glück gesucht hatte, wollte sie durchaus das gleiche tun. Sie vertraute sich ihrer Mutter an, und diese versah sie mit reicher Kleidung, mit Zucker, Mandeln und süßem Gebäck in großer Menge und mit einer großen Flasche Malagawein. So ausgestattet schlug sie denselben Weg ein wie ihre Schwester, und als sie in die Nähe der Höhle kam, fragte der alte Mann:

»Wohin so eilig, junges Frauenzimmer?«

»Was kümmert das dich?«, erwiderte sie.

Dann fragte er weiter: »Was hast du in dem Beutel und in der Flasche?«

Sie antwortete: »Allerlei Leckerbissen, aber nicht für dich.«

»Willst du mir nicht etwas davon geben?«, fragte er.

»Nein, keinen Bissen und keinen Tropfen.«

Der alte Mann runzelte die Stirn und sagte: »Fluch über dich!«

Als sie weiterging, kam sie zu der Hecke, in welcher sie eine Lücke gewahrte; sie wollte hindurchschlüpfen, aber nachdem sie hineingegangen war, schloss sich die Hecke hinter ihr, und die Dornen drangen ihr ins Fleisch, sodass sie nur mit großer Mühe durchkonnte. Von Blut überströmt, suchte sie nach Wasser, um sich zu waschen, da sah sie die Quelle. Sie setzte sich an deren Rand hin, da erschien einer der Köpfe und sagte:

»Wasche mich, kämme mich,
und leg mich sachte nieder.«

Sie aber schlug mit ihrer Flasche auf ihn los und sagte: »Hol dich der Henker!«

Dann tauchte der zweite und dritte Kopf empor, die keine bessere Behandlung erfuhren als der erste; die berieten dann alle drei miteinander, mit welchen Strafen sie die boshafte Königstochter für solches Benehmen bestrafen sollten.

Der erste sagte: »Sie soll einen Aussatz im Gesicht bekommen.«

Hierauf der zweite: »Ihr Atem soll einen üblen Geruch haben.«

Der dritte bestimmte ihr als Gatten einen armen Landschuster.

Sie ging weiter, bis sie in eine Stadt kam. Da es gerade ein Markttag war, hatten sich viele Leute eingefunden, die liefen alle davon, als sie das aussätzige Gesicht sahen, bis auf einen armen Schuhflicker. Der hatte vor kurzem die Stiefel eines alten Einsiedlers geflickt und von ihm, da er kein Geld besaß, als Lohn einen Tiegel Salbe zur Heilung von Aussatz und eine Tinktur gegen übel riechenden Atem erhalten. Da der Schuster geneigt war, allen zu helfen, ging er zu ihr und fragte sie, wer sie sei.

»Ich bin«, antwortete sie, »die Stieftochter des Königs von Colchester.«

»Wenn ich dir«, fragte er, »deine natürliche Hautfarbe wieder verschaffe und sowohl dein Gesicht als auch deinen Atem gründlich heile, willst du mich dann zur Belohnung zum Manne nehmen?«

»Jawohl, lieber Freund«, erwiderte sie, »von Herzen gern.«

Der Schuhflicker wandte die genannten Mittel an, welche nach einigen Wochen ihre Wirkung nicht versagten. Darauf heirateten die beiden und machten sich auf den Weg an den Hof von Colchester.

Als die Königin hörte, dass ihre Tochter einen armen Landschuster geheiratet hatte, geriet sie in solche Verzweiflung, dass sie sich aufhängte. Ihr Tod bereitete dem Könige, der froh war, sie so bald losgeworden zu sein, große Freude. Er gab dem Schuhflicker hundert Pfund, damit er mit seiner Frau den Hof verlasse und sich an einem entfernten Orte ansässig mache. Dort lebte das Paar viele Jahre; er flickte Schuhe, und sie spann Garn.

England

Die Geschichte von Tom Däumling

In den Tagen des berühmten Königs Arthur lebte ein großer Zauberer, Merlin mit Namen, der weiseste und beste Zauberer der ganzen Welt.

Einst reiste Merlin, der jede beliebige Gestalt annehmen konnte, als armer Bettler verkleidet durch die Lande, und da er sehr müde war, ging er in die Hütte eines ehrlichen Bauers, um dort auszuruhen, und bat um eine Erfrischung.

Der Bauer begrüßte ihn herzlich, und sein Weib, eine gutherzige und gastfreundliche Frau, brachte ihm sogleich etwas Milch in einem Holzbecher und ein Stück grobes Schwarzbrot auf einem Teller.

Merlin freute dieses einfache Mahl und die Freundlichkeit des Bauern und seiner Frau; doch bemerkte er, dass die beiden doch gedrückt und unglücklich zu sein schienen, obwohl in der Hütte alles zum Besten zu stehen schien. Er fragte nach der Ursache ihrer Bedrücktheit und erfuhr, dass sie sich unglücklich fühlten, weil sie keine Kinder hatten.

Die Frau beteuerte mit Tränen in den Augen, dass sie das glücklichste Geschöpf auf Erden wäre, wenn sie einen Sohn besäße. Und wenn er auch nicht größer wäre als der Daumen ihres Mannes, sie wäre schon damit zufrieden.

Merlin belustigte der Gedanke an einen Knaben, der nicht größer sein sollte als der Daumen eines Mannes, so sehr, dass er beschloss, der Feenkönigin einen Besuch abzustatten und sie zu bitten, sie möge den Wunsch der armen Frau erfüllen. Der Gedanke eines solch winzigen Menschenkindes gefiel auch der Feenkönigin außerordentlich und sie versprach Merlin, den Wunsch zu erfüllen.

Und so bekam auch nach einiger Zeit die Frau des Bauern einen Sohn, der, oh Wunder!, kein bisschen größer war als der Daumen seines Vaters. Die Feenkönigin, welche den kleinen Knirps zu sehen wünschte, schwebte zum Fenster herein, während die Mutter im Bett saß und ihren winzigen Sohn bewunderte.

Die Königin küsste das Kind und gab ihm den Namen Tom Däumling. Dann ließ sie einige Feen kommen, welche ihren kleinen Liebling nach ihren Anweisungen bekleideten: Ein Eichenblatt diente ihm als Kranz, sein Hemd war aus Spinnweben, sein Röckchen aus Distelflaum, sein Beinkleid aus Federn, seine Strümpfe aus Apfelschale, die Bänder dazu aus Wimperhaaren seiner Mutter, die Schuhe aus Mäuseleder mit den weichen Haaren nach innen.

Bemerkenswert ist, dass Däumling nie größer wurde als der Daumen seines Vaters, der von gewöhnlicher Größe war; aber im Laufe der Jahre zeigte es sich, dass er sehr schlau und zu allerlei Streichen aufgelegt war. Sobald er alt genug war, mit den Knaben zu spielen, verlor er im Spiel einst alle seine Kirschkerne; da kroch er in die Beutel seiner Spielkameraden, füllte seine Taschen, kroch unbemerkt wieder heraus und setzte das Spiel fort, als wäre gar nichts geschehen. Doch als er eines Tages aus einem Beutel herauskam, wo er sich wie gewöhnlich die Taschen gefüllt hatte, sah ihn der Knabe zufällig, dem der Beutel gehörte. »Aha, mein kleiner Däumling«, sagte er, »da hab ich dich endlich erwischt, wie du meine Kirschkerne stiehlst, jetzt sollst du für deine diebischen Streiche schon belohnt werden!«

Bei diesen Worten zog er die Schnur des Beutels fest um seinen Hals und schüttelte ihn so tüchtig, dass der arme Däumling arg zugerichtet wurde.

Tom schrie laut auf vor Schmerz und bat, sein Kamerad möchte ihn wieder hinauslassen, er wolle sich auch bestimmt nie mehr solch schlimme Streiche zu Schulden kommen lassen.

Kurze Zeit darauf machte seine Mutter einen Pudding, und Däumling, der für sein Leben gern zusehen wollte, wie er gemacht wird, kletterte auf den Rand der Schüssel; unglücklicherweise aber glitt sein Fuß aus, und er plumpste Hals über Kopf in die Masse, ohne dass seine Mutter es bemerkte, welche ihn in die Puddingform goss und zum Kochen in den Topf tat.

Die Puddingmasse hatte Däumlings Mund gefüllt und ihn am Schreien gehindert; als er aber das heiße Wasser spürte, strampelte und zappelte er so sehr in dem Topf herum, dass seine Mutter glaubte, der Pudding sei verhext. Sie nahm ihn also rasch aus dem Topfe und schüttete ihn vor der Tür aus. Ein armer Kesselflicker, der gerade vorbeiging, tat den Pudding in seinen Ranzen und ging weiter. Als Däumling nun seinen Mund von dem Teig frei hatte, begann er laut zu schreien, worüber der Kesselflicker so erschrak, dass er den Pudding fortschleuderte und davonrannte. Als so der Pudding in Stücke gegangen war, kroch Däumling, über und über mit Teig bedeckt, heraus und ging nach Hause zurück.

Seine Mutter, die ganz unglücklich war, ihren Liebling in einem solch bejammernswerten Zustande zu sehen, setzte ihn in eine Teetasse und wusch bald den Teig herunter; dann legte sie ihn ins Bett.

Kurze Zeit nach dem Pudding-Abenteuer, ging Däumlings Mutter auf die Wiese, um ihre Kuh zu melken und nahm ihn mit. Da es sehr windig war, band sie ihn, damit er nicht weggeweht würde, mit einem Zwirnfaden an eine Distel. Aber die Kuh sah den Hut mit Eichenlaub, er gefiel ihr, und sie hatte einen Augenblick später die Distel samt Knirps im Maule. Während sie an der Distel kaute, fürchtete sich Däumling vor den großen Zähnen, die ihn in Stücke zu zerbeißen drohten, und er schrie so laut er konnte: »Mutter! Mutter!«

»Wo bist du, Däumling, mein lieber Däumling?«

»Hier Mutter«, erwiderte er, »in dem Maule der roten Kuh.«

Seine Mutter begann zu weinen und die Hände zu ringen, da öffnete die Kuh, über das seltsame Geräusch in ihrer Kehle erstaunt, ihr Maul, und Däumling fiel heraus. Glücklicherweise fing ihn seine Mutter in der Schürze auf, als er zu Boden fiel, sonst hätte er sich schwer verletzt. Dann tat sie ihn in ihr Brusttuch und rannte nach Hause.

Sein Vater machte ihm eine Peitsche aus Haferstroh zum Viehtreiben, und als er eines Tages ins Feld ging, glitt er aus und fiel in eine Furche. Ein Rabe flog gerade vorbei, der pickte ihn mit seinem Schnabel auf und flog mit ihm auf das Schloss eines Riesen am Meere; dort ließ er ihn liegen.

Däumling war nun in einer schrecklichen Lage und wusste nicht, was er tun sollte; bald erschrak er noch viel mehr, denn der alte Riese Grumbo kam auf die Terrasse, um da spazieren zu gehen. Als er Däumling sah, hob er ihn auf und verschluckte ihn wie eine Pille.

Doch bald bereute der Riese, was er getan hatte, denn Däumling begann so sehr zu strampeln und zu zappeln, dass der Riese ein großes Unbehagen empfand. Endlich spuckte er ihn aus – ins Meer.

Im selben Augenblick wurde der arme kleine Tom von einem großen Fisch verschluckt. Dieser wurde gleich darauf gefangen und für die Küche König Arthurs gekauft.

Wie erstaunt war man beim Öffnen des Fisches, das winzige Kerlchen in seinem Magen zu finden!

Däumling aber war ganz glücklich über die wieder erlangte Freiheit. Man brachte ihn vor den König. Dieser ernannte ihn zum Hofzwerg, und Tom war bald ein großer Liebling des Hofes, denn er erheiterte durch seine Schelmenstreiche nicht nur den König und die Königin, sondern alle Ritter der Tafelrunde. Es heißt sogar, dass der König ihn, wenn er ausritt, oft mitnahm; und wenn es zu regnen begann, kroch er in die Westentasche Seiner Majestät, wo er schlief, bis der Regen vorüber war.

Eines Tages fragte König Arthur den Däumling, ob seine Eltern auch so klein seien wie er und in welchen Verhältnissen sie lebten. Tom erzählte dem König, dass seine Eltern so groß seien wie all die anderen Leute an des Königs Hof, dass sie aber in Armut lebten.

Als der König dies vernahm, trug er Däumling in seine Schatzkammer und hieß ihn so viel Geld, als er zu tragen vermochte, seinen Eltern nach Hause bringen. Tom schlug vor Freude einen Purzelbaum und brachte eine Börse, die aus einer Seifenblase bestand. In diese tat er ein Silberstückchen.

Unserem kleinen Helden fiel es schwer, sich die Bürde auf den Rücken zu laden. Endlich aber gelang es ihm, und er machte sich auf die Reise. Er erreichte, ohne dass ihm ein Unfall widerfuhr, nach zwei Tagen und zwei Nächten, nachdem er mehr als hundertmal gerastet hatte, glücklich das Haus seines Vaters.

Achtundvierzig Stunden war er mit dem riesigen Silberstück auf dem Rücken gereist und kam fast zu Tode erschöpft zu Hause an. Da kam seine Mutter ihm gerade entgegen und trug ihn ins Haus.

Seine Eltern waren glücklich, als sie ihn wieder sahen, umso mehr, da er eine solch erstaunliche Summe Geldes mitgebracht hatte; aber der arme kleine Kerl war ungeheuer müde. Hatte er doch in achtundvierzig Stunden eine halbe Meile zurückgelegt, mit einem Silberstück auf dem Rücken! Damit er sich von der Müdigkeit erhole, legte ihn seine Mutter in eine Nussschale neben dem Kamin und gab ihm in drei Tagen eine ganze Haselnuss zu essen; davon wurde er aber sehr krank, denn eine Haselnuss pflegte ihm sonst für einen ganzen Monat zu genügen.

Däumling erholte sich bald wieder, aber da es geregnet hatte und der Boden sehr nass war, konnte er nicht an den Hof König Arthurs zurück. Da machte seine Mutter eines Tages, als der Wind in dieser Richtung wehte, einen kleinen Schirm aus Seidenpapier, band Däumling daran fest und blies in die Luft, sodass er bald in den Palast des Königs geweht wurde. Der König, die Königin und der ganze Adel waren froh, Däumling wiederzusehen, der sie bei Kampfspielen und Turnieren durch seine Gewandtheit sehr unterhielt; aber seine Anstrengungen, ihnen zu gefallen, kamen ihm sehr teuer zu stehen und führten eine so schwere Krankheit herbei, dass er von den Ärzten aufgegeben wurde.

Aber die Feenkönigin kam, als sie von seiner Erkrankung hörte, in einem Wagen, der von Fledermäusen gezogen wurde, an den Hof; sie setzte Däumling neben sich und fuhr mit ihm durch die Luft, ohne irgendwo anzuhalten, bis sie in ihrem Palast angelangt waren. Nachdem sie ihn wieder gesund gemacht und ihm erlaubt hatte, sich an den Herrlichkeiten des Feenlandes zu ergötzen, erhob sich auf ihren Befehl ein starker Luftstrom. Auf diesen setzte sie Däumling, der schwamm darauf wie ein Kork auf dem Wasser und war in einem Augenblick beim königlichen Palast.

Gerade als er durch den Hof geflogen kam, ging zufällig der Koch mit der großen Schüssel voll Weizenbrei, der Lieblingsspeise des Königs, vorüber, und der arme, kleine Knirps fiel gerade mitten hinein, sodass das heiße Gericht dem Koch ins Gesicht spritzte.

Dieser war ein boshafter Mensch und geriet in eine furchtbare Wut, weil Däumling ihn so er schreckt und verbrannt hatte. Er ging schnurstracks zum König und meldete ihm, dass Däumling aus purem Mutwillen in den königlichen Weizenbrei gesprungen sei und ihn ausgeschüttet habe. Der König war so zornig, als er dies vernahm, dass er befahl, Tom zu verhaften und des Hochverrats anzuklagen; und da niemand wagte, ein gutes Wort für ihn einzulegen, so wurde er zum Tode durch das Fallbeil verurteilt.

Als der arme Däumling diesen furchtbaren Urteilsspruch vernahm, begann er vor Angst zu zittern. Da er keinen Ausweg wusste, machte er einen mächtigen Sprung – gerade durch den großen offenen Mund eines Müllers, der gaffend in der Menge stand, in dessen Kehle hinein. Das tat er so geschwind, dass kein Mensch es bemerkte; selbst der Müller wusste nicht, was ihm geschehen sei.

Da Däumling so plötzlich verschwunden war, zerstreute sich der Hof, und der Müller ging heim in seine Mühle.

Als Tom die Mühle klappern hörte, wusste er, dass er sich nicht mehr am Hofe des Königs befand; da begann er zu strampeln, dass der Müller keine Ruhe finden konnte und sich für verhext hielt. Zuletzt schickte er um einen Doktor. Sobald dieser kam, begann Däumling zu tanzen und zu singen, sodass der Arzt eiligst fünf andere Doktoren und zwanzig weise Männer holen ließ.

Es entspann sich nun ein großer Streit über die Ursache dieses ungewöhnlichen Ereignisses: da gähnte der Müller zufällig. Diese Gelegenheit benützte Tom, und mit einem Sprung war er heil draußen, mitten auf dem Tisch.

Der Müller war so wütend darüber, dass ein solch zwerghaftes Geschöpf ihn so gequält hatte, dass er Däumling ergriff und ihn durch das offene Fenster in den Strom warf. In diesem Augenblick schnappte ein großer Lachs nach ihm. Ein Fischer fing den schönen Fisch und verkaufte ihn auf dem Markte dem Haushofmeister eines großen Lords. Der Edelmann machte den Riesenlachs König Arthur zum Geschenk, der ihn sofort dem Koch zur Zubereitung übergeben ließ.

Als man den Fisch öffnete, fand man Tom darin und brachte ihn zum König, aber Seine Majestät, die mit Staatsangelegenheiten beschäftigt war, befahl, ihn abzuführen und in Gewahrsam zu halten, bis er um ihn schicken würde.

Der Koch war entschlossen, Däumling diesmal nicht entschlüpfen zu lassen. Er tat ihn also in eine Mausefalle. Eine ganze Woche lang hatte der arme Tom in der Mausefalle gesessen, als König Arthur ihn holen ließ. Dieser verzieh ihm, dass er mutwillig den Weizenbrei ausgeschüttet hatte, und nahm ihn in Gnaden wieder auf. In Anbetracht der wundervollen Taten, die er vollbracht hatte, schlug ihn der König zum Ritter, und Däumling führte fortab den später so berühmt gewordenen Namen »Ritter Tom Däumling«.

Da die Kleider des neuen Ritters im Pudding, im Weizenbrei und im Innern des Riesen, des Müllers und der Fische sehr gelitten hatten, so bestellte ihm Seine Majestät einen neuen Anzug. Das Hemd war aus den Flügeln eines Schmetterlings, die Stiefel aus Hühnerhaut, und ein geschickter Feenschneider verfertigte seinen Anzug. Eine Nadel hing ihm an der Seite, und eine stattliche Maus trug den stolzen Ritter zum Turnier.

Es war wirklich sehr belustigend, Däumling in diesem Gewande auf der Maus reiten zu sehen, wie er dem König und dem Adel auf die Jagd folgte; alle glaubten, vor Lachen umkommen zu müssen bei dem Anblick des Reiters und seines Tieres.

Als sie eines Tages an einem Bauernhofe vorüber ritten, tat eine große Katze, die an der Tür gelauert hatte, einen Sprung und fing den Reiter und seine Maus. Sie kletterte auf einen Baum und begann die Maus zu verzehren, als Däumling kühn sein Schwert zog und die Katze so heftig angriff, dass sie ihn samt der Maus fallen ließ. Einer der

Adeligen fing ihn in seinem Hut auf und legte ihn auf ein Eiderdaunenbett in ein Elfenbeinkästchen. Gleich darauf kam die Feenkönigin, um Däumling zu besuchen, und nahm ihn ins Feenland mit, wo er mehrere Jahre blieb.

Während dieser Zeit war König Arthur wie auch alle anderen Leute am Hofe, die ihn gekannt hatten, gestorben. Da Däumling sich wieder zu Hofe zurücksehnte, schickte ihn die Feenkönigin, nachdem sie ihm einen neuen Anzug geschenkt hatte, durch die Luft in den königlichen Palast. Das war zur Zeit König Thunstanes, des Nachfolgers Arthurs. Alle liefen zusammen, um ihn zu sehen, und man brachte ihn vor den König; der fragte ihn, wer er sei, woher er käme und wo er wohnte. Däumling antwortete:

»Tom Däumling ist mein Name genannt,
Ich komme aus dem Elfenland.
Als Arthur noch saß auf dem britischen Thron,
Hab' ich ihm manch' heitere Stunde beschert;
Die Ritterschaft gab er dafür mir zum Lohn.
Habt nie Ihr von Ritter Däumling gehört?«

Der König war so entzückt von der Rede, dass er einen kleinen Sessel machen ließ, damit Däumling an seinem Tische essen könne. Auch bestellte er ihm als Wohnhaus einen kleinen goldenen Palast, eine Spanne hoch, in den führte eine Tür, welche einen Zoll breit war. Ferner schenkte ihm der König eine Kutsche, die von sechs kleinen Mäusen gezogen wurde.

Die Königin war so empört über die Ehren, welche man Ritter Däumling erwies, dass sie beschloss, ihn zu verderben. Sie sagte also dem König, dass der kleine Ritter keck gegen sie gewesen sei.

Sofort ließ der König Däumling holen; dieser aber wusste, was königlicher Zorn zu bedeuten hatte, und kroch in ein leeres Schneckenhaus, wo er so lange Zeit blieb, dass er fast vor Hunger gestorben wäre. Endlich wagte er es, hinauszugucken, und als er in der Nähe seines Verstecks einen schönen großen Schmetterling auf dem Boden sah, näherte er sich sehr vorsichtig und setzte sich rittlings darauf. Einen Augenblick darauf erhob sich der Schmetterling in die Luft und flog mit ihm von Baum zu Baum, von Feld zu Feld, bis er zuletzt wieder zu Hofe zurückkehrte, wo der König und die Adeligen sich bemühten, ihn zu fangen. Doch fiel der arme Däumling endlich in eine Gießkanne, wo er fast ertrank.

Als die Königin ihn sah, wurde sie sehr zornig und sagte, er müsse geköpft werden, und wieder tat man ihn in eine Mausefalle bis zur Vollziehung des Todesurteils. Aber eine Katze, die etwas Lebendiges in der Falle bemerkte, bearbeitete dieselbe so lange mit den Pfoten, bis die Drähte zerbrachen. Auf diese Weise wurde Ritter Tom wieder frei.

Der König nahm Däumling wieder in Gnaden auf, dieser aber konnte sich nicht lange der königlichen Huld erfreuen, denn eines Tages griff ihn eine große giftige Spinne an, und obwohl er sein Schwert zog und tapfer kämpfte, so unterlag er doch endlich dem Gift der Spinne.

König Thunstane und sein ganzer Hof waren so betrübt über den Verlust ihres Lieblings, dass sie Trauer um ihn anlegten und über seinem Grab ein schönes Denkmal aus weißem Marmor errichteten, welches folgende Inschrift trug:

»Hier ruht Tom Däumling in ewiger Nacht,
Eine Spinne hat ihn ums Leben gebracht!
Von Arthur ward er hoch geehrt,
Weil er der Trübsal stets gewehrt.
Auf einer Maus – aller Mäuse Zier –
Ritt er zu Wettkampf und Turnier.
Einst erfüllt er den Hof mit Lachen und Scherz;
Sein Tod ist uns allen ein tiefer Schmerz.
Raufet das Haar und klaget sehr,
Denn Ritter Tom Däumling ist nicht mehr.«

England

Der Lindwurm von Lambton

Vor vielen, vielen Jahren führte der junge Erbe von Lambton ein leichtsinniges, wüstes Leben. Er kümmerte sich weder um Gott, noch um die Menschen und ging am Sonntagmorgen viel lieber auf den Fischfang als zur heiligen Messe. So war er eines Sonntags wieder damit beschäftigt, seine Angelrute in den Wearfluss zu werfen. Als er das mehrmals ohne Erfolg getan hatte, begann er vor Wut heftig zu fluchen. Das erregte Ärgernis unter seinen Pächtern und Knechten, die gerade vorbeikamen, denn sie waren alle auf dem Wege nach der Kapelle von Brugeford begriffen.

Gleich darauf spürte er, dass etwas an seiner Angel zog, und in der Hoffnung, dass er endlich einen großen, schönen Fisch gefangen habe, wendete er all seine Kraft und Geschicklichkeit daran, seine Beute herauszuziehen. Aber wie groß war seine Enttäuschung und sein Entsetzen, als er anstatt eines Fisches einen scheußlichen Lindwurm zu seinen Füßen sah! Rasch riss er das Untier vom Angelhaken los und warf es in einen Brunnen in seiner Nähe. Der heißt Lindwurmbrunnen bis auf den heutigen Tag.

Kaum hatte der junge Erbe seine Angel wieder in den Strom geworfen, als ein Fremdling von sehr ehrwürdigem Aussehen vorbeikam. Er fragte ihn, ob er reichlichen Fang getan habe.

Darauf antwortete der junge Lord: »Ich glaube wirklich, ich hab' den Teufel in höchsteigener Person gefangen. Schau' dort in den Brunnen hinein und überzeug' dich selbst.«

Der Fremdling blickte hinein und sagte, dass er nie in seinem Leben etwas Ähnliches gesehen habe. Es sehe einer Eidechse ähnlich, habe aber an jeder Seite des Rachens neun Öffnungen. Dann fügte er hinzu, er fürchte sehr, das bedeute nichts Gutes.

Unbeachtet blieb der Lindwurm in dem Brunnen, der dem täglich größer werdenden Ungetüm bald zu eng wurde. Es kroch hervor und war von nun ab tagsüber im Wear. In der Mitte desselben befand sich ein Felsen, und dort lag er zusammengerollt da. Des Nachts aber kroch der Lindwurm zu einem Berge, der sich in der Nähe befand. Er wurde immer größer und größer, sodass er bald den Berg dreimal umringeln konnte. Der Berg heißt Lindwurmberg bis auf den heutigen Tag. Er ist von länglicher Form und ungefähr eine und eine halbe Meile vom Lambtonschlosse entfernt.

Bald war das Ungetüm der Schrecken des ganzen Landes. Es sog den Kühen die Milch aus, erwürgte das Vieh, verschlang die Lämmer und plünderte die hilflosen Bauern in jeder Weise. Nachdem es das linke Ufer des Stromes vollständig verwüstet hatte, kam es auf das rechte Ufer hinüber, in die Nähe des Schlosses Lambton. Dort lebte der alte Lord allein und verlassen, Sein Sohn hatte endlich über sein wüstes Leben Reue empfunden und in fernen Ländern Kriegsdienste genommen.

Als die Bewohner des Schlosses vernahmen, dass ihr Feind nahe, versammelten sie sich erschreckt und hielten Rat. Der eine sprach dies, der andere jenes; endlich riet der Verwalter, ein alter, erfahrener Mann, man solle den großen Trog im Hofe unverzüglich mit Milch füllen. Das geschah. Das Ungeheuer kam und trank die Milch aus, dann kehrte es, ohne jemandem etwas zu Leide zu tun, in den Fluss und von da zu dem Berge zurück. Am nächsten Tage kam der Lindwurm wieder. Eiligst füllte man den Trog mit Milch, und er trank ihn von Neuem leer. Die Milch von neun Kühen war nötig, um den Trog zu füllen. Regelmäßig kam nun das Ungetüm und ging ruhig wieder davon, nachdem es den Trog geleert hatte. Nur wenn derselbe nicht ganz voll war, dann geriet es in eine furchtbare Wut, schlang seinen Schweif um die Bäume im Park und entwurzelte sie. Die Schreckenskunde von dem Untier hatte sich über das ganze Land verbreitet, und manch tapferer Ritter hatte den Kampf mit dem Ungeheuer aufgenommen, aber vergebens, denn wenn es selbst entzwei gehauen wurde, so wuchsen die Teile immer wieder zusammen; umsonst wurden so viele Menschenleben geopfert, das Untier blieb doch im ungestörten Besitze des Berges und seiner nächsten Umgebung.

Nach sieben langen Jahren kehrte der Erbe von Lambton in die Heimat zurück, durch mancherlei Erfahrungen gewitzigt und gebessert. Das Land seiner Väter war verwüstet, seine Leute beinahe zugrunde gerichtet, der Vater, von Kummer und Sorge gebeugt, stand mit einem Fuße im Grabe. Der junge Lord gönnte sich keine Ruhe. Er setzte über den Strom und betrachtete den Lindwurm, der, wie immer, um den Hügel gerollt dalag. Als er hörte, wie es den anderen Rittern im Kampfe mit dem Untier ergangen war, holte er sich bei einer Wahrsagerin Rat.

Diese schalt ihn zuerst in heftiger Weise, dass er diese Geißel über sein Haus und das ganze Land gebracht hatte. Aber als sie sah, welch tiefe Reue er empfand, und dass er um jeden Preis das Land von dem selbst verschuldeten Übel befreien wollte, da gab sie ihm Rat und Weisung. Er sollte seine beste Rüstung dicht mit Lanzenspitzen besetzen lassen und sie anlegen. Dann sollte er sich auf den Felsen mitten im Strome begeben und dort im Vertrauen auf sein gutes Schwert und auf die gütige Vorsehung den Feind erwarten. Aber bevor er in den Kampf zog, musste er schwören, dass er im Falle seines Sieges das erste lebende Wesen, das ihm auf dem Heimwege begegnete, töten würde. Wenn er diesen Schwur nicht erfüllte, dann würde neun Geschlechter hindurch kein Lord von Lambton eines natürlichen Todes sterben.

Der junge Lord leistete den feierlichen Eid in der Kapelle zu Brugeford. Dann legte er die Rüstung an, welche ganz mit Lanzenspitzen besetzt war, und begab sich mit gezogenem Schwerte auf den Felsen im Wear. Um die gewohnte Stunde rollte sich der Lindwurm auf und nahm seinen Weg zum Schlosse. Als er an dem Felsen vorbeikam, auf welchem der Ritter seiner harrte, da versetzte ihm dieser einen wuchtigen Hieb auf den Kopf. Wütend, wenn auch unverletzt, schlang das Ungeheuer seinen Schweif um ihn, um ihn zu erwürgen.

Nun sah der Ritter, wie wertvoll der Rat der Wahrsagerin war. Je enger das Ungetüm ihn umschlang, desto mehr tödliche Wunden brachte es sich selbst bei; bald war der Fluss von seinem Blute rot gefärbt. Da das Ungeheuer infolge des Blutverlustes immer schwächer wurde, gelang es dem Ritter endlich, es in zwei Hälften zu spalten. Diesmal war es aber dem Lindwurm unmöglich, wieder zusammenzuwachsen, denn die heftige Strömung riss gleich die eine Hälfte mit sich fort; so wurde das Land von dem Ungetüme befreit.

Während des langen, verzweifelten Kampfes beteten sämtliche Bewohner des Schlosses für den jungen Lord. Er hatte versprochen, wenn er als Sieger aus dem Kampfe hervorgehe, in sein Horn zu stoßen. Das sollte seinem Vater künden, dass er außer Gefahr sei, und dass sein Lieblingshund losgelassen werde. Der sollte, den Weisungen der Wahrsagerin und dem Schwure des Ritters gemäß, das Opfer sein. Als aber das Horn ertönte, da vergaß der alte Lord alles, er wusste nur, dass sein Sohn außer Gefahr sei, und er stürzte hinaus, dem jungen Helden entgegen, um ihn zu umarmen.

Wie vom Blitze getroffen stand der Erbe von Lambton da; was sollte er tun? Er konnte unmöglich die Hand gegen den Vater erheben. Wie sollte er nun seinen Schwur erfüllen? In seiner Bestürzung stieß er noch einmal ins Horn. Der Hund wurde losgelassen und sprang zu seinem Herrn, und dieser stieß ihm das Schwert, das noch von dem Blute des Ungetüms rauchte, ins Herz.

Aber vergebens. Der Schwur war gebrochen, und der Ausspruch der Wahrsagerin ging in Erfüllung: Neun Geschlechter hindurch lastete der Fluch auf der Familie Lambton.

England

Jack der Riesentöter

Zur Zeit, als König Arthur regierte, da lebte in der Grafschaft Cornwall, dort, wo England im Westen zu Ende geht, ein reicher Bauer. Dieser hatte einen einzigen Sohn namens Jack, der war gewandt, klug und schlagfertig, und was er nicht durch Kraft und Stärke ausrichten konnte, das erreichte er durch Schlauheit und List. Es gab keinen Menschen, der ihm je über gewesen wäre, und sehr oft kamen selbst die Gelehrten gegen seinen Witz und seine Geistesgegenwart nicht auf.

In jenen Tagen lebte auf einer Insel, Berg von Cornwall genannt, ein ungeheurer Riese von wildem, grimmigem Aussehen, achtzehn Fuß hoch und drei Ellen im Umfang, der war der Schrecken aller umliegenden Städte und Dörfer. Er wohnte in einer Höhle inmitten des Berges, und niemand durfte sich in seine Nähe wagen. Seine Nahrung bestand aus anderer Leute Vieh, das ihm oft zur Beute fiel, denn so oft er hungrig war, watete er zum Festland hinüber und eignete sich an, was ihm in den Weg kam. Sobald die guten Leute ihn von ferne erblickten, verließen sie ihre Wohnungen, er aber plünderte ihre Ställe. Es war ihm gar nichts, ein halbes Dutzend Ochsen auf einmal auf dem Rücken zu tragen, und Schafe und Schweine band er sich wie ein Schwertgehänge um den Leib. Diese Lebensweise führte er viele Jahre hindurch, sodass ganz Cornwall infolge dieser Plünderungen verarmte.

Eines Tages war Jack zufällig bei der Sitzung anwesend, welche die Stadträte nach einem neuen Raubzuge des Riesen im Rathaus abhielten, und fragte, welche Belohnung derjenige erhalten würde, der den Riesen tötete. »Den Schatz des Riesen«, lautete die Antwort.

»Dann wag ich's«, sagte Jack.

Er rüstete sich mit einem Horn, einer Schaufel und einer Axt aus und fuhr bei Anbruch einer dunklen Winternacht zu der Berginsel hinüber. Dort machte er sich an die Arbeit, und bevor der Morgen graute, hatte er eine Grube gegraben, die war zweiundzwanzig Fuß tief und fast ebenso breit. Er deckte sie mit langen Stecken und Stroh zu und streute dann ein wenig Erde darüber, sodass der Boden aussah wie zuvor. Als er damit fertig war, stellte er sich an die Seite der Grube, die am weitesten von der Höhle des Riesen entfernt war, und gerade bei Tagesanbruch setzte er das Horn an den Mund und blies: »Trara! Trara!«

Das unerwartete Geräusch weckte den Riesen auf. Er stürzte aus seiner Höhle hervor und schrie: »Du elender Kerl, bist du hierher gekommen, um meine Ruhe zu stören? Das wird dich teuer zu stehen kommen. Ich muss Genugtuung haben, und zwar werde ich dich, wie du stehst und gehst, zum Frühstück braten.«

Kaum hatte er diese Worte gesprochen, als er auch schon in die Grube stürzte und mit seinem Fall den Berg in seinen Grundfesten erschütterte.

»Nun, Herr Riese«, fragte Jack, »wo sind Sie denn? Wahrhaftig, jetzt sitzen Sie in der Klemme, und ich werde Ihnen Ihre Drohung tüchtig heimzahlen. Wie denken Sie nun darüber, mich zum Frühstück zu braten? Muss es denn gerade der arme Jack sein?«

Nachdem er den Riesen so eine Zeitlang gequält hatte, versetzte er ihm mit der Axt einen tüchtigen Hieb mitten auf den Kopf, sodass er auf der Stelle tot war.

Darauf füllte Jack die Grube mit Erde aus und ging in die Höhle, in welcher er viele Schätze fand.

Als der Stadtrat die frohe Kunde vernahm, beschloss er, dass Jack fortab den Beinamen Riesentöter führen solle, und beschenkte ihn mit einem Schwert und einem Gürtel, auf welchem folgende Worte in Gold gestickt waren:

»Das ist aus Cornwall der tapfere Mann,
Der erschlug den Riesen Cormelian.«

Die Nachricht von Jacks Heldentat verbreitete sich bald über den ganzen Westen von England, und als ein anderer Riese, Blunderbore mit Namen, davon hörte, schwor er, an dem kleinen Helden Rache zu nehmen, wenn er je das Glück haben sollte, auf ihn zu stoßen. Dieser Riese war der Besitzer eines verwunschenen Schlosses, das mitten in einem einsamen Walde stand. Ungefähr vier Monate später kam Jack, der auf der Reise nach Wales begriffen war, durch diesen Wald. Er war müde und setzte sich bei einer frischen Quelle hin, um auszuruhen; bald war er fest eingeschlafen. Da entdeckte ihn der Riese, der gerade daher kam, um sich Wasser zu holen; an der Inschrift auf seinem Gürtel erkannte er sofort, dass dies der weit und breit berühmte Jack war. Ohne viele Umstände lud er ihn auf seine Schultern und trug ihn in sein verwunschenes Schloss. Als sie durch ein Dickicht kamen, erwachte Jack von dem Knacken der Zweige, und er war sehr überrascht, sich in den Klauen des Riesen zu finden. Aber wie erschrak er erst, als er beim Eintritt in das Schloss den Boden mit menschlichen Gebeinen bedeckt sah, welche bald, sagte ihm der Riese, um die seinigen vermehrt würden. Darauf schloss er den armen Jack in ein riesiges Zimmer ein und ging fort, um einen anderen Riesen zu holen, der in demselben Walde lebte; der sollte ihm helfen, Jack ums Leben zu bringen. In seiner Abwesenheit wurde Jack durch fürchterliches Kreischen und Wehgeheul in Schrecken versetzt. Er trat ans Fenster und sah von Weitem die beiden Riesen kommen. »Jetzt«, sagte Jack zu sich, »steht mir der Tod oder meine Erlösung bevor.«

In einer Ecke des Zimmers lagen dicke Seile. Er nahm zwei davon und machte am Ende eine starke Schlinge, und während die Riesen das eiserne Tor des Schlosses aufsperrten, warf er ihnen die Schlingen über den Kopf. Die anderen Enden legte er um einen Balken, dann zog er mit aller Macht und erdrosselte sie auf diese Weise. Als sie schon ganz schwarz im Gesicht waren, ließ er sich an dem Seil zu ihnen herab, bis er auf ihren Köpfen stand. Da zog er sein Schwert und erschlug sie beide. Nun nahm er dem Riesen die Schlüssel ab und öffnete die anderen Zimmer, da fand er drei schöne Jungfrauen, die der Riese an ihrem Haar festgebunden hatte. Sie waren fast verhungert.

»Holde Jungfrauen«, sagte Jack, »ich habe das Ungeheuer und seinen scheußlichen Bruder getötet und so eure Freiheit erwirkt.«

Mit diesen Worten überreichte er ihnen die Schlüssel und setzte seine Reise so schnell als möglich fort. Aber er verirrte sich, die Nacht überfiel ihn, und er konnte kein Obdach finden, bis er endlich in ein enges Tal kam, wo ein großes Haus stand. In seiner Not klopfte er an das Tor, aber wie groß war sein Schrecken, als ein ungeheurer Riese mit zwei Köpfen erschien! Doch hatte er kein so wildes Aussehen wie die früheren Riesen, denn er war ein Waliser, und er verübte seine Gräueltaten auf geheime und listige Weise. Jack schilderte dem Riesen seine Lage und dieser wies ihm ein Schlafzimmer an. In der Stille der Nacht hörte nun Jack seinen Wirt im anstoßenden Gemach folgende Worte murmeln:

»Er schlafe ruhig diese Nacht,
Doch morgen früh er nicht erwacht;
Denn dann ist längst er umgebracht.«

»Steht die Geschichte so«, sagte Jack, »du hast einen deiner walisischen Streiche im Sinn; aber da bist du an den Rechten geraten.«

Er stieg aus dem Bett, legte ein Scheit Holz hinein und versteckte sich in einer Ecke des Zimmers. Mitten in der Nacht kam der walisische Riese herein und schlug mit seiner Keule auf das Bett los; natürlich glaubte er, dass er Jack jeden Knochen im Leibe gebrochen hätte. Am nächsten Morgen dankte Jack, der sich heimlich ins Fäustchen lachte, dem Riesen herzlich für das Nachtlager.

»Wie hast du geruht?«, fragte ihn der Riese, »hast du in der Nacht nichts gespürt?«

»Nichts«, erwiderte Jack, »nur hat mir eine Ratte einen und den anderen Klaps mit ihrem Schwanze versetzt.«

Höchst erstaunt führte der Riese Jack zum Frühstück und brachte ihm eine Schüssel, die vier Gallonen dicke Mehlsuppe enthielt. Da Jack den Riesen nicht merken lassen wollte, dass dies zu viel für ihn sei, so tat er einen großen Lederbeutel unter seinen weiten Rock und schüttete, ohne dass der Riese es sah, den größten Teil der Suppe hinein. Dann sagte er seinem Wirt, er wolle ihm ein Kunststück zeigen. Er nahm ein Messer und schlitzte damit den Lederbeutel auf, sodass die ganze Mehlsuppe herauslief.

Darauf versetzte das Ungeheuer: »Potztausend, das Kunststück kann ich auch«, ergriff das Messer, schlitzte sich den Bauch auf und fiel tot zu Boden.

Um diese Zeit geschah es, dass der einzige Sohn König Arthurs seinen Vater um eine große Summe Geldes bat. Er wollte sein Glück im Fürstentum Wales versuchen; dort lebte eine schöne Jungfrau, die von sieben bösen Geistern besessen war. Vergebens suchte der König seinen Sohn von seinem Vorhaben abzubringen, endlich kam er seinem Wunsche nach, und der Prinz machte sich mit zwei Pferden auf den Weg. Das eine war mit Gold beladen, das andere ritt er. Nach einigen Tagesreisen kam er in einen Marktflecken in Wales, wo er eine große Menschenmenge versammelt sah. Als der Prinz nach der Ursache dieser Ansammlung fragte, erhielt er die Antwort, dass die Leute einen Leichnam in Haft genommen hatten, weil ihnen der Verstorbene zu seinen Lebzeiten eine große Geldsumme schuldete. Der Prinz sprach sein Bedauern darüber aus, dass Gläubiger so grausam sein konnten, und sagte: »Geht, begrabt den Toten und schickt seine Gläubiger in meine Wohnung, ich werde die Schulden bezahlen.«

Die Gläubiger kamen aber in solcher Anzahl, dass dem Prinzen vor Einbruch der Nacht fast nichts von seinem Geld übrig geblieben war.

Jack, der Riesentöter, der gerade des Weges kam, war so hingerissen von der Großmut des Prinzen, dass er den Wunsch aussprach, in seine Dienste zu treten. Nachdem sie sich geeinigt hatten, setzten sie am nächsten Morgen gemeinsam die Reise fort. Als sie aus der Stadt ritten, sprach ein altes Weib den Prinzen an und sagte: »Er ist mir sieben Jahre lang zwei Pence schuldig geblieben, bitte, zahlt mir die Schuld, so gut wie Ihr sie den andern bezahlt habt.«

Der Prinz griff in die Tasche und gab der Frau alles, was er noch besaß, sodass am Abend, nachdem Jack für ihren Imbiss all sein Geld ausgegeben hatte, beiden zusammen kein Heller mehr übrig geblieben war. Als die Sonne unterzugehen begann, sagte der Königssohn: »Wo werden wir heute nachts schlafen, Jack, da wir kein Geld mehr haben?«

Aber Jack erwiderte: »Es wird uns ganz wohl ergehen, Herr, denn ich habe einen Onkel, der zwei Meilen von hier wohnt. Er ist ein ungeheurer Riese mit drei Köpfen, der es mit fünfhundert bewaffneten Männern aufnimmt und sie in die Flucht schlägt.«

»Ach«, seufzte der Prinz, »was sollen wir dort? Er wird uns sicherlich auf einen Bissen verzehren; nein, wir werden ihm nicht einmal einen hohlen Zahn ausfüllen!«

»Davon ist nicht die Rede«, antwortete Jack, »ich will vorausgehen und Euch die Wege ebnen. Bleibt hier und wartet, bis ich zurückkehre.«

Jack ritt nun im schnellsten Galopp davon, und als er bei dem Schloss angelangt war, klopfte er so laut an das Tor, dass die umliegenden Hügel erdröhnten.

Der Riese brüllte, dass es wie das Rollen des Donners klang: »Wer da?«

»Nur dein armer Vetter Jack«, war die Antwort.

Da fragte er wieder: »Was bringt mein armer Vetter Jack für Nachrichten?«

Jack erwiderte: »Böse Nachrichten, weiß Gott, lieber Onkel.«

»Ich bitte dich«, sagte der Riese, »wie kann es für mich böse Nachrichten geben? Du weißt, dass ich es mit fünfhundert bewaffneten Männern aufnehme, und dass sie wie Spreu im Winde vor mir zerstieben.«

»Jawohl, aber der Sohn des Königs ist mit tausend bewaffneten Männern im Anmarsch, um dich zu töten und alle deine Besitzungen zu verwüsten.«

»Ach, Vetter Jack«, rief der Riese aus, »das sind wirklich böse Nachrichten! Ich will mich schnell verstecken, schließe und riegle du fest hinter mir zu und behalte die Schlüssel, bis der Prinz wieder fort ist.«

Nachdem Jack sich so vor dem Riesen geschützt hatte, holte er seinen Herrn, und sie ließen sich's beide wohl gehen, während der arme Riese zitternd in einem unterirdischen Gewölbe lag. Am nächsten Morgen versah Jack den Prinzen reichlich mit Gold und Silber und ließ ihn drei Meilen vorausreiten. Als er längst aus der Spurweite des Riesen war, ließ Jack den Riesen aus dem Gewölbe heraus, und sein Onkel fragte ihn, was er ihm dafür geben sollte, dass er das Schloss vor der Zerstörung bewahrt hatte.

»Ich verlange nichts«, sagte Jack, »als den alten Rock, die Kappe, das alte rostige Schwert und die Pantoffeln, die sich am Kopfende deines Betts befinden.«

»Du sollst sie haben«, erwiderte der Riese. »Behalte sie zur Erinnerung an mich, sie werden dir von außerordentlichem Nutzen sein. Der Rock wird dich unsichtbar machen, die Mütze wird dir Allwissenheit verleihen, das Schwert schneidet entzwei, was immer du auch damit berührst, und die Schuhe verleihen ungewöhnliche Schnelligkeit. Sie können dir nützlich sein, vom Herzen gern gebe ich sie dir.«

Jack nahm sie und dankte seinem Onkel. Dann holte er rasch seinen Herrn ein, und bald erreichten sie das Haus der Jungfrau, welche der Prinz suchte. Als sie sah, dass der Prinz ein Freier war, bereitete sie ein glänzendes Mahl für ihn. Am Schluss wischte sie sich die Lippen mit einem Taschentuch ab und sagte: »Morgen früh müsst Ihr mir dieses Taschentuch zeigen, sonst kostet es Euch den Hals.« Bei diesen Worten steckte sie das Taschentuch in ihren Busen.

Kummervollen Herzens ging der Prinz zu Bett, aber Jacks Kappe der Allwissenheit lehrte ihn, wie er in den Besitz des Taschentuches gelangen konnte. Um Mitternacht berief die Jungfrau ihren vertrauten Geist, dass er sie zu Luzifer trage. Aber Jack zog den Rock an, der ihn unsichtbar machte, und fuhr in die Siebenmeilenschuhe, und so kam er mit ihr zugleich an. Als sie das Haus des Bösen betrat, gab sie dem alten Luzifer das Taschentuch, das tat er auf ein Wandbrett. Aber Jack nahm es von dort und brachte es seinem Herrn, und der zeigte es am folgenden Tage der Jungfrau, und so entging er dem Tode.

An diesem Tage küsste sie den Prinzen und sagte ihm, morgen früh müsse er ihr die Lippen zeigen, die sie den Abend zuvor geküsst, sonst verliere er seinen Kopf.

»Gewiss werde ich das, wenn Ihr keine anderen Lippen küsst als die meinigen«, erwiderte er.

»Das ist ganz gleich«, sagte sie, »könnt Ihr's nicht, dann ist Euch der Tod gewiss!«

Um Mitternacht ging sie wie nachts zuvor zu Luzifer und war böse auf ihn, dass er sich das Taschentuch hatte entwenden lassen. »Nun aber«, sagte sie, »wird es dem Königssohn schon schwerer werden, denn ich werde dich küssen, und er muss mir deine Lippen zeigen.«

Gesagt, getan. Aber Jack, der daneben stand, hieb dem Teufel den Kopf ab und brachte ihn unter seinem unsichtbaren Rock seinem Herrn, der ihn am nächsten Morgen in Gegenwart der Jungfrau bei den Hörnern hervorzog.

Da war der böse Zauber gebrochen, und sie erstrahlte in ihrer ganzen Schönheit. Am folgenden Morgen heirateten sie und begaben sich bald darauf an den Hof König Arthurs, wo Jack für seine Heldentaten zum Ritter der Tafelrunde geschlagen wurde.

Nachdem Jack so alle seine Unternehmungen geglückt waren, beschloss er, nicht müßig auf seinen Lorbeeren auszuruhen, sondern alles, was in seiner Kraft stand, zur Ehre seines Königs und seines Vaterlandes zu tun. Und so bat er den König Arthur, ihn mit einem Pferd und dem nötigen Geld auszurüsten, damit er sich auf die Suche nach neuen, seltsamen Abenteuern begeben könne. »Denn, Majestät«, sagte er zum Könige, »es gibt noch viele Riesen in den entfernten Teilen von Wales, die zum gewaltigen Schaden Eurer Untertanen ihr Wesen treiben. Wenn es also Eurer Majestät gefällt, mich darin zu unterstützen, so zweifle ich nicht daran, dass es mir in kurzer Zeit gelingen wird, sie mit Stumpf und Stiel auszurotten und so das ganze Königreich von den Riesen und Ungeheuern zu befreien.«

Als der König von Jacks edlem Vorhaben hörte, rüstete er ihn mit allem Nötigen aus, und Jack machte sich auf den Weg. Er nahm die Kappe der Allwissenheit, das Schwert der Schnelligkeit, die Siebenmeilenschuhe und den unsichtbaren Rock mit, damit er sein gefährliches Vorhaben leichter ausführen könne.

Jack kam über hohe, wunderbare Berge, und als er am dritten Tage einen großen Wald betrat, drang ihm furchtbares Kreischen und Schreien entgegen.

Er ließ seine Blicke umherschweifen und gewahrte mit Schrecken einen ungeheuren Riesen, der eine schöne Frau und einen Ritter so gemächlich an ihrem Haare hinter sich herzog, wie man ein Paar Handschuhe trägt. Bei diesem Anblick empfand Jack Mitleid. Er sprang vom Pferde, zog seinen unsichtbaren Rock an und hieb mit einem Schwung seines scharfen Schwertes dem Riesen beide Beine unter dem Knie ab, sodass bei seinem Fall die Bäume zitterten. Darauf dankten der höfliche Ritter und seine holde Dame ihm herzlich und luden ihn in ihr Haus ein, damit er sich nach der furchtbaren Anstrengung erfrische und für seinen großen Dienst eine reiche Belohnung erhalte. Aber Jack schwor, nicht eher zu ruhen, als bis er die Höhle des Riesen gefunden. Als der Ritter dies hörte, versetzte er sehr betrübt: »Edler Fremdling, es wäre zu viel, sich noch einmal in Gefahr zu begeben. Das Ungeheuer wohnt zusammen mit einem noch wilderen und scheußlicheren Bruder in einer Höhle in dem Berge dort drüben. Es wäre bitter für mich und meine Dame, wenn Ihr dorthin ginget und den Tod fändet. Ich bitte Euch also, kommt mit uns und seht von weiterer Verfolgung ab.«

»Nein«, erwiderte Jack, »und wären ihrer zwanzig, so sollte keiner meinem Zorn entgehen. Aber wenn ich mein Vorhaben ausgeführt habe, dann will ich kommen und Euch meine Aufwartung machen.«

Jack war kaum ein und eine halbe Meile weiter geritten, als er der von dem Ritter erwähnten Höhle ansichtig wurde. Vor dieser saß auf einem Holzblock der Riese, an der Seite hatte er eine knorrige Eisenkeule; Jack vermutete, dass er die Rückkehr seines grausamen Bruders und dessen Beute erwartete. Seine Glotzaugen waren wie feurige Flammen, seine Zunge grimmig und scheußlich, seine Backen wie zwei große Speckseiten, die Borsten an seinem Kinn wie Eisenruten und die Locken, die auf seine fleischigen Schultern niederfielen, wie Schlangen oder zischende Nattern. Jack sprang vom

Pferd, zog seinen unsichtbaren Rock an, näherte sich dem Riesen und sagte leise: »Ah, bist du da? Es wird nicht lange dauern, so werde ich dich fest beim Bart zausen.«

Da der Riese ihn nicht sehen konnte, so kam Jack ganz nahe heran und versetzte ihm mit seinem Schwert einen Hieb auf den Kopf, verfehlte aber sein Ziel und schnitt ihm die Nase ab. Da begann das Ungeheuer zu brüllen, dass es wie das Rollen des Donners klang, und schwang seine Eisenkeule wie ein Wahnsinniger.

Aber Jack rannte nach hinten und trieb sein Schwert bis zum Heft dem Riesen in den Rücken, dass er tot niedersank. Darauf hieb ihm Jack den Kopf ab und sandte diesen samt dem Kopf seines Bruders durch einen Fuhrmann, den er zu diesem Zwecke mietete, an König Arthur.

Nun beschloss Jack, in der Höhle des Riesen nach Schätzen zu suchen. Durch viele Windungen und Krümmungen kam er endlich in ein großes Zimmer, das mit Sandsteinen gepflastert war. An dem oberen Ende desselben befand sich ein siedender Kessel und rechts davon ein großer Tisch, an welchem die Riesen zu essen pflegten. Als er ein eisen vergittertes Fenster sah, blickte er durch dieses und gewahrte ein großes, ödes Feld voll unglücklicher Gefangener, welche, als sie ihn erblickten, ausriefen: »Ach, du Armer, bist du ein Leidensgenosse?«

»Jawohl«, versetzte Jack, »aber bitte, sagt mir, zu welchem Zwecke seid ihr hier gefangen?«

»So oft die Riesen Lust verspüren auf ein Festmahl«, versetzte einer von ihnen, »wird der fetteste von uns getötet! Und ach, wie oft überkommt sie die Lust dazu!«

»Steht es so«, sagte Jack, und auf der Stelle schloss er das Tor auf und setzte sie in Freiheit. Sie freuten sich alle über Maßen.

Dann durchsuchte Jack die Truhen der Riesen und verteilte das vorgefundene Gold und Silber gleichmäßig unter ihnen.

Bei Sonnenaufgang am nächsten Morgen machten sich die Gefangenen alle auf den Weg in ihre Heimat, und Jack bestieg sein Pferd, um seine Reise fortzusetzen. Dank der Anleitung des Ritters erreichte er dessen Haus um die Mittagsstunde. Er wurde von dem Ritter und seiner Gemahlin mit großen Freudenbezeugungen empfangen, und es wurde ein Fest zu seinen Ehren gegeben, das viele Tage dauerte und an dem der ganze Adel der Nachbarschaft teilnahm. Der würdige Ritter beschenkte Jack mit einem schönen Ring, auf welchem im Bilde zu sehen war, wie der Riese den unglücklichen Ritter und seine Gemahlin fortschleppte.

Aber mitten in all dem Jubel brachte ein Bote die traurige Mär, dass ein gewisser Thunderdell, ein zweiköpfiger Riese, der von dem Tode seiner beiden Verwandten gehört hatte, aus dem Norden des Landes herbeigeeilt sei, um an Jack Rache zu nehmen. Er war nur noch eine Meile von dem Schlosse des Ritters entfernt, und die Leute flohen vor ihm wie Spreu. Aber Jack erschrak nicht im Geringsten, sondern sagte: »Er mag nur kommen! Ich habe ein Hühnchen mit ihm zu rupfen. Gehen Sie, meine Damen und Herren, nur ruhig in den Garten, Sie können von dort den Fall und Tod des Riesen Thunderdell mit ansehen.«

Das Haus des Ritters lag mitten auf einer kleinen Insel, die von einem dreißig Fuß tiefen und zwanzig Fuß breiten Wassergraben umgeben war, über welchen eine Zugbrücke führte. Gegen die Mitte zu sägte nun Jack mit Hilfe einiger Männer die Brücke an beiden Seiten durch, dann zog er seinen unsichtbaren Rock an und marschierte, das scharfe Schwert in der Hand, auf den Riesen los. Obgleich der Riese Jack nicht sehen konnte, so roch er doch seine Nähe und begann zu schreien:

»Feh, fei, foh, fum!
Ich riech einen Menschen hier herum;
Er sei lebendig, er sei tot,
Aus seinen Knochen mahl ich Brot.«

»Nach deinen Worten zu schließen, bist du ja ein fürchterlicher Müller«, sagte Jack.

Darauf schrie der Riese wieder: »Bist du der Elende, der meine Vettern erschlug? Dann will ich dich mit meinen Zähnen zerreißen, dein Blut aussaugen und deine Knochen zu Pulver zermahlen.«

»Da musst du mich aber erst haben«, erwiderte Jack. Mit diesen Worten warf er seinen unsichtbaren Rock ab, damit ihn der Riese sehe, und nachdem er seine Siebenmeilenschuhe angezogen hatte, rannte er fort. Der Riese folgte ihm wie eine wandelnde Burg, sodass die Erde bei jedem seiner Schritte in ihren Grundfesten zu erzittern schien. Auf langen Umwegen, damit die Herren und Damen im Garten es sähen, führte Jack so den Riesen an der Nase herum; endlich rannte er, um der Sache ein Ende zu machen, über die Zugbrücke, der Riese, so schnell er konnte, mit seiner Keule hinterdrein. Als aber der Riese in die Mitte der Brücke gekommen war, brach diese unter seinem großen Gewicht, und er plumpste kopfüber in das Wasser, wo er sich wie ein Walfisch umherwälzte. Jack stand am Graben und lachte ihn aus; aber obwohl der Riese darob vor Wut schäumte und im Graben ratlos herum stapfte, so konnte er doch nicht heraus, um sich zu rächen. Endlich nahm Jack ein Wagenseil, warf es dem Riesen um seine beiden Köpfe und zog ihn mit Hilfe von zwei Pferden heraus. Darauf schnitt er ihm mit seinem scharfen Schwert beide Köpfe ab und schickte diese König Arthur.

Nachdem Jack einige Zeit der Muße gepflegt hatte, nahm er von den Damen und Rittern Abschied und ging auf neue Abenteuer aus. Durch viele Wälder kam er und gelangte endlich an den Fuß eines Berges. Dort stand ein einsames Haus, und da es spät in der Nacht war, klopfte er an das Tor. Ein alter Mann mit schneeweißem Haupthaar öffnete ihm.

»Vater«, sagte Jack, »könnt Ihr einem Reisenden, den die Nacht überrascht hat, Unterkunft geben?«

»Jawohl«, erwiderte der alte Mann, »sei willkommen in meiner armen Hütte.«

Darauf trat Jack ein, sie setzten sich zusammen nieder, und der alte Mann begann folgendermaßen: »Mein Sohn, ich merke, du bist der große Riesentöter. Siehst du das verwunschene Schloss da oben auf dem Gipfel des Berges, mein Sohn? Das bewohnt ein Riese namens Galligantus, der lockt mit Hilfe eines alten Zauberers viele Ritter und Damen in sein Schloss, wo er sie durch magische Kunst in allerlei Gestalten verwandelt. Vor allem aber beklage ich das Unglück eines Herzogs, dessen Tochter sie aus seinem Garten entführten.

In einem brennenden, von feurigen Drachen gezogenen Wagen brachten sie sie durch die Lüfte in das Schloss, wo sie sie in eine weiße Hirschkuh verwandelten. Und obwohl schon viele Ritter versucht haben, den Zauber zu brechen und sie zu befreien, so ist es doch noch keinem gelungen, denn am Tore des Schlosses stehen zwei furchtbare Greife, welche jeden töten, der sich naht. Aber du, mein Sohn, besitzest ja einen Rock, der dich unsichtbar macht, du kannst ungesehen an ihnen vorbeikommen. Über den Toren des Schlosses steht in großen Lettern geschrieben, auf welche Art der Zauber gebrochen werden kann.«

Als der alte Mann geendet hatte, reichte Jack ihm die Hand und gab ihm das Versprechen, am folgenden Morgen sein Leben zu wagen, um die Jungfrau zu befreien.

In der Frühe stand Jack auf und bereitete sich zu seinem Unternehmen vor, indem er seinen unsichtbaren Rock und die Siebenmeilenschuhe anzog und die Kappe der Allwissenheit aufsetzte. Als er den Gipfel des Berges erreicht hatte, sah er sogleich die beiden feurigen Greife, ging aber, da er seinen unsichtbaren Rock anhatte, ohne Furcht an ihnen vorüber. Über dem Tor sah er an einer Silberkette eine goldene Trompete hängen, und darunter waren folgende Zeilen eingraviert:

In wessen Hand dies Horn erschallt,
Der schlägt den Riesen mit Gewalt;
Gen schwarze Kunst ist er gefeit,
Und alle werden durch ihn befreit.

Kaum hatte Jack dies gelesen, als er auch schon in die Trompete stieß, worauf das Schloss in seinen Grundfesten zu erzittern begann. Der Riese aber und der Zauberer, die nun wussten, dass ihre Herrlichkeit zu Ende war, bissen sich in ihrer Verzweiflung in die Daumen und rissen sich das Haar aus dem Kopf. Endlich bückte sich der Riese, um seine Keule aufzuheben, da trennte ihm Jack mit einem Hieb den Kopf vom Rumpfe, worauf der Zauberer in die Luft flog und von einem Wirbelwind davongetragen wurde. Somit war der Zauber gebrochen, all die Damen und Ritter, die so lange in Vögel und Tiere verwandelt waren, nahmen ihre

frühere Gestalt wieder an, und das Schloss verschwand in einer Rauchwolke. In gewohnter Weise sandte nun Jack den Kopf des Riesen an den Hof König Arthurs; er selbst folgte mit den Damen und Rittern, die er auf so ehrenvolle Weise erlöst hatte, am folgenden Tage nach.

Zur Belohnung für seine treuen Dienste bewog der König den erwähnten Herzog, dem biederen Jack seine Tochter zur Frau zu geben. So feierten sie denn ihre Hochzeit, und das ganze Königreich nahm an der Freude teil. Der König verlieh Jack ein herrliches Gut mit einem sehr schönen Schloss, wo der Riesentöter und seine Gemahlin sehr froh und glücklich bis an ihr Ende lebten.

England

Jack und die Zauberbohnen

Es war einmal eine arme Witwe, die lebte in einer Hütte in einem Dorf, weit weit von London entfernt. Die Witwe hatte nur ein einziges Kind, das sie in allem gewähren ließ; die Folge ihrer Nachsicht war, dass Jack nur wenig beachtete, was sie sagte. Er war ein leichtsinniger Bursche; seine Torheiten entsprangen aber nicht einem schlechten Herzen, sondern sie rührten daher, dass seine Mutter ihn nie schalt. Da sie nicht reich war und er nicht arbeiten wollte, war sie genötigt, um sich und ihn zu erhalten, alles zu verkaufen, was sie besaß. Zuletzt blieb nichts mehr übrig als eine Kuh.

Nun konnte die Witwe nicht länger an sich halten, und mit Tränen in den Augen machte sie Jack Vorwürfe. »Ach, du schlechtes Kind«, sagte sie, »dein Leichtsinn hat uns beide zugrunde gerichtet! Ich habe kein Geld mehr, um auch nur für einen Tag noch Brot zu kaufen; nichts ist mehr da als meine arme Kuh, und die muss verkauft werden, sollen wir nicht Hungers sterben!«

Jack war einige Minuten lang weich gestimmt, aber das ging bald vorüber. Als er Hunger empfand, quälte er seine arme Mutter, dass sie ihn die Kuh verkaufen lassen möge. Widerstrebend willigte sie endlich ein.

Unterwegs traf er einen Fleischhauer, der ihn fragte, wohin er die Kuh treibe. Jack antwortete, er wolle sie verkaufen. Nun hatte der Fleischhauer in seinem Beutel wunderschöne Bohnen von verschiedener Farbe, die zogen Jacks Aufmerksamkeit auf sich.

Der Fleischhauer bemerkte dies, und da er Jacks Leichtsinn kannte, beschloss er, das auszunützen, und bot ihm für die Kuh sämtliche Bohnen an. Der törichte Junge hielt das für ein großartiges Geschäft, auf das er sofort einging – für die Kuh hatte er die wertlosen Bohnen eingetauscht. Als Jack nach Hause kam, seiner Mutter von dem Tausch erzählte und ihr die Bohnen zeigte, da stieß sie diese in großem Zorn von sich. Sie flogen nach allen Richtungen hin, manche bis in den Garten hinein.

Früh am nächsten Morgen stand Jack auf, und als er vom Fenster aus etwas Seltsames gewahrte, eilte er rasch in den Garten hinunter, und da fand er, dass einige von den Bohnen Wurzeln geschlagen und wundervoll aufgegangen waren. Die Stängel waren ungeheuer dick und so miteinander verflochten, dass sie eine Leiter bildeten, die wie eine Kette aussah.

Er blickte hinauf, aber er konnte das Ende des Stängels nicht sehen, der schien bis in die Wolken hinaufzureichen. Er prüfte ihn und fand, dass er stark genug war, das Gewicht eines Mannes zu tragen. Da kam ihm ein Gedanke: Er wollte den Bohnenstängel hinaufklettern und sehen, wohin er führe. Ganz von diesem Gedanken erfüllt, der ihn selbst seinen Hunger vergessen ließ, eilte er zu seiner Mutter und teilte ihr seine Absicht mit.

Er begann sofort zu klettern und erreichte nach einigen Stunden die Spitze des Bohnenstängels; er war müde und erschöpft. Er blickte um sich und war überrascht, sich in einem fremden Lande zu finden, das ganz wie eine öde Wüste aussah: Weder Baum noch Strauch, weder ein Haus noch ein lebendes Wesen war zu sehen.

Jack setzte sich nachdenklich auf einen Steinblock und dachte an seine Mutter. Der Hunger quälte ihn, und er schien zu bedauern, dass er gegen ihren Willen den Bohnenstiel hinaufgeklettert war. Er glaubte, dass er nun aus Mangel an Nahrung werde sterben müssen.

Er ging weiter in der Hoffnung, dass er doch auf ein Haus stoßen würde, wo er etwas zu essen bekommen könnte. Da bemerkte er plötzlich in einiger Entfernung ein schönes junges weibliches Wesen. Sie war reich gekleidet und trug in ihrer Hand einen kleinen weißen Stab, an dessen Spitze sich ein Pfau aus purem Gold befand.

Sie kam näher und sagte: »Ich will dir eine Geschichte erzählen. Aber bevor ich beginne, musst du mir feierlich versprechen zu tun, was ich befehle. Ich bin eine Fee, und wenn du nicht ganz genau tust, was ich dir vorschreibe, so nimmst du mir die Macht, dir beizustehen.«

Jack erschrak bei dieser Warnung, versprach aber, ihren Weisungen zu folgen.

»Dein Vater«, begann nun die Fee wieder, »war ein reicher Mann und hatte ein gutes Herz. Es war seine Gewohnheit, den Bedürftigen unter seinen Nachbarn nie seine Hilfe zu versagen, sondern im Gegenteil die Mühseligen und Beladenen ausfindig zu machen. Wenige Meilen von dem Hause deines Vaters entfernt lebte ein ungeheurer Riese, der wegen seiner Härte und Gewalttätigkeit der Schrecken des Landes war. Überdies war dieses Ungeheuer sehr neidisch und konnte es nicht leiden, wenn man andere ob ihrer Güte und Menschenfreundlichkeit pries; so schwor er, deinem Vater etwas anzutun, damit seine guten Taten nicht länger der Gesprächsstoff aller Leute seien. Dein Vater war viel zu gut, um von anderen Böses zu erwarten; es dauerte also nicht lange, bis der grausame Riese eine Gelegenheit fand, seine gottlosen Drohungen auszuführen. Als er hörte, dass deine Eltern einige Tage bei einem Freunde zubringen wollten, der in einiger Entfernung von ihnen wohnte, ließ er, als sie auf dem Heimweg begriffen waren, deinen Vater überfallen und ermorden und deine Mutter gefangen nehmen. Damals warst du erst wenige Monate alt. Deine arme Mutter wurde, halbtot vor Angst und Schrecken, von den Häschern des grausamen Riesen in einen unterirdischen Kerker geschleppt, wo sie und das arme Kind lange gefangen gehalten wurden. Die Dienstboten, außer sich über die lange Abwesenheit ihrer Gebieter, suchten sie überall, konnten aber keine Spur von ihnen finden. Mittlerweile veranlasste der Riese, dass ein Testament gefunden wurde, in welchem dein Vater ihm als deinem Vormund sein ganzes Vermögen vermachte; so nahm er dasselbe öffentlich in Besitz.

Nachdem deine Mutter einige Monate gefangen gehalten worden war, erbot sich der Riese, ihr wieder die Freiheit zu geben, unter der Bedingung, dass sie einen heiligen Eid leiste, niemals jemandem ihre Leidensgeschichte zu verraten. Um es ihr unmöglich zu machen, ihm zu schaden, wenn sie doch ihren Schwur brechen sollte, ließ er sie auf ein Schiff bringen und in ein entferntes Land führen, wo er sie ohne Geld zurückließ; doch erhielt sie für einigen Schmuck, den sie insgeheim in ihrem Kleid verborgen hatte und den sie nun verkaufte, eine schöne Summe Geldes.

Bei der Geburt deines Vaters wurde ich zu seiner Patin erwählt; aber die Feen sind ebenso Gesetzen unterworfen, wie die Menschen. Kurze Zeit, bevor dein Vater von dem Riesen ermordet wurde, hatte ich mich gegen ein Gesetz vergangen, und meine Strafe war die Aufhebung meiner Macht für eine bestimmte Zeit. Das war ein Unglück, weil es mir unmöglich war, deinem Vater beizustehen, als ich es am meisten ersehnte. An dem Tage, an dem du den Fleischhauer trafst, als du die Kuh deiner Mutter verkaufen gingst, wurde mir meine Macht wiedergegeben. Ich war es, die dich im geheimen veranlasste, die Kuh für die Bohnen einzutauschen. Ich habe den Bohnenstiel so hoch in Form einer Leiter emporsprießen lassen. Der Riese lebt hier, und du bist ausersehen, ihn für all seine Gottlosigkeit zu bestrafen.

Du wirst Schwierigkeiten und Gefahren zu überwinden haben, aber du musst Geduld haben und den Tod deines Vaters rächen, sonst wird dir keine deiner Unternehmungen je glücken.

Was das Vermögen des Riesen betrifft, so gehört alles, was er besitzt, dir, du darfst dir also davon nehmen, was du kannst; du musst aber vorsichtig sein, denn wenn er entdeckt, dass ihm etwas fehlt, wird er grausam und in Zukunft sehr achtsam sein. Aber du musst ihn immerfort verfolgen, und nur durch List kannst du hoffen, ihn zu überwinden und in den Besitz deines rechtmäßigen Eigentums zu gelangen; nur dadurch kannst du erreichen, dass ihn die strafende Gerechtigkeit für seinen grausamen Mord ereilt.

Noch eines wünsche ich: Erzähle deiner Mutter nicht, dass dir die Geschichte deines Vaters bekannt ist, bevor du mich wiedersiehst! Gehe die gerade Straße entlang, du wirst bald das Haus sehen, in welchem dein grausamer Feind wohnt. So lange du nach meinen Befehlen handelst, werde ich dich beschützen; bedenke jedoch, dass dich, wenn du meinen Befehlen zuwiderhandelst, eine fürchterliche Strafe erwartet.«

Sobald sie geendet hatte, verschwand sie, und Jack setzte seinen Weg fort. Es war schon nach Sonnenuntergang, als er zu seiner großen Freude ein Gebäude erblickte. Dieser angenehme Anblick belebte seine müden Lebensgeister wieder, er verdoppelte seine Eile und erreichte es nach kurzer Zeit. Eine hübsche Frau stand an der Tür; er sprach sie an und bat sie um einen Bissen Brot und ein Nachtlager. Sie war höchlich erstaunt, als sie ihn erblickte, und sagte, es sei eine große Seltenheit, einen Fremden in der Nähe ihres Hauses zu sehen, denn es war fast überall bekannt, dass ihr Mann ein sehr grausamer und mächtiger Riese sei, der Menschenfleisch aß, wenn er davon irgendwie kriegen konnte.

Diese Nachricht versetzte Jack in großen Schrecken, doch hoffte er, dank des Schutzes der Fee dem Riesen zu entkommen, und so bat er die Frau inständig, ihn nur für eine Nacht aufzunehmen und zu verbergen, wo sie es für gut hielte.

Die gute Frau ließ sich endlich überreden, denn sie hatte ein mitleidiges Herz, und sie führte ihn ins Haus.

Zuerst gingen sie durch eine prächtige Halle, die sehr schön eingerichtet war; dann kamen sie durch mehrere geräumige Zimmer, alle gleich großartig, aber alle gleich einsam und verlassen. Hierauf folgte eine lange Galerie; diese war sehr dunkel, und an jeder Seite befand sich statt der Wand ein Eisengitter, das die Galerie von einem düsteren Kerker trennte. Daraus drang das Stöhnen mehrerer armer Opfer, die der grausame Riese, um seine Gefräßigkeit zu befriedigen, gefangen genommen hatte. Der arme Jack empfand bei diesem furchtbaren Anblick eine schreckliche Angst; er fürchtete, dass er seine Mutter niemals wiedersehen, sondern dass auch ihn endlich der Riese umbringen würde. Aber er dachte an die Fee, und ein Schimmer von Hoffnung drang in sein Herz.

Die gute Frau brachte Jack endlich in eine geräumige Küche, wo ein großes Feuer brannte, hieß ihn sich zu setzen und gab ihm reichlich zu essen und zu trinken. Als er gegessen hatte und sich behaglich zu fühlen begann, wurde er durch ein lautes Klopfen an das Tor gestört, so laut, dass das Haus erzitterte. Jack versteckte sich im Ofen, und die Frau des Riesen eilte hinaus, um ihren Mann einzulassen.

Jack hörte, wie er mit Donnerstimme zu seiner Frau sagte: »Weib! Weib! Ich rieche Menschenfleisch!«

»Ach, mein Lieber«, erwiderte sie, »das sind nur die Leute im Kerker.«

Der Riese schien ihr zu glauben und setzte sich an den Kamin, während sie das Abendessen bereitete.

Nach und nach bemühte sich Jack, durch eine schmale Spalte das Ungeheuer anzusehen. Mit Staunen sah er, was der Riese alles verschlang; es schien, als sollte die Mahlzeit nie ein Ende nehmen. Nachdem er endlich fertig war, wurde eine wunderbare Henne gebracht und vor ihn auf den Tisch gesetzt. Jacks Neugierde, was geschehen würde, war groß. Er bemerkte, dass sie ganz ruhig auf dem Tische saß, jedes Mal aber, wenn der Riese sagte: »Lege!«, legte die Henne ein goldenes Ei. Lange unterhielt sich der Riese mit seiner Henne; seine Frau war mittlerweile zu Bett gegangen. Endlich schlief auch das Ungetüm ein und schnarchte, dass es wie Kanonendonner anzuhören war. Als er bei Tagesanbruch noch schlief, kroch Jack sachte aus seinem Versteck hervor, ergriff die Henne und rannte mit ihr davon, so schnell ihn seine Füße trugen.

Er fand leicht den Weg zum Bohnenstiel zurück und stieg besser und schneller hinab, als er erwartet hatte. Seine Mutter freute sich unbändig, ihn wiederzusehen. »Mutter«, sagte er, »ich habe dir etwas nach Hause gebracht, was dich reich machen wird.«

Die Henne legte so viele goldene Eier, als sie wünschten; die verkauften sie und besaßen bald so viele Reichtümer, als sie nur wollten.

Einige Monate lebten Jack und seine Mutter sehr glücklich; bald aber sehnte er sich darnach, dem Riesen nochmals einen Besuch abzustatten. Früh am Morgen kletterte er wieder den Bohnenstiel empor und erreichte spät abends das Gebäude; die Frau stand wie das erste Mal vor der Türe. Jack erzählte ihr eine rührende Geschichte und bat sie um ein Nachtlager. Sie erwiderte, dass sie schon einmal einem hungrigen Knaben Einlass gewährt habe, der kleine Undankbare habe aber einen von den Schätzen des Riesen gestohlen, und seit der Zeit werde sie grausam von ihm behandelt. Doch führte sie ihn endlich in die Küche, gab ihm ein Abendessen und steckte ihn in eine Rumpelkammer. Bald danach kam der Riese, aß sein Abendbrot und befahl seiner Frau, ihm die Gold- und Silbersäcke herunterzubringen. Jack guckte aus seinem Versteck und beobachtete, wie der Riese seine Schätze zählte, worauf er sie sorgfältig wieder in die Säcke tat, einschlief und zu schnarchen begann. Jack kroch leise aus seinem Versteck hervor und näherte sich dem Riesen, als ein kleiner Hund unter dem Sessel wütend zu bellen anfing. Gegen Jacks Erwartung schlief der Riese ruhig weiter; auch der Hund schwieg. Jack ergriff die Säcke, kam ungestört durch die Tür und war bald beim Bohnenstiel angelangt.

Als er die Hütte seiner Mutter erreichte, fand er sie leer. Sehr verwundert rannte er ins Dorf, und eine alte Frau führte ihn in ein Haus, wo er seine Mutter sterbenskrank antraf. Als sie aber von der glücklichen Wiederkehr unseres Helden hörte, erholte sie sich und wurde bald wieder gesund. Jack schenkte ihr zwei Säcke mit Gold und Silber gefüllt.

Nun machte seine Mutter die Entdeckung, dass etwas schwer auf seinem Gemüt lastete, und sie bemühte sich, zu erfahren, was es sei, aber Jack wusste nur zu gut, was für Folgen es haben würde, eröffnete er ihr die Ursache seiner Schwermut. Mit der allergrößten Mühe verbarg er deshalb die große Sehnsucht, die ihn überkam, so sehr er sich auch dagegen wehrte, die Sehnsucht nach einer dritten Reise auf dem Bohnenstiel.

Am längsten Tage des Jahres erhob sich Jack, sobald es graute, kletterte den Bohnenstiel hinauf und erreichte mit einiger Mühe die Spitze. Die Straße und alles andere war unverändert. Am Abend kam er vor das Haus des Riesen und fand die Frau wie früher vor der Tür. Jack hatte sich so verkleidet, dass sie sich seiner gar nicht zu erinnern schien. Doch fiel es ihm sehr schwer, Einlass zu erhalten. Endlich gelang es ihm; sie erlaubte ihm hineinzugehen und verbarg ihn im Kessel.

Als der Riese heimkehrte, sagte er wie früher: »Weib! Weib! Ich rieche Menschenfleisch!«

Aber Jack war ganz sorglos, denn er hatte früher dasselbe gesagt und sich doch immer wieder beruhigen lassen. Doch plötzlich fuhr der Riese in die Höhe und trotz der Reden seiner Frau begann er, im Zimmer zu suchen. Während er dies tat, war Jack in furchtbarer Angst und glaubte, vor Schrecken zu sterben; tausendmal wünschte er sich nach Hause zurück. Als der Riese sich gar dem Kessel näherte und seine Hand auf den Deckel legte, da glaubte Jack, seine letzte Stunde sei gekommen. Glücklicherweise hörte der Riese zu suchen auf, ohne den Deckel zu heben, und setzte sich ruhig an das Kaminfeuer.

Als er sein Abendessen verzehrt hatte, befahl er seiner Frau, ihm seine Harfe zu holen. Jack guckte unter dem Deckel hervor und erblickte die schönste Harfe, die man sich vorstellen konnte. Der Riese stellte sie auf den Tisch und sagte: »Spiele«, und sofort begann sie die wunderschönste Musik zu spielen. Jack war entzückt und viel begieriger, die Harfe zu besitzen als irgendeinen der früheren Schätze.

Der Riese hatte kein musikalisches Gemüt, und das Spiel versetzte ihn bald in einen tieferen Schlaf als gewöhnlich, sodass Jack die Zeit für gekommen hielt, die Harfe davonzutragen. Rasch entschlossen, stieg er aus dem Kessel und ergriff sie; die Harfe aber war von einer Fee verzaubert und begann laut zu rufen: »Herr! Herr!«

Der Riese erwachte, stand auf und versuchte, Jack zu verfolgen, aber er hatte so viel getrunken, dass er nicht zu stehen vermochte. Jack rannte so schnell er konnte. Nach einiger Zeit hatte sich der Riese so weit erholt, dass er ihm langsam folgen oder vielmehr nachtaumeln konnte. Wäre er nüchtern gewesen, so hätte er ihn sofort erreicht; so aber gelang es Jack, vor ihm den Bohnenstiel zu erreichen. Den ganzen Weg über hatte der Riese mit Donnerstimme ihm nachgeschrien; manchmal war er ihm sehr nahe gekommen.

Im Augenblick, da Jack unten anlangte, rief er laut nach einer Hacke und erhielt sofort eine. Gerade als der Riese hinunterzusteigen begann, hieb er den Bohnenstiel knapp an der Wurzel um, und der Riese fiel kopfüber in den Garten herab und brach sich den Hals.

Jack bat seine Mutter herzlich um Verzeihung für all den Kummer und die Betrübnis, die er ihr bereitet hatte, und versprach feierlich, in Zukunft ein pflichttreuer, gehorsamer Sohn zu sein. Er hielt sein Wort getreulich und wurde das Muster eines liebevollen und aufmerksamen Sohnes.

England

Die drei Bären

Es waren einmal drei Bären, die lebten zusammen in ihrem eigenen Hause mitten im Wald. Einer von ihnen war kleinwinzig, der andere war mittelgroß und der dritte war ein ungeheuer großer Riesenbär. Sie hatten jeder einen Napf für ihre Suppe, der kleinwinzige einen kleinwinzigen, der mittelgroße einen mittelgroßen und der Riesenbär einen sehr großen. Sie hatten auch jeder einen Stuhl, der kleinwinzige einen kleinwinzigen, der mittelgroße einen mittelgroßen und der Riesenbär einen sehr großen. Und sie hatten ferner je-

der ein Bett, der kleinwinzige ein kleinwinziges, der mittelgroße ein mittelgroßes und der Riesenbär ein sehr großes.

Eines Tages kochten sie ihre Frühstückssuppe und schütteten sie in ihre Näpfe, und während die Suppe auskühlte, gingen sie in den Wald, um nicht zu früh zu essen und sich so den Mund zu verbrennen. Und während sie so im Walde spazieren gingen, kam ein altes Weiblein herbei. Es konnte unmöglich ein ehrliches altes Weiblein sein, denn zuerst guckte es durch das Fenster und dann durch das Schlüsselloch hinein; und als es niemand drin sah, drückte es an der Türklinke. Die Tür war nicht verschlossen, denn die Bären waren gute Bären, die niemand etwas zuleide taten und auch niemals fürchteten, dass jemand ihnen etwas zuleide tun könnte. Das alte Weiblein öffnete also die Tür und war hoch erfreut, als sie die Suppe auf dem Tische sah. Wäre sie ein gutes altes Weiblein gewesen, so hätte sie gewartet, bis die Bären heimkehrten, die hätten sie dann vielleicht zum Frühstück eingeladen, denn es waren gute Bären – ein wenig bärbeißig vielleicht, wie es schon die Art der Bären ist, aber sonst sehr gutherzig und gastfreundlich. Sie war aber eine böse, unverschämte alte Frau und griff uneingeladen zu.

Zuerst kostete sie die Suppe des Riesenbären, die war ihr zu heiß und sie fluchte darüber. Dann kostete sie die Suppe des mittelgroßen Bären. Die war ihr zu kalt und sie fluchte auch darüber. Zuletzt kostete sie die Suppe des kleinwinzigen Bären. Die war ihr weder zu heiß, noch zu kalt, sondern gerade recht und schmeckte ihr so gut, dass sie die ganze Suppe auslöffelte. Aber auch über den kleinwinzigen Napf fluchte die böse alte Frau, denn es war ihr nicht genug Suppe drin.

Dann setzte sich das alte Weiblein auf den Stuhl des Riesenbären, aber der war ihr zu hart. Sie setzte sich nun auf den Stuhl des mittelgroßen Bären, aber der war ihr zu weich. Zuletzt setzte sie sich auf den Stuhl des kleinwinzigen Bären, der war ihr weder zu hart, noch zu weich, sondern gerade recht. So saß sie denn auf dem Stuhl des kleinwinzigen Bären, bis der Sitz durchbrach und sie plumps! auf den Boden fiel. Da fluchte die alte Frau auch darüber.

Dann ging das alte Weiblein die Treppe hinauf in das Schlafzimmer der drei Bären. Zuerst legte sie sich in das Bett des Riesenbären, aber da waren ihr die Kopfkissen zu hoch. Dann legte sie sich in das Bett des mittelgroßen Bären, aber da war ihr das Keilkissen zu niedrig. Zuletzt legte sie sich in das Bett des kleinwinzigen Bären, da waren ihr weder die Kopfkissen zu hoch, noch das Keilkissen zu niedrig, sondern es war ihr gerade recht. Sie deckte sich also recht warm zu und war bald fest eingeschlafen.

Um diese Zeit glaubten die Bären, dass ihre Suppe schon ausgekühlt sein würde; sie gingen also nach Hause, um zu frühstücken. Nun hatte aber das alte Weiblein den Löffel in der Suppe des Riesenbären stecken lassen, und dieser sagte in seiner rauen Bassstimme:

»Jemand hat von meiner Suppe gegessen!«

Als der mittelgroße Bär auf seine Suppe blickte, sah er auch darin den Löffel stecken. Wären es silberne Löffel gewesen, so hätte die böse alte Frau sie sicherlich eingesteckt.

»Jemand hat von meiner Suppe gegessen!«,

sagte der mittelgroße Bär in seiner mittelstarken Stimme.

Dann sah der kleinwinzige Bär auf seinen Suppennapf; auch da steckte der Löffel drin, aber die Suppe war verschwunden.

»Jemand hat von meiner Suppe gegessen!«,

sagte der kleinwinzige Bär in seiner dünnen Fistelstimme.

Als nun die Bären sahen, dass jemand in ihr Haus gekommen war und das Frühstück des kleinwinzigen Bären aufgegessen hatte, begannen sie alle drei sich umzuschauen.

Nun hatte aber das alte Weiblein das harte Kissen auf dem Stuhl des Riesenbären nicht wieder zurechtgerückt, als sie sich daraus erhoben hatte.

»Jemand hat auf meinem Stuhl gesessen!«,

sagte der Riesenbär in seiner rauen Bassstimme.

Das alte Weiblein hatte das weiche Kissen des mittelgroßen Bären platt gedrückt.

»Jemand hat auf meinem Stuhl gesessen!«,

sagte der mittelgroße Bär in seiner mittelstarken Stimme.

Nun wisst ihr alle, was das alte Weiblein dem dritten Stuhl getan hat.

»Jemand hat auf meinem Stuhl gesessen und den Sitz durchgebrochen!«,

sagte der kleinwinzige Bär in seiner dünnen Fistelstimme.

Da hielten es die drei Bären für angezeigt, weiter Umschau zu halten, und sie gingen alle drei die Treppe hinauf in ihr Schlafzimmer.

Nun hatte aber das alte Weiblein das Kopfkissen des Riesenbären verschoben.

»Jemand hat in meinem Bett gelegen!«,

sagte der Riesenbär in seiner rauen Bassstimme!

Das alte Weiblein hatte aber auch das Keilkissen des mittelgroßen Bären verschoben.

»Jemand hat in meinem Bett gelegen!«,

sagte der mittelmäßige Bär in seiner mittelstarken Stimme.

Als der kleinwinzige Bär auf sein Bett hinblickte, da lag das Keilkissen auf seinem Platz, und auf dem Keilkissen lag das Kissen und auf dem Kissen der schmutzige, hässliche Kopf des alten Weibleins – aber nicht auf seinem Platz, denn er hatte dort nichts zu suchen.

»Jemand hat in meinem Bett gelegen – und da ist sie!«,

sagte der kleinwinzige Bär in seiner dünnen Fistelstimme.

Das alte Weiblein hatte im Schlafe die raue Bassstimme des Riesenbären gehört; aber sie schlief so fest, dass es ihr vorkam wie das Heulen des Windes oder das Rollen des Donners. Sie hatte auch die mittelstarke Stimme des mittelgroßen Bären gehört, aber da war ihr, als ob sie jemand im Traume sprechen hörte.

Aber die dünne Fistelstimme des kleinwinzigen Bären war so schrill und durchdringend, dass sie sofort aufwachte. Sie fuhr in die Höhe, und als sie drei Bären an der einen Seite des Bettes stehen sah, wälzte sie sich auf der anderen Seite hinunter und rannte ans Fenster. Das Fenster war offen, weil die Bären wie alle guten ordentlichen Bären immer das Fenster ihres Schlafzimmers öffneten, sobald sie des Morgens aufstanden. Das alte Weiblein sprang aus dem Fenster. Ob sie nun bei dem Fall ihr Genick brach, oder ob sie in den Wald rannte und sich dort verirrte, oder ob sie den Weg aus dem Wald fand und vom Schutzmann festgenommen und als Landstreicherin in die Besserungsanstalt geschickt wurde, das ist mir nicht bekannt.

Die drei Bären aber haben sie nie wieder zu sehen bekommen.

England

Tam Lin

Im schottischen Unterland, unweit von England, stand einst ein altes graues Schloss, das dem Earl of March gehörte. Der hatte eine wunderschöne Tochter, Janet mit Namen.

Eines Tages war es der Schönen zu langweilig, immer nur in dem kalten grauen Gemäuer zu sitzen und mit den Hofdamen Schach zu spielen. Die Sonne schien prächtig, und Janet ging hinaus, um durch die sagenhaften Wälder von Carterhaugh zu streifen, die um ihres Vaters Schloss herum lagen. Eigentlich hatte der Vater ihr verboten, diese Wälder zu betreten, denn dort soll es nicht mit rechten Dingen zugehen. Aber an dem Tag war es so sonnig und die Welt war so schön und sowieso …

So ging also Janet munter und guten Mutes vor sich hin und gelangte schließlich in ein stilles grünes Tal, wo die wunderbarsten Glockenblumen und Heckenrosen prangten, schönere hatte sie nie in ihrem jungen Leben gesehen. Sie konnte nicht anders als nach einer der Rosen zu greifen. Kaum aber hatte sie die Hand ausgestreckt und eine Heckenrose vom Strauch gebrochen, da stand plötzlich ein junger Ritter vor ihr. Groß war er und blass und trug einen seidenen Umhang.

»Was tust du hier und wie kannst du es wagen, die Rosen von Carterhaugh zu pflücken?«, fuhr er das entsetzte Mädchen an.

»Ich habe mir dabei nichts Böses gedacht«, versetzte diese, »und was gehen dich überhaupt diese Rosen an?«

»Ich bin der Hüter dieser Wälder«, antwortete ihr der Ritter, »und wache darüber, dass niemand hier den Frieden stört.« Dabei lächelte er wie einer, dem lange Zeit kein Lächeln mehr über das Gesicht gekommen war. Dann brach er eine weiße Rose ab und überreichte sie der verblüfften Janet. »Jemandem, der so wunderschön ist wie du, würde ich alle Rosen von Carterhaugh schenken«, sagte er dabei.

»Wer bist du denn?«, wollte nun das Mädchen wissen.

»Mein Name ist Tam Lin«, gab der junge Mann zurück.

»Von dir habe ich schon gehört«, rief da Janet erschrocken, »du bist doch der Feenritter«, und warf die Rose weit von sich.

»Du brauchst doch keine Angst zu haben«, sagte er da, »Wenn ich auch der Feenritter bin, so bin ich doch als sterblicher Mensch geboren wie du auch.«

Und er vertraute Janet seine Geschichte an: Tam Lin war der Enkel des Earl of Roxburgh, und der nahm den kleinen Tam Lin zu sich und zog ihn auf, als seine Eltern gestorben waren. Eines Tages war er mit seinem Großvater auf der Jagd im verwunschenen Wald von Carterhaugh, als ein kalter gespenstischer Wind von Norden aufkam. Da wurde Tam Lin sehr müde, blieb hinter den anderen Gefährten zurück und stürzte plötzlich vom Pferd. Die Feenkönigin war gekommen und hatte ihn, während er schlief, geraubt und entführt.

Von da an stand er unter ihrem Bann, den sie über ihn verhängt hatte, und musste ihr zu Diensten sein. Tagsüber bewachte er die Wälder von Carterhaugh, und nachts kehrte er ins Feenland zurück und ritt mit ihrem Gefolge aus. Und wie sehr wünschte er sich schon seit Jahren, aus der Verzauberung loszukommen und wieder das Leben eines gewöhnlichen sterblichen Menschen zu führen. Und wer anderes hätte denn Tam Lin aus seinem Schattendasein befreien können als Janet, die sogleich in Liebe zu ihm entbrannt war. Sie sagte ihm, sie würde alles tun, um ihn zu erretten.

Da fasste Tam Lin sie bei den Händen und erklärte ihr, wie sie es anstellen könne, die Macht der Feenkönigin über ihn zu brechen.

»Heute Nacht ist Samuin (Halloween), die Nacht der Nächte. Dann stehen die Tore zur Anderswelt ganz weit offen. Zu Samuin reitet das Feenvolk aus, und ich reite mit ihnen«, und er erklärte ihr alles genau, wie sie es machen sollte, sonst würde es nicht gelingen. Dann entschwand er in dem vom Sonnenlicht durchfluteten Wald.

Am Abend des Samuinfestes schlich sich Janet, wie Tam Lin es ihr aufgetragen hatte, durch den mondhellen Wald zu einem nahe gelegenen Kreuzweg, einem jener Grenzbereiche, in dem die Feen besonders gerne erscheinen, und versteckte sich hinter einem Dornenbusch. Es war unheimlich, wie der Mond durch die Bäume schaute, und die seltsamen Schatten der Büsche und der Wind, der durch das Laub der Bäume strich, erschauderten das verängstigte Mädchen noch mehr.

Um Mitternacht aber vernahm sie leise von fern den Klang von Hufen, der immer lauter wurde. Er vermischte sich mit dem Trillern von Pfeifen und den lieblichen Klängen von Leiern. Da wusste sie, dass die Feenpferde herankamen. Ein heller Schein wie von Tausenden von Glühwürmchen ließ die Wegkreuzung erleuchten.

Mit klirrenden Zügeln und mit Glöckchengeläut tauchte da der Feenzug plötzlich auf. Hoch auf einer schwarzen Stute ritt die Königin an der Spitze, bleich wie Schnee war ihr Antlitz, und Janet duckte sich noch tiefer und hielt den Atem an. Auch bei der zweiten Gruppe rührte sie sich nicht. Doch dann kam die dritte Schar, und wie er es Janet beschrieben hatte, erblickte sie ihren Tam Lin an der Spitze auf einer milchweißen Stute. Er trug nur einen einzigen Handschuh, wie er es gesagt hatte, und auf seiner Stirn lag ein goldener Reif. Und sogleich sprang sie aus dem Schatten auf den Weg, ergriff den Zügel und riss ihn jählings vom Pferd, wie er es ihr geheißen hatte.

Eng nahm sie ihn in die Arme und presste seinen Kopf gegen ihre Brüste. Sogleich ertönte schrill ein Feenschrei: »Tam Lin ist verschwunden!« Die Königin riss ihr Pferd herum und preschte herbei. Sie wandte sich im Sattel um und starrte Tam Lin mit eisigem Blick an. Dann wirft sie ihren Zauber auf Tam Lin.

Der Körper des Ritters schien sich auf einmal in Janets Armen aufzulösen, und plötzlich merkte sie, dass er kleiner und kleiner wurde und dass winzige Füße gegen ihre Handfläche klopften, und eine Eidechse versuchte verzweifelt zu entkommen. Ohne zu überlegen hielt Janet das Tierchen fest mit den Händen umschlossen. Aber die Augen der Feenkönigin begannen in ihrem Zauber zu funkeln, und größer und größer wurde die Eidechse, bis Janet gewahr wurde, dass sie eine schlüpfrige und schuppige Schlange

Janet casts the Flaming Sword into the Well

hielt, die sich um ihre Arme und ihren Hals wand. Mit aller Kraft biss sie die Zähne fest zusammen und presste sich gegen die zischende Kreatur. Obgleich eine betäubende Kälte in ihr Herz kroch, wich Janet nicht zurück und ließ nicht locker, denn ihr geliebter Tam Lin hatte ihr schon gesagt, welche Prüfung sie noch zu bestehen hatte. Nur die entschlossene Umarmung einer sterblichen Geliebten in der Samuinnacht konnte ihn aus seinem Zauberbann lösen. Da stieß auf einmal die Königin gebietend einen Schrei aus, und da, wo sich zuvor eine Eidechse und eine Schlange aus der Umarmung der jungen Sterblichen zu befreien gesucht hatten, befand sich jetzt ein rot glühendes Eisen, das sich in das Fleisch der Sterblichen hineinbrannte. Doch Janet gab nicht nach. Das Ende des Kampfes kündigte sich an. Eiligst entfloh sie der Gesellschaft und warf das glühende Eisen in eine Quelle. Es zischte und dampfte, und dann war plötzlich Stille. Und der Quelle entstieg ein Jüngling, der so nackt war, wie er aus dem Schoß der Mutter auf die Welt gekommen war.

Lautlos setzte sich der Feenzug wieder in Bewegung und zog weiter. Doch noch einmal wandte sich die Königin um, winkte mit ihrer schmalen grünen Hand, und Tam Lins milchweiße Stute folgte dem Zug der Feen. Der Kampf war entschieden, und mit eisigem Blick auf das liebende Paar rief sie wehklagend: »Leb wohl, Tam Lin! Hätte ich geahnt, dass eine sterbliche Frau sich in dich verlieben wird und mich dir abspenstig macht, so hätte ich dein Herz aus der Brust gerissen und es gegen eines aus Stein ausgetauscht, und deiner schönen Geliebten hätte ich die hübschen grauen Augen aus dem Kopf gekratzt und ihr Holzaugen angehext.«

So rief sie, und schon begann es hell zu werden und im nächsten Augenblick schon war die ganze Feengesellschaft auf geisterhafte Weise zwischen den Bäumen verschwunden. Vorbei war der ganze Spuk.

Tam Lin aber küsste Janets verbrannte Hände; und als die Sonne aufging, liefen sie zusammen zu dem grauen Schloss von Janets Vater. All ihre Gedanken waren nur von menschlicher Liebe erfüllt.

Schottland

Herr und Diener

William Mac Daniel war ein so artiger junger Bursch, als je einer in einer Tanzgesellschaft seine Sprünge machte, eine Kanne leerte oder den Stock, den er unter dem Rock trug, handhabte. Er fürchtete nichts als den Mangel eines Trunks, sorgte für nichts, als wer ihn bezahlen sollte, und dachte an nichts, als wie er dem Wirt deshalb einen blauen Dunst vor die Augen machen wollte. Trunken oder nüchtern, ein Wort und ein Schlag war immer seine Weise, und das ist eine treffliche Weise, entweder einen Streit anzufangen oder zu beendigen. Viel betrübter war es, dass Mac Daniel durch diese Art zu denken, zu fürchten und für nichts zu sorgen in böse Gesellschaft geriet, denn ohne Zweifel ist das stille Volk die schlimmste Gesellschaft, in die jemand geraten kann.

Es trug sich zu, dass Mac Daniel in einer klaren Winternacht nicht lang nach Christtag auf dem Heimweg war. Der Vollmond glänzte; doch obgleich die Nacht so schön war, als das Herz nur wünschen konnte, so fiel ihm doch die Kälte beschwerlich. »Bei meiner Treu«, schnatterte er, »ein gutes Glas Wein wäre auch kein schlimmes Ding, das Herz eines Menschen, der innerlich friert, zu stärken; ich wünschte, ich hätte von dem besten und gut gemessen.«

»Brauchst nicht zweimal zu wünschen, Mac Daniel!«, sagte ein kleines Männchen in einem dreieckigen, mit Goldtressen besetzten Hut und mit großen Silberschnallen auf den Schuhen, so groß, dass es ein Wunder war, wie es sie tragen konnte. Es reichte ihm ein Glas dar, nicht kleiner als seine eigene Person, angefüllt mit einem so guten Wein, als je Augen gesehen oder Lippen gekostet haben.

»Prost, kleiner Mann«, sagte Mac Daniel unerschrocken, wiewohl er gleich merkte, dass er zu dem stillen Volke gehörte, »auf Euer Wohl und mich bestens zu bedanken; mit der Zahlung hat's gute Wege«, und nahm das Glas und trank es in einem Zug rein aus.

»Prost!«, sagte der Kleine, »und sei herzlich willkommen, aber denke nicht, mich zu prellen, wie du bei andern getan hast. Heraus mit dem Beutel und als ein ehrlicher Mann bezahlt!«

»Bezahlen soll ich Euch?«, antwortete Mac Daniel, »könnte ich Euch nicht aufheben und in meine Tasche stecken wie eine Brombeere?«

»William Mac Daniel«, sagte der Kleine und ward ganz ängstlich, »willst du mir dienen sieben Jahre und einen Tag, so soll das meine Bezahlung sein. Mache dich bereit, mir zu folgen.«

Als Mac Daniel das hörte, reute es ihn, so keck zu dem Kleinen gesprochen zu haben. Er fühlte sich, und konnte doch nicht sagen wie, genötigt, dem fremden Mann durch das Land zu folgen, auf und ab, über Hecken und Graben, Sumpf und Moor, ohne Rast und Ruhe.

Als der Morgen zu dämmern begann, wendete sich der Kleine um und sprach: »Du kannst nun heimgehen, Mac Daniel, aber auf deine Gefahr säume nicht, dich nachts auf dem Fortfield bei mir einzustellen, sonst wird es dir lange Zeit schlecht ergehn. Finde ich dich aber als einen treuen Diener, so wirst du mich als einen nachsichtigen Herrn finden.«

Mac Daniel ging heim; müde und matt, wie er war, ließen ihn die Gedanken an den kleinen Mann keinen Augenblick schlafen. Doch wagte er es nicht, seinem Gebot ungehorsam zu sein, und in der Abendzeit machte er sich auf und ging nach Fortfield. Er war noch nicht lange da, so kam der Kleine auf ihn zu und sagte: »Mac Daniel, ich habe für diese Nacht eine weite Reise vor; sattle mir eins von meinen Pferden, das andere kannst du für dich satteln, denn du sollst mich begleiten und bist wahrscheinlich von deinem Gang in voriger Nacht noch müde.«

Mac Daniel dankte seinem Herrn für diese Aufmerksamkeit. »Doch«, sagte er, »wenn ich mir die Freiheit nehmen darf, Herr, so möchte ich fragen, wo der Weg nach Eurem Stall ist, denn ich sehe nichts als die Burg hier und den alten Dornstamm in der Ecke des Feldes und den Strom, der in dem Tal unten rinnt, und ein Stückchen Moor uns gegenüber.«

»Spare nur deine Fragen«, sagte der Kleine, »aber geh hinüber zu dem Stückchen Moor und bringe mir zwei von den stärksten Binsen, die du finden kannst.«

Mac Daniel gehorchte, verwunderte sich aber, was der kleine Mann damit wollte. Er zog zwei der stärksten Binsen, die er finden konnte, aus, mit einem kleinen Büschel brauner Blüten an jeder Seite, und brachte sie seinem Herrn.

»Sitz auf, Mac Daniel«, sprach der Kleine, indem er eine von den Binsen nahm und quer darüber schritt.

»Wo soll ich aufsitzen, wenn's Euer Gnaden beliebt?«

»Ei, auf den Rücken des Pferdes wie ich natürlich«, sagte der Kleine.

»Wollt Ihr einen Narren aus mir machen, wie Ihr einer seid«, sagte Mac Daniel, »indem Ihr verlangt, ich soll mich zu Pferd auf dieses Stückchen Binse setzen? Ihr möchtet mir wohl weismachen, die Binse, die ich eben drüben aus dem Moor ausrupfte, sei ein Pferd?«

»Auf, auf! Ohne Widerrede«, sagte das Männchen und sah ängstlich aus, »das beste Pferd, das du je geritten hast, war nur eine Mähre gegen dieses.«

Mac Daniel dachte, das alles wäre nur ein Scherz, und besorgt, sein Herr möchte verdrießlich werden, beschritt er die Binse. Der Kleine rief dreimal: »Borram! Borram! Borram!« (Das heißt: »Werde groß!«), und Mac Daniel tat dasselbe. Augenblicklich schwollen die Binsen zu prächtigen Pferden auf und jagten rasch dahin; aber Mac Daniel, der die Binse zwischen seine Beine genommen hatte, ohne viel zu achten wie, fand sich auf dem Rücken des Pferdes verkehrt sitzen und ganz tölpisch mit dem Gesicht nach dem

Schweif. Und so rasch war das Ross mit ihm fortgesprengt, dass es ihm unmöglich war, sich herumzusetzen, und nichts übrig blieb, als sich an den Schweif zu halten.

Endlich gelangten sie zu dem Ziel ihrer Reise und hielten vor der Tür eines ansehnlichen Hauses. »Nun, Mac Daniel«, sagte der Kleine, »tu, was du siehst, das ich tue, und folge mir auf der Ferse; doch da du nicht deines Pferdes Kopf von seinem Schweif unterscheiden konntest, so hüte dich, dass du nicht in deinen eigenen Kopf den Wirbel bekommst und du am Ende nicht recht weißt, ob du auf dem Kopf stehst oder auf den Beinen; denn kann auch nach dem Sprichwort der alte Rebensaft eine Katze zum Sprechen bringen, so kann er auch einen Menschen stumm machen.«

Darauf sprach der Kleine einige wunderlich lautende Worte, aus welchen Mac Daniel keinen Sinn bringen konnte, wiewohl er die Fähigkeit erhielt, sie nachzusprechen. Nun schlüpften beide durch das Schlüsselloch des Tors und so durch ein Schlüsselloch nach dem andern, bis sie in den Keller kamen, der mit allen Arten von Wein wohl versehen war.

Der Kleine fing alsbald an, gewaltig zu trinken, und Mac Daniel, dem das Beispiel keineswegs missfiel, tat dasselbe. »Wahrhaftig, Ihr seid der beste Herr«, sagte Mac Daniel, »einen bessern gibt's auf der ganzen Welt nicht; ich bleibe mit dem größten Vergnügen in Eurem Dienst, wenn Ihr fortfahrt, mir Wein vollauf zu geben.«

»Ich habe keinen Handel mit dir gemacht«, antwortete der Kleine, »und will auch keinen machen; doch auf und folge mir.«

Sie gingen fort von Schlüsselloch zu Schlüsselloch, und beide stiegen auf die Binsen, die sie am Eingangstor gelassen hatten, und kaum waren die Worte »Borram! Borram! Borram!« über ihre Lippen, so rauschten sie fort, indem sie die dunkeln Wolken wie Schneebälle vor sich herstießen.

Als sie zu Fortfield wieder angelangt waren, entließ der kleine Mann seinen Diener, jedoch mit dem Befehl, in der folgenden Nacht um dieselbe Stunde sich wieder einzustellen. Und so ging es von nun an eine Nacht nach der andern; sie richteten ihre Fahrt bald hierhin, bald dorthin, nördlich, östlich und südlich, bis es in ganz Irland keinen ordentlichen Weinkeller mehr gab, den sie nicht besucht hatten, und sie kannten Blume und Geschmack eines jeden Weines so gut, ja noch besser als der Kellner selbst.

In einer Nacht, als Mac Daniel den kleinen Mann wie gewöhnlich in Fortfield antraf und im Begriff war, nach dem Moor zu gehen und die Reisepferde zu holen, sagte der Herr: »Heute Abend musst du noch ein Pferd mehr mitbringen; möglich, dass wir in größerer Gesellschaft zurückkommen, als wir ausziehen.«

Mac Daniel, der schon wusste, dass er einen Befehl seines Herrn ohne weiteres Fragen auszurichten hatte, brachte noch eine dritte Binse, voll Verwunderung, wer es wohl sein könnte, der in ihrer Gesellschaft zurückreisen würde, und ob er einen Kameraden im Dienst bekommen sollte. ›Ist er nur erst da‹, dachte Mac Daniel, ›so soll er jedes Mal gehen und die Pferde im Moor holen, denn ich sehe nicht, warum ich nicht von Haut und Haar ein ebenso feiner Mann sein soll als mein Meister.‹

Sie machten sich auf den Weg, und Mac Daniel hatte das dritte Pferd am Zügel. Sie hielten nicht eher an, als bis sie zu einem einsam liegenden Pächterhaus in der Grafschaft Limerick gekommen waren, nahe bei der alten Burg von Carrigogunniel, welche nach der Sage von dem großen Brian Boru gebaut war. Drinnen im Haus wurde ein Fest gefeiert, und der Kleine blieb einige Zeit außen stehen, um zu horchen; aber plötzlich kehrte er sich um und sagte: »Mac Daniel, morgen werde ich tausend Jahre alt!«

»Werdet Ihr das, Herr?«, antwortete Mac Daniel, »Gott segne Euch!«

»Aber das sage niemand wieder, Mac Daniel, was ich dir da entdeckt habe, es würde zu meinem Verderben auf immer gereichen. Da ich aber morgen tausend Jahr auf der Welt bin, so denke ich, es ist hohe Zeit, mich zu verheiraten.«

»Das scheint mir auch so, ohne allen Zweifel«, antwortete Mac Daniel, »wenn Ihr willens seid zu heiraten.«

»Und bloß aus diesem Grund bin ich nach Carrigogunniel gekommen, denn in diesem Haus, gerade an diesem Abend ist der junge Darby Riley im Begriff, die Brigitte Runey zu heiraten, und da es ein schlankes und allerliebstes Mädchen ist und von ehrbaren Leuten abstammt, so denke ich sie selber zu heiraten und mit mir fortzunehmen.«

»Und was wird Darby Riley dazu sagen?«, bemerkte Mac Daniel.

»Schweig«, sagte der Kleine und sah ihn mit strengem Blick an, »ich habe dich nicht hergebracht, dass du mir Fragen vorlegen solltest.« Und ohne weiter sich über diesen Gegenstand zu äußern, sprach er jene seltsamen Worte aus, welche die Kraft verliehen, durch die Schlüssellöcher so leicht als durch die freie Luft zu gehen, und dem Mac Daniel gefiel es selbst gar sehr, dass er imstande war, sie ihm nachzusagen.

Beide drangen also hinein, und um die Gesellschaft besser zu sehen, hüpfte der Kleine behänd wie ein Sperling auf einen von den dicken Balken, welche quer durch das Haus über den Häuptern der Leute herliefen, und Mac Daniel tat dasselbe von der andern Seite. Doch nicht gewohnt, auf einem solchen Platz, wie auf einer Hühnerstange, zu sitzen, hingen seine Beine so ungeschickt als möglich herab, und offenbar hatte er sich die Art, mit welcher der Kleine sich zusammenkauchte, nicht zum Muster genommen. Aber dieser, wenn er sein Lebtag ein Schneider gewesen wäre, hätte nicht zufriedener mit unterschlagenen Beinen dasitzen können.

So saßen beide, Herr und Diener, und schauten auf das lustige Fest herab, das vor ihren Augen begangen wurde. Da war der Geistliche, der Pfeifer, der Vater von Darby Riley mit Darbys zwei Brüdern und seines Oheims Sohn; da war der Vater und die Mutter von Brigitte Runey (das alte Paar war diesen Abend stolz auf die Tochter, und das mit allem Recht) und ihre vier Schwestern mit funkelneuen Bändern auf den Mützen und ihre drei Brüder, die alle so frisch und munter aussahen als je drei Burschen in Munster; da waren Oheime und Muhmen, Gevatterinnen und Vettern genug, um das Haus voll zu machen. Da war Essen und Trinken im Überfluss und Platz an dem Tisch für jeden, und wenn die Zahl noch einmal so groß gewesen wäre.

Nun ereignete es sich, gerade als Frau Runey dem Geistlichen bei dem ersten Schnitt in das Haupt des Spanferkels, das mit weißem Wirsing köstlich gefüllt war, hilfreiche Hand leistete, dass die Braut niesen musste. Jedermann an dem Tisch fuhr auf, aber keine Seele sprach: »Gott segne uns!«, denn alle dachten, der Geistliche würde das tun, wie er auch, wenn er seine Pflicht beachtet hätte, tun musste, und niemand wollte ihm das Wort vor dem Mund wegnehmen, während er unglücklicherweise mit dem Haupt des Spanferkels und dem Gemüse beschäftigt war. Nach einem augenblicklichen Stillschweigen machten Scherz und Fröhlichkeit bei dem Fest, dass der fromme Segensspruch vergessen wurde.

Bei diesem Umstand waren beide, Mac Daniel und sein Meister, von ihren erhabenen Sitzen herab keine gleichgültigen Zuschauer.

»Ha!«, rief der Kleine, indem er mit freudiger Bewegung ein Bein unter sich hervorzog und sein Auge mit ungewöhnlichem Feuer funkelte, während seine Augenbrauen sich spitz in die Höhe zogen, »ha!«, sagte er, schielte nach der Braut und dann nach Mac Daniel, »halb habe ich sie; wahrhaftig, lass sie nur zweimal niesen, so ist sie mein, dem Priester, Messbuch und Darby Riley zum Trotz!«

Die schöne Braut nieste zum zweiten Mal, doch so sanft und verschämt, dass wenige, den kleinen Mann ausgenommen, es bemerkten oder zu bemerken schienen und niemand daran dachte zu sagen: »Gott segne uns!«

Mac Daniel hatte während dieser Zeit das arme Mädchen mit den traurigsten Blicken angesehen, denn er musste beständig daran denken, wie betrübt es wäre für ein artiges junges Geschöpf von neunzehn Jahren, mit großen blauen Augen, zarter Haut und Grübchen in den Backen, von Glück und Lust erfüllt, gezwungen zu werden, ein garstiges, kleines Stück von einem Mann zu heiraten, der tausend Jahr weniger einen Tag alt ist.

In diesem entscheidenden Augenblick nieste die Braut zum dritten Mal, und Mac Daniel rief aus allen Kräften: »Gott segne uns!« Ob dieser Ausruf eine Folge seines Selbstgesprächs war oder Macht der Gewohnheit, konnte er selbst nicht genau sagen. Aber kaum waren die Worte heraus, so sprang der kleine Mann, dessen Gesicht von Zorn und Verdruss glühte, von dem Balken, auf welchem er gehockt hatte, herab und schrie mit dem grellen Ton einer kreischenden Sackpfeife: »Ich entlasse dich aus meinem Dienst! Nimm das zum Lohn!«, wobei er dem Mac Daniel einen wütenden Stoß gab, der den armen zappelnden Diener auf Gesicht und Hände mitten zwischen die aufgetragenen Speisen herunterstürzte.

Wenn Mac Daniel erschrocken war, so war es ein jeder in der Gesellschaft, in welche er ohne alle Feierlichkeit eingeführt wurde, noch mehr; doch als sie seine Erzählung hörten, legte Vater Cuney Messer und Gabel hin und traute das junge Paar auf der Stelle. Mac Daniel tanzte die Rinka bei der Hochzeit und aß und trank nach Herzenslust, worauf er mehr hielt als auf den Tanz.

Irland

Der Pfeifer und der Puka

In alter Zeit lebte in Dúnmór in Galway ein halb närrischer Mensch. Obwohl er sehr die Musik liebte, konnte er doch nichts weiter lernen als ein einziges Lied, und das war »Der schwarze Schurke«. Er bekam eine Menge Geld geschenkt von den feinen Leuten; denn die hatten ihren Spaß an ihm. Einmal, am Allerheiligenfest, am 1. November, kehrte der Dudelsackpfeifer von einem Tanzlokal heim und war halb betrunken. Als er auf eine kleine Brücke nahe beim Haus seiner Mutter kam, drückte er auf den Dudelsack und begann den »schwarzen Schurken« aufzuspielen.

Da schlich sich der Puka von hinten an ihn heran und warf ihn auf seinen Rücken. Lange Hörner hatte der Puka, und der Pfeifer hielt sich daran fest. Dabei schrie er: »Du verwünschtes garstiges Vieh! Lass mich heim! Ich habe zehn Penny für meine Mutter, und sie braucht ungeheuer viel Schnupftabak!«

»Ach was! Kümmere dich nicht um deine Mutter«, sprach der Puka, »sondern halte dich fest! Wenn du fällst, brichst du dir das Genick mitsamt dem Dudelsack.«

Alsdann sagte der Puka zu ihm: »Spiel mir das Lied auf: ›Das arme alte Weib‹.«

»Das kann ich nicht«, antwortete der Pfeifer.

»Lass dich das nicht kümmern, ob du's kannst«, versetzte der Puka. »Spiel auf, ich will's dir schon beibringen!«

Der Pfeifer zog den Wind in seinen Dudelsack und machte eine Musik, die ihn selbst in Staunen setzte.

»Auf mein Wort! Du bist ein feiner Musiklehrer!«, sagte der Pfeifer. »Doch nun sag' mal, wohin willst du mich eigentlich schleppen?«

»Im Feenhaus oben auf Cruach Phadraic° gibt's heute Nacht ein Fest«, sprach der Puka, »und da soll ich dich hinbringen, um dort aufzuspielen. Ich gebe dir mein Wort darauf, du wirst belohnt für deine Müh.«

»Auf mein Wort, du sparst mir eine Reise!«, sagte der Dudelsackpfeifer. »Pater William erlegte mir eine Bußfahrt auf nach Patrics Hügel, weil ich ihm beim jüngstvergangenen Martinsfest einen weißen Gänserich stahl.«

Der Puka schleppte ihn über Berge und Moore, bis er mit ihm oben auf Patrics Hügel angelangt war. Dort nun stampfte der Puka dreimal mit dem Fuß auf und es öffnete sich eine große Tür. Sie traten in ein schönes Zimmer. Mitten darin erblickte der Pfeifer einen goldenen Tisch und darum saßen Hunderte von alten Weibern.

Als der Puka mit dem Dudelsackpfeifer eintrat, erhoben sich die alten Weiber und sagten:

»Sei hundertmal willkommen, Allerheiligen-Puka! Wen bringst du mit?«

»Den besten Dudelsackpfeifer von Irland!«, sprach der Puka.

Eins der alten Weiber stampfte auf die Erde. Da öffnete sich eine Tür in der Seitenwand. Wen sah der Pfeifer da herauskommen? – Es war der weiße Gänserich, den er vom Pater William gestohlen hatte!

»Bei meinem Gewissen!«, sprach der Pfeifer, »ich selber und meine Mutter, wir aßen jeden Bissen von jenem Gänserich dort auf, außer einem Flügel. Den gab ich der Roten Marie. Und sie hat's dem Priester erzählt, dass ich ihm den Gänserich stahl!«

Der Gänserich schob den Tisch fort und der Puka sprach zum Pfeifer: »Nun spiele den edlen Damen auf zum Tanz!«

° Patrics Hügel

Der Pfeifer begann aufzuspielen und die alten Weiber begannen zu tanzen, und sie tanzten, bis sie erschöpft waren.

Dann sprach der Puka: »Nun lohnt den Pfeifer ab!«

Jedes alte Weib zog ein Goldstück heraus und reichte es dem Dudelsackpfeifer.

»Beim Zahn des heiligen Patric!«, sagte er, »jetzt bin ich reich wie der Sohn des Gutsherrn!«

»Komm nun«, sprach der Puka. »Ich will dich heimschaffen.«

Sie gingen hinaus, und als er sich auf den Puka setzte, um zu reiten, kam der Gänserich an und gab ihm einen neuen Dudelsack.

Der Puka war nicht lange unterwegs, so langte er mit ihm in Dúnmór an. Auf der kleinen Brücke setzte er den Pfeifer ab. Dann sagte er zu ihm: »Nun geh heim! Jetzt hast du zweierlei, was du vorher nicht besaßest: Verstand und Musik!«

Der Pfeifer kehrte nach Hause zurück, und indem er bei seiner Mutter an die Tür klopfte, rief er: »Lass mich ein! Ich bin so reich wie der Gutsherr! Und ich bin der beste Dudelsackpfeifer in Irland.«

»Betrunken bist du«, sagte die Mutter.

»Ganz wahrhaftig nicht!«, erwiderte der Pfeifer. »Ich trank nicht einen Tropfen.«

Die Mutter ließ ihn herein, und er gab ihr die Goldstücke.

»Nun warte, bis du mich gehört hast, wie ich Musik mache«, sagte er.

Er blies den neuen Dudelsack auf. Aber statt Musik drang ein Gekreisch daraus, als ob sämtliche Gänse und Gänseriche von Irland zusammen spektakelten. Es jagte die Nachbarn aus dem Schlaf auf und sie belustigten sich über ihn, bis dass er den alten Dudelsack ansetzte. Damit machte er ihnen liebliche Musik. Danach erzählte er ihnen alles, was er in jener Nacht erlebt hatte.

Als die Mutter am andern Morgen nach den Goldstücken guckte, war alles Gold nichts als Laub von Kräutern.

Der Pfeifer machte sich auf und ging zum Priester, um ihm alles zu erzählen. Aber der glaubte ihm kein Wort, bis er den Dudelsack ansetzte und das Gans- und Gänserichgekreisch anhob.

Da sprach der Priester: »Geh' mir aus den Augen!« Aber er tat dem Pfeifer nichts weiter, und der setzte nun den alten Dudelsack an, um dem Priester zu beweisen, dass seine Geschichte wahr sei. Er blies den Dudelsack und machte eine liebliche Musik.

Von dem Tag an bis zu seinem Tod gab es im Bezirk Galway keinen so guten Dudelsackpfeifer wie ihn.

Irland

Conall

Zu der Zeit, da Irland noch in mehrere Königreiche zerfiel, lebte in einem derselben, in Erin, ein tüchtiger Pächter, der hieß Conall und hatte drei Söhne. Nun geschah es einmal, dass diese mit den Kindern des Königs in Streit gerieten. Conalls Söhne waren die stärkeren und sie töteten den ältesten Sohn des Königs.

Der König ließ Conall holen und sprach zu ihm: »Warum haben deine Kinder die meinigen angegriffen und meinen ältesten Sohn getötet? Was wird es mir aber nützen, wenn ich Rache an dir nehme? Ich will dir lieber einen Auftrag geben, und wenn du ihn ausführst, dann will ich das Verbrechen nicht ahnden. Du und deine Söhne, ihr müsst mir den Braunen des Königs von Lochlann bringen – gelingt Euch das, so sei deinen Söhnen das Leben geschenkt.«

»Dein Wunsch, oh König, ist mir immer Befehl«, sagte Conall, »wohl verlangst du Schweres von mir, aber selbst wenn es mir und meinen Söhnen ans Leben geht, will ich doch den Wunsch des Königs erfüllen.«

Nach diesen Worten ging Conall fort; traurig und bestürzt kam er heim und erzählte seiner Frau, was der König ihm aufgetragen hatte. Kummervoll hörte sie ihn an; wenn er sich jetzt von ihr trennte, so sah sie ihn vielleicht nie wieder.

»Ach, Conall«, sagte sie, »wer weiß, ob ich dich jemals wieder sehen werde!«

Am folgenden Morgen traf Conall die nötigen Vorbereitungen und machte sich mit seinen drei Söhnen nach Lochlann auf. Sie reisten ohne Unterlass, bis sie es erreichten. Aber als sie in Lochlann waren, da wussten sie nicht, was sie nun beginnen sollten, und der alte Mann sagte zu seinen Söhnen: »Wir wollen den Müller des Königs aufsuchen.«

Als sie in das Haus des Müllers kamen, lud dieser sie ein, über Nacht bei ihm zu bleiben. Da erzählte ihm Conall, dass seine Söhne mit den königlichen Prinzen in Streit geraten seien und den ältesten Königssohn erschlagen hätten. Und nun müsse er zur Buße den Braunen des Königs von Lochlann herbeischaffen.

»Wenn du mir«, fuhr Conall fort, »den großen Gefallen erweisen und es mir ermöglichen willst, in den Besitz des Rosses zu gelangen, so will ich dich reichlich dafür bezahlen.«

»Dein Vorhaben ist unsinnig«, erwiderte der Müller, »denn der König hängt so sehr an seinem Ross, dass du es unmöglich bekommen kannst, höchstens du stiehlst es. Wenn du Mittel und Wege dazu findest, von mir soll es niemand erfahren.«

»Ich habe folgende Idee«, sagte Conall. »Da du täglich für den König zu tun hast, könntest du mit deinen Knechten mich und meine Söhne in vier Säcke stecken, die mit Kleie gefüllt sind.«

»Der Einfall ist nicht schlecht«, meinte der Müller.

Er sprach mit seinen Knechten, und die steckten Conall und seine Söhne in die Säcke. Als die Knechte des Königs um die Kleie kamen, gab man ihnen die Säcke, in denen Conall und seine Söhne steckten. Im Stalle schütteten die Knechte die Kleie vor die Pferde, schlossen die Tür zu und gingen fort.

Sofort legten Conalls Söhne Hand an den Braunen, da sagte ihr Vater: »Das dürft ihr nicht. Es wird sehr schwer sein, von hier zu entkommen. Wir wollen uns zuvor vier Löcher graben, in denen werden wir uns verbergen, wenn jemand kommt.«

Sie gruben die Löcher, dann machten sie sich wieder an das Pferd. Das war aber noch nicht vollständig gezähmt und begann zu schnauben und um sich zu schlagen, dass der König den Riesenlärm hörte.

»Mit dem Braunen ist etwas los«, sagte er seinen Knechten, »schaut nach, was ihm fehlt.«

Als Conall und seine Söhne die Knechte herbeikommen hörten, versteckten sie sich in den Löchern. Die Knechte sahen sich überall um, fanden aber alles in Ordnung. Sie kehrten zum König zurück und teilten ihm dies mit. Da sagte der König, dass sie sich zur Ruhe begeben könnten.

Einige Zeit, nachdem die Knechte sich entfernt hatten, wollten Conall und seine Söhne den Braunen fortführen, aber er widersetzte sich noch viel mehr, als das erste Mal. Da ließ der König wieder seine Knechte rufen und sagte ihnen, dass er davon überzeugt sei, es fehle dem Braunen etwas, und er befahl ihnen, sich noch einmal gut umzuschauen. Wieder gingen die Knechte in den Stall, wieder verbargen sich bei ihrem Nahen Conall und seine Söhne. Die Knechte durchsuchten sorgfältig den ganzen Stall, aber sie fanden nichts. Sie begaben sich zum König und teilten ihm dies mit.

»Das nimmt mich wunder«, sagte der König, »geht zur Ruhe. Sollte ich wieder etwas merken, so werde ich selbst nachsehen.«

Als Conall und seine Söhne sahen, dass die Knechte fort waren, versuchten sie es von Neuem, das Ross fortzuführen. Aber kaum berührten sie es, so gebärdete es sich so wütend, dass es der König noch viel deutlicher hörte, als vorher.

»Der Tausend«, sagte der König zu sich, »es ist unbedingt mit meinem Braunen etwas los.«

Er läutete hastig, und als sein Kammerdiener erschien, schickte er ihn zu seinen Knechten mit der Nachricht, dass dem Braunen etwas geschehen sein müsse. Die Knechte kamen, und der König ging mit ihnen in den Stall. Als Conall und seine Söhne die herannahenden Schritte hörten, krochen sie in ihre Löcher.

Aber der König war ein kluger Mann, und er gab acht, auf welcher Seite des Stalles die Pferde unruhig waren.

»Gebt acht«, sagte er, »es sind sicher Leute im Stall. Wir müssen sie finden.«

Der König ging den Spuren der Männer nach und fand sie in ihrem Versteck. Conall war wohlbekannt, denn er war ein sehr geschätzter Pächter des Königs von Erin, und als der König ihn aus seinem Versteck hervorzog, rief er aus: »Oh Conall, bist du es wirklich?«

»Leider, oh König, und die Not hat mich hierher gebracht. Ich empfehle mich deiner Gnade und stelle mich unter deinen Schutz.«

Er erzählte, was ihm widerfahren war, und dass er dem König von Erin den Braunen bringen müsse, sonst seien seine Söhne dem Tode verfallen.

»Ich wusste«, schloss er, »dass ich das Pferd durch Bitten nicht bekommen würde, und so wollte ich es stehlen.«

»Schon gut, Conall, folge mir«, sagte der König. Dann befahl er seinen Knechten, Conalls Söhnen Speise und Trank vorzusetzen und sie sorgfältig zu bewachen.

»Jetzt sag' mir, Conall«, sprach der König zu diesem, »hast du dich jemals in einer schlimmeren Lage befunden als nun, da dir nichts Geringeres bevorsteht, als alle deine Söhne hängen zu sehen? Aber du hast dich meiner Güte und Gnade empfohlen und sagst, dass dich nur die Not hierher geführt hat. Darum höre, was ich dir sage. Wenn du mir einen Fall nennen kannst, der dem heutigen gleichkommt, so schenke ich dir das Leben deines jüngsten Sohnes.«

»Ich hab mich schon einmal in einer ebenso schlimmen Lage befunden«, sagte Conall, »und ich will dir den Fall erzählen. Ich war damals ein junger Bursche. Mein Vater besaß viel Land und eine ganze Zucht einjähriger Kühe. Eine von diesen hatte gerade gekalbt, und mein Vater trug mir auf, sie nach Hause zu bringen. Ich machte mich mit Kuh und Kalb auf den Weg, da fiel starker Schnee, und ich ging in die Hütte des Hirten, um dort zu warten, bis das Wetter vorüber sei. Da kamen plötzlich zwölf Katzen herein, die größte von ihnen, ihr Oberhaupt, war fuchsrot und einäugig. Ich war durchaus nicht erfreut über ihre Gesellschaft. ›Stimmt an‹, rief das Oberhaupt aus, ›warum sollten wir schweigen? Stimmt an und singt Conall ein Lied.‹

Ich war erstaunt, dass den Katzen mein Name bekannt war. Nachdem sie den Gesang beendet hatten, sagte die einäugige Katze zu mir: ›Nun Conall, her mit der Belohnung für den Gesang der Katzen!‹

Ich antwortete, dass ich nichts für sie hätte, doch könnten sie sich das Kalb nehmen. Kaum hatte ich das Wort gesprochen, als alle zwölf Katzen über das Kalb herfielen, und es dauerte nicht lange, so waren sie damit fertig. ›Stimmt an, warum so schweigsam? Singt Conall ein Lied!‹, rief die einäugige Katze abermals.

Ich verspürte durchaus keine Sehnsucht nach Gesang. Trotzdem kamen alle elf herbei und sangen unverzüglich drauf los. Darauf wieder ihr Oberhaupt: ›Her mit der Belohnung!‹

›Lass mich ungeschoren mit der Belohnung‹, sagte ich, ›ich habe nichts für euch, es wäre denn die Kuh.‹

Sie stürzten sich auf die Kuh, und es dauerte nicht lange, so waren sie auch mit der fertig. ›Warum so stumm?‹, begann die fuchsrote Katze wieder, ›singt Conall ein Lied!‹

Mir war durchaus nicht an ihrem Gesange gelegen, oh König, und ich begann zu merken, dass ich mich in schlimmer Gesellschaft befand. Als sie fertig waren, umringten sie wieder ihr Oberhaupt. Wieder verlangte dieses die Belohnung, aber, oh König, ich hatte keine für sie, und ich sagte es ihr. Da begannen sie eine gräuliche Katzenmusik. Ich sprang aus dem Fenster und rannte, so schnell ich konnte, in den Wald. Damals war ich flink und stark, und als ich die Katzen hinter mir spürte, da kletterte ich flugs auf den allerhöchsten Baum, dessen Wipfel sehr dicht war; dort verbarg ich mich, so gut es ging. Die Katzen aber suchten mich überall im Walde, und als sie müde geworden waren und mich nicht finden konnten, da sagte eine zur anderen, sie wollten heimkehren.

Doch ihr Oberhaupt, die einäugige, fuchsrote große Katze sprach plötzlich: ›Ihr könnt ihn mit zwei Augen nicht sehen, und ich sehe ihn mit einem einzigen. Dort oben auf dem Baum sitzt der Halunke.‹

Da kletterte eine von ihnen herauf, auf mich zu. Doch ich tötete sie mit einem Messer, das ich bei mir hatte.

›Der Teufel auch‹, rief ihr Oberhaupt aus, ›so kann ich mir meine Leute nicht umbringen lassen. Umringt den Baum und grabt die Wurzeln aus, so bekommen wir den Elenden herunter!‹

Sie taten, wie ihnen geheißen ward, und als die erste Wurzel freilag, ging ein Zittern durch den Baum, und ich stieß einen Hilferuf aus. Nicht weit vom Walde entfernt war ein Priester mit zehn Leuten bei der Feldarbeit. Da sagte der Priester: ›Das war der Schrei eines Mannes in äußerster Not, dem muss ich helfen.‹

Aber der klügste unter ihnen sagte: ›Wir wollen warten, bis wir ihn noch einmal hören.‹

Wütend gruben die Katzen weiter, und als die zweite Wurzel bloßgelegt war, da stieß ich wieder einen Hilferuf aus, und der war wahrhaftig nicht schwach.

›Ganz gewiss‹, sagte nun der Priester, ›befindet der Mann sich in Lebensgefahr, lasst uns eilen.‹

Sie machten sich auf den Weg. Aber die Katzen hatten die dritte Wurzel bloßgelegt, und der Baum neigte sich zum Fall. Da tat ich den dritten Hilferuf. Eiligst kamen die starken Männer näher, und als sie sahen, was die Katzen mit dem Baume vorhatten, da gingen sie mit ihren Spaten auf sie los, und sie kämpften mit den Katzen, bis diese endlich die Flucht ergriffen. Ich aber, oh König, rührte mich nicht, bevor die letzte fort war. Dann erst ging ich heim. Und das ist die schlimmste Lage, in der ich mich jemals befand, und ich glaube, dass es wahrhaftig schlimmer ist, von Katzen zerrissen zu werden, als an dem Galgen des Königs von Lochlann zu hängen.«

»Ach, Conall«, sagte der König, »wie redegewandt bist du! Nun denn, mit deiner Geschichte hast du deinem jüngsten Sohne das Leben gerettet. Wenn du mir von einer noch schlimmeren Lage erzählen kannst, so sei auch deinem zweiten Sohne das Leben geschenkt.«

»Unter dieser Bedingung«, versetzte Conall, »will ich dir gern erzählen, wie ich mich einmal in noch weit schlimmerer Lage befand als heute, wo ich in deiner Gewalt bin.«

»Lass hören«, sagte der König.

»Ich war damals«, begann Conall, »ein ganz junger Bursche. Das Gut meines Vaters lag hart am Meere, und die Küste war reich an Felsen, Spalten und Höhlen. Als ich mich eines Tages auf der Jagd befand, da schien es mir, als stiege zwischen zwei Felsblöcken eine Rauchsäule auf. Neugierig, woher wohl der Rauch kommen möge, trat ich näher und blickte hinein. Aber da tat ich auch schon einen Fall. Doch war der Boden so dicht mit Heidekraut bedeckt, dass ich keinerlei Verletzung davontrug. Wie ich da wieder hinauskommen sollte, wusste ich nicht. Ich sah nicht vor mich hin, sondern blickte hinauf – ich hatte keine Hoffnung, je wieder das Tageslicht zu sehen. Der Gedanke, dass ich bis zu meinem Tode in dieser Höhle bleiben müsste, war furchtbar. Da hörte ich plötzlich ein Geräusch, das immer näher und näher kam, und was erblickten meine Augen? Einen ungeheuren Riesen, von zwei Dutzend Ziegen und einem Ziegenbocke gefolgt. Er band die Ziegen an, dann trat er auf mich zu und sprach: ›Hallo, Conall! Mein Messer ist fast rostig geworden in der Scheide, so lange warte ich schon auf dein zartes Fleisch.‹

›Ach!‹, sagte ich, ›es ist nicht viel an mir; du wirst kaum für eine Mahlzeit genug haben. Aber ich sehe, dass du auf einem Auge blind bist. Ich bin ein guter Arzt und werde dein anderes Auge wieder sehend machen.‹

Da tat der Riese den großen Kessel auf das Feuer. Ich gab ihm Weisung, das Wasser warm werden zu lassen, dann holte ich Heidekraut herbei, und als sich der Riese auf mein Geheiß in den Kessel gesetzt hatte, begann ich seine Augen mit zusammengeballtem Heidekraut einzureiben, zuerst das sehende, denn ich erklärte ihm, dass ich dessen Sehkraft auf das blinde Auge übertragen müsse. Es war natürlich viel leichter, das gesunde Auge krank als das kranke gesund zu machen, und nach einiger Zeit war es mir gelungen: der Riese war auf beiden Augen blind.

Als er merkte, dass er nichts mehr sehen konnte, und als ich ihm sagte, dass er mich nun nicht mehr daran hindern würde, ins Freie zu gelangen, da sprang er aus dem Wasser und stellte sich an den Eingang der Höhle und sagte, dass er sich bitter an mir rächen wolle. Die ganze Nacht verbrachte ich in hockender Stellung in der Höhle und musste den Atem anhalten, um nicht zu verraten, wo ich war. Als dem Riesen endlich der Gesang der Vögel verriet, dass der Tag angebrochen sei, da sagte er: ›Schläfst du, Conall? Wach auf und lass die Ziegen ins Freie hinaus.‹

Da tötete ich den Ziegenbock.

Der Riese rief: ›Ich glaube gar, du tötest meinen Ziegenbock?‹

›Oh nein‹, erwiderte ich, ›die Ziegen sind so fest angebunden, dass es viel Zeit braucht, sie loszubinden.‹

Als ich die erste Ziege hinausließ, liebkoste sie der Riese und sprach: ›Da bist du, meine zottige, weiße Ziege, du siehst mich, aber ich kann dich leider nicht sehen.‹

Eine nach der anderen ließ ich hinaus, während ich dem Ziegenbock das Fell abzog; bevor die letzte draußen war, hatte ich meine Arbeit vollendet. Dann zog ich mir das Fell über den Leib, und zwar so, dass meine Hände in den Vorderfüßen und meine Füße in den Hinterfüßen steckten; da auch die Hörner auf der Kopfhaut nicht fehlten, so musste der Riese glauben, es sei der Ziegenbock. Als ich auf allen Vieren hinausging, streichelte mich der Riese und sprach: ›Da bist du, mein lieber, schöner Ziegenbock, du siehst mich, aber ich kann dich leider nicht sehen.‹

Endlich befand ich mich wieder in Gottes freier Welt! Wie freute ich mich da, oh König! Ich warf das Ziegenfell ab und rief dem Riesen zu: ›Dir zum Trotze bin ich nun doch frei!‹

›Aha!‹, sagte er, ›hast du mich überlistet! Nun, weil du so kühn warst, dich selbst zu befreien, will ich dir diesen Ring hier schenken. Nimm ihn, er wird dir nützlich sein.‹

›Ich will ihn nicht aus deiner Hand nehmen‹, rief ich, ›aber wenn du ihn herwerfen willst, will ich ihn aufheben.‹

Er warf den Ring zu Boden, und ich hob ihn auf und steckte ihn an meinen Finger.

Darauf fragte mich der Riese: ›Passt er dir?‹

›Jawohl‹, antwortete ich.

Da rief er: ›Wo bist du, Ring?‹

Und der Ring sagte: ›Hier bin ich.‹

Der Riese ging der Stimme des Ringes nach und kam immer näher und näher, und ich merkte, dass ich mich in einer weit schlimmeren Lage befand als je zuvor. Da zog ich meinen Dolch und schnitt mir den Fingen ab und warf ihn, so weit ich konnte, in die See hinaus, wo sie am tiefsten war.

Wieder rief der Riese: ›Wo bist du, Ring?‹

Und der Ring antwortete: ›Hier bin ich‹ vom Meere herüber.

Mit einem Sprung folgte er der Stimme des Ringes – da war er mitten in der See. Und ich stand dabei, wie er ertrank, und freute mich so unendlich darüber, wie ich mich jetzt freuen würde, wenn du, oh König, mir mein eigenes Leben und das meiner anderen beiden Söhne schenken und mir jede weitere Strafe erlassen wolltest! Als von dem Riesen nichts mehr zu sehen war, da ging ich in die Höhle und nahm den Schatz mit, den ich dort fand, und kehrte nach Hause zurück. Wie freuten sich alle, als sie mich wieder sahen! Zum Zeichen, dass die Geschichte wahr ist, die ich dir erzählt habe, oh König, sieh her, ein Finger an meiner Hand fehlt.«

»Wirklich, Conall«, sagte der König, »du bist nicht nur wortreich, sondern auch weise. Der Finger fehlt wirklich. Du hast nun auch deinem zweiten Sohn das Leben gerettet. Nun erzähle mir noch einen Fall, da dir viel trauriger zumute war, als wenn du mit ansehen müsstest, wie dein ältester Sohn gehängt wird, und du sollst auch den dritten Sohn behalten.«

»Kurze Zeit darauf«, begann Conall wieder, »ging mein Vater hin und suchte mir eine Frau aus, und wir wurden getraut.

Einst ging ich an der Meeresküste auf die Jagd. Weit draußen in der See befand sich eine Insel. Wie ich so die Küste entlang ging, erblickte ich ein Boot, das hatte vorne und hinten ein Tau und war mit allerlei Kostbarkeiten beladen. In meiner Begierde nach dem Schatze stieg ich in das Boot. Kaum aber war ich darin, da fuhr es in das Meer hinaus und hielt erst, als es bei der Insel angelangt war. Ich stieg aus, da kehrte das Boot an seinen früheren Platz zurück. Was sollte ich nun beginnen? Auf der Insel war kein Haus zu sehen weit und breit.

Ich ging weiter und kam auf den Gipfel eines Berges, von dort stieg ich in ein enges Tal hinab. Da sah ich in einer Höhle eine Frau sitzen. Die hielt ein nacktes Kind im Schoß und ein Messer in der Hand. Sie schien die Absicht zu haben, dem Kind den Hals zu durchschneiden, aber das Kind blickte sie an und begann zu lachen. Da brach die Frau in Weinen aus und warf das Messer fort. Ich rief die Frau an und fragte sie:

›Was tust du hier?‹

Da sprach sie: ›Wie kamst du her?‹

Und ich erzählte ihr Wort für Wort, was geschehen war.

›Ganz so ist es mir ergangen‹, sagte sie und zeigte mir, auf welchem Wege ich zu ihr in die Höhle gelangen könnte.

Als ich vor ihr stand, fragte ich sie: ›Warum wolltest du vorhin das Kind töten?‹

›Ich muss es für den Riesen, der hier lebt, braten, sonst tötet er mich.‹

In dem Augenblick hörten wir auch schon die Schritte des Riesen.

›Was soll ich tun? Was soll ich tun?‹, schrie die Frau.

Ich ging schnell zu dem Kessel hinüber, der glücklicherweise noch nicht sehr heiß war, und stieg hinein, gerade als das Ungeheuer eintrat.

›Hast du den Jungen gebraten?‹, fragte er.

›Er ist noch nicht weich‹, antwortete sie.

Ich aber rief aus dem Kessel hervor: ›Mütterchen, liebes Mütterchen, ich brate!‹

Da lachte der Riese und sagte: ›Hai, Hau, Hogaraich!‹

Dann tat er einen Haufen Holz in das Feuer. Nun wusste ich, dass es um mich geschehen war. Zu meinem Glück schlief aber das Ungeheuer neben dem Kessel ein. Als die Frau das sah, legte sie ihre Lippen an ein Loch im Deckel des Kessels und fragte mich leise:

›Lebst du?‹

›Jawohl‹, sagte ich.

Dann hob ich den Kopf; das Loch war so groß, dass ich ihn bequem durchstecken konnte. Auch weiterhin ging es leicht, aber als ich meine Hüften hindurchzwängte, da blieb meine Haut an dem Deckel zurück. Nun war ich wohl draußen, aber was nun? Die Frau sagte mir, außer der Waffe des Riesen sei in der ganzen Höhle keine zu finden. Da begann ich ihm langsam den Speer aus der Hand zu ziehen, und bei jedem Atemzug, den er tat, glaubte ich, dass mein Ende gekommen war. Aber endlich hatte ich den Speer in meiner Gewalt.

Dann aber ging es mir nicht besser als einem, der unter einem Haufen Stroh Schutz sucht gegen einen heftigen Wind, denn die Waffe war meiner Hand zu schwer. Es war ein furchtbarer Anblick, den Riesen anzusehen, der nur ein Auge mitten im Gesicht hatte; der Gedanke, ihn anzugreifen, war mir durchaus nicht angenehm. Da zog ich, so gut ich konnte, die Spitze aus dem Speer und stieß sie dem Riesen ins Auge. Als er das Eisen spürte, fuhr er mit dem Kopf auf, sodass das andere Ende der Lanzenspitze gegen die Decke der Höhle stieß und ihm den Kopf durchbohrte. Mausetot fiel er zu Boden, und du kannst mir glauben, oh König, dass ich keine geringe Freude empfand. Die Frau und ich, wir brachten die Nacht außerhalb der Höhle zu, dann holte ich das Boot mit all seinen Schätzen herbei, und das brachte uns samt dem Kinde ans Land. Von da kehrte ich nach Hause zurück.«

Die Mutter des Königs von Lochlann hörte die Erzählung Conalls mit an, während sie damit beschäftigt war, ein Feuer anzuzünden.

»Bist du es«, fragte sie ihn, »der in die Höhle des Riesen kam?«

»Gewiss«, antwortete Conall, »ich bin es.«

»Ach, ach!«, rief da die Mutter des Königs aus, »ich bin die Frau, und mein Sohn hier ist das Kind, denen du damals das Leben gerettet hast. Dir sind wir zu ewigem Danke verpflichtet.«

Da freuten sich alle ungeheuer.

Der König aber sprach: »Oh Conall, was für Mühseligkeiten hast du erlitten! Jetzt gehört aber der Braune dir, und ich will ihn mit einem Sack voll der kostbarsten Edelsteine aus meiner Schatzkammer beladen.«

Nun begaben sich alle zur Ruhe. So früh aber auch Conall sich erhob, so war doch die Königin noch viel früher aufgestanden, um alles vorzubereiten. Conall erhielt den Braunen und einen Sack voll Kostbarkeiten, und er zog mit seinen drei Söhnen nach Erin zurück. Das Gold und die Edelsteine lud er in seinem Hause ab, das Ross brachte er seinem König, der von der Zeit ab ihm sehr gewogen war. Dann kehrte er zu seiner Frau zurück, und sie gaben ein herrliches Fest, wie es herrlicher noch nie auf Erden gefeiert wurde.

Irland

Der Erzähler, dem die Geschichten ausgingen

Zur Zeit, als Tuatha de Dannan die Oberherrschaft über Irland hatte, da regierte in Leinster ein König, der hörte unendlich gern Geschichten erzählen. Wie alle anderen Fürsten und Häuptlinge des Reiches, so hatte auch er einen Lieblingserzähler. Dem hatte er ein großes Gut geschenkt, dafür musste er ihm täglich vor dem Schlafengehen eine neue Geschichte erzählen. So viele wusste der Erzähler, dass er schon ein hohes Alter erreicht hatte, ohne dass ihn seine Phantasie auch nur ein einziges Mal im Stich gelassen hätte, und seine Geschicklichkeit war so groß, dass es ihm immer gelang, und wenn noch so viele Staatssorgen oder anderer Kummer das Gemüt des Königs bedrückten, ihm Schlaf zu verschaffen.

Eines Morgens stand der Erzähler früh auf und ging seiner Gewohnheit gemäß in den Garten hinaus, um dort über Ereignisse nachzudenken, welche er in eine Geschichte für den Abend verweben könnte.

Aber an diesem Morgen war er in arger Verlegenheit. Nachdem er durch das ganze Gut gewandert war, kehrte er ins Haus zurück, ohne etwas Neues oder Seltsames gefunden zu haben. Es machte ihm keine Schwierigkeit, einen Anfang zu finden, wie: »Es war einmal ein König, der hatte drei Söhne« oder: »Eines Tages ging der König von Irland«, aber weiter kam er nicht. Als er endlich zum Frühstück ging, fragte ihn seine Frau verwundert: »Warum kommst du so spät zum Frühstück, lieber Mann?«

»Ich habe gar keinen Appetit«, erwiderte er. »Solange ich im Dienste des Königs stehe, habe ich mich noch nie zum Frühstück hingesetzt, ohne eine Geschichte für den Abend bereit zu haben; aber heute versagt mir mein Gehirn, und ich weiß nicht, was ich tun soll. Das Beste wäre, ich legte mich gleich oder ich würde im Boden versinken. Denn wenn der König heute Abend nach seinem Erzähler verlangt, so bin ich für immer entehrt.«

In dem Augenblick schaute seine Frau zum Fenster hinaus.

»Siehst du dort am Ende des Feldes etwas Schwarzes?«, fragte sie ihn.

»Jawohl«, erwiderte er.

Sie gingen hin und fanden einen alten Mann auf der Erde liegen; er sah elend aus, und ein hölzernes Bein lag neben ihm.

»Wer bist du, guter Mann?«, fragte ihn der Erzähler.

»Ach, was liegt daran, wer ich bin!«, war die Antwort. »Ich bin ein armer, alter, lahmer, heruntergekommener Geselle und habe mich hierher gesetzt, um ein wenig auszuruhen.«

»Und was soll das Würfelspiel in deiner Hand?«

»Ich warte, ob nicht jemand mit mir spielen will«, sagte der Bettler.

»Mit dir spielen! Was hat ein armer, alter Bettler wie du einzusetzen?«

»Ich habe hundert Goldstücke in dieser Lederbörse«, sagte der alte Mann.

»Es wäre vielleicht gut, wenn du mit ihm spieltest«, sagte die Frau des Erzählers zu ihrem Mann, »möglicherweise wirst du dann dem König am Abend etwas zu erzählen haben.«

Sie holten einen flachen Stein und würfelten darauf. Nach kurzer Zeit hatte der Erzähler sein ganzes Geld verloren.

»Wohl bekomm's, mein Freund«, sagte er, »was hätte ich auch anderes erwarten können, ein Tor, der ich bin!«

»Willst du weiterspielen?«, fragte ihn der alte Mann.

»Schwätze nicht, Mensch, du hast ja schon all mein Geld.«

»Hast du nicht Wagen, Pferde und Hunde?«

»Nun, was soll's damit?«

»Ich setze gegen diese mein ganzes Geld ein.«

»Unsinn! Nicht um alles Geld Irlands möchte ich meine Frau in die Lage bringen, zu Fuß gehen zu müssen.«

»Vielleicht gewinnst du«, sagte der Landstreicher.

»Vielleicht aber auch nicht«, sagte der Erzähler.

»Spiele mit ihm, lieber Mann«, riet seine Frau, »ich mache mir nichts daraus, zu Fuß zu gehen, wenn du dir nur nichts daraus machst.«

»Ich habe dir noch nie etwas abgeschlagen«, sagte der Erzähler, »so will ich's auch jetzt nicht tun.«

Er setzte sich also wieder hin und verlor auf einen Wurf Häuser, Hunde, Wagen und Pferde.

»Willst du weiterspielen?«, fragte der Bettler.

»Mensch, willst du dich über mich lustig machen?«, rief der Erzähler aus, »was soll ich denn einsetzen?«

»Ich setze meinen ganzen Gewinn gegen deine Frau«, sagte der alte Mann.

Schweigend wendete sich der Erzähler ab, aber seine Frau sagte:

»Nimm sein Anerbieten an, wer weiß, ob dir nicht das Glück winkt? Aller guten Dinge sind drei. Du wirst jetzt sicher gewinnen.«

Wieder spielten sie, und wieder verlor der Erzähler; zu seinem Schmerz und Kummer setzte sich seine Frau sofort zu dem hässlichen, alten Bettler hin.

»So willst du mich verlassen?«, fragte der Erzähler seine Frau.

»Du hast mich ja verspielt«, sagte sie, »und wirst doch den armen Mann nicht betrügen wollen?«

»Hast du noch was einzusetzen?«, fragte der Bettler.

»Du weißt sehr gut, dass ich nichts mehr besitze«, erwiderte der Erzähler.

»So will ich alles, was ich gewonnen habe«, schlug der Bettler vor, »gegen deine Person setzen.«

Zum letzten Male würfelten sie, aber auch diesmal gewann der Alte.

»Nun denn«, sagte der Erzähler, »hier bin ich; was hast du mit mir vor?«

»Das wirst du bald sehen«, erwiderte der Bettler, und er zog aus seiner Tasche eine lange Schnur und einen Stab hervor.

»Nun wähle dir«, sagte er zu dem Erzähler, »was du sein willst: Rehbock, Fuchs oder Hase? Jetzt hast du noch die Wahl, später nicht mehr.«

Der Erzähler wählte die Gestalt eines Hasen.

Der alte Mann warf ihm die Schnur um den Leib und berührte ihn mit dem Stab, und siehe da! ein langohriger, munterer Hase hüpfte und sprang auf dem Gras einher.

Es dauerte nicht lange, so rief seine Frau nach den Hunden und hetzte sie auf ihn. Der Hase entfloh, die Hunde verfolgten ihn. Das Feld war von einer hohen Mauer umgeben, sodass der Hase, er mochte rennen, so viel er wollte, nicht entfliehen konnte. Der Bettler und seine Frau sahen belustigt zu, wie er sich drehte und wandte, um seinen Verfolgern zu entgehen.

Vergebens suchte er Zuflucht bei seiner Frau; sie stieß ihn zu den Hunden zurück. Endlich gebot der Bettler den Tieren Einhalt, berührte den Hasen mit seinem Zauberstab, und der Erzähler stand keuchend und atemlos vor ihnen.

»Wie hat dir das Spiel gefallen?«, fragte der Bettler.

»Es mag für andere sehr unterhaltend gewesen sein«, erwiderte der Erzähler, indem er seine Frau anblickte, »was mich betrifft, so hätte ich gerne auf das Vergnügen verzichtet. Darf ich mir übrigens die Frage erlauben, wer du bist, woher du kommst und was für Vergnügen du daran findest, mich armen Alten zu quälen?«

»Ach«, sagte der Fremde, »ich bin so eine Art Tunichtgut, den einen Tag reich, den anderen arm; wenn du aber neugierig bist, mehr über mich und meine Lebensweise zu erfahren, so komm mit mir, und ich werde dir vielleicht mehr zeigen können, als du jemals allein zu sehen bekämest.«

Der Fremde fuhr mit der Hand in seinen Reisesack und holte vor ihren Augen einen hübschen Mann in den besten Jahren hervor, zu dem sprach er also: »Bei allem, was du gehört und gesehen hast, seitdem du dich in meinem Reisesacke befindest, bewache diese Dame und das Gespann, und halte sie für mich bereit für den Fall, dass ich sie brauchen sollte.«

Kaum hatte er diese Worte gesprochen, als alles verschwand, und der Erzähler sich in der Nähe des Schlosses von Hugh O'Donnel befand. Er konnte alle sehen, war aber selbst unsichtbar. O'Donnel war in seiner Halle; sein Leib war müde und gedrückt sein Gemüt.

»Geh hinaus«, sagte er zu seinem Türsteher, »und sieh nach, wer oder was des Weges daherkommt.«

Der Türsteher ging, und ein hagerer, grauer Bettler kam ihm entgegen. Von dem Schwert, das er an der Seite trug, fehlte die Scheide zur Hälfte; kaltes, schmutziges Wasser quoll aus den Löchern seiner Schuhe hervor; aus dem alten, zerfetzten Hut schauten oben die Ohren heraus. Die Schultern waren nur zum Teil mit den Lumpen des schäbigen Rockes bedeckt, und den Zweig einer Stechpalme hielt er in der Hand.

»Gott zum Gruß, O'Donnel!«, sagte der Bettelmann.

»Gott zum Gruß!«, antwortete O'Donnel. »Woher kommst du, und was ist dein Geschäft?«

»Ich komme vom äußersten Ende der Welt,
Wo die weißen Schwäne gleiten;
Eine Nacht in Islay, eine Nacht in Man,
So schweif' ich durch Höhen und Weiten.«

»Du bist ein vielgereister Mann«, sagte O'Donnel, »vielleicht hast du etwas auf deinen Wanderungen gelernt?«

»Ich bin ein Taschenspieler«, antwortete der hagere, graue Bettler, »und für fünf Silberstücke will ich Euch eines meiner Kunststücke zeigen.«

»Die sollst du haben«, sagte O'Donnel.

Der hagere, graue Bettler nahm drei kleine Stückchen Stroh und legte sie ihm auf die Hand.

»Das mittlere«, sagte er, »werde ich wegblasen, die beiden anderen werden liegen bleiben.«

»Das kannst du nicht!«, riefen alle.

Aber der hagere, graue Bettler legte je einen Finger auf die Stückchen rechts und links, und puff! blies er das mittlere weg.

»Das ist ein schönes Kunststück«, sagte O'Donnel und zahlte ihm die fünf Silberstücke aus.

»Für die Hälfte des Geldes«, sagte der Sohn eines Höflings, »will ich dasselbe Kunststück machen.«

»Nimm ihn beim Wort, O'Donnel«, rief der Bettler.

Der Junker legte drei Strohstückchen auf seine Hand, hielt die beiden zur Rechten und Linken mit je einem Finger fest und blies. Was geschah? Mit dem Strohstückchen blies er gleich seine ganze Hand weg.

»Wenn du mir noch sechs Silberstücke geben willst, so sollst du ein anderes Kunststück zu sehen bekommen«, sagte der hagere, graue Bettler.

»Die sollst du haben.«

»Siehst du meine beiden Ohren? Das eine werde ich bewegen, das andere nicht.«

»Deine Ohren sind leicht zu sehen, denn sie sind wahrhaftig groß genug, aber du kannst unmöglich eines allein bewegen.«

Der hagere, graue Bettler erhob die Hand zu seinem Ohr und zauste es tüchtig. O'Donnel lachte und zahlte ihm die sechs Silberstücke aus.

»Ein schönes Kunststück!«, sagte der Junker Ohnehand, »das kann jeder tun.«

Er hob die Hand zum Ohr und zauste es. Aber was geschah? Er riss sich gleich Ohr und Kopf weg.

»O'Donnel«, sagte der hagere, graue Bettler, »ich habe Euch einige seltsame Kunststücke gezeigt, aber für dasselbe Geld sollt Ihr ein noch seltsameres zu sehen bekommen.«

»Einverstanden«, sagte O'Donnel.

Darauf nahm der hagere, graue Bettler unter der Achselhöhle einen Sack und aus diesem ein Knäuel Seide hervor. Er wickelte das Knäuel auf und warf es schräg in die klare, blaue Luft, da wurde eine Leiter daraus. Dann zog er einen Hasen hervor und stellte ihn auf die Leiter; die lief der Hase hinauf. Nun holte er einen Jagdhund mit roten Ohren aus dem Sack, der lief eiligst dem Hasen nach.

»Nun«, sagte der Bettler, »hat jemand Lust, dem Hunde nachzulaufen?«

»Ich«, rief einer von O'Donnels Junkern.

»Also rasch hinauf!«, sagte der Taschenspieler, »aber ich sage es dir: Wenn du meinen Hasen töten lässt, schlage ich dir, wie du herunterkommst, den Kopf ab.«

Der Junker eilte die Leiter hinauf, und bald war nichts mehr von allen Dreien zu sehen.

Der graue Bettler sah ihnen eine gute Weile nach, dann sagte er: »Ich fürchte, der Hund frisst den Hasen, und unser junger Freund ist eingeschlafen.«

Mit diesen Worten begann er das Knäuel wieder aufzuwickeln, und siehe da! zuerst erschien der Junker in tiefem Schlaf, dann kam der Jagdhund mit den roten Ohren, den letzten Bissen vom Hasen im Munde.

Der Bettler versetzte dem Junker einen Schwertstreich, der ihm den Kopf vom Rumpfe hieb. Dem Hund erging es nicht besser.

»Es macht mir durchaus kein Vergnügen«, sagte O'Donnel, »sondern es ärgert mich sehr, dass an meinem Hofe ein Jagdhund und ein Knabe ums Leben gekommen sind.«

»Gebt mir zehn Silberstücke für jeden«, sagte der Taschenspieler, »und der Kopf sitzt ihnen wieder wie vorher auf den Schultern.«

»Einverstanden«, rief O'Donnel.

Das Silber wurde ihm ausbezahlt, und siehe da! Im selben Augenblick hatten der Junker und auch der Jagdhund wieder ihren Kopf auf dem Nacken.

Kaum war dies geschehen, als der hagere, graue Bettelmann verschwand, und man wusste nicht, war er durch die Lüfte entflohen oder hatte die Erde ihn verschlungen.

Gedrückt war das Gemüt des Königs von Leinster. Es war die Stunde, in der er sonst eine Geschichte zu hören pflegte, aber wohin er auch Boten ausschickte, von seinem Geschichtenerzähler war nichts zu hören und zu sehen.

»Geh hinaus«, sagte er zu seinem Türsteher, »und sieh nach, wer oder was des Weges daherkommt.«

Der Türsteher ging, und ein hagerer, grauer Bettler kam ihm entgegen. Von dem Schwert, das er an der Seite trug, fehlte die Scheide zur Hälfte; kaltes, schmutziges Wasser quoll aus den Löchern seiner Schuhe hervor; aus dem alten, zerfetzten Hut schauten oben die Ohren heraus. Die Schultern waren nur zum Teil mit den Lumpen des schäbigen Rockes bedeckt, und eine dreisaitige Harfe hielt er in der Hand.

»Was kannst du?«, fragte der Türsteher.

»Ich kann spielen«, sagte der hagere, graue Bettler. »Fürchte nichts«, fügte er leise hinzu, indem er sich zu dem Erzähler wendete, »du wirst alles mit ansehen und dabei für alle unsichtbar sein.«

Als der König erfuhr, dass ein Harfenspieler draußen sei, ließ er ihn hereinkommen.

»Ich besitze die besten Harfenspieler im ganzen Reiche«, sagte der König von Leinster und winkte ihnen.

Während diese spielten, hörte der hagere, graue Bettler zu.

»Hast du je etwas Ähnliches gehört?«, fragte ihn der König.

»Hast du, oh König, jemals das Schnurren einer Katze oder das Summen der Käfer im Zwielicht oder das Gezeter einer schrillen Weiberstimme gehört?«

»Gewiss«, sagte der König.

»All diese Geräusche sind meinem Ohre wohl klingender als die schönsten Harfentöne deiner Harfenspieler.«

Als dies die Harfenspieler hörten, zogen sie ihre Schwerter und drangen auf ihn ein, aber statt ihn mit ihren Hieben zu treffen, schlugen sie gegenseitig aufeinander los, und bald gab es lauter blutige Köpfe im Saal.

»Hängt den Kerl auf, der die ganze Geschichte angefangen hat«, befahl der König, »wenn ich schon keine Geschichte hören soll, so will ich wenigstens Ruhe haben.«

Die Wache erschien, ergriff den hageren, grauen Bettler, führte ihn zum Galgen und hängte ihn auf, ohne viel Aufhebens zu machen.

Als sie wieder in das Schloss zurückkehrten, was glaubt ihr wohl, sahen sie? Auf einer Bank saß der hagere, graue Bettler und führte gerade den Bierkrug zum Munde.

»Der Teufel auch!«, rief der Hauptmann der Wache aus, »haben wir dich nicht soeben aufgeknüpft? Wie kommst du wieder her?«

»Glaubst du, dass ich es wirklich bin?«

»Wer sonst?«, fragte der Hauptmann.

Sie liefen eiligst zum Galgen zurück, da hing der Lieblingsbruder des Königs drauf.

Sofort rannten sie zum König; der war eingeschlafen.

»Majestät«, sagte der Hauptmann, »wir haben den Landstreicher aufgehängt, aber er sitzt unten ganz heil.«

»So hängt ihn noch einmal«, befahl der König und wandte sich um, um wieder einzuschlafen.

Sie vollzogen den Befehl des Königs, aber nun hing anstatt des hageren, grauen Bettlers der erste Harfenspieler des Königs auf dem Galgen. Der Hauptmann war starr.

»Wollt ihr mich ein drittes Mal aufhängen?«, fragte der hagere, graue Bettler.

»Mach, dass du fort kommst«, sagte der Hauptmann, »aber so schnell wie möglich und nur recht weit. Du hast schon genug Unheil angerichtet.«

»Jetzt bist du vernünftig«, sagte der Bettler, »und da ihr nicht mehr daran denkt, einen Fremden aufzuhängen, einzig und allein, weil er an eurer Musik was auszusetzen hat, so sage ich euch zum Lohne dafür auch, dass ihr, wenn ihr euch wieder zum Galgen bemühen wollt, eure Freunde auf dem Rasen sitzen sehen werdet, als wäre ihnen gar nichts geschehen.«

Mit diesen Worten verschwand er.

Der Erzähler befand sich auf demselben Fleck, auf dem er zuerst den hageren, grauen Bettelmann getroffen hatte, und ganz in der Nähe war seine Frau mit Wagen und Pferden.

»Nun will ich dich nicht länger quälen«, sagte der hagere, graue Bettelmann. »Hier ist dein Geld, dein Wagen, deine Pferde, deine Hunde und deine Frau. Du kannst damit machen, was dir beliebt.«

»Wagen, Pferde und Hunde nehme ich dankbar an«, sagte der Erzähler, »aber meine Frau und mein Geld behalte dir.«

»Nein«, versetzte der andere, »ich brauche keines von beiden, und was deine Frau betrifft, so darfst du nicht übel von ihr denken, sie musste tun, was sie tat.«

»Sie musste! Sie musste die Hunde auf mich hetzen! Sie musste einen elenden, alten Bettler mir vorziehen – –«

»Ich bin nicht der Bettler, für den du mich hältst. Ich bin Angus von Bruff, dem du so manchen Dienst bei Hofe erwiesen hast. Heute früh erfuhr ich durch meine Zauberkunst, in welcher Verlegenheit du dich befandest, und da beschloss ich, dich daraus zu befreien. Was deine Frau betrifft, so hat dieselbe Macht, die deinen Leib verwandelte, ihren Sinn verkehrt. Vergiss und vergib, wie es sich unter Eheleuten geziemt. Und nun weißt du eine Geschichte für den König von Leinster, wenn er eine verlangt.«

Mit diesen Worten verschwand er.

Und wirklich, der Erzähler hatte nun eine Geschichte, die eines Königs würdig war. Er erzählte vom Anfang bis zu Ende, was ihm widerfahren war, und der König lachte so laut und so lange, dass er überhaupt nicht schlafen konnte. Er sagte dem Erzähler, dass er nie wieder über eine neue Geschichte nachzudenken brauche, und jeden Abend, solange er lebte, ließ er sich die Geschichte von dem hageren, grauen Bettler erzählen und lachte immer wieder von Neuem dazu.

Irland

Der verheiratete Meermaid

An einem schönen Sommerabende ging ein Einwohner von Unst auf dem sandigen Rande einer Bucht spazieren. Der Mond hatte sich erhoben, und er sah bei dessen Licht eine Menge Unterirdischer, die eifrig auf dem weichen Sande tanzten. Neben ihnen lagen mehrere Seehundsfelle auf der Erde.

Als der Mann sich den Tänzern näherte, hörten sie alle plötzlich auf und eilten schnell wie der Blitz, ihre Gewänder in Sicherheit zu bringen; dann sich ankleidend, sprangen sie als Seehunde in die See. Da nun der Shetländer die Stelle betrat, wo sie gewesen waren, und die Augen auf den Boden richtete, bemerkte er, dass sie eins von den Fellen, das gerade vor seinen Füßen lag, zurückgelassen hatten. Er ergriff es, trug es schnell fort und brachte es in Sicherheit.

Als er ans Ufer zurückkehrte, sah er das schönste Mädchen von der Welt; es ging auf und nieder und beklagte in den traurigsten Tönen den Verlust seines Seehundsgewandes, ohne welches es nie hoffen konnte, wieder zu seinen Verwandten und Freunden unter dem Wasser zurückzukehren, sondern wider Willen auf der Oberwelt bleiben musste.

Der Mann näherte sich der Jungfrau und versuchte sie zu trösten; umsonst, sie wollte nicht getröstet sein. Sie bat ihn in den rührendsten Ausdrücken, ihr das Gewand zurückzugeben; aber der Anblick ihres holdseligen Gesichtes, das die Tränen noch verschönten, hatte sein Herz verhärtet. Er stellte ihr die Unmöglichkeit ihrer Rückkehr vor, dass ihre Freunde und Verwandten sie endlich aufgeben würden, und schloss damit, dass er ihr sein Herz und seine Hand antrug.

Da sie fand, dass ihr nichts anderes übrig blieb, willigte sie zuletzt ein, seine Frau zu werden. Sie wurden verehelicht und lebten manches Jahr miteinander, während welcher Zeit sie mehrere Kinder hatten, die außer einer dünnen Haut zwischen den Fingern und einer Beugung der Hand, wodurch diese Ähnlichkeit mit der Vorderpfote bekam, keine weiteren Spuren ihrer seeischen Abkunft an sich trugen;

jene Merkmale charakterisieren aber noch heutigen Tages die Abkömmlinge dieser Familie.

Des Shetlanders Liebe zu seinem schönen Weibe war unbegrenzt; sie erwiderte hingegen seine Neigung nur sehr kalt. Oft schlich sie sich allein fort und eilte zum einsamen Strande, wo auf ein gegebenes Zeichen ein sehr großer Seehund erschien, mit dem sie sich ganze Stunden in einer unbekannten Sprache unterhielt; gewöhnlich kehrte sie dann nachdenklich und traurig nach Hause zurück.

Jahre verstrichen, und ihre Hoffnung, die Oberwelt verlassen zu können war fast gänzlich erloschen, als die Kinder zufällig eines Tages ein Seehundsfell hinter einem Haufen Getreide fanden. Erfreut über diese Beute, liefen sie eifrig zu ihrer Mutter, ihr dasselbe zu zeigen. Mit Entzücken betrachtete jene das Fell, denn sie erkannte ihr Gewand, dessen Verlust sie so betrübt hatte. Jetzt glaubte sie sich von allen Banden befreit und war in Gedanken schon bei ihren Freunden unter den Wellen. Eins nur gab es, das ihrer Wonne Fesseln anlegte. Sie liebte ihre Kinder zärtlich und sollte sie jetzt für immer verlassen. Doch wogen diese die Lust, die ihrer wartete, nicht auf, deshalb umarmte und küsste sie sie, ergriff das Fell und eilte an den Strand.

Gleich nachher kam ihr Gatte heim und die Kinder erzählten ihm, was sich zugetragen hatte. Er erriet augenblicklich, was geschehen war und eilte, von Angst und Liebe getrieben, ihr nach. Doch kam er nur an, um zu sehen, wie sie, in der Gestalt eines Seehundes, herab vom Felsen in die Flut sprang. Der große Seehund, mit dem sie sich gewöhnlich zu unterhalten pflegte, gesellte sich alsbald zu ihr, wünschte ihr Glück zu ihrer Flucht, und beide verließen zusammen das Ufer. Ehe sie aber schied, wandte sie sich zu ihrem Gatten, der in stummer Verzweiflung auf dem Felsen stand und dessen Trauer ihr Mitleid erregte: »Lebe Wohl!«, rief sie ihm zu, »alles Glück mit dir. Ich habe dich wahrhaft geliebt, solange ich bei dir war, aber meinen ersten Gatten liebte ich stärker.«

Shetlandinseln

Die Schöne und das Tier

Es war einmal ein Kaufmann, der war außerordentlich reich. Er hatte drei Töchter, und da er ein verständiger Mann war, so sparte er nichts an ihrer Erziehung und gab ihnen gute Lehrer. Seine Töchter waren sehr schön; besonders wurde die jüngste bewundert und man nannte sie, solange sie klein war, nur La Belle, die Schöne, und der Name blieb ihr und erweckte die Eifersucht ihrer Schwestern.

Die beiden ältesten waren sehr stolz, weil sie reich waren; sie spielten die Damen und wollten sich nicht mit den anderen Kaufmannstöchtern abgeben, es fehlte ihnen an Leuten, die sie ihrer Gesellschaft für würdig erachtet hätten. Alle Tage gingen sie auf Bälle, in die Komödie, auf Spaziergänge und spotteten über ihre Jüngste, die den größten Teil ihrer Zeit darauf verwandte, gute Bücher zu lesen. Da man wusste, dass diese Mädchen sehr reich waren, so baten mehrere wohlhabende Kaufleute um ihre Hand, aber die beiden ältesten antworteten, dass sie nur einen Herzog oder doch mindestens einen Grafen heiraten wollten. Die Schöne dankte denen, die um sie anhielten, freundlich, aber sie sagte ihnen, dass sie noch zu jung sei und dass sie lieber ihrem Vater noch einige Jahre Gesellschaft leisten wolle.

Mit einem Schlage verlor aber der Kaufmann seine ganze Habe und nichts blieb ihm als ein kleines Landhaus weit von der Stadt. Unter Tränen eröffnete er seinen Kindern, dass sie dieses Haus künftighin bewohnen und mit Bauernarbeit ihren Lebensunterhalt verdienen müssten. Seine beiden ältesten Töchter erwiderten, sie wollten die Stadt nicht verlassen und sie hätten mehrere Verehrer, welche glücklich wären, sie heiraten zu können, auch wenn sie kein Vermögen mehr hätten. Die guten Fräulein täuschten sich indes. Ihre Liebhaber schauten sie nicht mehr an, als sie arm waren. Da sie ihres Hochmuts wegen niemand leiden mochte, sagte man: »Sie verdienen nicht, dass man sie beklagt, es geschieht ihnen recht, dass ihr Stolz gedemütigt worden ist, mögen sie die großen Damen spielen, wenn sie ihre Schafe hüten! Was aber die Schöne betrifft, so tut uns ihr Missgeschick sehr leid, sie ist ein gutes, sanftes Mädchen.«

Die arme Schöne war zuerst sehr niedergeschlagen gewesen, als sie ihr Vermögen verlor, aber dann hatte sie sich gesagt: »Das Weinen bringt mir mein Geld nicht wieder, man muss versuchen, auch ohne Vermögen glücklich zu sein.« Als sie auf ihrem Landhaus angekommen waren, begann der Kaufmann mit seinen drei Töchtern das Feld zu bestellen. Die Schöne stand um vier Uhr morgens auf, säuberte zuerst das Haus und bereitete dann das Frühstück für ihre Familie. Zuerst kam es sie sehr hart an, denn sie war die Mägdearbeit nicht gewöhnt, aber nach zwei Monaten war sie kräftiger geworden, und die ermüdende Arbeit gab ihr sogar eine vollkommene Gesundheit; nach der Arbeit pflegte sie zu lesen, Klavier zu spielen oder beim Spinnen zu singen. Ihre Schwestern dagegen langweilten sich zu Tode, sie trauerten um ihre schönen Kleider und ihre Gesellschaft und sagten: »Seht, unsere Jüngste hat eine niedrige Seele und ist so stumpfsinnig, dass sie mit unserer unseligen Lage zufrieden ist.« Der gute Kaufmann freilich bewunderte die Tüchtigkeit dieses jungen Mädchens und besonders ihre Geduld, denn die Schwestern, nicht damit zufrieden, ihr die ganze Hausarbeit zu überlassen, schmähten sie noch obendrein bei jeder Gelegenheit.

Schon ein Jahr lebte die Familie in ihrer Einsamkeit, als der Kaufmann eines Tages einen Brief erhielt, in welchem man ihm mitteilte, dass ein Schiff, auf welchem er Waren hatte, glücklich angekommen sei. Diese Nachricht verdrehte den beiden Ältesten, welche schon glaubten, nun das langweilige Landleben aufgeben zu können, den Kopf, und als sie ihren Vater reisefertig sahen, baten sie ihn, ihnen schöne Kleider, Kopfputz und alle möglichen Kleinigkeiten mitzubringen. Die Schöne bat ihn um gar nichts, denn sie dachte bei sich, dass all das für die Waren gelöste Geld nicht hinreichen würde, um die Wünsche ihrer Schwestern zu befriedigen. »Du bittest mich nicht, dir etwas zu kaufen?«, sagte der Vater zu ihr. »Da Ihr so gut seid, an mich zu denken«, entgegnete sie, »so bitte ich Euch, mir eine Rose mitzubringen, denn es gibt hier keine.« Der gute Mann reiste ab, aber als er angekommen war, musste er um seine Waren einen Prozess führen, und nach vieler Mühe kam er ebenso arm zurück, wie er abgereist war.

Schon freute er sich darauf, seine Kinder wiederzusehen, aber als er kurz vor seinem Hause einen großen Wald durchqueren musste, geriet er in die Irre. Es schneite unaufhörlich, der Wind wehte so heftig, dass er ihn zweimal vom Pferde riss, und als es Nacht wurde, glaubte er vor Hunger und Kälte sterben zu müssen oder von den Wölfen gefressen zu werden, die er ringsherum heulen hörte. Plötzlich, als er sich am Ende einer langen Allee umsah, bemerkte er ein helles Licht, das aber noch weit entfernt zu sein schien. Er ging in dieser Richtung weiter und merkte, dass das Licht von einem großen Schlosse ausging, das vollkommen erleuchtet war. Der Kaufmann dankte Gott für seine Hilfe und trat eilends in das Schloss; aber wie groß war seine Überraschung, als er in den Höfen keinen Menschen fand. Das Pferd, das er hinter sich herzog, sah einen großen Stall offen stehen, es ging hinein und fand eine Menge Heu und Hafer vor. Das arme ausgehungerte Tier stürzte sich gierig darauf. Der Kaufmann band es fest und wandte sich zum Hause, wo er gleichfalls keinen Menschen antraf. Aber im Saale flackerte ein warmes Feuer, und eine mit Speisen beladene Tafel, auf der indes nur ein Besteck lag, lud zum Essen ein. Da ihn Schnee und Regen bis auf die Haut durchnässt hatten, setzte er sich an den Kamin und wartete eine beträchtliche Zeit, dass der Hausherr oder ein Diener eintreten würde; als es aber elf Uhr schlug, ohne dass er jemanden erblickt hatte, konnte er seinen Hunger nicht mehr bändigen und nahm ein Hähnchen, das er mit zwei Bissen und unter Zittern verzehrte. Er trank noch einige Schluck Wein, und als er kühner geworden war, verließ er den Saal und durchschritt mehrere große und prächtig eingerichtete Räume. Schließlich fand er ein Zimmer, in welchem ein Bett stand, und da Mitternacht vorüber und er selbst sehr müde war, so sperrte er die Türe ab und legte sich zur Ruhe.

Es war schon zehn Uhr morgens, als er sich am folgenden Tage erhob, und er war nicht wenig erstaunt, als er ein sehr kostbares Gewand an Stelle des seinigen vorfand, welches ganz verdorben worden war. »Gewiss«, sagte er zu sich, »gehört dies Schloss irgendeiner guten Fee, die Mitleid mit meiner Lage hatte.«

Er blickte durch das Fenster und sah keinen Schnee mehr, sondern Lauben und Blumengewinde, die das Auge bezauberten. Er trat wieder in den großen Saal, wo er abends zuvor gespeist hatte, und bemerkte einen kleinen Tisch, auf welchem eine Schokolade dampfte. »Ich danke Euch, Frau Fee«, sagte er ganz laut, »dass Ihr so gütig seid, an mein Frühstück zu denken.« Der gute Mann nahm seine Schokolade und ging dann, sein Pferd zu holen, und als er an einem schönen Rosenbeet vorüberging, fiel ihm ein, dass ihn die Schöne um eine gebeten hatte; er brach also einen Zweig mit mehreren Blüten ab. In diesem Augenblick hörte er ein heftiges Geräusch und sah ein so furchtbares Ungeheuer auf sich zukommen, dass er fast ohnmächtig geworden wäre. »Ihr seid sehr undankbar!«, redete ihn das Untier mit einer furchtbaren Stimme an, »ich habe Euch das Leben gerettet, indem ich Euch in meinem Schlosse Unterkunft gewährte, und zum Dank dafür stehlt Ihr mir meine Rosen, die ich über alles in der Welt liebe. Diese Verfehlung kann nur durch den Tod gesühnt werden; ich gebe Euch eine Viertelstunde Zeit, um Eure Rechnung mit Gott abzuschließen.« Der Kaufmann warf sich auf die Knie und sagte zu dem Tier, indem er die Hände faltete:

»Gnädiger Herr, verzeiht mir, ich glaubte Euch nicht zu beleidigen, als ich eine Rose für eine meiner Töchter pflückte, die mich um eine solche gebeten hat.«

»Ich will Euch verzeihen«, versetzte das Ungeheuer, »doch unter der Bedingung, dass eine Eurer Töchter freiwillig herkommt, um an Eurer Stelle zu sterben. Macht keine Einwendungen, geht, und wenn Eure Töchter sich weigern, für ihren Vater den Tod zu erleiden, so schwört mir, dass Ihr in drei Monaten wiederkommen werdet!«

Der gute Mann hatte nicht die Absicht, eine seiner Töchter diesem grässlichen Untier zu opfern, aber er dachte, wenigstens würde er das Vergnügen haben, sie noch einmal zu umarmen. Er schwor also, er werde wiederkommen, und das Tier sagte zu ihm, dass er abreisen könne, wann er wolle. »Aber«, fügte es hinzu, »ich will nicht, dass Ihr mit leeren Händen geht. In Eurem Schlafzimmer findet Ihr einen großen Koffer;

ihr könnt hineintun, was Euch gefällt; ich werde ihn in Euer Haus bringen lassen.« Mit diesen Worten zog sich das Ungeheuer zurück, und der gute Mann sagte zu sich: »Wenn ich sterben muss, so werde ich wenigstens meinen armen Kindern etwas hinterlassen, wovon sie leben können.« Er füllte also den Koffer mit Goldstücken und verschloss ihn, dann holte er sein Pferd aus dem Stall und verließ das Schloss ebenso traurig, wie er es freudig betreten hatte. Das Pferd schlug von selbst einen der Waldwege ein, und nach wenigen Stunden gelangte der gute Mann in sein Häuschen.

Seine Kinder umringten ihn, aber anstatt sich ihrer Liebkosungen zu freuen, weinte der Vater bei ihrem Anblick. Er hielt die Rosen, die er seiner Tochter mitbringen wollte, in der Hand und gab sie der Schönen, indem er sagte: »Nimm diese Rosen, Schöne, sie kommen deinem unglücklichen Vater teuer zu stehen«, und er erzählte seiner Familie das unheilvolle Abenteuer, das ihm zugestoßen war. Bei dieser Erzählung stießen die zwei älteren Schwestern laute Schreie aus und schmähten die Schöne, welche nicht weinte: »Da seht, wie stolz diese kleine Kreatur ist«, sagten sie, »durch ihren außergewöhnlichen Wunsch verursacht sie den Tod ihres Vaters und weint nicht einmal darüber!« »Warum sollte ich den Tod meines Vaters beweinen?«, entgegnete die Schöne. »Er wird nicht sterben; da das Ungeheuer eine seiner Töchter als Ersatz nehmen will, so werde ich mich seiner Wut überliefern, und ich bin sehr glücklich, dass ich meinem Vater hierdurch meine Liebe beweisen kann.« Trotz des Einspruchs des Vaters, er sei älter und könne eher mit dem Leben abschließen, bestand sie auf ihrem Opfer.

Der Vater ging mit ihr in das Waldschloss, und die beiden bösen Mädchen rieben sich die Augen mit Zwiebeln ein, um einige Tränen beim Abschied von ihrer Schwester vergießen zu können. Das Pferd schlug den Weg zum Schlosse ein, und gegen Abend sahen sie es vor sich, erleuchtet wie das erste Mal. Das Pferd wurde im Stall untergebracht, und der gute Mann trat mit seiner Tochter in den großen Saal, wo sie eine prächtig gedeckte Tafel mit zwei Bestecken vorfanden. Der Kaufmann verspürte keine Lust zu essen, aber die Schöne bemühte sich, ruhig zu erscheinen, sie setzte sich zu Tisch und legte ihm vor. Nach dem Essen hörten sie einen furchtbaren Lärm, und der Kaufmann verabschiedete sich unter Tränen von seiner Tochter, da er glaubte, das Ungeheuer komme, um sie zu fressen. Auch die Schöne konnte sich nicht eines Schauders erwehren, als sie diese schreckliche Gestalt sah, aber sie nahm sich so gut es ging zusammen, und als das Untier sie fragte, ob sie freiwillig gekommen sei, sagte sie bebend:

»Ja!«

»Ihr seid sehr gut«, sagte das Tier, »und ich bin Euch sehr zu Dank verpflichtet. Guter Mann, reist morgen ab und lasst es Euch nicht einfallen, wiederzukommen. Gott behüte dich, Schöne!«

»Gott behüte dich, Tier!«, erwiderte sie, und sogleich zog sich das Ungeheuer zurück.

»O, meine Tochter!«, sagte der Kaufmann, indem er die Schöne umarmte, »ich bin halb tot vor Angst, glaube es mir. Lass mich hierbleiben!«

»Nein, Vater«, sagte die Schöne bestimmt, »Ihr reist morgen früh ab und überlasst mich der Gnade des Himmels. Vielleicht hat er Mitleid mit mir.«

Als der Vater abgereist war, setzte sich die Schöne in den großen Saal und begann zu weinen; aber da sie sehr mutig war, empfahl sie sich Gott und beschloss, das bisschen Leben, das ihr noch geschenkt war, nicht zu vertrauern, denn sie glaubte fest, dass das Ungeheuer sie am Abend fressen würde. Sie beschloss indessen, das schöne Schloss zu besichtigen. Sie konnte es nicht unterlassen, dessen Pracht zu bewundern und war sehr überrascht, als sie auf eine Tür traf, über welcher die Worte zu lesen waren: Der Schönen Wohnung. Sie öffnete hurtig die Tür und war geblendet von dem Prunk, der hier herrschte; was ihr aber am meisten in die Augen fiel, war ein Bücherschrank, ein Klavier und mehrere musikalische Schriften. »Wenn ich heute Abend gefressen werden sollte«, dachte sie, »so hätte man mich nicht so gut versorgt ... Ach«, seufzte sie sodann, »ich möchte nichts, als meinen armen Vater wieder sehen und wissen, was er gegenwärtig treibt.« Wie groß war ihr Erstaunen, als ihre Augen auf einen großen Spiegel fielen, in welchem sie ihr Haus erblickte, wo ihr Vater gerade mit äußerst bekümmerter Miene ankam. Ihre Schwestern kamen heraus, und trotz der Grimassen, die sie schnitten, um betrübt zu erscheinen, konnte man ihnen die Freude über den Verlust ihrer Schwester ansehen. Einen Augenblick später verschwand alles, und die Schöne dachte, dass das Tier sehr gefällig sein müsse und dass sie von ihm nichts zu fürchten haben würde. Zu Mittag fand sie die Tafel gedeckt und hörte, ohne indes jemanden zu sehen, eine herrliche Musik. Abends, als sie sich zu Tisch setzte, vernahm sie das Geräusch, welches das Ungeheuer verursachte und konnte sich nicht enthalten, zu erbeben.

»Schöne«, sagte das Tier zu ihr, »erlaubt Ihr, dass ich Euch beim Essen zuschaue?«

»Ihr seid hier der Herr!«, erwiderte die Schöne zitternd.

»Nein«, sagte das Tier, »nur Ihr seid Herrin, Ihr braucht nur zu wünschen, dass ich gehe, wenn ich Euch lästig bin, und sogleich werde ich Euch verlassen … Sagt mir, findet Ihr mich nicht sehr hässlich?«

»Das ist wahr«, entgegnete die Schöne, »denn ich mag nicht lügen; aber ich glaube, dass Ihr sehr gut sein müsst.«

Die Schöne aß mit gutem Appetit; sie fürchtete das Tier fast gar nicht mehr, aber fast wäre sie vor Schrecken gestorben, als dieses plötzlich zu ihr sagte: »Schöne, wollt Ihr meine Frau werden?« Sie blieb einige Zeit stumm, denn sie fürchtete, den Zorn des Untiers zu erwecken, wenn sie es ihm abschlug; dann sagte sie zitternd: »Nein, Tier!« Hierüber wollte das arme Ungeheuer seufzen, aber es ließ nur ein so schreckliches Zischen hören, dass der ganze Palast davon ertönte. Aber die Schöne war wieder beruhigt, als das Tier betrübt zu ihr sprach: »Also behüte dich Gott, Schöne!«, und das Gemach verließ, nicht ohne sich von Zeit zu Zeit umzudrehen, um sie nochmals zu betrachten. Als die Schöne allein war, fühlte sie starkes Mitleid mit dem Tier: »Ach!«, sagte sie, »es ist schade, dass es so hässlich ist, es ist so gut!«

Die Schöne verbrachte drei Monate in aller Ruhe im Schlosse; jeden Abend stattete ihr das Ungeheuer einen Besuch ab und unterhielt sie während des Essens mit gesundem Verstand, und jeden Tag entdeckte die Schöne neue Lichtseiten an ihm. Die Gewohnheit, es zu sehen, hatte sie mit seiner Hässlichkeit vertraut gemacht, und weit entfernt, die Stunde seines Besuches zu fürchten, schaute sie häufig nach der Uhr, um zu sehen, ob es noch nicht bald neun sei. Nur ein Umstand quälte die Schönheit: dass das Untier sie jedes Mal vor dem Schlafengehen fragte, ob sie seine Frau werden wolle, wobei es jedes Mal schmerzlich berührt war, wenn sie verneinte. Eines Tages sagte sie: »Du tust mir leid, Tier, ich möchte, ich könnte dich heiraten, aber ich bin zu aufrichtig, um dir Hoffnung zu geben, dass dies jemals der Fall sein könnte.«

Die Schöne hatte in ihrem Spiegel gesehen, dass ihr Vater vor Kummer über ihren Verlust erkrankt war, und sie wünschte, ihn wiederzusehen.

»Ich würde dir gern versprechen«, sagte sie zum Ungeheuer, »dich nie gänzlich zu verlassen, aber ich habe solche Sehnsucht, meinen Vater wiederzusehen, dass ich vor Schmerz sterben würde, wenn du mir das Vergnügen verwehren wolltest.«

»Ich will lieber selbst sterben«, sagte das Untier, »als Euch Kummer bereiten. Ich werde Euch zu Eurem Vater schicken, Ihr könnt dort bleiben, und Euer armes Tier wird vor Sehnsucht sterben!«

»Nein«, sagte die Schöne weinend, »ich liebe dich zu sehr, um deinen Tod veranlassen zu wollen; ich verspreche dir, in acht Tagen zurückzukommen. Du hast mich wissen lassen, dass meine Schwestern verheiratet sind und dass mein Vater allein steht; erlaube, dass ich ihm eine Woche Gesellschaft leiste!«

»Morgen früh werdet Ihr bei ihm sein, aber gedenkt Eures Versprechens! Ihr braucht nur Euren Ring beim Schlafengehen auf den Tisch zu legen, wenn Ihr heimkehren wollt. Behüte dich Gott, Schöne!« Das Untier seufzte wie gewöhnlich bei diesen Worten, und die Schöne legte sich zu Bett, betrübt darüber, ihr liebes Tier in Sorgen zu sehen.

Als sie am andern Morgen erwachte, befand sie sich im Hause ihres Vaters und läutete eine Glocke, die neben ihrem Bett stand. Sogleich kam eine Magd, die bei ihrem Anblick einen lauten Schrei ausstieß. Im Nebenzimmer fand sich ein Koffer voll goldbestickter Kleider, die das Ungeheuer hergeschickt hatte. Auf die Nachricht von der Heimkehr der Schönen hin erschienen die Schwestern mit ihren Gatten auf Besuch; beide waren sehr unglücklich verheiratet, und ihre Eifersucht auf die jüngste, deren Kleider sie beneideten, erwachte von Neuem, zumal da sie erfuhren, wie gut es ihr gehe.

»Schwester«, sagte die Älteste, »mir kommt ein Gedanke. Versuchen wir, sie länger als acht Tage hier zu behalten, ihr dummes Tier wird darüber ergrimmt sein, dass sie ihr Wort bricht, und wird sie vielleicht fressen.«

»Du hast recht, Schwester!«, entgegnete die andere, »zu diesem Zwecke müssen wir ihr schmeicheln.«

Als sie diesen Entschluss gefasst hatten, traten sie wieder zur Schönen und erwiesen ihr so viel Liebesdienste, dass jene vor Freude Tränen vergoss. Als die acht Tage verstrichen waren, rauften sich die Schwestern die Haare aus und heuchelten einen solchen Gram über ihre Abreise, dass sie versprach, noch weitere acht Tage zu bleiben.

Indessen hielt sich die Schöne den Kummer vor, den sie ihrem armen Tiere bereiten würde, das sie so von Herzen liebte, und sie sehnte sich danach, es zu sehen. In der zehnten Nacht, die sie bei ihrem Vater verbrachte, träumte ihr, sie sei im Garten des Palastes und erblicke das Tier halbtot im Grase liegen. Die Schönheit erwachte plötzlich und vergoss Tränen. »Bin ich nicht sehr schlecht«, sagte sie, »das Tier zu betrüben, dass mir stets so gefällig war? Auf, ich will es nicht unglücklich machen.« Bei diesen Worten erhob sich die Schöne, legte den Ring auf den Tisch und ging dann wieder schlafen. Kaum war sie in ihrem Bett, als sie einschlummerte, und wie sie am andern Morgen erwachte, sah sie mit Freuden, dass sie im Palast des Tieres war. Sie kleidete sich prächtig, um ihm zu gefallen und sehnte sich den ganzen Tag über fast zu Tode, indem sie auf die neunte Stunde wartete. Aber umsonst schlug die Uhr, das Tier zeigte sich nicht. Die Schönheit fürchtete schon, seinen Tod auf dem Gewissen zu haben. Sie lief durch das ganze Schloss und schrie laut, sie war ganz verzweifelt. Nachdem sie überall gesucht hatte, erinnerte sie sich ihres Traumes, sie lief in den Garten und fand dort das arme Tier besinnungslos ausgestreckt, sodass sie glaubte, es sei tot. Sie warf sich über es, ohne vor seiner Gestalt zu erschrecken und fühlte, dass sein Herz noch schlug; sie schöpfte Wasser aus dem Kanal und goss es ihm über den Kopf. Das Tier öffnete die Augen und sagte zur Schönen: »Ihr hattet Euer Versprechen vergessen und der Gram, Euch verloren zu haben, hat mir den Entschluss eingegeben, den Hungertod zu leiden. Aber ich sterbe beruhigt, da ich das Glück habe, Euch noch einmal zu sehen.«

»Nein, mein teures Tier«, sagte die Schöne, »du sollst nicht sterben, du sollst leben, um mein Gatte zu werden; ich

gebe dir meine Hand und schwöre, dass ich nur dir angehören will!«

Kaum hatte die Schöne diese Worte gesprochen, als sie das Schloss in hellstem Lichte erstrahlen sah, ein Feuerwerk wurde abgebrannt und Musik ertönte; alles schien auf ein Fest hinzudeuten. Aber all diese Pracht konnte sie nicht fesseln: sie wandte sich zu ihrem geliebten Tier, dessen Gefahr sie zittern machte. Aber wie groß war ihre Überraschung! Das Tier war verschwunden, und sie sah zu ihren Füßen einen Prinzen, der schön war wie Amor selbst und der ihr dafür dankte, dass sie seinen Zauber gebrochen hätte.

»Eine böse Fee hatte mich verflucht, in Tiergestalt zu verharren, bis eine schöne Jungfrau einwilligte, mich zum Gatten zu nehmen. Ihr wart der einzige Mensch auf der Welt, der sich von meiner Güte rühren ließ, und ich erfülle nur eine Dankespflicht, wenn ich Euch meine Krone anbiete.«

Sie begaben sich in das Reich des Prinzen, dessen Untertanen ihn mit Freuden wiederkehren sahen, und er heiratete die Schöne, welche lange Jahre mit ihm lebte. Ihr Glück aber war vollkommen, denn es war auf die Tugend begründet.

Frankreich

Petiton

Einst lebte eine Witwe, die nur einen Sohn namens Petiton hatte. Dieser war schon zwanzig Jahre alt, war aber so vertrauensselig, dass man ihn schon mehr als hundertmal angeschmiert hatte, aber trotzdem war er unverbesserlich.

»Lieber Sohn«, sagte eines Tages seine Mutter zu ihm, »heute ist zu Layrac Jahrmarkt und du wirst sofort dort hingehen, um unser schönes Ochsenpaar zu verkaufen. Vertraue aber den Händlern nicht und gib unsere Tiere nur gegen klingendes Geld her.«

»Mutter, ich komme deinem Befehl nach. Wie viel soll ich für die Ochsen verlangen?«

»Du wirst dort schon sehen, welchen Preis sie haben. Verlange das Richtige und Entsprechende.« »Ja, Mutter, das Richtige und Entsprechende. Rechnet nur auf mich, ich werde eurem Willen gemäß handeln.«

Petiton frühstückte noch tüchtig, striegelte seine Ochsen, band sie ins Joch, zog sich um, nahm den Ochsenstachel und zog fort. Gerade zur Mittagszeit kam er nach Layrac. Zwei Händler kamen zu ihm: »Gott grüße dich, Petiton. Was verlangst du für deine Ochsen?«

»Ich verlange das Richtige und Entsprechende.«

»Das ist zu viel verlangt.«

»Liebe Freunde, ich verlange das Richtige und Entsprechende und lasse nicht einen Heller nach.« »Nun gut, lieber Petiton, wir kaufen die Ochsen. Schlage ein und erwarte uns. Wir gehen nur fort, um das Richtige und Entsprechende zu holen.«

Die zwei Händler gingen, kamen aber bald wieder, jeder mit einer Papiertüte in der Hand.

»Hier, Petiton, hast du das Richtige. Verliere es nicht.«

»Hier, Petiton, hast du das Entsprechende. Verliere es nicht.«

»Liebe Freunde, darüber seid beruhigt. Nun gehören die Ochsen euch und ich wünsche nur, dass ihr sie wieder vorteilhaft verkauft.«

Die zwei Händler zogen mit den Ochsen ab und Petiton kehrte zu seiner Mutter zurück.

»Guten Abend, liebe Mutter, ich habe die Ochsen verkauft.« –

»Wie teuer?«

»Mutter, ich handelte nach deinem Befehl; ich verlangte das Richtige und Entsprechende.«

»Zeig her.«

Petiton gab die zwei Papiertüten her. Die eine war voll Flöhe, die andere voll Läuse.

»Dummkopf, du hast also doch den Händlern getraut. Ich habe dir doch befohlen, die Ochsen nicht anders als gegen bares Geld herzugeben.«

»Mutter, ihr sagtet doch, ich soll das Richtige und Entsprechende verlangen. Ich glaubte, dass sich diese Dinge in den Papiertüten befinden.«

»Geh essen, Dummkopf, und leg dich dann nieder. Du wirst den Wolf nie beim Schwanz nehmen.«

Petiton gehorchte, ohne etwas zu entgegnen. Im Bett dachte er sich jedoch: »Ich muss aufhören, so vertrauensselig zu sein. Diejenigen, welche mich von nun an täuschen werden, können sich rühmen, klug zu sein. Meine Mutter sagte, ich werde den Wolf nie beim Schwanz nehmen. Gut, wir werden es ja sehen.«

Er erhob sich, kleidete sich leise im Dunkeln an, nahm einen guten Eichenstock, einen fingerdicken Strick und ging weg. Um Mitternacht kam er in einen großen Wald, in dem sich eine Menge Wölfe befanden. Er machte aus seinem Strick eine Schlinge, legte sie auf den Weg und verbarg sich, den Eichenstock in der Hand. Er brauchte nicht lange zu warten, denn eine Viertelstunde später kam ein großer Wolf und fing sich in der Schlinge. Sogleich fasste der Junge den Wolf beim Schwanz und schlug gewaltig auf ihn los und konnte ihn nun hinführen, wohin er wollte. Bei Sonnenaufgang kam er nach Hause.

»Grüß Gott, liebe Mutter. Du sagtest gestern Abend zu mir, ich könne den Wolf nie beim Schwanz fassen. Nun sieh her, wie ich dich Lügen strafe. Von nun ab bin ich nicht mehr vertrauensselig, wer mich jetzt überlistet, kann sich rühmen, sehr klug zu sein.«

Nachdem er dies gesagt hatte, ging er in den Stall, wählte einen prächtigen Widder aus, stach ihn ab und zog ihm die Haut samt den Hörnern ab. Mit dieser Haut bekleidete er den Wolf und zwar so trefflich, dass dieser wirklich einem Widder gleich sah.

»Leb wohl, liebe Mutter. Ich gehe nach Dunes auf den Jahrmarkt und werde den zwei Händlern gehörig heimleuchten.« –

»Leb wohl, Gott sei mit dir.«

Zur Mittagszeit kam er mit dem verkleideten Wolf nach Dunes. Sofort eilten die zwei Händler herbei. »Grüß Gott, lieber Petiton.«

»Grüß Gott, liebe Freunde. Seid ihr mit meinen Ochsen zufrieden?«

»Sehr zufrieden. Nur hast du sie uns teuer bezahlen lassen. Endlich haben wir aber doch das Richtige und Entsprechende gefunden. Du hast uns doch nichts vorzuwerfen?«

»Liebe Freunde, ihr habt edel gehandelt. Wollte Gott, dass euch alle ähnlich wären.«

»Petiton, was willst du für diesen Widder?«

»Liebe Freunde, ich verlange viel dafür, denn er hat seinesgleichen nicht in der Welt. Jede Nacht kann er hundert Schafe belegen und drei Monate nachher bringt jedes zwei Lämmer zur Welt. Das wiederholt sich dreimal im Jahr.«

»Petiton, das ist ein sehr kräftiges Tier. Wie viel willst du dafür?«

»Liebe Freunde, ich verlange dasselbe wie für die Ochsen, nämlich das Richtige und Entsprechende.«

»Petiton, du verlangst viel.«

»Aber, Freunde, ich verlange doch nur das Richtige und Entsprechende und davon lasse ich keinen Heller nach.«

»Gut, Petiton, du sollst es haben. Der Widder ist unser, schlage ein und warte ein wenig, damit wir das Richtige und Entsprechende holen.«

Die beiden Händler liefen weg, kamen jedoch bald wieder, jeder eine Papiertüte in der Hand, zurück. »Hier, Petiton, hier ist das Richtige. Verliere es nicht.«

»Hier, Petiton, ist das Entsprechende. Verliere es nicht.«

»Seid ruhig, liebe Freunde. Der Widder ist nun euer und ich wünsche euch nur, dass ihr ihn mit großem Gewinn wieder verkauft.«

Die beiden Händler zogen mit dem Widder ab und er kehrte nach Hause zurück. Am Weg rieb er sich die Hände und sprach zu sich: »Sperrt den großen Wolf nur in euren Stall ein.« Die zwei Händler sperrten ihn in den Stall, doch sofort entledigte er sich seiner Haut und fiel über die Schafe her. Erschreckt sprangen sie auf. Die Händler horchten an der Türe und riefen: »Petiton log nicht. Es ist ein kräftiges Tier, wie es sich nur abmüht!« Am nächsten Morgen sollten sie jedoch eines bessern belehrt werden. Als sie die Türe öffneten, sprang der Wolf mit großen Sätzen heraus. »Zum Teufel, ein Wolf! Unsere Schafe sind erwürgt. Petiton hat sich an uns gerächt. Das soll ihm aber nicht geschenkt sein.«

Sie ergriffen ihre Stöcke und reisten ab. Aber Petiton sah sich vor. Schon vor Tagesanbruch pfiff er seinem Hund Mouret, einem klugen, starken und gut abgerichteten Tier, das alles, was sein Herr wollte, verstand und sofort ausführte. Außer sprechen konnte Mouret alles. »Hierher, Mouret. Komm her, dass ich in die Haare deiner Brust diese mit Blut gefüllte Blase verbergen kann. Ich erwarte zwei Händler. Wenn sie kommen, wirst du den wütenden Hund spielen. Ich werde dich dann am Halse packen und das Messer in die mit Blut gefüllte Blase stoßen. Du wirst dich tot stellen, aber wieder lebendig werden, wenn ich folgendes gesagt habe:

> Messer mit dem schwarzen Griff,
> Messer mit dem weißen Griff,
> Erwecke meinen Hund zum Leben.«

Mouret machte ein Zeichen des Einverständnisses.

Gerade zur Mittagszeit kamen die beiden Händler vor das Haus Petitons. Er erwartete sie mit dem Eichenknüttel in der Hand, was sie etwas abkühlte.

»Grüß Gott, liebe Freunde, seid ihr mit dem Widder zufrieden?«

»Räuber! Gauner!«

»Beruhigt euch doch, liebe Leute, sonst kommt mein Stock an die Reihe. Hört mich an. Ich habe euch das zurückgezahlt, was ihr mir gemacht habt, nach dem Grundsatz: ›Wie du mir, so ich dir.‹ Nun sind wir quitt. Ich fürchte niemanden, prügeln wir uns, wenn ihr wollt. Wenn nicht, werden wir gute Freunde.«

Die beiden Händler waren sprachlos, endlich riefen sie:

»Gut, lieber Petiton, seien wir gute Freunde.«

»Das ist recht. Gehen wir nun zechen und trinken ins Gasthaus.«

Petiton machte Mouret ein Zeichen. Sogleich stellte der Hund die Haare auf, rollte die Augen, streckte die Zunge heraus und geiferte, als ob er wirklich wütend wäre. Die beiden Händler wurden blass bis in die Lippen, aber Petiton nahm sein Messer, packte Mouret am Hals und durchschnitt die mit Blut gefüllte, in den Brusthaaren versteckte Blase. Der Hund fiel wie tot um.

»Nun, liebe Freunde, gehen wir ins Gasthaus und zechen und trinken wir dort.«

Alle drei gingen ins Gasthaus, setzten sich und plauderten fleißig unterm Trinken.

»Petiton, du bist ein starker und geschickter Spitzbube. Einen wütenden Hund beim Hals packen und ihn mit einem Messer niederstechen, das bringen nur wenig Leute zusammen, ohne dass sie gebissen werden.«

»Liebe Freunde, ihr irrt euch. Ich habe nicht das geringste Verdienst dabei; seht dieses unscheinbare Messer an. Mit seiner Hilfe steche ich alle bösartigen Tiere ab, ohne in Gefahr zu kommen. Mit deren Blut ist ihre Bösartigkeit weg. Wenn ich sie dann wieder beleben will, so brauche ich ihnen nur mein Messer zu zeigen und zu sprechen:

›Messer mit dem schwarzen Griff,
   Messer mit dem weißen Griff,
   Erwecke meine Tiere rasch zum Leben.‹

Sofort erheben sie sich und sind sanft und ruhig wie Lämmer, die einen Monat alt sind.«

»Petiton, das ist doch lächerlich.«

»Liebe Freunde, kommt mit und sagt dann, ob ich lüge.«

Alle drei gingen zu Mouret, der sich noch immer tot stellte. Petiton näherte sich ihm, zeigte ihm das Messer und sprach:

»Messer mit dem schwarzen Griff,
   Messer mit dem weißen Griff,
   Erwecke meine Tiere rasch zum Leben.«

Sogleich sprang Mouret auf und leckte seinem Herrn die Hand.

»Petiton, du hast nicht gelogen. Willst du uns das Messer verkaufen?«

»Zu was braucht ihr es denn?«

»Lieber Petiton, wenn wir dieses Messer haben, ist unser Glück gemacht. Wir kaufen dann auf den Märkten alle bösartigen Ochsen und Kühe und alle störrischen Pferde und Maultiere. Wir werden sie dann, so wie du es mit deinem Hund gemacht hast, töten und sie wieder beleben, damit sie sanft und ruhig werden.«

»Ihr habt Recht, liebe Freunde. Aber nach eurem eigenen Ausspruch ist das Messer sehr wertvoll, ihr werdet mir daher tausend Goldtaler dafür geben.«

»Aber, Petiton, das ist zu viel.«

»Nicht einen Heller lasse ich euch nach. Wenn ihr bis morgen früh mir die verlangte Summe nicht geben wollt, so gehe ich selbst auf die Märkte und werde selbst das tun, was ihr tun wollt, um reich zu werden.«

»Petiton, hier sind die tausend Goldtaler.«

»Und hier ist das Messer. Ich wünsche euch nur, dass es euch Glück bringt.«

Die zwei Händler zogen fröhlich wie Amseln ab. Am folgenden Tag, dem Feste des Heiligen Martin, kauften sie um ihr ganzes Geld am Markt zu Lectoure alle bösartigen Kühe und Ochsen und alle störrischen Pferde und Maultiere, die sonst niemand wollte.

»Unser Glück ist gemacht«, schrien sie.

Am Abend trieben sie alle Tiere in eine am Ufer des Gers gelegene Wiese. Dort töteten sie alle. Es war ein trauriger Anblick, alle Tiere tot auf dem blutbespritzten Gras zu sehen. Hierauf hielten die Händler dem Vieh das Messer vor und riefen:

»Messer mit dem schwarzen Griff,
Messer mit dem weißen Griff.
Erwecke unsere Tiere rasch zum Leben.«

Die Tiere rührten sich nicht.

»Messer mit dem schwarzen Griff,
Messer mit dem weißen Griff,
Erwecke unsere Tiere rasch zum Leben.«

Die Tiere rührten sich immer noch nicht.

»Messer mit dem schwarzen Griff,
Messer mit dem weißen Griff,
Erwecke unsere Tiere rasch zum Leben.«

Die Tiere rührten sich noch immer nicht.

»Zum Teufel, alle Tiere sind hin. Wir sind ruiniert. Petiton hat sich an uns noch einmal gerächt. Das wird aber nicht mehr vorkommen.«

Sie gingen wieder zu Petiton, sie beschlossen jedoch, ihn im Bett zu überraschen. So geschah es auch. Sie banden ihm Hände und Füße, steckten ihn in einen Sack und luden sich ihn auf, um ihn zu ertränken. Die Last war jedoch schwer und zur Garonne war es weit. Am halben Weg konnten sie nicht mehr weiter, sie setzten daher den Sack inmitten eines Waldes ab und traten in ein Wirtshaus, um sich auszuruhen und mit Wein zu stärken. Bis dahin hatte sich Petiton vollkommen ruhig verhalten, nun aber begann er zu schreien: »Zu Hilfe! Zu Hilfe!«

Ein junger Mann trieb soeben mit tausend Schweinen durch den Wald. Er näherte sich dem Sack.

»Welche Schurken haben dich denn in den Sack eingeschlossen?«

»Lieber Mann, es waren zwei königliche Knechte, die mich ihrem Herrn überbringen wollten. Ich sollte nämlich die Tochter des Königs, die schön wie der Tag und übermäßig reich ist, heiraten, ich aber habe Gott versprochen, Priester zu werden und heirate daher nie des Königs Tochter.«

Der Schweinehirt öffnete den Sack.

»Ich danke dir, lieber Hirt.«

»Lieber Freund, noch eins. Tauschen wir. Übernimm du die tausend Schweine und schließe mich in den Sack ein, dann werde ich die Königstochter, die so schön wie der Tag und übermäßig reich ist, heiraten.«

»Das tu ich gerne. Aber beeilen wir uns, denn die beiden königlichen Knechte können jeden Augenblick zurückkommen.«

Zwei Minuten später lag der Schweinehirt im Sack auf der Erde und Petiton entfernte sich mit den tausend Schweinen. Er war noch keine hundert Schritte weit, da kamen schon die beiden Händler zurück. Petiton überwachte unauffällig ihr Treiben. Am Ufer der Garonne öffneten sie den Sack, steckten einen großen Stein hinein und warfen dann den Sack in die Garonne. Sie selbst eilten, als wenn sie der Teufel gejagt hätte, davon. Aber Petiton, der wie eine Barbe schwamm, sprang in die Garonne, fischte den Sack heraus und rettete den Schweinehirten.

»Ich danke dir, lieber Freund. Du hast mir aber ein besseres Los als das versprochen.«

»Lieber Schweinehirt, ich versprach es dir im guten Glauben.«

»Lieber Freund, ich mache dir ja keine Vorwürfe. Du hast mir das Leben gerettet, nimm dir daher fünfhundert Schweine.«

»Lieber Schweinehirt, sehr gerne.«

Nach der Teilung zog jeder seines Weges. Petiton zog längs der Garonne weiter und begegnete drei Meilen später den zwei Händlern. Er zog seine Mütze über die Stirn, damit sie ihn nicht erkennen. »Grüß Gott, meine Herren.«

»Grüß Gott, lieber Schweinehirt. Gehören diese schönen Schweine dir?«

»Ja, es sind deren fünfhundert.«

»Lieber Schweinehirt, was hast du dafür bezahlt?«

Er schob seine Mütze hinauf und rief: »Meine Freunde, ich habe das Richtige und Entsprechende bezahlt.«

Die zwei Händler wichen erschreckt zurück.

»Liebe Freunde, fürchtet euch nicht, ich tue euch nichts. Ich zeige euch nicht bei Gericht an. Ihr habt mich in der Garonne ertränken wollen, was mir, ohne dass ihr es beabsichtigt habt, zum Glück ausschlug. Am Grunde des Flusses gibt es Tausende von Schweinen. Ich habe fünfhundert mit mir genommen, bin aber damit nicht zufrieden.«

»Petiton, sprichst du die Wahrheit?«

»Wenn ihr nicht wollt, braucht ihr es ja nicht zu glauben. Ich verkaufe nun meine Schweine zu Agen, dann kehre ich wieder zurück und hole mir andere.«

Petiton sprach so überzeugend, dass ihm die beiden Händler glaubten.

»Petiton, wir werden es so machen wie du.«

»Viel Glück, liebe Freunde. Springt nur hinein, ich bin sofort dort, wenn euch etwas zustößt, ich schwimme ja wie eine Barbe.«

Die beiden Händler sprangen in die Garonne.

»Zu Hilfe, Petiton, zu Hilfe!«

Petiton zersprang aber beinahe vor Lachen.

»Ertrinket nur, ihr Schurken und Räuber.«
Die zwei Händler ertranken; nie hörte man mehr etwas von ihnen. Petiton kehrte zu seiner Mutter zurück und heiratete bald ein schönes Mädchen. Er lebte lange mit Frau und Kindern, glücklich und reich.

Frankreich

Blaubart

Es war einmal ein Mann, der hatte schöne Häuser in der Stadt und auf dem Lande, goldene und silberne Geräte, Möbel und Stickereien und goldene Karossen, aber unglücklicherweise hatte dieser Mann einen blauen Bart. Das machte ihn so hässlich und so abstoßend, dass Frauen und Mädchen vor ihm die Flucht ergriffen.

Eine seiner Nachbarinnen, eine Dame von Stand, hatte zwei wunderschöne Töchter. Er bat sie um die Hand der einen von beiden und ließ ihr die Wahl, welche sie ihm geben wolle. Sie wollten ihn alle beide nicht, und die eine schickte ihn immer wieder zur anderen, da keine sich entschließen mochte, den Mann mit dem blauen Bart zu heiraten. Was sie noch mehr abschreckte, war der Umstand, dass er schon mit mehreren Frauen vermählt gewesen war, und dass man nicht wusste, was aus diesen Frauen geworden sei. Blaubart führte sie, um ihre nähere Bekanntschaft zu machen, mitsamt ihrer Mutter und drei oder vier ihrer besten Freundinnen und einigen jungen Leuten aus der Nachbarschaft auf sein Landhaus, wo man sich volle acht Tage aufhielt. Da gab es nichts als Spaziergänge, Jagdpartien und Fischfang, nichts als Tänze und Feste und sonstige Zerstreuungen; man schlief nicht, sondern verbrachte die Nacht damit, sich gegenseitig lustige Streiche zu spielen; schließlich ging alles so gut, dass die Jüngere herauszufinden begann, der Bart des Hausherrn sei gar nicht so blau und dieser sei überhaupt ein recht ehrenwerter Mann. Als man in die Stadt zurückgekehrt war, wurde die Heirat vollzogen.

Nach Verlauf eines Monats sagte der Blaubart zu seiner Frau, er müsse eine Reise in die Provinz unternehmen in einer wichtigen Angelegenheit, die ihn mindestens sechs Wochen fernhalten würde; sie möge indessen, wenn sie Lust dazu habe, ihre guten Freundinnen aufs Land kommen lassen und sich mit ihnen vergnügen.

»Hier«, sagte er zu ihr, »sind die Schlüssel zu den zwei großen Möbelkammern, hier jene zum goldenen und silbernen Tafelgeschirr, das nicht alle Tage in Gebrauch ist, die da zu den Kassetten mit meinen Edelsteinen, und dies hier ist der Hauptschlüssel zu allen Gemächern. Was nun diesen kleinen Schlüssel betrifft, so ist das der Schlüssel zur Kammer am Ende der großen Galerie im unteren Stockwerk. Du kannst alles öffnen, überall hineingehen, aber was dieses kleine Gemach anlangt, so verbiete ich dir, es zu betreten und verbiete es dir so streng, dass, falls es dir dennoch in den Sinn kommen sollte, es zu öffnen, du meinen ganzen Zorn zu spüren bekommst.«

Sie versprach, alles, was er ihr befohlen habe, genau zu befolgen, und er stieg, nachdem er sie umarmt hatte, in seine Kutsche und trat seine Reise an.

Die Nachbarinnen und die guten Freundinnen warteten nicht, dass man sie holte, um die Neuvermählte zu besuchen, so ungeduldig waren sie, alle Schätze des Hauses zu besichtigen, zumal da sie nicht gewagt hatten, während der Anwesenheit des Gatten, dessen blauer Bart ihnen Angst einflößte, hinzugehen. Sie machten sich alsbald daran, durch die Zimmer, Kammern und Garderoben zu laufen, von denen eines immer schöner und kostbarer war als das andere. Zuletzt stiegen sie gar auf die Möbelspeicher, wo sie die Fülle und Pracht der Teppiche, Betten, Sofas und Tische nicht genug bewundern konnten. Sie gerieten außer sich vor Verwunderung und Neid über das Glück ihrer Freundin. Diese aber ergötzte sich nicht am Anblick dieser Schätze, weil die Ungeduld sie verzehrte, die Kammer im unteren Stockwerk zu öffnen. So sehr wurde sie von ihrer Neugier geplagt, dass sie, ohne zu bedenken, wie unziemlich es sei, die Gesellschaft zu verlassen, über eine geheime kleine Stiege hinunterrannte, und zwar mit solcher Hast, dass sie zwei- oder dreimal fast den Hals dabei gebrochen hätte. An der Tür der Kammer angelangt, hielt sie eine Weile inne und dachte an das Verbot ihres Mannes, indem sie überlegte, welch ein Unglück ihr zustoßen könne, wenn sie ungehorsam wäre; aber die Versuchung war so groß, dass sie sich nicht überwinden konnte. Sie nahm also den kleinen Schlüssel und öffnete zitternd die Tür des Gemaches. Zuerst sah sie gar nichts, weil die Fensterläden geschlossen waren, aber nach einigen Augenblicken gewahrte sie, dass der Fußboden ganz mit geronnenem Blute überzogen war, in welchem sich die Leiber von etlichen toten Frauen spiegelten, die längs der Wand aufgeknüpft waren. Das waren alle die Frauen, die der Blaubart geheiratet hatte und welche er eine nach der anderen umgebracht hatte. Sie glaubte, vor Angst sterben zu müssen, und der Schlüssel zur Kammer, den sie soeben  aus dem Schloss gezogen hatte entglitt ihrer Hand. Nachdem sie ihre Lebensgeister wieder ein wenig gesammelt hatte, hob sie den Schlüssel wieder auf, versperrte die Tür und ging in ihr Zimmer hinauf, um sich ein wenig zu erholen, aber umsonst, denn sie war zu sehr erregt.

Da sie bemerkt hatte, dass der Schlüssel zur Kammer blutig war, wischte sie ihn zwei- bis dreimal ab, aber das Blut ging nicht weg, sie mochte ihn waschen, so oft sie wollte, und ihn mit Sand und Kies abreiben, immer blieb noch Blut daran, denn der Schlüssel war verhext, und es gab kein Mit-

tel, ihn völlig zu säubern. Hatte man das Blut auf der einen Seite entfernt, so kam es auf der anderen wieder zum Vorschein. Der Blaubart kam schon am gleichen Abend von der Reise zurück und sagte, er habe unterwegs Briefe erhalten, die ihm gemeldet hätten, dass die Angelegenheit, derenthalben er abgereist sei, zu seinen Gunsten geregelt wäre. Seine Frau tat alles, was sie konnte, um ihm zu zeigen, dass sie über seine schnelle Rückkehr entzückt war. Am nächsten Tage verlangte er ihr die Schlüssel ab, und sie gab sie ihm, aber mit einer so zitternden Hand, dass er ohne Mühe erriet, was sich zugetragen hatte.

»Woher kommt es«, sagte er zu ihr, »dass der Schlüssel zur Kammer nicht bei den anderen ist?«

»Ich muss ihn oben auf meinem Tisch haben liegen lassen«, erwiderte sie.

»Vergiss nicht«, sagte der Blaubart, »ihn mir alsbald zu geben!«

Nach mehrmaligem Aufschieben musste sie den Schlüssel bringen. Als der Blaubart ihn betrachtet hatte, sagte er zu seiner Frau:

»Warum ist denn Blut an diesem Schlüssel?«

»Ich weiß nichts davon!«, antwortete die arme Frau, bleicher als der Tod.

»Du weißt nichts davon?«, entgegnete der Blaubart, »aber ich weiß es wohl. Du hast die Kammer betreten wollen. Gut, meine Dame, Ihr werdet sie betreten und Euren Platz neben den anderen Damen einnehmen, die Ihr darin gesehen habt.«

Sie warf sich weinend ihrem Gatten zu Füßen und bat ihn mit allen Zeichen wahrer Reue um Verzeihung, dass sie nicht gehorsam gewesen sei. Sie hätte einen Stein erweichen können, schön und zerknirscht, wie sie war, aber der Blaubart hatte ein Herz, das war härter als Stein:

»Ihr müsst sterben, meine Dame«, sagte er zu ihr, »und zwar auf der Stelle.«

»Wenn ich sterben muss«, sagte sie, indem sie ihn mit Tränen in den Augen anblickte, »so gewährt mir ein wenig Zeit, um zu Gott zu beten.«

»Ich gewähre dir eine halbe Viertelstunde«, erwiderte der Blaubart, »aber keinen Augenblick mehr.« Als sie allein war, rief sie ihre Schwester herbei und sagte zu ihr: »Liebe Schwester Anna«, denn so hieß sie, »ich bitte dich, steige auf den Turm und sieh, ob meine Brüder nicht kommen; sie haben mir versprochen, dass sie heute kommen wollten, mich zu besuchen, und wenn du sie siehst, so gib ihnen ein Zeichen, sich zu beeilen.«

Die Schwester Anna stieg auf den Turm, und die arme zerknirschte Frau rief ihr von Zeit zu Zeit zu: »Anna, liebe Schwester Anna, siehst du noch nichts kommen?«

Und die Schwester Anna antwortete ihr: »Ich sehe nichts als im Staub die Sonne glühen und nichts als des Grases Grün!«

Unterdessen schrie der Blaubart, der einen großen Hirschfänger in der Hand hielt, mit der ganzen Kraft seiner Stimme: »Komm schleunig herunter oder ich steige zu dir hinauf!«

»Noch einen Augenblick, ich bitte dich!«, entgegnete ihm die Frau, und gleich darauf rief sie ganz leise:

»Anna, liebe Schwester Anna, siehst du noch nichts kommen?«

Und die Schwester Anna antwortete ihr:

»Ich sehe nichts, als im Staub die Sonne glühen und nichts als des Grases Grün.«

»Geschwind, komm herunter!«, schrie der Blaubart, »oder ich steige zu dir hinauf.«

»Ich komme schon!«, erwiderte seine Frau, und dann rief sie:

»Anna, liebe Schwester Anna, siehst du noch nichts kommen?«

»Ich sehe«, antwortete ihre Schwester Anna, »eine große Staubwolke, die auf uns zukommt.«

»Sind es meine Brüder?«

»Ach nein, liebe Schwester, es ist bloß eine Schafherde!«

»Willst du wohl herunterkommen!«, schrie der Blaubart.

»Noch einen Augenblick!«, entgegnete seine Frau, und dann rief sie: »Anna liebe Schwester Anna, siehst du noch nichts kommen?«

»Ich sehe«, antwortete diese, »zwei Reiter auf uns zukommen, aber sie sind noch sehr weit weg.«

»Gott sei gelobt!«, rief sie einen Augenblick später, »es sind meine Brüder, ich will ihnen ein Zeichen geben, so gut ich es kann, dass sie sich beeilen.«

Da hub der Blaubart an, so gewaltig zu schreien, dass das ganze Haus davon erbebte. Die arme Frau ging herunter und warf sich, in Tränen zerfließend und mit aufgelösten Haaren, ihm zu Füßen.

»Das hilft dir nichts«, sagte der Blaubart, »du musst sterben.«

Dann packte er sie mit der einen Hand bei den Haaren, schwang mit der anderen das Messer und wollte ihr den Hals abschneiden. Die arme Frau wandte sich nach ihm um, sah ihn mit brechenden Augen an und beschwor ihn, ihr nur einen Augenblick zu gewähren, um sich zu sammeln.

»Nichts da«, sagte er, »befiehl deine Seele in Gottes Hand!«, und er erhob seinen Arm ...

In diesem Augenblick wurde so ungestüm an das Tor geklopft, dass der Blaubart jählings innehielt; man öffnete, und sogleich sah man zwei Reiter am Eingang, die den Degen in

der Faust geradeswegs auf den Blaubart losstürzten. Er erkannte die Brüder seiner Frau, einen Dragoner und einen Musketier, und ergriff sogleich die Flucht, um sich zu retten; aber die beiden Brüder folgten ihm auf dem Fuße und erwischten ihn, bevor er die Freitreppe erreichen konnte. Sie stießen ihm ihre Degen durch den Leib und ließen ihn tot liegen. Die arme Frau war fast ebenso tot wie ihr Gatte und hatte nicht die Kraft, sich zu erheben, um ihre Brüder zu umarmen.

Es stellte sich heraus, dass der Blaubart keine Erben hatte und dass somit die Frau Herrin all seiner Habe blieb. Sie verwendete einen Teil davon, um ihre Schwester Anna mit einem jungen Edelmann zu verheiraten, der sie schon lange liebte; einen andern Teil, um für ihre beiden Brüder den Hauptmannsrang zu erkaufen, und den Rest, um sich selber mit einem sehr ehrenwerten Manne zu verheiraten, der sie die schlimme Zeit vergessen ließ, die sie mit dem Blaubart verbracht hatte.

Frankreich

Der gestiefelte Kater

Ein Müller hinterließ den drei Söhnen, die er hatte, als ganzes Erbteil nur eine Mühle, seinen Esel und einen Kater. Die Teilung war bald vollzogen, und weder der Notar noch der Sachwalter brauchten in Tätigkeit zu treten. Sie hätten übrigens auch bald das armselige Erbe aufgezehrt. Der Älteste bekam die Mühle, der zweite den Esel und dem Jüngsten blieb nur der Kater. Dieser letztere konnte sich gar nicht trösten über seinen kläglichen Anteil.

»Meine Brüder«, sagte er, »werden sich ihr Brot ehrlich verdienen können, wenn sie zusammenhalten, ich aber, wenn ich meinen Kater verspeist und mir aus seinem Pelz einen Pulswärmer gemacht haben werde, ich werde Hungers sterben müssen.«

Der Kater, der diese Worte verstand, es sich aber nicht merken ließ, sagte zu ihm mit ernster und gesetzter Miene:

»Bekümmert Euch nicht, Herr, Ihr braucht mir nur einen Sack zu geben und mir ein paar Stiefel machen zu lassen, mit denen ich durch das Gestrüpp laufen kann, und ihr werdet sehen, dass Euer Anteil gar nicht so kläglich ist wie Ihr glaubt.«

Obwohl der Gebieter des Katers nicht gerade viel darauf gab, so hatte er doch schon oft dessen Geschicklichkeit beim Fang der Ratten und Mäuse bewundert – wie zum Beispiel, wenn er sich an den Füßen aufhängte oder sich in der Mehltonne liegend tot stellte –, dass er nicht alle Hoffnung aufgab, von ihm in seiner Not Beistand zu erhalten. Als der Kater das bekommen hatte, um was er gebeten, zog er herzhaft seine Stiefel an, warf sich den Sack um den Hals, dessen Schnüre er mit den Vorderpfoten festhielt, und begab sich nach dem Karnickelberg, wo es eine Unmenge Kaninchen gab. Er tat Kleie und Schlingen in seinen Sack, und indes er sich hinstreckte, als ob er tot wäre, wartete er, bis irgendein junges, in den Ränken dieser Welt noch wenig er-

fahrenes Kaninchen in den Sack schlüpfen würde, um das zu fressen, was er hineingetan hatte. Kaum hatte er sich niedergelegt, so sah er seinen Wunsch schon erfüllt: Ein junger Leichtfuß von Kaninchen kroch in den Sack, und Meister Hinz zog geschwind die Schnüre zu, packte es und tötete es ohne Erbarmen.

Ganz stolz auf seine Beute ging er zum König und verlangte, ihn zu sprechen. Man gewährte ihm Eintritt in das Gemach Seiner Majestät, wo er beim Eintritt dem König einen tiefen Bückling machte. Darauf sprach er zum König:

»Seht hier, allergnädigster Herr, ein Kaninchen vom Karnickelberg, welches der Herr Marquis von Carabas – das war der Name, welchen er seinem Herrn beizulegen für gut fand – mir geheißen hat, Euch in seinem Auftrag zu überreichen.«

»Sage deinem Herrn«, erwiderte der König, »dass ich ihm danke und dass er mir eine Freude gemacht hat!«

Ein andermal versteckte er sich in einem Kornfeld, immer

seinen Sack offen haltend, und als zwei Rebhühner hineingeschlüpft waren, zog er wieder die Schnüre zu und fing sie alle beide. Dann überreichte er sie wieder dem König, wie er es mit dem Kaninchen vom Karnickelberg gemacht hatte. Der König nahm die beiden Rebhühner mit Vergnügen entgegen und ließ ihm ein gutes Trinkgeld verabreichen. Der Kater brachte nun zwei bis drei Monate lang von Zeit zu Zeit dem Könige Wildbret von der Jagd seines Herrn.

Eines Tages hatte er erfahren, dass der König

mit seiner Tochter am Flussufer entlang eine Spazierfahrt machen wollte, und er sagte zu seinem Herrn: »Wenn Ihr meinem Rat folgen wollt, so ist Euer Glück gemacht. Ihr braucht nur an einer Stelle im Fluss, die ich Euch zeigen werde, zu baden; das Übrige überlasst mir!« Der Marquis von Carabas tat, wie sein Kater ihm geraten hatte, ohne zu wissen, wozu dies gut wäre. Während er badete, fuhr der König vorüber, und der Kater begann aus Leibeskräften zu schreien: »Zu Hilfe! Zu Hilfe! Der Marquis von Carabas ertrinkt!« Auf dieses Geschrei hin steckte der König seinen Kopf aus dem Kutschenschlag und erkannte den Kater, der ihm so oft Wildbret gebracht hatte. Er befahl seiner Leibwache, dem Marquis von Carabas unverzüglich zu Hilfe zu eilen. Unterdes man den armen Marquis aus dem Wasser zog, trat der Kater zur Kutsche und berichtete dem Könige, während sein Herr gebadet habe, seien Diebe gekommen und hätten die Kleider desselben mitgenommen, obwohl er aus Leibeskräften: Diebe! geschrien hätte. Man muss nun wissen, dass der Spitzbube sie unter einem großen Stein versteckt hatte. Der König befahl auf der Stelle seinen Kammerdienern, eines seiner prächtigsten Gewänder für den Herrn Marquis von Carabas zu holen. Der König erwies ihm tausend Aufmerksamkeiten, und da die schönen Kleidungsstücke, die man ihm gerade angelegt hatte, sein stattliches Aussehen ungemein hoben – denn er war hübsch und wohlgestaltet –, so fand ihn die Königstochter sehr nach ihrem Geschmack. Und der Marquis von Carabas hatte ihr noch keine zwei bis drei sehr ehrerbietige und ein wenig zärtliche Blicke zugeworfen, als sie sich schon bis zum Wahnsinn in ihn verliebte. Der König wünschte, dass er zu ihm in die Kutsche steige und an der Spazierfahrt teilnähme. Der Kater sah mit Entzücken, dass sein Plan von Anfang an so gut gelang und lief geschwind voraus.

Unterwegs traf er Bauern, welche eine Wiese mähten, und sprach zu ihnen:

»Ihr guten Leute, die ihr da mäht, wenn ihr dem Könige nicht sagt, dass die Wiese, die ihr mäht, dem Herrn Marquis von Carabas gehört, so werdet ihr alle kurz und klein gehackt wie Pastetenfleisch.«

Der König verfehlte nicht, die Mäher zu fragen, wem die Wiese gehörte, die sie mähten.

»Dem Herrn Marquis von Carabas!«, sagten alle wie mit einem Munde, denn die Drohung des Katers hatte ihnen Furcht eingejagt.

»Ihr habt da ein schönes Erbe!«, sagte der König zum Marquis von Carabas.

»Ihr seht, allergnädigster Herr«, erwiderte der Marquis, »es ist eine Wiese, die alle Jahre einen reichlichen Ertrag gibt.«

Meister Hinz, der immer voraus lief, traf nun auf Schnitter und sprach zu ihnen:

»Ihr guten Leute, die ihr da Korn schneidet, wenn ihr dem König nicht sagt, dass die Felder alle dem Herrn Marquis von Carabas gehören, so werdet ihr kurz und klein gehackt wie Pastetenfleisch.«

Der König, der einen Augenblick später vorüber fuhr, wollte wissen, wem all die Kornfelder, die er erblickte, gehörten:

»Dem Herrn Marquis von Carabas!«, erwiderten die Schnitter, und der König freute sich wieder mit dem Marquis daran.

Der Kater lief weiter vor der Kutsche her und sagte allen denen, die er traf, immer das gleiche; und der König war erstaunt über die großen Besitzungen des Herrn Marquis von Carabas. Meister Hinz gelangte schließlich in ein schönes Schloss, dessen Besitzer ein Menschenfresser war, der reichste, den man jemals gesehen hatte, denn alle Ländereien, an denen der König vorüber gefahren war, gehörten zu seinem Schloss. Der Kater, der sich zuvor vorsorglich erkundigt hatte, wer dieser Menschenfresser wäre und welche Künste er verstände, verlangte, mit ihm zu reden, indem er sagte, er habe nicht so nahe am Schlosse vorübergehen wollen, ohne sich die Ehre zu geben, ihm seine Aufwartung zu machen. Der Menschenfresser empfing ihn so höflich, wie ein Menschenfresser nur irgend kann, und bat ihn, Platz zu nehmen.

»Man hat mir versichert«, sagte der Kater, »dass Ihr die Gabe besitzt, Euch in jedes beliebige Tier zu verwandeln, dass Ihr zum Beispiel die Gestalt eines Löwen oder eines Elefanten annehmen könnt.«

»Das ist wahr«, entgegnete der Menschenfresser barsch, »und um es Euch zu beweisen, sollt Ihr gleich sehen, wie ich zu einem Löwen werde.«

Der Kater war so erschrocken, einen Löwen vor sich zu sehen, dass er unverzüglich an der Dachrinne heraufkletterte, nicht ohne Mühe und Gefahr, denn seine Stiefel taugten nicht zum Marschieren auf den Ziegeln. Als der Kater einige Zeit darauf gesehen hatte, dass der Menschenfresser seine vorherige Gestalt wieder abgelegt hatte, kam er wieder herunter und gestand, dass er in großer Angst gewesen sei.

»Man hat mir weiterhin versichert«, sagte der Kater, »– aber ich könnte es niemals für möglich halten –, dass Ihr auch die Fähigkeit hättet, die Gestalt der kleinsten Tiere anzunehmen, zum Beispiel Euch in eine Ratte oder in eine Maus zu verwandeln; ich gestehe Euch, dass ich das für gänzlich unmöglich halte.«

»Unmöglich?«, entgegnete der Menschenfresser, »Ihr sollt es gleich sehen.«

Und in selben Augenblick verwandelte er sich in eine Maus, welche auf dem Fußboden umherzulaufen begann. Kaum hatte sie der Kater bemerkt, so stürzte er sich auch schon darauf und fraß sie auf.

Unterdessen hatte der König im Vorbeifahren das schöne Schloss des Menschenfressers gesehen und wollte sich hineinbegeben. Der Kater hörte die Kutsche über die Zugbrücke rasseln, lief hinaus und sprach zum König:

»Eure Majestät sind hochwillkommen in diesem Schlosse des Herrn Marquis von Carabas!«

»Wie, Herr Marquis!«, rief der König aus, »auch dies Schloss gehört Euch? Es kann nichts Schöneres geben als diesen Hof und all die Gebäude, welche ihn umgeben; lasst uns nun gefälligst die inneren Räume in Augenschein nehmen!«

Der Marquis reichte der jungen Prinzessin den Arm und folgte dem König, der voranschritt. Sie betraten einen großen Saal, in welchem sie ein treffliches Mahl vorfanden, das der Menschenfresser für seine Freunde hatte herrichten lassen, die ihn am gleichen Tage hatten besuchen wollen, aber sich nicht hereingetraut hatten, weil sie von der Ankunft des Königs erfuhren. Der König war entzückt von den guten Eigenschaften des Herrn Marquis von Carabas, ebenso wie seine Tochter, die ganz vernarrt in ihn war; und da er die großen Besitzungen sah, die ihm gehörten, sagte er, nachdem er fünf bis sechs Schluck getrunken hatte:

»Es hängt nur von Euch ab, Herr Marquis, ob Ihr mein Schwiegersohn werdet.«

Der Marquis machte einen tiefen Bückling und nahm die Ehre an, die ihm der König erwies; und noch am nämlichen Tage vermählte er sich mit der Prinzessin. Der Kater ward ein großer Herr und lief nur noch des Vergnügens halber den Mäusen nach.

Frankreich

Die Feen

Es war einmal eine Witwe, welche zwei Töchter hatte. Die Älteste glich ihr so sehr an Gemütsart und Gesicht, dass jedermann glaubte, er sähe die Mutter vor sich. Beide, Mutter und Tochter, waren so widerwärtig und so hochmütig, dass man nicht mit ihnen zusammenleben konnte. Die Jüngste dagegen war das getreue Abbild ihres Vaters, was Güte und Sanftmut betraf, und obendrein war sie die schönste Jungfrau, die man hätte finden können.

Da man natürlicherweise immer seinesgleichen liebt, so war die Mutter ganz versessen auf ihre älteste Tochter, während sie gleichzeitig eine heftige Abneigung gegen die jüngste empfand. Sie ließ sie in der Küche essen und ohne Unterlass arbeiten. Unter anderem musste das arme Kind zweimal am Tage zu einem Brunnen gehen, welcher eine gute halbe Meile vom Hause entfernt war, und Wasser schöpfen, wovon es einen ganzen Krug voll heim tragen musste.

Eines Tages, da sie bei der Quelle stand, kam eine arme Frau zu ihr, welche sie um einen Schluck Wasser bat. »Gern, liebe Mutter!«, sagte die schöne Jungfrau, schöpfte sogleich Wasser aus der reinsten Stelle des Brunnens und reichte es der Alten, indem sie dabei beständig den Krug hielt, damit jene bequemer trinken könne. Als die gute Frau getrunken hatte, sprach sie zu ihr: »Du bist so schön, so gut und brav, dass ich mich nicht enthalten kann, dir eine Gabe zu verleihen.« Sie war nämlich eine Fee, welche die Gestalt einer Bäuerin angenommen hatte, um zu erforschen, wie artig das Mädchen eigentlich sei. »Ich gebe dir zum Geschenk«, fuhr die Fee fort, »dass bei jedem Wort, das du redest, aus deinem Munde eine Blume oder ein Edelstein hervorgeht.«

Als das Mädchen heimkam, schnaubte die Mutter es an, weil es so spät vom Brunnen heimkomme. »Ich bitte Euch um Verzeihung, Mutter«, sagte das arme Kind, »dass ich mich so lange versäumt habe!« Und während sie diese Worte sprach, traten ihr zwei Rosen, zwei Perlen und zwei große Diamanten aus dem Munde.

»Was sehe ich da?«, rief ihre Mutter höchst erstaunt, »ich glaube, Perlen und Diamanten kommen ihr aus dem Munde, woher ward dir das, liebe Tochter?« – und es war das erste Mal, dass sie ihr Kind »liebe Tochter« anredete.

Das arme Kind erzählte ihr arglos alles, was ihm zugestoßen war, nicht ohne dabei eine unzählbare Menge von Diamanten von sich zu geben.

»Wahrhaftig«, sagte die Mutter, »da muss ich meine Älteste hinschicken. Du, Fanchon (so hieß sie), sieh, was aus dem Munde deiner Schwester hervorgeht, wenn sie spricht. Würde es dich nicht froh machen, die gleiche Gabe zu erhalten? Du brauchst nur Wasser aus der Quelle zu schöpfen, und wenn eine arme Frau dich um einen Trunk bittet, so musst du ihr hübsch artig das Wasser reichen.« »Das wäre mir schön genug«, antwortete jene trotzig, »dass ich an die Quelle ginge!«

»Ich will aber, dass du hingehst«, sagte die Mutter, »und zwar auf der Stelle.«

Die Böse ging also unter beständigem Brummen hin und nahm dazu das schönste Silbergefäß, das sich im Hause fand. Kaum war sie am Brunnen, so sah sie eine prächtig gekleidete Dame aus dem Walde treten, welche sie um einen Trunk bat. Es war die nämliche Fee, welche sich diesmal in das Äußere und in die Gewänder einer Prinzessin gehüllt

hatte, um zu erfahren, wie unartig das Mädchen eigentlich sei.

»Bin ich hierher gekommen«, sagte die Stolze trotzig, »um Euch zu trinken zu geben? Sicher habe ich mein Silbergefäß ausgerechnet dazu mitgebracht, um der gnädigen Frau Wasser zu reichen. Ich bin der Meinung, dass Ihr Euch selber Wasser schöpfen könnt, wenn Euch dürstet.«

»Du bist nicht artig«, erwiderte die Fee, ohne sich dabei zu erzürnen, »nun gut, da du so wenig gefällig bist, so gebe ich dir als Geschenk, dass bei jedem Wort, dass du aussprichst, eine Schlange oder eine Kröte aus deinem Munde kommt.«

Sobald ihre Mutter sie bemerkte, rief sie ihr zu: »Nun, mein Kind?«

»Nun, liebe Mutter?«, antwortete ihr die Böse und warf dabei zwei Vipern und zwei Kröten aus.

»Oh Himmel«, rief die Mutter, »was sehe ich da! Aber ihre Schwester ist Schuld daran, sie soll es vergelten!«

Und sogleich lief sie hin, um die Jüngste zu schlagen. Das arme Kind entfloh und rettete sich in den nahen Wald. Der Königssohn, der gerade vom Jagen heimkam, begegnete ihr, und, als er sah, wie schön sie war, fragte er sie, was sie da so allein mache und warum sie weine.

»Ach, mein Herr, meine Mutter hat mich von Hause vertrieben!«

Der Königssohn bemerkte, dass aus ihrem Munde fünf bis sechs Perlen und ebenso viele Diamanten hervorgingen, und bat sie, ihm zu sagen, woher ihr dies käme. Darauf erzählte sie ihm ihr ganzes Abenteuer. Den Königssohn ergriff Liebe zu ihr, und er bedachte, dass eine solche Gabe mehr wert sei als alles, was man einer anderen als Brautschatz mitgeben könne; er geleitete sie daher in das Schloss seines königlichen Vaters, wo er sich mit ihr vermählte. Was die Schwester anlangt, so machte sie sich dermaßen verhasst, dass ihre eigene Mutter sie aus dem Hause jagte, und nachdem die Unselige lange umhergeirrt war, ohne dass sich jemand gefunden hätte, der sie aufnehmen wollte, zog sie sich in einen Waldwinkel zurück, wo sie elendiglich umkam.

Frankreich

Riquet mit dem Schopf

Es war einmal eine Königin, die gebar einen Sohn, der so hässlich und missgestaltet war, dass man lange zweifelte, ob es überhaupt ein Mensch war. Eine Fee jedoch, die bei der Geburt zugegen war, versicherte, dass er immer liebenswert sein werde, da er einen wachen Verstand sein eigen nenne. Sie fügte sogar noch hinzu, dass er dank der Gabe, die sie ihm verliehen habe, dereinst der Frau, die er am meisten liebe, ebenso viel Geistesgaben schenken könne wie er selbst habe.

All dies tröstete die arme Königin ein wenig, die sehr betrübt war, ein so hässliches Geschöpf in die Welt gesetzt zu haben. Und tatsächlich, kaum hatte das Kind zu sprechen begonnen, da hatte es schon tausend hübsche Einfälle. Und in allem, was es tat, war es so lieb und geistreich, dass jeder entzückt war. Ich vergaß noch zu sagen, dass es mit einem kleinen Schopf auf dem Kopf auf die Welt kam, sodass man es Riquet mit dem Schopf nannte; Riquet war nämlich sein Familienname.

Nach sieben oder acht Jahren gebar die Königin eines Nachbarreiches zwei Mädchen. Das erste, das zur Welt kam, war schöner als der helle Tag, und die Königin war darüber so glücklich, dass man fürchtete, die übergroße Freude darüber könne ihrer Gesundheit schaden. Nun war auch die Fee, die bei der Geburt des kleinen Riquet mit dem Schopf zugegen war, an der Wiege des kleinen Mädchens, und um die Freude der Königin zu mäßigen, sagte sie ihr, die kleine Prinzessin besäße gar keinen Verstand und sei genauso dumm wie sie schön sein werde. Darüber war die Königin sehr erschüttert. Aber wenig später traf sie ein noch größerer Kummer. Die zweite Tochter, mit der sie niederkam, war nämlich abgrundtief hässlich.

»Seien Sie nicht gar zu betrübt, Madame«, sagte da die Fee zur Königin, »Ihre Tochter wird dafür entschädigt; sie wird so viel Verstand haben, dass man ihre fehlende Schönheit kaum merkt.«

»Gott gebe es«, erwiderte die Königin, »Aber könnte man der Älteren, die so schön ist, nicht auch etwas Verstand geben?«

»Für ihren Verstand, Madame«, so dann die Fee, »kann ich nichts mehr tun, aber für die Schönheit. Und da ich alles tue, was in meinen Kräften steht, damit Sie zufrieden sind, werde ich ihr eine Gabe verleihen: Sie wird dereinst dem Mann, dem sie ihr Herz geschenkt hat, Schönheit verleihen können.«

In gleichem Maße, wie die Prinzessinnen heranwuchsen, wuchsen auch ihre Vorzüge mit ihnen, und man sprach überall von der Schönheit der Älteren und von der geistigen Brillanz der Jüngeren. Aber leider wuchsen auch mit zunehmendem Alter ihre Mängel mit. Die Jüngere wurde immer hässlicher, und die Ältere wurde von Tag zu Tag dümmer: Entweder gab sie einem auf eine Frage überhaupt keine Antwort oder sie entgegnete nur dummes Zeug. Obendrein war sie noch so ungeschickt, dass sie nicht vier Porzellanfiguren auf den Kaminsims stellen konnte, ohne eine zu zerbrechen, noch ein Glas Wasser trinken konnte, ohne davon die Hälfte auf ihre Kleidung zu schütten. Zwar ist die Schönheit gerade bei jungen Menschen ein besonderer Vorzug, doch war es hier die Jüngere, die bei allen Gesellschaften ihre ältere Schwester übertrumpfte. Zunächst näherte man sich gewöhnlich der Schönen, um sie zu sehen und zu bestaunen, aber wenig später schon wandte man sich von ihr ab und ging zu der Jüngeren, die so geistreich war und tausend anmutige Dinge redete. Wie erstaunt war man, dass die Ältere in weniger als einer Viertelstunde niemanden mehr um sich hatte und alle sich um die Jüngere scharten. Wenn die Ältere auch dumm war, so bemerkte sie dies letztendlich doch. Und sie hätte ihre ganze Schönheit dafür hingegeben, um auch nur die Hälfte der geistigen Fähigkeiten ihrer Schwester zu haben. Selbst ihre Mutter, die Königin, so weise diese auch war, konnte nicht umhin, ihr manchmal ihre Dummheit vorzuwerfen, und das brach der armen Prinzessin fast das Herz.

Eines Tages, als sie sich in einen Wald zurückgezogen hatte, um ihr Unglück zu beweinen, sah sie einen kleinen ungestalten, aber prächtig gekleideten Mann auf sich zukommen. Es war kein anderer als der junge Prinz Riquet. Er hatte sich in sie verliebt, nur weil er ein Porträt von ihr gesehen hatte, wovon es überall in der Welt welche gab. So hatte er denn das Reich seines Vaters verlassen, um das Vergnügen zu haben, sie zu sehen und zu sprechen. Voller Freude, sie so ganz allein anzutreffen, sprach er sie dann mit aller Ehrerbietung und aller Höflichkeit an, die man sich nur denken kann. Und als er nach allen üblichen Komplimenten bemerkte, wie traurig und niedergeschlagen sie war, sagte er zu ihr: »Ich verstehe nicht, Madame, wie eine so schöne Frau so traurig sein kann, wie Sie es zu sein scheinen. Denn obwohl ich mich rühmen kann, unzählige schöne Frauen gesehen zu haben, kann ich sagen, dass keine darunter war, die Ihnen an Schönheit gleichkam.«

»Sie belieben zu scherzen«, antwortete da die Prinzessin und weiter nichts.

»Die Schönheit«, fuhr Riquet mit dem Schopf fort, »ist ein so großer Vorteil, dass sie jeden Mangel aufwiegt; wenn man sie besitzt, wüsste ich nicht, was einen dann noch betrüben könnte.«

»Ich würde lieber genauso hässlich und dabei so geistreich sein wie Sie«, entgegnete ihm die Königstochter, »als so schön und so dumm wie ich.«

»Nichts zeugt mehr davon, Madame, dass einer geistreich ist, als wenn er selbst glaubt, es nicht zu sein. Und es liegt in der Natur dieser Gabe: Je mehr man davon hat, je weniger glaubt man, selbst davon zu haben.«

»Das weiß ich nicht«, erwiderte die Prinzessin, »ich weiß nur, dass ich sehr dumm bin, und daher rührt der ganze Kummer, der an mir nagt.«

»Wenn es nur das ist, Madame, was Sie betrübt«, so dann Riquet, »so kann ich Ihrem Schmerz leicht ein Ende setzen.«

»Wie wollen Sie das machen, Monsieur?«

»Ich habe die Macht, Madame, der Frau, die ich am meisten liebe, soviel Geist zu schenken, wie man sich überhaupt denken kann. Und da Sie diese Frau sind, hängt es einzig und allein von Ihnen ab, so viel Geist und Verstand zu besitzen, vorausgesetzt allerdings, dass Sie mich heiraten.«

Darauf war die Prinzessin so verblüfft, dass sie nichts zu antworten wusste.

»Ich sehe«, fuhr da Riquet mit dem Schopf fort, »dass dieser Vorschlag Ihnen Mühe bereitet, und ich wundere mich nicht darüber. Aber ich gebe Ihnen ein volles Jahr Bedenkzeit zur Entscheidung.«

Die Prinzessin hatte so wenig Verstand und gleichzeitig so große Lust, welchen zu haben, dass sie glaubte, das Ende dieses Jahres würde nie kommen. So willigte sie also in den Vorschlag, den Riquet ihr gemacht hatte, ein. Kaum aber hatte sie Riquet versprochen, dass sie ihn nach einem Jahr genau an demselben Tage heiraten werde, als sie schon an sich eine vollständige Änderung fühlte: Es kam ihr jetzt unglaublich leicht vor, alles auszudrücken, was ihr gefiel, und das auf eine feine, ungezwungene und natürliche Art. Und von da an begann sie mit Riquet, ohne zu stocken, ein galantes Gespräch, und sie schwatzte mit derartigem Nachdruck, dass Riquet mit dem Schopf glaubte, ihr mehr Verstand gegeben zu haben, als er für sich selbst behalten habe.

Als die Prinzessin auf ihr Schloss zurückgekehrt war, wusste niemand am ganzem Hof, was er von einer so plötzlichen und außergewöhnlichen Änderung halten sollte; denn hatte man sie vorher nur dummes und albernes Zeug reden hören, so vernahm man jetzt ungewöhnlich vernünftige und geistreiche Reden aus ihrem Mund. Man kann sich vorstellen, wie riesig sich darüber der ganze Hof freute. Nur ihre jüngere Schwester war darüber nicht glücklich, denn jetzt konnte sie die Ältere nicht mehr mit den Vorzügen ihres Geistes übertrumpfen, und nun erschien sie ihr gegenüber nur noch wie eine hässliche Vogelscheuche. Der König hörte jetzt gerne auf die Ratschläge seiner Älteren und hielt sogar manchmal in ihren Gemächern eine Sitzung mit seinen Ministern.

Schnell hatte sich das Gerücht von dieser Wandlung verbreitet, und fast alle jungen Prinzen der Nachbarreiche warben um ihr Herz und baten sie um ihre Hand. Aber sie fand keinen, der ihr geistreich genug war, und sie hörte alle an, ohne aber jemandem ihr Jawort zu geben.

Eines Tages indes kam ein Freier, der war so reich, so mächtig, geistreich und so stattlich von Gestalt, dass sie eine gewisse Zuneigung für ihn empfand, ob sie wollte oder nicht. Das war ihrem Vater nicht entgangen, und er sagte seiner Tochter, sie habe freie Hand bei der Wahl eines Gatten, sie brauche sich nur zu erklären. Nun ist es so: Je mehr man an Verstand hat, um so schwerer fällt einem in solchen Angelegenheiten ein fester Entschluss. So dankte denn die Prinzessin ihrem Vater und bat ihn, er solle ihr doch noch etwas Bedenkzeit geben.

Eines Tages nun ging sie ganz von ungefähr im gleichen Wald spazieren, wo sie Riquet mit dem Schopf begegnet war. Als sie so in Gedanken vor sich hinging und überlegte, was sie wohl tun solle, hörte sie unter ihren Füßen ein dumpfes Geräusch, als ob mehrere Leute voller Geschäftigkeit hin und hergingen. Und als sie aufmerksamer lauschte, hörte sie einen sagen: »Bring mir diesen Topf!« Ein anderer: »Gib mir diesen Kessel!«, wiederum ein anderer: »Leg Holz aufs Feuer!« Und im selben Augenblick tat sich die Erde auf, und sie erblickte unter ihren Füßen eine große Küche, die war voll von Köchen, Küchenjungen und allen Arten von Bediensteten, die man für ein prächtiges Gastmahl braucht. Eine Schar von zwanzig oder dreißig Bratköchen trat hervor und setzte sich in einer Waldschneise um einen langen Tisch, und alle begannen im Takt zu einem wohlklingendem Lied zu arbeiten, die Spicknadel in der Hand und an der Mütze den Fuchsschwanz, das Abzeichen des Küchenmeisters.

Die Prinzessin war erstaunt über dieses Schauspiel und fragte sie, für wen sie denn arbeiteten. »Für den Prinzen Riquet mit dem Schopf, der morgen Hochzeit feiern wird«, antwortete der stattlichste der Gesellschaft. Darüber war die Prinzessin noch überraschter als sie es ohnehin schon war, und plötzlich fiel es ihr wieder ein: Genau heute vor einem Jahr hatte sie dem Prinzen Riquet mit dem Schopf ihr Wort gegeben, ihn zum Gemahl zu nehmen. Sie glaubte, aus allen Wolken zu fallen. Warum sie nicht mehr daran gedacht hatte, ist leicht zu erklären. Denn als sie dieses Jawort gegeben hatte, war sie noch dumm, und als sie dann durch die Gabe des Prinzen Verstand bekommen hatte, da hatte sie all ihre früheren Dummheiten vergessen.

Die Prinzessin war noch nicht dreißig Schritte weiterspaziert, als Riquet mit dem Schopf vor sie trat, beherzt und prächtig angetan, wie ein Prinz eben, der sich verheiraten will.

»Sie sehen, Madame«, sprach er, »dass ich pünktlich zur Stelle bin, um Wort zu halten, und ich hege überhaupt keinen Zweifel daran, dass auch Sie dafür hierhin gekommen sind.«

»Ich will Ihnen offen gestehen«, antwortete da die Prinzessin, »dass ich darüber noch keinen Entschluss gefasst ha-

be, und ich glaube, ich werde wohl nie einen solchen in Ihrem Sinne fassen können.«

»Sie erstaunen mich, Madame«, entgegnete Riquet.

»Das glaube ich«, fuhr die Prinzessin fort. »Wenn ich es mit einem dummen Tölpel zu tun hätte, mit einem Mann ohne Geist, dann würde das mich in große Verlegenheit versetzen. Eine Prinzessin muss ihr Wort halten, und Sie müssen mich heiraten, würde er sagen, weil Sie es versprochen haben. Aber da derjenige, mit dem ich spreche, ein Mann von Welt ist und vor Geist nur so sprüht, bin ich sicher, dass er Vernunft annehmen wird. Sie wissen, sogar als ich noch dumm war, konnte ich mich nicht entschließen, Sie zum Mann zu nehmen. Wie wollen Sie, dass ich mit dem Verstand, den Sie mir gegeben haben und der mich weit schwieriger gemacht hat, als ich es schon war, wie wollen Sie, dass ich heute so einen Entschluss fasse, den ich schon vor einem Jahr nicht fassen konnte. Wenn Sie allen Ernstes vorhatten, mich zu heiraten, dann haben Sie nicht gut daran getan, mir meine Dummheit zu nehmen und mich alles klarer sehen zu lassen als vorher.«

»Wenn ein Mann ohne Geist und Verstand«, antwortete ihr der Prinz, »Ihnen Ihren Wortbruch mit Fug und Recht vorwerfen könnte, wie Sie es ja selbst sagen, warum soll ich denn nicht auch das gleiche Recht in Anspruch nehmen können, Madame, wo es doch um mein ganzes Lebensglück geht? Ist es denn einzusehen, dass ein Mann mit Geist und Verstand es schlechter haben soll als einer, der keinen hat? Können gerade Sie das behaupten, die jetzt so viel Verstand besitzt und die sich so danach gesehnt hat, welchen zu besitzen? Aber kommen wir doch bitte zur Sache. Gibt es außer meiner Hässlichkeit etwas, was Ihnen an mir missfällt, Madame? Sind Sie unzufrieden mit meiner Herkunft, meinem Verstand, meinem Charakter und meinem Auftreten?«

»Überhaupt nicht«, erwiderte ihm die Prinzessin. »Alles, was Sie mir eben sagten, liebe ich an Ihnen.«

»Wenn das so ist«, gab ihr Riquet mit dem Schopf zur Antwort, »werde ich glücklich sein, da Sie mich zu dem liebenswertesten aller Menschen machen können.«

»Wie kann das denn geschehen?«, fragte die Prinzessin.

»Das kann geschehen«, versetzte Riquet, »wenn Ihre Liebe zu mir so stark ist, dass Sie wünschen, das dies geschieht:

Und damit Sie nicht daran zweifeln, Madame, sollen Sie wissen, dass die gleiche Fee, die mir am Tage meiner Geburt die Gabe verlieh, die Frau meines Herzens geistreich zu machen, Ihnen auch die Gabe verliehen hat, dem Mann, dem Sie ihr Herz geschenkt haben, Schönheit zu verleihen.«

»Wenn das so ist«, dann die Prinzessin, »wünsche ich von ganzem Herzen, dass Sie der liebenswürdigste Prinz der Welt werden, und ich schenke Ihnen von meiner Gabe soviel in meiner Macht steht.«

Kaum hatte die Prinzessin diese Worte ausgesprochen, als Riquet mit dem Schopf in ihren Augen als der schönste Mann der Welt erschien, der stattlichste und liebenswürdigste, den sie je gesehen hatte.

Es gibt Leute, die behaupten, dass es nicht der Zauber der Fee war, der hier waltete, sondern dass allein die Liebe diese Verwandlung bewirkt habe. Sie sagen, dass die Prinzessin über die Beharrlichkeit ihres Liebsten, über seine Bescheidenheit und über all seine Vorzüge der Seele und des Geistes nachgedacht habe und darüber die Missgestalt seines Körpers und die Hässlichkeit seines Gesichtes nicht mehr wahrgenommen habe. Sein Buckel schien ihr wie das Gehabe eines Mannes, der sich wichtig tut. Und sah sie ihn vordem nur fürchterlich hinken, so kam ihr das jetzt nur als eine leichte Neigung vor, die sie entzückte. Die Leute erzählten sich auch, dass seine schielenden Augen ihr nun um so glänzender vorkamen und dass sein schiefer Blick in ihren Augen das Zeichen einer leidenschaftlichen Liebe sei. Und seine dicke rote Nase hatte für sie etwas Kriegerisches und Heldenhaftes.

Sei es nun, wie es wolle: Die Prinzessin versprach ihm auf der Stelle, seine Gemahlin zu werden, vorausgesetzt, dass ihr Vater seine Einwilligung gebe. Da der König aber wusste, dass seine Tochter Riquet mit dem Schopf sehr gern hatte und er selbst ihn auch als geistreichen und klugen Mann kannte, nahm er ihn mit Vergnügen zum Schwiegersohn an. Schon am nächsten Tag wurde die Hochzeit gefeiert, wie Riquet mit dem Schopf es vorausgesehen hatte, und genau nach den Anweisungen, wie er sie schon lange vorher getroffen hatte.

Frankreich

Die Königin der Fische

Es war einmal ein Fischer. Eines Tages, als er beim Fischen war, fing er die Königin der Fische.

»Wirf mich wieder ins Wasser zurück«, bat diese ihn inständig, »und du wirst statt meiner viele andere Fische fangen.«

Und der Fischer tat der Königin der Fische ihren Willen und warf sie wieder ins Wasser. Daraufhin fing er in der Tat eine ganze Menge anderer Fische, und es war ein guter Tag für ihn.

Als er zu Hause war, sagte er zu seiner Frau: »Ich habe die Königin der Fische gefangen. Sie hat mir versprochen, ich würde noch mehr andere Fische fangen, wenn ich sie wieder losließe. Da habe ich sie wieder ins Wasser gesetzt und wirklich viele weitere Fische gefangen.«

»Was bist du doch für ein Dummkopf«, entgegnete diese, »ich hätte deine Königin der Fische gerne gegessen. Du musst sie mir herbeibringen!«

So kehrte denn der Fischer schnell zum Fluss zurück und fing die Königin der Fische ein zweites Mal. Und es trug sich wie beim ersten Mal zu.

»Lass mich los, Fischer, und du wirst viele andere Fische bekommen«, sprach sie, und der Fischer warf sie zurück und kehrte nach einem guten Fischfang wieder nach Hause zurück.

»Hast du mir nicht die Königin der Fische mitgebracht?«, keifte seine Frau. »Das nächste Mal gehe ich mit und hole sie mir.«

»Wenn ich sie nochmals fange, wirst du sie haben«, antwortete ihr der Gatte.

Und von Neuem warf er sein Netz aus und fing darin die Königin der Fische.

»Lass mich los«, bat diese wieder, »und du wirst viele andere Fische ins Netz bekommen.«

»Nein, meine Frau will dich verspeisen.«

»Na gut dann«, so die Königin, »es soll geschehen, wie ihr es wollt. Aber wenn ihr mich verspeist habt, dann legt einige meiner Gräten unter die Hündin, einige unter die Stute und einige auch unter einen Rosenstrauch im Garten.«

Der Fischer tat, was ihm die Königin der Fische gesagt hatte, und als er am folgenden Tag in seinen Garten kam, da fand er unter dem Rosenstrauch drei Knaben, die waren schon groß. Unter der Hündin fand er drei Welpen und drei Fohlen unter der Stute. Und für den Fall, dass den drei Knaben ein Unglück zustoßen sollte, würde eine Rose vom Strauch fallen.

Eines Tages nahm der älteste der Knaben die drei Welpen mit sich und zog in die weite Welt hinaus. Bald kam er auch schon in ein Dorf, in dem Heulen und Wehklagen war. Als unser Junge fragte, was denn geschehen sei, da antwortete man ihm, dass die Prinzessin bald von einem Untier mit sieben Köpfen gefressen würde. Der junge Mann ließ sich den Ort zeigen, wohin man die Prinzessin geführt hatte, und er fand sie auch dort vor. Weinend saß sie an einer Quelle.

»Was habt Ihr denn, Prinzessin?«, fragte er sie da.

»Ach«, seufzte sie, »bald wird mich ein Untier mit sieben Köpfen verschlingen.«

»Ich werde alles tun, um Euch zu retten«, sagte ihr der Junge, »denn ich fürchte nichts für mich. Ich habe keine Seele, die man retten muss.«

Es dauerte gar nicht lange, da kam auch schon das Untier. Der junge Mann hatte ja, wie gesagt, seine drei Hunde dabei, und so hetzte er den ersten auf das Ungetüm. Dieser erste Hund hieß Brise-Vent, was soviel wie »Windbrecher« bedeutet. Nach einem langen Kampf gelang es Brise-Vent, der Bestie drei Köpfe abzubeißen.

»Für heute werde ich gehen«, sagte diese dann, »aber morgen komme ich wieder.«

Am nächsten Tag ging der Junge wieder zur Quelle.

»Oh«, sagte die Bestie, »du bist ja immer noch da!«

Da hetzte der Junge den zweiten Hund los. Es war Brise-Fer, »der Eisenbrecher«. Der biss drei weitere Köpfe ab.

»Verschieben wir die Partie auf morgen«, sprach die Bestie nur und machte sich von dannen.

Am nächsten Tag schickte der junge Mann seinen dritten Hund auf das Untier. Der hieß nur kurz Brise, »Brecher«, denn er war nicht so stark wie seine beiden Brüder. Aber es blieb ja auch nur noch ein Kopf übrig, und den biss Brise kurzerhand ab.

Nun war die Bestie tot, und die Prinzessin lud den jungen Mann ein, mit ihr zu ihrem Vater zu kommen. Das aber lehnte der Junge schlichtweg ab und kehrte in seine Heimat zurück.

Der König ließ aber überall mit Pauken und Trompeten verkünden: Derjenige, der die Prinzessin befreit habe, solle zum Schloss kommen und die sieben Köpfe des Untiers mitbringen.

Der jüngste unserer Brüder hätte diese Köpfe gerne gehabt, aber sein ältester Bruder hatte sie versteckt und sieben gleiche aus Holz herstellen lassen. Die nahm der jüngste Bruder an sich, ging damit zum König und zeigte sie ihm. Der König merkte gleich, dass es nicht die richtigen waren. Darüber geriet er in solchen Zorn, dass er den jüngsten Bruder in den Kerker werfen ließ; am nächsten Tage schon sollte er hängen.

Unterdessen, als dies alles vor sich ging, war der mittlere der Brüder im Garten spazierengegangen und hatte gesehen, dass eine Rose vom Strauch gefallen war.

»Meinem Bruder ist ein Unglück zugestoßen«, sagte er sich und sogleich eilte er zum König.

»Was willst du hier?«, herrschte dieser ihn an.

»Ich komme, um meinen Bruder zu befreien.«

Kaum hatte er diese Worte gesprochen, da ließ ihn der König auch schon ins Verlies werfen. Am nächsten Tag sollte der Henker auf ihn warten.

Und schon wieder war eine Rose vom Strauch gefallen.

»Meinen beiden Brüdern muss ein großes Unglück widerfahren sein«, sagte sich da der Älteste, nahm die sieben Köpfe und die sieben Zungen des Untiers und begab sich damit zum Schloss.

»Was willst du hier?«, fragte barsch der König.

»Ich komme, um meine beiden Brüder zu befreien«, bekam er zur Antwort. »Hier sind die sieben Köpfe und die sieben Zungen der Bestie.«

»Wenn es so ist«, sprach da der König, »deinetwegen werde ich sie begnadigen, und du bekommst meine Tochter zur Gemahlin.«

So verheiratete sich denn der junge Mann mit der Prinzessin, und seine beiden Brüder bekamen zwei Ehrendamen zur Frau. Auch die Eltern der drei Jungen hatte man nicht vergessen, und alle waren glücklich und zufrieden.

Frankreich

Die drei Orangen

Einst war die Königin eines großen Landes gestorben und hatte eine Tochter hinterlassen, die war schöner als der lichte Tag und hieß Marie. Ein Jahr lang trug der König, ihr Gemahl, Trauer, denn er hatte sie über alles geliebt. Aber schließlich verheiratete er sich doch wieder, und bald schon schenkte ihm seine neue Gattin eine zweite Tochter.

Als diese groß geworden war, da zeigte es sich, dass sie so hässlich war, dass die neue Königin auf Marie eifersüchtig wurde und zum König sprach: »Eure Tochter Marie hat Euer Ansehen befleckt; man hat sie mit einem Offizier des Hofes zusammen gesehen, und nur mein Schamgefühl hindert mich daran, Euch alles zu sagen, was man sich über dieses Abenteuer erzählt.«

Als er diese Worte gehört hatte, geriet der König in großen Zorn und brüllte: »Jagt meine älteste Tochter sofort aus dem Palast! Wenn ich sie heute Abend noch hier antreffe, lasse ich sie in das schrecklichste meiner Verliese werfen, wo sie erbärmlich sterben wird.«

Darüber war die neue Königin sehr froh, und eiligst ließ sie die Befehle des Königs ausführen: Trotz ihrer Unschuld und ihrer Tränen musste Marie von dannen gehen.

Lange war sie schon unterwegs, mehr als zehn Tage und zehn Nächte, als sie auf einmal zu einem großen Garten kam, in dem Früchte aller Art wuchsen. Am Eingang zu diesem Garten erblickte Marie einen Orangenbaum, an dem hingen nur drei Orangen. Die pflückte sie, da sie von großem Hunger geplagt wurde. Aber kaum hatte sie die erste

Frucht geöffnet, als sogleich ein artiges kleines Mädchen daraus hervorkam, das mit einem Schlag groß wurde und etwas zu trinken verlangte. Da sich Marie nahe bei einer Quelle befand, gab sie ihm Wasser. Aber das junge Mädchen war so durstig, dass die Quelle sehr schnell trocken war.

»Kannst du mir nicht noch mehr Wasser geben?«, sprach es.

»Nein«, erwiderte Marie.

»Dann lebe wohl! Aber bevor ich gehe, will ich dir noch einen Rat geben«, fuhr das Mädchen fort. »Öffne die beiden Orangen, die du noch übrig hast, erst dann, wenn du genügend Wasser hast, um den Durst der Mädchen zu stillen, die noch in ihnen sind.«

Nach diesen Worten war das junge Mädchen verschwunden, und Marie setzte ihren Weg fort und kam zu einem See.

»Hier kann ich eine Orange öffnen«, sagte sie sich.

Gesagt, getan! Sogleich kam daraus ein weiteres junges Mädchen hervor, das war noch viel schöner als das erste.

»Gib mir zu trinken, zu trinken!«, flehte es.

»Trink diesen See aus, wenn du kannst«, gab ihm Marie zur Antwort. Das junge Fräulein begann zu trinken, und in wenigen Augenblicken war der See ausgetrunken.

»Gib mir zu trinken! Zu trinken!«, begann es da schon wieder.

»Nein.«

»Dann lebe also wohl!« Sprach's und war von dannen.

Marie hätte gern eine so schöne Begleiterin behalten und wurde ganz betrübt. »Nie werde ich genug Wasser für die dritte haben«, dachte sie bei sich. »Wo könnte ich denn mehr Wasser als in einem See finden?«

Einige Zeit später kam sie an die Ufer eines großen Stromes, der war so breit, dass man hätte meinen können, es wäre ein Meer. »Endlich kann ich die dritte Orange aufmachen!«, rief Marie.

Und welch schöne Frau entstieg dieser Frucht! Sie war ganz mit Diamanten besät und trug ein Gewand, das wie der Himmel leuchtete.

»Gib mir zu trinken! Zu trinken! Ich sterbe vor Durst«, waren ihre ersten Worte.

»Da ist ein großer Fluss! Lösch hier deinen Durst!«, sagte ihr Marie.

Und die schöne Frau begann zu trinken, und trank und trank und konnte doch den Fluss nicht leer trinken.

»Du hast mich besiegt, Marie«, sprach sie da. »Was möchtest du dafür? Ich bin eine Fee und kann dir all deine Wünsche erfüllen.«

»Ich habe nur einen kleinen Wunsch«, entgegnete Marie. »Bleibe immer bei mir!«

»Dein Wunsch geht in Erfüllung, gutes Kind«, sprach die Fee und blieb bei Marie. Und Marie und die Fee kamen bald zu einem Schloss.

»Hier werden wir wohnen«, sagte die Fee. »Du brauchst nur zu befehlen, und sofort wird man dir gehorchen ...«

Von nun an war Marie glücklich und zufrieden. Die gute Fee verließ sie nie, kam sogar ihren Wünschen zuvor, und es gab nichts, und wäre es noch so selten und schwierig zu finden, was sie ihrem Schützling nicht gegeben hätte.

Eines Tages nun stand Marie am Fenster, und da schönes Wetter war, begann sie so vor sich hinzusingen. In dem Augenblick hörte der Sohn des Königs ihren Gesang. Er war gerade auf der Jagd in dieser Gegend. So näherte er sich also dem Schloss, sah Marie und fand sie so schön, dass er sich auf der Stelle in sie verliebte. Sogleich pochte er ans Schlosstor und bat sie um ihre Hand. Damit war auch die gute Fee einverstanden, und alle brachen auf und gelangten schon bald zum Hof des jungen Königssohnes.

»Vater, Vater, meine gute Mutter, hier ist die Gattin, die ich mir erwählt habe!«

»Wie? Hast du nicht versprochen, die Prinzessin Carniolina zu heiraten?«, versetzten da die Eltern.

Diese besagte Prinzessin Carniolina aber war gerade die Tochter der bösen Königin, die Marie bei ihrem Vater verleumdet hatte, um sie loszuwerden.

»Ihr wisst, dass Carniolina hässlich und böse ist«, erwiderte der Prinz seinen Eltern. »Zwingt mich also nicht, euch ungehorsam zu werden.«

Als der König und die Königin sahen, dass sie die Hochzeit ihres Sohnes mit Marie nicht mehr verhindern konnten, gaben sie ihr Einverständnis. Und die Hochzeit dauerte eine ganze Woche, und die ganze Stadt war dazu eingeladen. Während der ganzen Hochzeitsfeier läuteten die Glocken des Königsreiches Sturm.

Als aber die hässliche Prinzessin Carniolina und ihre Mutter erfuhren, dass der Königssohn Marie geheiratet hatte, gerieten sie in großen Zorn. Und da sie doch nichts mehr daran ändern konnten, gaben sie sich tiefer Verzweiflung hin. Unaufhörlich hörte man die arme Carniolina seufzen, und einen Monat später schon war sie vor Gram und Eifersucht gestorben. Auch ihre Mutter folgte ihr bald.

Marie und der Königssohn aber lebten lange glücklich und zufrieden. Die gute Fee verließ sie nie. Und jedes Mal, wenn ihnen ein Kind geboren wurde, überschüttete es die Fee mit allen guten Gaben.

Korsika

Die Steine von Plouhinec

Plouhinec ist ein kleiner Ort in der Gegend von Hennebont, dem Meer zu gelegen. Rings in der Gegend sieht man nur öde Heidelandschaft oder kleine Tannenwäldchen, und noch nie gab es in der Pfarrei genug Grasland, um Rinder oder Schweine zu ziehen. Aber wenn auch die Leute dort kein Getreide oder gar Vieh haben, so besitzen sie doch mehr Steine, als man braucht, um noch einmal die Stadt Lorient zu bauen. Und jenseits des Ortes Plouhinec gibt es eine große Heide, in die die Korrigane zwei Reihen von langen, hohen Steinen gepflanzt haben, sodass man meinen könnte, es wäre eine Allee, wenn sie irgendwohin führte.

Dort, am Ufer des Flüsschens von Intel, lebte einst ein Mann namens Marzinn. Für die Gegend war er reich, das heißt, er konnte alle Jahre ein kleines Schwein pökeln, Schwarzbrot soviel er wollte essen und sich jedes Ostern ein neues Paar Holzschuhe kaufen. Daher galt er auch im Land als hochmütig und hatte seine Schwester Rozenn vielen jungen Burschen verweigert, die ihr Leben im Schweiße ihres Angesichts verbringen mussten.

Unter diesen Freiern war auch Bernèz, ein braver Bursche und guter Christ, der auf dem Land arbeitete. Der hatte aber als einziges Erbe nur den guten Willen mit auf die Welt gebracht. Bernèz war aus Ponscorff-Bidrée gekommen, um in Plouhinec zu arbeiten, und er kannte schon Rozenn, als sie ganz klein war. Und oft war sie ihm nachgelaufen und hatte ihn mit dem Liedchen geneckt, das die Kinder gern den Leuten aus dieser Gegend nachsangen:

Ponscorff-Bidrèe
Ziegenfleisch, määh!

So hatten sie sich kennengelernt, und je größer Rozenn wurde, desto größer ward auch die Zuneigung, die Bernèz für sie empfand, und eines Tages hatte er sich unsterblich in sie verliebt.

Da kann man verstehen, dass die Ablehnung von Marzinn ihm schier das Herz brach; doch er verlor nicht den Mut, denn Rozenn behandelte ihn weiter freundlich und neckte ihn immer wieder mit dem Reim, den man auf die Leute aus Ponscorff gedichtet hatte.

An einem Heiligen Abend nun gab es ein so starkes Gewitter, dass niemand zur Mette gehen konnte. So saßen denn alle Leute aus dem Bauerndorf in der Stube zusammen, und unter ihnen waren auch Bernèz und andere Burschen aus der Nachbarschaft. Um sein großes Herz zu zeigen, hatte der Hausherr fürs Abendessen Blutwürste und eine mit Honig angesetzte Weizensuppe kochen lassen; da waren aller Augen auf den Kessel im Kamin gerichtet. Nur Bernèz schaute unentwegt seine geliebte Rozenn an. Und als man gerade die Bänke an den großen Tisch rückte und die Holzlöffel schon rundherum im Kessel steckten, da stieß plötzlich ein alter Mann die Haustür auf und wünschte jedem einen guten Appetit. Es war ein Bettler aus Pluvigner, der nie in die Kirche ging und vor dem alle anständigen Leute Angst hatten. Man verdächtigte ihn in der Gegend, das Vieh zu verhexen, das Korn in der Ähre schwarz werden zu lassen und den Raufbolden Zauberkräuter zu verkaufen. Es gab sogar Leute im Land, die argwöhnten, er könne sich nach Belieben in einen Werwolf verwandeln.

Da der Mann aber wie ein Armer gekleidet war, erlaubte der Bauer es ihm, an den Kamin zu kommen; er ließ ihm sogar einen dreibeinigen Schemel und eine Portion Essen bringen.

Als nun der Hexer zu Ende gegessen hatte, da bat er noch um eine Unterkunft für die Nacht, und Bernèz sperrte ihm den Stall auf, in dem nur ein alter, harmloser Esel und ein magerer Ochse standen. Der Bettler legte sich zwischen beide Tiere, um es warm zu bekommen, und bettete seinen Kopf auf einen Sack von zerstampftem Heidekraut.

Und als er gerade einschlafen wollte, schlug es Mitternacht. Da schüttelte der alte Esel seine langen Ohren und wandte sich zum mageren Ochsen.

»Nun, mein Vetter«, fragte er freundschaftlich, »wie geht es seit letzte Weihnachten, wo ich mit Euch gesprochen habe?«

Statt darauf eine Antwort zu geben, warf das gehörnte Tier einen Blick zum Bettler und sprach mürrisch:

»War es das wert, dass uns der Herrgott zu Weihnachten die menschliche Sprache verlieh und uns und unsere Vorfahren, die bei der Geburt des Jesuskindes dabei waren, damit belohnte, dass wir nun diesen Taugenichts von Bettler als Zuhörer haben.«

»Ihr seid sehr hochmütig, Herr Brüllochse«, erwiderte der Esel heiter, »ich hätte doch mehr Recht, mich zu beschweren, ich, dessen Vorfahre einst das Kind nach Jerusalem brachte, wie es das Kreuz beweist, das uns seitdem auf dem Rücken zwischen den Schulterblättern steht. Aber ich bin mit des Herrgotts Gabe zufrieden. Seht Ihr übrigens nicht, dass der Hexer eingeschlafen ist?«

»All seine Zauberkünste haben ihn nicht reich machen können«, fuhr der Ochse fort, »und er geht wegen sehr wenig der Verdammnis entgegen. Der Teufel hat ihn nicht einmal auf das Glück aufmerksam gemacht, das er hier in einigen Tagen finden wird.«

»Welches Glück?«, fragte der Esel.

»Wie!«, fuhr der Ochse fort, »wisst Ihr denn nicht, dass die Steine aus der Heide von Plouhinec alle hundert Jahre zum Flüsschen Intel trinken gehen und dass während dieser Zeit die Schätze, die sie verborgen halten, offen stehen?«

»Ah, jetzt erinnere ich mich«, unterbrach ihn der Esel, »aber die Steine kommen so schnell wieder an ihre alte Stelle zurück, dass es unmöglich ist, ihnen aus dem Weg zu gehen, ohne dass sie einen zermalmen. Es sei denn, man hat zu ihrer Abwehr einen Zweig von Kreuzkraut, der mit einem fünfblättrigen Kleeblatt umwunden ist.«

»Und dann noch«, fügte der Ochse hinzu, »die Schätze, die man mitnimmt, verfallen sofort zu Staub, wenn man dafür keine getaufte Seele gibt. Es braucht den Tod eines Christenmenschen, damit der böse Geist einen in Ruhe die Reichtümer von Plouhinec genießen lässt.«

Der Bettler aber hatte dieses ganze Gespräch mitangehört und wagte es nicht, dazwischen zu atmen.

»Ah, meine lieben Tiere, meine Herzchen«, dachte er bei sich, »ihr habt mich soeben reicher als alle Bürger von Vannes und Lorient zusammen gemacht. Doch seid nur beruhigt! Der Hexer von Pluvigner wird sich hinfort nicht mehr für nichts der Verdammnis anheimgeben.«

Und sogleich schlief er ein. Doch schon bei Tagesanbruch war er auf dem freien Feld und suchte das Kreuzkraut und das fünfblättrige Kleeblatt. Lange musste er suchen und tief ins Land gehen, dort wo die Luft wärmer ist und die Pflanzen immer grün bleiben. Endlich aber, am Tag vor Neujahr, tauchte er wieder in Plouhinec auf und machte ein Gesicht wie ein Wiesel, das den Weg zum Taubenschlag entdeckt hat.

Als er gerade über die Heide kam, erblickte er Bernèz, der damit beschäftigt war, mit einem spitzen Hammer auf den größten Stein zu schlagen.

»Um Himmels willen«, rief der Hexer und lachte, »wollt Ihr Euch ein Haus aus diesem dicken Pfeiler schlagen?«

»Nein«, antwortete Bernèz ruhig, »aber da ich für den Augenblick keine Arbeit habe, dachte ich mir, ich meißle ein Kreuz auf einen dieser verfluchten Steine. So tue ich dem Herrgott ein wohlgefälliges Werk.«

»Ihr wollt also etwas von ihm erbitten?«, bemerkte der alte Mann.

»Alle Christen müssen ihn um das Heil ihrer Seele bitten«, entgegnete der junge Bursche.

»Und habt Ihr ihm auch nichts von Rozenn zu sagen?«, fügte der Bettler leise hinzu. Bernèz schaute ihn an.

»Ah, Ihr wisst es also«, fuhr da Bernèz fort, »nach allem ist es weder eine Schande noch eine Sünde; und wenn ich das junge Mädchen suche, dann nur, um sie vor den Altar zu führen. Unglücklicherweise will Marzinn einen Schwager, der mehr Dukaten besitzt als ich rote Heller.«

»Und wenn ich Euch mehr Louisdor beschaffe, als Marzinn Dukaten hat«, sagte da der Hexenmeister halblaut.

»Ihr?«, rief da Bernèz.

»Ich!«

»Und was würdet Ihr dafür von mir verlangen?«

»Nichts als ein Gedenken in Euren Gebeten.«

»Ich brauche mein Seelenheil also nicht aufs Spiel zu setzen?«

»Hier braucht es nur Mut!«

»Dann sagt mir, was ich tun muss«, rief da Bernèz und ließ seinen Hammer fallen, »ich bin bereit, und wenn ich mich auch dreißigmal dem Tod ausliefern müsste, denn ich hänge weniger am Leben als an einer Hochzeit mit Rozenn.«

Als der Bettler nun diese Entschlossenheit sah, erzählte er ihm, dass in der kommenden Nacht die Schätze der Heide offen daliegen würden. Doch verheimlichte er ihm, wie man den Steinen bei ihrem Rückweg ausweichen könne: Der junge Bursche war der Meinung, hier brauche es nur Mut und Behändigkeit, und so sagte er:

»So wahr es die Dreifaltigkeit gibt, ich werde die Gelegenheit ausnutzen, alter Mann, und ich werde Euch wegen dieses Hinweises immer zu Gefallen sein. Lasst mich nur noch das Kreuz, das ich zu meißeln begonnen habe, zu Ende führen. Wenn es die Zeit ist, werde ich zu Euch am kleinen Tannenwäldchen kommen.«

Und Bernèz hielt Wort und kam eine Stunde vor Mitternacht zur vereinbarten Stelle. Dort fand er den alten Mann vor, der einen Bettelsack in jeder Hand und einen weiteren um den Hals hängen hatte.

»Nun setzt Euch dahin«, sagte er zum jungen Burschen, »und denkt darüber nach, was Ihr machen werdet, wenn Ihr zur Genüge Silber, Gold und Edelsteine habt!«

Der Bursche setzte sich auf den Boden und antwortete:

»Wenn ich Silber zur Genüge habe, dann werde ich meiner lieben Rozenn all das geben, was sie sich wünscht und schon immer gewünscht hat, vom Stoff bis zur Seide, vom Brot bis zur Apfelsine.«

»Und wenn Ihr Gold zur Genüge habt?«, fügte der Bettler hinzu.

»Dann«, antwortete Bernèz, »werde ich alle Verwandten von Rozenn und alle Freunde ihrer Verwandten bis in den letzten Winkel der Pfarrei reich machen.«

»Und wenn Ihr Edelsteine habt, wie Ihr sie nur wollt?«, sagte der Alte schließlich.

»Dann werde ich alle Menschen auf der Welt reich und glücklich machen, und ich werde ihnen sagen, dass meine Rozenn es so gewollt hat«, rief er da freudig.

Während sie so plauderten, war die Stunde vorübergegangen, und es ward Mitternacht. Da erhob sich auf der Heide ein lauter Lärm, und im Schein der Sterne sah man, wie alle großen Steine von ihrer Stelle rückten und zum Flüsschen von Intel hinstürzten. Sie stiegen den Hang hinunter, zerstampften den Boden und stießen dabei aneinander wie eine Herde von Riesen, die zuviel getrunken hatten. So gingen sie in wildem Durcheinander an den beiden Männern vorbei und verschwanden in der dunklen Nacht.

Da stürzte sich der Bettler auf die Heide, und Bernèz folgte ihm. Und an der Stelle, an der sich noch kurz vorher die großen Steine erhoben hatten, entdeckten die beiden Brunnen, die waren bis zum Rand voll von Gold, Silber und Edelsteinen. Bernèz stieß einen Schrei der Verwunderung aus und bekreuzigte sich. Der Hexer aber machte sich sogleich daran, seine Bettelsäcke zu füllen, und lauschte angestrengt nach dem Flüsschen zu. Schon war er dabei, seinen dritten Bettelsack zu Ende zu füllen, während der Bursche erst die Taschen seiner Jacke vollmachte, als ein dumpfes Grollen wie das eines anziehenden Gewitters in der Ferne zu hören war. Die Steine waren mit dem Trinken fertig und schickten sich an, wieder auf ihre alten Stellen zu rücken. Vorwärtsgebeugt kamen sie herbeigeeilt wie Läufer und zermalmten alles, was sich ihnen in den Weg stellte. Als der junge Bursche sie nahen sah, stand er schnell auf und schrie:

»Jungfrau Maria, wir sind verloren!«

»Nein, nicht ich«, entgegnete da der Hexer und nahm das Kreuzkraut und das fünfblättrige Kleeblatt in die Hand. »Das hier ist meine Rettung«, fuhr er da fort, »aber es war noch nötig, dass ein Christenmensch sein Leben verliert, um mir diese Reichtümer zu sichern, und dein böser Engel hat dich mir auf den Weg gebracht. Verzichte also auf Rozenn und bereite dich auf den Tod vor!«

Während er noch so sprach, war das Heer der Steine herangekommen. Aber der Alte zeigte seinen Zauberstrauß, und die Steine wichen nach rechts und links aus, um sich auf Bernèz zu stürzen.

Als dieser begriffen hatte, dass nun alles verloren war, ließ er sich auf die Knie fallen und schloss die Augen. Doch der große Stein an der Spitze des Heeres blieb auf einmal stehen und stellte sich wie eine Sperre vor ihn, um ihn vor den anderen zu schützen. Erstaunt hob Bernèz den Kopf und erkannte den Stein, auf den er das Kreuz gemeißelt hatte! Das war nun ein getaufter Stein, der keinem Christen mehr schaden konnte.

Der Stein blieb unbeweglich vor dem jungen Burschen stehen, bis alle seine Brüder ihren Platz wieder eingenommen hatten. Dann schwang er sich wie ein Meeresvogel davon, um auch wieder an seine Stelle zu rücken. Auf seinem Weg aber stieß er auf den Bettler, der schwer an den drei mit Gold gefüllten Säcken trug.

Als der Alte den Stein nun nahen sah, wollte er ihm seine Zauberpflanzen zeigen; doch der

Stein war christlich geworden und unterlag nicht mehr den Verhexungen des Dämons, und so fuhr er jählings über den Hexer hinweg und zermalmte ihn wie ein Insekt.

Und außer den Schätzen, die er selbst gesammelt hatte, bekam Bernèz auch die drei Säcke des Bettlers und war nun so reich, um Rozenn zu heiraten und um ebenso viele Kinder großzuziehen, wie der Zaunkönig Junge in seinem Nest hat.

Bretagne

Die zwei alten Bäume

Es hat sich in Plongaznon zugetragen vor noch nicht allzu langer Zeit. Dort lebten in einem kleinen Bauernhof ein braver Mann und seine Frau. Und da sie keine Mittel hatten, eine Dreschmaschine zu kaufen, mussten sie mit einem Flegel dreschen. Von Sonnenaufgang bis zu ihrem Untergang mühten sie sich im Konzert ab, der Mann schlug den Takt und seine Frau richtete ihren Schritt nach dem seinen.

Ihr könnt euch wohl denken, dass sie nach des Tages Arbeit gern in ihr Bett gingen, obgleich die Matratze nur mit Roggenstroh gefüllt und die Bettlaken aus grobem Hanftuch waren. Sie nahmen sich kaum Zeit, zum Abendessen ein paar Kartoffeln zu essen und ein kurzes Nachtgebet zu sprechen: Einen Augenblick später lagen sie schon Seite an Seite im Bett und schnarchten um die Wette.

Am letzten Abend jedoch, als die Drescherei zu Ende war, sprach der Mann zu seiner Frau: »Radegonda, bei den Reichen gibt es, wenn der August vorbei ist, für die Drescher am Abend ein Ragout zu essen. Wenn Ihr für mich das Ragout machen wollt, auf das ich Lust habe, dann macht mir doch Crêpes aus schwarzem Mehl, wie Ihr sie so gut zubereiten könnt, Radegonda.«

»Was, Crêpes? Mein armer Mann! Das schlagt Euch aus dem Kopf. Erstens sind meine Arme vom vielen Dreschen schon lahm, ich habe so hart geschuftet wie Ihr, stimmt's nicht? Und da ich nicht Eure Kraft habe, kann ich nun nicht mehr. Woher soll ich denn die Kraft nehmen, jetzt noch den Ofen anzuheizen, das Mehl zu verrühren und den Teig zu ziehen? Und wenn ich auch die Kraft hätte, Euren Wunsch zufriedenzustellen, so könnte ich es doch nicht zustande bringen, denn wir haben keine Prise Mehl mehr im Kasten. Wisst Ihr denn nicht, dass Ihr seit mehr als einer Woche, die wir an der Ernte schaffen, nicht hinunter zum Müller gegangen seid?«

»Oh, wenn es nur am Mehl hängt, darum werde ich mich schon kümmern!«

»Was? Ihr würdet bis zur Mühle gehen, wo Ihr so geschwitzt und Euch abgeplagt habt? ... Euer Bauch ist wohl ein sehr harter Herr, Hervé Mingam?«

Und Hervé Mingam flehte sie an: »Ach, Radegonda! Nur einmal!«

Da war sie gerührt und sagte zu ihm: »Ich bin zu töricht, alles zu machen, wonach Euch der Kopf steht. Aber sei's drum! Geht und versucht, schnell wieder zurück zu sein, wenn Ihr nicht wollt, dass ich in der Zwischenzeit hier in meinen Kleidern einschlafe.«

Sie hatte den Satz noch nicht ausgesprochen, als ihr Mann schon zur Tür hinaus war und mit Riesenschritten zur Mühle eilte. Soweit er den Weg noch klar sah, lief er mehr, als dass er ging. Aber an einer Stelle, an der sich der Weg in die Erde zu graben schien, zwischen zwei hohen überhängenden Böschungen, musste er langsamer machen. Aber bald ging er nur noch auf gut Glück vorwärts, denn über sich hatte er nun außer dem Schatten der Böschungen noch den von uralten Bäumen, die dort wuchsen. So ging er denn vorsichtig weiter und achtete auf jeden seiner Schritte. Auf einmal, in der tiefen Stille, und obwohl die Luft unbewegt war, wie es gewöhnlich an heißen Augustabenden vorkommt, hörte er, wie über seinem Kopf das Laubwerk eigentümlich und in völlig unerwarteter Weise zu rauschen begann.

»Na, bei Gott, das ist ja recht seltsam«, dachte er bei sich. Und er schaute nach oben, und trotz der Dunkelheit erkannte er an der silberweißen Rinde, dass es zwei Buchen von stattlicher Größe waren, deren Blattwerk so rauschte. Sie standen sich an den Böschungen gegenüber und verflochten ihre Zweige, als wollten sie sich umarmen. Und was am seltsamsten war: Ihr Murmeln glich einem Geflüster von menschlichen Stimmen. Hervé Mingam verhielt seinen Schritt und begann zu lauschen. Kein Zweifel, die zwei Buchen unterhielten sich. Und unser Mann vergaß Mühle, Mehl und Crêpes, um ihnen zuzuhören.

Der erste der beiden Bäume, der rechts stand, sagte: »Ich glaube, dir ist kalt, Maharit. Du zitterst ja an allen Gliedern!«

Und der zweite Baum, der links stand, antwortete, vor Kälte zitternd: »Ja, Jelvestr, ich bin wie Eis, wirklich durchgefroren bis aufs Mark. Jedes Mal, wenn die Nacht hereinbricht, geht es mir so, dass es wie ein neuer Tod ist. Aber zum Glück gibt es heute Abend bei unserem Sohn Crêpes: Da wird ein rechtes Feuer angefacht, und sobald seine Frau und er zu Bett gegangen sind, können wir uns an der Glut wärmen.«

Darauf erwiderte der erste Baum: »Ich werde mit dir gehen und dich nicht allein lassen, Maharit. Aber wenn du mir zu deinen Lebzeiten gehorcht hättest, dann brauchtest du jetzt nicht zu warten, bis man bei unserem Sohn Crêpes macht, um dich ein bisschen aufzuwärmen. Wie oft habe ich dich gebeten, zu den Armen doch mildtätiger zu sein! Aber unter dem Vorwand, dass du selbst wenig besitzt, wolltest du ihnen nichts geben. Und jetzt wirst du dafür bestraft! Weil du immer ein kaltes Herz hattest, musst du jetzt mit Kälte dafür büßen. Und ich werde auch mit dir bestraft dafür, dass ich zu schwach deiner Sünde gegenüber war. Aber zumindest leide ich nicht so wie du. Die Armen, die du weggestoßen hast, habe ich nach meinen Kräften getröstet, ohne dass du etwas davon gewusst hast. Zum Beispiel habe ich ihnen zur Fastenzeit Butterstückchen gegeben, die ich in Kohlblätter eingewickelt habe, und zur Fastnacht Speckstückchen in etwas Papier eingewickelt. Und seit dieser Zeit sind das Papier und die Kohlblätter mir Kleidung und halten mich warm.«

»Ach!«, seufzte da der zweite Baum und war dabei so traurig, als wollte er seinen Geist aufgeben.

Mehr hörte Hervé Mingam nicht mehr. Selbst auf die Gefahr hin, sich zwanzigmal den Hals zu brechen, stürzte er sich, über die Steine des Hohlwegs stolpernd, den Hang hinunter bis zur Furt der Mühle von Trohir. Bei seiner Rückkehr nahm er einen zweimal längeren Weg, um ja nicht wieder unter den alten Bäumen durchzukommen, »Mein Gott«, sagte seine Frau da zu ihm, »ich habe schon geglaubt, Ihr würdet gar nicht mehr zurückkommen.« Und als sie sein verstörtes Aussehen bemerkte, sagte sie: »Was habt Ihr denn? Ihr seht ja ganz bleich aus!«

»Das kommt davon, dass ich am Ende meiner Kräfte bin. Mir tun alle meine Glieder weh. Nach der harten Tagesarbeit war dieser Gang wirklich zu viel!«

»Das habe ich Euch ja vorher gesagt! Doch tröstet Euch. Wenn Ihr schon Mehl mitgebracht habt, werde ich Euch auch Crêpes machen!«

»Ja«, murmelte er, »mehr denn je müsst Ihr sie jetzt machen!«

Radegonda glaubte, damit wolle er andeuten, sein Verlangen nach Crêpes sei durch das lange Warten noch gestiegen, und so machte sie sich daran, ihm besonders sorgfältig aufzuwarten.

Gewöhnlich machten ihm zwölf Crêpes keine angst. Aber diesmal war er schon mit der dritten satt und sagte: »Ich habe jetzt entschieden mehr Bedürfnis, zu schlafen als zu essen.«

»Nun gut, wenn ich das gewusst hätte, hätte ich nicht ein so großes Feuer gemacht«, versetzte da seine Frau, nahm die Pfanne vom Ofen und machte sich daran, die halbverbrannten Scheite aus dem Feuer zu räumen. Aber ihr Mann gebot ihr Einhalt: »Lasst brennen, was brennt. Wir wollen zu Bett gehen.«

Er wartete, bis sie sich ausgezogen hatte, und während sie ihm den Rücken zudrehte, um ins Bett zu steigen, warf er eine Handvoll Späne in die Flamme. Kaum lag Radegonda im Bett, als sie auch schon eingeschlafen war. Ihr Gatte aber hielt Augen und Ohren offen und lag auf der Lauer.

Durch die durchbrochenen Vorhänge des Schrankbetts, das gerade gegenüber dem Fenster stand, konnte man das Bauerngärtchen und die Landschaft in der Ferne sehen, denn es war Vollmond. Die Nacht war still, kein Windhauch regte sich. Es schlug zehn Uhr, elf Uhr, und niemand kam. Und unser Mann begann schon zu zweifeln. Aber als es halb zwölf Uhr schlug, hörte er ein leises Geräusch, wie wenn Zweige sich dahinschleppen und Blätter rascheln. Dann wurde das Geräusch immer stärker, wuchs an zu einem

Rauschen, ähnlich, wie wenn der Wald von einem Windstoß bewegt wird. Und Hervé sah deutlich die zwei großen Schatten der Buchen, die sich auf das Haus zubewegten. Beide gingen so dicht wie möglich nebeneinander; man hätte meinen können, dass die Erde sie trug. Im Schein des Mondes sah man ihre silbernen Stämme unter dem riesigen Laubwerk glitzern. Zuletzt durchquerten sie das Gärtchen.

»Fru-u-u, fru-u-u!«, seufzten ihre riesigen Äste.

Unser Mann klapperte mit den Zähnen unter seiner Bettdecke. Nie hätte er sich vorgestellt, dass zwei Bäume allein das Rauschen eines ganzen Waldes hervorzubringen vermöchten. Nun war ihr Rascheln um ihn herum, über ihm, schier überall schien es zu sein.

»Sie werden mir das ganze Haus umwerfen«, sagte er sich. Er hörte, wie die dicken Äste sich an den Mauern und an dem Strohdach rieben. Dreimal gingen die beiden Buchen um das Haus; ohne Zweifel suchten sie die Eingangstür. Plötzlich öffnete die sich. Der Mann barg den Kopf in seinen Händen, denn er wollte nicht mehr sehen, wie es weiterging. Als er aber nach drei oder vier Minuten kein Rumoren mehr bemerkte, erkühnte er sich und schaute durch die Löcher des Bettvorhangs. Was aber sah er da?

Sein Vater und seine Mutter saßen auf Holzschemeln zu beiden Seiten des Feuers. Sie hatten nun nicht mehr die Gestalt von Bäumen, sondern sahen aus wie zu ihren Lebzeiten

und plauderten leise miteinander. Seine alte Mutter hatte ihren roten Rock aus Barchent hochgeschürzt, um sich die Beine zu wärmen, und der greise Vater fragte sie: »Spürst du ein wenig die Wärme?«

»Ja«, antwortete sie. »Unser Sohn war so klug und hat eine Handvoll Späne ins Feuer geworfen.«

Da weckte Hervé Mingam ganz sachte seine Frau und sprach: »So seht doch her!«

»Was? Wo?«

»Da, in der Stube, die zwei Alten, erkennt Ihr sie nicht?«

»Entweder träumt Ihr oder leidet unter bösem Fieber, armer Gatte! In der Stube sehe ich nichts als das funkelnde Feuer.«

»Legt doch Euren Fuß auf meinen, Radegonda, dann seht Ihr, was ich sehe.«

Und sie legte ihren Fuß auf den seinen und sah tatsächlich die beiden Alten.

»Der Herr möge den Verstorbenen vergeben! ... Aber das sind ja Euer Vater und Eure Mutter«, stammelte sie vor Erstaunen und Entsetzen zugleich und fasste seine Hände.

»Um Himmels willen«, antwortete er, »macht und sagt nichts, was sie stören könnte!«

»Was wollen sie von uns?«

»Das werde ich Euch erklären, wenn sie weggegangen sind.«

Beim Herd sagte dann der greise Vater zur Mutter: »Habt Ihr Euch genug aufgewärmt, Maharit? Bald ist unsere Stunde gekommen!«

Und die Alte sagte zu ihrem greisen Mann: »Ja, mir ist nicht mehr so kalt, Jelvestr. Aber es kommt mir lange vor, bis meine harte Bußzeit zu Ende ist.«

Da erscholl schon von der Kirche der erste Glockenschlag der Mitternacht. Die zwei Alten standen auf und verschwanden. Und von Neuem erhob sich das laute Rauschen von Blattwerk um das Haus herum: »Fru-u-u! Fru-u-u!«

Dann entfernte sich das Geräusch im gleichen Maß, wie auch der Schatten der beiden Bäume im Mondlicht entschwand.

Radegonda lief es eiskalt über den Rücken, denn sie verstand all die außergewöhnlichen Dinge nicht, die sie da gesehen hatte. Als die Nacht wieder still und schweigsam war, erzählte ihr der Mann, was ihm im Hohlweg begegnet war und wie er das Geheimnis der beiden Toten entdeckt hatte.

»Es ist gut«, sagte da Radegonda, die verstanden hatte. »Morgen werde ich den Armen in der Pfarrei eine schöne Torte bringen, und wir werden zwei Messen in der Kirche bestellen.«

Das taten sie denn auch, und seit dieser Zeit sprachen die beiden Buchen nie mehr wieder.

Bretagne

Das Mädchen mit dem Leichentuch

Es begab sich in der Gegend von Morlaix, in einem Ort, dessen Name mir entfallen ist. Dort stand einmal ein Wirtshaus, das ein Mann und seine Frau führten. Als Gehilfin hatten sie nur eine junge Magd, ein Mädchen von heiterem Gemüt, das immer gern lachte und Scherze trieb.

Eines Abends kehrten dort zwei junge Burschen aus der Gegend ein, setzten sich an den Wirtshaustisch und luden den Wirt, seine Frau und die Magd zu einem Gläschen ein. Zuerst plauderte man, wie es unter Leuten, die sich gut kennen, üblich ist; dann schlug jemand ein Kartenspielchen vor, und gerne wurde dieser Vorschlag angenommen. Wenn man spielt, geht die Zeit schnell vorüber, und so waren die zwei jungen Burschen unangenehm überrascht, als sie es von der Turmuhr elf schlagen hörten. Sie hatten noch eine gute Meile nach Hause, und der Weg war schlecht.

»Verdammt noch mal!«, sagte da einer von ihnen. »Wir werden zu einer ganz unchristlichen Stunde draußen sein. Was hältst du davon, Jacques?«

»Ja, Fanch«, antwortete der andere, »zu einer solchen Stunde ist es nicht gut, über steile Pfade heimzuschleichen. Ich fühle mich gar nicht beruhigt!«

»Na gut!«, warf der Wirt ein. »Warum bleibt ihr nicht und übernachtet hier?«

Da protestierte aber sogleich die Magd. Es war ihr wahrscheinlich nicht daran gelegen, noch ein Bett herzurichten, bevor sie sich schlafen legen konnte.

»Hat man denn sowas schon gesehen!«, sagte sie mit einem Unterton von beißendem Spott.

»Wie? Ihr seid zu zweit, seid beide in der Blüte der Jugend, seht gesund aus und habt eine starke Faust! Und ihr traut euch nicht, nachts noch hinauszugehen! … In der Tat, bis heute habt ihr den Ruf gehabt, bei Raufereien im Land die stolzesten Burschen zu sein, aber jetzt merke ich doch, dass es nur ein Ruf war.«

»Bei Raufereien«, entgegnete Jacques, »misst man sich mit Lebenden. Vor denen habe ich keine Angst!«

»Ihr habt also Angst vor den Toten! Ihr wollt mir wohl einen Bären aufbinden! Aber seid beruhigt! Die Toten sind da, wo sie sind. Sie sind es nicht, die mit euch Streit suchen.«

»Das ist aber schon mehr als einmal vorgekommen«, sagte Fanch.

»Ja, in den Ammenmärchen!«

»Sprecht nicht so, Katic!«, warf da die Wirtin ein, die sich über die Ungläubigkeit ihrer Magd ärgerte. »Ihr werdet uns allen noch Unglück bringen!«

»Ich habe Gott sei Dank keine solch törichte Angst«, erwiderte diese darauf, »ich würde genauso ruhig auf einen Friedhof wie auf einen großen Weg gehen, und das bei jeder Tag- und Nachtstunde!«

»Das ist leichter gesagt als getan«, riefen da die beiden jungen Burschen auf einmal.

»Ich werde es sofort tun, wenn ihr wollt«, versetzte da Katic, die sich etwas in ihrer Selbstgefälligkeit verletzt fühlte, »der Kirchhof ist nicht weit von hier, man braucht nur eben über den Weg zu gehen. Wetten, dass ich dreimal um die Kirche herumgehe und dabei singe und mich nicht beeile!«

»Unglückselige!«, sagte die Wirtin, »ihr wollt also Ankou, den Tod, herausfordern!«

»Nein, ich will einfach diesen beiden Dummköpfen zeigen, dass ich, die ich nur eine Frau bin, mehr Mut besitze als sie.«

»Wir halten die Wette«, antworteten Jacques und Fanch, die wenig darüber geschmeichelt waren, als Dummköpfe hingestellt zu werden. »Wir halten die Wette, komme, was da wolle!«

»Dann kommt also alle mit. Ihr bleibt dann auf den Stufen des Kirchhofleiterchens stehen. Von dort könnt ihr dann sehen, dass keine Mogelei dahintersteckt.«

»Was mich anlangt«, sagte die Wirtin, »ich werde nicht nach draußen gehen. Was ihr da tun wollt, ist gegen Gottes Gesetz.«

So gingen sie denn nach draußen; der Wirt kam auch mit den beiden Burschen mit. Alle drei kletterten auf die Stufen des Treppchens, das zum Kirchhof führte, und verharrten dann dort außerhalb, während die Magd Katic über das Leiterchen in den Kirchhof hineinstieg und über einen Sandpfad zwischen den Gräbern zur Kirche ging.

Die Nacht war hell, und der Mond ging am Himmel hoch. Als Katic zur Kapelle gekommen war, begann sie, um diese herumzugehen, und zwar im gleichen Schritt wie Leu-

te, die in einer Prozession gehen. Man hörte, wie sie mit einer Stimme, die so rein und frisch wie Quellwasser war, den schönen Choral »Wir grüßen dich, du Königin der Engel« sang. So ging sie einmal um die Kirche herum, dann ein zweites Mal. Und der Wirt sagte zu den Burschen: »Jetzt hat sie ihre Wette gewonnen. Gehen wir und trinken wir noch ein Schlückchen, bis sie zurückkommt!« Und sie kehrten ins Wirtshaus zurück.

Inzwischen hatte Katic ihren dritten Rundgang begonnen. Als sie am Vorhof der Kirche vorbeikam, sah sie deren Vordertor weit offenstehen und warf einen Blick ins Innere. In der Mitte des Schiffes stand der Katafalk wie bei Beerdigungen oder bei Totenmessen, und auf dem Katafalk war ein Leichentuch ausgebreitet. Um ihn herum brannten in großen silbernen Kandelabern Kerzen. Katic dachte sogleich:

»In ihrer Verärgerung haben Jacques und Fanch mir Angst machen wollen. Sie haben die Kerzen angezündet und ein weißes Tuch über den Katafalk geworfen.«

Da nahm sie das Tuch weg, beendete ihren Rundgang und ging ins Wirtshaus zurück.

»Da habt ihr euer Tuch!«, sagte sie. »So leicht wie einem Hasen jagt man mir keinen Schrecken ein.«

Der Wirt und die beiden jungen Burschen schauten sich gegenseitig an und waren überzeugt, dass Katic den Kopf verloren hatte.

»Oh, tut nur nicht so erstaunt«, fuhr sie da fort. »Ihr habt dieses Tuch über den Katafalk geworfen und auch die Kerzen angezündet. Mich kann man nicht mit Leim fangen.«

»Katic«, sagte da der Wirt, »wir sind nicht nur nicht in der Kirche gewesen, wir sind nicht einmal auf den Kirchhof gegangen.«

»Ihr werdet sehen, dass das schlecht ausgeht«, rief da die Hausherrin, die sich schon niedergelegt hatte, aus ihrem Bett. »Kommt und legt Euch neben mich, Katic! Und morgen geht Ihr, wenn Ihr mir glaubt, zum Beichtstuhl!«

Der Wirt nahm die beiden jungen Burschen mit in seine Kammer, und Katic teilte das Bett mit ihrer Wirtin.

Doch beide Frauen kamen nicht zum Schlafen. Und jedes Mal, wenn Katic versuchte, die Bettlaken zu sich zu ziehen, deckten unsichtbare Hände sie wieder auf. Schon begann sie, ihren Streich zu bedauern, und voller Ungeduld wartete sie auf den nächsten Morgen.

Und sobald es tagte, stand sie auf und lief schnell zur Kirche. Der Pfarrer war schon in der Sakristei und legte sich gerade sein weißes Gewand für die Frühmesse an.

»Herr Pfarrer«, flehte sie ihn an, »nehmt mir bitte auf der Stelle die Beichte ab!« Der Pfarrer hieß sie hinknien und nahm ihr noch in der Sakristei die Beichte ab. Sie beichtete ihm alle Ereignisse der Nacht und ließ keine Einzelheit aus.

»Um welche Stunde, meine Tochter«, fragte er dann, »habt Ihr bemerkt, dass die Vorderkirche offenstand?«

»Es war so gegen Mitternacht.«

»Dann findet Euch heute um Mitternacht am gleichen Ort wieder ein. Bringt dann das Leichentuch mit und sorgt dafür, dass Ihr eine Nadel und ein Knäuel groben Garns mitbringt. Breitet dann das Leichentuch über den Katafalk aus.«

»Das werde ich nie wagen, Herr Pfarrer!«

»Ihr müsst, meine Tochter. Ihr werdet dann sehen, dass sich ein Toter auf das Leichentuch legt.«

»Oh!«

»Hüllt ihn dann sogleich in das Tuch ein und näht ihn zu!«

»Das werde ich nie wagen, Herr Pfarrer! Lieber will ich sterben...«

»Sagt sowas nicht, Katic! Wenn Ihr jetzt sterben würdet, wäret Ihr verdammt. Wenn Ihr gestern nicht so viel Mut gehabt hättet, brauchtet Ihr ihn heute auch nicht. Doch seid guten Sinnes, Ihr werdet nicht allein sein, ich werde Euch schon beistehen.«

»Danke, Herr Pfarrer!«

»Versucht sehr schnell, sehr schnell zu nähen. Wenn Euch nur noch drei oder vier Stiche bis zum Ende fehlen, dann ruft ganz laut, dass ich es höre: ›Ich bin fertig‹. Vergesst das nur nicht, das ist sehr, sehr wichtig.«

»Ich werde Euch Punkt für Punkt gehorchen, Herr Pfarrer!«

Kurz vor Mitternacht war Katic in der Kirche. Wie am Tage zuvor stand der Katafalk in der Mitte des Schiffes, und in den großen silbernen Kandelabern verzehrten sich die Kerzen.

»Mein Gott, mein Gott!«, murmelte das Mädchen. »Gib mir Mut und Stärke!«

Und sie faltete das Tuch, das sie mitgebracht hatte, auseinander und legte es sauber auf den Katafalk. Da erst merkte Katic, dass das Leichentuch schon alt war, dass es schimmelig roch und dass sich Würmer statt Fäden in den Löchern schlängelten. Kaum aber hatte sie das Tuch ausgebreitet, da sah sie einen halbverwesten Leichnam näherkommen. Der hob sich auf den Katafalk und legte sich ins Leichentuch. Und sobald er da lag, nahm Katic die vier Enden des Tuches, schlug sie über ihm zusammen und nähte und nähte. Auch der Pfarrer war da; er hatte sich in seinen Beichtstuhl eingeschlossen und wartete. Und von Zeit zu Zeit fragte er: »Seid Ihr bald fertig, Katic?«

»Noch nicht!«, antwortete sie da. Doch plötzlich schrie sie: »Ich bin fertig!«

»Gott möge Euch seinen Frieden geben!«, sprach da der Priester und schlich sich schnell aus der Kirche. Und auf der Schwelle wandte er sich noch um und sprach: »Nun müsst Ihr und der Tote mit euch selbst zurechtkommen!« Nun liegt es aber in der Natur der Dinge, dass es immer wieder Tag wird, selbst wenn sich die schlimmsten Dinge zugetragen haben. Als am nächsten Morgen der Küster kam, um das Angelus zu läuten, fand er in der Kirche den Katafalk vor, obwohl er sicher war, ihn tags zuvor in den Keller geräumt zu haben. Und rund um den Katafalk herum lagen in Fetzen verstreut die Teile eines noch jungen Körpers. Die Fliesen waren von Blut besudelt. Spritzer davon waren bis zum Pfeilerkapitell gelangt. Da lief der Küster zum Pfarrhaus und erzählte dem Pfarrer alles, was er gesehen hatte.

»Der Name des Herrn sei gelobt!«, sagte da der Priester. »Geht und sagt den Wirtsleuten, dass Katic tot ist, aber bestätigt ihnen auch zugleich, dass sie erlöst ist.«

Bretagne

Der Karren des Todes

Es geschah eines Abends im Juni, in der Jahreszeit, in der man die Pferde die ganze Nacht draußen lässt. Da hatte auch ein junger Mann aus Trezelan in der Bretagne seine Pferde auf die Wiesen geführt. Und als er pfeifend zurückkam – es war eine helle Nacht und gerade Vollmond –, da hörte er plötzlich, dass ihm auf dem Weg ein Karren entgegenkam, dessen Radachse fürchterlich quietschte, es fehlte ihr wohl ein bisschen Fett. Und unser junger Mann zweifelte nicht daran, dass dies *karriguel ann Ankou* war, der Karren des Todes.

»Das lässt sich ja gefallen«, sagte er zu sich, »ich werde diesen Karren, von dem man so viel spricht, jetzt endlich mit eigenen Augen sehen.«

Und so kletterte er denn auf den Graben am Wegesrand und versteckte sich in einem Haselnussstrauch. Von da aus konnte er sehen, ohne selbst gesehen zu werden.

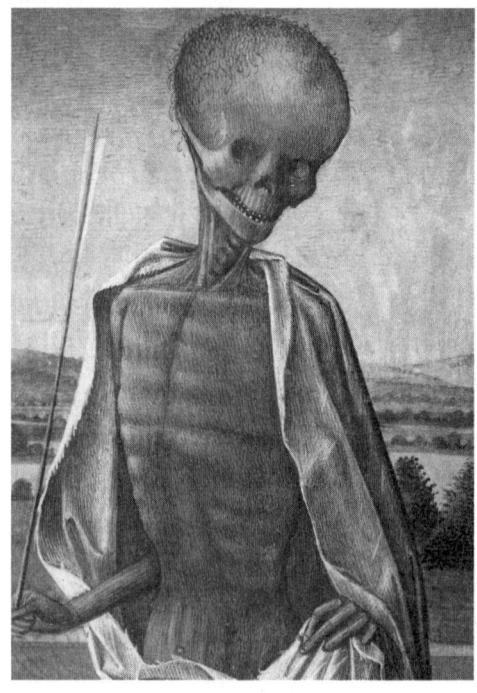

Der Karren kam näher, gezogen von drei Schimmeln, die hintereinander an der Deichsel angespannt waren. Zwei Männer begleiteten ihn; sie waren schwarz gekleidet und trugen auf ihrem Kopf Filzhüte mit breiten Krempen. Der eine führte den Leitschimmel am Zügel, der andere stand aufrecht vorn auf dem Wagen. Als nun der Wagen auf die Höhe des Haselnussstrauches kam, in dem sich der junge Mann verbarg, da krachte auf einmal mit einem Schlag die Radachse.

»Halt an!«, sagte der Mann vorn auf dem Wagen zu dem, der das Leitpferd führte. »Hü!«, schrie dieser, und das ganze Gespann hielt. »Der Achsenbolzen ist gebrochen«, hörte man auf einmal eine andere Stimme aus dem Wagen. Es war Ankou, wie die Bretonen den Tod in ihrer Sprache nennen. »Dort steht ein Haselnussstrauch«, fuhr Ankou fort, »geh ein Stück Holz für einen neuen Bolzen schneiden!« Der junge Mann glaubte sich verloren und bedauerte sehr, so vorwitzig gewesen zu sein.

Doch wurde er nicht auf der Stelle dafür bestraft. Der Mann auf dem Karren schnitt einen Haselnusszweig ab, schnitzte ihn zurecht, führte ihn in die Achse ein, und schon setzten die Schimmel ihre gespenstische Fahrt fort. Unser junger Mann konnte zwar heil nach Hause kommen, doch schon am Morgen erfasste ihn ein unbekanntes Fieber, und am Tage darauf begrub man ihn.

Bretagne

Der König, der Kuhhirte und der Stier Barroso

Es war einmal ein König, der hatte viele Schaf- und Rinderherden, denn seine Liebhaberei waren Tiere aller Art; aber am meisten liebte er einen schönen weißen Stier, namens Barroso*.

Um das Vieh zu hüten und zu pflegen, hatte er in seinem Dienst einen Kuhhirten, den er als einen Mann von knappen Worten schätzte und der eine so ehrliche Haut war, dass er sich eher hätte totschlagen lassen als eine Lüge zu sagen.

Jeden Herrgottsmorgen machte er dem König seine Aufwartung, und dann fand etwa folgendes Gespräch statt:

»Gott behüte dich!«

---

* d. h. weiß

»Gott schütze Eure Königliche Hoheit.«
»Na, wie geht's denn unserm Vieh?«
»Dem einen gut, dem andern schlecht; das eine steht, das andre liegt; das eine schläft, das andre wacht.«
»Und unserm Stier Barroso?«
»Euer Königlichen Hoheit gehorsamst zu melden: Dem geht's gut.«

Der König gab sich mit diesen Antworten zufrieden und sagte zu seinen Höflingen, er vertraue niemandem so sehr wie seinem Kuhhirten, denn der sei nicht imstande, eine Lüge zu sagen.

Das verdross die Höflinge, und so sagten sie eines Tages zum König, was die Wette gelte, dass der Kuhhirt geradeso lügen könnte wie irgendein anderer.

Der König ging die Wette ein, denn er hatte ein völlig blindes Vertrauen zu seinem Knecht und lachte schon in Gedanken an das Gesicht, das die Höflinge machen würden, wenn sie sahen, dass sie die Wette verloren hätten.

Die Edelleute legten indessen Jagdkleider an und ritten mit ihren Damen, denen sie Bescheid gesagt hatten, wie sie sich Verhalten sollten, in den Wald.

Wie sie nun auf die Berge kommen, wo der Kuhhirte seine Herde weidete, fing die schönste der Damen zu stöhnen und weinen an: Sie sei sehr krank und nur der Kuhhirt könne ihr helfen, denn ihre Gesundheit hänge davon ab, dass der Stier Barroso geschlachtet würde. Davon wollte der Kuhhirt nichts wissen, aber die Edelleute und die andern Damen bestürmten ihn so sehr mit Bitten und Jammern, dass er sich ein Herz fasste und den Stier Barroso erschlug.

Sehr zufrieden ritten die Edelleute mit ihren Damen nun davon und sagten untereinander: Diesmal hätten sie das Spiel gewonnen, denn der Kuhhirt würde nicht wagen, dem König zu gestehen, dass er den Stier getötet hätte, wo er doch wüsste, welche Stücke der König auf das Tier halte.

Der Kuhhirt seinerseits fing an darüber zu grübeln, was er nun dem König sagen solle, denn zu spät kam ihm die Erkenntnis dessen, was er getan hatte. Er stieß also seinen Hirtenstab in die Erde, setzte ihm einen Hut auf und fing an, damit zu reden, als wenn das der König wäre. Und so sagte er, indem er den König nachahmte:

»Gott behüte dich!«

Worauf er für eigene Rechnung antwortete:

»Gott schütze Eure Königliche Hoheit.«

»Na, wie geht's denn unserm Vieh?«

»Dem einen gut, dem andern schlecht; das eine steht, das andre liegt; das eine schläft, das andre wacht.«

»Und unserm Stier Barroso?«

»Unser Stier Barroso ist diese Nacht ausgebrochen und fort ... Nein, das sage ich nicht, das ist ja nicht wahr, und ich bin mein Lebtag kein Lügner gewesen.«

So machte er also eine neue Probe, wobei er sich an den Hirtenstab mit dem Hute wandte, als ob das der König wäre:

»Gott behüte dich!«

»Gott schütze Eure Königliche Hoheit.«

»Na, wie geht's denn unserm Vieh?«

»Dem einen gut, dem andern schlecht; das eine steht, das andre liegt; das eine schläft, das andre wacht.«

»Und unserm Stier Barroso?«

»Euer Königlichen Hoheit gehorsamst zu melden, der ist diese Nacht gestorben ... Nichts da! Das sage ich auch nicht, denn es ist eine Lüge; ich sage ich hab ihn totgeschlagen und damit fertig. Wenn der König mich hängen lässt, so soll es wenigstens nicht als Lügner sein.«

So ging er also aufs Schloss, und als ihn der König, der schon Bescheid wusste, ihn nach dem Stier Barroso fragte, antwortete er:

»Euer Königlichen Hoheit gehorsamst zu melden: Für weißen Leib und schön Gesicht hab ich unsern Stier Barroso erschlagen.«

Wie der König sah, dass er ein so ehrlicher Mann war, umarmte er ihn vor seinem ganzen Hofe zur großen Beschämung der Höflinge, die sich für besiegt erklärten und sehr ärgerlich waren und es nicht begreifen konnten, dass sie nicht einmal einen armen Kuhhirten konnten lügen machen.

»Ach, liebe Freunde«, sagte der König zu ihnen, »lasst euch das nicht verwundern noch kränken: Die Wahrheit ist ein Geschöpf, das sich in Palästen und Sälen fremd fühlt. Sie stimmt besser zu der Schlichtheit meines Freundes, des Kuhhirten, zu dem ich mehr Vertrauen denn je habe. Ihr dient mir, damit ich euch diene, während er mir seine Dienste weiht, ohne irgendetwas von mir zu erwarten.«

Der Kuhhirt kehrte auf die Weide zurück, vergnügt in seinem Sinn, und wenn der gute König der Lügen und Schmeicheleien seiner Höflinge satt war, da ging er allemal zum Kuhhirten und fragte, wie es seinem Vieh ginge.

Portugal

Juan Holgado und Frau Tod

Meine Herren! Ihr sollt wissen, dass es einmal einen Mann gab, der Juan Holgado° hieß. Sein Name passte ihm aber sehr schlecht, denn da er arm war, besaß er doch morgens und abends nur drei Pfennige Hunger und drei Pfennige Mangel.

Eines Tages sagte Juan Holgado zu seiner Frau: »Unsere Kinder sind eine Rotte Fressmäuler, und imstande, das Brot samt dem Ofen, wo es bäckt, zu verschlingen. Ich möchte wohl einmal einen Hasen essen, aber ohne diese Raubvögel, die mir den Bissen aus dem Munde nehmen.«

Seine Frau, die herzensgut war, verkaufte ein Dutzend Eier, die ihre Hühner gelegt hatten, und kaufte einen Hasen, bereitete ihn zu, und sagte am anderen Morgen zu ihrem

° Der Wohlhabende

Mann: »Dort im Topf steht ein Hase für dich und daneben liegt Brot: Geh aufs Feld, verzehre alles und lass es dir gut bekommen.« Juan Holgado war nicht taub, er nahm den Topf und das Brot und begab sich damit fort.

Nachdem er anderthalb Meilen gegangen war, setzte er sich unter einem Olivenbaum zufriedener als ein König, befahl sich der heiligen Jungfrau der Einsamkeit und begann sein Mittagsmahl. Doch ohne zu wissen, wie und woher sie gekommen, stand plötzlich eine alte Frau mit schwarzem Kleid und so hässlich wie ein falscher Schwur vor ihm und setzte sich ihm gegenüber hin. Sie war so gelb und trocken wie ein Pergament von Simancas; die Augen lagen ihr tief im Kopf und waren erloschen wie eine Nachtlampe, der es an Öl fehlt; der Mund war groß wie eine große Tasche, und was die Nase anbetrifft, hatte sie gar keine, selbst keine Spur davon.

Dieser ungerufene Gast kam Juan Holgado nicht im Geringsten angenehm, aber er konnte die Gesellschaft nun nicht vermeiden, und da er kein Grobian war, so fragte er, ob sie an seiner Mahlzeit teilnehmen wolle. Die Alte, die nichts sehnlicher wünschte, antwortete, um nicht unhöflich und undankbar zu sein, nehme sie seine Einladung an, und fing an zu essen. Meine Herren! Das war aber kein Essen, sondern ein Schlingen, denn eins, zwei, drei saß ihr der ganze Hase zwischen Rücken und Brust.

Wäre es nicht viel besser gewesen, dachte seufzend Juan Holgado, dass ich den Hasen ruhig zu Hause mit Weib und Kindern verzehrt hätte und nicht die Teufelsalte?

Als die Alte fertig war und selbst den Schwanz vom Hasen verschlungen hatte, sagte sie: »Juan Holgado, dein Hase hat mir sehr gut geschmeckt.«

»Das habe ich wohl gemerkt!«, antwortete Juan Holgado.

»Ich will dir deine Artigkeit vergelten.«

»Lebt tausend Jahre«, antwortete trocken Juan Holgado.

»Das werde ich wohl«, erwiderte die Alte, »denn du musst wissen, dass ich der Tod in eigener Person bin.«

Juan Holgado fuhr zusammen, als wenn vor seinen Ohren ein Kanonenschuss abgeschossen worden wäre.

»Erschrecke nicht«, fuhr die Alte fort, »ich werde dich nicht mitnehmen. Um dir aber deine Aufmerksamkeit zu vergelten, will ich dir einen Rat geben. Werde Arzt, und ich werde dafür sorgen, dass es bald keinen andern geben wird, der mehr Ruhm und Geld gewinnen soll als du.«

»Gnädige Frau Tod, ich bin schon ganz zufrieden und werde es Ihnen danken, wenn Sie sich meiner recht lange nicht erinnern. Was das Arztwerden betrifft, so passt das nicht für mich.«

»Warum denn nicht?«

»Weil ich keine feinen Studien gemacht habe.«

»Das tut nichts.«

»Ich weiß weder Griechisch, noch Latein.«

»Ganz gleich.«

»Gnädige Frau, ich kann ja nicht einmal schreiben, weil mir der Puls zittert, und auch nicht lesen, weil mir das Schwarze auf dem Papier im Wege ist.«

»Noch eins!«, rief die Frau Tod, welche über alle diese Bedenklichkeiten ärgerlich wurde. »Potztausend, Juan Holgado, dein Kopf ist wirklich bombenfest; hörst du denn nicht, dass ich dir sage, das tue alles nichts? Ich sage dir, dass ich mir gar nichts aus der Gelehrsamkeit der Doktoren mache. Ich komme und gehe nicht nach *ihrem* Willen, sondern nach *meinem*; und ganz wie und wann es mir beliebt, kriege ich einen von euch beim Ohr und nehme ihn mit, ohne mich um die Doktoren zu kümmern. Als die Welt bevölkert wurde, gab es noch keine Doktoren, und deshalb ging auch damals alles schnell und gut; seitdem aber die Ärzte erfunden sind, sind keine Methusalems mehr vorhanden. Du sollst Arzt sein, auf meine Ehre, und wenn du dich weigerst, so nehme ich dich mit, so wahr zwei und drei fünf sind. Nun schweige und höre mich an: Du sollst in deinem Leben dem Kranken nichts anderes als klares Brunnenwasser verschreiben, hast du gehört?«

»Ja, ich höre es«, antwortete Juan Holgado, der so ärgerlich auf die Frau Tod war, dass er ihr lieber eine Ohrfeige gegeben, als sie noch weiter angehört hätte.

»Wenn du in das Zimmer des Kranken trittst und mich am Kopfende des Bettes sitzen siehst, so sage nur bestimmt heraus, dass er stirbt und dass er sich dazu vorbereite. Siehst du mich aber nicht da, so versichere, der Kranke werde wieder gesund, und verschreibe ihm Wasser.« Bei den letzten Worten machte die hässliche Dame eine französische Reverenz und empfahl sich.

»Gute Frau«, rief ihr Juan Holgado nach, »ich möchte mich nicht von Euch mit dem gewöhnlichen ›Auf Wiedersehen‹ verabschieden und hoffe, dass Euer Gnaden auch nicht den Wunsch hegen, mich wieder zu besuchen, denn ich habe nicht immer Hasen, um Sie zu bewirten.«

»Mach dir keine Sorgen, Juan Holgado«, antwortete die Alte; »solange du nicht deine Wohnung zusammenfallen siehst, werde ich nicht zu dir kommen.«

Juan Holgado kehrte nach Hause zurück und erzählte seiner Frau alles, was ihm begegnet war. Seine Frau, die klüger war als er, meinte, dass er nur alles, was ihm die Frau Tod gesagt, glauben könnte, denn nichts sei auf der Welt wahrhafter und zuverlässiger als der Tod. Darauf ging sie im ganzen Dorfe herum und kündigte an, dass ihr Mann der beste Arzt unter den Sternen sei, dergestalt dass er gleich auf den ersten Blick erkenne, ob der Kranke leben oder sterben werde.

Eines Nachmittags stand eine Menge junger Mädchen vor der Tür eines Hauses, als Juan Holgado vorüberging.

»Seht doch Juan Holgado«, sagte eines von ihnen, »der sich auf einmal noch in seinem Alter vor uns für einen Arzt ausgeben will!«

»Er ist wohl verrückt oder will uns zum Besten haben.«

»Hat sich der Narr eingebildet, dass er nur eine Sache zu sagen braucht, damit man sie glaube? Es ist pure Eitelkeit, er will, dass man ihn Don nennt und der Don passt zu ihm wie dem Esel der Dreimaster.«

»Wir wollen doch diesen aufgeblasenen Narren einmal anführen«, sagte wieder eine andere; »ich stelle mich krank, und was gilt's, er glaubt es?«

Gesagt, getan. Sie ließen einen großen Korb Kaktusfeigen, von denen sie gegessen hatten, vor der Tür stehen und im Nu lag die, die den Spaß ausgedacht hatte, im Bett und stöhnte Ach und Weh, dass es bis zum Himmel schallte.

Die anderen unterdrückten das Lachen und liefen schnell zu Juan Holgado, um ihn herbeizuholen. Er folgte ihnen sogleich und bemerkte vor dem Hause die große Menge von Kaktusschalen. Im Zimmer der Kranken war das Erste, was sich seinen Augen darbot, die Frau Tod, die ganz ernst am Bett des Mädchens saß.

»Die Kranke ist sehr schwach«, sagte Juan Holgado, »und stirbt.«

»Was hat sie denn?«, fragten die anderen Mädchen, die sich des Lachens nicht enthalten konnten.

»Sie hat«, erwiderte Juan Holgado, »zu viel Kaktusfeigen gegessen, die sie nun nicht verdauen kann und wovon sie keinem mehr etwas erzählen wird.«

Zwei Stunden darauf stand das Mädchen vor Gott. – Nun mögt Ihr Euch selbst vorstellen, meine Herren, welchen Ruf dieses Ereignis dem Juan Holgado brachte! Es gab bald in der ganzen Gegend keinen Kranken und keine ärztliche Konsultation mehr, wozu man nicht Juan Holgado berufen, und so gewann er so viel Geld, dass er gar nicht wusste, was er damit anfangen sollte. Er kaufte seinen Söhnen Sterne, die man vorn, und Schlüssel, die man hinten trägt. Was ihn aber selbst anlangte, wollte er nicht solchen Flitter, sondern strebte mehr nach einem behäbigen Leben. So kam es, dass er so dick wurde und so gut aussah, dass es ein wahres Vergnügen war, ihn anzusehen. Sein Gesicht war so rund und voll wie die liebe Gottessonne, seine Beine wurden wie Säulen und sein Bauch wie die halbe Kirchkuppel. Währenddessen pflegte Juan Holgado sehr eifrig sein Haus. Ritzten die Kinder etwas an der Wand, so ritzte ihnen der Vater zur Strafe in die Haut. Immer hielt er Baumeister, die das Haus in gutem Stande erhalten mussten, eingedenk der Worte der Frau Tod, dass sie ihn nicht besuchen werde, solange sein Haus nicht baufällig sei.

Doch die Jahre, die je mehr bergunter, desto schneller laufen, brachten nichts Gutes mit sich. Juan Holgado machte ihnen schlechte Miene, und um sich zu rächen, nahm ihm nun das eine die Haare, das andere die Mundwerkzeuge, ein drittes bog ihm das Rückgrat krumm, und noch ein anderes schenkte ihm ein lahmes Bein.

Eines Tages ward er bettlägerig, und Frau Tod ließ ihn durch eine Fledermaus grüßen, was dem Juan Holgado gar nicht scherzhaft vorkam. Eines anderen Tages bekam er den Altenhusten und Frau Tod ließ ihm durch eine Eule sagen, dass sie ihn bald besuchen werde. Juan Holgado sagte der

Eule, sie solle sich fortscheren. Am folgenden Tage hatte er eine Ohnmacht und Frau Tod ließ ihm durch das Heulen seines Hundes ankündigen, dass sie schon auf dem Wege sei. Juan Holgado warf im Ärger mit der Krücke nach dem Hund. Aber was half es. Es wurde immer schlimmer mit ihm und Frau Tod klopfte endlich selbst an die Tür. Schnell ließ Juan Holgado die Tür verschließen und verriegeln, aber Frau Tod huschte durch das Schlüsselloch und nun war sie da.

»Frau Tod«, sagte Juan Holgado mit einem sauren Gesicht, »habt Ihr mir nicht gesagt, dass Ihr nicht kommen würdet, solange mein Haus nicht baufällig würde? Ich habe deshalb trotz Eurer Boten Euer Gnaden gar nicht erwartet.«

»Ei was«, antwortete Frau Tod, »hast du nicht deine Kräfte verloren, sind dir nicht Zähne und Haare ausgefallen? Dein Körper ist dein Haus.«

»Das wusste ich nicht«, sagte der Kranke, »und deshalb macht mich Eure Ankunft bestürzt.«

»Desto schlimmer für dich, Juan Holgado«, entgegnete Frau Tod, »denn derjenige, der immer vorbereitet ist, erschrickt nicht, wenn ich komme. Aber ihr Lebenden seid blind, wenn ihr nicht einseht, dass ihr geboren werdet, um zu leiden, und sterbt, um zu ruhen.«

Spanien

Der goldene Apfelbaum und die neun Pfauinnen

Es war einmal ein Kaiser, der hatte drei Söhne und vor seinem Palast einen goldenen Apfelbaum, der jede Nacht blühte und Früchte trug, die aber immer gleich gepflückt wurden, ohne dass man je hätte erfahren können von wem.

Einst begann nun der Kaiser mit seinen Söhnen in folgender Weise zu sprechen: »Wo nur die Frucht unseres Baumes hinkommen mag?« Worauf der älteste Sohn sagte: »Ich will den Baum diese Nacht hüten, um zu sehen, wer sie pflückt.« Und als es dunkel ward, ging er hin und legte sich unter den Apfelbaum, um ihn zu hüten. Aber als die Äpfel schon anfingen zu reifen, schlief er ein, und als er mit dem Morgenrot erwachte, waren die Äpfel gepflückt. Da ging er hin zum Vater und sagte ihm alles getreulich. Nun erbot sich der zweite Sohn den Apfelbaum zu hüten, aber auch ihm erging es wie dem ersten, auch er schlief unter dem Baum ein, und als er mit dem Frührot erwachte, waren die Äpfel weg. Nun kam die Reihe den Baum zu hüten an den jüngsten der Söhne, der schon darauf vorbereitet war und gleich zu dem Baum ging, sich unter diesem ein Lager zurecht machte und sich schlafen legte. Gegen Mitternacht erwachte er, schaute zum Baume auf, und siehe! da begannen die Äpfel eben zu reifen und das ganze Schloss erglänzte von ihrer Pracht. Im selben Augenblick kamen neun goldene Pfauinnen durch die Luft geflogen, acht ließen sich auf dem Baume nieder, die neunte aber auf des Prinzen Lager, wo sie sich alsbald in ein Mädchen verwandelte, wie kein schöneres im ganzen Kaiserreich zu sehen war. Auch ihm gefiel sie über alle Maßen, und sie küssten sich und liebkosten zusammen bis nach Mitternacht. Dann aber erhob sich das Mädchen und dankte dem Prinzen für die Äpfel, die ihre Schwestern inzwischen gepflückt hatten. Der Prinz aber bat sie, ihm doch wenigstens einen zu lassen. Da gab das Mädchen ihm deren zwei, einen möge er für sich behalten und den zweiten seinem Vater bringen, worauf sie sich wieder in eine Pfauin verwandelte und mit den anderen entschwebte.

So wie der Tag anbrach, stand der Prinz auf und brachte dem Vater die beiden Äpfel. Der Vater war darüber hoch erfreut und lobte seinen jüngsten Sohn. Den nächsten Abend hielt sich des Kaisers jüngster Sohn abermals bereit, bei dem Baum zu wachen, hütete ihn auf die gleiche Weise wie die erste Nacht und brachte am Morgen dem Vater wieder zwei goldene Äpfel. Nachdem er dies einige Nächte nacheinander ausgeführt, fingen die Brüder an, ihm böse zu sein, weil es ihnen nicht gelungen war, den Baum mit Erfolg zu hüten, während ihm dies nun jede Nacht gelang. Und es fand sich eine alte Frau, die sich mit ihnen verabredete und sich erbot, alles listig auszuspähen und zu erfahren, auf welche Weise der Prinz den Apfelbaum hütet. Und als es Abend ward, stahl sich die Alte unter den Baum, kroch hinter das Lager und verbarg sich dort.

Bald nach ihr kam auch des Kaisers jüngster Sohn und legte sich wie früher nieder, um zu schlafen. Gegen Mitternacht, sieh, da kamen die acht Pfauinnen auf den Baum geflogen, die neunte aber ließ sich auf des Prinzen Bett nieder, wo sie sich alsbald in ein Mädchen verwandelte. Da fasste die Alte leise eine von des Mädchens Haarflechten, die vom Bett herabhingen, und schnitt sie ab. In dem Augenblick sprang das Mädchen vom Lager empor, verwandelte sich in eine Pfauin und flog weg; die übrigen Pfauinnen, welche auf dem Baum saßen, ihr nach, und flugs waren alle verschwunden. Da sprang auch der Prinz auf und rief: »Was soll das?« Und als er um sich blickte, gewahrte er die Alte unter dem Bett, welche er alsbald ergriff und hervorzog, und wie der Tag anbrach, befahl er, sie scheuen Pferden an die Schweife zu binden und von ihnen zerreißen zu lassen. Die Pfauinnen aber kamen fortan nicht mehr auf den Apfelbaum, worüber der Prinz nicht aufhörte zu klagen und zu weinen. Zuletzt beschloss er, in die Welt zu gehen und seine Pfauin zu suchen und nicht eher heimzukommen, bis er sie gefunden hätte, ging hin zum Vater und teilte ihm seinen Entschluss mit. Der Vater gab sich alle Mühe, ihn davon abzubringen, er möge sich diese Sache aus dem Sinne schlagen, er sei bereit, ihm jedes andere Mädchen zur Frau zu geben, welches er nur immer wolle in seinem ganzen Reiche. Doch das war alles vergeblich, der Königssohn rüstete sich und zog von einem Diener begleitet in die Welt, um seine Pfauin zu suchen.

Nachdem sie nun lange durch die Welt gegangen waren, kamen sie einmal zu einem See, woran ein großes, prächtiges Schloss stand, in welchem eine Alte, die eine Kaiserin war, und ein Mädchen, der alten Kaiserin Tochter, lebte. Diese Alte fragte der Prinz: »Bei Gott! Mütterlein, wüsstest du mir nicht Kunde zu geben von neun Pfauinnen?« Worauf ihm die Alte antwortete: »Ja, mein Söhnlein, ich weiß von ihnen; jeden Mittag kommen sie sich hier in diesem See baden. Aber schlag dir die Pfauinnen aus dem Sinn und nimm meine Tochter, sie ist ein schönes Mädchen und soll dir mit all den Schätzen angehören.« Doch der Prinz in seiner Ungeduld, die Pfauinnen zu sehen, hörte kaum, was die Alte von ihrer Tochter sprach. So wie der Morgen anbrach, stand er auf und ging hinaus an den See, um auf die Pfauinnen zu warten. Aber die Alte bestach seinen Diener und gab ihm ein Blasebälglein, mit dem man das Feuer anfacht, indem sie ihm sagte: »Sieh hier dieses Blasebälglein. Wenn ihr an den See hinaus geht, so blase deinem Herrn unvermerkt ein wenig von hinten in den Hals, da wird er alsbald einschlafen und nicht mit den Pfauinnen sprechen können.« Der elende Diener tat dies wirklich; als sie hinaus kamen an den See, fand er einen passenden Augenblick, seinem Herrn aus jenem Blasebälglein in den Hals zu blasen, und alsbald fiel dieser in einen todähnlichen Schlaf. Kaum aber war er eingeschlafen, sieh, da kamen die neun Pfauinnen, und wie sie kamen, senkten sich acht auf den See, die neunte aber ließ sich auf des Prinzen Pferd nieder und fing an, ihn zu liebkosen und zu wecken, indem sie sprach: »Erwache Labsal mein! Erwache Herzelein! Erwache Seelchen.« Doch er hörte nicht, als wäre er tot; und nachdem sich die Pfauinnen gebadet hatten, flogen sie zusammen wieder weg. In dem Augenblicke erwachte auch der Prinz und fragte seinen Diener: »Was gibt es? Sind sie da gewesen?« Und der Diener erzählte ihm, wie sie gekommen seien und wie achte von ihnen sich auf den See gesenkt, die neunte aber sich zu ihm aufs Pferd niedergelassen und wie sie ihn liebkost und zu wecken versucht habe. Und als dies der arme Kaisersohn hörte, da hätte er sich töten mögen.

Am Morgen des zweiten Tages rüstete er sich wieder mit seinem Diener, bestieg sein Pferd und ritt auf und ab den See entlang. Aber von Neuem fand der Diener Gelegenheit, ihm mit dem Blasebälglein in den Hals zu blasen, dass er wieder in Schlaf versank, als wäre er tot. So wie er aber eingeschlafen war, sieh, da sind auch schon die neun Pfauinnen da. Acht lassen sich nieder in den See, die neunte aber setzt sich zu ihm aufs Pferd und fängt an, ihn zu liebkosen und zu wecken, indem sie spricht: »Erwache Labsal mein! Erwache Herzelein, erwache Seelchen!« Doch umsonst, er schläft wie tot. Da sagte sie zum Diener: »Sage deinem Herrn, morgen noch könne er uns hier erwarten, dann aber werde er uns nimmer hier sehen.« Und damit flogen sie wieder weg. In demselben Augenblick erwachte auch wieder der Prinz und fragte den Diener: »Sind sie gekommen?« Und der Diener antwortet ihm: »Ja, sie waren da und lassen dir sagen, morgen noch könntest du sie hier erwarten, dann aber werden sie nimmer hierher kommen.«

Wie dies der Ärmste hört, weiß er nicht, was mit sich selbst beginnen, und rauft sich das Haar aus Schmerz und Trauer. Als der dritte Tag graute, bereitete er sich wieder nach dem See zu gehen, bestieg sein Pferd und ritt den See entlang. Aber diesmal wollte er nicht das Pferd im Schritt gehen lassen, sondern ritt beständig im Galopp, damit er nur nicht einschlafe. Aber auch diesmal findet der Diener eine Gelegenheit, ihm mit dem Blasebälglein in den Hals zu blasen, und augenblicklich sinkt er auf den Hals des Pferdes nieder und schläft. So wie er eingeschlafen war, sieh, da kamen nochmals die neun Pfauinnen, und wie sie kamen, senkten sich acht auf den See, die neunte aber ließ sich auf sein Pferd nieder, liebkoste ihn und bemühte sich, ihn zu wecken, indem sie sprach: »Erwache Labsal mein! erwache Herzelein! erwache Seelchen!« Aber vergeblich, er schläft wie tot. Da sagt die Pfauin dem Diener: »Wenn dein Gebieter aufwacht, so sage ihm, er möge den oberen Nagel auf den unteren schlagen, dann werde er mich finden.« Und somit flogen alle neun Pfauinnen weg.

Sobald sie weggeflogen waren, erwachte auch der Prinz und fragte wieder den Diener: »Waren sie da?« Und der Diener antwortete: »Ja, sie waren da, und die sich auf dein Pferd niedergelassen hatte, trug mir auf dir zu sagen, du mögest den oberen Nagel auf den unteren schlagen, dann wirst du sie finden.« Wie der Prinz dies hörte, riss er den Säbel aus der Scheide und schlug dem Diener den Kopf ab.

Dann fing er an allein durch die Welt zu reisen, und wie er so wanderte, gelangte er in ein Gebirge, übernachtete dort bei einem Einsiedler und fragte auch diesen, ob er ihm nicht etwas von den neun Pfauinnen zu sagen wüsste. Worauf der Einsiedler ihm antwortete: »Ei, mein Söhnlein! Du bist glücklich, und Gott selbst hat dich auf den rechten Weg geleitet. Von hier bis zu ihnen ist nicht mehr als einen halben Tag Weges. Geh nur immer gerade aus, so wirst du an ein großes Gittertor kommen, und wenn du an diesem vorüber bist, so halte dich rechts und du wirst gerade in ihre Stadt kommen, dort sind auch ihre Höfe.«

So wie der Morgen graute, erhob sich der Kaisersohn, machte sich reisefertig, dankte dem Einsiedler und trat den Weg an, den dieser ihm bezeichnete hatte. Und immer fort gehend gelangte er wirklich an ein großes Gittertor und an diesem vorbei hielt er sich gleich rechts und gegen Mittag sah er zu seiner großen Freude die Stadt erglänzen, und als er in die Stadt hineinkam, fragte er auch nach dem Schloss der goldenen Pfauinnen. Am Tor aber wurde er von der Wache angehalten und gefragt, wer er sei und woher er komme, und nachdem er ihnen Bescheid gegeben hatte, gingen sie hin und meldeten es der Kaiserin. Doch kaum erfuhr diese, wer vor dem Tore stehe, als sie wie von Sinnen in Gestalt jenes Mädchens, das zu suchen er die Welt durchzog, zu ihm eilte, ihn bei der Hand fasste und in das Schloss führte. Da war nun große Freude, und nach einigen Tagen vermählten sich die beiden, und der Prinz beschloss, bei seiner jungen Frau zu bleiben und da zu leben.

Nach einiger Zeit ging die Kaiserin spazieren, während der Prinz im Schlosse zurückblieb. Beim Weggehen übergab ihm die Kaiserin die Schlüssel von zwölf Kellern, indem sie zu ihm sprach: »In alle Keller kannst du gehen, nur in den zwölften gehe um keinen Preis, nicht einmal öffnen sollst du ihn, sonst gilt es dir den Kopf, und mit dem soll man nicht Scherz treiben.« Und damit ging sie weg.

Der Kaisersohn, der allein im Schlosse blieb,

fing alsbald an bei sich zu denken: »Was könnte denn nur in dem zwölften Keller sein?« Und dann fing er an, die Keller der Reihe nach zu öffnen. Als er zu dem zwölften kam, da zögerte er im Anfang ihn zu öffnen. Aber die Neugierde, was wohl in diesem Keller sein könne, stachelte ihn so sehr, dass er zuletzt auch diesen aufschloss. Wie er hineintrat, sah er in der Mitte des Kellers ein großes Fass mit eisernen Reifen beschlagen, und eine Stimme dringt aus demselben hervor: »Um Gottes Willen, Bruder! Ich bitte dich, gib mir ein Glas Wasser, ich sterbe vor Durst.« Da nimmt der Prinz ein Glas Wasser und gießt es in das Fass, aber so wie er es hineingießt, springt am Fasse ein Reif. Hierauf ertönt abermals die Stimme aus dem Fasse: »Um Gottes Willen, Bruder, ich sterbe vor Durst, gib mir noch ein Glas Wasser.« Der Prinz gießt wieder ein Glas Wasser hinein, und wieder springt am Fasse ein Reif. Und zum dritten Male ertönt die Stimme aus dem Innern des Fasses: »Bei Gott, Bruder! Ich sterbe vor Durst, gib mir nur noch ein Glas Wasser.« Der Prinz gießt noch ein Glas Wasser hinein, da springt der dritte Reif, das Fass fällt auseinander, und aus demselben flog ein Drache heraus, der die draußen lustwandelnde Kaiserin packte und von dannen trug. Bald eilten die erschrockenen Dienerinnen herbei und erzählten dem Prinzen, was sich zugetragen hatte. Und er, der Arme, wusste nicht, was er beginnen sollte in seinem Jammer, bis er zuletzt beschloss, abermals in die Welt zu gehen und seine Frau zu suchen.

Nachdem er die Welt lange Zeit durchreist hatte, kam er an ein Wasser, und wie er so das Wasser entlang ging, bemerkte er in einer kleinen Lache ein Fischchen, das ängstlich zappelte. Als das Fischchen den Prinzen erblickte, fing es an ihn zu bitten: »Sei um Gottes Willen mir ein Bruder, und wirf mich ins Wasser, ich werde dir einmal sehr nützen können, nur musst du dir eine von meinen Schuppen nehmen, und wenn du mich brauchst, sie ein wenig zwischen den Fingern reiben.« Der Prinz packte das Fischchen und warf es ins Wasser, nachdem er vorher von ihm eine Schuppe genommen und diese sorgsam in ein Tuch gewickelt hatte. Und als er weiter zog durch die Welt, da traf er nach einiger Zeit unterwegs einen Fuchs, der sich in einer Falle gefangen hatte. So wie der Fuchs des Prinzen ansichtig ward, rief er ihn an: »Sei mir bei Gott ein Bruder und befreie mich aus diesem Eisen, ich werde dir einmal sehr nützen können, nur musst du dir von mir ein Haar nehmen, und wenn du mich brauchst, es ein wenig zwischen den Fingern reiben.« Der Prinz befreite den Fuchs und nahm sich von ihm ein Haar. Und weiter ging er über ein Gebirge und traf auch einen Wolf, der in eine Falle geraten war. Und auch der Wolf rief ihm zu: »Sei Gott zu lieb ein Bruder mir, und befreie mich, ich werde dir beistehen, wenn du in Not bist, nimm nur eines meiner Haare, und wenn du mich benötigst, dann reibe es ein wenig zwischen den Fingern.« Da nahm der Prinz auch ein Haar vom Wolfe und ließ ihn frei.

Nachdem er noch sehr lange Zeit darauf herum gereist war, begegnete er einem Mann, und diesen fragte er: »Bei Gott, Bruder! Hast du wohl je gehört, wo die Höfe des Drachenkaisers sind?« Der Mann wusste ihm Bescheid zu erteilen, und nachdem er ihm alles erklärt hatte, sagte er ihm auch, wie viel Zeit er noch brauche, um dahin zu kommen. Da dankte ihm der Prinz und ging weiter ohne Rast, bis er am Abend die Stadt des Drachenkaisers erreichte. Als er in die Drachenhöfe eintrat, da fand er auch seine Geliebte, und beide freuten sich des Wiedersehens und fingen alsbald an sich zu beraten, was nun zu tun sei und wie sie sich am besten retten könnten. Zuletzt beschlossen sie zu fliehen. So schnell wie möglich machten sie sich reisefertig, bestiegen Pferde und flohen. Kaum aber waren sie aus dem Schlosse entwichen, als der Drache heimgeritten kam, und als er das Schloss betrat und die Kaiserin nicht mehr darin fand, da fing er mit seinem Rosse, welches reden konnte, zu sprechen an: »Was sollen wir tun? Sollen wir nun essen und trinken oder zur Verfolgung aufbrechen?« Worauf das Ross ihm antwortete: »Iss und trink und sei unbesorgt, wir werden sie schon einholen.« Da aß der Drache zu Mittag, und nachdem er gegessen hatte, bestieg er sein Ross und verfolgte die Flüchtigen und in Kürze hatte er sie eingeholt. Und wie er sie erreicht hatte, nahm er dem Prinzen sein Liebchen weg und sprach zu ihm: »Du geh mit Gott! Diesmal will ich dir vergeben, um jenes Wassers willen, das du mir im Keller gereicht hast, aber kehre nie mehr wieder, so dir dein Leben lieb ist.« Betrübt ging der Arme ein Stückchen Weges weiter, aber dem Drange seines Herzens nachgebend, kehrte er wieder um und ging den nächsten Tag abermals nach dem Drachenschlosse, wo er die Kaiserin antraf, wie sie allein im Schlosse saß und weinte. Und wie sie sich wieder sahen, da fingen sie abermals an sich zu beraten, wie sie wohl entfliehen könnten. Und der Prinz sprach zu seiner Geliebten: »Wenn der Drache heim kommt, sollst du ihn fragen, wo er das treffliche Pferd bekommen hat, und es mir dann sagen, damit auch ich ein solches suche, vielleicht können wir dann entkommen.« Und mit diesen Worten verließ er das Schloss.

So wie der Drache nach Hause kam, fing die Kaiserin an, sich ihm schmeichelnd zu nähern und von verschiedenen Dingen mit ihm zu sprechen, bis sie zuletzt sagte: »Aber du hast ein schönes Pferd! Sage mir doch, wo du es her hast, so wahr du an Gott glaubst!« Worauf er ihr antwortete: »Ja, wo ich es her habe, da kann es nicht jeder herbekommen. In diesem und diesem Gebirge lebt eine Alte, die hat zwölf so schöne Pferde an blanken Krippen stehen, dass es dir schwer würde zu sagen, welches wohl das schönste sei. Und in einem Winkel des Stalles hat sie ein Pferd, das sieht ganz räudig und erbärmlich aus, aber gerade dieses ist das allerbeste; es ist der Bruder meines Pferdes. Wer das bekommt, der kann sich mit ihm bis in die Wolken erheben. Allein wer dies Pferd haben wollte, muss der Alten drei Tage dienen. Sie hat nämlich eine Stute mit einem Füllen, die soll man ihr drei Nächte hüten, und wer Stute und Füllen durch drei Nächte lang gut hütet, dem gibt die Alte eines ihrer Pferde, das er sich selber wählen kann. Wer aber sich bei der Alten verdingt und Stute und Füllen durch drei Nächte nicht gut zu hüten imstande ist, um dessen Kopf ist es geschehen.«

Den nächsten Tag, als der Drache von Hause wegging, kam der Prinz und da teilte ihm die Kaiserin alles mit, was sie vom Drachen erfahren hatte. Da machte er sich auf zu jener Alten ins Gebirge, und als er hinkam, sprach er zu ihr: »Gott helfe dir, Mütterlein!« Und sie erwiderte ihm den Gruß: »Möge Gott auch dir helfen, Söhnlein; doch was hast du vor?« Worauf er sagte: »Bei dir wollt ich gerne dienen.« Und sie antwortete ihm: »Gut, mein Söhnlein. Wenn du mir durch drei Tage meine Stute gut hütest, will ich dir ein Pferd geben, welches du nur immer willst. Hütest du sie aber nicht gut, dann nehme ich dir den Kopf.« Dann führte sie ihn hinaus in den Hof, welcher ringsum von Pfählen umgeben war, und auf jedem Pfahle steckte ein Menschenkopf. Nur ein einziger Pfahl war leer, und dieser rief in einem fort: »Alte, gib mir auch einen Kopf.« Alles dies zeigte ihm die Alte und sprach dann: »Sieh, alle diese hatten sich bei mir verdingt, und keiner war imstande, die Stute zu hüten.« Doch den Prinzen schreckte es nicht, er blieb dort, um der Alten zu dienen.

Als es Abend ward, bestieg er die Stute und ritt hinaus auf das Feld und das Füllen lief hinterdrein. Und er blieb in einem fort auf der Stute sitzen. Doch gegen Mitternacht überkam ihn der Schlaf und er schlief ein, und als er wieder aufwachte, saß er auf einem Klotz und hielt den Halfter in den Händen. Wie er dies gewahrt, erschrickt er und springt auf, die Stute zu suchen. Und sie suchend kommt er an ein Wasser. Wie er dessen ansichtig wird, erinnert er sich mit einem Male des Fischchens, das er aus der Lache in den Fluss geworfen hatte. Da holt er schnell aus dem Tuch jene Schuppe hervor, und kaum hat er sie zwischen den Fingern ein wenig gerieben, so lässt sich auch schon das Fischlein aus dem Wasser vernehmen: »Was gibt es, mein Bundesbruder?« Worauf er antwortet: »Mir ist die Stute der Alten entwischt, und nun weiß ich nicht, wo sie ist.« Da sagt ihm das Fischlein: »Sie ist hier unter uns, sie hat sich in einen Fisch verwandelt und das Füllen in ein Fischchen; schlage du nun mit dem Halfter ins Wasser und sprich: ›Halt, Stute der Alten!‹«

Da schlug er mit dem Halfter ins Wasser und sprach dabei: »Halt, Stute der Alten!« Und alsbald war sie wieder eine Stute, wie sie früher war, und kam mit dem Füllen ans Ufer. Da legte er ihr den Halfter um, setzte sich auf und ritt heim, und das Füllen lief hinten drein. Wie er heim kam, gab ihm die Alte zu essen, die Stute aber führte sie in den Pferdestall, schlug sie dort mit einer Ofenstange und rief dabei: »Unter die Fische hättest du gehen sollen, Elende!« Und die Stute antwortet: »Ich war unter den Fischen, aber die Fische sind seine Freunde und haben mich verraten.« Da sagte ihr die Alte: »So geh unter die Füchse!«

So wie die Nacht nahte, besteigt der Prinz wieder die Stute und reitet hinaus ins Feld, und das Füllen läuft hinten drein. Wieder blieb er auf der Stute sitzen, doch gegen Mitternacht überkommt ihn abermals ein Schlaf, dessen er sich nicht erwehren kann, und als er aufwacht, sitzt er rittlings auf dem Klotz und hält den Halfter in den Händen. Wie er dies gewahrt, erschrickt er und springt auf, die Stute zu suchen. Plötzlich erinnert er sich, was die Alte zur Stute gesprochen, und schnell zieht er aus seinem Tuch jenes Fuchshaar hervor, reibt es und im Augenblick steht auch der Fuchs vor ihm und fragt, was es gebe. »Mir ist die Stute der Alten weggelaufen, und nun weiß ich sie nicht zu finden«, antwortete er. Worauf der Fuchs ihm sagt: »Hier ist sie unter uns, sie hat sich in eine Füchsin verwandelt und das Füllen in ein Füchslein, aber schlage nur mit dem Halfter auf die Erde und sprich dabei: ›Halt, Stute der Alten!‹«

Da schlug er mit dem Halfter auf die Erde und sprach: »Halt, Stute der Alten!« Und alsbald ward die Füchsin eine Stute wie sie früher war und stand plötzlich mit dem Füllen vor ihm. Da legt er ihr den Halfter um, setzte sich auf und ritt heim, und das Füllen lief hinten drein. Als sie heim kamen, trug die Alte das Essen auf, die Stute aber führte sie gleich in den Stall, schlug sie daselbst wieder mit einer Ofenstange, indem sie schrie: »Unter die Füchse hättest du gehen sollen, Elende!« Worauf die Stute wieder antwortet: »Ich war ja unter den Füchsen, aber die Füchse sind seine Freunde, die haben mich verraten.« Da sagt ihr die Alte: »So geh unter die Wölfe.«

Als zum dritten Male die Nacht anbrach, besteigt der Prinz abermals die Stute und reitet hinaus aufs Feld, und das Füllen läuft hinten drein. Wie früher blieb er auch diesmal auf der Stute sitzen. Doch gegen Mitternacht übermannte ihn der Schlaf auch diesmal, und als er aufwachte, saß er wieder rittlings auf einem Klotz und hielt den Halfter in den Händen. Wie er dies gewahrt, erschrickt er und springt empor die Stute zu suchen, und sich besinnend, was die Alte zur Stute gesprochen, holt er aus seinem Tuche jenes Wolfshaar hervor, und kaum hat er es ein wenig gerieben, da steht auch schon der Wolf vor ihm und fragt:

»Was gibt es Bundesbruder?«

»Ach! Mir ist die Stute der Alten weggelaufen«, antwortet der Prinz, »und nun weiß ich sie nicht zu finden.«

Da sagt ihm der Wolf:

»Hier ist sie unter uns, sie hat sich in eine Wölfin verwandelt und das Füllen in ein Wölflein; schlage du nur mit dem Halfter auf die Erde und sprich: ›Halt, Stute der Alten!‹«

Und er schlägt mit dem Halfter zur Erde und spricht: »Halt, Stute der Alten!« Und die Wölfin ward wieder eine Stute, wie sie ehedem gewesen, und stand mit einem Male samt dem Füllen vor ihm. Da legt ihr der Prinz den Halfter an, sitzt auf und reitet heim, und das Füllen läuft hinten drein. Als er heim kam, gab die Alte ihm zu essen, die Stute aber führt sie in den Stall und sie wieder mit der Ofenstange schlagend spricht sie: »Unter die Wölfe hättest du gehen sollen, Elende!« Und wieder antwortet ihr die Stute: »Ich war ja unter den Wölfen, aber die Wölfe sind seine Freunde und haben mich verraten.«

Da geht die Alte hinaus, und der Prinz spricht zu ihr:

»He, Alte, ich habe dir redlich gedient, nun gib mir auch, wofür ich mich verdingt habe.«

»Was wir ausgemacht haben, soll dir auch werden«, antwortete die Alte. »Sieh hier, von diesen zwölf Pferden kannst du dir wählen, welches du nur willst.«

Er aber erwiderte: »Was soll ich viel wählen, gib du mir aus jenem Winkel dort das schäbige Pferd, für mich passen die schönen nicht.«

Doch die Alte aber wollte ihn davon abbringen und sprach:

»Ei, wie magst du ein so schäbiges Pferd nehmen, wenn du die Wahl unter so prächtigen hast.«

Er jedoch blieb dabei und sprach:

»Gib du mir nur, was ich will, denn so haben wir es ausgemacht.«

Die Alte wusste keinen Ausweg und gab ihm das schäbige Pferd. Da nahm er Abschied von ihr und ging fort, sein Pferd am Halfter führend. Als er mit ihm in einen Wald kam, reinigte er es, und nachdem er es sauber abgewischt hatte, da glänzte es, als hätte es goldenes Haar. Dann erst setzte er sich auf und trieb es an, und es flog dahin gleich einem Vogel und brachte ihn in wenigen Augenblicken vor das Drachenschloss. So wie der Prinz eintrat, sprach er zur Kaiserin: »Mach dich fertig so schnell als möglich.« Und als sie bereit waren, bestiegen sie beide jenes Pferd und machten sich mit Gott auf den Weg.

Nach einer Weile kommt der Drache heim, und als er sieht, dass die Kaiserin fort ist, spricht er zu seinem Pferde: »Was sollen wir tun? Sollen wir essen und trinken oder sollen wir die Flüchtigen verfolgen?« Und das Pferd antwortete ihm: »Essen oder nicht essen, trinken oder nicht trinken, sie verfolgen oder nicht verfolgen ist einerlei, du wirst sie doch nicht mehr erreichen.« Wie dies der Drache hört, da sitzt er sofort auf und jagt ihnen nach. Und als die Flüchtigen den Drachen hinter sich erblickten, wie er sie verfolgte, erschraken sie und trieben das Pferd an, noch schneller zu laufen. Doch das Pferd sprach zu ihnen: »Fürchtet euch nicht, wir brauchen nicht zu fliehen.« Und als der Drache sie beinahe erreicht hatte, rief mit einem Male sein Pferd dem anderen Pferd zu: »Um Gottes Willen, Bruder, warte ein wenig, ich gehe zugrunde, wenn ich dir noch weiter nachjagen soll.« Doch des Prinzen Pferd erwiderte ihm: »Warum bist du so närrisch und trägst dieses Ungeheuer. Bäume dich, wirf es ab auf die Steine und komm mit uns.« Wie dies das Pferd des Drachen hörte, schüttelt es sich mit aller Kraft, schnellt mit den Füßen in die Höhe, schleudert den Drachen auf die Steine, dass er in viele Stücke barst, und gesellte sich zu seinem Bruder. Hierauf bestieg die Kaiserin des Drachen Pferd, und so gelangten beide glücklich zurück in ihr Reich und herrschten dort bis an ihr Ende.

Serbien

Der böse Blick

Es wohnte einmal ein reicher Edelmann in einem schön gemauerten Hause nicht weit vom Ufer des Weichselstromes. Alle Fenster des Hauses, das die Leute den weißen Hof nannten, gingen nach dem Wasser hin, nicht ein einziges zeigte die Landstraße oder die geräumigen Scheunen. Eine lange Lindenallee, die nach dem Edelhofe führte, war mit Gras und Unkraut bewachsen; daran konnte man leicht erkennen, dass die Nachbarn nur selten diesen einsamen Wohnsitz besuchten.

Der Herr des Hauses war erst vor sieben Jahren aus ferner Gegend hergezogen. Die Bauern kannten ihn fast gar nicht und gingen ihm voll Angst aus dem Wege, denn man erzählte über ihn allerlei schreckliche Dinge.

Der Herr war an den Ufern des San* von reichen Eltern geboren; aber das Unglück verfolgte ihn von der Wiege an. Er hatte den bösen Blick, der allen Menschen Krankheit und Tod brachte. Wenn er zur bösen Stunde seine Herde ansah, so starb das arme Vieh vor seinen Augen; wenn er etwas lobte, so verdarb es sogleich. Die beiden Eltern waren vor Kummer über des Sohnes Schicksal gestorben. Der Sohn, in der ganzen Gegend nur der verzauberte Herr genannt, verkaufte seine großen Güter und zog hierher an die Weichsel, wo er das schön gemauerte Haus bewohnte. Er litt keinen Menschen um sich und behielt nur einen alten Diener, der ihn als Kind auf den Armen getragen hatte und dem allein der böse Blick seines Herrn keinen Schaden tat.

Der verzauberte Herr verließ selten das Haus, denn seine Augen verbreiteten Unglück, Krankheit und Tod. Darum saß auch immer im Wagen neben ihm der alte Diener, und der sagte ihm, wenn irgendwo ein Mensch, ein Dorf, eine Stadt zu sehen war. Dann legte der Herr die Hände auf seine unglücklichen Augen, oder auch er blickte starr auf ein Erbsenbüschel, das stets zu seinen Füßen lag. Ein verderbliches Auge konnte nämlich niemandem schaden, wenn man damit ein verwelktes Erbsenbüschel ansah; nur wurde davon das Erbsenbüschel noch dürrer.

Absichtlich hatte der Herr alle Fenster des schön gemauerten Hauses nach der Weichsel hin machen lassen: denn schon zweimal waren seine Scheuern in Brand geraten, da er zur bösen Stunde auf sie blickte. Trotzdem verwünschten ihn auch noch die Schiffer und zeigten mit Furcht auf die Fenster des schön gemauerten Hauses, von wo aus ihnen der böse Blick schon manche Krankheit gebracht hatte, und der Sturm beschädigte fast immer die Fahrzeuge, wenn sie am Landungsplatze gegenüber vom weißen Hofe anlegten.

---

* Fluss in Galizien, Nebenfluss der Weichsel

Einmal fasste sich ein Schiffer ein Herz: er ruderte auf seinem Schiffchen zum weißen Hofe und verlangte den verzauberten Herrn zu sprechen. Der alte Diener führte den Schiffer in den Speisesaal. Der Herr saß eben bei Tische, und ungehalten darüber, dass ihn ein Fremder beim Essen störte, blickte er streng auf den Eintretenden. Sogleich bekam der Schiffer ein heftiges Fieber, und lautlos fiel er bei der Tür zu Boden.

Der alte Diener brachte den Mann auf Befehl seines Herrn auf das Schiffchen, fuhr mit ihm ans andre Ufer und gab ihm eine Menge Goldstücke. Der Schiffer war noch lange krank. Da er später die ganze Geschichte erzählte und dabei den weißen Hof und den verzauberten Herrn recht schrecklich ausmalte, jagte dies den andern Schiffern noch größere Furcht ein. Von der Zeit an wendete jeder Schiffer, wenn er an dem weißen Hause vorbeikam, die Augen ab und betete zu allen Heiligen und zitterte vor Angst, wenn jemand vom bösen Blick des verzauberten Herrn zu sprechen anfing.

Zehn Jahre waren seither verflossen. Der weiße Hof war noch immer der Schrecken der Nachbarn und der vorbeifahrenden Schiffer. Niemand besuchte den verzauberten Herrn, und der Unglückliche verlebte einsam alle Stunden des Tages.

Ein harter Winter kam. Scharenweise heulten die Wölfe mit furchtbarer Stimme rund um den weißen Hof. Der Herr saß traurig am Kamin, auf dem ein großes Feuer brannte, und trübsinnig blätterte er in einem mächtigen Buche.

Der alte Diener hatte schon alle Türen des Hauses geschlossen, setzte sich auch ans Feuer, wärmte seine alten erstarrten Knochen und besserte dann und wann an seinem Fischernetze.

»Stanislaw«, sagte der Herr, »hast du schon viele Fische gefangen?«

»Noch nicht viele, lieber Herr; aber für uns beide wird es genug sein.«

»Das ist wahr«, erwiderte der unglückliche Herr. »Wir beide, – wie viele Jahre sind wir schon allein! Oh unglückliche Stunde, in der ich geboren bin! Immer bin ich einsam, die Menschen fliehen mich wie ein Ungeheuer.« Er trocknete die Tränen, die seine unglücklichen Augen benetzt hatten.

Plötzlich hörten sie draußen eine menschliche Stimme, die um Hilfe rief. Der Herr des Hauses erzitterte, denn er hatte schon lange keine fremde Stimme gehört. Der alte Diener eilte hinaus, und der Herr folgte ihm mit der Lampe in der Hand.

Vor dem Torwege stand ein verdeckter Schlitten, neben dem Schlitten stand ein alter Mann. Als er die beiden aus dem Hause kommen sah, hob er seine ohnmächtige Frau herab; der alte Diener half dann der Tochter, einer schönen Jungfrau, beim Aussteigen.

Man legte frisches Holz auf den Kamin, brachte die ohnmächtige Mutter an das wärmende Feuer, und der Hausherr ließ in geschäftiger Freude den alten Ungarwein aus dem Keller heraufholen und setzte dem Gaste mächtige Humpen vor. Der Diener lächelte heimlich, da er das frohe Gesicht seines Herrn bemerkte. Der Fremde war ein Edelmann. Er erzählte, wie sie sich verirrt hatten, dann von Wölfen angefallen wurden, und wie die flinken Pferde sie kaum hatten nach dem weißen Hofe hinziehen können.

Nach dem Abendessen wurde alles vom Schlitten heruntergeholt. Der Herr führte die müden Reisenden in ein warmes und bequemes Schlafzimmer. Bald war es still im weißen Hofe, und das Feuer auf dem Kamin flackerte bloß noch in schwachen Flammen.

Es war nach Mitternacht. Der alte Stanislaw schlief am Herde. Da knarrte die Tür, und der Hausherr trat herein. Der Diener rieb sich verwundert den Schlaf aus den Augen und brummte: »Wie, schläft der arme Herr noch nicht?«

»Still, alter Freund«, erwiderte der Herr mit froher Miene, »ich kann nicht einschlafen und möchte niemals einschlafen, wenn ich immer so glücklich wäre wie heute!« Und er setzte sich in den großen Lehnstuhl am Herde und lächelte in sich hinein und fing an zu weinen.

»Weine, armer Herr, weine nur!«, dachte der alte Stanislaw bei sich selber; »mit den Tränen fließt dir vielleicht der böse Blick davon.«

»Wenn mir der liebe Gott doch das geben wollte, woran ich jetzt denke«, sagte der verzauberte Herr, »ich wollte weiter nichts von dieser Welt verlangen. Dreißig Jahre schon lebe ich wie ein Einsiedler, wie ein Verbrecher. Und doch habe ich nie etwas Böses begangen, meine Seele ist rein vom Laster. Nur meine Augen, – – oh meine Augen!«

Tiefe Trauer beschattete sein Antlitz, das eben noch so freudig gewesen war; doch bald erschien wieder das Lächeln auf seinen Wangen, und man konnte erkennen, wie wieder ein Hoffnungsstrahl in sein Herz leuchtete.

»Alter Freund«, sprach er, und Stanislaw schaute fröhlich drein, »ich werde vielleicht heiraten.«

»Das gebe Gott!«, rief der Diener aus. »Aber wo ist denn Eure Zukünftige?«

Der Herr stand auf, zeigte mit der Hand nach der Seite, wo das Schlafzimmer der drei Gäste war, und sagte leise: »Dort!«

Stanislaw nickte mit dem Kopfe, als sei er sehr zufrieden mit der Wahl seines Herrn, und geschäftig warf er eine Handvoll Holz auf den Herd. Der Herr kehrte sinnend in sein Schlafgemach zurück. Der alte Diener brummte in seinen Bart: »Gott geb es, Gott geb es!« Und allmählich schlief er wieder ein.

Am folgenden Morgen erwachte der fremde Edelmann neugestärkt und erfrischt, doch war an Abreise noch nicht zu denken, denn die Frau lag in heftigem Fieber.

Wie froh war der Herr, als er erfuhr, die Gäste würden einige Zeit in seinem Hause zubringen!

Der fremde Edelmann war nicht gerade reich, aber er lebte als ehrlicher Mensch und nährte sich redlich. Der freundliche Wirt gefiel ihm recht gut, und eines Tages sprach er zu seiner Frau, mit der es schon viel besser geworden war:

»Hör mal, Gretchen, mir scheint, der Herr macht unsrer kleinen Marie gewaltig den Hof, und wie ich sehe, ist sie ihm auch nicht abgeneigt. Nun, mir könnte das nur gefallen.«

»I, das scheint dir wohl bloß so!«, erwiderte die Frau; aber im Grunde war es ihr lieb, dass ihr Mann dasselbe sagte, was sie sich im stillen auch schon gedacht.

»Der Mann ist nicht arm, er ist kein Springinsfeld, es fehlt ihm überhaupt an nichts«, fuhr der fremde Edelmann fort, indem er in der Stube auf und ab ging, »und unsre Kleine ist auch nicht bucklig und zum Heiraten eben alt genug.«

Nach dem Abendbrot trank der Gast wieder den alten Ungarwein, strich mit Wohlgefallen den grauen Knebelbart und hörte mit sichtlicher Freude, wie der Herr des Hauses ihn um seine Tochter bat.

»Ihr habt mir gut gefallen, Herr Bruder«, erwiderte er nach einer Pause, »und da Ihr nicht erst nach der Aussteuer fragt und an Eurem eigenen Brot genug habt, so mag sie denn meinetwegen Euer Weibchen werden.«

Ein Vierteljahr darauf führte der verzauberte Herr die Braut heim. Unkraut und Gras verschwanden von der langen Lindenallee, denn viele Wagen rollten da ohne Unterlass hin und her, Verwandte und Freunde der schönen Braut kamen scharenweise zur Hochzeit nach dem weißen Hofe.

Einige Tage später war es wieder still wie vorher, und auf der langen Lindenallee wuchs wieder Gras und garstiges Unkraut.

Der Winter kam wieder. Obgleich das Schloss nun eine Herrin hatte, war es hier so einsam wie früher. Die Dienerschaft, die der Herr angenommen hatte, lief davon, als sie hörte, dass ihr Gebieter den bösen Blick habe. Einige, die geblieben waren, wurden bald von schweren Krankheiten darnieder geworfen. Die schöne junge Frau lag in Schmerzen auf ihrem reichen Lager. Der liebende Gatte saß bei ihr, und mit abgewandtem Gesichte drückte er ihre kalten Hände.

Das arme Weib wusste recht wohl von dem bösen Blick ihres Mannes, und ihre Leiden wurden dadurch noch größer. Trotzdem bat sie den Gatten in aufrichtiger Liebe, er möchte ihr doch einmal sein Gesicht wieder zuwenden.

»Meine Maria!«, rief der Unglückliche mit tiefem Seufzer aus, »ich kann mit dir nicht glücklich sein, solange ich diese Augen habe. Oh reiß sie mir aus! Hier ist ein scharfes Messer, – von deiner Hand wird's nicht schmerzen!«

Die arme Frau schauderte bei diesem schrecklichen Verlangen. Der verzauberte Herr fing an bitterlich zu weinen: »Für andre Menschen sind die Augen ein Glück, meine Augen bringen Trauer und Unheil. Aber das sage ich dir: Unser Kind soll meine Augen nimmer erblicken, – ihm sollen sie nicht schaden, und es wird dem Andenken seines Vaters nicht fluchen müssen!«

Ein leises Stöhnen war die Antwort der kranken Frau.

Bald darauf wurde dem Schlossherrn eine Tochter geboren. In demselben Augenblicke, als das Kind mit lautem

Schrei das Licht der Sonne begrüßte, da hörte man auch im Saale, wo das Kaminfeuer brannte, das herzerschütternde Geschrei eines Mannes: Der Vater des Kindes hatte auf ewig vom Tageslichte den furchtbaren Abschied genommen. Zwei Augen, wie glänzende Kristallkugeln, fielen zugleich mit dem blutigen Messer zur Erde.

Sechs Jahre später gab eine Reihe glänzender Fenster wieder die Aussicht ins Dorf und auf die gefüllten Scheuern. Die Schiffer hatten am Fuße des weißen Hofes einen herrlichen Landungsplatz. Die Herrin des Hauses war gesund und munter, und ihre größte Freude war ein engelschönes Töchterlein, das manchmal den blinden Vater auf der Straße führte.

Die Landleute, die früher den verzauberten Herrn ängstlich gemieden hatten, gingen nun freundlich hinzu, wenn sie den Blinden mit dem kleinen Mädchen auf dem Spaziergang erblickten. Allenthalben verschwand die Grabesstille, denn zahlreiche Dienerschaft erfüllte die einst so einsamen Hallen des weißen Hofes.

Der alte Stanislaw hatte gleich an jenem traurigen Tage die verderblichen Augen tief neben der Gartenmauer vergraben. Einmal ergriff ihn die Neugierde: er wollte sehen, was aus den Augen geworden sei. Er fing an zu graben, – da glänzten ihm die Augen wie zwei Lichter entgegen. Doch kaum hatte ihr Glanz sein Angesicht getroffen, da befiel ihn ein heftiges Zittern; er sank um und starb.

So hatten die verderblichen Augen des verzauberten Herrn dem alten Diener zum ersten und zum letzten Male geschadet. Einige Leute aber wollten wissen, sie hätten ihm früher deswegen keinen Schaden getan, weil ihn der Herr so sehr geliebt: Das Herz nahm dem Blicke die Gewalt. Nun aber hatten die Augen in der Erde neue Kraft bekommen und den alten Diener getötet!

Der blinde Herr betrauerte ihn von ganzer Seele. Auf seinem Grabe ließ er ein schönes Kreuz errichten, und davor pflegten die Schiffer zu beten, wenn sie am weißen Hofe landeten.

Polen

Schön-Ilonka

Irgendwo, ich weiß nicht wo, war einmal auf der Welt ein König und der hatte einen Sohn. Einstmals sagte der zu seinem Vater, dass er heiraten wolle.

»Hoho! So geht das nicht! Nicht eher, als bis du eine Heldentat vollbracht hast. Mich ließ mein Vater auch nicht eher heiraten, als bis ich das goldene Schwert gewonnen hatte, das du noch jetzt an meiner Seite siehst.«

Was blieb dem Königssohn übrig? Er zog in die Welt, sein Glück zu versuchen. Und wie er wanderte und wanderte, traf er einst auf ein kleines Haus. Er trat ein und sah eine alte Frau neben dem Ofen kauern.

»Nun, Mütterchen, Ihr seid, wie ich sehe, viel in der Welt herumgekommen; wisst Ihr nicht etwas von den drei Schilfhalmen?«

»Ich bin wirklich schon viel herumgekommen, aber davon habe ich wahrlich nie etwas gehört, geschweige denn gesehen. Aber wenn du bis morgen wartest, kann ich vielleicht doch etwas sagen.«

Gut, er wartete bis morgen. In der Frühe nahm die alte Frau eine Pfeife, blies darauf, und siehe, so viel Krähen es auf der Welt gibt, sind sie nicht alle hingeflogen? Sie waren alle dort und fehlte keine einzige. Da fragte sie diese, ob sie etwas von den drei Schilfhalmen wüssten; aber jene wussten auch nichts. Der Königssohn setzte seinen Weg fort. Nicht lange, so fand er wieder ein Haus, darin einen alten Mann. Als er auch den fragte, sagte der, dass er nichts wisse; aber er möge bis morgen warten. Anderen Tags rief der alte Mann die Raben zusammen. Die wussten aber auch nichts von den drei Schilfhalmen.

Der Königssohn ging weiter. Er wanderte, wanderte, war schon jenseits von siebenmal sieben Königreichen, da fand er ein schlechtes, kleines Haus und darin eine alte Frau.

»Guten Abend, liebe Mutter.«

»Gott lohn es dir, lieber Sohn! Dein Glück, dass du mich so angesprochen hast; denn sonst wärest du eines schrecklichen Todes gestorben. Aber wohin des Wegs?«

»Ich, liebe Mutter, suche die drei Schilfhalme. Wisst Ihr nichts von ihnen?«

»Ich selbst weiß nichts von ihnen. Aber warte nur bis morgen!«

Anderen Tags, wie diese auch auf ihrer Pfeife blies, siehe, da erschien dort plötzlich alles, was nur an Elstern auf der Welt war. Aber ich lüge; denn eine, die ihr Bein und ihren Flügel gebrochen hatte, war nicht dort. Sogleich schickte die alte Frau auch nach dieser. Als sie dann alle fragte, da wusste nur diese eine verkrüppelte, wo die drei Schilfhalme waren.

Da machte sich der Königssohn mit dieser auf den Weg. Sie wanderten und wanderten, waren sogar schon jenseits des Glasbergs, als sie bei einer fünfunddreißig Klafter hohen Steinwand anlangten.

»Nun, Königssohn«, sagte die Elster, »die drei Schilfhalme sind hier innen an der Steinwand.«

Da besann sich der Königssohn nicht lange, sondern sprengte mit seinem Ross hinein. Dann suchte er dort die drei Schilfhalme unter den anderen und zog sie heraus. Mit ihnen machte er sich dann auf den Heimweg. Wie er so dahinschlenderte, da kam es so von ungefähr, dass er einen Schilfhalm spaltete.

Und siehe da, was für ein wunderschönes Mädchen sprang daraus hervor! Das sprach:

»Mein schönes Herzlieb, du bist mein, ich bin dein; gib mir einen Becher Wasser!«

Doch wie sollte er ihr welches geben können, so gern er es auch getan hätte! Da flog das schöne Mädchen von dannen. Sogleich spaltete er auch den zweiten zur Probe. Mit dem ging es ihm gerade so. Sein Herz sprang ihm fast vor Sehnsucht nach den beiden schönen Mädchen.

Aber wie gab er nun auf den dritten Schilfhalm Acht! Den spaltete er erst, als er bei einem Brunnen angelangt war. Da sprang aus ihm ein siebenmal schöneres Mädchen, als jene gewesen waren. Wie es hinaussprang, sagte es gleich:

»Mein schönes Herzlieb, du bist mein, ich bin dein; gib mir einen Becher Wasser!«

Mehr bedurfte es wahrlich nicht. Geschwind war ein Becher mit Wasser zur Stelle. Diese flog nun aber auch nicht von dannen. Sogleich gelobten sie sich ewige Liebe.

Dann ging der Königssohn, um sie in einem schönen Wagen heimzuführen, in die Stadt – denn er war schon in der Heimat –, dass er von dort einen hole. Dort weideten des Königs Schweinehirten und Rinderhirten; denen vertraute er Ilonka an (denn so hieß die Maid), bis er zurückkehre.

Das wäre so weit ganz gut gewesen; aber der eine Schweinehirt hatte eine sehr alte, hässliche Tochter. Während der Königssohn weg war, ließen sie diese sich ankleiden, und Ilonka warfen sie in einen Brunnen.

Bald darauf kam der Königssohn mit seinem Vater, seiner Mutter und einem riesig großen Gefolge, um Ilonka gebührend heim zu leiten. Aber wie standen sie alle mit offenem Munde da, als sie das hässliche Schweinemädchen erblickten! Doch was war da anderes zu machen, als dass sie jene heimführten! Und nach ein paar Tagen ließ sich der Königssohn auch mit ihr trauen. Aber er konnte keine Ruhe finden; er wusste sehr wohl, dass man ihn hintergangen hatte.

Unter anderem forderte er einstmals, dass man ihm von jenem Brunnen Wasser bringe, aus dem er Ilonka zu trinken gegeben hatte. Also gut, sie sandten den Kutscher hinaus, dass er es hole. Der zog mit dem Eimer zusammen eine schöne, kleine Ente heraus. Er schaute sich überall um; auf einmal merkte er, dass die kleine Ente nirgends war, aber ein schmutziges Mädchen vor ihm stand. Der Kutscher trug dann das Wasser heim. Das Mädchen ging mit ihm und wurde dort Kammermädchen.

Wenn sie dann und wann ein wenig Muße hatte, so spann sie. Aber sie hatte einen Rocken, der drehte sich von selbst herum, eine Spindel, die kreiste von selbst, und Hanf, der sich von selbst abhaspelte, und so viel sie auch abnahm, immer wuchs neuer an seiner Stelle. Als die Königin, das heißt die Schweinehirtin, dies hörte, begehrte sie, dass sie ihr den Rocken gäbe. Das Mädchen wollte erst durchaus nicht; aber dann sagte sie, sie mache sich nichts daraus, sie würde ihn geben, aber nur dann, wenn sie eine Nacht beim König schlafen dürfe. Da wurde die Frau aber zornig! Sie schalt sie sehr; aber als sie dann ihrem Mann einen Schlaftrunk gegeben hatte, sagte sie, es sei ihr gleich.

Da ging das Mädchen in des Königs Gemach und war noch siebenmal schöner, als es vordem gewesen war. Es ging zum König und sprach zu ihm:

»Mein schönes Herzlieb, du bist mein, ich bin dein. Sprich zu mir nur ein einziges Mal! Ich bin deine Ilonka.«

Aber wahrlich, der König sprach nicht ein Wort. Traurig ging das Kammermädchen aus des Königs Gemach; denn es dachte, dass der König nur darum nicht zu ihm spräche, weil er sich vielleicht schämte.

Bald darauf begehrte die Königin die Spindel von ihr. Wieder sagte sie, dass sie sie ihr geben würde, wenn sie eine Nacht beim König schlafen dürfe. Die Königin willigte wieder ein; denn sie gab ihrem Manne wieder einen Trank. Da ging das Mädchen zum König und war noch siebenmal schöner, als es vordem gewesen war. Aber wieder konnte sie nicht mit ihm reden.

Das war so weit ganz gut, aber des Königs Diener hatte alles gesehen, und nachher erzählte er dem König alles.

»Herr, so und so steht die Sache; drum, was Euch auch Eure Gemahlin an Speise und Trank darbieten möge, rührt nichts an; denn sie gibt Euch einen Schlaftrunk.«

Nun, so geschah es auch.

Und zwar geschah es, dass die Königin danach auch den Hanf von dem Kammermädchen forderte, und die gab ihn hin, aber nur, wenn sie wieder eine Nacht beim König schlafen dürfe. Warum hätte das die Königin nicht bewilligen sollen! Sie fürchtete jetzt kein bisschen mehr für ihren Mann.

Als sie zu Abend aßen, bot die Königin ihrem Manne die schönsten Speisen und Getränke an; aber er rührte nichts an, sondern legte sich geschwind schlafen.

Da bereute die Königin bitter ihr Tun; aber jetzt konnte sie nichts mehr machen, denn das Kammermädchen war jetzt schon drinnen beim König.

Wie hätte der König wohl schlafen können! Er wartete mit Bangen. Und auf einmal sah er, dass ein wunderschönes Mädchen sich zu ihm legte, und das sprach:

»Mein schönes Herzlieb, du bist mein, ich bin dein. Sprich zu mir nur noch ein einziges Mal! Ich bin deine Ilonka.«

Da umarmte und küsste sie der König, besonders als er hörte, dass sie die wahre Ilonka war.

Und dann erzählte sie ihm alle ihre Erlebnisse von der Zeit an, wo der Königssohn sie verlassen hatte; wie die Schweinehirten ihr die Kleider vom Leibe gerissen und sie in den Brunnen geworfen hatten, und dann, wie sie hierher gekommen war.

Nun, mehr brauchte der König nicht. Anderen Tags gab er schrecklich strengen Befehl, dass seine Frau in Stücke zerrissen und an den Schweif eines wilden Fohlen gebunden werde zum schrecklichen Beispiel. So geschah es auch. Die Schweinehirtenfrau aber wurde geviertelt und dann an den vier Ecken der Stadt aufgepflanzt. Den Schweinehirten henkten sie inmitten der Stadt.

Der Königssohn hielt eine große Hochzeit mit der wunderschönen Ilonka; und wenn sie nicht gestorben sind, leben sie vielleicht jetzt noch.

Ungarn

Das goldene Spinnrad

Eine arme Witwe hatte zwei Töchter, die Zwillinge waren. Sie glichen sich in ihrem Äußeren so sehr, dass man sie nicht unterscheiden konnte. Um desto verschiedener waren sie in ihrem Wesen. Dobrunka war gehorsam, arbeitsam, freundlich und verständig, kurz, sie war ein überaus treffliches Mädchen; Zloboha dagegen war schlimm, rachsüchtig, unfolgsam, faul und hoffärtig, und hatte überhaupt alle Untugenden, die zusammen bestehen können. Dennoch hatte die Mutter Zloboha weit lieber, und erleichterte ihr alles, soviel sie nur vermochte. Sie wohnten im Wald in einer kleinen Hütte, wohin sich selten wer verirrte, obwohl es nicht weit von der Stadt war. Damit Zloboha etwas lerne, brachte sie die Mutter nach der Stadt in einen Dienst, wo es ihr ziemlich gut erging. Dobrunka musste jedoch die kleine Wirtschaft führen. Wenn sie früh die Ziege gefüttert, das schlichte Mahl bereitet, Stube und Küche rein gekehrt und in Ordnung gebracht hatte, musste sie sich noch, wofern es nicht notwendigere Arbeit gab, zum Spinnrad setzen und spinnen. Ihr feines Gespinst verkaufte dann die Mutter in der Stadt, und kaufte von dem Gelde nicht selten ein Kleid für Zloboha; die arme Dobrunka erhielt niemals das Geringste davon. Trotzdem liebte sie ihre Mutter, und obwohl sie den ganzen Tag kein freundliches Gesicht von ihr bekam noch ein gütiges Wort hörte, so gehorchte sie ihr doch stets ohne Unwillen und Widerrede und murrte nicht einmal in Gedanken gegen sie.

Einst ging die Mutter in die Stadt. »Das rate ich dir, dass du nicht müßig bist, während ich fort bin!«, sagte sie zu Dobrunka, die ihr ein Stück Weges das Bündel mit dem Gespinst tragen half.

»Ihr wisst ja, Mütterchen, dass ich mich nicht zur Arbeit nötigen lasse, folglich werde ich auch heute, wenn ich zuvor aufgeräumt habe, fleißig spinnen, dass Ihr mit mir zufrieden sein sollt.«

Als sie der Mutter das Bündel gereicht, kehrte sie in die Hütte zurück, und nachdem sie in der Stube und Küche alles in Ordnung gebracht, setzte sie sich zum Spinnrad und spann. Es war ihre Gewohnheit, dass sie, wenn sie allein zu Hause war, beim Spinnen sang; drum begann sie auch diesmal, nachdem sie sich gesetzt, mit heller Stimme alle Lieder nacheinander zu singen, die sie kannte. Da hört sie außen plötzlich Pferdestampfen. Sie denkt bei sich: »Wer mag sich zu uns her verirrt haben? Muss doch sehen!« Sie steht vom Spinnrad auf, und guckt durch das kleine Fenster hinaus, wo sie einen jungen Mann vom feurigen Rosse absteigen sieht. »Das ist ein schöner Herr!«, flüsterte sie für sich, indem sie fortwährend beim Fenster bleibt. »Wie gut ihm der Pelz und wie gut ihm die Mütze mit der weißen Feder zu den schwarzen Locken steht! Jetzt bindet er sein Pferd an und geht zu uns. Muss doch sehen, was er will.«

In dem Augenblicke trat der junge Herr zur Tür herein; denn damals gab es noch keine Riegel und Schlösser, und ging doch niemand was verloren.

»Gott grüße dich, Maid!«, sprach er zu Dobrunka.

»Euch gleichfalls, Herr!«, entgegnete Dobrunka. »Was wünscht Ihr?«

»Etwas Wasser zum Trinken, ich habe großen Durst.«

»Will Euch sogleich dienen. Setzt Euch doch!«

Sie lief, nahm den Krug, spülte ihn rein aus, schöpfte Wasser am Brunnen, und brachte es dem Herrn. »Möchte Euch gern mit etwas Besserem aufwarten, doch ich habe nichts anderes.«

»Sieh, wie es mir geschmeckt!«, versetzte der Herr, ihr den leeren Krug reichend. Dobrunka stellte ihn wieder an seinen Platz, ohne zu bemerken, dass ihr der Herr indessen einen Beutel mit Geld heimlich unter das Kissen gesteckt.

»Dank für die Erfrischung, und erlaubst du, komme ich morgen wieder.«

»Wenn es Euch Vergnügen macht, so kommt!«

Hierauf reichte er Dobrunka die Hand, ging hinaus, schwang sich aufs Ross und ritt davon. Dobrunka setzte sich wieder zu ihrem Spinnrad, doch das Bild des jungen Mannes schwebte beständig vor ihr. Noch niemals war ihr der Faden so oft gerissen als diesmal.

Abends kam die Mutter nach Hause, und erzählte eine Menge, was Zloboha schon kenne, und wie sie von Tag zu Tag schöner werde. Zuletzt fragte sie: »Hast du nichts gehört? Es soll hier eine große Jagd gewesen sein.«

»Ach ja, ich vergaß Euch zu sagen, dass ein Herr bei uns einkehrte. Er bat mich um etwas Wasser, das ich ihm sogleich brachte. Er hatte ein schönes Pelzkleid an. Wisst Ihr, als wir in der Stadt waren, sahen wir auch Herren in solchem Pelzanzug, eine Mütze mit weißer Feder auf dem Kopf. Um die Schulter trug er eine Armbrust. Wahrscheinlich war es einer von den Jägern. Nachdem er getrunken, setzte er sich auf seinen Rappen und ritt fort.« Das jedoch verschwieg Dobrunka, dass er ihr beim Scheiden die Hand gedrückt und versprochen, morgen wiederzukommen.

Abends, als Dobrunka die Betten zurechtmachte, fiel ein schwerer Beutel mit Geld heraus. Verwundert hob ihn Dobrunka auf und reichte ihn der Mutter.
»Wer hat dir das Geld gegeben?«
»Mir – niemand! Vielleicht hat es der Herr hierher gesteckt; sonst wüsste ich nicht, wie es hergekommen.«
Die Mutter leerte den Beutel auf den Tisch aus. Es war lauter Gold. »Um des Himmels willen, so viel Geld!«, wunderte sich die Alte. »Das muss ein reicher Herr sein. Vielleicht hat er die Armut bei uns wahrgenommen und ein mildes Werk geübt. Gott möge ihn segnen dafür!« Dann scharrte sie das Geld zusammen und verwahrte es in der Truhe.

Wenn Dobrunka sonst zur Ruhe ging, schlief sie, von der Tagesarbeit ermüdet, bald ein: diesmal vermochte sie das durchaus nicht, immer schwebte ihr das Bild des Reiters vor, und erst spät nachts kam ihr der Schlummer. Da träumte ihr, sie befinde sich in einem großen Schlosse und sei die Gemahlin eines mächtigen Herrn und dieser mächtige Herr sei der Reiter, den sie gestern gesehen. Es ward ein großes Festmahl gegeben, bei dem viele Gäste anwesend waren; da stürzt plötzlich eine schwarze Katze auf sie los und haut die Krallen tief in ihr Herz, dass ein Blutstrom ihr weißes Gewand bespritzt. In dem Augenblicke schreit Dobrunka auf und erwacht. »Das war ein sonderbarer Traum!«, sagte sie zu sich. »Wie wird das enden? Er fing so schön an, allein die grausame Katze verdarb alles. Das bedeutet nichts Gutes.« Mit dieser Traumdeutung stand Dobrunka auf und begann sich anzukleiden. Sonst brauchte sie nicht viel Zeit dazu, diesmal konnte sie nicht genug Sorgfalt darauf verwenden. Sie flocht sich das Haar und durchwand es mit roten Bändern, was sie nur an Feiertagen zu tun pflegte; ihr Röckchen war bloß von Zeug, doch rein und mit einem Bande gesäumt; dazu hatte sie ein Schnürleibchen von Damast und ein Hemd, weiß wie Schnee. Als sie sich so angezogen, war sie gar lieblich zu schauen. Dann ging sie an ihre Arbeit.

Als der Mittag nahte, hatte sie am Spinnrad keine Ruhe; immerfort machte sie sich außen etwas zu schaffen, und dies nur, um den Reiter zu erspähen. Der ließ nicht lange auf sich warten. Dobrunka aber, als sie ihn von fern gewahrte, lief geschwind zu ihrem Spinnrad, damit er sie nicht sehe

und sich nicht denke, sie habe nach ihm gespäht. Als er angekommen, sprang er vom Pferde, trat in die Stube, und grüßte sie artig. Dobrunkas Herz pochte so stark, dass ihr das Schnürleibchen schier zu eng ward! Die Mutter sammelte Holz im Wald, Dobrunka war folglich allein. Als sie ihn begrüßt und eingeladen, sich zu setzen, ging sie wieder zu ihrem Spinnrad.
»Hast du gut geschlafen?«, fragte der Jüngling, und nahm sie bei der Hand.
»Wohl Herr!«
»Was träumte dir denn?«
»Ach, ich hatte einen sonderbaren Traum!«
»Erzähle ihn mir, ich kann Träume gut deuten.«
»Ich kann ihn Euch nicht erzählen.«
»Warum denn?«
»Nun, weil ich von Euch träumte.«
»Eben deshalb musst du mir den Traum erzählen.«
So stritten sie miteinander, bis ihm Dobrunka den Traum dennoch erzählte.
»Sieh, bis auf die Katze kann sich dein Traum erfüllen.«
»Wie könnte ich jemals so eine Frau werden!«
»Willst du nicht meine Frau sein?«
»Herr, Ihr scherzt!«
»Nicht doch, Dobrunka, es ist kein Scherz. Ich meine es ernst und bin heute absichtlich gekommen, dich zu fragen, ob du mir deine Hand reichen willst.«
Dobrunka bedachte sich ein wenig und reichte dann errötend dem Reiter die Hand. Da trat die Mutter herein. Der Jüngling grüßte sie, eröffnete ihr sogleich ohne Umschweife, dass er Dobrunka lieb habe, so wie sie ihn, und dass ihnen zu ihrem vollkommenen Glücke nichts fehle als der mütterliche Segen. »Ich habe mein Haus«, fügte er hinzu, »und vermag ein Weib wohl zu ernähren; auch für Euch, Mütterchen, ist Raum genug in meinem Hause und an meinem Tisch.« Als dies die Alte hörte, weigerte sie sich nicht lange, ihnen ihren Segen zu geben. Darauf sprach er zu Dobrunka: »Spinne nur fleißig, meine Liebe, Holde! Bis du dir dein Hochzeitshemd gesponnen, komme ich um dich zu werben.« Dann küsste er sie, reichte der Mutter die Hand, schwang sich auf seinen Rappen und ritt schnell davon.

Von dieser Zeit an ging die Mutter mit Dobrunka viel freundlicher um. Für das Geld, das ihnen der Herr hinterlassen, kaufte die Alte auch manches für Dobrunka, obwohl Zloboha dennoch das meiste bekam. Dobrunka aber kümmerte das nicht; ihre Freude war nur, am Spinnrad zu sitzen, fleißig zu spinnen und an ihren Verlobten zu denken.

So verrann ihr die Zeit, und ehe sie sich dessen versah, war das Hochzeitshemd gesponnen. Ihr Verlobter musste das wohl berechnet haben, denn er kam an demselben Tage, wie er es zugesagt. Dobrunka lief ihm entgegen; er drückte sie an sein Herz und fragte sie scherzend:

»Hast du dein Hochzeitshemd fertig?«

»Freilich.«

»So kannst du sogleich mit mir gehen.«

»Ei warum so eilig?«

»Ich kann nicht anders, meine Liebe! Morgen muss ich in den Krieg, und so möchte ich gern, dass du mich daheim vertrittst, und kehre ich zurück, mache ich dich zu meiner Frau.«

»Was wird aber die Mutter dazu sagen?«

»Sie wird zufrieden sein.«

Sie gingen in die Stube zur Mutter, welcher der Bräutigam seinen Wunsch eröffnete. Ihr Gesicht verfinsterte sich, denn sie hatte im Stillen einen ganz andern Plan ausgeheckt. Allein was sollte sie tun? Sie musste sich in den Willen des reichen Bräutigams fügen. Als sie das Paar segnete, sprach der Jüngling zu ihr: »Nehmt Eure Sachen und kommt zu Dobrunka, dass ihr nicht bange ist. Wenn Ihr in die Stadt gelangt, fragt nur im fürstlichen Schlosse nach Dobromil; die Leute werden Euch schon zeigen, wohin Ihr zu gehen habt.« Dann fasste er die weinende Dobrunka bei der Hand, setzte sie vor sich aufs Ross und jagte fort.

Im fürstlichen Schlosse waren viele Leute versammelt, alles rüstete sich zum Kriege. Einige aber standen am Tor, und es schien, als ob sie wen erwarteten. Da kam der Reiter gesprengt, vor sich auf dem Rosse die Jungfrau, die an Schönheit dem Tage glich. »Er kommt!«, schrien sie, dass das Schloss erdröhnte, und alle ließen ihre Arbeit liegen und liefen zum Tor. Als Dobromil mit Dobrunka in den Schlosshof sprengte, drängten sich alle heran, und als ob sie sich verabredet hätten, erscholl es mit einer Stimme: »Hoch lebe unsre

Fürstin! Hoch lebe unser Fürst!« Dobrunka war wie im Traume und wusste nicht, was sie davon denken solle.

»Dobromil, bist du denn der Fürst?«, fragte sie, in sein strahlendes Antlitz schauend.

»Ich bin es, und ist dir das nicht lieb?«

»Mir gilt das gleich viel, sei wer du magst; doch sprich, warum täuschtest du mich so?«

»Ich täuschte dich nicht, versprach ich dir doch, dass sich dein Traum erfüllen solle, wenn du mich zum Manne nähmest.«

Damals waren zu einer Hochzeit nicht so viele Vorbereitungen nötig wie jetzt. Wenn zwei einander lieb hatten und die Eltern eingewilligt, war die Sache abgetan. Darum stellte Dobromil seine Dobrunka auf der Stelle seinen Untertanen vor, worauf sich diese in den großen Saal begaben, wo sie bis spät in die Nacht beim fröhlichen Mahl saßen. Des anderen Tags nahm der junge Gatte von Dobrunka Abschied, und zog in den Krieg.

Wie ein verirrtes Lamm ging die junge Fürstin in dem prächtigen Schlosse umher; sie hätte sich lieber im Wald getummelt und in der einsamen Hütte die Rückkehr ihres Gatten erwartet, als hier, wo ihr bang war wie in der Fremde. Das währte indessen nicht lange; in einem halben Tag machte sie sich alle durch ihre Güte und Herzlichkeit geneigt. Tags darauf sandte sie um ihre Mutter; die kam und brachte ihr auch das Spinnrad. Nun war die Langweile vorbei. Dobrunka dachte, es werde für die Mutter eine angenehme Überraschung sein, wenn sie höre, was ihre Tochter geworden; Diese jedoch sah finster drein, denn sie wünschte im Herzen, es möchte solch Glück lieber Zloboha genießen. Das wurmte sie. Nach einigen Tagen sagte sie zu Dobrunka:

»Ich weiß, liebe Tochter, dass dir deine Schwester viel Unrecht zugefügt; sie bereut es aber. Verzeih ihr also und nimm sie zu dir!«

»Das würde ich schon vom Herzen gern tun, wenn ich hoffen könnte, dass sie zu mir kommt. Wollt Ihr, so holen wir sie auf der Stelle.«

»Ja, tun wir das!«

Die Fürstin befahl den Wagen bereit zu machen; dann setzten sich beide hinein und fuhren zum Wald. Als sie an dessen

Rand gelangten, stiegen sie ab. Dobrunka befahl dem Diener zu warten und ging mit der Mutter zur Hütte. Als sie sich der Hütte näherten, kam ihnen Zloboha entgegengelaufen, küsste ihre glückliche Schwester und wünschte ihr, es möchte ihr immer so gut ergehen. Hierauf führten die Betrügerinnen sie in die Stube. Kaum aber hatte sie den Fuß über die Schwelle gesetzt, so ergriffen beide sie, und Zloboha stieß ihr das bereit gehaltene Messer in den Leib. Dann hieben sie ihre Hände und Füße ab, schälten ihr die Augen aus und schleppten die so verstümmelte Leiche in den Wald; Augen, Füße und Hände jedoch hoben sie auf und nahmen sie mit sich ins Schloss, da sie glaubten, der Fürst würde sie nicht so lieb haben, wenn nicht etwas von der vorigen Frau im Hause wäre. Zloboha zog die Kleider Dobrunkas an und verließ mit der Mutter die Hütte. Hinterm Walde setzten sie sich in den Wagen und fuhren zum Schloss. Im Schlosse bemerkte niemand, dass dies nicht die wahre Frau war; den Dienern schien es nur, ihre Herrin sei anfangs viel besser gewesen als jetzt.

Inzwischen war die arme Dobrunka nicht tot; sie kam nach einigen Stunden zum Bewusstsein, und da fühlte sie, dass eine warme Hand sie streichelte und ihr Arzneitropfen in den Mund träufelte. Wer es war, wusste sie freilich nicht, weil sie keine Augen hatte. Als sie sich allmählich an alles erinnerte, begann sie sich über die böse Mutter und die grausame Schwester zu beklagen.

»Schweige und klage nicht!«, ließ sich eine leise Stimme neben ihr vernehmen. »Alles wird glücklich enden.«

»Ach, wie ist das möglich, da ich keine Augen, keine Füße und Hände habe! Niemals mehr werde ich die helle Sonne schauen und den grünen Hain, nie mehr meinen Dobromil umarmen noch Hemden für ihn spinnen. Was hab ich verschuldet, du schlimme Mutter und du noch schlimmere Schwester, dass ihr mich so elend gemacht?«

Inzwischen ging der Greis, der vordem zu ihr geredet, aus der Höhle heraus, worin sie sich befanden, und rief dreimal. Da kam ein Knabe zu ihm gelaufen und fragte ihn, was er wünsche. Er befahl ihm zu warten, bis er wiederkehre. Nach einer Weile brachte er ein goldenes Spinnrad und sprach: »Mit diesem Spinnrad wirst du in die Stadt gehen, in das fürstliche Schloss. Dort wirst du dich mit ihm hinsetzen, und fragt dich jemand, was es koste, so sagst du: ›Zwei Augen‹, und gibst es niemandem, der dir nicht zwei Augen bringt.« Mit diesem Auftrag sandte er den Knaben fort und kehrte zu Dobrunka zurück.

Der Knabe schritt zur Stadt und gerade in das Schloss, wo er sich mit dem Spinnrad beim Tore niedersetzte, eben als Zloboha mit ihrer Mutter von einem Spaziergang zurückkam.

»Seht doch, Mutter«, rief sie, »welch prachtvolles Spinnrad! Auf dem könnte selbst ich spinnen. Wartet, ich will fragen, ob es feil ist.«

Sie trat näher zu dem Knaben und fragte, was das Spinnrad koste.

»Zwei Augen, Frau!«

»Zwei Augen?«

»Ja.«

»Das ist sonderbar. Warum gerade zwei Augen?«

»Das weiß ich nicht. Der Vater hat es so befohlen, und darum darf ich es nicht für Geld verkaufen.« Zloboha besah sich das Spinnrad in einem fort, und je mehr sie sich's besah, desto mehr gefiel es ihr. Auf einmal erinnerte sie sich an Dobrunkas Augen. »Seht, Mutter, als Fürstin muss ich doch etwas haben, was sonst niemand hat. Kommt der Fürst nach Hause, so wird er haben wollen, dass ich spinne, und bedenkt, wie schön, wenn ich dann auf goldenem Spinnrad spinne. Wir haben Dobrunkas Augen verwahrt, geben wir sie ihm dafür; uns bleiben ja noch die Füße und Hände!«

Die Mutter, leichtsinnig wie die Tochter, willigte ein. Zloboha brachte die Augen der Schwester und gab sie für das Spinnrad hin.

Der Knabe eilte mit den Augen zum Wald. Als er zu der Höhle kam, übergab er sie dem Greise und ging. Dieser begab sich mit ihnen zu Dobrunka und setzte sie sanft in ihre Augenhöhlen ein. Plötzlich sah sie wieder. Sie sah einen Greis vor sich, dessen weißer Bart bis über die Brust floss. Ein graues Gewand umhüllte seine hohe Gestalt vom Haupt bis zum Fuße. Die letzten Strahlen der untergehenden Sonne fielen durch den schmalen Eingang auf sein ehrwürdiges und freundliches Antlitz und übergossen es mit rosigem Glanz. Dobrunka war es, als ob ein Gott vor ihr stände.

»Wie«, sprach sie, »Du heiliger Mann, werde ich imstande sein, dir deine Liebe zu vergelten? Ach vermöchte ich nur deine Hände zu küssen!«

»Sei still«, unterbrach sie der Greis, »und warte alles ruhig ab!«

Hierauf entfernte er sich, brachte Dobrunka auf einem Holzteller schmackhaftes Obst, und stellte es auf ihr Lager aus duftendem Laub und Moos; dann suchte er rote Erdbeeren aus, und wie die besorgte Mutter ihr Kind, so fütterte er Dobrunka und gab ihr auch aus einem Holzbecher zu trinken.

Des anderen Tags zeitig früh stand der Greis wieder vor der Höhle und rief dem Knaben. Als der gelaufen kam, gab er ihm eine goldne Spindel und sprach: »Mit dieser Spindel wirst du wieder ins fürstliche Schloss gehen und dich beim Tore niedersetzen. Fragt dich, jemand, was sie koste, so sagst du: ›Zwei Füße‹, und gibst sie niemandem früher, als bis er dir zwei Füße bringt.«

Der Knabe ging mit der Spindel davon und der Greis kehrte in die Höhle zurück. Zloboha stand am Fenster und sah in den Hof, eben als sich der Knabe mit der Spindel zeigte. Sogleich lief sie zur Mutter und sagte zu ihr: »Kommt doch und seht! Beim Tore sitzt wieder der Knabe und hat eine wunderschöne Spindel!« Sie begaben sich zu ihm.

»Was kostet die Spindel?«, fragte sie den Knaben.

»Zwei Füße, Frau!«

»Zwei Füße?«

»Ja.«

»Sag an, was macht dein Vater damit?«

»Das kann ich Euch nicht sagen, denn ich frage den Vater nie, warum dies oder jenes zu geschehen habe. Was er befiehlt, das tue ich, und so kann ich Euch die Spindel für nichts anderes lassen als für zwei Füße.«

»Hört Mutter, da ich das Spinnrad habe, so ziemte sich's doch, dass ich die Spindel gleichfalls hätte. Wir haben Dobrunkas Füße verwahrt: wie, wenn ich sie ihm dafür gäbe? Uns bleiben ja noch die Hände.«

»Tu, wie du willst«, entgegnete die Mutter.

Zloboha brachte also die Füße, die verhüllt waren, und gab sie dem Knaben für die Spindel hin. Hierauf kehrte sie freudenvoll in ihre Gemächer zurück, und der Knabe eilte zum Wald.

Als er zur Höhle kam, übergab er die Füße dem Greise und ging fort. Dieser begab sich mit ihnen in die Höhle, nahm eine Salbe, bestrich Dobrunkas Wunden und setzte ihr die Füße wieder an. Sie wollte von ihrem Lager aufspringen, der Greis aber gestattete es nicht. »Bleib jetzt ruhig liegen, bis du ganz gesund bist; dann will ich dir erlauben, dass du aufstehest!« Sie musste sich zufrieden geben, was sie auch gern tat; denn sie war überzeugt, dass ihr der Greis nichts Arges rate.

Am dritten Tage zeitig früh rief der Greis dem Knaben, gab ihm einen goldenen Rocken und sprach: »Trag auch den Rocken zum Verkauf ins fürstliche Schloss. Fragt dich jemand, was er koste, so sage: ›Zwei Hände‹, und wer dir zwei Hände gibt, dem gib den Rocken.«

Als der Knabe mit dem Rocken ins Schloss kam und sich beim Tore niedersetzte, lief Zloboha zu ihm, die sich gerade mit der Mutter im Hof erging.

»Was kostet denn der Rocken, Knabe?«, fragte sie ihn.

»Zwei Hände, Frau!«

»Das ist doch sonderbar, dass du nichts für Geld verkaufst!«

»Ich kann nicht anders, hohe Frau, als wie mir befohlen ist.«

Jetzt war Zloboha im Zweifel. Der Rocken war allerliebst, und sie hätte ihn gar zu gern zu dem Spinnrad gekauft, um damit prahlen zu können. Das jedoch verdross sie, dass sie zwei Hände dafür geben sollte und dass ihr dann nichts von Dobrunka übrig bleibe.

»Sagt mir doch, Mutter, muss ich etwas von Dobrunka haben, dass mich der Fürst so liebt wie sie?« »Nun«, versetzte die Mutter, »besser wäre es, wenn du etwas behieltest; ich wenigstens hörte immer, das sei ein gutes Mittel, sich des Gatten Liebe zu bewahren. Doch meinethalben tue, wie du willst.« Zloboha bedachte sich ein Weilchen, dann aber lief sie, verführt von dem Vertrauen auf ihre Schönheit und von ihrer Eitelkeit, um die zwei Hände zu holen, und gab sie dem Knaben hin. Der Rocken, an dem ein Flachs erglänzte, feiner als Seide und mit einem roten Band umwunden, war von gediegenem Gold. Voll Freude über das prachtvolle Gerät ging sie, um es zum Spinnrad und zur Spindel hinzustellen; die Mutter aber schüttelte den Kopf und war verdrießlich über die Torheit der Tochter.

Der Knabe war indessen schon wieder zurück. Als er dem Greise die Hände übergeben hatte, verschwand er. Dieser ging mit ihnen zu Dobrunka, und nachdem er ihre Wunden bestrichen, wie Tags zuvor, fügte er sie an ihren Leib. Kaum vermochte Dobrunka die Hände zu bewegen, so ließ sie sich nicht länger auf dem Lager halten. Sie sprang empor, und dem Greise zu Füßen fallend, küsste sie die Hände, die ihr so viel Gutes erwiesen hatten.

»Tausendfältigen Dank dir, du mein Wohltäter!«, rief sie unter Freudentränen. »Vergelten kann ich es dir nie, das weiß ich; aber begehre von mir, was du willst, und wenn es das Schwerste wäre, so will ich es gern, vom Herzen gern tun für dich.«

»Ich begehre nichts von dir«, erwiderte der Greis und hob sie sanft vom Boden. »Was ich für dich getan, täte ich für jeden anderen auch; das ist meine Pflicht. Nun bleib so lange hier, bis jemand um dich kommt. Um Nahrung sei unbesorgt, ich schicke sie dir.«

Dobrunka wollte ihm noch etwas sagen, doch er verlor sich vor ihren Augen und sie sah ihn nie mehr. Sie lief aus der Höhle, um sich Gottes Welt wieder anzuschauen. Nun erst kannte sie den Wert der Gesundheit. Und sie warf sich auf die Erde und küsste sie; bald hüpfte sie und umarmte die schlanken Tannen, bald streckte sie sehnsuchtsvoll mit Tränen die Arme nach der Stadt aus. Vielleicht wäre sie dahin geeilt, hätten sie nicht des Greises Worte an den Ort gefesselt.

Inzwischen trugen sich im Schlosse sonderbare Dinge zu. Reisende nämlich brachten die Nachricht, dass der Fürst aus dem Kriege heimkehre. Alle freuten sich auf den guten Herrn, denn sie waren mit der Frau nicht sehr zufrieden. Zloboha und ihrer Mutter ward doch ein wenig Angst, wie es ausfallen werde. In einigen Tagen kam der Fürst. Mit freudigem Antlitz lief ihm Zloboha entgegen, und er drückte sie mit Inbrunst an sein Herz. Nun hatte sie keine Angst mehr, dass er sie erkennen werde.

Es wurde ein Festmahl bereitet; denn mit dem Fürsten waren viele Gäste gekommen, die bei ihm ausruhen und einige Tage in heiterer Lust zubringen wollten. Zloboha, die an Dobromils Seite saß, konnte ihn nicht genug betrachten; der stattliche Fürst gefiel ihr und sie war froh, dass ihr der Streich mit der Schwester so wohl gelungen war.

Als das Fest vorüber war, fragte Dobromil seine vermeintliche Gemahlin. »Wie hast du die Zeit zugebracht, meine Liebe? Gewiss hast du gesponnen?«

»Du hast es erraten«, log Zloboha. »Aber mein altes Spinnrad ist verdorben. Es kam ein Knabe her und bot ein wunderschönes goldenes Spinnrad feil: das hab ich mir statt des früheren gekauft.«

»Das musst du mir zeigen«, sprach der Fürst, nahm sie bei der Hand und führte sie aus dem Saal. Sie ging mit ihm in das Gemach, wo sie das Spinnrad aufbewahrt hatte, und zeigte es ihm. Dobromil gefiel das Spinnrad sehr. »Setz dich, Dobrunka«, sprach er, »und spinn darauf! Ich möchte dich gern wieder einmal spinnen sehen.« Sie ließ sich nicht lange nötigen und setzte sich geschwind zum Spinnrad. Sie drückt mit dem Fuße auf den Tritt, um das Rad in Schwung zu bringen; da schallt es aus dem Spinnrad heraus:

»Herr, miss ihr keinen Glauben bei,
Sie ist voll Trug und Gleißnerei.
Dein wahres Weib, sie war es nie,
Dein Weib ist ermordet, gefallen durch sie.«

Zloboha war wie vom Donner gerührt. Der Fürst fuhr zusammen, und verwundert durchflog er mit seinen Blicken das ganze Gemach, um zu sehen, woher das Lied komme; doch als er niemand erblickte, befahl er, dass Zloboha weiter spinne. Zitternd gehorchte sie. Kaum jedoch begann sich das Rad zum zweiten Mal zu drehen, erscholl es wieder:

»Herr, miss ihr keinen Glauben bei,
Sie ist voll Trug und Gleißnerei.
Erschlagen hat sie ihr Schwesterlein,
Und schleppt' in den Wald hinein.«

Ganz außer sich wollte Zloboha vom Spinnrad hinwegeilen; doch der Fürst, der plötzlich an ihren vor Angst entstellten

Zügen erkannte, dass dies nicht seine holde Dobrunka sei, fasste sie bei der Hand, zwang sie, sich niederzusetzen, und gebot ihr mit strenger Stimme, dass sie weiter spinne. Noch einmal drehte sich das Rad, und es erscholl zum dritten Male:

»Herr schwinge auf dein Ross dich bald,
Und eil' hinaus zum grünen Wald!
Dein Weib sitzt in der Höhle dort,
Und sehnet nach dir sich fort und fort.«

Jetzt verließ Dobromil die schändliche Zloboha, stürzte aus dem Gemach auf den Hof, und befahl, man solle ihm augenblicklich das schnellste Ross satteln. Die Diener, erschrocken über das fürchterliche Aussehen ihres Herrn, rannten, was sie konnten, um seinen Befehl zu erfüllen. Alsbald stand ein gesatteltes Ross vor Dobromil, und kaum fühlte es dessen Sporen, so flog es über Berg und Tal, dass es mit seinen Hufen die Erde kaum berührte.

Als der Fürst in den Wald gelangte, wusste er nicht, wo die Höhle zu suchen. Er ritt geraden Weges. Als er jedoch ein Stück geritten war, setzte plötzlich ein weißes Reh über den Weg; das Pferd erschrickt, springt rechtshin ab und rennt mit seinem Herrn durch Dick und Dünn, bis es an einem Felsen stehen bleibt. Dobromil steigt vom Rosse und bindet es an einen Baum, in der Absicht, Dobrunka zu Fuß im Walde zu suchen. Er klettert zuerst auf den Felsen; da sieht er zwischen den Bäumen etwas blinken. Begierig zu erfahren, was es sei, klettert er weiter und steht auf einmal vor einer Höhle. Doch welche Freude für ihn, als er hineintritt, und seine Dobrunka erblickt! Er fällt ihr um den Hals, umarmt und küsst sie, und nachdem er lange genug ihr liebreizendes Antlitz betrachtet hat, ruft er: »Wo hatte ich nur meine Augen, dass ich dich, du Engel, von deiner teuflischen Schwester nicht unterschied!«

»Was weißt du von meiner Schwester? Wer sagt dir etwas?«, fragte Dobrunka, die von dem Spinnrad nicht das geringste wusste. Da erzählte ihr der Fürst alles, und sie berichtete wieder ihm, was sich nach seinem Abzug mit ihr zugetragen. »Von der Zeit an, wo mich der Greis verließ«, schloss sie, »bringt mir täglich ein kleiner Knabe zu essen.«

Hierauf ließen sie sich zusammen auf dem Rasen nieder, und sie brachte ihm auf einem Holzteller Obst zur Labung. Nachdem sie gegessen und ein wenig geplaudert, nahmen sie den Holzteller und den Holzbecher zum Andenken mit sich und stiegen den Felsen hinab. Dobromil setzte seine wahre Gemahlin vor sich aufs Pferd und jagte mit ihr heim.

Seine Diener harrten schon auf ihn, um ihm zu melden, was sich in seiner Abwesenheit begeben; aber sie sahen einander wie verwirrt an, als sie gewahrten, dass ihr Herr dieselbe Frau mit sich bringt, die erst kurz vorher samt deren Mutter der böse Geist vor ihren Augen in der Luft davon getragen. Der Fürst, der bemerkte, was sie verwirrt hatte, erzählte ihnen kurz das Ereignis mit seiner Gemahlin. Da gönnten alle einhellig der gottlosen Schwester die wohlverdiente Strafe.

Das goldene Spinnrad war verschwunden, Dobrunka suchte ihr altes hervor und spann fleißig Hemden für ihren lieben Gatten. Niemand im ganzen Lande hatte so feine Hemden, und niemand war so glücklich wie Fürst Dobromil.

Böhmen

Von den zwölf Monaten

Es war eine Mutter, die hatte zwei Töchter; die eine war ihre eigene, die andere ihre Stieftochter. Die eigene Tochter hatte sie sehr lieb, die Stieftochter konnte sie nicht einmal ansehen, bloß darum, weil Maruschka schöner war als Holena.

Die gute Maruschka wusste von ihrer Schönheit nichts; sie konnte sich gar nicht erklären, warum die Mutter so böse sei, so oft sie sie ansehe. Alle Arbeit musste sie selbst verrichten: die Stube aufräumen, kochen, waschen, nähen, spinnen, weben, Gras zutragen und die Kuh allein besorgen. Holena putzte sich nur und ging müßig. Aber Maruschka arbeitete gern, war geduldig und ertrug das Schelten und Fluchen der Schwester und Mutter wie ein Lamm. Allein dies half nichts, sie wurden von Tag zu Tag schlimmer, und zwar bloß darum, weil Maruschka je länger, desto schöner, Holena desto garstiger ward. Die Mutter dachte: »Wozu sollte ich die schöne Stieftochter im Hause leiden, wenn meine eigene Tochter nicht auch so ist? Die Burschen wer-

den auf Brautschau kommen: Maruschka wird ihnen gefallen, Holena werden sie nicht haben wollen!« Von diesem Augenblicke an suchten sie die arme Maruschka loszuwerden; sie quälten sie mit Hunger, sie schlugen sie, doch sie ertrug es geduldig und ward von Tag zu Tag schöner. Sie ersannen Qualen, wie sie braven Menschen gar nicht in den Sinn gekommen wären.

Eines Tages – es war in der Mitte des Eismonats – wollte Holena Veilchen haben. »Geh, Maruschka, bring mir aus dem Walde einen Veilchenstrauß! Ich will ihn hinter den Gürtel stecken und an ihm riechen!«, befahl sie der Schwester. »Ach Gott, liebe Schwester, was fällt dir ein! Hab nie gehört, dass unter dem Schnee Veilchen wachsen«, versetzte das arme Mädchen.

»Du nichtsnutziges Ding, du Kröte, du widersprichst, wenn ich befehle? Gleich wirst du in den Wald gehen, und bringst du keine Veilchen, so schlage ich dich tot!«, drohte Holena. Die Stiefmutter fasste Maruschka, stieß sie zur Tür hinaus, und schloss diese hinter ihr.

Das Mädchen ging bitter weinend in den Wald. Der Schnee lag hoch, nirgends war eine Fußstapfe. Die Arme irrte, irrte lange. Hunger plagte sie. Kälte schüttelte sie; sie bat Gott, er möchte sie lieber aus der Welt nehmen. Da gewahrt sie in der Ferne ein Licht. Sie geht dem Glanze nach und kommt auf den Gipfel eines Berges. Auf dem Gipfel brannte ein großes Feuer, um das Feuer lagen zwölf Steine, auf den Steinen saßen zwölf Männer. Drei waren graubärtig, drei waren jünger, drei waren noch jünger, und die drei jüngsten waren die schönsten. Sie redeten nichts, sie blickten still in das Feuer. Die zwölf Männer waren die zwölf Monate. Der Eismonat saß obenan; der hatte Haare und Bart weiß wie Schnee. In der Hand hielt er einen Stab, Maruschka erschrak und blieb eine Weile verwundert stehen; dann aber fasste sie Mut, trat näher und bat: »Liebe Leute, erlaubt mir, dass ich mich am Feuer wärme, Kälte schüttelt mich!«

Der Eismonat nickte mit dem Haupt und fragte sie:

»Weshalb bist du hergekommen, Mädchen? Was suchst du hier?«

»Ich suche Veilchen«, antwortete Maruschka.

»Es ist nicht an der Zeit, Veilchen zu suchen, wenn Schnee liegt«, sagte der Eismonat.

»Ich weiß wohl«, entgegnete Maruschka traurig, »allein Schwester Holena und die Stiefmutter haben mir befohlen, Veilchen aus dem Walde zu bringen; bring' ich sie nicht, so schlagen sie mich tot. Bitte schön, ihr Hirten, sagt mir, wo ich welche finde?«

Da erhob sich der Eismonat, schritt zu dem jüngsten Monat, gab ihm den Stab in die Hand, und sprach: »Bruder März, setz' dich obenan!« Der Monat März setzte sich obenan und schwang den Stab über dem Feuer. In dem Augenblick loderte das Feuer höher, der Schnee begann zu tauen, Bäume trieben Knospen, unter den Buchen grünte Gras, in dem Grase keimten bunte Blumen und es war Frühling. Unter Gesträuch verborgen blühten Veilchen, und ehe sich Maruschka dessen versah, gab es ihrer so viele, als ob wer ein blaues Tuch ausgebreitet hätte. »Schnell, Maruschka, pflücke!«, gebot der März. Maruschka pflückte freudig, bis sie einen großen Strauß beisammen hatte. Dann dankte sie den Monaten und eilte froh nach Hause.

Es wunderte sich Holena, es wunderte sich die Stiefmutter, als sie Maruschka sahen, wie sie einen Veilchenstrauß trug; sie gingen, ihr die Tür zu öffnen, und der Duft der Veilchen ergoss sich durch die ganze Hütte. »Wo hast du sie gepflückt?«, fragte Holena störrisch. »Hoch auf dem Berge, dort wuchsen ihrer unter Gesträuch in Menge«, erwiderte Maruschka. Holena nahm die Veilchen, steckte sie hinter den Gürtel, roch an ihnen und ließ die Mutter riechen; zur Schwester sagte sie nicht einmal: »Riech auch!«

Des anderen Tages saß Holena müßig beim Ofen, und es gelüstete sie nach Erdbeeren. »Geh, Maruschka, bring mir Erdbeeren aus dem Walde!«, befahl Holena der Schwester. »Ach Gott, liebe Schwester, wo werd ich Erdbeeren finden! Hab nie gehört, dass unter dem Schnee Erdbeeren wachsen«, versetzte Maruschka. »Du nichtsnutziges Ding, du Kröte, du widersprichst, wenn ich befehle? Gleich geh in den Wald, und bringst du keine Erdbeeren, wahrlich, so schlage ich dich tot!«, drohte die böse Holena. Die Stiefmutter fasste Maruschka, stieß sie zur Tür hinaus und schloss diese fest hinter ihr.

Das Mädchen ging bitter weinend in den Wald. Der Schnee lag hoch, nirgendwo war eine Fußstapfe. Die Arme irrte, irrte lange: Hunger plagte sie, Kälte schüttelte sie. Da gewahrt sie in der Ferne dasselbe Feuer, das sie den Tag zuvor gesehen. Mit Freuden eilte sie darauf zu. Sie kam wieder zu dem großen Feuer, um welches die zwölf Monate saßen. Der Eismonat saß obenan. »Liebe Leute, erlaubt mir, dass ich mich am Feuer wärme, Kälte schüttelt mich«, bat Maruschka. Der Eismonat nickte mit dem Haupte und fragte:

»Warum bist du wiedergekommen, was suchst du?«

»Ich suche Erdbeeren«, entgegnete Maruschka.

»Es ist nicht an der Zeit, Erdbeeren zu suchen, wenn Schnee liegt«, sagte der Eismonat.

»Ich weiß wohl«, antwortete Maruschka traurig, »allein Schwester Holena und meine Stiefmutter haben mir befohlen, Erdbeeren zu bringen; bring ich sie nicht, so schlagen sie mich tot. Bitte schön, ihr Hirten, sagt mir, wo ich welche finde!«

Der Eismonat erhob sich, schritt zum Monat, der ihm gegenüber saß, gab ihm den Stab in die Hand und sprach:

»Bruder Juni, setz dich obenan!«

Der schöne Monat Juni setzte sich obenan und schwang den Stab über dem Feuer. In dem Augenblick schlug die Flamme hoch empor, der Schnee zerschmolz alsbald, die Erde grünte, Bäume umhüllten sich mit Laub, Vögel begannen zu singen, mannigfaltige Blumen blühten im Walde und es war Sommer. Weiße Sternlein gab es, als ob sie wer dahin gesät hätte. Sichtbar aber verwandelten sich die weißen Sternlein in Erdbeeren, die Erdbeeren reiften schnell, und ehe sich Maruschka dessen versah, gab es ihrer in dem grünen Rasen, als ob wer Blut ausgegossen hätte.

»Schnell, Maruschka, pflücke!«, gebot der Juni.

Maruschka pflückte freudig, bis sie die Schürze voll hatte. Dann dankte sie den Monaten schön und eilte froh nach Hause. Es wunderte sich Holena, es wunderte sich die Stiefmutter, als sie sahen, dass Maruschka in der Tat Erdbeeren brachte, die ganze Schürze voll. Sie liefen, ihr die Tür zu öffnen, und der Duft der Erdbeeren ergoss sich durch die ganze Hütte.

»Wo hast du sie gepflückt?«, fragte Holena störrisch.

»Hoch auf dem Berge, dort wachsen ihrer in Fülle unter den Buchen«, erwiderte Maruschka.

Holena nahm die Erdbeeren, aß sich satt und gab auch der Mutter zu essen; zu Maruschka sagten sie nicht einmal: »Koste auch!«

Holena hatten die Erdbeeren geschmeckt, und es gelüstete sie des dritten Tages nach roten Äpfeln. »Geh in den Wald, Maruschka, und bring mir rote Äpfel!«, befahl sie der Schwester.

»Ach Gott, liebe Schwester, woher sollten im Winter Äpfel kommen?«, versetzte die arme Maruschka. – »Du nichtsnutziges Ding, du Kröte, du widersprichst, wenn ich befehle? Gleich geh in den Wald, und bringst du keine roten Äpfel, wahrlich, so schlag ich dich tot!«, drohte die böse Holena.

Die Stiefmutter fasste Maruschka, stieß sie zur Tür hinaus und schloss diese fest hinter ihr. Das Mädchen eilte bitter weinend in den Wald. Der Schnee lag hoch, nirgends war eine Fußstapfe. Allein das Mädchen irrte nicht umher, es ging gerade auf den Gipfel des Berges, wo das große Feuer brannte, wo die zwölf Monate saßen. Sie saßen dort, der Eismonat saß obenan.

»Liebe Leute, erlaubt mir, dass ich mich am Feuer wärme, Kälte schüttelt mich«, bat Maruschka und trat zum Feuer.

Der Eismonat nickte mit dem Haupte und fragte: »Weshalb bist du wiedergekommen, was suchst du da?«

»Ich suche rote Äpfel«, antwortete Maruschka.

»Es ist nicht an der Zeit«, sagte der Eismonat.

»Ich weiß wohl«, entgegnete Maruschka traurig, »allein Schwester Holena und meine Stiefmutter haben mir befohlen, rote Äpfel aus dem Wald zu bringen; bring ich sie nicht, so schlagen sie mich tot. Bitte schön, ihr Hirten, sagt mir, wo ich welche finde!«

Da erhob sich der Eismonat, schritt zu einem der älteren Monate, gab ihm den Stab in die Hand und sprach:

»Bruder September, setz dich obenan!«

Der Monat September setzte sich obenan und schwang den Stab über dem Feuer. Das Feuer glühte rot, der Schnee verlor sich, aber die Bäume umhüllten sich nicht mit Laub, ein Blatt nach dem anderen fiel ab, und der kühle Wind verstreute sie auf dem falben Rasen, eins dahin, das andere dorthin. Maruschka sah nie so viele bunte Blumen. Am Talhang blühte Altmannskraut, blühten rote Nelken, im Tale standen gelbliche Eschen, unter den Buchen wuchs hohes Farrenkraut und dichtes Immergrün. Maruschka blickte nur nach roten Äpfeln umher, und sie gewahrte in der Tat einen Apfelbaum und hoch auf ihm zwischen den Zweigen rote Äpfel.

»Schnell, Maruschka, schüttle!«, gebot der September.

Maruschka schüttelte freudig den Apfelbaum; es fiel ein Apfel herab. Maruschka schüttelte noch einmal; es fiel ein zweiter herab.

»Schnell, Maruschka, eile nach Hause!«, gebot der Monat.

Maruschka gehorchte, nahm die zwei Äpfel, dankte den Monaten schön und eilte froh nach Hause. Es wunderte sich Holena, es wunderte sich die Stiefmutter, als sie sahen, dass Maruschka Äpfel brachte. Sie gingen ihr öffnen. Maruschka gab ihnen die zwei Äpfel.

»Wo hast du sie gepflückt?«

»Hoch auf dem Berge; sie wachsen dort, und noch gibt's ihrer dort genug«, erwiderte Maruschka. »Warum hast du nicht mehr gebracht? Oder hast du sie unterwegs gegessen?«, fuhr Holena zornig gegen sie los.

»Ach liebe Schwester, ich habe keinen Bissen gegessen. Ich schüttelte einmal, da fiel ein Apfel herab; ich schüttelte zum zweiten Mal, da fiel noch einer herab; länger zu schütteln erlaubten sie mir nicht. Sie hießen mich nach Hause gehen«, sagte Maruschka.

»Dass der Donner in dich fahre!«, fluchte Holena, und wollte Maruschka schlagen. Maruschka brach in Tränen aus und bat Gott, er solle sie lieber zu sich nehmen und sie nicht von der bösen Schwester und Stiefmutter erschlagen lassen. Sie floh in die Küche. Die naschhafte Holena ließ das Fluchen und begann einen Apfel zu essen. Der Apfel schmeckte ihr so, dass sie versicherte, noch niemals in ihrem Leben so was Köstliches gegessen zu haben. Auch die Stiefmutter ließ es sich schmecken. Sie aßen die Äpfel auf, und es gelüstete sie nach mehr.

»Mutter, gib mir meinen Pelz! Ich will selbst in den Wald gehen«, sagte Holena. »Das nichtsnutzige Ding würde sie wieder unterwegs essen. Ich will schon den Ort finden und sie alle herabschütteln, ob es wer erlaubt oder nicht!«

Vergebens riet die Mutter ab. Holena zog den Pelz an, nahm ein Tuch um den Kopf und eilte in den Wald. Die Mutter stand auf der Schwelle und sah Holena nach, wie es ihr gehe.

Alles lag voll Schnee, nirgends war eine Fußstapfe zu schauen. Holena irrte, irrte lange; ihre Naschsucht trieb sie immer weiter. Da gewahrt sie in der Ferne ein Licht. Sie eilt darauf zu. Sie gelangt auf den Gipfel, wo das Feuer brennt, um das auf zwölf Steinen die zwölf Monate sitzen. Holena erschrickt; doch bald fasst sie sich, tritt näher zu dem Feuer und streckt die Hände aus, um sich zu wärmen. Sie fragt die Monate nicht: »Darf ich mich wärmen?«, und spricht kein Wort zu ihnen. »Was suchst du hier, warum bist du hergekommen!«, fragt verdrießlich der Eismonat.

»Wozu fragst du, du alter Tor? Du brauchst nicht zu wissen, wohin ich gehe!«, fertigt ihn Holena störrisch ab und wendet sich vom Feuer in den Wald. Der Eismonat runzelt die Stirn und schwingt seinen Stab über dem Haupt. In dem Augenblick verfinstert sich der Himmel, das Feuer brennt niedrig, es beginnt Schnee zu fallen, als ob wer ein Federbett ausschüttelte, eisiger Wind weht durch den Wald. Holena sieht nicht einen Schritt vor sich; sie irrt und irrt und stürzt in eine Schneewehe, und ihre Glieder ermatten, erstarren. Unaufhörlich fällt Schnee, eisiger Wind weht, Holena flucht der Schwester, flucht dem lieben Gott. Ihre Glieder erfrieren in dem warmen Pelz.

Die Mutter wartete auf Holena, blickte zum Fenster hinaus, blickte zur Tür hinaus, konnte aber die Tochter nicht erharren. Stunde auf Stunde verstrich, Holena kam nicht.

»Vielleicht schmecken ihr die Äpfel so gut, dass sie sich nicht von ihnen trennen kann«, dachte die Mutter, »ich muss nach ihr sehen!«

Sie zog ihren Pelz an, nahm ein Tuch um den Kopf und ging, Holena zu finden. Alles lag voll Schnee, nirgends war eine Fußstapfe zu schauen. Sie rief Holena; niemand meldete sich. Sie irrte, irrte lange; Schnee fiel dicht, eisiger Wind wehte. Maruschka kochte das Essen, besorgte die Kuh; doch weder Holena, noch die Stiefmutter kamen. »Wo bleiben sie so lange!«, sprach Maruschka zu sich, und setzte sich zum Spinnrocken. Schon war die Spindel voll, schon dämmerte es in der Stube, und es kamen weder Holena noch die Stiefmutter. »Ach Gott, was ist ihnen zugestoßen?«, klagte das gute Mädchen und sah zum Fenster hinaus. Der Himmel strahlte von Sternen, die Erde glänzte von Schnee, es ließ sich niemand sehen; traurig schloss Maruschka das Fenster, machte das Kreuz, und betete ein Vaterunser für die Schwester und Mutter. Des anderen Tages harrte sie mit dem Frühstück, harrte sie mit dem Mittagsmahl; doch sie erharrte weder Holena noch die Stiefmutter. Beide waren im Wald erfroren. Der guten Maruschka blieb die Hütte, die Kuh und ein Stückchen Feld; es fand sich auch ein Hauswirt dazu, und beide lebten in Frieden glücklich miteinander.

Slowakei

Das Mädchen und der Vampir

Es war einmal eine Frau, die war sehr arm; nicht weit von da gab es einen Vampir. Der zog sich eines Abends in der Dunkelheit schöne Kleider an, nahm die Gestalt eines jungen Burschen an, ging in das Haus der Frau und sagte:

»Guten Abend, Mutter, ich komme zu dir als Freier; ich will deine Tochter heiraten, wenn es dir recht ist, sie mir zu geben. Ich weiß, du bist arm, deswegen will ich auch keine Mitgift, ja, ich will dir noch helfen, auch die beiden jüngeren Töchter zu verheiraten.«

»Aber wie sollte es mir nicht recht sein?«, antwortete die Frau, »nimm sie! Ich kann sie wahrhaftig ja nicht einmal satt machen.«

Da nahm der Vampir das Mädchen und ging mit ihr fort. Ihr Weg ging auf den Friedhof. Dort hob der Vampir eine Platte auf; da war ein Gang nach unten. Das Mädchen erschrak und fragte:

»Wohin, mein Lieber, geht es da?«

»Da geht es in mein Haus«, antwortete der Vampir.

Nachdem sie ein Stück gegangen war, kamen sie in die Höhle des Vampirs; dort sah das Mädchen Menschenfleisch an Haken hängen. Da sagte der Vampir: »Du, schneide ein Stück Fleisch ab und setze es zum Kochen an«, und ging fort. Dem Mädchen sträubten sich die Haare, aber was konnte sie machen, wen zu Hilfe rufen? Sie musste also Fleisch abschneiden und ansetzen.

Am Abend kam der Vampir zurück, und sie setzten sich zum Abendessen. Er verschlang zwei, drei Stücke auf einmal, das arme Mädchen aber nahm nur ein bisschen trockenes Brot und warf das Fleisch unter den Tisch.

»Du, warum isst du kein Fleisch?«, fragte er sie.

»Ich bin noch nicht gewöhnt, Menschenfleisch zu essen.«

Da nahm der Vampir seine Flöte, fing an zu blasen und rief dem Mädchen zu: »Frisches zartes Fleisch an die Haken! Heda! Tanze!« Als sie nicht wollte, zog er sein Messer, schlachtete sie, schnitt sie in Stücke und hängte die Stücke an die Haken.

Am anderen Abend verkleidete sich der Vampir als Kaufmann und ging wieder zu der Frau: »Mutter! Deine Tochter ist krank geworden und möchte gern ihre Schwester, die nächste, sehen; deswegen komme ich, ob du sie mir mitgeben willst, denn sonst ist wirklich keiner da, sie zu pflegen.« Die Frau willigte ein; der Vampir nahm das Mädchen mit, brachte es auf demselben Wege in sein Haus und verfuhr mit ihr wie mit der Schwester. Nach wenigen Tagen kam er wieder zu der Frau:

»Mutter, das Unglück verfolgt mich; deine beiden Töchter sind jetzt krank und möchten gern die jüngste sehen; wenn du Mitleid mit ihnen hast, lass die mit mir gehen.«

»Ach, mein Sohn, wenn es so steht, so will ich auch gehen und nach ihnen sehen.«

»Nein, Mutter, du bist alt und kannst einen so weiten Weg nicht machen. Ja, wenn es zu reiten ginge, würde ich dich aufsitzen lassen, und du könntest kommen, aber der wüste Weg ist nicht für ein Reittier.«

So musste denn die Frau ihre Jüngste mitgehen lassen, aber unter der Bedingung, dass sie möglichst bald zurückkehre. Der Vampir brachte nun das Mädchen durch den Gang in seine Höhle. Als die Arme drinnen war und sah, dass ihre Schwestern ermordet waren und in Stücken an den Haken hingen, fiel sie in Ohnmacht. Als sie wieder zu sich gekommen war, sagte der Vampir auch zu ihr: »Du, schneide ein Stück Fleisch ab und setze es zum Kochen an«; damit ging er hinaus. Als er fort war, fiel das Mädchen auf die Knie und betete zu Gott, sie aus den Händen des Vampirs zu befreien. Gott erhörte sie auch wirklich. Als sie aufgestanden war und hierhin und dahin in alle Ecken guckte, bemerkte sie etwas wie einen Schrank, ging darauf zu, öffnete ihn und fand dort einen vollständigen Gang nach unten. Der Vampir hatte nämlich fünf, sechs solche unterirdische Gänge, und jeder von ihnen kam an einer anderen Stelle heraus. In den Gang ließ das Mädchen sich hinab und tastete sich in der Dunkelheit weiter. Am Abend, sobald es dunkel geworden war, kam sie heraus, in einen dichten Wald, und irrte umher, da sie nicht wusste, wohin sie sich wenden sollte. Endlich fiel sie wieder auf die Knie und betete zu Gott: »Lieber Gott, gib mir einen Koffer, der sich mit einem Haare öffnen und schließen lässt, sonst mache mich zu einem Stein oder einem Baum, nur dass ich nicht noch einmal in die Hände des Vampirs falle.« Gott hatte Erbarmen mit ihr und erhörte sie; er gab ihr den Koffer. Das Mädchen stieg hinein und verschloss ihn mit einem ihrer Haare. Wenn sie hungrig war, ging sie heraus, pflückte sich Obst, das damals reichlich vorhanden war, da es Sommerzeit war, und schloss dann den Koffer wieder zu. So vergingen zwei und ein halber Monat. Der Vampir aber, als er am Abend nach Hause kam, sie suchte und nicht fand, stieg schnell in einen seiner Gänge und lief ihr eilig nach, traf aber nicht den Gang, den das Mädchen hinausgegangen war. Soviel er auch lief und auf und ab herumstreifte, konnte er sie doch nicht finden und kehrte voll Zorn nach Hause zurück.

Eines Tages war der Sohn des Zaren auf die Jagd gegangen und geriet dabei auch in den Wald, wo das Mädchen war. Sie war gerade auf einen Baum geklettert und pflückte sich Obst; als sie nun Leute sah, ließ sie sich eilig hinab, stieg in den Koffer und schloss sich ein. Der Prinz hatte sie aber bemerkt und befahl seinen Soldaten sie zu suchen. Die liefen hierhin und dahin, aber da war nichts. Da dachte der Prinz, es möchte eine Samovila sein, die ihn verlocken wollte, und befahl seinen Leuten stehen zu bleiben. Beim Suchen waren sie aber plötzlich auf den Koffer des Mädchens gestoßen. Der Prinz wunderte sich, wie der Koffer an einen solchen Ort gelangen konnte; es kam ihm aber nicht in den Sinn, dass das Mädchen darin sein könnte, das sie suchten. Er befahl nun gleich, dass sie den Koffer aufmachen sollten – er vermutete nämlich, es sei Geld darin. Die Soldaten strengten sich an, den Deckel aufzuheben, aber soviel sie sich auch bemühten, der Deckel wich nicht um ein Haar. Sogar, als sie mit Hebebäumen arbeiteten, half es nichts. Endlich, als der Prinz sah, dass der Koffer nicht zu öffnen war, befahl er, ihn aufzuheben und in sein Schloss zu bringen. Dort ließ er den Koffer in sein Schlafzimmer bringen, wo er zum Schmuck stehen sollte.

Am Abend brachte man dem Prinzen das Abendessen und stellte es in das Zimmer, während er noch draußen war. Als er dann kam und sich zum Essen setzte, bemerkte er, dass von allen Speisen etwas abgegessen war, rief seine Diener und fragte, wer von ihnen die Speisen berührt habe. Die armen Diener schworen bei Himmel und Erde, dass sie von nichts wüssten und nichts gesehen hätten. Der Prinz wunderte sich, wer sich in seinem Zimmer zu schaffen machen könnte. Sonderbar, am nächsten Morgen war ebenso vom Frühstück weggegessen. Da schalt der Prinz noch mehr; aber einer der Diener, der ihm das Frühstück gebracht hatte, versteckte sich jetzt hinter der Tür und lauerte: da sieht er den Koffer sich öffnen und ein Mädchen herauskommen, schön wie die Sonne, die Haare ganz goldig. Sie trat an den Tisch, nahm ein wenig von jeder Speise und schloss sich wieder in den Koffer ein. Als nun der Prinz zum Essen kam, fand er wieder, dass von den Speisen etwas fehlte, und schalt noch viel mehr. Da trat aber der Diener, der gelauert hatte, hervor und sagte: »Erhabener Prinz, ich habe gesehen, wer die Speisen anrührt. Aus dem Koffer, den du im Zimmer hast, kommt ein Mädchen heraus, schön wie die Sonne, mit goldenen Haaren; die kostet ein wenig von allen Speisen und schließt sich dann wieder ein.«

Am Abend stellte sich nun der Prinz selber hin, um aufzupassen und so aus dem Hinterhalt das Mädchen zu überraschen, ehe sie den Koffer erreichen könnte. Wirklich kam das Mädchen wieder heraus, trat an den Tisch und fing an, von den Speisen zu kosten. Der Prinz trat ganz leise hinter sie, und als sie sich umwandte und in den Koffer steigen wollte, schnitt er ihr den Weg ab und umfing sie; sie wollte mit Gewalt seinen Händen entschlüpfen, er ließ sie aber nicht los und brachte sie in ein anderes Zimmer.

Am andern Tage rüstete er die Hochzeit und vermählte sich mit ihr; damit sie sich aber nicht wieder in dem Koffer verberge, schloss er ihn in einem besonderen Zimmer ein und ließ niemand dahinein. Doch das Schicksal blieb dem armen Mädchen nicht lange günstig. Einer von den Großen des Zaren, der gern seine eigene Tochter mit dem Prinzen verloben wollte, bestach die Dienerinnen, einige Negerinnen, die Prinzessin umzubringen. Eines Morgens, als der Prinz nicht zu Hause war, rissen sie die Prinzessin aus ihrem Schlafzimmer, banden sie und warfen sie weit von der Stadt in die Brennnesseln. Zum Glück kam bald darauf eine alte Frau dahin, um sich Nesselgemüse zu sammeln; sie bemerkte das Mädchen, fasste Erbarmen mit ihr und nahm sie mit sich nach Hause. Der Prinz aber suchte überall seine Frau, und als er sie nicht fand, wurde er krank, von Tag zu Tag immer kränker. Um nun wieder Appetit zu bekommen, ließ er durch einen Herold ausrufen: Wer etwas besonders Gutes hätte, solle es dem Prinzen als Krankenspeise bringen. Davon hörte auch das Mädchen und sagte zu der Alten:

»Komm, Mutter, du musst dem Prinzen eine Krankenspeise bringen.«

»Ach, Töchterchen, was können wir ihm bringen?«

»Geh nur und suche Gemüsekräuter zusammen, wir wollen sie kochen und du sollst es hintragen. Wer weiß, vielleicht schmeckt es dem Prinzen.«

Die Alte brachte das Kraut, sie kochten es und legten es auf einen Teller. Das Mädchen aber riss sich heimlich ein Haar aus und tat es in die Speise. Als die Alte damit an das Palasttor kam, wollten die Torwächter sie nicht hineinlassen, der Prinz hatte sie aber vom Fenster aus gesehen und befahl sie einzulassen. Die Alte ging hinauf und übergab ihm den Teller mit dem Gemüse. Der Prinz stocherte mit der Gabel darin herum und zog das goldene Haar heraus, kostete einige Bissen und sagte: »Ach, Alte, dein Gemüse ist gut; bring mir noch einmal davon.« Die Alte ging wieder nach Hause und erzählte es dem Mädchen. Die antwortete: »Siehst du, das Gemüse hat ihm geschmeckt; geh nur wieder und sammle neues, wir bereiten es zu, und du bringst es ihm nochmals.«

Alles geschah so, und das Mädchen hatte wieder ein Haar hineingetan. Als der Prinz wieder ein Haar darin fand, sagte er zu der Alten:

»Jetzt bin ich wieder gesund, und am Sonntag möchte ich gern zu dir zu Gast kommen.«

»Ach, erhabener Prinz, was ist mein Haus für einen Mann wie dich?«

»Nun, Frau, ich will nicht, dass du dir Kosten machst; ich setze mich auf eine Binsenmatte und esse Brot und Salz.«

Da konnte die Frau nicht anders als ihm seinen Willen tun und sagte:

»Befiehl, mein Sohn; wenn es dir beliebt, mein Haus steht dir offen.«

Sie ging nun nach Hause und sagte zu dem Mädchen:
»Was nun, meine Tochter, wo soll ich dich verbergen? Der Prinz will am Sonntag zu uns zu Gast kommen.«

»Das ist weiter nichts, Mutter, du versteckst mich in den Backtrog, legst eine Decke darauf und sagst ihm, dass du Teig angerührt hast und ihn stehen lässt, dass er aufgeht; er merkt dann nichts.«

Der Sonntag kam, und der Prinz kam zu der Alten zu Gast, saß eine Zeitlang da und sagte dann:

»Was hast du da in dem Backtrog, Alte?«

Sie antwortete:

»Ich habe Teig angerührt, mein Sohn, und habe ihn hingestellt, dass er aufgeht.«

Nach einiger Zeit fragte der Prinz die Alte wieder:

»Ist denn dein Teig noch nicht aufgegangen, dass du einen Kuchen backen kannst?«

»Nein, noch nicht, mein Sohn, mein Sauerteig ist nicht sehr gut.«

Der Prinz blieb noch etwas sitzen, dann stand er auf und sagte:

»Alte, ich will einmal den Backtrog aufdecken und zusehen, was mit deinem Teig ist, dass er so lange braucht, um aufzugehen.«

Damit fasste er die Decke am Rande an und wollte sie aufheben. Die Alte rief:

»Lass, mein Sohn, tu es nicht.«

Er hörte aber nicht darauf und hob die Decke auf; darin lag das Mädchen. Als er sie sah, rief er: »Aha! da bist du«, fasste sie an der Hand, hob sie auf und umarmte sie; darauf fragte er sie, wie sie denn in das Haus der Alten geraten sei, und sie erzählte ihm von Anfang bis zu Ende, was mit ihr geschehen war. Da nahm der Prinz seine Braut und ging mit ihr und der Alten nach Hause, die Dienerinnen aber ließ er hinrichten.

Bulgarien

Taubenliebe

Es war einmal ein König, der hatte nur eine einzige Tochter, und diese tat den ganzen Tag nichts als sticken. Sie hatte keine Gespielin und ging auch nicht aus dem Hause, sondern saß beständig auf ihrer Stube und arbeitete. Vielmals sprach ihre Mutter zu ihr: »Höre, mein Kind, lasse dich doch endlich verheiraten, wir wollen dir den und den Prinzen oder den und den jungen Großen zum Manne geben.« Aber das Mädchen sagte stets nein und wollte nichts vom Heiraten wissen.

Während sie nun eines Tages wieder allein auf ihrem Zimmer saß und stickte, kam ein Täubchen zum Fenster hereingeflogen und flatterte um ihren Stickrahmen. Die Prinzessin fing es und ließ es wieder los, fing es wieder und liebkoste es und hatte große Freude an ihm. Nach einer Weile fragte das Täubchen sie:

»Hast du mich lieb?«

Und sie antwortete:

»Jawohl habe ich dich lieb.«

Darauf sprach das Täubchen:

»Wenn du mich wirklich lieb hast, so halte für morgen eine Schüssel mit Milch bereit, und dann sollst du sehen, was ich für ein schöner Mann bin.«

Und nachdem es dieses gesagt hatte, flog es weg.

Die Prinzessin ließ sich am andern Morgen vom Hirten einen Eimer voll Milch bringen, schüttete sie in eine Schüssel und wartete auf das Täubchen. Als es nun geflogen kam und die Milchschüssel sah, tauchte es in diese, ließ die Federn in der Milch und stieg als ein Jüngling heraus, der so schön war, dass die Prinzessin ihm sogleich um den Hals fiel und ihn küsste. Der aber sprach: »Setz dich zuvor und höre vorerst meine Bedingungen und dann kannst du mich küssen.«

Als sie sich gesetzt hatten, fuhr er fort: »Die erste Bedingung ist, dass du deinen Eltern niemals meine wahre Gestalt verrätst, und die zweite ist, dass du drei Jahre wartest, bis ich zurückkehre. Wenn du es aber irgendjemandem verrätst,

dann komme ich nicht wieder.« Darauf erwiderte das Mädchen: »Alles das will ich getreulich halten.« Und nun wechselten sie ihre Ringe, und der Jüngling tauchte wiederum in die Milch und flog als Taube davon.

Von da an kam der Jüngling täglich als Taube zu ihr, koste mit ihr und flog als Taube wieder fort. Darüber vergingen zwei Jahre, und während dieser ganzen Zeit lag die Königin ihrer Tochter dauernd in den Ohren, dass sie sich doch verheiraten solle, und wurde täglich dringender. Die Prinzessin aber widerstand ihr ebenso hartnäckig, bis sie es eines Tages nicht mehr aushalten konnte und ihr das Geheimnis der Taube verriet und ausrief: »Quäle mich nicht länger, liebe Mutter, denn ich habe bereits einen jungen Mann zum Bräutigam, und einen zweiten wie den gibt es auf der ganzen Welt nicht.«

Aber von Stund an kam die Taube nicht mehr zum Mädchen. Das wartete einen Tag um den anderen, eine Woche um die andere, einen Monat um den anderen, aber all ihr Warten war vergebens. Die Taube kam nicht mehr, weil das Mädchen ihr Geheimnis nicht bewahrt hatte. Da wurde das Mädchen immer trauriger, sie weinte und klagte den ganzen Tag und sprach zu ihrem Vater: »Ich will mein Täubchen, schafft mir mein Täubchen, oder ich sterbe vor Kummer.« Der Vater suchte sie zu trösten und sprach: »Mein Kind, tue nicht so verzweifelt, sieh dir doch diesen Königssohn und jenen jungen Großen an, die dich alle verlangen, nimm einen von diesen und schlage dir deinen Taubenmann aus dem Kopf. »Nein«, rief das Mädchen, »entweder diesen oder ich sterbe. Lass mir drei Paar eiserne Schuhe und drei Stäbe machen, ich will durch die ganze Welt ziehen und nicht ruhen, bis ich ihn gefunden habe.«

Da dachten die Eltern: Sowieso haben wir sie verloren, wir wollen ihr also den Willen tun. Sie ließen alles machen, was sie verlangt hatte, und gaben es ihr, und sie zog es an und zog fort. Sie wanderte ohne Unterlass drei Jahre lang, und wem sie unterwegs begegnete, den fragte sie nach dem Täubchen, aber niemand hatte es gesehen, und nachdem die drei Jahre um waren, kehrte sie in das Vaterhaus zurück.

Als das Mädchen fort ging, da ließ der König aus Kummer um seine Tochter den ganzen Palast schwarz anstreichen, und sowie sie zurückkam, verbrannt von der Sonne und abgemagert von den Mühen der Reise, ging sie auf ihre Stube und schloss sich ein. Als ihr Vater an die Türe klopfte, machte sie ihm auf und sprach: »Vater, lass ein großes Badehaus bauen und dann im Lande bekannt machen, dass alle Welt, arm und reich, sich darin baden könne, dass mir aber dann ein jeder eine Geschichte erzählen müsse, damit mir mein Kummer vergeht.« Da tat der Vater, was seine Tochter verlangt hatte, und als das Bad fertig war, kamen groß und klein, arm und reich, um sich darin zu baden, und ein jeder ging dann zur Prinzessin und erzählte ihr eine Geschichte.

In der Königsstadt lebte aber eine alte, blutarme Frau, welche eine Tochter hatte, und als diese von dem Bade hörte, sprach sie zu ihrer Mutter: »Liebe Mutter, erlaube mir, auch baden zu gehen und dann der Prinzessin eine Geschichte zu erzählen.« Die Mutter schlug es ihr anfangs ab, weil sie so arm wären, aber das Mädchen ließ mit Bitten nicht nach und bat so lange, bis sie die Mutter gehen ließ.

Das Mädchen nahm aber vorher den Wasserkrug und ging zur Quelle, um Wasser zu holen, damit ihre Mutter trinken könne, bis sie zurückkäme. Wie sie nun so zur Quelle ging, da schritt ein Hahn vor ihr her, der Holzschuhe an den Füßen trug.

Als das Mädchen den Hahn und seine Holzschuhe erblickte, wunderte sie sich sehr und sprach bei sich: Ich will ihm nachgehen und sehen, wo er hingeht. Sie folgte ihm also mit ihrem Krug auf dem Rücken und sah, wie der Hahn zuerst in einen Garten ging und von allen Früchten und Gewächsen desselben abbrach und in seinen Korb legte: Salat, Zwiebeln, Knoblauch, Apfelsinen und vieles andere.

Als der Hahn aus dem Garten kam, trug er seinen Korb nach Hause, und das Mädchen folgte ihm und schlich sich in das Haus und versteckte sich. Da sah es, dass in der Mitte desselben ein großer Bottich mit Milch stand, und nach einer Weile kamen elf Tauben heran geflogen, tauchten in die Milch, ließen dort ihre Federn und stiegen als junge Männer heraus, die so schön wie die Engel waren.

Da kam auch eine zwölfte Taube angeflogen, die tauchte nicht in die Milch, sondern setzte sich abseits. Da sprachen die Jünglinge zu ihr:

»Wenn du nun auch verheiratet wärest, so könntest du mit uns sein, aber deine Braut hat dein Geheimnis ausgeplaudert, und darum kannst du dich nicht mehr verwandeln.«

Die Taube antwortete:

»Sie hat das Geheimnis ausgeplaudert, dafür habe ich aber auch sie und die ihrigen dahin gebracht, dass sie ihr Schloss und ihre Herzen schwarz gefärbt haben und dass jene drei Jahre lang vergebens nach mir in der Welt herumlaufen musste.«

Als das Mädchen dieses Gespräch gehört hatte, schlich sie sich leise weg, vergaß in ihrer Freude den Krug zu füllen, eilte nach Hause, setzte dort den leeren Krug ab und rief: »Mutter, nun habe ich eine sehr schöne Geschichte für die Prinzessin«, und lief dann ins Schloss. Weil aber andere Leute bei der Prinzessin waren, musste sie dort übernachten und kam erst am andern Morgen vor.

Als sie vor die Prinzessin trat, sprach sie:

»Hohe Frau, ich kann dir eine sehr schöne Geschichte erzählen, die sich gestern zugetragen.«

»So erzähle sie, mein Kind«, erwiderte diese, »ich will dir zuhören.«

Darauf erzählte ihr das Mädchen haarklein, was sie gesehen und gehört hatte. Und als sie fertig war, rief die Prinzessin:

»Ach, mein Kind, du hast sehr wohl daran getan, dass du zu mir gekommen bist, aber nun komme rasch und führe mich in jenes Haus.«

Da ging das Mädchen voraus, und die Prinzessin folgte ihr nach; und als sie zu jenem Hause kamen, versteckte sich die Prinzessin hinter der Tür und wartete, bis die Tauben kamen.

Zuerst kamen die elfe, tauchten in die Milch und verwandelten sich; dann kam auch die zwölfte und setzte sich abseits, und als die Prinzessin hörte, wie sie von den anderen verhöhnt wurde, sprang sie hervor und fiel ihr um den Hals. Davon nahm auch diese ihre Menschengestalt an, und nun heirateten sie einander und leben glücklich und zufrieden bis auf den heutigen Tag.

Albanien

Petru Firitschell

Petru Firitschells Mutter starb vor der Zeit, und da sein Vater wieder heiratete, bekam er eine Stiefmutter. Sie war unfreundlich gegen ihn, und sein Unmut machte sich dadurch Luft, dass er sie verspottete. So wurde sie über ihn noch erbitterter und beschloss, ihn um jeden Preis aus dem Hause zu schaffen. Öfters ging sie ihren Mann darum an, aber lange umsonst, endlich gab er jedoch dem ewigen Quälen nach, rief seinen Sohn und sagte zu ihm: »Höre, Petru, du musst das Haus verlassen und dir eine andere Heimat suchen; nimm dir darum, was dein ist, versieh dich wohl mit Speise und Getränk und zieh damit fort, wohin du willst.« Petru, dem das väterliche Haus schon längst verleidet war und der überdies die Welt gern sehen mochte, tat ohne Murren, was ihm befohlen war, und ging.

Auf seiner Wanderung kam er in einen großen Wald und vernahm hier das mächtige Rauschen der Bäume, er aber meinte etwas ganz besonderes zu hören und schrie: »Wer ist da?« Auf diese Frage trat ihm ein Mann entgegen, der ihm sagte: »Ich bin's, der Holzkrummmacher!« Ohne weiter über diese sonderbare Benennung nachzuforschen, bot Petru Firitschell dem Fremden die Hand und sagte: »Wir wollen gute Freunde sein!«, worauf jener einschlug und mit ihm zog. Es dauerte nicht lange, so begegneten sie wieder einem fremden Menschen, welcher Steine rieb und sich ›Steinreiber‹ nannte. Sie grüßten ihn mit den Worten: »Guten Tag, Freund!«, und fragten ihn, ob er ihr Kreuzbruder sein wolle. Er sagte ja und zog mit ihnen fort. Mitten im Wald bauten sie sich ein Haus, wobei der Holzkrummmacher und der Steinreiber gute Dienste leisteten. Als das Haus fertig war, teilten sich die drei Waldbrüder in die häuslichen Angelegenheiten: der Steinreiber wurde Koch, während Petru mit dem Holzkrummmacher das Weidwerk oblag.

Einmal, als der Koch allein zu Hause war, erschien vor der Tür ein wunderbarer Reiter; es saß nämlich auf einem halben Hasen ein kleines Männlein, kaum fingerlang, aber mit einem ellenlangen Barte versehen. Der Steinreiber sah zu seinem Schrecken sogleich, dass das der daumenlange Hans mit dem großen Barte war. Der furchtbare kleine Mann stieg ab, sah sich in dem neuen Hause um, ging von einer Ecke zur anderen, alles betrachtend, dann schritt er auf den geängstigten Steinreiber zu, warf ihn zu Boden, riss das siedende Fleisch aus dem Topf am Feuer und fing an, es auf der bloßen Brust des am Boden liegenden Angsthasen zu zerlegen, der endlich laut vor Schmerzen zu brüllen begann, als die heiße Fleischbrühe ihm in die durch Messerschnitte verwundete Brust drang. Als der fürchterliche Kleine mit seiner tollen Arbeit fertig war, bestieg er seinen Hasen wieder und verschwand im Walde.

Als die beiden Jagdgenossen heimkehrten und in die Stube traten, fanden sie den Bruder Steinreiber noch immer heulend und winselnd am Boden liegen und ließen sich von ihm erzählen, was vorgefallen war. Der Holzkrummmacher verspottete den Steinreiber und schalt ihn einen elenden Feigling, weil er sich von einem winzigen Zwerglein so habe zurichten lassen. »Ich will morgen zu Hause bleiben«, fuhr er prahlerisch fort, »und will sehen, ob ich euch den kleinen Spitzbuben nicht wie einen gebratenen Sperling zum Essen vorsetze.«

Der Steinreiber nahm diesen Vorschlag dankbar an, trat das Küchenamt ab und ging des andern Tags mit Petru auf die Jagd, während der Holzkrummmacher die Küche versehen sollte und ungeduldig das Abenteuer mit dem Halbhasenritter erwartete. Dieser stellte wirklich seine Geduld auf keine lange Probe, sondern erschien bald, wie gestern beritten, vor dem Haus und stieg ab, ohne sich an die grobe Weise zu kehren, mit welcher ihn der Küchenmeister zu empfangen suchte. Wieder ging er hin und her, alles betrachtend, warf endlich auch den fluchenden Holzkrummmacher nieder und tat ihm gerade so wie gestern dem Steinreiber. Der boshafte Zwerg war schon lange wieder in den Wald geritten, und es war schon spät abends, als endlich die beiden Jäger heimkehrten. Die Erzählung des Vorgefallenen war ebenso schnell getan wie begriffen, und alle drei Hausgenossen kamen jetzt überein, dass morgen Petru Firitschell den Kochdienst versehen und zu Hause bleiben müsse.

Petru blieb, nachdem seine beiden Hausgenossen auf die Jagd gezogen waren, nicht lange allein, denn bald erschien der daumenlange Zwerg vor dem Hause. Als er aber Miene machte, abzusitzen, eilte ihm der mutige Petru entgegen, um ihn beim Barte zu erwischen. Der Kleine floh hierauf in den Wald, verfolgt von Petru bis zu einer Höhle, die tief in die Erde hinunterging und in die er sich flüchtete. Petru kehrte jetzt um und wartete zu Hause auf seine Genossen, die bei ihrer Zurückkunft sehr erstaunt waren, dass er unversehrt geblieben sei. Er forderte sie nun auf, ihm mit einem langen Seil zu folgen, mit dem sie ihn in die Höhle hinablassen sollten. Seinen Mut bewundernd, gingen sie mit ihm und ließen ihn in die Höhle hinab, wo er sich vorgenommen hatte, nicht eher zu ruhen, als bis er den bösen Zwerg in Stücke gehauen hatte. Als er an dem Seil hinuntergelangt war, stand er in dicker Finsternis, doch vernahm er einiges Geräusch, und es war ihm, dies könne niemand anderes als der Zwerg sein. Er machte sich also vom Seile los und tappte dem Geräusch nach, das sich von einer Ecke in die andere zog. Die Höhle war nicht sehr groß, daher bekam er den kleinen Zwerg samt dem halben Hasen bald unter die Hände und schnitt ihn mit seinem Taschenmesser in Stücke. Er tappte nun wieder nach dem Seil, an dem er heruntergekommen war, fand es aber nicht, und auch auf sein Rufen erhielt er vom Holzkrummmacher und vom Steinreiber keine Antwort. Sie hatten, als sie auf einmal fühlten, dass das Seil leicht geworden sei, gemeint, Petru sei in einen tiefen Abgrund hinabgestürzt; hatten aus Furcht, der fürchterliche Zwerg möchte nun wieder über sie kommen, das Seil heraufgezogen und waren davongelaufen.

Indessen fand Petru in der Höhle einen Gang. Darin ging er weiter, kam in eine größere Höhle und bemerkte da nach langem blinden Umhertappen einen schwachen Lichtstrahl. Diesem nachgehend fand er einen Ausgang, durch den die Sonne hereingeschienen hatte, und kam in den Wald. Hier sah er im Gebüsch, ärmlich aber traulich, eine Hütte, durch deren niedrige Tür er ohne weiteres eintrat. Als er die Nebentür öffnete, saß darin ein altes Weiblein, das aber blind war; es aß eben Mamaliga, einen Maisbrei mit Milch. Da ihn sehr hungerte und er den Mangel ihrer Augen schnell wahrgenommen hatte, schlich er sich still neben es hin und half ihm, so schnell er konnte, die Schüssel zu leeren. Die

Alte merkte, dass ihre Speise diesmal viel schneller zu Ende gegangen war, und sagte deshalb freundlich: »Ei! Wer ist da? Ist es ein Mädchen, so soll es meine Tochter sein, ist es aber ein Knabe, so sei er mein Sohn.«

Auf diese freundliche Rede rief Petru: »Ich bin es, Mutter, dein Sohn!« Da freute sich die Alte, nahm ihn als ihren Sohn auf und schickte ihn aus, ihre Schafe zu hüten, warnte ihn aber auch, er solle nicht in die abwärts vor der Hütte gelegene Waldschlucht gehen, weil dort die bösen Drachen hausten, die ihr das Augenlicht geraubt hatten.

Petru, der munter Stock und Pfeife zur Hand genommen hatte, trieb die Schafe vor sich hin und gerade der Drachenschlucht zu, denn er wollte sich überzeugen, ob wirklich Drachen dort wohnten. Als er die Schlucht erreicht hatte, setzte er sich auf einem Felsenstück nieder, nahm die Pfeife zum Mund und fing an zu blasen. Als die Drachen dies hörten, kamen sie alle langsam heran, legten sich vor ihm nieder wie Tauben, die sich sonnen, und sagten zu ihm: »Ei, Petru, könntest du uns nicht auch so schön blasen lehren?« Darauf entgegnete Petru: »Warum nicht! Recht gerne will ich das tun.« Mit diesen Worten zog er sich listigerweise langsam, aber immer weiter blasend, über die Grenzen des Drachenbereichs fort, und die Drachen, die sich an der schönen Musik nicht satt hören konnten, folgten ihm. Als er fern genug von der Waldschlucht war, nahm er seine Axt, spaltete eine Eiche, die gefällt am Boden lag, halb und zwängte einen Keil darein, hieß

dann alle Drachen ihre Krallen hineinstecken, indem er ihnen sagte, dass sie alle ebenso gut und noch besser als er die Pfeife spielen könnten, sowie sie auf ein gegebenes Zeichen die Klauen wieder herauszögen. Als sie nun aber, im Vertrauen auf sein Wort, ihre Krallen hineingesteckt hatten, zog er den Keil heraus, sodass die Ungeheuer alle aufs erbärmlichste gefangen lagen. Jetzt stellte er sich mit gehobener Axt vor sie hin und forderte von ihnen unter Androhung des Todes die Augen seiner Waldmutter. Da fürchteten sich die Gefangenen, heulten und winselten, sagten ihm aber: »Deine Mutter soll sich in dem Milchteich nahe der Waldschlucht, wo wir wohnen, dreimal die Augen waschen, und sie wird das Licht ihrer Augen wieder haben.«

Als Petru sich dieses Geheimnis wohl gemerkt hatte, hieb er mit seiner Axt einem Drachen um den anderen den Kopf ab und ging sodann voll Freude zu seiner Waldmutter, nahm sie bei der Hand und hieß sie folgen. Nach dem ersten Waschen glaubte die Alte schon einen leichten Schein zu haben, worauf sie sich die Augen noch einmal wusch und alsbald besser sah. Nachdem sie sich endlich die Augen zum dritten Mal gewaschen hatte, war ihr Blick so hell und scharf wie bei einem Kind. Hierüber kam die gute Alte fast außer sich vor Freude und segnete ihren guten Sohn Petru Firitschell.

Noch lebten beide einige Zeit zusammen, da drängte es aber den jungen Gesellen wieder in die Welt hinaus. Weil ihn aber die Alte durchaus nicht fortlassen wollte, so packte er einmal in der Nacht zusammen und ging davon, ohne dass sie es merkte. Noch war er nicht weit gegangen, als ein Fuchs über den Weg lief. Er legte sogleich seinen Bogen an, der Fuchs aber sprach zu ihm: »Schieß mich nicht, ich gebe dir eines meiner Jungen, das dir gewiss nützlich sein wird.« Petru lachte, setzte ab und nahm das Junge vom alten Fuchs. Später begegnete ihm ein Wolf, den er wieder schießen wollte, aber auch der Wolf bat ihn, nicht abzudrücken, er wolle ihm auch ein Junges geben, das ihm sehr gute Dienste tun werde. Petru nahm auch das Wölflein an und ließ es neben sich hergehen. Als er wieder ein Stück Weges gekommen war, stand plötzlich ein Bär vor ihm, auf den er sogleich anlegte, um ihn zu erlegen. Als ihm aber dieser ebenfalls ein Junges zum Geschenk bot, schoss er nicht, sondern nahm auch das Bärlein zum Reisegefährten und zog mit diesen drei Waldgenossen weiter.

Einige Zeit nachher kam er in eine große, schöne Stadt. Als er durchs Tor eintrat, sah er an allen Häusern große, schwarze Trauerfahnen herabhängen, und da er nicht begreifen konnte, was das bedeuten solle, so befragte er ein altes Weib, das ihm begegnete. Die Alte schaute ihn an und begann hierauf unter Weinen und Schluchzen zu erzählen: »Ach, mein Sohn, ein abscheulicher zwölfköpfiger Drache hält hier sein Lager vor der Stadt, dem hat bis jetzt jedes Haus eine Tochter zum Fraß geben müssen, und jetzt ist eben heute die Reihe an unserer schönen Prinzessin, unseres Kaisers einziger Tochter. Wenn du dich eine Weile hier gedulden wirst, so kannst du hören, mit was für einem Geläute sie das arme Kind hinausführen, gerade dort jenen Sümpfen zu, die sich unweit des Tores hinziehen.« Damit ging die Alte weiter und ließ Petru stehen, der sich aber nicht lange besann, sondern sich kurz entschloss, den Drachen zu erlegen. Er kaufte sich darum zwölf Pfeile und war eben mit dem Handel fertig, als es auf allen Türmen der Stadt zu läuten anfing. Ein großes Trauergeleit hatte sich versammelt, um die Prinzessin mit Gepränge hinauszuführen, dem Drachen zum Opfer.

Der Zug war in der Nähe der Sümpfe angelangt, da wurde er allmählich kleiner, und je näher man der schauerlichen Stätte kam, desto mehr entwichen von den Begleitern aus großer Furcht vor dem Drachen, sodass die arme Prinzessin endlich ganz allein nahe bei den Sümpfen war, wo sie bald, von Todesfurcht gepeinigt, in die Knie sank und sich niedersetzen musste, indem sie heftig zu weinen anfing. Jetzt trat Petru Firitschell mit seinen drei Waldgefährten hinzu, fragte sie freundlich, warum sie weine, sprach ihr dann Mut zu und sagte, sie solle sich nicht fürchten, er werde schon alles tun, dass ihr kein Leid geschehe. Diese Teilnahme und das mutige Aussehen des Jünglings trösteten die Prinzessin einigermaßen, wenn sie auch nicht gerade glaubte, dass Petru imstande sein werde, das Ungeheuer zu erlegen. Petru warf sich neben sie hin, legte ihr den Kopf in den Schoß und bat sie, ihm seine Haare zu ordnen, welche durch das lange unbesorgte Waldleben in einen sehr verwilderten

Zustand geraten waren. Die Prinzessin tat es unter halb erstickten Tränen, so gut sie es vermochte. Unterdessen aber wurde Petru schläfrig und entschlummerte, nachdem er die Prinzessin gebeten hatte, sie solle ihn ein wenig ruhen lassen, sich aber ja hüten, ihre Hand in seine Tasche zu stecken.

Petru schlief ein, und die Prinzessin, eben weil es ihr Petru verboten hatte, steckte die Hand in seine Tasche. Da sah sie von weitem den Drachen kommen, über dessen scheußliche Gestalt sie so erschrak, dass sie kein Wort über die Lippen brachte. Nur eine heiße Träne fiel von ihren Wangen auf Petrus Gesicht, worüber dieser schnell in die Höhe fuhr, und, als er des Drachens ansichtig wurde, die Prinzessin zu schelten anfing, weil er dachte, sie habe ihn mit Vorbedacht nicht wecken und ihn dem Drachen übergeben wollen. Hierüber erschrocken, zog die Prinzessin heftig ihre Hand aus der Tasche Petrus und streifte unbemerkt einen der zwölf Pfeile heraus, die derselbe da für den Drachen aufbewahrte. Petru bemerkte dies aber nicht, sondern sprang auf, schoss einen Pfeil nach einem der zwölf Drachenköpfe und traf ihn so gut, dass er sogleich leblos zusammenknickte. Dann schoss er den zweiten Kopf ab und ebenso noch neun andere. Für den zwölften aber fand er keinen Pfeil, und der Drache, der mit dem Verlust eines jeden Kopfes immer wütender geworden war, schoss jetzt tobend heran. Petru wusste sich jedoch zu helfen, er forderte von der Prinzessin eine Stecknadel und schoss mit dieser glücklich den zwölften Kopf des Drachens herunter, sodass das Tier leblos ins Gras sank. Jetzt ging Petru hin, schnitt aus jedem der zwölf Köpfe die Zunge heraus und steckte sie alle in seine Tasche, dann legte er sich wieder nieder, um weiterzuschlafen, da er vorhin durch den Drachen gestört worden war.

Dies alles hatte ein Zigeuner von ferne mit angesehen, leise schlich er herbei, schnitt dem schlafenden Petru den Kopf ab, hieb dann die zwölf Köpfe des Drachens herunter, lud sie auf seine Schulter und nahm dann die Prinzessin mit sich fort. Die Waldgefährten Petrus aber, der Bär, der Wolf und der Fuchs, welche diesem Frevel nicht wehren konnten, gerieten hierüber in große Trauer und beratschlagten unter sich, was sie zur Rettung ihres Herrn anstellen könnten.

Nachdem sie lange vergebens hin und her gesonnen hatten, gingen sie traurig auseinander, um vielleicht in der Nähe etwas zu finden. Da begegnete der Fuchs einer Schlange, die ein Kraut im Maul trug. Er fragte sie: »Was trägst du hier für ein Kraut?«, worauf sie antwortete: »Es ist ein Wunderkraut, ich will meinem Sohne seinen abgeschnittenen Kopf wieder anheilen.« Hierüber war der treue Fuchs hoch erfreut, trat freundlich zu der Schlange und bat sie, ihn dieses äußerst wunderbare Kraut näher betrachten zu lassen. Sie bot es ihm hin, und er tat, als ob er es betrachten wolle, stattdessen aber ergriff er es mit den Zähnen und eilte so zurück zu Petrus Rumpf. Dort erzählte er seinen Gesellen, dem Wolf und dem Bären, was es mit dem Kraut für eine Bewandtnis habe, und alle drei säumten nun nicht, ihres Herrn Kopf wieder anzusetzen, indem sie rings um den Schnitt das Wunderkraut legten. Nun hatte aber der Körper noch kein Leben, der Fuchs und der Wolf machten sich daher wieder auf, um Hilfe zu suchen, während der Bär die Totenwache hielt. Der Wolf begegnete jetzt einem alten Weib, das in einem Krug Wasser trug. Der Wolf fragte es, was es in seinem Kruge trage, und erhielt die Antwort, dass es Lebenswasser sei. Hierauf brummte der Wolf: »Ei, von diesem Wasser habe ich schon viel gehört, zu Gesicht ist es mir noch nie gekommen, zeig mir es doch, damit ich weiß, wie es aussieht.« Als es ihm die Alte zeigte, so tat er aus dem Krug einen tüchtigen Zug, eilte damit zu Petrus Leiche, und alsbald waren alle drei, Wolf, Bär und Fuchs, behilflich, dieselbe wohl einzuschmieren und so ihren Herrn ins Leben zurückzubringen.

Als Petru Firitschell wieder am Leben war, stand er auf wie im Traume. Bald erinnerte ihn aber der Rumpf des Drachens an die Begebenheiten der letzten Zeit. Er eilte daher nach der Stadt, um die schöne Prinzessin und den Kaiser aufzusuchen; mit seinen drei Waldgesellen aber schloss er zuvor einen festen Bund der Treue. Am Hofe des Kaisers war indessen alles froh und lebendig über die Erlegung des Drachens, die man dem lügnerischen Zigeuner zuschrieb, weil er sich durch die Köpfe des Tieres ausweisen konnte; auch wurden große Vorbereitungen zu einem glänzenden Hochzeitsfeste gemacht, denn der Zigeuner sollte zum Lohn für seine Tat die Hand der Prinzessin erhalten. Die Bitten und Tränen der Unglücklichen halfen nichts: Sie konnte sich nicht sträuben gegen den Willen ihres Vaters, der samt dem Volk nun einmal den Zigeuner für den allgemeinen Befreier ansah.

Jetzt erschien Petru Firitschell mit seinen drei Begleitern im Vorhof des kaiserlichen Palastes, wo ihn die betrübte Prinzessin, als sie ihn sah, auch sogleich erkannte und zu sich rief. Sie erzählte ihm, wie es stehe, und bat ihn, den Zigeuner Lügen zu strafen und sich selbst als den Drachentöter zu offenbaren. Dann eilte sie zum Kaiser, ihrem Vater, und bat ihn, er möchte den Fremden ausforschen, der eben in den Palast gekommen und der ihr und des Landes wirklicher Befreier von dem zwölfköpfigen Drachen sei.

Der Kaiser ließ Petru vor sich rufen und hörte aufmerksam alles an, was dieser erzählte. Da es genau mit dem übereinstimmte, was ihm die Prinzessin immer im Gegensatz zu dem Zigeuner beteuert hatte, so schenkte er ihm Glauben, und der Zigeuner wurde vor den Kaiser gerufen, um sich zu verantworten. Obwohl ihn der Anblick Petrus, dem er doch den Kopf abgeschnitten hatte, sehr in Schrecken versetzte, wagte er doch zu behaupten, dass er den Drachen getötet habe, und berief sich zum Zeugnis auf die zwölf Köpfe. Hierauf aber verlangte Petru, dass er die Zungen derselben vorzeigen solle, und als der Zigeuner vergebens danach suchte und endlich Petru sie aus der Tasche zog, erkannten der Kaiser und alle, die zugegen waren, Petru als den Drachenüberwinder, den Zigeuner aber als einen niederträchtigen Schurken. Er wurde alsbald ergriffen, in ein Fass geworfen, das innen ganz mit eingeschlagenen Nägeln besetzt war, und so einen hohen Berg hinuntergerollt. Den Petru Firitschell aber umarmte der Kaiser mit dankerfülltem Herzen, gab ihm die schöne Prinzessin, seine Tochter, zur Frau und ließ auch sogleich die Hochzeitsfestlichkeiten beginnen. Die drei Waldgenossen aber, die Petru so treue Dienste geleistet hatten, blieben immer bei ihm und wurden später, als ihr Herr nach des Kaisers Tod Reich und Krone erhielt, in die ersten Stellen eingesetzt, die sie auch würdig bekleideten.

Rumänien

Der Tod als Geliebter

Es war einmal eine schöne junge Frau, die hatte keinen Mann, keinen Vater und keine Mutter, auch keine Brüder und Bekannten, die waren alle schon gestorben. Sie lebte allein in einem kleinen Hause am Ende der Stadt, und niemand kam zu ihr, sie ging auch zu niemandem hin. Da kam an einem Abend ein schöner Wanderer zu ihr, machte die Türe auf und rief: »Ich bin ein Wanderer und war weit in der Welt; ich will hier rasten, ich kann nicht mehr weiter gehen!« Die junge Frau sagte: »Bleib nur hier! Ich gebe dir ein Polster, darauf kannst du schlafen, und wenn du willst, so gebe ich dir Speise und Trank!« Der schöne Wanderer legte sich gar bald nieder und sagte: »Jetzt schlafe ich wieder einmal, lange Zeit habe ich schon nicht geschlafen.« Die junge Frau fragte: »Seit wann hast du denn nicht geschlafen?« Der Mann erwiderte: »Liebe Frau, in tausend Jahren schlafe ich nur eine Woche.« Da lachte die Frau und sprach: »Du scherzest, nicht wahr? Du bist ein schlimmer Mann!« Der Wanderer aber schlief schon.

In der Frühe, als er aufstand, sagte er: »Du bist eine schöne, junge Frau! Wenn du willst, so bleibe ich noch eine Woche hier.« Die Frau willigte gerne ein, denn sie liebte den schönen Wanderer schon.

Einmal schliefen sie, und da weckte die Frau den schönen Mann auf und sagte: »Lieber Mann, ich hatte einen bösen Traum. Mir träumte soeben, du wärest kalt und weiß geworden, und wir fuhren auf einem scheinen Wagen, den sechs weiße Vögel zogen. Du bliesest in ein großes Horn, da kamen tote Menschen heran und gingen mit dir, denn du warst ihr König.« Darauf erwiderte der Mann: »Das ist ein böser

Traum!« Er stand gleich auf und sagte: »Geliebte, ich muss jetzt gehen, denn in der Welt ist jetzt lange niemand gestorben; ich muss gehen, lass mich los!« Da weinte die Frau und sprach: »Geh nicht weg! Bleib bei mir!« Der Mann aber erwiderte: »Ich muss gehen! Behüt dich Gott!« Die Frau aber schluchzte, als er ihr die Hand reichte, und sprach: »Sag mir, lieber Mann, wer bist du denn?« Da sagte der Wanderer: »Wer es erfährt, der muss sterben! Du fragst mich vergebens danach, ich sage dir nicht, wer ich bin.« Da weinte die junge Frau und sprach: »Ich will alles erdulden, sag mir nur, wer du bist!« Darauf sagte der Mann: »Gut, dann kommst du mit mir! Ich bin der Tod!« Die junge Frau erschrak und starb.

Transsylvanien

Pfefferkorn

Es war einmal ein alter Mann und eine alte Frau, die hatten keine Kinder, und eines Tages ging die Alte auf das Feld und brach sich einen Korb voll Bohnen, und als sie damit fertig war, sah sie in den Korb und sprach: Ich wollte, dass alle Bohnen zu lauter kleinen Kindern würden.« Kaum hatte sie das gesagt, so sprang eine ganze Schar von kleinen Kindern aus dem Korbe und tanzte um sie herum. Eine solche Familie erschien aber der Alten doch zu groß, und sie sprach daher: »Ich wollte, dass ihr wieder zu Bohnen würdet.« Kaum hatte sie das gesagt, so kletterten die Kinder in den Korb zurück und wurden wieder zu Bohnen bis auf ein kleines Knäblein, das die Alte mit sich nach Hause nahm. Das war aber so klein, dass man es nur Klein Pfefferkorn nannte, doch war es dabei so lieb und herzig, dass alle Welt es gern hatte.

Eines Tages kochte die Alte ihre Suppe, und Klein Pfefferkorn kletterte an dem Kessel hinauf und blickte hinein, um zu erfahren, was gekocht würde. Aber er versah es dabei und fiel in die siedende Brühe und brühte sich darin zu Tode. Erst als Essenszeit war, bemerkten die Alten, dass er fehlte, und nun suchten sie überall vergebens nach ihm, um ihn zum Essen zu rufen. Endlich setzten sie sich ohne den Kleinen zu Tisch; als sie aber die Suppe aus dem Kessel in die Schüssel schütteten, da schwamm der Leichnam von Klein Pfefferkorn darauf.

Da fingen der Alte und die Alte zu jammern an und riefen: »Lieb Pfefferkorn ist tot, lieb Pfefferkorn ist tot.«

Als das die Taube hörte, die auf dem Dach saß, riss sie sich die Federn aus und rief:

»Lieb Pfefferkorn ist tot,
Der Alte und die Alte jammern.«

Als der Apfelbaum sah, dass sich die Taube die Federn ausriss, fragte er sie, warum sie das tue, und als er das erfahren, schüttelte er alle seine Äpfel ab.

Wie nun der Brunnen, welcher neben ihm floss, die Äpfel fallen sah, fragte er den Baum, warum er sich die Äpfel abschüttle, und dieser antwortete:

»Lieb Pfefferkorn ist tot,
Der Alte und die Alte jammern,
Die Taube hat sich die Federn ausgerissen.
Lieb Pfefferkorn ist tot.«

Als das der Brunnen hörte, da strömte er vor Schmerz all sein Wasser aus.

Als die Magd der Königin zum Brunnen kam, um Wasser zu schöpfen, da fand sie keins, und fragte den Brunnen, warum er kein Wasser habe, und dieser antwortete:

»Lieb Pfefferkorn ist tot,
Der Alte und die Alte jammern,
Die Taube hat sich die Federn ausgerissen,
Der Apfelbaum hat sich die Äpfel abgeschüttelt.
Lieb Pfefferkorn ist tot.

425 Da ließ die Magd vor Schmerz ihren Krug fallen, und als die Königin sie fragte, warum sie den Krug zerbrochen habe, sagte sie:

»Lieb Pfefferkorn ist tot,
Der Alte und die Alte jammern,
Die Taube hat sich die Federn ausgerissen,
Der Apfelbaum hat sich die Äpfel abgeschüttelt,
Der Brunnen hat all sein Wasser ausgegossen.
Lieb Pfefferkorn ist tot.«

Da schlug sich die Königin vor Schmerz so stark mit dem Arm auf die Brust, dass dieser davon entzwei brach, und als der König das erfuhr und sie fragte, wie es zugegangen sei, sprach sie:

»Lieb Pfefferkorn ist tot,
Der Alte und die Alte jammern,
Die Taube hat sich die Federn ausgerissen,
Der Apfelbaum hat sich die Äpfel abgeschüttelt,
Der Brunnen hat all sein Wasser vergossen,
Die Magd hat ihren Krug zerbrochen.
Lieb Pfefferkorn ist tot.«

Als das der König hörte, ward er so betrübt, dass er seine Krone vom Haupte riss und sie auf die Erde warf, dass sie in tausend Stücke zersprang, und als sein Volk ihn fragte, warum er das getan, rief er:

»Lieb Pfefferkorn ist tot,
Der Alte und die Alte jammern,
Die Taube hat sich die Federn ausgerissen,
Der Apfelbaum hat sich alle Äpfel abgeschüttelt,
Der Brunnen hat all sein Wasser vergossen,
Die Magd hat ihren Krug zerbrochen,
Die Königin hat ihren Arm gebrochen,
Und ich König habe meine Krone verloren.
Lieb Pfefferkorn ist tot.«

Griechenland

Von dem Schönen und dem Drakos

Es war einmal ein Mann, der verprasste seine Jugend in jeder Art von Lust und Vergnügen. Nachdem er sich aber ausgetobt hatte, entschloss er sich zu heiraten. Seine Frau gebar ihm zwei Knaben, von denen der jüngste sehr schön war und daher von seinem Bruder sehr gehasst wurde. Als sie nun eines Tages zusammen in den Wald gingen, da packte der ältere seinen Bruder, band ihn an einen Baum und ging seiner Wege, indem er hoffte, dass der schöne Knabe so verschmachten müsse.

Der Zufall wollte aber, dass ein alter und buckliger Schäfer mit seiner Herde an dem Baume vorüber zog, an dem der Knabe gebunden war, und als dieser ihn erblickte, fragte er:

»Sage mir doch, mein Sohn, warum sie dich so an den Baum gebunden haben.«

Dieser antwortete:

»Weil ich sehr bucklig war, haben sie mich an den Baum gebunden, und davon ist mein Rücken ganz gerade geworden.«

»Willst du mich nicht auch binden«, sagte darauf der Schäfer, »damit auch mein Rücken gerade werde?«

»Ei, warum sollte ich dir nicht den Gefallen tun?«, antwortete der Knabe, »wenn du mich losbindest, so will ich dich daran binden, so gut ich es nur vermag.«

Da löste der Schäfer die Stricke, mit denen der Knabe gebunden war; er band nun den Schäfer an seiner statt an den Baum; und mit dieser List nahm er dem Schäfer seine Herde und zog damit fort. Darauf begegnete er einem Pferdehirten und betrog ihn um dessen Herde und dann begegnete er einem Ochsenhirten und nahm auch dem seine Herde.

Durch diese und ähnliche Streiche wurde er nach und nach so berühmt im Lande, dass sein Ruf bis zu dem König drang und dieser neugierig wurde, den Menschen zu sehen, welcher alle Welt betrügen könne. Er befahl also seinen Leibwächtern, den Schönen einzufangen und vor ihn zu führen.

Als nun der Schöne vor den König gebracht wurde, sprach dieser zu ihm:

»Du hast durch die Streiche, welche du den Leuten gespielt, das Leben verwirkt; wenn du aber imstande bist, mir das Flügelpferd des Drakos zu bringen, so will ich dir das Leben schenken; wenn du das nicht kannst, so lasse ich dich in Stücke hauen!«

Da sagte der Schöne: »Wenn es weiter nichts ist, das will ich schon holen.«

Er machte sich also auf und ging geraden Weges in den Stall, wo das Flügelpferd des Drakos stand. Als er aber die Hand ausstreckte, um es am Zaume zu fassen, da fing es, so stark es konnte, zu wiehern an. Der Stall war aber gerade unterhalb der Stube, in der der Drakos schlief, sodass dieser von dem Wiehern des Gaules geweckt wurde und ihm zurief:

»Was hast du denn, mein Schätzchen, dass du solch einen Lärm machst?«

Nach einer Weile versuchte der Schöne von Neuem den Gaul loszubinden, der fing aber wieder so laut zu wiehern an, dass der Riese abermals aufwachte und den Gaul fragte, was er denn habe, dass er so laut sei. Als nun der Schöne abermals den Gaul abzubinden versuchte und dieser abermals wieherte und den Drakos zum dritten Male weckte, da wurde der böse, ging in den Stall, nahm eine Peitsche und gab dem Pferd eine derbe Tracht Schläge. Das ärgerte aber den Gaul, und als sich daher der Drakos wieder niedergelegt hatte und der Schöne von Neuem versuchte, ihn abzubinden, so ließ er sich das ruhig gefallen. Da zog der Schöne den Gaul aus dem Stall, setzte sich darauf und rief so laut er konnte: »Drakos! Drakos! Wenn dich einer fragt, wer dir deinen Gaul genommen hat, so sage, das sei der Schöne gewesen«, und ritt darauf so rasch er konnte zum König.

Der König aber sagte ihm:

»Das Flügelpferd reicht mir nicht hin, du musst mir auch die Bettdecke mit den Schellchen des Drakos bringen, sonst lasse ich dich in Stücke hauen.«

Da antwortete der Schöne:

»Wenn es weiter nichts ist; die will ich schon holen.«

Er ging also zum Hause des Drakos, stieg in der Nacht auf das Dach und öffnete die Dachluke, ließ die Kesselkette herab und versuchte mit dem Kesselhaken die Bettdecke heraufzuziehen. Da fingen aber die Schellchen zu klingen an, und davon wachte der Drakos auf und rief: »Frau, du hast mich aufgeweckt!«, und zog die Decke wieder an sich und zugleich den Schönen aus der Dachluke herunter in die Stube. Da packte ihn der Drakos und band ihn und sprach zu seiner Frau:

»Morgen werde ich in die Kirche gehen, du aber musst zu Hause bleiben und ihn schlachten und zurichten, und wenn ich aus der Kirche komme, so wollen wir ihn verzehren.«

Als nun am andern Morgen der Drakos zur Kirche gegangen war, packte seine Frau den Schönen, um ihn zu schlachten. Während sie ihn losband, sagte er zu ihr:

»Warte ein bisschen, damit ich mich noch einmal vor dir verbeugen kann.«

Und wie sie ihm ein bisschen Luft ließ, sodass er sich bücken konnte, da packte er sie bei den Beinen, riss sie zu Boden, schlachtete sie und steckte sie in den Backofen, den sie für ihn angezündet hatte; ihre Brüste aber schnitt er ab und hängte sie an den Nagel. Dann nahm er die Schellendecke und brachte sie dem König.

Der König aber sagte:

»Auch das ist noch nicht genug, du musst mir den Drakos selbst holen oder ich lasse dich in Stücke hauen.«

Da antwortete der Schöne:

»Auch das soll geschehen, aber du musst mir dazu zwei Jahre Zeit lassen, damit mir der Bart wächst, und er mich nicht erkennt.«

Der König war damit zufrieden, und nun wartete er zwei Jahre lang, bis ihm der Bart gewachsen war. Darauf machte er sich nach dem Hause des Drakos auf den Weg und begegnete einem Bettler, den fragte er, ob sie nicht ihre Kleider tauschen wollten; und da der es zufrieden war, so zog er dessen Kleider an und gab ihm dafür die seinigen. Darauf ging er geraden Weges in das Haus des Drakos und traf ihn, wie er gerade einen Kasten zimmerte und sprach:

»Guten Tag, deiner Herrlichkeit, gib mir ein Stückchen Brot.«

Dieser aber sprach:

»Warte ein bisschen, bis ich den Kasten fertig habe, dann gebe ich es dir.«

Da fragte ihn der Bettler:

»Was hast du denn mit diesem Kasten vor?«
Der Drakos erwiderte:
»So und so ist es mir mit dem Schönen ergangen und darum habe ich diesen Kasten gemacht, um ihn hineinzustecken, wenn ich ihn erwische.«
Da sprach der Bettler:
»Das ist in der Tat ein großer Bösewicht, denn der ist auch schuld an meinem Elend und hat mich so heruntergebracht. Aber dein Kasten ist zu klein für ihn, denn er ist ein großer Mensch.«
»Ei was«, antwortete der Drakos, »der Kasten ist ja für mich groß genug.«
Der Bettler sagte:
»Ja, aber der Schöne ist auch fast so groß wie du, geh her und probiere einmal: wenn du hineingehst, so geht auch er hinein.«
Da legte sich der Drakos in den Kasten, und der Schöne machte den Deckel zu und rief:
»Drücke mal, um zu sehen, ob du den Kasten nicht sprengen kannst.«
Da drückte der Drakos, was er konnte, und rief dann:
»Er ist fest, mache nur auf!«
Stattdessen aber schlug der Schöne den Deckel mit Nägeln noch fester zu und schlug auch Nägel in die Bretter, damit er sich nirgends dagegen stemmen könne. Darauf lud er den Kasten auf den Rücken und trug ihn zum König. Dieser war aber so neugierig, den Drakos zu sehen, dass er ein Loch in den Kasten schnitt, um hineinschauen zu können. Da, wo er das Loch schnitt, war gerade der Mund des Drakos, und wie nun der König hineinsah, verschluckte ihn der Drakos auf einmal. Darauf nahm der Schöne die Königstochter zur Frau und wurde der König des Landes.

Griechenland

Das Schloss des Helios

Es war einmal ein König, der hatte vier Kinder, nämlich drei Söhne und eine Tochter. Als dieser und seine Frau gestorben waren, sagte eines Tages die Prinzessin zu ihren Brüdern, dass sie in die Ferne ziehen wolle. Sie ließ sich daher ein schwarzes Kleid mit drei Streifen machen und in jeden Streif zweitausend Goldstücke einnähen. Als das geschehen war, nahm sie von ihren weinenden Brüdern Abschied und zog von dannen. Sie ging immer zu und kam endlich am Fuße eines Berges an. Den erstieg sie, und als sie dann wieder auf der anderen Seite abwärts ging, begegnete sie einem Mönch, der fragte sie, wo sie hin wolle. Sie antwortete, sie ginge der Nase nach. Da sie aber in der Ferne einen weißen Gegenstand bemerkte, so fragte sie zugleich den Mönch, was das sei. »Das ist, mein Kind«, antwortete der Mönch, »das Schloss des Helios, und dort befinden sich mehr als zehntausend Prinzen, die einst auf der Jagd in die Gegend kamen und von Helios versteinert worden sind. Du, mein Kind, bist ein braves Mädchen, und ich möchte nicht, dass dir Böses widerfahre, sondern vielmehr, dass es dir gut gehe. Darum will ich dir die Sache erklären, damit du nicht nur selbst Gutes erfährst, sondern auch anderen Gutes erweisen kannst. So wisse denn! In jenes Schloss musst du hineingehen. Aber auf dem Wege dahin wirst du Lärm und Getöse und menschliche Stimmen vernehmen, die Stimmen deiner Brüder, die dir zurufen werden. Aber traue ihnen nicht und drehe dich nicht um, denn das sind Geister, und so du dich umkehrst, wirst du in Stein verwandelt werden. Bist du dann im Schlosse angekommen, so nimm rasch die große Flasche, die darin auf einem Tische steht, eile damit hinaus und besprenge alle die versteinerten Prinzen mit dem darin befindlichen Wasser, denn das ist Lebenswasser. Darauf wirst du einen gewaltigen Riesen vor dir sehen, der wird dich fressen wollen. Aber verzage nur nicht, sondern sag ihm gleich, du suchtest gerade ihn. Nun wird er Wasser von dir verlangen, und du musst darum schon vorher solches in Bereitschaft haben. Sobald er das erhalten, wird er dich bei der Hand nehmen und in seinen Palast führen und sich mit dir verheiraten. Nachher wird er dich fragen, woher du das Wasser genommen habest, darauf musst du ihm antworten: ›Von dort, wo es war.‹ Weiter wird er dich fragen, ob du seine Sklaven befreit hast. Da antworte ihm, du hättest sie ins Leben zurückgerufen. Da wird er merken, dass ich dir das alles gesagt habe, und wird dir kein Leid zufügen. Nun wirst du fortan in seinem Schlosse leben, und es werden auch deine Brüder kommen, und ihr werdet zusammenbleiben. Und an dem Tage, wo deine Brüder kommen, werden auch die von dir befreiten Prinzen erst anfangen sich zu bewegen und vollständig wieder aufzuleben.«

Die Königstochter dankte dem Mönch für diese Mitteilungen und ging weiter. Sie kam endlich an dem Schloss des Helios an und ging hinein. Hier ergriff sie die Flasche und besprengte mit dem Wasser die versteinerten Jünglinge, und dann füllte sie die Flasche wieder an einer in der Nähe fließenden Quelle. Kaum hatte sie das getan, als plötzlich der Riese vor ihr erschien. Er fragte sie, von wannen sie komme und wie sie hierher gelangt sei, und machte Miene sie zu fressen. Sie aber erwiderte, dass sie gerade ihn suche; und als er Wasser verlangte, gab sie ihm zu trinken. Da sagte Helios: »Du taugst für mich«, nahm sie mit sich hinauf in sein Schloss und verheiratete sich mit ihr. Dann fragte er sie, wo sie das Wasser geschöpft habe. »Dort, wo es war«, antwortete sie. Weiter fragte er, ob sie seine Sklaven befreit habe, und sie antwortete: »Ja, ich habe sie ins Leben zurückgerufen.« Da sagte der Riese von Neuem zu ihr: »Du taugst für mich«, und setzte sie auf einen Thron.

Lassen wir jetzt die Königstochter und nehmen wir die Söhne dran, die ihre geliebte Schwester verloren hatten und sich aufmachen wollten, sie zu suchen. Der älteste sprach zu seinen Brüdern: »Ich will fortziehen, meine Brüder, um unsere Schwester aufzusuchen.« Er gürtete sich also sein Schwert um und zog von dannen. Er stieg über den Berg, über den auch seine Schwester gestiegen war, allein er begegnete keinem Mönch, der ihn gewarnt hätte, und so ward er nahe beim Schloss des Helios in Stein verwandelt. Nach geraumer Zeit machte sich auch der zweite Bruder auf den Weg, da er sah, dass sein Bruder nicht zurückkehrte. Allein es ging ihm ebenso wie jenem. Nun brach endlich auch der dritte auf, und als er sich jenseits des Bergs befand, begegnete er dem Mönch, der sprach zu ihm: »Geh nur immer vorwärts, da wirst du deine zwei Brüder, in Stein verwandelt, auf dem Wege antreffen. Bleib aber nicht stehen noch kehre dich um, sondern geh immer zu, da wirst du einen Garten finden und darin deine Schwester.« Der Königssohn ging also weiter, fand, wie ihm der Mönch gesagt, seine beiden versteinerten Brüder, setzte jedoch seinen Weg fort, kam am Schlosse an und erblickte im Garten seine Schwester. Die fragte ihn, wie er hergekommen sei, und er erzählte es ihr. Da sprach die Schwester: »Wie werden wir es nun aber machen? Mein Mann ist Helios, und wenn er dich sieht, wird er dich fressen. Er kehrt jedoch erst abends hierher zurück.«

Als sich nun die Stunde näherte, wo Helios in seine Behausung zurückkehrte, da verwandelte die Königstochter ihren Bruder, um ihn vor ihrem Gemahl zu verbergen, durch eine Ohrfeige, die sie ihm gab, in einen Fingerhut. Denn als Weib des Helios hatte sie die Macht dazu. Jetzt kam Helios an und sprach sogleich zu ihr mit gewaltiger Stimme: »Es riecht hier nach menschlichem Blute.« Und er fing an zornig zu werden, aber seine Frau sagte zu ihm:

»Und wenn nun mein Bruder angekommen wäre, würdest du den fressen wollen?«

»Nein«, antwortete Helios, und als er ihr das durch einen Schwur beteuert hatte, gab sie dem Fingerhut, den sie an ihre Hand gesteckt, einen Schlag, und alsbald verwandelte er sich wieder in ihren Bruder. Helios umarmte und küsste ihn und sagte zu ihm: »Ich weiß, dass du zwei andere Brüder hast und dass sie versteinert sind. Nimm Wasser aus dieser Flasche hier und geh und besprenge sie damit.«

So tat der Königssohn, und als die Brüder erlöst nach dem Schlosse zugingen, da lebten auch alle die anderen Prinzen auf, und die drei Brüder empfingen sie. Als Helios sie alle vor sich sah, sprach er zu ihnen: »Bleibt ihr Brüder meines Weibes hier bei mir, und von den anderen, wer Lust dazu hat, auf dass ihr glücklich lebt. Alle anderen aber, die nicht hier bleiben wollen, mögen in ihre Heimat zurückkehren.«

Da blieben die drei Brüder da, und sowohl sie als auch die zurückkehrten lebten nun glücklich, wir aber hier noch glücklicher.

Griechenland

Die drei Rätsel

In alten Zeiten war ein König und eine Königin, die hatten einen einzigen Sohn, welcher noch klein, aber recht verständig und guten Herzens war. Da trug es sich zu, dass ein anderer König sie mit Krieg überzog und das Unglück wollte, dass die Feinde selbst die Hauptstadt des Reiches einnahmen und den König und die Königin gefangen hinweg führten. Der kleine Prinz aber fand im Getümmel Gelegenheit zu entfliehen. »Wenn ich mich auch wegführen lasse«, dachte er sich, »so bin und bleibe ich Gefangener und kann meine Eltern nicht befreien; wenn ich aber fliehe, wird es mir vielleicht doch noch möglich, ihnen einmal Rettung bringen zu können.« Er kam zu einem ehemaligen Untertanen seines Vaters, der kannte den Knaben nicht, aber er nahm ihn auf, weil er ihm gefiel und erzog ihn, als wäre er sein rechter Sohn gewesen.

Als der Prinz zu einem schönen Jüngling herangewachsen war, ließ es ihm keine Ruhe mehr und er dachte Tag und Nacht an seine armen Eltern, von denen er freilich nicht wusste, ob sie noch lebten und wie es ihnen in der Gefangenschaft etwa ergehen möchte. Er bat daher seinen Ziehvater, dass er ihm erlaube in die Welt zu gehen, um sein Glück zu suchen. Ungern erlaubte es dieser und gab dem Jüngling seinen Segen und ein Reisegeld dazu.

Der Prinz zog lange in der Welt umher, aber mit all seinen Plänen, die er ersann, wollte es nicht vorwärts kommen. Endlich war auch sein Geld zu Ende und er war arm wie eine Kirchenmaus; auch seine Kleider sahen nicht zum Besten aus. So kam er eines Abends auf eine Anhöhe, da lag ganz nahe eine große Stadt vor ihm; darin wurde mit allen Glocken geläutet und die Musik scholl weit hinaus. Nun sagte der Prinz zu sich:

»Da muss wohl ein großes Fest gefeiert werden. Aller Beschreibung nach ist dies die Hauptstadt des feindlichen Königs und dort sind meine armen Eltern, wenn sie noch leben. Aber heute mag ich nicht mehr hineingehen, ich will bis morgen warten und vor der Stadt übernachten.«

Und er ging bis zu einem kleinen Häuschen vor dem Stadttor und klopfte an; da kam eine freundliche Alte heraus, die nach seinem Begehren fragte.

»Gute Frau«, sagte er, »gebt einem armen Wanderer Herberge für die Nacht.«

»Ich bin selbst gar arm«, erwiderte sie, »allein das wenige, was ich habe, will ich gern mit Euch teilen, denn Ihr scheint mir ein ordentlicher Mensch.«

Sie hieß ihn eintreten und bereitete das Abendessen, nämlich eine »pinza«, das ist eine Art Brot, das unter glühender Asche gebacken wird; auch bereitete sie ihm ein reinliches Lager auf Stroh, damit er gut ruhe.

Nach dem Abendessen sagte er:

»Liebe Frau, was ist das für eine große Stadt, zu der ich gekommen bin?«

»Das ist die Hauptstadt unseres mächtigen Königs«, erwiderte sie. »Anfangs war sein Reich nur klein, da unternahm er gegen einen anderen König einen Krieg, führte ihn und seine Gemahlin in die Gefangenschaft und nahm ihm sein ganzes Reich, sodass das seinige nun wohl drei oder viermal größer geworden ist als es vorher war.«

»Und lebt der gefangene König noch?«, fragte der Jüngling und sein Herz klopfte so laut, dass es die Alte schier hätte hören können.

»Jawohl«, sagte sie, »der arme König und die arme Königin, sie leben beide, sie werden auch gut gehalten, nur dass sie in einem Palast eingesperrt sind und immer über ihren Sohn weinen.«

»Und wo ist denn ihr Sohn?«, fragte er mit erleichtertem Herzen.

»Ja, wenn sie das wüssten!«, antwortete die Alte, »sie meinen, er sei wohl damals umgekommen, als ihre Stadt von unserem König eingenommen wurde.«

»Und warum haben sie denn heute so geläutet und Musik gemacht?«

»Ja, das ist«, erwiderte die Alte, »weil unser König nur eine einzige Tochter hat, die will sich vermählen und Hochzeit halten, sie ist die Erbin des ganzen Reiches und hat der Freier eine ganze Menge.«

»Hat sie schon gewählt?«, fragte der Prinz weiter.

»Nein«, sagte die Alte; »die Sache verhält sich so. Sie gibt jedem, der um sie freien will, drei Rätsel auf und der erste, der sie löst, soll ihr Gemahl sein und König werden. Morgen ist der erste Tag; da darf sich ihr jeder ehrliche Mann vorstellen, nur ein Bettler oder ein Landstreicher darf es nicht sein, sonst ist jeder zugelassen.«

»So will ich doch auch hingehen und es mir ansehen«, sagte der Jüngling, »ruft mich morgen recht früh!«

Am nächsten Morgen weckte ihn die Alte früh und half ihm seine Kleider vom Staube reinigen und machte auch einige Nadelstiche, wo es nötig war, sodass er aussah, wohl wie ein armer, aber doch wie ein ordentlicher Mensch.

»Nun könnt Ihr wohl auch versuchen«, sagte sie schalkhaft, »um die stolze Prinzessin zu werben und wenn Ihr glücklich seid, vergesst das arme Mütterchen nicht!«

Der arme Prinz ging nun in die Stadt und, als er zur Königsburg kam, sah er viele stolze Prinzen und Ritter, von denen meinte ein jeder, er werde die Rätsel lösen und Gemahl der schönen Prinzessin werden. Aber so viele es versuchten, keiner konnte die Rätsel richtig lösen und sie zogen einer nach dem anderen beschämt und still von dannen. Endlich ließ sich auch unser armer Prinz von den Dienern, welche höhnisch über ihn lachten, der Prinzessin vorstellen. Sie sah ihn fast verächtlich an und sagte:

»Auch Ihr wagt es um mich zu werben; seid Ihr denn auch ein Ritter?«

Da erwiderte er:

»Gnädigste Prinzessin, ich bin zwar nur ein armer Mann; da Ihr aber einmal einen Mann von Geist und Verstand wollt, so halte ich mich nicht für schlechter als die übrigen.«

Da sagte sie wieder:

»Nun, Ihr könnt es versuchen, aber wenn Ihr es nicht erratet, so lasse ich Euch das Haupt abschlagen und Euch zu Füßen legen. Wollt Ihr noch?«

»Ja«, erwiderte er.

»Nun wohl«, sagte die Prinzessin, »hört denn. Was ist da, was die ganze Erde erfreut und es allen gleich macht und keinem einen Vorzug gibt?«

Und er erwiderte:

»Das ist die *Sonne*, die erleuchtet und erwärmt alles, die Höhen und die Tiefen, die Erde und das Meer, das Tier und die Pflanze, den Armen und den Reichen, den König und den Bettler!«

Da zuckte ein bittersüßes Lächeln um die Lippen der Jungfrau und sie sagte:

»Wohl, das erste habt Ihr erraten und ich kann es Euch nicht bestreiten. Aber was ist das: es ist ein Baum, der ist auf der einen Seite schön und freudenvoll, auf der anderen aber traurig und trübe; auch hat er viele Blätter, die sind auf der einen Seite hell und licht, auf der andern aber schwarz und dunkel.«

Und er antwortete:

»Dieser Baum ist das *Jahr*, das hat eine Seite, die ist schön und freudenvoll und die ist der Sommer; die andere aber ist der Winter, der ist traurig und trübe. Und seine vielen Blätter sind Tag und Nacht, der Tag ist hell und licht, die Nacht aber schwarz und dunkel.«

Als die Prinzessin dies hörte, fuhr sie zusammen und neigte das Haupt, als ob sie traurig wäre; bald aber erhob sie es wieder, blickte ihn stolz an und sagte:

»Wohlan, zwei Rätsel habt Ihr gelöst, nun merkt auf das dritte. Wer ist die Mutter, welche, nachdem sie ihre Kinder geboren und genährt hat, sie wieder in ihren Schoß aufnimmt?«

Und er erwiderte: »Diese Mutter ist die *Erde*, die Menschen sind aus ihr geboren, sie werden von ihr genährt und wenn sie sterben, so kehren sie wieder in ihren Schoß zurück!«

Da ging ein lautes Gemurmel durch den ganzen Saal; die Prinzessin aber war blass geworden und in ihren Diwan zurückgesunken. Ihr königlicher Vater ging auf sie zu, hob sie auf und legte ihre Hand in die des armen Prinzen.

»Dieser Mann«, sagte er, »ist dein zukünftiger Herr und Gemahl, sei er, wer er wolle. Du hattest dein Schicksal in deinen Händen, du hast selbst entschieden und dabei soll es verbleiben!«

Sogleich ließ er den armen Prinzen in eigens hergerichtete Gemächer führen, gab ihm kostbare Kleider und Diener und hielt ihn in allen Stücken wie seinen Schwiegersohn.

Die Prinzessin aber war immer traurig. »Wenn ich nur wüsste, wer er denn sei«, sagte sie oft zu ihren vertrauten Dienerinnen, »so aber weiß ich es nicht und er sagt es mir auch nicht, sodass ich Schlimmes argwöhnen muss.« Der Prinz selbst bemerkte es wohl und erriet, warum sie verstimmt sei. Da sagte er eines Tages zu ihr: »Hört, ich will Euch auch ein Rätsel aufgeben; wenn Ihr es innerhalb acht Tagen erratet, so sollt Ihr frei und ledig und Eures gegebenen Wortes entbunden sein. Mein Rätsel aber lautet so: Wer ist der König, welcher aus seinem Reiche verstoßen doch wieder in sein Reich zurückkehrt?«

Da war die Prinzessin wieder froh und dachte: »Ich will es schon erraten.« Zwei Tage lang dachte sie nach und frage auch alle, die ihr begegneten, aber vergebens. Da gab sie allen Dienerinnen den geheimen Befehl, den Prinzen Tag und Nacht zu belauschen und ihr jedes Wort, das er spreche, zu hinterbringen. Und die Diener lauschten und lauschten, aber der ernste Prinz sprach nie laut zu sich selbst, sodass die Prinzessin an ihrem Erfolge schon verzweifelte.

Am siebenten Abende hatte sich der Prinz eben schlafen gelegt; da hörte die Oberthofmeisterin, welche an der Türe lauschte, wie er seufzte und zu sich sprach:

»Ach, du armer Prinz, du König ohne Reich, was wird aus dir werden, wenn dich die schöne Prinzessin nicht liebt?«

Und dann seufzte er wieder und schlief ein. Die Oberthofmeisterin aber eilte zur Prinzessin und hinterbrachte es ihr. Nun atmete diese auf und auf einmal war ihr alles klar.

Am folgenden Morgen kam der Prinz zu ihr und fragte: »Nun, habt Ihr es erraten? Heute ist der achte Tag.«

Da stellte sie sich traurig und sagte:
»Ei, lasst mich noch einmal hören, wie lautet das Rätsel?«
Und er sagte:
»Es lautet so: Wer ist der König, welcher aus seinem Reiche verstoßen doch wieder in sein Reich zurückkehrt?«
»*Du* bist es!«, rief sie triumphierend, »du bist der Sohn des Königs und der Königin, die mein Vater bis zum heutigen Tage gefangen hält. Jetzt habe ich das Rätsel gelöst und ich bin frei.«
Da neigte der Prinz traurig das Haupt und erwiderte:
»Wohlan, Ihr habt es erraten, denn so habe ich es gemeint. Ihr seid frei und ich will wieder von dannen ziehen; denn mein Reich wäre nur Euer Herz und Eure Liebe gewesen, die Ihr mir versagt – nicht Eure Hand und mein und Euer Reich, die ich um den Preis meines und Eures Glückes nicht will. Aber eine Gnade gewährt mir: Gebt meinen Vater und meine Mutter frei und lasst sie mit mir hinweg ziehen, bis wir an den Grenzen Eures Reiches den Staub von unsern Füßen schütteln und ausruhen.«
Und er hatte das Haupt wieder erhoben und stand vor ihr als armer aber blühender stolzer Mann. Da brach sie in Tränen aus, warf sich an seinen Hals und rief:
»Nein, nein, so war es nicht gemeint, du bist mein für immer, ich will dich nicht lassen. Mein Herz hat sich der heißesten Liebe für dich geöffnet, denn du bist ein edler Mann, wie ich auf der weiten Erde keinen bessern je wieder fände. Wisse auch, dass ich mich selbst nicht mit Recht freisprechen kann, denn ich habe dich belauschen lassen und du hast selbst die Lösung des Rätsels ausgesprochen.« Und so umarmte und küsste sie ihn in einem fort. Da trat auch ihr Vater hinzu, umarmte den Prinzen und sagte: »Gott sei gelobt, dass ich am Sohne meines Feindes ein altes Unrecht, über welches mir mein Gewissen schon so viele Vorwürfe gemacht hat, wieder sühnen kann! Du sollst nicht bloß dein Reich und meine Tochter, sondern auch mein ganzes Land dazu haben.« Sogleich schickte er Wagen, um den gefangenen König und seine Gemahlin zu holen, welche bald kamen und sich vor Freude nicht zu fassen wussten. Dem armen gefangenen Könige aber war in den langen Jahren ein so langer weißer Bart gewachsen, dass er ihm fast bis zu den Füßen reichte.

Bald wurde fröhliche Hochzeit gehalten und sie lebten noch viele Jahre glücklich zusammen. Nach dem Tode des Königs erbte der Prinz das ganze große Reich und war ein König weise und gerecht, wie selten einer auf Erden. Dankbar aber hatte er sich nicht nur seines Ziehvaters, sondern auch jenes alten armen Mütterchens vor dem Stadttore erinnert und ihr ein großes schönes Haus bauen lassen versehen im Überfluss mit allem, was sie brauchte oder wünschte. Da saß die gute Alte noch lange Jahre vor dem neuen Hause an der wärmenden Sonne und erzählte jedem, der sie freundlich grüßte und mit ihr redete, wie sie einst den König als armen verstoßenen Prinzen eine Nacht in ihrem Häuschen beherbergt und ihm die Kleider geflickt habe. Und wenn du es nicht glaubst, so geh hin und sieh, ob sie vielleicht noch dort sitzt, und sie wird es dir auch erzählen; wenn aber ein armer ehrlicher Wanderer bei dir einkehrt, so behandle ihn als lieben Gast, denn man kann nie wissen, wer er ist.

Südtirol

Oraggio und Bianchinetta

Es war einmal eine Frau, die hatte zwei Kinder. Der Knabe hieß Oraggio, das Mädchen Bianchinetta. Nachdem sie sehr reich gewesen waren, wurden sie durch verschiedene Unglücksfälle arm. Es wurde beschlossen, dass Oraggio in einen Dienst gehen sollte, und er erhielt eine Stelle als Kammerdiener im Hause eines Fürsten.

Nach einiger Zeit, da der Fürst mit seinem Dienst zufrieden war, beförderte er ihn und stellte ihn an zur Reinigung der Bilder in seiner Galerie. Unter den verschiedenen Gemälden bildete das Porträt einer sehr schönen Dame beständig den Gegenstand seiner Bewunderung. Oft fand ihn der Fürst im Anschauen des Bildes versunken und fragte ihn eines Tages, weshalb er so viele Zeit vor dem Bildnis zubrachte. Oraggio antwortete, weil es vollkommen seiner Schwester gleiche, und da er so lange schon von ihr entfernt gewesen, fühle er das Bedürfnis, sie wiederzusehen. Der Fürst erwiderte, er glaube nicht, dass dies Bild seiner Schwester gleiche, da er habe suchen lassen und keine Frau, die dieser gleiche, habe finden können. Dann fügte er noch hinzu:

»Lass sie herkommen, und wenn sie so schön ist, wie du sagst, werde ich mich mit ihr vermählen.«

Sofort schrieb Oraggio an Bianchinetta, und sie reiste augenblicklich ab. Oraggio erwartete sie am Hafen, und als er von fern schon ihr Schiff erblickte, rief er zu wiederholten Malen:

»Ihr Schiffer im Meer, gebt acht, dass die Sonne meine Bianchina nicht schwarz brennt!«

In dem Schiff, in dem Bianchinetta war, befand sich auch ein anderes Fräulein mit seiner Mutter, und beide waren sehr hässlich. Als sie dem Hafen nahe waren, gab die Tochter Bianchinetta einen Stoß, sodass diese ins Meer fiel. Als sie gelandet waren, konnte Oraggio seine Schwester nicht wiedererkennen, und jenes hässliche Mädchen stellte sich ihm dar mit der Behauptung, die Sonne habe sie so geschwärzt, dass sie nicht mehr zu erkennen sei. Der Fürst war sehr überrascht, dieses Mädchen so hässlich zu finden, schalt Oraggio und gab ihm einen anderen Dienst; er sollte die Gänse hüten.

Nun trieb er täglich die Gänse ans Meer, und jedes Mal, wenn sie ans Ufer kamen, tauchte Bianchinetta empor und schmückte sie mit Schleifchen von verschiedenen Farben. Die Gänse aber, wenn sie wieder nach Hause kamen, schnatterten:

> Kroh, kroh!
> Vom Meer kommen wir,
> Gold und Perlen essen wir.
> Oraggios Schwester ist schön,
> Schön wie die Sonne sind ihre Augen,
> Die würde zu unserem Herrn taugen.

Der Fürst fragte Oraggio, warum die Gänse täglich dies Sprüchlein sagten, und er erzählte, seine Schwester sei ins Meer geworfen und von einem Seefisch gepackt und in einen schönen Palast unter dem Wasser geschleppt worden, wo er sie gefangen halte, doch an einer langen Kette, die ihr erlaube bis ans Ufer zu kommen, wenn er die Gänse dorthin treibe. Der Fürst sagte: »Wenn es wahr ist, was du mir erzählst, frage sie, was geschehen müsse, sie aus dieser Gefangenschaft zu befreien.«

Am nächsten Tage fragte Oraggio Bianchinetta, was er tun könnte, um sie aus der Haft zu retten. Sie antwortete: »Es ist unmöglich, mich von hier wegzubringen. So sagt mir wenigstens immer das Meerungeheuer: Man brauche dazu ein Schwert, das so scharf sei wie hundert, und ein Pferd, das laufe wie der Wind. Diese beiden Sachen zu finden, ist fast unmöglich. Du siehst also, dass es mein Schicksal ist, ewig hier zu bleiben.«

Als Oraggio zum Palast zurückkehrte, berichtete er dem Fürsten die Antwort seiner Schwester, und der Fürst bemühte sich so lange, bis er das Pferd fand, das lief wie der Wind, und das Schwert, das so scharf war, wie hundert. Dann gingen sie ans Meer und fanden Bianchinetta, die sie erwartete. Der Fürst führte sie in seinen Palast, und die Kette wurde mit dem Schwert durchschnitten. Dann stieg sie zu Pferde und konnte sich so befreien. Der Fürst aber fand sie so schön wie das Bild, das Oraggio immer betrachtet hatte, und heiratete sie. Die hässliche Andere wurde mitten auf dem Platz mit dem üblichen Hemd aus Pech verbrannt, sie aber lebten froh und glücklich.

Italien

Die Tochter des Schlangenkönigs

Es waren einmal zwei Freunde, von denen hatte der eine einen Sohn, der andere keinen; dieser liebte jedoch den Sohn des Freundes, als ob es sein eigener wäre. Beide waren große Kaufherren und befuhren mit ihren Schiffen die fremden Meere. Als nun der, welcher keinen Sohn hatte, eines Tages das Schiff zu neuer Reise rüstete, kam der Sohn des anderen und bat Vater und Freund, ihn mit zur See zu nehmen, damit auch er fremde Länder und Menschen kennen lerne. Keiner von beiden wollte seine Bitte erhören, er flehte aber so lange, bis sie ihm nachgaben und auch ihm ein Schiff rüsteten.

Wie sie aufs hohe Meer gekommen waren, erhob sich ein heftiger Sturm, der blies die Schiffe weit auseinander: eines dahin, das andere dorthin. Das Schiff, worauf sich der Freund befand, konnte sich retten, das andere, welches den Jüngling trug, scheiterte an einer Klippe. Die Matrosen ertranken, allein der Jüngling rettete sich auf einem Balken ans Land. Ganz trostlos irrte er herum und kam in einen Wald, wo viele wilde Tiere waren. Um sich vor denen zu schützen, kletterte er des Abends auf einen Baum, um da die Nacht zu verbringen, und lief dann weiter und weiter, bis er vor einer hohen Mauer stand. Diese Mauer erklomm er und sah zu seiner Freude, dass sie eine große Stadt umfasste. Eilig stieg er auf der anderen Seite hinunter und wandelte durch die Straßen, sich etwas Speise zu kaufen. Er tritt in einen Laden, fragt, ob sie ihm etwas zu essen geben könnten. Weil ihm aber niemand antwortet, geht er weiter und kommt vor den königlichen Palast. Der Wächter an der Pforte war auch stumm und konnte ihm nicht Rede stehen. Der Hunger treibt ihn, die Zimmer zu durchsuchen, eins nach dem anderen, und so kommt er in die königliche Bettkammer, dort legt er sich, da er sehr müde war, ein wenig nieder.

Kaum lag er, so erschien ein wunderschönes verhülltes Mädchen, bereitete ihm ein köstliches Mahl und lud ihn zum Essen ein. Er aß und legte sich wieder schlafen. Dies ging so weiter während zwei Wochen.

Eines Nachts, als er im tiefen Schlafe lag, erschien ihm eine königliche Jungfrau von hoher Schönheit, die sprach:

»Hast du Mut und Ausdauer?«

Er antwortete: »Ja.«

»Wenn du Mut und Ausdauer hast«, fuhr sie fort, »will ich dir ein Geheimnis anvertrauen. Wisse: ich bin die Tochter des Schlangenkönigs. Ehe mein Vater starb, hat er die ganze Stadt mit Männern und Frauen, Soldaten und Dienstleuten verwünscht und mich selbst dazu. Der Zauber, uns zu erlösen, ist in eines Magiers Händen; wenn du es aber über dich bringst, ein Jahr lang mit mir vereint zu sein, ohne mich zu sehen und ohne jemand etwas von diesem Geheimnis zu sagen, so ist der Bann, der mich und die Stadt hält, gebrochen, ich werde Kaiserin und du Kaiser.«

Er antwortete, dass er getreulich tun wolle, was sie ihm geböte, und alles ging gut.

Nach einiger Zeit jedoch bat der Jüngling, sie möge ihm gestatten, seinen Vater und seine Mutter wie den Freund einmal wiederzusehen, bald werde er zu ihr zurückkehren. Sie bangte zwar, ihn fortziehen zu lassen, doch gab sie endlich seinem Drängen nach und schärfte ihm noch einmal ein, das Geheimnis in Treue zu bewahren.

Ein Schiff erwartet ihn am Strande, das ihn in die Heimat tragen soll, und beim Scheiden gibt ihm die Jungfrau noch einen Stab, der ihm alle Wünsche erfüllen, ihn auch sicher zur Stadt seines Vaters bringen werde. Auf dem Schiffe waren Schätze und Kostbarkeiten die Fülle. Glücklich gelangte er vor die Tore seiner Vaterstadt, ließ die Schätze in die allerbeste Herberge tragen und fragte, ob hier nicht zwei reiche Schiffsherren wohnten. Man erzählte ihm, dass es wohl einmal in der Stadt zwei solcher Herren gegeben, welche die allerbesten Freunde von der Welt gewesen, dass sie aber jetzt beide bettelarm wären durch ein Unglück, welches den Sohn des einen mitten im Meere getroffen, und dass der Vater dem Freunde Schuld gegeben habe. Sie hätten darauf einen schlimmen Streit vor den Richtern angefangen und sich beide an den Bettelstab gebracht.

Wie er dies gehört, ließ er sofort seinen Vater rufen und sprach:

»Ich hätte wohl Lust, mit Euch und Eurem Freunde ein Geschäft zu machen, da mir bewusst ist, dass ihr zur See gar wohl erfahren seid.«

Der Vater antwortete, darauf könne er sich jetzt nicht mehr einlassen, da er und sein Freund sich wegen des Todes seines geliebten Sohnes entzweit hätten und all seine Güter durch den daraus entsprungenen schlimmen Streit verschlungen worden wären.

»Geld braucht ihr keins«, antwortete rasch der Sohn, »davon habe ich so viel ihr nur braucht und wollt.«

Und nun gab er Befehl, eine Tafel zu rüsten, und ließ den Freund seines Vaters wie die Frauen beider dazu einladen.

Wie sie nun bei Tische saßen, sahen sich sowohl die Männer als auch die Frauen mit feindseligen Blicken an, und keiner vermochte einen Bissen anzurühren. Da nahm der Sohn ein Stück von seinem Teller und sprach:

»Lieber Vater, der Euch diesen Bissen reicht, ist Euer verloren geglaubter Sohn, schaut her: Gesund und wohl steht er vor Euch.«

Und alle erkannten ihn, sprangen auf, umarmten und küssten sich vor Freude und weinten laut. Darauf teilte der Jüngling seine Schätze zwischen Vater und Freund, damit sie ihr Geschäft aufs Neue betreiben könnten; gleichzeitig aber sagte er, dass er wieder fort müsse, wohin jedoch, sagte er nicht. Dies bedrückte jedoch seine Mutter, und sie wollte um jeden Preis hinter das Geheimnis des Sohnes kommen. Sie bat und bat, und weil sie gar nicht abließ, erzählte ihr der Sohn zuletzt alles. Erzählte ihr, wie er so lange schon mit dem königlichen Mädchen vereint sei, ohne ihre Schönheit je mit Augen gesehen zu haben. Da gab ihm die Mutter ein Stückchen geweihter Kerze und sprach:

»Wenn sie im Schlummer liegt, zünde diese an, so kannst du ihre Schönheit schauen.«

Der Jüngling reist ab, erreicht Stadt und Schloss des Schlangenkönigs und findet die Jungfrau in Erwartung seiner. Wie sie schlafen gegangen war – ihm schien es hundert Jahre, bis dass er ihre Schönheit schaue – nahm er die geweihte Kerze und entzündete sie. Dann zog er dem Mädchen alle Kleider aus und schaute ihre hohe Schönheit. Da fielen heiße Wachstropfen herab, und sie erwachte. »Unseliger«, rief sie, »wem hast du mein Geheimnis verraten? Jetzt bist auch du im Bann und kannst mich nur erlösen, wenn du zum Walde gehst, wo der Magier wohnt, mit ihm kämpfst und ihn tötest.« »Wehe mir«, sagte der Jüngling, »was habe ich getan! Doch sage mir, was ist zu vollbringen, so es mir gelingt, den Magier zu töten?«

Sie antwortete: »Nimm diesen Stab, mit ihm erschlägst du den Magier, darauf öffnest du ihm den Leib, worin du ein Kaninchen finden wirst. Öffnest du dieses, findest du eine Taube, öffne auch sie, und du wirst drei Eier finden. Diese Eier bewahre wohl auf, hüte sie wie deine Augäpfel, denn durch sie wird dereinst Stadt und Land wie ich selbst erlöst werden. Wo nicht, bleibst du verwünscht wie alle anderen.«

Betrübt ging er davon, und nur mit dem Stabe bewaffnet kam er in den Wald, von dem ihm die Jungfrau gesprochen hatte. Hier stieß er auf eine Herde Kühe, welche von dem Besitzer und seinen Knechten gehütet wurden. Er näherte sich ihnen, sagte, dass er sich im Walde verirrt habe, und bat sie um ein Stück Brot. Der Herr gab ihm zu essen und behielt ihn bei sich, befahl ihm auch nach einigen Tagen, die Kühe auf die Weide zu treiben, warnte ihn aber vor dem Walde, weil in diesem ein Zauberer wohne, der Vieh und Menschen fräße. Er versprach das, führte aber gleichwohl die Herde in den Wald, um dem Zauberer zu begegnen. Der Herr, der ihm nur einen Knaben mitgegeben, fürchtete um seine Herde, da er ihn von weitem die Herde in den Wald treiben sah, und jammerte laut.

Der Zauberer, kaum dass er die Herde erblickte, kam mit einer furchtbaren Eisenstange herbei. Dem Knaben sank bei diesem Anblick das Herz in die Hosen, und er sprang in das Gebüsch. Der Jüngling aber blieb standhaft und schritt weiter. Da rief der Zauberer:

»Du Wicht, was kommst du hierher, um meinen Wald zu verwüsten?«

Der Jüngling antwortete:

»Nicht nur an den Wald will ich dir, sondern auch ans Leben!« Und der Kampf begann. Er währte den ganzen langen Tag, und sie waren hart aneinander. Beide ermüdeten, doch keiner war noch verwundet. Der Zauberer rief am Ende:

Hätt ich eine Suppe von Wein und Brot,
Dich zu töten hätt's keine Not!

Und der Jüngling:

Hätt ich eine Suppe von Milch und Brot,
Schlüge ich dich nieder ohne Not!

Sie trennten sich und wollten den Kampf anderen Tages fortsetzen. Der Jüngling trieb sein Vieh zusammen. Der Knabe kam hervor, und ungefährdet kamen sie nach Hause.

Alle staunten, sie unversehrt wiederzusehen, und hörten mit Verwunderung die Geschichte des Jünglings an. Da sagte auch der Knabe, wie der Jüngling sich während des Kampfes eine Suppe von Milch und Brot gewünscht, und der Herr befahl, eine solche Suppe auf den andern Tag bereit zu halten, damit sie im rechten Augenblicke dem Jünglinge gereicht werden könne.

Wieder trieb er seine Herde in den Wald, begleitet von dem Knaben, der die Suppe trug. Der Kampf begann, und wie er am heißesten entbrannt war, rief der Zauberer:

Hätt ich eine Suppe von Brot und Wein,
Schlüge dem Jüngling den Schädel ein!

Und der Jüngling:

Hätt ich eine Suppe von Milch und Brot,
Schlüge den Zauberer sicher tot!

Sogleich reichte ihm der Knabe das Verlangte, er nimmt einen Mund davon, sodass ihm die alte Kraft zurückkehrt. Darauf holt er mit seinem Stabe zu einem mächtigen Schlage aus, trifft den Kopf des Unholdes, und dieser stürzt tot zu Boden. Gleich ist er nun über ihn her, schneidet ihm den Bauch auf, findet darin das Kaninchen, in diesem die Taube, und endlich in der Taube die drei Eier. Die nimmt er, verwahrt sie wohl, treibt die Kühe zusammen und kehrt heim. Alles kam ihm voll Jubel entgegen, und der Herr bat ihn, bei ihm zu bleiben. Aber seines Bleibens war nicht länger, er schenkte dem Herrn den erbeuteten Wald und ging davon.

In der Stadt des Schlangenkönigs angekommen, eilte er auf das Schloss zur Jungfrau. Die nahm ihn gar freundlich bei der Hand und führte ihn in den Thronsaal ihres Vaters, wo sie ihm die goldene Krone auf setzte. »Jetzt«, sagte sie, »sind wir König und Königin.« Dann führte sie ihn auf den Altan des Schlosses, nahm die drei Eier und sagte zum Jüngling: »Jetzt wirf eins nach rechts, eins nach links, und das dritte gerade vor dich hin!« Kaum hatte jener dies getan, so fing ein großer Lärm an: Alle Leute der Stadt begannen zu sprechen, zu rufen, die Fahnen flatterten, Wagen fuhren vor, und die Truppen marschierten heran. Alle aber, Truppen und Volk, erhoben ihre Stimmen, dankten ihrem Befreier und riefen jubelnd: »Es lebe unser König und unsere Königin!«

Sie lebten im Glücke noch manches Jahr;
Ich aber bleibe so arm, wie ich war.

Italien

Die Granatäpfel

Es war einmal ein König, dessen Sohn war schwermütig. Er lachte nie, und es gab keine Vergnügungen und Zerstreuungen, die ihn zum Lachen gebracht hätten. Einmal fiel es dem Vater ein, der nicht wusste, wie er es anfangen sollte, ihn zu erheitern, auf dem Platz vor dem Schlosse drei Brunnen springen zu lassen, einen mit Wein, einen mit Öl, einen mit Essig. Alle gingen hin, sich davon zu holen, und stießen und schlugen sich, und eine Menge spaßhafter Szenen fielen vor, aber umsonst! Der Prinz sah aus einem Fenster des Schlosses, aber es kam nicht dazu, dass er lachte. Wein und Essig waren zu Ende, das Öl tröpfelte nur noch, als ein altes Weibchen mit einem Fläschchen kam und anfing es zu füllen, Tropfen für Tropfen, und lange stehen musste, bis sie ungeduldig wurde. Dem Prinzen, der am Fenster stand, machte es Spaß, ihr zuzusehen, und um sie zu peinigen, nimmt er, als sie ihr Fläschchen beinahe gefüllt hatte, einen Stein und wirft ihn so geschickt, dass das Glas zerbricht. Dann lacht er aus vollem Halse.

Die Alte, ganz wütend, wendet sich um. »Ha, du lachst? Bravo! Lache nur. Aber du wirst dich nie wohl befinden, wenn du nicht ein Mädchen aus Milch und Blut findest!«

Diese Worte ließen ihn wieder schwermütig werden mehr als zuvor, und er sagte zum Vater, er wolle fort, das Mädchen von Milch und Blut zu finden, von dem die Alte ihm gesagt hatte. Er steckte Geld ein und ging, und ging eine

Weile und sah viele Städte und verschiedene Länder, aber ein solches Mädchen fand er nicht.

Eines Morgens kam er in einen Wald und geht und geht und wird durstig, findet aber kein Wasser zum trinken, noch ein Haus, wo er Wasser bekommen könnte. Da setzt er sich auf die Erde, denn er konnte wirklich nicht weiter, und als er sich etwas ausgeruht hatte, hebt er den Kopf und sieht einen Baum mit drei Granatäpfeln. Schau, sagt er, ich will mir einen pflücken, um nur ein wenig den Durst zu stillen.

Er bricht einen ab, macht ihn auf, und herausspringt ein schönes Mädchen weiß und rot und aus Milch und Blut gemacht. Der Prinz sagt ihr:

»Willst du kommen und bei mir bleiben?«

»Hast du zu essen und zu trinken?«

»Nein.«

»Dann bleibe ich nicht bei dir.«

Und sie kehrt in den Granatapfel zurück und hängt sich wieder an. Der Prinz pflückt einen anderen Granatapfel ab, bricht ihn auf, und ein anderes Mädchen kommt heraus. Auch die fragt ihn, ob er zu essen und zu trinken habe, und er verneint es. Da verlässt auch diese ihn und will nicht bei dem Prinzen bleiben. Da pflückt er die dritte Frucht, wieder kommt ein Mädchen aus Milch und Blut heraus, diesmal aber beantwortet er ihre Frage mit Ja.

»Also werde ich bei dir bleiben.«

Sie sagte ihm, eine Fee habe sie so verzaubert und halte sie in den Granatäpfeln eingeschlossen. Sie hätten eine Zaubergerte, eine Haselnuss, eine Mandel und eine Nuss, die ihnen die Fee aufzuheben gegeben habe; das alles nahm das Mädchen mit. Sie schlägt die Gerte:

»Ich will einen Wagen mit den Pferden«, und sofort erscheint ein schöner Wagen mit den Pferden. Beide setzten sich hinein und fuhren fort.

Die Fee, die eine alte Frau war, kehrt zurück, lässt die Mädchen aus den Granatäpfeln herauskommen und sieht nur zwei. »Oh, wohin ist Caterina gekommen?« Die beiden anderen erzählten alles, was sich zugetragen hatte, und die Alte macht sich eilig auf, Caterina zu verfolgen. Die aber gab acht, da sie sie erwartete, und kaum sah sie sie von weitem kommen, warf sie die Nuss weg und sogleich stand eine

Kapelle da, sie selbst war in einen Priester verwandelt und er in einen Kleriker.

Die Alte tritt in die Kapelle ein.

»Habt Ihr nicht ein Mädchen mit einem jungen Mann vorbeikommen sehen?«

»Was wollt Ihr?«, antwortete der Kleriker. »Wollt Ihr Messe hören? Eben läutet es.«

»Aber nein! Ich frage, ob Ihr ein Mädchen mit einem jungen Menschen gesehen habt.«

»Ah! vielleicht wollt Ihr den Segen.«

Und sie machten sie so verwirrt, dass sie umkehrte. Sie aber stiegen wieder in den Wagen und fuhren fort. Die Alte aber ging wieder zu den Mädchen.

»Heilige Maria! Hat die Caterina auch die Nuss mitgenommen?«

»Freilich.«

Und wieder eilt die Alte hinter der Caterina her und erreicht sie. Die Caterina aber, kaum erblickt sie sie, wirft die Haselnuss weg, und sogleich erscheint ein schöner Garten, sie aber hat sich in eine Gärtnerin verwandelt, der Prinz in einen Gärtner.

»Hättet ihr vielleicht ein Mädchen gesehen mit einem jungen Menschen?«

»Was wünschen Sie?«, sagt die Gärtnerin, »wollen Sie einen Strauß von Rosen? Ich werde ihn gleich pflücken.«

»Ach was, Rosen! Ich will –«

»Ich verstehe. Sie wollen einen Strauß Akazienblüten. Ich hole ihn sofort.«

Kurz, sie machten ihr den Kopf so wirr, dass sie umkehrte. Und die beiden setzten ihren Weg fort. Die Alte aber fragt die beiden Mädchen:

»Sagt doch einmal, hat die Caterina auch die Mandel mitgenommen?«

»Jawohl, alles hat sie fortgebracht, auch die Zaubergerte.«

»Oh, ich Ärmste! Was soll ich tun?«

Und sie fängt wieder an zu laufen und läuft und läuft und geschwinde, weil sie eine Fee war, und holt sie alsbald ein. Aber Caterina, sobald sie sie erblickt, wirft die Mandel weg und sogleich erscheint ein reißender Fluss, der Wasser zu enthalten schien wie alle anderen Flüsse, aber wenn jemand hineinstieg, schnitt er ihn, als wären es geschliffene Klingen. So konnte die Alte nicht durch. Endlich aber entschloss sie sich doch, hineinzusteigen, um hindurch zu schwimmen; aber kaum war sie drin, so schnitt sie das Wasser in Stücke, und sie starb. Da verschwand der Fluss und alle Bezauberungen der Fee. Der Prinz und Caterina kehrten zurück, um die beiden anderen Mädchen zu holen, und alle gingen nach dem Palast. Der Prinz heiratete Caterina, die die kleinste war, und vermählte die beiden anderen mit zwei anderen Prinzen. Und so wurde der schwermütige Prinz heiter und wusste nun nichts mehr von Melancholie.

Italien

König Schwein

Galleotto, König von Anglien, war ein Mann, der ebenso mit Glücksgütern als mit Gütern des Geistes gesegnet war und hatte zum Weibe die Tochter des Mathias, König von Ungarn, Ersilia mit Namen, die an Schönheit und Tugend und feinen Sitten jede andere Frau ihrer Zeit übertraf. Und so weise regierte Galleotto sein Reich, dass keiner sich über ihn in Wahrheit beklagen konnte. Trotzdem sie nun beide lange Zeit beisammen gewesen waren, versagte ihnen das Schicksal doch Kinder, was beiden vielen Schmerz bereitete. Nun geschah es, dass Ersilia in ihrem Garten spazieren ging und Blumen pflückte, und da sie ziemlich müde war, sah sie einen Platz in üppigen grünen Kräutern und setzte sich dort nieder. Vom Schlummer befangen und von den Vögeln auf den grünen Zweigen sanft eingesungen, schlief sie ein. Da kamen zufällig durch die Luft drei stolze Feen. Sie sahen die schlafende junge Frau, hielten an, betrachteten ihre Schönheit und Anmut und beschlossen zusammen, sie unverletzlich und gefeit zu machen. Es waren alle drei Feen also im Einverständnis. Die erste sagte: »Ich will, sie soll unverletzlich sein und in der ersten Nacht, die sie mit ihrem Mann zu-

sammenliegen wird, schwanger werden und einen Sohn gebären, der an Schönheit nicht seinesgleichen auf der Welt hat.« Die zweite sagte: »Und ich will, niemand soll sie verletzen können, und der Sohn, den sie gebären wird, soll mit allen Tugenden und Vorzügen geschmückt sein, die man sich nur denken kann.« Die dritte sagte: »Und ich will, sie soll die weiseste und reichste Frau sein, die man nur finden kann, aber der Sohn, den sie gebären wird, soll mit Schweinshaut bedeckt geboren werden und in Gebärden und Haltung einem Schwein gleichen, und er soll nicht eher entzaubert werden, ehe er nicht drei Frauen gehabt hat.« Als nun die drei Feen entschwunden waren, erwachte Ersilia, stand sogleich auf, nahm die Blumen, die sie gepflückt hatte und ging zum Palast.

Nach kurzer Zeit wurde Ersilia schwanger, und da ihre Stunde gekommen war, gebar sie einen Sohn, dessen Glieder nicht wie die eines Menschen, sondern wie die eines Schweines waren. Darüber empfanden der König und die Königin unaussprechlichen Schmerz. Und damit diese Geburt nicht zur Schande der Königin, die gut und makellos war, gereiche, dachte der König oft daran, ihn töten und ins Meer werfen zu lassen. Aber dann erwog und bedachte er heimlich, dass der Sohn, wie er auch aussehe, von ihm erzeugt und sein Blut wäre, entschlug sich jedes stolzen Gedankens, wie er ihn vorher gehabt hatte, und beschloss in mitleidigem Schmerz, ihn nicht wie ein wildes Tier, sondern wie ein vernünftiges Wesen aufziehen und ernähren zu lassen. Das Kind, das sorgfältig aufgezogen wurde, kam oft zur Mutter, hob sich auf die Hinterbeine und legte ihr das Rüsselchen und die Vordertätzchen auf den Schoß. Und die Mutter wiederum liebkoste es, legte ihm die Hände auf den borstigen Rücken, umarmte und küsste es, gerade wie wenn es ein menschliches Geschöpf gewesen wäre. Und das Kind ringelte das Schwänzchen und zeigte ganz deutlich, wie wohl die mütterliche Liebkosung ihm tat. Als das Schweinchen ein bisschen herangewachsen war, begann es wie ein Mensch zu sprechen und sich in der Stadt umherzutummeln, und wo Schmutz und Dreck lag, so wie es die Schweine machen, darin sauste es umher. Dann kam es so stinkend und schmutzig heim, ging zu Vater und Mutter, rieb sich an ihren Kleidern und besudelte sie mit Mist. Und weil es der einzige Sohn war, ertrugen sie alles in Geduld.

Eines Tages kam das Schweinchen nach Hause, setzte sich, garstig und schmutzig wie es war, auf das Kleid der Mutter und sagte grunzend: »Liebe Mutter, ich will mich verheiraten.« Als das die Mutter hörte, antwortete sie: »Oh, du Narr, wer soll dich denn zum Manne nehmen; du stinkst und bist dreckig, und du willst, dass dir ein Baron oder ein Ritter seine Tochter gibt.« Da antwortete es grunzend, es wolle durchaus eine Frau. Die Königin, die sich keinen Rat wusste, sagte zum König: »Was sollen wir tun? Du siehst, in welcher Lage wir uns befinden. Unser Sohn will eine Frau, und keine wird ihn zum Mann nehmen wollen.« Das Schweinchen kam wieder zur Mutter und sagte mit lautem Grunzen: »Ich will eine Frau, und ich höre nicht eher auf zu bitten, bis ich das Mädchen kriege, das ich heute gesehen habe, weil es mir sehr gut gefällt.«

Dieses Mädchen war die Tochter einer armen Frau, die drei Töchter hatte, und jede von ihnen war sehr schön. Als die Königin das hörte, ließ sie sogleich das arme Weib mit ihrer ältesten Tochter kommen und sagte zu ihr: »Meine geliebte Mutter, Ihr seid arm und habt Töchter genug, wenn Ihr meinen Wunsch erfüllt, werdet Ihr bald reich sein. Ich habe hier diesen Schweinesohn, und ich möchte ihn gern mit Eurer ältesten Tochter verheiraten. Achtet nicht darauf, dass er ein Schwein ist, sondern nehmt Rücksicht auf den König und mich, denn schließlich wird Eure Tochter einmal unser ganzes Königreich besitzen.« Als das Mädchen diese Worte hörte, erschrak es sehr, wurde rot wie der Frühmorgen und sagte, dass es ganz und gar nicht in solche Sache willige. Aber das arme Weib gab ihr so gute Worte, dass die Tochter sich zufrieden gab. Als nun das Schwein ganz schmutzig nach Hause kam und zur Mutter lief, sagte sie ihm: »Mein Söhnchen, wir haben für dich ein Weib gefunden, ganz nach deinem Wunsch.« Und sie ließ nun die Braut kommen, die mit wundervollen königlichen Gewändern bekleidet war, und stellte sie dem Schwein vor. Als dies nun das schöne und anmutige Mädchen sah, freute es sich sehr. Und so, garstig und schmutzig, strich es um sie herum und liebkoste sie mit dem Rüssel und den Vorderpfoten so zärtlich, wie nur ein Schwein es kann. Weil es ihr aber alle Kleider beschmutzte, stieß sie es zurück. Da sagte das Schwein: »Warum stößt du mich zurück, habe ich dir nicht diese Kleider gegeben?« Da sagte sie stolz und hochmütig: »Weder du noch dein Königreich von Schweinen hat sie mir jemals gegeben.« Als nun die Stunde der Ruhe gekommen war, sagte das junge Mädchen: »Was soll ich mit diesem stinkenden Vieh anfangen? Ich will es diese Nacht, wenn es im ersten Schlafe liegt, töten.« Das Schwein, das nicht weit davon war, hörte die Worte und sagte nichts weiter. Als nun die Stunde gekommen war, ging das Schwein ganz mit Schmutz und Dreck beschmiert zu dem prächtigen Bett, hob mit seinem Rüssel und den Vorderfüßen das wunderfeine Linnen, beschmutzte alles mit stinkendem Kot und legte sich neben seine Braut. Es währte nicht lange, da schlief sie ein, aber das Schwein, das nur so tat als schliefe es, schlug ihr die scharfen Hauer so tief in die Brust, dass sie sofort tot blieb. Am Morgen stand es früh auf und lief nach seiner Gewohnheit fort, um zu weiden und im Schmutz zu wühlen. Wie nun die Königin ihre Schwiegertochter besuchen wollte, fand sie sie vom Schwein getötet, was sie mit großem Schmerz erfüllte. Als nun das Schwein nach Hause kam und arg von der Königin gescholten wurde, sagte es, es habe ihr nur getan, was sie ihm habe tun wollen und ging voller Zorn wieder weg.

Nicht lange danach drängte das Schwein von Neuem in die Mutter, es mit der anderen Schwester verheiraten zu wollen.

Und wie sehr auch die Königin dagegen sprach, bestand es hartnäckig auf seinem Willen: es drohte alles zu verwüsten, wenn es das Mädchen nicht bekäme. Als sie das hörte, ging die Königin zum König und erzählte ihm alles. Und er sagte, dass es besser wäre, es töten zu lassen, als dass es in der Stadt ein großes Unglück anrichte. Aber die Königin, seine Mutter, die es sehr liebte, konnte es nicht über sich gewinnen, es zu verlieren, wenn es auch ein Schwein war. Sie rief das arme Weib mit der zweiten Tochter und sprach mit ihnen lange; und da sie nun viel über die Heirat gesprochen hatten, willigte die zweite Tochter ein, das Schwein zum Manne zu nehmen. Aber die Sache kam nicht zu dem Ende, wie sie es wünschte, denn das Schwein tötete sie wie die erste und machte sich bald von Hause weg. Als es nun wieder zu gewohnter Stunde zum Palast mit solchem Schmutz und solchem Dreck kam, dass man ihm wegen des Gestanks nicht nahen konnte, wurde es vom König und von der Königin wegen des begangenen Frevels tüchtig geschmäht. Aber das Schwein antwortete ihnen dreist, es habe dem Mädchen nur gemacht, was das ihm zuzufügen willens gewesen war.

Nicht lange danach ersuchte der Herr Schwein die Königin, ihn wieder verheiraten zu wollen und ihm die dritte Schwester zum Weibe zu geben, die schöner als die erste und zweite war. Obwohl ihm die Bitte rundweg abgeschlagen wurde, drängte er immer mehr in die Königin und drohte mit schrecklichen und gottlosen Worten der Königin den Tod, wenn er das Mädchen nicht zum Weibe bekäme. Als die Königin die schändlichen und garstigen Worte hörte, fühlte sie im Herzen solchen Schmerz, dass sie fast wahnsinnig geworden wäre. Und indem sie an nichts anderes dachte, ließ sie das alte Weib und die dritte Tochter, Meldina, zu sich kommen und sagte zu ihnen: »Meldina, mein Töchterchen, ich wünschte, du nähmst den Herrn Schwein zum Mann. Du musst nicht Rücksicht auf ihn, aber auf seinen Vater und mich nehmen. Wenn du dich gut mit ihm stellen kannst, wirst du die glücklichste und zufriedenste Frau auf Erden sein.« Ihr antwortete Meldina mit ernstem und klarem Gesicht, sie sei es sehr zufrieden, dankte ihr sehr, dass sie sie würdigte, ihre Schwiegertochter zu werden, und da sie sonst nichts besäße, wäre es doch für ein armes Mädchen genug, in einem Augenblick die

Schwiegertochter eines mächtigen Königs geworden zu sein. Als die Königin die dankbare und liebevolle Antwort hörte, vermochte sie nicht aus Mitleid sich der Tränen zu enthalten, denn sie fürchtete, es würde ihr dasselbe geschehen wie den beiden anderen. Nachdem nun die neue Braut mit reichen Kleidern und wertvollen Kleinodien geschmückt war, erwartete sie ihren teuren Verlobten. Als nun der Herr Schwein gekommen war, schmutziger und dreckiger wie sonst, empfing ihn die Braut freundlich, breitete ihr kostbares Kleid auf die Erde, und bat ihn sich neben sie zu setzen. Die Königin sagte ihr, sie sollte ihn doch beiseite stoßen, aber sie wollte es nicht und sprach zur Königin: »Ich habe von drei Dingen sagen gehört, du verehrtes, frommes, gekröntes Haupt; das eine ist: Ein allzu großer Tor ist, wer suchen geht, was unmöglich zu finden; das zweite ist, an das zu glauben, was in sich nicht Sinn und Verstand hat; das dritte: Das Geschenk, das du in der Hand hast, für kostbar und selten zu halten. Der Herr Schwein, der nicht schlief, sondern alles genau hörte, erhob sich und leckte ihr Gesicht, Hals, Brust und Schultern, und sie wiederum liebkoste und küsste ihn, sodass er ganz in Liebe entbrannte. Als nun die Stunde der Ruhe gekommen war, ging die Braut zu Bett und wartete, dass ihr teurer Gemahl käme; und es währte nicht lange, da kam er ganz schmutzig und stinkend und ging zu Bett. Sie hob die Decke und ließ ihn neben sich kommen und legte ihm den Kopf auf das Kissen und bedeckte ihn wohl und schloss die Vorhänge, damit er nicht friert. Der Herr Schwein ging, als der Tag gekommen war und er die Matratze voller Mist gelassen hatte, auf die Weide. Die Königin ging morgens zur Kammer der Braut, und während sie zu sehen glaubte, was sie bei den anderen beiden schon früher gesehen hatte, fand sie die Schwiegertochter munter und zufrieden, wenn auch das Bett voller Schmutz und Unrat war. Und sie dankte dem Himmel, dass ihr Sohn eine Frau zu seiner Zufriedenheit gefunden hatte.

Nach nicht allzu langer Zeit sagte der Herr Schwein, als er sich mit seiner Gattin in angenehmem Gespräch erging: »Meldina, mein geliebtes Weib, wenn ich wüsste, dass du keinem mein tiefes Geheimnis offenbaren würdest, würde ich dir zu deiner größten Freude eine Sache offenbaren, die ich dir bisher verborgen habe. Aber da ich dich als klug und weise kenne und sehe, wie sehr du mich liebst, will ich es mit dir teilen.« – »Du kannst mir ganz ruhig dein Geheimnis sagen«, antwortete Meldina, »ich verspreche dir, es keinem zu offenbaren ohne deinen Willen.« Nachdem sich nun der Herr Schwein seines Weibes versichert hatte, zog er die stinkende Schweinshaut ab und war ein anmutiger, wunderschöner Jüngling. Und diese ganze Nacht lag er mit seiner Meldina in enger Umarmung. Und nachdem er ihr Schweigen geboten hatte, weil er bald diesen elenden Stand verlassen würde, stand er auf, zog seine Schweinshaut an und überließ sich wieder wie früher allen Unsauberkeiten. Man kann sich denken, wie groß die Freude Meldinas war, als sie sah, dass ein so anmutiger und feiner Jüngling ihr Mann war. Es dauerte nicht lange, da ward die Frau schwanger und als ihre Stunde gekommen war, genas sie eines sehr schönen Knaben, worüber König und Königin eine große Freude empfanden und vor allem darüber, dass er nicht wie ein Tier, sondern wie ein menschliches Geschöpf aussah. Jetzt erschien es Meldina an der Zeit, die so merkwürdige und wunderbare Sache, die sie bisher verheimlicht hatte, zu offenbaren. Sie ging zur Schwiegermutter und sagte: »Wunderkluge Königin, ich glaubte mich einem wilden Tier vermählt, aber Ihr habt mir zum Manne den schönsten, tugendreichsten und wohlgesittetsten Jünglings gegeben, der jemals auf Erden war. Wenn er in die Kammer kommt, um sich neben mich niederzulegen, zieht er sich die Schweinshaut ab und wirft sie auf die Erde und wird ein anmutiger und schöner Jüngling, was keiner glauben würde, wenn er es nicht mit eigenen Augen gesehen hätte.« Die Königin glaubte, die Schwiegertochter scherze, und doch sagte sie die Wahrheit. Und als sie nun fragte, wie sie es sehen könnte, sagte die Schwiegertochter: »Kommt diese Nacht zur Zeit des ersten Schlummers auf meine Kammer, Ihr werdet die Tür offen finden, und da werdet Ihr sehen, dass alles, was ich hier sagte, wahr ist.«

In der Nacht, um die Stunde, da alle zur Ruhe gegangen waren, ließ die Königin Fackeln anzünden und ging mit dem König zur Kammer des Sohnes, trat ein, fand die Schweinshaut, die auf der einen Seite der Kammer auf die Erde geworfen war, trat zum Bett und sah den Sohn als einen wunderschönen Jüngling, und Meldina, sein Weib, hielt ihn fest im Arm. Darüber empfanden der König und die Königin viel Freude, und der König befahl, dass bevor irgendeiner aus der Stube ginge, die Schweinshaut in ganz kleine Stücke zerrissen würde. Und so groß war die Freude des Königs und der Königin über den verwandelten Sohn, dass sie beinahe gestorben wären. Als der König Galleotto sah, dass er einen solchen Sohn hatte und von ihm wieder Söhne, legte er Krone und Königsmantel ab, und an seiner Stelle wurde mit größter Pracht sein Sohn gekrönt, der König Schwein geheißen, zur großen Zufriedenheit seines Volkes das Land regierte und mit Meldina, seinem geliebten Weibe, noch lange in höchstem Glück lebte.

Italien

Zauberturban, Zauberknute, Zauberteppich

Wo es war und wo es nicht war, es gab einmal zwei Brüder. Ihre Eltern waren gestorben und die Brüder teilten das Erbe untereinander auf. Der Ältere richtete sich einen Kramladen ein; der Jüngere aber, der nicht ganz bei Trost war, ergab sich der Schwelgerei. Er trieb dies so lange, bis er eines Tages kein Geld mehr hatte. Er ging nun zu seinem Bruder hin, bat ihn um einige Para-Stücke, und als er auch diese verzehrt hatte, ging er wieder zu seinem Bruder. Dies tat er so lange, bis er endlich dem Älteren zur Last ward, der sich von ihm auf keine andere Weise befreien konnte, als dass er sein Hab und Gut zu Geld machte und ein Schiff bestieg um nach Ägypten auszuwandern. Der Jüngere bekam aber Wind von der Sache und bevor noch das Schiff abfuhr, schlich er sich hinein und verkroch sich, damit man ihn nicht bemerke. Der Ältere hingegen fürchtete sich, dass wenn er seine Absicht erfahre, er ihm nachfolge, und zeigte sich deshalb nicht auf dem Verdeck. Aber kaum hatte man die Segel gespannt, als beide zum Vorschein kamen und so der Jüngere dem Älteren wieder am Halse war.

Der Ältere ärgerte sich darüber genug, aber vergebens; das Schiff trug sie bis nach Ägypten. Dort sagte der Ältere seinem Bruder: »Bleibe du nur hier; ich suche uns zwei Maultiere, damit wir weiter reisen können.« Der Junge setzte sich am Ufer nieder und wartete auf die Rückkehr seines Bruders, aber – vergeblich. »Ich werde ihn aufsuchen«, dachte er bei sich und machte sich also auf den Weg nach seinem Bruder.

Er ging und ging, machte kleine, machte große Schritte, sechs Monate lang ging er auf einer Wiese; einmal aber blickte er nach rückwärts und sah, dass er einen gar kurzen Weg zurückgelegt habe. Er machte also größere Schritte, ging ein halbes Jahr vorwärts, pflückte Veilchen, und als er auf diese Weise vorwärts schritt, gelangte er an den Fuß eines Berges. Drei Burschen zankten sich dort herum. Er sah ihnen als vierter zu und fragte sie, weshalb sie sich herumraufen.

»Wir sind die Kinder eines Vaters«, sprach der Älteste; »er starb unlängst und hinterließ uns als Erbe einen Turban, eine Knute und einen Gebetteppich. Wer sich diesen Turban aufs Haupt setzt, den erblickt kein Auge. Wer sich auf den Teppich setzt und mit der Knute knallt, der fliegt wie ein Vogel davon. Wem aber der Turban, wem die Knute, wem der Teppich gehören soll, das ist unser ewiger Hader!«

»Alle drei Dinge soll einer besitzen!«, riefen sie alle. »Mir, dem Ältesten gehören sie!« – »Nein; mir, dem Mittleren stehen sie zu!« – »Mir, dem Jüngsten sollen sie angehören!« Mit Reden und mit Stöcken bearbeiteten sie sich, sodass der Junge sie kaum auseinanderbringen konnte.

»Nicht also!«, meinte der Bursche; »ich werde aus einem Hölzchen einen Pfeil schnitzen und denselben abschießen. Ihr lauft ihm nach und wer denselben am schnellsten hierher zurückbringt, dem sollen alle drei Dinge gehören!«

Der Pfeil fliegt ab, es laufen die drei Brüder, der Junge aber denkt sich eins, setzt sich den Turban auf, kauert auf den Teppich hin, knallt eins mit der Knute und »hipp-hopp, dort will ich sein, wo mein Bruder ist!«, und ehe er sich's versieht, so befindet er sich vor einer großen Stadt.

Kaum begab er sich in die Stadt, als ein Mann des Padischahs den Leuten verkündigte, dass die Sultanstochter jede Nacht verschwinde. Wer es erfahren könne, wohin sie sich begibt, dem solle die Maid und das halbe Königreich gehören. »Da bin ich!«, rief der Narr, »führt mich hin zum Padischah; wenn ich es nicht erfahre, so – hier mein Kopf!«

Der Narr befand sich nun bald im Palast, abends aber im Gemach der Sultanstochter, legte sich nieder und harrte mit halbgeschlossenen Augen der kommenden Dinge. Die Maid wartete nur, dass er einschlafe, dann stach sie ihn mit einer Nadel in die Fußsohle und als er darauf nicht erwachte, nahm sie die Kerze zur Hand und entfernte sich durch eine Seitentüre.

Den Turban auf dem Kopfe ging ihr der Junge nach und kaum trat er hinaus, stand ein Araber vor ihm, der auf dem Haupte ein goldenes Becken hatte, in welchem die Sultanstochter saß. Der Narr sprang ebenfalls hinein und dabei kippte die Schüssel beinahe um. Der Araber erschrak und fragte die Maid, was sie denn treibe; er habe sie beinahe fallen lassen! »Ich habe kein Glied gerührt«, versetzte die Maid, »so wie du mich in die Schüssel gesetzt hast, so sitze ich!«

Kaum machte der Araber einige Schritte, so bemerkte er, dass die Schüssel ungewöhnlich schwer sei. Den Jungen machte freilich der Turban unsichtbar und der Araber sprach abermals zur Maid: »Was ist mit dir geschehen, oh Herrin? Du bist heute so schwer, dass ich unter dir beinahe zusammenbreche.«

»Lieber Lala«, versetzte die Maid, »ich bin weder schwerer noch leichter geworden.«

Kopfschüttelnd setzte der Araber seinen Weg fort und bald gelangten sie in einen wunderbaren Garten, dessen Bäume aus Silber und Diamanten bestanden. Der Junge brach einen Zweig ab, steckte ihn in seine Tasche, worauf die Bäume zu seufzen begannen: »Menschenkind hat uns weh getan; Menschenkind hat uns weh getan!« Der Araber und die Maid blickten sich erstaunt an.

Sie schritten bald wieder vorwärts und gelangten in einen anderen Garten, wo die Bäume aus Gold und Edelsteinen waren. Auch hier brach sich der Junge einen Zweig ab, worauf die Bäume so laut seufzten, dass der Himmel erbebte: »Menschenkind hat uns weh getan; Menschenkind hat uns weh getan!« Der Araber wusste nun nicht, was er sich denken solle.

Nun erreichten sie eine Brücke, gingen hinüber und kamen zu einem Palast, wo die Maid von einer Sklavenschar erwartet wurde. Sie verschränkten die Arme über der Brust und beugten sich vor der Jungfrau tief zur Erde. Die Sultanstochter stieg hierauf vom Kopf des Arabers herab, und als man ihr mit Edelsteinen besetzte Schuhe brachte, so steckte der Junge den einen in seine Tasche. Die Maid zog den anderen an, suchte das Paar dazu, ließ sich andere bringen, aber auch da verschwand der eine.

Ärgerlich eilte sie in den Palast hinein, aber der Junge, mit dem Turban auf dem Kopf, folgte ihr überall nach, in der Hand die Gerte und den Teppich haltend. Die Maid trat in ein Gemach ein, wo sich der arabische Peri befand, dessen eine Lippe den Himmel, die andere die Erde fegte. Er fragte die Maid, wo sie so lange geweilt habe. Die Sultanstochter erzählte ihm nun vom Narren, aber der Peri tröstete sie und meinte, das Ganze sei nur Einbildung.

Sie setzten sich nun nieder und er ließ durch einen Diener Scherbet holen. In diamantenem Napf brachte ein Schwarzer den süßen Trank und als er ihn der Sultanstochter überreichen wollte, versetzte der unsichtbare Junge dem Diener einen solchen Schlag auf die Hand, dass er den Napf fallen ließ und derselbe zerbrach. Ein Stückchen davon steckte der Junge in seine Tasche.

»Hab' ich es nicht gesagt«, schrie die Sultanstochter, »dass es heute nicht mit rechten Dingen zugeht. Ich will kein Scherbet haben. Ich will gar nichts haben. Ich will bald nach Hause gehen!« Der Araber beruhigte sie und ließ durch einen anderen Diener Speisen herbeiholen. Man deckte den Tisch, brachte viele Speisen herbei und als sie aßen, griff auch der hungrige Narr zu, worauf die beiden vor Schrecken beinahe umfielen, als sie bemerkten, dass auch ein unsichtbarer Dritter von den Speisen esse.

Auch der Araber ward nun unruhig, besonders, als auch von dem Zuckerwerk und von den Tassen so manches Stück verschwand. Er selbst sagte der Sultanstochter, seiner Geliebten, dass sie heute früher als sonst heimkehren solle. Der Araber wollte die Maid küssen, aber der Junge riss sie voneinander.

Beide erbleichten und riefen den Lala herbei. Die Maid setzte sich in die Schüssel und ließ sich heim tragen. Der Narr nahm schnell von der Wand einen Säbel herab und schlug mit einem Hieb den Kopf des Arabers von Rumpfe. Aber kaum fiel der Kopf zu Boden, so erzitterte Himmel und Erde. Jammern und Wehgeschrei erhob sich: »Wehe uns! Menschenkind hat unseren König getötet!« Der Narr selbst erschrak nun und wusste nicht, woran er war. Er setzte sich schnell auf seinen Teppich, knallte eins mit der Knute und als die Sultanstochter in den Palast zurückkehrte, da schnarchte der Narr schon in seinem Gemache. »Verwünschtes Schwein!«, sprach die Maid grimmig, »du hast mir heute genug Unruhe verursacht.« Sie nahm wieder eine Nadel hervor, stach damit in die Fußsohle des Jungen und als dieser sich gar nicht bewegte, glaubte sie, dass er schlafe und legte sich denn auch nieder.

Am nächsten Morgen weckte man ihn auf, damit man erfahre, ob er die Sache erforscht habe, widrigenfalls man ihm das Haupt abschlage. »Ja, ich weiß schon alles«, versetzte er, »euch aber sage ich es nicht. Führt mich zum Padischah.« Man führte ihn also zum Vater der Maid, wo er aber sagte, dass er alles nur dann erzählen werde, wenn man alle Bewohner der Stadt, Groß und Klein, Mann und Frau, um ihn versammle. »So werde ich meinen Bruder am leichtesten finden«, dachte er bei sich. Man versammelte nun die Bewohner auf dem Marktplatz; auf einem erhabenen Platze saß der Padischah mit seiner Tochter, neben ihnen stand der Narr und erzählte die Sache, so wie sie geschehen, von der Schüssel angefangen bis zum Peri-Schah. »Glaub' es nicht, Vater, es ist eine Lüge, Padischah!«, unterbrach ihn öfter die Maid.

Er nahm nun aus seiner Tasche den diamantenen Zweig voll Edelsteinen, die goldenen Schuhe, das kostbare Geschirr hervor und begann schon den Tod des Peri-Königs zu erzählen, als er in der Volksmenge seinen Bruder erblickte. Er sprach nichts, hörte nichts mehr, sondern sprang von der Erhöhung herab zu seinem Bruder, der zu laufen begann. Der Narr lief ihm nun nach und holte ihn endlich ein. Nun kehrten sie beide zurück, der Ältere erzählte dann seine Geschichte, der Jüngere aber sein Abenteuer und bat dann den Padischah, er möge die Maid und das halbe Königreich seinem

Bruder geben. Er habe genug an seinem Turban, seinem Zauberteppich und seiner Knute; mit diesen Dingen könne er sich bis zu seinem Tode den Lebensunterhalt verschaffen, nur möge er stets in der Nähe seines Bruders bleiben dürfen.

Am meisten freute sich die Sultanstochter, als sie den Tod des Peri-Königs erfuhr. Mit Gewalt hatte sie eines Tages der Peri-König aus ihrem Gemache geraubt und sie so bezaubert, dass sie von ihm nicht lassen konnte. In ihrer Freude willigte sie ein, dass der Bruder des Narren ihr Gemahl werde und sie feierten nun vierzig Tage und vierzig Nächte hindurch ihre Hochzeit.

Auch ich war dabei und als ich Pilaf verlangte, versetzte mir der Koch einen solchen Schlag auf die Hand, dass ich auch jetzt noch davon krumm gehe.

Türkei

Die gebrochenen Eide

Es war einmal ein reicher Mann, der nur einen Sohn hatte. Diesen ließ er in allem unterrichten, sodass derselbe sehr gelehrt und geschickt wurde.

Vor seinem Tode gab der alte Mann ein großes Fest und lud die Vornehmsten aus der Stadt dazu ein. Als das Gastmahl vorbei war, rief er seinen Sohn und ließ ihn schwören bei dem Namen des großen Gottes der ganzen Welt, dass er nie reisen oder aus dem Lande gehen wolle. Dann übergab er ihm unter dieser Bedingung seinen ganzen Reichtum, ließ ihn hierüber eine Schrift vor Zeugen, in Gegenwart der ganzen Gesellschaft unterzeichnen, und gab dieselbe einem der Vornehmsten in Verwahrung.

Ein Jahr nach dem Tode des Vaters kam ein großes Schiff, mit köstlichen Waren beladen, aus Indien. – Der Kapitän fragte bei seiner Ankunft nach dem Vater des jungen Mannes; man antwortete ihm, dass dieser gestorben sei und einen Sohn hinterlassen habe, und führte ihn zu der Wohnung des letzteren. Zu diesem sprach er: »Herr, ich habe dir viele Güter mitgebracht, die deinem Vater gehören; aber noch weit mehr von seinem Eigentum ist zurückgeblieben. Wenn du mit mir kommen willst, so wirst du imstande sein, große Reichtümer zu erlangen und alles Eigentum deines Vaters wiederzubekommen.« Der Sohn antwortete ihm, er dürfe nicht reifen, denn er habe seinem Vater einen Eid geleistet, nie aus dem Lande zu gehen. Trotzdem hörte aber der Kapitän nicht auf, täglich in ihn zu dringen, sodass er ihm endlich das Versprechen abnötigte, ihn begleiten zu wollen.

Als dies geschehen war, ging der Jüngling zu den gelehrtesten Rabbinern seiner Zeit und versuchte, ob sie ihn seines Eides entbänden. Die Rabbiner rieten ihm, das Land nicht zu verlassen; seine Gier aber nach Reichtümern war so groß, dass er ihre Ratschläge gar nicht achtete, sich kurz entschloss und mit dem Kapitän abreiste.

Als sie nun mitten auf der See waren, ging das Schiff plötzlich auseinander, alle Waren fielen ins Wasser und die ganze Mannschaft ertrank, der junge Mann ausgenommen, der sich auf eine Planke rettete. Das Wasser warf ihn von einer Welle zur andern, bis es ihn endlich an das Ufer schleuderte. So war er vor dem Ertrinken gerettet, nun aber in Gefahr zu verhungern, denn er fand nichts zu essen als das Gras auf dem Felde, und nichts zu trinken als Wasser.

Eines Tages näherte sich ihm ein außerordentlich großer Adler und setzte sich gerade vor ihm nieder. Der Jüngling, welcher ganz an seinem Leben verzweifelte und nicht wusste, wo er war, besann sich ein wenig und bestieg sodann den Adler, der rasch mit ihm davonflog, ihn in einem bewohnten Lande niedersetzte und ihn dann verließ. Da er sah, dass das Land ringsumher bewohnt war, freute er sich sehr und fragte sogleich nach dem Hause des Oberrabbiners. Da verhöhnten ihn alle Leute, welche zugegen waren, sprachen Verwünschungen über ihn aus und sagten, er müsse sterben, weil er den seinem Vater geleisteten Eid gebrochen habe. Als er das hörte, wunderte er sich sehr, woher sie es wüssten; er begab sich aber nach dem Hause ihres Häuptlings, welcher ihm befahl, daselbst zu bleiben, bis ihm sein Urteil gesprochen sei, denn alle Bewohner dieses Landes wären Mazikin und wollten ihn umbringen, weil er den Tod, seines Eidbruchs halber,

verdiene. Er schloss indes: »Sei ohne Furcht; wenn sie dich verurteilen und zur Hinrichtung führen wollen, so schreie nur laut und sprich: Ich rufe um Gerechtigkeit zu Gott und dem Könige! Dann wird der König das Äußerste tun, dich aus ihren Händen zu befreien, und du wirst am Leben bleiben.«

Als er nun von den Richtern verhört worden, verurteilten sie ihn zum Tode nach göttlichem Gesetz. Man führte ihn hinaus, er aber hob seine Finger und rief um Gerechtigkeit zu Gott und des Königs Majestät.

Da sie das hörten, brachten sie ihn zum König. Der König vernahm ihn und sagte, dem Rechte nach müsse er den Tod erleiden. Als er ihn aber weiter fragte, ob er Mosis Gesetz studiert habe oder kenne, oder den Talmud und die verschiedenen großen Schriftsteller, und fand, dass er sehr gelehrt sei und ein großer Rabbi, bekümmerte es ihn sehr, dass er einen so geschickten Mann solle töten lassen. Er bat demnach, man möge die Hinrichtung bis auf den folgenden Tag verschieben, er wolle die Sache noch in nähere Erwägung ziehen. Da beruhigten sie sich und gingen fort.

Am folgenden Tage kamen Richter, Statthalter, Häuptlinge und alles Volk in der Stadt zusammen, um des Königs Urteilsspruch zu vernehmen und der Hinrichtung des Mannes beizuwohnen, welchen Anblick sie schon mit Ungeduld erwarteten. Während sie nun sämtlich versammelt waren, ließ der König, ehe er aus dem Palast ging, das Urteil zu sprechen, den Jüngling vor sich bringen und fragte ihn, ob er seine Kinder in allem, was er wisse, unterrichten wolle. In diesem Falle solle das Äußerste geschehen, ihn zu retten. Der Jüngling erklärte sich gern dazu bereit. Hierauf ging der König aus dem Palast, setzte sich auf den Richterstuhl, berief alle Häuptlinge und alles Volk und sprach Folgendes:

»Es ist wahr, dass ihr diesem Manne den Tod mit Recht zugesprochen habt, aber keine Regel ist ohne Ausnahme; ich glaube nicht, dass seine Zeit schon gekommen ist, denn wäre es Gottes Wille, dass er sterben sollte, so würde er ohne Zweifel mit der ganzen übrigen Mannschaft am Bord des Schiffes umgekommen sein. War es Gottes Wille, dass er sterben sollte, so würde er nicht das Land erreicht und ein Adler würde ihn nicht hierher zu uns getragen haben. Auf gleiche Weise hat ihn Gott auch von euch befreit; denn ihr hättet ihn ja erschlagen können. So ist er aus mannigfachen und großen Gefahren errettet worden, und deshalb scheint es mir recht, dass er am Leben bleibe; was aber die Sünde des gebrochenen Eides betrifft, so ist das zwischen ihm und Gott, der ihn dereinst dafür bestrafen wird. Er soll deshalb von uns freigesprochen werden, und ich befehle, dass ihn niemand berühre oder ihm Böses tue; wer ihn beunruhigt, der soll sterben.«

Als der König dergestalt zu den Versammelten gesprochen hatte, erklärten sich alle mit der Entscheidung zufrieden und der Mann blieb im Hause des Königs und unterrichtete dessen Kinder. Er brachte drei Jahre in dem Palast zu, hochgeehrt von jedermann, sowie von dem Könige seines Talents und seines Wissens wegen sehr geschätzt.

Nun begab es sich, dass der König genötigt war, an der Spitze eines Heeres auszuziehen, um eine Provinz, die sich empört hatte, zu bekämpfen. Als er im Begriff stand, abzureisen, rief er den Mann, gab ihm alle Schlüssel zu seinen Palästen und Schatzkammern und sagte zu ihm: »Du kannst alles beschauen, was in dem Lande und in den Palästen ist; hier aber hast du einen goldenen Schlüssel, hüte dich ja, den Palast, zu welchem er gehört, zu öffnen, denn ich werde dich an demselben Tage, an welchem du es tust, erschlagen.« Darauf befahl er dem Volke, ihn statt seiner zu ehren und ihm Gehorsam zu leisten, nahm Abschied und zog fort.

Als der König fort war, öffnete und beschaute der Mann alle Paläste und Merkwürdigkeiten, die so wunderbarer Art waren, dass er ähnliches in seinem Leben noch nicht erblickt hatte. Die kostbarsten Reichtümer von der Welt lagen daselbst aufgehäuft; er fand Berge der größten Diamanten und noch viele, viele andere höchst erstaunliche Dinge. Nachdem er aber alles dies gesehen hatte, war er gleichwohl noch nicht zufriedengestellt. Er empfand nun eine heftige Begierde, auch den verbotenen Palast zu öffnen, und weil er glaubte, es könne ihm weiter keinen Schaden bringen, beschloss er, seinem Gelüst nachzugehen. Er näherte sich fünf- oder sechsmal der Türe des Palastes und zog sich immer wieder furchtsam zurück; endlich fasste er Mut und öffnete.

Da waren sieben Gemächer, eines neben dem andern, und jedes voll merkwürdiger Gegenstände. Im siebenten Gemach befand sich die Prinzessin mit anderen Frauen. Sie war reich gekleidet und von seltener Schönheit. Als sie ihn erblickte, seufzte sie und sagte: »Mann, du dauerst mich. Wie bist du hierher gekommen? Achtest du so den Befehl meines Vaters, der dich beschwor, diesen Palast nicht zu öffnen, als er dir die Schlüssel zu seinen Palästen und Schätzen übergab? Wisse, dass mein Vater, wenn er zurückkehrt, dich unfehlbar mit dem Tode bestraft. Willst du indes meinem Rat folgen und mir schwören, mein Gemahl zu werden, so will ich dich retten.« Er willigte ein, schwor den Eid, schrieb ihn nieder und gab ihn der Prinzessin. Darauf belehrte sie ihn: »Wenn mein Vater dich fragt, warum du den Palast geöffnet hast, so antworte ihm dreist, du wolltest mich heiraten; dann wird er dir gewiss das Leben schenken.«

Kaum hatte sie das letzte Wort gesprochen, als schon der König in den Palast trat, mit gezogenem Schwert, um den Verbrecher zu töten. – Der Mann warf sich auf die Erde, begann ihn zu bitten und sagte, er wünsche die Prinzessin zu heiraten. Als der König das hörte, freute er sich, dass er dableiben und seine Kinder all sein Wissen lehren wolle; denn er war, wie gesagt, ein Mann von großer Gelehrsamkeit. Deshalb antwortete er ihm, es solle dem Willen seiner Tochter überlassen bleiben, seine Gemahlin zu werden oder nicht. Er befragte sie darauf, und sie sagte: »Was mein König für mich tut, das ist wohlgetan.« Also gab der König seine Einwilligung, der Kontrakt wurde gemacht, den höchsten obrigkeitlichen Personen der Stadt Nachricht gegeben und die Hochzeit zwei Monate später festgesetzt.

Als nun die bestimmte Zeit gekommen war, wurden alle Oberhäupter der Provinzen des Königreiches eingeladen und ein großes Fest zur Feier der Hochzeit veranstaltet; darauf wurden sie beide zu ihrer großen Freude und Glückseligkeit miteinander vermählt.

Als sich die Prinzessin mit ihrem Gemahl allein befand, sagte sie zu ihm: »Nun sind wir öffentlich mit dem Willen meines Vaters vermählt worden. Willst du getrennt von mir leben, so habe deine Freiheit; sonst aber musst du mir schwören, mich nie zu verlassen.

Er erwiderte ihr, er sei mit allem wohl zufrieden, schwor es ihr, schrieb es auf Papier, unterzeichnete es und gab es ihr. Darauf lebten sie manches Jahr in Glück und Freudigkeit zusammen und hatten mehrere Kinder, von denen sie den Erstgeborenen Salomon nach dem Könige Salomon nannten.

Gleich nach der Hochzeit ließ der König ausrufen, dass sein Schwiegersohn der Zweite im Königreich sein, Urteile sprechen und diejenigen, die Strafe verdienten, bestrafen solle. Dies geschah mit allgemeiner Einwilligung aller Großen des Landes.

Nach mehreren Jahren aber wurde der Mann sehr bekümmert und tiefsinnig; seine Frau fragte ihn zum Öftern, was ihm fehle, aber er wollte es nie sagen; sie redete ihm jedoch so lange zu, bis er ihr eingestand, dass er bei dem Anblick seiner Kinder jedes Mal an seine anderen Kinder und seine andere Frau erinnert werde und eine lebhafte Sehnsucht empfinde, sie noch einmal wiederzusehen.

»Mein teurer Gatte«, erwiderte die Prinzessin, »lass dich das nicht betrüben, das soll nur in deinem Willen stehn.« Vergnügt sprach er: »Wenn du mir diese Gunst erweisen willst, so werde ich dir immer dankbar sein.« Sie fragte ihn darauf, wie lange er bei seiner Frau und bei seinen Kindern zu bleiben wünsche, und er antwortete: »Drei Monate.« Aber sie sagte: »Nein, ich gebe dir ein ganzes Jahr, doch unter der Bedingung, dass du sogleich nach Ablauf dieser Zeit zu mir zurückkehrst. Er versicherte ihr, wenn sie ihm diese Gunst erzeige, wolle er alles tun, was sie befehle, und da sie einen Eid verlangte, dass er sein Wort halte, schwor er, schrieb es auf Papier und gab es ihr.

Nun rief sie einen ihrer Diener und befahl diesem, ihn so schnell wie möglich nach seinem Hause zu bringen; nach Verlauf weniger Minuten befand er sich daselbst bei seiner Frau und seinen Kindern. – Der Diener fragte ihn hierauf, ob er etwas an seine Herrin zu befehlen habe. Er erwiderte ihm aber: »Ich habe nichts zu tun mit dir und deiner Herrin. Ich bin jetzt bei meiner Frau und meinen Kindern, ich kenne keine andere und habe keinen Auftrag für dich.«

Der Diener kehrte zu seiner Gebieterin zurück, und als sie ihn fragte, was sein Herr gesagt habe, und ob er ihm irgendeinen Auftrag gegeben, antwortete er: »Herrin, wenn ich dir sage, was er gesagt hat, so glaubst du mir nicht.« Sie drang aber in ihn, und er erzählte Wort für Wort. »Das hat nichts zu bedeuten«, sagte die Frau.

Der Mann blieb nun vergnügt bei den Seinen; nach Ablauf des Jahres aber sandte seine Gattin einen Boten zu ihm, um ihn zurückzurufen, weil das Jahr verflossen sei. Er entgegnete jedoch, er werde nicht kommen und habe nichts zu tun mit ihnen, da er ein Mensch sei und habe auch weiter nichts sagen zu lassen. Der Bote kehrte zurück und meldete es seiner Herrin; diese sandte nun Boten von höherem Stande, in der Meinung, dieser eine sei nicht hinreichend gewesen. Der Mann aber antwortete ganz wie zuerst. Sie sandte noch vornehmere Boten, drei- oder viermal, und endlich war sie genötigt, ihren Sohn Salomon zu senden.

Als jener seinen Sohn sah, umarmte er ihn und fragte, was er wolle. Der Sohn entgegnete, seine Mutter habe ihn gesandt, damit der Vater mit ihm zurückkehre, und wolle er nicht, so würde sie selbst kommen und sich an ihm rächen. Der Vater erwiderte, er sei nicht gesonnen, sein Haus zu verlassen, sondern wolle bei Weib und Kindern bleiben, die menschliche Wesen seien gleich ihm. Als nun der Sohn sah, dass er sich auf keinerlei Weise bewegen ließ, kehrte er zu seiner Mutter zurück und erzählte ihr alles.

So war die Mutter also genötigt, selbst mit einem großen Heere sich auf den Weg zu machen. Als sie vor der Stadt anlangten, in welcher der Mann wohnte, sagten ihre Begleiter zu der Prinzessin, sie wollten hineingehen und den Mann, der ihr Gatte sei, nebst allem Volk in der Stadt erschlagen; aber sie entgegnete: »Nein, es hat keiner die Erlaubnis, einen Hebräer zu töten, da diese, wenn sie sich schlafen legen, zu Gott beten, er möge sie beschützen und behüten vor allen Mazikin; deshalb haben wir weder das Recht, noch die Erlaubnis sie anzurühren, und wenn wir ihnen ein Leid zufügen, so werden wir von dem Gotte Israels, der die ganze Welt regiert, bestraft. Deshalb bleibt ihr hier vor der Stadt, und morgen früh will ich mit meinem Sohn Salomon aufstehen und nach der Schule der Rabbiner gehen und dem Sanhedrin, ob sie mir Recht verschaffen wollen; wollen sie es nicht, so will ich mich selbst an ihm und an ihnen rächen.« Alle antworteten und sagten darauf einstimmig: »Das ist ganz wohlgesprochen.«

Am Morgen erhob sie sich mit ihrem Sohn Salomon, und ging in die große Schule, wo das göttliche Gesetz gelehrt wurde. Sie beratschlagten dort, als sie eine Stimme laut schreien und sagen hörten: »Gerechtigkeit vor Gott und vor euch, an solchem, meinem Gatten!« Und alle Leute erschraken und waren erstaunt, als sie dreimal diese Stimme hörten und niemand sahen. Sie schickten zu dem Manne, welcher kam und ihnen alles erzählte und sagte, er sei nicht Willens mit ihr zu gehen. Da hörten sie wieder die Stimme, welche rief: »Hier sind seine Eide, welche er schwor und jedes Mal eigenhändig unterschrieb.« Und zugleich fielen drei beschriebene Papiere vor ihnen nieder. Sie lasen sie und fragten ihn, ob das feine Unterschrift sei. Er bejahte es. Darauf fügten sie zu ihm, es wäre schlecht, so viele Eide zu brechen, und es sei kein Ausweg, er müsse mit ihr gehen dahin, wo er so manches Jahr gelebt habe mit ihr, wo sie ihn vom Tode rettete und ihm Kinder geboren habe. »Was uns betrifft«, sprachen sie, »so raten wir dir ja dazu, denn wenn du es nicht tust, so wird es böse werden; sie ist kein gewöhnliches Weib, sondern eine Prinzessin und verdient Beachtung, besonders da sie das Recht auf ihrer Seite hat.« Er antwortete, er wolle ihr ihren Scheidebrief geben, doch sie erwiderte, das zieme ihrer Ehre nicht. Kurz, er weigerte sich durchaus mit ihr zu gehen.

Nach vielem Hin-und-her-Streiten, und als sie sah, dass er auf keinen Fall seinen Entschluss ändern werde, sprach sie: »Herren, ich bin euch sehr dankbar und verpflichtet, denn ich sehe, dass ihr mir die Gerechtigkeit Gottes erzeigt, aber ich will sie nicht annehmen. Ihr seid frei, und die Sünde wird auf seiner Seele sein. – Deshalb, da nichts bei ihm hilft, bitte ich euch, dass er sich von mir umarmen und mich Abschied von ihm nehmen lasse.« Er erwiderte, das könne sie tun; aber als sie ihn umarmte, zog sie ihm die Seele aus dem Körper und er fiel tot nieder.

Darauf sagte sie: »Hier ist sein Sohn Salomon, der einer der eurigen ist. Ich will ihm hinlängliche Reichtümer geben, und er soll erben mit den Kindern des andern Weibes, und ihr werdet ihn unter euch zu einem großen Rabbi machen; denn er ist sehr geschickt, wovon ihr euch leicht überzeugen könnt, wenn ihr ihn prüft. Lebt wohl!«

Nach diesen Worten begab sie sich mit ihrem Heere hinweg.

Jüdisches Märchen

Oschoo

Oschoo war der Sohn frommer und fleißiger Fischersleute, die ihn zu einem braven Manne und tüchtigen Arbeiter in ihrem Gewerbe auferzogen. Als seine Eltern alt und schwach wurden, war er ihre einzige Stütze und wusste durch unverdrossene Arbeit sie vor jeglicher Not zu schützen. Seine Ehrlichkeit und sein freundliches Wesen machten ihn bei jedermann beliebt, und niemand war in der ganzen Umgegend, der nicht am liebsten von Oschoos seinen Bedarf an Fischen gekauft hätte. So war es ihm denn gelungen, sein Geschäft aufs beste einzurichten, und namentlich hatte er einige Teiche im Gebirge in seinen Besitz gebracht, in denen die herrlichsten Karpfen sich befanden.

Einstmals war der Winter ungewöhnlich hart, die Teiche froren fest zu und waren mit so dickem Eis bedeckt, dass Oschoo oft mit Sorge an seine Karpfen dachte. Noch mehr bekümmerte es ihn aber, dass auf diese Weise seine beste Nahrungsquelle versagte, da gerade jetzt seine Mutter sehr krank ward und ihre Pflege stete Sorgfalt und mancherlei Kosten verursachte. So schwer es aber auch dem braven Oschoo wurde, er schaffte getreulich nicht nur das herbei, was für die Kranke nötig, sondern auch alles, was seiner Mutter irgendwie angenehm war.

Eines Tages lag sie recht schwach und hinfällig auf ihrem Krankenlager und sagte zu Oschoo: »Hätte ich doch nur etwas von den schönen Karpfen aus deinen Teichen. Ich glaube, wenn ich davon äße, wäre ich bald geheilt.« Oschoo war sehr betroffen, fast hätten ihm diese Worte seiner Mutter Tränen entlockt, allein er beherrschte sich und sprach mit anscheinend heiterem Sinne: »Wohl denn, liebe Mutter, ich werde Euch sofort diese Speise holen.« Die Alte segnete ihren Sohn, und er trat aus der Hütte. Aber hätte er auch nur die geringste Hoffnung gehabt, dass ein milder Tauwind das Eis seiner Teiche mürbe machen und ihm so das Durchhauen ermöglichen könnte, so sah er sogleich ein, dass dies vergeblich sei; der kalte Wind strich nach wie vor über Berg und Tal, und die starre Spiegelfläche des Eises war so spröde, dass die Arbeit gar manchen Tages nicht hingereicht hätte, um zu den Karpfen unter dem Wasser zu gelangen. Verzweifelnd warf sich Oschoo auf das Eis; er rang die Hände und bat den Himmel um Hilfe.

Und die Götter erhörten ihn in der Tat. Er fühlte, wie plötzlich eine gar wunderbare Wärme seinen Leib durchdrang, und von einem Strahle der Hoffnung belebt, streifte er sein Gewand ab und blieb ausgestreckt auf dem Eise liegen. Und siehe da, soweit sein Körper reichte, taute das Eis so rasch, dass er bald wieder aufsprang, um durch wenige Hiebe mit seiner Hacke die Eisdecke vollends zu entfernen. Kaum war dies geschehen, so schwammen auch schon von allen Seiten große Karpfen herzu, unter denen Oschoo die besten für seine Mutter auswählte.

Mit reichem Ertrage beladen, machte er sich auf den Heimweg. Als er nun die Fische zubereitet und seine Mutter davon genossen hatte, da fühlte sie sich, wie sie vorher gesagt, wunderbar gekräftigt, und als sie dann vernahm, wie sichtbarlich die Götter ihrem Sohne geholfen und ihn für seine kindliche Liebe belohnt hatten, da fasste sie noch besseren Mut. Noch ehe der böse Winter zu Ende ging, war sie völlig genesen und bis an ihren Tod war sie nicht müde, den getreuen Sohn Oschoo als ihren Retter zu preisen.

China

Die Drachenprinzessin

Im Dungting-See ist ein Berg. In dem Berg ist ein Loch. Es ist so tief, dass es keinen Boden hat.

Einst ging ein Fischer dort vorüber, der glitt aus und fiel hinein. Er kam in eine Gegend voll gewundener Wege, die über Berg- und Talhänge führten mehrere Meilen weit. Schließlich kam er an ein Drachenschloss, das auf einer großen Ebene lag. Dort gab es grünen Schlamm, der reichte ihm bis an die Knie. Er ging zum Tor des Schlosses. Ein Drache bewachte

es; der spie Wasser, das in lichten Nebel zerstäubte. Innerhalb des Tores war ein kleiner, ungehörnter Drache, der hob den Kopf und zeigte ihm die Krallen und ließ ihn nicht hinein.

Der Fischer brachte mehrere Tage in der Höhle zu. Er stillte seinen Hunger mit dem grünen Schlamm, der wie Reisbrei schmeckte. Schließlich fand er sich wieder heraus. Er erzählte, was ihm begegnet, dem Amtmann; der berichtete die Sache an den Kaiser. Der Kaiser berief einen Weisen und befragte ihn darüber.

Der Weise sprach: »Diese Höhle hat vier Gänge. Der eine Gang führt an das Südwestufer des Dungting-Sees, der zweite Gang führt in ein Tal des Vier-Stromlandes, der dritte Gang mündet in einer Höhle des Lofuberges, der vierte auf einer Insel im Ostmeer. In dieser Höhle wohnt die siebente Tochter des Drachenkönigs vom Ostmeer, die über seine Perlen und Schätze wacht. Vor alter Zeit traf es sich einmal, dass ein Fischerknabe ins Wasser tauchte und eine Perle unterm Kinn eines schwarzen Drachens hervorbrachte. Der Drache hatte geschlafen; darum hatte der Knabe die Perle unverletzt heraufgebracht. Die Schätze nun, die die Drachentochter in Verwahrung hat, sind Tausende und Millionen solcher Kleinodien. Einige tausend kleiner Drachen behüten sie in ihrem Dienste. Die Drachen haben die Eigenheit, dass sie das Wachs scheuen. Sie lieben schöne Jaspissteine und Hohlgrün und essen gern Schwalben. Wenn man einen Boten sendet mit einem Brief, so kann man kostbare Perlen erhalten.«

Der Kaiser war hocherfreut und setzte eine große Belohnung aus für den, der fähig sei, als Bote in das Drachenschloss zu gehen.

Erst meldete sich ein Mann namens So Pi-Lo. Der Weise aber sprach: »Ein Urahn vor dir hat einmal über hundert Drachen des Ostmeers getötet und wurde schließlich von den Drachen umgebracht. Die Drachen sind deinem Geschlecht feind, du darfst nicht gehen.«

Dann kam ein Mann aus Canton, Lo Dsï-Tschun, mit zwei Brüdern, der berichtete, dass Vorfahren von ihm mit dem Drachenkönig verschwägert gewesen seien. Sie seien daher mit den Drachen auf gutem Fuß und wohlbekannt und bäten, die Botschaft übernehmen zu dürfen.

Der Weise fragte: »Habt Ihr den Stein noch, der die Drachen zwingt?«

»Ja«, sprachen sie, »wir haben ihn hier mitgebracht.«

Der Weise ließ sich den Stein zeigen; dann sprach er: »Dieser Stein taugt nur, den Drachen, der Wolken macht und Regen nieder sendet, zu bezwingen, er taugt nicht für den Drachen, der des Meerkönigs Perlen wahrt.« Dann fragte er weiter: »Habt ihr Drachenhirnduft?«

Als sie verneinten, sprach der Weise: »Wie wollt ihr da den Drachen zwingen?«

Der Kaiser sprach: »Was tun?«

Der Weise erwiderte: »Im Westmeer gibt es fremde Kauffahrer, die mit Drachenhirnduft handeln. Man muss hingehen und es bei ihnen suchen. Auch weiß ich einen Heiligen, der verstand die Kunst der Drachen und hat zehn Pfund des Drachensteins bereitet. Auch danach muss man jemand schicken.«

Der Kaiser sandte Boten aus. Die trafen einen Schüler jenes Heiligen und erlangten von ihm zwei Splitter Drachenstein.

Der Weise sprach: »Das ist der Rechte.«

Abermals vergingen einige Monate, da ward auch eine Pille Drachenhirnduft herbeigeschafft. Der Kaiser war hocherfreut und ließ durch seine Juweliere aus dem feinsten Jaspis zwei kleine Büchsen schneiden. Die wurden mit der Asche des Wutung-Baumes poliert. Dann ließ er aus dem besten Hohlgrün eine Essenz bereiten, die mit Meerfischleim verklebt und im Feuer gehärtet wurde. Zwei Vasen wurden daraus gemacht. Dann ließ er die Boten sich an Leib und Kleidern mit Baumwachs einreiben und gab ihnen fünfhundert geröstete Schwalben mit.

So gingen sie in die Höhle hinein. Als sie ans Drachenschloss kamen, da roch der kleine Drache, der die Tür verwahrte, das Baumwachs. Er duckte sich und tat ihnen nichts. Da gaben sie ihm hundert geröstete Schwalben als Bestechung, dass er sie bei der Drachentochter meldete. Sie wurden vorgelassen und brachten die Hohlgrünvasen und die Jaspisbüchsen und die vierhundert gerösteten Schwalben als Geschenk dar. Die Drachentochter nahm sie gnädig auf, und sie entfalteten den Brief des Kaisers.

Im Schlosse war ein tausendjähriger Drache, der konnte sich in einen Menschen verwandeln und verstand es, die Menschensprache zu dolmetschen. So erfuhr denn die Drachentochter, dass der Kaiser ihr das Geschenk gemacht, und sie erwiderte es mit einer Gabe von drei großen Perlen, sieben kleinen Perlen und einem ganzen Scheffel gewöhnlicher Perlen. Die Boten verabschiedeten sich, ritten auf einem Drachen mit ihren Perlen davon und waren im Augenblick am Ufer des Yangtsekiang angelangt. Sie begaben sich nach Nanking, der kaiserlichen Hauptstadt, und übergaben dort die Perlenkleinodien.

Der Kaiser war hocherfreut und zeigte sie dem Weisen. Der sprach: »Von den drei großen Perlen ist eine eine göttliche Wunschperle dritten Ranges, und zwei sind schwarze Drachenperlen mittlerer Güte. Von den sieben kleinen Perlen sind zwei Schlangenperlen, und fünf sind Muschelperlen. Sie alle sind ersten Ranges. Die übrigen Perlen sind teils Meerkranichperlen, teils Schnecken- und Austernperlen. Sie kommen den großen Perlen an Wert nicht gleich, doch finden sich auf Erden wenig ihresgleichen.«

Der Kaiser zeigte sie darauf auch allen seinen Dienern. Die hielten die Worte des Weisen für leeres Gerede und glaubten nicht daran.

Der Weise sprach: »Die Wunschperlen ersten Ranges leuchten vierzig Meilen weit, die mittleren Ranges zwanzig Meilen und die dritten Ranges zehn Meilen. Soweit ihr Schein reicht, kommt nicht Wind noch Regen, noch Donner, noch Blitz, noch Wasser, noch Feuer, noch Waffen. Die Perlen des schwarzen Drachens sind neunfarbig und leuchten bei Nacht. Soweit ihr Schein reicht, ist das Gift von Schlangen wirkungslos. Die Schlangenperlen sind siebenfarbig, die Muschelperlen fünffarbig. Sie alle leuchten bei Nacht. Die fleckenlosen sind die besten. Sie entstehen im Bauche der Muschel und nehmen mit dem Monde zu und ab.«

Als einer fragte, wie man die Schlangen- und die Kranichperlen unterscheiden könne, da sprach der Weise: »Die Tiere selbst erkennen sie.«

Der Kaiser ließ nun heimlich eine Schlangen- und eine Kranichperle auswählen und tat sie unter einen ganzen Scheffel gewöhnlicher Perlen und goss sie auf dem Hofe aus. Dann holte man eine große gelbe Schlange und einen schwarzen Kranich und setzte sie unter die Perlen. Sofort nahm der Kranich die Kranichperle in den Schnabel und begann zu singen und zu tanzen und umherzuflattern. Die Schlange aber schnappte nach der Schlangenperle und ringelte sich in vielen Windungen umher. Als das die Leute sahen, da fügten sie sich der Rede des Weisen. Auch mit dem Schein der großen und der kleinen Perlen verhielt es sich genau so, wie der Weise es gesagt hatte.

Die Boten hatten in dem Drachenschlosse eine feine Kost bekommen wie Blumen, wie Kräuter, wie Salbe, wie Zucker. Einen Rest davon hatten sie in die Hauptstadt mitgebracht; doch wie sie an die Luft kam, ward sie fest wie Stein. Der Kaiser befahl, sie in dem Schatzhaus aufzuheben. Dann verlieh er den drei Brüdern Rang und Titel und beschenkte jeden mit tausend Rollen feinen Seidenzeugs. Er ließ auch nachforschen, warum wohl jener Fischer, als er in die Höhle geriet, von den Drachen nicht umgebracht worden war. Da stellte sich heraus, dass seine Fischerkleidung mit Leinöl und Baumwachs getränkt war. Die Drachen hatten sich vor dem Geruch gefürchtet.

China

Der neidische Nachbar

Vor langen, langen Jahren lebte in einem Dorfe ein altes Ehepaar. Sie waren stets ehrlich und brav gewesen, und da ihnen die Götter das Glück, Kinder zu haben, versagt hatten, so schenkten sie ihre Liebe einem kleinen Hündchen, das sie besaßen. Sie hätschelten und pflegten das Tierchen, als ob es ihr Kind wäre, und der Hund war dafür so dankbar und treu, dass er sich keinen Augenblick von ihnen trennte und stets mit ihnen lief, wenn sie Geschäfte außer dem Hause besorgten. Eines Tages arbeitete der Mann fleißig in seinem Garten, und als er die schwere Hacke für eine Weile ruhen ließ und sich den Schweiß von der Stirne wischte, sah er, wie das Hündchen an einer bestimmten Stelle auf dem Rasen schnupperte und kratzte. Der Mann hatte indessen anfangs kein Arg daraus und wollte seine Arbeit von Neuem beginnen, als der Hund laut bellend auf ihn zulief und dann ebenso freudig bellend zu der Stelle zurückkehrte und eifrig kratzte. Dies tat er zu wiederholten Malen, sodass der Mann endlich die Hacke nahm und sich auf den Platz begab, den der Hund ihm bezeichnete. Bellend tanzte nun der Hund vor ihm her und freute sich offenbar darüber so sehr, dass der Mann nebst seiner Frau, welche dazugekommen waren, herzlich über ihn lachten. Der Mann tat nun mit der Hacke ein paar tüchtige Schläge in die Erde, und – siehe da! – es währte nicht lange, so klang es hell unter dem Stahl der Hacke, und ein großer Schatz von alten, glänzenden Goldmünzen kam zum Vorschein. Mit Hilfe der Frau wurde der Schatz gehoben und sicher nach Hause getragen. Nun waren die alten guten Leute mit einem Male wohlhabend, und wenn sie schon früher den Hund gut gehalten hatten, so taten sie dies jetzt erst recht. Er bekam stets das beste Essen, und sie bereiteten ihm ein so reiches und schönes Lager, dass es ein Prinz sich nicht hätte besser wünschen können.

Die Geschichte von der Auffindung des Schatzes durch den Hund wurde indessen ruchbar, und ein neidischer Nachbar der alten Leute wurde davon so aufgeregt, dass er nicht essen, noch trinken, noch auch schlafen konnte. Stets dachte er an die Geschichte, und der bitterste Neid verzehrte ihn. Endlich dachte er, dass der Hund wohl die Gabe haben müsse, alle Schätze der Welt aufzuspüren, und deshalb kam er schmeichelnd zu den alten Leuten und bat sie, ihm doch ihr Hündchen für kurze Zeit zu borgen. »Wohin denkst du?« sprach der alte Mann, »wir können den Hund nicht entbehren, wir haben ihn viel zu lieb und können uns keine Stunde von ihm trennen.« Doch der neidische Nachbar ließ nicht nach und kam täglich mit derselben Bitte, und da die guten alten Leute niemand eine Bitte abschlagen konnten, so ließen sie sich endlich erweichen und überließen ihr Hündchen dem Nachbar. Eines Tages nun, als dieser den Hund in den Garten laufen ließ, stand er still, schnupperte auf dem Boden umher und fing richtig zu kratzen an. Hocherfreut lief der Nachbar herzu, seine Frau brachte rasch eine Hacke, und dann gruben beide gierig nach dem vermeintlichen Schatze. Aber was fanden sie? Eitel Unrat und Totengebein, und das stank so abscheulich, dass sie sich die Nase zuhalten mussten. Da waren sie voller Wut, dass der Hund, den sie doch auch sehr gut gepflegt hatten, sie so arg betrogen hatte. Der Mann war darüber so aufgebracht, dass er auf der Stelle das arme Hündchen totschlug. Dann aber klagte der Heuchler laut und kam jammernd zu dem Besitzer des Hundes, um nicht als Mörder desselben in Verdacht zu kommen. »Euer Hund«, sprach er, »den ich so gut gefüttert habe, ist plötzlich gestorben und niemand weiß, wie dies hat geschehen können; ich kann nicht dafür und bringe Euch sofort die Nachricht – er ist eben verschieden.«

Trauernd trug der gute Alte die Leiche seines Lieblings zu der Stelle, wo der Schatz gefunden war. Er begrub ihn dort unter einer alten Fichte und klagte vom Morgen bis in die Nacht über den Verlust des treuen Tieres. Doch einstmals, als er nachts auf seiner Decke lag und fest schlief, da erschien ihm der Hund im Traum und sagte ihm, er möge den Baum, unter dem er selber begraben liege, fällen und einen Reismörser daraus machen, der würde ihn trösten. Der Mann, der den schönen Baum nicht gern umhauen wollte, erzählte seiner Frau den Traum und fragte sie, was er tun solle. Die Frau aber riet ihm dringend, den Rat des Hundes zu befolgen, und so ward der Baum gefällt, und aus seinem Stamme ward ein schöner, großer Reismörser angefertigt. Als die Zeit der Reisernte gekommen war, da sollte der neue Mörser gebraucht werden, und als der Mann die Körner, die geschält werden sollten, hineingetan hatte und anfing zu stoßen, da – oh Wunder! – kamen statt der weißen Reiskörner lauter blanke Goldstücke zum Vorschein. Nun war die Freude groß, und die alten Leute waren tief gerührt über die Treue ihres Hündchens, die sich noch nach dem Tode bewährte.

Aber wiederum hörte der neidische Nachbar von der Geschichte, und als er herausgefunden, dass sie auf Wahrheit beruhte, da ging er abermals zu den alten Leuten und bat und flehte heuchlerisch, sie möchten ihm doch den Mörser borgen. Der gute Alte gab ihn nur sehr ungern her, aber was wollte er machen? Erschien es nicht gar zu ungefällig, wenn er die Bitte des Nachbarn abschlug?

Als der Neidische nun den Mörser im Hause hatte, heissa, da ging es daran, Reiskörner zu schälen. Mann und Weib schleppten die Ballen herbei und gedachten, eine große, unermessliche Ernte an Goldstücken zu halten. Aber wiederum ward ihre Habgier arg bestraft, denn statt des Goldes zeigte sich nicht einmal Reis, nein, da kam ekelhafter, stinkender Unrat zu Tage. Und abermals wurden die beiden schlechten Menschen, die ihrem Nachbar kein Glück gönnten, so böse und ergrimmt, dass sie, ohne sich zu besinnen, den Mörser in kleine Holzsplitter zerhackten und ihn verbrannten.

Die guten alten Leute waren natürlich sehr betrübt, als sie kamen, um sich den wertvollen Mörser zurück zu erbitten, und den Sachverhalt erfuhren, der ihnen nicht vorenthalten wurde. Klagend legten sie sich abends zur Ruhe. Aber im Traume erschien dem alten Manne abermals sein liebes Hündchen, das ihn tröstete und ihm sagte, er möge nur zu dem neidischen Nachbar gehen und sich die Asche von dem verbrannten Mörser holen. Mit dieser Asche möge er auf die Landstraße gehen, und wenn der Daimio, der Landesfürst, vorüberreise, so möge er auf die Kirschbäume klettern und dieselben mit der Asche bestreuen; dann würden sie sogleich über und über blühen.

Das war ein merkwürdiger Traum. Der alte Mann ging daher sogleich am Morgen zu seinem Nachbar und bekam auch Asche von seinem verbrannten Mörser vollauf. Diese tat er nun in einen Beutel und ging damit auf die Landstraße. Alle Kirschbäume waren noch kahl; es war die Zeit, wo die Kunstgärtner für vieles Geld kleine Kirschbäume in Töpfen verkaufen, um den Leuten im Winter den Genuss der hochverehrten Kirschblüte im Zimmer zu verschaffen, doch draußen gab es weit und breit keine Kirschblume; dazu war es viel zu früh im Jahre, man konnte darauf getrost noch einen Monat warten. Als der alte Mann an der Landstraße angekommen war, da sah er in einiger Entfernung den Zug des Daimio herannahen. Der Fürst kam in voller Pracht und mit großem

Gefolge. Alle Menschen, die des Weges kamen, warfen sich pflichtschuldigst zu Boden, um dem Herrn der Provinz ihre Ehrfurcht zu erweisen, und als der alte Mann dies nicht tat, sondern vor des Daimio Augen flink auf einen Baum kletterte, da wurde der Fürst zornig und befahl, den Mann zu ergreifen, der so der guten Sitte Hohn spreche. Doch der alte Mann ließ sich nicht verblüffen, griff mit der Hand in seinen Sack und bestreute ringsumher die Bäume mit der feinen Asche. Im Nu stand alles in Blüte, und der Fürst war darüber so erfreut, dass er den alten Mann reich beschenkte und ihn nach seiner Rückkehr ins Schloss bescheiden ließ, wo er hoch geehrt wurde.

Dies alles erfuhr ebenfalls der neidische Nachbar, und wieder ließ ihm die Habgier und Missgunst keine Ruhe. Deshalb sammelte er sorgfältig alle die Asche, welche noch von dem verbrannten Mörser da war, und machte sich mit dieser auf den Weg, um dem Daimio dieselbe Vorstellung zum besten zu geben, mit der sein Nachbar so viel Glück gehabt hatte. Als er den Zug des Daimio herankommen sah, als er die vielen Reiter und Fußgänger, die reich geschmückten Kagos des Fürsten erblickte, da hüpfte sein Herz vor Freude, wenn er an die Ehre dachte, die ihm bevorstand. Deshalb griff er mit beiden Fäusten in seinen Aschbeutel, und just als der Zug unter dem Baume vorüberkam, auf dem er saß, da streute er – plumps! – die feine Asche aus. Aber diesmal trieb kein einziger Baum Knospen und keine Blüte zeigte sich; die Asche aber flog dem vorüberziehenden Daimio in die Augen und den reichgeschmückten Kriegern ins Gesicht und auf die prächtigen Gewänder. Im höchsten Grade aufgebracht, holten sie den Übeltäter vom Baume herunter und prügelten ihn tüchtig durch; dann banden sie ihn und warfen ihn ins Gefängnis, in dem er lange Zeit schmachten musste. Aber als er wieder frei kam, da hatten die Leute in seinem Dorfe alle seine Bosheit erfahren und wollten nichts, durchaus gar nichts mehr mit ihm zu tun haben, und so nahm er schließlich ein klägliches Ende. Die guten alten Leute aber, die ihren lieben Hund, durch den sie reich und glücklich geworden waren, in treuem Andenken behielten, lebten bis an ihren Tod froh und zufrieden.

Japan

Uraschimataro

Es war einmal ein frommes Ehepaar, das hart an der Küste wohnte und sich vom Fischfange nährte. Ein einziger Sohn war das Glück der beiden Alten, und da derselbe sehr wohlgeraten und brav war, so klagten sie nie über ihr hartes Tagewerk, sondern verbrachten in Zufriedenheit ihre Lebenstage. Der Sohn hieß Uraschimataro, das bedeutet Sohn der Meeresinsel. Er wuchs zu einem schönen beherzten Jüngling heran, und da er die Stütze seines Vaters beim Fischfange wurde, so sah man ihn täglich selbst bei Wind und Wetter auf die See fahren. Niemand im Dorfe, das wegen seiner Fische in der ganzen Gegend berühmt war, wagte sich so weit hinaus auf das Meer wie er, und manchmal sagten die Nachbarn zu seinen Eltern: »Wenn euer Sohn so tollkühn bleibt, so erlebt ihr noch einmal ein Unglück, die Wellen werden ihn begraben und eines Tages wird er nicht zu euch zurückkehren.« Doch Uraschimataro kümmerte sich nicht um diese Reden, und da er stark und unerschrocken seinen Kahn zu lenken wusste, so waren seine Eltern auch ohne Sorge.

Eines Morgens, bei klarem, Hellem Wetter, als er seine schwer gefüllten Netze aus dem Wasser zog und seinen Kahn entleerte, fand er unter den Fischen eine kleine, allerliebste Schildkröte. Er freute sich sehr darüber und warf sie in ein Holzgefäß. Da plötzlich redete ihn das Tier an und bat gar jämmerlich um sein Leben. »Schone mich«, so sprach es, »was kann ich dir nützen? Ich bin ja noch so jung und klein und möchte so gern noch leben; wenn du barmherzig bist und mich frei gibst, so werde ich dir erkenntlich sein, das verspreche ich dir.«

Mehr bedurfte es nicht; Uraschimataro war viel zu gutmütig, als dass er hätte irgendjemand einen Wunsch abschlagen können, und deshalb ergriff er sofort die Schildkröte und setzte sie wieder ins Wasser.

Jahre waren verflossen, und Uraschimataro trieb nach wie vor jeden Morgen seinen Kahn hinaus auf das weite Meer. Eines Tages aber überraschte ihn, als er sein Fahrzeug gerade um einen Felsen lenkte, ein gewaltiger Wirbelwind, der die

Wogen aufwühlte und den Kahn zertrümmerte. Uraschimataro ward in das Wogengebrause hineingeschleudert; da er aber gut schwimmen konnte, so verzagte er nicht, sondern teilte mit kräftigen Armen die Flut, und suchte das Ufer zu gewinnen. Da sah er plötzlich eine große Schildkröte auf sich zuschwimmen, die ihn anredete und deutlich, trotz des Sturmgeheuls, folgende Worte zu ihm sprach: »Ich bin die Schildkröte, der du einst das Leben gerettet hast, ich will nun meine Schuld abtragen und mich dankbar bezeigen. Das Ufer ist noch weit entfernt; du würdest es ohne meine Hilfe nimmermehr erreichen. Steig deshalb auf meinen Rücken; ich bringe dich, wohin du willst.« Uraschimataro ließ sich das nicht zweimal sagen und nahm die Hilfe seiner Freundin dankbar an. Doch kaum saß er auf ihrem Rücken, so machte sie ihm den Vorschlag, für heute nicht an den Strand zurückzukehren, sondern sich von ihr tragen zu lassen, wohin sie wolle. »Du wirst Wunder schauen«, sagte sie; »es wird dich nicht gereuen.«

Uraschimataro war höchlich erstaunt, willigte aber ein und tauchte schon im nächsten Augenblicke mit der Schildkröte unter, in die Tiefe des Meeres hinein. Hei, wie rasch ging es fort und fort durch die blauen Fluten dahin! Der kühne Jüngling wusste kaum, wie ihm geschah, und so schwamm er drei Tage lang, bis endlich die Schildkröte bei einem riesigen Palast halt machte. Derselbe war aus Kristall und köstlichem Gestein erbaut und flimmerte von Gold und Silber, von leuchtend roten Korallen und schimmernden Perlen. Die Schildkröte führte Uraschimataro in den Palast, und wenn er schon draußen ganz erstaunt über die Pracht und Schönheit war, so wuchs seine Verwunderung noch, als er hineintrat. Da gab es eine unbeschreibliche Pracht, goldene Früchte, mit Perlen bestreute Blätter, strahlende Edelsteine, und an den Wänden glitzerten rings herum köstliche Fischschuppen wie tausend Lichter.

»Wohin hast du mich gebracht?«, fragte Uraschimataro seine Führerin leise.

»In den Palast Riugu, in das Haus des Meeresgottes, dem wir alle Untertan sind«, entgegnete die Schildkröte; »ich aber bin die erste Dienerin seiner Tochter, der unvergleichlich schönen Prinzessin Otohime, die du bald sehen wirst.«

Uraschimataro blickte noch immer verwundert um sich und wartete der Dinge, die da kommen sollten. Die Schildkröte aber, welche ihrer Herrin viel von dem schönen Jüngling erzählt hatte, und welche auf den Wunsch der Prinzessin ausgezogen war, um ihn herbeizuführen, ging nun hin, um die Ankunft Uraschimataros zu melden. Und als die Prinzessin ihn sah, fand sie ihn so schön, wie die Schildkröte ihn beschrieben, und deshalb ließ sie ihn festlich empfangen und bat ihn sogleich, für immer bei ihr zu weilen; der Lohn dafür solle ewige Schönheit und Jugend sein. »Du wirst nie und nimmer altern«, sprach sie schmeichelnd, und da sie so schön wie die Sonnenkönigin selber war und so liebenswürdig und reizend bat, so willigte Uraschimataro ein und blieb bei ihr. Nun führte er mit der Prinzessin das glücklichste Leben; in lauter Freude und Wonne verging die Zeit. Wie lange das war? Er wusste es nicht und kümmerte sich nicht darum.

Doch plötzlich überkam ihn inmitten allen Glückes eine große, unbeschreibliche Sehnsucht nach seinen guten Eltern. Er konnte, soviel er auch dagegen ankämpfte, dies Gefühl nicht verbergen und dass eines Morgens so traurig da, dass es der Prinzessin ganz unmöglich war, ihn aufzuheitern. Endlich fragte sie ihn nach seinem Kummer, und da gestand ihr Uraschimataro ganz aufrichtig, dass er Sehnsucht nach seinen Eltern habe und nicht leben könne, wenn er sie nicht wiedersähe. Die Prinzessin war darüber sehr erschrocken. Vergebens stellte sie ihm vor, dass dieser Wunsch für ihn die größte Gefahr mit sich bringe. »Ich werde dich verlieren, wir sehen uns nie wieder«, klagte sie unter Tränen. Doch Uraschimataro blieb fest und sagte traurig und beklommen: »Ich muss meine Heimat, meine Eltern wiedersehen! Doch will ich gern zu dir zurückkehren, wenn du es befiehlst.«

Traurig senkte die schöne Prinzessin das Haupt und seufzte tief. »Es gibt Wohl ein Mittel, dich sicher zurückzubringen«, sprach sie, »doch fürchte ich, du wirst die Bedingung, welche daran geknüpft ist, nicht erfüllen können.«

»Ich werde alles tun, um zu dir zurückzukehren«, entgegnete Uraschimataro und blickte sie treuherzig an; doch die Prinzessin blieb traurig – ihr sagte eine Ahnung, dass sie ihn verlieren würde. Dennoch stand sie auf und holte eine kleine goldene Büchse. Diese übergab sie Uraschimataro und ermahnte ihn mit vielen eindringlichen Worten, sie gut zu verwahren und sie vor allen Dingen nie und nimmer zu öffnen.

»Kannst du diese Bedingung erfüllen«, sprach sie ernst, als sie ihm Lebewohl sagte, »so brauchst du nur deine Freundin, die Schildkröte am Strande herbeizurufen, und sie bringt dich auf dem dir bekannten Wege zu mir zurück.« Tief gerührt dankte ihr Uraschimataro und gelobte nochmals, ihrem Geheiße unverbrüchlich Folge zu leisten. Er verwahrte die Büchse gut in seinem Gewande und setzte sich auf den Rücken der bereitstehenden Schildkröte, die ihn von dannen trug, indessen ihm die Prinzessin traurig nachblickte.

Sie schwammen abermals drei Tage und drei Nächte und landeten glücklich am heimatlichen Strande. Die Schildkröte sagte ihm Lebewohl und verschwand in den schäumenden Wellen.

Uraschimataro nahte sich raschen Schrittes und fröhlich seinem Dorfe; er sah den Rauch von den Herden aufsteigen, er sah die alten Strohdächer aus den Gebüschen hervorragen, er hörte der Kinder fröhliches Rufen und Jauchzen, er hörte die Klänge des Koto aus einer Hütte am Wege und jubelte voller Entzücken und Freude über die heißersehnte Heimkehr.

Aber wie wurde ihm plötzlich bange ums Herz, als er weiter durch die Straßen wanderte! Alles war verändert, kein Haus, kein Mensch war ihm bekannt. Hastig lief er dem Hause seiner Eltern zu; ja, es stand wohl noch da, aber es hatte ein fremdes Aussehen. Beklommen fragte er die Bewohner nach seinen Eltern, doch sie kannten den Namen nicht und wussten ihm keine Auskunft zu geben.

Aufgeregt und unglücklich lief er auf den Friedhof, den einzigen Platz, der ihm Rat und Hilfe in seiner Not geben konnte. Hier waren ja alle guten Götter zugegen; sie würden ihm gewiss Aufschluss über die sonderbaren, qualvollen Augenblicke geben. Und er hatte sich nicht getäuscht – nach kurzem Suchen fand er die Gräber seiner Eltern, und die Steine zeigten eine Jahreszahl, welche nicht viel von der verschieden war, die man schrieb, als er fort in den Palast der Meeresprinzessin gezogen war. Er verrichtete sein Gebet und blickte um sich, und immerfort sah er Gräber mit jüngerem Datum. Und endlich fand er, dass dreihundert Jahre verflossen sein mussten, seit er seine Heimat verlassen.

Schaudernd lief er die Dorfstraße zurück, um sich zu erkundigen, und da hörte er nur zu gut, dass es so und nicht anders war. In Verzweiflung holte er die Büchse der Prinzessin Otohime hervor – vielleicht umgab ihn ein böser Zauber, und sie konnte ihn retten! Fast mechanisch drehte er sie auf und sah den purpurnen Dunst daraus hervorsteigen. Er hielt verwundert die Büchse in der Hand und sah, wie diese Hand, welche noch vor einem Augenblicke die kräftige Hand eines Jünglings gewesen, nun zusammengeschrumpft, faltig und knochig wie die eines steinalten Mannes war. Er ging zu dem klaren Bache, der aus dem Berge daherfloss, und besah sein Bild in der spiegelglatten Fläche; ein mumienhaftes Antlitz blickte ihm daraus entgegen. Entsetzt und bis zum Tode ermüdet, schleppte er sich durch das Dorf. Niemand erkannte in dem alten Mann den kräftig schönen Jüngling, der erst vor einer Stunde durch die Straßen lief. So ging er mühselig weiter, bis er an den Strand des Meeres kam. Hier setzte er sich nieder und rief vergebens nach der Schildkröte; sie kam nicht mehr, und so erlöste ihn bald der Tod. Vorher aber hat er den Leuten, die ihn einsam am Strande sitzen sahen und herbeikamen, um ihn zu trösten, seine Erlebnisse mitgeteilt, und diese erzählten sie weiter und weiter und priesen den braven, guten Sohn, der aus Liebe zu seinen Eltern Pracht und Wunder des Palastes der schönen Meeresprinzessin verlassen hatte. Und so preist man ihn noch heute, und wenn ein Sohn in die Ferne zieht, so ermahnen ihn seine Eltern, dem Beispiele Uraschimataros zu folgen, im höchsten Glück nie die Eltern und die Heimat zu vergessen.

Japan

Märchen aus der Südsee

Eines Tages gingen die Kängurus aufs Riff, um zu fischen. Als die Flut eintrat, gingen die meisten ans Ufer zurück, nur eines hüpfte von Stein zu Stein und rief den heranschwimmenden Fischen Spottreden zu. Darüber beachtete es nicht, dass das Wasser immer höher stieg und dass es endlich, überall vom Meere umgeben, auf einem vereinsamten Felsblocke weit vom Strande zurückgeblieben war. Jetzt fing es an zu jammern und flehte die Fische an, es an den Strand zu tragen; aber die Fische sagten: »Vorher hast du uns verspottet und beschimpft, jetzt sieh zu, wie du ohne uns ans Land kommst.« Glücklicherweise kam die Schildkröte des Weges daher und ließ sich von den Bitten des Kängurus rühren. Dasselbe setzte sich auf den breiten Rücken der Schildkröte und schlang seine Vorderbeine um ihren Hals, um einen besseren Halt zu haben. Die Schildkröte schwamm nun dem Strande zu; aber unterwegs zernagte das Känguru den Panzer der Retterin, wo derselbe zwischen Kopf und Rumpf den Hals bedeckte. Als die Schildkröte dies bemerkte, fing sie ihrerseits an, die Vorderbeine des Kängurus zu benagen, sodass dieselben kürzer und kürzer wurden. Am Strande angekommen, sprang das Känguru von dem Rücken der Schildkröte hinunter und rief ihr zu: »Schau doch nur deinen Hals! Wie runzlig und unschön ist er geworden!« Die Schildkröte antwortete: »Schau doch deine Vorderbeine an, wie kurz sie geworden sind.« Seit jener Zeit hat die Schildkröte keinen Panzer zwischen Kopf und Rumpf und zieht den Kopf zurück, um dies zu verbergen; die Kängurus haben seit dieser Zeit kurze Vorderbeine.

Südsee

Kohuki und seine zwei Frauen

Vor langer Zeit da lebte ein Mann namens Kohuki, der hatte zwei Frauen, die eine hieß Korire, die andere Tuhoropunga. Der Mann ging in den Sommermonaten hinaus, um Vögel zu fangen und zu fischen, seine Frauen aber blieben daheim, flochten künstliche Körbe und verfertigten Gewänder. Sie sammelten auch Holz und bereiteten das Mahl, während ihr Gebieter seiner Arbeit nachging. Auch auf dem Felde gab es zu tun, wo süße Kartoffeln und Kürbisse – zu jener Zeit die

Hauptnahrung der Maoris – gepflanzt wurden, und im Walde wurden wilde Beeren gesammelt, wenn sie reif waren.

Eines Tages ging Kohuki auch wieder fort. Seine Frauen halfen ihm den Kahn flott machen, er brachte sein Fischzeug an Bord und ruderte weg. Am Abend kam er zurück mit einer großen Menge Fische. Er rief seine Frauen. Kürire kam und trug die Fische ins Dorf, ein Teil davon wurde gekocht und gegessen, der Rest zum Trocknen aufgehängt.

Am folgenden Tage zog Kohuki wieder aus auf den Fischfang und kam spät mit einer Ladung von Schnappern zurück. Diesmal rief er seine Frau Tuhoropunga, sie solle die Fische holen, ging ins Dorf und setzte sich vor seine Hütte, um auszuruhen.

Tuhoropunga ging nach dem Strand, aber am Ufer, auf einer Felsklippe, rief sie nach den Vögeln der Luft und beschwor sie, ihr Federn zu leihen und einen Schnabel zu geben. Die Vögel hörten die Stimme und flogen herbei. Sie rupfte ihnen die Federn aus und steckte sie sich an den Leib, dann machte sie sich Flügel und nahm einen langen Schnabel für ihren Mund. Als sie mit allem fertig war, flatterte sie mit ihren Flügeln und sah mit Stolz auf ihre Schönheit. Sie streckte ihren langen, kranichartigen Hals aus und konnte mit dem Schnabel, den sie sich gemacht hatte, von der Höhe, auf der sie stand, bis hinab in den Kahn reichen. So aß sie wie ein Seevogel alle Fische auf. Darauf schüttelte sie die Federn und den Schnabel wieder ab, kehrte ins Dorf zurück und sagte zu ihrem Mann: »Gewiss, du wolltest nur Scherz mit mir treiben. Wo sind die Fische, welche du heute gefangen hast?«

»Im Kahn sind sie«, war die Antwort.

»Da sind keine Fische, ich machte den Weg umsonst.«

»Hast du sie dort nicht gesehen?«

»Nein. Es muss sie jemand gestohlen haben.«

»Das ist unmöglich«, sagte der Mann, »wer sollte so etwas tun?«

»Aber sie müssen gestohlen sein«, rief Tuhoropunga, »im Kahn sind keine Fische, geh hinunter und sieh selbst nach.« Der Mann ging hinunter zum Ufer und siehe da, es waren keine Fische in dem Kahne, und er wunderte sich nicht wenig, was hier geschehen sein möge.

Kohuki ging abermals auf den Fischfang. Bei seiner Rückkehr rief er sein Weib Korire, dann ging er hinauf ins Dorf und setzte sich wieder vor seine Hütte. Korire gehorchte der Stimme ihres Gemahls, sie ging sogleich hinab zum Strande, brachte die Fische herbei, kochte sie und setzte sie ihrem Manne vor. Das Herz Kohukis war voll Freude, als er sah, wie aufmerksam sein Weib Korire für ihn sorgte.

Nach diesem ging Kohuki wieder auf den Fischfang. Als er am Abend in sein Dorf zurückkam, schickte er sein Weib Tuhoropunga, damit sie die Fische aus dem Kahne hole. Tuhoropunga tat, als ob sie ihrem Mann gehorche, aber als sie zu jener Felsklippe am Strande kam, verwandelte sie sich wieder in einen, Vogel, wie früher, und aß alle Fische auf, 300 an der Zahl, und kam in ihrer menschlichen Gestalt nach Hause zurück. »Wo sind die Fische«, fragte ihr Mann.

»Vielleicht liegen sie noch im Kahn«, sagte Tuhoropunga in spöttischem Tone.

»Warum hast du sie dort gelassen?«

»Das hat seine guten Gründe«, sagte die Frau, »es war ja kein einziger Fisch im ganzen Kahn.«

Als der Mann dies hörte, schwieg er still, denn es kam ihm der Verdacht, dass Tuhoropunga die Fische gegessen habe.

Es dauerte nicht lange, so zog Kohuki wieder aus, um zu fischen und wie gewöhnlich machte er einen guten Fang, denn Fische gab es im Überflusse an diesem Ort. Als er mit seinem Kahne ans Ufer zurückkam, rief er: »Korire komm und trage die Fische weg.« Tuhoropunga aber ahmte die Stimme Korires nach und sagte: »Ja, ich komme gleich, Kohuki.« Tuhoropunga hatte nämlich Korire nach Feuerholz in den Wald geschickt, damit sie bei der Rückkehr ihres Mannes in Korires Abwesenheit die Fische aufessen könne, wie früher.

Als nun Korire nicht gleich erschien, rief ihr Mann noch einmal: »Korire, wo bist du?«

»Ich bin zuerst da«, sagte Tuhoropunga und eilte hinab zum Strande. Aber als Kohuki ihrer ansichtig wurde, sagte er zu sich: »Da kommt der schlaue Fischdieb wieder!«, und ging ins Dorf. Als Tuhoropunga die schönen Fische sah, bekam sie abermals Lust, sich in einen Vogel zu verwandeln und sie aufzuessen. Sie verwandelte sich also wie früher, aß

die Fische und kehrte dann mit der unschuldigsten Miene von der Welt nach Hause zurück.
»Weib, wo sind die Fische?«, fragte Kohuki.
»Im Kahn«, erwiderte sie.
Kohuki schickte nun sein Weib Korire, die unterdessen nach Hause gekommen war, fort, um nach den Fischen zu sehen, aber sie fand nicht einen einzigen Fisch mehr im Kahn. Nun war Kohukis Geduld aus, er wollte nichts mehr mit seinem Weibe Tuhoropunga zu tun haben und überlegte bei sich, wie er sie los werden könne. Aber da er noch nicht recht wusste, auf welche Art die Fische verschwunden waren, wollte er Tuhoropunga noch einmal auf die Probe stellen und beschloss, sie streng zu beobachten, um endlich einmal Gewissheit zu erlangen, ob es wirklich Tuhoropunga war, welche die Fische aufaß, oder ob sie vielleicht durch Zauberei unsichtbar wurden. Er dachte die ganze Nacht über einen Plan nach, und kaum graute der Morgen, so ruderte er noch einmal fort, um zu fischen. Er kam zurück mit dem Kahn voller Fische, es waren gegen 400. Er ging stracks ins Dorf und befahl seinem Weib Tuhoropunga, sie heraufzuholen. Sie ging nach dem Strand, ihr Mann schlich ihr aber diesmal leise nach und versteckte sich in dem Schilf in der Nähe des Kahnes an einem Platz, von wo er alles beobachten konnte. Tuhoropunga hatte keine Ahnung davon, dass ihr Mann ihr aufpasse, sie kam leichten Sinnes daher und begann an ihrem Lieblingsplatze ihre gewöhnlichen Beschwörungsformeln. Die Vögel kamen auf ihren Ruf. Dann hüllte sie sich in Federn und nahm den Schnabel des Kawau. Als solches geschehen, breitete sie ihre Flügel aus, streckte den Hals nach dem Kahne, bis der Schnabel hinabreichte, und begann ihr Mahl. Sie hatte schon 300 Fische verzehrt, und ihr Mann betrachtete mit großem Erstaunen sein wunderbar verzaubertes Weib, aber als sie am vierten Hundert war, kam er aus seinem Versteck hervor und rief: »Aha, jetzt habe ich dich, du bist es, die mich um die Fische gebracht hat!« Tuhoropunga aber nahm in einem Augenblick ihre menschliche Gestalt wieder an und erwiderte: »Nein, mein Mann, siehe, ich bin ein gewöhnliches Menschenkind.«
»Und doch bist du's, die immer unsere Fische verzehrt hat.«

»Nein, Kohuki«, sprach Tuhoropunga mit unschuldiger Miene, »dies ist das erste Mal, dass ich die Fische versucht habe.«

Nicht lange nach diesen von dem Vogelweib Tuhoropunga durch ihre Zauberkünste ausgeführten Streichen sagte Kohuki eines Tages zu ihr: »Komm, lass uns beide in den Wald gehen, um Feuerholz zu sammeln.« Tuhoropunga folgte und ging mit; denn sie heuchelte immer große Unterwürfigkeit gegen ihren Mann.

Ihr Weg führte sie immer weiter und immer weiter, sie stiegen von einer Schlucht in die andere, erklommen eine Höhe nach der anderen, und Tuhoropunga konnte sich nicht genug Wundern über das viele Holz, das gesammelt wurde, und dass sie so weit wanderten, es zu holen. »Wie weit gehen wir noch?«, fragte sie immer wieder ihren Mann, als sie so über Tal und Berg dahinschritten. Aber Kohuki achtete nicht auf die Frage und ruhte nicht, bis sie ein paar Dutzend Hügel hinter sich hatten. Sie hatten dürre Zweige genug für den Haushalt, und als Tuharopunga sah, dass ihr Mann noch immer im Walde umhersuche, fragte sie endlich: »Werden wir jetzt nicht nach Hause zurückkehren?«

»Warte noch ein wenig«, war die Antwort.

»Aber der Weg ist lang und beschwerlich.«

»Wir brauchen uns nicht zu beeilen, es geht ja heimwärts.«

Als Kohuki so sein Weib beruhigt hatte, ging er schnell seitwärts ins Dickicht und mit Hilfe einiger Zauberformeln befahl er den Bäumen des Waldes und den Gräsern auf dem Felde, Tuhoropungas Rufe zu beantworten, damit sie getäuscht werde und er indessen Zeit finde, sich davon zu machen und Tuhoropunga ihrem Schicksale zu überlassen. So geschah es, und Kohuki eilte davon zu seinem geliebten Weibe Korire. Mit dieser hatte er ausgemacht, gleich nach seiner Rückkehr den jetzigen Wohnsitz zu verlassen und nach einer andern fernen Gegend zu segeln, wo Korires Verwandte wohnten. Korire hatte die Weisung, während seiner Abwesenheit alle Sachen und auch das Fischzeug nach dem Kahne zu bringen, damit alles zur Abfahrt bereit sei. Als nun Kohuki die Wohnung erreichte, war alles fertig und er und Korire bestiegen den Kahn und segelten nach der Gegend, wo Korires Verwandte wohnten. Unterdessen irrte

Tuhoropunga im Walde umher und suchte ihren Mann. Sie rief laut seinen Namen, und jeder Baum antwortete, sogar das Gras sprach: »Hier bin ich!« Sie hörte die Stimmen, sah aber niemand und wurde immerfort getäuscht. Endlich beschloss sie, nach Hause zu gehen, und hoffte, den Verlorenen dort zu finden. Sie kam müde und matt zu der Hütte und rief mit lauter Stimme: »Kohuki, wo bist du?« Da antworteten die Pfosten der Hütte und die Dachsparren: »Hier bin ich«, aber kein Fußtritt ließ sich erblicken, alles war still und öde. Da kam Tuhoropunga plötzlich ein Gedanke. Sie ging an den Strand und als sie sah, dass Kohukis Kahn nicht an seinem gewohnten Platze war, ahnte sie, was geschehen sei. Sie bestieg einen Hügel, um der Flüchtigen vielleicht noch ansichtig zu werden, und sah hinaus übers Meer nach Norden und Süden; sie sah aber nichts als den Schaum der Wellen, wie diese übereinander rollten. Noch einmal schaute sie hinaus und richtete ihre Blicke nach Westen, da erschien in weiter Ferne ein schwarzer Punkt auf dem Wasser, das war, sie wusste es, Kohukis Kahn, und sie war voller Freude; denn mit Hilfe ihrer vielen Zauberkünste hoffte sie, den Kahn noch einzuholen.

Tuhoropunga begann sogleich ihre Beschwörungen mit den Seevögeln; aber es kam keiner zu helfen als der Kawau; dem raubte sie sein schönes Gefieder und ließ ihn blutend und sterbend liegen; denn sie war ein herzloses Weib. Bald hatte Tuhoropunga wieder ihre Vogelgestalt, breitete ihre Flügel aus und flog seewärts in der Richtung jenes schwarzen Punktes, den sie als den Kahn Kohukis erkannt hatte. Wenn sie müde war, senkte sie die Flügel und ließ sich von den Wellen tragen, sodass ihre Federn in den Weißen Schaum des Meeres tauchten. Dann erhob sie ihre Schwingen wieder und flog hoch durch die Lüfte über der wogenden Tiefe. Jetzt war sie in der Nähe des Kahnes. Sie sah Kohuki und Korire und diese sahen den Vogel, der lustig zur Seite des Kahnes hin- und herflog und spielte. Kohuki hatte keine Ahnung, dass sein Fisch essendes Weib in der Nähe war; er glaubte, sie werde zu Hause elendiglich umkommen und keine Spur von ihm haben.

Der Kahn war eben nicht weit vom Land, und da Kohuki Lust hatte zu fischen, ließ er den Anker fallen und warf die

Angel aus. Korire saß aufs Schönste geschmückt im Kahne und trug ihre besten Gewänder, den Kopf zierte eine weiße Feder, die sich in ihren Haaren wiegte, und der Flaum des Albatros hing ihr in schneeigen Flocken an den Wangen herab. Korire war schön und eine wahre Häuptlingsfrau. Ihr Mann betrachtete sie mit Wohlgefallen. Er liebte sie von ganzer Seele; denn sie war nicht nur schön, sondern auch gut und voller Würde, wie es ihrem Stande geziemte.

Kohuki hatte schon eine Weile gefischt und Korire bat ihn, den Anker heraufzuholen und die Fahrt fortzusetzen. Aber vergebens bemühte sich Kohuki, den Anker vom Boden loszubringen, denn Tuhoropunga in ihrer Vogelgestalt war untergetaucht und hielt den Anker fest. Kohuki strengte seine ganze Kraft an, aber umsonst. Der Anker ließ sich nicht bewegen. Vielleicht sitzt er in einer Felsspalte fest, sagte Kohuki, ich will untertauchen. Er tauchte unter, aber er sah nichts, und in der Meinung, dass alles in Ordnung sei, kam er wieder an die Oberfläche und ergriff das Tau; jedoch zu seiner großen Verwunderung war es unbeweglich wie bisher. Dreimal tauchte er ins Wasser, aber er konnte nichts bemerken, was den Anker festhielt; denn Tuhoropunga ließ jedes Mal los, wenn Kohuki im Wasser war; kaum hatte er aber wieder die Oberfläche erreicht, so ergriff sie von Neuem das Ankertau und hielt es fest.

Korire sah die Unruhe ihres Mannes und die Erfolglosigkeit seiner Anstrengungen und sagte: »Lass mich einmal untertauchen und es versuchen.«

»Aber warum, Korire?«

»Weil du dich umsonst geplagt hast.«

»Und glaubst du, glücklicher zu sein?«

»Vielleicht, vielleicht auch nicht, ich will es versuchen.«

Und das brave Weib legte ihr schönes Gewand ab; nur die Federn, welche so lieblich mit den Seelüften spielten, behielt sie auf dem Kopfe.

Kohuki wurde ganz traurig, als er sein schönes Weib ins Meer tauchen sah, zu seiner Freude kam sie aber schnell wieder zum Vorschein, – wenigstens glaubte er, sie sei es – stieg in den Kahn, setzte sich nieder und nahm den Mantel um, der zur Seite lag. Aber ach, es war nicht Korire, sondern Tuhoropunga, welche jetzt im Kahne saß und durch ihre Zauberkünste den armen Kohuki täuschte. Sie hatte die Gestalt Korires angenommen, ahmte ihre Stimme nach und hatte Korire im Wasser noch dazu ihres Kopfputzes und der Ohrgehänge beraubt und sich damit aufgeputzt. Als sie sich zurechtgesetzt hatte, forderte sie ihren Mann auf, den Anker aufzuholen und Segel zu setzen; er tat es, da nun kein Hindernis mehr war, und sie fuhren weiter.

Der Kahn hatte sich kaum in Bewegung gesetzt, als in der Tiefe des Wassers eine menschliche Gestalt sichtbar wurde und eine Stimme flehentlich ausrief: »Kohuki, Kohuki, komm her mit dem Kahn und rette mich!«

»Was ist das, was für eine Stimme höre ich?«, rief Kohuki voll Bangen.

»Du bildest dir nur etwas ein, ich höre nichts«, sagte Tuhoropunga.

»Nein, ganz gewiss, ich hörte eine Stimme, und dort im Wasser sah ich, wie wenn jemand mit den Wellen kämpfte; es war mir ganz, als ob es Korires Stimme wäre.«

»Aber ich, Korire, bin ja da«, erwiderte das Weib im Kahn, und die Gestalt, welche du dort siehst, ist ohne Zweifel die Zauberin Tuhoropunga, »und du wirst gut tun, nicht auf ihr Geschrei zu achten.«

»Bist du auch gewiss mein Weib Korire?«, sagte der Mann und blickte sie forschend an.

»Freilich«, sagte Tuhoropunga, »schau, sind das nicht die Gewänder deines Weibes und ihr Kopfputz?«

Kohuki gab sich mit diesen Versicherungen zufrieden und segelte weiter, Tuhoropunga dem Tode in den Wellen überlassend, obwohl es ihm ein Rätsel war, wie sie hierhergekommen sein konnte. Schweigend saß Tuhoropunga im Kahne und übte in aller Stille ihre Zauberei aus, die bewirkte, dass sich das Boot von Kopuaroa weg nach einer Gegend wandte, wo sie hinzukommen wünschte. Der Kahn glitt sanft über das Wasser. Bald hatten sie das Land erreicht, und wurden von den Leuten daselbst freundlich aufgenommen. Sie wohnten auch lange dort, denn es war schön in der Gegend und alles so, wie Tuhoropunga es sich gewünscht hatte.

Neuseeland

Der Mord des Massiloniane

Zwei Brüder verließen eines Tages die Hütte ihres Vaters, um ihr Glück zu suchen. Der ältere hieß Massilo, der jüngere Massiloniane. Nach einigen Tagen kamen sie zu einer Stelle, wo zwei Wege sich ihnen boten: Der eine führte nach Osten, der andere nach Westen. Der erste Weg war mit Fußspuren von Weidevieh bedeckt, der andere mit Fußspuren von Hunden. Massilo folgte dem letzteren Wege; sein Bruder ging in der anderen Richtung,

Nach einigen Tagen kam Massiloniane bei einem Hügel vorüber, der ehemals bewohnt gewesen war, und staunte nicht wenig, eine Menge verkehrt stehender Töpfe auf demselben zu finden. Er bekam Lust, die Töpfe umzukehren, um zu sehen, ob nicht unter einem ein Schatz versteckt wäre; und schon hatte er mit einer großen Anzahl Töpfe so verfahren, als ein Topf von ungeheurem Umfang an die Reihe kam. Massiloniane gab ihm einen tüchtigen Stoß, allein er blieb unbeweglich. Der junge Reisende verdoppelte seine Anstrengung – vergebens. Zweimal war er genötigt, seinen geborstenen Gürtel wieder zu knüpfen; der Topf schien im Boden festgewurzelt. Aber plötzlich wich er, wie durch Zauber, einem sehr gelinden Druck, und ein unförmlicher Riese erschien vor dem jungen Massiloniane, der voll Schrecken zurückbebte.

»Was störst du mich?«, fragte das Ungetüm.

Massiloniane betrachtete ihn genauer und bemerkte mit Grausen, dass eines von seinen Beinen so dick war wie ein starker Baumstamm, während das andere die gewöhnliche Proportion hatte. »Zur Strafe für deinen Frevel sollst du mich tragen, Söhnlein«, sagte das Ungeheuer und schwang sich in demselben Augenblick auf den Rücken des Unglücklichen; dieser knickte zusammen, erhob sich wieder, tat ein paar Schritte vorwärts, wankte und stürzte wieder auf den Boden. Seine Kräfte verließen ihn gänzlich; aber der Anblick eines Stückes Rotwild in der Ferne gab ihm ein Mittel ein, zu entrinnen. »Väterchen«, sagte er mit zitternder Stimme zu dem Scheusal, »setz' dich einen Augenblick auf die

Erde; ich kann dich nicht tragen, weil ich keinen Riemen habe, um dich auf meinem Rücken festzubinden; ich will schnell ein Lama erlegen und aus seiner Haut wollen wir Riemen schneiden.«

Sein Gesuch ward ihm bewilligt und er verschwand mit seiner Beute in der Ebene. Nachdem er sehr weit gelaufen war, versteckte er sich in einer Höhle; aber der dickbeinige Unhold, des Wartens müde, folgte ihm bald nach und rief, so oft er eine Fußstapfe des Jünglings erblickte, mit seiner rauen Stimme: »Siehe da, den kleinen Fuß des Massiloniane – siehe da, den kleinen Fuß meines Kindleins.«

Massiloniane hörte ihn kommen und fühlte, wie der Boden unter seinen Tritten bebte. Von Verzweiflung ergriffen, verließ er die Höhle, rief seine Hunde herbei und hetzte sie gegen den Feind, indem er ihnen sagte: »Tötet ihn, verzehrt ihn ganz, aber lasst sein dickes Bein übrig.« Die Hunde gehorchten und ihr Herr nahte bald dem unförmlichen Beine ohne Besorgnis. Er hieb es mit einer Axt in Stücke und – oh Wunder! – es kam eine ungeheure Herde schöner Kühe daraus hervor. Eine von ihnen war so weiß wie der gefallene Schnee. Vor Freuden außer sich, trieb Massiloniane das Vieh vor sich her und begab sich wieder auf den Weg nach der Hütte seines Vaters.

Der ältere Bruder kam mit einer Hundeherde, der Frucht seines Zuges, zurück. Beide Brüder begegneten einander da, wo sie sich getrennt hatten. Der jüngere sagte, weil er das größere Glück gehabt, zu dem älteren: »Nimm aus meiner Herde soviel Vieh, wie dir gefällt, nur wisse, dass die weiße Kuh niemanden gehören kann außer mir.« Aber dem Massilo war es eben um diese allein zu tun; er bat seinen Bruder wiederholt, sie ihm abzutreten – vergebens. Die Brüder übernachteten zweimal, und am dritten Tage kamen sie bei einer Quelle vorüber. »Lass uns hier verweilen«, sprach Massilo, »der Durst verzehrt mich. Wir wollen ein tiefes Loch graben und Wasser hineinleiten, damit es frisch werde.« Als die Arbeit vollendet war, suchte Massilo auf dem benachbarten Berge einen großen, glatten Stein, den er auf das Loch legte, um das Wasser vor den Sonnenstrahlen zu schützen. Nachdem das Wasser genug kühl war, trank Massilo zuerst. Sein Bruder wollte ein Gleiches tun, als er sich in dieser Absicht über das Loch bückte, fasste ihn Massilo an den Haaren und hielt den Kopf so lange unter dem Wasser, bis er erstickt war. Dann schöpfte er das Wasser wieder aus dem Loch, steckte den Leichnam hinein und bedeckte ihn mit den Steinen.

Als der Herr der ganzen Herde ging nun der Mörder gesenkten Kopfes weiter. Aber kaum war er einige Schritte vorwärts, da setzte sich ein kleiner Vogel auf das Horn der weißen Kuh und sang in klagenden Tönen: »Tsiri! Tsiri! Massilo hat den Massiloniane getötet wegen der weißen Kuh, die er so sehr liebte!«

Der Mörder entsetzte sich und tötete den Vogel mit einem Steinwurf; aber kaum schickte er sich an, weiter zu gehen – da saß der kleine Sänger wieder auf dem Horn der weißen Kuh und wiederholte dieselben Worte. Massilo warf ihn von Neuem mit einem Stein tot und zerschmetterte ihn gänzlich mit seiner Keule. Aber in geringer Entfernung von der Stelle erschien das Vöglein zum dritten Male auf dem Horn der Kuh und sang dieselben. Worte.

»Ha, Zauberer!«, rief Massilo, außer sich vor Wut, »werde ich dich endlich zum Schweigen bringen?« Darauf schleuderte er einen Stock gegen den verhassten kleinen Mahner, zündete ein Feuer an, verbrannte das Vöglein darinnen und streute die Asche in den Wind. In der Hoffnung, der Spuk werde nicht wiederkehren, zog Massilo stolz und keck in sein väterliches Dorf, dessen Bewohner sich um ihn scharten, um die reiche Beute zu betrachten, die er mit sich führte. Man rief ihn von allen Seiten: »Wo ist Massiloniane?«

Er antwortete: »Ich weiß es nicht – wir sind verschiedene Wege gegangen.«

Eine Menge Neugieriger umringte die weiße Kuh. »Oh, wie schön ist sie!«, rief man um die Wette; »wie fein ist ihr Haar! Wie rein ihre Farbe! Glücklich der Mann, der sie besitzt.«

Da trat mit einem Male tiefe Stille ein ... auf das Horn des bewunderten Tieres setzte sich ein kleiner Vogel und sang: »Tsiri, Tsiri! Massilo hat den Massiloniane getötet um seiner weißen Kuh willen, die er so sehr liebte.«

»Wie! Massilo hätte seinen Bruder getötet?« ... Die Menge stob voll Entsetzen auseinander und war unfähig, sich

Rechenschaft von dem abzulegen, was sie gesehen und gehört. In diesem Augenblicke der Verwirrung, flog der kleine Vogel zu der Schwester des Opfers und sagte ihr: »Ich bin das Herz des Massiloniane. Massilo hat mich getötet; mein Leichnam ist bei dem Quell in der Wüste.«

Afrika

Der kleine Hase

Eine Frau bekam Lust, von der Leber der Niamatsane zu essen. Ihr Mann sagte ihr: »Weib, du bist toll; das Fleisch des Niamatsane ist gar nicht essbar, und außerdem ist dieses Tier schwer zu jagen, da es in einem Sprunge drei Tagereisen zurücklegt.«

Aber die Frau ließ nicht nach und ihr Mann ging, da er fürchtete, sie werde krank werden, wenn ihr Gelüste keine Befriedigung fände. Er sah in der Ferne eine Herde Niamatsanes; Rücken und Beine dieser Tiere waren wie glühende Kohlen. Er verfolgte sie mehrere Tage und endlich gelang es ihm, sie zu erreichen, als sie eben in der Sonne schliefen. Er warf einen starken Zauber auf die Tiere, tötete das schönste von ihnen, schnitt ihm die Leber aus und brachte seiner Frau die ersehnte Speise. Sie aß mit großem Appetit; aber bald darauf fühlte sie ihr Eingeweide wie von Feuer verzehrt. Nichts konnte ihren Durst stillen; sie lief an den See der Wüste, trank alles Wasser und blieb dann, jeder Bewegung unfähig, am Boden liegen.

Am andern Morgen erfuhr der Elefant, der König der Tiere, dass sein See ausgetrocknet sei. Er rief den Hasen und sagte ihm: »Du bist ein großer Läufer, eile und sieh, wer mein Wasser getrunken hat.«

Der Hase lief mit Windesschnelle und kam bald wieder, seinem Könige anzuzeigen, dass es eine Frau gewesen. Der Elefant ließ einen Rat der Tiere berufen: Da erschien Löwe, Hyäne, Leopard, Rhinozeros, Büffel, Antilope – und alle sprangen und hüpften um ihren König herum, dass die Wüste erbebte. Der Elefant rief zuerst die Hyäne auf und sagte zu ihr: »Du, deren Zahn so scharf ist, geh, und durchbohre den Magen des Weibes.«

Die Hyäne antwortete: »Nein, Herr; du weißt ja, dass ich gewohnt bin, die Menschen nur in offenem Kampfe anzugreifen.«

Dann rief er den Löwen und sagte ihm: »Du, dessen Klaue so stark ist, gehe und zerreiße den Magen des Weibes.«

Der Löwe entgegnete: »Nein; du weißt, dass ich nur denen ein Leid antue, die mich zuerst angreifen.«

Dann rief der Elefant den Strauß und sagte: »Du, der so gewaltige Schläge versetzen kann, gehe und hole mein Wasser.«

Der Strauß rannte fort, mit den Flügeln im Winde rudernd, und wirbelnder Staub bezeichnete seinen Weg; endlich naht er der Frau und stößt sie so heftig mit dem Fuße, dass alles eingeschluckte Wasser aus ihrem Munde sprudelt und in einem ungeheuren Bogen zurück in das Bett des Sees fällt. Die Tiere tanzten einen Reigen um ihren Gebieter und schrien freudig: »Das Wasser des Königs ist wieder da!«

Schon hatten sie drei Nächte geschlafen, ohne zu trinken; sie lagerten sich um den See und wagten es doch nicht, das Wasser des Königs zu berühren. Nur der Hase erhob sich in der Nacht und trank; dann nahm er etwas Schlamm und beschmierte damit das Maul und die Knie des Springhasen, der neben ihm schlief. Um Morgen bemerkten die Tiere, dass das Wasser sich etwas vermindert hatte und schrien alle: »Wer hat von dem Wasser des Königs getrunken?«

Der Hase sprach: »Sehet ihr nicht, dass es der Springhase war?« Seine Knie sind schlammig weil er sich beim Trinken gebückt hat, und er hat so viel getrunken, dass Schlamm an seinen Lippen klebt.«

Da fuhren alle Tiere in die Höhe, tanzten um den Elefanten und riefen: »Der Springhase hat den Tod verdient, er hat sich vermessen, das Wasser des Königs zu trinken.«

Ein paar Tage nach der Hinrichtung des Springhasen fing der Hase, als er sich allein glaubte, zu singen an: »Häschen, wie bist du verschmitzt! Dein Nachbar hat für dich sterben müssen!« Man hörte es und verfolgte ihn; er entkam aber und hielt sich verborgen. Nach einiger Zeit begab er sich zum Löwen und sagte: »Freund, du bist sehr abgemagert; die Tiere fürchten dich und es gelingt dir selten, eines zu erlegen; mache ein Bündnis mit mir und ich werde dich mit Wild versorgen.«

Der Bund wurde geschlossen; nach Anleitung des Hasen umzog der Löwe einen großen Raum mit starkem Pfahlwerk und grub in der Mitte ein ziemlich tiefes Loch. Der Hase ließ den Löwen in das Loch kriechen und bedeckte es so weit mit Erde, dass nur die Zähne hervorsahen. Dann lief er und schrie in die Wüste: »Ihr Tiere! Kommt, ich zeige euch ein Wunder; ihr könnt eine Kinnlade sehen, die aus der Erde wächst!«

Die Tiere kamen von allen Seiten herbei; zuerst erschienen die Gnus, nach ihnen die dummen Kuaggas, dann die verzagten Antilopen. Auch der Affe stellte sich ein, sein Junges auf dem Rücken tragend; er ging auf das Loch zu, nahm einen spitzen Stab, räumte etwas Erde weg und sagte: »Kind, halte dich, fest auf meinem Rücken, dieser Tote ist noch furchtbar!«

Mit diesen Worten kletterte er behänd das Pfahlwerk hinan und eilte fort. In demselben Augenblick entstieg der Löwe dem Loche; der Hase verschloss den Eingang der Verpfählung und alle Tiere wurden erwürgt. Die Freundschaft zwischen beiden war jedoch nicht von Dauer; der Löwe machte seine überlegene Stärke geltend, und sein kleiner Verbündeter beschloss, sich zu rächen. »Mein Vater«, sprach er einst zum Löwen, »wir sind dem Regen und Hagel ausgesetzt, bauen wir uns eine Hütte.«

Der Löwe, träge, überließ dem Hasen die ganze Arbeit; dieser nahm des Löwen Schwanz und flocht ihn so geschickt in die Pfähle und das Rohr der Hütte, dass er für immer darin stehen blieb. So hatte der Hase die Freude, seinen starken Gegner vor Hunger und Wut sterben zu sehen; darauf häutete er ihn und steckte sich in seine Haut. Von allen Seiten brachten die Tiere ihm zitternd Geschenke; man fiel vor ihm nieder und überhäufte ihn mit Ehren. Der Dünkel des Hasen wuchs immer mehr; er vergaß endlich seine Verlarvung und prahlte mit seiner List. Von dem Augenblicke an wurde er verfolgt, von allen Seiten bedroht, von allen Tieren verwünscht und verabscheut. So oft er sich zeigte, rief man: »Siehe da, der Mörder des Springhasen, der Erfinder der Zahngrube, der grausame Sklave, der seinen Herrn verhungern ließ.«

Um in seinen alten Tagen einige Ruhe zu genießen, musste er sich endlich ein Ohr abschneiden, und erst nach dieser schmerzhaften Operation durfte er es wagen, unter seinen Mitbürgern zu erscheinen, ohne die Besorgnis, erkannt zu werden.

Afrika

Die Vogelfrau

Vor Zeiten lebte in einem blühenden Lande ein Hausvater mit drei Töchtern, welche täglich abwechselnd die Kälber zu hüten hatten. Einst war die älteste Schwester während der Hütungszeit eingeschlafen, und ein Kalb ging verloren. Da stand das Mädchen auf, um das Kalb zu suchen, und gelangte zu einem großen Haus mit einer roten Hoftür. Sie ging hinein und kam zu einer goldenen, von dieser zu einer silbernen, von dieser zu einer ehernen Türe. Nachdem sie auch diese Türe geöffnet hatte, fand sie beim Aufmachen derselben einen Käfig, mit Gold und andern Kostbarkeiten geschmückt. Innerhalb stand ein weißer Vogel auf einem Tisch. »Ich habe ein Kalb verloren«, sprach das Mädchen, »und bin gekommen, es zu suchen.« Auf diese Worte sprach der Vogel: »Wirst du meine Frau, dann zeig ich dir das Kalb, sonst nicht!« Das Mädchen sprach aber: »Dies geschieht nicht, weil unter den Menschen die Vögel zu den Tieren gezählt werden. Find' ich auch das Kalb nicht, so werde ich doch nicht deine Frau.« So sprach sie und kehrte zurück.

Am folgenden Tage hütete die mittlere Schwester. Es ereignete sich mit ihr das Nämliche, aber auch sie wurde keine Vogelfrau.

Endlich hütete auch die jüngste Schwester die Kälber, und weil es ihr nicht besser erging, so sprach der Vogel zu ihr:

»Wirst du meine Frau, dann zeig ich dir das verlorene Kalb.« Auf diese Worte sprach das Mädchen: »Es geschehe nach deinem Willen.« So sprach sie und wurde die Frau des Vogels.

Nach einiger Zeit geschah es, dass bei einer großen Pagode ein dreizehntägiges Fest gefeiert wurde. Es versammelten sich zum Zusehen eine Menge Menschen und auch die Vogelfrau ging dahin. Unter den Frauen war sie die erste, aber unter den Männern ward ein rüstiger Mann bemerkt, der auf einem Schimmel um die Versammlung dreimal herumritt: »Der ist der Erste!«, riefen nun alle.

Als die Frau zurückgekommen war, fragte sie der weiße Vogel: »Welche waren Wohl die ersten unter den versammelten Männern und Frauen?« Da sprach die Frau: »Der erste vom männlichen Geschlecht saß auf einem Schimmel, aber ich kannte ihn nicht. Die erste vom weiblichen Geschlecht war ich selbst.«

Elf Tage nach der Reihe geschah das Nämliche. Am zwölften aber, als die Vogelfrau ebenfalls zugegen war, saß sie neben einem alten Weibe. »Wer«, sprach die Alte, »ist wohl heute die erste in der Versammlung?« Auf diese Frage erwiderte die Frau: »Unter den Männern ist der Reiter auf dem Schimmel über alle Vergleichung. Unter den Frauen bin ich es. Wäre ich doch mit diesem Manne verbunden: Aber mein Gemahl gehört zu den Tieren, ist ein Vogel.«

So sprach sie weinend, und die Alte versetzte dagegen: »Sprich doch nicht dergleichen Worte. Unter den versammelten Frauen bist du allerdings die Vornehmste. Der Reiter auf dem Schimmel aber ist dein eigener Gemahl. Morgen ist der dreizehnte Festtag. Geh morgen nicht in die Versammlung, sondern bleibe hinter der Türe, bis dein Gemahl das Vogelhaus öffnet, den Schimmel aus dem Stalle zieht und in die Versammlung reitet. Dann nimm das geöffnete Vogelhaus und verbrenne es. Hast du dieses getan, dann wird dein Gemahl in seiner wahren Gestalt dich begleiten.«

Die Frau handelte nach diesem Befehl, und nachdem das Vogelhaus geöffnet und der Mann weggegangen war, verbrannte sie das Vogelhaus auf dem Herd. Als sich die Sonne nach Westen neigte, kam der Vogel zurück und sprach zu seiner Frau: »Wie, du bist früher gekommen?« Die Frau antwortete: »Ich bin früher gekommen.« Da sprach der Mann: »Wo ist mein Vogelhaus?« Die Frau versetzte: »Ich habe es verbrannt.« Der Mann aber sprach: »Barama, das ist was Schönes! Das Vogelhaus war meine Seele.« Die Frau sprach hierauf: »Was ist jetzt wohl anzufangen?« Auf diese Worte versetzte der Vogel: »Es bleibt kein anderes Mittel, als dich hinter die Türe zu setzen, und dort Tag und Nacht mit dem Schwert zu rasseln. Hört das Rasseln auf, dann reißt mich der Tschädkürr mit sich fort. Sieben Nachtzeiten kämpfe ich gegen Tängäri und Tschädkürr.«

Nach diesen Worten nahm die Frau das Schwert, sperrte ihre Augenlider mit Hölzern auseinander, und durchwachte sechs Nachtzeiten. In der siebenten Nachtzeit nickte sie nur einmal mit dem Auge, aber plötzlich rissen Tängäri und Tschädkürr den Vogelmann hinweg. Jammernd, ohne Nahrung, lief die Frau sinnlos umher und rief unaufhörlich: »Ach, mein Vogelmann! Ach, mein Vogelmann!«

Als sie Tag und Nacht, ohne ihn zu finden, gesucht hatte, vernahm sie von der Höhe eines Berges die Stimme ihres Gemahls. Sich nähernd, hörte sie die Stimme aus einem Flusse. Sie lief auf den Fluss zu und erblickte ihren Gemahl neben einem Tängärigreise, mit einer Ladung zerrissener Stiefel auf dem Rücken. »Über dein Wiedersehen«, sprach der Mann, »ist mein Herz sehr erfreut. Ich muss für Tängäri und Tschädkürr Wasser schleppen und habe so viel Stiefel durch diese Arbeit verbraucht. Willst du mich wiederhaben, dann geh zurück, baue mir ein neues Vogelhaus und weihe es zur Seele: Dann komme ich zurück.«

Mit diesen Worten verschwand er im Winde. Die Frau aber begab sich wieder nach Hause, machte ein neues Vogelhaus und weihte es zur Seele. Da erschien der Vogelmann und setzte sich auf das Dach des Hauses.

Mongolei

Der Magier vom Huronsee

Zur Zeit, als die Ottowas noch die größeren Inseln des Huronsees bewohnten, lebte ein einflussreicher Magier dort, der Mäßwäweinini oder die lebende Statue hieß. Jene Inseln waren von jeher der Lieblingsaufenthalt aller indianischen Medizinmänner, weshalb auch später, als die Irokesen die Ottowas von dort verdrängt und hinauf an die Ufer des Oberen Sees gejagt hatten, Mäßwäweinini heimlich zurückblieb und die Bewegungen der Feinde ständig beobachtete.

Er hatte noch zwei Knaben bei sich, die ihm bei seinem Spionieren treffliche Dienste leisteten. Nun stand er eines Tages etwas früher als gewöhnlich auf, ließ seine Knaben ruhig liegen und ging fort auf die Jagd. Nachdem er sich eine Zeitlang seinen Weg durch dorniges Gebüsch gebahnt hatte, sah er sich plötzlich an der Grenze einer weiten Ebene, die noch nie von menschlichen Füßen betreten worden war.

Getrosten Mutes ging Mäßwäweinini auf die andere Seite der Ebene, von woher ihm ein Mann von auffallend kleiner Gestalt entgegenkam. Dieser trug eine rote Feder auf dem Kopf, tat recht freundlich und nannte auch Mäßwäweinini bei seinem Namen und lud ihn ein, eine Pfeife mit ihm zu rauchen, was letzterer denn auch bereitwillig annahm.

»Bitte«, sagte Rotfeder nach einer Weile, »worin liegt eigentlich deine Stärke?«

»Meine Stärke«, erwiderte Mäßwäweinini, »ist keine außergewöhnliche; sie ist nur die eines jeden Menschen.«

»Oh, dann müssen wir unsere Kräfte versuchen!«, rief der Kleine hastig. »Und wenn du mich niederwirfst, so kannst du sagen, du habest Wädschemenä besiegt!« Als sie mit ihrem Rauchen fertig waren, begann der Ringkampf, der lange Zeit unentschieden blieb, denn Rotfeder zeigte sich als äußerst gewandter Ringer; aber zuletzt unterlag er doch. Auf der Stelle, wo er verschied, fand Mäßwäweinini eine zerknickte Maisähre, und eine Stimme rief aus der Erde: »Entferne die Hülle von mir und zerteile meinen Körper, damit du die ganze Ebene damit besäen kannst. Dann geh fort und komm nach einem Monat wieder!«

Mäßwäweinini tat, wie ihm gesagt wurde, und als er damit fertig war, machte er sich auf den Heimweg, auf dem er auch einen recht fetten Hirsch erlegte. Da er seine Knaben noch schlafend fand, weckte er sie auf, gab ihnen zu essen und erzählte ihnen sein merkwürdiges Abenteuer.

Nach einem Monat ging er wieder hinauf zu jener Ebene und fand dort zu seinem größten Erstaunen alles grünend und blühend. Dann besuchte er sie nicht mehr bis zum Ende des Sommers, wo er sie vollständig mit dem schönsten Mais bewachsen sah. An der Stelle, wo er Rotfeder getötet hatte, erblickte er die schönsten Kürbisse, und als er einen davon abschnitt, rief jemand aus der Tiefe: »Mäßwäweinini, hättest du mich nicht besiegt, so lägen jetzt deine abgenagten Knochen hier herum. Doch mein Körper soll dir und deinem Stamm zum Segen werden und euch in Gestalt des Mais stets ein willkommenes Nahrungsmittel bieten!«

Darauf rief Mäßwäweinini seine beiden Knaben herbei und zeigte ihnen das kostbare Gewächs, das seit jener Zeit von allen Indianern in großer Ehre gehalten wird.

Nach jener Zeit passierten wundervolle Dinge auf der Insel des Magiers. Als er sich einst zum Schlafen niedergelegt hatte, kam es ihm vor, als höre er jemand sagen: »Sieh, das ist der Mäßwäweinini, dessen Herz wir haben müssen!«

Dann fragte ein anderer: »Aber wie können wir es bekommen?«

Mäßwäweinini verhielt sich ganz still und atmete so ruhig, als läge er im tiefsten Schlaf.

»Du musst ihm mit dem Arm durch Mund und Hals fahren, es dann fest packen und herausreißen!«, sagte der erste wieder.

Das tat denn auch der andere, doch als er seine Hand weit genug darin hatte, biss Mäßwäweinini plötzlich kräftig zu und zermalmte ihm alle Finger. So entrann er also glücklich der Todesgefahr und blieb bis zum Morgen unbelästigt. Als er dann die abgebissenen Finger recht betrachtete, sah er, dass sie aus den feinsten Wampumperlen bestanden – der untrüglichste Beweis, dass sie von mächtigen Geistern stammten.

Kurz danach, als er eben gefrühstückt hatte, sah er ein Kanu von außergewöhnlicher Schönheit dem Ufer zusteuern, und als es etwas näher kam, sah er zwei Männer darin sitzen, wovon einer eine fingerlose Hand hatte. Mäßwäweinini merkte nun gleich, welche Gesellen das waren, und ging ihnen, als sie landeten, kühn entgegen, um sie wegen ihres nächtlichen Mordanschlags zur Rede zu stellen und dann exemplarisch zu züchtigen; doch als er eben kräftig mit dem Tomahawk ausholen wollte, um ihnen die Schädel einzuschlagen, verwandelten sie sich plötzlich in steinerne Statuen, mit denen er nun nichts anderes machen konnte als sie in das nahe Dorngebüsch zu postieren. Dann holte er auch das Kanu und verbarg es ebenfalls im Gehölz. Es war das schönste, das er je gesehen hatte, und zu seiner größten Freude mit den kostbarsten Schätzen gefüllt.

»Mit solchen Schätzen«, rief darauf einer der steinernen Manitus, »werden die Kähne der Ottowas beladen sein, wenn sie diese Küste, von der die Irokesen sie verdrängt haben, wieder passieren werden!«

Danach ging Mäßwäweinini nach Hause, weckte seine Knaben und bereitete ihnen ein vortreffliches Fischmahl.

Unser Magier führte im Allgemeinen ein recht gemütliches Leben; seine Feinde ahnten seine Nähe nicht, und Wild und Fische gab es ihm Überfluss. Aber, dachte er eines Tages bei sich selbst, werden denn auch meine armen Eltern wissen, wo sie Fleisch hernehmen, wenn sie Hunger haben, und wo sie einen warmen Pelz hernehmen, wenn der raue Nordwind durch die Bäume pfeift? Und während diese Gedanken sein Gehirn durchkreuzten, zog er seine schnell laufenden Mokassins an und machte sich auf den Weg zu ihnen.

Ein anderer Mann hätte wenigstens dreißig Tage zu jener Reise gebraucht, denn das alte Ehepaar lebte weit weg auf einer Insel im Oberen See; doch Mäßwäweinini war schon am Abend des ersten Tages in ihrem Wigwam, wo er beide geräuschlos und sanft – sie schliefen nämlich schon – aufhob und mit derselben Geschwindigkeit zurück in seiner eigene Hütte trug. Als jene nun am anderen Tag erwachten, waren sie beinahe vor Freude außer sich, dass sie sich so auf einmal wieder bei ihrem geliebten Sohn sahen, der ihnen nun zur Unterhaltung seine vielen merkwürdigen Abenteuer erzählte und danach für sie ein regendichtes Häuschen neben sein fruchtbares Maisfeld baute.

Inzwischen wurde es Winter und das Wetter so unfreundlich, dass sich niemand vor die Tür getraute. Als nun der alte Vater so den ganzen Tag lang an den glimmenden Baumstamm gebannt war, ging ihm mit der Zeit das Kraut aus, mit dem er seine Pfeife stopfte, und die Zeit fing an, ihm langweilig zu werden. »Warte nur noch zwei Tage«, tröstete ihn darauf sein Sohn, »und du sollst einen haushohen Haufen Tabak bekommen; und zwar müssen ihn dir meine Feinde liefern!«

Darauf ging Mäßwäweinini zu den Nadowas vom Bärentotem. Diese erkannten ihn gleich an seinem schnellen Lauf und luden ihn freundlich in ihre Hütten ein. Als sie ihn darauf nach dem Grund seiner Reise fragten, antwortete er, dass er für seinen alten Vater Tabak holen wolle, und augenblicklich wurden die dicksten Bündel bereitwilligst herbeigebracht.

Doch in der Nacht schmiedeten einige von ihnen ein Komplott, ihn heimlich zu überfallen und sich seiner dann für immer zu entledigen, und zwei alte Kerle drangen auch wirklich in sein Zelt und schrien: »Mäßwäweinini, du bist ein Kind des Todes!«

»Nein, ihr seid es!«, schrie er ihnen entgegen, griff zu seinem scharfen Tomahawk und schlug sie alle zu Fetzen. Dann packte er sich soviel Tabak zusammen, als er nur tragen konnte – das wollte etwas heißen! –, und brachte ihn seinem Vater, der nun im Kreise seiner Familie seine letzten Tage heiter und sorgenfrei verlebte.

Nordamerika

Das Nordlicht

Ein kleiner, hilfloser Waisenknabe hatte, da er keine liebenden Geschwister hatte, nach langem Hin-und-her-Irren endlich bei einem lieblosen Onkel Obdach gefunden, der ihn aber so rau und grausam behandelte und ihm dabei so äußerst wenig zu essen gab, dass er zuletzt so dünn und schwächlich wurde, dass ihn beinahe die Sonne umschien. Der böse Onkel hatte nämlich vor, sich seiner auf diese billige Art zu entledigen; aber der Knabe schien doch eine starke und zähe Natur zu besitzen, denn sein Tod ließ so lange auf sich warten, dass sein Peiniger beschloss, das entgegengesetzte Mittel anzuwenden, und seiner Frau befahl, ihm stets das fetteste Fleisch vorzusetzen und es ihm, wenn er satt sei, mit Gewalt hineinzustopfen.

Sobald aber der Knabe dies merkte, nahm er die erstbeste Gelegenheit wahr und entfloh. Traurig wanderte er nun den ganzen Tag herum, und als der Abend kam, suchte er sich einen Schlafplatz auf einer hohen Fichte, damit ihn nicht die wilden Tiere während der Nacht zerrissen.

Da hatte er denn einen sonderbaren Traum, in dem ihm eine göttliche Gestalt erschien und zu ihm sagte: »Ich bedaure dich, kleiner Knabe; doch steh auf und folge mir; ich will dir helfen!«

Darauf erwachte der Knabe, kletterte vom Baum herab und überließ sich der Führung eines vor ihm stehenden Manitus.

Als er eine Weile fortgewandert war, kam er hoch hinauf in den Himmel, wo er einen Bogen mit zwölf Pfeilen bekam und ihm befohlen wurde, sofort zum nördlichen Horizont zu ziehen, um die dort hausenden wilden Geister zu töten.

Das tat er denn auch, und er verschoss elf Pfeile, die wie leuchtende Blitze dahinflogen, ohne jedoch einen dieser Manitus zu treffen, viel weniger zu töten; denn diese konnten sich im Nu in irgendeinen unverwundbaren Gegenstand verwandeln. Auch wussten sie, dass die Pfeile des Knaben »Medizinen« waren und die Kraft besaßen, sie alle zu vernichten.

Seinen letzten Pfeil, den zwölften, richtete er auf das Herz des Manituchiefs, doch dieser verwandelte sich schnell in einen großen Felsen, und das Geschoss wurde ebenfalls vergebens abgefeuert.

»Jetzt sind deine Gaben vergeudet«, schrie jener Chief darauf, »und du bist nun in meiner Macht und sollst zur Strafe für deine Vermessenheit für alle Zeiten am nördlichen Himmel fest gebannt sein und nur zeitweilig als Nordlicht ein Lebenszeichen von dir geben!«

Nordamerika

Der rote Schwan

Drei Kinder, von denen das älteste kaum Kraft besaß, um einen schwachen Bogen zu spannen, hatte der plötzliche Tod ihrer Eltern zu Waisen gemacht. Der Vater war ein Einsiedler gewesen, der sich schon in seiner Jugend von seinem Stamm getrennt hatte, um ein ruhiges und ungestörtes Leben zu führen.

Es schien ein guter Manitu über diesen Knaben zu wachen; sie litten nie Not, und der älteste von ihnen wurde sogar in ganz kurzer Zeit ein tüchtiger und glücklicher Jäger. Er lehrte diese Kunst auch seine beiden Brüder, die ebenfalls darin recht erfreuliche Fortschritte machten.

Da sich nun jeder einen großen Köcher machen wollte, wozu sie starke Tierhäute brauchten, so gingen sie eines Tages auf Hochwild aus, und jeder schlug seinen eigenen Weg ein, weil jeder zuerst ein Tier erlegen wollte.

Odjibwe, der Jüngste, konnte sich dieses Glückes rühmen; denn gleich danach, als er sich von den anderen getrennt hatte, lief ein wohlgenährter Bär an ihm vorbei, den er mit einem gut gezielten Pfeil niederstreckte.

Während er nun mit dem Abziehen der Haut beschäftigt war, kam es ihm vor, als sähe er etwas Rotes über sich hin und her wehen. Er glaubte sich zu täuschen und rieb sich die Augen, aber die geheimnisvolle Erscheinung schwebte noch immer ganz deutlich vor ihm in der Luft hin und her. Auch hörte er eine fremde Stimme, die ihn ans Ufer des nahen Sees rief. Er folgte ihr und sah einen großen roten Schwan vor sich auf dem Wasser schwimmen. Da er in Schussweite war, so sandte er gleich einen Pfeil nach ihm, der ihn zwar traf, aber wirkungslos an ihm abprallte. Der zweite Pfeil hatte denselben Erfolg, und so verschoss er auf diese Art nach und nach seinen ganzen Vorrat, ohne dem Schwan auch nur den geringsten Schaden zuzufügen.

Danach lief er nach Hause und holte die zurückgelassenen Pfeile seiner Brüder und verschoss sie ebenfalls vergebens. Da sah er denn den roten Schwan mit großen Augen an, und es fiel ihm ein, dass sein Vater einst gesagt hatte, er habe drei magische Pfeile in seinem Medizinsack stecken. Schnell holte er diese, und als er zurückkam, war der Schwan noch immer da.

Der erste Pfeil flog vorbei; der zweite kam schon etwas näher, und der dritte flog dem Schwan mitten durch den Hals, worauf er sich erhob und dem Untergang der Sonne zusegelte. Dies ärgerte nun den jungen Odjibwe ganz gewaltig, und da er wusste, dass seine Brüder nicht sehr glimpflich mit ihm verfahren würden, wenn die magischen Pfeile fehlten. So watete er ins Wasser, um sie wiederzuholen. Aber er fand nur zwei, denn der Schwan hatte den dritten mit sich getragen. Nun, dachte er, so weit kann er damit doch nicht fliegen, als dass ich ihn nicht mit Leichtigkeit einholen könnte. Odjibwe war nämlich berühmt wegen seiner Schnelligkeit; er konnte so schnell laufen, dass ein von ihm abgeschossener Pfeil weit hinter ihm niederfiel.

Er lief nun den ganzen Tag durch Wälder und Täler, über Berge und Prärien, ohne jedoch dem Schwan nahe zu kommen. Als er sich am Abend ein Schlafplätzchen suchte, kam es ihm vor, als würden in seiner Nähe Bäume gefällt; aber er konnte niemanden sehen und tröstete sich vorläufig mit dem Gedanken, dass der folgende Morgen diesen Umstand wohl näher erklären werde.

Mit Aufgang der Sonne raffte er sich von seinem Lager auf. Sein Weg führte ihn auf einen steilen Hügel, von dessen Spitze er eine weit ausgedehnte Stadt vor sich erblickte. Auf dem höchsten Punkt der Stadt stand der Wächter und schrie in ei-

nem fort: »Madschi Kokoho!« Dadurch wollte er nämlich die Leute aufmerksam machen, dass ein Fremder nahe. Gleich gingen einige dem jungen Mann entgegen und führten ihn in die Hütte ihres Häuptlings.

Der alte Häuptling freute sich ungemein über den schmucken Jüngling und befahl seiner Tochter, ihm augenblicklich ein kräftiges Mahl zu bereiten, seine Mokassins zu trocknen und überhaupt ein sorgsames Auge auf ihn zu haben, »damit es«, wie er sagte, »meinem lieben Schwiegersohn an nichts fehle«.

Diese Worte klangen doch dem jungen Odjibwe etwas zu seltsam; so mir nichts dir nichts zum Schwiegersohn und Ehemann gemacht zu werden, ohne dass man ihn dabei auch nur mit einer Miene gefragt hätte, kam ihm doch etwas verdächtig vor. Aber das Mädchen war schön, und so dachte er das eheliche Leben auf kurze Zeit schon aushalten zu können.

Er begab sich also gemächlich zur Ruhe und erwachte am anderen Morgen etwas früher als gewöhnlich. Einige Fragen, die er an seine junge Frau richtete, blieben unbeantwortet, und als er ihr einen Kuss geben wollte, drehte sie ihm kalt den Rücken.

»Was willst du von mir?«, fragte sie endlich voll Ingrimm.

»Sage mir, mein liebes Kind, ist der rote Schwan schon vorüber geflogen? Ich verfolge ihn seit gestern; denkst du, dass ich ihn einholen werde?«

»Kwapadisid! – Dummkopf!«, erwiderte sie mürrisch; aber sie gab ihm später doch die Richtung an, die er einzuschlagen habe, worauf denn der junge Mann seine trockenen Mokassins anzog und seine Reise fortsetzte.

Als es wieder Abend geworden war, sah er abermals eine große Stadt vor sich, deren Wächter ebenfalls in den früher erwähnten Worten den Besuch verkündete.

Odjibwe wurde wieder auf die liebenswürdigste Weise in die Hütte des dortigen Chiefs geführt und musste es sich gefallen lassen, als Gemahl eines noch schöneren Mädchens zu fungieren. Doch dieses war etwas freundlicher – wenn auch nicht viel – und gab ihm auch am anderen Morgen die genaue Richtung des roten Schwans an.

Während des Tages begegnete Odjibwe nichts Besonderes auf seiner Reise. Gegen Abend kam er an eine Hütte, durch deren halboffene Tür er einen alten Mann einsam am Feuer sitzen sah.

»Nischime«, sagte dieser, »komm herein und trockne deine Kleider; ich will dir inzwischen etwas zu essen kochen!«

Diese Einladung war Odjibwe recht erwünscht, denn er war müde, hungrig und durstig. Der Alte schien ein Zauberer zu sein, denn auf sein Kommando kam plötzlich ein großer, mit Wasser gefüllter Kessel zur Tür hereingelaufen, hängte sich ohne Beihilfe über das Feuer, und der Alte warf dann ein einziges Maiskorn nebst einer Heidelbeere hinein.

Das ist eine schlechte Gelegenheit, deinen fürchterlichen Hunger zu stillen, dachte Odjibwe bei sich selber; doch als ihm der Zauberer winkte, munter zuzugreifen – siehe, da war der ganze Kessel bis an den Rand voll nahrhafter Speise, und obwohl nun Odjibwe wie einer drauflos aß, der acht Tage gehungert hat, sah man ihn doch nicht leer werden. Als er satt war, gab der Alte dem Kessel wieder ein magisches Zeichen, und dieser verschwand wieder. Danach steckten sich beide ihre Pfeifen an, und Odjibwe musste den Zweck seiner Reise erzählen.

Der Zauberer ermutigte ihn zwar in seinem Unternehmen, riet ihm jedoch, sich auf das Schrecklichste vorzubereiten, da noch keiner, der dem roten Schwan gefolgt sei, zurückgekehrt wäre. Am nächsten Tag werde er einem seiner Kollegen begegnen, der ihm weitere Auskunft geben werde.

So kam es denn auch. Der zweite Magier nahm ihn ebenfalls sehr freundlich auf und zeigte ihm den Weg zum dritten. Dieser kam ihm liebreich entgegen, führte ihn in seine Hütte und setzte ihm in einer Schüssel ein stärkendes Mahl vor.

Nachdem sich Odjibwe gehörig gesättigt hatte, sagte der Alte: »Junger Mann, du gehst einen gefährlichen Weg, von dem noch keiner zurückgekommen ist. Der rote Schwan ist die Tochter eines berühmten Medizinmanns, der sie wie heiliges Wampum behütet. Er trug einst einen großen Wampumskalp als Mütze, um den er jedoch von betrügerischen Feinden beschwindelt wurde. Diese hatten ihm nämlich erzählt, dass die einzige Tochter ihres Chiefs todkrank sei und nur durch den Anblick seines Skalps genesen könne, worauf er ihn von seinem kahlen, blutigen Kopf zog und gegen das Versprechen weggab, dass er ihn am nächsten Tag wieder zurückbekommen würde. Aber er hat bis jetzt vergebens darauf gewartet. Die fremden Krieger banden ihn auf eine lange Stange und umtanzten, verhöhnten und verspotteten ihn auf alle möglichen Arten. Bei dem geringsten Schimpf nun, der diesem Wampumskalp angetan wird, schreit der alte Chief laut auf vor Schmerzen, und er hat daher demjenigen, der ihn wieder zurückbringt, seine schöne Tochter, den roten Schwan, zur Frau versprochen.

Dieser rote Schwan hat schon viele Wagehälse angelockt, und mancher tapfere Krieger hat schon sein Leben bei jenem mächtigen Feind gelassen. Doch wenn du über gewaltige und erfahrene Schutzgeister zu gebieten hast, so ist es leicht möglich, dass du Erfolg hast. Morgen wirst du in die Nähe seines Wigwams kommen, er wird dich sogleich hineinrufen und verschiedene Fragen hinsichtlich deiner Träume und Manitus an dich stellen und dann verlangen, dass du ihm seinen heiligen Skalp wieder holst, damit sein wunder Kopf heile.«

Danach wies der Alte Odjibwe eine Schlafstelle an. Am anderen Morgen gab er ihm das Geleit zur Wohnung des unglücklichen Chiefs.

Dieser saß in einer dunklen Ecke seines Wigwams und seufzte und stöhnte jämmerlich. »Ach«, klagte er, »ich bin ein armer Mann; meine Kopfwunde will nicht heilen, und ich habe niemanden, der mich bedient!«

Odjibwe bemerkte aber, dass er doch nicht so verlassen und einsam war, wie er vorgab, denn seine Hütte war in der Mitte geteilt, und der rote Schwan befand sich im andern Zimmer.

Odjibwe ließ sich ruhig nieder, hängte seine Mokassins vors Feuer und hörte die Erzählung des Alten geduldig an. Darauf fragte ihn dieser nach seinen Träumen, und Odjibwe teilte ihm mehrere davon mit, zu denen er jedoch bedenklich den Kopf schüttelte und sagte: »Mein Sohn, du wirst mein Leben nicht retten können, wenn du nichts Besseres geträumt hast.«

Nun erzählte ihm Odjibwe seinen letzten Traum.

»Das ist der rechte!«, schrie der Alte laut auf. »Das ist der Traum, auf den ich so lange gewartet habe! Du wirst mein Retter sein!«

Am anderen Morgen ging Odjibwe weiter. »Wenn du übermorgen«, sprach er beim Abschied zum Alten, »das Geschrei des Habichts hörst, so denke, dass ich Erfolg gehabt habe und dir deinen Skalp zurückbringe.«

Nachdem er beinahe abermals eine Tagereise hinter sich hatte, kam er in ein großes Dorf, in dessen Mitte eine große Stange aufgerichtet war, um die munter getanzt wurde. Als er näher kam, sah er auch den besagten Wampumskalp daran flattern.

Ehe er noch bemerkt wurde, verwandelte er sich schnell in einen Kolibri und summte den Leuten die Ohren voll. Dann nahm er die Gestalt eines winzigen fliegenden Insekts an, band den Skalp ungesehen los und flog damit langsam fort. Dann gab er das verabredete Signal; der Alte streckte seinen blutigen Kopf heraus, und Odjibwe setzte ihm seine lange vermisste Wampumkopfhaut wieder auf. Aber er musste sie ihm in der Geschwindigkeit doch ein wenig zu unsanft aufgedrückt haben, denn der Chief wurde todkrank und erwartete mit jeder Minute sein Ende. Doch er erholte sich zuletzt wieder, und Odjibwe wusste vor Erstaunen gar nicht, was er eigentlich sagen sollte, da anstatt eines abgelebten Greises ein junger, rüstiger Mann vor ihm stand, der sich in den feinsten Worten für seine Errettung bedankte.

Beide wurden gute Freunde, aber der Magier ließ nie ein Wörtchen über den geheimnisvollen Schwan fallen. Deshalb erinnerte ihn Odjibwe bei der Abreise, dass er öffentlich bekannt gemacht habe, seinem Retter den roten Schwan zur Frau zu geben.

Darauf öffnete der Magier das andere Zimmer, in dem eine reizende Jungfrau saß. »Sie ist meine Schwester«, sprach er; »nimm sie mit zu deinen Freunden, und behandle sie gut, denn sie ist deiner würdig.«

Danach nahm das junge Ehepaar freundlichen Abschied und begab sich auf die Reise nach Odjibwes Heimat. Bald kamen sie an die Hütte des dritten Alten, der vor Freude über das Glück des Jünglings fast närrisch wurde. Er bewirtete beide mit dem Besten, was sein magischer Kessel hervorbringen konnte, und machte auch Odjibwe einen großen Medizinsack zum Geschenk, der allerlei heilige Sachen enthielt.

Auch die beiden anderen Alten beschenkten ihn in ähnlicher Weise. Darauf kam er mit seiner Frau in die zweite Stadt, in der er wieder vom Chief beherbergt und Schwiegersohn genannt wurde. Seine Tochter benahm sich immer noch so gleichgültig gegen ihn wie früher und würdigte ihn kaum eines Blickes, wozu sie natürlich jetzt auch mehr Ursache hatte.

Aber dem wusste Odjibwe schon abzuhelfen. Langsam öffnete er einen seiner drei Medizinsäcke, der Wampum und allerlei kostbare Federn enthielt, und bot dies dem Chief zum Andenken an.

Als dies die Tochter sah, nahm ihr Gesicht gleich einen ganz anderen Ausdruck an; ihre Zunge löste sich, und als ihr der Vater nun befahl, sich zur Abreise fertig zu machen, hatte sie augenblicklich ihr Bündlein gepackt.

Damit schien aber ein anwesender junger Mann nicht einverstanden zu sein, denn er rief plötzlich: »Wer auch der Freche sei, der mir meinen Schatz für ein paar lumpige Geschenke wegführt – ich werde ihn töten, und wenn ihn tausend Manitus beschützen!« Dabei zog er ein langes Messer aus einem Gürtel und ging auf Odjibwe los; aber mit dem Stechen wartete er ruhig, bis ihn der Chief festhielt, denn er war ein feiger Prahlhans, der sich kaum getraute, einen alten Hund anzufassen.

Am anderen Tag nahm Odjibwe die Tochter des Chiefs mit, und bald verkündete ein Wächter die Nähe der ersten Stadt. Alle Weiber und Kinder liefen herbei, um die drei Fremden zu sehen, die ihren Weg schnurstracks zur Hütte ihres Chiefs nahmen. Dieser bewirtete sie freundlich; er stopfte Odjibwe eine prachtvolle Pfeife und ließ sich dessen Reiseabenteuer erzählen. Als er damit fertig war, führte ihm der Alte seine schöne Tochter zu und bat ihn, sie als Frau anzunehmen.

Das schien aber wieder einem anwesenden närrischen Liebhaber sehr nahe zu gehen, denn er sprang wild auf und schrie: »Das Mädchen gehört mir, und der Fremde ist ein Kind des Todes!«

Der Chief ergriff ihn beim Arm, aber er wand sich los und versuchte dem glücklichen Odjibwe, der übrigens tat, als hörte er ihn nicht, einen Schlag zu versetzen. Ehe er dazu jedoch recht ausholen konnte, hatte ihn der Alte mit seiner Keule niedergestreckt. Als er sich nach geraumer Zeit wieder erholt hatte, wurde ihm bedeutet, das Haus so schnell wie möglich zu verlassen und künftighin die Gesellschaft alter Weiber mit seiner Gegenwart zu beglücken, in die er am besten passe.

Am anderen Morgen gab der Chief Odjibwe seine Tochter mit und begleitete seine Gäste noch eine lange Strecke. Bald sah Odjibwe seine alte Heimat wieder. Er ließ seine schönen Gefährtinnen ein wenig ausruhen und ging allein voraus, um seine Brüder auf den angenehmen Besuch vorzubereiten.

Das war denn auch sehr gut, denn ihre Hütte lag über und über voll Schmutz und Asche, und sie selber waren auch nicht viel reinlicher. Der eine saß mit geschwärztem Gesicht neben dem Feuer und weinte, als ob er nicht recht bei Sinnen sei; der andere hatte seinen Kopf mit allerlei merkwürdigen Federn besteckt, sodass sich Odjibwe kaum des Lachens enthalten konnte. »Lacht doch auch«, rief er ihnen zu, »denn ich habe jedem ein köstliches Weiblein mitgebracht!«

Als dies Madschikihwis hörte, sprang er wie besessen aus seiner Ecke und guckte durch die Tür.

»Halt!«, sagte Odjibwe. »Habt nur Geduld, und wascht euch vor allen Dingen den Dreck aus den Gesichtern, damit sich die Mädchen nicht vor euch zu fürchten brauchen.«

Das taten sie auch. Aber Madschikihwis musste dabei jeden Augenblick durch die Türritze sehen, und als die Jungfrauen endlich hereinkamen, lief er wie ein Verrückter hin und her und wollte bald diese, bald jene haben. Doch er musste die nehmen, die ihm zugeteilt wurde, und er wurde zuletzt auch recht glücklich mit ihr.

Die drei Paare führten nun ein recht zufriedenes und sorgenfreies Leben, und nach kurzer Zeit liefen auch schon recht muntere Stammhalter um ihre Wigwams herum.

Aber eines Tages gab es doch bedenklichen Streit, denn die beiden Brüder drängten Odjibwe, die magischen Pfeile ihres Vaters, die er heimlich mitgenommen habe, wieder zu ersetzen. Damit hatten sie aber böse Absichten; sie wollten ihn nämlich gern aus dem Weg schaffen, sodass einer von ihnen den roten Schwan zur Frau nehmen könnte. Odjibwe, der dies nicht im Entferntesten ahnte, zog auch wirklich aus, um die Pfeile zu suchen.

Da gelangte er auf seiner beschwerlichen Reise an ein großes Loch in der Erde, das ihn zu den Wohnungen der Geister leitete. Das Land schien recht hübsch zu sein; auch gab es darin Wild in Hülle und Fülle.

Das erste Tier, das ihm entgegenkam, war ein Büffel; der redete ihn wie ein Mensch an und fragte ihn, was er eigentlich im Land der Toten suche.

»Die magischen Pfeile meines Vaters«, erwiderte Odjibwe.

»Wir wissen es«, sagte der nur aus Knochen bestehende Büffelchief, »aber ich rate dir, so schnell wie möglich wieder zurückzugehen, denn deine Brüder wollen dein Weib verführen!«

Odjibwe erblickte darauf ein blendendes Licht in seiner Nähe, das er für die Sonne hielt. »Was ist das?«, fragte er.

»Es ist der Ort, wo die Guten wohnen.«

»Und was bedeutet diese dunkle Wolke?«

»Das ist der Wohnplatz der Schlechten.«

Darauf fragte Odjibwe nichts mehr. Kraft seiner mächtigen Schutzgeister gelangte er bald wieder an die freie Luft und vor die Tür seines heimatlichen Wigwams.

Der Büffelchief hatte die Wahrheit gesprochen. Seine beiden sauberen Brüder lagen sich gerade in den Haaren, da jeder Odjibwes Weib besitzen wollte. Dieser trat jedoch auf einmal in die Hütte und zerschmetterte ihnen mit einem furchtbaren Keulenschlag den Schädel, sodass keiner mehr ans Leben, viel weniger an Weiberverführung dachte.

Danach lebte Odjibwe in ungestörtem Glück bis an sein seliges Ende.

Nordamerika

Froschkönigs Tochter

Parikschit, ein König von Ajodhia, hatte einst auf der Jagd sein Gefolge verloren und irrte allein auf müdem Gaul durch das Dickicht.

Finster dehnte sich der Wald, schier ohne Ende, und brennender Durst quälte den ermatteten Reiter. Da windete das Ross ins Weite, hob munter den Kopf und trabte schneller unter den Bäumen dahin. Parikschit musste all seine Kunst aufbieten, um nicht von einem niedrigen Ast aus dem Sattel gehoben zu werden.

Bald hielt das Ross an einem silberschimmernden Weiher, der überreich mit herrlichen Lotusblüten geschmückt war.

Der König sprang zu Boden, klopfte seinem klugen Tier in Freundschaft den Hals, und nachdem er ihm den kostbaren Sattel abgenommen und das eigene Oberkleid abgelegt hatte, schritt er mit ihm in das erfrischende Bad.

Nach dieser Erquickung streckte er sich unter den Bäumen aufs Moos und träumte in die Wipfel, während das Pferd an saftigen Lotusstängeln kaute.

Da klangen leise liebliche Töne an Parikschits Ohr. Reglos lauschte er in die Ferne und erhob sich erst, als die Weise mit einem schluchzenden Jubelton verklungen war: Ein wunderschönes Weib kam blumenpflückend durch den Wald geschritten und schien des Lauschers gar nicht zu achten.

Stumm stand der König vor dem holden Bild, bis die Schöne in nächster Nähe an ihm vorbei wollte.

»Oh herrliches Weib!«, sprach er nun stockend, »was bist du, und wem gehörst du an?«

»Niemandem!«, erwiderte die Schöne mit schelmischer Miene. »Ich bin ein Mädchen aus dem Walde!«

»Oh, so werde die Meine!«, rief der König mit Feuer, »denn endlose Liebe fühl' ich für dich, du Holde!«

»Willst du zum Pfand mir ein Versprechen geben, du Schnellbesiegter, so will ich dir als deine Gattin folgen!«, erwiderte das Mädchen lachend.

»Was du verlangst, und was ich geben kann, sei dein!«

»So lasst mich niemals Wasser sehen, wenn ich in Treue an dir hängen soll!«, sprach sie mit einem zögernden Blick auf den Weiher.

»Nie, nie!«, schwor Parikschit, mit dem Eifer des Verliebten, und schloss die Errötende in seine Arme.

Da klangen die Hörner durch den Wald, und das Gefolge des Königs nahte.

Auf sein Rufen kamen Sklaven und Diener herbei. Er hob die Gefundene in eine herrliche Sänfte und ritt an ihrer Seite nach Ajodhia.

Kaum war die Liebliche seine Gattin geworden, so schloss er sich mit ihr in einem Flügel seines Palastes ein und ließ hoch und niedrig von seiner Schwelle weisen.

Die Räte des Königs waren bekümmert, denn vieles bedurfte der Entscheidung des Herrschers. Der aber stand ganz unter der Herrschaft des Liebesgottes und seiner schönen Gemahlin. Keine Störung der Außenwelt konnte zu den Verliebten dringen.

Als die Ordnung im Reiche unter des Königs freiwilliger Haft zu leiden begann, entschloss sich der Kanzler, alles zu versuchen, um der verliebten Torheit seines königlichen Herrn ein Ende zu bereiten.

In dieser Absicht ging er nach dem verbotenen Flügel des Palastes.

Am Eingang fand er mehrere dienende Frauen, die ihm den Zutritt verwehrten. Zornig fragte er sie nach ihren Befehlen.

»Wir haben der schönsten Gebieterin aufzuwarten und müssen vor allem darauf achten, dass niemals Wasser vor ihre Augen kommt. Einlass dürfen wir, bei Leib und Leben, niemand gewähren!«, erwiderte ihre Führerin.

Kopfschüttelnd ging des Königs Rat von dannen.

»Kein Wasser!«, murmelte er, »kein Tropfen Wasser? – Da steckt sicherlich ein böser Zauber dahinter! – Ich will ihn brechen!«

Nun ließ er nahe der Stadt einen prachtvollen Sommersitz anlegen einen kleinen Palast aus edlem Gestein mit erzenem Bildschmuck; einen weilen Park, in dem sonnenhelle Wiesen an dichtbelaubte Haine grenzten, und wo Blüten, Früchte und Vogelgesang die Sinne ergötzten; endlich im schattigsten Winkel einen Teich in marmornem Becken. Der Spiegel des

Wassers aber ward unter einem silberschimmernden, reich mit Perlen bestickten Gewebe verborgen, sodass die ganze Anlage aussah, wie einer der wasserlosen Schmuckteiche, die in dürren Zeiten die Gärten der Reichen zieren mussten.

Als alles bereit war, sandte der Kanzler den Plan des herrlichen Refugiums seinem Herrn und bot es ihm als Hochzeitsgabe des Volkes dar.

Erfreut nahm der König das reiche Geschenk an und zog bald darauf mit seiner Gattin nach dem neuen Heim seiner Leidenschaft.

Nun durchstreiften die Glücklichen fröhlichen Herzens den von einer hohen Mauer umgebenen Park und spielten wie Kinder in der Frühlingssonne ihrer Liebe.

Als sie einst, Schatten suchend, ein kleines Wäldchen betraten, standen sie plötzlich am Rand eines blinkenden Teiches.

Die Königin zuckte zusammen.

Parikschit aber, der nur das silberne Gewebe sah, rief seiner Gattin scherzend zu:

»Nun bade, mein holdes Lieb! Hier hast du das köstlichste Wasser!«

Mit einem silberhellen Lachen, das dem König schneidend wie Hohn klang, sprang sein Weib über den Marmorrand und verschwand, das Gewebe zerreißend, im aufspritzenden Wasser.

Ängstlich rief Parikschit ihren Namen.

Schweigend liefen Kreise über den Teich und erzählten von der versunkenen Königin.

Erschrocken sprang Parikschit ins Wasser. Es reichte ihm kaum an die Knie, aber wie sehr er auch suchte und, bald tosend, bald klagend, nach der Geliebten rief, sie blieb verschwunden.

Da eilte der König nach des Gärtners Haus: Alle Sklaven wurden zusammengerufen, und der verhängnisvolle Teich ward schnellstens ausgeschöpft.

Doch von der Verschwundenen zeigte sich keine Spur. Nur ein Fröschlein hüpfte laut quakend über den trockenen Grund des Beckens und verschwand am Ufer unter den Büschen.

Aufheulend warf Parikschit sich ins Gras.

Plötzlich sprang er mit jähem Ruck empor und schrie mit zornfunkelnden Augen:

»Die Frösche haben mein Liebstes gefressen! Ich will sie dafür von der Erde tilgen! Verkündigt es in allen meinen Landen. Wer immer etwas von König Parikschit will, muss es mit toten Fröschen bezahlen! – Nicht einer soll am Leben bleiben, soweit meine Macht reicht!«

Nun ging es zu Kosala an ein großes Fröschemorden, denn der König belohnte die eifrigsten Jäger mit Geld und Gut, mit Ämtern und Ehren.

Da klagten die Frösche Not und Verfolgung ihrem guten König Ayuscha, und dieser versprach, seinem Volke zu helfen.

Er nahm die Gestalt eines büßenden Brahmanen an und liest sich vor Parikschits Thron führen.

Ehrfürchtig begrüßte der Herrscher des Landes den frommen Priester.

Dieser neigte sich demütig und bat:

»Oh unerschrockener Feindebezwinger, zügle doch deinen Zorn! – Sei gütig und töte keinen der unschuldigen Frösche mehr! – Der Himmel verschließt sich jenen, die aus Unwissenheit fehlen, und straft die, die aus Bosheit freveln! Warum lässt du harmlose Tiere verfolgen?«

»Oh bitte nicht für die nassen Schurken!«, brauste Parikschit auf. »Mein Weib, mein einzig geliebtes Weib haben die Frösche gefressen, und darum müssen sie alle sterben!«

»Du irrst, König!«, sprach der Brahmane ruhig. »Dein Weib lebt, es ist meine Tochter Suschavana, und ich bin Ayuscha, der König der Frösche! – Die Törin allein soll ihr leichtfertiges Spiel büßen!«, fuhr er fort, »stets lockt sie die Besten zu heißer Liebe und verlässt sie dann kalten Herzens!«

»Ach, strafe das liebliche Kind nicht, Vater!«, sprach bittend der König. »Der leichte Sinn des Weibes ist seine holdeste Anmut, und ein Blick in lachende Wunderaugen lässt tausend Tage des Schmerzes vergessen! – Gib Suschavana mir wieder, so gibst du mich mir wieder und den deinen den Frieden in meinem Reich! Sicher seien sie künftig vor meinem Grimm!«

»Warte!«, sprach Ayuscha und ging aus der Halle.

Bald darauf kam er wieder und führte sein errötendes Töchterlein an der Hand.

»Nimm sie!«, sprach er zu Parikschit freundlich, seiner Tochter aber drohte er zornig:

»Du, die mit kaltem Herzen so viel Elend über das Volk der Frösche gebracht hat, sollst in heißblütigen Söhnen bestraft werden. Glühendes Begehren und überschäumender Trotz soll sie zu Feinden eines Mächtigen machen, und in dieser Feindschaft sollen sie vergehen, bis auf den letzten!«

Noch eifernd verließ er die Halle und hörte nicht, wie Parikschit ihm seinen innigsten Dank für die wiedergeschenkte Gattin nachrief.

Der König lebte mit seinem Weibe noch viele Jahre im Glück, denn Suschavana blieb ein sorglos lachendes Kind bis an ihr friedliches Ende.

Die drei Söhne aber, die sie dem Gatten geschenkt hatte, raubten einem mächtigen Heiligen seine Zauberpferde, weil sie die schnellsten Rosse im ganzen Reiche haben wollten. Bitten und Drohungen des Beraubten wiesen sie trotzig von sich.

Da sandte der Mächtige seine Diener, vier eherne Genien, gegen die Frevler, und alle drei fielen unter den vergifteten Pfeilen der Spukgestalten.

So ward den Enkeln Froschkönigs Zorn über der Tochter leichten Sinn zum Verderben.

Indien

Der Brahmane, der Tiger und der Schakal

Es war einmal ein Brahmane, der wanderte auf der Landstraße dahin. Da kam er an einen eisernen Käfig, in dem war ein großer von den Landleuten eingefangener Tiger eingesperrt. Als der Brahmane vorüber ging, rief ihm der Tiger zu:

»Bruder Brahmane, Bruder Brahmane, hab Mitleid mit mir und lass mich nur für einen einzigen Augenblick aus diesem Käfig. Ich sterbe vor Durst und möchte so gern ein wenig Wasser trinken.« Der Brahmane erwiderte:

»Nein, das tue ich nicht. Wenn ich dich herauslasse, so frisst du mich.«

»Beim gnädigen Gott«, beteuerte der Tiger, »das tue ich ganz gewiss nicht. So undankbar werde ich niemals sein, lass mich nur heraus, damit ich ein bisschen Wasser trinke und dann wieder hineingehe.«

Da hatte der Brahmane Mitleid mit ihm und öffnete die Käfigtür. Aber kaum hatte er das getan, so sprang der Tiger heraus und brüllte:

»Jetzt fresse ich dich erst und dann trinke ich Wasser.«

Der Brahmane aber sprach:

»Erwürge mich doch nicht so rasch. Lass uns erst zu sechs Schiedsrichtern gehen und deren Meinungen anhören, und wenn diese alle darin übereinstimmen, dass du gut und edel handelst, indem du mich tötest, so bin ich zu sterben bereit.«

»Nun wohl«, erwiderte der Tiger, »es sei wie du sagst, wir wollen erst sechs Richter fragen.«

Nun gingen der Tiger und der Brahmane miteinander, bis sie einen Bananenbaum erreichten, und der Brahmane sprach zu diesem: »Bananenbaum, Bananenbaum, höre uns an und fälle dein Urteil.« »Worüber soll ich urteilen?«, fragte der Bananenbaum. »Dieser Tiger«, sagte der Brahmane, »bat mich, ihn aus dem Käfig zu entlassen, damit er ein wenig Wasser trinke. Er versprach, falls ich es täte, mich nicht zu töten. Jetzt aber, da ich ihn befreie, möchte er mich erwürgen. Hat er ein Recht, so zu handeln oder nicht?«

Der Bananenbaum erwiderte: »Die Menschen suchen oft vor den versengenden Sonnenstrahlen Schutz in dem kühlen Schatten meiner Zweige, aber wenn sie sich ausgeruht haben, reißen sie meine hübschen Zweige ab, zerbrechen sie und streuen die Blätter, die ihnen Schutz gewährten, rücksichtslos umher. Ich stimme dafür, dass der Tiger ein Recht hat, diesen Mann zu fressen, denn die Menschen sind ein undankbares Geschlecht.«

Nach diesen Worten wollte der Tiger augenblicklich den Brahmanen erwürgen; der aber sprach: »Tiger, Tiger – du darfst mich jetzt noch nicht umbringen, du hast mir versprochen erst alle sechs Richter anzuhören.« »Nun, es sei«, sagte der Tiger, und sie setzten ihren Weg fort. Nach einer Weile begegneten sie einem Kamel: »Herr Kamel, Herr Kamel«, rief der Brahmane, »höre uns an und dann fälle dein Urteil.« »Worüber soll ich ein Urteil fällen?«, fragte das Kamel. »Und der Brahmane erzählte, dass der Tiger ihn gebeten habe, ihm die Käfigtüre zu öffnen, dass er ihm versprochen habe, ihn nicht zu fressen, falls er es täte, und dass er nun beabsichtige, sein Wort zu brechen und dann fragte er, ob das Recht sei oder nicht.« Das Kamel entgegnete: »Da ich noch jung, stark und tüchtig zur Arbeit war, verpflegte mich mein Herr und gab mir gutes Futter. Jetzt da ich alt bin, und meine Kräfte in seinem Dienste verbrauchte, überbürdet er mich, lässt mich hungern und schlägt mich unbarmherzig. Mir ist's recht, wenn der Tiger den Menschen frisst, denn der Mensch ist ein ungerechtes, grausames Geschöpf.«

Der Tiger wollte nun über den Brahmanen herfallen, doch der sagte: »Halt ein, Tiger – vier Urteilssprüche fehlen noch.«

Nun schritten sie beide ihre Straße voran. Als sie eine Strecke zurückgelegt hatten, fanden sie einen am Wege liegenden Ochsen. Der Brahmane sprach zu ihm: »Bruder Ochse, Bruder Ochse, höre uns an und sei unser Schiedsrichter.« »Worüber soll ich richten?«, fragte der Ochse. Der Brahmane antwortete: »Ich fand diesen Tiger in einem Käfig. Er bat mich, dessen Türe zu öffnen und ihn herauszulassen, da er ein wenig Wasser trinken möchte. Er versprach mir, wenn ich seine Bitte erfüllte, mich nicht zu erwürgen. Nun da ich ihn aber befreit habe, will er mich töten. Ist das anständig gehandelt oder nicht?« Der Ochse entgegnete: »Solange ich zu arbeiten vermochte, fütterte mich mein Herr gut. Er behandelte mich aufmerksam, jetzt aber, da ich alt bin, hat er alles, was ich für ihn tat, vergessen und lässt mich hier am Wege sterben. Der Tiger mag den Menschen fressen, denn die Menschen kennen kein Mitleid.«

Drei von den sechs Urteilssprüchen stimmten bereits gegen den Brahmanen, und doch gab dieser noch nicht alle Hoffnung auf, sondern beschloss noch die drei anderen abzuwarten.

Zunächst trafen sie einen die Luft durchfliegenden Adler, dem rief der Brahmane zu: »Oh Adler, großer Adler, höre uns an, und dann richte über uns.« »Worüber soll ich richten?«, fragte der Adler. Der Brahmane legte ihm die Streitfrage dar, doch der Adler antwortete: »Sobald die Menschen mich sehen, versuchen sie es, mich zu erschießen; sie erklettern die Felsen und rauben mir meine Jungen. Der Tiger soll den Menschen fressen, denn die Menschen verfolgen alles, was auf Erden atmet.«

Da fing der Tiger an zu brüllen und sprach: »Oh, Brahmane, ein jeder Urteilsspruch lautet ungünstig für dich.« Doch der Brahmane entgegnete: »Warte nur noch ein klein wenig, zwei Richter müssen noch gefragt werden.« Hiernach sahen sie einen Alligator. Der Brahmane trug dem die Angelegenheit vor und hoffte, dass der zum wenigsten einen günstigen Spruch tun werde. Doch der Alligator sagte: »Sowie ich meine Nase aus dem Wasser stecke, quälen mich die Menschen und versuchen es, mich zu töten. Ich bin damit einverstanden, dass der Tiger den Menschen frisst, denn solange die Menschen leben, haben wir keine Ruhe.«

Der Brahmane gab sich schon verloren, doch bat er den Tiger noch einmal Geduld zu üben, und die Meinung des sechsten Richters anzuhören. Der sechste aber war ein Schakal. Der Brahmane teilte auch ihm seine Geschichte mit und sprach zu ihm: »Onkel Schakal, Onkel Schakal, sage wie lautet dein Urteilsspruch?« Der Schakal entgegnete: »Ehe ich nicht die genaue Stellung, in der Ihr Euch vor dem Anfange des Streites befandet, gesehen habe, kann ich nicht entscheiden, wer Recht oder Unrecht hat. Zeigt mir den Ort.« Der Brahmane und der Tiger gingen nun an den Ort zurück, an dem sie sich zuerst gesehen hatten, und der Schakal begleitete sie.

Als sie den Platz erreichten, sprach der Schakal: »Nun Brahmane, zeige mir genau, wo du gestanden hast.« »Hier«, sagte der Brahmane und stellte sich neben den eisernen Tigerkäfig. »Steht Ihr auch ganz genau auf derselben Stelle?«, fragte der Schakal. »Ganz genau«, erwiderte der Brahmane. »Wo war denn damals der Tiger?«, fragte der Schakal. »Im Käfig«, antwortete der Tiger. »Wie meinst du das?«, sagte der Schakal, »wo standest du, als du im Käfig warest? Wohin sahest du?« »Ei nun, ich stand so«, sagte der Tiger und sprang in den Käfig. »Ich stand mit dem Kopfe nach dieser

Richtung zu.« »Das ist recht gut«, sagte der Schakal, »doch kann ich kein Urteil fällen, ehe ich nicht die ganze Angelegenheit genau prüfte. War die Käfigtür offen?« »Sie war verschlossen und verriegelt«, sprach der Brahmane. »Dann schließe und riegle sie«, sagte der Schakal.

Als der Brahmane das getan hatte, sprach der Schakal: »Oh du boshafter, undankbarer Tiger! Wenn der gute Brahmane dir die Tür öffnet, dann willst du ihn zum Lohne dafür erwürgen? Jetzt verlebe deine übrigen Tage nur in dem Käfig; denn niemand wird dich herauslassen. Du aber, Freund Brahmane, vollende deine Reise. Dein Weg führt dort, meiner hierhin!«

Nach diesen Worten lief der Schakal seitwärts fort, der Brahmane aber verfolgte wohlgemut seine Reise, die ihn einer anderen Richtung zuführte.

Indien

Prinz Achmed und die Fee Pari Banu

Omed war ein mächtiger Sultan Indiens. Er hatte ein liebreizendes Töchterlein; außerdem aber lebten in seinem Hause die drei Söhne seines verstorbenen Bruders, welche er an Kindesstatt angenommen hatte. Als diese Kinder groß geworden waren, und er fühlte, dass er all wurde, wollte er einen seiner Neffen zu seinem Nachfolger bestimmen. Allein er wusste nicht welchen, denn alle drei waren ihm gleich lieb. Da dachte er: Ich werde die Regierung dem übergeben, der meine Tochter heiratet. Er ließ deshalb seine Neffen zu sich bescheiden und sagte zu ihnen: »Meine lieben Neffen, ihr wisst, dass meine Tochter, die Spielgenossin eurer Kinderzeit, in das Alter getreten ist, wo ich daran denken kann, sie zu verheiraten. Ich möchte das gute Mädchen aber niemand anderem anvertrauen als einem von euch; denn ich weiß, dass meine Tochter dann einen guten Gemahl bekommt. Wenn deshalb einer unter euch dreien sie so lieb hätte, dass er sie zu seiner Gattin erwählen wollte, würde ich mich sehr glücklich fühlen.«

Jeder der Brüder schätzte das Mädchen gleich hoch, denn es war sittsam und klug, dazu von großer Schönheit. Deshalb hatten sie kaum den Wunsch ihres Pflegevaters vernommen, als ein jeder die Prinzessin zur Iran begehrte.

»Das freut mich«, sagte der Sultan, »dass ihr alle drei mein Töchterchen so lieb habt. Aber natürlich wird sie nur einen von euch zum Manne nehmen. Ich will euch deshalb einen Vorschlag machen. Ihr habt die weite Welt noch nicht gesehen. Darum mögt ihr erst einmal auf Reisen gehen, und wer mir das Beste und Wunderbarste mitbringen wird, der soll mein Schwiegersohn werden. Seid ihr damit einverstanden?« Die drei Jünglinge bejahten. Sie erhielten nun jeder ein gutes Pferd nebst einem Beutel voll Gold und zogen schon am nächsten Morgen aus dem Tore der Stadt, jeder von einem Diener begleitet. Eine Tagereise ritten sie miteinander und kehrten gemeinschaftlich in einem Gasthofe ein. Von da an wollten sie verschiedene Straßen einschlagen. Ehe sie sich trennten, machten sie aus, dass sie heute übers Jahr wieder in demselben Gasthofe zusammenkommen wollten. Wer früher käme, sollte die andern erwarten; denn es wäre besser, wenn sie alle drei zugleich wieder vor ihrem Onkel erscheinen würden. Darauf verabschiedeten sie sich herzlich voneinander. Der eine ritt mit seinem Diener nach Norden, der andere nach Westen und der dritte nach Nordwesten. Aber niemand sollte wissen, dass sie Prinzen wären, darum hatten sie sich als Kaufleute verkleidet.

Der älteste Prinz hieß Hussain. Er wählte als Reiseziel die Hauptstadt des Reiches Kaschmir, von der er viel Wunderbares hatte erzählen hören. Nach einer längeren Reise traf er dort ein, nahm mit Kaufleuten Quartier in einem Gasthause und besuchte den Tag nach seiner Ankunft den Bazar. Er durchwanderte alle Ecken und Enden desselben, staunte die köstlichen Waren an, welche in prächtigen Stoffen, Geschmeiden von Gold und Edelsteinen und dergleichen bestanden und erfreute sich daran. Aber was Unübertreffliches, das er als Wunderding seinem Onkel hätte mitnehmen können, kam ihm nicht zu Gesicht. Indem hörte er einen Ausrufer einen Teppich mit lauter Stimme feilbieten. Der Preis, den der Händler dafür verlangte, war ein so auffallend hoher, dass der Prinz die angebotene Ware näher in Augenschein nahm. »Was ist an dem Teppiche besonders wertvoll, dass Ihr fünftausend Dukaten dafür fordert?«, fragte Hussain den Mann. – »Herr, was ihn so kostbar macht, sieht man meinem Teppiche nicht an. Aber die Summe ist für die wunderbare Eigenschaft, die derselbe besitzt, gewiss nicht zu hoch. Ihr braucht Euch nämlich nur darauf zu setzen und Eure werte Person an irgendeinen Ort der Welt hinzuwünschen, so seid Ihr augenblicklich dort, ohne Gefahr für Leib und Seele zu fürchten.«

Hussain war erfreut, endlich einen so wunderbaren Gegenstand gefunden zu haben, den es sicher nicht doppelt gab. »Es kommt auf eine Probe an«, sprach er zum Ausrufer. »Setzen wir uns darauf und wünschen wir uns im Augenblick in das Zimmer meiner Herberge, dann will ich es glauben, und Ihr sollt Euren Teppich bald los sein.« Beide setzten sich nun auf den Teppich, und kaum war der Wunsch ausgesprochen, so befanden sie sich auch schon in der Herberge. Der Ausrufer erhielt sein Geld, und der Prinz war im Besitze des Wunderdinges. Nun glaubte er sicher, dass niemand als er die Prinzessin heiraten könne. Er bedauerte nur, dass er nicht sogleich nach Hause zurückkehren dürfe. Deshalb vertrieb er sich die Zeit mit dem Betrachten der Merkwürdigkeiten der Stadt und ihrer Umgebung und schaute gar vieles, was ihm interessant und neu war. Langsam verstrich die Zeit, und endlich konnte es Hussain nicht länger mehr in der Fremde aushalten. Obgleich das Jahr noch nicht um war, fasste er den Entschluss, heimzukehren, bezahlte den Wirt, setzte sich mit seinem Diener auf den Teppich und wünschte, nach dem Gasthause an der Straße, wo sich die Brüder getrennt halten, gebracht zu werden. Sogleich war er dort, kehrte als Kaufmann daselbst ein und erwartete nun die anderen.

Der zweite Bruder, Prinz Ali, hatte eine Reise nach Persien unternommen. Nach vier Monaten langte er in Schiras, der Hauptstadt dieses Landes, an und blieb in einem Gasthofe. Der Bazar mit seinen Verkaufsstellen und dem anziehenden Geschäftsleben, das hier auf und ab wogte, war das erste, was der Prinz in Augenschein nahm. Die Kostbarkeiten, die Händler und Ausrufer feilboten, übertrafen alle seine Vorstellungen, aber er konnte lange nichts finden, was ihm als Seltenheit wert dünkte, seinem alten Oheim als Preis für die schöne Prinzessin zu überreichen. Da fiel ihm ein Mann auf, der an einer Ecke stand und für ein fußlanges, daumendickes Elfenbeinrohr, das gar nicht etwa kostbar aussah, fünftausend Dukaten verlangte. »Wie kommt dies einfache Ding zu solch hohem Preise?«, fragte Ali. Der Ausrufer lächelte, gab ihm das Rohr in die Hand und sagte, er solle hindurchblicken und dabei eine Person oder einen Gegenstand zu schauen wünschen. Der Prinz war nun fest überzeugt, der Mensch müsse ein wenig den Verstand verloren haben; aber er tat ihm den Willen und blickte durch das Rohr. Dabei fiel ihm gerade der Sultan ein. Mit großem Erstaunen sah er jetzt denselben bei guter Gesundheit inmitten seiner Ratsversammlung auf dem Throne sitzen. Halb erschrocken nahm der Prinz das Wunderding vom Auge. Da er aber demselben doch noch nicht recht traute, sah er nochmals hindurch, indem er nun auch zu wissen wünschte, was die Prinzessin gerade mache. Da saß das liebliche Mädchen lachend vor ihrem Putztisch, umgeben von ihren Frauen. – Es bedurfte keiner weiteren Probe. Der Handel wurde abgeschlossen und Ali glaubte sicher, einen Gegenstand erworben zu haben, den es in der Welt nicht zweimal gab; darum musste ihm des Sultans Töchterchen gewiss sein. Als nun bald darauf eine Karawane nach seiner Heimat ging, schloss er sich ihr an und erreichte nach längerer Reise das Gasthaus, wo er mit Bruder Hussain zusammentraf. Als die Brüder einander umarmt hatten, fragte Ali Hussain, welch seltene Sache er eigentlich erworben habe; denn er war doch gar zu begierig, sein Rohr hervorzuholen und den Bruder hindurchblicken zu lassen. Hussain aber wollte nicht eher davon sprechen, als bis auch Bruder Achmed eingetroffen sei. Also musste sich Ali gedulden und bewahrte daher auch das Geheimnis des Zauberrohres.

Prinz Achmed hatte unterdessen seinen Weg nach Samarkand, der Hauptstadt der Tartarei, genommen. Es war ihm ähnlich wie seinen zwei Brüdern ergangen. Auch ihm war auf dem Bazar ein Ausrufer vorgekommen, der zu einem hohen Preise einen Apfel anpries. Er war für fünftausend Dukaten feilgeboten worden. Der Prinz verlangte nähere Auskunft über die künstliche Frucht und vernahm mit Erstaunen, dass dieselbe die Kraft besitzen solle, Kranke gesund zu machen. Nur daran zu riechen brauche derselbe, um seine Heilkraft augenblicklich zu erfahren. Einer der Umstehenden bat sogleich, sein Weib damit zu heilen. Es geschah zur Verwunderung des Prinzen, der das kostbare Ding nun erstand und mit Ungeduld auf den Abgang der Karawane wartete, die ihn nach Hause bringen sollte, wo er sicher war, durch sein einzig dastehendes Geschenk vom Sultan die Hand der Tochter zu erhalten. – Nach langer, aber glücklicher Reise traf er endlich am bestimmten Orte ein. Die Brüder begrüßten sich aufs herzlichste und dankten Gott, dass er sie alle drei gesund und glücklich wieder zusammengeführt habe.

Nun aber wurden auch bald die Seltenheiten herbeigebracht. Hussain sprach, indem er sich erhob: »Liebe Brüder, meine Kostbarkeit ist hier dieser Teppich, auf dem ich gesessen. Er sieht zwar unscheinbar aus, hat aber eine sehr gute Eigenschaft.« Nun machte er die beiden damit bekannt und erzählte, wie er ihn erworben hatte. Die Brüder hörten mit Verwunderung zu, und nachdem der älteste geendet, ergriff Ali das Wort. »Dein Teppich, lieber Bruder«, sagte er, »ist gewiss etwas Eigenes in seiner Art. Doch ich glaube, ich habe etwas mitgebracht, das nicht minder merkwürdig ist.« Darauf zeigte er das Rohr und erklärte, wie es zu benutzen sei. Hussain probierte es zuerst, indem er die Prinzessin zu sehen wünschte. Seine Brüder erschraken indes, als sie sein Gesicht auf einmal sich verändern sahen. Er war kreideweiß geworden und nahm bestürzt das Rohr vom Auge. »Was ist dir?«, fragte Ali. Hussain antwortete: »Brüder, unsre Mühen sind umsonst. Ehe wir heimkommen, wird die Prinzessin eine Leiche sein; sie liegt im Sterben. Eben nimmt ihre Dienerschaft und der alte Vater unter Tränen Abschied von ihr. Seht selbst, ob wir die mindeste Hoffnung haben, sie wiederzusehen!« Der Bruder hatte recht; es war so.

»Brüder«, rief Achmed, »gebt nicht alle Hoffnung auf. Wenn wir eilen, so kommen wir doch vielleicht noch zu rechter Zeit, um sie zu retten. Dieser Apfel hier ist es, auf den ich mein Vertrauen setze. Er hat die wunderbare Kraft, Todkranke zu heilen. Doch auf! Lasst uns unsre Rosse besteigen und so schnell als möglich zur Prinzessin eilen.« – »Wenn dein Apfel helfen kann«, erwiderte Hussain, »so können wir nichts Besseres tun, als auf meinem Teppiche reisen.« Die drei setzten sich gleich darauf, und im Augenblick befanden sie sich schon im Krankenzimmer zur größten Verwunderung der Anwesenden. Achmed trat zum Bette des sterbenden Mädchens, hielt ihr den Apfel unter die Nase, und nach wenigen Augenblicken schlug die Prinzessin die Augen auf, sah nach links und rechts, schaute die Umstehenden an und verlangte endlich, von ihren Kammerfrauen angekleidet zu werden. Es war, als erwache sie aus einem tiefen Schlafe. Die drei Prinzen

aber eilten hocherfreut zu ihrem Onkel, dem Sultan, der sich schon in dumpfem Schmerze in seine Gemächer zurückgezogen halte, um sein Liebstes auf Erden zu beweinen. Er war nicht wenig erfreut, als er hörte, was vorgegangen und hieß seine Neffen aufs herzlichste willkommen. Auch er staunte die Wunderdinge an, von denen er noch nie gehört und sprach endlich:

»Meine lieben Neffen, ich würde nun gern einem von euch meine Tochter zur Gemahlin geben, aber urteilt selbst, ob ich es tun kann, wenn ich gerecht handeln will. Dir, Achmed, und deinem künstlichen Apfel verdankt freilich die Prinzessin das Leben und die gänzliche Heilung von dem Übel; aber ich frage dich, würde dies möglich gewesen sein, wenn nicht das Rohr Alis dir die Gefahr gezeigt und ferner, wenn nicht Hussains Teppich dich schnell genug zu meiner Tochter gebracht hätte? Dein Rohr, lieber Ali, hat euch zuerst gezeigt, dass ihr soweit wäret, die Prinzessin zu verlieren. Aber sage selbst, ob diese Kenntnis euch etwas genützt hätte ohne den Teppich und Achmeds Apfel? Und was dich betrifft, mein Hussain, so wäre ohne dich und deinen Teppich die Genesene nicht mehr unter den Lebenden, aber der Teppich allein war von gar keinem Nutzen für sie. Ihr erseht daraus, dass ich keinem von euch den Vorzug geben kann. Ich muss vielmehr an eine andere Entscheidung denken. Da fällt mir nun ein, dass ihr drei gute Bogenschützen seid. Kommt, lasst uns zum Rennplatz gehen! Dort erprobt eure Kunst. Wer am weitesten schießt, soll meine Tochter als Gattin heimführen. Die mitgebrachten Seltenheiten nehme ich mit Dank an und werde sie als Zierden in meine Sammlungen einreihen.«

Den Prinzen war dies recht, und man ging sogleich an den Ort, um die Pfeile abzusenden. Der Rennplatz lag in einer großen Ebene, die im Hintergrunde von hohen Felsen umsäumt war. Sobald der Sultan das Zeichen gegeben hatte, legte Hussain, als der älteste Prinz, den Pfeil an und drückte ab. Darauf schoss Ali, und man sah seinen Pfeil viel weiter fliegen als denjenigen seines Bruders. Nun trat Achmed herzu und sandte sein Geschoss ab, aber man verlor es aus den Augen und sah es gar nicht zu Boden fallen. Es konnte auch nicht aufgefunden werden. Der Sultan wollte die Sache noch heute entscheiden und sprach deshalb: »Da es nicht festgestellt werden kann, ob Achmed weiter geschossen als Ali, so gebe ich diesem meine Tochter zur Ehe.« Nun wurden die nötigen Vorbereitungen zur Hochzeit getroffen, und wenige Tage darauf fand die Vermählung Alis mit der lieblichen Sultanstochter statt.

Prinz Hussain war so betrübt über sein Missgeschick, dass er an den Feierlichkeiten gar nicht teilnahm, sondern noch an dem Festtage den Hof seines Oheims verließ und in ein Kloster ging. Auf das Recht der Thronfolge verzichtete er freiwillig. Ebenso beteiligte Prinz Achmed sich nicht an der Hochzeit. Aber er ging auch nicht in ein Kloster. Er konnte gar nicht begreifen, wie sein Pfeil so ganz und gar verschwunden sein konnte. Noch einmal ging er deshalb zur Rennbahn und fing an, danach zu suchen. Er schritt immer in der Richtung fort, nach welcher er geschossen, fand aber das Gesuchte nicht. Schon weit lag der Schießstand hinter ihm, und ermüdet kam Achmed an die Felsen, welche die weite Ebene abschlossen. Da – er traute kaum seinen Augen – lag vor seinen Füßen ein Pfeil – der seinige. Aber so weit konnte derselbe unmöglich von ihm geschossen worden sein. Das würde ihm auch kein Mensch geglaubt haben. Deshalb ging er nicht etwa zum Sultan, um sein Recht zu suchen, sondern er besah sich zum Zeitvertreib die vielfach gezackten Felsen, die er so nahe noch nicht gesehen hatte. Er schlenderte gelassen in eine Schlucht hinein. Indem er arglos weiter schritt und bald links, bald rechts blickte, entdeckte er auf einmal in einem Winkel eine eiserne Türe, die ohne Schloss und nur angelehnt war. Neugierig stieß er dieselbe auf und trat mit dem Pfeile in der Hand in einen Gang; darin ging er vorwärts. Nicht lange, so kam er auf einen großen freien Platz, auf dem ein wundervoller Palast stand. Er hatte indes kaum angefangen, ihn verwundert zu betrachten, als unter der Vorhalle desselben eine schöne Frau erschien. Sie hatte ein so vornehmes Äußeres, dass sie mindestens eine Königin sein musste. Ihre Schönheit, ihre Milde, die sich in ihrem guten Gesichte ausdrückte, vor dem man gar keine Scheu empfand, ihre ganze Kleidung und die kostbaren Edelsteine darauf, rissen Achmed zum größten Entzücken hin. Seine Verwunderung aber stieg aufs höchste, als die Fee ihm entgegenkam und freundlich sagte: »Tritt nur näher, Prinz Achmed; du bist mir herzlich willkommen.« –

Schon der Umstand, so nahe an der Residenz einen solchen Wunderbau zu finden, grenzte ans Wunderbare, aber dass die Besitzerin davon gar den Namen des Eindringlings kannte, überraschte denselben vollkommen. Er war einige Augenblicke unfähig zu sprechen. Endlich fiel er der herrlichen Frau zu Füßen und dankte ihr für die freundliche Aufnahme, bat sie aber zugleich, ihm das Rätsel zu lösen. Nun wurde er von der hohen Frau durch die Vorhalle in einen wundervollen Saal mit gewölbter Decke geführt; diese sah himmelblau aus und hatte goldene Sterne. An den Wänden aber standen auf allerliebsten Tischchen und in Nischen die herrlichsten Geräte von Gold, Silber und Kristall, die von unschätzbarem Reichtum zeugten. Der schöne Saal im Schlosse seines Onkels war nichts gegen diesen. Achmed sagte dies unverhohlen seiner liebenswürdigen Führerin. Diese aber entgegnete, sie wolle ihm nachher die übrigen Zimmer zeigen, und er würde sehen, dass dieser Saal der unbedeutendste sei. Sie führte ihn dann zu einem Sitze, und als der Prinz auf ihr Geheiß neben ihr Platz genommen hatte, sagte sie:

»Prinz Achmed, ich begreife deine Verwunderung. Doch ich zögere nicht, dir meinen Namen zu nennen. Wisse, dass ich die Fee Pari Banu bin und nicht nur dich, sondern auch den Sultan und deine beiden Brüder schon seit langem sehr gut kenne. Ich war es, welche Apfel, Rohr und Teppich, die ihr gekauft, ausbieten ließ. Du ersiehst daraus, dass mir alles, was dich betrifft, wohl bekannt ist. Nun war ich auch dabei, als ihr euer Glück mit Pfeil und Bogen versuchtet, und wusste voraus, dass dein Pfeil nicht einmal so weit fliegen würde, als der deines Bruders Hussain. Auch schienst du mir ein größeres Glück zu verdienen, als die Heirat mit der Prinzessin. Ich gab daher deinem fliegenden Pfeile in der Luft noch einen tüchtigen Schwung, sodass er bis zu diesen Felsen flog und dort erst niederfiel. Ich wusste, dass du ihn suchen würdest, und so bist du hierher geleitet worden. Und nun, lieber Achmed, will ich dir all meine Herrlichkeiten zeigen, und wenn du sie samt ihrer Herrin besitzen willst, so steht es nur bei dir.«

Dabei blickte sie ihn so gut und freundlich an, dass es Achmed auf einmal zumute wurde, als hätte er sie schon viele Jahre gekannt und lieb gehabt. Einem sterblichen Manne kann aber kein größeres Glück widerfahren, als wenn er eine

Fee zur Gemahlin bekommt. Darum sprach Achmed jetzt: »Hohe Frau, ich würde schon glücklich gewesen sein, wenn Ihr mir erlaubt hättet, hier im Schlosse zu bleiben. Aber wenn es Euer Ernst ist, dass Ihr mich zum Manne nehmen wollt, so macht Ihr mich dadurch so glücklich, wie ich nie zu hoffen gewagt habe. Ich will Euch treu bleiben bis an meines Lebens Ende.«

So wurde denn die Hochzeit im Feenreiche glänzend begangen. – Aber wie prächtig und wunderbar schön sah es darin aus! Hinter dem Schlosse lag ein schöner Garten. Dort blühten fremdartige wunderschöne Blumen jahraus, jahrein und verbreitetem einen berauschenden Duft. Herrlich grünende Riesenbäume trugen die köstlichsten Früchte. Liebliche Rosenhaine und schattige Wäldchen wechselten miteinander ab. Darinnen gab es klare, plätschernde Quellen und kostbare Springbrunnen. In den großen Marmorbecken schwammen Tausende von Fischen in den prachtvollsten Farben; kurz, Achmed glaubte beim Anblick dieser Herrlichkeiten zu träumen.

Aber in all seinem Glücke hatte der Prinz doch seinen alten Onkel nicht ganz vergeben. Er konnte sich denken, dass derselbe um ihn in Sorge sei und wünschte deshalb, ihn zu beruhigen. Eines Morgens sagte er dies seiner Gemahlin, und diese fand es ganz in der Ordnung, dass Achmed den Sultan besuche. Doch sollte er nichts von seinem jetzigen Aufenthalt erzählen, da ihm sonst leicht ein großes Unglück geschehen könnte. Der Prinz versprach es und verabschiedete sich. Als er durch die eiserne Tür ins Freie trat, erwarteten ihn zwanzig wohlgerüstete Reiter auf stolzen Pferden. Aber das schönste, sehr reich aufgezäumte Ross führten sie dem Prinzen vor, der es schnell bestieg und an der Spitze des Zuges nach der Hauptstadt eilte. Nicht lange und er kam zur Verwunderung aller Leute, die ihn erkannten, an. Der Sultan umarmte ihn herzlich, fragte aber, warum er so plötzlich verschwunden sei und gar nichts wieder hätte von sich hören lassen. Achmed erzählte ihm, soviel er durfte, schwieg aber gänzlich von der Fee und seinem jetzigen Wohnorte und fügte nur hinzu, dass er sich vollkommen glücklich fühle. Nur dürfe man ihn nicht weiter fragen, denn alles andere sei ein unverletzliches Geheimnis.

Nunmehr besuchte der Prinz den Sultan alle Monate einmal. Er blieb drei Tage von zu Hause fort und ritt dann wieder heim, ohne dass ihn jemand mit Fragen belästigte.

Da waren nun zwei Räte bei dem Sultan, welche diesen einmal um Gehör baten. Als sie derselbe vor sich kommen ließ, suchten sie ihn argwöhnisch gegen seinen Neffen zu machen. Sie sagten, des Prinzen Aufenthalt müsste doch ganz in der Nähe sein, denn die Pferde der Reiter ließen nie eine Ermüdung spüren. Der Prinz müsse auch über ungeheure Reichtümer verfügen, da er keinen Jahresgehalt beziehe und doch stets so reich gekleidet erscheine. Und wozu das Geheimnis über den Aufenthalt? Wahrscheinlich habe er sich durch die Entscheidung des Sultans zugunsten des Prinzen Ali verletzt gefühlt und bereite heimlich einen Aufstand gegen seinen Oheim vor, um sich des Thrones zu bemächtigen. Der Sultan hörte seine Minister ruhig an, dann sagte er, dass er ihnen für ihre gute Absicht danke, ihn vor Schaden und Gefahr zu behüten, versicherte ihnen aber zugleich, er kenne seinen Neffen besser. Prinz Achmed werde nie fähig sein, solche Verbrechen zu begehen, wie sie von ihm fürchteten. Damit entließ er die guten Leute.

Obgleich der Sultan sich nichts hatte merken lassen, war doch der Argwohn gegen Prinz Achmed in ihm erweckt worden. Wenn er sich ausdachte, möglicherweise nun doch von dem jungen Menschen getäuscht zu werden, sodass er vielleicht auf seine alten Tage noch das Schrecklichste erleben könnte, was sich für ihn nur denken ließ – so ergriff ihn große Unruhe. – Kurz zuvor war Achmed erst zu Besuch gewesen. Wochen lagen noch dazwischen, bis der Prinz denselben wiederholte. So lange mochte aber der Sultan nicht warten, eine Gewissheit darüber zu erhalten, was sein Verwandter eigentlich treibe; deshalb ging er eines Tages zu einer alten Zauberin, die am Ende der Stadt wohnte. Diese fragte er insgeheim; denn sie musste ja alles wissen. Aber lange suchte das Weib in ihren Zauberbüchern nach, bis sie endlich anhub: »Leider kann ich Eurer Majestät vorläufig nur wenig mitteilen; allein setzet keinen Zweifel in meine Kunst. Wäre der Prinz unter gewöhnlichen Menschen, so würden meine Bücher und Euer Zauberrohr es genau angeben, wo er sich aufhält. Aber da sie dies nicht tun, folgere ich daraus, dass der Prinz bei keinem wirklichen Erdgeborenen weilt. Wenn nun der Prinz wieder zu Euch kommt, so lasst es mich wissen; bis dahin bitte ich um Geduld.«

Der alte Sultan war mit der Antwort nicht recht zufrieden. Der Aufenthalt seines jungen Neffen war dadurch nur noch geheimnisvoller für ihn geworden, aber es ließ sich jetzt nichts ändern. Die Zauberin erhielt ein Geschenk, und der Sultan begab sich wieder unerkannt nach Hause.

Die vier Wochen waren beinahe verstrichen, ohne dass sich weiter etwas begeben hätte. Die Zauberin aber hatte wenigstens unterdessen die Richtung herausbekommen, in welcher der Prinz seinen Wohnsitz genommen; auch wusste sie die Entfernung von der Stadt. Beides genügte, sie an die Stelle zu bringen, wo Achmed zum Vorschein kommen musste. So machte sie sich denn am Morgen des Tages, da man Achmed erwartete, auf den Weg. Richtig kam sie in die Schlucht, wo der Eingang zum Feenreich sich befand; da sie indes keinen Ausgang oder eine Tür entdecken konnte, legte sie sich an einer schattigen Stelle nieder und erwartete ruhig, was da kommen sollte. – Es dauerte keine halbe Stunde, da tat sich wenige Schritte von dem daliegenden Weibe der Felsen auseinander, und der Prinz mit Gefolge kam heraus. Die Zauberin blieb auf ihrem Fleck und stöhnte, als wenn sie recht krank wäre. Als Achmed sie am Wege liegen sah, hielt er sein Pferd an und fragte, was ihr fehle. Sie aber verstellte sich, als könne sie nicht reden. Mit Mühe und Not – so schien es – konnte die Alte dem Prinzen verständlich machen, dass ein heftiges Fieber über sie gekommen sei und sie an der Fortsetzung ihrer Reise hindere. Voll Mitleid ließ der Prinz die Heuchlerin von zweien seiner Reiter aufheben und durch die Felsenpforte zu seiner Gemahlin bringen, welche über den unverhofften Gast sehr erstaunt war. Sie hob warnend den Finger gegen Achmed und sagte ihm, er habe nicht vorsichtig gehandelt, indem er einer Fremden das Feenreich geöffnet. Er solle auf seiner Hut sein, dass ihm kein Unglück zustoße. Die fremde Frau war in ein schönes Zimmer gebracht worden, um hier unter der Pflege zweier Frauen sich zu erholen.

Prinz Achmed traf wohlbehalten bei seinem Oheim ein und bemerkte gar nicht, dass dieser ihn nicht mehr so freundlich wie sonst behandelte. Er sollte bald Veranlassung finden, diesmal früher zu seiner Gemahlin zurückzukehren. Schon am ersten Tage nämlich ließ sich die Zauberin, die eben zurückgekehrt war, beim Sultan melden. Dieser, sehr begierig auf Nachricht, beschied das Weib sofort vor sich und erfuhr nun haarklein, an welch wunderbarem Ort sein Neffe hause. Er freute sich aber doch, dass sein Misstrauen gegen ihn unbegründet gewesen war, und um ganz sicher zu gehen, ließ er Achmed herbeiholen, und die Alte musste in dessen Gegenwart ihre Erzählung wiederholen. Der Prinz gestand alles zu, war aber betrübt darüber, dass er sein so gut bewahrtes Geheimnis verraten sah. Da er sich indes nicht denken konnte, in welcher Weise ihm dies schädlich werden möchte, erzählte er seinem Oheim, nachdem die Zauberin entlassen worden, ausführlich von der Fee Pari Banu und ihrem prächtigen Reiche.

Nun ließ der Sultan auch die zwei Räte zu sich kommen, welche Achmed verdächtigt hatten. Er sagte ihnen kurz, wie falsch und unrecht sie gedacht und gehandelt hätten, indem er ihnen den wahren Zusammenhang der Geschichte Achmeds mitteilte. Dann sprach er finster blickend: »Und nun packt eure Sachen und verlasst noch heute mein Reich; seid froh, dass ich euch nicht den Kopf abschlagen lasse.«

Aber so leicht ließen sich die bösen Menschen nicht verjagen; sie wussten, dass der Sultan von Indien kein grausamer, sondern ein milder und gütiger alter Herr war. Deshalb warf sich der eine vor ihm nieder und sprach: »Erlaubt mir, hoher Herrscher, noch einmal zu Euch zu reden. Es geschehe alles, wie Ihr befehlt, aber erweiset uns die Gnade und sagt uns noch, auf welche Weise Euch der Aufenthalt Achmeds kund geworden ist?« Der Sultan sagte es ihnen. Der eine Wesir lächelte und entgegnete: »Konnte die Person nicht bestochen sein? Es wäre deshalb ganz klar, dass ihr Bericht mit dem des Prinzen genau übereinstimmt. Wir gehen, Euch aber möge Allah schützen!«

»Bleibt«, rief der Sultan finster. »Ihr wagt es noch einmal, mir Misstrauen gegen meinen Neffen in die Seele zu pflanzen. Ich zweifle nicht an der Wahrhaftigkeit meines Neffen, aber ich will hören, was ihr an meiner Stelle tun würdet, um euch von der Nichtigkeit seiner Worte zu überzeugen. Ihr sollt hier am Hofe bleiben. Den Kopf aber kostet es euch, wenn ihr nochmals unterliegt.« – »Unser Leben steht in Eurer Hand«, antworteten die Wesire. »Aber es ist nichts leichter, als sich zu überzeugen, ob der Prinz der Gemahl einer Fee ist oder nicht. Die Macht einer Fee, wie Ihr wisst, reicht viel weiter als die eines Menschen. Es gilt nun bloß, von dem Prinzen etwas zu verlangen, was wohl eine Fee, niemals aber ein Mensch vollbringen kann. Auf Euern Kriegszügen habt Ihr oft das viele Gepäck verwünscht, welches den Bewegungen des Marsches hinderlich und doch unentbehrlich für Euch und das Heer ist.

»Ich habe Euch«, sprach der Wesir weiter, »oft den Wunsch äußern hören, ihr möchtet ein Zelt besitzen, unter dem das ganze Heer nebst dem Hofstaate Platz hätte, welches man aber so zusammenwickeln könnte, dass es bequem in der hohlen Hand Platz hat. Vielleicht wäre dies eine Aufgabe für den Prinzen und dessen ausgezeichnete Gemahlin.«

Da war wieder im Sultan ein Gedanke angeregt, von der Heirat seines Neffen Vorteil zu ziehen. Denn ganz frei von Habsucht war der Sultan nicht. Der Gedanke, auf billige Weise in den Besitz eines solchen Wunderdinges zu gelangen, reizte ihn außerordentlich, sodass er zu seinen Räten sprach: »Wohlan, ich werde tun, was ihr mir ratet. Ihr aber sollt am Hofe den Erfolg eures Mittels abwarten.« Damit entließ er die beiden.

Achmed war über das Verlangen seines Onkels etwas betroffen. Es kränkte ihn, dass der Sultan seine Gemahlin auf die Probe stellen wollte. Verdrießlich reiste er darum sogleich ab. Er musste sich sagen, dass er seine liebe Gattin doch vielleicht betrüben würde.

Als er zu Hause ankam, merkte ihm die Fee sogleich an, dass er etwas Unangenehmes erfahren habe und bestürmte ihn so lange mit Fragen und Bitten, bis er endlich anfing zu erzählen. Er hatte sich aber die Wirkung viel schlimmer gedacht. Anstatt dass die Fee darüber erzürnt war, lächelte sie nur und sagte: »Mach dir keinerlei Sorge, lieber Achmed, das Zelt liegt schon bereit.« Darauf ließ sie ihre Schatzmeisterin rufen und schickte diese nach der Schatzkammer, um das Wunderding zu holen. Man konnte es wirklich mit der Hand umschließen. Wie erstaunte aber Achmed, als es draußen auf einer großen Landfläche aufgespannt wurde und so groß war, dass zwei Heere des Sultans nebst dem ganzen Hofstaate darunter Platz gehabt hätten. Der Prinz sprach seine Verwunderung darüber aus und beschloss, gleich den folgenden Tag zum Onkel Sultan zu reisen und ihm das Zelt eigenhändig zu überbringen.

Der Sultan war nicht wenig glücklich über das prächtige Zaubergeschenk und die rasche Lösung der von ihm gestellten Aufgabe, und Achmed kehrte ebenfalls befriedigt über den Verlauf der ganzen Angelegenheit zu seiner holden Fee zurück. Dass es jemanden auf der Welt geben könne, der diese Zeit benutzen würde, Ränke gegen ihn zu schmieden, daran dachte er nicht. Umso mehr war er überrascht, als ihn sein Oheim gleich bei seinem nächsten Besuch auf Hofe beiseite nahm und ihn fragte, ob er ihm nicht Wasser von der Löwenquelle verschaffen wolle. Diese neue Aufgabe aber hatten dem habsüchtigen Sultan die bösen Räte vorgelegt, welche der Sultan nicht fortgeschickt hatte, sondern aus Dankbarkeit, dass sie betreffs des Zeltes zuerst auf diesen Gedanken gekommen, am Hofe behalten. Prinz Achmed wusste nicht, welche Bewandtnis es mit dem Wasser habe. Da der Sultan ihm aber versicherte, dass dies von großem Werte sei und die Fee es ihm gewiss leicht verschaffen könne, so reiste Achmed, obwohl verdrießlich über die neue Belästigung, sofort wieder ab, um seinem Oheim den Willen zu tun. – Als der Prinz seiner Gemahlin den neuen Wunsch des Sultans mitteilte, war sie etwas unwillig und sprach: »Mein lieber Gemahl, ich sehe wohl, dass hier Leute im Spiele sind, die es auf dein Verderben abgesehen haben. Aber wir werden ihre Anschläge zunichte machen. So höre denn! Das Wasser zu holen ist lebensgefährlich. Der Brunnen ist inmitten eines großen Schlosshofes, dessen Eingang von vier Löwen bewacht wird, wovon immer zwei schlafen, während die andern wachen. Ein anderer als du würde unfehlbar zerrissen werden, wenn er sich erkühnte, dort Wasser schöpfen zu wollen. Dir aber werde ich ein Mittel geben, den Wunsch deines Oheims zu erfüllen.« Pari Banu überreichte ihrem Gemahl ein Knäuel Garn und sagte: »Mach dich auf und lass dir zwei Pferde aufzäumen. Auf dem einen reitest du, das andere führst du nebenher, beladen mit einem in vier Teile zerhackten Hammel. Außerdem nimm eine Trinkschale mit dir. Sobald du die Felsenpforte hinter dir hast, wirfst du das Knäuel auf die Erde. Es wird anfangen zu rollen. Der abgewickelte Faden wird dir den

Weg zeigen. Du kommst an ein Schlosstor. Dieses öffnet sich, und du erblickst die Löwen. Die wachenden wecken durch Gebrüll die schlafenden. Aber du fürchtest dich nicht, wirfst jedem ein Hammelviertel vor und reitest im Galopp zur Quelle, füllst das Gefäß ohne abzusteigen und eilst im Galopp durch das Tor hinaus. Die Löwen fressen noch, und du bist in Sicherheit.« – Alles geschah so, wie es die Fee vorhergesagt hatte; nur eins nicht: Zwei von den Löwen nämlich machten sich auf und begleiteten Achmed nach der Stadt bis an den Palast des Sultans, ohne ihm oder dem nach allen Seiten hin fliehenden Volk etwas zu leide zu tun. Am Throne angelangt, setzte Achmed die Schale mit dem heilsamen Wasser zu den Füßen des Sultans nieder. Dieser hatte gerade seine Wesire um sich versammelt, und alle hörten mit Staunen und Verwunderung zu, als der Prinz sein soeben bestandenes, gefahrvolles Abenteuer erzählte. Die Löwen waren unterdessen ruhig, ohne sich umzusehen, in ihre Schlucht zurückgeschritten.

Der Sultan dankte seinem Neffen scheinbar aufs Wärmste für den bewiesenen Mut und Gehorsam. Aber die falschen Räte hatten aufs neue Misstrauen in ihm erweckt. Sie hatten gesagt, ein Mann, wie Achmed, dem eine so mächtige Gemahlin zur Seite stehe, müsse jedenfalls die Absicht verfolgen, sich des Königsthrones zu bemächtigen. Nur zu leicht glaubte der argwöhnische Sultan an diese Möglichkeit, und es wäre ihm lieber gewesen, Achmed hätte ihn nie wieder besucht. Das aber ließ er sich nicht merken. Er sprach, sobald er mit seinen Vertrauten allein war, zu diesen: »Ich fürchte, meine Prüfungen werden keine andere Wirkung haben, als das Volk immer mehr für den mächtigen Prinzen einzunehmen. Eure Aufgabe war ja nicht schlecht gewählt; wenn aber die Fee das wildeste und stärkste Tier bezähmen kann, was soll dann der Mensch gegen sie ausrichten?«

»Herr, so schlimm stehen die Dinge noch nicht«, sagte der eine Wesir. »Ihr werdet gleich sehen weshalb. Es gibt einen König der Zwerge, über den die Feen keine Gewalt haben. Dieser Zwergkönig ist nur zwei Fuß hoch, hat aber einen Bart von dreißig Fuß Länge und so große Kraft, dass er mit einer fünf Zentner schweren eisernen Keule umgeht wie mit einem leichten Rohrstabe. Befehlt dem Prinzen, dass er diesen Gnom zu Euch bringe. Erstens kann er lange suchen, ehe er ihn findet; denn der Zwerg wohnt bald da, bald dort auf der Erde in Höhlen. Findet er ihn aber, so mögt Ihr selbst sagen, ob er ihn herbringen wird, denn der Zwerg ist sehr jähzornig; über einen Blick oder ein unschuldiges Wort wird er schon so wild, dass er statt mit dem Munde mit der Keule antwortet.«

Die Räte hatten kaum ausgesprochen, als Prinz Achmed hereintrat. Der Sultan benutzte sofort die Gelegenheit und bat seinen Neffen, ihm doch den Zwergkönig, von dem er viel Wunderbares vernommen, für sein königliches Gefolge herbeizuschaffen. Es wäre dies ganz gewiss sein letzter Wunsch. Damit aber beschwor der Sultan seinen eigenen Untergang herauf. Achmed glaubte nicht, dass es auf der Welt Geschöpfe geben könne, wie sein Oheim es beschrieben; aber gehorsam, wie er sich stets gegen den Sultan gezeigt, verabschiedete er sich sogleich mit dem Versprechen, ihm den Zwerg herbeizuführen. In sein unterirdisches Feenreich zurückgekehrt, erzählte er seiner Gattin von dem neuen Verlangen des Onkels, fügte aber hinzu: »Ich meinerseits bin überzeugt, dass mich der Oheim damit entweder foppen oder verderben will. Gibt es aber ein Mittel, dass ich mich mit Ehren aus dem Handel ziehe, so bitte ich Euch, holde Fee, dasselbe mir zu verleihen.«

»Mein Gemahl«, erwiderte die Gefragte, »beunruhige dich nicht; denn dieser Zwergkönig ist mein Bruder Schajbar. Er beherrscht alle Zwerge und ist eigentlich der beste Gesell. Nur ist er dabei von etwas heftiger Gemütsart, und wer ihn einmal beleidigt, hat seine Rache zu fürchten. Ich werde ihn sogleich rufen.« Darauf nahm die Fee ein goldenes Pfännchen mit glühenden Kohlen, streute Räucherwerk darauf, und alsbald stieg ein dicker Rauch auf. Als sich derselbe etwas verzog, trat eine kleine Gestalt, den Kopf mit einer spitzen Mühe bedeckt, sonst gerade so, wie ihn die Wesire beschrieben hatten, dem erstaunten Achmed entgegen. Der Zwerg sah ihn mit einem durchdringenden Blicke an, der einem anderen das Herz hätte erstarren lassen. Der Prinz ließ keine Spur von Schwäche blicken. Die Fee stellte nun dem Bruder den Prinzen von Indien als ihren Ehegemahl vor. Schajbar wurde sogleich freundlich und sagte: »Liebe Schwester, kann ich ihm mit irgendetwas dienen, so darf er es nur sagen.« – »Der Sultan von Indien, sein Oheim«, antwortete die Fee, »ist neugierig, dich zu sehen. Ich bitte dich daher, den guten Prinzen nach der Hauptstadt zu begleiten.« Der Bruder war sofort bereit dazu, und die Abreise wurde bis auf den nächsten Tag verschoben.

Am nächsten Morgen brach Achmed mit seinem Schwager Schajbar nach der Residenz des Sultans auf. Bei ihrem Eintritt in die Stadt floh alles links und rechts vor dem schrecklichen Aussehen des Zwergkönigs. Als man am Palaste anlangte, liefen selbst die Türhüter auf und davon, und ungehindert und unangemeldet traten Achmed und Schajbar vor den Thron des Sultans, der gerade seine Wesire um sich versammelt halte. Man konnte nicht wissen, ob der Sultan über den Anblick des Gnoms so erschrak, oder ob er nur das Lachen verbergen wollte: kurzum, er bedeckte sogleich das Gesicht mit den Händen und wandte sich ab.

»Du hast mich zu sehen verlangt, hier bin ich; was willst du sonst von mir?« – Der Sultan blieb in der vorigen Stellung; er vermochte nicht zu antworten. Da entstand dicht in seiner Nähe ein Geräusch. Es waren die beiden falschen Räte, welche sich heimlich davon machen wollten. Aber Schajbar hatte alles begriffen. Geschwind wandte er sich nach ihnen und rief: »Aha, ihr saubern Burschen, habt ihr nicht den Prinzen nach mir gesandt? Nun gut, ich will euch den Dank dafür bezahlen!« Und dabei erhob er seine Keule; sausend fuhr sie auf die Häupter der Betroffenen und streckte sie zu Boden. Der Sultan aber fiel auf seine Knie und bat, ihn zu verschonen; er habe sich von den bösen Wesiren nur verleiten lassen.

»Auch du verdienst den Tod, habsüchtiger Mensch. Ich will dich jedoch am Leben lassen, wenn du sofort zugunsten deines Neffen, des Prinzen Achmed, dem Throne entsagst und in ein Kloster gehst.« Zitternd nahm der alte Sultan die Krone vom Haupte und setzte sie Achmed auf, der sich anfangs sträubte, so schnell Sultan zu werden. Aber Schajbar rief: »Es lebe Achmed, der König von Indien, es lebe der Sultan!« Alle Anwesenden riefen es mit, und in kurzer Zeit rief es die ganze Stadt.

Die Fee Pari Bann ward von dem Zwergkönig herbeigeholt und feierlich vom Volke und den Großen des Reichs als Königin begrüßt. Auch Prinz Ali mit seiner Frau, welche gar nichts davon gewusst hatten, wie böse es der Sultan mit Achmed gemeint, wurden benachrichtigt, kamen nach der Hauptstadt und nahmen an den Festlichkeiten mit teil.

Ali erhielt eine Provinz des Landes zur Verwaltung, Hussain aber einen Jahresgehalt und lebte auf einem Schlosse, das der neue Sultan für ihn bauen ließ. Der alte König jedoch bezog die stille Klosterzelle, um seinen Lebensabend in Bußübungen zu verbringen. Achmed und seine liebe Gattin lebten noch viele Jahre, und ihre Regierung brachte dem Lande reichen Segen.

Märchen aus 1001 Nacht

Die Abenteuer Sindbads des Seefahrers

In Bagdad wohnte vor altersgrauer Zeit ein steinreicher Mann, welcher Sindbad hieß. Man hatte ihm den Beinamen ›der Seefahrer‹ gegeben, denn in früheren Jahren war er zur See gewesen und hatte weite Reisen gemacht, auf welchen er seine ungeheuren Reichtümer gesammelt hatte. Bagdad war seine Vaterstadt, und hier verbrachte er nun seinen Lebensabend im ruhigen Genuss seiner aufgehäuften Schätze, aber auch im edeln Wohltun gegen die Armen und Hilfsbedürftigen, von denen keiner ungetröstet aus Sindbads Hause ging. An einem heißen Tage kam dort auch ein armer Lastträger vorüber, der unter seiner Bürde keuchte, während von seiner Stirne der Schweiß in Strömen floss. Als er die herrliche Musik vernahm, welche aus dem palastartigen Hause des Seefahrers ertönte, der heute seinen siebzigsten Geburtstag feierte, als das heitere Lachen der zahlreich geladenen Gäste an sein Ohr schlug und die köstlichen Bratendüfte der Küche ihm in die Nase stiegen, da überkam den armen Lastträger das bittere Gefühl des Neides. Hier der glänzende Überfluss, die helle Lust und Freude – und zu Hause Weib und Kinder, für welche er kaum das tägliche notdürftige Brot erwerben konnte, so sauer er sich auch die Arbeit werden ließ. Dieser schreiende Gegensatz entlockte ihm unter den Fenstern des reichen Seefahrers laute und bittere Worte der Klage: »Oh, wie ungleich sind doch die Güter dieser Welt verteilt!«, rief er aus, »wie ungerecht ist das Schicksal! Was habe ich verbrochen, dass es mich zu Not und Armut verurteilt hat, und womit hat der Besitzer dieses Palastes es verdient, dass ihn das Glück mit allen Gaben, welche das Leben angenehm machen, so verschwenderisch überhäuft?«

Der unzufriedene Lastträger hatte nicht bemerkt, dass ein schöner ehrwürdiger Greis, der gerade über ihm am offenen Fenster stand, diese Ausrufe vernommen hatte, und war nicht wenig erstaunt, als sich gleich darauf die Tür öffnete und ein Diener zu ihm trat mit den Worten: »Mein Gebieter, der menschenfreundliche Sindbad, möchte mit Euch sprechen und lässt Euch bitten, mir zu folgen.«

Betroffen über eine so seltsame Einladung, legte der Lastträger seine Bürde nieder und ließ sich von dem Diener in das Haus führen. In einem großen, prächtig geschmückten Saale saß der Herr des Hauses, derselbe, der vorher vom Fenster aus die Klage des Lastträgers mit angehört, an einer Tafel, umgeben von einer zahlreichen Schar fröhlich schmausender Gäste. Er lud den verblüfften Lastträger ein, neben ihm Platz zu nehmen, ließ für denselben Speisen und köstliche Weine auftragen und bat ihn, es sich schmecken zu lassen. Anfangs war unser Lastträger sehr verlegen, die freundliche Zuvorkommenheit des Wirtes aber und die Unbefangenheit der Gäste, von denen keiner den ärmlich gekleideten Mann schief ansah, machten ihm Mut und so langte er tapfer zu, und bald hatte er sich so satt gegessen, wie noch nie vorher in seinem ganzen Leben. Als der Lastträger sich endlich wieder erheben und Sindbad, seinem gütigen Bewirter, danken wollte, nötigte ihn dieser freundlich, da zu bleiben und sagte: »Ich sehe, dass du ein armer Mann bist, der sich sein kärgliches Brot im Schweiße seines Angesichts verdienen muss. Am Fenster stehend, vernahm ich vorhin, wie du das Schicksal anklagtest und mir meinen Reichtum als ein unverdientes Geschenk des Glücks beneidetest. Es bedarf keiner Entschuldigung«, fügte der Sprechende hinzu, als er an der Miene des Lastträgers sah, dass dieser ihn um Verzeihung bitten wollte, »ich kann mich in deine Lage hineindenken und zürne dir nicht, aber glaube nicht, dass mir meine Reichtümer als Gaben des blinden Glücks in den Schoß gefallen sind, oh nein! Unter furchtbaren Gefahren und oft von schrecklichem Tode bedroht, habe ich meine Schätze mühsam errungen, und um dich davon zu überzeugen, will ich jetzt meine Schicksale erzählen, denen mich meine übrigen Gäste gewiss mit Teilnahme zuhören werden.«

Man kann sich denken, mit welcher gespannten Aufmerksamkeit sich aller Augen auf Sindbad richteten, dessen Beiname, ›der Seefahrer‹, schon an allerlei seltsame Abenteuer erinnerte.

»Ich war armer Leute Kind«, begann Sindbad seine Erzählung, »meine Eltern starben frühzeitig, und ich weiß nicht, was aus mir geworden wäre, wenn sich nicht ein Oheim meiner angenommen hätte. Er schickte mich in eine gute Schule; als es Zeit dazu war, einen Beruf zu wählen, entschied ich mich für die See, da ich für dieselbe stets eine besondere Vorliebe besessen hatte. Ich ward zuerst Schiffsjunge, dann Matrose und hierauf Steuermann. Da ich sparsam war, so hatte ich mir nach und nach ein kleines Kapital zurückgelegt, mit welchem ich mich an einem Schiffe beteiligte. Ich wurde Kapitän dieses Schiffes und glaubte nun ein gemachter Mann zu sein und das schlimmste hinter mir zu haben, aber die Zeit der härtesten Prüfungen sollte jetzt erst beginnen. Gleich auf der ersten Reise, die ich mit meinem eigenen Schiffe unternahm, geriet dasselbe in einen furchtbaren Sturm und zerschellte an einem Felsenriff. Meine ganze Mannschaft kam in den Wellen um, mir allein gelang es, mich an einer Schiffsplanke festzuklammern, mit welcher ich durch eine Woge ans Ufer geworfen wurde. Infolge der heftigen Erschütterung, die ich hierbei erlitt, vergingen mir die Sinne. Als ich endlich wieder zu mir kam, dankte ich zuerst Allah für meine Rettung. Dann schaute ich mich um und machte die Entdeckung, dass ich mich auf einer wüsten Insel befand. Doch was mochte das wohl für ein Gegenstand sein, den ich in weiter Entfernung in der Sonne schimmern sah? Er glich einer mächtigen weißen Kugel, und während ich noch hinschaute, war die Sonne wie von einem Schatten verdunkelt und rauschend senkte sich eine schwarze Wolke herab. Was ich aber anfänglich für eine Wolke hielt, war ein riesengroßer Vogel. Das konnte nur der berüchtigte Vogel Roch sein, von dem ich schon viel hatte erzählen hören, obwohl ich immer darüber gespottet und das ganze für ein Märchen gehalten hatte. Jetzt fand ich die Wahrheit durch meine eigenen Augen bestätigt, und man kann sich meinen Schrecken denken. Ich erinnerte mich aus dem früher Gehörten, dass der Vogel Roch es an Stärke mit dem größten Walfisch aufnimmt und dass er alle hundert Jahre ein Ei legt und zwar stets auf eine wüste unbewohnte Insel. Jene riesige weiße Kugel war also das Ei dieses schrecklichen Vogels, und ich sah, wie derselbe sich darauf niederließ, um es zu bebrüten. Ich hatte mich zwischen dem langen dürren Grase verborgen, wohl der einzigen Pflanze, welche auf dieser öden Insel fortkam, und so konnte der Vogel mich nicht sehen, denn hätte er mich entdeckt, so würde er mich mit seinem ungeheuern Schnabel unfehlbar aufgepickt haben wie ein Huhn einen Regenwurm. Aber wenn ich auch dem Vogel Noch entging, so war mir doch der Hungertod gewiss. In meiner Verzweiflung fasste ich den kühnen Entschluss, der einen Gefahr zu entrinnen, indem ich mir die andere dienstbar zu machen suchte. Ich wusste, dass der Vogel nicht auf dieser Insel bleiben, sondern auffliegen würde, um sich auf fruchtbarerem Boden Wohnung zu suchen. So näherte ich mich denn ganz leise, im Grase hinkriechend, im Rücken des Riesenvogels dem Ei, band meinen langen Schal an einen der baumstarken Füße des Untiers fest und knüpfte mir das andere Schalende um den Leib. In dieser Lage verharrte ich zitternd mehrere Stunden. Da stieß der Vogel plötzlich einen Schrei aus und schwang sich in die Luft. An meinem Schale hängend, sah ich mich in schwindelnder Höhe über Meer und Land getragen, ohne dass das Riesentier die Last bemerkte. Endlich ging der Flug, der mir fast den Atem benahm, zur Erde hinab, und an einer Stelle, wo der Vogel mit seinen ungeheuren Fittichen dicht am Boden hinstreifte, machte ich mich von dem Schal los und kollerte zur Erde. Gleich darauf erhob sich der Vogel Roch wieder in die Lüfte, wo er meinen Augen bald entschwand. Erst jetzt sah ich mich in meiner Umgebung um. Aber, oh Schrecken, wo befand ich mich!

551　Ich war in einem Tale, welches auf allen Seiten von senkrecht aufsteigenden Felsen eingeschlossen ward, und aus allen Spalten ringelten sich zischende Schlangen hervor. Eine derselben war mir bereits nahe gekommen und züngelte schon nach meinem Fuße. Um mich ihrer zu erwehren, hob ich einen großen blinkenden Kiesel vom Boden und schmetterte denselben der Bestie auf den Kopf, dass sie gleich tot blieb. Die übrigen Schlangen, hierdurch wahrscheinlich zurückgeschreckt, hielten sich in gemessener Entfernung, und ich benutzte diesen wahrscheinlich nur kurzen Waffenstillstand, möglichst viele von den blitzenden Steinen zusam-

menzulesen und auf einen Haufen zu schichten, um mich gehörig mit Wurfwaffen zu versehen. Wer schildert nun aber mein Erstaunen, als ich bei näherer Prüfung der Steinchen fand, dass es lauter reine Diamanten von unschätzbarem Werte waren! Jetzt wusste ich, dass ich mich in dem vielgerühmten Diamantentale befand, über welches ich schon so viele wunderbare Dinge hatte erzählen hören, obgleich wohl noch kein Mensch vor mir dasselbe betreten hatte, da auch der kühnste vor dem kriechenden Gewürm zurückgeschreckt wäre, welches diese Schätze bewachte. So befand ich mich also inmitten der größten Reichtümer der Welt, aber gern hätte ich sie jedem gegönnt, der mir den Weg aus dieser Schatzkammer gezeigt hätte. Trotz meiner hoffnungslosen Lage versäumte ich doch nicht, so viele Diamanten zu mir zu stecken, als meine Taschen fassen konnten, bald aber ward ich mir wieder der entsetzlichen Gefahren bewusst, welche mich umgaben, denn von allen Seiten kamen die Schlangen auf mich zugekrochen. Auf meinen Knien flehte ich Allah um Rettung an, und als ich betend gen Himmel blickte, sah ich einen Adler in der Luft schweben, der ein Lamm in seinen Klauen trug. Plötzlich erschien ein zweiter Adler und suchte dem ersten die Beute streitig zu machen. Es entspann sich nun ein wütender Kampf in der Luft, wobei der angegriffene seinen Raub fallen ließ. Sein Gegner stürzte sofort der Beute nach, die zu meinen Füßen lag, der andere folgte ihm, und beide setzten sich nun auf das Lamm, einander argwöhnisch bewachend. Auf die beiden Raubvögel baute ich meine Hoffnung auf Rettung. Ich wusste, dass die Hirten die Adler durch Geschrei zu verscheuchen pflegen, und indem ich jeden der Vögel an einem Fuße fasste, begann ich zu schreien, was nur meine Kehle hergeben wollte. Die beiden Raubvögel schlugen erschreckt mit den Flügeln und suchten das Reich der Lüfte zu gewinnen. Infolge meiner Schwere hatten sie anfangs Mühe, emporzukommen, dennoch wurde ich von ihnen bis zum Rande eines der Felsen hinaufgetragen, und als ich mich auf ebenem Boden befand, ließ ich los und die Adler setzten ihren Flug fort. Ich aber warf mich zur Erde nieder und dankte Allah in einem heißen Gebete für die abermalige Rettung aus schwerer Gefahr. Meine Freude war grenzenlos, als ich plötzlich eine

Karawane des Weges kommen sah. Ich eilte auf dieselbe zu und wurde freundlich aufgenommen und auch mit Speise und Trank erquickt, die ich schon so lange hatte entbehren müssen. Mit der Karawane zog ich mehrere Tage, bis wir eine Hafenstadt erreichten. Dort bestieg ich ein Schiff, um in meine Heimat zurückzukehren. Aber Allah hatte es anders beschlossen. Wir wurden unterwegs von einem heftigen Sturme heimgesucht, welcher das Schiff zwei Tage und zwei Nächte lang wie eine Nussschale umherwarf. Als er sich endlich legte, befanden wir uns in der Nähe zweier Inseln, die so dicht beieinander lagen, dass das Meer dazwischen eine Art Bucht bildete. An einer dieser Inseln wurde Anker geworfen, damit das Schiff, welches während des Sturmes Schaden gelitten hatte, ausgebessert werden konnte. Ans Land aber wagte sich niemand, denn dasselbe war sogar dem weitgereisten Kapitän unbekannt. Am zweiten Tage unseres Aufenthaltes in der Nähe der Insel bemerkten wir am Strande derselben plötzlich eine seltsame Bewegung.

Eine ungeheure Schar winziger Geschöpfe, halb Mensch, halb Affen gleich, wimmelte durcheinander, und nicht lang dauerte es, so sprangen sie ins Meer und kamen in endlosem Zuge auf unser Schiff zugeschwommen, welches sie mit staunenswerter Gewandtheit von allen Seiten erkletterten. Im Nu hatten sie sich über alle Räume des Schiffes verteilt. Als sie in dem Raume, wo sich die Ladung befand, die Säcke aufzureißen begannen, wollte ihnen der Kaufmann, dem die Waren gehörten, dies verwehren. Aber ehe sich's dieser noch versah, waren ihm auch schon fünfzig bis sechzig der kleinen Kobolde an Beinen und Armen emporgeklettert und stachen den Unglücklichen mit kleinen Nadeln, die sie als Waffen bei sich führten. Unter entsetzlichem Geschrei stürzte der Kaufmann aufs Verdeck, die winzigen Unholde, von denen er wie besät schien, hatten ihm ein Auge ausgestochen. Aus Furcht vor einem ähnlichen Schicksale sprangen Kapitän und Mannschaft über Bord, und ich tat mit den übrigen Passagieren das gleiche. Wir schwommen nach der andern Insel hinüber. Als wir dieselbe durchforschten, um uns nach irgendeiner schützenden Unterkunft umzusehen, stießen wir auf ein Haus von solch riesenhaften Verhältnissen, dass wir nicht wussten, was wir daraus machen sollten.

Die Türe allein hatte die Höhe eines Palmbaumes. Die Bestimmung dieses merkwürdigen Gebäudes sollte uns jedoch nicht lange ein Rätsel bleiben. Soeben tat sich die Türe auf und der Bewohner desselben – ein Riese – trat heraus. Von seiner Höhe kann man sich einen Begriff machen, wenn ich sage, dass er sich unter der Tür noch bücken musste, um oben nicht mit dem Kopfe anzustoßen.

Der schreckliche Riese hatte uns sogleich gesehen, und mit unheimlichem Frohlocken in seinem einzigen Auge, welches sich mitten auf der Stirn befand, lud er uns in sein Haus ein. Es blieb uns nichts anderes übrig, als der Einladung zu folgen. Er führte uns in ein Gemach, an dessen Decke ein Vogelkäfig hing, so groß wie ein geräumiges Zimmer. In diesen Käfig wurden wir von dem Riesen eingesperrt. Wir erhielten täglich reichlich zu essen und zu trinken und sollten bald auch erfahren, warum der Niese es uns an nichts fehlen ließ. Eines Tages nämlich nahm er denjenigen von uns, welcher am besten genährt war, den dicken Schiffskoch, aus dem Käfig, schlachtete ihn ab, briet ihn am Spieß und verspeiste ihn dann vor unsern Augen als Delikatesse. Hierauf hielt er ein Mittagsschläfchen und schnarchte, dass die Wände erzitterten. Wir wussten, dass uns alle nacheinander das Schicksal des unglücklichen Schiffskochs treffen würde, und verabredeten uns, wenigstens einen Versuch zu unserer Befreiung zu machen, mochte derselbe nun glücken oder misslingen. Einer von uns besaß einen langen festgewirkten Schal, an welchem wir uns, einer nach dem andern, auf den Boden herabließen, während der festschlafende Riese weiterschnarchte. Auf die Dauer konnten wir uns auf der Insel nicht vor ihm verbergen, wir mussten ihn daher unschädlich zu machen suchen, bis wir Mittel fanden, von der Insel zu entkommen. In der Küche flackerte noch das Feuer unter dem Bratspieße; wir nahmen den letzteren, machten die Spitze desselben glühend und stießen diese dem schlafenden Riesen in sein einziges Auge. Sein Brüllen glich dem furchtbarsten Donner, er sprang empor und raste wie ein Orkan, und nur mit genauer Not gelang es uns, aus dem Zimmer zu entkommen, ohne unter den Füßen des erblindeten Riesen zerstampft zu werden. Unsere Flucht ging zunächst dem Meere zu. Wir erreichten dasselbe an einer andern Stelle als wo wir gelandet waren, und fanden die Trümmer eines Fahrzeugs, welches dem Riesen wahrscheinlich als Boot gedient hatte. In aller Eile setzten wir von einigen Balken ein Floß zusammen, versahen uns mit Stangen zum Rudern und stachen ins Meer. Da erschien auch schon der geblendete Riese am Strande. In seiner Wut hob er Felsstücke vom Boden auf und warf sie, als wären es Kieselsteine, nach allen Richtungen umher. Mehrere davon fielen in unserer Nähe ins Meer, dass die Wogen schäumend empor spritzten und unser Floß beinahe umgeschlagen wäre. Ohne Steuer und Kompass trieben wir auf unserem gebrechlichen Fahrzeuge mehrere Tage und Nächte auf dem unendlichen Meere umher; die wenigen Mundvorräte, mit denen wir uns vor unserer Flucht versehen hatten, waren bald aufgezehrt, und zu dem unsäglichen Durst, den wir bereits litten, gesellte sich nun auch der Hunger. Endlich entdeckten wir in der Ferne ein Schiff. Wir befestigten unsere Kleider an den Ruderstangen und schwenkten dieselben hin und her, wobei wir aus Leibeskräften schrien. Das Fahrzeug bemerkte uns, steuerte auf uns zu und nahm uns an Bord. Mit nicht geringer Verwunderung hörten Kapitän und Mannschaft zu, als wir unsere Erlebnisse erzählten.

Wochenlang ging die Fahrt des Schiffes günstig von statten, plötzlich aber brach ein schrecklicher Sturm los; wir überstanden denselben zwar glücklich, waren aber in eine Meeresströmung verschlagen worden, welche als der Schrecken aller Seefahrer bekannt war. Jedes Schiff, welches in diese verderbliche Strömung geriet, war unrettbar verloren, denn es wurde unaufhaltsam an ein berüchtigtes Felsengestade getrieben, wo es zerschellte. Alle Versuche zu unserer Rettung erwiesen sich als nutzlos, unser Fahrzeug gehorchte keinem Steuer, keinem Segel mehr, widerstandslos wurde es von den Wirbeln des Meeresstroms dahingerissen, und bald erschien vor uns eine Küste, die von Klippen starrte. Mit rasender Schnelligkeit stürzte sich das Schiff in die Brandung, und auf einem Felsenriff zerbarst es unter entsetzlichem Gekrach in tausend Trümmer. Ich klammerte mich an eine der umhertreibenden Planken und wurde von der Brandung ans Ufer geworfen; noch fünf andern meiner Unglücksgefährten gelang es, sich auf ähnliche Weise zu retten, während alle übrigen in den Wellen ihren Tod fanden. Mit Mühe klommen wir die steile Felsenwand empor, die sich vor uns erhob, aber ach! Als wir oben angelangt waren, sahen wir uns in einer Einöde, in welcher kein Kraut und kein Strauch wuchs. Auf der andern Seite des Felsens öffnete sich eine weite Höhle, aus der Tiefe derselben vernahmen wir das Rauschen eines Flusses, von dem wir uns nicht erklären konnten, woher er kam und wohin er ging. Von unserm gescheiterten Schiffe waren einige Fässer mit Lebensmitteln durch die Brandung an den Strand geworfen worden, und von diesen fristeten wir ein paar Wochen lang unser Dasein. Endlich ging jedoch der Vorrat zu Ende, und nun grinste uns das entsetzliche Gespenst des Hungertodes entgegen. Von meinen Gefährten erlag einer nach dem anderen in furchtbarer, langsamer Qual; ich war der kräftigste und hatte früher entbehren gelernt, so blieb ich allein vom Tode verschont, der aber in kürzester Zeit auch mir drohte. In der Verzweiflung gerät der Mensch auf die seltsamsten Auswege, wenn es seine Rettung gilt, und so kam mir denn der Gedanke, ob ich mich nicht mittelst des unterirdischen Flusses aus meiner hoffnungslosen Lage befreien könnte. Irgendwohin musste er doch strömen, und ein schlimmeres Los als der Tod, der mir auf diesem Felseneilande sicher war, konnte mir auch ein solches Wagnis nicht bereiten. Ich begab mich an den Strand hinab, trug einige Bretter von den Schiffstrümmern zusammen und vereinigte dieselben zu einem Floß. Dieses

schaffte ich unter unsäglicher Anstrengung in die unterirdische Höhle und ließ es, mich an dem Fahrzeuge festklammernd, in den rauschenden Strom hinabgleiten. Tiefe Finsternis umgab mich, während das Floß von den dumpfbrausenden Fluten rasch dahingeführt wurde. Im Laufe der schrecklichen Fahrt durch undurchdringliche Nacht erhielt ich heftige Stöße auf meinen Kopf, woraus ich schloss, dass die Höhle sich verengte; ich streckte mich daher auf meinem Fahrzeuge der Länge nach nieder und überließ mich der Gnade Allahs. Die Schrecken meiner Lage und meine körperliche Schwäche, durch die Qualen des Hungers hervorgerufen, übermannten mich endlich. Grauenhafte Bilder schienen mich durch die Finsternis anzugrinsen, mit dem Brausen des Stromes mischte sich das Sausen in meinen Ohren, und bald schwand mir das Bewusstsein.

Als ich die Augen wieder aufschlug, erblickte ich über mir den blauen Himmel und fand mich im Grase liegend am Ufer eines Flusses. Zu meiner Seite standen mehrere kohlschwarze Mohren, welche geeignete Mittel angewandt zu haben schienen, um mich aus meiner Betäubung zu wecken, Ich hatte auf meinen Reisen vielerlei Sprachen gelernt und verstand glücklicherweise die ihrige, in welcher sie sich über mich eben unterhielten.

›Wo bin ich und was ist mit mir vorgegangen?‹, war meine erste Frage.

›Als wir in diesem Flusse fischten‹, gab mir einer der Schwarzen freundlich zur Antwort, ›entdeckten wir dich auf einem Floß, welches unter jenem Berge, den unser Strom durchfließt, hervorkam. Wir hielten das Fahrzeug auf und brachten dich hierher an das Ufer. Woher aber bist du gekommen, mein Bruder? Wo hast du dich mit deinem Fahrzeug diesem Strome anvertraut, dessen Ursprung noch niemand erforscht hat?‹

Ich ließ mir etwas Wasser und einige Datteln reichen, womit die gutmütigen Schwarzen versehen waren, und erzählte hierauf meine Abenteuer, denen meine Zuhörer mit offenem Munde lauschten. Noch ganz erfüllt von all dem Wunderbaren, was sie vernommen, führten sie mich nach der nahegelegenen Stadt, wo der König des Landes herrschte, und brachten mich in den Palast desselben vor den Thron.

Vor dem Könige musste ich meine Erzählung wiederholen, worauf er mich seiner Huld und Gnade versicherte, mir schöne Zimmer in seinem Palaste anweisen ließ und mich mit kostbaren Kleidern versah. Von Tag zu Tag stieg ich in seiner Gunst, und endlich ernannte er mich sogar zu seinem ersten Minister. In dieser Stellung machte ich mich dem Könige sowohl als auch dem Lande sehr nützlich, und ehe noch ein Jahr vergangen war, erhielt ich die Tochter eines der vornehmsten Männer des königlichen Hofes zur Gattin. Nun fehlte eigentlich nichts mehr zu meinem Glücke, meine Gattin war tugendhaft, von sanfter Gemütsart und galt als die erste Schönheit im Lande, bei dem Herrscher stand ich in hoher Gunst und bei seinen Untertanen in großem Ansehen. Da erkrankte meine Gattin, und trotz allen Bemühungen der Ärzte erlag sie ihrem Leiden. Mein Schmerz über den Verlust war groß, aber Furchtbareres sollte mir noch bevorstehen. Kurz vor dem Begräbnis erfuhr ich, dass nach der im Lande herrschenden Sitte der überlebende Gatte sich mit der verstorbenen Gattin lebendig begraben lassen musste, damit beide auch im Tode vereinigt seien. Der Schreck hierüber machte mich fast wahnsinnig. Ich wollte mich diesem barbarischen Gesetze nicht fügen und berief mich darauf, dass ich als Fremder demselben nicht unterworfen sein könne, aber alle meine Einwände waren vergeblich, das Gesetz des Landes gestattete keine Ausnahme, und selbst der König konnte mir nicht helfen, so sehr er auch, sogar mit Tränen in den Augen, mein unabwendbares Schicksal beklagte. Geführt von acht Männern, welche schreckliche Klagelieder sangen, musste ich der Leiche meiner Gattin folgen, um mit ihr in die gleiche Gruft gebettet zu werden. Die dichtgedrängte Menge in den Straßen betrachtete mich mit teilnehmenden Blicken, doch würde sie sofort über mich hergefallen sein, hätte ich einen Fluchtversuch gemacht, um mich der geheiligten Sitte zu entziehen. Draußen vor der Stadt befand sich ein hoher Berg. Dort hinauf ging der Zug bis zu einem großen Steine, unter welchem sich eine Zisterne öffnete, der Begräbnisort der Vornehmen. Man wälzte den Stein weg und ließ an einem Stricke den Leichnam meiner Gattin hinab. Dann nahm das zahlreiche Trauergefolge feierlichen Abschied von mir. Ich schrie und flehte um Erbarmen, aber vergebens. Ich wurde an einen zweiten Strick festgebunden und ebenfalls in die Zisterne hinabgelassen. Als ich auf dem Boden angelangt war, rief man mir zu, ich solle den Strick losmachen, damit er wieder hinaufgezogen werden könne. Ich tat es jedoch nicht, und nun wurde der Strick einfach herabgeworfen, worauf sich die Öffnung oben schloss. Mein Entsetzen lässt sich nicht beschreiben. Ich befand mich in einer großen Höhle mitten unter Gerippen und Knochen. Dazwischen lag eine Unmenge von Edelsteinen, Perlen und anderem kostbaren Geschmeide umher, welches man den Toten mitzugeben pflegte. Wie schon einmal in jenem Diamantentale umgaben mich auch jetzt Reichtümer, mit denen ich ein ganzes Königreich hätte kaufen können, aber wie dort, so erschienen mir diese Schätze auch hier nur wie ein bitterer Hohn. Nirgends gab es einen Ausgang aus dieser Leichenhöhle, deren Schrecken noch durch hin und her huschende Ratten und Molche gesteigert wurden. In dumpfer Verzweiflung kniete ich auf dem feuchten Boden, da hörte ich plötzlich ein eigentümliches Rasseln an den Knochen, die an der Seite der Zisterne lagen. Ich erhob mich und ging auf das Geräusch zu, und jetzt bemerkte ich, dass sich etwas vor mir her bewegte, als ob es vor mir flöhe. Ich folgte und geriet an eine Öffnung des Felsens, in der ich anfangs in gebückter Haltung weiterschreiten konnte, dann aber kriechen musste. Ein Licht erschien in der Ferne wie ein schimmernder Stern. Ich näherte mich mehr und mehr dem Lichte und entdeckte, dass es von einer Öffnung des Felsens kam, die nach dem Meere führte. Offenbar wurde dieser Gang von Raubtieren benutzt, welche sich die Gebeine aus der Zisterne holten, und ein solches hatte mir auch den Ausweg aus der schrecklichen Gruft gezeigt. Ich sah wieder neue Hoffnung, neues Leben vor mir und befand mich bald am Strande des Meeres, durch einen hohen Bergzug von der Stadt getrennt. Hier warf ich mich auf mein Angesicht nieder und dankte Allah für meine Rettung. Während ich überdachte, wohin ich mich zunächst wenden sollte, fielen mir die reichen Schätze ein, welche in der Begräbnisstätte umherlagen und den Toten doch nichts nützen konnten. Ich kehrte daher noch einmal in die Höhle zurück, raffte Perlen und Edelsteine zusammen und steckte dieselben zu den Diamanten, die ich aus dem Diamantentale mitgenommen hatte. Als ich wieder das Meeresufer erreichte, erblickte ich ein vorüber segelndes Schiff. Ich winkte und rief, bis man mich bemerkte. Ein Boot ward ausgesetzt und brachte mich an Bord des Seglers, wo ich mich für einen Kaufmann ausgab, der in der Nähe dieser Küste Schiffbruch gelitten hätte, denn meine Erlebnisse in der Stadt und in der Totenhöhle wagte ich nicht zu erzählen, aus Furcht, es könnten sich Leute aus der Stadt auf dem Schiffe befinden. Meine Reise verlief ohne neue gefährliche Abenteuer. Das Schiff brachte mich nach Basra, von wo ich mich nach kurzem Aufenthalte nach Bagdad, meiner Heimat, begab, um hier die so schwer errungenen Schätze zu genießen und den Hilfsbedürftigen davon mitzuteilen. Niemals habe ich mich wieder versucht gefühlt, noch einmal auf Reisen zu gehen.«

Mit diesen Worten schloss Sindbad die Geschichte seiner merkwürdigen Abenteuer. Dann händigte er dem Lastträger eine große Rolle Geld und fügte hinzu: »Du wirst jetzt zu der Überzeugung gelangt sein, mein Freund, dass mir meine Reichtümer nicht mühelos in den Schoß gefallen sind und dass das Glück, welches ich genieße, kein unverdientes ist. Bei all deiner Armut sind dir doch jene entsetzensvollen Stunden erspart geblieben, welche ich durchgemacht habe. Nicht eine einzige der bestandenen Gefahren mochte ich zum zweiten Male erleben, und wenn man mir auch die Schätze der ganzen Welt böte. Allah weist jedem sein Teil Freude und Leid zu, und mit dem Besitze irdischer Güter ist oft Kummer und Sorge verbunden, wovon der Arme keine Ahnung hat.«

Der arme Lastträger nahm sich vor, sein Schicksal künftig mit Geduld und ohne Murren zu ertragen, denn was waren alle ihm auferlegten Entbehrungen im Vergleiche zu den Leiden und Gefahren, durch welche der reiche Sindbad hatte gehen müssen. Dankbar schied er von seinem gütigen Wirte und Wohltäter, und als er unten auf der Straße war, nahm er die dort zurückgestellte Last muntern Sinnes wieder auf seine Schultern.

Märchen aus 1001 Nacht

Der Fuchs und der Bär

In der alten Zeit, als die Tiere noch sprechen konnten, waren der Bär und der Fuchs sehr gute Freunde, sodass sie zusammen säten, ernteten, droschen und aßen. Aber der Fuchs war faul und wollte nichts arbeiten und so gelang es ihm, den Bären zu beschwatzen, dass er allein den Acker anbaute, den Pflug zog und das Getreide erntete. Es blieb nun noch das Dreschen übrig, an welcher Arbeit sich alle beide beteiligen sollten. Als sie eine Weile gedroschen hatten, hielt der Fuchs inne und stellte sich, als ob er horchte.

»Warum tust du das?«, fragte der Bär.

»Hörst du nicht, wie es auf dem Dache der Tenne knackt?«, antwortete der Fuchs.

»Nein!«, entgegnete der Bär.

Sie begannen hierauf wieder zu dreschen, bis der Fuchs noch einmal seine Frage wiederholte.

»Da ist es vielleicht wohl am besten, du steigst auf das Dach hinauf und hältst es fest!«, meinte der Bär.

Der Fuchs ließ sich dies nicht zweimal sagen, sondern sprang schleunigst auf das Dach, legte sich auf dem von der Sonne am meisten beschienenen Platze nieder und wärmte sich hier, bis der Bär das Getreide fertig gedroschen und geschwungen hatte. Hierauf stieg er wieder vom Dach herab und sagte, dass ihm alle Glieder weh täten, weil er sich so übermäßig angestrengt hätte, das Dach zu halten, während der Bär drosch.

Nun sollte das Getreide geteilt werden. Der Fuchs meinte, es wäre nur recht und billig, dass der Bär den größeren Haufen bekäme, denn er habe ja am meisten gearbeitet. Der Bär dankte und hierauf begannen sie zu essen: der Fuchs von dem Kornhaufen, der Bär aber von dem Spreuhaufen. Bald begann jedoch der Bär zu argwöhnen, dass es mit dem Edelmut des Fuchses nicht so weit her sei. Er sagte daher zum Fuchs:

»Wie kommt es denn, dass es in deinem Munde ›brisk, brask‹ lautet, wenn du kaust, in meinem aber nur ›slisk, slask‹?«

»Das kommt natürlich daher, dass ich so viel Sand und kleine Steinchen in meinem Haufen habe; das knirscht so, wenn ich esse«, antwortete der Fuchs.

Der Bär gab sich jedoch mit dieser Antwort nicht zufrieden, sondern kostete von dem Haufen des Fuchses. Da er nun dahinter kam, dass er geprellt worden war, wurde er böse und wollte den Fuchs zerreißen. Dieser aber entwischte und versteckte sich unter einer Tanne. Der Bär eilte ihm nach, entdeckte ihn und schlug und biss nach allem, was er sah. Wenn er in Wurzeln oder Steine biss, schrie der Fuchs: »Au! Au! Du beißt mich in den Fuß!« Wenn er aber wirklich den Fuß des Fuchses erwischte, dann lachte dieser und sagte: »Ha! Ha! Du beißt ja nur in die Wurzeln!«

Nachdem der Bär so lange in Steine und Wurzeln gebissen hatte, bis er ganz ermüdet war, kehrte er wieder nach der Dreschtenne zurück, um auszuruhen. Nun kroch der Fuchs hervor und begann auf ein neues Schelmenstück zu sinnen; denn zum Bären wagte er noch nicht zu gehen.

Da erblickte er in der Ferne einen Lappen, der mit seiner Rentierherde des Weges gefahren kam. Rasch legte er sich auf dem Weg nieder und stellte sich, als ob er tot wäre. Als nun der Lappe zu dieser Stelle kam, hob er den Fuchs vom Wege auf und legte ihn in den Schlitten, in welchem sich mehrere Pfund Fische befanden. Der Fuchs war kaum in dem Schlitten drin, als er wieder lebendig wurde und ein Loch in die Bodenwand nagte, durch das er einen Fisch nach dem andern hinausschob und schließlich selbst entkam. Er trug nun alle Fische zu einem Haufen zusammen und suchte sodann wieder den Bären auf. Dieser war jetzt wieder ruhig geworden und fragte den Fuchs, woher er diese Menge Fische bekommen habe.

»Ich habe sie geangelt«, antwortete der Fuchs; »geh nur hinab auf die See, hacke ein Loch ins Eis und stecke den Schwanz durch das Loch; es kommen dann sogleich die Fische und beißen an. Aber man muss darauf achten, dass man den Schwanz nicht zu früh herauszieht; erst wenn man keinen Schmerz mehr im Schwanz fühlt, ist es an der Zeit, diesen wieder herauszuziehen.«

Der Bär befolgte genau diesen Rat; als er aber den Schwanz zurückziehen wollte, war dieser in dem Eisloch festgefroren und der Bär riss sich diesen ab; deshalb geht er noch heute ohne Schwanz herum.

Lappland

Der Nordlands-Drache

Einstmals lebte, der Erzählung alter Leute zufolge, ein gräuliches Untier, das aus Nordland gekommen war. Es hätte schon große Landstriche von Menschen und Tieren leer geräumt, und wenn niemand Abhilfe gebracht hätte, hätte es auch alles Lebendige vom Erdboden vollständig vertilgt. Dieses Untier hatte einen Leib wie ein Ochse und Beine wie ein Frosch, nämlich zwei kurze vorn und zwei lange hinten, ferner einen schlangenartigen zehn Klafter langen Schweif; es bewegte sich wie ein Frosch, legte aber mit jedem Sprung eine halbe Meile zurück. Zum Glück blieb es an dem Ort, wo es sich einmal niedergelassen hatte, mehrere Jahre und zog nicht eher weiter, als bis die ganze Umgegend kahl gefressen war. Der Leib war über und über mit Schuppen bedeckt, welche fester waren als Stein und Erz, sodass nichts ihn beschädigen konnte. Die beiden großen Augen funkelten bei Nacht und bei Tage wie die hellsten Kerzen, und wer einmal das Unglück hatte, in ihren Glanz hineinzublicken, der war wie verzaubert, und musste von selbst dem Ungeheuer in den Rachen laufen. So kam es, dass sich ihm Tiere und Menschen selber zum Fraße lieferten, ohne dass es sich von der Stelle zu rühren brauchte.

Die Könige der Umgegend hatten demjenigen überaus reichen Lohn verheißen, der durch Zauber oder durch andere Gewalt das Ungeheuer vertilgen könnte, und viele hatten schon ihr Heil versucht, aber ihre Unternehmungen waren alle gescheitert. So wurde einst ein großer Wald, in welchem das Ungeheuer hauste, in Brand gesteckt; der Wald brannte nieder, aber dem schädlichen Tier konnte das Feuer nicht das Mindeste anhaben. Allerdings sagten Überlieferungen, die im Munde alter Leute waren, dass niemand auf andere Weise des Ungeheuers Herr werden könne als durch König Salomons Siegelring; auf diesem sei eine Geheimschrift eingegraben, aus welcher man erfahre, wie das Untier umgebracht werden könne. Allein niemand wisse zu melden, wo jetzt der Ring verborgen sei, und eben so wenig sei ein Zauberer zu finden, der die Schrift deuten könne.

Endlich entschloss sich ein junger Mann, der Herz und Kopf auf dem rechten Fleck hatte, auf gut Glück den Spuren des Ringes nachzuforschen. Er schlug den Weg gen Morgen ein, allwo vornehmlich die Weisheit der Vorzeit zu finden ist. Erst nach einigen Jahren traf er mit einem berühmten Zauberer des Ostens zusammen und fragte ihn um Rat. Der Zauberer erwiderte: »Das bisschen Klugheit der Menschen kann dir hier nichts helfen, aber Gottes Vögel unter dem Himmel werden dir die besten Führer sein, wenn du ihre Sprache erlernen willst. Ich kann dir dazu verhelfen, wenn du einige Tage bei mir bleiben willst.« Der Jüngling nahm das freundliche Anerbieten mit Dank an und sagte: »Für jetzt bin ich freilich nicht imstande, dich für deine Wohltat zu beschenken, fällt aber mein Unternehmen glücklich aus, so werde ich dir deine Mühe reichlich vergelten.«

Nun kochte der Zauberer aus neunerlei Kräutern, die er heimlich bei Mondenschein gesammelt hatte, einen kräftigen Trank und gab davon dem Jüngling drei Tage hintereinander neun Löffel täglich zu trinken, was zur Folge hatte, dass ihm die Vogelsprache verständlich wurde. Beim Abschied sagte der Zauberer: »Solltest du das Glück haben, Salomons Ring zu entdecken und desselben habhaft zu werden, so komm zu mir zurück, damit ich dir die Schrift auf dem Ringe deute, denn es lebt jetzt außer mir keiner, der das vermöchte.«

Schon am nächsten Tage fand der Jüngling die Welt wie verwandelt. Er ging nirgends mehr allein, sondern hatte überall Gesellschaft, weil er die Vogelsprache verstand, durch welche ihm vieles offenbar wurde, was menschliche Einsicht ihn nicht hätte lehren können. Aber geraume Zeit verfloss, ohne dass er von dem Ring etwas gehört hätte. Da geschah es eines Abends, als er vom Marschieren und der Hitze ermüdet war und sich zeitig im Wald unter einem Baum niedergelassen hatte, um sein Abendbrot zu verzehren, dass auf hohem Wipfel zwei bunt gefiederte fremde Vögel ein Gespräch miteinander führten, welches ihn betraf. Der erste Vogel sagte:

»Ich kenne den windigen Herumtreiber unter dem Baume da, der schon so lange wandert, ohne die Spur zu finden. Er sucht den verlorenen Ring des Königs Salomon.«

Der andere Vogel erwiderte:

»Ich glaube, er müsste bei der Höllenjungfrau Hilfe suchen, die wäre gewiss in der Lage, ihm auf die Spur zu helfen. Wenn sie den Ring auch nicht selbst hat, so weiß sie doch ganz genau, wer das Kleinod jetzt besitzt.«

Der erste Vogel versetzte:

»Das wäre schon recht, aber wo soll er die Höllenjungfrau auffinden, die nirgends eine bleibende Stätte hat, sondern heute hier und morgen dort wohnt: ebenso gut könnte er die Luft fest halten!«

Der andere Vogel erwiderte:

»Ihren gegenwärtigen Aufenthalt weiß ich zwar nicht anzugeben, aber heute binnen drei Tagen kommt sie zur Quelle, ihr Gesicht zu waschen, wie sie es jeden Monat in der Nacht des Vollmonds tut, damit die Jugendschöne nie von ihren Wangen schwinde und die Runzeln des Alters ihr Antlitz nicht zusammenziehen.«

Der erste Vogel sagte:

»Nun, die Quelle ist nicht weit von hier; wollen wir des Spaßes halber ihr Treiben mit ansehen?«

»Meinethalben, wenn du willst«, gab der andere Vogel zur Antwort.

Der Jüngling war gleich entschlossen, den Vögeln zu folgen und die Quelle aufzusuchen, doch machte ihn zweierlei besorgt, erstens, dass er die Zeit verschlafen könne, wo die Vögel aufbrächen, und zweitens, dass er keine Flügel hatte, um dicht hinter ihnen zu bleiben. Er war zu sehr ermüdet, um die ganze Nacht wach zu bleiben, die Augen fielen ihm zu. Aber die Sorge ließ ihn doch nicht ruhig schlafen, er wachte öfters auf, um den Aufbruch der Vögel nicht zu verpassen. Darum freute er sich sehr, als er bei Sonnenaufgang zum Wipfel hinaufblickte und die bunt gefiederten Gesellen noch sah, wie sie unbeweglich saßen, mit den Schnäbeln unter den Federn. Er verzehrte sein Frühstück und wartete dann, dass die Vögel aufbrechen sollten. Aber sie schienen diesen Morgen nirgends hin zu wollen, sie flatterten, wie zur Kurzweil oder um Nahrung zu suchen, von einem Wipfel zum andern und trieben das so fort bis zum Abend, wo sie sich an der alten Stelle zur Ruhe begaben. Eben so ging es noch den folgenden Tag. Erst am Mitmorgen des dritten Tages sagte der eine Vogel zum anderen: »Heute müssen wir zur Quelle, um zu sehen, wie sich die Höllenjungfrau ihr Antlitz wäscht.«

Bis Mittag blieben sie noch, dann flogen sie davon und nahmen ihren Weg gerade gen Süden. Dem Jüngling klopfte das Herz vor Furcht, seine Führer aus dem Gesicht zu verlieren. Aber die Vögel waren nicht weiter geflogen, als sein Gesichtskreis reichte, und hatten sich dann auf einem Baumwipfel niedergelassen. Der Jüngling rannte ihnen nach, dass seine Haut dampfte und ihm der Atem zu stocken drohte. Nach dreimaligem Ausruhen kamen die Vögel auf eine kleine Fläche, an deren Rande sie sich auf einem hohen Baumwipfel niederließen. Als der Jüngling nach ihnen dort anlangte, gewahrte er mitten in der Fläche eine Quelle; er setzte sich nun unter denselben Baum, auf dessen Wipfel die Vögel sich aufhielten. Dann spitzte er seine Ohren, um zu vernehmen, was die gefiederten Geschöpfe miteinander redeten.

»Die Sonne ist noch nicht unter« – sagte der eine Vogel – »wir müssen noch eine Weile warten, bis der Mond aufgeht, und die Jungfrau zur Quelle kommt. Wollen doch sehen, ob sie den Jüngling unter dem Baume bemerkt?«

Der andere Vogel erwiderte:

»Ihrem Auge entgeht wohl nichts, was nach einem jungen Manne riecht. Sollte der Jüngling verschlagen genug sein, um nicht in ihr Garn zu gehen?«

Worauf der erste Vogel sagte:

»Wir werden ja sehen, wie sie miteinander fertig werden.«

Der Abend war schon vorgerückt, der Vollmond stand schon hoch über dem Wald, da hörte der Jüngling ein leises Geräusch: nach einigen Augenblicken trat aus dem Wald eine Maid hervor, und schritt flüchtigen Fußes, sodass ihre Sohlen den Boden nicht zu berühren schienen, über den Rasen zur Quelle. Der Jüngling musste sich gestehen, dass er in seinem Leben noch kein schöneres Weib gesehen habe, und mochte kein Auge mehr von der Jungfrau verwenden.

Diese ging, ohne seiner zu achten, zur Quelle, hob die Augen zum Monde empor, fiel auf die Knie, tauchte neunmal ihr Antlitz in die Quelle, blickte nach jedem Male den Mond an und rief: »Vollwangig und hell, wie du jetzt bist, möge auch meine Schönheit blühen unvergänglich!« Dann ging sie neunmal um die Quelle und sang nach jedem Gang:

»Nicht der Jungfrau Antlitz welke,
Nie der Wangen Rot erbleiche,
Ob der Mond auch wieder schwinde,
Möge ich doch immer wachsen,
Mir das Glück stets neu erblühen!«

Darauf trocknete sie sich mit ihren langen Haaren das Gesicht ab und wollte von dannen gehen, als ihre Augen plötzlich auf die Stelle fielen, wo der Jüngling unter dem Baume saß. Sogleich wandte sie ihre Schritte dahin. Der junge Mann erhob sich und blieb in Erwartung stehen. Die schöne Maid kam näher und sagte:

»Eigentlich müsstest du einer schweren Strafe verfallen, dass du der Jungfrau heimliches Tun im Mondschein belauscht hast; aber da du fremd bist und zufällig herkamst, so will ich dir verzeihen. Doch musst du mir wahrheitsgetreu bekennen, woher du bist und wie du hierher kamst, wohin bisher noch kein Sterblicher seinen Fuß gesetzt hat?«

Der Jüngling antwortete mit viel Anstand:

»Vergebt, liebe Jungfrau, wenn ich ohne Wissen und Willen gegen Euch gefehlt habe. Da ich nach langer Wanderung hierher geriet, fand ich den schönen Platz unter dem Baume und wollte da mein Nachtlager nehmen. Eure Ankunft ließ mich zögern, so blieb ich sitzen, weil ich glaubte, dass stilles Schauen Euch nicht nachteilig werden könne.«

Die Jungfrau versetzte liebevoll:

»Komm zur Nacht zu uns! Auf Kissen ruht es sich besser als hier auf kühlem Moos.«

Der Jüngling stand ein Weilchen zweifelnd und wusste nicht, was er tun solle, ob das freundliche Anerbieten annehmen oder zurückweisen. Da sprach auf dem Baumwipfel ein Vogel zum anderen:

»Er wäre ein Tor, wenn er sich das Anerbieten nicht gefallen ließe.«

Die Jungfrau, die der Vogelsprache wohl nicht kundig war, sagte mit freundlicher Mahnung:

»Fürchte nichts, mein Freund! Ich lade dich nicht in böser Absicht ein, ich wünsche dir von ganzem Herzen Gutes.«

Die Vögel sagten hinterdrein: »Geh, wohin man dich ruft, aber hüte dich, Blut zu geben, um deine Seele nicht zu verkaufen.«

Nun ging der Jüngling mit ihr. Nicht weit von der Quelle kamen sie in einen schönen Garten, in welchem ein prächtiges Wohnhaus stand, das im Mondschein schimmerte, als wären Dach und Wände aus Gold und Silber gegossen. Als der Jüngling eintrat, fand er viele prachtvolle Gemächer, eines immer schöner als das andere; viele hundert Kerzen brannten auf goldenen Leuchtern und verbreiteten überall eine Helligkeit wie die des Tages. Darauf gelangten sie in ein Gemach, wo eine mit köstlichen Speisen besetzte Tafel sich befand; an der Tafel standen zwei Stühle, der eine von Silber, der andere von Gold; die Jungfrau ließ sich auf den goldenen Stuhl nieder und bat den Jüngling, sich auf den silbernen zu setzen. Weißgekleidete Mädchen trugen die Speisen auf und räumten sie wieder ab, wobei aber kein Wort gesprochen wurde. Auch traten die Mädchen so leise auf, als gingen sie auf Katzenpfoten. Nach Tisch, als der Jüngling mit der königlichen Jungfrau allein geblieben war, wurde ein anmutiges Gespräch geführt, bis endlich ein Frauenzimmer in roter Kleidung erschien, um zu erinnern, dass es Zeit sei, sich schlafen zu legen.

Da führte die Jungfrau den Jüngling in eine andere Kammer, wo ein seidenes Bett mit Daunenkissen stand; sie wies es ihm und entfernte sich. Der Jüngling meinte bei lebendigem Leibe im Himmel zu sein, auf Erden sei solch ein Leben nicht zu finden. Nur darüber wusste er später keine Rechenschaft zu geben, ob ihn Träume getäuscht oder ob er wirklich Stimmen an seinem Bett vernommen hätte, welche ihm ein Wort zuriefen, das sein Herz erschreckte: »Gib kein Blut!«

Am anderen Morgen fragte ihn die Jungfrau, ob er nicht Lust habe, hier zu bleiben, wo die ganze Woche aus lauter Feiertagen bestehe. Und als der Jüngling auf die Frage nicht gleich Antwort gab, setzte sie hinzu: »Ich bin, wie du selbst siehst, jung und blühend, und ich stehe unter niemandes Botmäßigkeit, sondern kann tun, was mir beliebt. Bisher ist es mir noch nie in den Sinn gekommen zu heiraten, aber von dem Augenblicke an, wo ich dich erblickte, stiegen mir plötzlich andere Gedanken auf, denn du gefällst mir. Sollten nun unsere Gedanken übereinstimmen, so könnte ein Paar aus uns werden. Hab und Gut besitze ich unendlich viel, wie du dich selber auf Schritt und Tritt überzeugen kannst, und so kann ich Tag für Tag königlich leben. Was dein Herz nur begehrt, kann ich dir gewähren.«

Wohl drohte die Schmeichelrede der schönen Maid des Jünglings Sinn zu verwirren, aber zu seinem Glück fiel ihm ein, dass die Vögel sie die Höllenjungfrau genannt und ihn gewarnt hatten, dass er ihr Blut gebe und dass er auch in der Nacht, sei es träumend oder wachend, dieselbe Warnung vernommen habe. Darum erwiderte er:

»Liebe Jungfrau, verargt es mir nicht, wenn ich Euch ganz aufrichtig gestehe, dass man das Heiraten nicht abmachen kann wie einen Rosskauf, sondern dass es dazu längerer Überlegung bedarf. Vergönnt mir deshalb einige Tage Bedenkzeit, dann wollen wir uns darüber verständigen.«

»Warum nicht«, erwiderte die schöne Maid »meinethalben kannst du dich einige Wochen bedenken und mit deinem Herzen zurate gehen.«

Damit nun dem Jüngling inzwischen die Zeit nicht lang würde, führte ihn die Jungfrau von einer Stelle ihres prächtigen Hauses zur anderen, und zeigte ihm all die reichen Schatzkammern und Truhen, welche sein Herz erweichen sollten. All diese Schätze waren aber durch Zauberei entstanden, denn die Jungfrau konnte mit Hilfe des Salomonischen Siegelringes alle Tage und an jedem Orte eine solche Wohnung nebst allem Zubehör hervorbringen, aber das alles hatte keine Dauer: Es war vom Winde hergeweht, und ging auch wieder in den Wind, ohne eine Spur zurückzulassen. Da der Jüngling das aber nicht wusste, so hielt er das Blendwerk für Wirklichkeit.

Eines Tages führte ihn die Jungfrau in eine verborgene Kammer, wo auf einem silbernen Tisch ein goldenes Schächtelchen stand. Auf das Schächtelchen zeigend sagte sie:

»Hier steht mein teuerster Schatz, dessen Gleichen auf der ganzen Welt nicht zu finden ist: es ist ein kostbarer goldener Ring. Wenn du mich freien solltest, so würde ich dir diesen Ring zum Eheschatz geben, und er würde dich zum glücklichsten aller Menschen machen. Damit aber das Band unserer Liebe ewige Dauer erhalte, musst du mir dann für den Ring drei Tropfen Blut von dem kleinen Finger deiner linken Hand geben.«

Als der Jüngling diese Rede hörte, überlief es ihn kalt; dass sie sich Blut von ihm verlangte, erinnerte ihn daran, dass er seine Seele aufs Spiel setze. Er war aber schlau genug, sich nichts merken zu lassen und auch keinen Einwand zu machen; vielmehr fragte er wie beiläufig, was es für eine Bewandtnis mit dem Ringe habe. Die Jungfrau erwiderte:

»Kein Lebendiger ist bis jetzt imstande gewesen, die Kraft dieses Ringes ganz zu ergründen, weil keiner die geheimen Zeichen desselben vollständig zu deuten wusste. Aber schon mit dem halben Verständnis vermag ich Wunder zu verrichten, welche mir kein anderes Wesen nachmachen kann. Stecke ich den Ring auf den kleinen Finger meiner linken Hand, so kann ich mich wie ein Vogel in die Luft schwingen und hinfliegen, wohin ich will. Stecke ich den Ring auf den Ringfinger meiner linken Hand, so bin ich sogleich für alle unsichtbar. Mich selbst und alles, was mich umgibt, sehe ich, aber die andern sehen mich nicht. Stecke ich den Ring an den Mittelfinger meiner linken Hand, dann kann mir kein scharfes Werkzeug noch Wasser und Feuer etwas anhaben. Stecke ich den Ring an den Zeigefinger meiner linken Hand, dann kann ich mir mit seiner Hilfe alle Dinge schaffen, die ich begehre; ich kann in einem Augenblick Häuser aufbauen und sonstige Gegenstände hervorbringen. Solange endlich der Ring am Daumen der linken Hand sitzt, ist die Hand so stark, dass sie Felsen und Mauern brechen kann. Außerdem trägt der Ring noch andere geheime Zeichen, welche wie gesagt bis heute noch niemand zu deuten wusste; doch lässt sich denken, dass sie noch viele wichtige Geheimnisse enthalten. Der Ring war vor Alters her Eigentum des Königs Salomon, des weisesten der Könige, unter dessen Regierung die weisesten Männer lebten. Doch ist es bis auf den heutigen Tag nicht kund geworden, ob der Ring durch göttliche Kraft oder durch Menschenhände entstanden ist; es wird behauptet, dass ein Engel dem weisen König den Ring geschenkt habe.«

Als der Jüngling die Schöne so reden hörte, war sein erster Gedanke, sich des Ringes durch List zu bemächtigen. Er tat deshalb, als ob er das Gehörte durchaus nicht für wahr halten könne. So hoffte er die Jungfrau zu bewegen, dass sie den Ring aus dem Schächtelchen nehme und ihm zeige – wobei er dann vielleicht Gelegenheit fände, sich des Wunderringes zu bemächtigen. Er wagte aber nicht, die Jungfrau geradezu darum zu bitten, dass sie ihm den Ring zeige. Er umschmeichelte sie und gebärdete sich zärtlich, aber sein Herz sann nur darauf, in den Besitz des Ringes zu gelangen. Schon nahm die Jungfrau den Schlüssel zum Kästchen aus dem Busen, um es aufzuschließen, aber sie steckte ihn wieder zu sich und sagte: »Dazu haben wir künftig noch Zeit genug.«

Ein paar Tage darauf kam die Rede wieder auf den Wunderring, und der Jüngling sagte: »Nach meinem Dafürhalten sind solche Dinge, wie Ihr sie mir von der Kraft Eures Ringes erzählt, schlechterdings nicht möglich.« Da öffnete die Jungfrau das Schächtelchen und nahm den Ring heraus, der zwischen ihren Fingern blitzte wie der hellste Sonnenstrahl. Dann steckte sie ihn zum Spaß an den Mittelfinger ihrer linken Hand und sagte dem Jüngling, er solle ein Messer nehmen und damit auf sie los stechen, wohin er wolle, denn es könne ihr doch nicht schaden. Der Jüngling sträubte sich gegen dieses bedenkliche Ansinnen; als aber die Jungfrau nicht abließ, musste er sich fügen. Obwohl er nun, anfangs mehr spielend, dann aber ernsthaft, auf alle Weise die Jungfrau mit dem Messer zu treffen suchte, so war es doch, als ob eine unsichtbare Wand von Eisen zwischen beiden stünde; die Schneide konnte nicht eindringen, und die Jungfrau stand lachend und unbewegt vor ihm. Darauf steckte sie den Ring an ihren Ringfinger und war im Nu den Blicken des Jünglings entschwunden, sodass dieser durchaus nicht begreifen konnte, wohin sie gekommen war. Bald stand sie wieder lachend vor ihm auf der alten Stelle, den Ring zwischen den Fingern haltend. »Lasst doch sehen« – bat der Jüngling – »ob es mir auch möglich ist, so seltsame Dinge mit dem Ring zu machen?« Die Jungfrau, welche keinen Betrug ahnte, gab ihm den Wunderring.

Der Jüngling tat, als wisse er noch nicht recht Bescheid, und fragte:

»An welchen Finger muss ich den Ring stecken, damit mir ein scharfes Werkzeug nicht schaden kann?«

Worauf die Jungfrau lachend erwiderte:

»An den Mittelfinger der linken Hand!«

Sie nahm dann selbst das Messer und suchte damit zu stoßen, konnte aber dem Jüngling keinen Schaden tun. Darauf nahm dieser das Messer und versuchte sich selber zu beschädigen, aber es war auch ihm unmöglich. Darauf bat er die Jungfrau, ihm zu zeigen, wie er mit dem Ring Steine und Felsen spalten könne. Sie führte ihn in den Hof, wo ein klafterhoher Kiesel lag.

»Jetzt stecke den Ring« – so unterwies ihn die Jungfrau – »an den Daumen deiner linken Hand, und schlage dann mit der Faust auf den Stein, und du wirst sehen, welche Kraft in deiner Hand liegt.«

Der Jüngling tat es und sah zu seinem Erstaunen, wie der Stein unter dem Schlage seiner Hand in tausend Trümmer barst. Da dachte der Jüngling, wer das Glück nicht bei den Hörnern zu fassen weiß, der ist ein Tor, denn einmal entflohen, kehrt es nicht zurück. Während er noch über die Zertrümmerung des Steines scherzte, steckte er wie spielend den Ring an den Ringfinger seiner linken Hand. Da rief die Jungfrau:

»Jetzt bist du für mich so lange unsichtbar, bis du den Ring abziehst.«

Aber das zu tun war der Jüngling nicht gesonnen, vielmehr ging er rasch einige Schritte weiter, steckte dann den Ring an den kleinen Finger der linken Hand und schwang sich in die Höhe wie ein Vogel. Als die Jungfrau ihn davon fliegen sah, hielt sie anfangs auch diesen Versuch für bloßen Scherz, und rief: »Komm zurück, mein Freund! Jetzt hast du gesehen, dass ich dir die Wahrheit gesagt habe!« Aber wer nicht zurückkam, war der Jüngling; da merkte die Jungfrau den Betrug und brach in bittere Klagen aus über ihr Unglück.

Der Jüngling hielt seinen Flug nicht eher an, bis er nach einigen Tagen wieder zu dem berühmten Zauberer gekommen war, bei welchem er die Vogelsprache gelernt hatte. Der Zauberer war außerordentlich froh, dass des Mannes Wanderung so guten Erfolg gehabt hatte. Er machte sich sogleich daran, die geheime Schrift auf dem Ring zu deuten. Er brauchte aber sieben Wochen, ehe er damit zu Rande kam. Darauf gab er dem Jüngling folgende Auskunft, wie der Nordlands-Drache zu vernichten sei:

»Du musst dir ein eisernes Pferd gießen lassen, das unter jedem Fuße kleine Räder hat, sodass man es vorwärts und rückwärts schieben kann. Dann musst du aufsitzen und dich mit einem eisernen, zwei Klafter langen Speere bewaffnen, den du freilich nur führen kannst, wenn der Wunderring am Daumen deiner linken Hand steckt. Der Speer muss in der Mitte die Dicke einer mäßigen Birke haben und seine beiden Enden müssen gleich scharf sein. In der Mitte des Speeres musst du zwei starke zehn Klafter lange Ketten befestigen, die stark genug sind, den Drachen zu halten. Sobald der Drache sich in den Speer fest gebissen hat, sodass dieser ihm die Kinnlade durchbohrt, musst du wie der Wind vom Eisenross herunterspringen, um dem Untier nicht in den Rachen zu fallen, und musst die Enden der Ketten mit eisernen Pflöcken dergestalt in die Erde rammen, dass keine Gewalt sie herausziehen kann. Nach drei oder vier Tagen ist die Kraft des Untiers so weit erschöpft, dass du dich ihm nähern kannst. Dann stecke Salomons Kraftring an den Daumen deiner linken Hand und schlage es vollends tot. Bis du aber herangekommen bist, muss der Ring am Ringfinger deiner linken Hand stecken, damit das Untier dich nicht sehen kann, sonst würde es dich mit seinem langen Schwanze totschlagen. Wenn du alles vollbracht hast, trage Sorge, dass du den Ring nicht verlierst und dass dir auch niemand mit List das Kleinod entwende.«

Unser Freund dankte dem Zauberer für die Belehrung und versprach, ihn später für seine Mühe zu belohnen. Aber der Zauberer erwiderte:

»Ich habe aus der Entzifferung der Geheimschrift des Ringes so viel Zauberweisheit geschöpft, dass ich keines anderen Gutes weiter bedarf.«

So trennten sie sich, und der Jüngling eilte nach Hause, was ihm nicht mehr schwer wurde, da er wie ein Vogel fliegen konnte, wohin er wollte.

Als er nach einigen Wochen in der Heimat anlangte, hörte er von den Leuten, dass der gräuliche Nordlands-Drache schon in der Nähe sei, sodass er jeden Tag über die Grenze kommen könne. Der König ließ überall bekannt machen, dass er demjenigen, der dem Untier den Garaus machen würde, nicht nur einen Teil seines Königreiches schenken, sondern auch seine Tochter zur Frau geben wolle. Nach einigen Tagen trat unser Jüngling vor den König und erklärte, er hoffe das Untier zu vernichten, wenn der König alles anfertigen lasse, was dazu erforderlich sei. Der König ging mit Freuden darauf ein. Es wurden nun sämtliche geschickte Meister aus der Umgegend zusammenberufen, die mussten erst das Eisenpferd gießen, dann den großen Speer schmieden und endlich auch die eisernen Ketten, deren Ringe zwei Zoll Dicke hatten. Als aber alles fertig war, fand es sich, dass das eiserne Pferd so schwer war, dass hundert Männer es nicht von der Stelle bringen konnten. Da blieb dem Jüngling nichts übrig, als mit Hilfe seines Kraftringes das Pferd allein fort zu bewegen.

Der Drache war keine Meile mehr entfernt, sodass er mit ein Paar Sprüngen über die Grenze setzen konnte. Der Jüngling überlegte nun, wie er allein mit dem Untier fertig werden solle, denn da er das schwere Eisenpferd von hinten her schieben musste, so konnte er sich nicht aufsetzen, wie es der Zauberer vorgeschrieben hatte. Da belehrte ihn unerwartet eines

Raben Schnabel: »Setze dich auf das Eisenpferd und stemme den Speer gegen den Boden, als wolltest du einen Kahn vom Ufer abstoßen.« Der Jüngling machte es so und fand, dass er auf diese Weise vorwärts kommen könne. Das Ungeheuer sperrte schon von weitem den Rachen auf, um die erwartete Beute zu vertilgen. Noch einige Klafter, so wären Mann und Eisenross im Rachen des Untiers gewesen. Der Jüngling bebte vor Entsetzen und das Herz erstarrte ihm zu Eis, allein er ließ sich nicht verwirren, sondern stieß mit aller Kraft zu, sodass der eiserne Speer, den er aufrecht in der Hand hielt, den Rachen des Untiers durchbohrte. Dann sprang er vom Eisenross und wandte sich schnell wie der Blitz, als das Untier die Kinnladen zusammenklappte. Ein fürchterliches Gebrüll, das viele Meilen weit zu hören war, gab den Beweis, dass der Nordlands-Drache sich festgebissen hatte. Als der Jüngling sich umwandte, sah er eine Spitze des Speers einen Fuß lang aus der oberen Kinnlade hervorragen und schloss daraus, dass die andere im Boden fest steckte. Das Eisenross aber hat-

te der Drache mit seinen Zähnen zermalmt. Jetzt eilte der Jüngling, die Ketten am Boden zu befestigen, wozu starke Eisenpflöcke von mehreren Klaftern Länge in Bereitschaft gesetzt waren.

Der Todeskampf des Ungeheuers dauerte drei Tage und drei Nächte: Wenn es sich bäumte, schlug es so gewaltig mit dem Schwanz gegen den Boden, dass die Erde auf zehn Meilen weit bebte. Als es endlich den Schwanz nicht mehr rühren konnte, hob der Jüngling mit Hilfe des Ringes einen Stein auf, den zwanzig Männer nicht hätten bewegen können, und schlug damit dem Tier so lange auf den Kopf, bis es kein Lebenszeichen mehr von sich gab.

Grenzenlos war überall der Jubel, als die Botschaft kam, dass der schlimme Feind sein Ende gefunden. Der Sieger wurde in der Königsstadt mit großen Ehrenbezeugungen empfangen, als wäre er der mächtigste König. Der alte König brauchte auch seine Tochter nicht zur Heirat zu zwingen, sondern diese verlangte selber, sich dem starken Manne zu vermählen, der allein ausgerichtet hatte, was die anderen auch mit einer ganzen Armee nicht vermochten.

Nach einigen Tagen wurde eine prachtvolle Hochzeit gefeiert, welche vier Wochen lang dauerte und zu welcher alle Könige der Nachbarländer sich versammelt hatten, um dem Manne zu danken, der die Welt von ihrem schlimmsten Feinde befreit hatte. Allein über dem Hochzeitsjubel und der allgemeinen Freude hatte man vergessen, dass des Ungeheuers Leichnam unbegraben liegen geblieben war, und da er jetzt in Verwesung überging, so verbreitete er einen solchen Gestank, dass niemand sich in die Nähe wagte. Es entstanden Seuchen, welche viele Menschen hinrafften. Deshalb beschloss der Schwiegersohn des Königs, Hilfe bei dem Zauberer im Osten zu suchen, was ihm mit seinem Ring nicht schwer fiel, weil er auf Vogelschwingen dahin fliegen konnte.

Aber das Sprichwort sagt, unrecht gut gedeihet nicht, und wie gewonnen, so zerronnen. Diese Erfahrung sollte auch des Königs Schwiegersohn mit dem entwendeten Ringe machen. Der Höllenjungfrau ließ es weder Tag noch Nacht Ruhe, ihrem Ringe wieder auf die Spur zu kommen. Als sie mit Hilfe von Zauberkünsten erfahren hatte, dass des Königs Schwiegersohn sich in Vogelgestalt zu dem Zauberer aufmache, verwandelte sie sich in einen Adler und kreiste so lange in den Lüften, bis ihr der Vogel, auf den sie wartete, zu Gesicht kam – sie erkannte ihn sogleich an dem Ring, der ihm an einem Bande um den Hals hing. Da schoss der Adler auf den Vogel nieder und im selben Augenblick, wo seine Klauen ihn packten, hatte er ihm auch mit dem Schnabel den Ring vom Halse gerissen, ehe noch der Mann in Vogelgestalt etwas dagegen tun konnte. Jetzt ließ der Adler sich mit seiner Beute zur Erde nieder, und beide standen in ihrer früheren Menschengestalt nebeneinander. »Jetzt bist du in meiner Hand, Frevler!«, rief die Höllenjungfrau. »Ich nahm dich als meinen Geliebten auf, und du übtest Betrug und Diebstahl: Ist das mein Lohn? Du nahmst mir mein kostbarstes Kleinod durch List und hofftest, als Schwiegersohn des Königs ein glückliches Leben zu führen, aber jetzt hat sich das Blatt gewendet. Du bist in meiner Gewalt und sollst mir für allen Frevel büßen.«

»Vergebt, vergebt«, bat des Königs Schwiegersohn, »ich weiß wohl, dass ich mich schwer gegen Euch vergangen habe, und bereue meine Schuld von ganzem Herzen.«

Die Jungfrau erwiderte:

»Deine Bitten und deine Reue kommen zu spät, und nichts kann dir mehr helfen. Ich darf dich nicht schonen, das brächte mir Schande und machte mich zum Gespött der Leute. Zwiefach hast du dich an mir versündigt, erst hast du meine Liebe verschmäht und dann meinen Ring entwendet, dafür musst du Strafe leiden.«

Mit diesen Worten steckte sie den Ring an den Daumen ihrer linken Hand, nahm den Mann auf den Arm und ging mit ihm unter dem Arm von dannen. Diesmal führte ihr Weg nicht in jene prächtige Behausung, sondern in eine Felsenhöhle, wo Ketten von der Wand herunterhingen. Die Jungfrau ergriff die Enden der Ketten und fesselte damit dem Mann Hände und Füße, sodass ein Entkommen unmöglich war; dann sagte sie mit Zorn: »Hier sollst du bis an dein Ende gefangen bleiben. Ich werde dir täglich so viel Nahrung bringen lassen, dass du nicht Hungers sterben kannst, aber auf Befreiung darfst du nimmer hoffen.« Damit verließ sie ihn.

Der König und seine Tochter verlebten eine schwere Zeit des Kummers, als Woche auf Woche verging, und der

Schwiegersohn weder zurückkam noch auch Nachricht von sich gab. Oftmals träumte der Königstochter, dass ihr Gemahl schwere Pein leiden müsse. Sie bat deshalb ihren Vater, von allen Seiten her Zauberer zusammenrufen zu lassen, damit sie vielleicht Auskunft darüber gäben, wo der Verschwundene lebe und wie er zu befreien sei. Aber sämtliche Zauberer konnten nichts weiter berichten, als dass er noch lebe und schwere Pein leide, keiner wusste den Ort zu nennen, wo er sich befinde, noch anzugeben, wie man ihn auffinden könne. Endlich wurde ein berühmter Zauberer aus Finnland vor den König geführt, der den weiteren Bescheid erteilen konnte, dass des Königs Schwiegersohn im Ostlande gefangen gehalten werde, und zwar nicht durch Menschen, sondern durch ein mächtigeres Wesen. Also schickte der König seine Boten in der genannten Richtung aus, um den verlorenen Schwiegersohn aufzusuchen. Glücklicherweise kamen sie zu dem alten Zauberer, der die Schrift auf Salomons Siegelring gedeutet und daraus eine Weisheit geschöpft hatte, die allen übrigen verborgen blieb. Dieser Zauberer fand bald heraus, was er wissen wollte, und sagte: »Den Mann hält man durch Zaubermacht da und da gefangen, aber ohne meine Hilfe könnt ihr ihn nicht befreien, ich muss selbst mit euch gehen.«

Sie machten sich also auf und kamen, von Vögeln geführt, nach einigen Tagen in die Felsenhöhle, wo des Königs Schwiegersohn jetzt schon beinah sieben Jahre die schwere Kerkerhaft erduldet hatte. Er erkannte den Zauberer augenblicklich, dieser aber erkannte ihn nicht, weil er sehr abgemagert war. Der Zauberer löste durch seine Kunst die Ketten, nahm den Befreiten zu sich und pflegte und heilte ihn, bis er wieder kräftig genug war, um die Reise anzutreten. Er langte an demselben Tage an, wo der alte König gestorben war, und wurde nun zum neuen König erhoben. Jetzt kamen nach langen Leidenstagen die Freudentage, welche bis an sein Ende währten; den Wunderring aber erhielt er nicht wieder, – auch hat ihn nachmals keines Menschen Auge mehr gesehen.

Estland

Wassilissa die Wunderschöne

Es lebte einmal ein Kaufmann. Der war zwölf Jahre verheiratet und hatte nur eine Tochter, Wassilissa die Wunderschöne. Als die Mutter starb, war das Mädchen acht Jahre alt. Sterbend rief die Kaufmannsfrau ihre Tochter zu sich, zog unter ihrer Decke eine Puppe hervor und sagte: »Wassilissuschka, höre auf meine letzten Worte! Ich sterbe und hinterlasse dir mit meinem mütterlichen Segen diese Puppe, behalte sie stets bei dir und zeige sie niemand; wenn dir ein Unglück zustößt, gib ihr zu essen und frage sie um Rat. Wenn sie gegessen hat, wird sie dir sagen, wie deinem Kummer abzuhelfen ist.« Dann küsste die Frau ihre Tochter und starb.

Nach dem Tod der Frau trauerte der Mann wie es sich gehörte, dann aber dachte er neuerdings ans Heiraten. Er war ein schöner Mann und an Bräuten war kein Mangel. Mehr als alle andern gefiel ihm eine Witwe. Sie war nicht mehr jung und hatte selbst zwei Töchterchen ungefähr im gleichen Alter wie Wassilissa – da musste sie wohl eine erfahrene Hausfrau und Mutter sein.

Der Kaufmann heiratete sie, betrog sich aber und fand in ihr keine gute Mutter für seine Tochter.

Wassilissa war die Schönste im ganzen Dorf, die Stiefmutter und die Schwestern beneideten sie deshalb und quälten sie mit aller möglichen Arbeit, damit sie hässlich würde, mager und braun von Sonne und Wind – ein hartes Leben führte das Kind. Wassilissa vollführte aber alle Arbeit ohne zu murren, sie wurde immer schöner und voller, während die Stiefmutter und ihre Töchter vor Missgunst immer magerer und hässlicher wurden. Und doch saßen sie immer da mit den Händen im Schoß wie Damen. Wie ging das zu?

Die Puppe half Wassilissa. Ohne sie hätte das Mädchen mit der Arbeit nicht fertig werden können. Dafür aß Wassilissa oft selbst nichts und bewahrte die schmackhaftesten Bissen auf, und wenn abends alle zur Ruhe gegangen waren, sperrte sie sich in ihrem Bodenkämmerchen ein, brachte der Puppe das Essen und sprach dabei: »Puppe, da iss und höre meinen Jammer! Ich lebe im Haus beim Väterchen und habe ein hartes Los. Die böse Stiefmutter quält mich zu Tod. Lehre mich, was muss ich tun, um dieses Leben zu ertragen!«

Die Puppe aß, gab ihr gute Ratschläge, tröstete sie und machte am nächsten Morgen alle Arbeit für sie. Wassilissa konnte spazieren gehen und Blumen pflücken, trotzdem waren die Beete bei Zeiten gejätet, der Kohl abgesucht, das Wasser getragen, der Herd geheizt. Die Puppe lehrte sie überdies Gras und Kräuter kennen. So war das Leben mit der Puppe schön und die Jahre vergingen. Wassilissa wuchs heran und alle Burschen des Dorfes warben um sie.

Die Töchter der Stiefmutter aber sah niemand an; da wurde die Stiefmutter noch böser als früher und antwortete allen Bewerbern: »Ich gebe die jüngere Tochter nicht vor den älteren her.« So schickte sie die Brautwerber fort und ihren Zorn ließ sie an Wassilissa mit Schlägen aus.

Einmal musste der Kaufmann in Geschäften für lange Zeit verreisen. Die Stiefmutter übersiedelte währenddessen in ein anderes Haus, das nahe an einem dichten Wald stand. In dem Wald war eine Wiese. Auf der Wiese stand eine Hütte. In der Hütte wohnte Baba Jaga, die ließ niemand zu sich herein und fraß Menschen, als wären es Hühner. Während des Umzugs sandte die Kaufmannsfrau die verhasste Wassilissa oft in den Wald, sie kehrte aber immer wohlbehalten zurück, denn die Puppe zeigte ihr die Wege, auf denen sie die Hütte Baba Jagas vermied.

So kam der Herbst. Die Stiefmutter stellte allen drei Mädchen ihre Aufgabe für den Abend: Eine musste Spitzen klöppeln, die zweite Strümpfe stricken und Wassilissa spinnen, jede eine bestimmte Menge. Die Mutter verlöschte das Feuer im ganzen Haus und ließ nur dort wo die Mädchen arbeiteten eine Kerze brennen. Sie selbst legte sich schlafen. Die Mädchen arbeiteten. Die Kerze brannte herunter, und eine von Stiefmutters Töchtern nahm die Schere als wollte sie den Docht richten. Auf Befehl der Stiefmutter verlöschte sie dabei das Licht, wie aus Versehen.

»Was soll jetzt geschehen?«, fragten die Mädchen einander. »Im ganzen Haus brennt kein Feuer und unsere Arbeit ist noch nicht beendet. Wir müssen Feuer bei Baba Jaga holen!«

»Mir leuchten die Stecknadeln, ich gehe nicht«, sagte die, welche klöppelte.

»Ich gehe auch nicht«, sagte die zweite, »mir geben die Stricknadeln Licht genug.«

»Du musst um Feuer gehen«, riefen beide, »gehe zu Baba Jaga.« Dabei stießen sie Wassilissa aus der Stube.

Wassilissa ging in ihr Kämmerchen, setzte Essen vor ihre Puppe und sagte: »Puppe, da iss und höre meinen Jammer. Sie schicken mich zu Baba Jaga um Feuer. Baba Jaga wird mich fressen.« Die Puppe aß, ihre Augen glänzten wie zwei Lichter und sie sprach: »Fürchte dich nicht, Wassilissuschka!

Tue was sie dir sagen; nur nimm mich mit dir. Solange ich dabei bin, tut dir Baba Jaga nichts.« Wassilissa steckte die Puppe in ihre Tasche, bekreuzte sich und ging unter Zittern in den finstern Wald. Plötzlich jagte ein Reiter an ihr vorbei, der war ganz weiß; weiß auch sein Kleid, sein Pferd und die Zügel – da wurde es Licht. Sie ging weiter, da sprengte plötzlich ein anderer Reiter vorbei, der war ganz rot; rot auch sein Pferd und seine Kleider – da ging die Sonne auf. Wassilissa ging die ganze Nacht und den ganzen Tag, erst am nächsten Abend kam sie auf die Wiese, wo Baba Jagas Hütte stand. Der Zaun um die Hütte war aus Menschenknochen, auf den Pfählen ragten Totenschädel mit leeren Augen, statt der Angeln am Tor waren Füße, statt der Riegel Hände, an Stelle des Schlosses ein Mund mit scharfen Zähnen angebracht. Vor Schreck blieb Wassilissa wie angemauert stehen. Plötzlich sprengte des Weges wieder ein Reiter, der war ganz schwarz, schwarz auch sein Pferd und seine Kleider. Er sprengte zum Tor und verschwand, als hätte ihn die Erde verschluckt – da wurde es Nacht. Die Dunkelheit dauerte aber nicht lange, in allen Totenschädeln des Zaunes erglühten die Augen, davon ward es auf der Wiese hell wie bei Tag. Wassilissa zitterte vor Angst, blieb aber stehen, da sie nicht wusste, wohin sie entfliehen könnte. Auf einmal erhob sich im Wald ein schrecklicher Lärm. Die Bäume krachten, die trockenen Blätter raschelten.

Aus dem Wald fuhr Baba Jaga nach Hause in ihrem Mörser, trieb ihn an mit der Keule und verwischte ihre Spur mit dem Besen. Bei dem Tor hielt sie an, schnupperte ringsum und rief: »Pfui, pfui, hier riecht es nach Russen! Wer ist da?«

Angsterfüllt trat Wassilissa zu ihr hin, verneigte sich tief und sagte: »Ich bin es, Mütterchen, Stiefmutters Töchter schickten mich zu dir um Feuer.«

»Schon gut«, sagte Baba Jaga, »ich kenne sie, bleibe bei mir und arbeite für mich, dann gebe ich dir Feuer, sonst aber fresse ich dich.« Dann wandte sie sich an das Tor und rief: »Heh, meine starken Riegel, geht zurück, mein starkes Tor, spring auf!« Das Tor sprang auf und sausend fuhr Baba Jaga hinein, Wassilissa hinterdrein. Dann schlug das Tor wieder zu. Im Zimmer reckte sich Baba Jaga und sagte zu Wassilissa: »Gib her was im Ofen steht, ich will essen!«

Wassilissa entzündete einen Kienspan an den Totenschädeln am Zaun und holte Jaga das Essen aus dem Ofen herbei, das war ein zerstückelter, gekochter Mensch. Aus dem Keller holte sie Kwass, Honigbier und Wein. Die Alte aß und trank alles auf. Für Wassilissa blieb nur ein Restchen Kohlsuppe, ein Rändchen Brot und ein Stückchen Schweinefleisch. Baba Jaga legte sich schlafen und sagte zu Wassilissa: »Morgen, wenn ich fortfahre, reinige den Hof und fege die Hütte, richte das Essen und wasche die Wäsche, gehe auf den Boden, hol dir ein Viertel Weizen und lies ihn aus, sieh zu, dass du fertig wirst eh ich nach Hause komme, sonst fress ich dich auf!« Und kaum hatte sie diese Befehle erteilt, begann sie zu schnarchen.

Wassilissa stellte die Reste des Essens vor die Puppe und sagte: »Puppe, da iss und höre meinen Jammer! Schwere Aufgaben stellte mir Baba Jaga und droht, mich aufzufressen, wenn ich nicht alles ausführe. Hilf mir!«

»Fürchte dich nicht, Wassilissa, du Wunderschöne. Iss, bete und lege dich schlafen. Der Morgen ist klüger als der Abend!«

Früh am nächsten Morgen erwachte Wassilissa. Baba Jaga war schon aufgestanden und schaute zum Fenster hinaus. In den Totenschädeln verglommen die Augen, da jagte der weiße Reiter vorbei und es wurde licht. Baba Jaga trat in den Hof und pfiff und gleich erschien der Mörser mit Keule und Besen, da jagte der rote Reiter vorbei und die Sonne ging auf. Baba Jaga setzte sich in ihren Mörser und fuhr davon, mit der Keule trieb sie den Mörser an und verwischte die Spur mit dem Besen.

Wassilissa blieb allein zurück, besah das Haus Baba Jagas, staunte über all den vorhandenen Reichtum und überlegte, mit welcher Arbeit sie beginnen sollte. Aber siehe da, alle Arbeit war schon gemacht. Die Puppe las eben die letzten Weizenkörner aus.

»Oh, du meine Retterin«, sagte Wassilissa, »du hilfst mir aus großer Not.«

»Du musst nur noch das Essen bereiten«, entgegnete die Puppe und kletterte wieder in Wassilissas Tasche zurück. »Bereite es mit Gottes Hilfe und warte ruhig.«

Abends deckte Wassilissa den Tisch und erwartete Baba Jaga. Es dämmerte, da jagte der schwarze Reiter vorbei –

gleich wurde es ganz dunkel, nur die Augen der Schädel glühten. Die Bäume zitterten, die Blätter raschelten – Baba Jaga fuhr herein und Wassilissa trat ihr entgegen.

»Hast du alles gemacht?«, fragte Jaga.

»Sieh selbst nach, Großmütterchen«, sagte Wassilissa.

Baba Jaga sah alles nach, ärgerte sich ein wenig, dass sie nichts zu tadeln fand und sagte: »Schon gut.« Dann rief sie: »Treue Diener, Herzensfreunde, mahlt meinen Weizen!«

Da erschienen drei Paar Hände, ergriffen den Weizen und trugen ihn fort.

Baba Jaga aß und erteilte Wassilissa vor dem Einschlafen wieder Befehle: »Tue morgen dasselbe wie heute, aber außerdem nimm noch den Mohn, der auf dem Boden steht, und reinige ihn von der Erde, jedes Körnchen! Jemand hat aus Bosheit Erde darunter gemischt!« Kaum hatte die Alte das gesagt, so kehrte sie sich zur Wand und schnarchte.

Wassilissa fütterte sogleich ihre Puppe. Die Puppe aß und sagte wie gestern: »Bete und lege dich schlafen; der Morgen ist klüger als der Abend – alles wird gemacht sein, Wassilissuschka!«

Am Morgen fuhr Baba Jaga wieder fort und Wassilissa machte mit Hilfe der Puppe die Arbeit fertig. Die Alte kam zurück, besichtigte alles und rief: »Treue Diener, Herzensfreunde, holt den Mohn und presst das Öl heraus!« Da kamen drei Paar Hände, ergriffen den Mohn und schleppten ihn davon. Baba Jaga setzte sich zum Essen und Wassilissa stand schweigend neben ihr.

»Warum sprichst du nichts, sondern stehst da wie stumm?«, fragte Jaga.

»Ich traute mich nicht, aber wenn du es erlaubst, möchte ich gerne etwas fragen.«

»Frage, doch nicht jede Frage führt zum Guten. Viel wissen macht alt!«

»Ich möchte dich nur über etwas befragen, was ich sah, Großmütterchen. Als ich zu dir ging überholte mich ein weißer Reiter in weißem Gewand, auf weißem Pferd, wer war das?«

»Der helle Tag!«

»Dann überholte mich ein roter Reiter auf rotem Pferd, in roten Kleidern, wer war das?«

»Die rote Sonne!«

»Was bedeutet der schwarze Reiter, der mich gerade vor deinem Tor überholte, Großmütterchen?«

»Das war die dunkle Nacht. – Das sind meine treuen Diener!«

Wassilissa dachte an die drei Paar Hände und schwieg.

»Weshalb fragst du nicht weiter«, forschte Baba Jaga.

»Ich weiß genug, du sagst ja selbst, vieles wissen – macht alt.«

»Es ist gut, dass du nur nach Dingen frägst, die du im Wald sahest und nicht nach Dingen, die auf meinem Hof sind, ich mag nicht, dass man den Kehricht aus meiner Hütte fortträgt, und die allzu Wissbegierigen fresse ich. Jetzt aber frage ich: Wieso bringst du alle die Arbeit fertig, die ich dir auftrage?«

»Mir hilft meiner Mutter Segen.«

»So! Dann packe dich von hinnen, gesegnete Tochter! Ich mag die Gesegneten nicht!« Sie schleppte Wassilissa aus der Stube und stieß sie beim Tor hinaus, nahm einen Totenschädel mit brennenden Augen vom Zaun, steckte ihn auf einen Stab, gab ihn ihr und sagte: »Da hast du Feuer für die Töchter der Stiefmutter, sie sandten dich ja deshalb zu mir.«

Wassilissa lief beim Licht des Totenschädels, der erst am Morgen erlosch, heimwärts. Am Abend des nächsten Tages erreichte sie das Haus. Jetzt wollte sie den Schädel wegwerfen, da hörte sie eine dumpfe Stimme in dem hohlen Totenkopf sprechen: »Wirf mich nicht weg, bring mich der Stiefmutter!« Sie sah auf das Haus ihrer Stiefmutter und erblickte in keinem Fensterchen Licht, da entschloss sie, mit dem

Totenschädel einzutreten. Sie wurde freundlich empfangen und die Schwestern erzählten ihr, dass seit der Zeit, da sie fort war, im Haus bei ihnen kein Feuer gewesen sei. Selbst konnten sie keines schlagen, und das der Nachbarn verlosch wie man es in die Stube brachte.

»Vielleicht wird dein Feuer brennen!«, sagte die Stiefmutter.

Sie trugen den Totenkopf in die Stube und die brennenden Augen blickten die Stiefmutter und ihre Töchter derart an, dass es sie versengte! Sie konnten sich verstecken, wohin sie wollten, die Augen folgten ihnen überall hin; am Morgen waren sie ganz zu Kohlen verbrannt, nur Wassilissa war übrig geblieben.

Wassilissa vergrub den Totenkopf in der Erde, sperrte das Haus ab und ging in die Stadt. Sie bat dort eine arme alte Frau, bis zu der Heimkehr ihres Vaters ihr Unterkunft zu gewähren. Einmal sagte sie der Alten: »Mütterchen, müßig da zu sitzen langweilt mich! Gehe hin und kaufe mir vom allerbesten Flachs, ich will spinnen.«

Die Alte kaufte guten Flachs. Wassilissa machte sich an die Arbeit und flink ging sie ihr von der Hand, dabei ward der Faden glatt und fein wie Härlein. Als sie viel Gespinst beisammen hatte und es an der Zeit war, zu weben, fand sich kein Kamm, der für Wassilissas Gespinst genügt hätte. Niemand wollte das Weben unternehmen; da wandte sie sich an ihre Puppe, die sprach: »Bringe mir irgendeinen alten Kamm, ein altes Schiffchen und eine Pferdemähne, ich mache es dir.«

Wassilissa ging zu Bett und die Puppe machte in der Nacht einen herrlichen Webstuhl. Zu Ende des Winters war das Linnen gewebt, es war so fein, dass man es wie einen Faden durch ein Nadelöhr ziehen konnte. Im Frühjahr bleichten sie das Linnen und Wassilissa sagte zur Alten: »Verkaufe das Gewebe und behalte das Geld für dich.«

Die Alte besah die Ware und bewunderte sie: »Ach, Kindchen, außer dem Zaren kann niemand solches Linnen tragen. Ich bringe es an den Hof.«

Die Alte ging zum Zarenpalast und ging vor dem Fenster immerfort auf und ab.

Der Zar sah sie und fragte: »Alte, was willst du?«

»Großmächtiger Zar, ich brachte eine wundervolle Ware, die will ich niemand zeigen außer dir.«

Der Zar befahl, dass man die Alte vorlasse; kaum hatte er das Linnen gesehen, bewunderte er es sehr. »Was willst du dafür?«, fragte er.

»Es hat keinen Preis, Väterchen Zar, ich mache es dir zum Geschenk.«

Der Zar bedankte sich und entließ sie reich belohnt. Nun wollte der Zar Hemden aus der Leinwand nähen lassen, aber er konnte keine Näherin finden, welche die Arbeit übernehmen wollte. Lange suchte der Zar, endlich ließ er die Alte kommen und sagte: »Wenn du dieses Linnen spinnen und weben konntest, so kannst du mir auch ein Hemd daraus nähen.«

»Nicht ich konnte das Linnen weben und spinnen«, sagte die Alte, »sondern ein Mädchen, das ich bei mir aufgenommen habe.«

»Ei, dann soll sie es mir nähen.«

Die Alte ging nach Hause und erzählte Wassilissa alles.

»Ich wusste, dass diese Arbeit mir zufallen musste«, sagte Wassilissa, sperrte sich in ihr Stübchen ein, machte sich an die Arbeit und legte die Hände nicht eher in den Schoß als bis sie ein Dutzend Hemden fertiggemacht hatte.

Die Alte brachte dem Zaren die Hemden und Wassilissa wusch und kämmte sich, kleidete sich an und setzte sich ans Fenster. So saß sie und wartete.

Da kam ein Diener des Zaren, trat in die Stube und sagte: »Der Zar will die Künstlerin sehen, die ihm die Hemden nähte und sie mit eigener Hand belohnen.«

Wassilissa die Wunderschöne ging zum Zaren. Als er sie erblickte, verliebte er sich über alle Maßen in sie. »Nein, du Schönheit! Ich trenne mich nicht mehr von dir; du wirst meine Frau.« Der Zar nahm Wassilissa bei ihren weißen Händen, setzte sie neben sich und ließ zur Hochzeit aufspielen.

Wassilissas Vater kehrte bald darauf zurück, freute sich über ihr Glück und blieb bei der Tochter wohnen. Wassilissa nahm auch die Alte zu sich, und die Puppe blieb stets in ihrer Tasche.

Russland

Schwesterchen Alenuschka
und Brüderchen Iwanuschka

Es waren einmal ein Zar und eine Zarin, die hatten einen Sohn und eine Tochter. Der Sohn hieß Iwanuschka und die Tochter Alenuschka.

Da starben der Zar und die Zarin und die Kinder blieben allein zurück. Da wanderten sie in die weite Welt.

Sie gingen, gingen und gingen, da kamen sie an einen Teich, an dem weidete eine Herde Kühe.

»Ich will trinken«, sagte Iwanuschka.

»Trink nicht, Brüderchen, sonst wirst du ein Kalb«, sagte Alenuschka.

Er gehorchte und sie gingen weiter, da kamen sie an einen Fluss, da weidete eine Herde Pferde am Ufer.

»Ach, Schwesterlein, wenn du wüsstest, wie durstig ich bin!«

»Trink nicht, Brüderlein, sonst wirst du ein Füllen.«

Iwanuschka gehorchte und sie gingen immer weiter, da sahen sie einen See, an dem eine Herde Schafe entlangzog.

»Ach, Schwesterchen, ich bin entsetzlich durstig.«

»Trink nicht, Brüderchen, sonst wirst du ein Lämmchen.«

Iwanuschka gehorchte und sie gingen weiter, da sahen sie einen Bach, daneben weideten Schweine.

»Ach, Schwesterchen, ich trinke, ich bin so schrecklich durstig.«

»Trink nicht, Brüderchen, sonst wirst du ein Ferkel.«

Iwanuschka gehorchte wieder und sie gingen immer, immer weiter, da sahen sie an einem Wasser eine Herde Ziegen.

»Ach, Schwesterchen, ich trinke.«

»Trink nicht, sonst wirst du ein Böckchen.«

Er hielt es aber nicht mehr aus, gehorchte der Schwester nicht, trank und wurde ein Böcklein, das sprang vor Alenuschka einher und rief: »Mäh! Mäh!«

Alenuschka band ihm ihren seidenen Gürtel um den Hals, führte ihn daran und weinte dabei bitterlich.

Das Böcklein lief und sprang voran, einmal lief es in des Zaren Garten. Da wurde es gesehen und gleich meldete man es dem Zaren.

»Eure Majestät, im Garten läuft ein Böcklein umher, ein wunderschönes Mädchen führt es an einem Band.«

Der Zar befahl, dass man das Mädchen nach ihrer Herkunft frage.

Da fragte man sie nach ihrem Namen.

»Das war so«, sagte Alenuschka. »Es waren einmal ein Zar und eine Zarin, die starben, da blieben wir Kinder zurück. Ich, die Zarewna, und mein Brüderlein, der Zarewitsch. Er hielt sich nicht zurück, trank Zauberwasser und wurde ein Ziegenböcklein.«

Die Leute meldeten das dem Zaren. Der rief Alenuschka heran und fragte sie nach allem. Sie gefiel ihm so gut, dass er sie heiraten wollte.

Bald fand die Hochzeit statt und das Böckchen blieb bei ihnen, ging mit ihnen im Garten spazieren und aß und trank an ihrem Tisch.

Als einmal der Zar auf die Jagd zog, kam eine Zauberin und verhexte Alenuschka, da wurde sie krank, mager und blass und zugleich wurde alles im Zarenschloss auch traurig und matt. Die Blumen welkten, die Bäume verdorrten, das Gras verblich.

Als der Zar zurückkam, fragte er die Zarin:

»Bist du gar krank?«

»Ja«, sagte sie.

Am nächsten Tag ging der Zar wieder auf die Jagd. Alenuschka lag krank, da kam die Zauberin zu ihr und fragte:

»Willst du, dass ich dich heile? Wenn es dämmert, geh ans Meer und trinke dort von dem Wasser.«

Die Zarin ging bei beginnender Dämmerung ans Meer, da wartete schon die Zauberin, ergriff Alenuschka, band ihr einen Stein um den Hals und warf sie ins Meer.

Alenuschka sank bis auf den Grund und das Böcklein, das mitgelaufen war, weinte bitter, bitterlich.

Die Zauberin nahm der Zarin Gestalt an und kehrte in das Schloss zurück.

Der Zar kam heim und war froh, dass die Zarin wieder gesund war.

Sie setzten sich zum Essen zu Tisch, da fragte der Zar:

»Wo ist das Böcklein?«

»Wir brauchen es nicht«, sagte die Zauberin. »Ich gab Befehl, es nicht hereinzulassen, es riecht nach dem Stall.«

Kaum war der Zar am nächsten Tag auf die Jagd geritten, da quälte und schlug die Zauberin das Böcklein und drohte ihm:

»Wenn der Zar wiederkommt, dann bitte ich ihn, dass er dich schlachten lässt.«

Als der Zar zurückkam, quälte sie ihn und bat:

»Lass doch endlich das Böcklein abschlachten. Es ist mir so lästig, so widerwärtig geworden.«

Dem Zaren tat das Böcklein leid, aber sie quälte ihn und bat fortwährend, sodass er endlich einwilligte und erlaubte, dass man es schlachte.

Was war da zu machen! Das Böcklein sah, wie man das Messer für ihn wetzte und weinte; da lief es zum Zaren und bat:

»Zar, lass mich ans Meer gehen Wasser trinken, mein Därmchen ausspülen.«

Der Zar ließ es laufen.

Das Böcklein sprang ans Meer, stand am Ufer und rief kläglich:

»Alenuschka, Schwesterlein,
Schwimm, oh schwimm ans Ufer schnell,
Das Feuerlein brennt gar so hell,
Das Wasser siedet im Kesselchen,
Gewetzt ist schon das Messerchen,
Sie wollen mich abschlachten.«

Sie antwortete ihm:

»Iwanuschka, Brüderlein,
Zur Tiefe zieht mich der schwere Stein,
Der Drache zernagt mein Herzelein.«

Das Böcklein weinte und lief heim. Zu Mittag bat es wieder den Zaren:
»Zar, lass mich ans Meer gehen Wasser trinken, mein Därmchen ausspülen.«
Der Zar ließ es laufen, da sprang es ans Ufer und schrie kläglich:

»Alenuschka, Schwesterlein,
Schwimm, oh schwimm ans Ufer schnell,
Das Feuerlein brennt gar so hell,
Das Wasser siedet im Kesselchen,
Gewetzt ist schon das Messerchen,
Sie wollen mich abschlachten.«

Sie antwortete ihm:

»Iwanuschka, Brüderlein,
Zur Tiefe zieht mich der schwere Stein,
Der Drache zernagt mein Herzelein.«

Das Böcklein weinte und lief nach Hause. Der Zar dachte:
»Was bedeutet das? Warum läuft das Böckchen immer ans Meer?«
Als das Böcklein ein drittes Mal bat:

»Zar, lass mich ans Meer laufen Wasser trinken, mein Därmchen ausspülen«, ließ der Zar es laufen, folgte ihm aber nach und hörte, wie das Böcklein seine Schwester rief:

»Alenuschka, mein Schwesterlein,
Schwimm, oh schwimm ans Ufer schnell.
Das Feuerlein brennt gar so hell,
Das Wasser siedet im Kesselchen,
Gewetzt ist schon das Messerchen,
Sie wollen mich abschlachten.«

Sie antwortete ihm:

»Iwanuschka, Brüderlein,
Zur Tiefe zieht mich der schwere Stein,
Der Drache zernagt mein Herzelein.«

Das Böcklein rief noch einmal, da stieg Alenuschka an die Oberfläche des Wassers und kam an das Ufer.

Sogleich ergriff sie der Zar, riss den Stein von ihrem Hals und zog sie ans Land. Er fragte sie, wie all das sich zugetragen habe und sie erzählte es ihm.

Der Zar freute sich und das Böcklein auch. Es sprang umher und im Garten blühte und grünte alles aufs Neue.

Die Zauberin wurde getötet. Im Hof errichteten des Zaren Leute einen Scheiterhaufen und sie wurde darauf verbrannt.

Der Zar und die Zarin lebten mit ihrem Böcklein fröhlich und zufrieden wie früher und aßen und tranken an einem Tisch.

Russland

Der Frost

Es war einmal ein alter Mann und eine alte Frau, die hatten drei Töchter. Die Frau konnte die älteste nicht leiden, denn sie war ihre Stieftochter. Sie zankte mit ihr, weckte sie früh und lastete ihr alle Arbeit auf. Das Mädchen musste das Vieh tränken und füttern, Holz und Wasser tragen, den Ofen heizen und Kleider nähen. Sie musste die Hütte stets vor Tagesanbruch fegen und in Ordnung bringen. Die Alte war aber trotzdem immer unzufrieden und brummte: »Wie faul und unordentlich, der Besen steht nicht an seinem Platz, dies fehlt und jenes und die Hütte ist schmutzig.«

Das Mädchen weinte und schwieg dazu, sie versuchte alles, um die Stiefmutter zufriedenzustellen und ihren Töchtern behilflich zu sein. Die Töchter machten es aber wie die Mutter, sie kränkten Marfuschka, stritten mit ihr und wenn sie darüber weinte, so war es ihnen recht. Sie selbst standen spät auf, wuschen sich in dem vorbereiteten Wasser, trockneten sich mit reinen Handtüchern ab und machten sich erst an die Arbeit, wenn es zum Essen ging.

So wuchsen die Mädchen heran und wurden reif zur Ehe. – Rasch erzählt man, langsam erlebt man. – Dem Alten tat seine Tochter leid; er liebte sie, weil sie gehorsam war und arbeitsam: Niemals war sie eigensinnig, immer tat sie, was man ihr auftrug, ohne ein Wort der Widerrede. Der Alte konnte aber dem Jammer nicht abhelfen, er war schwächlich, die Alte zänkisch und die Töchter faul und störrisch.

Die Alten überlegten: Er, wie die Töchter zu verheiraten seien, und sie, wie man die älteste loswerden könnte. Eines Tages sagte die Alte zu ihm: »Alter! Verheiraten wir Marfuschka!«

»Gut!«, sagte er und stieg auf den Herd.

Die Alte folgte ihm nach und sprach: »Steh morgen früh auf, spanne das Pferd vor den Holzschlitten und fahre mit Marfuschka fort. Du, Marfuschka, sammle dein Hab und Gut in ein Körbchen, ziehe ein reines Hemd an, morgen fährst du auf Besuch.«

Die gute Marfuschka war froh über das Glück und schlief die ganze Nacht süß. Frühmorgens stand sie auf, wusch sich, betete, packte alles ordentlich ein und schmückte sich. Das Mädchen war so schön wie man noch kein Bräutchen gesehen.

Es war Winter und es herrschte ein grimmiger Frost. Vor Morgengrauen stand der Alte auf, spannte das Pferd vor den Schlitten und führte es vor das Haus. Er selbst ging hinein, setzte sich auf die Bank und sagte: »Nun habe ich alles vorbereitet.«

»Setzt euch an den Tisch und esst«, sagt die Alte.

Der Brotkorb stand auf dem Tisch und er nahm ein Brot heraus, das er mit seiner Tochter teilte. Die Stiefmutter brachte mittlerweile alte Suppe und sagte: »Nun, Liebchen, iss und fort mit dir, ich musste dich lange genug ansehen! Alter, führe Marfuschka zu ihrem Bräutigam, aber gib auf den Weg acht, alter Narr, fahre erst die gerade Straße hinunter und dann biege rechts in den Wald ein – weißt du, gerade bei der großen Fichte, die auf dem Hügel steht, dort übergib Marfuschka dem Frost.«

Der Alte riss die Augen auf, sperrte den Mund auf, hörte auf zu kauen und das Mädchen heulte.

»Was gibt es da zu jammern! Der Bräutigam ist ja schön und reich! Seht nur wie viel Gut er hat: Alle Tannen und Fichten glitzern und die Birken sind voll Flaum. Ein herrlicheres Leben gibt es kaum und er selber ist ein starker Held.«

Der Alte sammelte schweigend alle Habseligkeiten zusammen, befahl der Tochter, ihr Schafpelzchen anzuziehen und machte sich auf den Weg. Ob die Reise kurz war oder lang, ist mir wirklich nicht bekannt. – Rasch erzählt man, langsam erlebt man. – Endlich erreichten sie die Fichte, bogen vom Weg ab – da stürmte gerade der Schnee. In der Einöde machte der Alte halt, befahl der Tochter auszusteigen, setzte ihr Körbchen unter eine ungeheure Fichte und sagte: »Setze dich hierher, erwarte den Bräutigam und empfange ihn nur ja freundlich.«

Daraufhin wandte er sein Pferd um und fuhr nach Hause.

Das Mädchen saß da und zitterte. Kälte durchschauerte sie. Sie wollte weinen, doch ihr fehlte die Kraft, nur die Zähne schlugen zusammen. Plötzlich hörte sie von Ferne den Frost auf einer Tanne knarren, er sprang von Tanne zu Tanne und pfiff. Endlich war er hoch oben auf der Fichte, unter der das Mädchen saß und er fragte: »Mädchen ist dir warm?«

»Ach ja, Väterchen Frost!«

Der Frost ließ sich tiefer herab, knarrte und pfiff noch mehr als vorher: »Mädchen, sag, schönes Mädchen, ist dir warm?«

Dem Mädchen verging fast der Atem, aber sie sagte noch: »Warm ist mir, Väterchen Frost.«

Da knirschte der Frost noch mehr und pfiff: »Ist dir warm, Mädchen, ist dir warm, schönes Kind, ist dir warm mein Herzchen?«

Das Mädchen war fast erstarrt und sagte kaum hörbar: »Warm, Väterchen.«

Da hatte der Frost Erbarmen und hüllte das Mädchen in Pelze und wärmende Decken ein.

Am nächsten Morgen sagte die Alte zu ihrem Mann: »Geh, alter Narr, und wecke das junge Paar.«

Der Alte spannte sein Pferd vor den Schlitten und fuhr zu seiner Tochter. Er fand sie am Leben, eingehüllt in einen schönen Pelz und in ein seidenes Tuch, und schöne Geschenke lagen in ihrem Körbchen. Ohne ein Wort zu sagen legte der Alte alles in seinen Schlitten, stieg mit der Tochter ein und fuhr nach Hause. Dort fiel das Mädchen der Stiefmutter zu Füßen.

Die Alte wunderte sich sehr, als sie das Mädchen am Leben sah und den neuen Pelz und den Korb voll Wäsche. »Eh, mich betrügst du nicht!«, sagte sie.

Nach einigen Tagen sagte die Alte. »Führe meine Töchter zum Bräutigam, er wird sie noch ganz anders beschenken.«

Langsam erlebt man, schnell erzählt man! Am Morgen weckte die Alte ihre Töchter, schmückte sie, wie es sich zur Hochzeit schickt, und ließ sie ziehen.

Der Alte fuhr denselben Weg und ließ die Mädchen bei derselben Fichte zurück.

Die Mädchen saßen und lachten. »Was fällt Mütterchen ein, uns plötzlich beide zu verheiraten? Als wären bei uns im Dorf nicht Burschen genug! Wer weiß was hier für ein Teufel kommt!«

Die Mädchen hatten große Pelze an, aber trotzdem nagte die Kälte an ihnen.

»Paracha, mir läuft der Frost über die Haut, wenn die Erwählten nicht bald kommen, erfrieren wir.«

»Unsinn, Mascha, seit wann kommt ein Bräutigam so früh, jetzt ist erst Essenszeit« –

»Paracha, wenn nur einer kommt, wen wird er da nehmen.« –

»Dich nicht, du Gans.«

»Dich etwa?« –
»Gewiss.«
»Lass dich nicht auslachen!«
Der Frost nagte den Mädchen an den Händen. Sie versteckten ihre Hände im Pelz und begannen neuerdings: »Du verschlafener Fratz, du böse Pest, du Lästermaul. Spinnen kannst du nicht und ans Beten denkst du gar nicht.«
»Oh du Prahlerin, was kannst denn du? In den Spinnstuben herumlaufen und tratschen. Warten wir es ab, wen er nimmt.«
So stritten die Mädchen und froren ernstlich. »Ei bist du blau geworden!«, sagten sie einstimmig.
Weit weg knarrte der Frost, sprang von Tanne zu Tanne und pfiff. Den Mädchen schien, als käme jemand gefahren.
»Hui, Paracha, er kommt mit Glöckchen gefahren!«
»Geh weg, Närrin, mich schüttelt der Frost.«
»Aber heiraten willst du doch?«
Sie bliesen auf ihre Finger. Der Frost kam näher und näher, endlich ließ er sich auf der Fichte über den Mädchen nieder. »Ist euch warm, Mädchen, ist euch warm, schöne Täubchen?«
»Ach, Frost, uns ist so kalt, wir sind fast erfroren. Wir erwarten den Bräutigam und der Teufel kommt nicht!«
Der Frost ließ sich tiefer herab und knarrte und pfiff noch mehr: »Ist euch warm, Mädchen, ist euch warm, meine Schönen?«
»Geh zum Teufel! Bist du blind, Hände und Füße sind uns schon abgefroren.«
Da ließ sich der Frost noch näher herab, schlug fest zu und fragte: »Mädchen, ist euch warm?«
»Geh zu allen Teufeln ins Wasser und faule, Verfluchter!«
Da waren die Mädchen erstarrt.
Am Morgen sagte die Alte zu ihrem Mann: »Spanne ein, nimm Heu in den Schlitten und warme Decken, den Mädchen wird kalt sein. Ein starker Wind ist draußen! Mach flink, alter Narr!«
Der Alte ließ sich kaum Zeit zum Frühstück, und fuhr fort. Als er zu den Töchtern kam, waren sie tot. Er lud sie auf den Schlitten, schlug sie in die Decken ein, legte das Heu darüber und kehrte heim.

Die Alte sah ihn von weitem kommen und lief ihm entgegen: »Wo sind die Kinder?«

»Im Schlitten.«

Die Alte stieß das Heu beiseite, hob die Decken auf und fand die Kinder tot. Da ging sie wie ein Gewitter über den Alten nieder und schimpfte: »Was hast du, alter Hund, getan? Mit meinen Töchterchen, meinen eigenen, süßen Sprösslingen, meinen roten Beerchen? Ich erschlage dich mit dem Besenstiel, mit dem Feuerhacken erschlage ich dich!«

»Ruhig, alte Hexe, dich lockte der Reichtum, aber deine Töchter waren widerspenstig. Ich bin nicht schuld, du wolltest es selbst!«

Die Alte war zornig und zankte noch lange, versöhnte sich aber später mit der Stieftochter und so lebten sie gut und mit Bedacht, an das Böse wurde nicht mehr gedacht. Ein Nachbar kam und freite und hielt mit Marfuschka Hochzeit. Es ging ihr gut. Der Alte nahm die Enkel in seine Hut, schüchterte mit dem Frost sie ein und hieß sie willig und fleißig sein. Ich war bei der Hochzeit, trank Honigbier. Es kam mir nicht in den Mund, nur über den Schnurrbart floss es mir.

Russland

Zarewna Frosch

In einem Land, in einem Reich, lebten einmal ein Zar und eine Zarin, die hatten drei Söhne, alle jung, ledig und dabei so kühne Helden, dass es im Märchen nicht zu erzählen, mit der Feder nicht zu beschreiben ist.

Der Jüngste hieß Iwan Zarewitsch.

Da sprach einmal der Zar zu ihnen:

»Meine lieben Kinder, nehmt euch jeder einen Pfeil, spannt eure starken Bogen und schießt nach verschiedenen Richtungen. Wo die Pfeile niederfallen, dort findet ihr eure Bräute.«

Der älteste Sohn schoss und sein Pfeil fiel in eines Bojaren Hof gerade vor dem Turm der Mädchen nieder.

Der zweite Sohn schoss und sein Pfeil flog in eines Kaufmanns Haus und blieb gerade vor der Rampe stecken, da stand ein herziges Mädchen, des Kaufmanns Tochter.

Der jüngste Sohn schoss und sein Pfeil flog in einen trüben Sumpf und ein Quakfrosch erfasste ihn. Da sagte Iwan Zarewitsch:

»Wie kann ich eine Quakuschka zur Frau nehmen, die ist doch nicht meinesgleichen.«

»Nimm sie nur«, antwortete ihm der Zar, »das ist eben dein Los.«

So heirateten die Zarewitsche: Der älteste die Bojarentochter, der zweite die Kaufmannstochter und Zarewitsch Iwan den Quakfrosch.

Der Zar berief seine Söhne und sagte:

»Eure Frauen sollen mir jede zum Frühstück ein weiches, weißes Brot backen.«

Iwan Zarewitsch kehrte traurig in sein Zimmer zurück und ließ den mutigen Kopf tief hängen.

»Qua, Qua, Iwan Zarewitsch, warum bist du so betrübt? Hast du von deinem Vater ein böses Wort gehört?«, fragte ihn Quakuschka.

»Wie sollte ich nicht traurig sein! Mein Väterchen, der Zar befahl, du solltest ihm zum Frühstück ein weiches, weißes Brot backen.«

»Gräm dich nicht, Zarewitsch. Leg dich nur schlafen, der Morgen ist klüger als der Abend.«

Der Zarewitsch legte sich schlafen, da warf der Frosch seine Haut ab und stand als schönes Mädchen da.

Der Frosch war nämlich Wassilissa, die Wunderkluge. Sie trat auf die Rampe vor und schrie mit lauter Stimme:

»Ammen und Wärterinnen, kommt alle herbei! Backt mir ein weiches Brot, wie ich es immer zu Hause bei meinem Väterchen aß!«

Am nächsten Morgen erwachte Iwan Zarewitsch, da hielt Quakuschka das Brot schon lange bereit und es war so ausgezeichnet, wie man es weder beschreiben noch sich ausma-

len, sondern nur im Märchen vorfinden kann. Das Brot war verschiedentlich kunstvoll verziert. Man sah Städte, Türme und Mauern darauf abgebildet.

Der Zar dankte Iwan Zarewitsch für das Brot und gab seinen Söhnen einen neuen Befehl.

»Eure Frauen sollen mir in einer Nacht jede einen Teppich weben.«

Iwan Zarewitsch kam tief betrübt heim und ließ seinen mutigen Kopf tief hängen.

»Qua, Qua, Zarewitsch, weshalb bist du so traurig? Hat dein Vater dir ein hartes Wort gesagt?«

»Wie sollte ich nicht traurig sein? Der Zar, mein Vater, befahl, in einer Nacht einen seidenen Teppich für ihn zu weben.«

»Gräm dich nicht, Iwan Zarewitsch, sondern leg dich zur Ruhe. Der Morgen ist klüger als der Abend.«

Da ging er schlafen, sie aber warf ihre Froschhaut ab und stand sofort als wunderschöne, wunderkluge Wassilissa da.

Sie ging auf die Rampe vor das Haus und rief mit lauter Stimme:

»Ammen und Wärterinnen! Kommt schnell herbei, webt mir einen Teppich, der soll so schön sein, wie derjenige, auf dem ich zu Hause bei meinem Väterchen saß.«

Wie gesagt, so getan. Am Morgen erwachte Iwan Zarewitsch und Quakuschka hatte schon lange den Teppich bereit. Der war so prachtvoll, wie man es sich weder vorstellen, noch erfinden, sondern nur im Märchen davon erzählen kann. Der Teppich war kunstvoll gemustert, mit Gold und Silber verziert.

Der Zar dankte Iwan Zarewitsch für seinen Teppich und gab neuerdings einen Befehl. Die drei Zarewitsche sollten mit ihren Frauen zu ihm auf Besuch kommen.

Wieder kehrte Iwan Zarewitsch traurig heim und ließ seinen mutigen Kopf tief hängen.

»Qua, Qua, Iwan Zarewitsch, warum bist du so traurig? Hast du von deinem Vater ein hartes Wort gehört?«

»Wie sollte ich nicht traurig sein? Der Zar, mein Vater, befahl, dass ich mit dir zu Besuch komme; wie kann ich dich den Leuten zeigen!«

»Gräm dich nicht, Zarewitsch, und geh allein voraus zum Zaren, ich komme dir nach. Wenn du Donnergepolter hörst, dann sage: ›Da kommt mein Frosch, meine Quakuschka!‹«

Die älteren Brüder erschienen mit ihren Frauen, die waren prächtig angezogen, standen da und lachten Iwan Zarewitsch aus.

»Bruder, was heißt das, bist du ohne Frau gekommen, oder hast du sie im Tüchlein mitgenommen? Wo hast du nur die Schöne gefunden? Du hast wohl den ganzen Sumpf abgesucht.«

Plötzlich erhob sich ein ungeheures Getöse und Donnern. Das ganze Schloss erzitterte. Die Gäste erschraken sehr, sprangen von ihren Sitzen auf und wussten nicht, was sie tun sollten.

Da sagte Iwan Zarewitsch:

»Fürchtet euch nicht, es kommt nur mein Fröschlein gefahren.«

Vor der Schlossrampe hielt ein vergoldeter Wagen, der war mit sechs Pferden bespannt und Wassilissa die Wunderkluge stieg aus.

Sie war so wunderschön, dass man es weder ausmalen noch erfinden, sondern nur im Märchen davon erzählen kann.

Sie nahm Iwan Zarewitsch bei der Hand und führte ihn zu den Tischen, die mit Speisen besetzt, mit Tüchern gedeckt waren. Die Gäste aßen und tranken und waren fröhlich. Wassilissa die Kluge trank und goss die letzten Tropfen aus ihrem Glas in ihren linken Ärmel, dann aß sie von einem Schwan und steckte die Knöchelchen in ihren rechten Ärmel.

Die Frauen der älteren Brüder sahen ihre Künste und machten ihr alles nach.

Wassilissa die Wunderkluge tanzte nach dem Essen mit Iwan Zarewitsch. Sie winkte dabei mit der linken Hand, da entstand ein See, sie winkte mit der rechten, da schwammen auf dem Wasser weiße Schwäne.

Da staunten der Zar und seine Gäste.

Die älteren Schwiegertöchter tanzten auch und winkten mit der linken Hand, da bespritzten sie alle Gäste, sie winkten mit der rechten Hand, da flogen die Knochen dem Zaren gerade ins Gesicht. Der Zar wurde böse und jagte beide in Ungnade davon.

Unterdessen benützte Iwan Zarewitsch den Augenblick, lief nach Hause, fand die Froschhaut und verbrannte sie am großen Feuer.

Wassilissa kehrte heim und fand ihre Froschhaut nicht. Sie klagte und trauerte und sagte zum Zarewitsch:

»Ach Iwan Zarewitsch, was hast du getan? Hättest du noch ein wenig gewartet, wäre ich auf ewig dein geworden. Jetzt aber leb wohl! Such mich hinter dreimal neun Landen, im dreimal zehnten Reich, beim unsterblichen Koschtschei*.«

Sie verwandelte sich in einen Schwan und flog zum Fenster hinaus.

Iwan Zarewitsch weinte bitterlich, betete zu Gott, verneigte sich nach allen vier Seiten und zog aus, immer gerade fort.

Er ging über nah und fern, über kurz und lang, da traf er einen alten Mann.

»Wackerer Bursche, sei gegrüßt«, sagte dieser, »was machst du? Wohin geht der Weg?«

Der Zarewitsch erzählte ihm sein Unglück.

»Ja, Iwan Zarewitsch, weshalb verbranntest du die Froschhaut? Du hattest sie ihr nicht angezogen, du hättest sie ihr nicht wegnehmen dürfen. Wassilissa die Wunderkluge war klüger und weiser als ihr Vater, darüber war er so zornig, dass er sie für drei Jahre in einen Frosch verwandelt hat. Hier hast du einen Knäuel, wohin er rollt, geh ruhig nach.«

Iwan Zarewitsch dankte dem Alten und folgte dem Knäuel. Er ging im freien Feld dahin, da traf er einen Bären.

»Ei«, sagte er, »den will ich töten.«

Da sprach der Bär:

»Erschlag mich nicht, zur rechten Zeit will ich dir nützen.«

Iwan ging weiter, plötzlich sah er einen Enterich fliegen, da zielte er nach ihm, denn er wollte den Vogel schießen.

Da sprach der plötzlich mit menschlicher Stimme:

»Töte mich nicht, Zarewitsch. Ich werde dir noch nützlich sein.«

Iwan ging weiter und ließ ihn leben.

Da lief ein Hase vorbei, den wollte der Zarewitsch wieder schießen, aber der Hase sprach mit menschlicher Stimme:

»Verschone mich, ich will dir später noch nützen.«

---

* Zauberer

Iwan verschonte ihn und ging weiter, bis an das blaue Meer, da sah er im Sand einen Hecht liegen, der war nahe daran, zu verschmachten.

»Ach, Iwan Zarewitsch«, sprach der Hecht, »hab Mitleid mit mir und wirf mich ins Meer.«

Iwan Zarewitsch warf ihn ins Wasser und ging am Ufer weiter. Über kurz oder lang rollte der Knäuel in ein Hüttchen, das stand auf Hühnerfüßen und drehte sich.

Da sprach der Zarewitsch:

»Hüttchen, Hüttchen, steh wie ehedem, wie Mütterchen dich aufgebaut, zu mir mit deinem Angesicht und kehr dem Meer den Rücken.«

Das Hüttchen blieb stehen vor seinem Angesicht und kehrte dem Meer den Rücken zu.

Der Zarewitsch trat ein und sah: Da lag hoch oben auf dem Ofen Baba Jaga mit dem Knochenbein, ihre Nase er-

reichte die Zimmerdecke, der Schmutz lag bis an die Tür. Sie fletschte mit den Zähnen und schrie:

»Heda, wackerer Bursche, was führt dich zu mir?«

»Ach, du altes Weib, könntest mir wohl vorerst Speise und Trank reichen, mir ein Bad bereiten und dann erst fragen!«

Baba Jaga gab ihm Speise und Trank, heizte ihm ein Bad und der Zarewitsch erzählte ihr, dass er seine Frau, Wassilissa die Wunderkluge, suche.

»Ich weiß, die ist jetzt bei dem unsterblichen Koschtschei«, sagte Baba Jaga, »und schwer wiederzuerlangen.

Mit Koschtschei wird man nicht so leicht fertig. Sein Tod sitzt in einer Nadel, die Nadel ist in einem Ei, das Ei ist im Hasen, aber der Hase im Koffer, der Koffer steht auf einer hohen Eiche und den Baum hütet Koschtschei wie seinen Augapfel.«

Jaga zeigte dem Zarewitsch, wo der Eichbaum wuchs, und er ging hin. Er wusste aber nicht, wie er den Koffer erlangen sollte. Plötzlich rannte der Bär einher und riss den Baum mit der Wurzel aus. Der Koffer fiel herab und zerbrach, da sprang ein Hase heraus und lief in größter Eile davon, aber ein anderer Hase jagte ihm nach, ereilte ihn, packte und zerriss ihn zu kleinen Stücken.

Aus dem Hasen flog eine Ente empor, hoch, hoch in die Luft, aber ein Enterich stieß ihr nach und kaum hatte er sie erreicht, ließ sie ein Ei fallen – das fiel ins Meer.

Als Iwan Zarewitsch dies große Unglück sah, zerfloss er in Tränen.

Plötzlich schwamm ein Hecht ans Ufer und hielt zwischen seinen Zähnen das Ei. Iwan Zarewitsch nahm es und schlug es auf, da fand er die Nadel.

Koschtschei aber lief ängstlich in seinem Haus hin und her, und als Iwan Zarewitsch der Nadel die Spitze abbrach, fiel Koschtschei um und war tot.

Jetzt ging der Zarewitsch hin und holte Wassilissa die Wunderkluge heim in sein Schloss. Dort lebten sie noch lange und glücklich miteinander.

Russland

Die weiße Ente

Ein Fürst hatte einmal eine wunderschöne Fürstin geheiratet. Kaum war er aber verheiratet, so musste er fortziehen, in die weite Ferne. – Was war da zu machen; es ist allbekannt, dass man nicht sein ganzes Leben lang dasitzen und einander umarmen kann.

Die Fürstin weinte sehr und er gebot ihr eindringlich, nie ihren hohen Turm zu verlassen, keine Unterhaltungen aufzusuchen, weder mit bösen Menschen herumzuziehen, noch schlechte Reden anzuhören. Die Fürstin versprach, alles so zu tun, wie er es gebot.

Der Fürst ritt fort. Sie sperrte sich in ihr Zimmer ein und ging nicht heraus. Über kurz oder lang kam aber eine Frau zu ihr, die schien so ehrlich und treuherzig, und die sprach:

»Nicht wahr, du langweilst dich? Wenn du im Garten spazieren gingest, um Gottes Welt zu betrachten, verginge deine Sehnsucht, würde klarer dein Kopf.«

Lange weigerte sich die Fürstin und wollte nicht, endlich aber dachte sie:

»In den Garten zu gehen ist kein Unrecht«, da ging sie. Im Garten floss kristallhelles Quellwasser, da sagte die fremde Frau:

»Nicht wahr, der Tag ist heiß, die Sonne brennt, das Wasser ist kühl und plätschert. Wollen wir hier baden?«

»Nein, nein, ich will nicht.«

Aber dann dachte die Fürstin: »Baden ist keine Sünde«, legte ihre Kleider ab und sprang ins Wasser. Kaum war sie untergetaucht, so schlug die Frau sie auf den Rücken und sprach:

»Schwimm du hin als weiße Ente!«

Da schwamm die Fürstin hin als weißes Entchen. Die Hexe zog sofort die Kleider der Fürstin an, schmückte und schminkte sich und erwartete so den Fürsten. So wie die Glocken klangen und das Hündchen bellte, lief sie ihm entgegen, fiel ihm um den Hals, küsste und liebkoste ihn. Er freute sich, streckte ihr seine Arme entgegen und durchschaute sie nicht.

Die weiße Ente legte Eier und bekam Kinder, zwei große und ein kleines. Die Kinder wuchsen heran, gingen am Bächlein spazieren, fingen goldene Fischlein, sammelten Stofflappen und nähten sich Röckchen. Sie sprangen am Ufer hin und her, über die Pfützen kreuz und quer.

»Geht nicht fort, Kinder«, sagte die Mutter. Aber die Kinder gehorchten ihr nicht, spielten im Gras, sprangen über Stock und Stein und kamen immer weiter, bis an des Fürsten Hof.

Die Hexe erkannte sogleich der Fürstin Kinder und knirschte mit den Zähnen. Sie rief die Kleinen herbei, gab ihnen zu essen und zu trinken und legte sie schlafen. Dann befahl sie, ein Feuer anzustecken, einen Kessel darüber zu hängen und die Messer zu wetzen.

Die Brüder hatten sich schlafen gelegt, aber der Kleine, den der Älteste vorne in seiner Bluse trug, damit er sich nicht erkälte, der schlief nicht, sondern hörte und sah alles ringsum.

Nachts kam die Hexe an die Tür und fragte:

»Schlaft ihr, Kinderlein, oder nicht?«

Der Kleinste antwortete:

»Wir schlafen nicht, wir schlafen nicht, wir denken daran, dass man uns abschlachten will. Das Feuer brennt, das Wasser siedet im Kesselein, gewetzt sind schon die Messerlein!«

»Sie schlafen nicht!«, dachte die Hexe, ging fort und kam nach einer Weile wieder. »Schlaft ihr, Kinderlein?«, fragte sie.

Der Kleinste antwortete wieder:

»Wir schlafen nicht, wir schlafen nicht, wir denken dran, dass man uns schlachten will. Das Feuer brennt, im Kessel kocht das Wässerlein, gewetzt sind die Messerlein.«

»Das ist ja immer nur dieselbe Stimme«, dachte die Hexe, machte leise die Tür auf und sah, dass beide Brüder fest

schliefen, da berührte sie alle mit der Totenhand* und da waren sie tot.

Am nächsten Morgen rief die Ente ihre Kinder, aber die kamen nicht. Die Ente ahnte Böses, ihr Herz bebte, und sie flog an des Fürsten Hof. Im Schlosshof, da lagen, weiß wie Tüchlein, kalt wie Eis, die drei Brüderlein still nebeneinander. Die Mutter senkte sich auf sie nieder, deckte sie mit ihren Flügelein und sang mit klagender Stimme:

»Kra, kra, meine Kinderlein,
Kra, kra, meine Lieblinge!
Ich zog euch auf in großer Not.
Mit Tränen sorgte ich für euch.
Ich schlief viel dunkle Nächte nicht,
Aß selbst die guten Bissen nicht.«

»Hast du schon jemals so etwas gehört? Die Ente spricht«, sagte der Fürst.

»Das kommt dir nur so vor. Lass sie fortjagen.«

Man vertrieb die Ente, aber sie kehrte wieder zu den Kindern zurück und klagte:

»Kra, kra, meine Kinderlein,
Kra, kra, meine Lieblinge,
Euch hat die alte Hexe verdorben,
Die alte Hexe, der grausame Drache,
Der grausame Drache, der zauberische,
Sie hat euch den leiblichen Vater genommen,
Den leiblichen Vater, meinen Gemahl,
Sie hat mich ins rasche Bächlein gestoßen,
Da wurd ich ein weißes Entelein,
Und selber lebt sie in Herrlichkeit.«

»Aha«, dachte der Fürst und rief: »Fangt mir diese weiße Ente!«

Alle machten sich an die Verfolgung, aber niemand konnte die weiße Ente fangen; als aber der Fürst ihr nach-

---

* Es besteht der Aberglaube, dass Diebe sich mit einer Totenhand versehen. Wen sie damit berühren, der fällt in einen derart tiefen Schlaf, dass man ihn nicht mehr erwecken kann.

lief, fiel sie ihm in die Hände. Er nahm sie am Flügel und sprach:

»Steh, weiße Birke, hinter mir, und schönes Mädchen, steh vor mir!«

Da streckte sich eine weiße Birke hinter ihm in die Höhe und ein schönes Mädchen stand vor ihm. In ihr erkannte der Fürst seine junge Frau.

Man fing sofort eine Elster, band ihr zwei Bläschen unter die Flügel und befahl ihr, in dem einen Bläschen Lebenswasser und in dem andern Sprechwasser herbeizuschaffen. Die Elster flog fort und brachte das Wasser. Man besprengte die Kinder mit belebendem Wasser, da sprangen sie auf, mit sprechendem Wasser, da sprachen sie. Jetzt hatte der Fürst eine ganze Familie. Sie lebten beisammen und es ging ihnen gut, das Böse wurde vergessen. Die Hexe band man an einen Pferdeschweif, so wurde sie über das Feld geschleift, hier brach ein Arm und dort ein Bein, dort war ein Graben und hier ein Stein. Der Kopf ward zerschmettert an Strauch und Baum. Die Vögel kamen und fraßen ihr Fleisch, der Wind erhob sich, verwehte die Knochen, es blieb von ihr keine Spur und kein Gedanke zurück.

Russland

Das Federchen vom hellen Falken Finist

Es lebten einmal ein alter Mann und eine alte Frau, die hatten drei Töchter. Die Jüngste war so schön, dass man es weder im Märchen erzählen, noch mit der Feder beschreiben kann. Einmal wollte der Alte in die Stadt auf den Jahrmarkt fahren und sprach:

»Meine lieben Töchter, sagt mir, was braucht ihr? Ich kaufe euch alles auf dem Jahrmarkt.«

Die Älteste bat: »Väterchen, kauf mir ein neues Kleid.«

Die Zweite bat: »Väterchen, bitte, kauf mir ein Umhängtuch.«

Die Jüngste sagte: »Kauf mir ein rotes Blümelein.«
Der Alte lachte über seine jüngste Tochter und sprach:
»Du dummes Kind, was machst du mit dem roten Blümchen? Was kann es dir nützen? Ich kaufe dir lieber schöne Kleider!«
Was er auch sagte, er konnte es ihr nicht ausreden, sie wollte nur ganz allein das rote Blümelein. Der Alte fuhr auf den Jahrmarkt, kaufte der einen das Kleid, der zweiten das Tuch, aber das rote Blümelein konnte er in der ganzen Stadt nicht finden. Gerade als er heimkehren wollte, begegnete ihm ein fremdes altes Männchen, das trug ein rotes Blümchen in der Hand.
»Alterchen, verkauf mir die Blume!«
»Die Blume ist nicht käuflich, es ist eine Zauberblume und du musst geloben, dass deine jüngste Tochter meinen Sohn, den hellen Falken Finist, heiratet; dann bekommst du sie umsonst.«
Der Alte überlegte: »Nehme ich das Blümlein nicht, so wird meine Tochter traurig sein. Nehme ich es, so muss sie gar Gott weiß wen heiraten!«
Er sann und sann und nahm endlich das Blümchen doch.
»Was für ein Unglück ist dabei«, dachte er, »wenn der Freier später kommt und schlecht ist, kann man noch immer nein sagen.«
Zu Hause gab der Vater der ältesten Tochter das Kleid, der zweiten das Tuch und der jüngsten das Blümchen und sprach:
»Nicht lieb ist mir das Blümelein, gar nicht lieb«, dann flüsterte er ihr ins Ohr: »Es ist ein Zauberblümchen, es war nicht käuflich zu bekommen, ich erhielt es von einem fremden alten Männchen, unter der Bedingung, dich seinem Sohn, dem hellen Falken Finist, zur Frau zu geben.«
»Sei nicht traurig, Väterchen«, antwortete die Tochter, »er ist so gut und freundlich, als heller Falke fliegt er durch die Luft und kaum berührt er die feuchte Erde, so wird ein kühner Jüngling aus ihm.«
»Ja kennst du ihn am Ende schon?«
»Ich kenne ihn schon, Väterchen; am vergangenen Sonntag war er in der Messe, sah mich immer an. Ich sprach auch mit ihm. Er liebt mich, Väterchen.«

Der Alte schüttelte seinen Kopf, sah seine Tochter durchdringend an, machte das Kreuz über sie und sprach:

»Geh in dein Kämmerchen, mein liebes Töchterchen. Es ist Schlafenszeit. Der Morgen ist klüger als der Abend, da werden wir überlegen.«

Das Mädchen sperrte sich in ihrem Kämmerchen ein, setzte das Blümelein ins Wasser, öffnete das Fenster und blickte in die blaue Ferne. Sie sah nicht von woher, aber plötzlich erschien der helle Falke Finist mit dem bunten Gefieder, er flatterte durch das Fensterlein, schlug auf den Fußboden auf und wurde ein Jüngling.

Das Mädchen erschrak; als er aber mit ihr zu sprechen begann, da wurde ihr unsagbar wohl und fröhlich ums Herz. Bis zum Morgen sprachen sie zusammen, ich weiß nicht was, ich weiß nur, dass Finist der helle Falke mit dem bunten Gefieder sie küsste, als es hell wurde und sprach:

»Jede Nacht, wenn du das rote Blümelein stellst in dein Fensterlein, flieg ich zu dir herein, du Liebste mein! Hier hast du ein Federchen aus meinem Flügel. Brauchst du was immer für Putz, so geh vors Haus hinaus und schwenk das Federchen nach rechts, dann erscheint gleich alles, was dein Herz begehrt.«

Er küsste sie noch einmal, verwandelte sich in einen hellen Falken und flog fort in den dunklen Wald. Das Mädchen sah ihrem Erwählten nach, schloss das Fenster und legte sich schlafen.

Seit jener Nacht stellte sie jeden Abend das rote Blümelein ins offene Fenster und der wackere Jüngling, Finist der helle Falke, kam geflogen.

So wurde es Sonntag. Die älteren Schwestern schmückten sich zum Kirchgang und sagten zu der Jüngsten:

»Welches Kleid wirst du anziehen? Du hast ja nichts Neues.«

»Das macht nichts, ich bete zu Hause«, gab die Jüngste zur Antwort.

Die Schwestern gingen zur Kirche, während die Jüngste in ihrem schmutzigen Kleid am Fenster saß und zusah, wie das rechtgläubige Volk in Gottes Kirche zog. Sie wartete eine Weile, trat dann vors Haus und winkte mit der bunten Feder nach rechts.

Da erschien plötzlich ein kristallner Wagen vor ihr, mit Pferden und Dienerschaft und Kleidern und allerhand Schmuck aus teuren Edelsteinen.

In einer Minute war das schöne Mädchen angezogen, saß im Wagen und fuhr in die Kirche. Das Volk sah nach der Schönen und staunte.

»Sicher kommt da eine Zarewna gefahren!«, sprachen die Leute untereinander.

Vor dem Schlussgesang verließ das schöne Mädchen die Kirche und fuhr wieder heim.

Als das rechtgläubige Volk herauskam und nach ihr ausschaute, da war sie lange fort, da war es zu spät und ihre Spur verweht.

Kaum heimgekehrt, winkte sie mit der Feder nach links und sofort kamen die Diener wieder, kleideten sie aus und verschwanden mit Wagen und Pferden.

Sie setzte sich ans Fenster wie vordem, als wäre nichts geschehen als hätte sie stets nur zugesehen, wie andere Leute zur Kirche gehen.

Die Schwestern kamen heim und erzählten:

»Schwesterchen, eine Schönheit war in der Kirche, einfach eine Pracht. Man könnte sie im Märchen nicht beschreiben, mit der Feder nicht schildern. Sie muss eine Zarewna aus fremdem Land gewesen sein, so üppig und prächtig war sie gekleidet.«

Am nächsten und am dritten Sonntag täuschte das schöne Mädchen das rechtgläubige Volk, ihre Schwestern und ihre Eltern wieder. Das letzte Mal vergaß sie aber eine diamantene Nadel aus ihrem Zopf zu nehmen und als die älteren Schwestern aus der Kirche kamen und der Jüngsten von der schönen Zarewna erzählen wollten, da blitzte ihnen aus den Haaren der Schwester wie Feuer die Brillantnadel entgegen.

»Ach Schwesterchen, was hast du da?«, schrien die Mädchen, »gerade so eine Nadel hatte heute die Zarewna in ihrem Zopf. Woher hast du sie?«

»Ach!«, rief das schöne Mädchen und lief in ihr Kämmerchen. Des Fragens, des Ratens, des Flüsterns war kein Ende, aber die Jüngste schwieg und lachte insgeheim. Die älteren Schwestern lauerten ihr aber auf, horchten nachts an ihrer Kammertür, bis sie einmal ein Gespräch mit Finist dem hellen Falken belauschten und am Morgen mit ihren eigenen Augen sahen, wie er aus ihrem Fenster in den dunklen Wald entflog.

Schlecht waren die älteren Schwestern.

Sie beschlossen, des Abends Messer ins Fenster zu stecken, damit Finist der helle Falke seine bunten Flügelein daran verletze.

Wie gedacht, so getan. Die Jüngste ahnte nichts, stellte ihr rotes Blümelein ins Fenster, legte sich in ihr Bett und schlief fest ein.

Finist der Falke flog zum Fenster herein und zerschnitt sich das linke Füßchen. Das schöne Mädchen wusste es nicht, sie schlief so süß und ruhig. Zornig flog der Falke zum Himmel auf, fort in den dunklen Wald.

Am Morgen erwachte das schöne Kind, sah nach allen Seiten, es war schon hell und der wackere Jüngling nicht da. Wie sie an das Fenster trat, sah sie da kreuzweise gesteckt scharfe Messer und rotes Blut tropfte von ihnen auf das Blümelein herab.

Viele bittere Tränen weinte da das Mädchen, und sie verbrachte viele schlaflose Nächte am Fenster ihres Kämmerleins, oftmals schwenkte sie die Feder – aber umsonst. Finist der helle Falke kam nicht geflogen und schickte seine Diener auch nicht. Mit Tränen in den Augen ging sie endlich zu ihrem Vater und bat ihn um seinen Segen.

»Geh, wohin du willst!«, sagte er.

Sie ließ drei Paar eiserne Stiefel machen, drei eiserne Wanderstäbe, drei eiserne Kappen und drei eiserne geweihte Brote. Ein Paar Schuhe zog sie an, eine Kappe stülpte sie auf, einen Stab nahm sie zur Hand und so zog sie nach jener Seite fort, nach welcher der Falke stets entflogen war. Sie wanderte durch den dichten Wald, über Wurzeln und Bäche, über Stock und Stein, bis die eisernen Schuhe durchgetreten waren, die Mütze vertragen, das Brot verzehrt und der Stock zerbrochen, aber das schöne Mädchen wanderte noch immer weiter und weiter und der Wald wurde immer schwärzer und dichter. Plötzlich sah sie vor sich ein eisernes Hüttchen stehen, auf Hühnerfüßen und sich drehen.

Das Mädchen sprach:

»Hüttchen, Hüttchen, sieh mir ins Angesicht und kehr dem Wald den Rücken zu.«

Das Hüttchen wandte sich zu ihr, da trat sie ein und fand Baba Jaga darin, von einem Eck ins andere gestreckt, die Lippen auf dem Ofen, die Nase an der Decke.

»Pfui, pfui, früher habe ich von Russen niemals etwas gesehen, noch je von ihnen gehört, und jetzt streift einer durch die weite Welt, erscheint vor meinen Augen, drängt sich mir vor die Nase. Wohin geht der Weg, schönes Mädchen? Gehst du zum Vergnügen oder aus Pflicht?«

»Mütterchen, Finist der helle Falke mit dem bunten Gefieder war bei mir. Meine Schwestern haben ihm Böses angetan. Jetzt suche ich Finist den hellen Falken.«

»Weit musst du da noch gehen, Kind, noch durch dreimal neun Lande. Finist der helle Falke mit dem bunten Gefieder wohnt im fünfzigsten Reich, in der achtzigsten Herrschaft und freit eben um eine Zarewna.«

Baba Jaga gab dem Mädchen zu essen und zu trinken, was sie gerade hatte, und brachte es zur Ruhe. Am nächsten Morgen, als der Tag kaum graute, weckte die Alte das schöne Kind, gab ihm ein kostbares Geschenk, – einen goldenen Hammer und zehn brillantene Nägelein und sagte:

»Kommst du ans blaue Meer, so wird die Braut von Finist dem hellen Falken gerade am Ufer spazierengehen. Nimm dein Hämmerlein und schlage auf die Nägelein, sobald sie dich sieht. Sie wird beides dir abkaufen wollen. Du aber, schönes Mädchen, nimm nichts dafür an, verlange nur, Finist den Falken sehen zu dürfen. Jetzt geh mit Gott zu meiner zweiten Schwester.«

Das schöne Mädchen ging wieder weiter durch den dunklen Wald, immer weiter und weiter und der Wald wurde immer schwärzer und dichter. Die Wipfel reichten bis zum Himmel. Das zweite Paar Schuhe war durchgetreten, die zweite Mütze vertragen, das zweite Brot aufgezehrt, die zweite Krücke zerbrochen, – da sah das Mädchen ein Hüttchen stehen, auf Hühnerfüßen und sich drehen.

»Hüttchen, Hüttchen, sieh mir ins Angesicht und kehre dem Wald den Rücken. Ich will hinein, um Brot bitten.«

Das Hüttchen machte halt, den Rücken zum Wald. Das Mädchen trat ein, da lag Baba Jaga von einem Eck bis zum andern, die Lippen über dem Ofen, die Nase an der Decke.

»Pfui, pfui, pfui! Ich habe bis jetzt noch nie von einem Russen etwas gesehen, etwas gehört, und jetzt streift gar ein Russe durch die weite Welt. Schönes Mädchen, wohin geht der Weg?«

»Mütterchen, ich suche Finist den Falken.«

»Der will eben heiraten, heute ist sein Polterabend«, sagte Baba Jaga. Sie gab dem Mädchen zu essen und zu trinken und legte es schlafen. Am nächsten Morgen, da es gerade hell wurde, weckte sie das Mädchen und gab ihm ein goldenes Schüsselchen und brillantne Kügelchen.

»Kommst du ans blaue Meer«, schärfte die Alte dem Mädchen ein, »dann lass die Kügelchen auf dem Schüsselchen rollen. Die Braut von Finist dem Falken wird zu dir treten, um Schüsselchen und Kügelchen dir abzukaufen. Nimm du nichts an dafür, bitte nur, Finist den hellen Falken mit dem bunten Gefieder sehen zu dürfen. Jetzt geh mit Gott zu meiner ältesten Schwester.«

Wieder ging das schöne Mädchen durch den finstern Wald, immer weiter und weiter, und der Wald wurde dunkler und dichter. Das dritte Paar Schuhe war vertreten, die dritte Mütze vertragen, das dritte Brot verzehrt, der dritte Stock zerbrochen, da sah sie ein eisernes Hüttchen stehen, auf Hühnerfüßen und sich drehen.

»Hüttchen, Hüttchen, sieh mir ins Angesicht und kehr dem Wald den Rücken. Ich will hineinsteigen, um Brot bitten.«

Die Hütte drehte sich um und blieb stehen. Baba Jaga lag wieder von einem Eck zum anderen, die Lippen über dem Ofen, die Nase an der Decke.

»Pfui, pfui, pfui, früher habe ich von Russen niemals etwas gesehen und nie etwas gehört, und jetzt geht einer in der weiten Welt einher. Schönes Mädchen, wohin führt der Weg?«

»Mütterchen, ich suche Finist den hellen Falken.«

»Ach, schönes Mädchen, schon hat er die Zarewna geheiratet! Da hast du mein schnelles Pferd, steig auf und reite zu ihm mit Gott.«

Das Mädchen stieg auf und ritt fort und der Wald wurde lichter, immer lichter.

Da lag plötzlich das blaue Meer vor ihr, breit und lang, und in der Ferne glühten wie Feuer die goldenen Spitzen weißsteinerner Türme.

»Das ist wohl Finist des hellen Falken Reich!«, dachte das Mädchen, setzte sich auf einen Sandhaufen und klopfte mit ihrem Hämmerchen auf die brillantnen Nägelchen. Auf einmal sah sie die Zarewna am Ufer mit ihren Ammen und Wärterinnen und treuen Dienerinnen spazieren gehen.

Bald begann die Zarewna den Hammer und die Nägel zu begehren.

»Zarewna, lass mich nur einmal Finist den hellen Falken sehen, dann will ich beides umsonst dir geben!«

»Finist der helle Falke schläft jetzt gerade und hat befohlen, niemand zu ihm zu lassen; aber gib mir nur den schönen Hammer und die Nägelein, dann will ich ihn dir zeigen.«

Sie nahm Hammer und Nägelein, lief ins Schloss, versteckte eine Zaubernadel im Kleid von Finist dem hellen Falken, damit er fest schlafe und lange nicht erwache, dann ließ sie von ihren Dienerinnen das schöne Mädchen in das Schloss führen zu ihrem Mann, dem hellen Falken.

Sie selber ging spazieren.

Lange bemühte sich das Mädchen, lange weinte es über ihrem Liebsten und konnte ihn nicht erwecken.

Als die Zarewna genug spazieren gegangen war, kehrte sie ins Schloss zurück, jagte das schöne Mädchen fort und zog die Nadel aus dem Kleid Finists. Der helle Falke erwachte.

»Ach, wie lange habe ich geschlafen!«, sagte er. »Es war jemand hier, weinte und klagte über mir, aber ich konnte die Augen nicht aufmachen, so schwer waren sie mir!«

»Das war ein Traum«, antwortete die Zarewna. »Niemand war hier.«

Am nächsten Tag saß das Mädchen wieder am Ufer des blauen Meeres und spielte mit den brillantenen Kügelchen im goldenen Schüsselchen. Da kam die Zarewna auf ihrem Spaziergang vorbei, sah sie und bat:

»Verkauf mir das!«

»Lass mich Finist den hellen Falken sehen, dann will ich es umsonst dir geben!«

Die Zarewna willigte ein und steckte wieder eine Nadel in das Gewand von Finist dem hellen Falken. Wieder weinte das schöne Mädchen bitterlich über ihrem Liebsten und konnte ihn nicht erwecken.

Am dritten Tag saß sie am Ufer des blauen Meeres so traurig und wehmütig und fütterte ihr Pferd mit glühenden Kohlen.

Die Zarewna sah, wie das Pferd Feuer fraß und fing an mit ihr zu unterhandeln.

»Lass mich nur Finist den hellen Falken sehen, dann will ich es umsonst dir geben!«

Die Zarewna war einverstanden, lief ins Schloss und sprach:

»Finist, heller Falke, lass dir den Kopf absuchen.«

Sie machte sich an die Arbeit und steckte ihm eine Nadel zwischen die Haare; da fiel er gleich in schweren Schlaf. Jetzt sandte sie ihre Dienerinnen nach dem schönen Mädchen. Das kam ihren Liebsten aufzuwecken, umarmte ihn und küsste ihn und weinte, weinte bitterlich, doch er wachte nicht auf. Sie strich mit ihrer Hand durch seine Haare, da fiel zufällig die Zaubernadel heraus.

Finist der helle Falke erwachte, sah das schöne Mädchen und freute sich sehr.

Sie erzählte ihm, wie alles gewesen war, von den bösen neidischen Schwestern und von ihrer Wanderschaft und dem Tauschhandel mit der Zarewna.

Da liebte er sie noch mehr als vorher, küsste sie auf den süßen Mund und ließ ohne Säumen Bojaren und Fürsten und alle Leute von Rang zusammenkommen. Er fragte sie: »Was meint ihr? Mit welcher Frau soll ich weiterleben? Mit ihr, die mich verkaufte, oder mit ihr, die mich erkaufte?«

Alle Bojaren, Fürsten und Leute von Rang entschieden einstimmig, dass er die nehmen sollte, die ihn erkaufte, aber die welche ihn verkauft hatte, sollte er vor dem Tor aufhängen und erschießen. So tat auch Finist der helle Falke mit dem bunten Gefieder.

Russland

Das Märchen von Iwan-Zarewitsch, dem Feuervogel und dem grauen Wolf

In einem Zarenreich war es, da lebte der Zar Ruhmpreis Andronowitsch. Er hatte drei Zarensöhne: Der erste war Dimitri-Zarewitsch, der zweite Wassili-Zarewitsch und der dritte Iwan-Zarewitsch. Dieser Zar hatte einen so üppigen Garten, dass es in keinem anderen Reich einen schöneren als diesen gegeben hätte. In diesem Garten wuchsen verschiedene Bäume, mit Früchten und ohne Früchte. Und der Zar hatte auch einen besonderen Lieblingsapfelbaum, und auf diesem Apfelbaum wuchsen ganz goldene Äpfelchen. Ein Feuervogel hatte sich angewöhnt, in den Garten des Zaren Ruhmpreis zu fliegen. Der Vogel hatte ein goldenes Gefieder und Augen wie orientalisches Kristall. Jede Nacht flog er in den Garten und setzte sich auf den Lieblingsapfelbaum des Zaren Ruhmpreis, pflückte ihm die goldenen Äpfelchen ab und flog wieder fort. Der Zar Ruhmpreis-Andronowitsch grämte sich sehr um diesen Apfelbaum, weswegen er seine drei Söhne zu sich rief und zu ihnen sagte: »Meine geliebten Kinder, wer von euch kann den Feuervogel in meinem Garten erwischen? Wer ihn lebendig fängt, dem werde ich zu meinen Lebzeiten die Hälfte des Reiches geben, aber bei meinem Tode auch das ganze.« Da jammerten seine Kinder, die Zarensöhne, einstimmig: »Gnädiges Väterchen, Eure Kaiserliche Majestät, wir werden mit großer Freude uns bemühen, den Feuervogel lebendig zu fangen.«

In der ersten Nacht ging der Zarensohn Dimitri in den Garten, um zu wachen, und nachdem er sich unter jenen Apfelbaum gesetzt hatte, von dem der Feuervogel die Äpfelchen abzureißen pflegte, schlief er ein und hörte nicht, wie der Feuervogel angeflogen kam und die Äpfel ganz gehörig abrupfte. Am Morgen berief der Zar Ruhmpreis-Andronowitsch seinen Sohn Dimitri-Zarewitsch zu sich und fragte ihn: »Nun, mein lieber Sohn, halt du den Feuervogel gesehen oder nicht?«

Er antwortete seinem Vater: »Nein, gnädiges Väterchen, Kaiserliche Majestät, er kam in dieser Nacht nicht geflogen.«

In der zweiten Nacht ging Walsili-Zarewitsch in den Garten, um den Feuervogel abzupassen. Er setzte sich unter den nämlichen Apfelbaum, und als er eine Stunde und eine zweite der Nacht so gesessen hatte, schlief er so fest ein, dass er nicht hörte, wie der Feuervogel herbeigeflogen kam und die Äpfelchen abrupfte. Am Morgen berief der Zar Ruhmpreis Andronowitsch ihn zu sich und fragte: »Nun, mein lieber Sohn, sahst du den Feuervogel oder nicht?«

»Gnädiges Väterchen, Majestät, in dieser Nacht kam er nicht geflogen.«

In der dritten Nacht ging Iwan-Zarewitsch in den Garten, um zu wachen, und letzte sich unter eben jenen Apfelbaum. Er sitzt eine Stunde, eine zweite und eine dritte, plötzlich erhellte sich der ganze Garten, so als ob er von vielen Feuern erleuchtet würde. Der Feuervogel kam geflogen, setzte sich auf den Apfelbaum und fing an, die Äpfelchen abzupflücken. Iwan-Zarewitsch schlich sich so geschickt an ihn heran, dass er ihn am Schwanze ergriff. Indessen kann er ihn nicht festhalten, und so blieb Iwan-Zarewitsch nur eine Feder aus dem Schwanze in der Hand. Kaum dass am Morgen der Zar Ruhmpreis aus dem Schlaf aufgewacht war, ging Iwan-Zarewitsch zu ihm und gab ihm das Federchen des Feuervogels. Sehr freute sich Zar Ruhmpreis, dass es seinem jüngsten Sohne geglückt war, wenn auch nur eine

Feder von dem Feuervogel zu erlangen. Diese Feder war so schön und leuchtend, das, wenn man sie erst in eine dunkle Stube trug, sie so erstrahlte wie die helle Sonne. Zar Ruhmpreis bestimmte die Feder für sein Arbeitszimmer, und zwar als so ein Stück, wie man es ewig hüten muss. Von der Zeit kam der Feuervogel nicht mehr in den Garten geflogen.

Zar Ruhmpreis berief wieder seine Kinder zu sich und sprach zu ihnen: »Meine lieben Kinder! Macht euch auf die Reise, ich gebe euch meinen Segen, und sucht den Feuervogel und bringt ihn mir lebendig. Und was ich zuvor versprach, das soll der empfangen, wer mir den Feuervogel bringt!«

Die Zarensöhne Dimitri und Wassili hegten Groll gegen ihren jüngsten Bruder Iwan-Zarewitsch, weil es ihm gelungen war, dem Feuervogel eine Feder aus dem Schwanze zu reißen. Sie ließen sich vom Vater segnen und gingen beide, den Feuervogel zu suchen. Aber Iwan-Zarewitsch bittet den Vater gleichfalls um seinen Segen. Wie sehr sich auch Zar Ruhmpreis bemühte, Iwan-Zarewitsch zurückzuhalten, so musste er ihn auf seine Bitte doch endlich ziehen lassen. Iwan-Zarewitsch ließ sich vom Vater den Segen geben, nahm sich ein Ross aus dem Stall und ritt seines Weges, ritt immer geradeaus, ohne zu wissen, wohin.

Auf Weg und Straße ziehend, bald nah, bald fern, bald tief, bald hoch – ein Märchen ist schnell erzählt, aber die Sache nicht so rasch getan –, kam er schließlich auf ein glattes Feld geritten, auf grüne Wiesen. Und auf dem glatten Feld steht ein steinerner Pfeiler, und auf dem Pfeiler waren diese Worte geschrieben: »Wer von diesem Pfeiler an geradeaus weiterzieht, der wird hungern und frieren; wer nach rechts reitet, der wird wohl und munter bleiben, aber sein Pferd wird sterben, und wer nach links reitet, der wird selber umkommen, aber sein Pferd wird wohl und munter bleiben!«

Iwan-Zarewitsch las diese Inschrift und ritt nach rechts, da er es für vernünftig hielt, dass man doch selber leben bleibt, wenn einem auch das Pferd umkommt. Er ritt einen Tag, einen zweiten und einen dritten. Plötzlich kam ihm ein riesengroßer grauer Wolf entgegen und sprach: »Ach, du bist es, mein Jüngelchen, Iwan-Zarewitsch! Hast du denn auf dem Pfeiler geschrieben gelesen, dass dein Pferd sterben wird? Warum reitest du denn also hierher?« Der Wolf sprach diese Worte, zerriss das Pferd des Iwan-Zarewitsch in zwei Teile und lief seitwärts davon. Bitterlich weinte Iwan-Zarewitsch über sein Pferd und ging zu Fuß weiter. Er wanderte einen ganzen Tag und wurde unaussprechlich müde. Doch als er sich hinsetzen und ausruhen wollte, trieb ihn unversehens der graue Wolf wieder auf und sprach zu ihm: »Es tut mir leid um dich, Iwan-Zarewitsch, dass du dich zu Fuß abplagen musst. Gut! Setze dich auf mich, den grauen Wolf, und sage, wohin ich dich bringen soll und warum.«

Iwan-Zarewitsch erzählte dem grauen Wolf, wo er hinreiten müsse, und der graue Wolf ließ ihn aufsteigen, besser als auf ein Pferd, und nach einer gewissen Zeit, gerade zur Nacht, brachte er Iwan-Zarewitsch zu einer steinernen Mauer, die nickt gerade hoch war, hielt an und sprach: »Nun, Iwan-Zarewitsch, klettere von mir herunter, von dem grauen Wolf, und steige über diese Steinmauer. Dort hinter der Mauer ist ein Garten, und in dem Garten sitzt der Feuervogel in einem goldenen Käfig. Nimm du den Feuervogel, aber rühre nicht an den goldenen Käfig; dann fängt man dich nicht sogleich.«

Iwan-Zarewitsch stieg über die Steinmauer in den Garten, erblickte den Feuervogel in dem goldenen Käfig, und es lockte ihn sehr zu ihm hin. Er nahm den Vogel aus dem Käfig heraus und ging zurück. Aber hernach überlegte er und sprach bei sich: »Warum nahm ich den Vogel ohne Käfig? Wo soll ich ihn denn nun hinsetzen?« Er kehrte um. Doch kaum hatte er den goldenen Käfig heruntergenommen, als plötzlich ein Rasseln und Getöse durch den ganzen Garten ging, weil an dem Käfig kleine Drähte angebracht waren. Die Wächter wachten sogleich auf, stürzten in den Garten hinaus, ergriffen Iwan-Zarewitsch mit dem Feuervogel und brachten ihn zu ihrem Zaren, den sie Dolmat nannten.

Der Zar Dolmat ergrimmte sehr über Iwan-Zarewitsch und schrie mit zorniger Donnerstimme auf ihn ein: »Schämst du dich denn nicht, zu stehlen, mein Bürschchen? Wer bist du denn eigentlich, aus welchem Land und welchen Vaters Sohn, und wie nennt man dich mit Namen?«

Iwan-Zarewitsch sprach zu ihm: »Ich bin der Sohn des Zaren Ruhmpreis-Andronowitsch und heiße Iwan-Zarewitsch. Dein Feuervogel hatte sich angewöhnt, jede Nacht zu uns in den Garten zu fliegen, und von dem Lieblingsapfelbaum meines Vaters pflückte er die goldenen Äpfelchen ab. Deshalb schickte mich mein Vater, den Feuervogel zu suchen und ihn zu ihm zu bringen.«

»Oh du Bürschchen, Iwan-Zarewitsch!«, sagte Zar Dolmat, »war denn das hübsch von dir, so zu handeln, wie du es getan halt? Wärst du zu mir gekommen, hätte ich dir den Feuervogel ehrenhalber gegeben. Und wird es dir denn nun angenehm sein, wenn ich in alle Reiche Kunde schicke über dich, wie ehrlos du in meinem Reiche gehandelt hast? Indessen höre, Iwan-Zarewitsch! Willst du mir einen Dienst erweisen? So fahre hin hinter dreimal neun Länder, in das dreimal zehnte Reich und hole mir von dem Zaren Afron das goldmähnige Ross, dann will ich dir deine Schuld verzeihen und werde dir den Feuervogel als große Ehrbezeugung geben.«

Iwan-Zarewitsch willigte ein und ging vom Zaren Dolmat zu dem grauen Wolf und erzählte ihm alles, was der Zar Dolmat geredet hatte.

»Ach, du bist da, mein Jüngelchen, Iwan-Zarewitsch!«, sprach der graue Wolf zu ihm, »weshalb hörtest du nicht auf mein Wort und nahmst den goldenen Käfig?«

»Ich muss mich bei dir entschuldigen«, sagte Iwan-Zarewitsch zu dem Wolf.

»Gut, sei dem so«, meinte der graue Wolf, »setze dich nun auf mich, auf den grauen Wolf, ich werde dich hintragen, wohin du musst.«

Iwan-Zarewitsch setzte sich dem grauen Wolf auf den Rücken, und der Wolf lief so schnell wie ein Pfeil, und lief, ob lang, ob kurz, und kam schließlich bei Nacht in das Reich des Zaren Afron. Als sie zu den weißsteinigen Marställen des Zaren kamen, sagte der graue Wolf zu Iwan-Zarewitsch: »Vorwärts, Iwan-Zarewitsch! Tritt in die weißsteinigen Ställe und nimm dir das goldmähnige Ross. Doch dort an der Wand hängt ein goldener Zaum, den nimm nicht, sonst wird es dir übel bekommen!«

Iwan-Zarewitsch nahm, als er in die weißsteinigen Marställe eingedrungen war, das Pferd und wollte schon zurückkehren. Doch da sah er an der Wand den goldenen Zaum, und es lockte ihn so zu ihm hin, dass er ihn vom Nagel nahm. Doch kaum hatte er ihn ergriffen, als plötzlich ein Donnergetöse durch alle Ställe dröhnte, weil an dem Zaum feine Drähte angebracht waren. Die Stallwächter wachten sofort auf, ergriffen Iwan-Zarewitsch und brachten ihn zum Zaren Afron. Der Zar begann ihn auszufragen: »Also du bist es, mein Bürschchen! Erzähle mir doch, aus welchem Reich du kommst, und welchen Vaters Sohn du bist, und wie man dich bei Namen nennt!«

Darauf sprach Iwan-Zarewitsch: »Ich bin der Sohn des Zaren Ruhmpreis-Andronowitsch und heiße Iwan Zarewitsch.«

»Ach, du Jüngelchen, Iwan-Zarewitsch!«, sprach Zar Afron zu ihm: »Ist denn das die Handlungsweise eines ehrenhaften Helden? Wärst du zu mir gekommen, so hätte ich dir das goldmähnige Ross ehrenhalber gegeben. Aber wird es dir nun gefallen, wenn ich durch alle Reiche Botschaft sende, wie unehrenhaft du in meinem Reiche gehandelt hast? Indessen höre, Iwan-Zarewitsch! Willst du mir einen Dienst erweisen und hinfahren hinter dreimal neun Länder in das dreimal zehnte Reich und mir die Königstochter Elena Wunderschön holen, in die ich lange mit Herz und Seele verliebt bin, und holen kann ich sie mir nicht, so will ich dir diese Schuld verzeihen und werde dir das goldmähnige Ross und den goldenen Zaum in Ehren geben. Aber wenn du mir diesen Dienst nicht erweist, so werde ich durch alle Reiche über dich zu wissen kundtun, dass du ein ehrloser Dieb bist.«

Iwan-Zarewitsch ging aus dem Zarenschloss und weinte brennende Tränen. Er ging zu dem grauen Wolf und erzählte ihm alles, was ihm zugestoßen war.

»Ach, du bist da, mein Jüngelchen, Iwan-Zarewitsch!«, sprach der graue Wolf zu ihm. »Weshalb hörtest du nicht auf mein Wort und nahmst den goldenen Zaum?«

»Ich muss mich bei dir entschuldigen«, sagte Iwan-Zarewitsch zu dem Wolf.

»Gut, sei es denn«, fuhr der graue Wolf fort, »setze dich nur auf mich, den grauen Wolf, ich werde dich hintragen, wohin du musst.«

Iwan-Zarewitsch setzte sich dem grauen Wolf auf den Rücken, und der Wolf lief so schnell wie ein Pfeil dahin, und schließlich kam er in das Reich der Königstochter Elena Wunderschön, an das goldene Gitter, das einen herrlichen Garten umgab. Und der Wolf sprach zu Iwan-Zarewitsch: »Nun, Iwan-Zarewitsch, steige jetzt von mir ab, vom grauen Wolf, und geh auf diesem Wege da zurück und erwarte mich auf dem glatten Feld unter der grünen Eichel.«

Iwan-Zarewitsch ging, wohin er geheißen war. Der graue Wolf aber setzte sich in die Nähe des goldenen Gitters und wartete, bis die Königstochter Elena Wunderschön lustwandelnd in den Garten käme. Gegen Abend, als die Sonne anfing, sich weit nach Westen zu lenken, ging die Königstochter Elena Wunderschön mit ihren Kinderfrauen und Ammen und den nächsten Edeldamen lustwandelnd in den Garten. Als sie an die Stelle kam, wo der graue Wolf an dem Gitter saß, sprang er plötzlich darüber in den Garten hinein, packte die Königstochter Elena Wunderschön, sprang zurück und lief mit ihr aus Leibeskräften davon. Er eilte auf das glatte Feld unter der grünen Eiche, wo ihn Iwan-Zarewitsch erwartete, und sprach zu ihm: »Iwan-Zarewitsch! Setze dich schleunigst auf mich, den grauen Wolf!« Iwan-Zarewitsch lass auf, und der graue Wolf brachte sie beide in das Reich des Zaren

Afron. Die Kinderfrauen, die Ammen und alle Edeldamen liefen sofort ins Schloss und schickten Leute zur Verfolgung; jedoch, wie sehr auch die Eilboten umherjagten, sie konnten den Wolf nicht aufspüren und kehrten um.

Als Iwan-Zarewitsch nun so zusammen mit der wunderschönen Königstochter Elena auf dem grauen Wolf saß, verliebte er sich von Herzen in sie und sie in ihn. Und als der graue Wolf in das Reich des Zaren Afron kam, da wurde der Zarensohn sehr traurig und begann, eine Träne zu weinen. Der graue Wolf fragte ihn: »Warum weinst du, Iwan-Zarewitsch?«

Darauf versetzte Iwan-Zarewitsch: »Mein lieber grauer Wolf! Wie sollte ich guter Bursche nicht weinen und betrübt sein! Ich verliebte mich von Herzen in die wunderschöne Königstochter Elena; und jetzt soll ich sie dem Zaren Afron für das goldmähnige Ross geben. Doch wenn ich sie nicht gebe, wird der Zar Afron mich in allen Reichen ehrlos machen.«

»Ich leistete dir schon viele Dienste, Iwan-Zarewitsch«, sagte der graue Wolf, »ich will dir auch diesen erweisen, höre, Iwan-Zarewitsch! Ich werde mich in die wunderschöne Königstochter Elena verwandeln, du aber bringe mich zum Zaren Afron und lass dir das goldmähnige Ross geben. Er wird mich für die echte Königstochter halten. Und wenn du auf das goldmähnige Ross aufgesessen und weit fortgeritten bist, werde ich mir beim Zaren Afron es ausbitten, auf das glatte Feld spazieren zu gehen. Und wenn er mich mit den Kinderfrauen und Ammen und den Hofdamen laufen lässt, werde ich mit ihnen auf dem glatten Felde sein ... Dann erinnere du dich meiner, und – ich werde wieder bei dir sein!« Der graue Wolf sprach diese Rede zu Ende, stürzte sich auf die feuchte Erde und wurde die wunderschöne Königstochter Elena. Iwan-Zarewitsch nahm den grauen Wolf und ging mit ihm zum Hof des Zaren Afron; aber der wunderschönen Königstochter Elena empfahl er, hinter der Stadt auf ihn zu warten.

Als Iwan-Zarewitsch beim Zaren Afron mit der angeblichen Elena Wunderschön erschien, freute sich der erhabene Zar in seinem Herzen, dass er solch einen Schatz bekommen hatte, nach dem er schon lange verlangte. Er übergab Iwan-Zarewitsch das goldmähnige Ross. Iwan Zarewitsch setzte sich auf das Pferd und ritt hinter die Stadt hinaus, hob Elena Wunderschön zu sich aufs Ross und trabte geradeswegs in das Reich des Zaren Dolmat. Der graue Wolf aber lebt beim Zaren Afron einen Tag, einen zweiten und einen dritten, an Stelle der wunderschönen Königstochter Elena. Doch am vierten Tage ging er zum Zaren Afron mit der Bitte, auf das glatte Feld spazieren gehen zu dürfen, um die grausame Schwermut und den Gram zu vertreiben. Darauf bemerkte der Zar Afron: »Ach, meine wunderschöne Königstochter Elena! Für dich tue ich alles.« Und sogleich befahl er den Kinderfrauen und Ammen und Edeldamen bei Hofe, die wunderschöne Königstochter auf einem Spaziergang auf das glatte Feld zu begleiten.

Iwan-Zarewitsch ritt mit Elena Wunderschön über Weg und Steg, unterhielt sich mit ihr und hatte fast den grauen Wolf vergessen. Doch da besann er sich: »Ach, wo mag jetzt wohl mein grauer Wolf sein?« Auf einmal, wo er auch hergekommen sein mochte, stand er vor Iwan-Zarewitsch und sagte zu ihm: »Iwan, setze dich auf mich, den grauen Wolf, und lass die wunderschöne Königstochter auf dem goldmähnigen Ross reiten!«

Iwan-Zarewitsch setzte sich auf den grauen Wolf, und so ritten sie in das Reich das Zaren Dolmat. Sie ritten, ob lange, ob kurze Zeit, und als sie in das Reich gekommen waren, hielten sie drei Werst von der Stadt entfernt an. Iwan-Zarewitsch begann den grauen Wolf zu bitten: »Höre du, mein lieber Freund, grauer Wolf! Du hast mir schon große Dienste erwiesen, tu mir noch einen letzten. Kannst du dich nicht an Stelle dieses in ein goldmähniges Ross verwandeln, weil ich mich von diesem goldmähnigen Ross nicht trennen will.« Unversehens stürzte sich der graue Wolf auf die feuchte Erde und – wurde ein goldmähniges Ross. Iwan-Zarewitsch ließ die wunderschöne Königstochter Elena auf einer grünen Wiese zurück, setzte sich auf den grauen Wolf und ritt zum Schloss des Zaren Dolmat. Und als er dort einritt, erblickte Zar Dolmat den Iwan-Zarewitsch, wie er auf einem goldmähnigen Ross reitet. Sogleich kam er aus seinem Schloss heraus, ging dem Zarensohn auf dem breiten Hof entgegen, küsste ihn, nahm ihn bei der rechten Hand und führte ihn in das weiße Schloss. Zar Dolmat befahl, für so viel Freude einen Festschmaus zu bereiten, und sie setzten sich an die Eichentische, hinter die gemusterten Tischtücher. Sie tranken, aßen, unterhielten und ergötzten sich genau zwei Tage lang, doch am dritten übergab Zar Dolmat dem Iwan-Zarewitsch den Feuervogel mit dem goldenen Bauer. Der Zarenlohn nahm den Feuervogel, ging hinter die Stadt, setzte sich zusammen mit der wunderschönen Königstochter Elena auf das goldmähnige Ross und ritt in sein väterliches Reich.

Dem Zaren Dolmat fiel es am andern Tage ein, mit seinem goldmähnigen Ross auf das glatte Feld hinauszureiten. Doch kaum hatte er sich über das Pferd erbost, als es ihn abwarf und, sich wie vorher in den grauen Wolf verwandelnd, davonlief und Iwan-Zarewitsch einholte. »Iwan-Zarewitsch!«, sprach er, »setze dich auf mich, den grauen Wolf, und die Königstochter Elena Wunderschön lass auf dem goldmähnigen Ross reiten!« Iwan-Zarewitsch setzte sich auf den grauen Wolf, und so ritten sie ihres Weges.

Als der graue Wolf Iwan-Zarewitsch bis zu jener Stelle getragen hatte, da er ihm sein Pferd zerrissen hatte, hielt er an und sagte: »Nun, Iwan-Zarewitsch, habe ich dir hinlänglich gedient, im Glauben und in der Wahrheit. Dort an dieser Stelle riss ich dein Pferd entzwei, bis zu dieser Stelle führe ich dich auch wieder. Steige von mir ab, dem grauen Wolf. Jetzt hast du das goldmähnige Ross, doch ich bin nicht länger dein Diener.« Der graue Wolf sprach diese Worte zu Ende und lief seitwärts. Iwan-Zarewitsch aber weinte heiße Tränen über den grauen Wolf und ritt seines Weges mit der wunderschönen Königstochter.

Über kurz oder lang ritt er mit der wunderschönen Königstochter Elena auf dem goldmähnigen Ross, und als er gegen zwölf Werst in sein Reich hineingeritten war, hielt er an, stieg vom Pferde und legte sich, um auszuruhen, zusammen mit der wunderschönen Königstochter unter einen Baum. Das goldmähnige Ross stellte er an den Baum, und den goldenen Käfig mit dem Feuervogel setzte er hinter sich. Als sie so in dem weichen Grase lagen und verliebte Gespräche führten, schliefen sie fest ein.

Zu derselben Zeit waren die Brüder des Iwan-Zarewitsch, die Zarenlöhne Dimitri und Wassili, zu verschiedenen Reichen gefahren, und da sie den Feuervogel nicht gefunden hatten, kehrten sie in das Reich ihres Vaters mit lee-

ren Händen zurück. Zufällig stießen sie auf ihren schlafenden Bruder Iwan-Zarewitsch und die wunderschöne Königstochter Elena. Als sie in dem Grase das goldmähnige Ross und den Feuervogel in dem goldenen Käfig erblickten, lockte es sie sehr, und sie entschlossen sich, ihren Bruder Iwan-Zarewitsch totzuschlagen. Dimitri zog sein Schwert aus der Scheide und erschlug Iwan-Zarewitsch. Darauf weckte er die wunderschöne Königstochter Elena und begann sie zu fragen: »Schöne, schöne Jungfrau! Aus welchem Reich stammst du, und welchen Vaters Tochter bist du, und wie nennt man dich mit Namen?«

Als die wunderschöne Königstochter Iwan-Zarewitsch tot sah, erschrak sie heftig, und mit brennenden Tränen sprach sie: »Ich bin die Königstochter Elena Wunderschön, und mich holte Iwan-Zarewitsch heim, dem ihr Bösewichter den Tod gabt. Ihr wäret wackere Helden gewesen, wenn ihr mit ihm auf das glatte Feld hinausgegangen wäret und ihn lebend besiegt hättet; doch ihr erschlugt ihn im Schlafe. Und welches Lob wollt ihr dafür empfangen? Ein schlafender Mensch ist wie ein Toter!«

Da setzte Dimitri-Zarewitsch der wunderschönen Königstochter Elena sein Schwert auf das Herz und sprach zu ihr: »Höre, Elena Wunderschön! Du bist jetzt in unsern Händen. Wir werden dich zu unserm Väterchen führen, zu dem Zaren Ruhmpreis-Andronowitsch, und du sage ihm, dass wir dich geholt hätten, wie den Feuervogel und das goldmähnige Ross. Wenn du das nicht sagst, werde ich dich sofort töten.«

In ihrer Todesangst wich ihm die wunderschöne Königstochter aus und schwor bei allem, was ihr heilig war, dass sie so sagen würde, wie man sie hieße. Da begannen Dimitri-Zarewitsch und Walsili Zarewitsch das Los zu werfen, wem die wunderschöne Königstochter Elena und wem das goldmähnige Ross gehören sollte. Und das Los fiel, dass die wunderschöne Königstochter dem Walsili-Zarewitsch zuteilwerden sollte und das goldmähnige Ross dem Dimitri-Zarewitsch.

Iwan-Zarewitsch lag tot an jener Stelle genau dreizehn Tage lang, und zu der Zeit kam der graue Wolf zu ihm und erkannte im Augenblick Iwan-Zarewitsch. Er wollte ihm helfen, wieder lebendig zu werden, doch wusste er nicht, wie er das anstellen sollte. Zu derselben Zeit erblickte der graue Wolf einen Raben und zwei kleine Raben, wie sie auf die Leiche zuflogen, sich auf die Erde herablassen und von dem Fleisch des Iwan-Zarewitsch essen wollten. Der graue Wolf verbarg sich hinter einem Strauch, und sobald sich die kleinen Raben auf die Erde herabgelassen und von der Leiche des Iwan-Zarewitsch zu fressen angefangen hatten, sprang er aus dem Gebüsch heraus, packte den einen kleinen Raben und wollte ihn gleich in Stücke reißen. Da ließ sich der Rabe auf die Erde nieder, setzte sich in einiger Entfernung von dem grauen Wolf hin und sagte zu ihm: »Ach, du bist es, grauer Wolf! Rühre doch mein junges Söhnchen nicht an; es könnte dir doch irgendeinen Gefallen tun.« »Höre, Rabe Rabensohn!«, sprach der graue Wolf, »ich will dein Söhnchen nicht anrühren, wenn du mir einen Dienst leistest. Fliege hinter dreimal neun Länder, in das dreimal zehnte Reich und bringe mir Todes- und Lebenswasser.« Darauf sagte Rabe Rabensohn zu dem grauen Wolf: »Ich will dir diesen Dienst erweisen, wenn du aber meinen Sohn auch gewiss nicht anrührst.« Der Rabe sprach diese Worte aus und flog davon. Am dritten Tage kam er herbeigeflogen und brachte mit sich zwei Bläschen: In einem war Lebenswasser, im anderen Todeswasser. Und er gab diese Bläschen dem grauen Wolf. Der graue Wolf nahm die Bläschen, zerriss den kleinen Raben in zwei Teile, bespritzte ihn mit dem Todeswasser, da wuchs der kleine Rabe wieder zusammen. Er besprengte ihn mit dem Lebenswasser, der kleine Rabe schauderte zusammen und flog fort. Darauf besprengte der graue Wolf Iwan-Zarewitsch mit Todeswasser, und sein Leib fügte sich zusammen. Er bespritzte ihn mit Lebenswasser, und Iwan-Zarewitsch stand auf und sprach: »Ach, wie lange habe ich doch geschlafen!«

Da sprach zu ihm der graue Wolf: »Ja, Iwan-Zarewitsch, du hättest ewig geschlafen, wenn ich nicht dagewesen wäre. Deine Brüder hatten dich doch erschlagen, und die wunderschöne Königstochter Elena und das goldmähnige Ross und den Feuervogel haben sie entführt. Jetzt beeile dich, so schnell du kannst, in deines Vaters Reich zu gelangen. Dein Bruder Wassili vermählt sich heute mit deiner Braut, der wunderschönen Königstochter Elena. Ader damit du rascher dorthin eilen kannst, setze dich lieber auf mich, den grauen Wolf: Ich will dich selber hintragen.«

Iwan-Zarewitsch setzte sich auf den grauen Wolf. Der lief mit ihm in das Reich des Zaren Ruhmpreis-Andronowitsch, und bald kam er zu der Stadt.

Iwan-Zarewitsch stieg von dem grauen Wolf ab, ging in die Stadt, und als er an den Hof kam, fand er seinen Bruder Walsili-Zarewitsch, der die Königstochter unter die Hochzeitskrone geführt hatte und bei Tische saß. Als Elena Wunderschön Iwan-Zarewitsch erblickte, sprang sie sogleich vom Tische auf, küsste ihn auf die die Lippen und rief: »Das ist mein lieber Bräutigam Iwan-Zarewitsch, aber nicht jener Bösewicht da, der hinter dem Tische sitzt.« Da stand Zar Ruhmpreis-Andronowitsch von seinem Platze auf und begann die wunderschöne Königstochter Elena zu fragen, was denn solches zu bedeuten hätte. Elena Wunderschön erzählte ihm die ganze lautere Wahrheit, wie alles gewesen war. Zar Ruhmpreis wurde da sehr zornig auf die Zarensöhne Dimitri und Walsili und warf sie ins Gefängnis. Aber Iwan-Zarewitsch vermählte sich mit der wunderschönen Königstochter Elena, und sie lebten in solcher Liebe und Eintracht, dass das eine ohne sein Lieb auch nicht einen Augenblick verweilen konnte.

Russland

Marija Morewna

In einem gewissen Zarenreiche lebte einmal der Zarensohn Iwan. Er hatte drei Schwestern: die erste Marija-Zarewna, die zweite Olga-Zarewna, die dritte Anna-Zarewna. Ihre Eltern kamen zu sterben; aber bevor sie verschieden, trugen sie dem Sohn dieses auf: »Wer sich zuerst um deine Schwestern bewirbt, dem sollst du auch Ehre erweisen und ihn nicht lange hinhalten!« Der Zarensohn begrub die Eltern, und kummervoll ging er mit den Schwestern in den grünen Garten spazieren. Plötzlich zieht am Himmel eine schwarze Wolke herauf, und es erhebt sich ein fürchterliches Gewitter. »Lasst uns nach Hause gehn, Schwesterlein!«, sagt Iwan-Zarewitsch.

Als sie in das Schloss gekommen waren, teilte sich, wie gerade der Donner rollte, die Zimmerdecke, und herein zu ihnen in die Stube flog ein Falke. Der Falke stürzte sich auf den Fußboden, verwandelte sich in einen stattlichen Burschen und spricht: »Sei gegrüßt, Iwan-Zarewitsch! Früher bin ich zu dir zu Gaste gegangen, aber heute komme ich als Freiersmann. Ich will bei dir um die Hand deiner Schwester, der Zarentochter Marija, anhalten.«

»Wenn dich meine Schwester mag, so will ich sie nicht hindern ... Möge sie in Gottes Namen ziehen!«

Die Zarentochter Marija willigte ein; der Falke nahm sie zur Frau und führte sie in sein Reich.

Tage folgen auf Tage, Stunden verfliegen auf Stunden, ein ganzes Jahr ging hin, als ob nichts geschehen wäre. Da ging Iwan-Zarewitsch mit seinen beiden Schwestern in den grünen Garten spazieren. Wieder erhebt sich eine Wolke im Wirbelwind und unter Blitzen. »Lasst uns nach Hause gehn, Schwesterlein!«, sagt Iwan-Zarewitsch. Als sie in das Schloss gekommen waren, teilte sich das Dach, tat sich die Zimmerdecke auseinander, und herein flog ein Adler. Der Adler stürzte sich auf den Fußboden und verwandelte sich in einen stattlichen Burschen. »Sei gegrüßt, Iwan-Zarewitsch! Früher ging ich zu Gaste bei dir, heute aber kam ich als Freier.« Und er warb um Olga, die Zarentochter. Antwortet Iwan-Zarewitsch: »Wenn die Zarentochter Olga dich liebt, so mag sie mit dir gehen; ich werde sie an ihrem Willen nicht hindern.« Die Zarentochter Olga willigte ein und folgte dem Adler in die Ehe. Der Adler fasste sie und führte sie in sein Reich.

Es verging wieder ein Jahr. Iwan-Zarewitsch spricht zu seiner jüngsten Schwester: »Lasst uns in den grünen Garten spazieren gehn!« Sie lustwandelten ein wenig. Doch wieder erhebt sich eine Wolke unter Blitz und Wirbelwind.

»Lass uns heimkehren, Schwesterlein!« Sie gingen heim und konnten sich noch nicht hinsetzen, als der Donner rollte, die Zimmerdecke sich teilte und ein Rabe hereinflog. Der Rabe stürzte sich auf den Fußboden und verwandelte sich in einen stattlichen Burschen. Die vorigen waren an sich wohl schön, aber dieser war noch herrlicher. »Wohlan, Iwan-Zarewitsch! Früher kam ich zu Gaste zu dir, doch jetzt kam ich als Freier. Gib mir die Zarentochter Anna heraus!«

»Ich werde den Willen der Schwester nicht hindern. Wenn du ihr gefällst, mag sie dir folgen!« Die Zarentochter ging mit dem Raben, und er führte sie in sein Reich.

Allein blieb Iwan-Zarewitsch zurück. Ein ganzes Jahr lebte er ohne Schwestern, und es wurde ihm langweilig. »Ich werde die Schwesterchen aufsuchen gehn«, spricht er. Er machte sich also auf den Weg, ging und ging und sieht … Da liegt auf dem Felde ein ganzes Heer erschlagen. Fragt Iwan-Zarewitsch: »Wenn da noch ein lebender Mann ist, so rufe er! Wer erschlug dies große Heer?« Und ein lebender Mann rief ihm zu: »Dies ganz große Heer erschlug Marija Morewna, die herrliche Königstochter.«

Iwan-Zarewitsch macht sich weiter auf den Weg. Er zog auf die weißen Zelte los. Und heraus trat ihm entgegen Marija Morewna, die herrliche Königstochter. »Sei gegrüßt, Zarensohn! Wohin führt dich Gott, freiwillig oder unfreiwillig?«

Antwortet Iwan-Zarewitsch: »Wackere Burschen fahren nicht unfreiwillig daher.«

»Nun, wenn deine Sache keine Eile hat, so bleib als Gast bei mir in meinen Zelten.«

Iwan-Zarewitsch war gern dazu bereit, blieb zwei Nächte in den Zelten, verliebte sich in Marija Morewna und nahm sie zum Weibe. Marija Morewna, die herrliche Königstochter, nahm ihn mit sich in ihr Königreich. Sie lebten zusammen wer weiß wie lange Zeit. Doch da fiel es der Königstochter ein, sich zu einem Kriege zu rüsten. Sie übergab Iwan-Zarewitsch das ganze Hauswesen und trug ihm auf: »Überall magst du hingehen, über alles die Aufsicht führen, nur in die Rumpelkammer da wolle nicht hineinschauen.«

Er hielt es nicht aus. Als eben Marija Morewna abgefahren war, eilte er sogleich zu der Kammer, öffnete die Tür und schaute hinein. Und da erblickt er den unsterblichen Koschtschei angeschmiedet an zwölf Ketten. Der Koschtschei bittet Iwan-Zarewitsch: »Erbarme dich über mich und gib mir zu trinken! Zehn Sommer quäle ich mich hier ab, aß nicht und trank nicht, ganz versalzen fühle ich mich in der Kehle!« Der Zarensohn gab ihm einen ganzen Eimer Wasser. Der trank ihn aus und verlangte noch mehr: »Mit einem Eimer ist mein

Durst noch nicht gelöscht. Gib mir mehr!« Der Zarensohn gab ihm einen zweiten Eimer. Der Koschtschej trank ihn aus und verlangte einen dritten. Doch als er den dritten Eimer ausgetrunken hatte, bekam er seine frühere Kraft wieder, rüttelte an seinen Fesseln und – mit einem Male zerriss er sie alle zwölf. »Danke schön, Iwan-Zarewitsch!«, sprach der unsterbliche Koschtschej, »jetzt sollst du deine Marija Morewna nie mehr mit Augen sehen, so wenig wie deine eigenen Ohren!« Und in einem schrecklichen Wirbelwind flog er zum Fenster hinaus, holte Marija Morewna, die Königstochter, unterwegs ein, hob sie rasch auf und entführte sie mit sich.

Iwan-Zarewitsch weinte heiße, heiße Tränen, rüstete sich und zog auf die Wanderschaft. »Was auch kommen mag, ich mache Marija Morewna ausfindig!« Er geht einen Tag, er geht den zweiten; bei Anbruch des dritten sieht er ein wunderherrliches Schloss. Vor dem Schloss steht eine Eiche, auf der Eiche sitzt deutlich ein Falke. Der Falke flog von der Eiche herab, stürzte sich auf den Boden, verwandelte sich in einen stattlichen Burschen und rief: »Ach, mein lieber Schwager! Wie der Herrgott dich doch verhätschelt!« Heraus lief auch die Zarentochter Marija, ging Iwan-Zarewitsch freudig entgegen, fing an, über seine Gesundheit Erkundigungen einzuziehen und von ihrem eigenen Dasein zu erzählen.

Der Zarensohn blieb drei Tage bei ihnen zu Gaste und sprach: »Ich kann nicht lange bei euch zu Gaste sein, ich gehe mein Weib suchen, Marija Morewna, die herrliche Königstochter.«

»Es ist schwer für dich, sie aufzufinden«, versetzte der Falke. »Auf jeden Fall lass hier dein silbernes Löffelchen, wir werden nach ihm schauen und uns deiner erinnern.«

Iwan-Zarewitsch ließ sein silbernes Löffelchen bei dem Falken und zog seines Weges.

Er ging einen Tag, er ging einen zweiten Tag; bei Anbruch des dritten sieht er ein Schloss, noch schöner als das erste. Neben dem Schloss steht ein Eichbaum, auf dem Eichbaum sitzt ein Adler. Der Adler flog von dem Baum, stürzte sich auf die Erde, verwandelte sich in einen stattlichen Burschen und rief: »Steh auf, Olga-Zarewna! Unser liebes Brüderchen kommt!« Die Zarentochter Olga ging ihm sogleich entgegen, fing an, ihn zu umarmen und zu küssen, sich nach seiner Gesundheit zu erkundigen und von ihrem eigenen Dasein zu berichten.

Drei Täglein bleibt Iwan-Zarewitsch bei ihnen zu Gaste und spricht: »Länger darf ich nicht verweilen: ich gehe mein Weib suchen, Marija Morewna, die herrliche Königstochter.« Der Adler versetzt: »Es ist schwer für dich, sie zu finden. Lass uns deine silberne Gabel! Wir werden nach ihr schauen und uns deiner erinnern.« Er ließ die silberne Gabel da und zog seines Weges.

Er ging einen Tag, er ging einen zweiten; bei Anbruch des dritten sieht er ein Schloss, noch schöner als die beiden ersten. Neben dem Schloss steht eine Eiche, auf der Eiche sitzt ein Rabe.

Der Rabe flog von dem Eichbaum herab, stürzte sich auf die Erde, verwandelte sich in einen stattlichen Burschen und rief: »Anna-Zarewna, komm schnell heraus, unser Brüderchen ist da!« Heraus kam Anna-Zarewna geschritten, ging ihm freudig entgegen, begann ihn zu umarmen und zu küssen, sich nach seiner Gesundheit zu erkundigen und von ihrem eigenen Dasein zu berichten.

Iwan-Zarewitsch bleibt bei ihnen drei Täglein zu Gaste und spricht: »Lebt wohl! Ich will gehen, mein Weib zu suchen, Marija Morewna, die herrliche Königstochter.« Der Rabe erwidert: »Es ist schwierig für dich, sie aufzufinden. Doch lass uns deine silberne Tabaksdose hier; wir werden nach ihr schauen und uns deiner erinnern.« Der Zarensohn gab ihm seine silberne Tabaksdose, nahm Abschied und ging seines Weges.

Er ging einen Tag, er ging einen zweiten, und am dritten gelangte er zu Marija Morewna. Sie erblickte ihren Geliebten, warf sich an seinen Hals, überströmte ihn mit Tränen und sprach: »Ach, Iwan-Zarewitsch, warum hast du nicht auf mich gehört: Du schautest in die Kammer und ließest den unsterblichen Koschtschej heraus!«

»Verzeih, Marija Morewna, erwähne nicht den Alten! Es ist besser, wir kehren heim, solange wir den unsterblichen Koschtschej nicht sehen. Vielleicht holt er uns nicht ein.« Sie machten sich fertig und gingen davon.

Aber der Koschtschej war auf der Jagd. Gegen Abend kehrte er nach Hause zurück, unter ihm strauchelt sein gutes Ross. »Was stolperst du denn, du hungrige Schindmähre! Oder witterst du irgendein Unheil?«

Das Ross antwortet: »Iwan-Zarewitsch ist gekommen und hat Marija Morewna entführt.«

»Und ist es möglich, sie einzuholen?«

»Es ist möglich, Weizen zu säen; zu warten, bis er wächst; ihn einzuernten, zu dreschen, zu Mehl zu mahlen, fünf Öfen voll Brot zu backen, das Brot dann noch aufzuessen und dann loszugehen, um sie einzuholen … Und also werden wir es schaffen.«

Der Koschtschej galoppierte los und holte Iwan-Zarewitsch ein. »Nun«, meinte er, »das erste Mal verzeihe ich dir für deine Liebenswürdigkeit, dass du mir Wasser zu trinken gabst; auch zum zweiten Male würde ich dir verzeihen; aber beim dritten Male hüte dich, da haue ich dich zu Stücken.«

Er nahm ihm Marija Morewna ab und entführte sie. Aber Iwan-Zarewitsch setzte sich auf einen Stein und weinte. Als er genug geweint hatte, kehrte er wieder zurück zu Marija Morewna. Der unsterbliche Koschtschej war zufällig nicht zu Hause. »Lass uns aufbrechen, Marija Morewna!«

»Ach, Iwan-Zarewitsch, er holt uns ein!«

»Lass ihn einholen; ein zweites Stündchen können wir doch wenigstens zusammen verbringen.« Sie machten sich fertig und gingen davon.

Der unsterbliche Koschtschej kehrt heim. Unter ihm strauchelt sein gutes Ross. »Was stolperst du, hungrige Schindmähre? Oder witterst du irgendein Unheil?«

»Iwan-Zarewitsch ist gekommen und nahm Marija Morewna mit sich.«

»Und ist es möglich, sie einzuholen?«

»Es ist möglich, Gerste zu säen; zu warten, bis sie wächst; sie zu ernten, zu dreschen, Bier daraus zu brauen, bis zur Trunkenheit davon zu trinken, bis zum Überdruss sich auszuschlafen und dann auf die Einholung zu gehen ... Und also werden wir es schaffen.« Der Koschtschej galoppierte los und holte Iwan-Zarewitsch ein. »Ich sagte dir doch schon, dass du die Marija Morewna nie mehr sehen sollst als deine eigenen Ohren!« Er nahm sie ihm weg und führte sie mit sich.

Iwan-Zarewitsch blieb allein, weinte und weinte und kehrte dann zu Marija Morewna zurück. In der Zeit war der Koschtschej gerade nicht zu Hause. »Lass uns fortziehen, Marija Morewna!«

»Ach, Iwan-Zarewitsch, er holt uns ja doch ein und haut dich in Stücke!«

»Lass ihn hauen! Ich kann ohne dich nicht leben.« Sie machten sich fertig und gingen davon.

Der unsterbliche Koschtschej kam nach Hause zurück. Unter ihm strauchelte sein gutes Ross. »Was stolperst du, hungrige Schindmähre? Oder witterst du irgendein Unheil?«

»Iwan-Zarewitsch ist gekommen und nahm Marija Morewna mit sich.«

Der Koschtschej galoppierte davon, holte Iwan-Zarewitsch ein, hieb ihn in kleine Stücke und packte diese in eine geteerte Tonne. Er nahm diese Tonne, befestigte sie mit eisernen Reifen und warf sie ins blaue Meer. Aber Marija Morewna führte er mit sich.

Zu derselben Zeit wurde das Silber bei den Schwägern des Iwan-Zarewitsch schwarz. »Ach«, sprechen sie, »es ist klar, dass sich ein Unglück ereignet hat.« Da schwang sich der Adler ins blaue Meer, packte die Tonne und schleppte sie heraus ans Ufer.

Der Falke flog nach dem Lebenswasser, aber der Rabe nach dem Todeswasser. Dann flogen sie alle drei nach der nämlichen Stelle, zerschlugen die Tonne, nahmen die Stücke des Iwan-Zarewitsch heraus, zupften und packten sie zurecht, wie es sein musste. Der Rabe bespritzte sie mit Todeswasser: Der Körper schrumpfte in eins zusammen. Der Falke besprengte ihn mit Lebenswasser: Iwan-Zarewitsch zuckte zusammen, stand auf und sprach: »Ach, wie lange habe ich doch geschlafen!«

»Du hättest noch länger geschlafen, wenn wir nicht gewesen wären!«, antworteten die Schwäger. »Doch lasst uns jetzt ein Gastmahl halten!«

»Nein, Brüderchen, ich werde gehen, Marija Morewna aufzusuchen.«

Er geht zu ihr und bittet: »Suche von dem unsterblichen Koschtschej zu erfahren, woher er ein so gutes Ross bekam!« Da passte Marija Morewna einen günstigen Augenblick ab und begann den Koschtschej auszufragen. Der Koschtschej erzählte: »Hinter dreimal neun Ländern, im dreimal zehnten Zarenreiche, hinter dem Feuerfluss wohnt die Baba-Jagà. Sie hat eine Stute, auf der sie jeden Tag einmal rings um die Welt fliegt. Sie hält auch große Stücke auf die liebe, süße Stute. Ich war drei Tage als Hirt bei ihr und ließ auch nicht eine Stute wegkommen, und deswegen gab mir die Baba-Jagà ein Füllen.«

»Wie bist du denn über den Feuerfluss gesetzt?«

»Nun, ich habe ein solches Tuch, wenn ich das dreimal nach der rechten Seite schwinge, so entsteht eine große, große Brücke, und das Feuer erreicht sie nicht.«

Als Marija Morewna ihn ausgefragt, erzählte sie alles Iwan-Zarewitsch, trug auch das Tuch fort und gab es ihm.

Iwan-Zarewitsch setzte über den Feuerfluss und ging zur Bada-Jagà. Lange war er gelaufen, ohne zu trinken noch zu essen. Da begegnete ihm ein fremdartiger Vogel mit kleinen jungen Vögelchen. Iwan-Zarewitsch spricht: »Ich möchte doch gern ein kleines Dingelchen verzehren!«

»Iss es nicht, Iwan-Zarewitsch!«, bittet der fremdartige Vogel, »dermaleinst werde ich dir nützlich sein.«

Er ging weiter. Da erblickt er im Walde einen Bienenstock. »Ich werde mir doch«, sagte er, »ein bisschen Honig nehmen.« Die Bienenmutter aber rief: Rühre mir nicht an meinen Honig, Iwan-Zarewitsch! Zu einer Zeit werde ich dir von Nutzen sein.« Er rührte nicht daran und ging weiter. Da begegnet ihm eine Löwin mit einem jungen Löwen. »Ich will doch wenigstens diesen kleinen Löwen aufessen; ich habe solche Lust zu essen, und wenn mir danach übel würde!«

»Rühre nicht daran, Iwan-Zarewitsch!«, bittet die Löwin, »dermaleinst werde ich dir nützlich sein.«

»Gut, möge er dein bleiben!«

Er schleppte sich hungrig weiter, wanderte und wanderte. Da steht das Haus der Baba-Jagà, und rings um das Haus befinden sich zwölf Stangen. Auf elf Stangen steckten Menschenköpfe, nur eine war noch leer. »Guten Tag, Mütterchen!«

»Guten Tag, Iwan-Zarewitsch! Warum kommst du her, in eigener guter Absicht oder in Not?« »Ich kam, um bei dir ein Heldenross zu verdienen.«

»Meinetwegen, Zarensohn! Bei mir brauchst du ja auch kein Jahr zu dienen, sondern im Ganzen gerade drei Tage. Wenn du meine Stuten hütest, werde ich dir das Heldenross geben, wenn aber nicht, so brauchst du darüber nicht aufgebracht zu sein, wenn ich deinen Kopf auf die frei gelassene Stange stecke.« Iwan Zarewitsch war einverstanden. Die Baba-Jagà gab ihm zu essen und zu trinken und gebot ihm, sich ans Werk zu machen.

Als er die Stuten aufs Feld getrieben hatte, hoben sie die Schweife hoch und rannten auf den Wiesen alle auseinander. Der Zarensohn konnte ihnen mit den Augen nicht mehr folgen, wie sie ganz und gar verschwanden. Da weinte er vor lauter Gram, setzte sich auf einen Stein und schlief ein. Die liebe Sonne ging schon unter, da flog der fremdartige Vogel herbei und weckte ihn auf: »Steh auf, Iwan-Zarewitsch! Die Stuten sind jetzt zu Haus.« Der Zarensohn stand auf und ging heim. Da lärmt und schreit aber auch schon die Baba-Jagà mit ihren Stuten: »Warum kommt ihr schon nach Hause zurück?«

»Ja, sollten wir denn nicht nach Hause kehren! Es flogen Vögel aus der ganzen Welt herbei, beinahe hätten sie uns die Augen ausgepickt.«

»Nun, ihr werdet morgen nicht auf die Wiesen laufen, sondern euch in den Urwäldern zerstreuen!«

In der Nacht schläft Iwan-Zarewitsch. Am Morgen sagt die Baba-Jagà zu ihm: »Schau, Zarewitsch! Wenn du mir die Stuten nicht hütest, wenn du auch nur eine verlorengehen lässt, so soll dein ungestümes Köpfchen an die Stange!«

Er trieb die Stuten hinaus aufs Feld. Sogleich hoben sie die Schweife und zerstreuten sich im Urwald. Wieder setzte sich der Zarensohn auf einen Stein, weinte und weinte und schlief auch wieder ein. Die liebe Sonne sank schon hinter den Wald. Da lief die Löwin herzu: »Steh auf, Iwan-Zarewitsch! Die Stuten sind alle beisammen.« Iwan-Zarewitsch stand auf und ging nach Haus. Die Baba-Jagà lärmt und schreit noch mehr als zuvor mit ihren Stuten: »Warum kehrt ihr heim?«

»Ja, sollten wir denn nicht heimkehren? Es kamen grausame Tiere aus der ganzen Welt gelaufen, fast hätten sie uns alle zerrissen.«

»Nun, morgen werdet ihr in das blaue Meer laufen!«

Wieder schlief Iwan-Zarewitsch die Nacht. Am Morgen schickte ihn die Baba-Jagà mit den Stuten auf die Weide. »Wenn du sie nicht hütest, so soll dein ungestümes Köpfchen auf die Stange!«

Er trieb die Stuten aufs Feld. Sie hoben aber sofort die Schweife, verschwanden aus den Augen und verstreuten sich in das blaue Meer. Bis an den Hals stehen sie im Wasser. Iwan-Zarewitsch setzte sich auf einen Stein, weinte und schlief ein. Die liebe Sonne sank schon hinter den Wald, da flog ein Bienchen herzu und spricht: »Steh auf, Iwan-Zarewitsch! Die Stuten sind alle beisammen. Doch wenn du nach Hause kommst, so lass dich der Baba-Jagà nicht vor Augen sehen. Geh in den Pferdestall und verstecke dick hinter der Krippe! Dort ist ein räudiges Fohlen, das wälzt sich im Mist. Du aber stiehl es, und in stockblinder Nacht mach dich aus dem Hause!«

Iwan-Zarewitsch stand auf, trat in den Pferdestall und legte sich hinter die Krippe. Die Baba-Jagà lärmt und schreit aber auch schon mit ihren Stuten: »Warum kehrt ihr denn heim?«

»Ja, sollten wir denn nicht heimkehren? Sichtbar und unsichtbar flogen Bienen aus der ganzen Welt herbei, und hei! stachen sie uns von allen Seiten bis aufs Blut.«

Die Baba-Jagà ging schlafen. Doch gerade um Mitternacht stahl ihr Iwan-Zarewitsch das räudige Fohlen, sattelte es, setzte sich drauf und galoppierte zum Feuerfluss. Er kam zu dem Fluss geritten, schwenkte dreimal das Tuch nach der rechten Seite, und plötzlich, von wo sie auch herkam, spannt sich über den Fluss eine große, herrliche Brücke. Der Zarensohn ritt über die Brücke und schwenkte das Tuch nur zweimal nach links, da blieb die Brücke über dem Feuerfluss ganz dünn hängen.

Gegen Morgen wachte die Baba-Jagà auf. Von dem räudigen Fohlen erblickte sie auch nicht eine Spur. Da machte sie sich schleunigst an die Verfolgung. In einem Nu springt sie in einen eisernen Mörser, mit der Keule treibt sie ihn an, und mit dem Besen verwischt sie die Spur. Sie galoppierte zum Feuerfluss, schaute hin und denkt sich: »Eine schöne Brücke!« Sie sprengte auf die Brücke. Aber wie sie nur bis zur Mitte gelangt war, brach die Brücke zusammen, und die Baba-Jagà fiel plumps! in den Fluss. Da fand sie einen grausamen Tod.

Iwan-Zarewitsch ließ das Fohlen auf grünen Wiesen weiden.

Da wurde aus ihm ein wundervolles Ross. Der Zarensohn gelangte dann zu Marija Morewna. Sie kam heraus und warf sich an seinen Hals. »Wie hat der Herrgott dich denn auferweckt?« So und so sagt er, »doch nun lass uns zu mir nach Hause wandern!«

»Ich fürchte mich, Iwan-Zarewitsch. Wenn der Koschtschej uns einholt, wird er dich wieder in Stücke hauen.«

»Nein, er wird uns nicht einholen. Jetzt habe ich ein wundervolles Heldenross, das fliegt wie ein Vogel.«

Sie setzten sich auf das Pferd und ritten davon.

Der unsterbliche Koschtschej kehrt heim. Unter ihm strauchelt sein gutes Ross. »Warum stolperst du, verhungerte Schindmähre? Oder witterst du irgendein Unheil?«

»Iwan-Zarewitsch ist gekommen und entführt Marija Morewna.«

»Und kann man sie einholen?«

»Gott weiß! Jetzt hat Iwan-Zarewitsch ein Heldenross, das besser ist als ich.«

»Nein, das ertrage ich nicht«, spricht der unsterbliche Koschtschej, »ich werde sie dennoch verfolgen.«

Über kurz oder lang holte er Iwan-Zarewitsch ein, sprang auf die Erde und wollte ihn mit seinem scharfen Säbel zerhacken. In diesem Augenblick schlug das Pferd des Iwan-Zarewitsch in vollem Schwung mit dem Huf nach dem unsterblichen Koschtschej und zerschmetterte ihm den Kopf. Aber Iwan-Zarewitsch machte ihm mit der Keule den Garaus. Darauf schichtete der Zarensohn einen Haufen Holz aufeinander, legte Feuer daran und verbrannte den unsterblichen Koschtschej auf dem Scheiterhaufen. Seine Asche ließ er in alle Winde verfliegen.

Marija Morewna setzte sich auf das Pferd des Koschtschej und Iwan-Zarewitsch auf das seinige, und sie ritten als Gäste zuerst zu dem Raben, dann zu dem Adler und darauf zu dem Falken. Wohin sie auch kamen, begegnete man ihnen mit Freude. »Ach, Iwan-Zarewitsch, wir glaubten dich nicht mehr am Leben. Nun hast du dich aber nicht umsonst bemüht. Solche Schönheit wie Marija Morewna findest du zum zweiten Male auf der ganzen Welt nicht wieder!« Sie blieben dort zu Gaste, schmausten und zogen endlich in ihr Reich. Dort kamen sie glücklich an und begannen ganz ihrem Glück zu leben, Güter zu erwerben und Honigmet zu trinken.

Russland

Die Riesin im Steinboot

Es waren einmal ein König und eine Königin in ihrem Reiche. Sie hatten einen Sohn, der Sigurd hieß. Derselbe zeichnete sich frühzeitig aus durch seine Körperstärke, seine Geschicklichkeit in allen Leibesübungen und Spielen sowie durch seine Schönheit.

Als der Vater wegen des Alters anfing schwerfällig zu werden, sagte er zu dem Sohne, dass es nun wohl an der Zeit sein dürfte, sich um eine passende Partie umzusehen; denn es sei nicht gewiss, ob er ihm noch lange seinen Beistand gewähren könne; es scheine ihm, dass sein Ansehen erst dann in voller Blüte stünde, wenn er eine seiner würdige Heirat eingehe.

Sigurd war einem solchen Plane nicht abgeneigt und fragte seinen Vater, wo er am Besten seine Braut suchen sollte.

Der König sagte ihm, dass im Auslande – er bezeichnete das Land näher – ein König herrsche, der eine schöne und anmutige Tochter besitze; wenn Sigurd diese zum Weibe bekommen könne, würde ihm dies als die erwünschteste Partie erscheinen.

Sigurd rüstete sich zur Reise und begab sich nach dem Lande, welches sein Vater ihm genannt hatte. Er trat hier vor den König und freite um dessen Tochter.

Der König versprach ihm dieselbe auch, jedoch unter der Bedingung, dass Sigurd so lange, als er könne, in seinem Reiche verbleibe; denn der König war sehr kränklich und kaum im Stande sein Reich zu regieren.

Sigurd ging darauf ein, stellte jedoch auch seinerseits die Bedingung, dass es ihm erlaubt sein sollte, in sein Reich zu reisen, wenn er die Kunde von dem Tode seines Vaters erhalte, der, wie er sagte, am Rande des Grabes stehe.

Hierauf feierte Sigurd seine Hochzeit mit der Königstochter und teilte sich mit seinem Schwiegervater die Regierung des Reiches.

Sigurd und seine Gemahlin liebten einander auf das herzlichste und ihr Zusammenleben wurde noch inniger, als ihnen nach Verlauf eines Jahres ein schönes, anmutiges Knäblein geboren wurde.

Hierauf verging die Zeit, bis der Knabe zwei Jahre alt geworden war; da erhielt Sigurd die Kunde, dass sein Vater gestorben sei. Er rüstete sich zur Abreise samt seinem Weibe und Kinde und segelte auf einem Schiffe davon.

Als sie nur mehr eine Tagfahrt weit von der Heimat entfernt waren, trat plötzlich Windstille ein und das Schiff lag nun ruhig im Meer.

Sigurd und seine Gemahlin befanden sich allein auf dem Verdeck, denn die meisten Anderen hatten sich im Unterteile des Schiffes schlafen gelegt. Sie saßen und sprachen zusammen eine gute Weile lang und hatten ihr Söhnlein bei sich. Nach einiger Zeit aber wurde Sigurd von so starkem Schlafe befallen, dass er sich nicht wach erhalten konnte. Er stieg deshalb ebenfalls in den unteren Teil des Schiffes hinab und legte sich schlafen.

Die Königin war nun mit ihrem Sohne allein auf dem Verdecke und spielte mit ihm. Als Sigurd schon eine Weile schlief, bemerkte die Königin einen schwarzen Gegenstand im Meere und sah, dass derselbe sich heran bewegte. Als er dem Schiffe näher kam, konnte sie wahrnehmen, dass es ein Boot sei und von jemand gerudert werde; denn sie bemerkte auch eine menschliche Gestalt in dem Boote.

Dasselbe legte endlich bei dem Schiffe an und die Königin sah nun, dass es ein Steinboot war; alsbald kam aber auch ein abscheuliches, schlimmes Riesenweib auf das Schiff. Die Königin war darüber so erschreckt, dass sie kein Wort hervorbringen und sich nicht von der Stelle bewegen konnte, um den König oder die Schiffsmannschaft zu wecken.

Die Riesin ging auf die Königin zu, nahm ihr den Knaben weg und legte denselben auf den Boden des Verdecks nieder. Hierauf zog sie der Königin alle ihre kostbaren Kleider bis auf ein leinenes Unterkleid aus und legte dieselben selbst an, wobei sie auch menschliches Aussehen annahm. Endlich nahm sie die Königin, setzte sie in das steinerne Boot und sagte:

»Ich bestimme und wirke den Zauber: Mäßige weder Fahrt noch Flug, bevor du zu meinem Bruder in der Unterwelt kommst!«

The Witch comes on board

Die Königin saß wie teilnahmslos und ohnmächtig in dem Boote; dieses aber ward sogleich vom Schiffe abgestoßen und verschwand bald aus dem Gesichtskreise des Schiffes.

Als das Boot nicht mehr zu sehen war, fing der Knabe, der Sohn des Königs, laut zu weinen an. Die Riesin gab sich wohl Mühe ihn zu beruhigen, aber es half nichts. Da stieg sie mit dem Kinde am Arme zu dem König hinab und weckte ihn mit groben Worten, indem sie ihm vorwarf, dass er sich gar nicht darum kümmere, was sie mache, und sie mit dem Kinde allein auf dem Verdecke lasse, während er schlafe und schnarche und die ganze Schiffsmannschaft mit ihm. Sie nannte es eine große Unvorsichtigkeit und Rücksichtslosigkeit von ihm, wenn er schon selbst schlafe, niemand anderen bei ihr auf dem Schiffe wachen zu lassen; denn was einem derweil geschehe, wisse dann niemand.* So sei es auch gekommen, dass sie den Knaben auf keine Weise beruhigen konnte, und es vorgezogen habe mit demselben dahin zu kommen, wohin er gehöre; auch wäre es jetzt gut, wenn etwas Rührigkeit und Tätigkeit entfaltet würde, da günstiger Fahrwind eingetreten sei.

König Sigurd war aufs Höchste verwundert, dass die Königin ihn plötzlich mit so harten Worten anschrie, nachdem sie doch früher nie in solcher Weise zu ihm gesprochen hatte. Er nahm jedoch ihre harte Rede mit Sanftmut hin und versuchte mit ihr, den Knaben zu beruhigen; allein auch er brachte es nicht zu Stande.

Er weckte nun die Schiffsmannschaft und hieß sie die Segel aufspannen, da sich hinreichender Fahrwind eingestellt habe, um ans Land zu kommen.

Hierauf segelten sie dahin, so schnell es möglich war, und es wird von ihrer Fahrt früher nichts erzählt, als bis sie in dem Lande ankamen, wo Sigurd zu herrschen hatte. Derselbe begab sich nun zu den Hofleuten. Diese waren noch alle voll Trauer über den Tod seines Vaters und freuten sich jetzt, dass Sigurd wohlbehalten zurückkam; es wurde ihm der Königsname gegeben und er trat auch sogleich die Regierung des Landes an.

Das Knäblein des Königs aber hörte seit jenem Vorfall auf dem Schiffe fast nie auf zu schreien, wenn es sich bei der

---

* Ein isländisches Sprichwort, wörtlich: »Wenig berichtet von Einem.«

vermeintlichen Mutter befand, obgleich es früher das ruhigste Kind war; der König nahm daher für dasselbe eine Pflegerin aus dem Hofgesinde und sowie der Knabe ihr übergeben war, hörte er auf zu schreien und nahm wieder seine frühere ruhige Art an.

Der König fand, dass die Königin seit der Seefahrt sich in vielen Beziehungen verändert habe, und zwar nicht zum Besseren. Besonders kam sie ihm so trotzig, aufgebracht und zänkisch vor, wie er sie früher nie gefunden hatte. Es währte nicht lange, so bemerkten bald auch andere den schlimmen Charakter der Königin.

Im Hofgesinde befanden sich auch zwei junge Männer, von achtzehn und neunzehn Jahren, welche mit Leidenschaft dem Brettspiel ergeben waren und deshalb oft lange Zeit bei demselben saßen. Ihr Zimmer grenzte an das der Königin und sie horchten zu verschiedenen Zeiten des Tages hinüber, um zu erfahren, was die Königin treibe. Eines Tages lauschten sie noch aufmerksamer als gewöhnlich; sie legten das Ohr an eine Ritze, welche sich in der Wand befand und hörten deutlich, wie die Königin sagte:

»Wenn ich nur ganz wenig gähne, bin ich klein und wie eine zierliche Jungfrau; wenn ich halb gähne, bin ich wie eine Halbriesin; wenn ich aber stark gähne, bin ich wie eine ganze Riesin.«

Indem sie dieses sagte, gähnte sie fürchterlich und wurde plötzlich zur grässlichen Riesin. Hierauf kam in dem Zimmer der Königin ein dreiköpfiger Riese aus dem Boden hervor, der einen Trog voll Fleisch in den Händen hielt; derselbe begrüßte die Königin, welche seine Schwester war und setzte ihr den Trog vor. Sie begann nun das Fleisch, welches sich in demselben befand, zu verschlingen und hörte nicht früher auf, als bis sie den ganzen Trog geleert hatte.

Die beiden jungen Leute beobachteten durch die Ritze diesen ganzen Vorgang; sie hörten jedoch nicht, dass die beiden Geschwister etwas zueinander sagten. Sie waren ganz verblüfft darüber, wie gierig die Königin das Fleisch verschlang und wie viel sie davon in sich aufnehmen konnte, während sie doch so wenig aß, wenn sie mit dem Könige bei Tische saß.

Als die Königin den Trog geleert hatte, verschwand der dreiköpfige Riese wieder auf demselben Wege, auf dem er gekommen war; die Königin aber nahm wieder ihre menschliche Gestalt an.

Wir müssen jetzt wieder zurück zu dem Söhnlein des Königs, welches eine Wärterin erhalten hatte. Als diese eines Abends Licht angezündet hatte und das Knäblein in den Armen hielt, sprangen einige Bretter im Boden des Zimmer auf und es entstieg demselben eine wunderschöne Frau in einem Linnenkleide, wie die Weiber ein solches am bloßen Leibe tragen, und mit einem eisernen Ring um die Mitte, von dem eine Kette niederhing, deren Ende man nicht sehen konnte. Diese Frau trat auf die Wärterin zu, nahm ihr das Kind von dem Arme, drückte dasselbe zärtlich an die Brust und gab es dann wieder zurück. Hierauf verschwand sie auf demselben Wege, auf dem sie gekommen war, und der Boden schloss sich wieder über ihr. Dabei kam nicht ein einziges Wort über die Lippen dieser Frau.

Die Wärterin war über alles, was sie da sah, sehr erschreckt, erzählte jedoch nichts davon.

Am nächsten Tage ereignete sich genau dasselbe, wie am Tage vorher: Die weißgekleidete Frau kam aus dem Boden hervor, nahm das Kind, liebkoste es auf das Zärtlichste und gab es dann wieder der Wärterin zurück. Als sie sich anschickte, das Zimmer wieder zu verlassen, sagte sie mit kummervollen Mienen:

»Zweimal ist's vorüber, nur noch *ein* Mal!«

Hierauf verschwand sie in dem Fußboden.

Die Wärterin wurde nun von noch größerem Schrecken erfüllt als früher, da sie die Frau diese Worte hatte sprechen hören. Sie dachte, dass dem Kinde irgendeine Gefahr drohe, obschon ihr die unbekannte Frau in jeder Hinsicht gefiel und dieselbe sich dem Kinde gegenüber benahm, als ob es ihr eigenes wäre. Am bedenklichsten schien es ihr, dass die Frau sagte: »Nur noch *ein* Mal!«, sie glaubte nämlich, dass dieselbe damit sagen wollte, es sei jetzt nur mehr einer von drei Tagen übrig, da sie an zwei Tagen gekommen sei. Sie hielt es daher für das Beste zum König zu gehen, ihm alles zu erzählen und ihn zu bitten, er möchte am nächsten Tage zur Zeit, wo die weiße Frau zu erscheinen pflege, selbst in ihrem Zimmer anwesend sein. Dies tat sie denn auch und der König versprach ihr zu kommen.

Am nächsten Abend fand sich der König etwas vor der verabredeten Zeit im Zimmer der Wärterin ein und setzte sich mit gezogenem Schwerte auf einen Stuhl. Es währte nicht lange, so öffneten sich die Bretter des Bodens und die weißgekleidete Frau erschien mit Ring und Kette wie früher.

Der König erkannte in dem Weibe sogleich seine Frau und hatte zunächst nichts Eiligeres zu tun als die Kette, welche vom Ringe niederhing, zu durchhauen. In diesem Augenblicke erdröhnte es unter der Erde so gewaltig, dass die ganze Königsburg erschüttert wurde, und jedermann glaubte, dass alle Häuser einstürzen und in einen Schutthaufen verwandelt werden müssten. Endlich hörte der unterirdische Donner auf, sodass die Menschen wieder zu sich kamen.

Nun fielen sich der König und die Königin in die Arme, und die letztere erzählte alle ihre Erlebnisse, wie die Riesin in einem steinernen Boote zum Schiff gekommen sei, als alle schliefen; wie sie ihr die Kleider ausgezogen und dieselben selbst angelegt habe und welchen Zauberspruch sie ausgesprochen. »Nachdem ich in dem Boot, das von selbst dahin fuhr, so weit gekommen war, dass ich das Schiff nicht mehr sehen konnte, bemerkte ich«, so erzählte sie, »dass das steinerne Fahrzeug die Richtung gegen etwas Finsteres nahm, bis es bei einem dreiköpfigen Riesen landete. Dieser wollte sogleich bei mir schlafen; ich aber wehrte mich dagegen aus allen Kräften. Da sperrte mich der Riese auf einige Zeit in ein alleinstehendes Haus und drohte mir, dass ich niemals wieder aus demselben befreit werden sollte, wenn ich ihm nicht meine Gunst

Sigurd hews the chain asunder.

schenkte. Er kam jeden zweiten Tag zu mir und wiederholte jedes Mal sein Verlangen und seine Drohung. Im Verlaufe der Zeit dachte ich ununterbrochen darüber nach, was ich beginnen sollte, um den Händen des Riesen zu entrinnen. Ich versprach ihm, dass ich bei ihm schlafen wollte, wenn er mir erlaube, an drei aufeinanderfolgenden Tagen meinen oberirdischen Sohn zu sehen; er willigte ein, ließ aber doch diesen eisernen Ring um meinen Leib und band das andere Ende der Kette, die sich daran befand, um seine Mitte; das gewaltige Gedröhn aber, welches entstand, als du die Kette entzwei hiebst, kam sicherlich daher, dass der Riese der Länge nach hinfiel, als die Kette plötzlich nachgab; denn er wohnt gerade unterhalb der Burg; er wird sich wahrscheinlich den Kopf zerschlagen haben, als er niederfiel, und als die ganze Burg erbebte, wird er im Todeskampfe gelegen haben. Ich wollte aber meinen Sohn aus dem Grunde drei Tage nacheinander sehen, um dadurch Gelegenheit zu meiner Befreiung zu geben, die ja nun auch wirklich erfolgt ist.«

Jetzt erschien es dem König ganz erklärlich, warum das Weib, mit welchem er eine Zeit lang gelebt hatte, so unfreundlich und störrig war. Er ließ demselben einen Sack über den Kopf ziehen und es steinigen, der Leichnam wurde sodann zwischen zwei ungezähmte Pferde gebunden und von diesen in Stücke zerrissen.

Jetzt erzählten auch die beiden jungen Leute, von denen früher gesagt wurde, dass sie die Königin belauscht und ihr Treiben beobachtet hatten, alles, was sich vor ihren Augen ereignete; denn früher wagten sie dies nicht, wegen der Macht der Königin.

Nunmehr wurde die wirkliche Königin in ihre Würden eingesetzt und es fanden alle großen Gefallen an ihr.

Von der Wärterin des Kindes aber haben wir zu erzählen, dass der König und die Königin sie an einen Großhäuptling verheirateten und ihr eine reichliche und prächtige Ausstattung gaben.

Island

Königssohn Ring und sein Hund Snati-Snati

Es waren einmal ein König und eine Königin in ihrem Reiche; sie hatten eine Tochter, welche Ingibjörg hieß und einen Sohn Namens Ring. Dieser war nicht so mutig, wie es sonst die Söhne der vornehmen Leute zu jener Zeit zu sein pflegten, und verstand sich auch nicht auf ritterliche Künste.

Als Ring zwölf Jahre alt war, ritt er eines schönen Tages mit seinem Gefolge in den Wald hinaus, um sich zu erlustigen. Sie ritten lange, bis sie eine Hindin erblickten, welche goldene Ringe auf dem Geweih hatte. Der Königssohn wollte die Hindin fangen und sie verfolgten daher dieselbe so lange, bis sie alle ihre Pferde zu Tode geritten hatten und endlich auch das Pferd des Königssohnes tot zusammenstürzte.

Da fiel plötzlich so finsterer Nebel ein, dass sie die Hindin nicht mehr sehen konnten. Sie hatten sich sehr weit von allen Menschenwohnungen entfernt und wollten jetzt umkehren; allein sie hatten sich verirrt. Sie gingen nun zuerst alle zusammen, bis jeder von ihnen einen anderen Weg für den richtigen hielt, und sie trennten sich daher und gingen jeder nach einer anderen Richtung weiter.

Der Königssohn ging ebenfalls irre und wanderte umher ohne zu wissen wohin, bis er zu einem kleinen offenen Platze im Walde kam, der nicht weit vom Meere entfernt war. Hier sah er ein Weib auf einem Stuhle sitzen, neben dem sich ein großes Fass befand. Der Königssohn schritt auf das Weib zu und begrüßte es höflich, worauf dasselbe seinen Gruß freundlich erwiderte. Er blickte in das Fass hinein und sah auf dem Boden desselben einen überaus schönen goldenen Ring liegen. Da wurde er von einer unbezwinglichen Begierde erfüllt, diesen Ring zu besitzen, von dem er die Augen nicht abwenden konnte.

Das Weib bemerkte dies und sagte, es sehe, dass er große Lust nach dem Ringe habe, der in dem Fasse liege.

Dies sei auch der Fall, entgegnete der Königssohn.

Das Weib sagte hierauf, dass er denselben erhalten solle, wenn er sich die Mühe nehmen würde, ihn aus dem Fasse hervorzuholen.

Der Königssohn begann nun sich in das Fass hineinzustrecken, welches ihm nicht sonderlich tief zu sein schien, und wollte sich beeilen, den Ring herauszunehmen; aber je mehr er sich streckte, desto tiefer wurde das Fass. Als er zur Hälfte über die Kante des Fasses gebeugt war, stand das Weib auf, stürzte ihn kopfüber in das Fass und sagte, dass er darin bleiben solle. Hierauf verschloss sie das Fass und rollte es hinaus ins Meer.

Der Königssohn fühlte nun wenig Behagen. Er merkte, dass das Fass sich vom Lande entfernte und lange von den Wogen umhergetrieben wurde; wie viele Tage aber dies dauerte, wusste er nicht. Endlich merkte er, dass dasselbe gegen einen Felsen stieß; er war darüber sehr erfreut, denn er dachte, dass es Land, nicht etwa eine Klippe, sei. Er kam auf den Gedanken, den Boden des Fasses mit den Füßen auszustoßen, denn er konnte etwas schwimmen.

Er tat dies auch, obschon er fürchtete, dass er das Land nicht erreichen werde; da aber flache und niedrige Felsen in das Meer hinausragten, so gelang es ihm doch ans Land zu kommen. Hier waren aber hohe Berge und es schien ihm schwierig zu sein, landeinwärts zu kommen; er ging eine Strecke weit am Fuße der Berge hin und versuchte sodann emporzuklettern, was er schließlich auch zu Stande brachte. Als er die Höhen erreicht hatte, blickte er um sich und sah, dass es eine Insel war; dieselbe war mit Wald bewachsen und schien ihm sehr fruchtbar zu sein; es wuchsen auf derselben gute Äpfel zum Essen und er fand, dass es hier allem Anscheine nach ganz behaglich zu leben sein müsse.

The Woman pushes Prince Ring into the Cask

Als er einige Tage hier geweilt hatte, hörte er im Walde ein starkes Gedröhn; da begann er sich sehr zu fürchten und lief in den Wald um sich zu verbergen. Er sah aber alsbald einen großen Riesen mit einem Schlitten daherkommen, der gerade auf ihn zuging; da blieb ihm nichts Anderes übrig, als sich niederzuwerfen, wo er stand. Als der Riese ihn fand, blieb er eine Weile vor ihm stehen und blickte ihn an; hierauf nahm er ihn auf die Arme, trug ihn mit sich nach Hause und war überaus freundlich gegen ihn; daheim übergab er den Knaben seinem Weibe, welches so alt war, dass es im Bette liegen musste.

Er erzählte demselben, dass er dieses Kindlein im Walde gefunden habe, und sagte, dass es dasselbe eine Woche lang bei sich behalten solle.

Das Weib war darüber sehr erfreut und streichelte dem Königssohne die Wangen und sprach sanfte, freundliche Worte zu ihm. Er verblieb nun bei ihnen, war willig und folgsam in allem, was sie ihn tun hießen, und die beiden alten Leute waren überaus gut gegen ihn.

Eines Tages zeigte der Riese dem Königssohne alle seine Zimmer und Verschläge mit Ausnahme der Küche; da bekam Ring große Lust auch diese zu sehen; denn er glaubte, dass darin seltene Kostbarkeiten verborgen seien. Als daher der Riese eines Tages im Walde draußen war, versuchte er in die Küche zu kommen, konnte jedoch die Türe nur zur Hälfte öffnen; er sah, dass sich darin etwas Lebendes schüttelte, hin und her lief und hörte auch, dass es etwas sprach. Da taumelte der Königssohn entsetzt von der Türe zurück, schlug dieselbe wieder zu und pisste aus Schrecken in die Hosen. Als die Furcht vorüber war, öffnete er abermals die Türe, denn er hätte gerne gehört, was das lebende Wesen sagte; allein es geschah dasselbe wie früher. Da wurde der Königssohn über sich selbst ärgerlich, fasste Mut, so gut er konnte, und machte zum dritten Male den Versuch, in die Küche zu sehen. Er sah jetzt einen zottigen Hund, welcher zu ihm sagte:

»Nimm mich, Ring, Königssohn!«

Ganz erschreckt eilte er zurück und dachte bei sich: »Das ist ja kein so kostbarer Gegenstand«, die Worte des Hundes aber konnte er gleichwohl nicht vergessen.

Er blieb noch eine Zeitlang bei dem Riesen, bis dieser eines Tages zu ihm kam und sagte, dass er ihn jetzt von der Insel auf das Festland bringen wolle, denn er werde nicht mehr lange auf derselben leben. Er dankte auch dem Königssohne für seine guten Dienste und sagte, derselbe könne sich nun was immer für einen Gegenstand, den er besitzen möchte, aus seiner Habe wählen, er werde ihm denselben ohne Weiteres geben.

Ring dankte ihm dafür und sagte, dass er durchaus keinen Lohn verdient habe; wenn er ihm aber schon etwas geben wolle, so wähle er dasjenige, was sich in der Küche befinde.

Da wurde der Riese sehr niedergeschlagen und sagte:

»Du wähltest da meines alten Weibes rechte Hand; ich will jedoch mein Wort nicht brechen.«

Hierauf holte er den Hund. Als dieser in einem mächtigen Satze und voll Freude dahergesprungen kam, fürchtete sich der Königssohn so sehr, dass er kaum wieder Mut fassen konnte.

Der Riese ging hierauf mit ihm zum Meere hinab und sie stiegen hier in ein steinernes Boot, welches so klein war, dass es kaum für sie beide und den Hund Raum bot. Als sie ans Land gekommen waren, nahm der Riese von Ring freundlich Abschied und sagte, dass er ihm dasjenige, was sich auf der Insel befinde, als Erbe hinterlassen werde; er solle es in einem halben Monate holen; denn dann werde weder er noch sein Weib mehr am Leben sein.

Der Königssohn dankte ihm für seine Güte und hierauf schieden sie voneinander. Der Riese ruderte wieder zurück nach der Insel, der Königssohn aber ging landeinwärts. Er wusste ganz und gar nicht, in welchem Lande er war, und wagte es auch nicht, den Hund anzusprechen.

Als sie eine Weile so dahingegangen waren, sprach endlich der Hund selbst ihn an und sagte:

»Du scheinst mir nicht sehr neugierig zu sein, da du nicht einmal nach meinem Namen fragst.«

Da fragte der Königssohn stammelnd:

»Wie heißt du?«

Der Hund antwortete:

»Es ist am besten für dich, du nennst mich Snati-Snati. Wir kommen jetzt in ein Königreich und da sollst du den König

bitten, dass er dir den Winter über Aufenthalt bei sich gewähre und dir für uns beide ein kleines Schlafgemach überlasse.«
Der Königssohn verlor nun allmählich die Furcht vor dem Hunde. Er kam in das Königreich und bat den König, dass er ihm den Winter über Aufenthalt bei sich gewähre, was dieser ihm auch sogleich bewilligte.
Als die Leute des Königs den Hund sahen, fingen sie an zu lachen und wollten ihn necken. Sowie aber der Königssohn dies bemerkte, sagte er:
»Ich möchte Euch raten, meinen Hund nicht zu necken; es könnte Euch sonst übel bekommen.«
Da machten die Leute sich über ihn lustig. Ring bekam eine Herberge und es dauerte nicht lange, so hatte der König ihn sehr lieb gewonnen und achtete ihn mehr als alle andern.
Der König hatte einen Ratgeber, welcher Raudur hieß. Als dieser sah, dass Ring vom König so hoch geachtet wurde, ward er von Neid gegen diesen erfüllt. Er kam eines Tages zum König und sagte, er könne nicht begreifen, was all die Aufmerksamkeit zu bedeuten habe, welche er Ring erweise; derselbe habe sich ja, seit er hier sei, in keiner Weise vor den Übrigen durch besondere Taten oder Künste hervorgetan.
Der König sagte, es sei ja noch nicht lange her, dass Ring gekommen sei.
Raudur schlug nun vor, dass der König sie am nächsten Tage beide in den Wald hinaus gehen und Bäume fällen heiße, damit es sich zeige, wer von beiden die meisten fällen würde.
Dies hört Snati-Snati und erzählte es Ring. Er riet ihm zugleich, den König zu bitten, dass er ihm zwei Äxte borge für den Fall, dass die eine entzweibrechen sollte.
Am nächsten Morgen forderte der König Raudur und Ring auf, in den Wald zu gehen und Bäume zu fällen.
Sie waren beide gleich dazu bereit. Ring bekam zwei Äxte und sie gingen hierauf jeder seinen Weg.
Als Ring in den Wald hinausgekommen war, nahm Snati die eine Axt und begann zugleich mit Ring Bäume zu fällen. Abends kam der König, wie Raudur es verabredet hatte, um zu sehen, wie viel jeder von ihnen gearbeitet habe. Da war der Holzhaufen des Ring um mehr als das Doppelte größer als der des Raudur.
Der König aber sagte:

»Ich wusste es ja, dass Ring kein unnützer Schwächling ist, und niemals habe ich ein solches Tagewerk gesehen.«

Ring genoss nun ein noch größeres Ansehen bei dem Könige als früher. Raudur aber war über all dies höchst missvergnügt. Eines Tages kam er wieder zum König und sagte:

»Da Ring schon ein gar so tüchtiger Mann ist, solltest du ihn doch bitten, dass er die beiden Opferstiere draußen im Walde töte, sie am selben Tage noch abhäute und dir abends die Hörner und Bälge überbringe.«

Der König antwortete:

»Scheint es dir nicht, dass dies dasselbe ist, als wenn du ihn in den Tod schickst, da die Stiere so wild sind, dass es noch niemand wagte, sich ihnen zu nahen?«

Raudur antwortete, dass Ring ja nur einmal sein Leben verlieren könne; es wäre ein Spaß, ihn auf die Probe zu stellen, und der König sei dann noch mehr berechtigt als früher, ihn zu ehren, wenn er die Stiere überwunden habe.

Der König ließ sich endlich doch überreden, obwohl er es nur sehr ungern tat, und bat eines Tages Ring, in den Wald zu gehen, die Stiere zu töten, welche sich dort befänden, und ihm Abends die Hörner und Bälge derselben zu überbringen.

Ring wusste nichts von der Wildheit der Stiere und war sogleich bereit des Königs Wunsch zu erfüllen. Er ging in den Wald hinaus; Raudur aber war darüber sehr erfreut und rechnete Ring bereits zu den Toten.

Als Ring die Stiere erblickte, kamen dieselben brüllend auf ihn los; der eine von ihnen war überaus groß, der andere jedoch kleiner. Nun begann Ring sich sehr zu fürchten. Da sagte Snati:

»Wie gefällt dir dies jetzt?«

»Schlecht«, antwortete Ring.

Snati sagte:

»Es bleibt nun nichts anderes übrig, als sie anzugreifen; geh du gegen den kleineren, ich will es mit dem großen aufnehmen.«

Nach diesen Worten lief der Hund sogleich gegen den großen Stier, und es dauerte nicht lange, so hatte er denselben überwunden.

Der Königssohn ging bebend vor Furcht dem kleineren Stier entgegen und als Snati hinzukam, hatte der Stier ihn bereits zu Boden geworfen; der Hund brachte ihn jedoch sogleich in Sicherheit und überwand auch den kleinen Stier. Hierauf zog jeder seinem Tier die Haut ab, und als Snati den großen bereits vollständig abgehäutet hatte, war Ring mit dem kleinen erst bis zur Hälfte gekommen.

Als sie nun abends mit ihrer Arbeit fertig waren, fühlte Ring, dass er nicht die Kraft habe, um die Hörner und Häute zu tragen. Da sagte Snati, er solle dieselben nur auf seinen, Snatis, Rücken werfen; er werde sie schon bis zum Tore der Stadt hintragen.

SNATI AND PRINCE RING FIGHT WITH THE OXEN

Der Königssohn tat hierauf, wie der Hund sagte, und lud alles auf dessen Rücken, mit Ausnahme der Haut von dem kleinen Stiere, welche er selbst trug. All dies ließ er an dem Stadttor zurück, ging hierauf zum König und bat ihn, mit ihm zu kommen, worauf er ihm die Hörner und Häute übergab.

Der König bewunderte Rings Heldenmut, sagte, dass es nicht seines Gleichen gebe und dankte ihm für die Arbeit, die er ihm da besorgt habe. Er ließ ihn hierauf an seiner Seite sitzen und Ring wurde von allen hochgeschätzt. Selbst Raudur konnte nicht umhin, ihn für den größten Kämpen anzusehen, brütete aber doch stets über dem Plane, ihn aus dem Wege zu schaffen.

Da kam Raudur eines Tages ein guter Gedanke. Er ging zum König und sagte, dass er etwas Wichtiges mit ihm zu sprechen habe.

Der König fragte, was es sei. Raudur sagte, es seien ihm nun wieder der gute goldene Mantel, das gute goldene Brettspiel und das gute lichte Gold eingefallen, welche Dinge dem König vor einigen Jahren abhanden gekommen seien.

Der König bat ihn, er möge ihn nicht an diesen Verlust erinnern.

Raudur aber fragte, ob der König nicht dieselben Gedanken habe, wie er.

Der König fragte:

»Was meinst du damit?«

Raudur sagte, man könne sehen, dass Ring ein ausgezeichneter Mann sei und alles zu Stande bringe; deshalb sei er auf den Gedanken gekommen, dem Könige zu raten, dass er Ring bitte, ihm diese Kleinodien aufzusuchen und noch vor Weihnachten zu bringen; als Lohn dafür solle er ihm seine Tochter versprechen.

Der König entgegnete, er finde es unpassend, Ring um etwas solches zu bitten, da er ihm nicht einmal einen Wink geben könne, wo er diese Gegenstände zu suchen habe.

Raudur stellte sich, als ob er nicht hörte, was der König sagte; und sprach solange in denselben hinein, bis er ihn endlich überredete, nach seinem Willen zu tun.

Einen Monat vor Weihnachten sprach der König mit Ring und sagte, dass er eine große Bitte an ihn zu richten habe.

Ring fragte, was es sei.

Der König sagte, er wolle ihn bitten, ihm den guten goldenen Mantel, das gute goldene Brettspiel und das gute lichte Gold, welche Dinge ihm vor einigen Jahren gestohlen worden seien, zu holen; wenn er dieselben noch vor Weihnachten zurück bringen könne, wolle er ihm seine Tochter zum Weibe geben.

Ring sagte:

»Wo soll ich nach diesen Dingen suchen?«

Der König entgegnete:

»Das musst du selbst herausfinden, denn ich weiß es nicht.«

Ring entfernte sich und war sehr gedankenvoll; denn es schien ihm, dass er große Schwierigkeiten zu überwinden habe, während er andererseits doch auch gerne die Königstochter haben wollte.

Als Snati sah, dass sein Herr so ratlos war, sagte er zu ihm, er möge nicht verzweifeln wegen des Wunsches des Königs; er solle nur seinen Rat befolgen, denn sonst würde es ihm nicht gut ergehen.

Hierauf rüstete sich Ring zur Abreise und nahm Abschied vom König.

Als er sich nun auf den Weg machte, sagte Snati:

»Wandere in der ganzen Umgegend herum und verschaffe dir so viel Salz als du kannst.«

Dies tat der Königssohn und er bekam so viel Salz zusammen, dass er es nicht tragen konnte.

Da sagte Snati, er solle ihm den Sack auf den Rücken legen.

Ring tat dies auch und der Hund lief nun dem Königssohne so lange voraus, bis sie zu einem großen Berge kamen.

»Da müssen wir hinauf«, sagte Snati.

»Das wird keine leichte Sache sein«, meinte der Königssohn.

»Halte dich nur an meinem Schwanze fest«, entgegnete Snati.

Hierauf sprang Snati mit Ring am Schwanze auf den niedersten Bergabsatz; da wurde Ring schwindelig.

Sodann sprang der Hund auf dem nächsten Absatz; da war Ring nahe daran, ohnmächtig zu werden.

Endlich sprang Snati mit dem Königssohne ganz auf den Berg hinauf, und nun wurde Ring ganz ohnmächtig.

Als der Königssohn nach einer Weile wieder zu sich gekommen war, gingen sie beide eine Zeit lang auf ebenen Strecken dahin, bis sie zu einer Höhle kamen. Es war dies am Weihnachtsabend. Sie untersuchten dieselbe von außen und fanden ein Fenster, durch welches sie vier Riesen, zwei Männer und zwei Weiber, um das Feuer herum schlafen sahen, über welchem ein großer Breikessel hing.

»Streue nun das ganze Salz über den Brei«, sagte Snati.

Ring tat, wie der Hund ihm sagte, und nun erwachten alle vier Riesen. Das alte Riesenweib, welches am abscheulichsten von ihnen aussah, kostete zuerst den Brei und sagte:

»Nun ist der Brei versalzen; wie kann das sein? Ich zauberte gestern die Milch aus vier Königreichen hierher und dennoch ist sie jetzt versalzen!«

Gleichwohl begannen alle vier den Brei zu verschlingen, und er schmeckte ihnen recht gut; als sie aber damit fertig waren, wurde das alte Riesenweib so durstig, dass es nahe daran war zu verschmachten; es bat daher seine Tochter, dass sie hinausgehen und von dem nahen Flusse Wasser holen möge.

»Ich gehe nicht einen Schritt weit«, sagte das Riesenmädchen, »wenn du mir nicht das gute lichte Gold leihst.«

»Eher will ich sterben«, entgegnete das alte Riesenweib, »bevor du es bekommst.«

»So stirb denn«, antwortete das Mädchen.

»Da nimm es, abscheuliche Dirne«, sagte die Alte, »und beeile dich, dass du das Wasser bringst.«

Das Mädchen nahm das Gold und lief hinaus; da leuchtete es über die ganze Strecke hin. Als aber das Mädchen zum Flusse kam, legte es sich flach auf die Erde nieder und begann zu trinken. Da liefen Ring und Snati vom Fenster weg und warfen das Mädchen in den Fluss, nachdem sie ihr das zuvor gute lichte Gold genommen hatten.

Der Alten schien die Tochter zu lange auszubleiben, und sie sagte, dass die Dirne wohl sicherlich mit dem lichten Golde auf der Ebene herum hüpfe. Sie sprach daher jetzt zu ihrem Sohne:

»Geh du hin und hole mir einen Trunk Wasser!«

»Ich gehe nicht einen Schritt weit«, sagte dieser, »wenn du mir nicht den guten goldenen Mantel gibst.«

»Eher will ich sterben«, sagte die Alte, »bevor du den bekommst.«

»So stirb denn«, entgegnete ihr der Sohn.

»Da nimm ihn, du abscheulicher Bursche«, sagte die Alte, »beeile dich aber, dass du das Wasser bringst!«

Der Bursche nahm den Mantel um, und als er hinauskam, leuchtete ihm derselbe auf seinem Wege. Er kam hierauf zu dem Flusse und wollte ebenso trinken wie seine Schwester. Da liefen Ring und Snati herbei, nahmen ihm den Mantel ab und warfen ihn in den Fluss.

Nun konnte es das alte Riesenweib nicht länger vor Durst aushalten und es bat deshalb seinen Mann, Wasser zu holen, und sagte, dass die Kinder gewiss draußen spielen; das habe es gleich geahnt, als es ihren Bitten nachgegeben habe.

»Ich gehe nicht einen Schritt weit«, sagte der alte Riese, »wenn du mir nicht das gute goldene Brettspiel gibst.«

»Eher will ich sterben«, sagte die Riesin, »bevor du mir dieses bekommst.«

»Dann magst du meinetwegen abfahren«, sagte der Mann, »wenn du nicht einmal eine so geringe Bitte erfüllen willst.«

»Da nimm es, abscheulicher Mensch«, entgegnete die Riesin, »du bist ebenso kindisch wie die Jungen.«

Hierauf ging der alte Riese mit dem Brettspiel fort, kam zu dem Flusse und begann zu trinken. Da liefen Ring und Snati eiligst herbei, nahmen ihm das Brettspiel weg und warfen ihn in den Fluss. Bevor sie aber wieder zur Höhle zurückgekommen waren, stieg das Gespenst des Riesen aus dem Flusse empor und kam auf sie zu. Snati lief demselben entgegen und fasste es an, ebenso auch Ring, obschon er beinahe wieder all seinen Mut verloren hatte. Sie überwanden den Riesen zum zweiten Male. Als sie jedoch zu dem Fenster zurückgekommen waren, sahen sie, dass das alte Riesenweib aus der Höhle zu kriechen sich anschickte. Da sagte Snati:

»Nun müssen wir hineingehen und versuchen, ob wir nicht mit ihr fertig werden können; denn wenn sie herauskommt, werden wir sie niemals überwinden können. Sie ist das schlimmste Riesenweib, welches auf Erden lebt, und kein Eisen kann sie verwunden. Nun soll der eine von uns kochenden Brei aus dem Kessel auf sie gießen, der andere aber sie mit glühendem Eisen kneifen.«

Hierauf gingen sie in die Höhle. Als die Riesin Snati erblickte, sprach sie zu ihm:

»Du bist hierher gekommen, Ring, Königssohn? Du hast gewiss meinem Mann und meinen Kindern den Garaus gemacht!«

Snati ahnte sogleich, dass dies der Anfang zu einer Zauberformel sei und fuhr mit einem glühenden Eisen auf sie los, welches er aus dem Feuer herausgenommen hatte; Ring aber begoss sie unablässig mit Brei, bis sie dieselbe endlich überwunden hatten.

Hierauf verbrannten sie sowohl das Riesenweib wie auch das tote Gespenst des alten Riesen, untersuchten die Höhle und fanden darin viel Gold und Kostbarkeiten, wovon sie das Beste auf den Bergabhang brachten. Sie beeilten sich sodann, mit den drei Kleinodien zum König zu kommen.

Spät am Weihnachtsabend erschien Ring in der Halle des Königs und übergab ihm die drei kostbaren Gegenstände. Da war der König ganz außer sich vor Erstaunen über Rings Tapferkeit und Schlauheit. Er liebte ihn noch mehr als früher, verlobte ihm seine Tochter und noch in der Weihnachtszeit sollte die Hochzeit stattfinden.

Ring dankte dem König für seine Güte, und nachdem er in der Halle gegessen und getrunken hatte, ging er in seine Herberge um zu schlafen. Da sagte Snati, dass er in Rings Bett liegen wolle, Ring dagegen auf dem Hundelager ruhen solle.

Der Königssohn antwortete, dass er gerne dazu bereit sei; er war ja Snati viel mehr schuldig als diese kleine Unbequemlichkeit.

Hierauf sprang Snati in das Bett hinauf, kam aber nach einiger Zeit wieder herab und sagte, nun möge Ring ins Bett steigen, sich aber darin auf keine Weise bewegen.

Während dies zwischen dem Hunde und dem Königssohne vorging, kam Raudur in die Halle und zeigte dem König seinen Arm, von welchem die Hand abgebissen war. Er sagte dabei, der König könne nun sehen, welche Eigenschaften sein zukünftiger Schwiegersohn besitze, denn dies habe *er* getan und zwar ohne allen Grund.

Da wurde der König rasend vor Zorn, und sagte, er werde sogleich die Wahrheit erfahren; wenn Ring dem Raudur ohne allen Grund die Hand abgehauen habe, so solle er gehängt werden; sei dies aber nicht der Fall, so solle Raudur sein Leben verlieren.

Der König ließ nun Ring holen und fragte ihn, warum er Raudur die Hand abgehauen und ob er dies ohne allen Grund getan habe.

Snati hatte Ring bereits früher alles gesagt, und dieser bat den König mit ihm zu gehen, er habe ihm etwas zu zeigen.

Der König ging mit Ring in dessen Schlafgemach und sah hier im Bette eine Menschenhand liegen, welche ein Schwert hielt. Ring erzählte, dass diese Hand durch die Wand gekommen sei und ihn mit dem Schwerte habe durchbohren wollen; er habe sich nur verteidigt.

Da fand der König, dass Raudur sein Leben verwirkt habe, und er wurde gehängt; Ring aber hielt Hochzeit mit der Königstochter.

Als das Brautpaar in der ersten Nacht beisammen schlief, bat Snati, dass er zu ihren Füßen liegen dürfe. Ring erlaubte es ihm. In der Nacht hörte dieser Lärm und Geheul. Er machte Licht und sah nun ein erschrecklich hässliches Hundegewand auf dem Boden, im Bette aber einen schönen Königssohn liegen. Er nahm sogleich das Hundegewand und verbrannte es; dem Königssohn sprengte er Wasser ins Gesicht, da er betäubt dalag; hierauf erwachte derselbe zum Bewusstsein.

Der Bräutigam fragte ihn um seinen Namen.

Er heiße Ring und sei ein Königssohn, antwortete jener.

Hierauf erzählte derselbe, er habe, als er noch jung war, seine Mutter verloren und sein Vater habe hierauf eine Riesin zur Königin genommen. Diese habe ihn in einen Hund verwandelt und den Zauber über ihn ausgesprochen, dass er nie wieder zu einem Menschen werden solle, wenn nicht ein Königssohn von gleichem Namen ihm erlaube in der Hochzeitswoche zu seinen Füßen zu liegen.

»Da sie wusste«, so fuhr er fort, »dass du denselben Namen trägst wie ich, wollte sie dich aus dem Wege räumen, damit du mich nicht aus der Verzauberung erlösen könntest. Sie war die Hindin, welche du mit deinen Leuten verfolgtest; sie war das Weib, welches du im Walde bei dem Fasse antrafst, und sie war auch das Riesenweib, welches wir in der Höhle erschlugen.«

Als die Hochzeit vorüber war, begaben sich die Königssöhne nach dem Berge, wo sie die Schätze aus der Höhle aufbewahrt hatten, und brachten hierauf diese Reichtümer in die Königsburg. Sodann holten sie alles Gold, welches sie auf der Insel fanden.

Ring gab dem erlösten Namensgenossen seine Schwester Ingibjörg und überließ ihm sein Erbreich. Er selbst aber regierte über das halbe Reich seines Schwiegervaters und wurde nach dem Tode desselben König über das ganze Land.

Island

Östlich von der Sonne und westlich vom Mond

Es war einmal ein armer Katenmann, der hatte viele Kinder; er war aber so arm, dass er ihnen weder ordentlich zu essen noch Kleider auf den Leib geben konnte; dennoch waren die Kinder alle sehr schön. Aber am schönsten von allen war doch die jüngste Tochter.

Nun war es einmal an einem Donnerstagabend im Spätherbst ein ganz abscheuliches Wetter draußen; es war stockfinster und dabei regnete und stürmte es, dass die Fenster krachten. Die ganze Familie saß um den Kamin herum, und jeder war mit seiner Arbeit beschäftigt. Plötzlich klopfte es dreimal laut ans Fenster. Der Mann ging hinaus und wollte zusehen, Was es war, und als er hinauskam, stand da ein großer weißer Bär.

»Guten Abend!«, sagte der Bär.

»Guten Abend!«, sagte der Mann.

»Willst du mir deine jüngste Tochter zur Frau geben«, sagte der Bär, »dann will ich dich so reich machen wie du jetzt arm bist.«

Dem Mann kam das nicht übel vor; aber er meinte, er müsste doch erst mit seiner Tochter ein Wort sprechen, ging hinein und erzählte, wie draußen ein großer weißer Bär stände, der hätte ihm versprochen, ihn eben so reich zu machen wie er jetzt arm wäre, wenn er ihm seine jüngste Tochter zur Frau geben wolle. Das Mädchen sagte aber nein und wollte nichts von dem Handel wissen. Da ging der Mann wieder hinaus, sprach gütlich mit dem Bären und sagte, er solle nur am nächsten Donnerstagabend wiederkommen; inzwischen wolle er schon sehen, was bei der Sache zu tun wäre. Sie überredeten nun das Mädchen und schwatzten ihr Allerlei vor von dem großen Reichtum, wozu sie gelangen würden, und wie gut sie es selbst bekäme. Da gab sie denn endlich nach, wusch ihre paar Lappen, die sie hatte, rein, putzte sich heraus, so gut sie konnte, und hielt sich reisefertig.

Als am nächsten Donnerstagabend der Bär wiederkam, ja, da war es richtig; das Mädchen setzte sich mit ihrem Bündel auf seinen Rücken, und fort ging's. Als sie ein gutes Ende hinausgekommen waren, fragte der Bär sie:

»Bist du auch bange?«

Nein, das war sie ganz und gar nicht.

»Halt dich nur immer gut an meinen Zotteln fest«, sagte der Bär, »dann hat's keine Not.«

Nun ritt sie auf dem Rücken des Bären weit, weit in die Welt hinaus, – kein Mensch kann sagen, wie weit es eigentlich war – und zuletzt kamen sie zu einem großen Felsen; da klopfte der Bär an, und nun öffnete sich eine Pforte, durch welche sie in ein großes Schloss gelangten; drinnen waren viele von Lampen erleuchtete Zimmer, und alles strahlte von Gold und von Silber; auch war da ein großer Saal, und in dem Saal stand ein Tisch, der war mit den herrlichsten Gerichten besetzt. Nun gab der Bär ihr eine silberne Glocke und sagte, wenn sie sich irgendetwas im Schloss wünsche, dann solle sie nur damit klingeln, alsdann würde sie es sogleich bekommen. Wie sie nun gegessen und getrunken hatte und gegen Abend müde wurde und sich zu Bett legen wollte, klingelte sie nur mit der Glocke – und sogleich öffnete sich eine Kammer, worin ein aufgemachtes Bett stand, so schön, wie man es sich nur wünschen konnte, mit seidenen Kissen und Vorhängen mit Goldfransen. Und alles, was sich in der Kammer befand, war ebenfalls von Gold und von Silber. Wie sie aber nun das Licht ausgelöscht und sich ins Bett gelegt hatte, kam ein menschliches Wesen und legte sich zu ihr, und so geschah es jede Nacht; aber sie bekam ihn nie zu sehen, denn er kam immer erst, wenn sie schon das Licht ausgelöscht hatte, und ging wieder fort, ehe es noch Tag wurde.

So lebte sie nun eine Zeit lang ruhig und zufrieden; aber endlich bekam sie eine so große Sehnsucht, ihre Eltern und Geschwister wiederzusehen, dass sie ganz still und traurig ward. Da fragte der Bär sie eines Tages, was ihr fehle, dass sie immer so still und nachdenklich wäre.

»Ach«, sagte sie, »es wird mir hier so öde im Schloss, denn ich möchte so gern meine Eltern und meine Geschwister einmal wiedersehen.«

»Dem kann abgeholfen werden«, sagte der Bär: »aber du musst mir versprechen, dass du nie mit deiner Mutter allein reden willst, sondern nur, wenn die anderen zugegen sind; denn sie wird dich wohl bei der Hand nehmen und dich in eine Kammer führen wollen, um mit dir allein zu sprechen; lässt du dich aber darauf ein, so machst du mich und dich unglücklich.«

Nein, sagte das Mädchen, sie wolle sich schon in Acht nehmen.

Am Sonntag kam der Bär und sagte, jetzt könne sie die Reise zu ihren Eltern antreten. Sie setzte sich nun auf seinen Rücken, und damit ging es fort. Wie sie nun eine lange Zeit gereist waren, kamen sie zu einem großen weißen Schloss, da gingen ihre Geschwister aus und ein und spielten und alles war da so schön und prächtig, dass es eine Lust war, es anzusehen.

»Da wohnen deine Eltern!«, sagte der Bär: »Vergiss nun nicht, was ich dir gesagt habe; denn sonst machst du dich und mich unglücklich.« Nein, sie wollte es nicht vergessen, sagte das Mädchen und ging ins Schloss; der Bär aber kehrte wieder um.

Wie nun die Eltern ihre Tochter wiedersahen, freuten sie sich so sehr, dass es gar nicht zu sagen ist, und konnten ihr nicht genug danken für das, was sie für sie getan hatte; und sie erzählten ihr, wie sie es nun so außerordentlich gut hätten, und fragten sie, wie es denn ihr ginge. Oh, ihr ginge es auch recht gut, sagte das Mädchen, sie hätte alles, was sie sich nur wünschte. Was sie noch weiter sagte, weiß ich nicht recht; aber ich glaube, sie gab ihnen doch keinen ordentlichen Bescheid. Am Nachmittag, als sie gegessen hatten, geschah es, wie der Bär ihr gesagt hatte: Die Mutter wollte mit der Tochter allein in der Kammer sprechen; aber das Mädchen dachte an die Worte des Bären und wollte nicht mit ihr gehen, sondern sagte: »Oh, was wir zu sprechen haben, können wir immer hier sprechen.«

Nun weiß ich aber nicht, wie es dazu kam, die Mutter überredete sie doch zuletzt, und da musste sie ihr denn alles erzählen, was sie wusste. Sie erzählte ihr nun auch, wie des Abends, wenn sie das Licht ausgemacht hätte, immer ein Mensch käme und sich zu ihr ins Bett legte; aber sie bekäme ihn nie zu sehen, denn ehe es Tag würde, wäre er immer wieder fort, sagte sie, und darüber wäre sie so betrübt; denn sie wollte ihn doch so gern sehen, und der Tag würde ihr so lang, weil sie immer so allein wäre. »Wer weiß! Das ist sicher ein Troll, der bei dir schläft«, sagte die Mutter: »Wenn du aber meinem Rat folgen willst, so steh mal des Nachts auf, wenn er eingeschlafen ist, und zünde ein Licht an und sieh zu, was es für einer ist; aber nimm dich in Acht, dass du keinen Talg auf ihn tröpfelst.«

Am Abend kam der Bär wieder und holte das Mädchen ab. Wie sie nun ein Stück des Weges hinausgekommen waren, fragte er sie, ob es nicht so gekommen sei, wie er gesagt hätte.

»Ja«, das konnte das Mädchen nicht leugnen.

»Hast du nun auf den Rat deiner Mutter gehorcht«, sagte der Bär: »dann machst du dich und mich unglücklich; und mit uns beiden ist dann die Freundschaft aus.«

Nein, das hätte sie nicht getan, sagte sie.

Als sie nun nach Hause gekommen waren, und das Mädchen sich ins Bett gelegt hatte, geschah es wieder wie sonst: es kam ein Mensch und legte sich zu ihr. In der Nacht aber, als sie hörte, dass er schlief, stand sie auf und zündete ein Licht an, und da sah sie nun im Bett den schönsten Prinz liegen, den man nur sehen konnte, und sie ward so verliebt in ihn, dass sie ihn den Augenblick küssen musste. Da versah sie's aber und ließ drei heiße Talgtropfen auf sein Hemd fallen, sodass er davon erwachte. »Was hast du getan?«, rief er, als er die Augen aufschlug: »Nun hast du mich und dich unglücklich gemacht. Hättest du bloß das Jahr ausgehalten, so wäre ich erlöst gewesen; denn ich habe eine Stiefmutter, die hat mich verzaubert, sodass ich des Tages ein Bär und des Nachts ein Mensch bin; aber mit uns beiden ist es nun

aus, denn ich muss dich jetzt verlassen und wieder zu ihr reisen; sie wohnt auf einem Schloss, das liegt östlich von der Sonne und westlich vom Mond, und da soll ich eine Prinzessin heiraten, die hat eine Nase, die ist drei Ellen lang.«

Das Mädchen fing an zu weinen und zu jammern; aber es war jetzt zu spät, er musste fort. Sie fragte ihn, ob sie denn nicht mit ihm reisen könne. Nein, sagte er, das ginge nicht an.

»Kannst du mir denn nicht den Weg sagen, damit ich dich aufsuche?«, fragte sie, »denn das ist mir doch wohl erlaubt?«

»Ja, das magst du gern«, sagte er, »aber es führt kein Weg dahin; denn das Schloss liegt östlich von der Sonne und westlich vom Mond, und dahin kommst du nie.«

Am Morgen, als sie erwachte, war sowohl der Prinz als das Schloss verschwunden, und sie lag nun auf der bloßen Erde mitten in einem dicken, finsteren Wald und hatte wieder ihre alten Lappen an, neben ihr lag dasselbe Bündel, das sie von zu Hause mitgenommen. Als sie sich den Schlaf aus den Augen gerieben und sich satt geweint hatte, begab sie sich auf den Weg und wanderte viele, viele Tage lang, bis sie endlich zu einem großen Berg kam. Vor dem Berg saß eine alte Frau und spielte mit einem goldenen Apfel. Das Mädchen fragte sie, ob sie nicht den Weg wüsste zu dem Prinzen, der bei seiner Stiefmutter auf einem Schloss wohne, das östlich von der Sonne

und westlich vom Mond läge, und der eine Prinzessin heiraten sollte mit einer Nase, die drei Ellen lang wäre.

»Woher kennst du ihn?«, fragte die Frau, »bist du vielleicht das Mädchen, das er heiraten wollte?«

Ja, sagte das Mädchen, das wäre sie.

»Ja, mein Kind«, fuhr sie fort, »ich wollte dir gern helfen; aber ich weiß auch weiter nichts von dem Schloss, als dass es östlich von der Sonne und westlich vom Mond liegt, und dahin kommst du wohl nie. Ich will dir aber mein Pferd leihen, darauf kannst du zu meiner nächsten Nachbarin reiten, vielleicht, dass sie dir den Weg sagen kann. Wenn du aber bei ihr ankommst, so schlage nur das Pferd unter das linke Ohr und heiß es wieder nach Hause gehen; und dann nimm diesen goldenen Apfel, denn du kannst ihn vielleicht gebrauchen.«

Das Mädchen setzte sich nun auf das Pferd und ritt eine lange, lange Zeit; endlich kam sie wieder zu einem Berg, vor dem saß eine alte Frau mit einem goldnen Haspel. Das Mädchen fragte sie, ob sie ihr nicht den Weg sagen könne nach dem Schloss, das östlich von der Sonne und westlich vom Mond läge. Die sagte aber ebenso, wie die vorige Frau, sie wüsste weiter nichts von dem Schloss, als dass es östlich von der Sonne und westlich vom Mond läge, »und dahin wirst du wohl niemals kommen«, sagte sie, »aber ich will dir mein Pferd leihen, darauf kannst du zu meiner nächsten Nachbarin reiten, vielleicht dass sie dir den Weg sagen kann. Wenn du aber bei ihr ankommst, so schlage nur das Pferd unter das linke Ohr und heiß es wieder nach Hause gehen; und dann nimm diesen goldnen Haspel mit, denn du kannst ihn vielleicht gebrauchen.«

Das Mädchen setzte sich nun auf das Pferd und ritt viele Tage und Wochen lang: Endlich kam sie wieder zu einem Berg, und vor dem saß eine alte Frau und spann an einem goldnen Rocken. Das Mädchen fragte nun wieder nach dem Prinzen und nach dem Schloss, das östlich von der Sonne und westlich vom Mond läge. »Bist du es, die der Prinz heiraten wollte?«, fragte die Frau. »Ja«, sagte das Mädchen; aber die Frau wusste den Weg nicht besser als die beiden vorigen. »Östlich von der Sonne und westlich vom Mond liegt das Schloss«, sagte sie, »und dahin kommst du wohl niemals. Ich will dir aber mein Pferd leihen; darauf kannst du zu dem Ostwind reiten; vielleicht dass der dir den Weg sagen kann. Wenn du aber bei ihm ankommst, so schlage nur das Pferd unter das linke Ohr und heiß es wieder nach Hause gehen, und dann nimm diesen goldnen Rocken mit, denn du kannst ihn vielleicht gebrauchen.«

Sie ritt nun manche liebe Zeit und endlich kam sie bei dem Ostwind an. Sie fragte ihn nun wieder, ob er ihr nicht sagen könne, wie sie zu dem Prinzen käme, der auf dem

Schloss wohne, das östlich von der Sonne und westlich vom Mond läge. »Ja, von dem Prinzen habe ich wohl reden hören und von dem Schloss auch«, sagte der Ostwind; »aber den Weg kann ich dir nicht sagen, denn ich habe nie so weit geweht. Ich will dich aber zu meinem Bruder, dem Westwind, führen, vielleicht, dass der es weiß, denn der ist viel stärker, als ich. Du kannst dich nur auf meinen Rücken setzen, dann will ich dich hintragen.« Das Mädchen setzte sich nun auf seinen Rücken, und fort ging es. Als sie bei dem Westwind ankamen, erzählte ihm der Ostwind, er habe ein Mädchen mitgebracht, das den Prinzen heiraten solle, der auf dem Schloss wohne, das östlich von der Sonne und westlich vom Mond läge, und fragte ihn, ob er nicht den Weg dahin wüsste. »Nein«, versetzte der Westwind, »so weit habe ich nie geweht. Wenn du es aber willst«, sagte er zu dem Mädchen, »so kannst du dich auf meinen Rücken setzen, dann will ich dich zum Südwind bringen; vielleicht kann der es dir sagen, denn der ist weit stärker als ich, und weht und streift überall umher.« Das Mädchen setzte sich auf seinen Rücken, und da dauerte es denn nicht lange, so waren sie beim Südwind. Als sie ankamen, fragte ihn der Westwind, ob er nicht den Weg nach dem Schloss wüsste, das östlich von der Sonne und westlich vom Mond läge, denn das Mädchen, das er mitgebracht hätte, solle den Prinzen heiraten, sagte er. »So?«, sagte der Westwind, aber den Weg wusste er auch nicht. »Ich hab mein Lebtag viel herumgeweht«, sagte er, »aber so weit bin ich nie gekommen. Wenn du es aber wünschst«, sagte er zu dem Mädchen, »so will ich dich zu meinem Bruder, dem Nordwind, führen, der ist der älteste und stärkste von uns allen, und wenn der dir den Weg nicht sagen kann, so erfährst du ihn niemals.« Das Mädchen musste sich nun auf seinen Rücken setzen, und fort ging es, dass die Heide wackelte.

Es dauerte nicht lange, so kamen sie beim Nordwind an; aber der war so wild und ungestüm, dass er ihnen schon von weitem lauter Schnee und Eis ins Gesicht blies.

»Was wollt ihr?«, rief er, sodass es ihnen kalt über die Haut lief.

»Oh, du musst nicht so gegen uns auffahren«, sagte der Südwind, »denn das bin ich, dein Bruder, und das hier ist das Mädchen, das den Prinzen heiraten soll, der auf dem Schloss wohnt, das östlich von der Sonne und westlich vom Mond liegt, und nun wollte sie dich gern fragen, ob du nicht da Bescheid wüsstest.«

»Ja, ich weiß wohl, wo es liegt«, sagte der Nordwind, »ich habe mal ein Espenblatt dahin geweht; aber da war ich so müde, dass ich nicht wieder wehen konnte manchen lieben Tag. Wenn du aber durchaus dahin willst«, sagte er zu dem Mädchen, »und dich nicht fürchtest, so will ich dich auf meinen Rücken nehmen und zusehen, ob ich dich hinwehen kann.«

Ja, sagte das Mädchen, hin wolle und müsse sie, wenn es nur auf irgendeine Weise angehen könne, und bange wäre sie ganz und gar nicht, ob's auch noch so schlimm gehen sollte.

»So musst du die Nacht hier bleiben«, sagte der Nordwind, »denn wir müssen den Tag vor uns haben, wenn wir hin wollen.«

Früh am andern Morgen weckte sie der Nordwind, blies sich auf und machte sich so groß und stark, dass es ganz entsetzlich war, und fort ging's durch die Luft, als ob es bis ans Ende der Welt gehen sollte. Da entstand ein so gewaltiger Sturm, dass ganze Dörfer und Wälder umwehten, und als sie über das große Meer kamen, versanken die Schiffe zu Hunderten. Immer gings fort über das Wasser, und das so weit, so weit, dass kein Mensch es glauben sollte; aber der Nordwind wurde schwächer und immer schwächer, und so schwach wurde er, dass er beinahe nicht mehr wehen konnte, und er sank tiefer und immer tiefer hinunter und zuletzt ging es so niedrig, dass die Wellen ihm an die Fersen schlugen.

»Bist du bange?«, fragte er das Mädchen.

»Nein, ganz und gar nicht«, sagte sie.

Nun waren sie nicht mehr weit vom Lande, und der Nordwind hatte kaum noch so viel Kräfte übrig, dass er sie an den Strand unter die Fenster des Schlosses wehen konnte, das östlich von der Sonne und westlich vom Mond lag. Da war er aber auch so matt und hinfällig, dass er sich viele Tage lang ausruhen musste, ehe er wieder nach Hause konnte.

Den anderen Morgen setzte das Mädchen sich unter die Fenster des Schlosses und spielte mit dem goldenen Apfel, und die erste, welche sie sah, war die Nasenprinzessin, die der Prinz heiraten sollte. »Was willst du für deinen goldenen Apfel haben?«, fragte sie das Mädchen, indem sie das Fenster aufmachte. »Der ist nicht feil weder für Gold noch für Geld«, sagte das Mädchen. »Wenn du ihn nicht verkaufen willst weder für Gold noch für Geld, was willst du denn dafür haben?«, sagte die Prinzessin: »Ich will dir geben, was du verlangst.«

»Ja, wenn ich eine Nacht bei dem Prinzen schlafen darf, so sollst du ihn haben«, sagte das Mädchen. »Ja, das magst du gern«, sagte die Prinzessin und nahm den goldenen Apfel. Als aber das Mädchen in die Kammer des Prinzen kam, war dieser fest eingeschlafen; sie rief ihn und rüttelte ihn und weinte und jammerte; aber sie konnte ihn nicht wach bekommen. Am Morgen, als es hell wurde, kam die Prinzessin mit der langen Nase und jagte sie wieder hinaus.

Den Tag setzte das Mädchen sich wieder unter die Fenster des Schlosses und schlang das Garn auf ihren goldnen Haspel, und nun geschah es wieder ebenso wie gestern. Die Prinzessin fragte sie, was sie für den Haspel haben wolle; aber das Mädchen sagte, er wäre nicht feil weder für Gold noch für Geld; wenn sie aber noch eine Nacht bei dem Prinzen schlafen dürfe, so solle die Prinzessin ihn haben. Die sagte sogleich ja und nahm den goldnen Haspel. Als aber das Mädchen hinaufkam, war der Prinz wieder fest eingeschlafen; und wie viel sie ihn auch rief und rüttelte und weinte und jammerte, so konnte sie ihn doch nicht wach bekommen; und am Morgen, als es hell wurde, kam die Prinzessin mit der langen Nase und jagte sie wieder hinaus.

An diesem Tage setzte sich das Mädchen mit ihrem goldnen Rocken unter die Fenster hin und spann. Als die Prinzessin mit der langen Nase den Rocken sah, wollte sie den auch gern haben; sie machte das Fenster auf und fragte das Mädchen, was sie haben wolle für ihren goldenen Rocken. Das Mädchen sagte aber wieder wie die beiden vorigen Male, für Gold und Geld sei er nicht feil; wenn die Prinzessin sie aber noch eine Nacht bei dem Prinzen wolle schlafen lassen, dann solle sie ihn haben. Ja, das dürfe sie gern, sagte die Prinzessin und nahm den goldnen Rocken. Nun hatten aber einige Leute, die neben der Kammer des Prinzen schliefen, seit zwei Nächten ein so klägliches Rufen und Wimmern von einem Frauenzimmer drinnen gehört, und das erzählten sie am Morgen dem Prinzen. Als nun am Abend die Prinzessin mit der Suppe kam, die der Prinz immer zu trinken pflegte, ehe er zu Bett ging, tat er, als ob er sie tränke, aber goss die Suppe hinter sich; denn er ahnte nun wohl, dass die Prinzessin einen Schlaftrunk hineingetan hatte. Wie nun am Abend das Mädchen in die Kammer kam, war der Prinz noch wach und freute sich über alle Maßen, das Mädchen wiederzusehen; und sie musste ihm nun erzählen, wie es ihr ergangen war und wie sie nach dem Schloss gekommen sei. Als sie ihm alles erzählt hatte, sagte er:

»Du kommst gerade zu rechter Zeit, denn morgen soll meine Hochzeit mit der Prinzessin sein; aber ich frage nichts nach ihr und ihrer langen Nase, sondern du bist die einzige, die ich haben will. Ich werde darum sagen, ich möchte gern sehen, wozu meine Braut taugt, und von der Prinzessin verlangen, dass sie die drei Talgflecke aus meinem Hemd wasche. Darauf wird sie sich denn wohl einlassen, aber ich weiß, dass sie es nicht zustande bringt; denn die Flecke sind von deiner Hand darauf getröpfelt, und nur Christenhände können sie wieder auswaschen, aber nicht die Hände von solchem Trollpack, wozu sie gehört. Ich werde aber sagen, ich wolle keine andere Braut haben als die, welche es fertig brächte. Und wenn sie es dann alle versucht haben und nicht damit fertig werden können, dann werde ich dich rufen, dass du es auch versuchst.«

Hierauf brachten sie die Nacht munter und vergnügt miteinander zu. Als aber am Tage die Hochzeit stattfinden sollte, sagte der Prinz:

»Ich möchte doch erst sehen, wozu meine Braut taugt.«

Das wäre nicht mehr als billig, meinte die Stiefmutter.

»Ich habe ein so schönes Hemd«, sagte der Prinz, »und das möchte ich gern zum Bräutigamshemd haben; aber nun sind mir drei Talgflecke hineingekommen, und die wollte ich gern wieder ausgewaschen haben; darum habe ich mir vorgenommen, keine andere zu heiraten als die, welche dazu taugt.«

Je nun, das wäre ja nicht so gefährlich, meinten die Frauen und gingen darauf ein; und die Prinzessin mit der langen Nase fing an zu waschen, was sie nur konnte; aber je länger sie wusch, desto größer und schwärzer wurden die Flecke.

»Ach, du verstehst dich nicht darauf«, sagte das alte Trollweib, ihre Mutter, »gib mir mal her!«

Als aber die nun das Hemd bekam, wurde es noch schwärzer, und je mehr sie es wusch und rieb, desto größer wurden die Flecke. Nun sollten die anderen Trollweiber das Hemd waschen; aber je länger sie es wuschen, desto abscheulicher ward es anzusehen, und zuletzt sah das ganze Hemd aus, als hätte es im Schornstein gehangen. »Ach, ihr taugt alle nicht dazu!«, sagte der Prinz: »Da sitzt ein armes Bettlermädchen unter den Fenstern; ich bin sicher, die versteht sich besser aufs Waschen als ihr alle zusammen. Komm mal herein, Mädchen!«, rief er; und als das Mädchen kam, fragte er sie: »Kannst du wohl das Hemd da rein waschen?«

»Ich weiß nicht«, sagte das Mädchen, »aber ich denke wohl.«

Das Mädchen nahm nun das Hemd und fing an zu waschen und da wurde es unter ihren Händen so weiß wie frisch gefallener Schnee und noch weißer. »Ja, dich will ich haben!«, sagte der Prinz. Da ward das alte Trollweib so böse, dass es barst; und die Prinzessin mit der langen Nase und das andere Trollpack, glaube ich, ist auch geborsten; denn ich habe nachher nie wieder etwas von ihnen gehört. Der Prinz und seine Braut ließen nun alle Christen frei, die im Schloss gefangen waren; darauf nahmen sie so viel Gold und Silber, als sie nur fortschaffen konnten, und zogen weit weg von dem Schloss, das östlich von der Sonne und westlich vom Mond lag. Wie sie aber fort gekommen sind und wo sie hinzogen, das weiß ich nicht; sind es aber die, welche ich meine, so sind sie nicht so gar weit von hier.

Norwegen

Per Gynt

In alten Zeiten lebte in Quam ein Schütze, der hieß Per Gynt. Er lag beständig droben im Gebirge und schoss dort Bären und Elche, denn damals gab es noch mehr Wälder auf den Bergen, und in ihnen hielten sich derartige Untiere auf. In einem Jahre nun, spät im Herbst, nachdem das Vieh schon längst von den Bergweiden herabgetrieben war, wollte Per Gynt wieder einmal hinauf ins Gebirge. Mit Ausnahme von drei Sennerinnen hatten schon alle Hirtenleute das Gebirge verlassen. Als Per Gynt die Hövringalm erreichte, wo er in einer Sennhütte übernachten wollte, war es schon so dunkel, dass er die Hand nicht vor den Augen sehen konnte. Da fingen die Hunde plötzlich so fürchterlich zu bellen an, dass es Per Gynt ganz unheimlich zumute wurde. Plötzlich stieß sein Fuß an etwas an, und als er es befühlte, war es kalt und groß und schlüpfrig. Da er aber nicht vom Wege abgekommen zu sein glaubte, konnte er sich gar nicht erklären, was das sein könnte; aber es kam ihm gar nicht geheuer vor.

»Wer ist denn das?«, fragte Per Gynt, denn er fühlte, dass es sich bewegte.

»Ei, ich bin der Böig*, der Krumme«, lautete die Antwort. Damit war aber Per Gynt so klug wie vorher. Er ging nun daran entlang, »denn schließlich muss ich doch daran vorbeikommen«, dachte er.

Im Weitergehen stieß er plötzlich wieder mit dem Fuß an etwas, und als er es anfühlte, war es wieder kalt und groß und schlüpfrig.

»Wer ist das?«, fragte Per Gynt.

»Ich bin der Krumme«, lautete aufs Neue die Antwort.

»Ei, ob du gerade oder krumm bist, du sollst mich doch weiterlassen«, sagte Per Gynt, denn er merkte, dass er im Kreise herumging und der Krumme sich um die Sennhütte herumgeschlängelt hatte. Bei diesen Worten schob sich der Krumme ein wenig auf die Seite, sodass Per Gynt an die

---

* Ein gespenstisches Ungeheuer des Nordens, das sich dem Wanderer als ein unsichtbares, kaltes, schleimiges Etwas um die Füße legt.

Sennhütte hingelangen konnte. Als er hineinkam, war es da drinnen nicht heller als draußen; er stolperte und tastete an den Wänden umher, denn er wollte seine Flinte abstellen und seine Jagdtasche ablegen. Aber während er so suchend umhertappte, fühlte er wieder das Kalte, Große und Schlüpfrige.

»Wer ist denn das nun?«, rief Per Gynt.

»Ach, ich bin der große Krumme«, lautete die Antwort. Und wohin er auch fasste und wohin er den Fuß setzte, überall fühlte Per Gynt den Ring, den der Krumme um ihn gezogen hatte.

»Hier ist nicht gut sein«, dachte Per Gynt, »weil dieser Krumme ebenso gut hier drinnen als draußen ist; aber ich werde diesem Ruhestörer bald ein Ende machen.« Er nahm seine Flinte, ging wieder hinaus und tastete an dem Krummen entlang, bis er den Kopf fand.

»Wer bist du denn eigentlich?«, fragte er.

»Ach, ich bin der große Krumme von Etnedal«, sagte der große Troll. Da machte Per Gynt kurzen Prozess und schoss ihm drei Kugeln mitten durch den Kopf.

»Schieß noch einmal!«, rief der Krumme. Aber Per Gynt wusste es besser, denn wenn er noch einmal geschossen hätte, wäre die Kugel auf ihn selbst zurückgeprallt. Als dies getan war, fassten Per Gynt und die Hunde fest zu und zogen den großen Troll aus der Sennhütte hinaus, damit sie es sich in der Hütte bequem machen könnten. Währenddessen lachte und höhnte es von allen Bergen ringsum.

»Per Gynt zog viel, aber die Hunde zogen mehr!«, ertönte es.

Am Morgen wollte Per Gynt hinaus auf die Jagd. Als er tief in die Berge hineinkam, sah er ein Mädchen, das Schafe und Ziegen über einen Berggipfel trieb. Als er aber den Gipfel erreicht hatte, war das Mädchen mit seiner Herde verschwunden, und Per Gynt sah nichts als ein großes Rudel Bären.

»Ich habe doch noch nie Bären in Rudeln beisammen gesehen«, dachte Per Gynt. Als er aber näher kam, waren bis auf einen einzigen alle verschwunden. Da klang es von einem Berge dicht neben ihm:

»Nimm in acht den Eber dein,
Per Gynt steht draußen
Mit dem Stutzen sein!«

»Ach, dann widerfährt Per Gynt ein Unglück, nicht aber meinem Eber, denn er hat sich heute nicht gewaschen«, klang es aus dem Berge. Schnell wusch sich Per Gynt die Hände mit seinem Wasser und schoss den Bären tot. In den Bergen erhob sich ein schallendes Gelächter.

»Du hättest auf deinen Eber achtgeben sollen«, rief die eine Stimme.

»Ich habe nicht daran gedacht, dass er die Waschschüssel zwischen den Beinen hat«, erwiderte die andere.

Per Gynt zog dem Bären die Haut ab und vergrub den Körper im Geröll; aber den Kopf und das Fell nahm er mit. Auf dem Rückweg traf er mit einem Bergfuchs zusammen.

»Sieh mein Lämmchen, wie fett du bist!«, rief es von einem Hügel her. »Seht nur, wie hoch Per Gynt den Stutzen trägt!«, tönte es von einem andern Hügel, als Per Gynt die Flinte zum Schießen an die Wange legte und den Fuchs erschoss. Er zog auch diesem den Balg ab und nahm ihn mit; und als er an der Sennhütte ankam, nagelte er die Köpfe mit aufgesperrten Rachen außen an die Wand. Darauf machte er Feuer und stellte einen Suppentopf darüber; aber es rauchte so fürchterlich, dass Per Gynt kaum die Augen offenhalten konnte, und er musste deshalb eine in der Wand befindliche Luke öffnen. Da kam gleich ein Troll herbei und steckte seine Nase durch die Luke herein, die Nase aber war so lang, dass sie bis an den Schornstein reichte.

»Da kannst du einmal ein ordentliches Riechhorn sehen«, sagte er.

»Und du kannst Suppe versuchen«, sagte Per Gynt und goss ihm den ganzen Topf Suppe über die Nase. Der Troll stürzte davon und jammerte laut; aber ringsum von allen Höhen lachte und spottete und ertönte es: »Suppenrüssel, Suppenrüssel!«

Hierauf war eine Weile alles still; doch dauerte es nicht lange, da erhob sich draußen wieder Lärm und Getöse. Per Gynt sah hinaus, und da erblickte er einen mit Bären bespannten Wagen; der große Troll wurde aufgeladen, und dann ging es hinauf ins Gebirge mit ihm. Während Per Gynt dem Wagen noch nachsah, wurde plötzlich ein Eimer Wasser durch den Schornstein herabgegossen; das Feuer erlosch, und Per Gynt saß im Dunkeln. Da begann es in allen Ecken zu lachen und zu spotten, und eine Stimme sagte:

»Jetzt wird es Per Gynt gerade so gehen wie den Sennerinnen in der Val-Hütte.«

Per Gynt zündete das Feuer wieder an, rief seine Hunde herbei, verschloss die Sennhütte und ging weiter nach Norden bis zu der Val-Hütte, in der die drei Sennerinnen waren.

Als er eine Strecke zurückgelegt hatte, sah er ein Feuer lodern, als wenn die ganze Val-Hütte in hellen Flammen stünde, und in demselben Augenblick stieß er auf ein Rudel Wölfe, von denen er die einen niederschoss und die anderen erschlug. Als er die Val-Hütte erreicht hatte, war es da stockfinster und von einer Feuersbrunst keine Spur zu entdecken, aber es waren vier fremde Männer in der Hütte, die die Sennerinnen belästigten; das waren vier Bergtrolle, die hießen Gust i Väre, Tron Valfjeldet, Tjöstöl Aabakken und Rolf Eldförpungen.* Gust i Väre stand vor der Tür und sollte Wache halten, während die andern bei den Sennerinnen drinnen waren und zudringlich werden wollten. Per Gynt schoss auf Gust i Väre, verfehlte ihn aber, und da lief Gust i Väre davon. Als dann Per Gynt in die Stube hineinkam, waren die Sennerinnen in großer Not; zwei von ihnen waren ganz außer sich vor Schrecken und flehten zu Gott um Hilfe und Rettung, die dritte aber, die man die tolle Kari nannte, hatte keine Angst. Sie sagte, sie sollten nur kommen, sie hätte wirklich Lust zu sehen, ob solche Kerle auch Schneid hätten. Als aber die Trolle merkten, dass Per Gynt im Zimmer war, fingen sie zu jammern an und sagten zu Eldförpungen, er solle Feuer anmachen. In demselben Augenblick fielen die Hunde über Tjöstöl Aabakken her und warfen ihn kopfüber auf den Herd, dass Asche und Funken umherstoben.

»Hast du meine Schlangen gesehen, Per Gynt?«, fragte Tron Valfjeldet – so nannte er die Wölfe.

»Ja, und nun sollst du denselben Weg gehen wie deine Wölfe!«, rief Per Gynt und erschoss ihn. Dann schlug er Tjöstöl Aabakken mit dem Flintenkolben tot; aber Eldförpungen war durch den Schornstein entflohen. Nachdem Per

---

* Die Namen der vier Trolle deuten auf die vier Elemente: Väre = Luft; Fjeld = Berg, Erde; Aa = Bach, Wasser; Eid = Feuer.

Gynt dieses getan hatte, begleitete er die Sennerinnen nach ihrem Dorfe, denn sie wagten nun nicht länger in der Hütte zu bleiben.

Als nun die Weihnachtszeit herankam, war Per Gynt wieder unterwegs. Er hatte von einem Hof auf Dovre gehört, wo sich am Christabend so viele Trolle einfinden sollten, dass die Bewohner flüchten und auf anderen Höfen Unterkunft suchen müssten; dieses Gehöft wollte Per Gynt aufsuchen, denn es gelüstete ihn, diese Trolle zu sehen. Er zog zerrissene Kleider an, nahm einen zahmen weißen Bären, der ihm zu eigen gehörte, sowie einen Pfriemen, etwas Pech und Draht mit. Als er den Hof erreicht hatte, ging er ins Haus hinein und bat um Obdach.

»Gott steh uns bei!«, sagte der Mann. »Wir können dir kein Obdach geben, wir müssen selbst den Hof verlassen, denn an jedem Heiligen Abend wimmelt es hier von Trollen.«

Aber Per Gynt meinte, er werde das Haus schon von den Trollen säubern. So wurde ihm erlaubt dazubleiben, und er bekam eine Schweinehaut noch obendrein. Darauf legte sich der Bär hinter den Schornstein, Per holte Pech, Pfriemen und Draht hervor und machte sich daran, aus der ganzen Schweinehaut einen einzigen großen Schuh zu machen. Als Schnürband zog er einen dicken Strick hindurch, sodass er den Schuh rundherum zuschnüren konnte, und überdies hatte er noch zwei Stöcke bereit. Kaum war er fertig, da kamen die Trolle auch schon mit Fiedeln und Spielleuten dahergezogen, und die einen tanzten, die andern aßen von dem Weihnachtsessen, das auf dem Tische stand, einige brieten Speck, andere brieten Frösche und Kröten und ähnliches ekelhaftes Zeug – dieses Weihnachtsessen hatten sie selbst mitgebracht. Inzwischen bemerkten einige den von Per Gynt verfertigten Schuh. Da er für einen großen Fuß bestimmt zu sein schien, wollten die Trolle ihn anprobieren, und als jeder von ihnen einen Fuß hineingestellt hatte, zog Per Gynt den Schuh zu, zwängte einen Stock hinein und schnürte ihn so stark zu, dass alle miteinander in dem Schuh festsaßen. Aber jetzt streckte der Bär die Nase vor und schnupperte nach dem Braten hin.

»Möchtest du Kuchen haben, mein weißes Kätzchen?«, fragte einer der Trolle und warf dem Bären einen noch brennend heißen gebratenen Frosch in den Rachen.

»Kratze und schlage, Meister Petz!«, rief Per Gynt. Da wurde der Bär so zornig, dass er auf die Trolle losfuhr und nach allen Seiten Hiebe austeilte und sie kratzte. Und Per Gynt schlug mit dem andern Stock in den Haufen hinein, wie wenn er allen den Schädel einschlagen wollte. Da mussten die Trolle die Flucht ergreifen; Per Gynt aber blieb da und schmauste die ganze Weihnachtszeit über von dem Weihnachtsessen, und nun hörte man viele Jahre lang nichts mehr von den Trollen. Der Hofbauer aber hatte eine weiße Stute; da gab ihm Per den Rat, von dieser Stute Füllen aufzuziehen, diese dann in den Bergen herumstreifen und sich da vermehren zu lassen.

Nach vielen Jahren war die Weihnachtszeit wieder einmal vor der Tür. Der Hofbauer war im Walde und fällte Holz zum Feste. Da kam ein Troll herbei und rief ihm zu: »Hast du deine große weiße Katze noch?«

»Ja, sie liegt daheim hinter dem Ofen«, sagte der Mann, »und sie hat sieben Junge bekommen, die noch viel größer und besser sind als sie selbst.«

»Dann kommen wir nie wieder zu dir!«, rief der Troll.

Norwegen

Die Mühle, die auf dem Meeresgrund mahlt

In alten Zeiten gab es einmal zwei Brüder: Der eine war reich und der andere arm. Als nun der Weihnachtsabend herankam, hatte der arme keinen Bissen zu essen im Hause, weder Fleisch noch Brot; er ging deshalb zu seinem Bruder und bat ihn im Namen Gottes um eine Kleinigkeit zu Weihnachten. Es war wohl nicht das erste Mal, dass ihm der Bruder hatte etwas geben müssen; aber er war immer etwas geizig und daher nicht sonderlich erfreut über den Besuch. »Willst du tun, was ich dir sage, dann sollst du einen ganzen

Schinken bekommen«, sagte er. Ja, das wolle er gerne, sagte der arme Bruder und bedankte sich.

»Da hast du ihn, fahr nun zur Hölle damit«, sagte der Reiche und warf ihm den Schinken hin.

»Was ich versprochen habe, muss ich halten«, sagte der andere; er nahm den Schinken und machte sich auf den Weg. Dann wanderte er den ganzen Tag hindurch, bis er in der Dämmerung an ein Haus kam, aus dem es hell herausschimmerte. »Hier ist es gewiss«, dachte der Mann mit dem Schinken. Im Holzschuppen stand ein alter Mann mit einem langen weißen Bart, der zum Weihnachtsabend Holz kleinmachte.

»Guten Abend«, sagte der Mann mit dem Schinken.

»Guten Abend, wohin willst du noch so spät?«, fragte der Alte.

»Ich sollte eigentlich in die Hölle, aber ich weiß nicht, ob ich auf dem rechten Weg dahin bin«, antwortete der Arme.

»Doch, du bist ganz recht gegangen, dies hier ist die Hölle«, sagte der alte Mann. »Wenn du aber nun hineinkommst, werden sie dir alle deinen Schinken abkaufen wollen, denn Schweinefleisch ist ein seltenes Gericht in der Hölle; aber du sollst ihn nicht für Geld verkaufen, sondern die alte Handmühle verlangen, die hinter der Tür steht. Wenn du dann wieder herauskommst, will ich dir zeigen, wie man die Mühle behandeln muss; die ist nämlich zu allerlei nütze«, sagte er.

Der Mann mit dem Schinken dankte für die gute Auskunft und klopfte bei dem Teufel an. Als er hineinkam, ging es, wie der alte Mann gesagt hatte; alle Teufel, die großen und die kleinen, wimmelten um ihn herum wie Ameisen, und der eine überbot immer den anderen, um den Schinken zu bekommen.

»Ich hatte freilich die Absicht, ihn mit meinem Weibe zum Christabend zu verzehren«, sagte der Mann; »da ihr jedoch so erpicht darauf seid, will ich ihn euch lassen. Aber wenn ich ihn verkaufen soll, so will ich die alte Handmühle dafür, die hinter der Tür steht.«

Der Teufel wollte die Mühle nicht gerne hergeben; er feilschte und handelte mit dem Manne, dieser aber blieb bei seiner Bedingung, und so musste der Teufel mit der Mühle herausrücken. Als dann der Mann wieder auf den Hof herauskam, fragte er den alten Holzfäller, wie er nun die Mühle gebrauchen müsse, und als der es ihm gezeigt hatte, bedankte er sich und machte sich schnellstens auf den Heimweg. Aber so sehr er sich auch beeilte, so kam er doch erst nach Hause, als es eben in der Christnacht zwölf Uhr schlug.

»Aber wo in aller Welt bist du denn geblieben?«, fragte die Frau. »Hier habe ich nun Stunde um Stunde gesessen und gewartet und habe nicht einmal zwei Stecken, die ich kreuzweise unter den Topf mit der Weihnachtssuppe hätte legen können.«

»Ach, ich konnte nicht früher kommen, denn ich hatte noch allerlei zu besorgen, und einen weiten Weg hatte ich auch. Aber jetzt sollst du mal sehen«, sagte der Mann. Er stellte die Mühle auf den Tisch und befahl ihr zu mahlen. Zuerst Lichter, dann ein Tischtuch, dann Essen und Bier und sonst allerlei Gutes zum Weihnachtsschmaus; und wie er der Mühle befahl, so mahlte diese. Seine Frau bekreuzte sich einmal ums andere und wollte wissen, wo er die Mühle herhabe, aber der Mann wollte nicht mit der Sprache heraus.

»Es ist ganz einerlei, wo ich sie herhabe. Du siehst, dass die Mühle gut ist und dass das Mahlwasser nicht einfriert«, sagte der Mann. Und so mahlte er Essen und Trinken und alle guten Sachen für die ganze Weihnachtszeit, und am dritten Tage lud er seine Freunde zu sich ein, denn er wollte ihnen ein Gastmahl geben.

Als der reiche Bruder sah, was alles zum Festmahl bereitstand, ärgerte er sich grün und gelb, weil er seinem Bruder durchaus nichts gönnte.

»Am Weihnachtsabend war er noch so bettelarm, dass er zu mir kam und mich um Gottes willen um eine Kleinigkeit bat, und jetzt hält er ein Fest, wie wenn er Graf oder König wäre«, sagte er. »Aber wo zum Satan hast du denn den Reichtum gefunden?«, fragte er den Bruder.

»Hinter der Tür«, sagte der, dem die Mühle gehörte, denn er hatte keine Lust, dem Bruder Rechenschaft darüber abzulegen. Aber später am Abend, als er etwas im Kopfe hatte, konnte er sich nicht länger zurückhalten, und nun rückte er mit der Mühle heraus. »Da siehst du die Gans, die mir die goldenen Eier legt«, sagte er und ließ die Mühle bald dies, bald jenes mahlen.

Als der reiche Bruder dies sah, wollte er ihm die Mühle durchaus abkaufen, und schließlich willigte der Bruder auch ein, sie ihm zu lassen; aber dreihundert Taler müsse er ihm dafür geben, und außerdem bedingte er sich noch aus, dass er die Mühle bis zur Heuernte behalten dürfe. »Denn wenn ich sie noch so lange behalte, kann sie mir für viele Jahre Essen gemahlen haben«, dachte er.

Wie man sich wohl denken kann, wurde während dieser Zeit die Mühle nicht rostig, und als die Heuernte herankam, erhielt sie der Bruder, aber der andere hatte sich wohl gehütet, ihm zu zeigen, wie man sie behandeln musste. Abends brachte der Reiche die Mühle nach Hause, und am nächsten Morgen befahl er seiner Frau, mit den Mähern aufs Feld hinauszugehen und das Heu hinter ihnen auszubreiten; er werde selbst für das Mittagessen sorgen, sagte er. Als nun die Mittagszeit herankam, stellte er die Mühle auf den Küchentisch. »Mahle Hering und Milchsuppe; aber schnell und viel!«, sagte der Mann.

Da fing die Mühle zu mahlen an, Hering und Milchsuppe, erst alle Schüsseln und Töpfe voll, dann immer weiter, dass der ganze Küchenboden davon überschwemmt wurde. Der Mann drehte und schraubte an der Mühle, um sie abzustellen; aber wie er auch daran herumhantierte, die Mühle blieb nicht stehen, und zuletzt war die Milchsuppe in der Küche schon so hoch, dass der Mann in Gefahr war zu ertrinken. Da riss er die Stubentür auf; aber schon nach kurzer Zeit hatte die Mühle auch die Stube voll gemahlen, und nur mit knapper Not konnte der Mann in der Flut von lauter Milchsuppe noch die Türklinke finden. Als er nun die Tür aufgemacht hatte, stürzte er eiligst hinaus ins Freie, und die Flut von Hering und Milchsuppe hinter ihm her, sodass sie sich über den ganzen Hof und die Felder hinwälzte.

Indessen meinte die Frau, die das Heu auf dem Feld ausbreitete, es dauere doch gar zu lange, bis das Mittagessen fertig sei. »Wir wollen jetzt nur nach Hause gehen, wenn uns der Herr auch nicht ruft«, sagte sie zu den Mähern. »Er wird wohl die Milchsuppe nicht allein zustande bringen, und ich muss ihm helfen.« Sie zogen also langsam heimwärts; aber als sie den Hügel hinter sich hatten, wogte ihnen Hering und Milchsuppe und Brot, alles durcheinander, entgegen, und der Mann lief immer davor her. »Wollte Gott, dass jeder von euch hundert Bäuche hätte!«, rief er. »Aber nehmt euch in acht, dass ihr nicht in dem Mittagessen ertrinkt.« Damit jagte er, wie vom Teufel besessen, an ihnen vorbei und hinüber zu seinem Bruder. Den bat er, um Gottes willen doch die Mühle wiederzunehmen, und zwar augenblicklich. »Denn wenn sie noch eine einzige Stunde mahlt, dann ertrinkt das ganze Dorf in Hering und Milchsuppe«, rief er.

Der Bruder aber wollte die Mühle nicht wiedernehmen, wenn ihm der andere nicht noch dreihundert Taler dazu bezahlte, und es blieb dem Reichen nichts übrig, er musste mit dem Gelde herausrücken. Jetzt hatte der Arme sowohl Geld als auch die Mühle, und es dauerte nicht lange, da hatte er sich ein Haus gebaut, noch viel schöner als das, in dem der Bruder wohnte. Mit der Mühle mahlte er so viel Gold zusammen, dass er die Wände ganz mit Goldplatten bekleiden

konnte, und das Haus lag dicht am Meeresstrand, da konnte man es vom Meere aus schon von weitem blinken und glänzen sehen. Alle, die vorbeifuhren, hielten an, um den reichen Mann in dem goldenen Haus zu besuchen und die wunderbare Mühle zu sehen, denn sie wurde weit und breit berühmt, und es gab niemanden, der nicht davon reden gehört hätte.

Schließlich kam auch einmal ein Schiffer an, der die Mühle sehen wollte, und als er sie sah, fragte er, ob sie auch Salz mahlen könnte. »Oh ja, Salz kann sie auch mahlen«, sagte der Mann, dem sie gehörte; und als der Schiffer das hörte, wollte er die Mühle mit Gewalt haben, mochte sie kosten, was sie wolle. »Denn«, dachte er, »wenn ich sie hätte, brauchte ich nicht mehr über so gefährliche Meere nach Salz zu fahren.«

Anfangs wollte der Mann sie durchaus nicht hergeben; aber der Schiffer ließ nicht nach mit Bitten und Betteln, und schließlich erhielt er denn auch die Mühle für viele, viele tausend Taler.

Als der Schiffer die Mühle aufgeladen hatte, hielt er sich nicht lange auf, denn er hatte Angst, der Mann könnte wieder anderen Sinnes werden; zu fragen, wie man die Mühle behandeln müsse, dazu nahm er sich gar nicht Zeit, er brachte sie so schnell wie möglich in sein Schiff und stieß ab.

Als er eine Strecke weit aufs Meer hinausgefahren war, holte er die Mühle hervor. »Mahle Salz, aber schnell und viel!«, befahl er. Nun ja, die Mühle begann, Salz zu mahlen, dass es nur so sprühte. Als das Schiff voll war, wollte der Schiffer die Mühle abstellen; aber wie er auch drehte und schraubte, die Mühle mahlte immer weiter, der Salzhaufen wurde immer größer, und schließlich sank das Schiff. Da steht nun die Mühle auf dem Meeresgrund und mahlt noch bis auf den heutigen Tag, und daher kommt es, dass das Meerwasser so salzig ist.

Norwegen

Das Weihnachtsmahl der Zwerge

In Norwegen, nicht weit von der Stadt Trontheim, lebte ein mächtiger Mann, der mit jeglichem Gut gesegnet war. Ein Teil des Landes umher gehörte ihm; zahlreiche Herden grasten auf seinen Weiden, und eine große Dienerschaft schmückte sein Haus. Er hatte eine einzige Tochter, Aslog: Der Ruf ihrer Schönheit war weit umher verbreitet. Die Vornehmsten des Landes bewarben sich um sie, aber ohne Erfolg, und wer hoffnungsvoll und freudig gekommen war, ritt traurig und schweigend wieder fort. Ihr Vater, der da glaubte, dass seine Tochter das nur täte, um eine kluge Wahl zu treffen, mischte sich nicht darein und freute sich über ihre Einsicht. – Als aber zuletzt die Edelsten und Reichsten umsonst ihr Glück bei ihr versucht hatten, so gut wie die übrigen, da wurde er böse und sagte zu ihr:

»Bis jetzt habe ich dir freie Wahl gelassen; da ich aber sehe, dass du alle ohne Unterschied abweisest, und die besten Freier dir nicht gut genug scheinen, so will ich mir das nicht länger gefallen lassen. Soll mein Geschlecht aussterben und mein Besitztum Fremden zufallen? Ich will deinen halsstarrigen Sinn beugen. – Ich gebe dir Zeit bis zum Fest der großen Winternacht; wähle bis dahin, oder mache dich gefasst den zu nehmen, den ich für dich bestimme«.

Uslog liebte einen hübschen, tapferen und edlen Jüngling namens Orm. Sie liebte ihn von ganzer Seele und wollte lieber sterben, als ihre Hand einem andern geben. – Aber Orm war arm, und Armut zwang ihn, im Hause ihres Vaters zu dienen. – Aslogs Neigung zu ihm wurde geheim gehalten, denn ihr stolzer Vater würde nie seine Einwilligung zu ihrer Verbindung mit einem so untergeordneten Manne gegeben haben.

Als Aslog ihres Vaters finsteres Gesicht sah und seine bösen Worte hörte, wurde sie bleich wie der Tod, denn sie kannte seine Gemütsart und wusste wohl, dass er der Mann dazu war, seine Drohungen auszuführen. Ohne ein Wort zu erwidern, zog sie sich in ihr einsames Kämmerlein zurück und dachte darüber nach, wie sie dem dunkeln Ungewitter, das über ihrem Haupte drohend hing, entgehen könne. Der große Festtag kam immer näher, und ihre Angst nahm immer mehr zu.

Zuletzt entschlossen sich die Liebenden, zu fliehen. »Ich weiß einen sicheren Ort«, sagte Orm, »wo wir unentdeckt bleiben können, bis wir Gelegenheit finden, das Land zu verlassen.«

In der Nacht, als alles schlief, führte Orm die zitternde Aslog über Schnee- und Eisfelder den Bergen zu. – Der Mond und die Sterne, die, in der kalten Winternacht immer heller scheinen, leuchteten ihnen, – Sie hatten einige Kleider und Felle mitgenommen, das war alles, was sie tragen konnten, – Die ganze Nacht stiegen sie auf den Bergen umher, bis sie einen einsamen von Felsen umgebenen Platz erreichten. Hier geleitete Orm die ermüdete Aslog in eine Höhle, deren dunkler und enger Eingang kaum sichtbar war; die Höhle erweiterte sich aber bald zu einer großen Halle, die tief in den Berg hineinging, Orm zündete ein Feuer an, und so saßen sie bei demselben, auf den Fellen ausruhend, in tiefer Abgeschiedenheit von der Welt.

Orm war der erste, der diese Höhle entdeckt hatte, die noch heutigen Tages gezeigt wird, und da sonst niemand etwas davon wusste, so waren sie sicher vor den Verfolgungen des Vaters der Aslog. Sie brachten den ganzen Winter hier zu. – Orm pflegte auf die Jagd zu gehen, und Aslog blieb in der Höhle, gab acht auf das Feuer und bereitete die nötige Speise. Oft bestieg sie die Spitzen der Felsen, aber so weit ihr Auge sehen konnte, erblickte es nichts als schimmernde Schneefelder.

Der Frühling kam; die Wälder wurden grün! Die Wiesen kleideten sich in bunte Farben, und Aslog konnte jetzt nur selten und mit großer Vorsicht die Höhle verlassen. Da kam Orm eines Abends heim mit der Nachricht, dass er in der Entfernung ihres Vaters Leute erkannt hätte und sicher auch von ihnen erkannt worden wäre, da sie ebenso scharf sähen, wie er. »Sie werden diesen Platz umgeben«, fuhr er fort, »und nicht eher ruhen, bis sie uns gefunden haben! Wir müssen daher sogleich fort.« Demgemäß stiegen sie an der andern Seite hinab und erreichten den Strand, wo sie glücklicherweise ein Boot fanden. Orm stieß ab, und das Boot trieb in die offene See. Ihren Verfolgern waren sie zwar entflohen, jetzt aber Gefahren anderer Art ausgesetzt. Wohin sollten sie sich wenden? Sie durften nicht wagen zu landen, da Aslogs Vater Herr der ganzen Küste war und sie ihm in die Hände fallen würden. – Es blieb ihnen weiter nichts übrig, als das Boot den Wogen und den Winden zu überlassen. Sie trieben die ganze Nacht fort. – Bei Tagesanbruch war die Küste verschwunden, und sie sahen nichts als Himmel und Wasser.

Sie hatten nicht einen Bissen Nahrung mitgebracht! Hunger und Durst fingen an sie zu quälen. – Drei Tage wurden sie so fortgetrieben, und Aslog, schwach und erschöpft, sah den gewissen Untergang voraus.

Endlich entdeckten sie am Abend des dritten Tages eine Insel von ziemlicher Größe, welche eine Menge kleiner Eilande umgaben. Orm steuerte sogleich darauf zu; aber als er sich der Insel näherte, erhob sich ein heftiger Wind, und die Wogen türmten sich höher und höher. Er wendete das Boot in der Hoffnung, an einer andern Seite landen zu können: aber ebenso erfolglos. So oft das Schiff sich der Insel zu nähern versuchte, wurde es wie von unsichtbarer Gewalt zurückgetrieben.

»Gott!«, rief er aus und segnete sich und sah die arme Aslog an, die vor Schwäche zu sterben schien. Kaum war aber dieser Ausruf über seine Lippen gegangen, als der Sturm aufhörte, die Wellen sich ebneten und das Schiff ohne weiteres Hindernis landete. – Orm sprang heraus; einige Muscheln, die er am Strand fand, stärkten und belebten die erschöpfte Aslog so, dass auch sie bald das Boot verlassen konnte.

Die Insel war mit kleinen Zwergstauden bewachsen und schien unbewohnt zu sein; als sie aber bis in die Mitte derselben vorgedrungen waren, entdeckten sie ein Haus, das halb über und halb unter der Erde zu sein schien. In der Hoffnung, menschliche Hilfe zu finden, näherten sie sich demselben. Sie horchten, ob sie kein Geräusch hörten, aber das tiefste Stillschweigen herrschte ringsum.

Orm öffnete endlich die Tür und trat mit seiner Gefährtin ein; wie groß aber war ihr Erstaunen, als sie alles wie für Bewohner eingerichtet fanden und doch kein lebendes Wesen sichtbar war. Das Feuer brannte auf dem Herde mitten im Zimmer, und ein Kessel mit Fischen hing über demselben und wartete wahrscheinlich auf jemand, der seinen Inhalt verzehren sollte. Die Betten waren gemacht und bereit, Schläfer aufzunehmen. Orm und Aslog standen eine Weile zweifelhaft und sahen sich furchtsam an, endlich aber trieb sie der Hunger; sie nahmen die Speisen und aßen. Als sie ihren Hunger gestillt hatten und bei den letzten Strahlen der Sonne weit und breit niemand gewahr wurden, gaben sie ihrer Müdigkeit nach und legten sich in die Betten, die sie so lange entbehrt hatten. Sie hatten erwartet, in der Nacht von den heimkehrenden Eigentümern des Hauses geweckt zu werden; aber ihre Erwartung hatte sie getäuscht, – Auch am folgenden Tage zeigte sich niemand, und es schien, als wenn irgendeine unsichtbare Macht das Haus zu ihrer Aufnahme in Ordnung gebracht hätte. – Sie brachten den ganzen Sommer höchst glücklich zu; wohl waren sie allein, doch wurden die Menschen von ihnen nicht vermisst. Die Eier wilder Vögel und die Fische, welche sie fingen, lieferten ihnen hinreichende Nahrung.

Als der Herbst kam, gebar Aslog einen Sohn. – Mitten in ihrer Freude über seine Ankunft wurden sie durch eine wunderbare Erscheinung überrascht. – Die Tür öffnete sich plötzlich und eine alte Frau trat ein. – Sie hatte ein hübsches blaues Gewand an; in ihrem Wesen lag etwas Stolzes und zugleich Fremdes und Seltsames.

»Erschreckt nicht«, sagte sie, »über mein plötzliches Erscheinen! ich bin die Eigentümerin dieses Hauses und danke euch, dass ihr es so rein und wohl erhalten habt und dass ich alles so ordentlich finde. – Ich wäre gern früher gekommen; aber ich konnte es nicht eher, als bis der kleine Heide da (auf das Knäbchen zeigend) sich eingestellt hatte. – Nun habe ich freien Zutritt. – Aber holt nur keinen Priester vom festen Lande, um ihn zu taufen, sonst muss ich wieder fort. Wenn ihr meinen Wunsch erfüllt, so könnt ihr nicht nur hier bleiben, sondern alles Gute, das ihr nur wünscht, will ich euch erzeigen. Was ihr in die Hand nehmt, wird gedeihen; Glück soll euch folgen, wohin ihr geht. – Brecht ihr aber diese Bedingung, so verlasst euch darauf, dass Unglück über Unglück euch heimsuchen soll, und selbst an dem Kinde werde ich mich rächen. – Wenn ihr etwas bedürft, oder in Gefahr seid, so braucht ihr nur dreimal meinen Namen zu rufen, und ich werde erscheinen und euch Beistand leisten. Ich bin vom Geschlechte der alten Riesen und heiße Gurn. Hütet euch aber, in meiner Gegenwart den Namen dessen auszusprechen, von dem kein Riese hören mag, und macht nie das Zeichen des Kreuzes und schneidet es weder in Balken noch in Planken hier im Hause ein. Ihr könnt hier das ganze Jahr wohnen, nur am Julabend* seid so gut, mir das Haus zu überlassen, wenn die Sonne am niedrigsten ist. Dann feiern wir unser großes Fest, wo es uns allein erlaubt ist, fröhlich zu sein. – Wenn ihr dann das Haus nicht gern verlassen wollt, so haltet euch so ruhig wie möglich den ganzen Tag auf dem Boden auf und guckt, wenn euch euer Leben lieb ist, vor Mitternacht nicht in das Zimmer. – Nachher könnt ihr wieder alles in Besitz nehmen.«

Als die alte Frau dies gesagt hatte, verschwand sie, und Aslog und Orm, über ihre Lage jetzt beruhigt, lebten ohne Störung glücklich und vergnügt. Orm warf nie das Netz aus, ohne einen guten Zug zu tun, schoss nie einen Pfeil ab, ohne zu treffen, kurz, was er in die Hand nahm, und war es noch so unbedeutend, gedieh augenscheinlich.

Als Weihnacht kam, reinigten sie auf das beste das Haus, brachten alles in Ordnung, zündeten ein Feuer auf dem

---

* Die Weihnachtszeit

Herde an und stiegen, als die Dämmerung einbrach, auf den Boden, wo sie sich still und ruhig verhielten. Endlich wurde es dunkel, und es kam ihnen vor, als hörten sie ein Rauschen und Schnauben in der Luft, wie es die Schwäne zur Winterzeit zu machen pflegen. In dem Giebel über dem Feuerherd war ein Loch, das man öffnen und schließen konnte, um Licht ein- oder Rauch auszulassen. – Orm hob die Klappe auf, die mit einem Fell bedeckt war, und steckte den Kopf durch; aber welch wunderbares Schauspiel zeigte sich ihm jetzt. Die kleinen Inseln rund umher waren alle mit zahllosen blauen Lichtern erleuchtet, die sich unaufhörlich bewegten, auf- und niedersprangen, dann ans Ufer glitten, sich versammelten und sich mehr und mehr der Insel näherten. Zuletzt erreichten sie diese und stellten sich im Kreise um einen großen Stein, der unfern vom Ufer lag und den Orm wohl kannte.

Wie groß aber war sein Erstaunen, als er bemerkte, dass der Stein ganz und gar eine menschliche, obwohl riesenhafte Gestalt angenommen hatte. – Er konnte jetzt deutlich bemerken, dass die kleinen blauen Lichter von Zwergen getragen wurden, deren bleiche, erdfarbene Gesichter mit großen Nasen und roten Augen auf missgestalteten Körpern ruhten: Sie schlenkerten und wackelten hin und her, sodass sie zur selben Zeit fröhlich und traurig zu sein schienen.

Plötzlich öffnete sich der Kreis; die Kleinen zogen sich auf jeder Seite zurück, und Gurn, die jetzt ebenso groß wie der Stein war, trat mit Riesenschritten heran. Sie umschlang das steinerne Bild mit den Armen, das sogleich Leben und Bewegung bekam. Bei dem ersten Anzeichen davon begannen die Kleinen sogleich unter wunderbaren Gebärden und Grimassen einen Gesang oder richtiger ein Geheul, dass die ganze Insel davon widerhallte und erbebte. – Orm, ganz erschrocken, zog den Kopf zurück; er und Aslog blieben nun im Dunkeln so still, dass sie kaum zu atmen wagten.

Die Prozession rückte auf das Haus zu, wie man das deutlich an dem Näherkommen des Geschreies bemerken konnte. Sie waren nun alle eingetreten; leicht und tätig sprangen die Zwerge jetzt auf den Bänken herum; schwer und dumpf tönten die Schritte der Riesen dazwischen. Orm und seine Frau hörten sie den Tisch decken, mit den Schüsseln klappern und mit Freudengeschrei ihr Fest feiern. Als es vorbei und die Mitternacht nahe war, fingen sie an, nach jener bezaubernden Weise, die einige Leute in den Felsentälern gehört und von den unterirdischen Spielleuten durch Horchen erlernt haben, zu tanzen.

Sobald Aslog die Weise vernahm, fühlte sie eine unbeschreibliche Sehnsucht, den Tanz zu sehen. Orm war nicht imstande, sie zurückzuhalten. – »Lass mich hinblicken«, sagte sie, »oder mir bricht das Herz.«

Sie nahm ihr Kind und stellte sich an das äußerste Ende des Bodens, wo sie, ohne bemerkt zu werden, alles sehen konnte. Lange schaute sie, ohne ihre Augen abzuwenden, dem Tanze und den kühnen und wundervollen Sprüngen der kleinen Wesen, die in der Luft zu schweben und die Erde gar nicht zu berühren schienen, zu, während die entzückende Weise der Elfen ihre ganze Seele füllte. Unterdessen wurde das Kind auf ihrem Arm schläfrig und atmete schwer, und ohne an das der Alten gegebene Versprechen zu denken, schlug sie, wie es Sitte ist, ein Kreuz über des Knaben Mund und sagte: »Christus segne dich, mein Kind!«

Kaum hatte sie diese Worte gesprochen, als sich ein fürchterliches, durchdringendes Geschrei erhob. Die Geister taumelten über Hals und Kopf sich drängend und stoßend aus der Tür; ihre Lichter gingen aus, und in wenigen Minuten war das ganze Haus von ihnen verlassen. Orm und Aslog, tödlich erschrocken, versteckten sich im entferntesten Winkel des Hauses. – Sie wagten es nicht, sich zu rühren, bis der Tag anbrach, und fühlten erst, als die Sonne durch das Loch im Dache auf den Herd schien, den Mut hinabzusteigen.

Der Tisch war noch gedeckt, wie die Unterirdischen ihn verlassen hatten, mit all ihrem köstlichen, wundervoll aus Silber gearbeiteten Geschirr darauf. In der Mitte des Zimmers stand auf dem Boden ein hoher kupferner Kessel, halb mit süßem Met gefüllt, und ihm zur Seite ein Trinkhorn von reinem Golde, In der Ecke lag ein besaitetes Instrument, einem Hackebrett ähnlich, auf dem die Riesinnen spielen, wie man glaubt. – Sie schauten alles bewundernd an, wagten jedoch nicht, es zu berühren; ihr Erschrecken aber war groß, als sie sich umwandten und eine ungeheure Gestalt, in der

Orm gleich den Riesen, den Gurn umarmt hatte, erkannte, am Tische sitzen sahen. Er war jetzt ein kalter, harter Stein. Während sie ihn anstarrten, trat Gurn selbst in ihrer Riesengestalt ins Zimmer. Sie weinte so bitterlich, dass ihre Tränen auf die Erde fielen. – Es dauerte lange, ehe sie vor Schluchzen ein Wort äußern konnte; endlich sagte sie: »Großen Kummer habt ihr über mich gebracht, und ich muss von nun an mein Lebelang weinen; da ich aber weiß, dass ihr es nicht aus böser Absicht getan habt, so vergebe ich es euch, wiewohl es mir ein Leichtes wäre, euch das Haus über dem Kopfe wie eine Eierschale zu zerdrücken.«

»Ach«, rief sie, »da sitzt mein Gatte, den ich mehr liebe als mich selbst, für immer versteinert, und wird nie wieder die Augen öffnen. – Dreihundert Jahre lebte ich bei meinem Vater auf der Insel Kunnan glücklich, in jugendlicher Unschuld, die schönste der Riesenjungfrauen. – Mächtige Helden bewarben sich um meine Hand: Das Meer rund um jene Insel ist voll Felsenstücke, die sie im Kampfe gegeneinander warfen. – Andfind gewann den Sieg und ich verlobte mich ihm. Aber ehe ich mich vermählte, kam der abscheuliche Odin in das Land, besiegte meinen Vater und trieb uns alle aus der Insel fort. – Mein Vater und meine Schwestern flohen in die Berge, und meine Augen haben sie seitdem nicht wiedergesehen. – Andfind und ich retteten uns auf die Insel, wo wir lange Zeit in Frieden lebten und hofften, dieser würde nie gestört werden. Aber das Schicksal, dem niemand entgeht, hatte es anders bestimmt. Oluf kam aus Britannien. Sie nannten ihn den heiligen, und Andfind entdeckte sogleich, dass seine Reise den Riesen verderblich sein würde. – Als er hörte, wie Olufs Schiff durch die Wellen rauschte, ging er an den Strand und blies die Wellen mit aller Macht dagegen an. – Die Wogen schwollen zu Bergen. – Aber Oluf war mächtiger als er; sein Schiff flog ungestört durch die Fluten, wie der Pfeil vom Bogen. Er steuerte gerade auf unsere Insel zu. Als das Schiff so nahe war, dass Andfind es mit den Händen erreichen zu können glaubte, packte er das Vorderteil mit der rechten Hand und war im Begriffe, es in den Gruud zu stoßen, wie er das oft mit anderen Schiffen getan hat. Aber Oluf, der schreckliche Oluf, schritt vorwärts und rief, die Hände kreuzend, mit lauter

Stimme: »Stehe da, ein Stein bis zum jüngsten Tage!«, und in demselben Augenblicke wurde mein unglücklicher Gatte eine Felsenmasse. Das Schiff segelte ungehindert vorwärts und rannte gerade gegen den Berg, den es durchschnitt, und trennte von ihm die kleine dort liegende Insel.«

Seit der Zeit ist all mein Glück vernichtet; allein und traurig habe ich mein Leben verbracht. Nur am Julabend können versteinerte Riesen ihr Leben auf sieben Stunden wiedererhalten, wenn einer von ihrem Stamme sie umarmt und zugleich bereit ist, hundert Jahre von seinem eigenen Leben dafür zu opfern. – Selten aber tut ein Riese das. – Ich liebte meinen Gatten zu zärtlich, um ihn nicht, so oft ich konnte, ins Leben zurückzurufen; sollte es mich auch das Teuerste kosten. – Ich zählte nie, wie oft ich es getan hatte, damit ich nicht wüsste, wann die Zeit käme, wo ich sein Schicksal teilen und in dem Augenblicke, in dem ich ihn umarmte, eines mit ihm werden solle. Aber ach! Selbst dieser Trost ist mir auch genommen. Ich kann ihn nie wieder durch Umarmung erwecken, seit er den Namen gehört hat, den ich nicht aussprechen darf, und nie wird er das Licht erblicken, bis es die Morgendämmerung des jüngsten Tages bringt.

Ich scheide jetzt von hier, – Ihr werdet mich nimmer wiedersehen. Alles, was hier im Zause ist, schenke ich euch; nur mein Hackebrett behalte ich. – Lasst es aber niemand wagen, sich auf den kleinen umliegenden Inseln niederzulassen, dort wohnen die kleinen Unterirdischen, die ihr bei dem Feste gesehen habt, und die ich beschützen will, solange ich lebe.«

Mit diesen Worten verschwand sie. – Im nächsten Frühling brachte Orm das goldene Horn und die silbernen Sachen nach Drontheim, wo niemand ihn kannte. Der Wert dieser köstlichen Metalle war so groß, dass er imstande war, jedes einem reichen Manne nötige Bedürfnis zu kaufen. – Er belud sein Schiff mit seinen Einkäufen und kehrte nach der Insel zurück, wo er lange Jahre in ungetrübter Glückseligkeit verlebte. Aslogs Vater versöhnte sich bald mit seinem reichen Schwiegersohn.

Das steinerne Bild blieb im Hause sitzen. Niemand war imstande, es fortzubringen. Der Stein war so hart, dass Hammer und Axt in Stücke sprangen, ohne den geringsten Eindruck darauf zu machen. Der Riese blieb dort, bis ein heiliger Mann zu der Insel kam, der ihn mit einem einzigen Wort auf seine alte Stelle, wo er sich noch jetzt befindet, zurückbrachte. Der kupferne Kessel, den die Unterirdischen zurückließen, wurde als ein Andenken auf der Insel, die noch jetzt die Hausinsel heißt, aufbewahrt.

Norwegen

Lippo und Tapio

Lippo, der flinke Mann, der Jäger, begab sich eines Tages mit zwei Gefährten auf die Rentierjagd. Einen ganzen Tag wanderten sie im Walde umher, da brach die Nacht herein, und sie suchten in einer Reisighütte Schutz gegen die Finsternis und die Kälte. Sie brachten die Nacht in der Hütte zu, und als der Tag zu dämmern begann, glitten die drei Männer auf ihren Schneeschuhen weiter; bevor sie die Hütte verließen, schlug Lippo seine Schneeschuhe aneinander und sagte: »Heute muss mir der Tag Beute bringen; ein Stück dem einen Schneeschuh, ein Stück dem andern, ein drittes meinem Stabe.« Die Männer hatten sich kaum in Bewegung gesetzt, als sie auch drei Rentierspuren fanden; sie folgten ihnen und erblickten bald die drei Rentiere: zwei nebeneinander, das dritte etwas weiter ab von den anderen. Da sagte Lippo zu den Gefährten: »Ihr könnt gerne die beiden Tiere verfolgen, das ist eure Beute; ich will dem einzelnen nachjagen.« Mit diesen Worten glitt er auf dem Schnee dahin, den ganzen Tag, bis ihn die Nacht überraschte; aber das Rentier holte er nicht ein, obgleich er der schnellste Schneeschuhläufer war. Da kam er im Wald an ein Gehöft; das Rentier flüchtete sich in den Stall auf dem Hof und Lippo eilte ihm nach. Auf dem Hof stand der Herr des Hauses, ein ehrwürdiger Greis, Haupt und Kinn mit grauem Tannenmoos bewachsen.

»Oho!«, sagte er, »welcher Krötensohn hat meinen Hengst heute in Schweiß gejagt?«

Lippo trat vor, begrüßte den Greis und sagte:

»Ich habe es getan, konnte ihn aber nicht einfangen und bin so in diesen Hof geraten.« – Der Greis, welcher Tapio selber war, sagte darauf:

»Nun, wenn du bis zum Abenddunkel meinen Hengst gejagt hast, so magst du zur Nacht in meiner Stube bleiben.«

Lippo trat in die Stube des Tapio ein und schaute sich darin verwundert um: Hier waren Rentiere und Hirsche, dort Bären, Füchse, Wölfe und alle nur erdenklichen Tiere des Waldes. Tapio setzte ihm ein Abendessen vor und bewirtete ihn gut. Am folgenden Morgen wollte Lippo seine Fahrt fortsetzen, aber er konnte seine Schneeschuhe nicht finden. Er fragte den Tapio danach, doch dieser sagte:

»Willst du nicht als Schwiegersohn bei mir bleiben? Ich habe eine einzige Tochter.«

Lippo antwortete: »Gern bliebe ich, aber ich bin ein ganz armer Mann.«

»Das lass meine Sorge sein!«, rief Tapio, »Armut ist kein Fehler, und bei uns sollst du haben, wonach dein Sinn gelüstet.« Er gab dem Lippo seine Tochter, und der flinke Schneeschuhläufer und Jäger blieb als Schwiegersohn in der Waldhütte des Tapio.

Drei Jahre waren vergangen, seitdem er zu Tapio gekommen, da gebar ihm Tapios Tochter einen Sohn. Nun gedachte Lippo seine Heimat zu besuchen und bat Tapio, ihn dorthin zu führen. Tapio sagte: »Wenn du mir Schneeschuhe nach meinem Sinn verfertigst, lasse ich dich ziehen.« Lippo eilte in den Wald und begann Schneeschuhe zu schnitzen. Über ihm saß eine Meise auf einem Baumzweige und sang:

»Tii, tii, ich kleine Meise
Lehre dich die rechte Weise:
Nach unten tu ein Zweiglein spitz,
Ans Ende vorn des Fußes Sitz!«

Lippo warf ein Holzstückchen nach dem Vogel und sagte: »Was pfeifst du da, du dummes Tierchen?« Er machte seine Schneeschuhe fertig, verzierte sie so schön er es verstand und brachte sie dem Tapio. Dieser versuchte sie, sagte aber alsbald:

»Diese Schneeschuhe sind nichts für mich!«

Am folgenden Tage musste Lippo aufs Neue hinaus in den Wald an die Arbeit. Wieder saß die Meise da und sang:

»Tii, tii, ich kleine Meise
Lehre dich die rechte Weise:
Nach unten tu ein Zweiglein spitz,
Ans Ende vorn des Fußes Sitz!«

»Bist du schon wieder da mit deinem Geschwätz?«, rief Lippo zornig und warf ein Holzstückchen nach dem Vogel. Er dachte nicht daran, den Rat der Meise zu befolgen, sondern schnitzte die Schneeschuhe nach alter Art und brachte sie dem Tapio. »Das sind nicht meine Schneeschuhe«, sagte Tapio wieder. Nun, als Lippo am dritten Tage in den Wald ging und die Meise wieder ihr Lied sang:

»Tii, tii, ich kleine Meise
Lehre dich die rechte Weise:
Nach unten tu ein Zweiglein spitz,
Ans Ende vorn des Fußes Sitz!«,

da dachte Lippo: »Gut, ich tue, wie du mich heißt; umsonst wirst du wohl nicht singen.« Er nahm einen Zweig mit vielen Ästen und befestigte ihn an der schmalen Rinne unter dem Schneeschuh, und an dem oberen Ende desselben brachte er den Fußriemen an; dann zeigte er dem Tapio die Schneeschuhe. »Siehe, das sind ja meine Schneeschuhe«, sagte Tapio, als er sie versuchte. »Jetzt darfst du heimwärts ziehen.« Er gab Lippo das Geleit und sagte: »Ich will vor euch hingleiten, und ihr sollt meinen Spuren folgen; wo ihr einen Abdruck meiner Stabspitze findet, da sollt ihr zur Nacht bleiben; aber baue deine Schlafhütte recht dicht aus Tannenzweigen, dass nicht des Himmels Gestirne durchzuscheinen vermögen.« Mit diesen Worten glitt Tapio vor ihnen dahin; die Zweige unter seinen Schneeschuhen bezeichneten seine Spur, sodass Lippo mit Weib und Kind ihr folgen konnte. Erst gegen Abend sahen sie den Abdruck des Stabes, und daneben einen gebratenen Hirsch zum Abendessen. Sie bauten sich eine dichte Hütte aus Tannenzweigen, bedeckten sie mit einem sehr festen Dach und zogen den kleinen Schlitten mit dem Kind hinein; dann legten sie sich zur Ruhe.

Am anderen Morgen setzten sie die Fahrt fort und nahmen ein Stück von dem Hirschbraten mit auf den Weg. Gegen Abend fanden sie wieder die Spur des Stabes und ein gebratenes Rentier daneben. Wieder bauten sie eine sehr dichte Hütte aus Tannenzweigen und zogen den Schlitten mit dem Kinde hinein. Nachdem sie die Nacht geruht, ging es am Morgen weiter, bis sie am Abend den dritten Abdruck des Stabes fanden; diesmal lag ein gebratener Auerhahn zum Abendessen da. »Siehe da! Nun kann die Heimat nicht mehr fern sein, da man uns nur einen Auerhahn bietet!«, rief Lippo aus. Die Hütte bauten sie nur ganz durchsichtig und zogen den Schlitten mit dem Kind hinein, dann legten sie sich zur Ruhe nieder. In der Nacht verzogen sich die Wolken, und die Sterne am Himmel schauten hell durch das Reisig auf die Schläfer herab, da die Hütte so wenig dicht gebaut war. Als Lippo am Morgen erwachte, war sein Weib nirgends zu finden; er trat hinaus vor die Hütte, schaute umher, aber die Spur von Tapios Schneeschuhen war nicht mehr zu sehen. Lippo wusste nicht wo aus, wo ein, da er keine Spur fand; er setzte sich mit seinem Kind vor die Tür seiner Hütte und schaute vor sich hin; da lief ein Hirsch an ihnen vorüber und schrie. Sonst war weit und breit nichts zu sehen, der Abend brach herein, und Lippo blieb nichts übrig als dort die Nacht zuzubringen. Am Morgen lag wieder ein gebratener Auerhahn vor der Tür, und der Hirsch lief schreiend vorüber.

Viele Jahre verbrachte Lippo mit seinem Kinde in derselben Hütte aus Tannenzweigen; jeden Morgen lag für sie ein gebratener Auerhahn vor der Tür, und jeden Tag lief ihnen der Hirsch vorüber. Der Knabe wuchs heran zu einem klugen, verständigen Jüngling; er bat einst den Vater, ihm ein langes Rohr zu verfertigen, damit sie hinausschauen könnten, ob die Heimat noch fern sei. In seinen Mußestunden machte Lippo das Rohr und gab es seinem Sohne. Dieser schaute aus und rief alsbald: »Die Heimat ist ja nicht mehr fern, wir sind dicht am eigenen Feldgrund!« Und richtig, als die beiden hinausgingen, waren sie alsbald in der Heimat. Der Jüngling aber ward der Stammvater der Lappen. Damit ist die Geschichte aus.

Finnland

Der Königssohn und die Prinzessin Singorra

Es war einmal ein König, der herrschte über ein mächtiges Reich. Er war ein großer Feldherr, und befand sich oft mit seinem Heere auf der See, sowohl im Sommer als im Winter. Es ereignete sich einmal, als der König den Befehl selbst führte, dass sein Schiff mitten auf der hohen See stehen blieb und weder vor- noch rückwärts gebracht werden

konnte. Niemand aber wusste, was das Schiff festhielt. Da ging der König an die Vordersteven hinauf, und sah, wie die Meerfrau auf den Wogen am Schiffsbug saß. Da wusste er, dass sie es war, die den Lauf des Fahrzeuges hemmte. Er redete sie nun an, und fragte, was sie wolle. Die Meerfrau antwortete: »Du sollst von hier nie loskommen, außer du versprichst mir das erste lebende Wesen, das dir auf deinem eigenen Strande begegnet.« Als der König sich nun keinen Rat wusste, wie er weiter kommen sollte, willigte er in die Bedingung der Meerfrau ein. Sogleich wurde das Schiff wieder flott und drehte den Bug, von dem ein geschnitzter Drachenkopf auf langem Holz ins Wasser ragte. Der Wind blies in die Segel, und der König hatte einen guten Wind, bis er endlich zu seinem eigenen Lande kam.

Der König hatte einen einzigen Sohn, der fünfzehn Winter alt war, und in jeder Hinsicht ließ dieser nur Gutes hoffen. Der junge Prinz hatte seinen Vater sehr lieb und sehnte sich sehr nach seiner Heimkehr. Als er nun die Wimpel auf dem Schiffe des Königs sah, freute er sich sehr und lief zum Strande hinab, um seinen Vater zu begrüßen.

Als der König aber seinen Sohn erkannte, ward ihm schlimm zumute, denn er erinnerte sich an sein Versprechen an die Meerfrau. Er wandte daher seine Augen zuerst auf einen Eber und auf eine Gans, die am Seestrande umherliefen. Hierauf zog er zu seiner Burg hinauf, und gab Befehl, dass der Eber in das Meer geworfen werden solle, wie es auch geschah.

Am anderen Tag erhob sich ein heftiger Sturm, die See ging hoch, und der Eber wurde dicht beim Königshof tot an den Strand getrieben. Nun konnte der König wohl verstehen, dass die Meerfrau erzürnt war. Er gab sodann Befehl, die Gans ins Meer zu werfen; es ging aber ebenso, der Sturm erhob sich, und die See ging hoch, und die Wogen warfen den Vogel tot an den Strand. Da wusste der König, dass die Meerfrau seinen einzigen Sohn haben wollte. Der Knabe aber war die größte Freude seines Vaters, sodass der König ihn nicht mal für die Hälfte seines Reiches hergeben wollte. Zuletzt sah der König die Wahrheit des alten Sprichwortes ein, dass kein Mensch stärker ist als sein Schicksal. Denn es ereignete sich eines Tages, dass der Knabe zum Strande hinabging, um mit anderen Kindern seines Alters zu spielen. Da erhob sich aus dem Wasser eine schneeweiße Hand mit goldenen Ringen auf jedem Finger. Die weiße Hand fasste den Königssohn und zog ihn mit sich in die blauen Wogen hinab. Der Prinz wurde durch das Meer geführt über viele grüne Wege, bis er zum Hof der Meerfrau kam. Man erzählt aber, dass die Meerfrau ihren Saal tief unten auf dem Meeresgrund hat, in einem Palast, der so schön ist, dass er von Gold und Edelsteinen glänzt.

Der Jüngling verweilte nun in der schönen Burg, und traf dort viele andere edle Königskinder. Unter den Mädchen der Meerfrau aber war eine junge Prinzessin, die Singorra hieß. Sie war dort sieben volle Jahre gewesen und wusste viele Geheimnisse. Den Königssohn erfasste sogleich eine heftige Liebe zu der schönen Jungfrau, und sie gelobten sich Treue und Achtung.

Eines Tages ließ die Meerfrau den Jüngling rufen, und sagte: »Ich habe wohl gemerkt, dass dein Sinn nach meiner Tochter Singorra steht. Nun will ich dir drei Proben auflegen. Wenn du sie vollführst, will ich dir die schöne Jungfrau und Erlaubnis geben, heim zu deinen Verwandten über dem Meer zu ziehen. Wenn du aber nicht tust, was ich dir befehle, sollst du hier bleiben, und mir dein Lebtag lang dienen.«

Der Junge konnte nichts entgegen haben. Die Meerfrau führte ihn hierauf zu einer großen Wiese, welche dicht mit grünem Seegras bewachsen war. Sie sagte:

»Dies mag deine erste Probe sein, dass du das Gras mähen und wieder jeden Halm auf seine Wurzel aufstellen

sollst, sodass es üppig wächst und wie früher gedeiht. Alles aber soll bis zum Abend fertig sein, ehe die Sonne ruht.« So sprach sie, ging ihres Weges und ließ den Jüngling allein. Der Prinz begann nun zu mähen, und zu mähen, was er nur mähen konnte; es hatte aber nicht lange gedauert, da merkte er, dass er nie seine Probe zustande bringen werde. Er setzte sich daher auf die Wiese nieder und weinte bitterlich.

Als der Jüngling nun so saß und weinte, kam die schöne Singorra zu ihm gegangen und fragte, warum er so traurig sei. Der Königssohn erzählte ihr alles und die Jungfrau entgegnete:

»Ich will dir helfen, wenn du mir immer treu zu bleiben gelobst; denn ich werde dich nie betrügen.«

Der Prinz willigte ein, und im selben Augenblick war die ganze Wiese gemäht und alle die kleinen Gräser fielen auf einmal zu Boden. Sie berührte dann wieder das Gras, und siehe, da richtete sich jeder Halm auf seiner Wurzel auf, und die Wiese blieb wie früher. Hierauf ging die Prinzessin ihres Weges. Der Junge aber war guten Mutes, trat froh vor seine Herrin und sagte, dass er seine Aufgabe vollbracht habe, wie sie ihm befohlen war.

Den anderen Tag ließ die Meerfrau von Neuem den Jungen rufen, und sagte:

»Ich will dir nun eine andere Probe auferlegen. In meinem Stall stehen hundert Pferde, und er wurde seit Menschengedenken nicht gesäubert. Du sollst nun hingehen und den Stall säubern. Wenn du es bis gegen Abend schaffst, wenn die Sonne ruht, will ich fest auf meinem Wort bestehen.«

So sprach sie, ging ihres Weges und ließ den Jungen allein. Als der Prinz aber zum Stall kam, konnte er wohl sehen, dass er nie mit seiner Arbeit fertig werden könne. Er setzte sich daher nieder, stützte die Wange in seine Hand und weinte bitterlich.

Nachdem er so lange dagesessen war, kam wieder die schöne Singorra und fragte, warum er so traurig wäre. Der Königssohn gab zur Antwort:

»Muss ich nicht weinen? Die Meerfrau hat mir befohlen, ihren Stall zu säubern, wenn ich nicht dich und alle anderen Freuden der Welt verlieren will. Der Stall aber soll bis zum Abend gesäubert sein, ehe die Sonne ruht.«

Die Jungfrau entgegnete:

»Ich will dir helfen, wenn du mir treu zu bleiben gelobst; denn ich werde dich nie betrügen.« Der Prinz bejahte es, und sagte, dass er nie jemanden anderen als sie lieben werde. Da ging Singorra zur Stalltür hin, fasste eine goldene Peitsche, die an der Wand hing, und schlug das Pferd, das in der untern Ecke stand. Sogleich riss das Pferd sich los und begann den Boden mit seinen Hufen zu scharren, bis der ganze Stall gesäubert war, sodass alle hundert Füllen wieherten und vor Freude stampften. Als dies getan war, ging die Prinzessin ihres Weges; der Jüngling aber war guten Mutes und trat froh vor seine Herrin, um ihr zu sagen, dass er ihren Auftrag und Befehl vollzogen hatte.

Den dritten Tag ließ die Meerfrau wieder den Königssohn rufen, und sagte:

»Ich will dir noch eine Probe auflegen; wenn du auch diese ausführst, will ich fest auf meinem Wort bestehen, das ich gegeben; aber wenn du nicht tust, was ich sage, sollst du hier bleiben und mir dein Lebelang dienen.«

Der Prinz fragte, was seine Herrin wünsche.

»Nun denn«, sagte die Meerfrau, »in meinem Stalle sind wohl an die tausend Schweine, und dort wurde seit hundert Jahren nicht ausgeschaufelt. Nun sollst du meinen Schweinstall ausschaufeln, und dies soll bis Abend getan sein, ehe die Sonne untergeht.«

Dann führte sie den Königssohn zu einem großen Stall, wo mehr Schweine lagen, als jemand zu zählen vermochte, und der Schmutz war zu einem hohen Berg angewachsen, sodass man nur über einen schmalen Steg hinkommen konnte. Hierauf kehrte die Meerfrau zurück und glaubte sicher zu sein, dass der Jüngling mit seinem Unternehmen nicht fertig werden könne.

Der Königssohn konnte auch nichts anderes denken, er setzte sich daher nieder, stützte die Wange in seine Hand und weinte bitterlich. Als er nun so saß und weinte, kam wie die vorigen Male die schöne Singorra gegangen und fragte, warum er so traurig wäre. Der Prinz antwortete:

»Ich kann ja nichts anders als traurig sein. Die Meerfrau hat mir befohlen, den ganzen Schweinestall zu reinigen. Wenn ich es nicht fertig bringe, ehe es Abend wird, wenn die Sonne untergeht, verliere ich dich und alle anderen Freuden.«

Die Jungfrau erwiderte: »Sei getrost! ich will dir helfen, wenn du mir immer treu zu bleiben gelobst; denn ich werde dich nie betrügen.«

Der Königssohn gelobte es und sagte, dass er sie nie vergessen werde. Da stieg Singorra auf den Schlammhügel und ging behutsam über den Steg, bis sie zu einem alten grauen Schwein kam, das verdeckt im Schlamm lag. Die Königstochter sang:

»Schwein! Schwein! Mache dich rein,
So wirst du frei!«

Kaum aber war das Wort ausgesprochen, so sprang das Schwein auf, fuhr schnell im Stall umher, wühlte mit dem Rüssel und schlug mit den Klauen nach hinten und kehrte nicht eher zurück, bis der ganze Platz sauber war wie der Boden eines Saales. Hierauf lief es davon und kam nie mehr wieder. Der Prinz aber war froh und konnte die schöne Jungfrau nicht genug all ihres Beistandes wegen loben. Er trat nun vor seine Herrin und sagte, dass er alles getan habe, wie sie befohlen hatte. Da war die Meerfrau über die Maßen erzürnt. Sie ließ sich aber nichts anmerken.

Am Morgen aber, als die Sonne aufging, rief sie den Jüngling und sagte, dass er zu ihrer Schwester gehen solle, um dort Brautsachen abzuholen. Sie gab ihm zugleich eine Schachtel, um die Sachen hineinzulegen, und der Prinz schien wohl ihre Absicht zu merken, dass sie ihn nicht unbeschadet von der Reise zurück erwarte.

Als nun die Zeit der Abreise herankam, kam die schöne Singorra zu ihm gegangen. Sie sagte:

»Ich habe erfahren, dass du zur Schwester der Meerfrau gehen sollst und wir würden uns vielleicht nie mehr wiedersehen, wenn du nicht tust, was ich dir jetzt sagen will. Denn sie ist eine böse Hexe. Hier hast du zwei eiserne Messer, zwei eiserne Äxte, zwei Wollmützen und zwei Kuchen. Die sollst du mit dir nehmen und unterwegs verschenken, wo du es immer nötig findest. Aber wenn du zu meiner Tante hinkommst, sollst du genau Acht geben, wohin du dich setzt. Im Saale der Hexe sind fünf Stühle von ungleicher Farbe; wenn du dich auf den weißen Stuhl setzt, versinkst du hinab in die Tiefe des Meeres und kommst nie wieder herauf. Wenn du dich auf den roten setzt, verbrennst du und wirst nie mehr kalt. Wenn du dich auf den blauen Stuhl setzt, trifft dich der Schlag und wir sehen uns nie wieder. Wenn du dich auf den gelben setzt, bekommst du die Schwindsucht und zehrst ab, schwindest und wirst nie mehr gesund. Aber auf den schwarzen Stuhl kannst du dich setzen, denn dort bleibst du heil und wohl behalten.«

Und sie fügte hinzu: »Hier ist ein seidenes Polster, das sollst du unter die Schlange legen, die sich am Boden des Saales ringelt. Vor allem aber nimm in ihrem Hause keinen Bissen zu dir, denn dann stirbst du und ich würde dich nie mehr sehen.«

Der Königssohn dankte sehr für diesen guten Rat, nahm Abschied von seiner Liebsten und zog von dannen.

Eines Tages kam er zu zwei Männern, die beschäftigt waren, Holz zu behauen; sie hatten aber nicht mehr als ein Messer, und dieses war schlecht, denn es war von Holz. Da erinnerte sich der Prinz, was Singorra gesagt hatte. Er nahm seine eisernen Messer hervor und gab sie den beiden Holzhauern.

Der Jüngling ging ein Stück weiter und kam zu anderen Holzhauern; ihre Arbeit aber ging ihnen nicht von der Hand, denn sie hatten nicht mehr als eine Axt, und die war schlecht, denn sie war von Holz. Da erinnerte sich der Prinz und schenkte jedem eine eiserne Axt. Hierauf setzte er seinen Weg fort und kam zu zwei Männern, die am Wege standen und auf einer Mühle mahlten. Der Wind aber blies kalt, und die Männer hatten keine Mütze auf dem Kopf. Da tat es dem Prinzen leid um die beiden Männer und er gab einem jedem eine Wollmütze.

Er wanderte so noch eine Weile weiter und kam zum Gattertor des Schlosses. Da stürzten ein Wolf und ein Bär hervor, und der Wolf war gefräßig und der Bär brummte, als wollten sie ihn verschlingen. Der Junge aber war schlau: er nahm einen Kuchen, brach ihn entzwei und gab dem Wolf und dem Bären jedem ein Stück. Die wilden Tiere krochen nun in ihren Käfig zurück und ließen den Weg frei, sodass der Prinz ohne weiteres Abenteuer in den Hof der Hexe kam.

Als der Junge hineinkam, blieb er vor der Zauberin stehen, grüßte sie von ihrer Schwester und brachte sein Anliegen vor. Die Zauberin versprach, zu den Hochzeitssachen beizusteuern, ließ ihm einen weißen Stuhl bringen und bat den Jungen, sich nach der langen Reise auszuruhen. Der Prinz aber dachte an Singorras Rat und antwortete, dass er nicht müde wäre. Da ließ die Zauberkönigin den roten Stuhl herbeibringen. Der Junge antwortete wie früher, dass er stehen wolle. Die böse Zauberin ließ hierauf den blauen Stuhl bringen; der Junge aber wollte sich wieder nicht setzen, ebenso nicht auf den gelben Stuhl. Als jedoch die Zauberkönigin auf ihrem Willen beharrte, ging der Junge an das Ende des Saales und setzte sich auf den schwarzen Stuhl.

Die Zauberkönigin ließ sich ihre Enttäuschung nicht anmerken, nahm jetzt eine Wurst hervor, bot sie dem Prinzen zum Essen und sagte, dass er wohl etwas Stärkung nach einer so langen Wanderung brauche. Der Junge entgegnete, er sei nicht hungrig. Es half aber nichts, er sollte essen, ob er wollte oder nicht. Die Hexe ging hierauf fort, um die Hochzeitssachen zuzubereiten; sie sprach aber zuerst zu ihrer Schlange, die in einer Ecke des Saales lag:

»Schlange mein!
Bewache ihn.«

Als nun der Jüngling allein war und die Schlange sah, die sich auf dem Boden des Saales ringelte, erinnerte er sich, was Singorra gesagt hatte. Er ging daher zum Tier hin, strich es mit der Hand und legte das seidene Polster unter ihr Haupt, was sich die Schlange wohl gefallen ließ. Hierauf schlich sich der Prinz in die Ecke, verbarg die Wurst unter dem Kehrbesen und ging wieder auf seinen Platz.

Kaum war er hiermit fertig, als die Zauberkönigin wieder hereinkam und fragte, ob er von der Wurst gegessen habe. Der Königssohn bejahte es. Da sagte die Hexe:

»Würstchen mein!
Wo bist du nun?«

Die Wurst antwortete:

»In der Ecke, bei dem Kehrbesen hier,
In der Ecke bei dem Kehrbesen hier.«

Nun wurde die Hexe sehr böse, holte die Wurst und befahl dem Prinzen, sie aufzuessen, bis sie wiederkomme. Hierauf ging sie hinaus, sprach aber zuerst zur Schlange:

»Schlange mein!
Bewache ihn!«

Als die Hexe fort war, wusste der Prinz sich keinen Rat, wohin er das Essen verstecken solle. Da stopfte er die Wurst einfach auf seinen Bauch unter die Kleider. Es hatte nicht lange gedauert, als die Hexe wiederkam, und fragte, ob er sich satt gegessen habe. Der Junge bejahte es. Da sagte die Hexe:

»Würstchen mein!
Wo bist du jetzt?«

Die Wurst antwortete:

»Hier im Bauch!
Hier im Bauch!«

Nun war das Weib zufrieden gestellt und entgegnete:

»Bist du im Bauch,
Kommst du bald in die Eingeweide.«

Der Königssohn erhielt hierauf die Schachtel mit den Hochzeitssachen, nahm von der Hexe Abschied und schickte sich zum Rückweg an. Er war aber kaum in den Hof hinausgekommen, als die Wurst unter seinen Kleidern sich zu bewegen anfing und sich in einen scheußlichen Drachen verwandelte, der seine Flügel ausbreitete und hoch zu den Wolken aufflog. Da erschrak der Junge und er wanderte, so schnell er nur konnte.

Als er zum Gattertor des Schlosses kam, rief das Weib:

»Bär mein!
Zerreiße ihn in tausend Stücke!«

Sogleich stürzte der Bär hervor, der Junge aber nahm einen halben Kuchen, und warf ihn dem Tier in den Rachen. Da sagte der Bär:

»Hungrig war ich,
Nun bin ich satt!«,

und lief zurück in seine Höhle. Der Junge aber setzte seinen Weg fort und kam zum Wolf. Da rief die Hexe:

»Wolf mein!
Zerreiße ihn in tausend Stücke!«

Schnell stürzte der Wolf hervor und er war sehr gefräßig; der Königssohn aber nahm den halben Kuchen und warf ihn in seinen Rachen. Der Wolf ging in sein Versteck zurück und sagte:

»Hungrig war ich,
Nun bin ich satt.«

Nun schien es dem Königssohn kaum ratsam, noch hier zu bleiben. Er nahm daher Reißaus so schnell er konnte und kam zu den beiden Männern, die auf der Mühle mahlten.
Da rief die Hexe:

»Ihr Müller zwei,
Mahlt ihn in tausend Stücke.«

Als die Müller aber sahen, wer es war, wollten sie ihm keinen Schaden zufügen, sondern sagten: »Wir wollen ihm nicht schaden und Gutes mit Bösem vergelten. Er hat uns Wollmützen gegeben, früher standen wir mit bloßem Haupte.« Sie fuhren fort, unaufhörlich zu mahlen. Der Junge aber lief den Weg weiter und kam zu den Männern, die Holz fällten. Da rief das Weib:

»Ihr Holzhauer zwei!
Haut ihn in tausend Stücke.«

Als aber die Holzhauer sahen, wer es war, wollten sie ihm keinen Schaden zufügen, sondern sagten: »Wir wollen ihm nicht schaden und Gutes mit Bösem vergelten. Früher behauten wir mit hölzernen Messern, er hat uns eiserne Messer gegeben.« Sie gingen wieder an ihre Arbeit, der Königssohn aber eilte hinweg und kam zu den Männern, die Holz fällten. Da rief die Hexe auch:

»Ihr Holzhauer zwei!
Haut ihn in tausend Stücke.«

Als aber die Holzhauer sahen, wer es war, wollten sie ihm keinen Schaden zufügen, sondern sagten: »Wir wollen ihm nicht schaden und Böses mit Gutem vergelten. Früher hatten wir Äxte von Holz, er hat uns Äxte von Eisen gegeben.« Die Männer begannen nun, wie früher zu hauen, der Königssohn aber lief seinen Weg weiter und blieb nicht früher stehen, als bis er wieder zum Hofe der Meerfrau kam.

Der Junge ging nun zu seiner Herrin, gab ihr die Hochzeitssachen und gab über seine Reise Rechenschaft. Als ihn jetzt die Meerfrau wohlbehalten sah, verwunderte sie sich sehr, und man kann wohl denken, dass sie zornig war. Da kam die schöne Singorra zu dem Prinzen gegangen, grüßte ihn und sagte:

»Nun ist die Seefrau zornig, und wir müssen schnell entfliehen, wenn uns das Leben lieb ist.«

Der Prinz entgegnete:

»Wie soll das zugehen? Nie kommen wir aus dem Hofe der Meerfrau ohne ihren guten Willen.«

Die Jungfrau aber: »Sei getrost, ich werde Rat finden, wenn du versprichst, mir immer treu zu bleiben, denn ich werde dich nie hintergehen.« Der Königssohn versicherte wieder, dass er nie jemanden in der Welt lieben werde außer ihr.

Und sie begannen ihre Flucht, wobei ihnen die Seefrau immer nachhetzte und sie durch vielerlei Zauber einzufangen suchte. Immer tückischer, so erzählt man, war die List der Zauberin, und die beiden Liebenden hatten ihre Mühe. Doch die Künste Singorras waren immer ein Stückchen besser als die der Meerfrau, und bald waren die beiden Liebenden schon über die Landesgrenze, wo die Macht der Meerfrau am Ende war.

Der Königssohn und die schöne Singorra setzten nun ihren Weg fort und kamen aus dem Meer heraus in die lichte Welt, nicht weit vom Königshof seines Vaters. Wie groß war da die Freude. Alsbald wurde eine prächtige Hochzeit gefeiert, und der Prinz und seine Singorra saßen später oft am Meer und schauten den Wolken nach, die zum Palast der Meereskönigin zogen.

Schweden

Die Prinzessin in der Erdhöhle

Es war einmal in alten, alten Tagen ein König, der hatte eine einzige Tochter. Die junge Prinzessin war sanften Gemüts und von schönem Aussehen und gewann so die Herzen aller, die sie sahen. Als sie nun erwachsen war, fanden sich viele Prinzen und Jünglinge, die nach ihrer Hand und Liebe strebten, und unter ihnen war ein schöner Königssohn aus einem anderen Reiche. Er sprach oft mit der schönen Maid und die zwei jungen Leutchen waren sich so gut, dass sie sich gerne einander besitzen wollten.

Während dies im Gange war, ereignete es sich, dass dort Krieg ausbrach und der Feind mit einem großen Kriegsheer in das Land einfiel. Da nun der König nicht so mächtig war, ihm Widerstand zu leisten, ließ er eine Erdhöhle mitten im dunklen Walde bauen, um dort seine Tochter während der Kriegsgefahren zu verbergen. Er versah sie hinlänglich mit Lebensmitteln und gab ihr zur Gesellschaft ein Mädchen, einen Hund, und einen Hahn, der ihnen den Wechsel von Tag und Nacht anzeigen sollte. Hierauf rüstete der König sich zum Kampfe und der junge Prinz machte sich bereit, ihm zu folgen.

Als aber die Königskinder sich trennen sollten, fühlten beide in ihren Herzen einen großen Schmerz und sie sprachen lange miteinander. Die Prinzessin sprach:

»Meine Ahnung sagt mir, dass wir uns sobald nicht wiederfinden werden. Daher will ich eine Bitte tun, die du mir nicht abschlagen sollst. Du sollst versprechen, dass du dich mit keiner vermählst, die nicht die Flecken aus diesem Handtuch waschen und dieses Goldgewebe zu Ende weben kann.«

Bei diesen Worten reichte sie ihrem Bräutigam ein Handtuch und ein Gewebe, welches kunstvoll mit Gold und Silber gewirkt war. Der Prinz nahm das Handtuch und das Goldgewebe, und sagte, dass er nie die Worte seiner Liebsten vergessen werde. Hiermit schieden sie voneinander. Die Königstochter wurde in die Erdhöhle gebracht; der Prinz aber und der alte König zogen fort, um das Land gegen den Feind zu verteidigen.

Als sich nun die Heere begegneten, entstand ein heftiger Kampf, das Glück aber war gegen den König. Er fiel ruhmvoll im Kampfe, und der junge Prinz musste nach der Niederlage in sein eigenes Land zurückkehren. Hierauf überzog der Feind das ganze Gebiet mit Verheerung und Mord, brannte den Königshof nieder und verwüstete das Land rings umher.

Zuletzt zog er seines Weges, und das Land war nun kaum besser als eine Wildnis. Niemand aber wusste, wo die Königstochter geblieben, ob sie tot oder in Feindeshand geraten war.

Währenddessen saßen die Prinzessin und ihr Mädchen in der Erdhöhle und machten Goldgewirke auf ihren Knien; so harrten sie, bis der König wieder heimkommen werde. Tag aber auf Tag verging, und noch kam er nicht zurück, um sie aus ihrer Gefangenschaft zu befreien. Es dauerte sieben volle Jahre. Da waren die Lebensmittel zu Ende, sodass die Jungfrauen nichts zu leben hatten und gezwungen wurden, ihren Hahn zu schlachten; von diesem Tage an aber wussten sie nicht mehr die Zeit zu unterscheiden, und so schien ihnen ihr Los noch schwerer als früher zu sein. Kurz darauf starb das Mädchen vor Schmerz und Hunger, und nun war die Königstochter in der dunklen Erdhöhle allein. Da wusste sie nicht, was sie in ihrer großen Not tun sollte. Zuletzt ergriff sie ein Messer und begann im Dache ohne Unterlass zu bohren, vom Morgen bis zum Abend. Nach vieler Arbeit gelang es ihr zuletzt, eine Öffnung zustande zu bringen und sie kam am dritten Tage aus der Erdhöhle hinaus, wo sie so lange gesessen.

Die Königstochter kleidete sich hierauf in das Gewand des Mädchens, rief ihren Hund und begann durch die Wildnis zu wandern. Als sie nun weit und lange gewandert war, ohne jemanden zu treffen, bemerkte sie Rauch, der zwischen den Bäumen aufstieg, und kam zuletzt zu einem alten Mann, der Kohlen im Walde brannte. Die Prinzessin ging zu dem Köhler hin, bat um ein wenig Speise und sagte, dass sie ihm gerne bei seiner Arbeit behilflich sein wolle. Der Mann gab ihr einen Bissen Brot, und sie half ihm Kohlen brennen. Während sie nun miteinander sprachen, fragte die junge Maid, was sich Neues im Lande zugetragen. Da erzählte der Greis vom Tode des Königs und alles andere, was sich während der letzten Jahre ereignet hatte. Die Königstochter aber wurde sehr betrübt, und es fiel ihr schwer aufs Herz, wie der wenig Freunde hat, der viele grüne Gräber zählt.

Nachdem so einige Zeit verflossen und die Kohlen gebrannt waren, sagte der Greis, dass er ihrer Hilfe nicht weiter bedürfe, und riet der Prinzessin, einen Dienst auf dem Königshof zu suchen, da sie, wie sie wohl selbst sehen könne, nicht an schwere Arbeit gewohnt sei. Die Königstochter begann nun wieder ihre Wanderung, doch ist nichts von ihrer Fahrt bekannt geworden, bevor sie zu einem großen See gelangte.

Da wusste sie nicht, wie sie über das Wasser hinüberfahren sollte, und setzte sich am Strande nieder und war sehr betrübt. Im selben Augenblick aber kam ein großer Wolf aus dem Walde gelaufen. Der Wolf sang:

»Gib mir deinen Hund,
Du sollst dann über Wogen und Wasser kommen.«

Nun wurde der Königstochter dabei schlimm zumute, sie wagte aber nicht, das Begehren des Wolfs zu verweigern, sondern gab ihm den Hund. Als sich der Wolf satt gegessen, sprach er:

»Setze dich auf meinen Rücken,
Du sollst sicher fahren.«

Sogleich setzte sich die Prinzessin auf seinen Rücken, und so trug er sie über den See zum anderen Ufer. Am Strande aber war ein schöner Königshof, und in diesem Königshof herrschte der Königssohn, der sich in früheren Tagen mit der Prinzessin verlobt hatte.

Nun muss erzählt werden, dass, während die Prinzessin in der Erdhöhle saß und der König gestorben war, der Prinz Herr des Landes nach seinem Vater wurde. Als so die Jahre verstrichen, baten die Mannen den König, sich nach einer Königin umzusehen; er wollte aber ihrem Rat nicht Folge leisten, denn er dachte immer an die schöne Jungfrau, mit welcher er sich in seiner Jugend verlobt hatte. Es vergingen sieben volle Jahre, ohne dass jemand etwas hörte oder das mindeste von der schönen Königstochter vernahm. Da konnte der König nicht länger denken, dass sie am Leben sei. Er beriet sich daher mit seinen Mannen und ließ bekannt machen, dass diejenige seine Königin werden solle, die das Goldgewebe der Prinzessin vollenden und die Flecken aus ihrem Handtuch waschen könne. Als sich dieses über die Länder verbreitete, kamen Jungfrauen und Mädchen sowohl von Osten als von Westen, denn sie wollten gerne den jungen Königssohn heiraten; gleichwohl war keine so geschickt, dass sie seine Bedingungen erfüllen konnte. Gerade in diesen Tagen aber war eine vornehme Jungfrau gekommen, die gleichfalls ihr Glück versuchen wollte.

Zu ihr ging die Prinzessin, nannte sich Rosa und bat um einen Dienst bei ihr. Sie ward als Dienerin bei der fremden Jungfrau aufgenommen, aber niemand am Königshof wusste, wer sie eigentlich war.

Die Herrin der Prinzessin sollte nun das Gewebe des Königs vollenden. Es erging ihr aber, wie es den anderen ergangen: Sie vermochte nicht das künstliche Gewebe zustande bringen. Hierüber grämte sich die Jungfrau sehr und wusste nicht recht, wie sie sich benehmen solle. Da ereignete sich eines Tages, als sie ausgegangen war, dass die verkleidete Prinzessin sich an den Webstuhl setzte und ein langes Stück webte. Als die Jungfrau wiederkam und bemerkte, dass das Gewebe fort geschritten war, ward sie froheren Mutes und wunderte sich, dass ihr jemand geholfen habe. Die Königstochter wollte anfangs nicht verraten, wie es gekommen, aber zuletzt musste sie doch die Wahrheit bekennen. Nun freute sich die Jungfrau über die Maßen und hieß die Prinzessin sich setzen, um an dem Gewebe zu wirken, aber niemand wusste, dass es die Dienerin war, welche statt ihrer Herrin webte.

Es verbreitete sich nun das Gerücht über den ganzen Königshof, dass die fremde Jungfrau das künstliche Gewebe gewoben habe. Da wurde viel von der Hochzeit des Königs gesprochen, und er selbst ging oft zum Frauengemach, um zu sehen, wie es mit der Probe stand. Als aber der König hineinkam, stand das Gewebe immer still, und niemand arbeitete am Webstuhl. Dies kam dem König seltsam vor, und er fragte die fremde Jungfrau, warum sie nie webe, wenn er dabei war. Die Jungfrau entschuldigte sich und antwortete listig: »Herr! Ich bin allzu schüchtern, um arbeiten zu können, wenn du zusiehst.« Der König gab sich mit dieser Antwort zufrieden, und es dauerte nicht lange, so war das Gewebe fertig.

Die fremde Jungfrau sollte hierauf die Flecken aus dem Handtuch der Prinzessin waschen; es erging ihr aber so, wie es den anderen ergangen war; je mehr sie wusch, desto dunkler wurde das Tuch. Hierüber grämte sich die Jungfrau sehr und wusste nicht recht, wie sie es zustande bringen sollte. Da ereignete es sich eines Tages, als sie außer Haus war, dass die verkleidete Prinzessin sich niedersetzte, um das Handtuch zu waschen. Und wie sie die Hand daran legte, wurden die Flecken sogleich schwächer.

Als die Jungfrau zurück kam und bemerkte, was geschehen war, war sie sehr zufrieden und fragte, wer ihr geholfen. Die Königstochter wollte anfangs nicht verraten, wer es sei, aber zuletzt musste sie doch die Wahrheit bekennen. Nun freute sich die Jungfrau sehr und hieß die Prinzessin das Handtuch waschen. Niemand aber wusste, dass es die Dienerin war, die statt ihrer Herrin wusch.

Es verbreitete sich nun das Gerücht über den ganzen Königshof, dass die fremde Jungfrau die Flecken aus dem Tuche gewaschen. Da wurde viel von der Heirat des Königs gesprochen, und er selbst ging oft in das Frauengemach, um zu sehen, wie es mit der Probe stehe.

Aber jedes Mal, als der König hineinkam, stand die Arbeit immer stille, und niemand wusch an dem Tuche. Dies kam ihm seltsam vor und er fragte, warum die fremde Jungfrau nie wasche, wenn er drinnen sei. Die Jungfrau entschuldigte sich und antwortete listig: »Herr und König! Ich kann das Tuch nicht waschen, wenn ich Goldringe am Finger habe.« Der König gab sich mit dieser Antwort zufrieden, und es dauerte nicht lange, als die Flecken aus dem Handtuche der Prinzessin gewaschen waren. Die fremde Jungfrau hatte so alle Bedingungen des Königs erfüllt.

Nachdem dies alles eingetroffen, herrschte große Freude über Land und Reich, und es geschahen große Zurüstungen zur Hochzeit des Königs. Am Hochzeitstage aber wurde die Braut plötzlich krank, sie konnte mit der übrigen Schar nicht zur Kirche reiten. Als sie nun niemand die Ursache von ihrer Krankheit wissen lassen wollte, sprach sie heimlich mit ihrer Dienerin und bat sie, statt ihrer als Braut hin zu reiten. Die junge Prinzessin willigte ein, sie hüllte sich in das Brautgewand, schmückte sich mit goldenen Ringen und setzte sich auf einen schönen Zelter. Niemand aber wusste, dass es die Dienerin war, die statt ihrer Herrin ritt. Hierauf begab sich die Hochzeitsschar auf den Weg, mit großem Pomp und Spiel und unter großer Lustbarkeit, wie es in alten Tagen Sitte war. Die Prinzessin aber trauerte im Stillen und ihr Herz war traurig, als sie als Braut für eine andere mit dem reiten sollte, der in jungen Tagen ihre Treue und Liebe gewonnen.

Die Hochzeitsschar machte sich nun auf den Weg; die Braut saß auf ihrem Zelter mit der Goldkrone, aber mit bleichen Wangen, und der Bräutigam ritt ihr zunächst. Als sie ein Stück geritten, kamen sie zu einer Brücke, es war aber prophezeit worden, dass die Brücke brechen werde, wenn irgendeine Braut hinüberreite, die nicht von königlicher Abkunft sei. Da sang die Prinzessin:

»Liege, liege meine Brücke, sollst dich breiten,
Über dich zwei edle Königskinder reiten.«

»Was sagst du meine Verlobte?«, fragte der König. »Ah! Nichts, sehr wenig, antwortete die Braut. Ich spreche mit Rosa, meiner Dienerin.«

Sie ritten wieder ein Stück und kamen zum Königshof, wo der Vater der Prinzessin wohnte. Der Hof aber war jetzt verbrannt und Unkraut wuchs auf den Schutthügeln. Da sang die Prinzessin:

»Wo jetzt die Distel wächst, der Dorn,
Lag Gold einst in der Ecke vorn.
Hier liegen nun das Vieh, das Schwein,
Wo ich kredenzte Met und Wein.«

»Was sagst du, mein Verlobte?«, fragte der König wieder.
Die Braut antwortete, »Ah! Nichts! Ich spreche mit Rosa, meiner Magd«
Hierauf ritten sie weiter und kamen zu einer schönen Linde. Da sang die Prinzessin:

»Wo hier die alte Linde rauscht,
Hab' Ringe ich mit ihm getauscht.«

Der König fragte: »Was sagst du, meine Verlobte?«
Aber die Braut antwortete, wie früher: »Ah! Nichts! Ich sprach bloß mit Rosa, meiner Magd.«
Die Hochzeitsschar zog nun weiter. Da kam ein Taubenpaar in der Luft geflogen. Die Braut sang:

»Hier fliegst du mit dem Männchen dein,
Am Abend ist er nicht mehr mein.«

»Was sagst du, meine Braut?«, fragte der Bräutigam und lauschte auf ihre Worte.
»Ah! Nichts!«, antwortete die Braut. »Ich sprach bloß mit Rosa, meiner Magd.«
Als sie so wieder ein Stück ritten, rief der Kuckuck. Da sang die Prinzessin:

»Der Kuckuck in der schwarzen Fichte singt,
Daheim die Braut zur Welt ein Kindlein bringt.«

»Was sagst du, meine Liebste?«, fragte der König.
Die Prinzessin entgegnete, wie früher: »Ah! Nichts! Ich sprach bloß mit Rosa, meiner Magd.«
Die Brautschar fuhr nun weiter und kam in den dunklen Wald, wo die Erdhöhle lag. Als sie aber hin ritten, ritt der König zu seiner jungen Braut und bat, ihm irgendein Mär-

chen unterwegs zu erzählen. Da seufzte die Prinzessin, schwer und sang:

»Sieben Jahr ich in der Höhle saß,
Sagen und auch Rätsel dort vergaß.
Schlimmes ward mir zuerkannt,
Kohlen auch hab ich gebrannt;
Schlimmes habe ich erlitten,
Und bin auf dem Wolf geritten;
Heute werde ich als Braut
Dort für meine Frau getraut.«

»Was sagst du, meine Verlobte?«, fragte der König wieder, und es ward ihm wunderlich zumute. Die Braut antwortete: »Ah! Nichts! Ich sprach bloß mit Rosa, meiner Magd.«

Sie waren zur Kirche gekommen, wo die Trauung stattfinden sollte. Da sang die Prinzessin:

»Hier bin ich getauft Maria, Rosa und Gestirn,
Nun heiße ich Rosa, meine Dirn'.«

Hierauf zog die Hochzeitsschar in die Kirche nach alter Sitte mit großem Pomp ein. Voran gingen die Pfeifer, Fiedler und Pauker und andere Spielleute, und dann kamen die Brautjungen und Hofritter und zuletzt die Braut mit ihren kleinen Mädchen. Die zwei Brautleute setzten sich in die Brautbank, und die Trauung ging mit großer Feierlichkeit vor sich, wie es sich für ein Königspaar ziemte; niemand aber ahnte, dass es nicht die fremde Jungfrau war, die dort als Braut des Königs stand.

Als die Brautmesse gelesen war, und der König die Ringe mit der Prinzessin gewechselt, nahm er einen Silbergürtel und spannte ihn um ihren Leib; der Gürtel aber hatte ein Schloss, so kunstvoll, dass es niemand als der König selbst öffnen konnte. Hierauf zog die Brautschar zum Königshofe heim, und die Hochzeit wurde mit Spiel und Tanz und großer Lustbarkeit gefeiert. Die Prinzessin aber eilte in das Frauengemach und tauschte die Kleider mit ihrer Herrin, sodass niemand merkte, dass es die Dienerin war, die statt der Jungfrau geritten.

723   Es währte bis zum Abend, und der König setzte sich nun mit seiner jungen Braut, um zu plaudern, wie die Neuvermählten zu tun pflegen. Als sie nun aber miteinander plauderten, fragte der König: »Sprich, meine Freundin! Was sagtest du, als wir über die Brücke ritten? Ich wünschte es gerne zu wissen.« Da wurde die Jungfrau blutrot im Gesicht, denn sie wusste nicht, was sie antworten sollte; sie fand sich aber zurecht und sagte: »Ich habe es jetzt vergessen, aber ich will Rosa fragen, meine Dirn'.« Die Braut ging nun zu dem Mädchen und fragte sie, was sie unterwegs gesprochen hätten. Hierauf kehrte sie wieder zum Bräutigam und sagte: »Ja, nun erinnere ich mich, ich sagte hier:

Liege, liege meine Brücke, sollst dich breiten,
Über dich zwei edle Königskinder reiten.«

»Warum sagtest du so?«, fragte der König.

Die Braut aber antwortete nicht, sondern schwieg. Als so eine Weile verstrich, fragte der Bräutigam von Neuem: »Sprich, meine Freundin! Was war es, was du sagtest, als wir zu dem alten Königshof kamen? Ich wünschte es gerne zu wissen.« Da wurde die Jungfrau sehr verlegen, sie fand sich aber zurecht und sagte: »Ich habe es jetzt vergessen; ich will aber Rosa fragen, meine Dirn'.« Sie ging zum Mädchen hin und fragte sie, was sie unterwegs gesprochen. Hierauf kehrte sie wieder zu ihrem Bräutigam und sagte:

»Wo jetzt die Distel wächst, der Dorn,
Lag Gold einst in der Ecke vorn.
Hier liegen nun das Vieh, das Schwein,
Wo ich kredenzte Met und Wein.«

»Warum sagtest du so?«, fragte der König; aber die Braut antwortete nicht, sondern schwieg.

Es verstrich nun eine Weile. Da fragte der König wieder: »Sprich meine Freundin! Was war es, was du sagtest, als wir an der Linde vorbei kamen? Ich wünsche es gerne zu wissen.« Die Braut aber konnte nicht auf seine Frage antworten, sondern wollte Rosa fragen, ihre Dirn'. Sie kam hierauf zurück, und sagte: »Ja, nun erinnere ich mich! Ich sagte so:

Wo hier die alte Linde rauscht,
Hab Ringe ich mit ihm getauscht.«

»Warum sagtest du so?«, fragte der Bräutigam, aber die Braut antwortete nicht.
Alles dies kam dem König sehr seltsam vor, und er hörte nicht auf, seine Braut zu fragen, was sie unterwegs gesprochen. Immer aber musste die Jungfrau fortgehen und Rosa, ihre Dirn' fragen. Es war nun spät am Abend und das Brautpaar sollte zu Bett gehen. Da fragte der König:
»Sag meine Freundin, wo hast du den Gürtel, den ich dir gab, als wir aus der Kirche gingen?«
»Was für einen Gürtel?«, sagte die Braut, und ihre Wangen erblichen. »Den gab ich Rosa, meiner Dirn'.«
Es wurde nach dem Mädchen geschickt, und als es herbeikam, siehe, da trug es den Gürtel um den Leib und das Schloss war so kunstvoll, dass niemand als der König selbst es öffnen konnte.
Nun merkte die fremde Jungfrau, dass ihre Falschheit entdeckt war, sie entfernte sich daher und zog erzürnt von dem Hofe fort. Der König aber erkannte seine rechte Braut, und die Prinzessin erzählte ihm alles, was sich während den langen Jahren zugetragen, seit sie sich getrennt hatten. Da herrschte Lust und Freude unter den Gästen, und der König dachte, dass er nun für alle seine Schmerzen wohl belohnt werde.
Hierauf wurde das Brautpaar in das Brautgemach geleitet, und die Pagen und Mädchen gingen vor ihnen und trugen Wachslichter, wie es bei unseren Vätern Sitte war. Als der König und seine junge Gemahlin zu Bett gegangen, fingen die Hochzeitsscharen die alte Weise zu singen an:

»Lösche das Licht im Kronleuchter aus,
Nimm die Braut ans Herz.«

Und es herrschte Freude in der Stadt und im Land, dass zwei zusammengekommen, die sich einander so lange geliebt.
Weiter weiß ich nichts mehr davon zu erzählen.

Schweden

Die Rehprinzessin

Es waren einmal ein Prinz und eine Prinzessin, die einander von klein auf liebgehabt hatten, und es war auch bestimmt worden, dass sie einander haben sollten, wenn die Prinzessin erwachsen wäre. Sie war erst zwölf Jahre alt, und sie hatte eine Stiefmutter, die eine böse Hexe war und ihr kein Glück gönnte. Sie drohte der Königstochter, dass sie sie verhexen würde, wenn sie ins Brautbett stiege, sodass sie als ein wildes Reh in Wald und Moor umherlaufen müsste. Darüber war die Königstochter sehr traurig, denn sie wollte gern ihren Prinzen haben und seine Frau sein, wenn die Zeit käme. Er wusste nicht, was ihnen bevorstand; sie getraute sich nicht, es ihm zu sagen.

Eines Tages ging die Prinzessin in den Wald hinaus, wo ein Paar arme Leute wohnten, die sie kannte und die eine Tochter von demselben Alter wie sie hatten. Sie fragte dieselben, ob sie ihre Tochter mit nach Haus nehmen dürfe, um sich von ihr hilfreiche Hand leisten zu lassen; sie wolle sie kurze Zeit auf Probe haben, und wenn sie mit ihr zufrieden sei, wolle die Prinzessin sie ganz bei sich behalten. Darüber waren die Eltern sehr erfreut und das Mädchen auch, und sie ging mit nach dem Schlosse. Die Prinzessin behielt sie drei Tage bei sich und erzählte ihr vielerlei; aber sie sagte dem Mädchen, sie dürfe mit keinem anderen davon reden. Am dritten Abend sagte die Königstochter zu ihr, jetzt könne sie nach Hause gehen und ihre Eltern besuchen und die Nacht über dort bleiben. Am nächsten Morgen solle sie zurückkommen, dann werde ihr die Prinzessin sagen, ob sie sie länger behalten wolle. Das Mädchen ging also nach Hause; aber die Prinzessin ging ihr nach und blieb draußen vorm Fenster stehen, um zu hören, ob sie schweigen könne oder aus der Schule plaudere. Als das Mädchen zu den Eltern hineinkam, gab es ein Fragen nach allem, was sie gesehen und gehört und erlebt und auch was die Königstochter ihr gesagt habe. Und sie polterte mit allem heraus. Da ging die Königstochter nach Hause; die konnte sie also nicht brauchen.

Am folgenden Tage ging die Prinzessin hinaus und holte sich ein anderes kleines Mädchen ihres Alters; aber die konnte ebenso wenig schweigen; daher musste sie gleichfalls ihrer Wege ziehen. Und so ging es mit mehreren. Endlich kam sie irgendwo zu sehr armen Leuten und nahm deren Tochter mit heim. Die Eltern ermahnten sie, sich gut zu betragen und sich nicht auf Klatschereien einzulassen; das versprach das Mädchen und ging mit. Nach drei Tagen ließ die Prinzessin sie abends nach Hause gehen, um ihre Eltern bis zum nächsten Tage zu besuchen; und sie ging ihr selber nach und blieb draußen stehen, um zu hören, was sie sprächen. Als das kleine Mädchen in die Hütte kam, fragten ihre Eltern zuerst, ob sie sich gut betragen habe. Ja, das glaube sie wohl. Darauf sagten sie ihr, sie müsse recht anstellig und treu sein, dann werde die Prinzessin sie auch ferner gut behandeln. Dann beteten sie den Abendsegen mit ihr und legten sich alle drei schlafen. Die Königstochter ging nach Hause, und als das Mädchen am anderen Morgen wiederkam, sagte sie ihr, sie wolle sie gern behalten. Das arme Mädchen ward jetzt im Königsschlosse erzogen und gemeinsam mit der guten Prinzessin unterrichtet; und sie wurden so recht Herzensfreundinnen. Das Kind der armen Leute wuchs zu einer schönen Jungfrau heran, welche der Königstochter auf ein Haar glich, sodass alle sie verwechselten; und sie gingen auch immer gleich gekleidet.

Als es nun so weit war, dass der Prinz und die Königstochter Hochzeit halten sollten, erzählte sie dem Mädchen, was jetzt geschehen würde, und sie traf mit ihr die Abrede, dass sie in der Nähe sein und zu ihm ins Brautbett springen solle, wenn sie selbst verwandelt würde, damit sie ihn vor diesem großen Kummer bewahre. Das Mädchen liebte sie innig und fragte, ob es gar nicht möglich wäre, sie vor diesem Unglück zu retten; könnte sie nicht statt der Königstochter ein Reh werden? »Nein«, sagte die Prinzessin, »das lässt sich nicht machen; aber die drei ersten Weihnachtsabende um Mitternacht kannst du mich in einer Laubhütte draußen im Walde treffen; denn dann werde ich jedes Mal auf eine Stunde ein Mensch. Dann können mir doch so lange miteinander reden.«

Der Hochzeitstag erschien, und die Hochzeit wurde gefeiert, und es ging, wie die böse Stiefmutter gedroht hatte: In demselben Augenblick, als die Königstochter ihren Fuß in das Brautbett setzte, ward sie in ein Reh verwandelt und lief in Wald und Moor hinaus. Aber die Freundin war zur Stelle und nahm ihren Platz an der Seite des Königssohnes ein, und er merkte nichts von dem Tausche. Da bat ihn das Mädchen, welches er für die Prinzessin hielt, er möge sie noch ihr Spieljahr, ihr Mädchenjahr und ihr Spinnjahr Jungfrau bleiben lassen, und das konnte er ihr nicht abschlagen; daher legte er sein Schwert zwischen sie. Kurze Zeit darauf starb der Vater des Prinzen, und er wurde sein Thronfolger, und das Kind der armen Leute war also Königin.

In der ersten Weihnachtsnacht stand die Königin von seiner Seite auf, ohne dass er es merkte, und ging in den Wald zur Laubhütte hinaus, um die rechte Königin zu treffen und mit ihr zu reden. Dasselbe tat sie im folgenden Jahre. Aber es gab Leute, welche davon zu sprechen begannen, dass bei der Königin etwas nicht in Richtigkeit sei müsse, da sie sich

in jeder Weihnachtsnacht aus dem Schlosse fortstehle. Das kam dem König zu Ohren, und in der dritten Weihnachtsnacht lag er mach und stellte sich nur, als ob er schliefe; und als seine Königin weggegangen war, folgte er ihr heimlich und kam in den Wald hinaus und stand draußen vor der Laubhütte, wo sie die rechte Königin traf und mit ihr sprach. Da hörte er seine rechte Königin fragen: »Wie lebt ihr miteinander?« Und die, welche er für seine Königin hielt, antwortete: »Gut, wie Schwester und Bruder. Aber gibt es denn gar kein Mittel, dich zu retten?« – »Nein«, lautete die Antwort, »diese Nacht ist es das letzte Mal, dass ich Menschengestalt erhalte. Es gibt nur ein Mittel zu meiner Rettung, und das ist, wenn ein reiner und unschuldiger Königssohn mich mit seinem Schwerte blutig verwundet; aber er dürfte nicht darum gebeten werden.« In demselben Augenblick ward sie in ein Reh verwandelt und sprang aus der Laubhütte hinaus. Aber der König hatte sein Schwert gezogen, und indem sie an ihm vorüberschoss, stach er nach ihr mit dem Schwerte, sodass ihr Blut floss. Da wurde sie in demselben Augenblick eine so schöne Prinzessin, wie sie jemals gewesen war; und sie gingen nach Hause und lebten viele Jahre glücklich beisammen als König und Königin. Und sie bekamen kleine Prinzen und Prinzessinnen, die ihre Kinder waren. Aber das treue Mädchen blieb alle Zeit bei ihnen, und beide liebten sie wie ihre eigene Seele.

Dänemark

Drei rote Ferkelchen

Es war einmal eine alte Frau, die in einem Hüttchen wohnte und eine einzige Kuh besaß. Sie hatte auch einen Jungen bei sich, der war ihr Enkel. Das war ein wunderlicher Kauz, er hatte so viele drollige Einfälle.

Einmal befand sich die alte Frau in großer Not und Bedürftigkeit. Und da sagte sie dem Jungen, er müsse die Kuh zu Markte treiben und sie verkaufen. Er zog ab mit der Kuh; allein ehe er nach der Stadt kam, wo der Markt abgehalten wurde, traf er mit einer alten Frau zusammen, die neben ihm herging und ihn nach allem ausfragte und zuletzt sagte sie: »Ich mag dich gern leiden, mein Junge, und ich will dir einen guten Rat geben: Überlass du mir die Kuh! Geld habe ich freilich nicht, aber du sollst statt dessen etwas erhalten, was viel besser ist.« Dann zeigte sie dem Jungen, was sie in ihrer Schürze trug: Es waren drei klitzekleine Ferkelchen, die waren so klein und niedlich, ganz hellrot waren sie und mit kleinen Löckchen am Schwanze. Sie waren allerliebst anzusehen. Und dann nahm sie sie und setzte sie auf die Erde und zog eine kleine Flöte hervor, auf der begann sie zu spielen, und da tanzten die drei roten Ferkelchen und wedelten mit den Schwänzen, dass es eine wahre Freude war, zuzuschauen.

»Siehst du, mein lieber Junge«, sagte die Frau, »die will ich dir alle drei für deine alte langweilige Kuh geben und die Flöte noch obendrein. Das ist doch gewiss ein guter Tausch, mit dem du zufrieden sein kannst.« Das schien dem Jungen auch, und so tauschte er. Er zog seine Jacke aus und legte die drei Ferkelchen hinein; es wäre ja Sünde, sie den ganzen Weg nach Hause gehen zu lassen. Die Flöte steckte er in seine Mütze, und dann lief er nach Hause, so schnell er konnte, und wies seiner Großmutter seelenvergnügt, was er für die Kuh bekommen hatte,

Sie begann zu weinen und zu jammern, und es half nichts, dass er die Ferkel vor ihr tanzen ließ. Sie sagte, der Junge sei toll, und er richte sie, die arme alte Frau, zugrunde. Aber er sagte, sie solle sich nicht darüber betrüben, es sei ein sehr guter Handel, den er gemacht habe; darauf könne sie sich verlassen.

Droben auf dem großen Edelhofe wohnte ein reicher Gutsherr mit seiner Frau, und sie hatten ein einziges Kind, eine über die Maßen schöne Tochter. Sie stand in demselben Alter mit dem Jungen, sie zählte erst fünfzehn Jahre; aber sie war schon eine feine Dame. Da der Junge wusste, dass der Gutsherr und seine Frau auf mehrere Tage zum Besuch verreist waren und die Tochter allein zu Hause war, nahm er am anderen Tage seine Ferkel und ging vor ihr Fenster, und dann blies er auf seiner Flöte und ließ die Ferkel tanzen.

Das Fräulein kam ans Fenster und sah zu, und die Ferkelchen gefielen ihr sehr wohl, und da kam sie zu ihm heraus und sagte, sie möchte, so gern eins davon haben: wie viel es kosten solle. Ja, für Geld sei es nicht zu haben; aber er wolle ihr wohl eins davon überlassen, wenn er ihr die Wange streicheln dürfe und sie ihm einige Esswaren für seine alte Großmutter mit nach Hause geben wolle.

Der Junge war zerlumpt, und seine Hände waren nicht sonderlich rein, sodass es dem Fräulein nicht sehr angenehm war, sich ihre schönen Wangen von ihm streicheln zu lassen. Aber sie war so darauf versessen, das Ferkel zu erhalten, dass sie ihm ihre Wange hinhielt und ihn dieselbe streicheln ließ, und dann gab sie ihm ein ansehnliches Bündel Esswaren mit heim. Er kam ganz stolz nach Hause und sagte, das alles habe er für das eine Ferkel bekommen. Ja, das sei recht gut, sagte die Großmutter; aber wovon sollten sie leben, wenn dies verzehrt sei? »Kümmere dich darum nicht«, sagte der Junge; »ich werde schon für das Weitere sorgen.«

An nächsten Morgen ging er mit den beiden anderen Ferkeln wieder vor das Fenster des Fräuleins; er blies die Flöte, und sie tanzten noch viel kunstfertiger als zuvor. Das Fräulein kam herunter, um sich den Tanz anzusehen, sie hatte ihr Ferkel gar nicht zum Tanzen bringen können; daher meinte sie, es würde schon gehen, wenn dasselbe Gesellschaft bekäme und sie noch ein Ferkel erhalten könnte. Sie fragte, ob er ihr nicht eins der beiden verkaufen wolle. Er sagte: ja, er wolle ihr wohl noch eins überlassen, und er verlange nichts weiter dafür, als dass er ihr einen Kuss geben dürfe.

Er war sonst ein hübscher Junge, wenn er nur etwas sauberer gewesen wäre, aber er war schmutzig und hatte eben Schmalzbrot gegessen, sodass das kleine Fräulein ungern darauf eingehen wollte; aber das Ferkel stach ihr doch sehr in die Augen. »Sei es drum!«, sagte sie, und der Junge gab ihr einen derben Schmatz mitten auf den kleinen roten Mund. Er erhielt auch einige Lebensmittel für seine Großmutter mit nach Hause. »Da siehst du«, sagte er, »das habe ich jetzt für das zweite Ferkel bekommen.« Sie sagte, das sei alles recht gut; aber wenn dies verzehrt sei, hätten sie ja wieder nichts. »Darum kümmere dich nicht«, sagte der Junge, »ich werde schon für das Weitere sorgen.«

Am Morgen des dritten Tages ging er wieder vor das Fenster des Fräuleins mit seinem letzten Ferkel. Er blies die Flöte, und das Ferkel hüpfte und sprang um ihn her, als wäre es ganz aus dem Häuschen. Das kleine Edelhofsfräulein kam heraus und schaute zu; sie hatte ihre beiden Ferkel nicht zum Tanzen bringen können. Sie dachte daher, sie müsse auch das dritte und die Flöte dazu haben: denn sie merkte wohl, dass in der die Kraft stecke, die kleinen Ferkelbeine in Schwung zu setzen. Sie fragte also den Jungen, ob er ihr nicht das dritte Ferkel und die Flöte dazu verkaufen wolle. Oh ja, sagte der Junge, sie möge gern beides bekommen, wenn sie nur ihren Kopf in seinen Schoß legen wolle.

Die Kleider des Jungen waren beschmutzt und zerlumpt, und das Fräulein wollte ihr schönes schwarzes Haar ungern verfilzt haben; aber wenn sie ihren Willen haben wollte, so musste sie auch dem Jungen den seinen tun, und so legte sie denn ihren Kopf in seinen Schoß. Er strich mit den Fingern durch ihr Haar und merkte sich wohl, was er sah: ein goldenes Haar und ein silbernes Haar und ein Haar, das ganz weiß war. Dann erhielt er auch einige Lebensmittel für seine Großmutter, und so kam er ohne Ferkel und ohne Flöte nach Hause. Er zeigte der Großmutter, was er für sein drittes Ferkel bekommen habe. Sie sagte, wie gewöhnlich: Wenn dies verzehrt sei, hätten sie gar nichts mehr zu essen. Aber der Junge sagte, dafür werde er schon sorgen.

Der Gutsherr und seine Frau kamen indes nach Hause zurück, ehe der Junge und seine Großmutter alle Lebensmittel verzehrt hatten. Und jetzt kam der Gutsherr auf den Einfall, seine Tochter mit demjenigen Verheiraten zu wollen, welcher drei heimliche Merkmale angeben könnte, die sie an sich trüge. Alsbald strömten viele junge Herren von allen Enden herbei. Der eine riet dies, und der andere das; allein niemand wusste das Rechte zu treffen.

Der Junge hatte auch davon reden gehört, und er kam also gleichfalls zum Edelhofe. Er lief draußen vor den Fenstern umher und sang: »Ich weiß wohl, was ich sagen will. Ich weiß wohl, was ich sagen will.« Das Fräulein hörte dies, und sie ward sehr ärgerlich darüber. Dann warf sie ihm etwas Geld aus dem Fenster zu und sagte: »Geh deiner Wege, du unartiger Junge!« Er tat das Geld in seine Mütze; aber dann begann er sofort wieder sein altes Lied: »Ich weiß wohl, was ich sagen will. Ich weiß wohl, was ich sagen will.« Das Fräulein war sehr bange, dass sie solch einen armen zerlumpten Jungen zum Mann bekommen möchte, und sie warf mehr Geld zu ihm hinaus und sagte: »Ach, geh deiner Wege, du böser Junge! Ich kann dein Geschrei nicht länger anhören.« Er tat das Geld in seine Mütze und begann von Neuem: »Ich weiß wohl, was ich sagen will. Ich weiß wohl, was ich sagen will.« Sie warf ihm wiederum noch mehr Geld zu und bat ihn, doch seiner Wege zu gehen. Aber er fuhr fort zu singen, wie er es vorhin getan hatte.

Mehrmals hatte er versucht, in den Edelhof hineinzuschlüpfen; aber jedes Mal war er von den Dienern zurückgewiesen worden, sie wollten einen so zerlumpten Burschen nicht hereinlassen. Da kam ein junger Edelmann, der auch sein Glück versuchen wollte. Er bemerkte den Jungen und hörte, was er vor sich hinträllerte. Da sagte er zu ihm: »Was weißt du denn?« – »Die heimlichen Merkmale der Tochter des Gutsherrn«, sagte der Junge. »Teile sie mir mit«, sagte der junge Edelmann, »ich werde dich gut dafür belohnen.« – »Ja, das sollst du erfahren«, sagte der Junge, »wenn du mich mit hineinnehmen willst. Ich kann auf deinen Stiefelstulpen stehen und du schlägst deinen Mantel um mich. So kann ich mit hineinschlüpfen und mir den Spaß ansehen.«

Das ließ sich gut machen: Der Junge stellte sich auf die Stiefelstulpen des Junkers und duckte sich unter seinen weiten Mantel. Der Junker sah freilich ziemlich wohlbeleibt aus, aber niemand merkte doch Unrat, und der Junge schlüpfte mit in das Zimmer hinein, wo die Herren noch standen und herumrieten; aber keiner hatte das Rechte getroffen. Da rief der Junge unter dem Mantel: »Das Fräulein hat ein goldenes Haar und ein silbernes Haar und ein weißes Haar auf dem Kopfe.« – »Das ist richtig!«, sagte der Gutsherr. Da sprang der Junge aus seinem Versteck hervor und sagte, dann müsse er auch das Fräulein haben. Und dann schwenkte er seine rote Mütze, dass alles Geld über die Diele hinrollte.

Dem Gutsherrn war ganz wunderlich zumute. Er konnte doch nicht gut sein Wort brechen; aber einen solchen Schwiegersohn hatte er sich ganz und gar nicht gedacht. Da sagte er, um nur etwas zu sagen: »Aber was für Geld ist das?« – »Es ist das Geld, welches das Fräulein mir gegeben hat, damit ich schweige«, sagte der Junge. – »Wie«, sagte der Gutsherr; »dann heraus mit der ganzen Geschichte!« Der Junge begann also mit dem Anfang: mit der Kuh und den drei roten Ferkelchen, und von dem ersten Ferkelchen, das er der Tochter des Gutsherrn verkauft, und was er dafür erhalten, und dann von dem zweiten Ferkel, und was er dafür erhalten. Und als der Gutsherr hörte, dass er einen Kuss dafür erhalten hätte, wollte er nichts weiter von der Geschichte hören, sondern er wandte sich zu seiner Tochter und sagte: »Ja, wenn du ihn geküsst hast, sollst du ihn auch haben!« Und so geschah es: Die beiden wurden verheiratet, und sie blieben all ihr Lebenszeit gut freund miteinander.

Dänemark

In Hülle und Fülle

Es war an einem Weihnachtsabend, da kamen zwei arme Wanderer zu einem Hofe und baten, die Nacht über dableiben zu dürfen. Nein, sagten die Hofbewohner, sie könnten solchen Prachern kein Obdach geben. Da gingen sie weiter und kamen zu einer Hütte, in der ein armer Häusler mit seiner Frau wohnte. Sie klopften an und fragten, ob sie dort die Nacht über bleiben könnten. Ja, sagten die Leute, das könnten sie gern, wenn sie mit dem, was sich vorfinde, vorliebnehmen wollten, denn sie seien ja nur geringe Leute.

Die beiden Fremdlinge dankten herzlich und traten ein. Da flüsterte die Frau dem Mann zu und sagte: »Wir müssen doch an diesem hochheiligen Abend den Fremden etwas zum besten geben. Wir müssen wohl unser Widderlamm schlachten.« – »Ja, lass uns das tun!«, sagte der Mann; und sie schlachteten das Lamm, und ein guter Braten kam auf den Tisch, und sie aßen und waren vergnügt miteinander an dem Heiligen Abend. Als es dann Schlafenszeit war, wiesen sie den Gästen ihr eigenes Bett an; es war das einzige, das sie hatten. Und dann breiteten sie Stroh auf die Diele, und dort schliefen sie selber.

Am nächsten Morgen gingen sie allesamt zur Kirche, und die Häusler baten die beiden Wanderer, doch während der beiden Feiertage noch bei ihnen zu verweilen. »Denn jetzt haben wir ja all das gute Essen«, sagten sie, »das müsst ihr uns verzehren helfen.« Die Fremden dankten, und sie blieben die beiden Weihnachtstage über da. Am Morgen des dritten Weihnachtstags, als sie fortgehen wollten, bedankten sich die beiden Fremden für die gute Aufnahme. Es sei schlimm, sagten sie, dass sie ihnen keine Bezahlung anbieten könnten. Ach, das bliebe sich gleich, sagten Mann und Frau; sie hätten sie nicht um irgendeines Lohnes willen aufgenommen.

Gerade als sie aus der Tür gehen wollten, sagte der eine der beiden Wanderer: »Aber das ist wahr, hatte das Lamm keine Hörner?« »Doch«, sagte der Mann, »aber sie waren zu nichts nütze.« Er dachte, dass die Fremdlinge vielleicht Verwendung für Widderhörner haben könnten und ihn um dieselben bitten wollten. »Wie viele Hörner hatte das Lamm?«, hob der Fremde wieder an. – »Zwei«, sagte der Mann, ganz verwundert über die Frage. »Dann mögen euch zwei Wünsche erfüllt werden«, sagte der Fremde, »welche ihr wollt.« Da sagte der Mann, sie hätten keine anderen Wünsche, als dass sie hier auf Erden ihr tägliches Brot und Auskommen haben und nach ihrem Tode ins Himmelreich kommen möchten. »Das gewähre euch Gott«, sagte der Fremde; »über ein Jahr sprechen wir wieder bei euch vor.« Und dann gingen die beiden Wanderer fort.

Seit dem Tage gedieh und vermehrte sich alles bei den Häuslern auf die wunderbarste Art: sie bekamen drei große Kälber statt eines von ihrer einzigen Kuh, sie bekamen acht gute Lämmer von ihren zwei Schafen, und sie bekamen so viele Ferkel von ihrer Sau, dass sie fast nicht zu zählen waren; und von allem, was in ihrem bisschen Ackerland gesät war oder gesät wurde, erhielten sie wohl hundertfältige Frucht. Sie wurden daher recht wohlhabend und bauten ihr Hüttchen aus, sodass es größer und behaglicher ward. Und sie freuten sich auf Weihnachten, wo die beiden Fremdlinge wiederkommen wollten. Denn sie merkten wohl, dass sie ihnen all den Segen zu verdanken hätten.

Ihre Nachbarn und alle Leute im Dorfe verwunderten sich über den Wohlstand, der in das ärmliche Haus strömte, und die Bewohner des Hofes ihnen gerade gegenüber, wo die beiden Wanderer abgewiesen worden waren, verwunderten sich nicht am wenigsten; und als sie erfuhren, woraus die Häusler kein Geheimnis machten, dass all der Segen den guten Wünschen der armen Wanderer zu verdanken sei, welche am letzten Weihnachten bei ihnen eingekehrt waren, wurden sie schrecklich neidisch und meinten, das alles sei ihnen selbst gleichsam gestohlen; denn die guten Wünsche hätten ja ihnen zuteilwerden können, wenn sie sie nur aufgenommen hätten. Als sie nun hörten, dass die Fremdlinge versprochen hätten, um Weihnachten wiederzukommen, baten und bettelten und drohten sie den Häuslern das Versprechen ab, dieselben bei ihrer Ankunft nach dem Hofe hinüberzuweisen.

In der Dämmerungsstunde des Weihnachtsabends kamen dieselben zwei Wanderer und klopften bei den Häuslern an. Sowohl der Mann wie die Frau gingen hinaus und begrüßten sie und dankten ihnen für all den Segen, den ihr Besuch ihnen gebracht habe. Die Fremdlinge baten, ob sie die Nacht über dableiben und das Fest mit ihnen feiern dürften. Ja, sagten die Häusler, nichts würde ihnen lieber sein; aber sie hätten den Hofbewohnern gerade gegenüber versprochen, sie bei ihrer Ankunft dorthin zu weisen. Es täte ihnen so leid, dass sie sie voriges Jahr abgewiesen hätten, und sie wollten es gern wieder gutmachen. »Und ihr bekommt es auch drüben viel besser als wir es euch bieten könnten«, sagten die Häusler. »Wenn ihr es wünscht«, sagten die Fremden, »gehen wir heute Abend dort hinüber, allein morgen früh gehen wir mit euch zur Kirche.« Dann gingen sie nach dem Hofe hinüber. Der Junge schaute schon draußen vor dem Tore nach ihnen aus, und er lief gleich hinein, um ihre Ankunft zu melden. Der Hofbesitzer und seine Frau kamen beide hinausgeschossen und nahmen die Fremdlinge in Empfang und führten sie in ihre beste Stube und brachten viele Entschuldigungen vor, dass sie sie voriges Jahr abgewiesen hätten. Der Hofherr hatte einen fetten Ochsen geschlachtet, und es ward ihnen reichlich aufgetischt: Sie erhielten Suppe und Braten und Kuchen, und es war gutes Bier und alter Met da und Wein obendrein. Sie erhielten ihr eigenes Schlafzimmer mit zwei großen Betten, mit Federdecken und Kissen bis an die Decke.

Am nächsten Morgen standen die Fremdlinge frühzeitig auf; die Hofbewohner baten sie, doch die Feiertage über dazubleiben; aber die Fremdlinge sagten, sie müssten fort: Sie wollten noch zur Kirche und dann von dortaus weitergehen. Der Hofherr ließ darauf seinen Staatswagen anspannen: Sie dürften nicht zur Kirche gehen, sie müssten durchaus fahren. Sie bedankten sich, und als sie abfahren sollten, sagte der eine der Fremden zu dem Wirte und der Wirtin, sie wüssten nicht, wie sie ihnen dafür lohnen sollten, dass sie so glänzend traktiert worden; Geld hätten sie leider nicht. – »Aber das ist wahr«, sagte er, »hatte der Ochse Hörner?« – »Ja, das hatte er allerdings«, sagte der Mann; – er hätte nämlich von den Häuslern gehört, was für Gespräche voriges Jahr geführt worden waren, und so verstand er gleich, worauf dies hinauslief. – »Wie viele Hörner hatte er?«, frug nun der Fremde. Die Frau zupfte den Mann am Ärmel und sagte: »Sage vier!« Da antwortete der Mann, der Ochse habe vier Hörner gehabt. »Dann sollen euch auch vier Wünsche erfüllt werden«, sagte der Fremde; »jedem von euch mögen zwei freistehen.« Und dann stiegen sie in den Wagen, und die Häusler fuhren bei der Gelegenheit auch mit zur Kirche. Der Hofherr fuhr selbst; er beeilte sich nach Möglichkeit, um recht bald wieder zu Hause sein zu können. Dann würden er und seine Frau sich über ihre vier Wünsche verständigen. Sie könnten dann ja alles bekommen, was ihr Herz begehrte.

Sobald er die Fremdlinge und die Häusler an der Kirche abgesetzt hatte, ließ er sich denn auch keine Zeit, dem Gottesdienste beizuwohnen, sondern kehrte gleich um und peitschte auf die Pferde, um so rasch wie möglich nach Hause zu kommen. Aber da strauchelt das eine Pferd und zerreißt den Strang. »Den Henker auch!«, sagt er, und er muss absteigen, um den Strang wieder zu befestigen. Dann fährt er wieder weiter. Aber es dauert nicht lange, da strauchelt auch das andere Pferd. »Hole euch beide der Teufel!«, sagt der Mann. Und kaum hat er das gesagt, wupps, sind beide Pferde verschwunden, und er sitzt auf dem Wagen mit den Zügeln in der Hand. Es blieb nichts anderes übrig, als den Wagen stehen zu lassen und die Reise zu Fuß fortzusetzen. Der eine Wunsch war also in Rauch aufgegangen. Aber das nahm er sich nicht weiter zu Herzen, da er bedachte, dass ihnen noch drei Wünsche blieben. Sie konnten ja leicht so viele Pferde, wie sie wollten, und alle sonstigen guten Dinge dazu erhalten. Er marschierte also getrost aus der Landstraße dahin.

Mittlerweile geht die Frau im Hause umher und wartet und wartet. Sie sehnte sich von Herzen, dass ihr Mann kommen möge, damit sie mit dem Wünschen beginnen könnten. Sie geht hinaus und späht die Straße entlang; aber die Zeit verstreicht, und er kommt nicht. »Ach, wäre er doch da, der Nölpeter!«, sagt sie, und in demselben Augenblick steht er vor ihr. »Oh weh!«, sagte sie, »da hab' ich den einen Wunsch verscherzt! – Aber du kommst ja angestiefelt wie ein rechter Pracher«, sagte sie; »wo hast du Wagen und Pferde gelassen?« – »Ja, das ist deine Schuld«, sagte der Mann; »ich habe meine Prachtpferde zur Hölle gewünscht. Es ist kein Glück bei solchem Betrug. Du warst es, die mir

einblies, dass der Ochse vier Hörner gehabt hätte. Mir wäre es schon recht, wenn dir die beiden erlogenen Hörner im Genick säßen!« Wupps, da saßen sie auch.

Jetzt hatten sie also drei von ihren vier Wünschen erfüllt bekommen, und es war nur noch einer übrig, welcher der Frau zukam. Da begann der Mann ihr freundlich zuzureden und sagte: »Liebes Frauchen! Wende jetzt deinen Wunsch gut an und wünsche uns einen ungeheuren Haufen Geld! Dann kann ja alles noch gut weiden.« – »Nein, danke schön«, sagte die Frau, »und ich sollte dann bis an meinen Sterbetag mit den Hörnern herumlaufen!« Das wollte sie nicht, und so wünschte sie sogleich die beiden Hörner zum Teufel. Die waren denn auch auf der Stelle fort. Aber die Hofbesitzer waren mit all ihren Wünschen nicht reicher, sondern nur um ein Paar gute Pferde ärmer geworden.

Dänemark

Der Vogel Phönix

Es war einmal ein König und der war krank und alle Ärzte kamen darin überein, dass er nicht zu retten sei, als wenn er den Vogel Phönix singen hörte. Der König hatte aber drei Söhne, die rief er vor sich und sprach zu ihnen: »Wer von euch mir den Vogel Phönix bringt, dem schenke ich das ganze Königreich.« Da zogen sie alle drei aus und blieben zusammen, bis sie an einen Baum kamen, der an einem Kreuzwege stand. In den Baum schnitten sie alle drei ihre Namen hinein und verabredeten sich, wer zuerst zurückkehre, der solle an dem Baum warten, bis die andern kämen und sie alle zusammen zu ihrem Vater heim ziehen könnten. Dann ging jeder seines Wegs.

Als der erste ein Stück gegangen war, begegnete ihm ein Bär, der fragte ihn: »Wohin geht die Reise?« – »Was geht das dich an«, sprach der Prinz und zog seines Wegs weiter, aber der Bär brummte und ließ ihn gehen.

Der zweite war noch nicht weit, als ihm derselbe Bär begegnete und ihn fragte: »Wohin geht die Reise?« – »Kümmere dich um dich«, sagte der Prinz, ließ den Bären stehen und ging seines Wegs weiter. Der Bär brummte etwas in den Bart und ließ ihn laufen.

Dem dritten, welcher der Jüngste war, begegnete der Bär ebenfalls und fragte auch ihn: »Wohin geht die Reise?« Da antwortete der Jüngling: »Mein Vater ist krank und kann nicht gesund werden, wenn er nicht den Vogel Phönix singen hört. Ich bin mit meinen Brüdern ausgezogen, ihn zu holen.« »Lass die anderen gehen«, sprach der Bär, »und verlass dich auf mich und setze dich auf meinen Rücken.« Das tat er und der Bär fing an zu laufen, dass dem Jüngling fast Hören und Sehen verging; so lief er zwölf ganze Stunden und kam gegen die Mitte der Nacht in einer schönen Stadt an. Da blieb der Bär stehen und sprach: »In dieser Stadt wohnt der König, der den Vogel Phönix hat. Geh nun in das Schloss hinein, such dir einen Dienst und sieh, dass du in das Vogelhaus dringst; da steht der Vogel Phönix in einem hölzernen Käfig und darin musst du ihn wegtragen. Setze ihn nur ja nicht in einen anderen, sonst bekommt es dir schlecht.« Der Prinz tat, wie der Bär gesagt hatte. Er suchte sich am folgenden Morgen Dienst im Schloss und das Glück wollte ihm wohl und er wurde zum untersten Käfigputzer im Vogelhaus ernannt. Weil er aber seinen Dienst sehr gut versah, so rückte er schnell vorwärts und bekam immer höhere Stellen, bis er endlich nach dem Tode des obersten Vogelrats zum ersten Vogelrat ernannt wurde. Da dachte er, es sei nun Zeit, den Vogel Phönix zu rauben und als der König einmal auf der Jagd war, da ging er in das Vogelhaus, um sein Vorhaben auszuführen. Als er aber den schönen Vogel schon in der Hand hatte, da meinte er, der hölzerne Bauer sei doch zu schlecht, ein so kostbares Tier müsse auch in einem kostbaren Käfig wohnen und er nahm einen der prächtigsten goldenen Käfige, setzte den Vogel hinein und floh mit ihm. Kaum war er aber vor dem Tor, als der Vogel Phönix anfing, aus Leibeskräften zu schreien, als sei ihm einer mit einem Messer am Halse. Da liefen die Schlossdiener alle zusammen – der Prinz Ferdinand wurde gefasst und ins Gefängnis geworfen. Da hatte er Zeit, über seinen tollen Streich nachzusinnen! Er bereute ihn aus Herzensgrund und rief ein über das andere Mal: »Ach lieber Bär, hätte ich dir doch gefolgt!« Da stand plötzlich der Bär vor ihm und machte ihm Vorwürfe über seinen Ungehorsam. Ferdinand bat ihn, er möge es doch verzeihen und ihm noch einmal helfen, er wolle es ja nicht wieder tun und ihm in allen Stücken folgen. »Wir wollen sehen«, sprach der Bär. »Wenn du morgen vor den König geführt wirst, dann sage ihm aufrichtig, dass du deinem kranken Vater den Vogel Phönix hättest bringen wollen und wenn er dir ihn gebe, dann würdest du ihm die Schönste unter der Sonne holen.« Das tat Ferdinand, der König war's zufrieden und der Prinz wurde losgelassen.

Als er vor das Tor des Schlosses kam, stand der Bär schon da, Ferdinand setzte sich auf seinen Rücken und fort ging's, wie der Sturmwind so schnell und wieder zwölf Stunden lang ohne Aufhören weiter. Da standen sie vor einer anderen Stadt, die war noch größer und schöner als die erste. Es war aber halbe Nacht, als sie ankamen. Da stieg Ferdinand von des Bären Rücken und der sprach: »In dieser Stadt wohnt ein König, der hat drei Töchter und die Jüngste davon ist die Schönste unter der Sonne. Suche nun in das Zimmer zu dringen, wo die Prinzessinnen schlafen; du erkennst die rechte daran, dass sie die schlechtesten Kleider an hat. In diesen Kleidern sollst du sie forttragen, aber ja ihr keine schönen anziehen, denn sonst ist es um dich geschehen.« Der Prinz ging in das Schloss, verdingte sich als Knecht und stieg von Stelle zu Stelle, bis er Kammerherr der Prinzessinnen wurde. Da dachte er, jetzt sei es Zeit, die Schönste unter der Sonne zu rauben, drang nachts in ihr Zimmer, nahm sie auf seinen Arm und wollte mit ihr weggehen. Da fiel das Licht der Nachtlampe auf ihr holdseliges Gesicht und es tat dem Prinzen leid, dass das schöne Mädchen so schlecht angezogen sei. Er ging hin und nahm sich prächtige goldene und silberne Kleider, die in Menge an der Wand hingen, zog die der Prinzessin an und wollte fliehen. Indem erwachte aber die Schönste unter der Sonne, und als sie sich in den Armen des Kammerherrn fand, schrie sie laut auf. Alsbald kamen ihre Schwestern und der König und die Königin, die in dem Zimmer daneben schliefen – der Prinz wurde wieder gefangen und in einen tiefen Turm geworfen. Nun wo das Kind ertrunken war, hätte er gerne den Brunnen zugedeckt, aber das war zu spät. »Ach lieber Bär!«, rief er, »wer dir doch gefolgt hätte!« – »Ja, das sagst du schon wieder und du folgst doch nie!«, rief der Bär, der im selben Augenblick vor ihm stand. »Jetzt helfe ich dir noch einmal und dann ist's am Ende. Wenn du morgen vor den König kommst, dann erzähle ihm alles aufrichtig und sage ihm, wenn er dir die Schönste unter der Sonne gäbe, dann wolltest du ihm das schnellste Pferd verschaffen.« Der Prinz tat wie gesagt, und der König sprach, das solle ein Wort sein und gab ihn frei. Vor dem Tor des Schlosses stand der Bär schon wieder und der Prinz setzte sich auf seinen Rücken und fort ging's, schneller als eine Kugel fliegen kann.

Als sie zwölf Stunden älter waren, standen sie gegen Mitternacht vor einer Stadt, die war zweimal so groß als die vorige. Da sprach der Bär: »Geh in die Stadt und in das Schloss, da wohnt der König, der das schnellste Pferd hat, das steht im Stall bei den andern und du kannst es daran erkennen, dass es einen hölzernen Sattel auf dem Rücken hat, da die andern goldene und silberne Sättel haben. Lass ihm aber den hölzernen Sattel auf und mache keine dummen Streiche mit den anderen schönen Sätteln, sonst wirst du sehen, was es gibt und dann helfe ich dir nicht mehr.« Ferdinand versprach alles, was der Bär haben wollte, ging in die Stadt und suchte am folgenden Morgen Dienst bei dem König. Der hatte aber gerade einen Stalljungen nötig und der Prinz ließ sich den Dienst schon gefallen. Er war auch so fleißig und fegte den Stall so schön rein, dass ihn der König bald darauf zum Stallmeister machte und da war er weit genug. Eines Abends, wo der König gerade ein großes Gastmahl hielt, ging er in den Stall und band das schnellste Pferd los. Als er aber den hölzernen Sattel auf dem schönen Tier sah, dachte er wieder, das sei doch Jammer und Schande, der König habe noch goldene Sättel genug und zudem könne das Pferd ja nicht sprechen; und er band den hölzernen Sattel ab und schnallte einen goldenen auf. Kaum war er aber mit dem Pferd vor der Tür, da machte es mannshohe Sprünge und schrie: »Diebe! Diebe! Der Stallmeister will mich stehlen!« Und da lief gleich das ganze Schloss zusammen – der Prinz wurde gepackt und in den Turm gesperrt. Das hatte er nun davon. Er fing aber sein altes Spiel wieder an und weinte und rief: »Ach lieber Bär, hätte ich doch gefolgt!«, aber der Bär hatte sich Baumwolle in die Ohren gestopft und wollte nichts hören. Als Ferdinand nun die ganze Nacht und den ganzen Tag hindurch lamentiert hatte, da stand der Bär wieder vor ihm und sagte unwirsch: »Habe ich es dir nicht gesagt? Aber wer nicht hören will, der muss fühlen, und wem nicht zu raten ist, dem ist nicht zu helfen; morgen kannst du Hochzeit halten mit des Seilers Tochter!« Da fiel Ferdinand dem Bären um den Hals und sprach: »Ach du goldiger Bär, ich bitte dich, sei mir wieder gut und verzeih mir nur diesmal noch, ich will ja gern alles tun, was du haben willst.« – »Das plaudere du den Gänsen vor, aber mir nicht«, sprach der Bär und wollte gehen, aber der Prinz weinte so jämmerlich, dass es der gute Bär nicht übers Herz bringen konnte und sagte: »Nun, ich will's denn noch einmal versuchen, aber ich sage dir, es ist das allerletzte Mal. Wenn du vor Gericht kommst, dann sage dem König, wenn er dir das schnellste Pferd gebe, dann wolltest du ihm den kostbarsten Stein bringen.« Da ward Ferdinand wieder froh und dankte dem guten Bären aus Herzensgrund. Als er am folgenden Tag vor Gericht kam, tat er, wie der Bär ihn geheißen, und es ging gut, denn der König hätte schon lange gern den kostbarsten

Stein gehabt und ließ ihn darum gerne los. Vor dem Schloss aber erwartete der Bär ihn, der Prinz setzte sich auf seinen Rücken und weg war er.

Nachdem sie sich zwölf Stunden lang Bewegung gemacht hatten, hielt der Bär vor einem hohen Berge an und sprach: »Der Berg wird sich gleich öffnen und eine Stunde lang offen bleiben. Geh dann hinein und habe keine Furcht, wie viel Löwen und Tiger auch auf dich zustürzen mögen, denn sie können dir nichts anhaben. Am Ende der Höhle, in die du kommst, findest du den kostbarsten Stein auf einem kleinen hölzernen Stühlchen; nimm ihn schnell, komme gleich wieder und halte dich nur ja nicht bei den Haufen anderer Edelsteine auf, denn sonst ist es um dich geschehen und ich kann dir nicht mehr helfen, wenn du auch nur eine halbe Minute länger als eine Stunde ausbleibst.« Ferdinand gelobte, dem Bären in allen Stücken zu folgen. Einige Augenblicke später aber öffnete sich die Höhle und er ging hinein. Da kam zuerst ein Löwe auf ihn zugestürzt, aber er ließ sich das nicht anfechten und der Löwe lief an ihm vorbei. Dann kamen Tiger, Wölfe, Bären und allerlei Ungeheuer, aber er ging seines Wegs weiter bis an das hölzerne Stühlchen, da nahm er den kostbarsten Stein und steckte ihn schnell in die Tasche. Jetzt wollte er eilends wieder zurück, aber da lagen überall auf seinem Wege so viele Edelsteine, dass er der Versuchung nicht widerstehen konnte und sich immer wieder bückte und alle Taschen voll stopfte. So war er bis fast an den Eingang der Höhle gekommen und da lag noch ein großer Haufen der schönsten Edelsteine. Als er sich aber hinzu bückte, bekam er von unsichtbarer Hand eine so gewaltige Ohrfeige, dass er bis fünfzig Schritt vor die Höhle flog und ohnmächtig liegen blieb. Als er erwachte, saß der Bär neben ihm und sprach: »Nun bedanke dich bei mir für die Ohrfeige, denn wenn ich dir die nicht gegeben hätte, dann säßest du in der Höhle, die sich noch in derselben Minute geschlossen hat. Teile nun die Edelsteine und gib dem König den kostbarsten und von jeder Sorte die Hälfte, dann bekommst du das schnellste Pferd.«

Das tat der Prinz, und der Bär trug ihn zurück bis an das Schloss. Da ging Ferdinand hinein und gab dem König die Edelsteine, der König übergab ihm dafür das Pferd und der Prinz flog darauf wie ein Pfeil durch die Luft und zu dem König, unter dessen Töchtern die Schönste unter der Sonne war. Als er vor dem Königs Schloss ankam, ließ er sein Pferd draußen stehen, trat hinein und sprach: »Herr König, ich habe das schnellste Pferd mitgebracht; kommt mit Euren Töchtern heraus und seht es; ich will Euch eine Probe von seiner Schnelligkeit geben.« Da freute sich der König und kam mit seiner ganzen Familie heraus, aber die Töchter standen zu seiner Seite auf dem Schlosshof. Ferdinand sprang auf das schnellste Pferd und ritt mit ihm an dem König vorbei und zu den Prinzessinnen, die es streichelten und liebkosten. Als aber die Schönste unter der Sonne das auch tun wollte und ganz nahe bei dem Pferde stand, da fasste Ferdinand sie schnell, hob sie zu sich auf das Ross – fort waren sie und der König hatte das Nachsehen. Anfangs sträubte sich die Prinzessin gegen Ferdinand, als er ihr aber sagte, wie lieb er sie habe, gab sie sich zufrieden und sagte, sie wollte keinen anderen Mann als ihn.

So kamen sie zu dem König, der den Vogel Phönix hatte und waren schon miteinander eins, wie sie es machen wollten, um zusammenzubleiben. Sie ritten vor des Königs Schloss, und als der sie kaum sah, eilte er gleich heraus und begrüßte sie freundlich. Da übergab ihm Ferdinand die Schönste unter der Sonne und bekam den Vogel Phönix dafür. Kaum hatte er ihn aber, da sprang die Schönste unter der Sonne herauf zu ihm auf das schnellste Pferd; er aber sprach: »Wohl bekomm' es, Herr König!«, und weg waren sie.

Als sie ein Stück Wegs weiter waren, begegnete ihnen der Bär und der sprach: »Das hättest du gut gemacht, aber eile dich, dass du nach Hause kommst und halte dich unterwegs nicht auf, es mag kommen, was will, sonst bist du verloren.« Ferdinand versprach es, bedankte sich bei dem Bären und ritt weiter in Lust und Vergnügen; er hatte ja auch alles, was er nur wünschen konnte: die Schönste unter der Sonne, Edelsteine von unermesslichem Wert, das schnellste Pferd und den Vogel Phönix, wodurch er das ganze Königreich seines Vaters erhielt.

So gelangte er an den Baum und sah an den Namen, dass noch keiner seiner Brüder zurückgekehrt sei. Weil es aber ein so sehr heißer Tag war, übermannte ihn die Müdigkeit und er wollte sich schlafen legen. »Tu das nicht«, sprach die Schönste unter der Sonne. »Du weißt ja, was der Bär gesagt hat!« – »Ei, was kann das ausmachen, ob ich ein wenig schlafe, oder nicht«, sagte er und legte sich hin.

Als er aber so da lag, kamen seine Brüder zurück, die hatten gar nichts mit zurückgebracht und waren bettelarm. Als sie ihn sahen und den Vogel Phönix bei ihm und das schöne Pferd und die Schönste unter der Sonne neben ihm, da fraß der Neid in ihr Herz und sie nahmen ihm alles und banden ihn und warfen ihn in eine Löwengrube; dann teilten sie die Dinge unter sich und zogen heim und brachten ihrem Vater den Vogel Phönix.

Unterdessen lag Ferdinand in der Löwengrube und wusste jetzt, was das Schlafengehen auf sich hatte. Keine Rippe war ihm mehr ganz am Leibe. »Ach, lieber Bär, hätte ich dir nur diesmal noch gefolgt!«, rief er, und da stand der Bär im selben Augenblick oben an der Löwengrube und sprach heimlich mit den heimkehrenden Löwen, sie sollten dem Prinzen nichts tun. Dann rief er hinab: »Nun, was hab ich dir gesagt? Jetzt bist du Löwenfutter. Gesegnete Mahlzeit, ihr Herren Löwen!« Da wurde es Ferdinand kalt und heiß und er rief: »Ach, liebster, bester Bär, ich war ja so müde! Ach verzeih mir noch einmal! Du hast ja ein so gutes Herz! Ach denk nur, die Schönste unter der Sonne stirbt vor Leidwesen und du wirst doch nicht dulden können, dass ein so großes Unrecht geschehe und meine Brüder triumphieren!« – »Ach was, das ist gerechte Strafe«, sagte der Bär und tat, als ob er fortgehen wollte, aber er tat es doch nicht, und als Ferdinand wieder recht bat, ließ er sich erweichen, brachte ihm Speise und Trank und verpflegte ihn, sodass er in Zeit von vier Wochen wieder gesund wurde. Dann setzte sich Ferdinand auf seinen Rücken und der Bär eilte fort mit ihm bis an das Schloss, wo Ferdinands Vater wohnte. Da setzte er ihn ab und sprach: »Nun geh hinein und sieh, wie du fertig wirst; ich rate dir nicht mehr.« Da ging Ferdinand hinein und fragte, ob kein Dienst frei sei? »Doch wohl«, sagte der Schlossmeister, »ich habe gestern meinen Stallknecht fortgeschickt und dessen Stelle kannst du haben.« – »Gut«, sprach Ferdinand, und ging mit ihm in den Stall und da stand das schnellste Pferd und ließ den Kopf hängen und war ganz mager und hager, denn es hatte noch gar nichts fressen wollen. Als Ferdinand es sah, ging er zu ihm, streichelte es und sprach mit ihm. Aber kaum hörte das Tier seine Stimme, als es lustig sprang und fraß und ganz munter wurde. Das wunderte den Schlossmeister und er ging zum König, der noch immer krank war, und erzählte es ihm. »Den Menschen muss ich sehen!«, sprach der König. Da führte der Schlossmeister den Prinzen zu ihm. Der König erkannte ihn nicht, weil Ferdinand so sehr bleich und abgezehrt aussah; aber er sprach zu ihm: »Da du das Pferd so schnell geheilt hast, kannst du auch den Vogel Phönix heilen, der dort im Bauer sitzt und nicht singen will, und die Schönste unter der Sonne, die am Fenster sitzt und nicht sprechen will. Wenn du das fertig bringst, dann bekommst du tausend Gulden.« Da ging Ferdinand zu dem Vogel Phönix und sagte: »Hänschen, sing mir ein Stückchen!« Und da fing der Vogel an so wunderschön zu singen, dass der König aus dem Bett sprang und ganz gesund war. Dann ging der Prinz auch zur Schönsten unter der Sonne und sprach: »Erzähle du dem König, wer ich bin und wer du bist.« Da fing die Schönste unter der Sonne an und erzählte alles und als der König hörte, dass der Stallknecht sein jüngster Sohn sei, fiel er ihm um den Hals und da war seiner Freude kein Ende. – »Jetzt sage mir auch, was mit deinen Brüdern geschehen soll?«, sprach der König. »Sie sollen aus dem Lande«, sprach Ferdinand. Da wurden sie alsbald des Landes verwiesen, aber Ferdinand hielt Hochzeit mit der Schönsten unter der Sonne und bekam das ganze Königreich.

Nach einiger Zeit schenkte ihm seine Frau ein sehr schönes Söhnchen und da fehlte ihm nichts mehr zu seinem Glück. Als er nun eines Tages mit ihr und dem Kinde am Fenster stand, da sahen sie in der Ferne den Bären kommen. Ferdinand hatte darüber große Freude, ging ihm bis in den Schlosshof entgegen und führte ihn herauf und ließ eine köstliche Mahlzeit anrichten. Der Bär aber sprach: »Das alles mundet mir nicht.« – »Sag nur, was du haben willst und es wird gleich da sein«, sprach Ferdinand. »Willst du mir gewiss geben, was ich verlange?«, fragte der Bär, und das wurde ihm fest versprochen. »Gut«, sprach der Bär, »dann gib mir dein Kind, aber hau es mit deinem Schwert in zwei Teile, damit ich es besser verschlingen kann.« Da meinten Ferdinand und seine Frau, die Erde täte sich vor ihnen auf; sie fielen dem Bären zu Füßen und baten ihn, doch etwas anderes zu wünschen, aber der Bär blieb bei seinem Begehren.

»Wenn du nicht anders willst, dann müssen wir wohl«, sprach Ferdinand, »denn wir sind dir zu viel Dank schuldig«, und seine Frau stimmte unter Tränen ein. Da holte er das Kind und legte es auf den Tisch, wandte die Augen ab und hob das Schwert; aber im selben Augenblick fiel dem Bären die Haut ab und er stand als ein schöner Prinz da. »Jetzt bin ich erlöst«, sprach er, und da hatten sie alle erst rechte Freude, und umso mehr, je größer ihr Herzeleid gewesen war. Der Prinz blieb noch einige Tage bei ihnen, dann ging er nach Haus, verkaufte sein Königreich, kam bald wieder und baute sich ein großes Schloss neben dem von Ferdinand, und da lebten sie in Frieden und Einigkeit und da kam eine Maus und das Märlein ist aus.

Deutschland

Hondidldo

Es war einmal ein Bauer, der hatte drei Söhne, von denen der eine dümmer als andere war. Der erste ward Didldei, der zweite Didldob und der dritte, welcher der dümmste war, Hondidldo geheißen. Der Bauer hatte in seinem Garten einen wunderschönen Apfelbaum, und da bemerkte er eines Tages, dass ihm eine Menge Äpfel gestohlen waren. Darum beschloss er, heute genau acht zu geben, wer denn eigentlich der Dieb sei, und befahl dem Didldei Nachtwache bei dem Baume zu halten. Anfangs tat dies Didldei auch, als aber der Schlaf immer mehr und mehr seine Augen zudrückte, da legte er sich ins Gras, und fing bald recht laut zu schnarchen an. Auf einmal hörte er ein Geräusch, er blickte um sich, und sah von weitem einen kleinen weißen Mann, wie er eben in dem nahe gelegenen Bach verschwand. Zu seinem Staunen aber bemerkte er, dass abermals eine Menge Äpfel fehlten. Traurig ging er nach Hause und erzählte dies seinem Vater. »Du Siebenschläfer«, sagte dieser, »ich will dir die Augen aufmachen«, und steckte dem Didldei eine Ohrfeige. Darauf befahl er dem Didldob, die nächste Nacht den Apfelbaum zu hüten. Das tat er, aber auch er schlief neben dem Baume ein, und es begegnete ihm dasselbe wie seinem Bruder, auch er sah den kleinen weißen Mann. Er rieb sich die Augen und glaubte nicht recht gesehen zu haben, als er aber den Apfelbaum beinahe leer sah, ging er missvergnügt zu seinem Vater und erzählte es ihm. »Ja«, sagte dieser, »du hast gewiss die ganze Nacht hindurch kein Auge aufgemacht, denn hättest du nicht geschlafen, so würdest du den Dieb schon erwischt haben. Deine Nachlässigkeit aber soll nicht ungestraft bleiben«, sagte er, nahm einen Haslinger hervor und zog ihm tüchtig das Lederzeug an.

»Hört, Voda, dera Hocka will i a no an Stil finden«, rief Hondidldo, dessen größtes Glück seine Fiedel war, »heint geh i außi und wart, bis da Diab kimt.« Richtig, unser Hondidldo geht hinaus, setzt sich auf den Apfelbaum, nimmt seine Fiedel und fängt ganz gemütlich zu spielen an. Auf einmal sah er unter dem Baume ein kleines weißes Männchen herumspringen.

»Des is ja da leibhaftige Dodamon«, denkt sich der Hondidldo, »wart, wannst du da Diab bist, di wer ma a no kriag'n.« Er hört auf zu fiedeln und will den Baum hintersteigen. Er erschrak aber nicht wenig, als er sah, dass das Männchen immer größer und größer wurde. Unser Hondidldo aber hatte sich bald von seinem Schreck erholt, nahm seine Fiedel lustig wieder zur Hand und fing abermals zu spielen an.

Und wie er so fiedelte, ward der weiße Mann immer kleiner und kleiner und begann voll Freude zu tanzen. Endlich wurde Hondidldo müde, er hörte auf zu spielen und legte seine Fiedel beiseite. Sogleich ward auch das Männchen wieder größer, bis es beinahe schon über den Baum hinausragte. »Siehst«, sagte er zum Hondidldo, »wenn du willst, so kannst dir mit deiner Fiedel viel Geld verdienen.« – »Bei so was«, sagte dieser, »bin ich alleweil dabei.« – »Nun, dann geh mit mir«, sagte der Mann. »Recht gern«, antwortete Hondidldo, »aber gleich kann es nicht sein, weil ich auf den Apfeldieb warten muss.« – »Mach dir keine Sorgen«, erwiderte der Mann, »die Äpfel sollen dir alle bleiben, und auch die gestohlenen sollst du wieder erhalten.« – »Auch recht«, dachte Hondidldo und ging mit.

Er stieg den Baum herab, nahm seine Fiedel und wollte dem Manne folgen. Das war diesem eine gemähte Wiese, denn kaum hatte Hondidldo den Baum verlassen, so waren auch alle Äpfel verschwunden. Hondidldo stand ganz verwundert neben dem Baum und ärgerte sich, dass trotz seiner Wachsamkeit doch die Äpfel weggekommen seien. Der Morgen brach an, der Hahn hatte bereits zum ersten Mal gekräht, und Hondidldo wusste nicht, was er beginnen sollte, denn der weiße Mann war verschwunden und hatte Hondidldo in der größten Not zurückgelassen. Nach Hause getraute er sich nicht, da er wusste es würde ihm schlimm ergehen, wenn der Vater sähe, dass nun die Äpfel gänzlich gestohlen seien.

»Mir follt's ein«, denkt er sich, »mein Fiedel is ja a no was wert, gehst in d' weiti Welt, und wüllst dein Glick probirn, und wann da da Äpfeldiab amol untakimmt, soll a gwiss mehr als Hor lassn miassn.«

Gesagt, getan. Hondidldo macht sich auf den Weg. Seine Fiedel unter dem Arme ging er lange Zeit fort, bis er in einen großen, großen Wald kam. Es wurde schon Nacht und Hondidldo wusste nicht wo ein und aus, denn er hatte sich im Walde verirrt. Als er so ging, fiel ihm ein, dass er ja seine Fiedel noch habe. Schnell nahm er sie hervor und fing zu spielen an. Da bemerkte er von weitem ein Lichtlein, das immer näher kam, und auf einmal stand ein goldenes Rösslein vor ihm. Du kimst ma grod z'recht, denkt sich da der Hondidldo, und schnell schwingt er sich auf das Pferd, das nun im Galopp davon eilte. Vor einem kleinen Häuschen mitten im Walde hielt es stille. Hondidldo stieg ab und ging mit seiner Fiedel in das Häuschen. Da gewahrte er zu seinem Erstaunen eine Menge kleiner Männlein, welche lustig im Kreise herumtanzten, während einige dazu spielten, und wieder andere an einer großen Tafel mit Speise und Trank sich labten. Die Männchen schienen auf ihn gewartet zu haben, denn kaum war er eingetreten, als alles ruhig ward. Die kleinen Männchen nötigten ihn, sich zu setzen und an ihren Lustbarkeiten teilzunehmen. Hondidldo hatte großen Hunger, er setzte sich daher gleich zur vollen Schüssel und fing an tüchtig einzuhauen. Währenddem hatten einige der Männchen seine Fiedel ergriffen, und da sie ihnen gar so gut gefiel, wollten sie mit unserem Hondidldo einen Tausch machen und versprachen ihm eine andere Fiedel ganz von Gold. Hondidldo war's zufrieden, nahm die eingetauschte Fiedel und begann gleich darauf zu spielen. Gleichzeitig bewegten sich auch die Männchen wieder und fingen lustig zu tanzen und zu springen an. So ging dies lange Zeit fort, bis endlich Hondidldo müde geworden war und wieder fortgehen wollte, denn er sagte, er müsse den Apfeldieb suchen. Man wollte ihn aber nicht gehen lassen, und die kleinen Männchen versprachen ihm eine Menge anderer Äpfel, die er alsdann nach Hause tragen könne. Hondidldo war damit einverstanden und fiedelte noch eine Weile fort.

Als er fertig war, gaben ihm die Männchen einen Sack voll Äpfel, Schinken, Backwerk und anderes mit auf den Weg. Vor dem Hause fand er wieder das goldene Rösslein. Hondidldo schwang sich auf dasselbe, und fort ging es bis zum Apfelbaume. Hier angelangt stieg er ab, das Rösslein verschwand und Hondidldo ging mit seiner Fiedel und mit seinem Sack schnell in das Haus zu seinen Brüdern. Diese

sahen ihn ganz verwundert an, denn sie kannten ihn nicht mehr. Erst als Hondidldo ihnen alles erzählte, erinnerten sie sich seiner. Er sagte ihnen auch, dass er die Äpfel alle im Sack habe und noch obendrein eine goldene Fiedel mitbringe, die sie am nächsten Morgen sehen sollten.

Des andern Tages stand Hondidldo schon sehr früh auf und wollte seine Fiedel nehmen, die er Tags vorher an die Wand gehängt hatte. Er staunte nicht wenig, als statt derselben ein Pferdefuß an dem Nagel hing.

Als nun auch der Vater und die Brüder herzu kamen, wurde der Sack geöffnet; zum Schreck aller aber fielen aus diesem keine Äpfel, viel weniger Schinken und Backwerk, sondern lauter Kröten und Eidechsen kamen aus dem Sack. Hondidldo sah nun ein, dass er nicht nur um die Äpfel, sondern auch um seine Fiedel auf eine schändliche Weise betrogen worden war. Aus Gram über diesen Verlust starb er bald, denn er wollte ohne Fiedel nicht leben.

De G'schicht is aus,
Dort lauft a Maus,
Hot a rot's Rockerl an,
Jetzt fongt a andrer zun erzähln an.

Österreich

Da Seppl mit di goldenen Hoar

'S woar a mal an oarme Baua und a Beirin, dö hom an Suhn g'hobt und der hot Seppl g'hoaß'n. Wia da Bui greßa woa'n is, is's eana r'a bessa gonga, und da Seppl is i d'Stodt gonga und hot si a feams Ross kafa wölln. Wia r'a am Rossmoak kema is, is a reicha Herr do g'west und dea hot d'schensten Ross z'sommkaft, dass fir'n Seppl goa kan's do mehr g'west is. Wa'l owa dea reichi Herr an Knecht braucht hot, hot a in Seppl gnumma. In Seppl woar dös schon recht, wa'l a r'a festa Kerl woar. Volla Freid is a mit sein Herrn hoam g'rit'n.

Jatz san's in an groß'n Wold kema, dea so schiach und ed woar, dass'i da Seppl denkt hot, won i a glei' schon wieda draußen wa. Owa je weida als s' kema san, desto finstra is wo'n. Do is's in Seppl weida nit koalt ibar'n Bugl g'rennt. Wies owa schon a poar Tog g'roast san, hot dea graußlichi Wold auf anmol an End' gnumma. Jatz is owa in Seppl a Drum Stoan von Heaz'n g'folln, wia r'a gseg'n hot, wo sein Herr hingroast is. Mitt'n auf a wun'aschen Wiese is a G'schloss g'stand'n, dös woar so schen und groß, dass'i da Seppl goa nit eini z'geh'n hot traut. Und erst wia r'a drinad woar, do hot a r'eng weida nit g'sponnt iwa de schen Zimma und de schen Socha, was do woar'n. Wia r'a si hot dös alls ang'schaut g'hobt, hot an sein Herr in Stoll g'fiart und hot eam an schen Schimmel zagt und hot g'sogt: »Woast Seppl du hast sunst nix z'tha'n, als alli Tog dös Ross z'füadarn! Z'ess'n wiast gnua ho'm, s'Gwond kriagst a von mir und mehr brauchst nit.«

Dös woar in Seppl schon recht und er hot si denkt, 'skint goa nix bessa's mehr geb'n. Wia da Herr furt g'west is, hot da Schimmel zum Seppl g'sogt, er soll in Hof ge'n, do wiad a 'ran Brunn seg'n und do soll a r'a Glasl Wossa bringa. Do is da Seppl hingonga und hot an's brocht, und 's Ross is heagonga und hot in Seppl a bissl iwan Schedl goss'n. Jatz woar'n auf anmol seini Hoar von Gold. Do hot da Seppl weida kan Freid g'hobt, hot si auf's Ross g'setzt und is wia da Wind furtg'ritn und hot g'schaut, dass a r'a hoamkema is. Wia 'r owa hoamkemma is, hot da Schimmel g'sogt, er soll no nit zun Voda'n und zu da Muida geh'n, er soll eam wos von den Wossa z'saufa geb'n. Da Seppl hot dös than, und auf an'mol is a wun'ascheni Prinzessin mit langi goldani Hoar dogstand'n. Ui jekas do hot da Seppl g'schaut, hot's g'heirat und is a großa Kini woarn. Sein Voda'n und sein Muida, dö a grenz'nlosi Freid iwa r'nan Sohn g'hobt hom, hot a zu eam gnumma und da besi Hexenmoasta, dea die Prinzessin vahext hot, is vabrennt wo'n. In Seppl is guid gonga und 'shet koan bessa'n Kini geb'n kina als unsa'n Seppl.

> Jatz wia r'eng wos dazöhln,
> vo do longa Elln
> und vo da kuazen Wocha,
> wo mein Voda r'a Fadl ogstocha,
> do kriagt der'a Wuascht
> der'a Wuascht, der'a Wuascht,
> der'a brodanan Hos'n
> und du – a Patzl auf d'Nosen.

Österreich

Das Pomeranzenfräulein

Ein reicher Grafensohn sollte nach dem Wunsche seiner Eltern heiraten, und viele schöne Jungfrauen wurden ihm als Gemahlin vorgeschlagen. Aber er mochte keine von ihnen, denn er hatte sich in den Kopf gesetzt, nur eine Braut heimzuführen, die nicht von einer Mutter geboren war, und eine solche konnte er nirgends finden. Es ließ ihm aber keine Ruhe, und er wollte suchen, bis er die rechte Braut erlangt hätte. Eines Tages ließ er sich sein Ross satteln, nahm von seinen traurigen Eltern Abschied und ritt in die weite Welt hinaus.

Lange Zeit war er schon geritten und hatte noch nicht die richtige Braut gefunden, als er zu einem Zwiewege kam. Dort stand ein altes Weiblein, krumm und gebückt, das hatte nur einen Zahn im Munde, und ihre Augenbrauen waren so lang, dass sie tief über die Augen hingen. Als nun der junge Graf das Weiblein fragte, wohin die zwei Wege führten, musste er schreien, damit sie ihn hören konnte, denn die Alte war fast taub. Auf ihre Fragen erzählte er von seinem Vorhaben. Da nickte das Weiblein, wackelte beifällig mit dem grauen Kopf und sagte mit kreischender Stimme: »Hübscher Knabe, geh den Weg!« – dabei zeigte sie mit dem Haselstöckchen auf den Weg, der nach rechts führte – »und du wirst ein großes Haus finden. Geh hinein, hübscher Knabe, und nimm den Besen, der hinter der Tür steht! Kehre damit die Stiege, und wenn du das getan hast, wirst du zu einem Löwen kommen, hübscher Knabe! Der hält einen goldenen Schlüssel im Rachen, den musst du ihm mit Gewalt entreißen. Sperre die Tür auf, vor der der Löwe steht, dann kommst du in ein prächtiges Zimmer, darin steht wieder ein Löwe mit einem Schlüssel im Rachen vor einer Tür. Diesen Löwen aber musst du erlegen, hübscher Knabe, und ihm auch den Schlüssel entnehmen. Mit dem schließt du die andere Tür auf, dann kommst du in die Küche.

In der Küche wirst du drei schöne Pomeranzen finden und ein Messer mit einem Griffe aus Ebenholz. Das Messer nimmst du und schneidest eine der drei Pomeranzen auf, hübscher Knabe, dann wird ein schönes Fräulein, schön wie die Sonne, herauskommen. Du musst aber mit ihr sogleich zu dem Brunnen gehen, der vor dem Haustore unter den zwei Linden steht, und deine Braut unter das Wasser halten, sonst muss sie auf der Stelle sterben.«

Der Grafensohn dankte ihr für den guten Rat und ritt immer tiefer in den kühlen, dunklen Wald hinein, bis er plötzlich vor einem großen Schloss stand, das aus weißem Marmor erbaut war. Er trat durch das große, schöne Tor ein und erblickte die Stiege, wie es ihm die Alte gesagt hatte. Als er damit fertig war, kam er zu dem Löwen. Dem riss er den goldenen Schlüssel aus dem Rachen, dann sperrte er die Saaltür auf, die von Ebenholz war, durchschritt den zweiten Saal, bis er zu dem anderen Löwen kam, der wieder einen goldenen, noch schöneren Schlüssel festhielt. Er tötete das Tier, nahm den Schlüssel, öffnete die nächste Tür und trat in die Küche. Dort fand er auch wirklich, wie ihm das Weiblein gesagt hatte, das Messer und die drei Pomeranzen, die wie das reinste Gold aussahen und wie die Sonne glänzten. Er wagte kaum, sie zu berühren, doch endlich fasste er sich ein Herz, griff nach dem Messer und schnitt die erste Frucht entzwei.

Kaum hatte er die obere Hälfte abgenommen, als in der unteren, die er in den Händen hielt, ein wunderschönes Mädchen stand, das schön wie der Tag war, und ihre Augen leuchteten so blau wie der Sommerhimmel. Dem Grafensohn wurde ganz wunderlich ums Herz, er vergaß die Mahnung des alten Mütterleins ganz und gar, schaute und schaute nur das schöne Jungfräulein an und dachte gar nicht mehr an den Brunnen. Wie er aber so dastand, welkte das schöne Bild zusammen und starb vor seinen Augen.

Jetzt erschrak er und nahm sich vor, nicht mehr auf den Rat der Alten zu vergessen. Er öffnete die zweite Frucht, der entstieg eine Jungfrau, die war noch viel schöner als die erste. Aber bevor er mit ihr durch die Säle und über die Marmortreppe an den Brunnen geeilt war, starb auch sie.

Traurig kehrte er in das Schloss zurück und holte die dritte Frucht und das Messer. Ehe er aber die letzte Pomeranze aufschnitt, ging er damit zum Brunnen unter den beiden Linden. Als er diese öffnete, blendete ihn fast der Glanz, denn eine Jungfrau stand vor ihm, so schön, wie die Sonne noch nie eines beschienen hatte. Schnell hielt er sie unter den Wasserstrahl. Sie wurde immer größer und größer, seine Hände konnten sie nicht mehr halten, und er ließ sie auf den Boden, wo sie endlich fast so groß dastand wie er selbst. Freudig umarmte er sie und führte sie in das Marmorschloss, wo sie bleiben sollte, bis er mit Ross und Wagen käme, um sie abzuholen. Er küsste sie zum Abschied und eilte zu seinen Eltern nach Hause.

Die schöne Pomeranzenjungfrau aber blieb nun ganz allein im Schloss, holte sich Wasser vom Brunnen und bereitete sich ihre Speisen. Es war ihr aber in ihrer Einsamkeit sehr oft langweilig.

Neben dem Schloss stand ein kleines Haus, worin eine Hexe mit ihren zwei Töchtern wohnte. Diese sahen das schöne Mädchen oft zum Brunnen gehen, kamen zu ihr und fragten sie aus. Das Pomeranzenmädchen aber war vertraulich genug und erzählte ihnen alles.

»Komm mit uns«, sagte einmal die ältere Hexentochter, »die Mutter hat Kuchen gebacken, die schmecken so gut!« Das Mädchen ließ sich überreden und ging mit ihnen. Sie spielten miteinander, dabei sollte das Mädchen einmal Königin sein und musste sich verkleiden und die Haare flechten lassen. Wie es aber so dasaß, drückte ihm eine der beiden Schwestern eine Nadel in den Kopf, wodurch die Schöne sogleich in eine Taube verwandelt wurde.

Nun ging eine der hässlichen Schwestern in das Schloss hinüber und wartete, bis der Grafensohn zurückkam. Der staunte nicht wenig, als er statt seiner schönen Braut die garstige Hexentochter fand. Doch diese wusste allerhand Ausreden, sodass er meinte, sein gegebenes Versprechen halten zu müssen. Auch könnten ihn doch nur die Augen täuschen. So nahm er die hässliche Braut zu sich in den Wagen und fuhr traurig mit ihr fort.

Während sie unterwegs waren, kam der alten Hexe aber die Taube aus. Sie flog dem Wagen nach, umflatterte ihn und schlug mit den weißen Flügeln, bis der junge Graf es bemerkte und mitleidig die Hand nach ihr ausstreckte, um sie hereinzulassen. Die falsche Braut aber war darüber böse und wollte es nicht leiden, denn sie erkannte das Tier. Er nahm es aber doch herein, hielt es auf seinem Schoß und streichelte es, sodass es zu girren anfing. Wie er dem Täubchen über den Kopf strich und es ihn mit seinen schwarzen klugen Augen ansah, kam er an die Nadel; voll Mitleid zog er sie heraus, und schon stand das schöne Pomeranzenfräulein wieder vor ihm.

Ihr könnt euch denken, wie glücklich der Grafensohn war, weil er seine Liebste wiedergefunden hatte. Als er aber hörte, wie alles passiert war, warf er das böse Hexenmädchen zum Wagen hinaus, dass es sich beide Beine brach. Befreit von aller Betrübnis, fuhr er mit seiner wiedergewonnenen Braut nach Hause. Seine Eltern empfingen sie beide mit größter Freude, und bald wurde geheiratet.

Die Geschichte ist wahr, denn ein Sohn des jungen Grafen lebt heute noch.

Österreich

Der starke Hans

Es war einmal eine große Frau, die große Beth, die hatte einen Buben, der, obschon er erst sieben Jahre alt war, schon der starke Hans hieß. »Wir sind arme Leute«, sagte die Mutter einst zu ihm, »drum musst du beizeiten arbeiten und fremdes Brot essen lernen. Die Bauern nehmen ohnedies nur starke Leute in den Dienst. Geh also in den Wald und bringe mir eine tüchtige Tracht Holz heim, dann will ich dir sagen, ob du in die Fremde taugst.«

Hansli tat es, traurigen Herzens über den ihm so nahen Abschied; und wie er seine Bürde Holz heimbrachte, war sie gar klein. Darüber wurden er und die Mutter froh, denn er war noch zu schwach und durfte noch weitere sieben Jahre daheim bleiben. Als diese um waren, wurde er zum zweiten Male ins Holz geschickt. Jetzt aber war es anders mit ihm. Die Tannen riss er aus, als ob es Stauden wären, und heimgetragen brachte er sie wie einen Federwisch.

Jetzt hatte die Mutter auf ein ganzes Jahr Brennholz genug, und Hans konnte nun sein Ränzel schnüren und dem nächsten Bauernhof zuwandern. Hier waren schon zwei Knechte im Dienst und man brauchte keinen dritten. Der Hans aber wurde dennoch angenommen, denn er verlangte vom geizigen Bauer keinen Lohn, sondern stattdessen nur das Recht, alljährlich eine Ohrfeige austeilen zu dürfen.

Die erste Arbeit, bei der er mithalf, war im Walde; es wurde Holz gefällt und heimgefahren. Aber der Wagen war bereits überladen und die Rosse brachten ihn nicht vom Fleck. Da warf Hans die Rosse zu den Baumstämmen auf den Wagen hinauf und brachte ihn wie im Sturmwind vors Haus gerollt. Der Bauer sah es, kratzte sich in den Haaren und dachte mit Schauder an die Jahresohrfeige. Aber er ließ sich nichts merken, sondern setzte sich mit Hans zu Tische. Hier tat Hans abermals das seine, der Bauer kratzte sich abermals in den Haaren, denn dieser Knecht würde ihn binnen Jahresfrist von Haus und Hof essen.

Nun fiel ihm ein, wie er sich seiner entledigen könnte. »Meine Frau«, sagte er zu ihm, »hat vor etlichen Tagen ihren Ehering draußen in den Ziehbrunnen fallen lassen, steig hinunter und hol ihn wieder herauf.« Hans tat es. Kaum war er drunten, so schüttete der Bauer mit seinen Knechten eine ganze Ladung Steine hinab.

»Weg mit den Hühnern da droben«, rief eine Stimme herauf, »sie scharren Sand in den Brunnen!« Der Bauer musste nun zu einem gewichtigeren Mittel greifen; er ließ die Glocke aus der Kapelle herab nehmen und in den Brunnen werfen, die musste den ganzen Hans zudecken. »Ei, was für ein artiges Käppchen für mich!«, lautete es zum zweiten Mal aus der Tiefe herauf. Jetzt gab's keinen andern Rat, als den Mühlstein hinabzulassen. – »Halt!«, schrie der drunten, »da hab' ich ja den Ehering; geht mir aus dem Licht droben, ich komme!« Die Glocke auf dem Kopfe und den Mühlstein am Ringfinger kam Hans heraufgestiegen.

Der Bauer dachte abermals an die vereinbarte Ohrfeige und schenkte dem Hans nun so viel Geld und Gut, als dieser brauchte, um weiter in die Welt zu ziehen.

Seines Weges gehend fand er zwei Kameraden, einen Jäger und einen Fischer, die ohne Dienst waren wie er. Er wanderte einen Tag mit ihnen, doch statt Dörfer und Herbergen trafen sie nichts als ein kleines wunderliches Haus. Es war unbewohnt und sie übernachteten hier. In aller Frühe weckte sie der Hunger. Nichts als ein Kochkessel und ein geringes Stück Fleisch war hier vorrätig, dies genügte nicht für alle drei. Der Fischer sollte es ans Feuer tun und kochen, indessen gingen der Jäger und Hans in den Wald, um besseren Vorrat herbeizuschaffen. Unser Koch hing den Kessel übers Feuer – da schlich ein kleines, hässliches Weib herzu. Sie hatte ein rotes Jüpplein an und auf dem Kopf eine Beginenhaube und bat flehentlich um ein winziges Stückchen Fleisch. Der gute Fischer bückte sich schon, ihr ein Stück im Kessel abzuschneiden, da, husch, saß sie ihm auf dem Rücken, drückte und ritt ihn, und zerkratzte ihm jämmerlich das Gesicht. Er kroch zuletzt unter den Herd hinunter. Die Alte verschwand, das Feuer ging aus.

Gegen Abend kamen die beiden Kameraden heim. Glücklicherweise hatten sie einen Bären erlegt, und hatten nun, nachdem er ausgeweidet, zerlegt und gekocht war, doch etwas zu essen.

Der Morgen kam, und nun ging der Fischer mit dem Hans auf die Jagd, der Jäger hütete das Haus und besorgte das Essen. Darüber geschah ihm, was man schon weiß. Die Alte in der roten Joppe kam herbeigeschlichen, und während er ihr ein Stück Fleisch abschnitt, sprang sie ihm auf den Rücken, zerkratzte ihn und warf ihn zum Schlusse unter den Herd.

Da lag er noch drunten, als die zwei andern abends heimkamen und nach dem Essen fragten. – So kam der dritte Tag. Keiner der Geprügelten hatte indessen den andern ein Wörtchen verraten, jeder verbiss seine Schmerzen und freute sich im stillen darauf, dass auch an den nächsten die Reihe kommen werde. Heute blieb nun Hans daheim, Jäger und Fischer gingen in den Wald. Sobald er am Kochen war, klopfte die Jammergestalt des hungrigen Weibes an der Tür und bettelte um ein Stückchen Fleisch. Sie erhielt es. Allein, sobald sie ihm auf den Rücken springen wollte, hatte sich Hans schon vorgesehen. Er packte sie mit einer Hand und schwang sie so lange in der Luft herum, bis ihr der Atem ausging. Dann band er sie und warf sie hinab, wo die anderen gelegen hatten. Da lag denn nun das schief geschnürte Bündel unter dem Herd. Sehr frühzeitig kamen heute die beiden Kameraden heim; sie lachten schon im Voraus über die Prügel, die Hans aufgelesen haben musste. Da sahen sie denn das Gegenteil.

Aber Hans wollte von seinem Abenteuer auch einen Nutzen haben. Er ließ die Hexe unterm Herd nicht eher los, als bis sie ihm ein Geheimnis entdeckt hatte. Hier im Berge, auf dem das Häuschen stand, war ein tiefes Felsenloch, das hinunterführte zu einem wunderbaren Schlosse.

Eine Prinzessin wohnte drinnen, von Drachen bewacht, und wer diese besiegte, gewann samt den Schätzen die Hand der Königstochter. Die drei gingen zur Höhle und bestimmten durch das Los, wer von ihnen zuerst am Seile hinuntergelassen werden sollte. Hans machte den Anfang. Drunten fand er das Schloss, ganz aus Gold und Edelstein gebaut, alsdann die Prinzessin selbst. Diese stellte ihm Wein und Brot vor, dadurch wurde er noch dreimal stärker als zuvor. Dann gab sie ihm das stärkste Schwert, mit dem er den Drachen schlagen sollte. Dieser fuhr auch bald mit furchtbarem Getöse herab und spie einen Feuerstrom aus dem Rachen. Mit einem Hiebe schlug ihm Hans den Kopf ab, aber von dem Feuerstrom ergriffen, sank auch er zu Boden. Die Prinzessin eilte herbei und labte ihn wiederum mit Wein und Brot; er erwachte aus seiner Betäubung und fühlte sich nun noch dreimal stärker als vorher. Dies war aber auch dringend notwendig; denn alsbald erhob sich neues Getöse, und der zweite Drache kam herab gefahren, noch feuriger und größer als der erste. Der Kampf begann, das Schloss bebte und dröhnte, Qualm verfinsterte die ganze Luft, doch Hans mit seinem Machtschwert hieb in das Untier, dass das Blut in Strömen floss. Sausend fuhr sein Schwert durch die Luft, und der Schädel des Ungeheuers war vom Rumpfe getrennt. Doch auch dem Tapferen schwanden die Sinne, ohnmächtig lag er neben dem Erlegten. Und

wiederum war die Prinzessin da, abermals stärkte sie ihn mit Wein und Brot und brachte ihn dadurch ins Leben zurück; dann ließ sie ihn durch ihre Dienerinnen in ein gutes, schönes Bett bringen, und da ruhte und schlief er sich aus bis zum hellen Morgen. Jetzt übergab ihm die Prinzessin das dritte Machtschwert, das alle andern an Güte und Größe übertraf, nachdem er durch Speise und Trank abermals an Stärke dreifach gewachsen war, und kündete ihm an, dass nun der dritte und größte Drache zu bestehen sei. Noch einmal rief sie ihm Mut zu, zeigte ihm, wie sie beide nur die Wahl hätten zwischen namenlosem Glück und Unglück, und ging dann schluchzend hinweg. Nun kam der dritte Drache heruntergefahren, brausend und sausend, Glut und Dampf aus dem Rachen speiend. Volle drei Stunden dauerte der Kampf, das Untier verblutete, Hans lag unbeweglich hingesunken. Als es stille geworden, kam die Prinzessin herbeigeeilt; unter ihren Worten und Küssen schlug er wieder die Augen auf, wurde verpflegt und erholte sich. Dann erhoben die Dienerinnen einen wunderbaren Gesang, eine liebliche Musik rauschte durch das Schloss, dass Hans bei seiner Prinzessin in Glück und Freude sich kaum fassen konnte. So machten sie sich alle bereit, mit dem nächsten Morgen die Hochzeit zu halten.

Schweiz

's Wienechtchindli

Es isch emal es fromms fromms Chind gsi, das sine Eltere nie Verdruss gmacht het und nie mit sine Gschwüsterti zangget und nie briegget* het um nüt u wider nüt. Und alli Chinder hei's gar lieb gha, u wenn es eim het chönne e Gfalle thue, so ist das si grösti Freud gsi. Da het einisch e bösi Schlang sich um vili vili Chinder gliret u het si alli welle frässe. Da isch das Chind grad vo Witem derzue cho u het gseh, wie die Schlang ds Mul uftha het u wie's ere wienes Für us den Auge gfahre isch. Da het das fromm Chind gar es gru-

sams Erbarme gha mit dene Chindere und ist gleitig z'springe cho u het gschroue: »Friss, Schlang, friss mi, aber la di andere gah!« Da het sich plötzlich die Schlang ufgliret, het die andere laufe la und isch uf das Chind zuegsprunge mit wit wit offenem Mul und fürige Auge groß wie Pfluegsredli. Und das Chindli het d'Händ gfaltet u ds Walt Gott betet, u het d'Auge zuetha u gmeint, die Schlang heb's in eim Schluck verschlunge und laufi jetz dervo oder fliegi mit em dür d'Luft. Da het's endlech bin em selber denkt, es well doch d'Auge ufthue und luege wie's im ene Schlangebuch eigetlech usgsäch. Aber da isch es heiter u hell um ihns gsi und e Sunne het gschine, aber e vil schöneri als die wo bin üs schint, und es isch emene Engel i den Arme gläge, und der Engel het gar hold und fründlech ihns aglechlet u gseit, es soll nume ja nit Angst ha, er well's an es schöns u gucts Ort füere, wo's Freude ha ward wie no nie und wo kei bösi Schlang sig.

U dernachet isch es wit wit mit ihm gfloge; gäng der schöne Sunne zue, sodass das arm Hüdeli vor luter Glast d'Auge wider het müesse zue thue. Da het's endlech der Engel abgstellt im ene gar herrliche Garte, wo luter Sache gsi si, won es nie gseh gha het, und won es Maje gseh het, die si so schön gsi wie ds Morgeroth u ds Aberoth, u hei wit wit gschine wie Sunneschin u Mondschin zsäme. U vil tused Engeli sin em zuechegsprunge u Hein em d'Händ gä und hei gsunge so schön, so schön, dass es es düücht het, der lieb Gott müeß die selber ha lehre singe. Aber under alle dene Engeli isch keis vo dene Chindere gsi, won es vo der Schlangen errettet het, keis einzigs, won es gchennt hetti. Da het's agfange briegge u gjammeret, es wöll doch zu sine chline Chindere, sunst chönnti ja vilicht die Schlang se doch no frässe. Da het es e Stimm ghürt, die het nid vo dahär und nid vo derthär gschine z'cho, sonderen us jeder Blueme, us Aberoth u Morgeroth, us Sunneglast u Mondschin, u die Stimm het ihns gfragt: Aber säg, gfallt es der de hie nid, isch es de hie nid schön? »Ja«, het druf das Chind gantwortet, »es gfallt mer gar wohl hie, aber i muess doch zu mine Brüederli u Schwösterli u den andere Chindere; was sölle die afange, wenn si mi nümme hei? Aber wenn i die mitbringe darf, de wil i mit ihne cho u mi recht freue; o wie schön wär das!« Da het die Stimm wider tönt und het gseit: Das cha no nid si. U da het's wider gar grüseli briegget, dass me hatt chönne d'Händ under ihm wäsche. »Liebs Chind«, het du die Stimm gseit, »briegg mer nid, hie obe darf nid briegget würde; aber we du nümme briegge witt, so wil i dr erlaube, dass du allbeneinisch abe darfsch zu den andere Chindere, u denn darfsch du chrame Läbchueche u anderi gueti Sache, aber nume dene, wo o lieb si; u alli die, wo du ne s'Briegge chasch abgwöne, die will i de o hie ufe näh, u de channsch du ja gäng bin ene si u dihr sollet mer alli lieb si.«

So het die Stimm gseit und das het du dem Chind so wohl tha, dass es nie meh briegget het u schön worden isch wie die andere Engeli. Dernachet isch es uf d'Wält gange u het de Chindere gchramet u gäng meh nume dene wo nit briegge; u eis Chind na em andere het chönne zuen em ufe u isch de o es Engeli worde.

Aber es het gäng wider Chinder uf der Wält gäh u gäng meh, u alli die het es lieb gha u het se welle zue sich füere i si schöne schöne Garte, wo Himel heißt. Da het's müessen es Eseli astelle, um all da schön Chram z'bringe, u wil es zu so vile Chindere muess, so chan es numen einisch im Jahr zu eim cho; aber won es vo Witem briegge ghört, da springt ds Eseli mit em witer was gisch was hesch. U allbeneinisch man es elei nümme cho an allen Orte, wenn es gar vili Chinder z'bsueche het oder es vil Schnee ist, dass ds Eseli nid rächt dürve cha. Da nimmt es de vo dene Chindere mit, die ihm die liebste Engeli worde si, u git im ene jede es Eseli u e Chram derzue; u die gangen o sine Chindere nah u brichten ihm, wo si gueti u wo si bösi Chinder atroffe hei und weli einisch i sin schöne Garte cho wärde.

Drum, liebi Meitscheni, sit lieb, de chöme di Engeli o zu euch, bringen ech Chram Jahr um Jahr, u nämen ech einisch mit i de schön Garte.

Schweiz

* brieggen = weinen

Der Zwerg auf Herbergssuche

Eines Nachts tobte ein fürchterlicher Sturm in den Schweizer Bergen. Es goss in Strömen. Da kam auf einmal ein Zwerg, der auf der Wanderschaft war, in ein kleines, einsames Dorf. Tropfend vor Regen ging er durch die Gassen und klopfte an die Tür jeder Hütte, um Einlass zu bekommen. Niemand jedoch erbarmte sich seiner, niemand öffnete ihm die Tür; ja die Dörfler machten sich sogar über ihn lustig.

Doch am Rande des Dorfes, im letzten Haus, wohnten zwei arme, aber fromme Leute, Mann und Frau. Müde und matt schleppte sich der Zwerg zu ihrer Hütte und klopfte dreimal bescheiden an das kleine Fenster. Und sogleich öffnete ihm der Hirt die Tür und bot ihm willig das Wenige an, was seine Hütte bot. Die alte Frau brachte etwas Brot, Milch und Käse. Der Zwerg schlürfte einige Tropfen Milch und aß. einige Krumen von Brot und Käse. »Ich bin es nicht gewohnt«, sagte er darauf lachend, »solch derbe Kost zu essen, aber ich danke euch von ganzem Herzen, und Gott lohne es euch. Nun habe ich mich genug ausgeruht und will weiterziehen.« – »Gott bewahre!«, rief da die gute Frau. »Ihr wollt doch in der Nacht nicht in diesen tobenden Sturm hinaus. Übernachtet doch hier bei uns. Morgen früh könnt Ihr schon noch weiterziehen.«

Aber der Zwerg schüttelte den Kopf und lächelnd erwiderte er: »Ich habe heute Nacht noch in den Bergen etwas Dringendes zu schaffen. Morgen früh werdet ihr das schon erkennen und merken, dass ich euch nicht vergessen habe.« So sprach er, nahm Abschied, und die beiden Alten legten sich zur Ruhe.

Aber als sie am frühen Morgen aufwachten, brach der Sturm wieder mit doppelter Gewalt los; Blitze zuckten am rotem Himmel, und Sturzbäche fluteten von den Bergen und ergossen sich ins Tal. Und ein gewaltiger Felsbrocken, der sich oben im Berg gelöst hatte, donnerte nun ins Tal hinunter zum Dorf und riss Bäume, Steine und Erde mit sich, alles wirbelte durcheinander. Mensch und Vieh, alles, was im Dorf Atem hatte, wurde unter dem Geröll begraben. Schon näherte sich die Flutwelle dem Häuschen der beiden Alten. Zitternd kauerten sie vor ihrer Tür. Da sahen sie auf einmal, dass mitten in der Flutwelle ein großer Felsbrocken sich näherte, und obendrauf hüpfte gar lustig der Zwerg, als ob er den Felsen ritte. Und er lenkte den Fels mit einem großen Fichtenstamm bis zur Hütte der Alten. Der Felsbrocken aber staute das nachstürzende Wasser und lenkte es von der Hütte ab, sodass die Hütte und die beiden Bewohner wohlauf blieben. Der Zwerg indes wuchs immer größer und höher, bis er schließlich zu einem gewaltigen Riesen wurde. Dann löste er sich in Dunst auf, während die beiden Alten niederknieten und Gott für ihre Rettung dankten.

Schweiz

Der kleine Häwelmann

Es war einmal ein kleiner Junge, der hieß Häwelmann. Des Nachts schlief er in einem Rollenbett und auch des Nachmittags, wenn er müde war; wenn er aber nicht müde war, so musste seine Mutter ihn darin in der Stube umherfahren, und davon konnte er nie genug bekommen.

Nun lag der kleine Häwelmann eines Nachts in seinem Rollenbett und konnte nicht einschlafen; die Mutter aber schlief schon lange neben ihm in ihrem großen Himmelbett. »Mutter«, rief der kleine Häwelmann, »ich will fahren!« Und die Mutter langte im Schlaf mit dem Arm aus dem Bett und rollte die kleine Bettstelle hin

und her, und wenn ihr der Arm müde werden wollte, so rief der kleine Häwelmann: »Mehr, mehr!«, und dann ging das Rollen wieder von vorne an. Endlich aber schlief sie gänzlich ein; und so viel Häwelmann auch schreien mochte, sie hörte es nicht; es war rein vorbei.

Da dauerte es nicht lange, so sah der Mond in die Fensterscheiben, der gute alte Mond, und was er da sah, war so possierlich, dass er sich erst mit seinem Pelzärmel über das Gesicht fuhr, um sich die Augen auszuwischen; so etwas hatte der alte Mond all sein Lebtag nicht gesehen. Da lag der kleine Häwelmann mit offenen Augen in seinem Rollenbett und hielt das eine Beinchen wie einen Mastbaum in die Höhe. Sein kleines Hemd hatte er ausgezogen und hing es wie ein Segel an seiner kleinen Zehe auf; dann nahm er ein Hemdzipfelchen in jede Hand und fing mit beiden Backen an zu blasen. Und allmählich, leise, leise, fing es an zu rollen, über den Fußboden, dann die Wand hinauf, dann kopfüber die Decke entlang und dann die andere Wand wieder hinunter. »Mehr, mehr!«, schrie Häwelmann, als er wieder auf dem Boden war; und dann blies er wieder seine Backen auf, und dann ging es wieder kopfüber und kopfunter. Es war ein großes Glück für den kleinen Häwelmann, dass es gerade Nacht war und die Erde auf dem Kopf stand; sonst hätte er doch gar zu leicht den Hals brechen können.

Als er drei Mal die Reise gemacht hatte, guckte der Mond ihm plötzlich ins Gesicht. »Junge«, sagte er, »hast du noch nicht genug?«

»Nein«, schrie Häwelmann, »mehr, mehr! Mach mir die Tür auf! Ich will durch die Stadt fahren; alle Menschen sollen mich fahren sehen.«

»Das kann ich nicht«, sagte der gute Mond; aber er ließ einen langen Strahl durch das Schlüsselloch fallen; und darauf fuhr der kleine Häwelmann zum Haus hinaus.

Auf der Straße war es ganz still und einsam. Die hohen Häuser standen im hellen Mondschein und glotzten mit ihren schwarzen Fenstern recht dumm in die Stadt hinaus; aber die Menschen waren nirgends zu sehen. Es rasselte recht, als der kleine Häwelmann in seinem Rollenbett über das Straßenpflaster fuhr; und der gute Mond ging immer neben ihm und leuchtete. So fuhren sie Straßen aus, Straßen ein; aber die Menschen waren nirgends zu sehen. Als sie bei der Kirche vorbei kamen, da krähte auf einmal der große goldene Hahn auf dem Glockenturm. Sie hielten still. »Was machst du da?«, rief der kleine Häwelmann hinauf.

»Ich krähe zum ersten Mal!«, rief der goldene Hahn herunter.

»Wo sind denn die Menschen?«, rief der kleine Häwelmann hinauf.

»Die schlafen«, rief der goldene Hahn herunter, »wenn ich zum dritten Mal krähe, dann wacht der erste Mensch auf.«

»Das dauert mir zu lange«, sagte Häwelmann, »ich will in den Wald fahren, alle Tiere sollen mich fahren sehen!«

»Junge«, sagte der gute alte Mond, »hast du noch nicht genug?«

»Nein«, schrie Häwelmann, »mehr, mehr! Leuchte, alter Mond, leuchte!« Und damit blies er die Backen auf, und der gute alte Mond leuchtete, und so fuhren sie zum Stadttor hinaus und übers Feld und in den dunkeln Wald hinein. Der gute Mond hatte große Mühe, zwischen den vielen Bäumen durchzukommen; mitunter war er ein ganzes Stück zurück, aber er holte den kleinen Häwelmann doch immer wieder ein.

Im Walde war es still und einsam; die Tiere waren nicht zu sehen; weder die Hirsche noch die Hasen, auch nicht die kleinen Mäuse. So fuhren sie immer weiter, durch Tannen und Buchenwälder, bergauf und bergab. Der gute Mond ging nebenher und leuchtete in alle Büsche; aber die Tiere waren nicht zu sehen; nur eine kleine Katze saß oben in einem Eichbaum und funkelte mit den Augen. Da hielten sie still. »Das ist der kleine Hinze!«, sagte Häwelmann, »ich kenne ihn wohl; er will die Sterne nachmachen.« Und als sie weiter fuhren, sprang die kleine Katze mit von Baum zu Baum. »Was machst du da?«, rief der kleine Häwelmann hinauf.

»Ich illuminiere!«, rief die kleine Katze herunter.

»Wo sind denn die andern Tiere?«, rief der kleine Häwelmann hinauf.

»Die schlafen!«, rief die kleine Katze herunter und sprang wieder einen Baum weiter, »horch nur, wie sie schnarchen!«

»Junge«, sagte der gute alte Mond, »hast du noch nicht genug?«

»Nein«, schrie Häwelmann, »mehr, mehr! Leuchte, alter Mond, leuchte!«, und dann blies er die Backen auf, und der gute alte Mond leuchtete; und so fuhren sie zum Walde hinaus und dann über die Heide bis ans Ende der Welt, und dann gerade in den Himmel hinein.

Hier war es lustig; alle Sterne waren wach und hatten die Augen auf und funkelten, dass der ganze Himmel blitzte. »Platz da!«, schrie Häwelmann und fuhr in den hellen Haufen hinein, dass die Sterne links und rechts vor Angst vom Himmel fielen.

»Junge«, sagte der gute alte Mond, »hast du noch nicht genug?«

»Nein!«, schrie der kleine Häwelmann, »mehr, mehr!«, und – hast du nicht gesehen! – fuhr er dem alten guten Mond quer über die Nase, dass er ganz dunkelbraun im Gesicht wurde. »Pfui!«, sagte der Mond und nieste dreimal, »alles mit Maßen!«, und damit putzte er seine Laterne aus, und alle Sterne machten die Augen zu. Da wurde es im ganzen Himmel auf einmal so dunkel, dass man es ordentlich mit Händen greifen konnte. »Leuchte, alter Mond, leuchtet«, schrie Häwelmann, aber der Mond war nirgends zu sehen und auch die Sterne nicht; sie waren schon alle zu Bett gegangen. Da fürchtete der kleine Häwelmann sich sehr, weil er so allein im Himmel war. Er nahm seine Hemdzipfelchen in die Hände und blies die Backen auf; aber er wusste weder aus noch ein, er fuhr kreuz und quer, hin und her, und niemand sah ihn fahren, weder die Menschen noch die Tiere, noch auch die lieben Sterne. Da guckte endlich unten, ganz unten am Himmelsrande ein rotes rundes Gesicht zu ihm herauf, und der kleine Häwelmann meinte, der Mond sei wieder aufgegangen. »Leuchte, alter Mond, leuchte!«, rief er, und dann blies er wieder die Backen auf und fuhr quer durch den ganzen Himmel und gerade darauf los. Es war aber die Sonne, die gerade aus dem Meere heraufkam. »Junge«, rief sie und sah ihm mit ihren glühenden Augen ins Gesicht, »was machst du hier in meinem Himmel?« Und – eins, zwei, drei! – nahm sie den kleinen Häwelmann und warf ihn mitten in das große Wasser. Da konnte er schwimmen lernen.

Und dann?

Ja und dann? Weißt du nicht mehr? Wenn ich und du nicht gekommen wären und den kleinen Häwelmann in unser Boot genommen hätten, so hätte er doch leicht ertrinken können!

Theodor Storm

Rattenkönig Birlibi

Ich will die Geschichte erzählen von dem Rattenkönig Birlibi, eine Geschichte, die mir Balzer Tievs aus Preseke oft erzählt hat nebst vielen andern Geschichten. Balzer war ein Knecht, der auf meines Vaters Hofe diente, als ich acht, neun Jahre alt war, ein Mensch von schalkischen Einfällen, der viele Geschichten und Märchen wusste. Die Geschichte von dem Rattenkönig Birlibi lautet also:

In dem stralsundischen Dorfe Altenkamp, welches zwischen Garz und Putbus seitwärts am Strande liegt, hat vormals ein reicher Bauer gelebt, der hieß Hans Burwitz. Das war ein ordentlicher, kluger Mann, dem alles, was er angriff, geriet, und der im ganzen Dorfe die beste Wehr hatte. Er hatte sechzehn Kühe, vierzig Schafe, acht Pferde und zwei Füllen auf dem Stalle und in den Koppeln, glatt wie die Aale und von so guter Zucht, dass seine Füllen auf dem Berger Pferdemarkt immer zu acht bis zehn Pistolen das Stück bezahlt wurden. Dazu hatte er sechs hübsche Kinder, Söhne und Töchter, und es ging ihm so wohl, dass die Leute ihn wohl den reichen Bauer zu Altenkamp zu nennen pflegten. Dieser Mann ist durch nächtliche Gänge im Walde um all sein Vermögen gekommen.

Hans Burwitz war auch ein starker Jäger, besonders hatte er eine treffliche Witterung auf Füchse und Marder und war deswegen oft des Nachts im Walde, wo er seine Eisen gelegt hatte und auf den Fang lauerte. Da hat er im Dunkeln und im Zwielichte der Dämmerung und des Mondscheins manche Dinge gesehen und gehört, die er nicht wiedererzählen mochte, wie denn im Walde des Nachts viel Wunderliches und Absonderliches vorgeht; aber die Geschichte von dem Rattenkönig Birlibi hat man von ihm erfahren. Hans Burwitz hatte in seiner Kindheit oft von einem Rattenkönig erzählen hören, der eine goldene Krone auf dem Kopfe trage und über alle Wiesel, Hamster, Ratten, Mäuse und anderes dergleichen Springinsfeldisches und leichtes Gesindel herrsche und ein gewaltiger Waldkönig sei; aber er hatte nie daran glauben wollen. Manches liebe Jahr war er auch im Walde auf Fuchs- und Marderfang und Vogelstellerei rundgegangen und hatte vom Rattenkönig auch nicht das mindeste weder gesehen noch gehört. Da mochte der Rattenkönig aber wohl in einer anderen Gegend sein Wesen getrieben haben. Denn er hat viele Schlösser in allen Ländern unter den Bergen und zieht beinahe jedes Jahr auf ein anderes Schloss, wo er sich mit seinen Hofherren und Hofdamen erlustigt. Denn er lebt wie ein sehr vornehmer Herr, und der Großmogul und König von Frankreich kann keine bessere Tage haben, und die Königin von Antiochien hat sie nicht gehabt, die ihr Vermögen in Herzen von Paradiesvögeln und Gehirnen von Nachtigallen aufgefressen hat. Und das glaube nur nicht, dass dieser Rattenkönig und seine Freunde Nüsse und Weizenkörner und Milch je an ihren Schnabel bringen; nein, Zucker und Marzipan ist ihr tägliches Essen, und süßer Wein ist ihr Getränk, und leben besser als König Salomon und Feldhauptmann Holofernes.

Nun ging Hans Burwitz wieder einmal nach Mitternacht in den Wald und war auf der Fuchslauer. Da hörte er aus der Ferne ein vielstimmiges und kreischendes Getöse, und immer klang mit heller Stimme heraus: Birlibi! Birlibi! Birlibi! Da erinnerte er sich des Märchens vom Rattenkönig Birlibi, das er oft gehört hatte, und er dachte: »Willst mal hingehen und zusehen, was es ist!« Denn er war ein beherzter Mann, der auch in der stockfinstersten Nacht keine Furcht kannte. Und er war schon auf dem Sprunge zu gehen, da bedachte er das Sprichwort: »Bleib weg, wo du nichts zu tun hast, so behältst du deine Nase«; aber das Birlibi tönte ihm nach, solange er im Walde war. Und die andere Nacht und die dritte Nacht war es wieder ebenso. Er aber ließ sich nichts anfechten und sprach: »Lass den Teufel und sein Gesindel ihr tolles Wesen treiben, wie sie wollen! Sie können dem nichts tun, der sich nicht mit ihnen abgibt.« Wollte Gott, Hans hätte es immer so gehalten! Aber die vierte Nacht hat es ihn übermächtigt, und er ist wirklich in die bösen Stricke geraten.

Es ist der Walpurgisabend gewesen, und seine Frau hat ihn gebeten, er möge diese Nacht nur nicht in den Wald gehen, denn es sei nicht geheuer, und alle Hexenmeister und Wettermacherinnen seien auf den Beinen, die können ihm was antun; denn in dieser Nacht, die das ganze höllische Heer loslasse, sei schon mancher Christenmensch zu Schaden gekommen. Aber er hat sie ausgelacht und hat es eine weibische Furcht genannt und ist seines gewöhnlichen Weges in den Wald gegangen, als die andern zu Bett waren. Da ist ihm aber der König Birlibi zu mächtig geworden. Anfangs war es diese Nacht im Walde eben wie die vorigen Nächte, es toste und lärmte von fern, und das Birlibi klang hell darunter; und was über seinem Kopfe durch die Wipfel der Bäume schwirrte und pfiff und rauschte, das kümmerte Burwitz nicht viel, denn an Hexerei glaubte er gar nicht und sagte, es seien nur Nachtgeister, wovor dem Menschen graue, weil er sie nicht kenne, und allerlei Blendwerke und Gaukeleien der Finsternis, die dem nichts tun können, der keinen Glauben daran habe. Aber als es nun Mitternacht ward und die Glocke zwölf geschlagen hatte, da kam ein ganz anderes Birlibi aus dem Walde hervor, dass Hansen die Haare auf dem Kopfe kribbelten und sausten und er davonlaufen wollte. Aber die waren ihm zu geschwind, und er war bald mitten unter dem Haufen und konnte nicht mehr heraus.

Denn als es zwölf geschlagen hatte, tönte der ganze Wald mit einem Male wie von Trommeln und Pauken und Pfeifen und Trompeten, und es war so hell darin, als ob er plötzlich von vielen tausend Lampen und Kerzen erleuchtet worden wäre. Es war aber diese Nacht das große Hauptfest des Rattenkönigs, und alle seine Untertanen und Leute und Mannen und Vasallen waren zur Feier desselben aufgeboten. Und es schienen alle Bäume zu sausen und alle Büsche zu pfeifen und alle Felsen und Steine zu springen und zu tanzen, sodass Hansen entsetzlich bange ward; aber als er weglaufen wollte, verrannten ihm so viele Tiere den Weg, dass er nicht durchkommen konnte und sich ergeben musste, stehenzubleiben, wo er war. Es waren da die Füchse und die Marder und die Iltisse und Wiesel und Siebenschläfer und Murmeltiere und Hamster und Ratten und Mäuse in so zahlloser Menge, dass es schien, sie waren aus der ganzen Welt zu diesem Feste zusammengetrommelt. Sie liefen und sprangen und hüpften und tanzten durcheinander, als ob sie toll waren; sie standen aber alle auf den Hinterfüßen, und mit den Vorderfüßen trugen sie grüne Zweige aus Maien und jubelten und tosten und heulten und kreischten und pfiffen jeder auf seine Weise. Kurz, es war das ganze leichte Diebsgesindel der Nacht beisammen und machten gar ein scheußliches Geläute und Gebimmel und Getümmel durcheinander. In den Lüften ging es ebenso wild als auf der Erde; da flogen die Eulen und Krähen und Käuze und Uhus und Fledermäuse und Mistkäfer bunt durcheinander und verkündigten mit ihren gellenden und kreischenden Kehlen und mit ihren summenden und schwirrenden Flügeln die Freude des hohen Tages.

Als Hans erschrocken und erstaunt sich mitten in dem Gewimmel und Geschwirr und Getöse befand und nicht wusste, wo aus noch ein, siehe, da leuchtete es mit einem Male heller auf, und nun sangen viele tausend Stimmen zugleich, dass es in fürchterlich grauslicher Feierlichkeit durch den Walde schallte und Hansen das Herz im Leibe bebte:

Macht auf! Macht auf! Macht auf die Pforten!
Und wallet her von allen Orten!
Geladen seid ihr allzugleich.
Der König ziehet durch sein Reich.
Ich bin der große Rattenkönig.
Komm her zu mir, hast du zu wenig!
Von Gold und Silber ist mein Haus,
Das Geld mess' ich mit Scheffeln aus.

So klang es im feierlichen und langsamen Gesange fort, und dann schallten immer wieder einzelne kreischende und gellende Stimmen mit widerlichem Laute darunter Birlibi! Birlibi! Und die ganze Menge rief Birlibi! nach, dass es durch den Wald schallte. Und es war der Rattenkönig, wel-

cher einhergezogen kam. Er war ungeheuer groß wie ein Mastochs und saß auf einem goldenen Wagen und hatte eine goldene Krone auf dem Haupte und hielt ein goldenes Zepter in der Hand, und neben ihm saß seine Königin und hatte auch eine goldene Krone auf und war so fett, dass sie glänzte; und sie hatten ihre langen kahlen Schwänze hinter sich zusammengeschlungen und spielten damit, denn ihnen war sehr wohlig zumute. Und diese Schwänze waren das Allerscheußlichste, was man da sah; aber der König und die Königin waren auch scheußlich genug. Und der Wagen, worin sie saßen, ward von sechs magern Wölfen gezogen, die mit den Zähnen fletschten, und zwei lange Kater standen als Heiducken hinten auf und hielten brennende Fackeln und miauten entsetzlich. Dem Rattenkönig und der Rattenkönigin war aber vor ihnen nicht bange; sie schienen hier zu gewaltige Herren und Könige über alle zu sein. Es gingen auch zwölf geschwinde Trommelschläger dem Wagen voran und trommelten. Das waren Hasen; die müssen die Trommel schlagen und andern Mut machen, weil sie selbst keinen haben.

Hansen war schon bange genug gewesen; jetzt aber, als er den Rattenkönig und die Rattenkönigin und die Wölfe und Kater und Hasen so miteinander sah, da schauderte ihm die Haut auf dem ganzen Leibe, und sein sonst so tapferes Herz wollte fast verzagen, und er sprach bei sich: »Hier mag der Henker länger bleiben, wo alles so wider die Natur geht! Ich habe auch wohl von Wundern gelesen und gehört; aber sie gingen doch immer etwas natürlich zu. Dass dies aber buntes Teufelsspiel ist und teuflisches Pack, sieht man wohl. Wer nur heraus wäre!«

Und Hans machte noch einen Versuch, sich herauszudrängen; aber der Zug brauste immer frisch fort durch den Wald, und Hans musste mit. So ging es, bis sie an eine äußerste Ecke des Waldes kamen. Da war ein offenes Feld und hielten viele hundert Wagen, die mit Speck und Fleisch und Korn und Nüssen und anderen Esswaren beladen waren. Einen jeden Wagen fuhr ein Bauer mit seinen Pferden, und die Bauern trugen die Säcke Korn und das Speck und die Schinken und Mettwürste und was sie sonst geladen, hinab in den Wald, und als sie Hans Burwitz stehen sahen, riefen sie ihm zu: »Komm! Hilf auch tragen!« Und Hans ging hin und lud mit ab und trug mit ihnen; er war aber so verwirrt, dass er nicht wusste, was er tat. Es deuchte ihm aber in dem Zwielichte, als sehe er unter den Bauern bekannte Gesichter, und unter andern den Schulzen aus Krakvitz und den Schmied aus Casnevitz; er ließ sich aber nichts merken, und jene taten auch wie unbekannte Leute. Mit den Bauern aber hatte es die Bewandtnis: Sie hatten sich dem Rattenkönig und seinem Anhange zum Dienst ergeben und mussten ihnen in der Walpurgisnacht, wo des Rattenkönigs großes Fest steht, immer den Raub zu dem Walde fahren, den Rattenkönigs Untertanen einzeln aus allen Orten der Welt zusammengemaust und zusammengestohlen hatten. Und Hans kam nun auch ganz unschuldig dazu und wusste nicht wie. Sowie die Säcke und das andere in den Wald getragen wurden, war das wilde Diebsgesindel darüber her, und es ging Grips! Graps! und Rips! Raps! hast du mir nicht gesehen, und jeder griff zu und schleppte sein Teil fort, sodass ihrer immer weniger wurden. Der König aber hielt noch da in seinem hohen und prächtigen Wagen, und es tanzten und toseten und lärmten noch einige um ihn. Als aber alle Wagen abgeladen waren, da kamen wohl hundert große Ratten und gossen Gold aus Scheffeln auf das Feld und auf den Weg und sangen dazu:

Hände her! Mützen her!
Wer will mehr? Wer will mehr?
Lustig! Lustig! Heut geht's toll,
Lustig! Händ' und Mützen voll!

Und die Bauern fielen wie die hungrigen Raben über das ausgeschüttete Gold her und griffelten und graffelten und drängten und stießen sich, und jeder raffte so viel auf von dem roten Raube, als er habhaft werden konnte, und Hans war auch nicht faul und griff rüstig mit zu. Und als sie in bester Arbeit waren wie Tauben, worunter man Erbsen geworfen, siehe, da krähte der Morgenhahn, wo das heidnische und höllische Reich auf der Erde keine Macht mehr hat – und in einem hui war alles verschwunden, als wäre es nur ein Traum gewesen, und Hans stand ganz allein da am Walde. Und der Morgen brach an, und er ging mit schwerem Herzen nach Hause. Er hatte aber auch schwere Taschen und schönes rotes Gold darin; das schüttete er nicht aus. Seine Frau war ganz ängstlich geworden, dass er so spät zu Hause kam, und sie erschrak, als sie ihn so bleich und verstört sah, und fragte ihn allerlei. Er aber fertigte sie nach seiner Gewohnheit mit Scherz ab und sagte ihr nicht ein Sterbenswörtchen von dem, was er gesehen und gehört hatte.

Hans zählte sein Gold (es war ein hübsches Häuflein Dukaten), legte es in den Kasten und ging die ersten Monate nach diesem Abenteuer nicht in den Wald. Er hatte ein heimliches Grauen davor. Dann vergaß er, wie es dem Menschen geht, die Walpurgisnacht und ihr schauerliches und gräuliches Getümmel allmählich und ging nach wie vor im Mond- und Sternenschein auf seinen Fuchs- und Marderfang. Von dem Rattenkönig und seinem Birlibi sah und hörte er nichts mehr und dachte zuletzt selten daran. Aber als es gegen den Frühling ging, veränderte sich alles; er hörte zuweilen um die Mitternacht wieder das Birlibi klingen, dass seine mattesten Haare auf dem Kopfe ihm lebendig wurden, und lief dann zwar immer geschwinde aus dem Walde, hatte aber dabei doch seine heimlichen Gedanken auf die Walpurgisnacht; und weil das, was die Menschen bei Tage denken, ihnen bei Nacht im Traume wiederkommt und allerlei spielt und spiegelt und gaukelt, so blieb auch der Rattenkönig mit seiner Nachtgaukelei nicht aus, und Hans träumte oft, als stehe der Rattenkönig vor seiner Türe und klopfe an; und er machte ihm dann auf und sah ihn leibhaftig, wie er damals in dem Wagen gesessen, und er war nun ganz von lauterem Golde und auch nicht so hässlich, als er ihm damals vorgekommen, und Rattenkönig sang ihm mit der allersüßesten Stimme, von der man nicht glauben wollte, dass eine Rattenkehle sie haben könnte, den Vers vor:

Ich bin der große Rattenkönig.
Komm her zu mir, hast du zu wenig!
Von Gold und Silber ist mein Haus,
Das Geld mess' ich mit Scheffeln aus.

Und dann kam er dicht zu ihm heran und flüsterte ihm ins Ohr: »Du kommst doch wieder zur Walpurgisnacht, Hans Burwitz, und hilfst Säcke tragen und holst dir deine Taschen voll Dukaten?« Zwar hatte Hans, wann er aus solchen Träumen erwachte, neben der Freude über das Gold immer ein Grauen, und er sprach dann wohl: »Warte nur, Prinz Birlibi, ich komme dir nicht zu deinem Feste!« Aber es ging ihm, wie es andern Leuten auch gegangen ist, und das alte Sprichwort sollte an ihm auch wahr werden: Wen der Teufel erst an einem Faden hat, den führt er auch wohl bald am Strick. Genug, je näher die Walpurgisnacht kam, desto mehr wuchs in Hans die Gier, auch dabei zu sein. Doch nahm er sich fest vor, dem Bösen diesmal nicht den Willen zu tun, und ging den Walpurgisabend auch glücklich mit seiner Frau zu Bett. Aber er konnte nicht einschlafen; die Wagen mit den Säcken und die Bauern und die großen Ratten, die das Gold aus Scheffeln auf den Boden schütteten, fielen ihm immer wieder ein, und er konnte es nicht länger aushalten im Bette, er musste aufstehen und sich von der Frau fort schleichen und in den finstern Wald laufen. Und da hat er diese zweite Nacht ebenso wieder erlebt als das erste Mal. Er hatte sich ein Säckchen mitgenommen für das Gold und hatte auch viel reichlicher eingesammelt als das vorige Jahr.

Nun deuchte ihm, habe er des Goldes genug, und er tat einen hohen Schwur, er wolle sich nimmer wieder in die Versuchung geben und auch nie wieder in den Wald gehen.

Und er hat den Schwur gehalten und sich selbst überwunden, dass er nicht in den Wald gegangen ist und keine Walpurgisnacht wieder mitgehalten hat, so oft ihm auch noch von dem Birlibi und dem goldenen Rattenkönige geträumt hat. Er hat das aber nicht in seinem Herzen sitzen lassen, sondern hat es mit eifrigem Gebet wieder ausgetrieben und den Bösen endlich müd, gemacht, dass er von ihm gewichen ist. So war manches Jahr vergangen, und Hans hieß ein sehr reicher Mann. Er hatte sich für seine Dukaten Dörfer und Güter gekauft und war ein Herr geworden. Es munkelte auch unter den Leuten, es gehe nicht mit rechten Dingen zu mit seinem Reichtum; aber keiner konnte ihm das beweisen. Aber endlich ist der Beweis gekommen.

Der Böse lauerte auf den armen Mann, an dem er schon einige Macht gewonnen hatte. Er war ergrimmt auf ihn, weil er von seinen hohen Festen in der Walpurgisnacht ganz ausblieb, und als Hans einmal wieder mit sündlicher Lüsternheit an das Goldsammeln gedacht und darüber das Abendgebet vergessen, auch einige unchristliche Flüche über eine Kleinigkeit getan hatte, hat er mit seinem Gesindel hervorbrechen können, und Hans hat nun gelernt, was das goldene Spielwerk des Königs Birlibi eigentlich auf sich habe. Seit dieser Zeit hat Hans weder Stern noch Glück mehr in seiner Wirtschaft gehabt. Wie viel er sich auch abmattete, er konnte nichts mehr vor sich bringen, sondern es ging von Tage zu Tage mehr rückwärts. Seine ärgsten Feinde aber waren die Mäuse, die ihm im Felde und in den Scheunen das Korn auffraßen, die Wiesel, Ratten und Marder, die ihm die Hühner, Enten und Tauben abschlachteten, die Füchse und Wölfe, die seine Lämmer, Schafe, Füllen und Kälber holten. Kurz, das Gesindel hat es so arg gemacht, dass Hans in wenigen Jahren um Güter und Höfe, um Pferde und Rinder, um Schafe und Kälber gekommen ist und zuletzt nicht ein einziges Huhn mehr hat sein nennen können. Er hat als ein armer Mann mit dem Stock in der Hand nebst Weib und Kindern von Haus und Hof gehen und sich auf seinen alten Tagen als Tagelöhner ernähren müssen.

Da hat er oft die Geschichte erzählt, wie er zu dem Reichtum gekommen und aus dem Bauern ein Edelmann geworden ist, und hat Gott gedankt, dass er Ratten und Mäuse als seine Bekehrer geschickt und ihn so arm gemacht hat. »Denn sonst«, hat der arme Mann gesagt, »wäre ich wohl nicht in den Himmel gekommen, und der Teufel hätte seine Macht an mir behalten, und ich hätte dort jenseits endlich auch nach des Rattenkönigs Pfeife tanzen müssen.« Das hat er auch dabei erzählt, dass solches Gold, das man auf eine so wundersame und heimliche Weise gewinne, doch keinen Segen in sich habe; denn ihm sei bei allen seinen Schätzen doch nie so wohl ums Herz gewesen als nachher in der bittersten Armut; ja, er sei ein elenderer Mann gewesen, da er als Junker mit Sechsen gefahren, als nachher, da er oft froh gewesen, wenn er des Abends nur Salz und Kartoffeln gehabt habe.

Ernst Moritz Arndt

Nussknacker und Mausekönig

Am vierundzwanzigsten Dezember durften die Kinder des Medizinalrats Stahlbaum den ganzen Tag über durchaus nicht in die Mittelstube hinein, viel weniger in das daranstoßende Prunkzimmer. In einem Winkel des Hinterstübchens zusammengekauert, saßen Fritz und Marie, die tiefe Abenddämmerung war eingebrochen, und es wurde ihnen recht schaurig zumute, als man, wie es gewöhnlich an dem Tage geschah, kein Licht hereinbrachte. Fritz entdeckte ganz insgeheim wispernd der jüngeren Schwester (sie war eben erst sieben Jahre alt geworden), wie er schon seit frühmorgens es habe in den verschlossenen Stuben rauschen und rasseln und leise pochen hören. Auch sei nicht längst ein kleiner dunkler Mann mit einem großen Kasten unter dem Arm über den Flur geschlichen, er wisse aber wohl, dass es niemand anders gewesen als Pate Droßelmeier. Da schlug Marie die kleinen Händchen vor Freude zusammen und rief: »Ach, was wird nur Pate Droßelmeier für uns Schönes gemacht haben.«

Der Obergerichtsrat Droßelmeier war gar kein hübscher Mann, nur klein und mager, hatte viel Runzeln im Gesicht, statt des rechten Auges ein großes schwarzes Pflaster und auch gar keine Haare, weshalb er eine sehr schöne weiße Perücke trug, die war aber von Glas und ein künstliches Stück Arbeit. Überhaupt war der Pate selbst auch ein sehr künstlicher Mann, der sich sogar auf Uhren verstand und selbst welche machen konnte. Wenn daher eine von den schönen Uhren in Stahlbaums Hause krank war und nicht singen konnte, dann kam Pate Droßelmeier, nahm die Glasperücke ab, zog sein gelbes Röckchen aus, band eine blaue Schürze um und stach mit spitzigen Instrumenten in die Uhr hinein, sodass es der kleinen Marie ordentlich wehe tat, aber es verursachte der Uhr gar keinen Schaden, sondern sie wurde vielmehr wieder lebendig und fing gleich an recht lustig zu schnurren, zu schlagen und zu singen, worüber denn alles große Freude hatte. Immer trug er, wenn er kam, was Hübsches für die Kinder in der Tasche, bald ein Männlein, das die Augen verdrehte und Komplimente machte, welches komisch anzusehen war, bald eine Dose, aus der ein Vögelchen heraushüpfte, bald was anderes. Aber zu Weihnachten, da hatte er immer ein schönes künstliches Werk verfertigt, das ihm viel Mühe gekostet, weshalb es auch, nachdem es einbeschert worden, sehr sorglich von den Eltern aufbewahrt wurde.

»Ach, was wird nur Pate Droßelmeier für uns Schönes gemacht haben«, rief nun Marie; Fritz meinte aber, es könne wohl diesmal nichts anders sein als eine Festung, in der allerlei sehr hübsche Soldaten auf- und abmarschierten und exerzierten, und dann müssten andere Soldaten kommen, die in die Festung hineinwollten, aber nun schössen die Soldaten von innen tapfer heraus mit Kanonen, dass es tüchtig brauste und knallte. »Nein, nein«, unterbrach Marie den Fritz, »Pate Droßelmeier hat mir von einem schönen Garten erzählt, darin ist ein großer See, auf dem schwimmen sehr herrliche Schwäne mit goldnen Halsbändern herum und singen die hübschesten Lieder. Dann kommt ein kleines Mädchen aus dem Garten an den See und lockt die Schwäne heran und füttert sie mit süßem Marzipan.«

Es war ganz finster geworden. Fritz und Marie, fest aneinander gedrückt, wagten kein Wort mehr zu reden, es war ihnen, als rausche es mit linden Flügeln um sie her und als ließe sich eine ganz ferne, aber sehr herrliche Musik vernehmen. Ein heller Schein streifte an der Wand hin, da wussten die Kinder, dass nun das Christkind auf glänzenden Wolken fortgeflogen zu andern glücklichen Kindern. In dem Augenblick ging es mit silberhellem Ton: ›Klingling, klingling‹, die Türen sprangen auf, und solch ein Glanz strahlte aus dem großen Zimmer hinein, dass die Kinder mit lautem Ausruf: »Ach! – Ach!« wie erstarrt auf der Schwelle stehen blieben. Aber Papa und Mama traten in die Türe, fassten die Kinder bei der Hand und sprachen: »Kommt doch nur, kommt doch nur, ihr lieben Kinder, und seht, was euch der Heilige Christ beschert hat.«

Welch reich geschmückten Gabentisch erblickten da die Kinder! Mit glänzenden Augen und ganz verstummt blieben sie stehen, und erst nach einer Weile rief Marie mit einem Seufzer: »Ach, wie schön – ach, wie schön«, und Fritz versuchte einige Luftsprünge, die ihm überaus wohl gerieten.

Aber die Kinder mussten auch das ganze Jahr über besonders artig und fromm gewesen sein, denn nie war ihnen so viel Schönes, Herrliches einbeschert worden als dieses

Mal. Der große Tannenbaum in der Mitte trug viele goldne und silberne Äpfel, und wie Knospen und Blüten keimten Zuckermandeln und bunte Bonbons und was es sonst noch für schönes Naschwerk gibt, aus allen Ästen. Als das Schönste an dem Wunderbaum musste aber wohl gerühmt werden, dass in seinen Zweigen hundert kleine Lichter wie Sternlein funkelten und er selbst, in sich hinein- und herausleuchtend, die Kinder freundlich einlud, seine Blüten und Früchte zu pflücken. Um den Baum umher glänzte alles sehr bunt und herrlich – was es da alles für schöne Sachen gab – ja, wer das zu beschreiben vermöchte! Marie erblickte die zierlichsten Puppen, allerlei saubere kleine Gerätschaften, und was vor allem schön anzusehen war, ein seidenes Kleidchen, mit bunten Bändern zierlich geschmückt, hing an einem Gestell so der kleinen Marie vor Augen, dass sie es von allen Seiten betrachten konnte, und das tat sie denn auch, indem sie ein Mal über das andere ausrief: »Ach, das schöne, ach, das liebe – liebe Kleidchen; und das werde ich – ganz gewiss – das werde ich wirklich anziehen dürfen!«

Fritz hatte indessen, schon drei- oder viermal um den Tisch herumgaloppierend und -trabend, den neuen Fuchs versucht, den er in der Tat am Tische angezäumt gefunden. Wieder absteigend, meinte er, es sei eine wilde Bestie, das täte aber nichts, er wolle ihn schon kriegen, und musterte die neue Schwadron Husaren, die sehr prächtig in Rot und Gold gekleidet waren, lauter silberne Waffen trugen und auf solchen weißglänzenden Pferden ritten, dass man beinahe hätte glauben sollen, auch diese seien von purem Silber. Eben wollten die Kinder, etwas ruhiger geworden, über die Bilderbücher her, die aufgeschlagen waren, dass man allerlei sehr schöne Blumen und bunte Menschen, ja auch allerliebste spielende Kinder, so natürlich gemalt, als lebten und sprächen sie wirklich, gleich anschauen konnte. Ja! eben wollten die Kinder über diese wunderbaren Bücher her, als nochmals geklingelt wurde. Sie wussten, dass nun der Pate Droßelmeier einbescheren würde, und liefen nach dem an der Wand stehenden Tisch. Schnell wurde der Schirm, hinter dem er so lange versteckt gewesen, weggenommen. Was erblickten da die Kinder!

Auf einem grünen, mit bunten Blumen geschmückten Rasenplatz stand ein sehr herrliches Schloss mit vielen Spiegelfenstern und goldnen Türmen. Ein Glockenspiel ließ sich hören, Türen und Fenster gingen auf, und man sah, wie sehr kleine, aber zierliche Herren und Damen mit Federhüten und langen Schleppkleidern in den Sälen herumspazierten. In dem Mittelsaal, der ganz in Feuer zu stehen schien – so viel Lichterchen brannten an silbernen Kronleuchtern –, tanzten Kinder in kurzen Wämschen und Röckchen nach dem Glockenspiel. Ein Herr in einem smaragdenen Mantel sah oft durch ein Fenster, winkte heraus und verschwand wieder, sowie auch Pate Droßelmeier selbst, aber kaum viel höher als Papas Daumen, zuweilen unten an der Tür des Schlosses stand und wieder hineinging. Fritz hatte mit auf den Tisch gestemmten Armen das schöne Schloss und die tanzenden und spazierenden Figürchen angesehen, dann sprach er : »Pate Droßelmeier! Lass mich mal hineingehen in dein Schloss!« – Der Obergerichtsrat bedeutete ihm, dass das nun ganz und gar nicht anginge. Er hatte auch recht, denn es war töricht von Fritzen, dass er in ein Schloss gehen wollte, welches überhaupt mitsamt seinen goldenen Türmen nicht so hoch war als er selbst. Fritz sah das auch ein. Nach einer Weile, als immerfort auf dieselbe Weise die Herren und Damen hin und her spazierten, die Kinder tanzten, der smaragdne Mann zu demselben Fenster heraussah, Pate Droßelmeier, vor die Tür trat, da rief Fritz ungeduldig: »Pate Droßelmeier, nun komm mal zu der andern Türe da drüben heraus.« »Das geht nicht, liebes Fritzchen«, erwiderte der Obergerichtsrat. »Nun, so lass mal«, sprach Fritz weiter, »lass mal den grünen Mann, der so oft herausguckt, mit den andern herumspazieren.« »Das geht auch nicht«, erwiderte der Obergerichtsrat aufs neue. »So sollen die Kinder herunterkommen«, rief Fritz, »ich will sie näher besehen.« »Ei, das geht alles nicht«, sprach der Obergerichtsrat verdrießlich, »wie die Mechanik nun einmal gemacht ist, muss sie bleiben.«

Eigentlich mochte Marie sich deshalb gar nicht von dem Weihnachtstisch trennen, weil sie eben etwas noch nicht Bemerktes entdeckt hatte. Durch das Ausrücken von Fritzens Husaren, die dicht an dem Baum in Parade gehalten, war nämlich ein sehr vortrefflicher kleiner Mann sichtbar geworden, der still und bescheiden dastand, als erwarte er ruhig, wenn die Reihe an ihn kommen werde. Gegen seinen Wuchs wäre freilich vieles einzuwenden gewesen, denn abgesehen davon, dass der etwas lange, starke Oberleib nicht recht zu den kleinen dünnen Beinchen passen wollte, so schien auch der Kopf bei weitem zu groß. Vieles machte die propre Kleidung gut, welche auf einen Mann von Geschmack und Bildung schließen ließ. Er trug nämlich ein sehr schönes violettglänzendes Husarenjäckchen mit vielen weißen Schnüren und Knöpschen, ebensolche Beinkleider und die schönsten Stiefelchen, die jemals an die Füße eines Studenten, ja wohl gar eines Offiziers gekommen sind. Sie saßen an den zierlichen Beinchen so knapp angegossen, als wären sie darauf gemalt. Komisch war es zwar, dass er zu dieser Kleidung sich hinten einen schmalen unbeholfenen Mantel, der recht aussah wie von Holz, angehängt und ein Bergmannsmützchen aufgesetzt hatte, indessen dachte Marie daran, dass Pate Droßelmeier ja auch einen sehr schlechten Matin umhänge und eine fatale Mütze aufsetze, dabei aber doch ein gar lieber Pate sei. Auch stellte Marie die Betrachtung an, dass Pate Droßelmeier, trüge er sich auch übrigens so zierlich wie der Kleine, doch nicht einmal so hübsch als er aussehen werde.

Indem Marie den netten Mann, den sie auf den ersten Blick liebgewonnen, immer mehr und mehr ansah, da wurde sie erst recht inne, welche Gutmütigkeit auf seinem Gesichte lag. Aus den hellgrünen, etwas zu großen hervorstehenden Augen sprach nichts als Freundschaft und Wohlwollen. Es stand dem Manne gut, dass sich um sein Kinn ein wohlfrisierter Bart von weißer Baumwolle legte, denn umso mehr konnte man das süße Lächeln des hochroten Mundes bemerken. »Ach!«, rief Marie endlich aus, »ach, lieber Vater, wem gehört denn der allerliebste kleine Mann dort am Baum?« »Der«, antwortete der Vater, »der, liebes Kind, soll für euch alle tüchtig arbeiten, er soll euch fein die harten Nüsse aufbeißen, und er gehört Luisen, deiner großen Schwester, ebenso gut, als dir und dem Fritz.« Damit nahm ihn der Vater behutsam vom Tische, und indem er den hölzernen Mantel in die Höhe hob, sperrte das Männlein den Mund weit, weit auf und zeigte zwei Reihen sehr weißer spitzer Zähnchen. Marie schob auf des Vaters Geheiß eine Nuss hinein, und – knack – hatte sie der Mann zerbissen, dass die Schalen abfielen und Marie den süßen Kern in die Hand bekam.

Nun musste wohl jeder und auch Marie wissen, dass der zierliche kleine Mann aus dem Geschlecht der Nussknacker abstammte und die Profession seiner Vorfahren trieb. Sie jauchzte auf vor Freude, da sprach der Vater: »Da dir, liebe Marie, Freund Nussknacker so sehr gefällt, so sollst du ihn auch besonders hüten und schützen, unerachtet, wie ich gesagt, Luise und Fritz ihn mit ebenso vielem Recht brauchen können als du!« – Marie nahm ihn sogleich in den Arm und ließ ihn Nüsse aufknacken, doch suchte sie die kleinsten aus, damit das Männlein nicht so weit den Mund aufsperren durfte, welches ihm doch im Grunde nicht gut stand. Luise gesellte sich zu ihr, und auch für sie musste Freund Nussknacker seine Dienste verrichten, welches er gern zu tun schien, da er immerfort sehr freundlich lächelte.

Fritz war unterdessen vom vielen Exerzieren und Reiten müde geworden, und da er so lustig Nüsse knacken hörte, sprang er hin zu den Schwestern und lachte recht von Herzen über den kleinen drolligen Mann, der nun, da Fritz auch Nüsse essen wollte, von Hand zu Hand ging und gar nicht aufhören konnte mit Auf- und Zuschnappen. Fritz schob immer die größten und härtesten Nüsse hinein, aber mit einem Male ging es – krack – krack – und drei Zähnchen fielen aus des Nussknackers Munde, und sein ganzes Unterkinn war lose und wacklicht. – »Ach, mein armer lieber Nussknacker!«, schrie Marie laut und nahm ihn dem Fritz aus den Händen. Sie suchte Nussknackers verlorne Zähnchen zusammen, um das kranke Kinn hatte sie ein hübsches weißes Band, das sie von ihrem Kleidchen abgelöst, gebunden und dann den armen Kleinen, der sehr blass und erschrocken aussah, noch sorgfältiger als vorher in ihr Tuch eingewickelt. So hielt sie ihn wie ein kleines Kind wiegend in den Armen und besah die schönen Bilder des neuen Bilderbuchs, das heute unter den andern vielen Gaben lag. Sie wurde, wie es sonst gar nicht ihre Art war, recht böse, als Pate Droßelmeier so sehr lachte und immerfort fragte, wie sie denn mit solch einem grundhässlichen kleinen Kerl so schön tun könne?

Bei Medizinalrats in der Wohnstube, wenn man zur Türe hineintritt, gleich links an der breiten Wand, steht ein hoher Glasschrank, in welchem die Kinder all die schönen Sachen, die ihnen jedes Jahr einbeschert worden, aufbewahren. Im obersten Fache, für Marien und Fritzen unerreichbar, standen des Paten Droßelmeier Kunstwerke, gleich darunter war das Fach für die Bilderbücher, die beiden untersten Fächer durften Marie und Fritz anfüllen, wie sie wollten, jedoch geschah es immer, dass Marie das unterste Fach ihren Puppen zur Wohnung einräumte, Fritz dagegen in dem Fache drüber seine Truppen Kantonierungsquartiere beziehen ließ. So war es auch heute gekommen, denn, indem Fritz seine Husaren oben aufgestellt, hatte Marie unten Mamsell Trudchen beiseitegelegt, die neue schön geputzte Puppe in das sehr gut möblierte Zimmer hineingesetzt und sich auf Zuckerwerk bei ihr eingeladen. Sehr gut möbliert war das Zimmer, habe ich gesagt, und das ist auch wahr, denn ich weiß nicht, ob du, meine aufmerksame Zuhörerin Marie ebenso wie die kleine Stahlbaum (es ist dir schon bekannt geworden, dass sie auch Marie heißt), ja! – ich meine, ob du ebenso wie diese ein kleines schöngeblümtes Sofa, mehrere allerliebste Stühlchen, einen niedlichen Teetisch, vor allen Dingen aber ein sehr nettes blankes Bettchen besitzest, worin die schönsten Puppen ausruhen? Alles dieses stand in der Ecke des Schranks, dessen Wände hier sogar mit bunten Bilderchen tapeziert waren, und du kannst dir wohl denken, dass in *diesem* Zimmer die neue Puppe, welche, wie Marie noch denselben Abend erfuhr, Mamsell Klärchen hieß, sich sehr wohl befinden musste.

Es war später Abend geworden, ja Mitternacht im Anzuge, und Pate Droßelmeier längst fortgegangen, als die Kinder noch gar nicht wegkommen konnten von dem Glasschrank, so sehr auch die Mutter mahnte, dass sie doch endlich nun zu Bette gehen möchten.

Fritz tat dies denn auch sogleich, doch Marie bat ihre Mutter gar sehr, noch ein Weilchen aufbleiben zu dürfen, und da sie ein frommes und vernünftiges Kind war, schlug die Mutter ihr diese Bitte nicht ab. Die Mutter ging, und so war nun Marie allein in der Stube.

Noch immer hatte sie den kranken Nussknacker, eingewickelt in ihr Taschentuch, auf dem Arm getragen. Jetzt legte sie ihn behutsam auf den Tisch, wickelte leise, leise das Tuch ab und sah nach den Wunden. Nussknacker war sehr bleich, aber dabei lächelte er so sehr wehmütig freundlich, dass es Marien recht durch das Herz ging. »Ach, Nussknackerchen«, sprach sie sehr leise, »sei nur nicht böse, dass Bruder Fritz dir so wehe getan hat, er hat es auch nicht so schlimm gemeint, er ist nur ein bisschen hartherzig geworden durch das wilde Soldatenwesen, aber sonst ein recht guter Junge, das kann ich dich versichern. Nun will ich dich aber auch recht sorglich so lange pflegen, bis du wieder ganz gesund und fröhlich geworden; dir deine Zähnchen recht fest einsetzen, dir die Schultern einrenken, das soll Pate Droßelmeier, der sich auf solche Dinge versteht.«

Kaum aber hatte sie den Namen »Droßelmeier« genannt, da machte Freund Nussknacker ein ganz schiefes Gesicht; aber anscheinend war es nur der Strahl der Lampe, der Nussknackers Gesicht so entstellt hatte. Die brave Marie wickelte wieder das Taschentuch um das lose Kinn des Nussknackers und legte ihn in ein Puppenbettchen; dann hob sie das Bettchen samt dem darin liegenden Nussknacker in das obere Fach des Glasschranks, direkt neben Fritzens Husaren.

Sie verschloss den Schrank und wollte ins Schlafzimmer, da – horcht auf, Kinder! – da fing es an leise – leise zu wispern und zu flüstern und zu rascheln ringsherum, hinter dem Ofen, hinter den Stühlen, hinter den Schränken. – Die Wanduhr schnurrte dazwischen lauter und lauter, aber sie konnte nicht schlagen. Marie blickte hin, da hatte die große vergoldete Eule, die darauf saß, ihre Flügel herabgesenkt, sodass sie die ganze Uhr überdeckten, und den hässlichen Katzenkopf mit krummem Schnabel weit vorgestreckt. Und stärker schnurrte es mit vernehmlichen Worten: »Uhr, Uhre, Uhre, Uhren, müsst alle nur leise schnurren, leise schnurren. – Mausekönig hat ja wohl ein feines Ohr – purr-purr – pum, pum, singt nur, singt ihm altes Liedlein vor – purr, purr – pum, pum, schlag an, Glöcklein, schlag an, bald ist es um ihn getan!« Und pum, pum ging es ganz dumpf und heiser, zwölfmal! – Marien fing an sehr zu grauen, und entsetzt wär' sie beinahe davongelaufen, als sie Pate Droßelmeier erblickte, der statt der Eule auf der Wanduhr saß und seine gelben Rockschöße von beiden Seiten wie Flügel herabgehängt hatte, aber sie ermannte sich und rief laut und weinerlich: »Pate Droßelmeier, Pate Droßelmeier, was willst du da oben? Komm herunter zu mir und erschrecke mich nicht so, du böser Pate Droßelmeier!« – Aber da ging ein tolles Kichern und Gepfeife los rundumher, und bald trottierte und lief es hinter den Wänden wie mit tausend kleinen Füßchen, und tausend kleine Lichterchen blickten aus den Ritzen der Dielen. Aber nicht Lichterchen waren es, nein! kleine funkelnde Augen, und Marie wurde gewahr, dass überall Mäuse hervorguckten und sich hervorarbeiteten. Bald ging es trott – trott – hopp hopp in der Stube umher – immer lichtere und dichtere Haufen Mäuse galoppierten hin und her und stellten sich endlich in Reihe und Glied, so wie Fritz seine Soldaten zu stellen pflegte, wenn es zur Schlacht gehen sollte. Das kam nun Marien sehr possierlich vor, und da sie nicht, wie manche andere Kinder, einen natürlichen Abscheu gegen Mäuse hatte, wollte ihr eben alles Grauen vergehen, als es mit einem Mal so entsetzlich und so schneidend zu pfeifen begann, dass es ihr eiskalt über den Rücken lief! – Ach, was erblickte sie jetzt!

Dicht, dicht vor ihren Füßen sprühte es, wie von unterirdischer Gewalt getrieben, Sand und Kalk und zerbröckelte Mauersteine hervor, und sieben Mäuseköpfe mit sieben hellfunkelnden Kronen erhoben sich, recht grässlich zischend und pfeifend, aus dem Boden. Bald arbeitete sich auch der Mäusekörper, an dessen Hals die sieben Köpfe angewachsen waren, vollends hervor, und der großen, mit sieben Diademen geschmückten Maus jauchzte in vollem Chorus, dreimal laut aufquiekend, das ganze Heer entgegen, das sich nun auf einmal in Bewegung setzte und hott, hott – trott – trott ging es – ach, geradezu auf den Schrank – geradezu auf Marien los, die noch dicht an der Glastüre des Schrankes stand. Vor Angst und Grauen hatte Marien das Herz schon so gepocht, dass sie glaubte, es müsse nun gleich aus der Brust herausspringen, und dann müsste sie sterben; aber nun war es ihr, als stehe ihr das Blut in den Adern still. Halb ohnmächtig wankte sie zurück, da ging es klirr – klirr – prr, und in Scherben fiel die Glasscheibe des Schranks herab, die sie mit dem Ellbogen eingestoßen. Sie fühlte wohl in dem

Augenblick einen recht stechenden Schmerz am linken Arm, aber es war ihr auch plötzlich viel leichter ums Herz, sie hörte kein Quieken und Pfeifen mehr, es war alles ganz still geworden, und obschon sie nicht hinblicken mochte, glaubte sie doch, die Mäuse wären von dem Klirren der Scheibe erschreckt, wieder abgezogen in ihre Löcher.

– Aber was war denn das wieder? – Dicht hinter Marien fing es an im Schrank auf seltsame Weise zu rumoren, und ganz feine Stimmchen fingen an: »Aufgewacht – aufgewacht – wolln zur Schlacht – noch diese Nacht – aufgewacht – auf zur Schlacht.« – Und dabei klingelte es mit harmonischen Glöcklein gar hübsch und anmutig! – »Ach, das ist ja mein kleines Glockenspiel«, rief Marie freudig und sprang schnell zur Seite. Da sah sie, wie es im Schrank ganz sonderbar leuchtete und herumwirtschaftete und hantierte. Es waren mehrere Puppen, die durcheinander liefen und mit den kleinen Armen herumfochten. Mit einem Mal erhob sich jetzt Nussknacker, warf die Decke weit von sich und sprang mit beiden Füßen zugleich aus dem Bette, indem er laut rief: »Knack – knack – knack – dummes Mausepack – dummer toller Schnack – Mausepack – Knack – Knack – Mausepack – Krick und Krack – wahrer Schnack.« Und damit zog er sein kleines Schwert und schwang es in den Lüften und rief: »Ihr meine lieben Vasallen, Freunde und Brüder, wollt ihr mir beistehen im harten Kampf?« – Sogleich schrien heftig drei Skaramuzze, ein Pantalon, vier Schorn-

steinfeger, zwei Zitherspielmänner und ein Tambour: »Ja, Herr – wir hängen Euch an in standhafter Treue – mit Euch ziehen wir in Tod, Sieg und Kampf!«, und stürzten sich nach dem begeisterten Nussknacker, der den gefährlichen Sprung wagte, vom obern Fach herab.

Sowie Nussknacker herabspringt, geht auch das Quieken und Piepen wieder los. Ach! unter dem großen Tische halten ja die fatalen Rotten unzähliger Mäuse, und über alle ragt die abscheuliche Maus mit den sieben Köpfen hervor! – Wie wird das nun werden! –

Wild entbrannte nun die Schlacht, Fritzens Tambouren schlugen die Trommeln; die Husaren neben dem Tisch stürzten sich in den Kampf, wild entschlossen, dem armen Nussknacker zur Seite zu stehen. Und Marie: Sie bemerkte auf einmal, dass sie schier von Riesen umgeben war, alles im Zimmer schien viel größer geworden zu sein. Doch es war umgekehrt, sie selbst war so klein geworden wie der Nussknacker, den sie schon gar sehr in ihr Herz geschlossen hatte.

Auch die Mäuse formierten sich zur Schlacht, und unter Trommelwirbel warfen sie sich dem Angriff der feindlichen Reiterei entgegen. Mit ihrer großen Masse überrannten sie die Kavallerie des Gegners; mit ihren spitzen Zähnen wüteten sie fürchterlich unter den Soldaten des Nussknackers. Der aber kämpfte sich verbissen in die feindlichen Reihen durch, bis er den wilden Mäusekönig zum Kampf stellen konnte. Der Zweikampf entbrannte: Blutrot geiferte der abscheuliche Mäusekönig aus seinen sieben geöffneten Rachen, seine Zähne knirschten, und wie besessen stürzte er sich auf den Nussknacker, um ihm den Garaus zu machen. Doch mutig und entschlossen schwang Nussknacker seinen funkelnden silbernen Säbel und stieß ihn in die Kehlen des grässlichen Mäusekönigs. Überwunden lag der nun da und wälzte sich in seinem Blute, und als Siegeszeichen nahm Nussknacker dem toten Ungeheuer seine sieben goldenen Kronen ab und streifte sie sich über den linken Arm. Sogleich war der ganze Spuk vorbei. Alles schien verstoben und verflogen, aber Marie empfand am linken Arm einen stechenden Schmerz und sank ohnmächtig zur Erde nieder.

Als Marie wie aus tiefem Todesschlaf erwachte, lag sie in ihrem Bettchen, und die Sonne schien hell und funkelnd durch die mit Eis belegten Fenster in das Zimmer hinein. Dicht neben ihr saß ein fremder Mann, den sie aber bald für den Chirurgus Wendelstern kannte. Der sprach leise: »Nun ist sie aufgewacht!« Da kam die Mutter herbei und sah sie mit recht ängstlich forschenden Blicken an. »Ach, liebe Mutter«, lispelte die kleine Marie, »sind denn nun die hässlichen Mäuse alle fort, und ist denn der gute Nussknacker gerettet?« »Sprich nicht solch albernes Zeug, liebe Marie«, erwiderte die Mutter, »was haben die Mäuse mit dem Nussknacker zu tun? Aber du, böses Kind, hast uns allen recht viel Angst und Sorge gemacht. Das kommt davon her, wenn die Kinder eigenwillig sind und den Eltern nicht folgen. Du spieltest gestern bis in die tiefe Nacht hinein mit deinen Puppen. Du wurdest schläfrig, und mag es sein, dass ein hervorspringendes Mäuschen, deren es doch sonst hier nicht gibt, dich erschreckt hat; genug, du stießest mit dem Arm eine Glasscheibe des Schranks ein und schnittest dich so sehr in den Arm, dass Herr Wendelstern, der dir eben die noch in den Wunden steckenden Glasscherbchen herausgenommen hat, meint, du hättest, zerschnitt das Glas eine Ader, einen steifen Arm behalten oder dich gar verbluten können. Gott sei gedankt, dass ich, um Mitternacht erwachend und dich noch so spät vermissend, aufstand und in die Wohnstube ging. Da lagst du dicht neben dem Glasschrank ohnmächtig auf der Erde und blutetest sehr. Bald wär' ich vor Schreck auch ohnmächtig geworden. Da lagst du nun, und um dich her zerstreut erblickte ich viele von Fritzens bleiernen Soldaten und andere Puppen, zerbrochene Devisen, Pfefferkuchenmänner; Nussknacker lag aber auf deinem blutenden Arme und nicht weit von dir dein linker Schuh.« »Ach, Mütterchen, Mütterchen«, fiel Marie ein, »sehen Sie wohl, das waren ja noch die Spuren von der großen Schlacht zwischen den Puppen und Mäusen, und nur darüber bin ich so sehr erschrocken, als die Mäuse den armen Nussknacker, der die Puppenarmee kommandierte, gefangen nehmen wollten. Da warf ich meinen Schuh unter die Mäuse, und dann weiß ich weiter nicht, was vorgegangen.« Der Chirurgus Wendelstern winkte der Mutter mit den Augen, und diese sprach sehr sanft zu Marien: »Lass es nur gut sein, mein liebes Kind! – Beruhige dich, die Mäuse sind alle fort, und Nussknackerchen steht gesund und lustig im Glasschrank.«

Nun trat der Medizinalrat ins Zimmer und sprach lange mit dem Chirurgus Wendelstern; dann fühlte er Mariens Puls, und sie hörte wohl, dass von einem Wundfieber die Rede war. Sie musste im Bette bleiben und Arzenei nehmen, und so dauerte es einige Tage, wiewohl sie außer einigem Schmerz am Arm sich eben nicht krank und unbehaglich fühlte. Sie wusste, dass Nussknackerchen den bösen Mäusekönig bezwungen hatte, und es kam ihr manchmal wie im Traume vor, dass er ganz vernehmlich, wiewohl mit sehr wehmütiger Stimme sprach: »Marie, teuerste Dame, Ihnen verdanke ich viel, doch noch mehr können Sie für mich tun!« Marie dachte vergebens darüber nach, was das wohl sein könnte, es fiel ihr durchaus nicht ein.

– Spielen konnte Marie gar nicht recht wegen des wunden Arms, und wollte sie lesen oder in den Bilderbüchern blättern, so flimmerte es ihr seltsam vor den Augen, und sie musste davon ablassen. So musste ihr nun wohl die Zeit recht herzlich lang werden, und sie konnte kaum die Dämmerung erwarten, weil dann die Mutter sich an ihr Bett setzte und ihr sehr viel Schönes vorlas und erzählte. Eben hatte die Mutter die vorzügliche Geschichte vom Prinzen Fakardin vollendet, als die Türe aufging und der Pate Droßelmeier mit den Worten hineintrat: »Nun muss ich doch wirklich einmal selbst sehen, wie es mit der kranken und wunden Marie zusteht.« Sowie Marie den Paten Droßelmeier in seinem gelben Röckchen erblickte, kam ihr das Bild jener Nacht, als Nussknacker die Schlacht wider die Mäuse gewann, gar lebendig vor Augen, und unwillkürlich rief sie laut dem Obergerichtsrat entgegen: »Oh Pate Droßelmeier, du bist recht hässlich gewesen, ich habe dich wohl gesehen, wie du auf der Uhr saßest und sie mit deinen Flügeln bedecktest, dass sie nicht laut schlagen sollte, weil sonst die Mäuse verscheucht worden wären, – ich habe es wohl gehört, wie du dem Mausekönig riefest! – warum kamst du dem Nussknacker, warum kamst du mir nicht zu Hilfe, du hässlicher Pate Droßelmeier, bist du denn nicht allein schuld, dass ich verwundet und krank im Bette liegen muss?« – Die Mutter fragte ganz erschrocken: »Was ist dir denn, liebe Marie?« Aber der Pate Droßelmeier schnitt sehr seltsame Gesichter und sprach mit schnarrender, eintöniger Stimme: »Perpendikel musste schnurren – picken – wollte sich nicht schicken – Uhren – Uhren – Uhrenperpendikel müssen schnurren – leise schnurren – schlagen Glocken laut kling klang – Hink und Honk, und Honk und Hank – Puppenmädel sei nicht bang! – schlagen Glöcklein, ist geschlagen, Mausekönig fortzujagen, kommt die Eul' in schnellem Flug – Pak und Pik, und Pik und Puk – Glöcklein bim bim – Uhren – schnurr schnurr – Perpendikel müssen schnurren – picken wollte sich nicht schicken – Schnarr und schnurr, und pirr und purr!«

– Marie sah den Paten Droßelmeier starr mit großen Augen an, weil er ganz anders und noch viel hässlicher aussah als sonst und mit dem rechten Arm hin und her schlug, als würd' er gleich einer Drahtpuppe gezogen. Es hätte ihr ordentlich grauen können vor dem Paten, wenn die Mutter nicht zugegen gewesen wäre und wenn nicht endlich Fritz, der sich unterdessen hineingeschlichen, ihn mit lautem Gelächter unterbrochen hätte. »Ei, Pate Droßelmeier«, rief Fritz, »du bist heute wieder auch gar zu possierlich, du gebärdest dich ja wie mein Hampelmann, den ich längst hinter den Ofen geworfen.« Die Mutter blieb sehr ernsthaft und sprach: »Lieber Herr Obergerichtsrat, das ist ja ein recht seltsamer Spaß, was meinen Sie denn eigentlich?« »Mein Himmel«, erwiderte Droßelmeier lachend, »kennen Sie denn nicht mehr mein hübsches Uhrmacherliedchen? Das pfleg' ich immer zu singen bei solchen Patienten wie Marie.« Damit setzte er sich schnell dicht an Mariens Bette und sprach: »Sei nur nicht böse, dass ich nicht gleich dem Mausekönig alle vierzehn Augen ausgehackt, aber es konnte nicht sein, ich will dir auch statt dessen eine rechte Freude machen.« Der Obergerichtsrat langte mit diesen Worten in die Tasche, und was er nun leise, leise hervorzog, war – der Nussknacker, dem er sehr geschickt die verlornen Zähnchen fest eingesetzt und den lahmen Kinnbacken eingerenkt hatte. Marie jauchzte laut auf vor Freude, aber die Mutter sagte lächelnd: »Siehst du nun wohl, wie gut es Pate Droßelmeier mit deinem Nussknacker meint?« »Du musst es aber doch eingestehen, Marie«, unterbrach der Obergerichtsrat die Medizinalrätin, »du musst es aber doch eingestehen, dass Nussknacker nicht eben zum besten gewachsen und sein Gesicht nicht eben schön zu nennen ist. Wie solche Hässlichkeit in seine Familie gekommen und vererbt worden ist, das will ich dir wohl erzählen, wenn du es anhören willst. Oder weißt du vielleicht schon die Geschichte von der Prinzessin Pirlipat, der Hexe Mauserinks und dem künstlichen Uhrmacher?«

Und als alle begierig darauf waren, die Geschichte zu hören, erzählte Pate Droßelmeier das Märchen von der harten Nuss: Einst hatte der Mäusekönig die Prinzessin Pirlipat in ein hässliches Gnomwesen verwandelt; nur wenn sie den süßen Kern der Nuss Krakatuk esse, könne sie ihre ursprüngliche Gestalt zurückbekommen. Und noch eine Bedingung war gestellt: Ein junger Mann, der sich noch nie rasiert und noch keine Stiefel getragen hatte, musste die überaus harte Nuss knacken. Nach einer langen Suche fand nun der königliche Hofuhrmeister in Nürnberg die goldene Nuss, und sein Neffe, er hieß Droßelmeier, war der geeignete Jüngling, der die Bedingungen erfüllte, die gestellt waren, um die Prinzessin zu retten. So fand die Prinzessin dank des jungen Droßelmeier ihre frühere Gestalt wieder. Doch sie weigerte sich, ihren Retter zu heiraten; den nämlich hatte inzwischen die böse Frau Mauserinks in einen hässlichen Krüppel verwandelt. Soweit das Märchen des Paten.

Als der Obergerichtsrat geendet hatte, merkte Marie bald, dass der königliche Hofuhrmeister in Wirklichkeit ihr Pate Droßelmeier und dass der junge Mann ihr Nussknacker und der Neffe von Pate Droßelmeier war. Da war Marie gerührt und erklärte, sie hätte an der Stelle der Prinzessin den Retter geheiratet, und wenn er noch so missgestaltet gewesen sei. Und siehe, dadurch sollte der Bann, der auf dem Nussknacker lag, gelöst werden, und das Märchen von der harten Nuss doch noch ein glückliches Ende finden.

Einige Zeit war nun schon ins Land gestrichen, da begab es sich, dass der Obergerichtsrat einmal eine Uhr in dem Hause des Medizinalrates reparierte, Marie saß am Glasschrank und schaute, in ihre Träume vertieft, den Nussknacker an, da fuhr es ihr wie unwillkürlich heraus: »Ach, lieber Herr Droßelmeier, wenn Sie doch nur wirklich lebten, ich würd's nicht so machen wie Prinzessin Pirlipat und Sie verschmähen, weil Sie um meinetwillen aufgehört haben, ein hübscher junger Mann zu sein!« In dem Augenblick schrie der Obergerichtsrat: »Hei, hei – toller Schnack.« – Aber in dem Augenblick geschah auch ein solcher Knall und Ruck, dass Marie ohnmächtig vom Stuhle sank. Als sie wieder erwachte, war die Mutter um sie beschäftigt und sprach: »Aber wie kannst du nur vom Stuhle fallen, ein so großes Mädchen! – Hier ist der Neffe des Herrn Obergerichtsrat aus Nürnberg angekommen – sei hübsch artig!« – Sie blickte auf, der Obergerichtsrat hatte wieder seine Glasperücke aufgesetzt, seinen gelben Rock angezogen und lächelte sehr zufrieden, aber an seiner Hand hielt er einen zwar kleinen, aber sehr wohlgewachsenen jungen Mann. Wie Milch und Blut war sein Gesichtchen, er trug einen herrlichen roten Rock mit Gold, weißseidene Strümpfe und Schuhe, hatte im Jabot ein allerliebstes Blumenbukett, war sehr zierlich frisiert und gepudert, und hinten über den Rücken hing ihm ein ganz vortrefflicher Zopf herab. Der kleine Degen an seiner Seite schien von lauter Juwelen, so blitzte er, und das Hütlein unterm Arm von Seidenflocken gewebt. Welche angenehme Sitten der junge Mann besaß, bewies er gleich dadurch, dass er Marien eine Menge herrlicher Spielsachen, vorzüglich aber den schönsten Marzipan und dieselben Figuren, welche der Mausekönig zerbissen, dem Fritz aber einen wunderschönen Säbel mitgebracht hatte. Bei Tische knackte der Artige für die ganze Gesellschaft Nüsse auf, die härtesten widerstanden ihm nicht, mit der rechten Hand steckte er sie in den Mund, mit der linken zog er den Zopf an – Krak – zerfiel die Nuss in Stücke!

Marie war glutrot geworden, als sie den jungen artigen Mann erblickte, und noch röter wurde sie, als nach Tische der junge Droßelmeier sie einlud, mit ihm in das Wohnzimmer an den Glasschrank zu gehen. »Spielt nur hübsch miteinander, ihr Kinder, ich habe nun, da alle meine Uhren richtig gehen, nichts dagegen«, rief der Obergerichtsrat. Kaum aber war der junge Droßelmeier mit Marien allein, als er sich auf ein Knie niederließ und also sprach: »Oh meine allervortrefflichste Demoiselle Stahlbaum, sehn Sie hier zu Ihren Füßen den beglückten Droßelmeier, dem Sie an dieser Stelle das Leben retteten! – Sie sprachen es gütigst aus, dass Sie mich nicht wie die garstige Prinzessin Pirlipat verschmähen wollten, wenn ich Ihretwillen hässlich geworden! – sogleich hörte ich auf, ein schnöder Nussknacker zu sein, und erhielt meine vorige nicht unangenehme Gestalt wieder. Oh vortreffliche Demoiselle, beglücken Sie mich mit Ihrer werten Hand, teilen Sie mit mir Reich und Krone, herrschen Sie mit mir auf Marzipanschloss, denn dort bin ich jetzt König!« – Marie hob den Jüngling auf und sprach leise: »Lieber Herr Droßelmeier! Sie sind ein sanftmütiger guter Mensch, und da Sie dazu noch ein anmutiges Land mit sehr hübschen lustigen Leuten regieren, so nehm ich Sie zum Bräutigam an!«

– Hierauf wurde Marie sogleich Droßelmeiers Braut. Nach Jahresfrist hat er sie, wie man sagt, auf einem goldnen, von silbernen Pferden gezogenen Wagen abgeholt. Auf der Hochzeit tanzten zweiundzwanzigtausend der glänzendsten, mit Perlen und Diamanten geschmückten Figuren, und Marie soll noch zur Stunde Königin eines Landes sein, in dem man überall funkelnde Weihnachtswälder, durchsichtige Marzipanschlösser, kurz, die allerherrlichsten, wunderbarsten Dinge erblicken kann, wenn man nur danach Augen hat.

E. T. A. Hoffmann

Die künstliche Orgel

Vor langen, langen Jahren lebte einmal ein sehr geschickter junger Orgelbauer, der hatte schon viele Orgeln gebaut, und die letzte war immer wieder besser als die vorhergehende. Zuletzt machte er eine Orgel, die war so künstlich, dass sie von selbst zu spielen anfing, wenn ein Brautpaar in die Kirche trat, an dem Gott sein Wohlgefallen hatte. Als er auch diese Orgel vollendet hatte, besah er sich die Mädchen des Landes, wählte sich das frömmste und schönste und ließ seine eigene Hochzeit zurichten. Wie er aber mit der Braut über die Kirchschwelle trat, und Freunde und Verwandte in langem Zuge folgten, jeder einen Strauß in der Hand oder im Knopfloch, war sein Herz voller Stolz und Ehrgeiz. Er dachte nicht an seine Braut und nicht an Gott, sondern nur daran, was er für ein geschickter Meister sei, dem niemand es gleichtun könne, und wie alle Leute staunen und ihn bewundern würden, wenn die Orgel von selbst zu spielen begänne. So trat er mit seiner schönen Braut in die Kirche ein – aber die Orgel blieb stumm. Das nahm sich der Orgelbaumeister sehr zu Herzen, denn er meinte in seinem stolzen Sinne, dass die Schuld nur an der Braut liegen könne und dass sie ihm nicht treu sei. Er sprach den ganzen Tag über kein Wort mit ihr, schnürte dann nachts heimlich sein Bündel und verließ sie. Nachdem er viele hundert Meilen weit gewandert war, ließ er sich endlich in einem fremden Lande nieder, wo niemand ihn kannte und keiner nach ihm fragte. Dort lebte er still und einsam zehn Jahre lang; da überfiel ihn eine namenlose Angst nach der Heimat und nach der verlassenen Braut. Er musste immer wieder daran denken, wie sie so fromm und schön gewesen sei, und wie er sie so böslich verlassen. Nachdem er vergeblich alles getan, um seine Sehnsucht nieder zu kämpfen, entschloss er sich zurückzukehren und sie um Verzeihung zu bitten. Er wanderte Tag und Nacht, dass ihm die Fußsohlen wund wurden, und je mehr er sich der Heimat näherte, desto stärker wurde seine Sehnsucht und desto größer seine Angst, ob sie wohl wieder so gut und freundlich zu ihm sein werde wie in der Zeit, wo sie noch seine Braut war. Endlich sah er die Türme seiner Vaterstadt von fern in der Sonne blitzen. Da fing er an zu laufen, was er laufen konnte, sodass die Leute hinter ihm her den Kopf schüttelten und sagten: »Entweder ist's ein Narr, oder er hat gestohlen.« Wie er aber in das Tor der Stadt eintrat, begegnete ihm ein langer Leichenzug. Hinter dem Sarge her gingen eine Menge Leute, welche weinten. »Wen begrabt ihr hier, ihr guten Leute, dass ihr so weint?« »Es ist die schöne

Frau des Orgelbaumeisters, die ihr böser Mann verlassen hat. Sie hat uns allen so viel Gutes und Liebes getan, dass wir sie in der Kirche beisetzen wollen.« Als er dies hörte, entgegnete er kein Wort, sondern ging still gebeugten Hauptes neben dem Sarge her und half ihn tragen. Niemand erkannte ihn; weil sie ihn aber fortwährend schluchzen und weinen hörten, störte ihn keiner, denn sie dachten: Das wird wohl auch einer von den vielen armen Leuten sein, denen die Tote bei Lebzeiten Gutes erwiesen hat. So kam der Zug zur Kirche, und wie die Träger die Kirchschwelle überschritten, fing die Orgel von selbst zu spielen an, so herrlich wie noch niemand eine Orgel spielen gehört. Sie setzten den Sarg vor dem Altare nieder, und der Orgelbaumeister lehnte sich still an eine Säule daneben und lauschte den Tönen, die immer gewaltiger anschwollen, so gewaltig, dass die Kirche in ihren Grundpfeilern bebte. Die Augen fielen ihm zu, denn er war sehr müde von der weiten Reise; aber sein Herz war freudig, denn er wusste, dass ihm Gott verziehen habe, und als der letzte Ton der Orgel verklang, fiel er tot auf das steinerne Pflaster nieder. Da hoben die Leute die Leiche auf, und wie sie inne wurden, wer es sei, öffneten sie den Sarg und legten ihn zu seiner Braut, Und wie sie den Sarg wieder schlossen, begann die Orgel noch einmal ganz leise zu tönen. Dann wurde sie still und hat seit dem nie wieder von selbst geklungen.

Richard Volkmann-Leander

Der verrostete Ritter

Ein sehr reicher und vornehmer Ritter lebte in Saus und Braus und war stolz und hart gegen die Armen. Deshalb ließ ihn Gott zur Strafe auf der einen Seite verrosten. Der linke Arm verrostete und das linke Bein, ebenso der Leib bis zur Mitte. Nur das Gesicht blieb frei. Da zog der Ritter an die linke Hand einen Handschuh, ließ ihn sich am Handgelenk fest zunähen und legte ihn Tag und Nacht nicht ab, damit niemand sähe, wie sehr er verrostet sei. Darauf ging er in sich und versuchte einen neuen Lebenswandel anzufangen. Er entließ seine alten Freunde und Zechgenossen und nahm sich eine schöne und fromme Frau. Diese hatte wohl manches Schlimme von dem Ritter gehört, aber weil sein Gesicht gut geblieben war, glaubte sie es, wenn sie allein war und darüber nachdachte, nur halb, und wenn er bei ihr war und freundlich mit ihr sprach, gar nicht. Darum nahm sie ihn doch. Nach der Hochzeit aber, in der ersten Nacht merkte sie es, warum er niemals den Handschuh von der linken Hand abzog, und erschrak heftig. Sie ließ sich jedoch nichts merken, sondern sagte am andern Morgen nur zu ihrem Manne, sie wolle in den Wald gehen, um in einer kleinen Kapelle, die dort stand, zu beten. Neben der Kapelle aber befand sich eine Klause, in der lebte ein alter Eremit, der hatte früher lange in Jerusalem gelebt und war so heilig, dass die Leute von weit und breit zu ihm wallfahrteten. Den gedachte sie um Rat zu fragen.

Als sie nun dem Eremiten alles erzählt hatte, ging er in die Kapelle, betete dort lange zur Jungfrau Maria und sagte dann, als er wieder herauskam: »Du kannst deinen Mann noch erlösen, aber es ist schwer. Fängst du es an und bringst es nicht zu Ende, so musst du selbst auch verrosten. Viel Unrecht hat dein Mann sein Lebtag getan, und stolz und hart gegen die Armen ist er gewesen: Willst du für ihn betteln gehen, barfuß und in Lumpen wie das allerärmste Bettlerweib, so lange bis du hundert Goldgulden erbettelt hast, so ist dein Mann erlöst. Dann nimm ihn an der Hand, gehe mit ihm in die Kirche und lege die hundert Goldgulden in das Kirchbecken für die Armen. Wenn du das tust, so wird Gott

deinem Manne seine Sünden vergeben, der Rost wird abgehen, und er wird wieder so weiß werden wie zuvor.«

»Das will ich tun«, sagte die junge Ritterfrau, »und wenn es mir noch so schwer wird und es noch so lange dauert. Ich will meinen Mann erlösen, denn er ist nur auswendig verrostet, das glaube ich ganz sicher!«

Darauf ging sie fort, tief in den Wald hinein, und nicht lange, so begegnete ihr ein altes Mütterchen, welches Reisig suchte. Es hatte einen zerlumpten, schmutzigen Rock an und darüber einen Mantel, der war aus eben so vielen Flicken zusammengesetzt, wie weiland das heilige römische Reich; was aber die Flicken früher für eine Farbe gehabt, das konnte man kaum mehr sehen, denn Regen und Sonnenschein hatten schon viel Arbeit mit dem Mantel gehabt.

»Willst du mir deinen Rock und deinen Mantel geben, alte Mutter«, sagte die Ritterfrau, »so schenke ich dir alles Geld, was ich in der Tasche habe, und meine seidnen Kleider noch dazu; denn ich möchte gern arm sein.«

Da sah die alte Frau sie verwundert an und sprach: »Will's schon tun, will's schon tun, mein blankes Töchterchen, wenn's dein Ernst ist. Hab' schon viel gesehen auf der Welt, auch viel Leute gefunden, die gern reich werden wollten; dass aber jemand gern arm werden will, das ist mir noch nicht vorgekommen. Wird dir schlecht schmecken mit deinen seidnen Händchen und deinem süßen Frätzchen!«

Aber die Ritterfrau hatte schon begonnen sich auszuziehen und sah dabei so ernst und so traurig aus, dass die Alte wohl merkte, dass sie keinen Scherz treibe. Sie reichte ihr also Rock und Mantel hin, half ihr sie anlegen und fragte dann: »Was willst du nun tun, mein blankes Töchterchen?«

»Betteln, Mutter!«, antwortete die Ritterfrau.

»Betteln? Nun, gräme dich nicht darum, das ist keine Schande. An der Himmelstür wird's auch mancher tun müssen, der's hier unten nicht gelernt hat. – Aber das Bettellied will ich dich erst noch lehren:

Betteln und lungern,
Dursten und hungern
Immerdar, alle Zeit
Müssen wir Bettelleut'!

Habt ihr was, schenkt nur was.
Ach nur ein Häppchen!
Brot in den Bettelsack,
Suppe ins Näpfchen!

Lederne Ranzen,
Röcke mit Franzen
Tragen wir Bettelleut'!
– Was man erbettelt hat.
Wird verjuchheit!

Nicht wahr, ein hübsches Lied?«, sagte die Alte. Damit warf sie sich die seidnen Kleider um, sprang in den Busch und war bald verschwunden.

Die Ritterfrau aber wanderte durch den Wald, und nach einiger Zeit begegnete ihr ein Bauer, der war ausgegangen eine Magd zu suchen, denn es war um die Ernte und Leutenot. Da blieb die Ritterfrau stehen, hielt die Hand hin und sagte: »Habt ihr was, schenkt mir was, ach nur ein Häppchen!« Aber die anderen Verse sagte sie nicht, weil sie ihr nicht gefielen. Der Bauer sah sich die Frau an, und da er fand, dass sie trotz ihrer Lumpen schmuck und gesund war, fragte er sie, ob sie nicht bei ihm Magd werden wolle.

»Ich schenke dir zu Ostern einen Kuchen, zu Martini eine Gans und zu Weihnachten einen Taler und ein neues Kleid. Bist du damit zufrieden?«

»Nein«, erwiderte die Ritterfrau, »ich muss betteln gehen, der liebe Gott will es so haben.«

Darüber wurde der Bauer zornig, schimpfte und schmähte und sagte höhnisch: »Der liebe Gott will's so haben? He? Du hast wohl mit ihm zu Mittag gegessen? Was? Linsen mit Bratwürsten, nicht wahr? Oder bist du vielleicht seine Muhme, dass du so genau weißt, was er will? Eine faule Haut bist du. Gut für den Knüttel, zu schlecht für den Büttel!« Darauf ging er seiner Wege, ließ sie stehen und gab ihr nichts. Da merkte die Ritterfrau wohl, dass das Betteln schwer sei.

Sie ging jedoch weiter, und nach abermals einiger Zeit kam sie an eine Stelle, wo die Straße sich teilte und zwei Steine standen. Auf dem einen saß ein Bettler mit einer Krücke. Da sie nun müde geworden war, gedachte sie sich eine kurze Zeit auf den leeren Stein zu setzen, um auszuruhen. Kaum hatte sie jedoch dies getan, als der Bettler mit der Krücke nach ihr schlug und ihr zurief:

»Mach, dass du fortkommst, du liederliche Liese! Willst du mir mit deinen Lumpen und deinem zuckersüßen Gesicht die Kundschaft abzwicken? Die Ecke hier habe ich gepachtet. Mach flink, sonst sollst du sehen, was mein Krückholz für ein schöner Fiedelbogen ist, und dein Rücken für eine närrische Geige!«

Da seufzte die Ritterfrau, stand auf und ging so weit als sie die Füße tragen wollten. Endlich kam sie in eine große, fremde Stadt. Hier blieb sie, setzte sich an den Kirchweg und bettelte; und nachts schlief sie auf den Kirchenstufen. So lebte sie tagaus tagein, und es schenkte ihr der eine einen Pfennig und der andere einen Heller; manche aber auch gaben ihr nichts oder schimpften gar, wie der der Bauer getan hatte. Es ging aber sehr langsam mit den hundert Goldgulden. Denn als sie dreiviertel Jahre gebettelt hatte, hatte sie erst einen Gulden erspart. Und genau wie der erste Gulden voll war, gebar sie einen wunderschönen Knaben, den nannte sie »Docherlöst«, weil sie hoffte, dass sie ihren Mann doch noch erlösen würde. Sie riss sich von ihrem Mantel unten einen Streifen ab, eine gute Elle breit, sodass der Mantel nur noch bis an die Knie reichte, wickelte das Kind hinein, nahm es auf den Schoß und bettelte weiter. Und wenn das Kind nicht schlafen wollte, wiegte sie es und sang:

Schlaf ein auf meinem Schoße,
Du armes Bettelkind,
Dein Vater wohnt im Schlosse
Und draußen weht der Wind.

Er geht in Samt und Seide
Trinkt Wein, ist weißes Brot,
Und säh' er so uns beide,
So härmt' er sich zu Tod.

Er braucht sich nicht zu härmen,
Du liegst ja weich und warm;

Er ist ja noch viel ärmer,
Dass Gott sich sein erbarm!

Da blieben oft die Leute stehen und besahen sich die arme junge Bettelfrau mit dem wunderschönen Kinde und schenkten ihr mehr wie früher. Sie aber war getrost und weinte nicht mehr, denn sie wusste, dass sie ihren Mann gewiss erlösen würde, wenn sie nur ausharrte.

Als aber die Frau nicht wieder zurückkehrte, ward der Ritter auf seinem Schlosse tief betrübt, denn er sagte sich: Sie hat alles gemerkt und dich deshalb verlassen. Er ging zuerst in den Wald zu dem Eremiten, um zu hören, ob sie in der Kapelle gewesen sei und dort gebetet habe. Aber der Eremit war sehr kurz angebunden und streng gegen ihn und sagte: »Hast du nicht in Saus und Braus gelebt? Bist du nicht stolz und hart gegen die Armen gewesen? Hat dich nicht der liebe Gott zur Strafe verrosten lassen? Deine Frau hat ganz recht getan, wenn sie dich verließ. Man muss nicht einen guten und einen faulen Apfel in einen Kasten legen, sonst wird der gute auch faul!«

Da setzte sich der Ritter auf die Erde, nahm den Helm ab und weinte bitterlich.

Als der Eremit dies gewahr wurde, ward er freundlicher und sprach: »Da ich sehe, dass dein Herz noch nicht mitverrostet ist, so will ich dir raten: Tue Gutes und gehe in alle Kirchen, so wirst du deine Frau wiederfinden.«

Da verließ der Ritter sein Schloss und ritt in alle Welt. Wo er Arme fand, schenkte er ihnen etwas, und wenn er eine Kirche sah, ging er hinein und betete. Aber seine Frau fand er nicht. So war fast ein Jahr vergangen, da kam er auch in die Stadt, wo seine Frau am Kirchweg saß und bettelte, und sein erster Weg war in die Kirche. Schon von Weitem erkannte ihn die Frau, denn er war groß und stattlich und trug einen goldnen Helm mit einer Geierklaue auf dem Knauf, der weithin leuchtete. Da erschrak sie, denn sie hatte erst zwei Goldgulden zusammen, sodass sie ihn noch nicht erlösen konnte. Sie zog sich den Mantel tief über den Kopf, damit er sie nicht erkennen sollte, und kauerte sich so eng zusammen als sie irgend konnte, damit er nicht ihre schneeweißen Füße sähe; denn der Mantel ging ihr nur bis an die Knie, seit sie den

Streifen für das Kind abgerissen hatte. Als aber der Ritter an ihr vorbeischritt, hörte er sie leise schluchzen, und als er ihren zerlumpten und geflickten Mantel sah und das wunderschöne Kind auf ihrem Schoß, welches ebenfalls nur in Lumpen gewickelt war, tat es ihm in der Seele weh. Er trat an sie heran und fragte sie, was ihr fehle. Doch die Frau antwortete nicht und schluchzte nur noch mehr, so sehr sie sich auch Mühe gab, es zu verbeißen. Da zog der Ritter seine Geldtasche hervor, in der viel mehr waren als hundert Goldgulden, legte sie ihr auf den Schoß und sagte: »Ich gebe dir alles, was ich noch habe, und sollte ich mich nach Hause betteln.«

Da fiel der Frau, ohne dass sie es wollte, der Mantel vom Kopf herunter, und der Ritter sah, dass es sein eigenes, angetrautes Eheweib war, der er das Geld geschenkt hatte. Trotz der Lumpen fiel er ihr um den Hals und küsste sie, und als er vernahm, dass das Kind sein Sohn sei, herzte und küsste er es auch. Doch die Frau nahm ihren Mann, den Ritter, an der

Hand, führte ihn in die Kirche und legte das Geld auf das Kirchbecken. Dann sagte sie: »Ich wollte dich erlösen, aber du hast dich selbst erlöst.«

Und so war es auch; denn als der Ritter aus der Kirche trat, war der Fluch gehoben und der Rost, der seine ganze linke Seite bedeckte, verschwunden. Er hob seine Frau mit dem Kinde auf sein Pferd, ging selbst zu Fuß daneben und zog mit ihr zurück in sein Schloss, wo er lange Jahre glücklich mit ihr lebte und so viel Gutes tat, dass ihn alle Leute lobten.

Die Bettlerlumpen aber, die seine Frau getragen hatte, hing er in einen kostbaren Schrein, und jeden Morgen, wenn er aufgestanden war, ging er an den Schrein, besah sich die Lumpen und sagte: »Das ist meine Morgenandacht, die nimmt mir der liebe Gott nicht übel, denn er weiß, wie ich's meine, und ich gehe nachher doch noch in die Kirche.«

Richard Volkmann-Leander

Die Geschichte vom Kalif Storch

Der Kalif von Bagdad saß einmal an einem schönen Nachmittag behaglich auf seinem Sofa. Er hatte ein wenig geschlafen, denn es war ein heißer Tag, und sah nun nach seinem Schläfchen recht heiter aus. Er rauchte aus einer langen Pfeife aus Rosenholz, trank hie und da ein wenig Kaffee und strich sich allemal vergnügt den Bart, wenn es ihm geschmeckt hatte. Um diese Stunde konnte man gar gut mit ihm reden, weil er da immer recht mild und leutselig war; deswegen besuchte ihn auch sein Großwesir Mansor alle Tage um diese Zeit. Heute aber sah er nachdenklich aus, als er eintrat, und der Kalif fragte ihn sogleich, warum er ein solches Gesicht mache.

Der Großwesir schlug seine Arme kreuzweise über die Brust und verneigte sich tief.

»Herr«, antwortete er dann, »da unten vor dem Schloss steht ein fremder Krämer, der hat so schöne Sachen zu verkaufen, dass es mich ärgert, nicht viel überflüssiges Geld zu haben.«

Der Kalif, der seinem Großwesir schon lange gerne eine Freude gemacht hätte, schickte seinen schwarzen Sklaven hinunter und ließ den Krämer heraufholen. Dieser war ein kleiner dicker Mann, schwarzbraun im Gesicht, in einem zerlumpten Anzug. Er trug in seinem Kasten allerhand kostbare Waren, Perlen und Ringe, reichbeschlagene Pistolen und Becher und Kämme. Der Kalif und sein Wesir musterten alles durch, und der Kalif kaufte endlich für sich und Mansor ein paar schöne Pistolen, für die Frau des Wesirs aber einen Kamm. Als der Krämer seinen Kasten aber schon wieder zumachen wollte, da entdeckte der Kalif in einem kleinen Schubfach eine Dose mit einem schwärzlichen Pulver, und dabei ein Papier mit einer fremden Schrift, die keiner von ihnen lesen konnte. Weil aber der Kalif eine besondere Vorliebe für solche alten Papiere hatte, so erstand er die Dose mitsamt der Schrift, die ihm der Händler für ein Geringes auch willig abließ.

»Ich wüsste wohl einen, der die Schrift lesen könnte, gnädigster Herr und Gebieter«, sagte der Wesir, als der Händler gegangen war, »es ist Selim, der Gelehrte, der an der großen Moschee wohnt. Er versteht alle Sprachen, lasst ihn kommen, vielleicht weiß er auch diese geheimnisvollen Züge zu deuten.«

Alsbald ward der Gelehrte Selim herbeigeholt, und der Kalif gebot ihm, die Schrift zu deuten. »Kannst du sie lesen«, sprach der Kalif, »so bekommst du ein neues Festkleid von mir, kannst du es aber nicht, so bekommst du fünfundzwanzig auf die Fußsohlen, weil man dich dann umsonst Selim, den Gelehrten nennt.«

Selim verneigte sich tief und betrachtete die Schrift lange Zeit. Dann rief er aus, dass es lateinisch sei und begann, sie zu übersetzen. Sie lautete aber: »Wer von dem Pulver in dieser Dose schnupft und dazu spricht: Mutabor, der kann sich in jedes Tier verwandeln und versteht auch die Sprache der Tiere. Will er wieder in seine menschliche Gestalt zurückkehren, so neige er sich dreimal gegen Osten und spreche jenes Wort dazu. Aber er hüte sich, dass er nicht lache, wenn er verwandelt ist, denn sonst verschwindet das Zauberwort gänzlich aus seinem Gedächtnis, und er muss ein Tier bleiben.«

Als Selim, der Gelehrte, also gelesen hatte, da war der Kalif über die Maßen vergnügt. Er ließ ihn schwören, niemand etwas von dem Geheimnis zu sagen, schenkte ihm ein schönes Kleid und entließ ihn. Zu seinem Großwesir aber sagte er: »Das nenne ich gut einkaufen! Morgen früh kommst du zu mir. Wir gehen dann miteinander auf das Feld, schnupfen ein wenig aus meiner Dose, und belauschen dann, was in der Luft und im Wasser, im Wald und im Feld gesprochen wird!«

Am andern Morgen steckte der Kalif die Dose mit dem Zauberpulver in den Gürtel und machte sich mit dem Großwesir auf den Weg zu den Teichen vor den Gärten des Palastes. Dort nämlich hatte er schon öfter einmal den Störchen zugeschaut, wie sie nach Fröschen suchten oder ernsthaft auf und nieder stelzten. So war es auch heute.

»Wie wäre es, gnädigster Herr«, sprach der Wesir, »wenn wir zunächst einmal Störche würden und zusähen, ob wir dann auch wirklich störchisch können? Der eine, der da so würdevoll herumstelzt, und der andere, der da oben in der Luft herangesegelt kommt, die führen gewiss ein unterhaltsames Gespräch miteinander.«

Der Kalif war einverstanden. Er zog die Dose aus dem Gürtel hervor und nahm eine gute Prise. Dann bot er sie dem Großwesir dar, der gleichfalls herzhaft schnupfte und beide riefen: »Mutabor!«

Da schrumpften ihre Beine ein und wurden dünn und rot, ihre schönen gelben Pantoffeln wurden unförmliche Storchenfüße, ihre Arme wurden zu Flügeln, ihre Hälse fuhren ellenlang aus den Achseln und weiche Federn bedeckten ihre Körper.

»Ihr habt einen hübschen Schnabel, Herr Großwesir«, sprach der

Kalif nach langem Erstaunen, »beim Barte des Propheten, so etwas habe ich in meinem Leben nicht gesehen.«

»Danke untertänigst«, erwiderte der Großwesir, sich verneigend; »aber wenn ich es wagen darf, so möchte ich behaupten, dass Eure Hoheit sich als Storch auch nicht übel macht.«

Inzwischen war der andere Storch aus der Luft hernieder geschwebt. Er legte sein Gefieder zurecht und stelzte dem Storch auf der Wiese entgegen, und nun vernahmen der Kalif und sein Großwesir zu ihrem Erstaunen folgendes Gespräch:

»Guten Morgen, Frau Langbein, so früh schon im Grünen?«

»Schönen Dank, liebe Klapperschnabel! Ich habe mir ein kleines Frühstück geholt. Ist Euch vielleicht ein Viertelchen Eidechse gefällig, oder ein Froschschenkelchen?«

»Ach nein, ich danke, ich habe heute gar keinen Appetit. Ich komme auch wegen etwas ganz anderem auf die Wiese. Ich soll heute Abend vor den Gästen meines Vaters tanzen, und da will ich mich im Stillen ein wenig üben.«

Zugleich begann die junge Störchin in den wunderlichsten Bewegungen über das Feld zu schreiten, und der Kalif und sein Wesir staunten ihr nach. Als sie sich aber zuletzt auf einen Fuß erhob und mit den Flügeln anmutig dazu wedelte, da vergaßen die beiden das Verbot und brachen in ein unaufhaltsames Gelächter aus, von dem sie sich erst nach langer Zeit erholten.

»Das war einmal ein Spaß«, rief der Kalif, der sich als erster wieder fasste, »das war ein Spaß, der nicht mit Gold zu bezahlen ist.« Aber zur gleichen Zeit fiel ihnen beiden ein, dass ihnen das Lachen während der Verwandlung ja verboten war. Da wurden sie rasch wieder ernst. »Das wäre ein schlechter Spaß, wenn ich nun ein Storch bleiben müsste«, sagte der Kalif, »besinne dich auf das dumme Wort, denn ich bringe es nicht mehr heraus.« »Dreimal gegen Osten müssen wir uns bücken«, antwortete der Wesir, »und dazu sprechen: Mu-mu-mu.« Allein so oft sie sich auch gen Osten verneigten und so sehnlich sie ihr Mu-mu-mu dazu riefen, das Zauberwort war ihnen entfallen und der Kalif und sein Wesir waren und blieben Störche.

Da wandelten sie traurig durch die Felder fort und wussten nicht, was sie in ihrem Elend anfangen sollten. In die Stadt konnten sie auch nicht zurück, um sich zu erkennen zu geben, denn wer hätte es einem Storchen auch geglaubt, dass er der Kalif von Bagdad sei, und wenn man es auch geglaubt hätte, so würden die Einwohner von Bagdad doch keinen Storchen zum Kalifen haben wollen. So schlichen sie ein paar Tage lang gar trübselig umher und ernährten sich kümmerlich von Feldfrüchten, denn zu Eidechsen und Fröschen hatten sie doch keinen Appetit. Ihr einziges Vergnügen bestand darin, zuweilen auf die Dächer von Bagdad hinüberzufliegen und zu sehen, was in der Stadt vor sich ging.

Da gewahrten sie eines Tages auf der Straße vor dem Palast des Kalifen einen prächtigen Aufzug. Ein Mann in einem goldgestickten Scharlachmantel kam, von Trommlern und Pfeifern geführt und von glänzenden Trabanten umgeben, herangeritten, und die halbe Stadt sprang ihm nach und schrie: »Heil Mizra, dem Herrscher von Bagdad!«

Da sahen die beiden Störche auf dem Dache des Palastes einander an, und der Kalif sprach: »Ahnst du nun, warum ich verzaubert bin, Großwesir? Dieser Mizra ist der Sohn meines Todfeindes, des mächtigen Zauberers Kaschnur, der mir in einer bösen Stunde Rache schwur. Aber noch gebe ich die Hoffnung nicht auf. Folge mir, wir wollen zum Grabe des Propheten stiegen, vielleicht, dass an der heiligen Stätte unser Zauber doch noch gelöst wird.«

Damit erhoben sie sich von dem Dache des Palastes und schlugen die Richtung zu dem Grabe des Propheten ein. Mit dem Fliegen wollte es aber gar nicht gut gehen, denn sie hatten noch wenig Übung und als sie gegen Abend tief unter sich die Mauern eines zerfallenen Schlosses erblickten, da beschlossen sie, dort ein Unterkommen für die Nacht zu suchen. Sie ließen sich also herab und wandelten durch die verfallenden Gänge des Schlosses, um nach einem trockenen Plätzchen für die Nacht Ausschau zu halten. Da war es dem Wesir mit einem Male, als habe er in der Nähe ein Seufzen und Stöhnen gehört. Auch der Kalif blieb stehen und nun vernahm auch er von einem finsteren Gange her ein leises Weinen, das aber eher von einem Menschen als von einem Tiere herzurühren schien; da eilte er mutig in den Gang hinein, so inständig ihn der Wesir auch zu halten suchte. Er packte ihn sogar mit dem Schnabel am Flügel und bat ihn flehentlich, sich nicht in neue unbekannte Gefahren zu stürzen. Aber der Kalif, dem auch unter dem Storchenflügel ein tapferes Herz schlug, riss sich von ihm los und war bald vor einer verfallenen Türe angelangt, hinter welcher er nun ganz deutlich ein Jammern und Seufzen vernahm. Er stieß sie mit dem Schnabel auf, und nun sah er in dem halb zerstörten Gemach, das durch ein Gitterfenster nur spärliches Mondlicht empfing, eine große Eule am Boden sitzen. Dicke Tränen rollten ihr aus den runden Augen und mit heiserer Stimme stieß sie ihre Klagen hervor. Beim Anblick des Kalifen aber und seines Wesirs, der sich inzwischen auch ein Herz gefasst hatte, erhob sie ein lautes Freudengeschrei und wischte sich mit dem braun gefleckten Flügel die Tränen aus den Augen.

»Willkommen ihr Störche«, rief sie in menschlicher Sprache, »ihr kündigt meine Erlösung an, denn durch Störche, so wurde mir prophezeit, werde mir einst ein großes Glück kommen.«

Als der Kalif sich von seinem Staunen erholt hatte, bückte er sich mit seinem Storchenhals zu ihr herab, brachte seine dünnen Füße in eine zierliche Stellung und sprach: »Nachteule, deinen Worten nach darf ich glauben, eine Leidensgefährtin in dir zu sehen. Aber ach, deine Hoffnung ist vergeblich, denn du wirst unsere Hilflosigkeit selbst erkennen, wenn du unsere Geschichte hörst.« Damit begann er ihr zu erzählen, was ihm und seinem Wesir geschehen war.

»Vernimm nun aber auch meine Geschichte«, sagte die Eule, nachdem er geendigt hatte, »und höre, wie ich nicht weniger unglücklich bin als du. Mein Vater ist der König von Indien und ich bin seine einzige Tochter und heiße Lusa. Jener Zauberer Kaschnur, der euch verzauberte, hat auch mich ins Unglück gestürzt. Er kam eines Tages zu meinem Vater und begehrte mich zur Frau für seinen Sohn Mizra, aber mein Vater, der von hitziger Gemütsart ist, ließ ihn die Treppe hinunterwerfen. Doch der Elende wusste sich in anderer Gestalt wieder in meine Nähe zu schleichen, und eines Tages gab er mir, als mein Sklave verkleidet, in meinem Garten einen Trank ein, der mich in diese Eulengestalt verwandelte. Auf diese Weise brachte er mich hierher und schwur mir, dass ich eine Eule bleiben sollte bis an mein Ende, wenn nicht ein edler Mann aus freiem Willen mich auch noch in dieser elenden Gestalt zur Gattin begehrte. Das sollte seine Rache sein an mir und meinem stolzen Vater. Seitdem lebe ich als Einsiedlerin in diesem Gemäuer, und selbst die schöne Natur ist mir verschlossen, denn ich bin blind am Tage, und nur wenn der Mond sein bleiches Licht ausgießt, fällt der verhüllende Schleier vor meinem Auge.«

Damit schwieg sie still und wischte sich mit der Flügelspitze abermals die Tränen aus den Augen, denn die Erzählung ihrer Leiden hatte sie sehr ergriffen.

Der Kalif war bei der Erzählung der Prinzessin in tiefes Nachdenken versunken. »Wenn mich nicht alles täuscht«, sagte er dann, »so besteht ein geheimer Zusammenhang zwischen deinem und unserem Unglück; aber wo finde ich den Schlüssel zu diesem Rätsel?«

»Oh Herr«, antwortete die Eule, »auch mir ahnet dies, aber vielleicht sollen wir ihn doch noch finden. Der Zauberer nämlich, der uns beide elend gemacht hat, kommt alle Monate einmal hierher in diese Ruinen. In einem Saale, nicht weit von meinem Gemach, pflegt er dann mit seinen Genossen zu schmausen. Sie erzählen dann einander ihre schändlichen Taten, und ich habe sie schon oft dabei belauscht. Vielleicht, dass er einmal auch das Zauberwort ausspricht, das ihr vergessen habt.«

»Oh teuerste Prinzessin«, rief der Kalif, »wann kommen sie zusammen und wo befindet sich jener Saal?«

Die Eule schwieg eine Weile, dann sprach sie: »Ich will es euch sagen, aber nehmt es nicht ungütig, wenn ich es nur unter einer Bedingung vermag: nämlich, dass einer von euch beiden mir als mein Gatte die Hand reicht.«

Der Kalif und sein Wesir waren über diesen Antrag etwas betroffen und sie traten zusammen ein wenig vor die Türe hinaus, um sich dort auszusprechen.

»Das wird ein teurer Handel«, murmelte der Kalif und ließ betrübt die Flügel hängen; »zwar bin ich der Unverheiratete von uns beiden, aber wer sagt mir denn, dass sie jung und schön ist? Das heißt die Katze im Sack kaufen.«

Auch der Wesir ließ die Flügel hängen und sann vergeblich auf einen anderen Ausweg; zuletzt blieb aber doch keine Wahl, wenn der Kalif nicht bis ans Ende seiner Tage ein Storch bleiben wollte. So kehrten sie denn in das Gemach zu der Eule zurück, die sich über den Entschluss des Kalifen hocherfreut zeigte. Wahrscheinlich nämlich, sagte sie, würden sich die Zauberer noch in dieser Nacht versammeln.

Bald darauf führte sie die beiden durch einen endlos langen, finsteren Gang zu einer halbgeborstenen Mauer, aus der ihnen ein Heller Schein entgegenstrahlte. Sie schlichen hinzu, und nun konnten sie durch eine Lücke in dem Mauerwerk in einen großen Saal hineinspähen. Viele farbige Lampen erhellten ihn mit ihrem Licht und um eine reich gedeckte Tafel in der Mitte sahen sie acht Männer sitzen, von denen die Störche einen sogleich als jenen Krämer wiedererkannten, der ihnen das Zauberpulver verkauft hatte. Gerade erzählte er die Geschichte des Kalifen und seines Wesirs.

»Welches Wort hast du ihnen denn aufgegeben?«, fragte ihn einer der Zauberer.

»Ein recht schweres lateinisches«, antwortete er, »es heißt Mutabor.«

Als die Störche an ihrer Mauerlücke dieses hörten, kamen sie vor Freude beinah außer sich. Sie liefen auf ihren langen Füßen so schnell dem Tore der Ruine zu, dass ihnen die Eu-

le kaum folgen konnte. Dort sprach der Kalif gerührt zu der Eule: »Retterin meines Lebens und des Lebens meines Freundes, nimm zum ewigen Dank für das, was du an uns getan hast, mich zum Gemahl an.«

Dann aber wandte er sich nach Osten. Dreimal bückten die Störche ihre langen Hälse der Sonne entgegen, die soeben hinter dem Gebirge heraufstieg; »Mutabor« riefen sie und im Nu waren sie verwandelt, und in der hohen Freude des neugeschenkten Lebens lagen Herr und Diener lachend und weinend einander in den Armen. Wer beschreibt aber ihr Erstaunen, als sie sich umsahen? Eine schöne junge Prinzessin, herrlich geschmückt, stand vor ihnen und lächelte sie an. »Erkennt ihr eure Nachteule nicht mehr?«, sagte sie und reichte dem Kalifen die Hand. Der Kalif aber war von ihrer Schönheit und Anmut so entzückt, dass er ausrief: Es sei sein größtes Glück, dass er in einen Storch verwandelt gewesen sei.

Die drei zogen nun miteinander auf Bagdad zu. Der Kalif fand in seinen Kleidern nicht nur die Dose mit seinem Zauberpulver, sondern auch seinen Geldbeutel. Er kaufte daher im nächsten Dorfe was zu ihrer Reise nötig war, und so kamen sie bald an die Tore von Bagdad. Dort aber erregte die Ankunft des Kalifen großes Erstaunen. Man hatte ihn für tot ausgegeben, und das Volk war daher hocherfreut, seinen geliebten Herrscher wiederzuhaben.

Umso mehr aber entbrannte ihr Hass gegen den Betrüger Mizra. Sie zogen in den Palast und nahmen den alten Zauberer und seinen Sohn gefangen. Den Alten schickte der Kalif in dasselbe Gemach der Ruine, das die Prinzessin als Eule bewohnt hatte, und ließ ihn dort aufhängen. Dem Sohn aber, welcher nichts von den Künsten des Vaters verstand, ließ der Kalif die Wahl, ob er sterben oder lieber schnupfen wollte. Als er das letztere wählte, bot ihm der Großwesir die Dose. Eine tüchtige Prise und das Zauberwort des Kalifen verwandelte ihn in einen Storchen. Der Kalif ließ ihn in einen eisernen Käfig sperren und in seinem Garten aufstellen.

Lange und vergnügt lebte der Kalif mit seiner Frau, der Prinzessin Lusa. Seine vergnügtesten Stunden aber waren immer die, wenn ihn der Großwesir des Nachmittags besuchte. Da sprachen sie dann oft von ihrem Storchenabenteuer, und wenn der Kalif recht heiter war, so ließ er sich herab, den Großwesir nachzuahmen, wie er als Storch aussah. Er stieg dann ernsthaft mit steifen Füßen im Zimmer auf und ab, klapperte, wedelte mit den Armen wie mit Flügeln und zeigte, wie der Wesir sich vergeblich nach Osten geneigt und Mu-mu dazu gerufen habe. Für die Frau Kalifin und ihre Kinder war diese Vorstellung allemal eine große Freude. Wenn aber der Kalif gar zu lange klapperte und nickte und Mu-mu schrie, dann drohte ihm der Wesir lächelnd, er wolle das, was vor der Türe der Prinzessin Nachteule verhandelt worden sei, der Frau Kalifin mitteilen.

Nach Wilhelm Hauff

Woher der Rübezahl seinen Namen hat

Rübezahl, der mächtige Geist des Riesengebirges, war riesig groß, stark und gewaltig, dabei ein gar wunderlicher Kauz, bald gut, bald böse. Aber vor allem waren ihm die schlechten Menschen, die Hungerleider, die Herzlosen und Neidhammel durchaus zuwider. Mit diesen ging er oft sehr übel um; den Notleidenden und Rechtschaffenen jedoch erwies er nur Liebes und Gutes.

Vor langen, langen Zeiten, als noch keine Städte und Dörfer erbaut waren und Wälder und Felder ganz wüst und öde lagen, als noch gar keine Menschen den Boden bebauten, lebte der Geist tief unten in den Bergen des Riesengebirges und gebot als ein Herr und Fürst über die Zwerge und Gnomen, welche da unten ihr Wesen trieben und kunstvolle und wundersame Arbeiten anfertigten.

Nur selten stieg er zur Oberfläche der Erde hinauf; dann hetzte er Bären und Auerochsen aneinander oder scheuchte unter grausigem Getöse das scheue Wild vor sich her, dass es von den steilen Felsklippen hinab in die Tiefe stürzte. So trieb er es viele Jahrhunderte. Als er sich aber nach langer,

langer Zeit wieder an das Tageslicht begab, da zeigte sich seinen Augen ein Wunder. Die düsteren, undurchdringlichen Wälder waren niedergelegt und in fruchtbares Ackerland verwandelt, auf dem reiche Ernten reiften; zwischen blühenden Obstbäumen blickten die Dächer der Häuser freundlich gelegener Dörfer hervor, auf den Wiesen weideten Schafe und allerlei Hornvieh, und aus den Hainen tönten die Melodien der Schalmeien.

Das Unerwartete, das er sah, erregte in solchem Grade sein Erstaunen, dass er beschloss, die Urheber und Inhaber aller dieser Herrlichkeiten kennen zu lernen. Er nahm deshalb die Gestalt eines Knechtes an und verdingte sich beim erstbesten Landwirt in Arbeit. Alles, was er unternahm, gedieh wohl, und sein Herr hätte mit ihm zufrieden sein können; aber dieser war ein Schlemmer und Prasser, der das, was der treue Knecht vor sich brachte, verschwendete, und der ihm für seine Mühe und Arbeit nicht einmal Dank wusste. Daher entlief Rübezahl diesem Herrn und ging zu einem andern, dessen Herde er weidete. Auch diesem diente er treu und fleißig; aber sein neuer Brotherr war ein Knauser und karger Filz, der dem treuen Knechte den Lohn kürzte, wo er nur konnte. Darum hielt er es auch bei diesem nicht aus und verdingte sich bei einem Richter als Häscher. Allein der Richter war ein ungerechter Mann, richtete nach Geld und Gunst und spottete der Gesetze. Da mochte er auch hier nicht länger bleiben und sagte dem Richter den Dienst auf. Er hatte jetzt gerade genug unter den Menschen erlebt und streifte nun wieder in Feld und Wald umher, schlich unsichtbar hinab ins Tal und lauschte hinter Busch und Hecken. Da stand eines Tages vor ihm ein wunderschönes Mädchen. Es war Emma, die Tochter des Königs, der damals in der Gegend des Riesengebirges herrschte. Sie pflegte oft mit ihren Jungfrauen zu den Hainen und Büschen des Gebirges zu lustwandeln und duftende Blumen und Kräuter zu sammeln oder für die Tafel ihres Vaters ein Körbchen Erdbeeren zu pflücken.

Als der Geist sie sah, gewann er sie so lieb, dass er beschloss, sie zu rauben. Durch seine Zauberkünste lockte er sie in ein Wasser, darin zu baden, und ließ sie vor den Augen ihrer Jungfrauen in den Fluten untergehen. Die erschrockenen Mädchen erhoben laute Klage und rangen die Hände,

aber sie vermochten nichts zur Rettung ihrer Gebieterin zu tun. Man kann sich denken, dass der König, als er den Verlust seiner Tochter erfuhr, untröstlich war und sein Kleid vor Betrübnis und Entsetzen zerriss; er verhüllte sein Angesicht und weinte und jammerte laut über den Tod seiner Emma. Diese aber war unterdes auf unterirdischen Wegen in ein prächtiges Schloss geführt worden. Hier suchte der Berggeist sie auf alle Weise zu zerstreuen und aufzuheitern; er wies ihr die schönsten Gemächer zur Wohnung an und brachte ihr wunderherrlichen Schmuck; aber Emma blieb traurig und trübsinnig. »Es fehlt ihr an Gesellschaft«, dachte der Geist, und flugs fuhr er hinaus ins Feld, zog auf einem Acker ein Dutzend Rüben aus und brachte sie der schönen Emma; dann übergab er ihr einen kleinen, bunt geschälten Stab und sagte, durch Berührung mit dem Stabe könne sie aus den Rüben alle die Gestalten hervorzaubern, welche sie wünsche. Emma machte von dem Zauberstabe auch sofort Gebrauch, rief damit ihre liebsten Gespielinnen herbei und verlebte mit denselben einige frohe Wochen, Nach dieser Zeit aber schwanden die Freundinnen sichtlich dahin, sie glichen welkenden Blumen, zehrten von Tag zu Tag ab, alles Leben und Jugendfeuer, alle Munterkeit erlosch; sie konnten sich zuletzt nicht mehr aufrecht halten und wankten nur noch an Stäben daher.

Zornig rief Emma dem Berggeist zu, der sich ihr demütig nahte: »Boshaftes Wesen, warum missgönnst du mir die einzige Freude in meinem traurigen Dasein? Augenblicklich gib meinen Freundinnen Jugend und Wohlgestalt wieder, oder ich muss dich von ganzer Seele hassen und verachten. Der Gnom aber antwortete: »O, zürne nicht, Teure! Alles, was in meiner Gewalt steht, lege ich in deine Hand; aber das Unmögliche fordere nicht von mir, denn die Gesetze der Natur vermag ich nicht zu ändern. Wie der Saft in den Rüben schwand, so mussten auch die Gestalten vertrocknen; das lass dich aber nicht kümmern, ich verschaffe dir neue Rüben, aus denen du alle die Gespielinnen wieder hervorrufen magst, die du begehrst.«

Da wurde Emma wieder fröhlich und hüpfte voll Lust durch den Garten. Sie wartete und wartete: Allein der Berggeist ließ sich lange nicht blicken mit den Rüben. Endlich kehrte er leer zurück und erklärte traurig der Fürstentochter, dass er ihr jetzt keine Rüben schaffen könne, er habe das ganze Land durchzogen, um Rüben zu suchen; aber auf der Erde sei jetzt Winter, und da seien sie längst eingeerntet und vertrocknet. Er bat sie, sie möge nur noch drei Monate in Geduld ausharren, dann solle es ihr nie mehr an Gespielinnen fehlen. Ehe er aber noch mit seiner Rede zu Ende war, drehte ihm Emma unwillig den Rücken zu, ohne ihn einer Antwort zu würdigen. Er aber hob sich von dannen und ging als ein Pächter verkleidet in die nächste Marktstadt, kaufte einen Esel, belud ihn mit Rübensamen und trieb ihn nach Hause. Dann besäte er damit einen ganzen Morgen Landes und gebot den Zwergen und Wichten, ein unterirdisches Feuer anzuschüren und wohl in Brand zu halten, um durch die Gluten die Saat von unten herauf mit gelinder Wärme zu treiben, wie Ananaspflanzen in einem warmen Treibhause.

Die Rübensaat schoss luftig auf und versprach in kurzer Zeit eine reiche Ernte. Emma ging täglich hinaus auf ihr Ackerfeld und besah es mit sichtlicher Freude, sodass der Berggeist schon glaubte, nun endlich ihre Zufriedenheit gewonnen zu haben. Aber ihr Herz gehörte einem andern, denn sie war daheim bereits verlobt mit dem jungen Grenznachbar ihres Vaters, dem Fürsten von Ratibor, dessen Herrschaft an den Ufern der Oder lag. Schon war der Tag der Hochzeit bestimmt gewesen, als die Braut plötzlich verschwunden war. Der Fürst hatte darauf seine Residenz verlassen, war trostlos und menschenscheu in einsamen Wäldern umhergezogen und hatte den Felsen sein Leid geklagt. Lange schon sann Emma darauf, wie sie den Berggeist überlisten und der lästigen Gefangenschaft entrinnen möchte. Nach mancher durchwachten Nacht fasste sie endlich einen Plan, welcher einen günstigen Erfolg hoffen ließ.

Die Rüben gediehen herrlich und reiften. Da zog sie eine heraus und gab ihr die Gestalt einer Elster, welche sie abschickte, um ihrem Geliebten von ihr Kunde zu bringen und ihm zu sagen, dass er am dritten Tage mit Pferden an der Grenze bereit sein solle, um sie aufzunehmen und nötigenfalls zu beschützen. Die Elster gehorchte, flatterte von einem Baum zum andern, und Emma begleitete ihren Flug mit den Augen, so weit als sie sehen konnte.

Fürst Ratibor befand sich gerade im Walde, als er durch den Vogel die Nachricht von seiner Braut und die Aufforderung zu ihrer Befreiung erhielt. Schnell eilte er nun zu seinem Hoflager zurück, rüstete sich und seine Reiter und eilte mit ihnen an den bezeichneten Ort.

Emma hatte unterdessen alles zur Flucht vorbereitet. Am andern Morgen legte sie ihren schönsten Schmuck an und erklärte dem Berggeist, der sie eben wieder um ihre Liebe anflehte, dass sie ihm nun ganz angehören wolle, wenn er zum Beweis seiner Liebe hinginge und alle Rüben auf dem Ackerstück zähle, damit sie wisse, wie viel Jungfrauen sie imstande sei als Gespielinnen sich hervorzuzaubern.»Aber hüte dich, mich zu täuschen, und verzähle dich nicht um eine; denn das ist die Probe, woran ich deine Treue und Zuverlässigkeit prüfen und erkennen will«, fügte sie noch hinzu.

Rübezahl machte sich rasch an das Geschäft und zählte hurtig die Rüben. Einmal hatte er sie schon gezahlt, aber um seiner Sache ganz gewiss zu sein, zählte er noch einmal, und siehe – es stimmte nicht mit dem ersten Male überein! Er zählte darauf zum dritten Male, aber auch diesmal wollte es nicht stimmen. – Emma aber hatte den Berggeist kaum aus den Augen verloren, als sie auch schon zur Ausführung ihres Planes schritt. Eine recht saftige und wohlgenährte Rübe verwandelte sie flugs in ein mutiges Ross mit Sattel und Zaum, schwang sich hinauf und flog über die Heiden und Steppen des Gebirges dahin, dem Geliebten entgegen, der die Verlorengeglaubte und Tiefbetrauerte eiligst in Sicherheit brachte.

Der geschäftige Berggeist hatte sich mittlerweile so ins Zählen vertieft, dass er von allem, was um ihn her vorging, nichts bemerkte. Nach großen Mühen und Anstrengungen war es ihm endlich gelungen, die richtige Zahl aller Rüben auf dem Ackerfelde zu ermitteln, und er eilte vergnügt nach Hause, um dieselbe seiner Gebieterin mitzuteilen. Aber er fand Emma weder in den Gängen und Lauben des Gartens noch in den Gemächern des Palastes; er durchspähte jeden Winkel und rief den geliebten Namen: »Emma!« Doch blieb die Antwort aus; das musste ihm auffallen, und er schöpfte Verdacht. Flugs erhob er sich hoch in die Lüfte, und da er die Fliehenden in weiter Ferne erblickte, ballte er grimmig einige friedlich vorüberziehende Wolken zusammen und schleuderte ihnen in furchtbarer Wut einen kräftigen Blitz nach, der eine tausendjährige Grenzeiche zersplitterte; indes die Fliehenden befanden sich schon in Sicherheit außerhalb seines Machtbereiches; denn jenseits der Grenze hatte die Gewalt des Geistes ein Ende. Da stampfte dieser dreimal mit dem Fuß auf die Erde, und der ganze Palast mit all seinen Herrlichkeiten versank. Der Berggeist aber fuhr in den Abgrund und nahm mit sich hinab einen tiefen Hass gegen die Menschen.

Der Fürst Ratibor führte indes seine Emma mit großem Gepränge an den Hof ihres Vaters zurück, vollzog daselbst seine Vermählung, teilte mit ihr seinen Thron und erbaute die Stadt Ratibor, die noch seinen Namen trägt bis auf den heutigen Tag. Das sonderbare Abenteuer der Prinzessin aber pflanzte sich von Geschlecht zu Geschlecht fort bis in die spätesten Zeiten, und die Bewohner der umliegenden Gegenden, die den Geisternamen des Gnomen nicht wussten, legten ihm nun zum Spott den Namen Rübezahl, d. i. Rübenzähler, bei. Und so wird er noch jetzt genannt.

J. K. A. Musäus

Rübezahl und der Glashändler

Rübezahl, der Geist des Riesengebirges, hatte oft seine Freude daran, den Menschen allerlei Streiche zu spielen; dabei erwies er den Armen aber mancherlei Wohltaten und strafte die Hartherzigen und Geizigen.

Einmal wanderte ein armer Glashändler mit einer schweren Kiepe voll Glaswaren auf dem Rücken über das Gebirge. Da er recht müde geworden war, hätte er sich gerne etwas ausgeruht, aber nirgends war ein Felsvorsprung oder dergleichen zu sehen, worauf er seine Last hatte absetzen können. Rübezahl, der ihn eine Weile beobachtet und bald seine Gedanken erraten hatte, verwandelte sich schnell in einen Baumstamm, der nun am Wege lag. Erfreut ging der müde Wanderer darauf zu, setzte seine Last ab und sich auf den Stamm, um sich zu erholen. Kaum aber saß er da, so rollte der Stamm unter ihm weg den Berg hinunter, und der Händler und die Scherben des Glases lagen am Boden. Traurig erhob sich der arme Mann, und als er seine zerbrochenen Schätze betrachtete, fing er bitterlich an zu weinen. Da kam Rübezahl, der wieder menschliche Gestalt angenommen hatte, auf ihn zu und fragte nach der Ursache seines Kummers. Treuherzig erzählte der Händler sein Unglück, und dass er bei seiner Armut nicht die Mittel zum Ankauf neuer Vorräte besitze. Rübezahl teilte dem Traurigen nun mit, wer er sei, und dass er ihm helfen wolle, wieder neue Glaswaren kaufen zu können.

Nun verwandelte sich Rübezahl vor den Augen des erstaunten Mannes in einen Esel und gebot ihm, ihn zur nächsten Mühle zu führen. Der Müller brauche gerade einen Esel und würde ihm gerne ein so schönes Tier, wie er sei, abkaufen. Dann solle er sich aber um nichts Weiteres kümmern, sondern sich mit dem Gelde schnell fortmachen. Der Mann führte nun den Esel zur nächsten Mühle, und nachdem der knauserige Müller noch einen Taler vom geforderten Kaufpreis abgehandelt hatte, wurde das Grautier sein Eigentum. Der Händler nahm das Geld – er hatte noch zwei Taler mehr bekommen als seine Glaswaren gekostet hatten – und machte sich damit schnell aus dem Staube. Der

Müller freute sich recht über den guten, billigen Kauf, führte das muntere Eselein in den Stall und gab dem Knecht den Auftrag, demselben Futter zu geben. Darauf ging er in seine Stube. Sogleich aber kam der Knecht, vor Furcht und Entsetzen zitternd, ihm schon nachgelaufen und sagte: »Herr, der neue Esel ist behext! Ich habe ihm Heu gegeben, aber da rief er: Ich fresse kein Heu! Ich will Braten und Kuchen haben!« Der Müller wollte die Geschichte nicht glauben und ging mit in den Stall. Dort stand das Eselein ganz ruhig und still. Der Müller nahm nun eine Hand voll Heu, hielt es dem Tier hin und streichelte dasselbe. Der Graue aber nahm das übel, schlug mit dem Vorderfuß nach dem Müller und rief wieder: »Ich will Braten und Kuchen! Ich will Braten und Kuchen!« Entsetzt wich der Müller zurück. Der Esel aber drehte sich um, gab ihm noch einen Tritt mit den Hinterbeinen, sodass er ins Heu kugelte und sprang dann durch die offene Tür hinaus ins Freie, wo er bald verschwunden war. Nachdem der Knecht seinem Herrn wieder auf die Beine geholfen hatte, rieb dieser sich die schmerzenden Glieder und jammerte: »Hätte ich doch meine zwölf Taler wieder! Mein schönes Geld!« Dem Müller aber war recht geschehen; denn er war geizig und hartherzig und hatte noch am Tage vorher einen armen Bauer um zwölf Taler betrogen, und Rübezahl hatte den Geizigen bestraft.

J. K. A. Musäus

Rübezahl und der reiche Bäcker

Wem Rübezahl eine Ohrfeige zugedacht hatte, den pflegte er gerade nicht sanft und zärtlich anzugreifen. Außer den Geizhälsen waren ihm am meisten die Menschenschinder verhasst, darum hat er denen auch immer am schlimmsten mitgespielt.

So lebte zu Hirschberg einmal ein reicher Bäcker, der seines großen Vermögens halber in hohem Ansehen stand und nicht nur im Wirtshause auf der Bierbank das Wort führte, sondern auch in der Ratsversammlung den Ton angab und sein Gewicht geltend machte. Trotz seines Reichtums war jedoch sein Leumund nicht der beste, wie es allen denen ergeht, welche hartherzig und geizig gegen ihre Arbeiter und andere Menschen sind. Wenn er Holz und Wellen brauchte, so kaufte er immer von den ärmsten Bauern, denen er vorher einige Taler als Darlehn gegeben hatte. Forderte er nun das Geld zurück, so konnten sie meist nicht bezahlen, und er stellte dann den Preis des Holzes, das sie ihm dafür liefern mussten, ganz nach seinem Belieben, natürlich niemals zu hoch; denn wofür wäre er denn ein Geizhals und Filz gewesen!

Einst hatte er mit einem Bäuerlein einen solchen schandbaren Handel abgeschlossen. Als aber der arme Mann die kleine Summe, die er noch zu fordern hatte, in Empfang nehmen wollte, zog ihm der Bäcker abermals acht Groschen davon ab. Der Bauer war darüber ganz bestürzt und machte dem Bäcker die rührendsten Vorstellungen. Er sprach: »Ach, lieber Herr, jeder Abzug ist für mich ein Verlust, durch den ich großen Schaden erleide, und das könnt Ihr doch unmöglich wollen!«

Aber der Bäcker wollte es doch, denn er antwortete kalt: »Ist Euch des Geldes nicht genug, das ich hierher gezählt habe, so ladet nur ruhig Euer Holz wieder auf und nehmt es wieder mit Euch nach Hause!«

Das waren harte Worte, und das Schlimmste dabei war, dass sich's der Bauer ruhig gefallen lassen musste, wenn er nicht mit Pferd und Wagen einen ganzen Tag völlig umsonst gearbeitet haben wollte. Zudem brauchte er den geringen Erlös für das Holz, um Saatgetreide zu kaufen und die nächsten Bedürfnisse seines armseligen Haushaltes damit zu bestreiten. Es blieb ihm daher nichts übrig, als alles ruhig über sich ergehen und den Abzug sich gefallen zu lassen. Vielleicht hatte er klagen können, da der Handel vorher richtig abgeschlossen war; aber stand nicht zu fürchten, dass ihm doch kein Recht werde, weil der Bäcker reich, er dagegen arm war! Gerechtigkeit, meinte er, gäbe es meist doch nur für die Reichen, nicht aber auch für die Armen. Er verwünschte freilich im Herzen den reichen Geizhals; aber das war auch alles, was er tun konnte, und es half ihm nicht einmal etwas.

Tief bekümmert fuhr er seinem Dorfe entgegen, als ihm auf dem Wege ein Wandersmann begegnete, der ihn bat, ihn eine Strecke auf seinem Wagen mitzunehmen. Nachdem derselbe neben dem Väterlein Platz genommen, fragte er diesen, warum er so betrübt sei. Darauf erzählte ihm der Bauer seine ganze Leidensgeschichte, wie er blutarm sei und wie der Bäcker ihn so hartherzig behandelt habe.

Der Fremde aber war kein anderer als Rübezahl; der erzürnte sich in seinem Gemüt und beschloss, dem reichen Geizhals einen tüchtigen Denkzettel anzuhängen.

»Käme er mir nur einmal ins Gehege«, sagte er zu sich selbst, »es sollte dem Kerl übel ergehen!«

Dem Bäcker aber kam es nicht in den Sinn, eine Reise ins Hochgebirge zu unternehmen; denn eine Reise kostet Geld, und der Bäcker zählte lieber daheim seine Taler und Goldstücke. »Nun, kommt er nicht zu mir«, dachte Rübezahl wieder, »so muss ich zu ihm gehen«,

Eines Morgens sitzt der Bäcker gemütlich in seinem Großvaterstuhl, hat sich's bequem gemacht in Schlafrock und Pantoffeln, schmaucht sein Pfeifchen und verzehrt seine gediegene, gut geschmalzene Mehlsuppe. Auf einmal geht's an der Tür: Poch! Poch! Der Bäcker ruft: »Herein!«

Da tritt ein Mann ins Zimmer, der spricht, er habe gehört, der Meister suche einen Holzmacher, um Holz spalten zu lassen, dazu biete er sich an, er verstehe das Geschäft und tue es billiger als jeder andere. Obschon der Mann nicht wie ein Holzmacher aussah, so dachte doch der Bäcker: Wie er es schafft, das ist seine Sache, wenn ich's nur billig bekomme. Er stand also auf, führte den Mann auf den Hof und zeigte ihm die Holzstöße.

»Hier ist Eure Arbeit; wie viel wollt Ihr dafür haben?«, fragte er den Fremden.

»Hm! Ich mach's billig«, antwortete dieser. »Ich bin einer aus Schweidnitz und brauche das Geld nicht so notwendig, sondern arbeite sozusagen nur zu meinem Vergnügen, weil ich scharfe Bewegung haben muss; denn ich leide an der Leber. Ist es Euch nicht zu viel, so gebt mir, wenn die Arbeit getan ist, so viel Holz, als ich in einer Hocke fortzutragen vermag.«

»Das sei dir gern zugestanden«, sprach der Meister und lachte im Innern vergnügt über einen solchen Narren, der so gut wie umsonst arbeite. Die vermeintliche Einfalt des Holzmachers hatte ihn ordentlich gutmütig gestimmt, sodass er ihn wieder mit sich in die Stube nahm, sich niedersetzen hieß und ihm einen Teller Mehlsuppe verabreichte. Hier bewunderte der falsche Schweidnitzer das reiche Gerät in den hohen Schränken und auf den Simsen, die prächtig gemalten Wände und die schöne Decke. »Ei, ei«, sagte er, »so eine schöne Stube hab ich doch mein Lebtag noch nicht gesehen! Nicht wahr, Meister, da habt Ihr die Maler aus Breslau oder aus Wien kommen lassen?«

»Oh nein; wer Geld hat und gut bezahlt, findet überall geschickte Leute. Das haben meine Hirschberger gemacht; einen schönen Taler kostet's freilich«, antwortete hochmütig der Bäcker und klimperte mit dem Gelde in der Tasche.

Der Holzmacher versprach, am andern Morgen die Arbeit zu beginnen, und ging.

Am andern Tage lag der Bäcker noch in den Federn, als er es auf dem Hofe schon klappern und krachen hörte. Er fuhr darum schnell heraus, kleidete sich an, warf den Schlaf-

rock über und ging auf den Hof, um nachzusehen, ob der Mann seine Sache auch ordentlich verrichte.

Wie erstaunte er aber, als er die Hälfte des Holzes schon gespalten fand und sah, dass der Holzmacher sein linkes Bein aus der Hüfte gezogen hatte und damit dermaßen auf das Holz losschlug, dass es in tausend Stücke zersprang! Es ward ihm angst und bange ums Herz, und er schrie: »Um Himmels willen, hör' auf und scher dich vom Hofe!« Aber der Holzmacher hörte gar nicht hin und schlug immer darauf los, bis das ganze Holz gespalten war, und das dauerte kaum eine Viertelstunde. Alsdann steckte er das linke Bein wieder in die Hüfte und begann, aus den gespaltenen Scheiten eine Hocke zu machen, die so groß wurde, dass das ganze Holz hineinging und auch kein Stecken auf dem Hofe liegen blieb. Er nahm dann die Hocke auf seine Schultern und schritt mit höhnischem Gruße zum Hofe hinaus, während der Bäcker Ach und Weh schrie und ihm unter ohnmächtigen Verwünschungen nachblickte.

Leider konnte er nichts dagegen tun und den Holzmacher weder durch die hochlöbliche Ortspolizei noch durch Gerichtsdiener anhalten lassen; denn er hatte ihm ja so viel Holz, als er zu tragen vermochte, freiwillig als Lohn versprochen.

Der Bäcker war und blieb der Geprellte. Da ihm aber mit seiner eigenen Münze vergolten war, so hatte die Lektion gefruchtet, denn er war von dieser Zeit an wie umgewandelt. Er lernte billiger denken und handeln; wenigstens suchte er den Arbeitern und Bauern nie wieder ihren Lohn und andere gerechte Forderungen zu verkürzen. Wollte ihm aber der Geizteufel ja noch einmal in den Nacken springen, so fiel ihm zum Glück stets wieder die Geschichte mit dem Holzmacher aus Schweidnitz ein.

Rübezahl aber hatte das Holz, das er dem Bäcker vom Hofe getragen, dem armen Bauer, mit dem er gefahren war, gerade vor die Tür gesetzt, sodass dieser sich nicht wenig wunderte und gar nicht begreifen konnte, wer ihn auf einmal so reich bedacht hatte. Unter stillem Dank gegen den unbekannten Wohltäter verbrauchte er es und gab auch ärmeren Nachbarn einen Teil davon.

J. K. A. Musäus

Die drei Schwestern

I.

Ein reicher Graf vergeudete sein Hab und Gut. Er lebte königlich, hielt alle Tage offene Tafel, und wer bei ihm einsprach, Ritter oder Knappe, dem gab er drei Tage lang ein herrliches Bankett, dass alle Gäste mit frohem Mut von ihm hinweggingen. Durch diesen Aufwand zerrannen seine Schätze. Er verpfändete eine Stadt nach der andern, verkaufte seine Juwelen und Silbergeschirr; von seinem ganzen Eigentum blieb ihm nichts übrig, als ein altes Waldschloss, eine tugendsame Gemahlin und drei wunderschöne Töchter. In jenem Schlosse hauste er, von aller Welt verlassen, die Gräfin versah mit ihren Töchtern selbst die Küche, und weil sie allerseits der Kochkunst nicht kundig waren, wussten sie nichts als Kartoffeln zu sieden. Diese einfachen Mahlzeiten behagten dem Grafen so wenig, dass er grämlich und missmutig wurde. An einem schönen Sommermorgen ergriff er aus lauter Verdruss seinen Jagdspieß und zog zu Walde, ein Stück Wild zu fällen, um sich eine leckerhafte Mahlzeit davon bereiten zu lassen.

Von diesem Walde ging die Rede, dass es darin nicht geheuer sei. Der Graf glaubte nichts und fürchtete nichts – er stieg rüstig über Berg und Tal, und kroch durch Busch und Dickicht, ohne eine Beute zu erhaschen. Ermüdet setzte er sich unter einen hohen Eichbaum und nahm einige gesottene Kartoffeln und ein wenig Salz aus der Jagdtasche, um hier sein Mittagsmahl zu halten. Von ungefähr hob er seine Augen auf; siehe da! ein grausam wilder Bär schritt auf ihn zu. Der arme Graf erbebte über diesen Anblick; entfliehen konnte er nicht, und zu einer Bärenjagd war er nicht ausgerüstet. Zur Notwehr nahm er den Jägerspieß in die Hand, um sich damit zu verteidigen, so gut er könnte. Das Ungetüm kam nah heran; auf einmal stand es still und brummte ihm vernehmlich die Worte entgegen: »Räuber, plünderst du meinen Honigbaum? Den Frevel sollst du mit dem Leben büßen!« – »Ach«, bat der Graf, »ach fresst mich nicht, Herr Bär, mich lüstet nicht nach eurem Honig, ich bin ein biederer Rittersmann.

Seid ihr hungrig, so nehmt mit Hausmannskost vorlieb und seid mein Gast.« Hierauf tischte er dem Bären alle seine Kartoffeln in seinem Jagdhute auf. Dieser aber verschmähte des Grafen Tafel und brummte unwillig fort: »Unglücklicher, um diesen Preis lösest du dein Leben nicht; verheiß mir deine Tochter Wulfild augenblicks zur Frau, wo nicht, so fress ich dich!« In der Angst hätte der Graf dem grimmigen Bären wohl alle drei Töchter verheißen. »Sie soll die eure sein, Herr Bär«, sprach er, »doch unter dem Beding, dass ihr nach Landesbrauch die Braut löset und selber kommt, sie heimzuführen.« »Topp«, murmelte der Bär, »schlag ein«, und reichte ihm die raue Tatze hin, – »in sieben Tagen lös' ich sie mit einem Zentner Gold und führe meine Braut heim.« – »Topp«, sprach der Graf, »ein Wort, ein Mann!« Darauf schieden sie in Frieden auseinander, der Bär trabte seiner Höhle zu, der Graf säumte nicht, aus dem furchtbaren Walde zu kommen und gelangte bei Sternenschimmer kraftlos und ermattet in seinem Waldschloss an.

Es versteht sich von selbst, dass ein Bär, der wie ein Mensch vernünftig reden und handeln kann, niemals ein natürlicher, sondern ein bezauberter Bär ist. Das merkte der Graf wohl, darum dachte er den zottigen Eidam durch List zu hintergehen und sich in seiner festen Burg so zu verschanzen, dass es dem Bären unmöglich wäre, hineinzukommen, wenn er an dem bestimmten Tage die Braut abholen würde. Den folgenden Tag berichtete er seiner Gemahlin und den Fräuleins das Abenteuer im Walde. Fräulein Wulfild fiel vor Entsetzen in Ohnmacht, als sie hörte, dass sie an einen schrecklichen Bären vermählt werden sollte, die Mutter rang und wand die Hände und jammerte laut, und die Schwestern bebten und bangten vor Wehmut und Entsetzen. Der Graf aber ging hinaus, beschaute die Mauern und Graben ums Schloss her, untersuchte, ob das eiserne Tor schloss- und riegelfest sei, zog die Zugbrücke auf und verwahrte alle Zugänge wohl, stieg darauf auf die Warte und fand da ein Kämmerlein hochgebaut unter der Zinne und Wohl vermauert; darin verschloss er das Fräulein, die ihr seidenes Flachshaar zerraufte und schier die himmelblauen Augen ausweinte.

Sechs Tage waren verflossen, und der siebente dämmerte heran, da erhob sich vom Walde her großes Getöse. Peitschen knallten, Jagdhörner schallten, Pferde trappelten, Räder rasselten. Eine prächtige Staatskarosse, von Reitern umringt, rollte übers Blachfeld daher ans Schlosstor. Alle Riegel schoben sich, das Tor rauschte auf, die Zugbrücke fiel und ein junger Prinz stieg aus der Karosse, schön wie der Tag. Rasch wie der Sturm und Wirbelwind flog er die Schneckentreppe im Turme hinauf, und einen Augenblick nachher trug er in seinem Arm die erschrockene Braut hinab.

Bei dem Getöse erwachte der Graf aus seinem Morgenschlummer und schob das Fenster im Schlafgemach auf. Als er Ross und Wagen und Ritter und Reisige im Hofe erblickte und seine Tochter im Arm eines fremden Mannes sah, der sie in den Brautwagen hob, und als nun der Zug zum Schlosstor hinausging, fuhr's ihm durchs Herz, und er erhob großes Klaggeschrei: »Ade, mein Töchterlein! Fahre hin, du Bärenbraut!« Wulfild vernahm die Stimme ihres Vaters, ließ ihr Schweißtüchlein zum Wagen herauswehen und gab damit das Zeichen des Abschieds.

Die Eltern waren bestürzt über den Verlust ihrer Tochter und sahen einander stumm und staunend an. Die Mutter traute gleichwohl ihren Augen nicht, ergriff ein Bund Schlüssel, lief auf die Warte, öffnete die Klause, fand aber ihre Tochter nimmer; doch lag auf dem Tischlein ein silberner Schlüssel, den sie zu sich nahm. Betrübt stieg sie vom Turme herab, legte Trauerkleider an, bestreute ihr Haupt mit Asche und weinte drei Tage lang. Gemahl und Töchter halfen ihr wehklagen. Am vierten Tage verließ der Graf das Trauergemach, um frische Luft zu schöpfen; als er über den Hof ging, stand da eine feine dichte Kiste von Ebenholz, wohlverwahrt und schwer zu heben. Er ahnte leicht, was darinnen sei; die Gräfin gab ihm den Schlüssel, er schloss auf und fand einen Zentner Gold eitel Dublonen, eines Schlags. Erfreut über diesen Fund vergaß er sein Herzeleid, kaufte Pferde und Falken, auch schöne Kleider für seine Gemahlin und die holden Fräulein, nahm Diener in Sold und hob von Neuem an, zu prassen und zu schwelgen, bis die letzte Dublone aus dem Kasten flog. Dann machte er Schulden, und die Gläubiger kamen scharenweis, plünderten das Schloss rein aus und ließen ihm nichts als einen Falken. Die Gräfin bestellte wieder mit ihren Töchtern die Küche, und er durchstreifte tagtäglich das Feld mit seinem Federspiel aus Verdruss und Langeweile.

Eines Tages ließ er den Falken steigen; der hob sich hoch in die Lüfte und wollte nicht auf die Hand seines Herrn zurückkehren, obgleich er ihn lockte. Der Graf folgte seinem Flug, so gut er konnte, über die weite Ebene. Der Vogel schwebte dem grausenvollen Walde zu, welchen zu betreten der Graf nicht mehr wagen wollte. Plötzlich stieg ein rüstiger Adler über dem Walde auf und verfolgte den Falken, welcher pfeilgeschwind zu seinem Herrn zurückkehrte, um bei ihm Schutz zu suchen. Der Adler aber schoss aus den Lüften herab, schlug einen seiner mächtigen Fange in des Grafen Schulter und zerdrückte mit dem andern den getreuen Falken. Der bestürzte Graf versuchte mit dem Speer von dem gefiederten Ungeheuer sich zu befreien, und schlug und stach nach seinem Feinde. Der Adler aber ergriff den Jagdspieß, zerbrach ihn wie leichtes Schilfrohr, und kreischte ihm mit lauter Stimme diese Worte in die Ohren: »Verwegener, warum beunruhigst du mein Luftrevier mit deinem Federspiel? Den Frevel sollst du mit deinem Leben büßen.« Aus dieser Vogelsprache merkte der Graf bald, was für ein Abenteuer er zu bestehen habe. Er fasste Mut und sprach: »Verzeihung, Herr Adler, fordert, was ihr wollt von mir, ich geb' es euch, nur schont meines Lebens.« – »Wohl gut«, versetzte der Vogel, »ich halte dich beim Wort; du hast zwei schöne Töchter, und ich bedarf ein Weib. Verheiß mir deine Adelheid zur Frau, so lass ich dich in Frieden ziehen und löse sie von dir mit zwei Stufen Gold, je einen Zentner schwer. In sieben Wochen führ' ich mein Bräutlein heim.« Hierauf schwang sich das Ungetüm hoch empor und verschwand in den Wolken.

Der Graf kam nach Hause, verhehlte aber sorgfältig sein Abenteuer, um der lieben Tochter das Herz nicht vor der Zeit schwer zu machen.

Fräulein Adelheid war eine Spinnerin wie keine im Lande. Sie war auch eine geschickte Weberin und schnitt eben damals ein Stück köstlicher Leinwand vom Webstuhle, so fein wie Battist, welche sie unfern der Burg auf einem frischen Rasenplätze bleichte. Sechs Wochen und sechs Tage vergingen, ohne dass die schöne Spinnerin ihr Schicksal ahnte. Adelheid war frohen und leichten Sinnes. Sie hüpfte sorgenlos bei Anbruch des bestimmten Tages hinaus auf den Bleichrasen und breitete ihre Leinwand aus, damit sie vom Morgentau getränkt würde. Wie sie ihre Bleiche beschickt hatte und nun ein wenig umherschaute, sah sie einen herrlichen Zug Ritter und Knappen herantraben. Schnell verbarg sie sich hinter einen wilden Rosenbusch, der eben in voller Blüte stand und lugte hervor, die prächtige Kavalkade zu schauen. Der schönste Ritter aus dem Haufen, ein junger, schlanker Mann mit offenem Helm, sprengte an den Busch und sprach mit sanfter Stimme: »Ich sehe dich, ich suche dich, fein Liebchen, ach verbirg dich nicht; rasch schwing dich hinter mich aufs Ross, du schöne Adlerbraut!« Adelheid wusste nicht, wie ihr geschah, da sie diesen Spruch hörte; der liebliche Ritter gefiel ihr; aber der Beisatz ›Adlerbraut‹ machte das Blut in ihren Adern erstarren, ihre Sinne schwanden, und beim Erwachen befand sie sich in der Gewalt des Ritters, auf dem Wege nach dem Walde.

Die Mutter bereitete indes das Frühstück; und als Adelheid dabei fehlte, schickte sie die jüngste Tochter hinaus, zu sehen, wo sie bliebe. Sie ging und kam nicht wieder. Der Mutter ahnte nichts Gutes und sie wollte sehen, warum ihre Töchter so lange weilten. Sie ging und kam nicht wieder. Der Graf merkte, was vorgegangen sei, das Herz schlug laut in seiner Brust, er schlich sich auch nach dem Rasenplatze, wo Mutter und Tochter noch immer nach Adelheid suchten und ängstlich sie beim Namen riefen. Sein Weg führte ihn vor dem Rosenbusch vorüber. Da sah er was blinken, und wie er es genau betrachtete, waren's zwei goldene Eier, jedes einen Zentner schwer. Nun konnte er nicht länger anstehen, seiner Gemahlin das Abenteuer der Tochter zu offenbaren.

Die Mutter geriet außer sich vor Kummer und Herzeleid und machte dem Grafen die heftigsten Vorwürfe. Der Graf aber entschuldigte sich mit der dringenden Lebensgefahr, in der er geschwebt hatte. Da musste die arme Mutter Wohl schweigen; der Graf aber brachte wohlgemut die goldenen Eier in Sicherheit, und dachte bald wieder darauf, seine vorige Lebensart von Neuem zu beginnen.

In kurzer Zeit war das Schloss wieder die Wohnung der Freude und prächtige Feste wechselten täglich ab. Die Gastlichkeit des Grafen zog von den entlegensten Orten die edelsten Ritter herbei, bis die goldenen Eier bald nur noch so groß wie Haselnüsse waren. Da wurden die Feste eingestellt, Ritter und Knappen verschwanden allgemach, das Schloss nahm wieder die Gestalt einer Einsiedelei an, und die gräfliche Familie kehrte wieder zu den einfachen Kartoffelmahlzeiten zurück. Der Graf durchstrich missmutig die Felder, wünschte ein neues Abenteuer, fand aber keines, weil er den Zauberwald scheute.

Eines Tages verfolgte er ein Volk Rebhühner so weit, dass er dem schauervollen Walde nahe kam, und obgleich er sich nicht hineinwagte, so ging er doch eine Strecke an dem Saume desselben entlang und erblickte da einen großen Fischweiher, der ihm noch nie zu Gesicht gekommen war, und in dessen silberhellem Gewässer er unzählige Forellen schwimmen sah. Dieser Entdeckung freute er sich sehr. Der Teich hatte ein unverdächtiges Ansehen, daher eilte er nach Hause, strickte sich ein Netz, und stand am folgenden Morgen bei guter Zeit am Gestade, um dieses auszuwerfen. Glücklicherweise fand er einen kleinen Nachen mit einem Ruder im Schilfe, er sprang hinein, plätscherte lustig auf dem Teich herum, warf das Netz aus, fing mit einem Zuge mehr Forellen, als er tragen konnte, und ruderte vergnügt über diese Beute dem Strande zu. Ungefähr einen Steinwurf vom Gestade stand der Nachen im vollen Lauf fest und unbeweglich, als säße er auf dem Grunde. Das Wasser verrann rings umher, das Fahrzeug schien auf einer Klippe zu sitzen und hob sich hoch über die Oberfläche empor. Der Weiher dehnte sich zu einer großen See aus, die Wellen rauschten und schäumten, und mit Entsetzen wurde der Graf inne, dass ein ungeheurer Fisch ihn und seinen Nachen auf dem

Rücken trug. Er ergab sich in sein Schicksal, ängstlich harrend, welchen Ausgang es nehmen würde. Urplötzlich tauchte der Fisch unter, der Nachen ward wieder flott, doch einen Augenblick nachher war das Meerwunder über Wasser, sperrte einen abscheulichen Rachen auf, und aus dem finstern Schlund schallten wie aus einem unterirdischen Gewölbe vernehmlich diese Worte hervor: »Kühner Fischer, was beginnst du hier? Du tötest meine Untertanen? Den Frevel sollst du mit dem Leben büßen! Du stahlst mir meine Untertanen, sie zu verschlingen, und ich verschlinge dich!« Hier riss der grimmige Fisch den Rachen noch weiter auf, als wollte er das Schiff mit Mann und Maus verschlingen. »Ach schonet, schont mein Leben«, schrie der Graf, »ihr seht, ich bin ein mageres Morgenbrot für euren Walfischbauch!« Der große Fisch schien sich zu bedenken: »Wohlan«, sprach er, »ich weiß, du hast eine schöne Tochter, verheiß mir die zum Weibe und nimm dein Leben dafür zum Gewinn.« Als der Graf dies hörte, verschwand ihm alle Furcht. »Sie stehet zu Befehl«, sprach er. »Doch womit löset ihr die Braut nach Landesbrauch?« – »Ich habe«, erwiderte der Fisch, »weder Gold noch Silber; aber im Grunde dieser See liegt ein großer Schatz Perlmuscheln, du darfst nur fordern.« »Nun«, sagte der Graf, »drei Himten Zahlperlen sind wohl nicht zu viel für eine schöne Braut.« »Wohlan, es sei«, erwiderte der Fisch, »in sieben Monden führe ich mein Liebchen heim.« Hierauf stürmte er lustig mit dem Schwanze und trieb den Nachen bald an den Strand.

Der Graf brachte seine Forellen heim, ließ sie sieden, und sich nebst der Gräfin und der schönen Bertha wohl schmecken. Die letztere ahnte nicht, dass ihr dies Mahl teuer würde zu stehen kommen.

Der Mond nahm sechsmal ab und zu, und der Graf hatte sein Abenteuer beinahe vergessen; als aber der Silbermond zum siebenten Mal sich zu runden begann, dachte er an das bevorstehende Unglück, und um kein Augenzeuge davon zu sein, machte er sich davon und unternahm eine kleine Reise ins Land. In der schwülen Mittagsstunde, am Tage des Vollmonds, sprengte ein stattlich Geschwader Reiter ans Schloss; die Gräfin, bestürzt über so vielen fremden Besuch, wusste nicht, ob sie die Pforte öffnen sollte oder nicht. Als sich aber ein wohlbekannter Ritter anmeldete, ward ihm aufgetan. Er hatte gar oft zur Zeit des Wohlstandes und Überflusses in der Burg den Festen beigewohnt; doch seit der Glücksveränderung des Grafen war er gleich den übrigen Rittern verschwunden. Die gute Gräfin schämte sich vor dem edlen Ritter und seinem Gefolge ihrer großen Armut und dass sie nichts aufzutischen hatte. Er aber trat sie freundlich an und bat nur um einen Trunk frischen Wassers. Die schöne Bertha eilte auf Geheiß der Mutter zum Brunnen, füllte einen Henkelkrug und kredenzte dem Ritter eine kristallene Schale. Die Gräfin besann sich indessen, dass im Schlossgarten eben eine saftige Wassermelone reifte. Augenblicklich drehte sie sich nach der Tür, brach die Melone ab und legte sie auf einen irdenen Teller, um sie dem Gaste aufzutragen. Wie sie aus dem Garten trat, war der Schlosshof leer und öde, sie sah weder Pferde noch Reisige mehr, im Zimmer war kein Ritter, kein Knappe; sie rief ihre Tochter Bertha, suchte sie im ganzen Hause und fand sie nicht. Im Vorhause aber waren drei Säcke von neuer Leinwand hingestellt, die von außen anzufühlen waren, als wären sie mit Erbsen gefüllt. Sie überließ sich ganz ihrem Schmerze und weinte laut bis an den Abend, wo ihr Gemahl heimkehrte. Sie konnte ihm die Begebenheit des Tages nicht verhehlen. Aber der Graf tröstete sie liebreich und fragte nur nach den Erbssäcken, von welchen sie ihm gesagt hatte, ging hinaus, sie zu beschauen, und öffnete einen in ihrer Gegenwart. Wie groß war das Erstaunen der betrübten Gräfin, als eitel Perlen herausrollten, so groß wie die Gartenerbsen, Nun gingen die Eltern zwar aller schönen Töchter verlustig; aber sie besaßen einen unermesslichen Schatz. Der Graf löste seine Städte ein, bezog seine vormalige Residenz, richtete den Hofstaat wieder ein und lebte nicht mehr als ein Verschwender, sondern als ein guter Wirt, aber die Gräfin konnte sich über den Verlust ihrer Töchter nicht beruhigen; sie trug beständig Trauerkleider und wurde nimmer froh.

II.

Einige Jahre nachher geschah es, dass der Himmel dem Grafen und seiner Gemahlin ein Söhnlein bescherte. Groß war die Freude der Eltern über die Geburt des jungen Stammerben. Der Vater nannte ihn Reinald, das Wunderkind. Der Knabe war schön wie ein Engel und seine Erziehung wurde mit großer Sorgfalt betrieben. Er wuchs lustig heran und war die Freude des Vaters und der Mutter Trost, die ihn wie ihren Augapfel wahrte; doch verlosch das Andenken an ihre drei Tochter nicht ganz in ihrem Gedächtnis. Oft, wenn sie den kleinen lachenden Reinald in die Arme schloss, träufelte eine Träne auf seine Wangen, und als der liebe Knabe etwas heranwuchs, fragte er oft wehmütig: »Gute Mutter, warum weinest du?« Die Gräfin verhehlte ihm aber mit Vorbedacht die Ursache ihres geheimen Kummers: Denn außer dem Gemahl wusste niemand, wo die drei jungen Gräfinnen hingeschwunden waren. Durch tausend Schmeicheleien lockte Reinald der zärtlichen Mutter aber endlich dennoch das Geheimnis ab, sie erzählte ihm die Abenteuer der drei Schwestern nach allen Umständen, und er verlor kein Wort von diesen Wundergeschichten aus seinem Herzen. Er hatte keinen andern Wunsch als den, seine Schwestern im Zauberwalde aufzusuchen und ihren Zauber zu lösen. Sobald er zum Ritter geschlagen war, begehrte er vom Vater Urlaub, einen Heereszug, wie er vorgab, nach Flandern zu tun. Der Graf freute sich des ritterlichen Mutes seines Sohnes, gab ihm Pferde und Waffen, auch Schildknappen und Trossbuben, und entließ ihn mit seinem Segen, so ungern auch die sorgsame Mutter in den Abschied willigte.

Kaum hatte der junge Ritter seine Vaterstadt im Rücken, so verließ er die Heerstraße, trabte mit tapferem Mute auf das Waldschloss zu und nahm Herberge darin. Am frühen Morgen, da im Schloss noch alles in süßem Schlummer lag, sattelte er sein Ross, ließ sein Gefolge zurück und jagte voll Mut und Jugendfeuer nach dem bezauberten Walde hin. Je weiter er hineinkam, je dichter wurde das Gebüsch. Er stieg vom Pferde, ließ es grasen, bahnte sich mit seinem Schwert einen Weg durch den Busch, stieg an steilen Felsen hinan und glitt in Abgründe hinab. Nach langer Mühe gelangte er in ein gekrümmtes Tal, durch welches sich ein klarer Bach schlängelte. Er folgte den Krümmungen desselben; in der Ferne öffnete eine Felsengrotte ihren unterirdischen Schlund, vor welcher etwas, das einer menschlichen Gestalt ähnlich war, sich zu regen schien. Der kecke Jüngling verdoppelte seine Schritte, nahm den Weg zwischen den Bäumen hin, blickte der Grotte gegenüber hinter den hohen Eichen durch und sah eine junge Dame im Grase sitzen, die einen kleinen ungestalten Bär auf dem Schoße liebkoste, indes noch ein größerer um sie schäkerte, bald Männchen machte, bald einen possierlichen Purzelbaum schlug. Reinald erkannte nach der mütterlichen Erzählung die Dame für seine Schwester Wulfild und sprang hastig hervor, um sich ihr zu entdecken. Sobald sie aber den jungen Mann erblickte, tat sie einen lauten Schrei, warf den kleinen Bären ins Gras, sprang auf, dem Kommenden entgegen und redete ihn also an: »Oh Jüngling, welcher Unglücksstern führt dich in diesen Wald? Hier wohnt ein wilder Bär, der frisst all Menschenkind, die seiner Wohnung nahen, flieh und errette dich!« Er neigte sich gegen die schöne Dame und antwortete: »Fürchte nichts, ich kenne diesen Wald und seine Abenteuer und komme, den Zauber zu lösen, der euch hier gefangen hält. Ich bin Reinald, das Wunderkind genannt, des Grafen Sohn, dem dieser Zauberwald drei schöne Töchter raubte. Bist du nicht Wulfild, seine Erstgeborne?« Ob dieser Rede entsetzte sich die Dame noch mehr. Er aber erzählte der Schwester so viele Geschichten von seinem Vater und seiner Mutter, dass sie endlich nicht mehr zweifeln konnte, Reinald sei ihr Bruder und ihn zärtlich umfing.

Sie führte hierauf ihren lieben Gast in die Höhle, um da einen Winkel auszuspähen, ihn zu beherbergen. In diesem weiten düstern Gewölbe lag ein Haufen Moos, welcher dem Bär zum Lager diente; gegenüber aber stand ein prächtiges Bett für die Dame. Reinald musste sich bequemen, eiligst unter der Bettlade Platz zu suchen und da sein Schicksal zu erwarten. Kaum war er an seinem Zufluchtsorte, so brummte der fürchterliche Bär zur Höhle herein und schnupperte mit blutiger Schnauze allenthalben umher; er hatte den edlen Falben des Ritters im Walde aufgespürt und ihn zerrissen. »Ich wittere Menschenfleisch«, murmelte der Fresser aus seiner weiten Kehle. »Herzensbär«, sagte die Dame, »du irrst dich, wie käme ein Mensch in diese traurige Einöde?« – »Ich wittere Menschenfleisch«, wiederholte er, »und spionierte um das seidene Bette seiner Gemahlin herum. »Freund Bär«, sprach sie, »bald treibst du mir's zu bunt, fort hier von meiner Lagerstatt, sonst fürchte meinen Zorn.« Der Schnauzbär kümmerte sich wenig um diese Drohung; er hörte nicht auf, um den Bettumhang zu tosen. Allein als er Miene machte, seinen Dickkopf unter die Bettlade zu zwängen, fasste sich Wulfild ein Herz und versetzte ihm einen so nachdrücklichen Fußtritt, dass er ganz demütig auf seine Streu kroch, sich niedertrat, brummend an seinen Tatzen sog und seine Jungen leckte. Bald darauf schlief er ein und schnarchte wie ein Bär. Hierauf erquickte die traute Schwester ihren Bruder mit einem Glase Wein und etwas Zwieback und ermahnte ihn, guten Muts zu sein. Reinald war von seinem Abenteuer so ermüdet, dass er bald darauf in tiefen Schlaf fiel.

Beim Erwachen befand er sich in einem herrlichen Prunkbett, in einem Zimmer mit seidenen Tapeten, neben dem Bett lagen seine Kleider und die ritterliche Waffenrüstung. Reinald begriff nicht, wie er aus der schaudervollen Höhle in einen prächtigen Palast versetzt worden war. Da trat ein zierlich gekleideter Kammerdiener herein und meldete, dass seine Schwester Wulfild und ihr Gemahl, Albrecht der Bär, seiner mit Verlangen warteten. Der junge Graf konnte sich von seinem Erstaunen nicht erholen. Er ließ sich rasch ankleiden, trat ins Vorgemach heraus, wo er aufwartende Edelknaben antraf, und gelangte durch eine Menge Prachtgemächer zum Audienzzimmer, wo ihn seine Schwester mit dem Anstand einer Fürstin empfing. Neben sich hatte sie zwei allerliebste Kinder, einen Prinzen von sieben Jahren und ein zartes Fräulein, das noch am Gängelbande geleitet wurde. Einen Augenblick hernach trat Albrecht der Bär herein, der jetzt sein grausiges Ansehen und alle Eigenschaften eines Bären abgelegt hatte und als der liebenswürdigste Prinz erschien. Wulfild stellte ihm den Bruder vor und Albrecht umarmte seinen Schwager mit aller Wärme der Freundschaft und Bruderliebe.

Der Prinz war mit all seinem Hofgesinde durch einen feindseligen Zauber auf Tage verzaubert. Das heißt, er genoss die Vergünstigung, alle sieben Tage von einer Morgenröte bis zur andern des Zaubers entledigt zu werden. Sobald aber die silbernen Sternlein am Himmel erbleichten, fiel der Zauber wieder mit dem Morgentau aufs Land. An einem solchen Tage der Entzauberung war es, wo Albrecht seine Braut heimführte.

Als Reinald das hörte, fragte er seinen Schwager, ob kein Mittel in der Welt zu finden wäre, was den Zauber zu lösen imstande sei. »Oh ja, es gibt ein solches Mittel«, sagte Albrecht seufzend, »aber es zu erringen, ist beinahe unmöglich und hat noch jedem, der es versuchte, das Leben gekostet. Also forsche nicht darnach, denn von mir wirst du es niemals erfahren.«

Der Tag verging heiter und vergnügt und Reinald gewann seinen Schwager Albrecht mit jeder Minute lieber. Den Abend verplauderten sie fröhlich, und unter traulichen Gesprächen nahte die Mitternacht. Da stand Albrecht auf und sagte betrübt: »Herzliebster Reinald, jetzt ist es hohe Zeit, dass du uns verlässt, denn meine böse Stunde naht heran, und ich müsste für dein Leben fürchten, wenn du noch länger verweilen wolltest. Leb' denn wohl, bewahre uns ein freundliches Andenken und kehre nie in diese Wildnis zurück!«

Reinald herzte und küsste seine Verwandten einen nach dem andern und sagte: »Leb' wohl, geliebte Schwester, leb' wohl, Schwager, lebt alle wohl, aber nicht auf immer, denn so Gott will, werden wir uns bald und glücklicher als jetzt wiedersehen. Ich gehe nur, um euch zu erlösen.«

Hierauf wandte er sich zu gehen, Albrecht aber rief ihn noch einmal zurück, nahm drei Bärenhaare aus seiner Brieftasche und gab sie ihm, indem er sagte: »Hier, Reinald, nimm dieses geringe Geschenk und verachte es nicht. Solltest du jemals in eine Gefahr geraten, aus der du selbst dich nicht retten kannst, so reibe die drei Haare zwischen den Händen, und ich werde dir jederzeit zu Hilfe kommen.«

Reinald nahm die Haare, verwahrte sie sorgfältig und schied endlich von seinen Freunden. Im Schlosshofe stand ein prächtiger Wagen mit sechs Rappen bespannt, Reinald stieg hinein und der Wagen donnerte dahin, auf und davon. Die goldenen Sterne funkelten noch hell am nächtlichen Himmel, der Zug ging über Stock und Stein, Berg auf, Berg ab, durch Wälder und Felder. Nach einer guten Stunde begann der Himmel zu grauen; urplötzlich fand sich Reinald unsanft auf die Erde gesetzt und wusste nicht, wie ihm geschah; der Wagen mit Ross und Mann war verschwunden, aber bei dem Schimmer der Morgenröte sah er sechs schwarze Ameisen zwischen seinen Füßen hingaloppieren, die eine Nussschale fortzogen. Der Ritter wusste sich das Abenteuer nun leicht zu erklären, er hütete sich sorgfältig, eine Ameise etwa unversehens zu zertreten, erwartete ganz ruhig den Aufgang der Sonne, und weil er sich noch innerhalb der Grenzen des Waldes befand, beschloss er, seine beiden jüngeren Schwestern gleichfalls aufzusuchen und, wenn es ihm nicht gelingen sollte, sie zu entzaubern, ihnen wenigstens einen Besuch zu machen.

Drei Tage irrte er vergebens im Walde umher, ohne dass ihm ein Abenteuer zustieß. Eben hatte er die letzten Überbleibsel eines Brotes von Schwager Albrecht, des Bären, Tafel aufgezehrt, als er hoch über sich in der Luft etwas rauschen hörte; er schaute auf und erblickte einen mächtigen Adler, der sich aus der Luft herab aufs Nest tat, das er auf dem Baume hatte. Reinald war über diese Entdeckung hocherfreut, verbarg sich im Unterwuchs der Holzung und lauerte, bis der Adler wieder aufsteigen würde. Nach einer Stunde hob er sich vom Neste; alsbald trat der lauschende Jüngling ins Freie und rief mit lauter Stimme: »Adelheid, geliebte Schwester, wenn du auf dieser hohen Eiche haust, so antworte meiner Stimme; ich bin Reinald, das Wunder-

kind genannt, dein Bruder, der dich sucht.« Da antwortete eine sanfte weibliche Stimme von oben: »Bist du Reinald, das Wunderkind, so sei willkommen deiner Schwester Adelheid, säume nicht, zu ihr hinaufzuklimmen.« Freudig versuchte der Ritter, den hohen Baum hinaufzuklettern, aber vergebens. Dreimal lief er rund um den Stamm, aber der war zu dick, ihn zu umklaftern, und die nächsten Äste viel zu hoch, sie zu erfassen. Indem er begierig auf Mittel sann, seinen Zweck zu erreichen, fiel eine seidene Strickleiter herab, durch deren Beihilfe er bald in den Gipfel des Baumes zu dem Adlerneste gelangte; es war so geräumig und so fest gebaut, wie ein Altan auf einer Linde. Er fand seine Schwester unter einem Thronhimmel sitzend; auf ihrem Schoße lag ein Adlerei, welches auszubrüten sie beschäftigt war. Edgar, der Aar, ihr Gemahl, war auf Wochen verwünscht, alle sieben Wochen war eine von der Bezauberung frei, Adelheid lud ihren Bruder ein, die nächste Verwandlung bei ihr abzuwarten; obgleich dieselbe erst in sechs Wochen bevorstand, so willigte er doch gern ein. Sie versteckte ihn in einen hohlen Baum und beköstigte ihn täglich aus dem Magazin unter ihrem Sofa. Reinald harrte in dem hohlen Baume sechs langweilige Wochen aus; doch genoss er das Vergnügen, mit seiner Schwester zu kosen, wenn der Adler vom Neste flog. Aber für diese Prüfung seiner Geduld wurde er nachher durch sieben freudenvolle Tage entschädigt.

Die Aufnahme beim Schwager Aar war nicht minder freundschaftlich als beim Schwager Bär; jeder Tag war ein Freudenfest. Am Abend des siebenten Tages entließ Edgar seinen Gast mit den zärtlichsten Umarmungen. »Ist's nicht möglich«, sprach Reinald, »den unglücklichen Zauber zu lösen, der euch hier gefangen hält?« Edgar erwiderte: »Es ist möglich, unsern Zauber zu lösen; aber ihr sollt's, ihr dürft's nicht. Wer's beginnt, wem's misslingt, dem kostet es das Leben. Alles, was ich euch sagen kann, ist, dass ihr den Schlüssel der Verzauberung finden müsst, wenn es euch gelingen soll, uns zu erlösen«, Hierauf zog er seine Brieftasche hervor und nahm daraus drei Adlerfedern, die er dem Ritter mit der Bitte darreichte, sich seiner dabei zu erinnern. Wenn ihm einst Hilfe nottäte, sollte er sie zwischen den Händen reiben und den Erfolg abwarten. Drauf schieden sie freundlich auseinander; denn die Zeit der Verwandlung stand bevor. Reinald setzte sich unter eine Linde, das Wunder mit anzusehen; der Vollmond leuchtete hell und klar, er sah das Schloss noch ganz deutlich über die Gipfel der hohen Bäume hervorragen; doch in der Morgendämmerung wogte um ihn ein dicker Nebel, und als diesen die aufgehende Sonne niederdrückte, war Schloss und Park verschwunden, und er befand sich in einer traurigen Einöde, oben auf einer Felsenwand neben einem unermesslichen Abgrunde.

845   Der junge Abenteurer blickte rings umher, einen Weg hinab ins Tal zu finden, da wurde er in der Ferne einen See gewahr. Mit großer Mühe arbeitete er sich den ganzen Tag durch den dicht verwachsenen Wald, sein Dichten und Trachten war nur auf den See gerichtet, wo er seine dritte Schwester, Bertha, vermutete; doch erreichte er das Ufer nicht eher als mit hereinbrechender Nacht. Ermüdet schlug er sein Lager unter einem Feldbaum auf und erwachte erst, als die Sonne schon hoch am Himmel stand. Er sprang rasch auf und wandelte längs dem Ufer hin. »Oh ihr lieben Fische«, rief er, als ganze Scharen rot gesprenkelter Forellen ans Ufer schwammen, »ihr lieben Fische, sagt's eurer Gebieterin an, dass ihr Bruder hier am Ufer harret, ihr zu begegnen.« Er zerpflückte alle Brotrindchen, die er noch in seinen Taschen fand, und warf sie in den Teich, die Fische dadurch zu bestechen, damit sie seiner Schwester von ihm Botschaft bringen möchten; allein die Forellen schnappten die Semmelbrocken gierig auf, ohne sich um ihren Wohltäter weiter zu bekümmern. Reinald sah wohl, dass damit nichts ausgerichtet war, deshalb versuchte er, auf eine andere Manier sein Unternehmen auszuführen. Schwimmen konnte er wie eine Wassermaus, darum entschloss er sich kurz, entkleidete sich seiner Rüstung, nahm das blanke Schwert in die Hand und sprang beherzt in die Fluten, um den Schwager aufzusuchen. Drauf plätscherte er geflissentlich in den Wellen, das Meerwunder herbeizulocken, und schaukelte auf den blauen Wogen mitten in den Weiher hinein.

Solange es seine Kräfte erlaubten, verfolgte er den nassen Pfad getrost, ohne dass ihm ein Abenteuer aufstieß; als er aber anfing zu ermatten, schaute er nach dem Gestade um und sah unfern einen dünnen Nebel aufsteigen, der hinter einer emporstehenden Eisscholle hervorzukommen schien. Er ruderte aus allen Kräften, dies Schauspiel näher zu betrachten, und fand eine kurze Säule von Bergkristall aus dem Wasser hervorragen, die hohl zu sein schien; denn aus ihr stieg ein herzerquickender Wohlgeruch in kleinen Dampfwolken in die Höhe. Der kühne Schwimmer vermutete, dass das wohl der Schlot zu der unterirdischen Wohnung seiner Schwester sein könnte, er wagte es also, darin hinab zu schlüpfen, und seine Vermutung täuschte ihn auch nicht.

Der Rauchfang führte unmittelbar in den Kamin des Schlafgemachs der schönen Bertha, welche eben beschäftigt war, ihr Frühstück bei einem kleinen Feuer von rotem Sandelholz zu bereiten. Als die Dame das Geräusch im Schlot vernahm und urplötzlich zwei Menschenfüße den Kamin herabzappeln sah, wurden ihre Lebensgeister so sehr überrascht, dass sie vor Schrecken den Topf umstieß und rücklings auf ihren Armstuhl in Ohnmacht sank. Reinald rüttelte sie so lange, bis sie wieder zu sich selbst kam, und sobald sie sich ein wenig erholt hatte, sprach sie mit matter Stimme: »Unglücklicher, wer du auch seist, wie darfst du es wagen, diese unterirdische Wohnung zu betreten? Weißt du nicht, dass diese Vermessenheit dir den Tod bringt?« – »Fürchte nichts, meine Liebe«, sprach der wackere Ritter, »ich bin dein Bruder Reinald, das Wunderkind, und scheue nicht Gefahr und Tod, meine geliebten Schwestern aufzusuchen und die Banden des mächtigen Zaubers aufzulösen, der sie fesselt.« Bertha umarmte ihren Bruder zärtlich; aber sie zitterte vor Furcht, dass Ufo, der Delphin, ihr Gemahl, ihn verschlingen würde, wenn er ihn entdeckte. Das verhehlte die schöne Hertha ihrem Bruder nicht; er aber antwortete: »Kannst du mich nicht vor den Augen des Meerwunders verbergen, wie deine Schwestern traten, dass ich hier weile, bis der Zauber schwindet?« – »Ach«, versetzte sie, »wie könnte ich dich verbergen? Siehst du nicht, dass diese Wohnung von Kristall ist, und dass alle Wände so durchsichtig sind, wie das klare Wasser selbst.« – »Es wird doch irgend ein undurchschaubarer Winkel im Hause sein«, meinte Reinald.

Die schöne Bertha sann hin und her, und endlich fiel ihr noch zum Glück die Holzkammer ein, worinnen sie ihren Bruder beherbergen könnte. Er nahm den Vorschlag ohne Einwendung an, verschränkte das Holz in der durchsichtigen Kammer so kunstreich, wie ein Biber seinen unterirdischen Bau und verbarg sich darin aufs Beste.

Kaum hatte die holde Bertha ihr Zimmer betreten, so kam der ungeheure Fisch herangeschwommen. Der Delphin umkreiste den Palast in unzähligen Windungen und trieb solchen Unfug in den Wogen, dass die kristallene Wohnung davon erbebte und die erschrockene Bertha nicht anders glaubte, als würde er solche augenblicks zerschellen. Der spähende Delphin konnte indessen bei dieser strengen Haussuchung nichts wahrnehmen, daher wurde er allgemach ruhiger, und zum Glück hatte er durch sein Toben das Wasser so getrübt, dass er nicht sehen konnte, in welchem Zustand die ängstliche Bertha sich befand. Er schwamm fort, und die Dame erholte sich wieder von ihrem Schrecken. Reinald verhielt sich still und ruhig; Schwager Walfisch vergaß nie bei seinem täglichen Besuche, dreimal die Runde ums Haus zu schwimmen und alle Winkel des kristallenen Palastes zu durchspähen, aber er gebärdete sich doch nicht so wütend dabei als das erste Mal. Die Stunde der Verwandlung befreite endlich den duldsamen Gefangenen aus der einsamen Holzkammer.

Als er eines Tages erwachte, befand er sich in einem königlichen Paläste auf einer kleinen Insel. Gebäude, Lustgarten, Marktplätze, alles schien auf dem Wasser zu schwimmen, hundert Gondeln schwankten auf den Kanälen auf und ab, und alles lebte und webte auf den offenen Plätzen in fröhlicher Geschäftigkeit. Der Empfang des jungen Ritters war hier ebenso herzlich und freundschaftsvoll wie an den Höfen der beiden andern Schwäger. Ufo, der Delphin, war auf Monden verwünscht, der siebente war jedes Mal der Rastmonat der Verzauberung; von einem Vollmond bis zum andern gedieh alles in seinem natürlichen Zustand. Weil Reinalds Aufenthalt hier länger dauerte, so wurde er mit dem Schwager Ufo auch bekannter und lebte mit ihm vertrauter als mit den andern. Unterdessen eilten die Tage der Freude dahin. Bei einem Abendspaziergange verständigte Ufo seinen Schwager Reinald, dass die Zeit der Trennung in wenig Stunden bevorstehe, und mahnte ihn an, zu seinen Eltern zurückzukehren. Reinald fragte, ob der Wald noch viele Abenteuer enthalte und vernahm, es sei nur noch eins übrig: Nämlich den Schlüssel der Verzauberungen zu suchen und den kräftigen Talisman zu zerstören; solange dieser wirke, sei für die Prinzen keine Erlösung zu hoffen. Ufo merkte, worauf des Jünglings Sinn gestellt war, deshalb zog er seine Brieftasche hervor und nahm daraus drei Fischschuppen, reichte sie ihm zum Geschenk dar und sprach: »Wenn euch einst Hilfe nottut, so reibt sie zwischen den Händen und erwartet den Erfolg.«

Reinald bestieg eine schön vergoldete Gondel und ließ sich durch zwei Gondoliere ans feste Land rudern. Kaum war er am Gestade, so verschwanden die Gondel, das Schloss, die Gärten, die Marktplätze, und es blieb von all der Herrlichkeit nichts übrig als ein Fischteich mit hohem Schilf bewachsen, durch welches ein kühles Morgenlüftchen säuselte. Der Ritter befand sich wieder an dem Platz, wo er vor drei Monden ins Wasser sprang, sein Schild und Harnisch lagen noch auf der Stelle, und der Speer stand daneben gepflanzt, wie er seine Waffen verlassen hatte. Ein schönes Ross, an einen Baumstamm gebunden, schien seiner zu harren. – Er aber gelobte sich, nicht eher zu rasten, als bis der Schlüssel der Verzauberungen in seiner Hand wäre.

III.

Reinald ritt fürbass seine unwegsame Straße waldeinwärts. Er durchstrich sieben Tage lang die endlose Wildnis, und schlief sieben Nächte lang unter freiem Himmel. Am neunten Tage gelangte er endlich auf eine einsame, unwirtbare und felsige Anhöhe. Da schimmerte ihm aus dem Tale vor seinen Füßen etwas entgegen, das anzuschauen war wie die Zinne eines Schlosses. Reinald beschloss, darauf zuzureiten, um sich das Ding genauer anzusehen.

Nach einer halben Stunde kam er in ein Tal, das von himmelhohen Granitfelsen umschlossen war. Obgleich eine schauerliche Stille über diesem Tale ruhte, so ritt er dennoch weiter und weiter, und gelangte plötzlich aus dem geschlossenen Tale auf einen freien grünen Rasenplatz. Hier hielt er erstaunt das Ross an, denn ein wunderlicher Anblick zeigte sich ihm. An dem einen Ende des Platzes erhob sich ein schimmernder Palast. Das Dach dieses Palastes war von glänzend poliertem Stahl und wurde von dicken Granitsäulen getragen. Die Wände des Palastes waren von Stahl, wie das Dach, und nirgends ein Fenster darin zu entdecken. Die Eingangstür, von einem einzigen durchsichtigen Steine geformt, schien nicht geöffnet werden zu können, denn es war weder Angel, noch Schloss, noch Riegel daran aufzufinden. Rechts von diesem sonderbaren Schlosse lag ein Weiher. Das Wasser darin sah ganz schwarz aus und schlug keine Wellen, wenn auch ein Windhauch darüber hinweg wehte. Auf dem Platze vor dem Schlosse weidete ein furchtbar großer Stier von dunkler Farbe, der mit tückisch blitzenden Augen umher schaute und als Wächter des Schlosses bestellt zu sein schien.

Reinald zweifelte nicht, hier das Ziel seines abenteuerlichen Zuges gefunden zu haben. Er ritt kühn an dem Stier vorüber und näherte sich dem Schlosse, um den Eingang zu untersuchen und ihn, wenn es möglich wäre, zu öffnen. Plötzlich aber rannte der Stier wütend und brüllend, die Hörner gesenkt, auf ihn los, und würde unfehlbar Ross und Reiter über den Haufen gerannt und getötet haben, wenn Reinalds edles Ross nicht einen Seitensprung gemacht hätte und so dem fürchterlichen Stoße ausgewichen wäre. Der Stier aber prallte mit solcher Gewalt gegen eine Felsenwand, die links vom Schlosse in die Höhe ragte, dass große Stücke aus dem Felsen umher sprangen, gerade als ob es Steine regnete. Jetzt zog Reinald sein gutes Schwert und erwartete festen Fußes das Untier, welches ihn augenblicklich von Neuem angriff. Durch eine geschickte Wendung des Pferdes entging aber der kühne Ritter auch diesem Stoße und schmetterte mit seinem Schwerte auf den Nacken des Tieres herab mit solcher Kraft, dass er meinte, das Haupt des Untiers mit einem Hiebe vom Rumpfe getrennt zu haben.

Aber ach, der Stier war gegen Stahl und Eisen unverwundbar; zu Reinalds Schrecken zersplitterte sein Schwert wie ein Stecken, und wehrlos war der junge Held in die Macht seines wütenden Feindes gegeben. Da erinnerte er sich noch zur rechten Zeit der drei Bärenhaare, die ihm sein Schwager Albrecht gegeben hatte, holte sie schnell hervor, rieb sie zwischen den flachen Händen, und siehe da, brummend und die beiden Tatzen erhoben, kam der mächtige Bär auf den Hinterbeinen aus dem Dickicht geschritten, und fiel ohne weiteres über den entsetzten Stier her, der nicht lange den Kampf gegen seinen übermächtigen Gegner bestand. Aus unzähligen Wunden blutend fiel das Untier brüllend auf die dröhnende Erde, und ward vom Bären augenblicklich vollends gewürgt und in Stücke zerrissen.

Da bemerkte Reinald, der dem heftigen Kampfe staunend zugesehen hatte, dass plötzlich aus dem aufgerissenen Bauche des Tieres eine schwarze Ente aufstieg und mit schnellen Schwingen sich hoch in die Wolken aufschwang. Halt, dachte er, das hat etwas zu bedeuten, und riss sogleich die drei Adlerfedern, die er von Edgar zum Geschenk bekommen hatte, aus seiner Tasche, rieb sie zwischen den Händen, und bemerkte alsbald, dass ein mächtiger Adler den Entenvogel verfolgte, der sich sogleich scheu in das nahe Gebüsch niederduckte. Reinald scheuchte ihn aber wieder auf und ließ ihm keine Ruhe, bis er voll Verzweiflung, wie es schien, wieder in die Höhe flog und nach dem Weiher zurückkehrte. Ehe er jedoch das Wasser erreichte, erfasste ihn der Adler mit seinen mächtigen Krallen, und zerriss ihn in Stücke, wie der Bär den Stier.

Jetzt bemerkte Reinald, dass dieser ein goldenes Ei in den See fallen ließ, welches alsbald in die Tiefe versank. Wie sollte er es aus der unergründlichen Tiefe des Wassers herausbringen an das Tageslicht? Da fiel ihm glücklicherweise das Geschenk seines Schwagers Ufo, die drei Fischschuppen, ein, und schnell rieb er sie zwischen den Händen. Gleich darauf kam der gewaltige Fisch aufgetaucht und schleuderte das ersehnte goldene Ei an das Ufer. Erfreut hob es Reinald auf und betrachtete es von allen Seiten. Es schien ein einfaches gewöhnliches Entenei, bis auf den Umstand, dass es von Gold war. Weil er nirgends eine Öffnung entdecken konnte, nahm er endlich einen Stein und schlug es auf, um auch das Innere desselben zu betrachten. Da fiel ihm ein kleiner Schlüssel entgegen, der aus einem einzigen Rubin geschnitten war und herrliche Strahlen in der Sonne von sich warf,

Dies musste der Schlüssel sein, der die Tür des Schlosses öffnete, und Reinald säumte nicht, einen Versuch damit anzustellen. Er betrachtete die Tür von allen Seiten, und suchte das Schlüsselloch oben und unten, aber er fand es nicht. Da warf er im Zorne das Schlüsselchen gegen die Tür und rief: »Was bist du mir denn nütze, wenn du nicht aufschließen kannst?« Aber mit entsetzlichem Krachen sprang die Tür von selbst auf, als der Rubinschlüssel sie berührte, und ein breiter Säulengang lag vor Reinalds Blicken. Ohne Furcht betrat er ihn, um das Innere des Palastes zu erforschen. Eiskalte Luft umwehte ihn und durchfröstelte seine Glieder; dennoch schritt er kühn vorwärts und gelangte endlich in eine düstere Grotte, in welcher sieben Türen in sieben prachtvoll geschmückte Zimmer führten. Reinald durchwandelte alle nach der Reihe, und trat aus dem letzten in einen Marmorsaal, der ohne Fenster von sieben Kronleuchtern erhellt wurde. Hier erblickte er, auf einem Ruhebette schlummernd, eine wunderschöne Jungfrau. Reinald betrachtete sie lange und suchte sie zu erwecken. Aber die Jungfrau lag wie tot, und weder Reinalds Rufen, noch sein Rütteln und Schütteln entfesselte sie von den Banden des Schlummers. Endlich gab Reinald seine vergeblichen Bemühungen auf, und schaute ringsum im Saale umher, ob er vielleicht irgendwo den Talisman entdecken möchte, dessen Zerstörung allein die Entzauberung seiner Schwäger und der schlafenden Jungfrau bewirken konnte. Aber der Saal war ganz leer, bis auf eine breite, alabasterne Tafel, die dem Ruhebett der Dame gegenüber stand.

Reinald schritt darauf zu und schlug mit der geballten Faust dagegen, um sie zu zerschmettern, aber sie wich nicht und wankte nicht, sondern stand unerschüttert. Dennoch bemerkte Reinald, dass die schlafende Jungfrau bei dem Schlage gegen die Tafel auftaumelte, einen Augenblick wie träumend umher schaute, aber seufzend gleich darauf wieder zurücksank und fest schlief wie vorher. Jetzt verdoppelte er seine Anstrengungen, sie zu zerschlagen. Als alle diese Versuche jedoch vergeblich blieben, so erfasste er sie endlich mit beiden Händen, stemmte sich mit Macht dagegen, und stürzte sie vom Postament herab auf die Marmorplatten des Fußbodens, wo sie in sieben Stücken zerbrach. Ein Donnerschlag erschütterte zu gleicher Zeit den Palast, und die mächtigen Säulen im Saal und in den Gängen schwankten und taumelten hin und her. Reinald glaubte, der Palast würde zusammenstürzen und ihn und die schlafende Jungfrau unter seinen Trümmern begraben. Schleunigst eilte er auf sie zu, nahm sie in seine Arme, eilte durch die sieben Zimmer und den Säulengang zurück, und erreichte atemlos und noch zu rechter Zeit das Freie. Hinter ihm stürzte krachend und mit Donnergepolter der eherne Palast übereinander und versank ohne Spur.

Reinald dankte dem Himmel, der ihn aus so großer Gefahr errettet hatte, legte die schöne Jungfrau sanft nieder auf den blumigen Rasen und erwartete ihr Erwachen. Bald schlug sie die blauen Augen auf, schaute verwundert rings umher, und fragte mit sanfter Stimme: »Um Gott, was ist mir widerfahren, und wo bin ich?« – »Gerettet seid Ihr«, jubelte Reinald, »gerettet, Euer Gefängnis ist versunken und zerstört, und Ihr seid frei!«

Als sie das hörte, atmete die Dame tief aus und rief: »Oh, Herr Ritter, habt innigen Dank für meine Rettung aus jener fürchterlichen Gefangenschaft. Jahrelang habe ich schmachten müssen, und nie das Licht der Sonne, nie den Schimmer der Sterne, noch des Mondes gesehen. Oh, habt Dank, tausendfachen Dank, Herr Ritter, dass ihr mich erlöst habt.«

Reinald bat die Dame, ihm Aufklärung darüber zu geben, auf welche Weise sie in das schreckliche Gefängnis geraten sei.

»Ich bin Hildegard, die Tochter Radbods, des Fürsten von Pommerland. Zornebock, der Sorbenfürst, begehrte mich von meinem Vater zur Gemahlin; weil er aber ein schrecklicher Riese war, auch in dem Rufe stand, dass er ein großer Schwarzkünstler sei, ward er abgewiesen, worüber er so sehr ergrimmte, dass er meinen guten Vater in einem Treffen erschlug und sich seiner Länder und meiner Brüder bemächtigte. Mich entführte der böse Zauberer in diesen Wald und versetzte mich in die traurige Lage, aus welcher ihr mich erlöst habt. Er bereitete den Talisman, der mich in fortwährende Erstarrung versetzte und selbst nach des Unholds Tode, welcher bald nach meiner Gefangennahme erfolgte, seine Zauberkraft nicht verlor. Eurem Mute, tapferer Reinald, verdanke ich meine Befreiung, und wollte Gott, ich könnte nun erfahren, ob meine Brüder noch am Leben und wo sie zu finden sind.« Prinzessin Hildegard verstummte, und Reinald wollte ihr eben erzählen, dass die verlornen Brüder schon gefunden und seine eigenen Schwäger seien, als plötzlich vom Walde her eine herrliche Musik erklang, und drei riesige Häuflein aus dem Dickicht mit wehenden Fahnen und schimmernden Waffen hervorsprengten. Drei prächtig gerüstete Ritter führten die Reisigen an und sprangen alsbald mit Freudengeschrei von den Rossen, als sie Reinald das Wunderkind und Prinzessin Hildegard erblickten. Da erkannte Hildegard ihre Brüder und umarmte sie mit Wonnetränen, die reichlich von ihren Wangen hernieder strömten. Aller Herzen füllte Jubel und Freude, dass nun endlich das Schicksal erfüllt und der schreckliche Zauber gebrochen war.

Noch in derselbigen Stunde begaben sich die Glücklichen in das alte Ritterschloss neben dem Zauberwalde, wo sie von Reinalds Schwestern, die bereits dort wären, freudvoll und liebevoll empfangen wurden, und wenige Tage darauf umarmten sie freudig Reinalds ehrwürdige Eltern, die, durch Boten im Voraus benachrichtigt, ihrer Ankunft sehnsüchtig entgegengesehen hatten.

Da war denn die Familie glücklich und zufrieden wieder beisammen, und Reinald heiratete die schöne Prinzessin Hildegard, mit der er noch lange Jahre in Eintracht und Fröhlichkeit seine Tage verlebte. Seine Schwäger aber zogen später mit ihren Gemahlinnen fort und suchten sich ihren eigenen Herd. Albrecht der Bär kaufte die Grafschaft Askanien und gründete die Stadt Bernburg. Edgar der Adler zog in die Schweizerlande, wo die Alpenriesen mit ewigem Schnee bedeckt gen Himmel ragen, kaufte sich viel Land, und erbaute eine stolze, prächtige Burg auf einem hohen Felsen und nannte sie Aarburg. Ufo endlich, der Delphin, machte einen Kriegszug in das burgundische Reich, eroberte viele Städte und Dörfer, und taufte sein mit den Waffen errungenes Besitztum das Delphinat*. Zum ewigen Andenken aber an ihre Schicksale nahmen die drei Prinzen das Bild ihrer früheren Zaubergestalt als Wahrzeichen in ihre Wappen auf, und so ist es geschehen, dass von jener Zeit an die Stadt Bernburg einen gekrönten Bären, Aarburg einen Adler, und das Delphinat einen mächtigen Seefisch im Wappen führt bis auf den heutigen Tag.

J. K. A. Musäus

---

* Gemeint ist die südöstliche französische Provinz Dauphiné.

Der Tannenbaum

Draußen im Wald stand ein niedlicher, kleiner Tannenbaum; er hatte einen guten Platz, Sonne konnte er bekommen, Luft war genug da, und ringsumher wuchsen viele größere Kameraden, Tannen und auch Fichten; aber der kleine Tannenbaum war nur darauf erpicht, zu wachsen; er dachte nicht an die warme Sonne und an die frische Luft, er machte sich nichts aus den Dorfkindern, die um ihn herumliefen und plauderten, wenn sie da draußen waren, um Erdbeeren oder Himbeeren zu sammeln; oft kamen sie mit einem ganzen Topf voll, oder sie hatten Erdbeeren auf einen Strohhalm gereiht, und dann setzten sie sich neben den kleinen Baum und sagten: »Nein, wie reizend klein der ist!« Das mochte der Baum gar nicht hören.

Im nächsten Jahr war er ein ganzes Ende größer, und im Jahr darauf war er noch viel größer, denn bei einem Tannenbaum kann man immer an den vielen Ansätzen, die er hat, sehen, wie viel Jahre er gewachsen ist.

»Ach, wäre ich doch solch großer Baum wie die andern!«, seufzte der kleine Baum, »dann könnte ich meine Zweige weit um mich ausbreiten und mit der Spitze in die weite Welt hinaussehen! Die Vögel würden Nester zwischen meinen Zweigen bauen, und wenn es wehte, könnte ich so vornehm nicken, geradeso wie die andern da!«

Er hatte gar keine Freude an dem Sonnenschein, an den Vögeln oder an den roten Wolken, die des Morgens und des Abends über ihn hinsegelten.

Wenn es Winter war und der Schnee ringsumher schimmernd weiß lag, dann kam oft ein Hase gesprungen und setzte gerade über den kleinen Baum hinweg – oh, das war so ärgerlich! – aber zwei Winter vergingen, und im dritten war der Baum so groß, dass der Hase um ihn herumlaufen musste.

»Ach, wachsen, wachsen, groß und alt werden, das ist doch das einzig Schöne in dieser Welt«, dachte der Baum.

Im Herbst kamen immer Holzhauer und fällten einige von den größten Bäumen, das geschah jedes Jahr, und der junge Tannenbaum, der jetzt schon ganz hübsch groß war, erschauerte, denn die großen, prächtigen Bäume fielen mit einem Krachen und Knacken zu Boden; ihre Zweige wurden abgehauen, sie sahen ganz nackt, lang und schmal aus; sie waren beinahe nicht wiederzuerkennen, aber dann wurden sie auf Wagen geladen, und Pferde zogen sie fort, aus dem Wald hinaus.

Wo sollten sie hin? Was stand ihnen bevor?

Im Frühling, wenn die Schwalbe und der Storch kamen, fragte der Baum sie: »Wisst ihr, wo sie hingebracht worden sind? Seid ihr ihnen begegnet?«

Die Schwalben wussten nichts, aber der Storch sah nachdenklich aus, nickte mit dem Kopf und sagte: »Ja, ich glaube, ich weiß es! Ich begegnete vielen neuen Schiffen, als ich von Ägypten geflogen kam; auf den Schiffen waren prächtige Mastbäume; ich möchte sagen, dass sie es waren, sie rochen nach Tannen; ich kann vielmals grüßen, sie ragen so stolz, so stolz empor!«

»Ach, wäre ich doch auch groß genug, um über das Meer hinzufliegen! Wie ist es eigentlich, dies Meer, und wie sieht es aus?«

»Ja, das ist so umständlich zu erklären«, sagte der Storch, und dann ging er fort.

»Freue du dich deiner Jugend!«, sagten die Sonnenstrahlen; »freue dich auch deines frischen Wachstums, des jungen Lebens, das in dir ist!«

Und der Wind küsste den Baum, und der Tau weinte Tränen über ihn, aber das verstand der Tannenbaum nicht.

Wenn die Weihnachtszeit herankam, wurden ganz junge Bäume gefällt, Bäume, die oft nicht einmal so groß oder so alt waren wie dieser Tannenbaum, der weder Rast noch Ruhe hatte, sondern immer von dannen wollte; diese jungen Bäume – und es waren gerade die allerschönsten – behielten immer ihre Zweige, sie wurden auf Wagen gelegt, und Pferde zogen sie von dannen, aus dem Wald hinaus.

»Wo sollen sie hin?«, fragte der Tannenbaum. »Sie sind nicht größer als ich, da war sogar einer, der noch viel kleiner war; warum haben sie alle ihre Zweige behalten? Wo fahren sie hin?«

»Das wissen wir! Das wissen wir!«, zwitscherten die Spatzen. »Wir haben unten in der Stadt in die Fenster hineingeguckt! Wir wissen, wo sie hinfahren! Oh, sie gelangen zur größten Pracht und Herrlichkeit, die man sich nur denken kann! Wir haben in die Fenster hineingeguckt und gesehen, wie sie mitten in die warme Stube gepflanzt und mit den schönsten Sachen geschmückt wurden, mit vergoldeten Äpfeln und Honigkuchen, mit Spielzeug und mit vielen Hunderten von Lichtern!«

»Und dann –?«, fragte der Tannenbaum und zitterte an allen Zweigen. »Und dann? Was geschieht dann?«

»Ja, mehr haben wir nicht gesehen! Das war wunderbar!«

»Ob ich wohl erschaffen bin, um diesen strahlenden Weg zu gehen?«, jubelte der Baum. »Das ist noch besser, als über das Meer zu fahren! Wie mich die Sehnsucht quält! Wäre es doch erst Weihnachten! Jetzt bin ich groß und breit wie die andern, die im vorigen Jahr weggeführt wurden! – Ach, wäre ich doch erst auf dem Wagen! Wäre ich doch in der warmen Stube mit all der Pracht und Herrlichkeit! Und dann? Ja, dann kommt noch etwas viel Besseres, viel Schöneres, warum sollten sie mich sonst wohl so schmücken! Da muss noch etwas viel Größeres, viel Herrlicheres kommen –! Aber was? Oh, ich leide, ich sehne mich! Ich weiß selbst nicht, wie mir zumute ist!«

»Freue dich über mich!«, sagte die Luft, sagte der Sonnenschein; »freue dich deiner frischen Jugend da draußen im Freien.«

Aber er freute sich gar nicht; er wuchs und wuchs, im Winter und im Sommer stand er grün da; dunkelgrün stand er da; Leute, die ihn sahen, sagten: »Das ist ein wunderhübscher Baum«; und zur Weihnachtszeit wurde er von allen zuerst gefällt. Die Axt hieb tief durch das Mark, der Baum fiel mit einem Seufzer an die Erde, er empfand einen Schmerz, eine Ohnmacht, er konnte gar nicht an sein Glück denken, er war betrübt, von der Heimat scheiden zu müssen, von dem Fleck, wo er empor gesprossen war; er wusste ja, dass er niemals die lieben alten Kameraden, die kleinen Büsche und Blumen ringsumher, ja, vielleicht nicht einmal die Vögel wiedersehen würde. Die Abreise war gar nicht so angenehm. Der Baum kam erst wieder zu sich, als er im Hofe mit den andern Bäumen abgeladen worden war und einen Mann sagen hörte: »Der ist wunderhübsch! Wir brauchen nur den allein!«

Dann kamen zwei Diener in vollem Staat und trugen den Tannenbaum in einen großen, schönen Saal. Ringsumher an den Wänden hingen Ölgemälde, und neben dem großen Kachelofen standen chinesische Vasen mit Löwen auf den Deckeln; da gab es Schaukelstühle, seidene Sofas, große Tische, voll von Bilderbüchern und Spielzeug für hundert mal hundert Taler – wenigstens sagten die Kinder das. Und der Tannenbaum wurde in ein großes, mit Sand gefülltes Fass gestellt, aber niemand konnte sehen, dass es ein Fass war, denn es wurde grüner Stoff ringsherum gehängt, und es stand auf einem großen, bunten Teppich. Oh, wie der Baum bebte! Was wird nun wohl geschehen? Diener, wie auch junge Damen gingen umher und schmückten ihn. An die Zweige hängten sie kleine, aus buntem Papier ausgeschnittene Netze; jedes Netz war mit Zuckerwerk gefüllt; vergoldete Äpfel und Walnüsse hingen dazwischen, als seien sie festgewachsen, und über hundert rote, blaue und weiße kleine Kerzen wurden an den Zweigen befestigt. Puppen, die leibhaftig wie Menschen aussahen – der Baum hatte noch niemals solche gesehen – schwebten in dem Grün, und ganz oben auf die Spitze wurde ein großer Stern aus Flittergold gesteckt, das war prachtvoll, ganz wunderbar prachtvoll.

»Heute Abend«, sagten sie alle zusammen, »heute Abend soll er strahlen!«

»Ach«, dachte der Baum, »wäre es doch erst Abend! Wären doch die Lichter nur erst angezündet! Und was dann wohl geschieht? Ob wohl Bäume aus dem Wald kommen, um mich zu besehen? Ob die Spatzen an die Fensterscheiben fliegen? Ob ich hier festwachse und Winter und Sommer geschmückt dastehen soll?«

Ja, er wusste gut Bescheid; aber er hatte förmlich Rindenweh vor lauter Sehnsucht, und Rindenweh ist für einen Baum ebenso schlimm wie Kopfschmerzen für uns andre.

Nun wurden die Lichter angezündet. Welch ein Glanz, welch eine Pracht! Der Baum erbebte dabei an allen Zweigen, sodass eins der Lichter das Grün anzündete; es brannte ordentlich.

»Gott bewahre uns!«, schrien die jungen Damen und löschten es schnell aus.

Jetzt wagte der Baum nicht einmal zu beben! Oh, war das ein Graus! Er war so bange, etwas von seinem Schmuck zu verlieren, er war ganz verwirrt von all dem Glanz – – Und nun gingen beide Flügeltüren auf, und eine Menge Kinder stürzten herein, als wollten sie den ganzen Baum umreißen; die älteren Leute kamen bedächtig hinterdrein; die Kleinen standen ganz stumm da – aber nur einen Augenblick, dann jubelten sie wieder, dass es nur so schallte; sie tanzten rund um den Baum herum, und ein Geschenk nach dem andern wurde abgepflückt.

»Was machen sie nur?«, dachte der Baum. »Was wird jetzt noch geschehen?« Und die Lichter brannten bis auf die Zweige herunter, und sobald eins niedergebrannt war, wurde es ausgelöscht, und dann bekamen die Kinder Erlaubnis, den Baum zu plündern. O, sie stürzten auf ihn ein, sodass er in allen Zweigen krachte; wäre er nicht mit der Spitze und mit dem goldenen Stern an der Decke festgebunden gewesen, so wäre er umgestürzt.

Die Kinder tanzten mit ihrem herrlichen Spielzeug herum, niemand sah den Baum an außer dem alten Kindermädchen, das umherging und zwischen die Zweige guckte, aber das tat sie nur, um zu sehen, ob da nicht noch eine Feige oder ein Apfel vergessen war.

»Eine Geschichte! Eine Geschichte!«, riefen die Kinder und zogen einen kleinen dicken Mann nach dem Baum hin, und der setzte sich gerade unter ihn, »denn dann sind wir im Grünen«, sagte er, »und dem Baum kann es ganz besonders gut tun, mit zuzuhören; aber ich erzähle nur eine Geschichte. Wollt ihr die von Ivede-Avede hören, oder die von Klumpe-Dumpe, der die Treppe hinunterfiel und doch auf den Ehrenplatz kam und die Prinzessin kriegte?«

»Ivede-Avede!«, schrien einige, »Klumpe-Dumpe!«, schrien andere; da gab es ein Rufen und Schreien, nur der Tannenbaum schwieg ganz still und dachte: »Soll ich gar nicht mit dabei sein, soll ich gar nichts dabei zu tun haben!« Er war ja mit dabei gewesen, hatte getan, was er tun sollte.

Und der Mann erzählte von Klumpe-Dumpe, der die Treppe hinunterfiel und doch auf den Ehrenplatz kam und die Prinzessin kriegte.

Und die Kinder klatschten in die Hände und riefen: »Erzähle! Erzähle!« Sie wollten auch »Ivede-Avede« hören, aber sie bekamen nur die Geschichte von »Klumpe-Dumpe« erzählt. Der Tannenbaum stand ganz still und nachdenklich da, nie hatten die Vögel draußen im Wald so etwas erzählt. »Klumpe-Dumpe fiel die Treppe hinab und kriegte doch die Prinzessin! Ja, ja, so geht es zu in der Welt!«, dachte der Tannenbaum und glaubte, dass es wirklich wahr sei, weil es ein so netter Mann war, der es erzählte. »Ja, ja, wer kann es wissen. Vielleicht falle ich auch die Treppe hinunter und kriege eine Prinzessin!« Und er freute sich darauf, am nächsten Tag wieder mit Lichtern und Spielzeug und Gold und Früchten ausgeputzt zu werden.

»Morgen will ich nicht zittern!«, dachte er. »Ich will mich so recht all meiner Herrlichkeit freuen. Morgen werde ich wieder die Geschichte von »Klumpe-Dumpe« hören und vielleicht auch die von »Ivede-Avede.« Und der Baum stand die ganze Nacht still und gedankenvoll da.

Am Morgen kamen der Diener und das Mädchen herein. »Nun beginnt die Pracht von Neuem!«, dachte der Baum, aber sie schleppten ihn aus der Stube hinaus, die Treppe hinauf auf den Boden, und da, in einer dunklen Ecke, wo kein Tag hineinschien, stellten sie ihn hin. »Was soll das bedeuten?«, dachte der Baum. »Was soll ich hier wohl machen? Was werde ich hier wohl zu hören bekommen?« Und er lehnte sich an die Wand und dachte und dachte – – Und Zeit genug hatte er, denn es vergingen Tage und Nächte; niemand kam hinauf, und als endlich jemand kam, da geschah es nur, um ein paar große Kisten in die Ecke zu stellen; der Baum stand ganz versteckt, man sollte glauben, dass er ganz und gar vergessen war.

»Jetzt ist es Winter da draußen!«, dachte der Baum, »Die Erde ist hart und mit Schnee bedeckt, die Menschen könnten mich nicht einpflanzen; darum muss ich hier noch bis zum Frühling im Schutz stehen! Wie wohl bedacht das ist! Wie gut doch die Menschen sind!«

»Wäre es hier nur nicht so dunkel und so schrecklich einsam! – Nicht einmal ein kleiner Hase! – Das war doch so vergnüglich da draußen im Wald, wenn Schnee lag und der Hase vorüber sprang; ja, selbst als er über mich hinweg sprang, aber das mochte ich damals gar nicht. Hier ist es aber doch schrecklich einsam!«

»Piep, piep!«, sagte im selben Augenblick eine kleine Maus und schlüpfte hervor, und dann kam noch eine kleine dazu. Sie beschnupperten den Tannenbaum und huschten in seinen Zweigen herum.

»Es ist eine gräuliche Kälte!«, sagten die kleinen Mäuse, »Sonst ist es hier ja herrlich! Nicht wahr, du alter Tannenbaum?«

»Ich bin gar nicht alt!«, sagte der Tannenbaum, »es gibt viele, die viel älter sind als ich!«

»Wo kommst du her?«, fragten die Mäuse, »und was weißt du?« Die waren nun einmal so schrecklich neugierig. »Erzähle uns doch von dem schönsten Ort auf der Welt! Bist du dort gewesen? Bist du in der Speisekammer gewesen, wo Käse auf den Borden liegen und Schinken unter der Decke hängen, wo man auf Talglichten tanzt und mager hineingeht und fett herauskommt?«

»Den Ort kenne ich nicht«, sagte der Baum, »aber den Wald kenne ich, wo die Sonne scheint und wo die Vögel singen!«, und dann erzählte er alles aus seiner Jugend, und die kleinen Mäuse hatten noch nie so was gehört, und sie hörten aufmerksam zu und sagten: »Nein, wie viel du gesehen hast! Wie glücklich du gewesen bist!«

»Ich!«, sagte der Tannenbaum und dachte über das nach, was er selbst erzählte; »ja, es waren im Grunde ganz vergnügliche Zeiten!« – aber dann erzählte er von dem Weihnachtsabend, wo er mit Kuchen und Lichtern geschmückt war.

»Ach!«, sagten die kleinen Mäuse, »wie glücklich du gewesen bist, du alter Tannenbaum!«

»Ich bin gar nicht alt!«, sagte der Tannenbaum, »ich bin ja erst diesen Winter aus dem Wald gekommen! Ich bin in meinem allerbesten Alter, ich bin nur im Wachstum zurückgeblieben!«

»Wie schön du erzählen kannst!«, sagten die kleinen Mäuse, und in der nächsten Nacht kamen sie mit vier andern kleinen Mäusen, die den Baum erzählen hören sollten, und je mehr er erzählte, desto deutlicher erinnerte er sich all seiner Erlebnisse und meinte: »Es waren doch ganz vergnügliche Zeiten! Aber es kann noch kommen, es kann noch kommen! Klumpe-Dumpe fiel die Treppe hinunter und kriegte doch die Prinzessin, vielleicht kriege ich auch eine Prinzessin«, und dabei dachte der Tannenbaum an eine kleine niedliche Birke, die da draußen im Wald wuchs, das war für den Tannenbaum eine wirkliche, schöne Prinzessin.

»Was ist Klumpe-Dumpe?«, fragten die kleinen Mäuse. Und dann erzählte der Tannenbaum das ganze Märchen, er konnte sich jedes einzelnen Wortes entsinnen; und die kleinen Mäuse waren nahe daran, vor lauter Freude bis an die Spitze des Baumes zu springen. In der nächsten Nacht kamen noch viel mehr Mäuse, und am Sonntag kamen sogar zwei Ratten; aber die meinten, die Geschichte wäre nicht amüsant, und das betrübte die kleinen Mäuse, denn jetzt gefiel sie ihnen auch lange nicht mehr so gut.

»Wissen Sie nur die eine Geschichte?«, fragten die Ratten.

»Nur die eine!«, antwortete der Baum. »Die hörte ich an meinem glücklichsten Abend, aber damals dachte ich nicht daran, wie glücklich ich war!«

»Das ist eine außerordentlich mäßige Geschichte! Wissen Sie keine von Speck oder Talglichten? Keine Speisekammergeschichte?«

»Nein!«, sagte der Baum.

»Ja, dann bedanken wir uns vielmals!«, sagten die Ratten und gingen wieder dahin, woher sie gekommen waren.

Die kleinen Mäuse blieben schließlich auch weg, und da seufzte der Baum: »Es war doch ganz nett, als sie um mich herumsaßen, die muntern kleinen Mäuse, und zuhörten, wenn ich erzählte! Nun ist auch das vorbei! – Aber ich werde daran denken, mich zu freuen, wenn ich nun wieder hervorgeholt werde!«

Aber wann geschah das! – Ja, in einer Morgenstunde kamen Leute und kramten auf dem Boden herum. Kisten wurden weggesetzt, der Baum wurde hervorgezogen; sie warfen ihn freilich ein wenig hart auf den Fußboden, aber gleich darauf schleppte ihn ein Diener nach der Treppe hin, wo der Tag hereinschien.

»Jetzt fängt das Leben wieder an«, dachte der Baum; er fühlte die frische Luft, den ersten Sonnenstrahl – und nun war er draußen auf dem Hof. Alles ging so geschwind, der Baum vergaß ganz, sich selbst zu betrachten, ringsumher war so vieles zu sehen. Der Hof stieß an einen Garten, und darin blühte alles; die Rosen hingen so frisch und duftend über das kleine Gitter herüber, die Lindenbäume blühten, und die Schwalben flogen umher und sagten: »Quivi-wie-wie-vit, mein Mann ist gekommen!«, aber den Tannenbaum meinten sie nicht.

»Jetzt will ich leben!«, jubelte er und breitete seine Zweige weit aus; ach, sie waren alle vertrocknet und gelb; und er lag in der Ecke zwischen Unkraut und Nesseln. Der Stern aus Goldpapier saß noch oben an der Spitze und glitzerte im hellen Sonnenschein.

Auf dem Hofe spielten ein paar von den lustigen Kindern, die zur Weihnachtszeit um den Baum herumgetanzt und sich so über ihn gefreut hatten. Eins von den kleinsten lief hin und riss den goldenen Stern ab.

»Seht, was da noch an dem ekligen alten Tannenbaum sitzt!«, sagte der Junge und trampelte auf den Zweigen herum, sodass sie unter seinen Stiefeln krachten.

Und der Baum sah hinüber zu all der Blumenpracht und Frische im Garten, er sah sich selbst an und wünschte, dass er in seinem dunkeln Winkel oben auf dem Boden geblieben wäre; er dachte an seine frische Jugend im Wald, an den lustigen Weihnachtsabend und an die kleinen Mäuse, die so vergnügt die Geschichte von Klumpe-Dumpe angehört hatten.

»Vorbei, vorbei!«, sagte der arme Baum. »Hätte ich mich doch gefreut, als ich es noch konnte. Vorbei! Vorbei!«

Und der Knecht kam und hieb den Baum in kleine Stücke, ein ganzes Bündel lag da; herrlich flammte es auf unter dem großen Braukessel; und er seufzte so tief, jeder Seufzer war wie ein kleiner Schuss; deshalb liefen die Kinder, die da draußen spielten, herzu und setzten sich vor das Feuer, sahen in die Flammen und riefen: »Piff! Paff!«, aber bei jedem Knall, der ein tiefer Seufzer war, dachte der Baum an einen Sommertag im Wald, an eine Winternacht da draußen, wenn die Sterne glitzerten; er dachte an den Weihnachtsabend und an Klumpe-Dumpe, das einzige Märchen, das er gehört hatte und erzählen konnte – und dann war der Baum verbrannt.

Die Knaben spielten auf dem Hofe, und der kleinste hatte den goldenen Stern an der Brust, den der Baum an seinem glücklichsten Abend getragen hatte; das war jetzt vorbei, und mit dem Baum war es vorbei und mit der Geschichte auch; vorbei, vorbei, und so geht es mit allen Geschichten!

Hans Christian Andersen

Der Schweinehirt

Es war einmal ein armer Prinz, der hatte ein Königreich, das ganz klein war; aber es war immer noch groß genug, um daraufhin zu heiraten, und heiraten wollte er.

Nun war es ja freilich ein wenig keck von ihm, dass er es wagte, zu des Kaisers Tochter zu sagen: »Willst du mich haben?«, aber er wagte es trotzdem, denn sein Name war weit und breit berühmt; da waren Hunderte von Prinzessinnen, die sich noch obendrein bedankt haben würden; ob sie es aber wohl tun würde?

Nun wollen wir einmal hören.

Aus dem Grabe von des Prinzen Vater wuchs ein Rosenbaum, ach, ein so wunderschöner Rosenbaum! Er blühte nur in jedem fünften Jahr, und dann trug er nur eine einzige Rose, aber was für eine Rose war das auch! Sie duftete so süß, dass man, wenn man daran roch, alle seine Sorgen und seinen Kummer vergaß; und dann hatte er eine Nachtigall, die konnte singen, als ob alle schönen Melodien in ihrer kleinen Kehle säßen. Die Rose und die Nachtigall sollte die Prinzessin haben, und darum kamen sie beide in große silberne Futterale und wurden ihr dann übersandt.

Der Kaiser ließ sie vor sich bringen in den großen Saal, wo die Prinzessin mit ihren Hofdamen »Es kommt Besuch« spielte; und als sie die großen Futterale mit den Geschenken sah, klatschte sie vor Freude in die Hände.

»Wenn es doch eine kleine Miezekatze wäre!«, sagte sie – aber dann kam die wunderschöne Rose.

»Nein, wie niedlich die gemacht ist!«, sagten alle Hofdamen.

»Sie ist mehr als niedlich!«, sagte der Kaiser, »sie ist hübsch!«

Aber die Prinzessin befühlte sie, und da war sie dem Weinen nahe.

»Pfui Papa!«, sagte sie, »die ist gar nicht künstlich, sie ist wirklich!«

»Pfui!«, sagten alle Höflinge, »sie ist wirklich!«

»Lasst uns nun erst einmal sehen, was in dem andern Futteral ist, ehe wir böse werden!«, meinte der Kaiser, und nun kam die Nachtigall zum Vorschein; sie sang so wunderschön, dass man nicht gleich etwas Schlechtes von ihr sagen konnte.

»Superbe, charmant!«, sagten die Hofdamen, denn sie plauderten alle Französisch, eine immer schlechter als die andere.

»Wie mich der Vogel an der hochseligen Kaiserin Spieldose erinnert«, sagte ein alter Kavalier; »ach ja! Das ist ganz derselbe Ton, derselbe Vortrag!«

»Ja!«, sagte der Kaiser, und dann weinte er wie ein kleines Kind.

»Ich kann gar nicht glauben, dass es ein wirklicher ist!«, sagte die Prinzessin.

»Ja, es ist ein wirklicher Vogel!«, sagten die, die ihn gebracht hatten.

»Dann lasst den Vogel fliegen«, sagte die Prinzessin, und sie wollte auf keine Weise erlauben, dass der Prinz käme.

Der ließ sich aber nicht verblüffen; er beschmierte sich das Gesicht braun und schwarz, zog die Mütze tief über den Kopf und klopfte an.

»Guten Tag, Herr Kaiser!«, sagte er, »könnte ich nicht einen Dienst hier auf dem Schloss bekommen?«

»Ja, hier find so viele, die sich bewerben«, sagte der Kaiser; »aber lass mich einmal sehen! – ich brauche einen, der die Schweine hüten kann; denn wir haben viele Schweine!«

Und dann wurde der Prinz als kaiserlicher Schweinehirt angestellt. Er bekam eine jämmerliche, kleine Kammer, unten beim Schweinekoben, und da musste er bleiben; aber den ganzen Tag saß er und arbeitete, und als es Abend war, hatte er einen allerliebsten kleinen Kochtopf gemacht, ringsherum waren Schellen, und sobald der Topf kochte, klingelten sie so ganz wunderschön und spielten die alte Melodie:

Ach, du lieber Augustin,
Alles ist weg, weg, weg!

Aber das Allerkünstlichste war doch, dass man, wenn man die Finger in den Dampf des Topfes hielt, gleich riechen konnte, was für Essen auf jedem Feuerherd in der ganzen Stadt gekocht wurde; ja, das war freilich ganz was anderes als eine Rose.

Nun kam die Prinzessin mit allen ihren Hofdamen daherspaziert, und als sie die Melodie hörte, blieb sie stehen und sah ganz vergnügt aus, denn sie konnte auch »Ach, du lieber Augustin!« spielen, das war die einzige Melodie, die sie konnte, aber die spielte sie auch nur mit einem Finger.

»Das ist ja das, was ich kann!«, sagte sie, »dann muss er doch ein gebildeter Schweinehirte sein! Ach, geh mal hinein und frage ihn, was das Instrument kostet.«

Und dann musste eine von den Hofdamen hineinlaufen, aber sie zog Holzschuhe an.

»Was willst du für den Kochtopf haben?«, fragte die Hofdame.

»Ich will zehn Küsse von der Prinzessin haben!«, sagte der Schweinehirt.

»Gott bewahre!«, sagte die Hofdame.

»Ja, weniger kann es nicht sein!«, sagte der Schweinehirt.

»Nun, was sagt er?«, fragte die Prinzessin.

»Das kann ich wirklich nicht sagen«, antwortete die Hofdame. »Es ist so abscheulich!«

»Dann kannst du ja flüstern!«, und dann flüsterte sie.
»Er ist ja unartig!«, sagte die Prinzessin und ging sofort weg – als sie aber eine kleine Strecke gegangen war, da erklangen die Schellen so lieblich:

Ach, du lieber Augustin,
Alles ist weg, weg, weg!

»Höre einmal«, sagte die Prinzessin, »frage ihn, ob er zehn Küsse von meiner Hofdame haben will.«
»Nein, ich danke!«, sagte der Schweinehirt, »zehn Küsse von der Prinzessin, oder ich behalte meinen Kochtopf.«
»Ist das eine dumme Geschichte!«, sagte die Prinzessin, »aber dann müsst ihr euch vor mich hinstellen, damit niemand es sieht.«
Und die Hofdamen stellten sich vor ihr auf, und dann breiteten sie ihre Kleider aus, und dann bekam der Schweinehirt die zehn Küsse, und sie bekam den Topf.
War das ein Vergnügen! Am ganzen Abend und den ganzen Tag musste der Topf kochen. Da war auch nicht ein Feuerherd in der ganzen Stadt, von dem sie nicht wussten, was darauf gekocht wurde, beim Kammerherrn wie auch beim Schuster. Die Hofdamen tanzten und klatschten in die Hände.
»Wir wissen, wer Obstsuppe und Pfannkuchen essen soll! Wir wissen, wer Grütze und Karbonade bekommt! Wie interessant das doch ist!«
»Höchst interessant!«, sagte die Oberhofmeisterin.
»Ja, haltet aber reinen Mund, denn ich bin des Kaisers Tochter!«

»Gott bewahre!«, sagten sie alle.

Der Schweinehirt, das heißt der Prinz, aber sie wussten es ja nicht besser, als dass er ein richtiger Schweinehirt war, ließ den Tag nicht vergehen, ohne etwas zu tun, und so machte er denn eine Knarre; wenn er die herumdrehte, ertönten alle die Walzer, Hopser und Polkas, die man seit Erschaffung der Welt gekannt hatte.

»Aber das ist superbe!«, sagte die Prinzessin, als sie vorüberging, »ich habe noch nie eine so schöne Komposition gehört! Ach, geh doch einmal hinein und frage ihn, was das Instrument kostet; aber küssen tue ich nicht wieder!«

»Er will hundert Küsse von der Prinzessin haben«, sagte die Hofdame, die drinnen gewesen war, um zu fragen.

»Ich glaube, er ist verrückt!«, sagte die Prinzessin und ging fort. Als sie aber eine kleine Strecke gegangen war, blieb sie stehen. »Man muss die Kunst ermuntern!«, sagte sie. »Ich bin des Kaisers Tochter! Sage ihm, er soll zehn Küsse haben so wie gestern, den Rest kann er sich von meinen Hofdamen holen!«

»Aber wir tun es so ungern!«, sagten die Hofdamen.

»Das ist Unsinn!«, sagte die Prinzessin, »und wenn ich ihn küssen kann, dann könnt ihr es auch! Bedenkt, ich gebe euch Kost und Lohn!«, und dann musste die Hofdame wieder zu ihm hinein.

»Hundert Küsse von der Prinzessin«, sagte er, »oder jeder behält das Seine.«

»Stellt euch vor!!!«, sagte die Prinzessin, und dann stellten alle Hofdamen sich vor sie, und dann küsste er.

»Was mag das nur für ein Auflauf sein da unten beim Schweinekoben!«, sagte der Kaiser, der auf den Altan hinausgetreten war; er rieb sich die Augen und setzte seine Brille auf. »Das sind ja wohl die Hofdamen, die da ihr Wesen treiben! Ich muss mal zu ihnen hinunter!« Und dann zog er seine Schuhe hinten in die Höhe, denn es waren Pantoffel, die er niedergetreten hatte. Herr du meines Lebens, wie er sich sputete!

Sobald er in den Hof hinunterkam, ging er ganz leise, und die Hofdamen hatten so viel damit zu tun, die Küsse zu zählen, damit es ehrlich zugehe und er nicht zu viele, aber auch nicht zu wenig bekam; sie bemerkten den Kaiser gar nicht. Er hob sich auf die Zehen.

»Was geht denn hier vor sich!«, sagte er, als er sah, dass sie sich küssten, und dann schlug er sie mit seinem Pantoffel an den Kopf. Gerade als der Schweinehirte seinen sechsundachtzigsten Kuss bekam. »Fort mit euch!«, sagte der Kaiser, denn er war böse, und sowohl die Prinzessin als auch der Schweinehirt wurden aus seinem Kaiserreich hinausgestoßen.

Da stand sie nun und weinte, der Schweinehirt schimpfte, und der Regen strömte herab.

»Ach, ich elendes Geschöpf!«, sagte die Prinzessin, »hätte ich doch nur den schönen Prinzen genommen! Ach, wie unglücklich bin ich!«

Und der Schweinehirt ging hinter einen Baum, wischte das Schwarze und das Braune aus seinem Gesicht, warf die hässlichen Kleider ab und trat nun in seinem Prinzengewand hervor, so schön, dass die Prinzessin einen Knicks machen musste.

»Ich bin soweit gekommen, dass ich dich verachte, du!«, sagte er. »Einen ehrlichen Prinzen wolltest du nicht haben! Du verstandest dich nicht auf die Rose und nicht auf die Nachtigall, aber den Schweinehirten konntest du für eine Spielerei küssen! Das hast du nun dafür!«

Und dann ging er in sein Königreich, schloss die Tür zu und schob den Riegel davor. Da konnte sie nun draußen stehen und singen:

Ach, du lieber Augustin,
Alles ist weg, weg, weg!

Hans Christian Andersen

Das Feuerzeug

Ein Soldat kam die Landstraße dahermarschiert: Eins, zwei! Eins, zwei! Er hatte seinen Tornister auf dem Rücken und einen Säbel an der Seite, denn er war im Krieg gewesen, und nun wollte er nach Hause. Da begegnete ihm eine alte

Hexe auf der Landstraße; sie sah ganz abscheulich aus, ihre Unterlippe hing ihr bis auf die Brust herab. Sie sagte: »Guten Abend, Soldat! Was für einen schönen Säbel und was für einen großen Tornister du hast! Du bist ein richtiger Soldat! Jetzt sollst du so viel Geld bekommen, wie du nur haben willst!«

»Vielen Dank, du alte Hexe!«, sagte der Soldat.

»Kannst du den großen Baum sehen?«, sagte die Hexe und zeigte auf den Baum, der neben ihnen stand. »Der ist inwendig ganz hohl! Du musst in seinen Gipfel hinaufklettern, dann wirst du ein Loch sehen, durch das du dich hinablassen und tief in den Baum hineinkommen kannst! Ich will dir einen Strick um den Leib binden, damit ich dich wieder heraufziehen kann, wenn du mich rufst.«

»Was soll ich denn da unten im Baum?«, fragte der Soldat.

»Geld holen!«, sagte die Hexe. »Ich will dir nämlich sagen, wenn du auf den Boden des Baumes hinabkommst, dann bist du in einem großen Gange; da ist es ganz hell, denn da brennen über hundert Lampen. Dann siehst du drei Türen, du kannst sie aufmachen, der Schlüssel steckt darin. Wenn du in die erste Kammer gehst, so siehst du mitten auf dem Fußboden eine große Kiste, oben darauf sitzt ein Hund, der hat ein Paar Augen so groß wie ein Paar Teetassen, aber daran musst du dich nicht kehren! Ich gebe dir meine blau karierte Schürze mit, die kannst du auf den Fußboden ausbreiten; dann gehe schnell hin und nimm den Hund, setze ihn auf meine Schürze, mache die Kiste auf und nimm so viel Geldstücke wie du willst. Sie sind alle von Kupfer; doch willst du lieber Silber haben, so musst du in das nächste Zimmer gehen; da sitzt ein Hund, der hat ein Paar Augen so groß wie Mühlräder; aber daran musst du dich nicht kehren, setze ihn auf meine Schürze und nimm von dem Geld! Willst du aber Gold haben, so kannst du das auch bekommen, und zwar so viel, wie dir zu tragen möglich ist, wenn du in die dritte Kammer hineingehst. Aber der Hund, der hier auf der Geldkiste sitzt, hat zwei Augen, jedes so groß wie der »Runde Turm«. Es ist ein wirklicher Hund, das kannst du mir glauben! Aber daran musst du dich nicht kehren! Setze ihn nur auf meine Schürze, dann tut er dir nichts, und nimm dir so viel Geld aus der Kiste, wie du willst!«

»Das ist ja gar nicht so übel!«, sagte der Soldat. »Aber was soll ich dir geben, du alte Hexe? Denn etwas willst du doch auch wohl haben, vermute ich!«

»Nein«, sagte die Hexe, »nicht einen einzigen Schilling will ich haben! Du sollst mir nur ein altes Feuerzeug mitbringen, das meine Großmutter vergessen hat, als sie das letzte Mal da unten war.«

»Na, dann binde mir nur den Strick um den Leib!«, sagte der Soldat.

»Hier ist er!«, sagte die Hexe. »Und hier ist meine blau karierte Schürze.«

Und dann kroch der Soldat in den Baum hinauf, ließ sich durch das Loch hinunterfallen und stand nun, wie die Hexe gesagt hatte, unten in dem großen Gang, wo die vielen hundert Lampen brannten.

Nun machte er die erste Tür auf. Hu! Da saß der Hund mit den Augen so groß wie Teetassen und glotzte ihn an.

»Du bist mir ein netter Gesell!«, sagte der Soldat, setzte ihn auf die Schürze der Hexe und nahm so viel Kupfermünzen, wie er nur in seiner Tasche bergen konnte, schloss dann die Kiste, setzte den Hund wieder hinauf und ging in das andere Zimmer. Potzblitz! Da saß der Hund mit den Augen so groß wie Mühlräder.

»Du sollst mich nicht so scharf ansehen!«, sagte der Soldat. »Du könntest Augenschmerzen davon bekommen!«, und dann setzte er den Hund auf die Schürze der Hexe; aber als er das viele Silbergeld in der Kiste sah, warf er all das Kupfergeld, das er hatte, weg, und füllte die Tasche und seinen Tornister mit lauter Silber. Dann ging er in die dritte Kammer hinein! – Nein, das war ekelhaft! Der Hund da drinnen hatte wirklich zwei Augen so groß wie der »Runde Turm«, und die liefen ihm im Kopf herum wie Räder.

»Guten Abend!«, sagte der Soldat und griff an die Mütze, denn einen solchen Hund hatte er noch nie gesehen; als er ihn ein wenig genauer betrachtet hatte, dachte er: »Nun kann es genug sein!«, hob ihn auf den Fußboden herunter und machte die Kiste auf. Großer Gott, was war da für Gold! Dafür konnte er ganz Kopenhagen und die Zuckerferkel der Küchenfrauen, alle Zinnsoldaten, Peitschen und Schaukelpferde in der ganzen Welt kaufen. Ja wahrhaftig, das war Geld! – Nun warf der Soldat all das Silbergeld, womit er seine Taschen und seinen Tornister gefüllt hatte, weg und nahm stattdessen Gold, ja, alle Taschen, der Tornister, die Mütze und die Stieseln wurden gefüllt, sodass er kaum gehen konnte. Nun hatte er Geld! Den Hund setzte er auf die Kiste, schlug die Tür zu und rief dann durch den Baum hinauf:

»Zieh mich jetzt hinauf, du alte Hexe!«

»Hast du auch das Feuerzeug?«, fragte die Hexe.

»Das ist ja wahr!«, sagte der Soldat. »Das hatte ich ganz vergessen!«, und dann ging er hin und holte es. Die Hexe zog ihn hinauf, und dann stand er wieder auf der Landstraße, die Taschen, Stiefel, den Tornister und die Mütze voll Geld.

»Was willst du nun mit dem Feuerzeug?«, fragte der Soldat.

»Das geht dich gar nichts an!«, sagte die Hexe. »Nun hast du ja Geld bekommen! Gib mir jetzt nur das Feuerzeug!«

»Unsinn!«, sagte der Soldat, »willst du mir gleich sagen, was du damit willst, sonst ziehe ich meinen Säbel und haue dir den Kopf ab!«

»Nein!«, sagte die Hexe.

Dann hieb ihr der Soldat den Kopf ab. Da lag sie! Aber er band all sein Geld in ihre Schürze, nahm die wie ein Bündel auf den Rücken, steckte das Feuerzeug in die Tasche und ging geradeswegs nach der Stadt.

Es war eine wunderschöne Stadt, und in dem allerschönsten Wirtshaus kehrte er ein, ließ sich die allerbesten Zimmer und seine Lieblingsspeisen geben, denn nun war er reich, da er so viel Geld hatte.

Der Diener, der seine Stiefel putzen sollte, fand ja freilich, dass es wunderlich alte Stiefel für einen so reichen Herrn wären; aber er hatte sich ja noch keine neuen gekauft; am nächsten Tage bekam er ordentliche Stiefel und schöne Kleider. Nun war der Soldat ein vornehmer Herr geworden, und die Leute erzählten ihm von all der Pracht, die in ihrer Stadt war, und von ihrem König, und was für eine reizende Prinzessin seine Tochter sei.

»Wo kann man die zu sehen bekommen?«, fragte der Soldat.

»Die kann man gar nicht zu sehen bekommen!«, sagten alle. »Sie wohnt in einem großen Kupferschloss mit vielen Mauern und Türmen ringsumher! Niemand außer dem König darf bei ihr aus und ein gehen, denn ihr ist prophezeit, dass sie einen ganz gemeinen Soldaten heiraten würde, und das kann der König nicht leiden!«

»Die möchte ich wohl sehen!«, dachte der Soldat, aber dazu konnte er ja keine Erlaubnis bekommen.

Jetzt lebte er lustig und in Freuden, ging ins Theater, fuhr im Königsgarten und gab den Armen viel Geld, und das war hübsch von ihm; er wusste ja aus alten Zeiten, wie schlimm es ist, keinen Schilling zu besitzen! – Er war jetzt reich, hatte schöne Kleider und bekam daher viele Freunde, die alle sagten, dass er ein prächtiger Mensch und ein echter Kavalier sei, und das mochte der Soldat gern hören! Aber da er jeden Tag Geld ausgab und keins wieder einnahm, so hatte er schließlich nur noch zwei Schillinge übrig und musste aus den schönen Zimmern ausziehen, in denen er gewohnt hatte, und in einer winzig kleinen Kammer ganz unter dem Dach hausen, selbst seine Stiefel putzen und sie mit einer Stopfnadel zusammennähen, und keiner von seinen Freunden kam zu ihm, denn es waren gar zu viele Treppen hinaufzusteigen.

Es war ganz dunkler Abend, und er konnte sich nicht einmal ein Licht kaufen, aber da fiel ihm ein, dass ein kleiner Stummel in dem Feuerzeug lag, das er aus dem hohlen Baume, in den ihm die Hexe hinabgeholfen, mitgebracht hatte. Er holte das Feuerzeug und den Lichtstummel heraus, aber in demselben Augenblick, als er Feuer schlug und die Funken aus dem Feuerstein sprühten, sprang die Tür auf, und der Hund mit den Augen so groß wie ein Paar Teetassen, den er unten unter dem Baum gesehen hatte, stand vor ihm und sagte: »Was befiehlt mein Herr?«

»Na nu!«, sagte der Soldat, »das ist ja ein drolliges Feuerzeug. Kann ich denn bekommen, was ich will? Schaff mir etwas Geld!«, sagte er zu dem Hund, und wupp war der Hund weg, und wupp war er wieder da und hielt einen großen Beutel voll Schillinge in seinem Maul.

Nun wusste der Soldat, was für ein prächtiges Feuerzeug das war! Schlug er einmal, so kam der Hund, der auf der

Kiste mit dem Kupfergeld saß; schlug er zweimal, so kam der, der das Silbergeld hatte; und schlug er dreimal, so kam der, der das Gold hatte. – Nun zog der Soldat wieder in die schönen Zimmer hinunter und trug wieder schöne Kleider, und da erkannten ihn gleich all seine Freunde wieder, und sie hielten alle große Stücke auf ihn.

Da dachte er einmal: »Es ist doch ganz sonderbar, dass man die Prinzessin nicht zu sehen bekommen kann! Sie soll so schön sein, sagen sie alle! Aber was kann das nützen, wenn sie immer in dem großen Kupferschloss mit den vielen Türmen sitzen muss – Kann ich sie denn gar nicht zu sehen bekommen?« Und dann machte er Feuer, und wupp kam der Hund mit Augen so groß wie Teetassen.

»Es ist ja freilich mitten in der Nacht«, sagte der Soldat, »aber ich möchte doch so schrecklich gern die Prinzessin sehen, nur einen kleinen Augenblick!«

Der Hund war gleich zur Tür hinaus, und ehe der Soldat sich's versah, kam er mit der Prinzessin zurück, sie saß auf dem Rücken des Hundes und schlief und war so schön, dass jeder sehen konnte, dass es eine wirkliche Prinzessin war. Der Soldat konnte es nicht lassen, er musste sie küssen, denn er war ein richtiger Soldat.

Der Hund lief dann mit der Prinzessin zurück, aber als es Morgen wurde, und der König und die Königin beim Tee saßen, sagte die Prinzessin, sie habe über Nacht einen so sonderbaren Traum geträumt von einem Hund und einem Soldaten. Sie habe auf dem Hund geritten, und der Soldat habe sie geküsst.

»Das ist ja eine nette Geschichte!«, sagte die Königin.

Nun sollte in der nächsten Nacht eine von den alten Hofdamen am Bett der Prinzessin wachen, um zu sehen, ob es ein wirklicher Traum wäre oder was es sonst sein möchte.

Der Soldat sehnte sich so schrecklich danach, die schöne Prinzessin wiederzusehen, und so kam denn der Hund in der Nacht, nahm sie und lief, was er laufen konnte, aber die alte Hofdame zog Wasserstiefel an und lief ebenso schnell hinterher; als sie nun sah, dass sie in einem großen Haus verschwanden, dachte sie: »Jetzt weiß ich, wo es ist«, und machte mit einem Stück Kreide ein großes Kreuz an die Haustür. Dann ging sie nach Hause und legte sich schlafen, und der

Hund kam auch mit der Prinzessin zurück; aber als er sah, dass ein Kreuz an die Tür des Hauses gemacht war, in dem der Soldat wohnte, nahm er auch ein Stück Kreide und machte Kreuze an alle Haustüren in der ganzen Stadt, und das war sehr klug von ihm, denn nun konnte ja die Hofdame die richtige Tür nicht finden, da Kreuze an ihnen allen waren.

Früh am Morgen kamen der König und die Königin und die alte Hofdame und alle Offiziere, um zu sehen, wo die Prinzessin gewesen war.

»Da ist es!«, sagte der König, als er die erste Haustür mit einem Kreuz darauf erblickte.

»Nein, es ist da, mein Herzensmann!«, sagte die Königin, als sie die zweite Tür mit einem Kreuz sah.

»Aber da ist eins und da noch eins!«, sagten sie alle zusammen; wohin sie sahen, waren Kreuze an den Türen. Da konnten sie denn sehen, dass ihnen alles Suchen nichts helfen würde.

Aber die Königin war eine sehr kluge Frau, die mehr konnte, als in einer Kutsche fahren. Sie nahm ihre große, goldene Schere, schnitt ein großes Stück Seidenzeug in Stücke und nähte dann einen allerliebsten kleinen Beutel; den füllte sie mit ganz feiner Buchweizengrütze, band ihn der Prinzessin auf den Rücken, und als das geschehen war, schnitt sie ein kleines Loch in den Beutel, sodass die Grütze auf dem ganzen Wege, den die Prinzessin zurücklegte, heraussickern konnte.

In der Nacht kam nun der Hund wieder, nahm die Prinzessin auf seinen Rücken und lief mit ihr zu dem Soldaten hin, der sie so lieb hatte und so gern ein Prinz gewesen wäre, um sie zur Frau zu bekommen.

Der Hund merkte es gar nicht, wie die Grütze heraussickerte von dem Schloss bis zu dem Fenster des Soldaten, wo er mit der Prinzessin an der Mauer in die Höhe lief. Am Morgen sahen dann der König und die Königin, wo ihre Tochter gewesen war, und da nahmen sie den Soldaten mit und setzten ihn in das Gefängnis.

Da saß er nun. Hu, wie dunkel und langweilig es da war; und dann sagten sie zu ihm: »Morgen sollst du gehängt werden!« Das war nicht erfreulich zu hören, und sein Feuerzeug hatte er im Wirtshaus liegen lassen. Am Morgen konnte er durch das Eisengitter vor dem kleinen Fenster sehen, wie sich die Leute beeilten, aus der Stadt zu kommen, um ihn hängen zu sehen. Er hörte die Trommeln und sah die Soldaten marschieren. Alle Menschen liefen hinaus; darunter war auch ein Schusterjunge mit Schurzfell und Pantoffeln, der lief so im Galopp, dass sein einer Pantoffel abflog und gerade gegen die Mauer, wo der Soldat saß und zwischen den eisernen Stangen hindurchguckte.

»Heda, du Schusterjunge! Du brauchst dich gar nicht so zu beeilen«, sagte der Soldat zu ihm, »es wird doch nichts daraus, ehe ich komme; aber willst du nicht hinlaufen, wo ich gewohnt habe, und mir mein Feuerzeug holen? Dann sollst du vier Schillinge haben! Aber du musst die Beine in die Hand nehmen!« Der Schusterjunge wollte gern die vier Schillinge haben und rannte davon, um das Feuerzeug zu holen, gab es dem Soldaten, und – ja, nun werden wir ja hören!

Draußen vor der Stadt war ein großer Galgen aufgemauert, ringsumher standen Soldaten und viele hunderttausend Menschen. Der König und die Königin saßen auf einem wunderschönen Thron, den Richtern und dem ganzen Rat gerade gegenüber.

Der Soldat stand schon auf der Leiter, aber als sie den Strick um seinen Hals schlingen wollten, sagte er, dass man einem Sünder, ehe er seine Strafe verbüße, ja immer die Erfüllung eines unschuldigen Wunsches gewähre. Er möchte so gern eine Pfeife Tabak rauchen, es sei ja die letzte Pfeife in dieser Welt.

Dazu wollte der König denn auch nicht nein sagen, und da nahm der Soldat sein Feuerzeug und schlug Feuer. Eins, zwei, drei! Und da standen alle Hunde, der mit Augen so groß wie Teetassen, der mit Augen wie Mühlenräder und der, der Augen so groß wie der »Runde Turm« hatte.

»Helft mir nun, dass ich nicht gehängt werde!«, sagte der Soldat; und da fuhren die Hunde auf die Richter und den ganzen Rat los, nahmen den einen bei den Beinen, den andern bei der Nase und warfen sie viele Klafter hoch in die Luft, sodass sie niederfielen und in lauter Stücke zerschlugen.

»Ich will nicht!«, sagte der König, aber der größte Hund nahm ihn und auch die Königin und warf sie beide hinter al-

len den andern drein. Da erschraken die Soldaten, und alle Leute riefen: »Lieber Soldat, du sollst unser König sein und die schöne Prinzessin haben!«

Dann setzten sie den Soldaten in die Kutsche des Königs, und alle drei Hunde tanzten vor ihm her und riefen »Hurra!« Und die Knaben pfiffen auf den Fingern, und die Soldaten präsentierten das Gewehr. Die Prinzessin kam aus dem Kupferschloss heraus und wurde Königin, und das gefiel ihr sehr! Die Hochzeit währte acht Tage, und die Hunde saßen mit bei Tisch und machten große Augen.

Hans Christian Andersen

Das kleine Mädchen mit den Schwefelhölzern

Es war so schrecklich kalt; es schneite, und es fing schon an, ganz dunkel zu werden; es war auch der letzte Abend im Jahr, der Silvesterabend. In dieser Kälte und in dieser Dunkelheit ging ein armes kleines Mädchen barhäuptig und mit bloßen Füßen auf der Straße; sie hatte ja freilich Pantoffel angehabt, als sie von Hause wegging, aber was konnte das nützen! Es waren sehr große Pantoffel, die Mutter hatte sie zuletzt benutzt, so groß waren sie, und die verlor die Kleine, als sie über die Straße eilte, weil zwei Wagen so furchtbar schnell vorüberrollten; der eine Pantoffel war nicht wiederzufinden, und mit dem andern lief ein Junge weg, er sagte, er könnte ihn als Wiege gebrauchen, wenn er selbst Kinder bekäme.

Da ging nun das kleine Mädchen auf den bloßen, kleinen Füßen, die rot und blau vor Kälte waren; in einer alten Schürze trug sie eine Menge Schwefelhölzer, und ein Bund hielt sie in der Hand; den ganzen Tag hindurch hatte ihr niemand etwas abgekauft! Niemand hatte ihr auch nur einen Schilling geschenkt! Hungrig und erfroren ging sie umher und sah so eingeschüchtert aus, die arme Kleine! Die

Schneeflocken fielen in ihr langes, blondes Haar, das sich im Nacken so hübsch lockte, aber an den Schmuck dachte sie freilich nicht. Aus allen Fenstern strahlte der Lichterglanz, und dann roch es auf der Straße so herrlich nach Gänsebraten; es war ja Silvesterabend, ja daran dachte sie.

In einem Winkel zwischen zwei Häusern, von denen das eine ein wenig mehr vorsprang als das andere, setzte sie sich hin und kauerte sich ganz zusammen; die kleinen Beine hatte sie unter sich in die Höhe gezogen, aber es fror sie nur noch mehr, und nach Hause zu gehen, wagte sie nicht, sie hatte ja keine Schwefelhölzer verkauft, hatte nicht einen einzigen Schilling bekommen, ihr Vater würde sie schlagen, und kalt war es zu Hause auch, sie hatten nur das Dach gerade über sich, und dadurch pfiff der Wind hinein, obwohl die ärgsten Spalten mit Stroh und Lumpen zugestopft waren.

Ihre kleinen Hände waren fast ganz abgestorben vor Kälte. Ach, ein kleines Streichhölzchen würde gut tun! Wenn sie nur den Mut hätte, ein einziges aus dem Bunde herauszuziehen, es an der Wand anzustreichen und die Finger daran zu erwärmen! Ratsch! Wie es sprühte, wie es brannte! Es war eine warme, helle Flamme, ganz wie ein kleines Licht, als sie die Hände darüber hielt; es war ein wunderliches Licht, dem kleinen Mädchen war es, als säße es vor einem großen eisernen Ofen mit blanken Messingkugeln und Messingtrommeln; das Feuer brannte so herrlich und wärmte so gut; nein, was war denn das? – Die Kleine streckte schon die Füße aus, um auch die zu wärmen – da erlosch die Flamme. Der Ofen verschwand, sie saß mit einem kleinen Überrest des abgebrannten Schwefelholzes in der Hand da.

Ein zweites wurde angestrichen, es brannte, es leuchtete, und wo der Schein auf die Mauer fiel, ward sie durchsichtig wie Flor; sie sah gerade in das Zimmer hinein, wo der Tisch gedeckt stand. Ein schimmernd weißes Tischtuch war darüber ausgebreitet, darauf stand feines Porzellan, und herrlich dampfte die gebratene Gans, die mit Äpfeln und Zwetschgen gefüllt war; und was noch prächtiger war, die Gans sprang von der Schüssel herunter und watschelte, ein Messer und eine Gabel im Rücken, durch das Zimmer; direkt auf das arme Mädchen kam sie zu; da erlosch das Streichholz, und es war nur noch die dicke, kalte Mauer zu sehen.

879   Sie zündete ein neues Streichholz an. Da saß sie unter dem schönsten Christbaum, der war noch größer und noch reicher geschmückt, als wie sie ihn am letzten Weihnachtsfeste bei dem reichen Kaufmann durch die Glastür gesehen hatte; tausend Lichter brannten an den grünen Zweigen, und bunte Bilder, wie sie in den Schaufenstern ausgestellt waren, sahen zu ihr herab. Die Kleine streckte beide Hände aus – da erlosch das Streichholz; die vielen Weihnachtslichter stiegen höher und höher, sie sah, dass sie jetzt die hellen Sterne am Himmel waren, ein Stern fiel nieder und bildete einen langen Feuerstreifen am Himmel.

»Jetzt stirbt jemand!«, sagte das kleine Mädchen, denn die alte Großmutter, die einzige, die gut gegen sie gewesen, die jetzt aber gestorben war, hatte ihr erzählt: Wenn ein Stern vom Himmel fällt, fliegt eine Seele zu Gott empor.

Sie strich nochmals ein Hölzchen an der Wand an, es leuchtete ringsumher, und in dem Glanze stand die alte Großmutter so klar und schimmernd, so mild und liebevoll.

»Großmutter«, rief die Kleine, »ach, nimm mich mit! Ich weiß, du bist wieder weg, sobald das Streichholz erlischt, weg wie der warme Ofen, der schöne Gänsebraten und der große, schöne Weihnachtsbaum!« – und schnell strich sie den ganzen Rest Streichhölzer an, die noch im Bund waren, sie wollte Großmutter so recht lange festhalten, und die Streichhölzer leuchteten mit einem solchen Glanz, dass es heller war als am hellen Tage. Die Großmutter war noch nie so schön und so groß gewesen. Sie nahm das kleine Mädchen auf ihre Arme, und sie flogen in Glanz und Freude so hoch, so hoch, und da oben war weder Kälte noch Hunger oder Angst – sie waren bei Gott.

Aber im Winkel am Hause saß in der kalten Morgenstunde das kleine Mädchen mit roten Wangen und mit einem Lächeln um den Mund – tot, erfroren am letzten Abend im alten Jahr. Die Neujahrssonne ging über der kleinen Leiche auf, sie saß mit den Streichhölzern da, von denen ein Bund fast abgebrannt war. »Sie hat sich erwärmen wollen«, sagte man; niemand wusste, was sie Schönes gesehen hatte, in welchen Glanz sie mit der Großmutter zur Neujahrsfreude eingegangen war.

Hans Christian Andersen

Goldener

Vor langen Jahren hat einmal in einem dichten Wald ein armer Hirte gelebt, der hatte sich ein bretternes Häuschen mitten im Wald erbaut, darin wohnte er mit seinem Weib und sechs Kindern, die waren alle Knaben. An dem Hause war ein Ziehbrunnen und ein Gärtchen, und wenn der Vater das Vieh fütterte, so gingen die Kinder hinaus und brachten ihm zu Mittag oder zu Abend einen kühlen Trunk aus dem Brunnen oder ein Gericht aus dem Gärtchen.

Den jüngsten Knaben riefen die Eltern nur »Goldener«, denn seine Haare waren wie Gold, und obgleich der jüngste, so war er doch der stärkste von allen und auch der größte. Sooft die Kinder hinaus in die Flur gingen, ging Goldener mit einem Baumzweig voran, anders wollte keins gehen, denn jedes fürchtete sich, zuerst auf ein Abenteuer zu stoßen; ging aber Goldener voran, so folgten sie freudig eines hinter dem anderen nach, durch das dunkelste Dickicht, und wenn auch schon der Mond über dem Gebirge stand.

Eines Abends ergötzten sich die Knaben auf dem Rückwege vom Vater mit Spielen im Walde, und Goldener hatte sich vor allen so sehr im Spiele eifert, dass er so hell aussah wie das Abendrot. »Lasst uns zurückgehen!«, sprach der Älteste, »es scheint dunkel zu werden.« – »Seht da, der Mond!«, sprach der zweite. Da kam es auf einmal licht zwischen den dunklen Tannen hervor und eine Frauengestalt, leuchtend wie der Mond, setzte sich auf einen der moosigen Steine, spann mit einer kristallenen Spindel einen lichten Faden in die Nacht hinaus, nickte mit dem Haupt gegen Goldener und sang:

»Der weiße Fink, die goldne Ros,
Die Königin im Meeresschoß!«

Sie hätte wohl noch weiter gesungen, da brach ihr der Faden und sie erlosch wie ein Licht. Nun war es ganz Nacht, die Kinder fasste ein Grausen, sie sprangen mit kläglichem Geschrei, das eine dahin, das andere dorthin, über Felsen und Klüfte, und verlor eins das andere.

Wohl viele Tage und Nächte irrte auch Goldener in dem dichten Wald umher, fand aber weder einen seiner Brüder noch die Hütte seines Vaters noch sonst die Spur eines Menschen, denn es war der Wald gar dicht verwachsen, ein Berg über den anderen gestellt und eine Kluft unter die andere. Die Brombeeren, welche überall herumrankten, stillten seinen Hunger und Durst, sonst wäre er gar jämmerlich gestorben. Endlich am dritten Tage – andere sagen gar erst am sechsten oder siebenten Tage – wurde der Wald hell und immer heller, und da kam Goldener zuletzt hinaus auf eine schöne grüne Wiese.

Da war es ihm so leicht ums Herz und er atmete mit vollen Zügen die freie Luft ein.

Auf derselben Wiese waren Garne ausgelegt, denn da wohnte ein Vogelsteller, der fing Vögel, die aus dem Wald flogen, und trug sie in die Stadt zum Kaufe.

»Solch ein Bursche ist mir gerade vonnöten«, dachte der Vogelsteller, als er Goldener erblickte, der auf der grünen Wiese nah an den Garnen stand und in den weiten blauen Himmel hineinsah und sich nicht satt sehen konnte.

Der Vogelsteller wollte sich einen Spaß machen, er zog seine Garne und husch! war Goldener gefangen und lag unter dem Garne ganz erstaunt, denn er wusste nicht, wie das geschehen war. »So fängt man die Vögel, die aus dem Walde kommen«, sprach der Vogelsteller laut lachend »deine roten Federn sind mir eben recht. Du bist wohl ein verschlagener Fuchs? Bleibe bei mir, ich lehre dich auch die Vögel fangen!«

Goldener war gleich dabei, ihm deuchte unter den Vögeln ein gar lustig Leben, zumal er ganz die Hoffnung aufgegeben hatte, die Hütte seines Vaters jemals wiederzufinden.

»Lass erproben, was du gelernt hast«, sprach der Vogelsteller nach einigen Tagen zu ihm. Goldener zog die Garne und beim ersten Zuge fing er einen schneeweißen Finken.

»Packe dich mit diesem weißen Finken!«, schrie der Vogelsteller, »du hast es mit dem Bösen zu tun!«, und so stieß er ihn gar unsanft von der Wiese, indem er den weißen Finken, den ihm Goldener gereicht hatte, unter vielen Verwünschungen mit den Füßen zertrat.

Goldener konnte die Worte des Vogelstellers nicht begreifen, er ging traurig, doch getrost, wieder in den Wald zurück und nahm sich noch einmal vor, die Hütte seines Vaters zu suchen. Tag und Nacht lief er über Felsensteine und alte gefallene Baumstämme, fiel auch gar oft über die schwarzen Wurzeln, die aus dem Boden überall hervorragten.

Am dritten Tage aber wurde der Wald endlich wieder heller, und da kam er hinaus in einen schönen lichten Garten, der war voll der lieblichsten Blumen, und weil Goldener dergleichen noch keine erblickt, blieb er voll Bewunderung stehen. Der Gärtner im Garten erblickte ihn nicht sobald – denn Goldener stand unter den Sonnenblumen und seine Haare glänzten im Sonnenschein nicht anders als so eine

Blume – als er sprach: »Ha! Solch einen Burschen hab ich gerade vonnöten!«, und das Tor des Gartens schloss. Goldener ließ es sich gefallen, denn ihm deuchte unter den Blumen ein gar buntes Leben, zumal da er ganz die Hoffnung aufgegeben hatte, die Hütte seines Vaters wiederzufinden.

»Fort in den Wald!«, sprach der Gärtner eines Morgens zu Goldener, »hol mir einen wilden Rosenstock, damit ich zahme Rosen darauf pflanze!« Goldener ging und kam mit einem Stock der schönsten goldfarbenen Rosen zurück, die waren auch nicht anders, als hätte sie der geschickteste Goldschmied für die Tafel eines Königs geschmiedet.

»Packe dich mit diesen goldenen Rosen!«, schrie der Gärtner, »du hast es mit dem Bösen zu tun«, und so stieß er ihn gar unsanft aus dem Garten, indem er die goldenen Rosen unter vielen Verwünschungen in die Erde trat.

Goldener konnte die Worte des Gärtners nicht begreifen, doch ging er getrost wieder in den Wald zurück und nahm sich nochmals vor, die Hütte seines Vaters zu suchen.

Er lief Tag und Nacht, von Baum zu Baum, von Fels zu Fels. Am dritten Tage endlich wurde der Wald hell und immer heller, und da kam Goldener hinaus zum blauen Meer; das lag in einer unermesslichen Weite vor ihm, die Sonne spiegelte sich eben in der kristallhellen Fläche, da war es wie fließendes Gold, darauf schwammen schön geschmückte Schiffe mit langen fliegenden Wimpeln. Einige Fischer hielten in einer zierlichen Barke am Ufer, in die trat Goldener und sah mit Erstaunen in die Helle hinaus.

»Ein solcher Bursch ist uns gerade vonnöten«, sprachen die Fischer, und husch stießen sie vom Lande. Goldener ließ es sich gefallen, denn ihm deuchte bei den Wellen ein goldenes Leben, zumal er ganz die Hoffnung aufgegeben hatte, seines Vaters Hütte wiederzufinden. Die Fischer warfen ihre Netze aus und fingen nichts. »Lass sehen, ob du glücklicher bist!«, sprach ein alter Fischer mit silbernen Haaren zu Goldener. Mit ungeschickten Händen senkte Goldener das Netz in die Tiefe, zog und fischte – eine Krone von hellem Golde.

»Triumph!«, rief der alte Fischer und fiel Goldener zu Füßen, »ich begrüße dich als unsern König! Vor hundert Jahren versenkte der alte König, welcher keine Erben hatte, sterbend seine Krone ins das Meer, und so lange, bis irgendeinem Glücklichen das Schicksal bestimmt hätte, die Krone wieder aus der Tiefe zu ziehen, sollte der Thron ohne Nachfolger in Trauer gehüllt bleiben.«

»Heil unserm König!«, riefen die Fischer und setzten Goldener die Krone auf. Die Kunde von Goldener und der wiedergefundenen Königskrone erscholl bald von Schiff zu Schiff und über das Meer weit in das Land hinein. Da war die goldene Fläche bald mit bunten Nachen besetzt und mit Schiffen, die mit Blumen und Laubwerk geziert waren; diese begrüßten mit lautem Jubel alle das Schiff, auf welchem König Goldener stand. Er stand, die helle Krone auf dem Haupte, am Vorderteile des Schiffs und sah ruhig der Sonne zu, wie sie im Meer erlosch. Im Abendwinde wehten seine goldenen Locken.

Ludwig Bechstein

Der goldene Rehbock

Es waren einmal zwei arme Geschwister, ein Knabe und ein Mädchen, das Mädchen hieß Margarete, der Knabe hieß Hans. Ihre Eltern waren gestorben, hatten ihnen auch gar kein Eigentum hinterlassen, daher sie ausgehen mussten, um durch Betteln sich fortzubringen. Zur Arbeit waren beide noch zu schwach und klein, denn Hänschen zählte erst zwölf Jahre und Gretchen war noch jünger. Des Abends gingen sie vors erste beste Haus, klopften an und baten um ein Nachtquartier, und vielmals wurden sie schon von guten mildtätigen Menschen aufgenommen, wo sie ihren Hunger und Durst stillen konnten; auch hatte mancher und manche Barmherzige ihnen ein Kleidungsstück zugeworfen.

So kamen sie einmal des Abends vor ein Häuschen, welches einzeln stand; da klopften sie ans Fenster, und als gleich darauf eine alte Frau heraussah, fragten sie diese, ob sie hier nicht über Nacht bleiben dürften? Die Antwort war: »Meinetwegen, kommt nur herein!« Aber wie sie eintraten, sprach

885 die Frau: »Ich will euch wohl über Nacht behalten, aber wenn es mein Mann gewahr wird, so seid ihr verloren; denn er mag gern einen jungen Menschenbraten, daher er alle Kinder tötet, die ihm vor die Hand kommen!« Da wurde den Kindern sehr angst; doch konnten sie nunmehr nicht weiter, es war schon ganz dunkle Nacht geworden. So ließen sie sich gutwillig von der Frau in ein Fass verstecken und verhielten sich ruhig. Einschlafen konnten sie aber lange nicht, zumal sie nach einer Stunde die schweren Tritte eines Mannes vernahmen, der wahrscheinlich der Menschenfresser war. Des wurden sie bald gewiss, denn jetzt fing er an mit brüllender Stimme auf seine Frau zu zanken, dass sie keinen Menschenbraten für ihn zugerichtet. Am Morgen verließ er das Haus wieder, und tappte so laut, dass die Kinder, die endlich doch eingeschlummert waren, darüber erwachten.

Als sie von der Frau etwas zu frühstücken bekommen hatten, sagte diese: »Ihr Kinder müsst nun auch etwas tun, da habt ihr zwei Besen, geht oben hinauf und kehrt mir meine Stuben aus, deren sind zwölf, aber ihr kehrt davon nur elf, die zwölfte dürft ihr ums Himmelswillen nicht aufmachen. Ich will derzeit ausgehen. Seid fleißig, dass ihr fertig seid, wenn ich wieder komme.« Die Kinder kehrten sehr emsig, und bald waren sie fertig. Nun mochte Gretchen doch gar zu gerne wissen, was in der zwölften Stube wäre, das sie nicht sehen sollten, weil ihnen verboten war, die Stube zu öffnen. Sie guckte ein wenig durchs Schlüsselloch, und sah da einen herrlichen kleinen goldenen Wagen mit einem goldenen Rehbock bespannt. Geschwind

rief sie Hänschen herbei, dass er auch hineingucken sollte. Und als sie sich erst tüchtig umgesehen, ob die Frau nicht heimkehre und da von dieser nichts zu sehen war, schlossen sie schnell die Türe auf, zogen den Wagen samt Rehbock heraus, setzten drunten sich hinein in den Wagen und fuhren auf und davon. Aber nicht lange, so sahen sie von weitem die alte Frau und auch den Menschenfresser ihnen entgegenkommen, gerade des Wegs, den sie mit dem geraubten Wagen eingeschlagen hatten. Hänschen sprach: »Ach, Schwester, was machen wir? Wenn uns die beiden Alten entdecken, sind wir verloren.« – »Still!«, sprach Gretchen, »ich weiß ein kräftiges Zaubersprüchlein, welches ich noch von unserer Großmutter gelernt habe:

Rosenrote Rose sticht;
Siehst du mich, so sieh mich nicht!«

und alsbald waren sie verwandelt in einen Rosenstrauch. Gretchen wurde zur Rose, Hänschen zu Dornen, der Rehbock zum Stiele, der Wagen zu Blättern.

Nun kamen beide, der Menschenfresser und seine Frau, daher gegangen und die Frau wollte sich die schöne Rose abbrechen, aber sie stach sich so sehr, dass ihre Finger bluteten und sie ärgerlich davon ging. Wie die Alten fort waren, machten sich die Kinder eilig auf und fuhren weiter und kamen bald an einem Backofen, der voller Brote war. Da hörten sie aus demselben eine hohle Stimme rufen: »Rückt mir mein Brot, rückt mir mein Brot.« Schnell rückte Gretchen das Brot und tat es in ihren Wagen, worauf sie weiter fuhren. Da kamen sie an einen großen Birnbaum, der voll reifer schöner Früchte hing, aus diesem tönte es wieder: »Schüttelt mir meine Birnen, schüttelt mir meine Birnen!« Gretchen schüttelte sogleich, und Hänschen half gar fleißig auflesen und die Birnen in den goldenen Wagen schütten. Und wieder kamen sie an einen Weinstock, der rief mit angenehmer Stimme: »Pflückt mir meine Trauben, pflückt mir meine Trauben!« Gretchen pflückte auch diese und packte sie in ihren Wagen.

Unterdessen aber waren der Menschenfresser und seine Frau daheim angelangt und hatten mit Ingrimm wahrgenommen, dass die Kinder ihren goldenen Wagen samt Rehbock gestohlen, genau so wie sie selbst ebenfalls vor langen Jahren Wagen und Rehbock gestohlen und noch dazu bei dem Diebstahl auch einen Mord begangen hatten, nämlich den rechtmäßigen Eigentümer erschlagen hatten. Der mit dem Rehbock bespannte Wagen war nicht nur an und für sich von großem Wert, sondern er besaß auch noch die vortreffliche Eigenschaft, dass, wo er auch hinkam, von allen Seiten Gaben gespendet wurden, von Baum und Beerstrauch, von Backofen und Weinstock. So hatten denn die Leute, der Menschenfresser und seine Frau, lange Jahre den Wagen, wenn auch auf unrechtmäßige Weise, besessen, hatten sich gute Esswaren spenden lassen und dabei herrlich und in Freuden gelebt. Da sie nun sahen, dass sie ihres Wagens beraubt waren, machten sie sich flugs auf, den Kindern nachzueilen und ihnen die köstliche Beute wieder abzujagen. Dabei lechzte der Menschenfresser schon nach Menschenbraten; denn die Kinder wollte er sogleich fangen und töten. Mit weiten Schritten eilten die beiden Alten den Kindern nach, und erblickten diese bald von Ferne, weil sie vorausfuhren. Die Kinder kamen jetzt an einen großen Teich und konnten nicht weiter, auch war weder eine Fähre noch eine Brücke da, wo sie hinüber hätten flüchten können. Nur viele Enten waren darauf zu sehen, die lustig umher schwammen. Gretchen lockte diese ans Ufer, warf ihnen Futter hin und sprach:

»Ihr Entchen, ihr Entchen, schwimmt zusammen,
Macht mir ein Brückchen, dass ich
    hinüber kann kommen!«

Da schwammen die Enten einträchtig zusammen, bildeten eine Brücke und die Kinder samt Rehbock und Wagen kamen glücklich ans andere Ufer. Aber flugs hinterdrein kam auch der Menschenfresser, und brummte mit hässlicher Stimme:

»Ihr Entchen, ihr Entchen, schwimmt zusammen,
Macht mir ein Brückchen, dass ich hinüber
    kann kommen!«

Schnell schwammen die Entchen zusammen, und trugen die beiden Alten hinüber – meint ihr? Nein! In der Mitte des Teiches, da das Wasser am tiefsten war, schwammen die Entchen auseinander, und der böse Menschenfresser nebst seiner Alten plumpsten in die Tiefe und kamen um. Und Hänschen und Gretchen wurden sehr wohlhabende Leute, aber sie spendeten auch von ihrem Segen den Armen viel und taten viel Gutes, weil sie immer daran dachten, wie bitter es gewesen, da sie noch arm waren und betteln gehen mussten.

Ludwig Bechstein

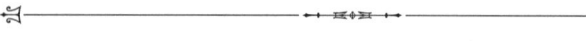

Das Natternkrönlein

Alte Großväter und Großmütter haben schon oft ihren Enkeln und Urenkeln erzählt von schönen Schlangen, die goldene Krönlein auf ihrem Haupte tragen; diese nannten die Alten mit mancherlei Namen, als Otterkönig, Krönleinnatter, Schlangenkönigin und dergleichen, und sie haben gesagt, der Besitz eines solchen Krönleins bringe großes Glück.

Bei einem geizigen Bauer diente eine fromme, mildherzige Magd, und in dessen Kuhstalle wohnte auch eine Krönleinnatter, die man zuweilen des Nachts gar wunderschön singen hörte, denn diese Nattern haben die Gabe, schöner zu singen als das beste Vögelein. Wenn nun die treue Magd in den Stall kam und die Kühe molk oder sie fütterte und ihnen streute, was sie mit großer Sorgfalt tat, denn ihres Herrn Vieh ging ihr über alles, da kroch manchmal das Schlänglein, welches so weiß war wie ein weißes Mäuschen, aus der Mauerspalte, darin es wohnte, und sah mit klugen Augen die geschäftige Dirne an, und dieser kam es immer vor, als wolle die Schlange etwas von ihr haben. Und da gewöhnte sie sich, in ein kleines Untertässchen etwas euterwarme Kuhmilch zu lassen, und dem Schlänglein dieses hinzustellen, und das trank die Milch mit gar großem Wohlbehagen, und drehte und wendete dabei ihr Köpfchen, und da glitzerte das Krönlein wie ein Diamant oder ein Karfunkelstein und leuchtete ordentlich in dem dunkeln Stalle.

889 Die gute Dirne freute sich über die weiße Schlange gar sehr und nahm auch wahr, dass, seit sie diese mit Milch tränkte, ihres Herrn Kühe sichtlich gediehen, viel mehr Milch gaben, stets gesund waren und sehr schöne Kälbchen zur Welt brachten, worüber sie die größte Freude hatte.

Da traf sich's einmal, dass der Bauer in den Stall trat, als just die Krönleinnatter ihr Tröpfchen Milch schleckte, das ihr die gute Dirne hingestellt, und weil er geizig und happig über alle Maßen war, so begehrte er gleich so wild auf, als ob die arme Magd die Milch eimerweise weggeschenkt hätte.

»Du miserable nichtsnutze Dirn, die du bist!«, schrie der böse Bauer. »So gehst du also um mit Hab und Gut deines Herrn? Schämst du dich nicht der Sünde, einen solchen giftigen Wurm, der ohnedies den Kühen zur Nacht die Milch aus den Eutern zieht, auch noch zu füttern und an den Stall zu gewöhnen? Hat man je so etwas erlebt? Schier glaub ich, dass du eine böse Hexe bist und dein Satanswesen treibst mit dem Teufelswurm!«

Die arme Dirne konnte diesem Strome harter Vorwürfe nur mit reichlich geweinten Tränen begegnen, aber der Bauer kehrte sich nicht im mindesten daran, dass sie weinte, sondern er schrie und zankte sich mehr und mehr in den vollen Zorn hinein, vergaß alle Treue und allen Fleiß der Magd und fuhr fort zu wettern und zu toben: »Aus dem Hause, sag ich, aus dem Hause! Und auf der Stelle! Ich brauche keine Schlangen als Kostgänger! Ich brauche keine Milchdiebinnen und Hexendirnen! Gleich schnürst du dein Bündel, aber gleich! Und machst, dass du aus dem Dorfe fort kommst, und lässt dich nimmer wieder blicken, sonst zeig ich dich an beim Amt, da wirst du eingesteckt und kriegst den Staubbesen, du Malefiz-Wetterdirn!«

Laut weinend entwich die so hart gescholtene Magd aus dem Stalle, ging hinauf in ihre Kammer, packte ihre Kleider zusammen und schnürte ihr Bündlein, und dann trat sie aus dem Hause und ging über den Hof. Da wurde ihr weh ums Herz, im Stalle blökte ihre Lieblingskuh. – Der Bauer war weiter gegangen; sie trat noch einmal in den Stall, um gleichsam im Stillen und unter Tränen Abschied von ihrem lieben Vieh zu nehmen, denn frommem Gesinde wird das Vieh seiner Herrschaft so lieb, als wäre es sein eigen, daher pflegt man auch zu sagen, im ersten Dienstjahre spricht die Magd: meines Herrn Kuh, im zweiten: unsere Kuh, und im dritten und in allen folgenden: *meine* Kuh.

Und da stand nun die Dirn im Stalle und weinte sich aus und streichelte noch einmal jede Kuh, und ihr Liebling leckte ihr noch einmal die Hand – und da kam die Schlange mit dem Krönlein auch gekrochen.

»Leb wohl, du armer Wurm, dich wird nun auch niemand mehr füttern.« Da hob sich das Schlänglein empor, als wollte es ihr seinen Kopf in die Hand legen, und plötzlich fiel das Natterkrönlein in des Mädchens Hand, und die Schlange glitt aus dem Stalle, was sie nie getan, das war ein Zeichen, dass auch sie aus dem Hause scheide, wo man ihr fürder kein Tröpflein Milch mehr gönnen wollte.

Jetzt ging die arme Dirne ihres Weges und wusste nicht, wie reich sie war. Sie kannte des Natterkrönleins große Macht und Gabe nicht. Wer es besitzt und bei sich trägt, dem schlägt alles zum Glück aus, der ist allen Menschen angenehm, dem wird eitel Ehre und Freude.

Draußen vor dem Dorfe begegnete der scheidenden Magd der reiche Schulzensohn, dessen Vater vor kurzem gestorben war, der schönste junge Bursche des Dorfes. Dem entbrannte gleich in Liebe das Herz zu der Dirne, und er grüßte sie und fragte sie, wohin sie gehe und warum sie aus dem Dienst gehe. Da sie nun ihm ihr Leid klagte, hieß er sie zu seiner Mutter gehen, und sie solle dieser nur sagen, *er* sende sie. Wie nun die Dirne zu der alten Frau Schulzin kam und ausrichtete, was der Schulzensohn ihr aufgetragen, da fasste die Frau gleich zu ihr ein großes

Vertrauen und behielt sie im Hause, und als am Abend die Knechte und die Mägde des reichen Bauern zum Essen kamen, da musste die Neuaufgenommene das Tischgebet sprechen, und da deuchte allen, als flössen des Gebetes Worte von den Lippen eines heiligen Engels, und wurden alle von einer wundersamen Andacht bewegt und gewannen die Dirne sehr lieb. Und als man mit dem Essen fertig war und die fromme Dirne wieder das Gebet und den Abendsegen gesprochen und das Gesinde die Stube verlassen hatte, da fasste der reiche Schulzensohn die Hand der armen Dirne, und trat mit ihr vor seine Mutter und sagte: »Frau Mutter, segnet mich und die – denn die nehme ich mir zur Frau oder keine. Sie hat es mir mal angetan!«

»Sie hat's uns allen angetan«, antwortete die alte Frau Schulzin. »Sie ist so fromm als sie schön ist und so demütig als sie makellos ist. In Gottes Namen segne ich dich und sie und ich nehme sie von Herzen gern zur Schnur*.«

So wurde die arme Magd zu des Dorfes reichster Frau und zu einer ganz glücklichen noch dazu.

Mit jenem geizigen Bauern aber, der um die paar Tröpflein Milch sich so erzürnt und die treueste Magd aus dem Hause getrieben, ging es baldigst den Krebsgang**. Mit der Krönleinnatter war all sein Glück hinweg. Er musste erst sein Vieh verkaufen, dann seine Äcker, und alles kaufte der reiche Schulzensohn, und seine Frau führte die lieben Kühe, die nun ihre eigenen waren, mit grünen Kränzen geschmückt, in ihren Stall, und streichelte sie und ließ sich wieder die Hände von ihnen lecken und molk und fütterte sie mit eigener Hand.

Auf einmal sah sie bei dieser Arbeit die weiße Schlange wieder. Da zog sie schnell das Krönlein hervor und sagte: »Das ist schön von dir, dass du zu mir kommst. Nun sollst du auch alle Tage frische Milch haben, so viel du willst, und da hast du auch dein Krönlein wieder, mit tausend Dank dafür, dass du mir damit so wohl geholfen hast. Ich brauche es nun nicht mehr, denn ich bin reich und glücklich durch Liebe, durch Treue und durch Fleiß.«

* Schwiegertochter
** bergab

Da nahm die weiße Schlange ihr Krönlein wieder und wohnte in dem Stalle der jungen Frau, und auf deren ganzem Gut blieb Friede, Glück und Gottes Segen ruhen.

Ludwig Bechstein

Der starke Gottlieb

Es war einmal ein reicher Rittergutsbesitzer, dem dienten viele Knechte, und einer von diesen wollte sich verheiraten. Wie nun derselbe seinen Herrn um die Heiratserlaubnis bat, so sagte dieser: »Heirate nur zu in Gottes Namen! Ich wünsche dir einen recht starken Sohn, und wenn du einen solchen hast, so will ich ihn dir zu Liebe gern auch in meinen Dienst nehmen.«

Also heiratete der Knecht und wurde Vater eines kräftigen Sohnes, dem er den Namen Gottlieb gab. Dem Vater blieb das Versprechen seines Herrn unvergessen, und er war darauf bedacht, Sorge zu tragen, den Jungen recht stark werden zu lassen. Zu diesem Zwecke dünkte dem Vater notwendig, dass sein Kleiner sieben Jahre lang Muttermilch trinke. Das geschah denn auch, und der Knabe wurde groß und stark. Nach Verlauf der sieben Jahre nahm der Knecht seinen Gottlieb mit zum Gutsherrn und sagte: »Schaut Herr, den prächtigen Jungen! Er kann schon etwas tun für sein Alter.« Da stand im Garten, wo Vater und Sohn den Gutsbesitzer angetroffen hatten, ein junger Baum, und da sprach der Herr: »Reiße dies Bäumchen heraus, Gottlieb!«

Der Knabe versuchte seine Kraft an dem Bäumchen, aber er vermochte nicht, dieses auszureißen, und der Herr sprach: »Der Kleine ist noch zu jung und zu schwach. Es wäre auch zu viel von ihm verlangt, jetzt schon schwere Arbeit zu tun.«

Da ging der Knecht mit seinem Gottlieb hinweg und ließ ihn noch sieben Jahre Muttermilch trinken, und als die sieben Jahre um waren, führte der Vater seinen Sohn wieder zum Rittergutsbesitzer, dem Gottlieb nun groß und stark genug schien, um ihn in seine Dienste zu nehmen; er sollte daher einen Tag zur Probe dienen. Der Gottlieb war aber von Natur und durch die Muttermilch fürchterlich stark geworden, und riss gleich als Probestück einen ziemlich dicken Baum mit dem kleinen Finger heraus, sodass alles erschrak, besonders die Gutsherrin, und ihm gleich abgeneigt wurde. Nun ging es an die Arbeit, die für Gottlieb nur ein Spiel war; dann kam die Essenszeit; die Magd trug eine Schüssel voll Kartoffeln nebst Buttermilch auf und ging die übrigen Knechte rufen; Gottlieb, der zuerst mit seiner Arbeit fertig geworden, war schon da und begann einstweilen allein zu speisen. Er zeigte, dass er sich nicht nur von Muttermilch, sondern auch von Buttermilch trefflich zu nähren verstand. Als die übrigen Knechte kamen und essen wollten und murrten, dass das Essen noch nicht aufgetragen sei, trat Gottlieb hinter dem Ofen hervor, allwo er sich ausgeruht, kratzte sich hinter den Ohren und sagte: »Es war etwas da, aber nicht viel, ich hab gemeint, es sei für mich, und hab's derweil gegessen.« Da kam die anderen ein Grauen an vor Gottliebs Appetit, und sie verwünschten einen Mitgenossen, der nicht mit ihnen, sondern der alles allein aß.

Nach dem Essen ging es ans Dreschen. Als neuem Ankömmling schenkte der Gutsherr dem Gottlieb einen neuen Dreschflegel, der war in Gottliebs Hand wie eine Feder, er warf ihn in die Luft und fing ihn wieder, wie Knaben mit leichten Stöckchen tun, und dann warf er ihn gar weg, riss sich einen Baum aus und drosch darauf los, dass die Körner gleich zu Mehl wurden, und das Stroh klein wie Häckerling, und schlug alles in Grund und Boden hinein. Das war dem Gutsherrn doch zu bunt – er erschrak vor dem gefährlichen Knecht und sann darauf, denselben mit einer guten Manier wieder los zu werden. Er fragte daher den Gottlieb, welchen Lohn er begehre, wenn er wirklich in den Dienst trete? Gottlieb trat nahe zu dem Herrn heran und sagte ihm etwas ins Ohr. Darauf wurde der Herr rot und sagte: »Es ist gut, aber stille davon« – und nahm Gottlieb zum Knechte an – darob sich die anderen Knechte nicht im Geringsten freuten.

Als der Gutsherr mit seiner Frau allein war, verlangte diese zu wissen, welchen Lohn Gottlieb sich ausbedungen habe; der Herr wurde wieder rot und wollte es erst nicht sagen, wodurch seine Frau umso mehr in ihn drang, mit der Sprache herauszurücken. Der Rittergutsbesitzer war sehr geizig, gab gar zu gern so wenig Lohn als nur möglich, und das hatte Gottlieb erwogen, dem gar nichts daran gelegen war, dass er hatte so stark werden müssen, um sich für andere zu plagen und zu arbeiten. So sagte jetzt der Gutsherr etwas verlegen zu seiner Frau:

»Siehe, mein Schatz, es hat damit seine eigene Bewandtnis. So billig bekomme ich nie einen so kräftigen Arbeiter. Der Gottlieb verlangt gar keinen Lohn.«

»Gar keinen Lohn? Das ist nicht menschenmöglich!«, rief ganz erstaunt die Gutsherrin. »Dahinter steckt etwas! Mann, du belügst mich!«

»Nun beruhige dich nur, liebe Frau«, besänftigte der Gutsherr: – »etwas verlangt er schon, und ich hab's ihm zugestanden, in Anbetracht, dass es uns nichts kostet – doch bleibt das geheim, unter uns.«

»Unter uns!«, erwiderte die Frau. »Das heißt, ich muss darum wissen!«

»Der Gottfried will mir etwas geben, wenn das Jahr herum ist«, stammelte der Gutsherr.

»Dir? Das wäre! Was kann der Sohn deines Knechts dir geben?«, fragte die Frau.

»Eine Feige«, antwortete der Mann, »will er mir geben.«

»Eine Feige? Mann, du lügst, oder es rappelt bei dir!«, schrie die Frau und wurde zornig. »Wo sollen denn auf unserem Gut Feigen herkommen?«

»Oh«, versetzte der Gutsherr, »die gibt's, es regnet bisweilen derselben – der Gottlieb meint eine Ohrfeige.«

Wenig hätte gefehlt, so hätte der Gutsherr schon jetzt eine solche Frucht zu schmecken bekommen, aber starrer Schreck lähmte einige Minuten lang der Edelfrau Hand und Mund, bis sie endlich kreischte: »Oh du Tropf! Das ist wieder ein Stückchen deines Geizes! Du willst dich lieber entehren lassen, als einem Knechte Lohn zahlen. Totschlagen wird dich der Gottlieb, denn so viel habe ich gemerkt, wo der hinschlägt, da wächst kein Gras! Nein, einen solchen Vertrag einzugehen, ist himmelschreiend. Doch, lass mich nur machen, ich wende das Unglück von dir – er muss fort – ich dulde ihn nicht!«

»Wenn du ihn fortbringen kannst, liebe Frau«, versetzte kleinmütig der Gutsherr, »so habe ich nichts dagegen.«
Die Gutsfrau machte sich gleich einen Plan. Auf dem Gut befand sich eine Mühle, in der es furchtbar spukte. Vielen war in derselben von dem Spukgeiste der Hals umgedreht worden. I – dachte sie, der kann dem Gottlieb den Hals auch umdrehen, das ist ein Aufwaschen, und da sind wir ihn los.
»Gottlieb! Heute trägst du ein halbes Malter Korn in die Mühle und mahlst es!«
»Zu Befehl, gnädige Frau!«, antwortete Gottlieb, holte einen großen Maltersack, fasste ein oder zwei Malter Korn hinein und warf sich ihn über die Schulter, ging und pfiff das Lied:

»Da droben auf jenem Berge,
Da steht ein Mühlenrad.«

Als er an die Mühle kam, war deren Türe verschlossen. Gottlieb klopfte höflich an, einmal, zweimal, dreimal. Da noch immer niemand auftat, so tat er einen sanften Tritt an die Türe, dass sie aufsprang und nebenbei entzwei krachte. Mitten im Weg zum Werk lagen eine Menge Mühlsteine; Gottlieb schob sie sanft mit den Füßen nach rechts und links und gelangte nun an das Werk. Bevor er aufschüttete und das Werk anließ, schürte er sich ein Feuer und kochte sich eine Morgensuppe, in die er einen kleinen Schinken steckte, dass sie besser geschmalzt sei. Da kam eine große Katze mit feurigen Augen, die riss ihr Maul auf, starrte den starken Gottlieb an und schrie: »Miau!« – »Hui Katz!«, schrie Gottlieb und gab ihr einen Tritt, dass sie eilend kehrt machte. Jetzt schüttete er auf, setzte das Mühlwerk in Gang, und verzehrte sein Frühstück. Gleich war die Katze wieder da, fauchte und schrie abermals: »Miau!« »Hui Katz!«, schrie Gottlieb und warf ihr den Schinkenknochen auf den Kopf, dass sie um und um wirbelte und verschwand. Plötzlich stand ein schrecklicher Riese vor dem starken Gottlieb und brüllte: »Mehlwurm! Wer heißt dich hier mahlen?« Gottlieb nicht faul, nahm einen Mühlstein, warf damit den Riesen an die Stirne und schrie: »Mühlwurm, wer heißt dich hier prahlen?« Da stürzte der Riese hinterrücks nieder und stieß ein Gebrüll aus, dass das ganze Werk wackelte.

Gottlieb aber sackte das Mehl ein, und in einen mitgebrachten zweiten Sack die Kleie, nahm die Säcke auf beide Schultern und ging nach Hause.

»Hilf Himmel!«, jammerte die Gutsherrin. »Der Lümmel lebt und kommt wieder!« – Und bald darauf sann sie auf neue Tücke.

»Der Ziehbrunnen muss gefegt werden!«, ordnete die Frau am anderen Tage an. »Das Wasser schmeckt ganz schlecht und schlammig. Gottlieb kann hinuntersteigen.« Und zu den anderen Knechten sagte sie heimlich: »Wenn er drunten ist – nehmt euch ja in acht, dass dem Fresser, der euch alles wegfrisst – kein Stein vom Brunnenrande von ungefähr auf den Kopf fällt!« – Die verstanden den bösen Wink und lasen ihn aus dem höhnischen Lächeln der Gutsfrau. Und wie Gottlieb drunten im Brunnen war, schoben sie, indem sie sich über den Rand bogen, die oberen Steine

hinunter. Gottliebs Vater war nicht dabei, der war vor kurzem gestorben. Die Steine polterten und plumpsten in den tiefen Brunnen und fielen auf den starken Gottlieb, der aber schrie herauf: »Dummheit da droben! Wer schüttet denn Streusand in das Tintenfass? Wartet, wenn ich hinaufkomme, will ich euch ledern!« – Da liefen die Knechte erschrocken vom Brunnenrande hinweg und versteckten sich, und Gottlieb stieg heraus, wie ein Schornsteinfeger aus dem Schlot, nur weniger trocken, aber mit eben so vielem Durst.

Kaum wusste nun die Edelfrau, was sie anfangen sollte mit dem starken Gottlieb, oder vielmehr, wie sie es anfangen sollte, ihn vom Hofe zu bringen. Da fiel ihr ein, dass sich ja in der Nähe ein verwünschtes Schloss befinde, das auf dem Berge, an dessen Fuße das neue Schloss des Rittergutsbesitzers stand, in Trümmern lag. In diesem verwünschten Schlosse war es, wie schon diese Bezeichnung ausdrückt, gar nicht geheuer; es ging darin um, und es spukte in ihm der Geist eines alten Riesen, der vor urgrauen Zeiten darin gehaust und schlimme Taten genug verübt hatte, weshalb er denn auch da hinauf verwünscht und gebannt war. Eine der schlechten und schlimmen Taten des alten Riesen war die gewesen, dass er die Vorfahren des jetzigen Rittergutsbesitzers, denen er das Gut verkaufte, um eine große Summe Geldes betrogen hatte, und war das zugleich auch wieder mit ein Grund, weshalb der Riese im alten Schlosse so gräulich spuken musste.

Die Edelfrau ließ Gottlieb zu sich rufen, verstellte sich und verbarg ihre Abneigung gegen den Knecht und sprach zu ihm: »Höre, mein guter Gottlieb! Unser Herr wird dir nächstens eine ganz besondere Belohnung dafür geben, dass du so fleißig bist und so viel schaffst, dabei vertraut er dir auch ganz allein. Droben auf dem alten Schlosse, weißt du, da wohnt der alte Rittergutsbesitzer, dem mein Mann das Gut abgekauft hat; das ist ein geiziger Hund und ist uns noch vieles Geld schuldig, zahlt es aber im guten nicht aus – so gehe du einmal hinauf, Gottlieb, und sprich im Unguten mit dem alten Spuk, denn du bist stark und herzhaft – alle andern sind Hasenfüße und Hasenherzen und fürchten sich. Wenn du uns das Geld bringst, so sollst du auch ein gutes Teil davon haben, und dir etwas Rechts dafür zugute tun.«

»Die Sache wird sich machen, gnädige Frau!«, antwortete Gottlieb. »Ich will gleich gehen, und wenn Geld da droben zu holen ist, so bringe ich's, darauf verlasst Euch.«

Bald war Gottlieb droben auf dem Berggipfel und wunderte sich. »Hm, hm!«, machte er. »Immer haben sie drunten gesagt, da oben stände ein altes, verfallenes Schloss, hab deswegen mir auch noch nie die Mühe genommen, hier heraufzuklettern, und nun sehe ich ein nagelneues, schönes Haus, viel schöner als das untere Schloss. Da gibt es ganz sicher Geld genug.«

Gottlieb kam an die Eingangspforte des prächtigen Gebäudes, und da kein Klingelzug daran war, so klopfte er, aber die Türe blieb, gleich jener der Mühle, fest verschlossen. – »Dumm!«, brummte Gottlieb, »da muss ich schon wieder der Schlosser sein und meinen Dietrich gebrauchen.« Trat daher ein wenig an die Pforte, doch schütterte davon das ganze Torgewände und die Türe sprang mit Donnerkrachen auf. Aber wie Gottlieb in den inneren Raum trat, umschwebten ihn gleich eine Legion Geister, und an ihrer Spitze stand der gräuliche Riese, welchem Gottlieb in der Mühle den Mühlstein an den Kopf geworfen hatte.

»Aha! Ein alter Bekannter!«, rief Gottlieb. »Bist du vielleicht der Herr von Zahlungern, der andern Leuten ihr Geld aufhebt? Dann rücke heraus! Mein Herr braucht es, und meine Frau, das heißt, meines Herrn Frau, will es haben!«

»Menschenwurm!«, brüllte der Riese, und schnitt ein entsetzliches Gesicht. »Was wagst du zu wagen? Wer ist so frech, von dem Besitzer eines alten Schlosses Geld zu verlangen? Was geht mich Geld an? Hab acht, wie ich mit dir umspringen werde, du Knirps!«

»Holla, ho! Da werd ich auch dabei sein!«, rief Gottlieb, riss einen Türflügel ab, und warf ihn dem Riesen an die Stirne, wo man noch die Schramme vom Mühlsteine sah, dann den zweiten – und da machte sich der alte Riese eilends aus dem Staube und warf mit einem Sacke voll Geld nach Gottlieb, den dieser sogleich aufraffte und sich auf die Schulter lud.

So kam er im unteren Schlosse wieder an, und wenn der Edelfrau auch Gottliebs Kommen nicht recht war, so war doch dem Edelmann das Kommen des Geldes äußerst recht,

899 und er lobte den Gottlieb und sagte: »Einen so braven Knecht findet man selten.« Heimlich aber wünschte er doch den Gottlieb zum Kuckuck, denn bei dessen Kraft graute ihn furchtbar vor der unvermeidlichen Ohrfeige. Er nahm daher Rücksprache mit seinem Schäfer und traf ein Übereinkommen mit diesem, dass der gegen ein gutes Stück Geld die bewusste Ohrfeige in Empfang nehmen wollte. Dann rief er seine Knechte zusammen, ohne den Gottlieb, und sagte ihnen, er werde sie morgen in den Wald schicken, Holz zu holen, da möchten sie Sorge tragen, dass sie zeitig wieder hereinkämen, denn wer zuletzt komme, der komme vom Dienst. Und er werde es nicht ungern sehen, wenn Gottlieb der letzte sei. Solches geschah, alles eilte nach dem Holze, und niemand weckte Gottlieb, und als er endlich noch ziemlich schlaftrunken erschien und sich die Augen rieb, schrie ihn sein Herr an: »Ei du fauler Geselle! Alles ist schon zu Holze, und wer zuletzt nach Hause kommt, kommt vom Dienst.«

»Ah!«, rief Gottlieb und streckte die Arme hoch in die Höhe, dehnte sich, gähnte und sagte: »Das ist mir etwas ganz Neues.«

»Schönen Dank, dass du mich nicht verschlungen hast, als du dein Maul so aufgerissen hast!«, spottete der Gutsherr. »Neu oder nicht, es bleibt dabei.«

»Wohl, hin!«, sagte Gottlieb, nahm sein Beil und ging nach dem Walde zu. Da waren seine Mitgesellen schon mit der Arbeit fertig und er sah sie von weitem sich entgegenkommen. Da ging er nach einem nahen großen Teich, über dessen Abfluss ein Steg führte, über den einzig und allein der Weg vom Walde nach dem Gut führte, riss die Schleusen auf, dass die volle Flut sich in den breiten Abflusskanal ergoss, trat mit dem Fuß den Steg in Stücke und ließ die Balken vom Wasser fortfluten. Dann ging er seinen Mitknechten gemächlich entgegen, die ihn tüchtig auslachten und froh waren, ihn heute noch aus dem Dienste gejagt zu sehen. Er aber rief: »Eilt nicht zu sehr, wartet ein wenig auf mich, ich komme bald wieder!«, und ging nach dem Walde. Jene aber eilten, was sie eilen konnten, nach dem Schlosse zu kommen; da kamen sie an die rauschend vorbeischießende Wasserflut ohne Steg und Brücke, und hätten sie den Teich umgehen wollen, hätten sie Stunden gebraucht. Sie mussten also warten, bis Gottlieb wiederkam, der sein Tagewerk leicht und schnell im Verlauf einer kleinen Stunde vollbracht hatte. Und wie er nun kam, brachte er einen Heubaum mit, den stemmte er in den Fluss, wie einen Turnerspringstock und schwang sich an das andere Ufer hinüber, dann warf er den Heubaum wieder über den Fluss, und schrie seinen Kameraden zu: »Macht es wie ich!« Aber von diesen hatten an dem Heubaume zwei zu heben, und sie mussten sitzen bleiben, bis der Teich all sein Wasser vorübergeschickt hatte, welches mehr als einen Tag dauerte.

Immer lebhafter wurde der Wunsch der Gutsherrschaft, den starken Gottlieb los zu sein, und daher machte ihm der Rittergutsbesitzer den Vorschlag, ihm seinen Lohn zu gewähren; er habe einen Ersatzmann als Ohrfeigenempfänger, der solle die Zahlung erhalten, und dann soll Gottlieb gehen, wohin er Lust habe, und bleiben, wo er wolle.

Gottlieb sagte: »Es kommt auf eine Probe an; ich habe ja auch proben müssen.«

Jetzt stellte sich der Schäfer als Ersatzmann, Gottlieb sah ihn mit mitleidigem und spöttischem Blick an und sagte: »Du? Du dauerst mich wirklich!«, nahm ihn, hob ihn leicht wie einen Nussknacker in die Höhe und schlug ihm eine so derbe Ohrfeige ins Gesicht, dass der Schäfer in die Luft flog wie der Spielball eines Knaben, aber gar nicht wieder herunterkam. Der Gutsherr und seine Frau kreuzigten und segneten sich und waren froh, dass er nicht diese Ohrfeige bekommen hatte, und sie sagten: »So, nun kannst du gehen.«

»Nä«, sagte Gottlieb. »Gehen? Nä – das kann ich nicht. Es war nicht der rechte; mit Euch, gnädiger Herr, hab ich gedingt. Ich liebe nicht Zichorien oder Runkelrüben statt Kaffee, ich bin kein Freund von Ersatzmannschaften. Ihr habt gesagt: ich solle gehen, wohin ich Lust habe, und bleiben, wo ich wolle. Habt Ihr nicht so gesagt?«

»Ja, allerdings, ich sagte so«, antwortete verdrießlich der Gutsherr.

»Nun«, versetzte Gottlieb, »so gehe ich in mein Bett und bleibe hier auf dem Gut.«

Da wurde der Gutsherr sehr böse und rief: »So bleibe in des Kuckucks Namen, du Kobold! So gehe ich! Mit dir will ich nicht leben und zuletzt noch wie der arme Schäfer als

Luftballon oder als Sternschnuppe am Himmel herumfahren. Nimm alles und helfe dir der böse Feind hausen und wirtschaften!«

»Nun, wenn Ihr denn nicht anders wollt, gnädiger Herr!«, sprach Gottlieb sehr sanftmütig, »so bedank ich mich fein recht schön, und wünsche Euch und der gnädigen Frau recht viel Liebes und Gutes! Ihr könnt auch Eure Sachen mitnehmen, und ich will Euch bis in die nächste Stadt in meiner Kutsche und mit meinen Pferden fahren lassen.«

»Fahre du selbst zur Hölle!«, schrien außer sich der gewesene Gutsherr und seine Ehehälfte und enteilten. Gottlieb aber nahm die Knechte und Mägde in seinen Dienst und ließ seine alte Mutter, an der er vierzehn Jahre getrunken hatte, in das Schloss ziehen und gab ihr ein goldenes Bett und seidene Kissen und Bettdecken und alle Tage den besten Wein zu trinken und alles Gute zu essen.

Ein Jahr danach, es war just Heuerntezeit, und die Knechte und die Mägde waren auf der Wiese mit Heumachen beschäftigt, kam etwas aus der Luft heruntergefallen, das war der Schäfer, der hatte so lange oben herumgezwirbelt und war über alle Wasser und Weltteile weggeflogen; er lebte noch und blieb auch am Leben, denn er fiel auf einen großen Heuhaufen, und das war sehr gut für ihn, sonst hätte das alte Lied auf ihn gepasst, welches anhebt:

»Kuckuck hat sich zu Tod gefallen.«

Ludwig Bechstein

Zwergenmützchen

Es war einmal ein Müller, der hatte drei Söhne und eine Tochter. Die Tochter liebte er sehr, aber die Söhne konnte er gar nicht leiden, war stets unzufrieden mit ihnen und machte ihnen das Leben sauer, denn sie konnten ihm nie etwas recht machen. Darüber waren die Brüder sehr bekümmert und wünschten sich weit weg von ihrem Vaterhause und saßen oft beisammen klagend und seufzend und wussten nicht, was sie anfangen sollten.

Eines Tages, als die drei Brüder auch so betrübt beisammen saßen, seufzte der eine von ihnen: »Ach, hätten wir nur ein Zwergenmützchen, da wäre uns allen geholfen!«

»Was ist's damit?«, fragte der eine von den beiden andern Brüdern.

»Die Zwerge, die in den grünen Bergen wohnen«, erläuterte der Bruder, »haben Mützchen, die man auch Nebelkäpplein nennt, und damit kann man sich unsichtbar machen, wenn man sie selbst aufsetzt. Das ist gar eine schöne Sache, liebe Brüder; da kann man den Leuten aus dem Wege gehen, die nichts von einem wissen wollen und von denen man nie ein gutes Wort empfängt. Man kann hingehen, wohin man will, nehmen was man will, niemand sieht einen, solange man mit dem Zwergenmützchen bedeckt ist.«

»Aber wie gewinnt man solch ein rares Mützchen?«, fragte der dritte und jüngste der Brüder.

»Die Zwerge«, antwortete der älteste, »sind ein kleines, drolliges Völkchen, das gern spielt. Da macht es ihnen große Freude, bisweilen ihre Mützchen in die Höhe zu werfen. Wupps! sind sie sichtbar, wupps! fangen sie das Mützchen wieder, setzen es auf und sind wieder unsichtbar. Nun braucht man nichts zu tun als aufzupassen, wenn ein Zwerg sein Mützchen in die Höhe wirft, und muss dann rasch den Zwerg packen und das Mützchen geschwind selbst fangen. Dann muss der Zwerg sichtbar bleiben, und man wird Herr der ganzen Zwergengesellschaft. Nun kann man entweder das Mützchen behalten und sich damit unsichtbar machen oder von den Zwergen so viel dafür fordern, dass man für sein Leben lang genug hat, denn die Zwerge haben Macht über alles Metall in der Erde, kennen alle Geheimnisse und Wunderkräfte der Natur; sie können auch durch ihre Lehren aus einem Dummen einen Klugen machen und aus dem faulsten Studenten einen hochgelehrten Professor, aus einem Barbier einen Doktor und aus einem Advokatenschreiber einen Minister.«

»Ei, das wäre!«, rief einer der Brüder. »So gehe doch hin, und verschaffe dir und uns solche Mützchen oder mindestens dir eins und hilf dann auch uns, dass wir von hier fortkommen!«

»Ich will es tun«, sagte der älteste der Brüder und bald war er auf dem Wege nach den grünen Bergen. Es war ein etwas weiter Weg, und erst gegen Abend kam der gute Junge bei den Zwergenbergen an. Dort legte er sich in das grüne Gras an eine Stelle, wo sich im Grase die Ringelspuren von den Tänzen der Zwerge im Mondenschein zeigten, und nach einer Weile sah er schon einige Zwerge ganz nahe bei sich übereinander purzeln, Mützchen werfen und spaßige Kurzweil treiben. Bald fiel ein solches Mützchen neben ihm nieder, schon haschte er danach – aber der Zwerg, dem das Mützchen gehörte, war ungleich behänder als er, erhaschte sein Mützchen selbst und schrie: »Diebio! Diebio!« Auf diesen Ruf warf sich das ganze Heer der Zwerge auf den armen Knaben, und es war, als wenn ein Haufen Ameisen um einen Käfer krabbelt, er konnte sich der Menge nicht erwehren und musste es geschehen lassen, dass die Zwerge ihn gefangen nahmen, und mit ihm tief hinab in ihre unterirdischen Wohnungen fuhren, weshalb sie auch »Unterirdische« genannt werden.

Wie nun der älteste Bruder nicht wiederkam, so bekümmerte und betrübte das die beiden jüngeren Brüder gar sehr, und auch der Tochter war es leid, denn sie war sanft und gut, und es betrübte sie oft, dass der Vater gegen ihre Brüder so hart und unfreundlich war und sie allein bevorzugte. Der alte Müller aber murrte: »Mag der Galgenstrick von einem Jungen beim Kuckuck sein, was kümmert's mich? Ist ein unnützer Kostgänger und Fresssack weniger im Hause. Wird schon wiederkommen, ist ans Brot gewöhnt! Unkraut verdirbt nicht.«

Aber Tag um Tag verging, und der Knabe kam nicht wieder, und der Vater wurde gegen die beiden zurückgebliebenen immer mürrischer und härter. Da klagten die zwei Brüder oft gemeinsam, und der mittlere sprach: »Weißt du was, Bruder? Ich werde jetzt selbst mich aufmachen und nach den grünen Bergen gehen, vielleicht erlange *ich* ein Zwergenmützchen. Ich denke mir die Sache gar nicht anders, als so: unser Bruder hat solch ein Mützchen erlangt und ist damit in die weite Welt gegangen, erst sein Glück zu machen, und darüber hat er uns vergessen. Ich komme gewiss wieder, wenn ich glücklich bin;

komme ich aber nicht wieder, so bin ich nicht glücklich gewesen, und für diesen Fall lebe du wohl auf immer.«

Traurig trennten sich die Brüder, und der mittlere wanderte fort nach den grünen Bergen. Dort erging es ihm in allen Stücken genau so, wie es seinem Bruder ergangen war. Er sah die Zwerge, haschte nach einem Mützchen, aber der Zwerg war flinker als er, schrie »Diebio! Diebio!« und der helle Haufen der Unterirdischen stürzte sich auf und über den Knaben, umstrickte ihn, dass er kein Glied regen konnte, und führte ihn tief hinab in die unterirdische Wohnung.

Mit der sehnsüchtigsten Ungeduld harrte der jüngste Bruder daheim in der Mühle auf des Bruders Wiederkehr, aber vergebens, und wurde dann sehr traurig, denn er wusste ja nun, dass sein mittlerer Bruder nicht glücklich gewesen war. Und die Schwester wurde auch traurig; der Vater aber blieb gleichgültig und sagte nur: »Hin ist hin. Wem es daheim nicht gefällt, der wandere. Die Welt ist groß und weit. In meinem Hause hat der Zimmermann ein Loch gelassen. Wenn dem Esel zu wohl ist, geht er aufs Eis, tanzt und bricht ein Bein. Lasst den Guck in die Welt nur laufen, was grämt ihr euch um den Schlucker? Ich bin froh, dass er mir aus den Augen ist. Aus den Augen, aus dem Sinn!«

Der jüngste Bruder hatte im Ertragen gemeinsamen Leides bisher Trost gefunden, als aber nun seine beiden älteren Brüder fort waren, fand er seine Lage ganz unerträglich und sagte zu seiner Schwester: »Liebe Schwester, ich gehe nun auch fort und schwerlich werde ich wiederkommen, wenn es mir ergeht, wie unsern Brüdern. Der Vater liebt mich einmal nicht, und ich kann nichts dafür. Die Scheltworte, die früher auf uns drei nieder fielen, fallen jetzt auf mich allein, das ist mir denn doch eine zu schwere Last. Lebe du wohl und lasse dir es wohl ergehen!«

Die Schwester wollte ihren jüngsten Bruder erst nicht fort lassen, denn sie hatte ihn am allermeisten lieb, allein er ging dennoch heimlich von dannen, und überlegte sich unterwegs recht genau, wie er es anfangen wollte, sich ein Zwergenmützchen zu verschaffen. Als er auf die grünen Berge kam, erkannte er bald an den grünen Ringeln im Grase den Ort der nächtlichen Zwergentänze und ihren Spiel- und Tummelplatz, und legte sich in der Dämmerung hin und wartete ab, bis die Zwerge kamen, spielten, tanzten und Mützchen warfen.

Eins derselben kam ihm ganz nahe, warf sein Mützchen, aber der kluge Knabe griff gar nicht danach. Er dachte, ich habe ja Zeit. Ich muss die Männlein erst recht sicher und kirre machen. Der Zwerg nahm sein Mützchen, das ganz nahe bei dem Knaben niedergefallen war, wieder. Es dauerte gar nicht lange, so fiel ein zweites Mützchen neben hin. »Ei«, dachte der Knabe, »da regnet's Mützchen«, griff aber nicht danach, bis endlich ein drittes ihm gar auf die Hand fiel; wupps dich, hielt er's fest und sprang rasch empor. »Diebio! Diebio! Diebio!«, schrie laut der Zwerg, dem das Mützchen gehörte, mit feiner, gellender Stimme, die durch Mark und Bein drang, und da wimmelte das Zwergenvolk herbei. Der Knabe aber wurde ihm unsichtbar, weil er das Mützchen hatte, und konnte ihm gar nichts anhaben. Und allesamt erhoben sie ein klägliches Jammern und ein Gewinsel um das Mützchen, er solle es doch um alles in der Welt wieder hergeben.

»Um alles in der Welt?«, fragte der kluge Knabe die Zwerge. »Das wäre mir schon recht! Aus dem Handel könnte etwas werden. Will aber erst sehen und hören, worin euer ›Alles‹ besteht. Vorerst frage ich: Wo sind meine beiden Brüder?«

»Die sind drunten im Schoß des grünen Berges!«, antwortete der Zwerg, dem das Mützchen gehört hatte.

»Und was tun sie da?«

»Sie dienen!«

»So? Sie dienen – und ihr dient nun mir. Auf! Hinab zu meinen Brüdern! Ihr Dienst ist aus, und eurer fängt an!«

Da mussten die Unterirdischen dem irdischen Menschen gehorsam sein, weil er Macht über sie erlangt hatte durch das Mützchen.

Die bestürzten und bekümmerten Zwerge führten nun ihren Gebieter an eine Stelle, wo sich eine Öffnung in den grünen Berg fand, die tat sich klingend auf, und es ging rasch hinein und hinunter. Drunten waren herrliche und unermesslich weite Räume, große Hallen und kleine Zimmer und Kämmerchen, je nach des Zwergenvolkes Bedarf; und nun verlangte der Knabe gleich, ehe er sich nach etwas anderem umsah, nach seinen Brüdern. Die wurden herbei gebracht, und der jüngste sah, dass sie in Dienertracht gekleidet waren, und sie riefen ihm wehmütig zu:

»Ach, kommst auch du, lieber guter Bruder, unser Jüngster! So sind wir drei nun doch wieder beisammen, aber in der Gewalt dieser Unterirdischen, und sehen nimmermehr wieder das himmlische Licht, den grünen Wald und die goldenen Felder!«

»Liebe Brüder«, erwiderte der jüngste: »Harret nur, ich glaube, das Blatt soll sich wohl wenden.«

»Herrenkleider und Prunkgewande für meine Brüder und mich!«, herrschte er den Zwergen zu, hielt aber wohlweislich das werte Mützchen in der Hand fest, als seinem Befehle augenblicklich gehorcht wurde und das Umkleiden vor sich ging. Nun befahl der Zwergengebieter eine Tafel mit auserlesenen Speisen und trefflichen Weinen, dann Gesang und Saitenspiel nebst Tanz und Theater, in welchen Künsten die Zwerge das Ausgezeichnetste leisten, was einer nur sehen kann, dann kostbare Betten zum Ausruhen, dann Illumination des ganzen unterirdischen Reiches, dann eine gläserne Kutsche mit prächtigen Pferden bespannt, um in den grünen Bergen überall herumzufahren und alles Sehenswerte in Augenschein zu nehmen. Da fuhren die drei Brüder durch alle Edelsteingrotten und sahen die herrlichsten Wasserkünste, sahen die Metalle als Blumen blühen, silberne Lilien, goldene Sonnenblumen, kupferne Rosen, und alles strahlte von Glanz und Pracht und Herrlichkeit. Dann

begann der Gebieter Unterhandlung mit den Zwergen über die Zurückgabe des Mützchens und legte ihnen schwere Bedingungen auf. Erstens einen Trank aus den köstlichsten Heilkräutern, die mit allen ihren Kräften den Zwergen nur zu wohl bekannt sind, für seines Vaters krankes Herz, dass es sich umkehre und Liebe zu den drei Söhnen gewinne. Zweitens einen Brautschatz so reich wie für eine Königstochter für die liebe Schwester. Drittens einen Wagen voll Edelsteine und Kunstgeräte, wie sie nur die Zwerge zu verfertigen verstehen, einen Wagen voll gemünztes Geld, weil das Sprichwort sage: Bares Geld lacht, und die Brüder gern auch lachen wollten, und endlich noch einen Wagen für die drei Brüder, höchst bequem eingerichtet mit Glasfenstern, und zu diesen drei Wagen alles nötige, Kutscher, Pferde, Geschirre und Riemenzeug.

Die Zwerge wandten sich und krümmten sich bei diesen Forderungen, und taten so erbärmlich, dass es einen Stein erbarmt haben würde, wenn ein Stein ein Menschenherz hätte; es half ihnen aber all ihr Gewinsel nichts.

»Wenn ihr nicht wollt«, sagte der Gebieter, »so ist es mir auch recht, so bleiben wir da; es ist ja recht schön bei euch; ich nehme euch allesamt, wie ihr seid, eure Mützchen; dann seht, was aus euch wird, wenn man euch sieht – tot werdet ihr geschlagen, wo sich nur einer von euch blicken lässt. Noch mehr! Ich fahre hinauf auf die Oberwelt und sammle Kröten, die gebe ich euch dann, jedem eine, vor Schlafengehen, mit ins Bett.«

Wie der Gebieter das Wort »Kröten« aussprach, stürzten alle Zwerge auf ihre Knie nieder und riefen: »Gnade! Gnade! Nur das nicht! Um alles in der Welt! Nur das nicht!« Denn die Kröten sind der Zwerge Abscheu und Tod.

»Ihr Toren«, schalt der Gebieter, »ich verlange gar nicht ›alles in der Welt‹, ich habe euch die allerbescheidenste Forderung gestellt, ich könnte ja unendlich mehr verlangen, allein ich bin ein grundguter Mensch. Ich könnte ja alles nehmen, und das Mützchen und die Herrschaft über euch fort und fort behalten, denn so lange ich das Mützchen hätte, würde ich ja, das wisst ihr wohl, nicht sterben. Also ihr wollt meine drei kleinen Bedingungen gewähren? Nicht?«

»Ja, ja, hoher Herr und Gebieter!«, seufzten die Zwerge und gingen ans Werk, alles Begehrte herbeizuschaffen und alle Gebote zu vollziehen.

In der Mühle des alten gräulichen Müllers droben war nicht gut sein. Als der jüngste Bruder auch davon gegangen war, murrte der Müller: »Nun – der ist auch fort – bleibt auch aus wie das Röhrenwasser – so geht es – das hat man davon, wenn man Kinder großzieht – sie wenden einem den Rücken zu. Nun ist nur noch das Mädchen da, mein Augapfel, mein Liebling.«

Der Liebling aber saß dort und begann zu weinen.

»Weinst schon wieder!«, murrte der Alte, »denkst, ich soll meinen, du weinst um deine Brüder? Um den Gauch weinst du – um den armen Schlucker, der dich freien will. Ist so leer und ausgebeutelt wie ein Mehlsack – er hat nichts, du hast nichts, ich habe nichts, haben wir alle dreie nichts. Hörst du was klappern? Ich höre nichts. Die Mühle steht, schlechter kann es nicht stehen um eine Mühle, als wenn sie steht. Ich kann nicht mahlen, du kannst nicht heiraten oder wir halten Bettelmanns Hochzeit. Wie?« Solcherlei Reden hatte die Tochter täglich anzuhören und verging fast im stillen Leid.

Da kamen eines schönen Morgens Wagen gefahren, einer, zwei, drei, und hielten vor der Mühle, kleine Kutscher fuhren, kleine Lakaien sprangen vom Tritt und öffneten den Schlag des ersten Wagens, drei junge hübsche Herrchen stiegen aus, fein gekleidet wie Prinzen.

Dienerschaft wimmelte um die andern Wagen, lud ab, packte ab, schnallte ab, Kisten, Kasten, Kassetten, schwere Truhen, und sie trugen alles in die Mühle. Stumm standen staunend der Müller und seine Tochter.

»Guten Morgen Vater! Guten Morgen Schwester! Da wären wir wieder!«, riefen die drei Brüder. Jene starrten sie verwundert an.

»Trink uns den Willkommen zu, lieber Vater!«, rief der Älteste und nahm aus eines Dieners Hand eine Flasche und schenkte aus einem überaus künstlich gearbeiteten Goldpokal einen edlen Trank aus und hieß den Vater trinken. Dieser trank und gab den Pokal weiter, und alle tranken. Dem Alten strömte Wärme in das kalte Herz, und die Wärme wurde zum Feuer, zum Feuer der Liebe. Er weinte und fiel seinen Söhnen in die Arme und küsste sie und segnete sie. Und da kam der Liebste der Tochter und durfte auch mit trinken und auch seine Braut küssen.

Darüber fingen vor Freude die Mühlräder, die so lange still gestanden, an, sich rasch zu drehen, um und um, um und um.

Ludwig Bechstein

Vom Knaben, der das Hexen lernen wollte

Es war einmal ein Knabe, der hatte vieles gehört von der Hexenkunst, wollte sie auch gern lernen. Wen er aber darum fragte, der sagte, dass er solche Kunst nicht kenne und nicht könne und auch nichts von ihr wissen wolle. Da ging der Knabe ganz allein in einen dunklen Wald und rief mehr denn einmal recht laut: »Wer lehrt mich das Hexen?«, und da schallte es wie antwortend an mehreren Stellen des tiefen Waldes: »Hexen! Hexen!«

Und nach einer Weile kam ein uraltes Weiblein durch das Gebüsch gekrochen. Es hatte keinen Zahn mehr im Munde und schrecklich rote Augen. Ihr Rücken war gekrümmt, ihr Haar war weiß und hing ihr wild um den Kopf herum und wehte im Winde. Ihre Stimme klang wie die Stimme des Vogels Kreideweiß, wenn er ruft: »Komm mit!«, und geradeso rief auch das alte Weib dem Knaben zu und winkte ihm zu folgen, sie wolle ihn das Hexen lehren. Der Knabe folgte ihr und sie führte ihn immer tiefer in den Wald hinein und zuletzt auf ein sumpfiges Erlenmoor, darauf eine graue, unscheinbare, halbverfallene Waldhütte stand. Die Wände waren von Torfziegeln aufgeführt und mit Moos austapeziert; das Dach war mit Schilf gedeckt. In der Waldhütte war niemand als ein hübsches junges Mädchen, welche Lieschen hieß; die Alte sagte aber nicht, ob es ihre Tochter oder ihre

Enkelin sei; außerdem waren nur noch drei große Kröten vorhanden, und über dem niedern Herde hing ein Kessel, darinnen eine Brühe kochte wie Gänseschwarz, Hasenpfeffer oder sonstiges Schwarzsauer mit Fleischknöchlein darin. Die Alte setzte eine Kröte vor die Türschwelle, dass sie Wache halte, die zweite Kröte schickte sie auf den Boden, dass sie dem Knaben eine Lagerstatt bereite, und die dritte Kröte stellte sie auf den Tisch, dass sie leuchte. Diese Kröte tat ihr Bestes im Leuchten, doch wie auch ihre Äuglein im grünlichen Schimmer flammten, so brachte sie es kaum dahin, so hell zu leuchten wie ein Glühwurm. Nun aßen die Alte und das Lieschen aus dem Kessel ihre Abendmahlzeit, und der Knabe sollte auch essen, aber er gruselte sich, denn es kam ihm vor, als ob die Knöchlein Finger und Zehen von Kindern wären. Er klagte, dass er sehr müde sei, und wurde auf sein Strohlager gewiesen, wo er bald mit dem Gedanken einschlief, am nächsten Morgen werde nun seine Lehrzeit in der Hexenkunst angehen, und dass es sehr hübsch sein werde, wenn das kleine Lieschen ihm darin Unterricht geben wolle. Die alte Hexe aber zischte dem Mädchen zu: »Wieder einen gefangen! Ein hübscher Braten, morgen wecke mich recht früh, ehe die Sonne aufgeht, da wollen wir ihn schlachten und was wir nicht gleich braten, einpökeln.«

Jetzt gingen die beiden auch schlafen, aber Lieschen fand keinen Schlaf, der schöne Knabe dauerte sie gar sehr, dass er auch sterben sollte; und sie stand von ihrem Lager auf und trat an das seine und sah, wie schön rot seine Wangen waren und wie blond sein gelocktes Haar. Und dass seine Augen blau waren wie Vergissmeinnicht, das hatte Lieschen nicht vergessen. Und es graute ihr vor ihr selbst, dass sie gezwungen war, der alten bösen Hexe zu dienen, die sie schon lange, als sie noch ein ganz kleines Kind war, ihren Eltern geraubt und in den tiefen Wald geschleppt hatte. Sie hatte das Hexenwerk lernen müssen, wie man pfeilschnell durch die Luft eilt, wie man sich unsichtbar macht, wie man sich in andere Gestalten verwandelt, und als sich nun Lieschens Herz in voller Zuneigung zu dem Knaben bewegte, so beschloss das Mädchen, ihn wenn möglich zu retten. Sie weckte ihn daher ganz leise und flüsterte ihm zu:

»Lieber Knabe, erhebe dich und folge mir! Hier wartet deiner nur der Tod.«

»Soll ich denn hier nicht das Hexen lernen?«, fragte der Knabe, welcher Friedel hieß.

»Besser ist dir, wenn du es nimmermehr lernst; außerdem hast du noch Zeit genug dazu«, antwortete Lieschen, »jetzt säume nicht – fliehe, und ich will mit dir fliehen.«

»Mit dir gehe ich gerne, liebes Mädchen«, sprach der Knabe, »und bei der hässlichen Alten mit ihren garstigen Kröten möchte ich nicht bleiben.«

»So komm denn!«, sprach Lieschen und öffnete leise das Häuschen und sah nach, ob die Alte schlief; die schlief noch, denn es war noch halb Nacht und lange nicht Morgen.

Jetzt trat Lieschen mit Friedel aus dem Häuschen, und Lieschen spuckte auf die Schwelle, worauf sie beide rasch von dannen eilten. Durch das Öffnen der Türe war aber doch ein kleines Geräusch entstanden, und weil alte Leute sehr leise schlafen, so erwachte die Hexe und rief: »Lieschen! Stehe auf! Ich glaube, es wird bald Tag.« Da rief der Speichel auf der Schwelle durch einen Hexenzauber, den Lieschen verübt: »Ich bin schon auf! Ruhe nur noch, bis ich das Hüttchen gekehrt und Laub und Holz zum Feuer zusammengelesen habe.« – Nun blieb die Alte noch ein Weilchen liegen, während die Fliehenden unaufhaltsam von dannen eilten; jene konnte aber nicht wieder einschlafen und rief abermals: »Lieschen, brennt das Feuer?«

Da antwortete abermals der Speichel auf der Schwelle: »Es brennt noch nicht, das Laub ist feucht – das Holz raucht – ruhe noch ein Weilchen, bis ich das Feuer angeblasen habe.«

Die Alte ruhte noch eine kurze Zeit, während die Fliehenden sich immer mehr von ihrer Hütte entfernten. Unterdes ging die Sonne auf, da fuhr die Alte, die ein wenig eingenickt war, mit beiden Beinen zugleich aus dem Bett und schrie: »Satanskind! Die Sonne geht auf, und du hast mich nicht geweckt. Wo steckst du?«

Auf diese Frage bekam die Alte keine Antwort, denn die Sonne hatte den Speichel auf der Schwelle vertrocknet – und nun fuhr die Hexe im Hause herum wie ein Wirbelwind. Der Knabe war fort, und Lieschen war fort, und die Hütte war nicht gefegt, es lag nicht Laub, nicht Holz auf dem Herde. Die Alte war wütend. Sie ergriff einen Besenstiel und rannte aus dem Haus. Sie schlug mit dem Besen an die Türe, da ward das Häuschen unsichtbar; sie trat auf einen Bovist, da wallte eine Wolke empor; sie setzte sich auf ihren Besenstiel und fuhr als Wolke in die Luft. Da sah sie, nach welcher Richtung die Flüchtlinge flohen, und mit Windeseile flog die Wolke ihnen nach. Lieschen aber sah sich auf der Flucht beständig um, denn sie kannte die Künste der alten Hexe und sprach jetzt zu Friedel: »Siehst du dort am hohen Himmel die braune Wolke? Das ist die Hexe, die uns nachfährt; wir können nicht weiter fliehen, sie wird uns bald einholen. Jetzt lasse mich meine Kunst brauchen. Ich will ein Dornstrauch werden und dich als eine Schlehe tragen.«

Plötzlich war Lieschen ein Schlehendorn, der viele Früchte trug und an einem Raine stand, und die unterste Beere, das war Friedel.

Die Hexe bekam auf ihrer Luftfahrt großen Durst, und als sie den Schlehendornstrauch mit den vielen Früchten sah, sprach sie zu sich selbst: Die Luft ist trocken und zehrt – ich muss mich herablassen und ein paar Schlehen essen. Dieses tat sie dann, und pflückte eine Beere nach der anderen und sagte: »Sauer macht lustig.« Jetzt waren die Beeren alle verzehrt, bis auf die letzte, welches der Friedel war, und das wusste die schlimme Alte recht gut. Sie krallte mehrmals darnach, aber der Dornbusch stach sie tüchtig in ihre langen, dürren Finger – aber sie kehrte sich nicht daran, sie gab sich rechte Mühe, die in Dornen ganz versteckte letzte Schlehe zu erhaschen. Da fiel die Schlehe ab und rollte den Rain hinab, und da wurde plötzlich der Dornbusch zu einem Wasser, und die Beere zu einem kleinen Enterich, alles durch Lieschens Zauberkunst, die sie von der Alten gelernt hatte. Sogleich warf die Alte einen ihrer Pantoffel in die Luft, der wurde alsbald ein großer Raubvogel, und stieß auf den Enterich, doch dieser tauchte schnell unter, und sowie der Raubvogel mit seinem Schnabel das Wasser berührte, schlug dieses eine Welle, die ihn erfasste und ersäufte, worauf der Enterich wieder auftauchte. Wütend schleuderte die Alte ihren zweiten Pantoffel in das Wasser, der wurde ein Krokodil und schoss nach dem Enterich hin, ihn zu erschnappen; da flog der Enterich in die Luft und ließ sich an einer anderen Stelle wieder in das Wasser nieder; das Wasser aber, welches dem Krokodil in den Rachen drang, wurde zu Stein. Da wurde das Krokodil so schwer, dass es versank. Jetzt legte sich die alte Hexe platt an den Rand des Wassers, um dasselbe auszutrinken, denn ohne das Wasser hatte der verzauberte Enterich keinen Boden mehr. So wie er das Land berührte, musste dieser Enterich die vorige Gestalt wieder annehmen. Nicht lange aber hatte die Alte getrunken, da verwandelte sich das Wasser in ihrem Leib in Feuer, und da tat es einen Knall, als ob die Hölle platze. Die Hexe war zerplatzt, der Enterich war wieder der schöne Knabe, das Feuer wurde zum Lieschen, und dann blieben beide miteinander treu verbunden. Wie der Knabe das Lieschen fragte, ob es ihn das Hexen lehren wollte – lachte Lieschen und sagte: »Du kannst es ja schon, du hast ja mich behext.«

Ludwig Bechstein

Der weiße Wolf

Ein König ritt jagen in einem großen Walde, darinnen er sich verirrte, und musste manchen Tag wandern und manche Nacht, fand immer nicht den rechten Weg und musste Hunger und Durst leiden. Endlich begegnete ihm ein kleines schwarzes Männlein, das fragte der König nach dem rechten Weg. »Ich will dich wohl führen und geleiten«, sagte das

Männlein, »aber du musst mir auch etwas dafür geben, du musst mir das geben, was dir aus deinem Hause zuerst entgegenkommt.« Der König war froh und sprach unterwegs: »Du bist recht brav, Männchen; wahrlich und wenn mein bester Hund mir entgegenliefe, so wollt ich dir ihn doch gern zum Lohne geben.« Das Männlein aber erwiderte: »Deinen besten Hund, den mag ich nicht, mir ist was anderes lieb.«

Wie sie nun beim Schlosse ankamen, so sah des Königs jüngste Tochter durchs Fenster ihren Vater geritten kommen und sprang ihm fröhlich entgegen. Da sie ihn aber in ihre Arme schloss, sprach er: »Ei wollt ich doch, dass lieber mein bester Hund mir entgegengekommen wäre!« Über diese Rede erschrak die Königstochter gar sehr und weinte und rief: »Wie das, mein Vater? Ist dir dein Hund lieber denn ich, und sollte er dich froher willkommen heißen?« Aber der König tröstete sie und sagte: »Oh liebe Tochter, so war es ja nicht gemeint!«, und erzählte ihr alles. Sie aber blieb ganz standhaft und sagte: »Es ist besser so, als dass mein lieber Vater umgekommen wäre im wilden Walde«, und das Männchen sagte: »Nach acht Tagen hole ich dich.«

Und nach acht Tagen, richtig, da kam ein weißer Wolf in das Königsschloss, und die Königstochter musste sich auf seinen Rücken setzen, und heisa, da ging's durch dick und dünn, bergauf und ab, und die Königstochter konnte das Reiten auf dem Wolf nicht aushalten und fragte: »Ist's noch weit?« – »Schweig! Weit, sehr weit ist's noch zum gläsernen Berge – schweigst du nicht, so werfe ich dich herunter!«

Nun ging es wieder so fort, bis die arme Königstochter wieder zagte und klagte und fragte, ob es noch weit sei? Und da sagte ihr der Wolf die nämlichen drohenden Worte und rannte immer fort, immer weiter, bis sie zum dritten Male die Frage wagte, da warf er sie auf der Stelle von seinem Rücken herunter und rannte davon.

Nun war die arme Prinzessin ganz allein in dem finsteren Walde und ging und ging und dachte, endlich werde ich doch einmal zu Leuten kommen. Und endlich kam sie an eine Hütte, da brannte ein Feuerchen und da saß ein altes Waldmütterchen, das hatte einen Topf am Feuer. Und da fragte die Königstochter: »Mütterchen, hast du den weißen Wolf nicht gesehen?« – »Nein, da musst du den Wind fragen, der fragt überall herum, aber bleibe erst noch ein wenig hier und iss mit mir. Ich koche hier ein Hühnersüppchen.« Das tat die Prinzessin, und als sie gegessen hatten, sagte die Alte: »Nimm die Hühnerknöchelchen mit dir, du wirst sie gut gebrauchen können.« Dann zeigte ihr die Alte den rechten Weg nach dem Winde.

Als die Königstochter bei dem Winde ankam, fand sie ihn auch am Feuer sitzen und sich eine Hühnersuppe kochen, aber auf ihre Frage nach dem weißen Wolf antwortete er ihr: »Liebes Kind, ich habe ihn nicht gesehen, ich bin heute einmal nicht gegangen und wollte mich einmal hübsch ausruhen. Frage die Sonne, die geht alle Tage auf und unter, aber erst mache es wie ich, ruhe dich aus, und iss mit mir, kannst hernach auch alle die Hühnerknöchlein mit dir nehmen, wirst sie wohl gut brauchen können.«

Als dies geschehen war, ging die Kleine nach der Sonne zu, und es ging da gerade wieder wie beim Winde, die Sonne kochte sich gerade eine Hühnersuppe an sich selbst, daher es damit sehr geschwind ging. Sie hatte auch den weißen Wolf nicht gesehen und lud die Prinzessin zum Mitessen ein. »Du musst den Mond fragen, denn wahrscheinlich läuft der weiße Wolf nur des Nachts, und da sieht der Mond alles.« Als nun die Königstochter mit der Sonne gegessen und die Knöchlein aufgesammelt hatte, ging sie weiter und fragte den Mond. Auch er kochte Hühnersuppe und sagte: »Es ist fatal, ich habe nicht geschienen oder bin zu spät aufgegangen, ich weiß gar nichts von dem weißen Wolf.« Da weinte das Mädchen und rief:

»Oh Himmel, wen soll ich nun fragen?«

»Nun nur Geduld mein Kind«, sagte der Mond. »Vor Essen wird kein Tanz, setze dich und iss erst die Hühnersuppe mit mir und nimm auch die Knöchelchen mit, du wirst sie wohl brauchen. Etwas Neues weiß ich doch; im gläsernen Berge das schwarze Männchen – das hält heute Hochzeit, der Mann im Mond ist auch dazu eingeladen.«

»Ach der gläserne Berg, der gläserne Berg! Dahin wollte ich ja eben, dahin hat mich ja der weiße Wolf tragen sollen!«, rief die Königstochter.

»Nun bis dorthin kann ich dir schon leuchten und den Weg zeigen«, sagte der Mond, »sonst könntest du dich leicht irren, denn ich zum Beispiel bestehe ganz und gar aus lauter gläsernen Bergen. Nimm immer deine Knöchlein hübsch alle mit.«

Das tat die Prinzessin, aber in der Eile vergaß sie doch ein Knöchlein. Bald stand sie an dem gläsernen Berge, aber der war ganz glatt und glitschig, da war nicht hinauf zu kommen, aber da nahm die Königstochter alle Hühnerknöchlein von der alten Waldmutter, von dem Wind, von der Sonne und von dem Monde, und machte sich daraus eine Leiter, die wurde sehr lang, aber o weh, zuletzt fehlte noch eine einzige Sprosse, noch ein Glied. Da schnitt sich die Prinzessin das oberste Gelenk von ihrem kleinen Finger ab, und so tat es gut, und sie konnte nun rasch zum Gipfel des gläsernen Berges klimmen. Oben war eine große Öffnung, da führte eine schöne Treppe hinunter, und war alles voll Glanz und Pracht, und war ein Saal da voll Hochzeitgäste und viele Musikanten und reich besetzte Tafeln. Und da saß das schwarze Männlein und an seiner Seite saß eine Dame, die war seine Braut. Das schwarze Männlein aber schien traurig. Und der Königstochter tat es auch so weh, so weh, dass sie nun zu spät kam und dass das schwarze Männlein so traurig war, und dachte bei sich, ich will ein Lied vom weißen Wolf singen, vielleicht kennt er mich dann – denn er hatte sie noch gar nicht angesehen, folglich auch nicht wiedererkannt. Und da stand eine Harfe an der Wand, welche die Prinzessin gut spielte. Die nahm sie nun und sang:

»Deinen besten Hund, den mag ich nicht,
Mir ist was anderes lieb!
Die jüngste Königstochter.
Der weiße Wolf, der lief davon,
Sie weiß nicht, wo er blieb,
Die jüngste Königstochter.«

Da horchte das schwarze Männlein hoch auf, aber die Prinzessin fuhr fort zu spielen und zu singen.

»Sie ist dem Wolfe nachgereist,
Schnitt ab ihr Fingerglied,
Die jüngste Königstochter.

Nun ist sie da – du kennst sie nicht,
Traurig singt dir dies Lied
Die jüngste Königstochter.«

Da sprang das schwarze Männlein von seinem Sitze auf und war plötzlich ein ganz schöner junger Prinz und eilte auf sie zu und schloss sie in seine Arme.
Alles war Zauber gewesen. Der Prinz war in das alte Männlein und in den weißen Wolf und in den gläsernen

Berg hinein verzaubert, so lange bis eine Prinzessin, um zu ihm zu gelangen, sich's ein Glied von ihrem kleinen Finger kosten lassen würde. Wenn das aber bis zu einer gewissen Zeit nicht geschähe, so müsse er eine andere freien und ein schwarzes Männlein bleiben all sein Leben lang. Nun war der Zauber gelöst, die andere Braut verschwand, der entzauberte Prinz heiratete die Königstochter, reiste darauf mit ihr zu ihrem Vater, der sich herzlich freute, sie wiederzusehen, und sie lebten alle glücklich miteinander bis an ihr Ende. Sollte dieses aber nicht erfolgt sein, so ist es einigermaßen wahrscheinlich, dass sie noch heute leben.

Ludwig Bechstein

Der Hasenhüter und die Königstochter

Es hatte ein reicher König eine sehr schöne Tochter. Als diese sich verheiraten wollte, mussten sich alle Freier, die sich eingefunden hatten, auf einer großen grünen Wiese versammeln, da warf sie nun einen goldenen Apfel mehrmals in die Luft und wer ihn auffing und sich unterstand, drei Bund oder drei Aufgaben, die sie selbst aufgab, zu lösen, der sollte sie dann zur Gemahlin haben. Da hatten nun viele den Apfel aufgefangen, zuletzt auch ein schöner munterer Schäferbursch, aber von allen war keiner imstande, die drei Aufgaben zu lösen. Da kam nun die Reihe an den Schäferburschen, an den letzten und geringsten unter den Freiern. Die erste Aufgabe war die: Der König hatte in einem Stall hundert Hasen. Wer die auf die Weide trieb, hütete und am Abend alle wieder zurückbrachte, der hatte die erste Aufgabe erledigt. Als das der Schäferbursche vernahm, sprach er, er wollte sich erst noch einen Tag darüber besinnen, am anderen Tage aber ganz gewiss bestimmen, ob er sich getraue, die Sache zu unternehmen oder nicht. Nun lief aber der Schäferbursche auf den Bergen umher und war traurig, denn er scheute sich vor dem gewagten Unternehmen. Da begegnete ihm ein altes Mütterchen und fragte ihn nach der Ursache seiner Traurigkeit; er aber sagte: »Ach, mir kann niemand helfen.« Da sprach das graue Mütterchen: »Urteile nicht so vorlaut; sage dein Anliegen, vielleicht kann ich dir helfen.« Und da erzählte er denn die Aufgabe. Da gab ihm das Mütterchen ein Pfeifchen und sagte: »Hebe es wohl auf, es wird dir nützen!«, und ehe noch der Bursche sich bedankt hatte, war das Mütterchen verschwunden. Nun ging er fröhlich hin zum König und sprach: »Ich will die Hasen hüten!« Und da wurden sie aus dem Stalle herausgelassen. Als aber der letzte heraus war, sah man den ersten schon nicht mehr, der war schon über alle Berge. Der Bursche aber ging hinaus aufs Feld und setzte sich auf einen grünen Hügel und

dachte: Was fang ich an? Da fiel ihm sein Pfeifchen ein; er tat es schnell heraus und pfiff, da kamen die hundert Hasen alle wieder gesprungen und weideten lustig um ihn herum an dem grünen Hügel.

Dem König und der schönen Prinzessin aber war gar nichts daran gelegen, dass der Schäfer die Aufgabe löse und die Prinzessin sich gewinne, weil er ein so geringer Schlucker war und nicht hochgeboren, und sie sannen auf Listen, wie sie machen wollten, dass der Hasenhüter seine Herde nicht vollzählig heim bringe.

Da kam die Königstochter daher gegangen und hatte sich verkleidet und ihr Gesicht verändert, dass er sie nicht kennen sollte, aber er kannte sie doch. Als sie nun die Hasen noch alle erblickte, fragte sie: »Kann man hier nicht einen von den Hasen kaufen?« Da sagte der Bursche: »Zu verkaufen gibt's keinen, aber abzuverdienen!« Da fragte sie weiter: »Wie ist das zu verstehen?« Da sprach der Bursche: »Wenn Ihr Euch mir zum Liebchen gebt und eine süße

Schäferstunde mit mir haltet!« Sie wollte aber nicht. Da sie aber doch gern einen Hasen wollte und er keinen anders hergab, so bequemte sie sich endlich doch dazu. Da er sie nun genugsam geherzt und geküsst hatte, fing er ihr einen Hasen und steckte ihn in ihr Handkörbchen, und sie ging fort. Als sie nun wohl eine Viertelstunde weit von ihm weg war, pfiff er auf seinem Pfeifchen, und geschwind drückte der Hase den Deckel des Körbchens auf, sprang heraus und kam wieder gesprungen.

Nicht lange währte es, da kam der alte König und hatte sich auch vermummt, aber der Bursche kannte ihn doch. Der König kam auf einem Esel geritten und hatte hüben und drüben einen Korb hängen. Der König fragte: »Wird kein Hase verkauft?« – »Nein, verkauft nicht, aber abverdient kann einer werden!«, antwortete ihm dreist der Bursche. »Wie ist das zu verstehen?«, fragte der König. »Wenn Ihr den Esel hier unter den Schwanz küsst«, begann der Bursche, »sollt Ihr einen haben!« Das wollte der König aber nicht tun; und er bot ihm schweres Geld, wenn er einen verkaufen wollte; der Bursche aber tat es nicht. Da nun der König sah, dass er keinen Hasen zu kaufen kriegte, bequemte er sich endlich dazu und gab dem Esel einen tüchtigen Schmatz unter den Schwanz; dann wurde ein Hase gefangen, in den einen Korb am Esel gesteckt und der König zog fort. Er war aber noch nicht weit, da pfiff der Bursche, und der Hase hüpfte aus dem Korbe heraus und kam wieder. Darauf kam der König nach Hause und sagte: »Es ist ein loser Bursche, ich konnte keinen Hasen bekommen!« Was er getan hatte, sagte er nicht. »Ja!«, erwiderte die Prinzessin, »so ging mir es auch!« Was sie aber getrieben hatte, gestand sie auch nicht. Als es Abend war, kam der Bursche mit seinen Hasen und zählte dem Könige sie vor, alle hundert zum Stall hinein.

Nun begann der König: »Die erste Aufgabe ist gelöst und nun geht es an die zweite! Merk auf! Hundert Maß Erbsen und hundert Maß Linsen liegen auf meinem Boden, diese habe ich untereinander schütten und wohl durchmengen lassen. Wenn du diese in einer Nacht ohne Licht auseinander sonderst, dann hast du die zweite Aufgabe vollbracht.« Der Bursche sprach: »Ich kann es!« Und da wurde er auf den Boden gesperrt und es wurde die Türe fest verschlossen. Da nun alles im Schlosse ruhig war, pfiff er auf seinem Pfeifchen; da kamen gekrochen viele tausend Ameisen und wimmelten und kribbelten so lange, bis die Erbsen wieder auf einem besonderen Haufen waren und die Linsen auch. Als nun früh der König nachsah, war die Aufgabe gelöst, die Ameisen aber sah er nicht, die waren wieder fort. Der König wunderte sich und wusste nicht, wie es der Bursche machte. Darauf sprach er: »Ich will dir nun auch die dritte Aufgabe sagen. Wenn du in künftiger Nacht dich durch eine große Kammer voll Brot hindurch isst, dass nichts mehr übrig bleibt, dann hast du die dritte Aufgabe vollbracht und dann sollst du meine Tochter haben!«

Als es nun dunkel war, wurde der Bursche in eine Brotkammer gesteckt, die war so voll, dass bei der Türe nur ein Plätzchen leer war, wo er hintrat. Wie aber alles ruhig im Schlosse war, pfiff er wieder auf seinem Pfeifchen; da kamen daher so viele Mäuse, dass es ihm schier unheimlich wurde; und als es tagte, war das Brot alles aufgefressen, dass kein Krümchen mehr übrig war! Er aber polterte an der Türe und schrie: »Macht auf! Ich habe Hunger!« Da war nun auch die dritte Aufgabe gelöst.

Der König aber sagte: »Sage uns zum Spaß noch einen Sack voll Lügen, dann sollst du meine Tochter bekommen!« Da fing der Bursche an und sagte schreckliche Lügen einen halben Tag lang, aber der Sack wollte immer nicht voll werden. Da erzählte er endlich: »Ich habe mit der allerliebsten Prinzessin, meiner Braut, auch schon ein Schäferstündchen gehalten!« Bei diesen Worten wurde sie feuerrot, der König sah sie an und ob es gleich Lügen sein sollten, so glaubte er's doch, und bildete sich schon ein, wie und wo es geschehen sei. »Der Sack ist aber noch nicht voll!«, rief er. Da begann der Bursche: »Der Herr König hat auch den Esel ...« – »Er ist voll, er ist voll! Strickt zu!«, rief der König, denn er schämte sich und wollte es nicht wissen lassen, welche Ehre dem Esel durch seinen königlichen Mund zuteil geworden war, da sein ganzer Hofstaat im Kreise herumstand. Und wurde die Hochzeit des Schäferburschen mit der Königstochter gefeiert, vierzehn Tage lang, und da ging es so hoch her und lustig zu, dass der es erzählt hat, wünscht, er wäre auch ein Gast dabei gewesen.

Ludwig Bechstein

Hirsedieb

In einer Stadt wohnte ein sehr reicher Kaufmann, der hatte am Haus einen großen und prächtigen Garten, in dem auch ein Stück Land mit Hirse besät war. Da nun dieser Kaufmann einmal in seinem Garten herumspazierte – es war zur Frühjahrszeit und der Samen stand frisch und kräftig – so sah er zu seinem größten Ärger und Verdruss, dass vergangene Nacht von frecher Diebeshand ein Teil von seinem Hirsesamen abgegrast worden war. Und gerade dieses Gartenstückchen, darauf er alle Jahre Hirse hinsäte, war ihm ganz besonders lieb, wie manchmal die Menschen eine ausschließliche Vorliebe für eine Sache haben. Er beschloss, den Dieb zu fangen und dann nachdrücklich zu bestrafen oder dem Gericht zu übergeben. Daher rief er seine drei Söhne Michel, Georg und Johannes zu sich und sprach: »Heute Nacht war ein Dieb in unserem Garten und hat mir einen Teil Hirsesamen abgegrast, was mich sehr ärgert. Dieser Frevler muss gefangen werden und soll mir büßen! Ihr, meine Söhne, mögt nun wachen die Nächte hindurch, einer um den anderen, und welcher den Dieb fängt, soll von mir eine stattliche Belohnung bekommen.« Der Älteste, Michel, wachte die erste Nacht; er nahm sich etliche geladene Pistolen und einen scharfen Säbel, auch zu essen und zu trinken mit, hüllte sich in einen warmen Mantel und setzte sich hinter einen blühenden Holunderbusch, hinter dem er bald hart und fest einschlief. Wie er am hellen Morgen erwachte, war ein noch größeres Stück Hirsesamen abgegrast als in der vorigen Nacht. Und wie nun der Kaufmann in den Garten kam, und das sah und merkte, dass sein Sohn statt zu wachen und den Dieb zu fangen geschlafen hatte, ward er noch ärgerlicher und schalt und höhnte ihn als einen braven Wächter, der ihm samt seinen Pistolen und Säbeln selbst gestohlen werden könne!

Die andere Nacht wachte Georg; dieser nahm sich nebst den Waffen, die sein Bruder vorige Nacht bei sich geführt, auch noch einen Knüttel und starke Stricke mit. Aber der gute Wächter Georg schlief ebenfalls ein, und fand am Morgen, dass der Hirsedieb wieder tüchtig gegrast hatte. Der Vater ward ganz wild und sagte: »Wenn der dritte Wächter ausgeschlafen hat, wird die Hirsesaat vollends zum Kuckuck sein, und es wird dann keines Wächters mehr bedürfen!«

Die dritte Nacht kam nun an Johannes die Reihe. Dieser nahm trotz allem Zureden keine Waffen mit; doch hatte er sich im Geheimen mit recht probaten Waffen gegen den Schlaf versehen; er hatte sich Disteln und Dornen gesucht, und diese, als er sich abends in den Garten an seinen Wächterplatz verfügt, vor sich aufgebaut. Wenn er nun einnicken wollte, stieß er allemal mit der Nase an die Stacheln und wurde gleich wieder munter. Als die Mitternacht herbeikam, hörte er ein Getrappel, es kam näher und näher, machte sich in den Hirsesamen und da hörte Johannes ein recht fleißiges Abraufen. Halt, dachte er, da hab ich dich! und er zog einen Strick aus der Tasche, schob leise die Dornen zurück und schlich dem Dieb vorsichtig näher. Als er hinzukam – wer hätte sich das vermutet? – war der Dieb – ein allerliebstes kleines Pferdchen. Johannes war innerlich erfreut und hatte auch mit dem Einfangen gar keine Mühe. Das Tierchen folgte ihm willig zum Stall, den Johannes fest verschloss. Und nun konnte er noch ganz gemach in seinem Bett ausschlafen. Früh, als seine Brüder aufstanden und hinunter in den Garten gehen wollten, sahen sie mit Staunen, dass Johannes in seinem Bett lag und schlief. Da weckten sie ihn und höhnten ihn mit allerlei Neckreden, dass er der beste Wächter sei, da er sogar nicht einmal die Nacht ausgehalten habe auf seiner Wache. Aber Johannes sagte: »Seid ihr nur ganz stille, ich will euch den Hirsedieb schon zeigen.« Und sein Vater und seine Brüder mussten ihm zum Stall folgen, wo das wundersame Pferdchen stand, von dem niemand zu sagen wusste, woher es gekommen und wem es zugehöre. Es war allerliebst anzusehen, von zartem und schlankem Bau, und dazu ganz silberweiß. Da hatte der Kaufmann eine große Freude und schenkte seinem wackeren Johannes das Pferdchen als Belohnung. Der nahm es freudig an und nannte es Hirsedieb.

Bald vernahmen die Brüder, dass eine schöne Prinzessin verzaubert wäre im Schloss, das auf dem gläsernen Berge stehe, zu welchem niemand wegen der großen Glätte empor klimmen könne. Wer aber glücklich hinauf und dreimal um das Schloss herumreite, der erlöse die schöne Prinzessin, und bekomme sie zur Gemahlin. Gar unendlich viele hätten schon den Bergritt probiert, wären aber alle wieder herabgestürzt und lägen tot umher.

Diese Wundermär erscholl durchs ganze Land, und auch die drei Brüder bekamen Lust, ihr Glück zu versuchen, nach dem gläsernen Berg zu reiten, und – womöglich die schöne Prinzessin zu gewinnen. Michel und Georg kauften sich junge, starke Pferde, deren Hufeisen sie tüchtig schärfen ließen, und Johannes sattelte seinen kleinen Hirsedieb, und so ging es aus zum Glücksritt. Bald erreichten sie den gläsernen Berg, der Älteste ritt zuerst, aber ach – sein Ross glitt aus, stürzte mit ihm nieder und beide, Ross und Mann, vergaßen das Aufstehen. Der zweite ritt, aber ach – sein Ross glitt aus, stürzte mit ihm nieder, und beide, Mann und Ross, vergaßen auch das Aufstehen. Nun ritt Johannes, und es ging trapp trapp trapp trapp trapp – droben waren sie, und wieder trapp trapp trapp trapp trapp und sie waren dreimal ums Schloss herum, als wenn Hirsedieb schon hundertmal diesen gefährlichen Weg gelaufen wäre. Nun standen sie vor dem Schlosstor; dieses ging auf, und es trat die reizendschöne Prinzessin heraus; sie war ganz in Seide und Gold gekleidet und breitete freudig die Arme gegen Johannes aus. Und derselbe stieg schnell von seinem Pferd und eilte die holde Prinzessin und somit sein ganzes überaus großes Glück zu umfangen.

Und die Prinzessin wandte sich zum Pferdchen, liebkoste es und sprach: »Ei, du kleiner Schelm, warum warst du mir denn entlaufen, dass ich nicht mehr die einzige Nachtstunde, die mir vergönnt war, unten auf der grünen Erde zu weilen, genießen konnte, da du mich nicht mehr den gläsernen Berg hinunter und wieder herauf getragen hast? Nun darfst du uns nimmermehr verlassen.« Und da ward Johannes gewahr, dass sein Hirsedieb das Zauberpferd seiner himmelschönen Prinzessin war.

Seine Brüder kamen wieder auf von ihrem Fall, Johannes aber sahen sie nicht wieder, denn der lebte glücklich und aller Erdensorgen entrückt mit seinem Engel im Zauberschloss auf dem gläsernen Berg. Aber auch zu diesem Berge fand kein Menschenkind mehr den Weg, weil der Zauber gelöst und die Prinzessin von ihrem Bann befreit worden war durch ihr kluges Pferdchen, das den rechten Befreier und Gemahl ihr zugetragen.

Ludwig Bechstein

Die Sterntaler

Es war einmal ein kleines Mädchen, dem war Vater und Mutter gestorben, und es war so arm, dass es kein Kämmerchen mehr hatte, darin zu wohnen, und kein Bettchen mehr, darin zu schlafen, und endlich gar nichts mehr als die Kleider auf dem Leib und ein Stückchen Brot in der Hand, das

ihm ein mitleidiges Herz geschenkt hatte. Es war aber gut und fromm. Und weil es so von aller Welt verlassen war, ging es im Vertrauen auf den lieben Gott hinaus ins Feld. Da begegnete ihm ein armer Mann, der sprach: »Ach, gib mir etwas zu essen, ich bin so hungrig.« Es reichte ihm das ganze Stückchen Brot und sagte: »Gott segne dir's«, und ging weiter. Da kam ein Kind, das jammerte und sprach: »Es friert mich so an meinem Kopfe, schenk mir etwas, womit ich ihn bedecken kann.« Da tat es seine Mütze ab und gab sie ihm. Und als es noch eine Weile gegangen war, kam wieder ein Kind und hatte kein Leibchen an und fror; da gab es ihm seins; und noch weiter, da bat eins um ein Röcklein, das gab es auch von sich hin. Endlich gelangte es in einen Wald, und es war schon dunkel geworden, da kam noch eins und bat um ein Hemdlein, und das fromme Mädchen dachte: »Es ist dunkle Nacht, da sieht dich niemand, du kannst wohl dein Hemd weggeben«, und zog das Hemd ab und gab es auch noch hin. Und wie es so stand und gar nichts mehr hatte, fielen auf einmal die Sterne vom Himmel und waren lauter harte blanke Taler: Und ob es gleich sein Hemdlein weggegeben, so hatte es ein neues an, und das war vom allerfeinsten Linnen. Da sammelte es sich die Taler hinein und war reich für sein Lebtag.

Jacob und Wilhelm Grimm

Jorinde und Joringel

Es war einmal ein altes Schloss mitten in einem großen, dicken Wald, darinnen wohnte eine alte Frau ganz allein, das war eine Erzzauberin. Am Tage machte sie sich zur Katze oder zur Nachteule, des Abends aber wurde sie wieder ordentlich wie ein Mensch gestaltet. Sie konnte das Wild und die Vögel herbeilocken, und dann schlachtete sie's, kochte und briet es. Wenn jemand auf hundert Schritte dem Schloss nahe kam, so musste er stille stehen und konnte sich nicht von der Stelle bewegen, bis sie ihn los sprach: Wenn aber eine keusche Jungfrau in diesen Kreis kam, so verwandelte sie dieselbe in einen Vogel und sperrte sie dann in einen Korb ein und trug den Korb in eine Kammer des Schlosses. Sie hatte wohl siebentausend solcher Körbe mit so raren Vögeln im Schlosse.

Nun war einmal eine Jungfrau, die hieß Jorinde: Sie war schöner als alle andere Mädchen. Die und dann ein gar schöner Jüngling, namens Joringel, hatten sich zusammen versprochen. Sie waren in den Brauttagen, und sie hatten ihr größtes Vergnügen eins am andern. Damit sie nun einsmalen vertraut zusammen reden könnten, gingen sie in den Wald spazieren. »Hüte dich«, sagte Joringel, »dass du nicht so nahe ans Schloss kommst.« Es war ein schöner Abend, die Sonne schien zwischen den Stämmen der Bäume hell ins dunkle Grün des Waldes, und die Turteltaube sang kläglich auf den alten Maibuchen.

Jorinde weinte zuweilen, setzte sich hin im Sonnenschein und klagte; Joringel klagte auch. Sie waren so bestürzt, als wenn sie hätten sterben sollen: Sie sahen sich um, waren irre und wussten nicht, wohin sie nach Hause gehen sollten. Noch halb stand die Sonne über dem Berg, und halb war sie unter. Joringel sah durchs Gebüsch und sah die alte Mauer des Schlosses nah bei sich; er erschrak und wurde todbang. Jorinde sang:

»Mein Vöglein mit dem Ringlein rot
singt Leide, Leide, Leide:

Es singt dem Täubelein seinen Tod,
singt Leide, Lei – zucküth, zicküth, zicküth.«

Joringel sah nach Jorinde. Jorinde war in eine Nachtigall verwandelt, die sang:

»zicküth, zicküth.«

Eine Nachteule mit glühenden Augen flog dreimal um sie herum und schrie dreimal:

»schu, hu, hu, hu«.

Joringel konnte sich nicht regen: Er stand da wie ein Stein, konnte nicht weinen, nicht reden, nicht Hand noch Fuß regen. Nun war die Sonne unter: Die Eule flog in einen Strauch, und gleich darauf kam eine alte krumme Frau aus diesem hervor, gelb und mager: große, rote Augen, krumme Nase, die mit der Spitze ans Kinn reichte. Sie murmelte, fing die Nachtigall und trug sie auf der Hand fort. Joringel konnte nichts sagen, nicht von der Stelle kommen; die Nachtigall war fort. Endlich kam das Weib wieder und sagte mit dumpfer Stimme: »Grüß dich, Zachiel, wenn's Möndel ins Körbel scheint, bind los, Zachiel, zu guter Stund.« Da wurde Joringel los. Er fiel vor dem Weib auf die Knie und bat, sie möchte ihm seine Jorinde wiedergeben, aber sie sagte, er sollte sie nie wiederhaben, und ging fort. Er rief, er weinte, er jammerte, aber

alles umsonst.«Uu, was soll mir geschehen?« Joringel ging fort und kam endlich in ein fremdes Dorf: da hütete er die Schafe lange Zeit. Oft ging er rund um das Schloss herum, aber nicht zu nahe dabei. Endlich träumte er einmal des Nachts, er fände eine blutrote Blume, in deren Mitte eine schöne große Perle war. Die Blume brach er ab, ging damit zum Schlosse: Alles, was er mit der Blume berührte, ward von der Zauberei frei: Auch träumte er, er hätte seine Jorinde dadurch wiederbekommen. Des Morgens, als er erwachte, fing er an durch Berg und Tal zu suchen, ob er eine solche Blume fände: Er suchte bis an den neunten Tag, da fand er die blutrote Blume am Morgen früh. In der Mitte war ein großer Tautropfe, so groß wie die schönste Perle. Diese Blume trug er Tag und Nacht bis zum Schloss. Wie er auf hundert Schritt nahe bis zum Schloss kam, da ward er nicht fest, sondern ging fort bis ans Tor. Joringel freute sich hoch, berührte die Pforte mit der Blume, und sie sprang auf. Er ging hinein, durch den Hof, horchte, wo er die vielen Vögel vernähme: Endlich hörte er's. Er ging und fand den Saal, darauf war die Zauberin und fütterte die Vögel in den siebentausend Körben. Wie sie den Joringel sah, ward sie bös, sehr bös, schalt, spie Gift und Galle gegen ihn aus, aber sie konnte auf zwei Schritte nicht an ihn kommen. Er kehrte sich nicht an sie und ging, besah die Körbe mit den Vögeln; da waren aber viele hundert Nachtigallen, wie sollte er nun seine Jorinde wiederfinden? Indem er so zusah, merkte er, dass die Alte heimlich ein Körbchen mit einem Vogel wegnahm und damit nach der Türe ging. Flugs sprang er hinzu, berührte das Körbchen mit der Blume und auch das alte Weib: Nun konnte sie nichts mehr zaubern, und Jorinde stand da, hatte ihn um den Hals gefasst, so schön, wie sie ehemals war. Da machte er auch alle die andern Vögel wieder zu Jungfrauen, und da ging er mit seiner Jorinde nach Hause, und sie lebten lange vergnügt zusammen.

Jacob und Wilhelm Grimm

Die zertanzten Schuhe

Es war einmal ein König, der hatte zwölf Töchter, eine immer schöner als die andere. Sie schliefen zusammen in einem Saal, wo ihre Betten nebeneinanderstanden, und abends, wenn sie darin lagen, schloss der König die Tür zu und verriegelte sie. Wenn er aber am Morgen die Türe aufschloss, so sah er, dass ihre Schuhe zertanzt waren, und niemand konnte herausbringen, wie das zugegangen war. Da ließ der König ausrufen, wer's könnte ausfindig machen, wo sie in der Nacht tanzten, der sollte sich eine davon zur Frau wählen und nach seinem Tod König sein: Wer sich aber meldete und es nach drei Tagen und Nächten nicht herausbrächte, der hätte sein Leben verwirkt. Nicht lange, so meldete sich ein Königssohn und erbot sich, das Wagnis zu unternehmen. Er ward wohl aufgenommen und abends in ein Zimmer geführt, das an den Schlafsaal stieß. Sein Bett war da aufgeschlagen, und er sollte acht haben, wo sie hingingen und tanzten; und damit sie nichts heimlich treiben konnten oder zu einem andern Ort hinausgingen, war auch die Saaltüre offen gelassen. Dem Königssohn fiel's aber wie Blei auf die Augen, und er schlief ein, und als er am Morgen aufwachte, waren alle zwölfe zum Tanz gewesen; denn ihre Schuhe standen da und hatten Löcher in den Sohlen. Den zweiten und dritten Abend ging's nicht anders, und da ward ihm sein Haupt ohne Barmherzigkeit abgeschlagen. Es kamen hernach noch viele und meldeten sich zu dem Wagestück, sie mussten aber alle ihr Leben lassen. Nun trug sich's zu, dass ein armer Soldat, der eine Wunde hatte und nicht mehr dienen konnte, sich auf dem Weg nach der Stadt befand, wo der König wohnte. Da begegnete ihm eine alte Frau, die fragte ihn, wo er hin wollte. »Ich weiß selber nicht recht«, sprach er und setzte im Scherz hinzu: »Ich hätte wohl Lust ausfindig zu machen, wo die Königstöchter ihre Schuhe vertanzen, und darnach König zu werden.« »Das ist so schwer nicht«, sagte die Alte, »du musst den Wein nicht trinken, der dir abends gebracht wird, und musst tun, als wärst du fest eingeschlafen.« Darauf gab sie ihm ein Mäntelchen und sprach: »Wenn du das umhängst, so bist du unsichtbar und kannst den zwölfen dann nachschleichen.« Wie der Soldat den guten Rat bekommen hatte, ward's Ernst bei ihm, sodass er ein Herz fasste, vor den König ging und sich als Freier meldete. Er ward so gut aufgenommen wie die andern auch, und wurden ihm königliche Kleider angetan. Abends zur Schlafenszeit ward er in das Vorzimmer geführt, und als er zu Bette gehen wollte, kam die älteste und brachte ihm einen Becher Wein: Aber er hatte sich einen Schwamm unter das Kinn gebunden, ließ den Wein da hineinlaufen und trank keinen Tropfen. Dann legte er sich nieder, und als er ein Weilchen gelegen hatte, fing er an zu schnarchen wie im tiefsten Schlaf. Das hörten die zwölf Königstöchter, lachten, und die älteste sprach: »Der hätte auch sein Leben sparen können.« Danach standen sie auf, öffneten Schränke, Kisten und Kasten und holten prächtige Kleider heraus: putzten sich vor den Spiegeln, sprangen herum und freuten sich auf den Tanz. Nur die jüngste sagte: »Ich weiß nicht, ihr freut euch, aber mir ist so wunderlich zumut: Gewiss widerfährt uns ein Unglück.« »Du bist eine Schneegans«, sagte die älteste, »die sich immer fürchtet. Hast du vergessen, wie viele Königssöhne schon umsonst dagewesen sind? Dem Soldaten hätt' ich nicht einmal brauchen einen Schlaftrunk zu geben, der Lümmel wäre doch nicht aufgewacht.« Wie sie alle fertig waren, sahen sie erst nach dem Soldaten, aber der hatte die Augen zugetan, rührte und regte sich nicht, und sie glaubten nun, ganz sicher zu sein. Da ging die älteste an ihr Bett und klopfte daran: Alsbald sank es in die Erde, und sie stiegen durch die Öffnung hinab, eine nach der andern, die älteste voran. Der Soldat, der alles mitangesehen hatte, zauderte nicht lange, hing sein Mäntelchen um und stieg hinter der jüngsten mit hinab. Mitten auf der Treppe trat er ihr ein wenig aufs Kleid, da erschrak sie und rief: »Was ist das? Wer hält mich am Kleid?« »Sei nicht so einfältig«, sagte die älteste, »du bist an einem Haken hängen geblieben.« Da gingen sie vollends hinab, und wie sie unten waren, standen sie in einem wunderprächtigen Baumgang, da waren alle Blätter von Silber und schimmerten und glänzten. Der Soldat dachte: »Du willst dir ein Wahrzeichen mitnehmen«, und brach einen Zweig davon ab: Da fuhr ein gewaltiger Krach

932

aus dem Baume. Die jüngste rief wieder: »Es ist nicht richtig, habt ihr den Knall gehört?« Die älteste aber sprach: »Das sind Freudenschüsse, weil wir unsere Prinzen bald erlöst haben.« Sie kamen darauf in einen Baumgang, wo alle Blätter von Gold, und endlich in einen dritten, wo sie klarer Demant waren: Von beiden brach er einen Zweig ab, wobei es jedes Mal krachte, dass die jüngste vor Schrecken zusammenfuhr: Aber die älteste blieb dabei, es wären Freudenschüsse. Sie gingen weiter und kamen zu einem großen Wasser, darauf standen zwölf Schifflein, und in jedem Schifflein saß ein schöner Prinz, die hatten auf die zwölfe gewartet, und jeder nahm eine zu sich, der Soldat aber setzte sich mit der jüngsten ein. Da sprach der Prinz: »Ich weiß nicht, das Schiff ist heute viel schwerer, und ich muss aus allen Kräften rudern, wenn ich es fortbringen soll.« »Wovon sollte das kommen«, sprach die jüngste, »als vom warmen Wetter, es ist mir auch so heiß zumut.« Jenseits des Wassers aber stand ein schönes hellerleuchtetes Schloss, woraus eine lustige Musik erschallte von Pauken und Trompeten. Sie ruderten hinüber, traten ein, und jeder Prinz tanzte mit seiner Liebsten; der Soldat aber tanzte unsichtbar mit, und wenn eine einen Becher mit Wein hielt, so trank er ihn aus, dass er leer war, wenn sie ihn an den Mund brachte; und der jüngsten ward auch angst darüber, aber die älteste brachte sie immer zum Schweigen. Sie tanzten da bis drei Uhr am andern Morgen, wo alle Schuhe durchgetanzt waren, und sie aufhören mussten. Die Prinzen fuhren sie über das Wasser wieder zurück, und der Soldat setzte sich diesmal vorne hin zur ältesten. Am Ufer nahmen sie von ihren Prinzen Abschied und versprachen, in der folgenden Nacht wiederzukommen. Als sie an der Treppe waren, lief der Soldat voraus und legte sich in sein Bett, und als die zwölf langsam und müde heraufgetrippelt kamen, schnarchte er schon wieder so laut, dass sie's alle hören konnten, und sie sprachen: »Vor dem sind wir sicher.« Da taten sie ihre schönen Kleider aus, brachten sie weg, stellten die zertanzten Schuhe unter das Bett und legten sich nieder. Am andern Morgen wollte der Soldat nichts sagen, sondern das wunderliche Wesen noch mitansehen und ging die zweite und die dritte Nacht wieder mit. Da war alles wie das erste Mal, und sie tanzten jedes

Mal, bis die Schuhe entzwei waren. Das dritte Mal aber nahm er zum Wahrzeichen einen Becher mit. Als die Stunde gekommen war, wo er antworten sollte, steckte er die drei Zweige und den Becher zu sich und ging vor den König, die zwölfe aber standen hinter der Türe und horchten, was er sagen würde. Als der König die Frage tat: »Wo haben meine zwölf Töchter ihre Schuhe in der Nacht vertanzt?«, so antwortete er: »Mit zwölf Prinzen in einem unterirdischen Schloss«, berichtete, wie es zugegangen war, und holte die Wahrzeichen hervor. Da ließ der König seine Töchter kommen und fragte sie, ob der Soldat die Wahrheit gesagt hätte, und da sie sahen, dass sie verraten waren, und Leugnen nichts half, so mussten sie alles eingestehen. Darauf fragte ihn der König, welche er zur Frau haben wollte. Er antwortete: »Ich bin nicht mehr jung, so gebt mir die älteste.« Da ward noch an selbigem Tage die Hochzeit gehalten und ihm das Reich nach des Königs Tode versprochen. Aber die Prinzen wurden auf so viele Tage wieder verwünscht, als sie Nächte mit den zwölfen getanzt hatten.

Jacob und Wilhelm Grimm

Von dem Machandelboom

Dat is nu all lang heer, wol twe dusend Johr, do wöör dar en ryk Mann, de hadd ene schöne frame Fru, un se hadden sik beyde sehr leef, hadden awerst kene Kinner, se wünschden sik awerst sehr welke, und de Fru bedd'd so veel dorüm Dag un Nacht, man se kregen keen und kregen keen. Vör erem Huse wöör en Hof, dorup stünn en Machandelboom, ünner dem stünn de Fru eens im Winter un schelld sik enen Appel, un as se sik den Appel so schelld, so sneet se sik in'n Finger, un dat Blood feel in den Snee. »Ach«, säd de Fru und süft'd so recht hoog up, un seg dat Blood vör sik an un wöör so recht wehmödig: »Hadd ik doch en Kind, so rood as Blood un so witt as Snee.« Un as se dat säd, so wurr ehr so recht fröhlich to Mode: ehr wöör recht, as schull dat wat warden. Da güng se to dem Huse, un't güng een Maand hen, de Snee vorgüng: un twe Maand, do wöör dat gröön: un dre Maand, do kömen de Blömer uut der Eerd: Un veer Maand, do drungen sik alle Bömer in dat Holt, un de grönen Twyge wören all in eenanner wussen: Door süngen de Vögelkens, dat dat ganße Holt schalld, un de Blöiten felen von den Bömern: Do wöör de fofte Maand wech, un se stünn ünner dem Machandelboom, de röök so schön, do sprüng ehr dat Hart vör Freuden, un se füll up ere Knee un kunn sik nich laten: un as de soste Maand vorby wöör, do wurren de Früchte dick un staark, do wurr se ganß still: Und de söwde Maand, do greep se na den Machandelbeeren un eet se so nydsch, do wurre se trurig un krank: Da güng de achte Maand hen, un se reep eren Mann un weend un säd: »Wenn ik staarw, so begraaf my ünner den Machandelboom.« Do wurr se ganß getrost un freude sik, bet de neegte Maand vorby wöör, do kreeg se en Kind so witt as Snee und so rood as Blood, un as se dat seeg, so freude se sik so, dat se stürw.

Do begroof ehr Mann se ünner den Machandelboom, un he füng an to wenen so sehr: Ene Tyd lang, do wurr dat wat sachter, und do he noch wat weend hat, do hüll he up, un noch en Tyd, do nöhm he sik wedder eine Fru.

Mit de tweden Fru kreeg he ene Dochter, dat Kind awerst von der eersten Fru wöör en lüttje Sähn un wöör so rood as Blood un so witt as Snee. Wenn de Fru ere Dochter so anseeg, so hadd se se so leef, awerst denn seeg se den lüttjen Jung an, und dat güng ehr so dorch't Hart, un ehr düchd, as stünn he ehr allerwegen im Weg, un dachd denn man jümmer, wo se ehr Dochter all dat Vörmägent towenden wull, un de Böse gaf ehr dat in, dat se dem lüttjen Jung ganß gramm wurr und stödd em herüm von een Eck in de anner un buffd em hier un knuffd em door, so dat dat aarme Kind jümmer in Angst wöör. Wenn he denn uut de School köhm, so hadd he keine ruhige Städ.

Eens wöör de Fru up de Kamer gaan, do köhm de lüttje Dochter ook herup und säd: »Moder, gif my enen Appel.« – »Ja, myn Kind«, säd de Fru un gaf ehr enen schönen Appel uut der Kist; de Kist awerst hadd enen grooten sworen Deckel mit en groot schaarp ysern Slott. »Moder«, säd de lüttje Dochter, »schall Broder nich ook enen hebben?« Dat vördrööt de Fru, doch säd se: »Ja, wenn he uut de School kummt.« Un as se uut dat Fenster wohr wurr, dat he köhm, so wöör dat recht, as wenn de Böse äwer ehr köhm, un se grappst to un nöhm erer Dochter den Appel wedder wech un säd: »Du schalst nich ehr enen hebben as Broder.« Do smeet se den Appel in de Kist un maakd de Kist to: Do köhm de lüttje Jung in de Döhr, do gaf ehr de Böse in, dat se fründlich to em säd: »Myn Sähn, wullt du enen Appel hebben?«, un seeg em so hastig an. »Moder«, säd de lüttje Jung, »wat sühst du gräsig uut! Ja, gif my enen Appel.« Do wöör ehr, as schull se em toreden. »Kumm mit my«, säd se un maakd den Deckel up, »hahl dy enen Appel heruut.« Un as sik de lüttje Jung henin bückd, so reet ehr de Böse, bratsch! slöög se den Deckel to, dat de Kopp afflöög un ünner de roden Appel füll. Da äwer-

leep ehr dat in de Angst, un dacht: »Kunn ik dat von my bringen!« Da güng se bawen na ere Stuw na erem Draagkasten un hahl' uut de bäwelste Schuuflad enen witten Dook un sett't den Kopp wedder up den Hals und bünd den Halsdook so um, dat'n niks sehn kunn, un sett't em vör de Döhr up enen Stohl un gaf em den Appel in de Hand.

Do köhm doorna Marleenken to erer Moder in de Kääk, de stünn by dem Führ un hadd enen Putt met heet Water vör sik, den röhrd se jümmer ümm. »Moder«, säd Marleenken, »Broder sitt vör de Döhr un süht ganß witt uut un hett enen Appel in de Hand, ik heb em beden, he schull my den Appel gewen, awerst he antwöörd my nich: do wurr my ganß grolich.« — »Gah nochmaal hen«, säd de Moder, »und wenn he dy nich antworden will, so gif em eens an de Oren.« Do güng Marleenken hen un säd: »Broder, gif my den Appel.« Awerst he sweeg still; do gaf se em eens up de Oren, do feel de Kopp herünn, doräwer vörschrock se sik un füng an to wenen un to roren: un löp to erer Moder un säd: »Ach, Moder, ik hebb mynem Broder den Kopp afslagen«, un weend un weend un wull sik nich tofreden gewen. »Marleenken«, säd de Moder, »wat hest du dahn! Awerst swyg man still, dat et keen Mensch maarkt, dat is nu doch nich to ännern; wy willen em in Suhr kaken.«

Do nöhm de Moder den lüttjen Jung un hackd em in Stücken, ded de in den Putt un kaakd em in Suhr. Marleenken awerst stünn daarby un weend un weend, un de Tranen füllen all in den Putt, un se bruukden goor keen Solt.

Da köhm de Vader to Huus un sett't sik to Disch un säd: »Wo is denn myn Sähn?« Da droog de Moder ene groote groote Schöttel up mit Swartsuhr, un Maarleenken weend un kunn sich nich hollen. Do söd de Vader wedder: »Wo is denn myn Sähn?« – »Ach«, säd de Moder, »he is äwer Land gaan, na Mütten erer Grootöhm: he wull door wat blywen.« – »Wat dait he denn door? Und heft my nich maal Adjüüs sechd!« – »O, he wull geern hen un bed my, of he door wol sos Wäken blywen kunn; he is jo woll door uphawen.« – »Ach«, säd de Mann, »my is so recht trurig! Dat is doch nich recht, he hadd my doch Adjüüs sagen schullt.« Mit des füng he an to äten un säd: »Marleenken, wat weenst du? Broder wart wol wedder kamen.« – »Ach, Fru«, säd he do, »wat smeckt my dat Aeten schöön! Gif my mehr!« Un je mehr he eet, je mehr wull he hebben un säd: »Geeft my mehr, gy schöhlt niks door af hebben, dat is, as wenn dat all myn wär.« Un he eet un eet, un de Knakens smeet he all ünner den Disch, bet he allens up hadd. Marleenken awerst güng hen na ere Commod un nöhm ut de ünnerste Schuuf eren besten syden Dook un hahl all de Beenkens und Knakens ünner den Disch heruut un bünd se in den syden Dook und droog se vör de Döhr un weend ere blödigen Tranen. Door läd se se ünner den Machandelboom in dat gröne Gras, un as se se door henlechd hadd', so war ehr mit eenmal so recht licht, un weend nich mer. Do füng de Machandelboom an, sik to bewegen, un de Twyge deden sik jümmer so recht von eenanner un denn wedder tohoop, so recht, as wenn sik eener so recht freut un mit de Händ so dait. Mit des so güng dar so'n Newel von dem Boom, un recht in dem Newel dar brennd dat as Führ, un uut dem Führ dar flöög so'n schönen Vagel heruut, de süng so herrlich un flöög hoog in de Luft, un as he wech wöör, do wöör de Machandelboom, as he vörhen west wöör, un de Dook mit de Knakens wöör wech. Marleenken awerst wöör so recht licht un vörgnöögt, recht as wenn de Broder noch leewd. Do güng se wedder ganß lustig in dat Huus by Disch un eet.

938

De Vagel awerst flöög wech un sett't sik up enen Goldsmidt syn Huus un füng an to singen:

>»Mein Mutter, der mich schlacht',
>mein Vater, der mich aß,
>mein Schwester, der Marlenichen,
>sucht alle meine Benichen,
>bind't sie in ein seiden Tuch,
>legt's unter den Machandelbaum.
>Kywitt, kywitt, wat vör'n schöön Vagel bün ik!«

De Goldsmidt seet in syn Waarkstäd un maakd ene gollne Kede, do höörd he den Vagel, de up syn Dack seet un süng, un dat dünkd em so schöön. Da stünn he up, un as he äwer den Süll güng, do vörlöör he eenen Tüffel. He güng awer so recht midden up de Strat hen, eenen Tüffel un een Sock an: syn Schortfell hadd he vör, un in de een Hand hadd he de golln Kede un in de anner de Tang; un de Sünn schynd so hell up de Strat. Door güng he recht so staan und seeg den Vagel an. »Vagel«, secht he do, »wo schöön kanst du singen! Sing my dat Stück nochmaal.« – »Nee«, secht de Vagel, »twemaal sing ik nich umsünst. Gif my de golln Kede, so will ik dy't nochmaal singen.« »Door«, secht de Goldsmidt, »hest du de golln Kede, nu sing my dat nochmaal.« Do köhm de Vagel un nöhm de golln Kede so in de rechte Poot un güng vor den Goldsmidt sitten un süng:

>»Mein Mutter, der mich schlacht',
>mein Vater, der mich aß,
>mein Schwester, der Marlenichen,
>sucht alle meine Benichen,
>bind't sie in ein seiden Tuch,

legt's unter den Machandelbaum.
Kywitt, kywitt, wat vör'n schöön Vagel bün ik!«

Da flög de Vagel wech na enem Schooster und sett't sik up den syn Dack un süng:

»Mein Mutter, der mich schlacht',
mein Vater, der mich aß,
mein Schwester, der Marlenichen,
sucht alle meine Benichen,
bind't sie in ein seiden Tuch,
legt's unter den Machandelbaum.
Kywitt, kywitt, watt vör'n schöön Vagel bün ik!«

De Schooster höörd dat un leep vör syn Döhr in Hemdsaarmels un seeg na syn Dack un mussd de Hand vör de Ogen hollen, dat de Sünn em nich blend't. »Vagel«, secht he, »wat kannst du schöön singen.« De rööp he in syn Döhr henin: »Fru, kumm mal heruut, dar is een Vagel: süh mal den Vagel, de kann maal schöön singen.« Do rööp he syn Dochter un Kinner un Gesellen, Jung un Maagd, un se körnen all up de Strat un seegen den Vagelan, wo schöön he wöör, un he hadd so recht rode un gröne Feddern, un um den Hals wöör dat as luter Gold, un de Ogen blünken em im Kopp as Steern. »Vagel«, sägd de Schooster, »nu sing my dat Stück nochmaal.« – »Ne«, secht de Vagel, »twemaal sing ik nich umsünst, du must my wat schenken.« – »Fru«, säd de Mann, »gah na dem Bähn: Up dem bäwelsten Boord door staan een Poor rode Schö, de bring herünn.« Do güng de Fru hen un hahl de Schö. »Door, Vagel«, säd de Mann, »nu sing my dat Stück nochmaal.« Do köhm de Vagel un nöhm de Schö in de linke Klau um flöög wedder up dat Dack un süng:

»Mein Mutter, der mich schlacht',
mein Vater, der mich aß,
mein Schwester, der Marlenichen,
sucht alle meine Benichen,
bind't sie in ein seiden Tuch,
legt's unter den Machandelbaum.
Kywitt, kywitt, wat vör'n schöön Vagel bün ik!«

Un as he uutsungen hadd, so flöög he wech: de Kede hadd he in de rechte und de Schö in de linke Klau, un he flöög wyt wech na ene Mähl, un de Mähl güng: »Klippe klappe, klippe klappe, klippe klappe.« Un in de Mähl door seeten twintig Mählenburßen, de hauden enen Steen un hackden: »Hick hack, hick hack, hick hack«, un de Mähl güng: »Klippe klappe, klippe klappe, klippe klappe.« Do güng de Vagel up enen Lindenboom sitten, de vör de Mähl stünn un süng:

>»Mein Mutter, der mich schlacht'«,
> do höörd een up,
> »mein Vater, der mich aß«,
> do höörden noch twe up un höörden dat,
> »mein Schwester, der Marlenichen«,
> do höörden wedder veer up,
> »sucht alle meine Benichen,
> bind't sie in ein seiden Tuch«,
> nu hackden man noch acht,
> »legt's unter«
> nu noch man fyw,
> »den Machandelbaum.«
> nu noch man een.
> »Kywitt, kywitt, wat vör'n schöön Vagel bün ik!«

Do hüll de lezte ook up un hadd dat lezte noch höörd. »Vagel«, secht he, »wat singst du schöön! Laat my dat ook hören, sing my dat nochmaal.« – »Ne«, secht de Vagel, »twemaal sing ik nich umsünst, gif my den Mählensteen, so will ik dat nochmaal singen.« – »Ja«, secht he, »wenn je my alleen tohöörd, so schullst du em hebben.« – »Ja«, säden de annern, »wenn he nochmaal singt, so schall he em hebben.« Do köhm de Vagel herünn, un de Möllers saat'n all twintig mit Böhm an un böhrden Steen up: »Hu uh uhp, hu uh uhp, hu uh uhp!« Do stöök de Vagel den Hals döör dat Lock un nöhm em um as enen Kragen un flöög wedder up den Boom un süng:

>»Mein Mutter, der mich schlacht',
> mein Vater, der mich aß,
> mein Schwester, der Marlenichen,
> sucht alle meine Benichen,

bind't sie in ein seiden Tuch,
legt's unter den Machandelbaum.
Kywitt, kywitt, wat vör'n schöön Vagel bün ik!«

Un as he dat uutsungen hadd, do deed he de Flünk von eenanner un hadd in de rechte Klau de Kede un in de linke de Schö un um den Hals den Mählensteen und floog wyt wech na synes Vaders Huse.
In de Stuw seet de Vader, de Moder un Marleenken by Disch, un de Vader säd: »Ach, wat waart my licht, my is recht so good to Mode.« – »Nä«, säd de Moder, »my is recht so angst, so recht, as wenn en swoor Gewitter kummt.« Marleenken awerst seet un weend un weend; da köhm de Vagel anflegen, un as he sik up dat Dack sett't: »Ach«, säd de Vader, »my is so recht freudig, un de Sünn schynt buten so schöön, my is recht, as schull ik enen olen Bekannten weddersehn.« – »Ne«, säd de Fru, »my is so angst, de Täne klappern my, un dat is my as Führ in den Adern.« Un se reet sik ehr Lyfken up und so mehr, awer Marleenken seet in den Eck un weend un hadd eren Platen vör de Ogen un weend den Platen ganß meßnatt. Do sett't sik de Vagel up den Machandelboom un süng:

»Mein Mutter, der mich schlacht'«,

Do hüll de Moder de Oren to un kneep de Ogen to un wull nich sehn un hören, awer dat bruusde ehr in de Oren as de allerstaarkste Storm, un de Ogen brennden ehr un zackden as Blitz.

»Mein Vater, der mich aß«,

»Ach, Moder«, secht de Mann, »door is en schöön Vagel, de singt so herrlich, de Sünn schynt so warm, und dat rückt as luter Zinnemamen.«

»Mein Schwester, der Marlenichen«,

Do läd Marleenken den Kopp up de Knee un weend in eens wech, de Mann awerst säd: »Ik ga henuut, ik mutt den Vagel dicht by sehn.« – »Ach, gah nich«, säd de Fru, »my is, as beewd dat ganße Huus un stünn in Flammen.« Awerst de Mann güng henuut un seeg den Vagel an.

»Sucht alle meine Benichen,
bind't sie in ein seiden Tuch,
legt's unter den Machandelbaum.
Kywitt, kywitt, wat vör'n schöön Vagel bün ik!«

Mit des leet de Vagel de gollne Kede fallen, un se feel dem Mann jüst um'n Hals, so recht hier herüm, dat se recht so schöön passd. Do güng he herin un säd: »Süh, wat is dat vör'n schöön Vagel, heft my so 'ne schöne gollne Kede schenkd un süht so schöön uut.« De Fru awerst wöör so angst, un füll langs in de Stuw hen, un de Mütz füll ehr von dem Kopp. Do süng de Vagel wedder:

»Mein Mutter, der mich schlacht'«,

»Ach, dat ik dusend Föder ünner de Eerd wöör, dat ik dat nich hören schull!«

»Mein Vater, der mich aß«,

Do füll de Fru vör dood nedder.

»Mein Schwester, der Marlenichen«,

»Ach«, säd Marleenken, »ik will ook hemmt gahn un sehn, of de Vagel my wat schenkt?« Do güng se henuut.

»Sucht alle meine Benichen,
bind't sie in ein seiden Tuch«,

Do smeet he ehr de Schöh herünn.

»Legt's unter den Machandelbaum.
Kywitt, kywitt, wat för'n schöön Vagel bün ik!«

Do wöör ehr so licht un frölich. Do truck se de neen roden Schö an un danßd un sprüng herin. »Ach«, säd se, »ick wöör so trurig, as ik henuut güng, un nu is my so licht! Dat is maal en heerlichen Vagel, hett my en Poor rode Schö schenkd.« – »Nee«, säd de Fru un sprüng up, un de Hoor stünnen ehr to Baarg as Führsflammen, »my is, as schull de Welt ünnergahn, ik will ook henuut, of my lichter warden schull.« Un as se uut de Döhr köhm, bratsch! smeet ehr de Vagel den Mählensteen up den Kopp, dat se ganß tomatscht wurr. De Vader un Marleenken höörden dat un güngen henuut: do güng en Damp un Flamm un Führ up von der Städ, un as dat vorby wöör, do stünn de lütje Broder door, un he nöhm synen Vader un Marleenken by der Hand, un wören alle dre so recht vergnöögt un güngen in dat Huus by Disch un eeten.

Jacob und Wilhelm Grimm

Dornröschen

Vor Zeiten war ein König und eine Königin, die sprachen jeden Tag: »Ach, wenn wir doch ein Kind hätten!«, und kriegten immer keins. Da trug sich zu, als die Königin einmal im Bade saß, dass ein Frosch aus dem Wasser ans Land kroch und zu ihr sprach: »Dein Wunsch wird erfüllt werden, ehe ein Jahr vergeht, wirst du eine Tochter zur Welt bringen.« Was der Frosch gesagt hatte, das geschah, und die Königin gebar ein Mädchen, das war so schön, dass der König vor Freude sich nicht zu lassen wusste und ein großes Fest anstellte. Er lud nicht bloß seine Verwandte, Freunde und Bekannte, sondern auch die weisen Frauen dazu ein, damit sie dem Kind hold und gewogen wären. Es waren ihrer dreizehn in seinem Reiche, weil er aber nur zwölf goldene Teller hatte, von welchen sie essen sollten, so musste eine von ihnen daheim bleiben. Das Fest ward mit aller Pracht gefeiert, und als es zu Ende war, beschenkten die weisen Frauen das Kind mit ihren Wundergaben: die eine mit Tugend, die andere mit Schönheit, die dritte mit Reichtum und so mit allem, was auf der Welt zu wünschen ist. Als elfe ihre Sprüche eben getan hatten, trat plötzlich die dreizehnte herein. Sie wollte sich dafür rächen, dass sie nicht eingeladen war, und ohne jemand zu grüßen oder nur anzusehen, rief sie mit lauter Stimme: »Die Königstochter soll sich in ihrem fünfzehnten Jahr an einer Spindel stechen und tot hinfallen.« Und ohne ein Wort weiter zu sprechen, kehrte sie sich um und verließ den Saal. Alle waren erschrocken, da trat die zwölfte hervor, die ihren Wunsch noch übrig hatte, und weil sie den bösen Spruch nicht aufheben, sondern nur ihn mildern konnte, so sagte sie: »es soll aber kein Tod sein, sondern ein hundertjähriger tiefer Schlaf, in welchen die Königstochter fällt.«

Der König, der sein liebes Kind vor dem Unglück gern bewahren wollte, ließ den Befehl ausgehen, dass alle Spindeln im ganzen Königreiche sollten verbrannt werden. An dem Mädchen aber wurden die Gaben der weisen Frauen sämtlich erfüllt; denn es war so schön, sittsam, freundlich und verständig, dass es jedermann, der es ansah, lieb haben musste. Es geschah, dass an dem Tage, wo es gerade fünfzehn Jahr alt ward, der König und die Königin nicht zu Haus waren, und das Mädchen ganz allein im Schloss zurückblieb. Da ging es aller Orten herum, besah Stuben und Kammern, wie es Lust hatte, und kam endlich auch an einen alten Turm. Es stieg die enge Wendeltreppe hinauf und gelangte zu einer kleinen Türe. In dem Schloss steckte ein verrosteter Schlüssel, und als es umdrehte, sprang die Türe auf, und saß da in einem kleinen Stübchen eine alte Frau mit einer Spindel und spann emsig ihren Flachs. »Guten Tag, du altes Mütterchen«, sprach die Königstochter, »was machst du da?« – »Ich spinne«, sagte die Alte und nickte mit dem Kopf. »Was ist das für ein Ding, das so lustig herumspringt?«, sprach das Mädchen, nahm die Spindel und wollte auch spinnen. Kaum hatte sie aber die Spindel angerührt, so ging der Zauberspruch in Erfüllung, und sie stach sich damit in den Finger.

In dem Augenblick aber, wo sie den Stich empfand, fiel sie auf das Bett nieder, das da stand, und lag in einem tiefen Schlaf. Und dieser Schlaf verbreitete sich über das ganze Schloss: Der König und die Königin, die eben heimgekommen waren und in den Saal getreten waren, fingen an einzuschlafen und der ganze Hofstaat mit ihnen. Da schliefen auch die Pferde im Stall, die Hunde im Hofe, die Tauben auf dem Dache, die Fliegen an der Wand, ja, das Feuer, das auf dem Herde flackerte, ward still und schlief ein, und der Braten hörte auf zu brutzeln, und der Koch, der den Küchenjungen, weil er etwas versehen hatte, in den Haaren ziehen wollte, ließ ihn los und schlief. Und der Wind legte sich, und auf den Bäumen vor dem Schloss regte sich kein Blättchen mehr.

Rings um das Schloss aber begann eine Dornenhecke zu wachsen, die jedes Jahr höher ward und endlich das ganze Schloss umzog und darüber hinaus wuchs, dass gar nichts mehr davon zu sehen war, selbst nicht die Fahne auf dem Dach. Es ging aber die Sage in dem Land von dem schönen schlafenden Dornröschen; denn so ward die Königstochter genannt, also dass von Zeit zu Zeit Königssöhne kamen und durch die Hecke in das Schloss dringen wollten. Es war ihnen aber nicht möglich; denn die Dornen, als hätten sie Hände, hielten fest zusammen, und die Jünglinge blieben darin hängen, konnten sich nicht wieder losmachen und starben eines jämmerlichen Todes. Nach langen langen Jahren kam wieder einmal ein Königssohn in das Land und hörte, wie ein alter Mann von der Dornhecke erzählte, es sollte ein Schloss dahinter stehen, in welchem eine wunderschöne Königstochter, Dornröschen genannt, schon seit hundert Jahren schliefe, und mit ihr schliefe der König und die Königin und der ganze Hofstaat. Er wusste auch von seinem Großvater, dass schon viele Königssöhne gekommen wären und versucht hätten, durch die Dornenhecke zu dringen, aber sie wären darin hängen geblieben und eines traurigen Todes gestorben. Da sprach der Jüngling: »Ich fürchte mich nicht, ich will hinaus und das schöne Dornröschen sehen.« Der gute Alte mochte ihm abraten, wie er wollte, er hörte nicht auf seine Worte.

Nun waren aber gerade die hundert Jahre verflossen, und der Tag war gekommen, wo Dornröschen wieder erwachen sollte. Als der Königssohn sich der Dornenhecke näherte, waren es lauter große schöne Blumen, die taten sich von selbst auseinander und ließen ihn unbeschädigt hindurch und hinter ihm taten sie sich wieder als eine Hecke zusammen. Im Schlosshof sah er die Pferde und scheckigen Jagdhunde liegen und schlafen; auf dem Dache saßen die Tauben und hatten das Köpfchen unter den Flügel gesteckt. Und als er ins Haus kam, schliefen die Fliegen an der Wand, der Koch in der Küche hielt noch die Hand, als wollte er den Jungen anpacken, und die Magd saß vor dem schwarzen Huhn, das sollte gerupft werden. Da ging er weiter und sah im Saale den ganzen Hofstaat liegen und schlafen, und oben bei dem Throne lag der König und die Königin. Da ging er noch weiter, und alles war so still, dass einer seinen Atem hören konnte, und endlich kam er zu dem Turm und öffnete die Türe zu der kleinen Stube, in welcher Dornröschen schlief. Da lag es und war so schön, dass er die Augen nicht abwenden konnte, und er bückte sich und gab ihm einen Kuss. Wie er es mit dem Kuss berührt hatte, schlug Dornröschen die Augen auf, erwachte und blickte ihn ganz

freundlich an. Da gingen sie zusammen herab, und der König erwachte und die Königin und der ganze Hofstaat und sahen einander mit großen Augen an. Und die Pferde im Hof standen auf und rüttelten sich: Die Jagdhunde sprangen und wedelten: Die Tauben auf dem Dache zogen das Köpfchen unterm Flügel hervor, sahen umher und flogen ins Feld: Die Fliegen an den Wänden krochen weiter: Das Feuer in der Küche erhob sich, flackerte und kochte das Essen: Der Braten fing wieder an zu brutzeln: Und der Koch gab dem Jungen eine Ohrfeige, dass er schrie, und die Magd rupfte das Huhn fertig. Und da wurde die Hochzeit des Königssohns mit dem Dornröschen in aller Pracht gefeiert, und sie lebten vergnügt bis an ihr Ende.

Jacob und Wilhelm Grimm

Sneewittchen

Es war einmal mitten im Winter, und die Schneeflocken fielen wie Federn vom Himmel herab, da saß eine Königin an einem Fenster, das einen Rahmen von schwarzem Ebenholz hatte, und nähte. Und wie sie so nähte und nach dem Schnee aufblickte, stach sie sich mit der Nadel in den Finger, und es fielen drei Tropfen Blut in den Schnee. Und weil das Rote im weißen Schnee so schön aussah, dachte sie bei sich: »Hätt' ich ein Kind so weiß wie Schnee, so rot wie Blut und so schwarz wie das Holz an dem Rahmen.« Bald darauf bekam sie ein Töchterlein, das war so weiß wie Schnee, so rot wie Blut und so schwarzhaarig wie Ebenholz und ward darum das Sneewittchen (Schneeweißchen) genannt. Und wie das Kind geboren war, starb die Königin.

Über ein Jahr nahm sich der König eine andere Gemahlin. Es war eine schöne Frau, aber sie war stolz und übermütig und konnte nicht leiden, dass sie an Schönheit von jemand sollte übertroffen werden. Sie hatte einen wunderbaren Spiegel, wenn sie vor den trat und sich darin beschaute, sprach sie:

»Spieglein, Spieglein an der Wand,
wer ist die Schönste im ganzen Land?«

So antwortete der Spiegel:

»Frau Königin, Ihr seid die Schönste im Land.«

Da war sie zufrieden; denn sie wusste, dass der Spiegel die Wahrheit sagte. Sneewittchen aber wuchs heran und wurde immer schöner, und als es sieben Jahr alt war, war es so schön wie der klare Tag und schöner als die Königin selbst. Als diese einmal ihren Spiegel fragte:

»Spieglein, Spielglein an der Wand,
wer ist die Schönste im ganzen Land?«,

so antwortete er:

»Frau Königin, Ihr seid die Schönste hier,
aber Sneewittchen ist tausendmal schöner als Ihr.«

Da erschrak die Königin und ward gelb und grün vor Neid. Von Stund an, wenn sie Sneewittchen erblickte, kehrte sich ihr das Herz im Leibe herum, so hasste sie das Mädchen. Und der Neid und Hochmut wuchsen wie ein Unkraut in ihrem Herzen immer höher, dass sie Tag und Nacht keine Ruhe mehr hatte. Da rief sie einen Jäger und sprach: »Bring das Kind hinaus in den Wald, ich will's nicht mehr vor meinen Augen sehen. Du sollst es töten und mir Lunge und Leber zum Wahrzeichen mitbringen.« Der Jäger gehorchte und führte es hinaus, und als er den Hirschfänger gezogen hatte und Sneewittchens unschuldiges Herz durchbohren wollte, fing es an zu weinen und sprach: »Ach, lieber Jäger, lass mir mein Leben; ich will in den wilden Wald laufen und nimmermehr wieder heimkommen.« Und weil es so schön war, hatte der Jäger Mitleiden und sprach: »So lauf hin, du armes Kind.« – »Die wilden Tiere werden dich bald gefressen haben«, dachte er, und doch war's ihm, als wär' ein Stein von seinem Herzen gewälzt, weil er es nicht zu töten brauchte. Und als gerade ein junger Frischling dahergesprungen kam, stach er ihn ab, nahm Lunge und Leber heraus und brachte sie als Wahrzeichen der Königin mit. Der Koch musste sie in Salz kochen, und das boshafte Weib aß sie auf und meinte, sie hätte Sneewittchens Lunge und Leber gegessen.

Nun war das arme Kind in dem großen Wald mutterselig allein, und ward ihm so angst, dass es alle Blätter an den Bäumen ansah und nicht wusste, wie es sich helfen sollte. Da fing es an zu laufen und lief über die spitzen Steine und durch die Dornen, und die wilden Tiere sprangen an ihm vorbei, aber sie taten ihm nichts. Es lief, solange nur die Füße noch fort konnten, bis es bald Abend werden wollte; da sah es ein kleines Häuschen und ging hinein, sich zu ruhen. In dem Häuschen war alles klein, aber so zierlich und reinlich, dass es nicht zu sagen ist. Da stand ein weißgedecktes Tischlein mit sieben kleinen Tellern, jedes Tellerlein mit seinem Löffelein, ferner sieben Messerlein und Gäblein und sieben Becherlein. An der Wand waren sieben Bettlein nebeneinander aufgestellt und schneeweiße Laken darüber gedeckt. Sneewittchen, weil es so hungrig und durstig war, aß von jedem Tellerlein ein wenig Gemüs und Brot und trank aus jedem Becherlein einen Tropfen Wein; denn es wollte nicht einem allein alles wegnehmen. Hernach, weil es so müde war, legte es sich in ein Bettchen, aber keins passte; das eine war zu lang, das andere zu kurz, bis endlich das siebente recht war: Und darin blieb es liegen, befahl sich Gott und schlief ein.

Als es ganz dunkel geworden war, kamen die Herren von dem Häuslein: Das waren die sieben Zwerge, die in den Bergen nach Erz hackten und gruben. Sie zündeten ihre sieben Lichtlein an, und wie es nun hell im Häuslein ward, sahen sie, dass jemand darin gewesen war; denn es stand nicht alles so in der Ordnung, wie sie es verlassen hatten. Der erste sprach: »Wer hat auf meinem Stühlchen gesessen?« Der zweite: »Wer hat von meinem Tellerchen gegessen?« Der dritte: »Wer hat von meinem Brötchen genommen?« Der vierte: »Wer hat von meinem Gemüschen gegessen?« Der fünfte: »Wer hat mit meinem Gäbelchen gestochen?« Der sechste: »Wer hat mit meinem Messerchen geschnitten?« Der siebente: »Wer hat aus meinem Becherlein getrunken?« Dann sah sich der erste um und sah, dass auf seinem Bett eine kleine Delle war; da sprach er: »Wer hat in mein Bettchen getreten?« Die andern kamen gelaufen und riefen: »In meinem hat auch jemand gelegen.« Der siebente aber, als er in sein Bett sah, erblickte Sneewittchen, das lag darin und schlief. Nun rief er die andern, die kamen herbeigelaufen und schrien vor Verwunderung, holten ihre sieben Lichtlein und beleuchteten Sneewittchen. »Ei, du mein Gott! Ei, du mein Gott!«, riefen sie, »was ist das Kind so schön!«, und hatten so große Freude, dass sie es nicht aufweckten, sondern im Bettlein fortschlafen ließen. Der siebente Zwerg aber schlief bei seinen Gesellen, bei jedem eine Stunde: Da war die Nacht herum.

Als es Morgen war, erwachte Sneewittchen, und wie es die sieben Zwerge sah, erschrak es. Sie waren aber freundlich und fragten: »Wie heißt du?« – »Ich heiße Sneewittchen«, antwortete es. »Wie bist du in unser Haus gekommen?«, sprachen weiter die Zwerge. Da erzählte es ihnen, dass seine Stiefmutter es hätte wollen umbringen lassen, der Jäger hätte ihm aber das Leben geschenkt, und da wär' es gelaufen den ganzen Tag, bis es endlich ihr Häuslein gefunden hätte. Die Zwerge sprachen: »Willst du unsern Haushalt versehen, kochen, betten, waschen, nähen und stricken, und willst du alles ordentlich und reinlich halten, so kannst du bei uns bleiben, und es soll dir an nichts fehlen.« – »Ja«, sagte Sneewittchen, »von Herzen gern«, und blieb bei ihnen. Es hielt ihnen das Haus in Ordnung: Morgens gingen sie in die Berge und suchten Erz und Gold, abends kamen sie wieder, und da musste ihr Essen bereit sein. Den Tag über war das Mädchen allein; da warnten es die guten Zwerglein und sprachen: »Hüte dich vor deiner Stiefmutter, die wird bald wissen, dass du hier bist; lass ja niemand herein.«

Die Königin aber, nachdem sie Sneewittchens Lunge und Leber glaubte gegessen zu haben, dachte nicht anders als, sie wäre wieder die Erste und Allerschönste, trat vor ihren Spiegel und sprach:

»Spieglein, Spieglein an der Wand,
wer ist die Schönste im ganzen Land?«

Da antwortete der Spiegel:

»Frau Königin, Ihr seid die Schönste hier,
aber Sneewittchen über den Bergen
bei den sieben Zwergen
ist noch tausendmal schöner als Ihr.«

Da erschrak sie; denn sie wusste, dass der Spiegel keine Unwahrheit sprach, und merkte, dass der Jäger sie betrogen hatte, und Sneewittchen noch am Leben war. Und da sann und sann sie aufs neue, wie sie es umbringen wollte; denn, solange sie nicht die Schönste war im ganzen Land, ließ ihr der Neid keine Ruhe. Und als sie sich endlich etwas ausgedacht hatte, färbte sie sich das Gesicht und kleidete sich wie eine alte Krämerin und war ganz unkenntlich. In dieser Gestalt ging sie über die sieben Berge zu den sieben Zwergen, klopfte an die Türe und rief: »Schöne Ware feil, feil!« Sneewittchen guckte zum Fenster heraus und rief: »Guten Tag, liebe Frau, was habt Ihr zu verkaufen?« – »Gute Ware, schöne Ware«, antwortete sie, »Schnürriemen von allen Farben«, und holte einen hervor, der aus bunter Seide geflochten war. »Die ehrliche Frau kann ich hereinlassen«, dachte Sneewittchen, riegelte die Türe auf und kaufte sich den hübschen Schnürriemen. »Kind«, sprach die Alte, »wie du aussiehst! Komm, ich will dich einmal ordentlich schnüren.« Sneewittchen hatte kein Arg, stellte sich vor sie und ließ sich mit dem neuen Schnürriemen schnüren: Aber die Alte schnürte geschwind und schnürte so fest, dass dem Sneewittchen der Atem verging, und es für tot hinfiel. »Nun bist du die Schönste gewesen«, sprach sie und eilte hinaus.

Nicht lange darauf, zur Abendzeit, kamen die sieben Zwerge nach Haus, aber wie erschraken sie, als sie ihr liebes Sneewittchen auf der Erde liegen sahen; und es regte und bewegte sich nicht, als wäre es tot. Sie hoben es in die Höhe, und weil sie sahen, dass es zu fest geschnürt war, schnitten sie den Schnürriemen entzwei: Da fing es an ein wenig zu atmen und ward nach und nach wieder lebendig. Als die Zwerge hörten, was geschehen war, sprachen sie: »Die alte Krämerfrau war niemand als die gottlose Königin: Hüte dich und lass keinen Menschen herein, wenn wir nicht bei dir sind.«

Das böse Weib aber, als es nach Haus gekommen war, ging vor den Spiegel und fragte:

»Spieglein, Spieglein an der Wand,
wer ist die Schönste im ganzen Land?«

Da antwortete er wie sonst:

»Frau Königin, Ihr seid die Schönste hier,
aber Sneewittchen über den Bergen
bei den sieben Zwergen
ist noch tausendmal schöner als Ihr.«

Als sie das hörte, lief ihr alles Blut zum Herzen, so erschrak sie; denn sie sah wohl, dass Sneewittchen wieder lebendig geworden war. »Nun aber«, sprach sie, »will ich etwas aussinnen, das dich zu Grunde richten soll«, und mit Hexenkünsten, die sie verstand, machte sie einen giftigen Kamm. Dann verkleidete sie sich und nahm die Gestalt eines andern alten Weibes an. So ging sie hin über die sieben Berge zu den sieben Zwergen, klopfte an die Türe und rief: »Gute Ware feil, feil!« Sneewittchen schaute heraus und sprach: »Geht nur weiter, ich darf niemand hereinlassen.« – »Das Ansehen wird dir doch erlaubt sein«, sprach die Alte, zog den giftigen Kamm heraus und hielt ihn in die Höhe. Da gefiel er dem Kinde so gut, dass es sich betören ließ und die Türe öffnete. Als sie des Kaufs einig waren, sprach die Alte: »Nun will ich dich einmal ordentlich kämmen.« Das arme Sneewittchen dachte an nichts und ließ die Alte gewähren, aber kaum hatte sie den Kamm in die Haare gesteckt, als das Gift darin wirkte, und das Mädchen ohne Besinnung niederfiel. »Du Ausbund von Schönheit«, sprach das boshafte Weib, »jetzt ist's um dich geschehen«, und ging fort. Zum Glück aber war es bald Abend, wo die sieben Zwerglein nach Haus kamen. Als sie Sneewittchen wie tot auf der Erde liegen sahen, hatten sie gleich die Stiefmutter in Verdacht, suchten nach und fanden den giftigen Kamm, und kaum hatten sie ihn herausgezogen, so kam Sneewittchen wieder zu sich und erzählte, was vorgegangen war. Da warnten sie es noch einmal, auf seiner Hut zu sein und niemand die Türe zu öffnen.

Die Königin stellte sich daheim vor den Spiegel und sprach:

»Spieglein, Spieglein an der Wand,
wer ist die Schönste im ganzen Land?«

Da antwortete er wie vorher:

»Frau Königin, Ihr seid die Schönste hier,
aber Sneewittchen über den Bergen
bei den sieben Zwergen
ist doch noch tausendmal schöner als Ihr.«

Als sie den Spiegel so reden hörte, zitterte und bebte sie vor Zorn. »Sneewittchen soll sterben«, rief sie, »und wenn es mein eignes Leben kostet.« Darauf ging sie in eine ganz verborgene einsame Kammer, wo niemand hinkam, und machte da einen giftigen giftigen Apfel. Äußerlich sah er schön aus, weiß mit roten Backen, dass jeder, der ihn erblickte, Lust danach bekam, aber wer ein Stückchen davon aß, der musste sterben. Als der Apfel fertig war, färbte sie sich das Gesicht und verkleidete sich in eine Bauersfrau, und so ging sie über die sieben Berge zu den sieben Zwergen. Sie klopfte an, Sneewittchen streckte den Kopf zum Fenster heraus und sprach: »Ich darf keinen Menschen einlassen, die sieben Zwerge haben mir's verboten.« – »Mir auch recht«, antwortete die Bäurin, »meine Äpfel will ich schon los werden. Da, einen will ich dir schenken.« – »Nein«, sprach Sneewittchen, »ich darf nichts annehmen.« – »Fürchtest du dich vor Gift?«, sprach die Alte, »siehst du, da schneide ich den Apfel in zwei Teile; den roten Backen iss du, den weißen will ich essen.« Der Apfel war aber so künstlich gemacht, dass der rote Backen allein vergiftet war. Schneewittchen lusterte den schönen Apfel an, und als es sah, dass die Bäurin davon aß, so konnte es nicht länger widerstehen, streckte die Hand hinaus und nahm die giftige Hälfte. Kaum aber hatte es einen Bissen davon im Mund, so fiel es tot zur Erde nieder. Da betrachtete es die Königin mit grausigen Blicken und lachte überlaut und sprach: »Weiß wie Schnee, rot wie Blut, schwarz wie Ebenholz! Diesmal können dich die Zwerge nicht wieder erwecken.« Und als sie daheim den Spiegel befragte:

»Spieglein, Spieglein an der Wand,
wer ist die Schönste im ganzen Land?«,

so antwortete er endlich:

»Frau Königin, Ihr seid die Schönste im Land.«

Da hatte ihr neidisches Herz Ruhe, so gut ein neidisches Herz Ruhe haben kann.

Die Zwerglein, wie sie abends nach Haus kamen, fanden Sneewittchen auf der Erde liegen, und es ging kein Atem mehr aus seinem Mund, und es war tot. Sie hoben es auf, suchten, ob sie was Giftiges fänden, schnürten es auf, kämmten ihm die Haare, wuschen es mit Wasser und Wein, aber es half alles nichts; das liebe Kind war tot und blieb tot. Sie legten es auf eine Bahre und setzten sich alle siebene daran und beweinten es und weinten drei Tage lang. Da wollten sie es begraben, aber es sah noch so frisch aus wie ein lebender Mensch und hatte noch seine schönen roten Backen. Sie sprachen: »Das können wir nicht in die schwarze Erde versenken«, und ließen einen durchsichtigen Sarg von Glas machen, dass man es von allen Seiten sehen konnte, legten es hinein und schrieben mit goldenen Buchstaben seinen Namen darauf und, dass es eine Königstochter wäre. Dann setzten sie den Sarg hinaus auf den Berg, und einer von ihnen blieb immer dabei und bewachte ihn. Und die Tiere ka-

men auch und beweinten Sneewittchen, erst eine Eule, dann ein Rabe, zuletzt ein Täubchen.

Nun lag Sneewittchen lange lange Zeit in dem Sarg und verweste nicht, sondern sah aus, als wenn es schliefe; denn es war noch so weiß als Schnee, so rot als Blut und so schwarzhaarig wie Ebenholz. Es geschah aber, dass ein Königssohn in den Wald geriet und zu dem Zwergenhaus kam, da zu übernachten. Er sah auf dem Berg den Sarg und das schöne Sneewittchen darin und las, was mit goldenen Buchstaben darauf geschrieben war. Da sprach er zu den Zwergen: »Lasst mir den Sarg, ich will euch geben, was ihr dafür haben wollt.« Aber die Zwerge antworteten: »Wir geben ihn nicht um alles Gold in der Welt.« Da sprach er: »So schenkt mir ihn; denn ich kann nicht leben, ohne Sneewittchen zu sehen, ich will es ehren und hochachten wie mein Liebstes.« Wie er so sprach, empfanden die guten Zwerglein Mitleiden mit ihm und gaben ihm den Sarg. Der Königssohn ließ ihn nun von seinen Dienern auf den Schultern forttragen. Da geschah es, dass sie über einen Strauch stolperten, und von dem Schüttern fuhr der giftige Apfelgrütz, den Sneewittchen abgebissen hatte, aus dem Hals. Und nicht lange, so öffnete es die Augen, hob den Deckel vom Sarg in die Höhe und richtete sich auf und war wieder lebendig. »Ach Gott, wo bin ich?«, rief es. Der Königssohn sagte voll Freude: »Du bist bei mir«, und erzählte, was sich zugetragen hatte, und sprach: »Ich habe dich lieber als alles auf der Welt; komm mit mir in meines Vaters Schloss, du sollst meine Gemahlin werden.« Da war ihm Sneewittchen gut und ging mit ihm, und ihre Hochzeit ward mit großer Pracht und Herrlichkeit angeordnet.

Zu dem Fest wurde aber auch Sneewittchens gottlose Stiefmutter eingeladen. Wie sie sich nun mit schönen Kleidern angetan hatte, trat sie vor den Spiegel und sprach:

»Spieglein, Spieglein an der Wand,
wer ist die Schönste im ganzen Land?«

Der Spiegel antwortete:

»Frau Königin, Ihr seid die Schönste hier,
aber die junge Königin ist tausendmal schöner als Ihr.«

Da stieß das böse Weib einen Fluch aus, und ward ihr so angst, so angst, dass sie sich nicht zu lassen wusste. Sie wollte zuerst gar nicht auf die Hochzeit kommen: Doch ließ es ihr keine Ruhe, sie musste fort und die junge Königin sehen. Und wie sie hineintrat, erkannte sie Sneewittchen, und vor Angst und Schrecken stand sie da und konnte sich nicht regen. Aber es waren schon eiserne Pantoffeln über Kohlenfeuer gestellt und wurden mit Zangen hereingetragen und vor sie hingestellt. Da musste sie in die rotglühenden Schuhe treten und so lange tanzen, bis sie tot zur Erde fiel.

Jacob und Wilhelm Grimm

Die Gänsemagd

Es lebte einmal eine alte Königin, der war ihr Gemahl schon lange Jahre gestorben, und sie hatte eine schöne Tochter. Wie die erwuchs, wurde sie weit über Feld an einen Königssohn versprochen. Als nun die Zeit kam, wo sie vermählt werden sollten, und das Kind in das fremde Reich abreisen musste, packte ihr die Alte gar viel köstliches Gerät und Geschmeide ein, Gold und Silber, Becher und Kleinode, kurz alles, was nur zu einem königlichen Brautschatz gehörte; denn sie hatte ihr Kind von Herzen lieb. Auch gab sie ihr eine Kammerjungfer bei, welche mitreiten und die Braut in die Hände des Bräutigams überliefern sollte, und jede bekam ein Pferd zur Reise, aber das Pferd der Königstochter hieß Falada und konnte sprechen. Wie nun die Abschiedsstunde da war, begab sich die alte Mutter in ihre Schlafkammer, nahm ein Messerlein und schnitt damit in ihre Finger, dass sie bluteten: Darauf hielt sie ein weißes Läppchen unter und ließ drei Tropfen Blut hineinfallen, gab sie der Tochter und sprach: »Liebes Kind, verwahre sie wohl, sie werden dir unterwegs not tun.«

Also nahmen sie beide voneinander betrübten Abschied: Das Läppchen steckte die Königstochter in ihren Busen vor sich, setzte sich aufs Pferd und zog nun fort zu ihrem Bräutigam. Da sie eine Stunde geritten waren, empfand sie heißen Durst und sprach zu ihrer Kammerjungfer: »Steig ab und schöpfe mir mit meinem Becher, den du für mich mitgenommen hast, Wasser aus dem Bache, ich möchte gern einmal trinken.« »Wenn Ihr Durst habt«, sprach die Kammerjungfer, »so steigt selber ab, legt Euch ans Wasser und trinkt, ich mag Eure Magd nicht sein.« Da stieg die Königstochter vor großem Durst herunter, neigte sich über das Wasser im Bach und trank und durfte nicht aus dem goldnen Becher trinken. Da sprach sie: »Ach Gott!« Da antworteten die drei Blutstropfen: »Wenn das deine Mutter wüsste, das Herz im Leibe tät' ihr zerspringen.« Aber die Königsbraut war demütig, sagte nichts und stieg wieder zu Pferde. So ritten sie etliche Meilen weiter fort, aber der Tag war warm, die Sonne stach, und sie durstete bald von Neuem. Da sie nun an einen Wasserfluss kamen, rief sie noch einmal ihrer Kammerjungfer: »Steig ab und gibt mir aus meinem Goldbecher zu trinken«, denn sie hatte aller bösen Worte längst vergessen. Die Kammerjungfer sprach aber noch hochmütiger: »Wollt Ihr trinken, so trinkt allein, ich mag nicht Eure Magd sein.« Da stieg die Königstochter hernieder vor großem Durst, legte sich über das fließende Wasser, weinte und sprach: »Ach Gott!«, und die Blutstropfen antworteten wiederum: »Wenn das deine Mutter wüsste, das Herz im Leibe tät' ihr zerspringen.« Und wie sie so trank und sich recht überlehnte, fiel ihr das Läppchen, worin die drei Tropfen waren, aus dem Busen und floss mit dem Wasser fort, ohne dass sie es in ihrer großen Angst merkte. Die Kammerjungfer hatte aber zugesehen und freute sich, dass sie Gewalt über die Braut bekäme: Denn damit, dass diese die Blutstropfen verloren hatte, war sie schwach und machtlos geworden. Als sie nun wieder auf ihr Pferd steigen wollte, das da hieß Falada, sagte die Kammerfrau: »Auf Falada gehör' ich, und auf meinen Gaul gehörst du«, und das musste sie sich gefallen lassen. Dann befahl ihr die Kammerfrau mit harten Worten, die königlichen Kleider auszuziehen und ihre schlechten anzulegen, und endlich musste sie sich unter freiem Himmel verschwören, dass sie am königlichen Hof keinem Menschen etwas davon sprechen wollte; und wenn sie diesen Eid nicht abgelegt hätte, wäre sie auf der Stelle umgebracht worden. Aber Falada sah das alles an und nahm's wohl in acht.

Die Kammerfrau stieg nun auf Falada und die wahre Braut auf das schlechte Ross, und so zogen sie weiter, bis sie endlich in dem königlichen Schloss eintrafen. Da war große Freude über ihre Ankunft, und der Königssohn sprang ihnen entgegen, hob die Kammerfrau vom Pferde und meinte, sie wäre seine Gemahlin: Sie ward die Treppe hinaufgeführt, die wahre Königstochter aber musste unten stehenbleiben. Da schaute der alte König am Fenster und sah sie im Hof halten und sah, wie sie fein war, zart und gar schön: Ging alsbald hin ins königliche Gemach und fragte die Braut nach der, die sie bei sich hätte, und da unten im Hofe stände, und wer sie wäre. »Die hab' ich mir unterwegs mitgenommen zur Gesellschaft; gebt der Magd was zu arbeiten, dass sie nicht müßig steht.« Aber der alte König hatte keine Arbeit für sie und wusste nichts, als dass er sagte: »Da hab' ich so einen kleinen Jungen, der hütet die Gänse, dem mag sie helfen.« Der Junge hieß Kürdchen (Konrädchen), dem musste die wahre Braut helfen, Gänse hüten.

Bald aber sprach die falsche Braut zu dem jungen König: »Liebster Gemahl, ich bitte Euch: Tut mir einen Gefallen.« Er antwortete: »Das will ich gerne tun.« »Nun, so lasst den Schinder rufen und da dem Pferde, worauf ich hergeritten bin, den Hals abhauen, weil es mich unterwegs geärgert hat.« Eigentlich aber fürchtete sie, dass das Pferd sprechen möchte, wie sie mit der Königstochter umgegangen war. Nun war das so weit geraten, dass es geschehen und der treue Falada sterben sollte, da kam es auch der rechten Königstochter zu Ohr, und sie versprach dem Schinder heimlich ein Stück Geld, das sie ihm bezahlen wollte, wenn er ihr einen kleinen Dienst erwiese. In der Stadt war ein großes finsteres Tor, wo sie abends und morgens mit den Gänsen durch musste: Unter das finstere Tor möchte er dem Falada seinen Kopf hinnageln, dass sie ihn doch noch mehr als einmal sehen könnte. Also versprach das der Schindersknecht zu tun, hieb den Kopf ab und nagelte ihn unter das finstere Tor fest.

Des Morgens früh, da sie und Kürdchen unterm Tor hinaustrieben, sprach sie im Vorbeigehen:

»Oh du Falada, da du hangest«,

da antwortete der Kopf:

»Oh du Jungfer Königin, da du gangest,
wenn das deine Mutter wüsste,
ihr Herz tät' ihr zerspringen.«

Da zog sie still weiter zur Stadt hinaus, und sie trieben die Gänse aufs Feld. Und wenn sie auf der Wiese angekommen war, saß sie nieder und machte ihre Haare auf, die waren eitel Gold, und Kürdchen sah sie und freute sich, wie sie glänzten, und wollte ihr ein paar ausraufen. Da sprach sie:

»Weh, weh, Windchen,
nimm Kürdchen sein Hütchen
und lass'n sich mit jagen,
bis ich mich geflochten und geschnatzt
und wieder aufgesatzt.«

Und da kam ein so starker Wind, dass er dem Kürdchen sein Hütchen wegwehte über alle Land, und es musste ihm nachlaufen. Bis es wiederkam, war sie mit dem Kämmen und Aufsetzen fertig, und er konnte keine Haare kriegen.

Da war Kürdchen bös und sprach nicht mit ihr; und so hüteten sie die Gänse, bis dass es Abend ward, dann gingen sie nach Haus.

Den andern Morgen, wie sie unter dem finstern Tor hinaustrieben, sprach die Jungfrau:

»Oh du Falada, da du hangest«,

Falada antwortete:

»Oh du Jungfer Königin, da du gangest,
wenn das deine Mutter wüsste,
das Herz tät' ihr zerspringen.«

Und in dem Feld setzte sie sich wieder auf die Wiese und fing an, ihr Haar auszukämmen, und Kürdchen lief und wollte danach greifen, da sprach sie schnell:

»Weh, weh, Windchen,
nimm Kürdchen sein Hütchen
und lass'n sich mit jagen,
bis ich mich geflochten und geschnatzt
und wieder aufgesatzt.«

Da wehte der Wind und wehte ihm das Hütchen vom Kopf weit weg, dass Kürdchen nachlaufen musste; und als es wiederkam, hatte sie längst ihr Haar zurecht, und es konnte keins davon erwischen; und so hüteten sie die Gänse, bis es Abend ward. Abends aber, nachdem sie heimgekommen waren, ging Kürdchen vor den alten König und sagte: »Mit dem Mädchen will ich nicht länger Gänse hüten.« »Warum denn?«, fragte der alte König. »Ei, das ärgert mich den ganzen Tag.« Da befahl ihm der alte König zu erzählen, wie's ihm denn mit ihr ginge. Da sagte Kürdchen: »Morgens, wenn wir unter dem finstern Tor mit der Herde durchkommen, so ist da ein Gaulskopf an der Wand, zu dem redet sie:

›Falada, da du hangest‹,

da antwortet der Kopf:

›Oh du Königsjungfer, da du gangest,
wenn das deine Mutter wüsste,
das Herz tät' ihr zerspringen.‹«

Und so erzählte Kürdchen weiter, was auf der Gänsewiese geschähe, und wie es da dem Hut im Winde nachlaufen müsste.
Der alte König befahl ihm, den nächsten Tag wieder hinauszutreiben, und er selbst, wie es Morgen war, setzte sich hinter das finstere Tor und hörte da, wie sie mit dem Haupt des Falada sprach: Und dann ging er ihr auch nach in das Feld und barg sich in einem Busch auf der Wiese. Da sah er nun bald mit seinen eigenen Augen, wie die Gänsemagd und

der Gänsejunge die Herde getrieben brachte, und wie nach einer Weile sie sich setzte und ihre Haare losflocht, die strahlten von Glanz. Gleich sprach sie wieder:

»Weh, weh, Windchen,
fass Kürdchen sein Hütchen
und lass'n sich mit jagen,
bis dass ich mich geflochten und geschnatzt
und wieder aufgesatzt.«

Da kam ein Windstoß und fuhr mit Kürdchens Hut weg, dass es weit zu laufen hatte, und die Magd kämmte und flocht ihre Locken still fort, welches der alte König alles beobachtete. Darauf ging er unbemerkt zurück, und als abends die Gänsemagd heimkam, rief er sie beiseite und fragte, warum sie dem allem so täte? »Das darf ich Euch nicht sagen und darf auch keinem Menschen mein Leid klagen; denn so hab' ich mich unter freiem Himmel verschworen, weil ich sonst um mein Leben gekommen wäre.« Er drang in sie und ließ ihr keinen Frieden, aber er konnte nichts aus ihr herausbringen. Da sprach er: »Wenn du mir nichts sagen willst, so klag dem Eisenofen da dein Leid«, und ging fort. Da kroch sie in den Eisenofen, fing an zu jammern und zu weinen, schüttete ihr Herz aus und sprach: »Da sitze ich nun von aller Welt verlassen und bin doch eine Königstochter, und eine falsche Kammerjungfer hat mich mit Gewalt dahin gebracht, dass ich meine königlichen Kleider habe ablegen müssen, und hat meinen Platz bei meinem Bräutigam eingenommen, und ich muss als Gänsemagd gemeine Dienste tun. Wenn das meine Mutter wüsste, das Herz im Leib tät' ihr zerspringen.« Der alte König stand aber außen an der Ofenröhre, lauerte ihr zu und hörte, was sie sprach. Da kam er wieder herein und hieß sie aus dem Ofen gehen. Da wurden ihr königliche Kleider angetan, und es schien ein Wunder, wie sie so schön war. Der alte König rief seinen Sohn und offenbarte ihm, dass er die falsche Braut hätte: Die wäre bloß ein Kammermädchen, die wahre aber stände hier als die gewesene Gänsemagd. Der junge König war herzensfroh, als er ihre Schönheit und Tugend erblickte, und ein großes Mahl wurde angestellt, zu dem alle Leute und guten Freunde gebeten wurden. Obenan saß der Bräutigam, die Königstochter zur einen Seite und die Kammerjungfer zur andern, aber die Kammerjungfer war verblendet und erkannte jene nicht mehr in dem glänzenden Schmuck. Als sie nun gegessen und getrunken hatten und guten Muts waren, gab der alte König der Kammerfrau ein Rätsel auf, was eine solche wert wäre, die den Herrn so und so betrogen hätte, erzählte damit den ganzen Verlauf und fragte: »Welches Urteils ist diese würdig?« Da sprach die falsche Braut: »Die ist nichts Besseres wert, als dass sie splitternackt ausgezogen und in ein Fass gesteckt wird, das inwendig mit spitzen Nägeln beschlagen ist: Und zwei weiße Pferde müssen vorgespannt werden, die sie Gasse auf, Gasse ab zu Tode schleifen.« »Das bist du«, sprach der alte König, »und hast dein eigen Urteil gefunden, und danach soll dir widerfahren.« Und als das Urteil vollzogen war, vermählte sich der junge König mit seiner rechten Gemahlin, und beide beherrschten ihr Reich in Frieden und Seligkeit.

Jacob und Wilhelm Grimm

Der Froschkönig oder der eiserne Heinrich

In den alten Zeiten, wo das Wünschen noch geholfen hat, lebte ein König, dessen Töchter waren alle schön, aber die jüngste war so schön, dass die Sonne selber, die doch so vieles gesehen hat, sich verwunderte, sooft sie ihr ins Gesicht schien. Nahe bei dem Schlosse des Königs lag ein großer dunkler Wald, und in dem Walde unter einer alten Linde war ein Brunnen: Wenn nun der Tag recht heiß war, so ging das Königskind hinaus in den Wald und setzte sich an den Rand des kühlen Brunnens: Und wenn sie Langeweile hatte, so nahm sie eine goldene Kugel, warf sie in die Höhe und fing sie wieder; und das war ihr liebstes Spielwerk.

Nun trug es sich einmal zu, dass die goldene Kugel der Königstochter nicht in ihr Händchen fiel, das sie in die Höhe gehalten hatte, sondern vorbei auf die Erde schlug und geradezu ins Wasser hineinrollte. Die Königstochter folgte ihr mit den Augen nach, aber die Kugel verschwand, und der Brunnen war tief, so tief, dass man keinen Grund sah. Da fing sie an zu weinen und weinte immer lauter und konnte sich gar nicht trösten. Und wie sie so klagte, rief ihr jemand zu: »Was hast du vor, Königstochter, du schreist ja, dass sich ein Stein erbarmen möchte.« Sie sah sich um, woher die Stimme käme, da erblickte sie einen Frosch, der seinen dicken hässlichen Kopf aus dem Wasser streckte. »Ach, du bist's, alter Wasserpatscher«, sagte sie, »ich weine über meine goldene Kugel, die mir in den Brunnen hinabgefallen ist.« – »Sei still und weine nicht«, antwortete der Frosch, »ich kann wohl Rat schaffen, aber was gibst du mir, wenn ich dein Spielwerk wieder heraufhole?« – »Was du haben willst, lieber Frosch«, sagte sie, »meine Kleider, meine Perlen und Edelsteine, auch noch die goldene Krone, die ich trage.« Der Frosch antwortete: »Deine Kleider, deine Perlen und Edelsteine und deine goldene Krone, die mag ich nicht: Aber wenn du mich lieb haben willst, und ich soll dein Geselle und Spielkamerad sein, an deinem Tischlein neben dir sitzen, von deinem goldenen Tellerlein essen, aus deinem Becherlein trinken, in deinem Bettlein schlafen: Wenn du mir das versprichst, so will ich hinuntersteigen und dir die goldene Kugel wieder heraufholen.« – »Ach ja«, sagte sie, »ich verspreche dir alles, was du willst, wenn du mir nur die Kugel wiederbringst.« Sie dachte aber: »Was der einfältige Frosch schwätzt, der sitzt im Wasser bei seinesgleichen und quakt und kann keines Menschen Geselle sein.«

Der Frosch, als er die Zusage erhalten hatte, tauchte seinen Kopf unter, sank hinab, und über ein Weilchen kam er wieder heraufgerudert, hatte die Kugel im Maul und warf sie ins Gras. Die Königstochter war voll Freude, als sie ihr schönes Spielwerk wieder erblickte, hob es auf und sprang damit fort. »Warte, warte«, rief der Frosch, »nimm mich mit, ich kann nicht so laufen wie du.« Aber was half ihm, dass er ihr sein quak quak so laut nachschrie, als er konnte! Sie hörte nicht darauf, eilte nach Haus und hatte bald den armen

Frosch vergessen, der wieder in seinen Brunnen hinabsteigen musste.

Am andern Tage, als sie mit dem König und allen Hofleuten sich zur Tafel gesetzt hatte und von ihrem goldenen Tellerlein aß, da kam, plitsch platsch, plitsch platsch, etwas die Marmortreppe heraufgekrochen, und als es oben angelangt war, klopfte es an der Tür und rief: »Königstochter, jüngste, mach mir auf.« Sie lief und wollte sehen, wer draußen wäre, als sie aber aufmachte, so saß der Frosch davor. Da warf sie die Tür hastig zu, setzte sich wieder an den Tisch, und war ihr ganz angst. Der König sah wohl, dass ihr das Herz gewaltig klopfte, und sprach: »Mein Kind, was fürchtest du dich, steht etwa ein Riese vor der Tür und will dich holen?« – »Ach nein«, antwortete sie, »es ist kein Riese, sondern ein garstiger Frosch.« – »Was will der Frosch von dir?« – »Ach lieber Vater, als ich gestern im Wald bei dem Brunnen saß und spielte, da fiel meine goldene Kugel ins Wasser. Und weil ich so weinte, hat sie der Frosch wieder heraufgeholt, und weil er es durchaus verlangte, so versprach ich ihm, er sollte mein Geselle werden, ich dachte aber nimmermehr, dass er aus seinem Wasser heraus könnte. Nun ist er draußen und will zu mir herein.« Indem klopfte es zum zweiten Mal und rief:

»Königstochter, jüngste,
mach mir auf,
weißt du nicht, was gestern
du zu mir gesagt
bei dem kühlen Brunnenwasser?
Königstochter, jüngste,
mach mir auf.«

Da sagte der König: »Was du versprochen hast, das musst du auch halten; geh nur und mach ihm auf.« Sie ging und öffnete die Türe, da hüpfte der Frosch herein, ihr immer auf dem Fuße nach, bis zu ihrem Stuhl. Da saß er und rief: »Heb mich herauf zu dir.« Sie zauderte, bis es endlich der König befahl. Als der Frosch erst auf dem Stuhl war, wollte er auf den Tisch, und als er da saß, sprach er: »Nun schieb mir dein goldenes Tellerlein näher, damit wir zusammen essen.« Das tat sie zwar, aber man sah wohl, dass sie's nicht gerne tat. Der Frosch ließ sich's gut schmecken, aber ihr blieb fast jedes Bisslein im Halse. Endlich sprach er: »Ich habe mich satt gegessen und bin müde, nun trag mich in dein Kämmerlein, und mach dein seiden Bettlein zurecht, da wollen wir uns schlafen legen.« Die Königstochter fing an zu weinen und fürchtete sich vor dem kalten Frosch, den sie nicht anzurühren getraute, und der nun in ihrem schönen reinen Bettlein schlafen sollte. Der König aber ward zornig und sprach: »Wer dir geholfen hat, als du in der Not warst, den sollst du hernach nicht verachten.« Da packte sie ihn mit zwei Fingern, trug ihn hinauf und setzte ihn in eine Ecke. Als sie aber im Bett lag, kam er gekrochen und sprach: »Ich bin müde, ich will schlafen so gut wie du: Heb mich herauf, oder ich sag's deinem Vater.« Da ward sie erst bitterböse, holte ihn herauf und warf ihn aus allen Kräften wider die Wand: »Nun wirst du Ruhe haben, du garstiger Frosch.«

Als er aber herabfiel, war er kein Frosch, sondern ein Königssohn mit schönen und freundlichen Augen. Der war nun nach ihres Vaters Willen ihr lieber Geselle und Gemahl. Da erzählte er ihr, er wäre von einer bösen Hexe verwünscht worden, und niemand hätte ihn aus dem Brunnen erlösen können als sie allein, und morgen wollten sie zusammen in sein Reich gehen. Dann schliefen sie ein, und am andern Morgen, als die Sonne sie aufweckte, kam ein Wagen herangefahren mit acht weißen Pferden bespannt, die hatten weiße Straußfedern auf dem Kopf und gingen in goldenen Ketten, und hinten stand der Diener des jungen Königs, das war der treue Heinrich. Der treue Heinrich hatte sich so betrübt, als sein Herr war in einen Frosch verwandelt worden, dass er drei eiserne Bande hatte um sein Herz legen lassen, damit es ihm nicht vor Weh und Traurigkeit zerspränge. Der Wagen aber sollte den jungen König in sein Reich abholen; der treue Heinrich hob beide hinein, stellte sich wieder hinten auf und war voller Freude über die Erlösung. Und als sie ein Stück Wegs gefahren waren, hörte der Königssohn, dass es hinter ihm krachte, als wäre etwas zerbrochen. Da drehte er sich um und rief: »Heinrich, der Wagen bricht.«

»Nein, Herr, der Wagen nicht,
es ist ein Band von meinem Herzen,
das da lag in großen Schmerzen,
als ihr in dem Brunnen saßt,
als ihr eine Fretsche (Frosch) wast (wart).«

Noch einmal und noch einmal krachte es auf dem Weg, und der Königssohn meinte immer, der Wagen bräche, und es waren doch nur die Bande, die vom Herzen des treuen Heinrich absprangen, weil sein Herr erlöst und glücklich war.

Jacob und Wilhelm Grimm

Schneeweißchen und Rosenrot

Eine arme Witwe, die lebte einsam in einem Hüttchen, und vor dem Hüttchen war ein Garten, darin standen zwei Rosenbäumchen, davon trug das eine weiße, das andere rote Rosen: Und sie hatte zwei Kinder, die glichen den beiden Rosenbäumchen, und das eine hieß Schneeweißchen, das andere Rosenrot. Sie waren aber so fromm und gut, so arbeitsam und unverdrossen, als je zwei Kinder auf der Welt gewesen sind: Schneeweißchen war nur stiller und sanfter als Rosenrot. Rosenrot sprang lieber in den Wiesen und Feldern umher, suchte Blumen und fing Sommervögel: Schneeweißchen aber saß daheim bei der Mutter, half ihr im Hauswesen oder las ihr vor, wenn nichts zu tun war. Die beiden Kinder hatten einander so lieb, dass sie sich immer an den Händen fassten, sooft sie zusammen ausgingen: Und wenn Schneeweißchen sagte: »Wir wollen uns nicht verlassen«, so antwortete Rosenrot: »Solange wir leben, nicht«, und die Mutter setzte hinzu: »Was das eine hat, soll's mit dem andern teilen.« Oft liefen sie im Walde allein umher und sammelten rote Beeren, aber kein Tier tat ihnen etwas zuleid, sondern sie kamen vertraulich herbei: Das Häschen fraß ein Kohlblatt aus ihren Händen, das Reh graste an ihrer Seite,

der Hirsch sprang ganz lustig vorbei, und die Vögel blieben auf den Ästen sitzen und sangen, was sie nur wussten. Kein Unfall traf sie: Wenn sie sich im Walde verspätet hatten, und die Nacht sie überfiel, so legten sie sich nebeneinander auf das Moos und schliefen, bis der Morgen kam, und die Mutter wusste das und hatte ihretwegen keine Sorge. Einmal, als sie im Walde übernachtet hatten, und das Morgenrot sie aufweckte, da sahen sie ein schönes Kind in einem weißen glänzenden Kleidchen neben ihrem Lager sitzen. Es stand auf und blickte sie ganz freundlich an, sprach aber nichts und ging in den Wald hinein. Und als sie sich umsahen, so hatten sie ganz nahe bei einem Abgrunde geschlafen und wären gewiss hineingefallen, wenn sie in der Dunkelheit noch ein paar Schritte weiter gegangen wären. Die Mutter aber sagte ihnen, das müsste der Engel gewesen sein, der gute Kinder bewache.

Schneeweißchen und Rosenrot hielten das Hüttchen der Mutter so reinlich, dass es eine Freude war hineinzuschauen. Im Sommer besorgte Rosenrot das Haus und stellte der Mutter jeden Morgen, ehe sie aufwachte, einen Blumenstrauß vors Bett, darin war von jedem Bäumchen eine Rose. Im Winter zündete Schneeweißchen das Feuer an und hing den Kessel an den Feuerhaken, und der Kessel war von Messing, glänzte aber wie Gold, so rein war er gescheuert. Abends, wenn die Flocken fielen, sagte die Mutter: »Geh, Schneeweißchen, und schieb den Riegel vor«, und dann setzten sie sich an den Herd, und die Mutter nahm die Brille und las aus einem großen Buche vor, und die beiden Mädchen hörten zu, saßen und spannen; neben ihnen lag ein Lämmchen auf dem Boden, und hinter ihnen auf einer Stange saß ein weißes Täubchen und hatte seinen Kopf unter den Flügel gesteckt.

Eines Abends, als sie so vertraulich beisammen saßen, klopfte jemand an die Türe, als wollte er eingelassen sein. Die Mutter sprach: »Geschwind, Rosenrot, mach auf, es wird ein Wanderer sein, der Obdach sucht.« Rosenrot ging und schob den Riegel weg und dachte, es wäre ein armer Mann, aber der war es nicht, es war ein Bär, der seinen dicken schwarzen Kopf zur Türe hereinstreckte. Rosenrot schrie laut und sprang zurück: Das Lämmchen blökte, das

Täubchen flatterte auf, und Schneeweißchen versteckte sich hinter der Mutter Bett. Der Bär aber fing an zu sprechen und sagte: »Fürchtet euch nicht, ich tue euch nichts zuleid, ich bin halb erfroren und will mich nur ein wenig bei euch wärmen.« »Du armer Bär«, sprach die Mutter, »leg dich ans Feuer und gib nur acht, dass dir dein Pelz nicht brennt.« Dann rief sie: »Schneeweißchen, Rosenrot, kommt hervor, der Bär tut euch nichts, er meint's ehrlich.« Da kamen sie beide heran, und nach und nach näherten sich auch das Lämmchen und Täubchen und hatten keine Furcht vor ihm. Der Bär sprach: »Ihr Kinder, klopft mir den Schnee ein wenig aus dem Pelzwerk«, und sie holten den Besen und kehrten dem Bär das Fell rein: Er aber streckte sich ans Feuer und brummte ganz vergnügt und behaglich. Nicht lange, so wurden sie ganz vertraut und trieben Mutwillen mit dem unbeholfenen Gast. Sie zausten ihm das Fell mit den Händen, setzten ihre Füßchen auf seinen Rücken und walgerten ihn hin und her, oder sie nahmen eine Haselrute und schlugen auf ihn los, und wenn er brummte, so lachten sie. Der Bär ließ sich's aber gerne gefallen, nur wenn sie's gar zu arg machten, rief er: »Lasst mich am Leben, ihr Kinder:

Schneeweißchen, Rosenrot,
schlägst dir den Freier tot.«

Als Schlafenszeit war, und die andern zu Bett gingen, sagte die Mutter zu dem Bär: »Du kannst in Gottes Namen da am Herde liegen bleiben, so bist du vor der Kälte und dem bösen Wetter geschützt.« Sobald der Tag graute, ließen ihn die beiden Kinder hinaus, und er trabte über den Schnee in den Wald hinein. Von nun an kam der Bär jeden Abend zu der bestimmten Stunde, legte sich an den Herd und erlaubte den Kindern, Kurzweil mit ihm zu treiben, soviel sie wollten; und sie waren so gewöhnt an ihn, dass die Türe nicht eher zugeriegelt ward, als bis der schwarze Gesell angelangt war.
Als das Frühjahr herangekommen und draußen alles grün war, sagte der Bär eines Morgens zu Schneeweißchen: »Nun muss ich fort und darf den ganzen Sommer nicht wiederkommen.« »Wo gehst du denn hin, lieber Bär?«, fragte Schneeweißchen. »Ich muss in den Wald und meine Schät-

ze vor den bösen Zwergen hüten: Im Winter, wenn die Erde hart gefroren ist, müssen sie wohl unten bleiben und können sich nicht durcharbeiten, aber jetzt, wenn die Sonne die Erde aufgetaut und erwärmt hat, da brechen sie durch, steigen herauf, suchen und stehlen; was einmal in ihren Händen ist und in ihren Höhlen liegt, das kommt so leicht nicht wieder an des Tages Licht.« Schneeweißchen war ganz traurig über den Abschied, und als es ihm die Türe aufriegelte, und der Bär sich hinausdrängte, blieb er an dem Türhaken hängen, und ein Stück seiner Haut riss auf, und da war es Schneeweißchen, als hätte es Gold durchschimmern gesehen: Aber es war seiner Sache nicht gewiss. Der Bär lief eilig fort und war bald hinter den Bäumen verschwunden. Nach einiger Zeit schickte die Mutter die Kinder in den Wald, Reisig zu sammeln. Da fanden sie draußen einen großen Baum, der lag gefällt auf dem Boden, und an dem Stamme sprang zwischen dem Gras etwas auf und ab, sie konnten aber nicht unterscheiden, was es war. Als sie näher kamen, sahen sie einen Zwerg mit einem alten, verwelkten Gesicht und einem ellenlangen schneeweißen Bart. Das Ende des Bartes war in eine Spalte des Baums eingeklemmt, und der Kleine sprang hin und her wie ein Hündchen an einem Seil und wusste nicht, wie er sich helfen sollte. Er glotzte die Mädchen mit seinen roten feurigen Augen an und schrie: »Was steht ihr  da! Könnt ihr nicht herbeigehen und mir Beistand leisten?« »Was hast du angefangen, kleines Männchen?«, fragte Rosenrot. »Dumme neugierige Gans«, antwortete der Zwerg, »den Baum habe ich mir spalten wollen, um kleines Holz in der Küche zu haben; bei den dicken Klötzen verbrennt gleich das bisschen Speise, das unsereiner braucht, der nicht so viel hinunterschlingt als ihr grobes gieriges Volk. Ich hatte den Keil schon glücklich hineingetrieben, und es wäre alles nach Wunsch gegangen, aber das verwünschte Holz war zu glatt und sprang unversehens heraus, und der Baum fuhr so geschwind zusammen, dass ich meinen schönen weißen Bart nicht mehr herausziehen konnte; nun steckt er drin, und ich kann nicht fort. Da lachen die albernen glatten Milchgesichter! Pfui, was seid ihr garstig!« Die Kinder gaben sich alle Mühe, aber sie konnten den Bart nicht herausziehen, er steckte zu fest. »Ich will laufen und Leute herbeiholen«, sagte Rosenrot. »Wahnsinnige Schafsköpfe«, schnarrte der Zwerg, »wer wird gleich Leute herbeirufen, ihr seid mir schon um zwei zu viel; fällt euch nichts Besseres ein?« »Sei nur nicht ungeduldig«, sagte Schneeweißchen, »ich will schon Rat schaffen«, holte sein Scherchen aus der Tasche und schnitt das Ende des Bartes ab. Sobald der Zwerg sich frei fühlte, griff er nach einem Sack, der zwischen den Wurzeln des Baums steckte und mit Gold gefüllt war, hob ihn heraus und brummte vor sich hin: »Ungehobeltes Volk, schneidet mir ein Stück von meinem stolzen Barte ab! Lohn's euch der Kuckuck!« Damit schwang er seinen Sack auf den Rücken und ging fort, ohne die Kinder nur noch einmal anzusehen.

Einige Zeit danach wollten Schneeweißchen und Rosenrot ein Gericht Fische angeln. Als sie nahe bei dem Bach waren, sahen sie, dass etwas wie eine große Heuschrecke nach dem Wasser zu hüpfte, als wollte es hineinspringen. Sie liefen heran und erkannten den Zwerg. »Wo willst du hin?«, sagte Rosenrot, »du willst doch nicht ins Wasser?« »Solch ein Narr bin ich nicht«, schrie der Zwerg, »seht ihr nicht? Der verwünschte Fisch will mich hineinziehen!« Der Kleine hatte da gesessen und geangelt, und unglücklicherweise hatte der Wind seinen Bart mit der Angelschnur verflochten: Als gleich darauf ein großer Fisch anbiss, fehlten dem schwachen Geschöpf die Kräfte, ihn herauszuziehen: Der Fisch behielt die Oberhand und riss den Zwerg zu sich hin. Zwar hielt er sich an allen Halmen und Binsen, aber das half nicht viel, er musste den Bewegungen des Fisches folgen und war in beständiger Gefahr, ins Wasser gezogen zu werden. Die Mädchen kamen zu rechter Zeit, hielten ihn fest und versuchten, den Bart von der Schnur loszumachen, aber vergebens: Bart und Schnur waren fest ineinander verwirrt. Es blieb nichts übrig, als das Scherchen hervorzuholen und den Bart abzuschneiden, wobei ein kleiner Teil desselben verloren ging. Als der Zwerg das sah, schrie er sie an: »Ist das Manier, ihr Lorche, einem das Gesicht zu schänden? Nicht genug, dass ihr mir den Bart unten abgestutzt habt, jetzt schneidet ihr mir den besten Teil davon ab: Ich darf mich vor den Meinigen gar nicht sehen lassen. Dass ihr laufen müsstet und die Schuhsohlen verloren hättet!« Dann holte er einen Sack Perlen, der im Schilfe lag, und, ohne ein Wort weiter zu sagen, schleppte er ihn fort und verschwand hinter einem Stein.

Es trug sich zu, dass bald hernach die Mutter die beiden Mädchen nach der Stadt schickte, Zwirn, Nadeln, Schnüre und Bänder einzukaufen. Der Weg führte sie über eine Heide, auf der hier und da mächtige Felsenstücke zerstreut lagen. Da sahen sie einen großen Vogel in der Luft schweben, der langsam über ihnen kreiste, sich immer tiefer herabsenkte und endlich nicht weit bei einem Felsen niederstieß. Gleich darauf hörten sie einen durchdringenden, jämmerlichen Schrei. Sie liefen herzu und sahen mit Schrecken, dass der Adler ihren alten Bekannten, den Zwerg, gepackt hatte und ihn forttragen wollte. Die mitleidigen Kinder hielten gleich das Männchen fest und zerrten sich so lange mit dem Adler herum, bis er seine Beute fahren ließ. Als der Zwerg sich von dem ersten Schrecken erholt hatte, schrie er mit seiner kreischenden Stimme: »Konntet ihr nicht säuberlicher mit mir umgehen? Gerissen habt ihr an meinem dünnen Röckchen, dass es überall zerfetzt und durchlöchert ist, unbeholfenes und täppisches Gesindel, das ihr seid!« Dann nahm er einen Sack mit Edelsteinen und schlüpfte wieder unter den Felsen in seine Höhle. Die Mädchen waren an seinen Undank schon gewöhnt, setzten ihren Weg fort und verrichteten ihr Geschäft in der Stadt. Als sie beim Heimweg wieder auf die Heide kamen, überraschten sie den Zwerg, der auf einem reinlichen Plätzchen seinen Sack mit Edelsteinen ausgeschüttet und nicht gedacht hatte, dass so spät noch jemand daherkommen würde. Die Abendsonne schien über die glänzenden Steine, sie schimmerten und

leuchteten so prächtig in allen Farben, dass die Kinder stehen blieben und sie betrachteten. »Was steht ihr da und habt Maulaffen feil!«, schrie der Zwerg, und sein aschgraues Gesicht ward zinnoberrot vor Zorn. Er wollte mit seinen Scheltworten fortfahren, als sich ein lautes Brummen hören ließ, und ein schwarzer Bär aus dem Walde herbeitrabte. Erschrocken sprang der Zwerg auf, aber er konnte nicht mehr zu seinem Schlupfwinkel gelangen, der Bär war schon in seiner Nähe. Da rief er in Herzensangst: »Lieber Herr Bär, verschont mich, ich will Euch alle meine Schätze geben, sehet, die schönen Edelsteine, die da liegen. Schenkt mir das Leben, was habt Ihr an mir kleinen, schmächtigen Kerl? Ihr spürt mich nicht zwischen den Zähnen: Da, die beiden gottlosen Mädchen packt, das sind für Euch zarte Bissen, fett wie junge Wachteln, die fresst in Gottes Namen.« Der Bär kümmerte sich um seine Worte nicht, gab dem boshaften Geschöpf einen einzigen Schlag mit der Tatze, und es regte sich nicht mehr.

Die Mädchen waren fortgesprungen, aber der Bär rief ihnen nach: »Schneeweißchen und Rosenrot, fürchtet euch nicht, wartet, ich will mit euch gehen.« Da erkannten sie seine Stimme und blieben stehen, und als der Bär bei ihnen war, fiel plötzlich die Bärenhaut ab, und er stand da als ein schöner Mann und war ganz in Gold gekleidet. »Ich bin eines Königs Sohn«, sprach er, »und war von dem gottlosen

Zwerg, der mir meine Schätze gestohlen hatte, verwünscht, als ein wilder Bär in dem Walde zu laufen, bis ich durch seinen Tod erlöst würde. Jetzt hat er seine wohlverdiente Strafe empfangen.«

Schneeweißchen ward mit ihm vermählt, und Rosenrot mit seinem Bruder, und sie teilten die großen Schätze miteinander, die der Zwerg in seine Höhle zusammengetragen hatte. Die alte Mutter lebte noch lange Jahre ruhig und glücklich bei ihren Kindern. Die zwei Rosenbäumchen aber nahm sie mit, und sie standen vor ihrem Fenster und trugen jedes Jahr die schönsten Rosen, weiß und rot.

Jacob und Wilhelm Grimm

Brüderchen und Schwesterchen

Brüderchen nahm sein Schwesterchen an der Hand und sprach: »Seit die Mutter tot ist, haben wir keine gute Stunde mehr; die Stiefmutter schlägt uns alle Tage, und wenn wir zu ihr kommen, stößt sie uns mit den Füßen fort. Die harten Brotkrusten, die übrig bleiben, sind unsere Speise, und dem Hündlein unter dem Tisch geht's besser: Dem wirft sie doch manchmal einen guten Bissen zu. Dass Gott erbarm, wenn das unsere Mutter wüsste! Komm, wir wollen miteinander in die weite Welt gehen.« Sie gingen den ganzen Tag über Wiesen, Felder und Steine, und wenn es regnete, sprach das Schwesterchen: »Gott und unsere Herzen, die weinen zusammen!« Abends kamen sie in einen großen Wald und waren so müde von Jammer, Hunger und dem langen Weg, dass sie sich in einen hohlen Baum setzten und einschliefen.

Am andern Morgen, als sie aufwachten, stand die Sonne schon hoch am Himmel und schien heiß in den Baum hinein. Da sprach das Brüderchen: »Schwesterchen, mich dürstet, wenn ich ein Brünnlein wüsste, ich ging' und tränk' einmal; ich mein', ich hört' eins rauschen.« Brüderchen stand auf, nahm Schwesterchen an der Hand, und sie wollten das

Brünnlein suchen. Die böse Stiefmutter aber war eine Hexe und hatte wohl gesehen, wie die beiden Kinder fortgegangen waren, war ihnen nachgeschlichen, heimlich, wie die Hexen schleichen, und hatte alle Brunnen im Walde verwünscht. Als sie nun ein Brünnlein fanden, das so glitzerig über die Steine sprang, wollte das Brüderchen daraus trinken: Aber das Schwesterchen hörte, wie es im Rauschen sprach: »Wer aus mir trinkt, wird ein Tiger, wer aus mir trinkt, wird ein Tiger.« – Da rief das Schwesterchen: »Ich bitte dich, Brüderchen, trink nicht, sonst wirst du ein wildes Tier und zerreißest mich.« Das Brüderchen trank nicht, ob es gleich so großen Durst hatte, und sprach: »Ich will warten bis zur nächsten Quelle.« Als sie zum zweiten Brünnlein kamen, hörte das Schwesterchen, wie auch dieses sprach: »wer aus mir trinkt, wird ein Wolf, wer aus mir trinkt, wird ein Wolf.« – Da rief das Schwesterchen: »Brüderchen, ich bitte dich, trink nicht, sonst wirst du ein Wolf und frissest mich.« – Das Brüderchen trank nicht und sprach: »Ich will warten, bis wir zur nächsten Quelle kommen, aber dann muss ich trinken, du magst sagen, was du willst: mein Durst ist gar zu groß.« Und als sie zum dritten Brünnlein kamen, hörte das Schwesterlein, wie es im Rauschen sprach: »Wer aus mir trinkt, wird ein Reh, wer aus mir trinkt, wird ein Reh.« – Das Schwesterchen sprach: »Ach Brüderchen, ich bitte dich, trink nicht, sonst wirst du ein Reh und läufst mir fort.« Aber das Brüderchen hatte sich gleich beim Brünnlein niedergekniet, hinabgebeugt und von dem Wasser getrunken, und wie die ersten Tropfen auf seine Lippen gekommen waren, lag es da als ein Rehkälbchen.

Nun weinte das Schwesterchen über das arme verwünschte Brüderchen, und das Rehchen weinte auch und saß so traurig neben ihm. Da sprach das Mädchen endlich: »Sei still, liebes Rehchen, ich will dich ja nimmermehr verlassen.« Dann band es sein goldenes Strumpfband ab und tat es dem Rehchen um den Hals und rupfte Binsen und flocht ein weiches Seil daraus. Daran band es das Tierchen und führte es weiter und ging immer tiefer in den Wald hinein. Und als sie lange lange gegangen waren, kamen sie endlich an ein kleines Haus, und das Mädchen schaute hinein, und weil es leer war, dachte es: »Hier können wir blei-

ben und wohnen.« Da suchte es dem Rehchen Laub und Moos zu einem weichen Lager, und jeden Morgen ging es aus und sammelte sich Wurzeln, Beeren und Nüsse, und für das Rehchen brachte es zartes Gras mit, das fraß es ihm aus der Hand, war vergnügt und spielte vor ihm herum. Abends, wenn Schwesterchen müde war und sein Gebet gesagt hatte, legte es seinen Kopf auf den Rücken des Rehkälbchens, das war sein Kissen, darauf es sanft einschlief. Und hätte das Brüderchen nur seine menschliche Gestalt gehabt, es wäre ein herrliches Leben gewesen.

Das dauerte eine Zeitlang, dass sie so allein in der Wildnis waren. Es trug sich aber zu, dass der König des Landes eine große Jagd in dem Wald hielt. Da schallte das Hörnerblasen, Hundegebell und das lustige Geschrei der Jäger durch die Bäume, und das Rehlein hörte es und wäre gar zu gerne dabei gewesen. »Ach«, sprach es zum Schwesterlein, »lass mich hinaus in die Jagd, ich kann's nicht länger mehr aushalten«, und bat so lange, bis es einwilligte. »Aber«, sprach es zu ihm, »komm mir ja abends wieder, vor den wilden Jägern schließ' ich mein Türlein; und damit ich dich kenne, so klopf und sprich: Mein Schwesterlein, lass mich herein? Und wenn du nicht so sprichst, so schließ' ich mein Türlein nicht auf.« Nun sprang das Rehchen hinaus, und war ihm so wohl und war so lustig in freier Luft. Der König und seine Jäger sahen das schöne Tier und setzten ihm nach, aber sie konnten es nicht einholen, und wenn sie meinten, sie hätten es gewiss, da sprang es über das Gebüsch weg und war verschwunden. Als es dunkel ward, lief es zu dem Häuschen, klopfte und sprach: »Mein Schwesterlein, lass mich herein.« Da ward ihm die kleine Tür aufgetan, es sprang hinein und ruhete sich die ganze Nacht auf seinem weichen Lager aus. Am andern Morgen ging die Jagd von Neuem an, und als das Rehlein wieder das Hüfthorn hörte und das ho, ho! der Jäger, da hatte es keine Ruhe und sprach: »Schwesterchen, mach mir auf, ich muss hinaus.« Das Schwesterchen öffnete ihm die Türe und sprach: »aber zu Abend musst du wieder da sein und dein Sprüchlein sagen.« Als der König und seine Jäger das Rehlein mit dem goldenen Halsband wiedersahen, jagten sie ihm alle nach, aber es war ihnen zu schnell und behend. Das währte den ganzen Tag, endlich aber hatten es die Jäger abends umzingelt, und einer verwundete es ein wenig am Fuß, sodass es hinken musste und langsam fortlief. Da schlich ihm ein Jäger nach bis zu dem Häuschen und hörte, wie es rief: »Mein Schwesterlein, lass mich herein«, und sah, dass die Tür ihm aufgetan und alsbald wieder zugeschlossen ward. Der Jäger behielt das alles wohl im Sinn, ging zum König und erzählte ihm, was er gesehen und gehört hatte. Da sprach der König: »Morgen soll noch einmal gejagt werden.«

Das Schwesterchen aber erschrak gewaltig, als es sah, dass sein Rehkälbchen verwundet war. Es wusch ihm das Blut ab, legte Kräuter auf und sprach: »Geh auf dein Lager, lieb Rehchen, dass du wieder heil wirst.« Die Wunde aber war so gering, dass das Rehchen am Morgen nichts mehr davon spürte. Und als es die Jagdlust wieder draußen hörte, sprach es: »Ich kann's nicht aushalten, ich muss dabei sein; so bald soll mich keiner kriegen!« Das Schwesterchen weinte und sprach: »Nun werden sie dich töten, und ich bin hier allein im Wald und bin verlassen von aller Welt: Ich lass' dich nicht hinaus.« – »So sterb' ich dir hier vor Betrübnis«, antwortete das Rehchen, »wenn ich das Hüfthorn höre, so mein' ich, ich müsst' aus den Schuhen springen!« Da konnte das Schwesterchen nicht anders und schloss ihm mit schwerem Herzen die Tür auf, und das Rehchen sprang gesund und fröhlich in den Wald. Als es der König erblickte, sprach er zu seinen Jägern: »Nun jagt ihm nach den ganzen Tag bis in die Nacht, aber dass ihm keiner etwas zuleide tut.« Sobald die Sonne untergegangen war, sprach der König zum Jäger: »Nun komm und zeige mir das Waldhäuschen.« Und als er vor dem Türlein war, klopfte er an und rief: »Lieb Schwesterlein, lass mich herein.« Da ging die Tür auf, und der König trat herein, und da stand ein Mädchen, das war so schön, wie er noch keins gesehen hatte. Das Mädchen erschrak, als es sah, dass nicht sein Rehlein, sondern ein Mann hereinkam, der eine goldene Krone auf dem Haupt hatte. Aber der König sah es freundlich an, reichte ihm die Hand und sprach: »Willst du mit mir gehen auf mein Schloss und meine liebe Frau sein?« – »Ach ja«, antwortete das Mädchen, »aber das Rehchen muss auch mit, das verlass' ich nicht.« Sprach der König: »Es soll bei dir bleiben, solange du lebst, und soll ihm an nichts fehlen.« Indem kam es hereingesprungen; da band es das Schwesterchen wieder an das Binsenseil, nahm es selbst in die Hand und ging mit ihm aus dem Waldhäuschen fort.

Der König nahm das schöne Mädchen auf sein Pferd und führte es in sein Schloss, wo die Hochzeit mit großer Pracht gefeiert wurde, und war es nun die Frau Königin, und lebten sie lange Zeit vergnügt zusammen; das Rehlein ward gehegt und gepflegt und sprang in dem Schlossgarten herum. Die böse Stiefmutter aber, um derentwillen die Kinder in die Welt hineingegangen waren, die meinte nicht anders, als Schwesterchen wäre von den wilden Tieren im Walde zerrissen worden und Brüderchen als ein Rehkalb von den Jägern totgeschossen. Als sie nun hörte, dass sie so glücklich waren, und es ihnen so wohl ging, da wurden Neid und Missgunst in ihrem Herzen rege und ließen ihr keine Ruhe, und sie hatte keinen andern Gedanken, als wie sie die beiden doch noch ins Unglück bringen könnte. Ihre rechte Tochter, die hässlich war wie die Nacht und nur ein Auge hatte, die machte ihr Vorwürfe und sprach: »Eine Königin zu werden, das Glück hätte mir gebührt.« – »Sei nur still«, sagte die Alte und sprach sie zufrieden, »wenn's Zeit ist, will ich schon bei der Hand sein.« Als nun die Zeit herangerückt war, und die Königin ein schönes Knäblein zur Welt gebracht hatte, und der König gerade auf der Jagd war, nahm die alte Hexe die Gestalt der Kammerfrau an, trat in die Stube, wo die Königin lag, und sprach zu der Kranken: »Kommt, das Bad ist fertig, das wird Euch wohl tun und frische Kräfte geben: Geschwind, eh' es kalt wird.« Ihre Tochter war auch bei der Hand, sie trugen die schwache Königin in die Badstube und legten sie in die Wanne: Dann schlossen sie die Tür ab und liefen davon. In der Badstube aber hatten sie ein rechtes Höllenfeuer angemacht, dass die schöne junge Königin bald ersticken musste.

Als das vollbracht war, nahm die Alte ihre Tochter, setzte ihr eine Haube auf und legte sie ins Bett an der Königin Stelle. Sie gab ihr auch die Gestalt und das Ansehen der Königin; nur das verlorene Auge konnte sie ihr nicht wiedergeben. Damit es aber der König nicht merkte, musste sie sich auf die Seite legen, wo sie kein Auge hatte. Am Abend, als er heimkam und hörte, dass ihm ein Söhnlein geboren war, freute er sich herzlich und wollte ans Bett seiner lieben Frau gehen und sehen, was sie machte. Da rief die Alte geschwind: »Beileibe, lasst die Vorhänge zu, die Königin darf noch nicht ins Licht sehen und muss Ruhe haben.« Der König ging zurück und wusste nicht, dass eine falsche Königin im Bette lag.

Als es aber Mitternacht war, und alles schlief, da sah die Kinderfrau, die in der Kinderstube neben der Wiege saß und allein noch wachte, wie die Türe aufging, und die rechte Königin hereintrat. Sie nahm das Kind aus der Wiege, legte es in ihren Arm und gab ihm zu trinken. Dann schüttelte sie ihm sein Kisschen, legte es wieder hinein und deckte es mit dem Deckbettchen zu. Sie vergaß aber auch das Rehchen nicht, ging in die Ecke, wo es lag, und streichelte ihm über den Rücken. Darauf ging sie ganz stillschweigend wieder zur Türe hinaus, und die Kinderfrau fragte am andern Morgen die Wächter, ob jemand während der Nacht ins Schloss gegangen wäre, aber sie antworteten: »Nein, wir haben niemand gesehen.« So kam sie viele Nächte und sprach niemals ein Wort dabei; die Kinderfrau sah sie immer, aber sie getraute sich nicht, jemand etwas davon zu sagen.

Als nun so eine Zeit verflossen war, da hub die Königin in der Nacht an zu reden und sprach:

»Was macht mein Kind? Was macht mein Reh?
Nun komm' ich noch zweimal und dann nimmermehr.«

Die Kinderfrau antwortete ihr nicht, aber als sie wieder verschwunden war, ging sie zum König und erzählte ihm alles. Sprach der König: »Ach Gott, was ist das! Ich will in der nächsten Nacht bei dem Kinde wachen.« Abends ging er in die Kinderstube, aber um Mitternacht erschien die Königin wieder und sprach:

»Was macht mein Kind? Was macht mein Reh?
Nun komm' ich noch einmal und dann nimmermehr«,

und pflegte dann des Kindes, wie sie gewöhnlich tat, ehe sie verschwand. Der König getraute sich nicht, sie anzureden, aber er wachte auch in der folgenden Nacht. Sie sprach abermals:

»Was macht mein Kind? Was macht mein Reh?
Nun komm' ich noch diesmal und dann nimmermehr.«

Da konnte sich der König nicht zurückhalten, sprang zu ihr und sprach: »Du kannst niemand anders sein als meine liebe Frau.« Da antwortete sie: »Ja, ich bin deine liebe Frau«, und hatte in dem Augenblick durch Gottes Gnade das Leben wiedererhalten, war frisch, rot und gesund. Darauf erzählte sie dem König den Frevel, den die böse Hexe und ihre Tochter an ihr verübt hatten. Der König ließ beide vor Gericht führen, und es ward ihnen das Urteil gesprochen. Die Tochter ward in den Wald geführt, wo sie die wilden Tiere zerrissen, die Hexe aber ward ins Feuer gelegt und musste jammervoll verbrennen. Und wie sie zu Asche verbrannt war, verwandelte sich das Rehkälbchen und erhielt seine menschliche Gestalt wieder; Schwesterchen und Brüderchen aber lebten glücklich zusammen bis an ihr Ende.

Jacob und Wilhelm Grimm

Aschenputtel

Einem reichen Manne, dem wurde seine Frau krank, und als sie fühlte, dass ihr Ende herankam, rief sie ihr einziges Töchterlein zu sich ans Bett und sprach: »Liebes Kind, bleib fromm und gut, so wird dir der liebe Gott immer beistehen, und ich will vom Himmel auf dich herabblicken und will um dich sein.« Darauf tat sie die Augen zu und verschied. Das Mädchen ging jeden Tag hinaus zu dem Grabe der Mutter und weinte und blieb fromm und gut. Als der Winter kam, deckte der Schnee ein weißes Tüchlein auf das Grab, und als die

Sonne im Frühjahr es wieder herabgezogen hatte, nahm sich der Mann eine andere Frau.

Die Frau hatte zwei Töchter mit ins Haus gebracht, die schön und weiß von Angesicht waren, aber garstig und schwarz von Herzen. Da ging eine schlimme Zeit für das arme Stiefkind an. »Soll die dumme Gans bei uns in der Stube sitzen!«, sprachen sie, »wer Brot essen will, muss es verdienen: Hinaus mit der Küchenmagd.« Sie nahmen ihm seine schönen Kleider weg, zogen ihm einen grauen alten Kittel an und gaben ihm hölzerne Schuhe. »Seht einmal die stolze Prinzessin, wie sie geputzt ist!«, riefen sie, lachten und führten es in die Küche. Da musste es von Morgen bis Abend schwere Arbeit tun, früh vor Tag aufstehn, Wasser tragen, Feuer anmachen, kochen und waschen. Obendrein taten ihm die Schwestern alles ersinnliche Herzeleid an, verspotteten es und schütteten ihm die Erbsen und Linsen in die Asche, sodass es sitzen und sie wieder auslesen musste. Abends, wenn es sich müde gearbeitet hatte, kam es in kein Bett, sondern musste sich neben den Herd in die Asche legen. Und weil es darum immer staubig und schmutzig aussah, nannten sie es Aschenputtel.

Es trug sich zu, dass der Vater einmal in die Messe ziehen wollte, da fragte er die beiden Stieftöchter, was er ihnen mitbringen sollte? »Schöne Kleider«, sagte die eine; »Perlen und Edelsteine«, die zweite. – »Aber du, Aschenputtel«, sprach er, »was willst du haben?« – »Vater, das erste Reis, das Euch auf Eurem Heimweg an den Hut stößt, das brecht für mich ab.« Er kaufte nun für die beiden Stiefschwestern schöne Kleider, Perlen und Edelsteine, und auf dem Rückweg, als er durch einen grünen Busch ritt, streifte ihn ein Haselreis und stieß ihm den Hut ab. Da brach er das Reis ab und nahm es mit. Als er nach Haus kam, gab er den Stieftöchtern, was sie sich gewünscht hatten, und dem Aschenputtel gab er das Reis von dem Haselbusch. Aschenputtel dankte ihm, ging zu seiner Mutter Grab und pflanzte das Reis darauf und weinte so sehr, dass die Tränen darauf niederfielen und es begossen. Es wuchs aber und ward ein schöner Baum. Aschenputtel ging alle Tage dreimal darunter, weinte und betete, und allemal kam ein weißes Vöglein auf den Baum, und wenn es einen Wunsch aussprach, so warf ihm das Vöglein herab, was es sich gewünscht hatte.

Es begab sich aber, dass der König ein Fest anstellte, das drei Tage dauern sollte, und wozu alle schönen Jungfrauen im Lande eingeladen wurden, damit sich sein Sohn eine Braut aussuchen möchte. Die zwei Stiefschwestern, als sie hörten, dass sie auch dabei erscheinen sollten, waren guter Dinge, riefen Aschenputtel und sprachen: »Kämm uns die Haare, bürste uns die Schuhe und mache uns die Schnallen fest; wir gehen zur Hochzeit auf des Königs Schloss.« Aschenputtel gehorchte, weinte aber, weil es auch gern zum Tanz mitgegangen wäre, und bat die Stiefmutter, sie möchte es ihm erlauben. »Du, Aschenputtel«, sprach sie, »bist voll Staub und Schmutz und willst zur Hochzeit? Du hast keine Kleider und Schuhe und willst tanzen!« Als es aber mit Bitten anhielt, sprach sie endlich: »Da habe ich dir eine Schüssel Linsen in die Asche geschüttet, wenn du die Linsen in zwei Stunden wieder ausgelesen hast, so sollst du mitgehen.« Das Mädchen ging durch die Hintertüre nach dem Garten und rief: »Ihr zahmen Täubchen, ihr Turteltäubchen, all ihr Vöglein unter dem Himmel, kommt und helft mir lesen,

die guten ins Töpfchen,
die schlechten ins Kröpfchen.«

Da kamen zum Küchenfenster zwei weiße Täubchen herein und danach die Turteltäubchen, und endlich schwirrten und schwärmten alle Vöglein unter dem Himmel herein und ließen sich um die Asche nieder. Und die Täubchen nickten mit den Köpfchen und fingen an pik, pik, pik, pik, und da fingen die übrigen auch an pik, pik, pik, pik, und lasen alle guten Körnlein in die Schüssel. Kaum war eine Stunde herum, so waren sie schon fertig und flogen alle wieder hinaus. Da brachte das Mädchen die Schüssel der Stiefmutter, freute sich und glaubte, es dürfte nun mit auf die Hochzeit gehen. Aber sie sprach: »Nein, Aschenputtel, du hast keine Kleider und kannst nicht tanzen: Du wirst nur ausgelacht.« – Als es nun weinte, sprach sie: »Wenn du mir zwei Schüsseln voll Linsen in einer Stunde aus der Asche rein lesen kannst, so sollst du mitgehen«, und dachte: »das kann es ja nimmermehr.« Als sie die zwei Schüsseln Linsen in die Asche geschüttet hatte, ging das Mädchen durch die Hintertüre nach dem Garten und rief: »Ihr zahmen Täubchen, ihr Turteltäubchen, all ihr Vöglein unter dem Himmel, kommt und helft mir lesen,

die guten ins Töpfchen,
die schlechten ins Kröpfchen.«

Da kamen zum Küchenfenster zwei weiße Täubchen herein und danach die Turteltäubchen, und endlich schwirrten und schwärmten alle Vöglein unter dem Himmel herein und ließen sich um die Asche nieder. Und die Täubchen nickten mit ihren Köpfchen und fingen an pik, pik, pik, pik, und da fingen die übrigen auch an pik, pik, pik, pik, und lasen alle guten Körner in die Schüsseln. Und eh' eine halbe Stunde herum war, waren sie schon fertig und flogen alle wieder hinaus. Da trug das Mädchen die Schüsseln zu der Stiefmutter, freute sich und glaubte, nun dürfte es mit auf die Hochzeit gehen. Aber sie sprach: »Es hilft dir alles nichts: Du kommst nicht mit; denn du hast keine Kleider und kannst nicht tanzen; wir müssten uns deiner schämen.« Darauf kehrte sie ihm den Rücken zu und eilte mit ihren zwei stolzen Töchtern fort.

Als nun niemand mehr daheim war, ging Aschenputtel zu seiner Mutter Grab unter den Haselbaum und rief:

»Bäumchen, rüttel dich und schüttel dich,
wirf Gold und Silber über mich.«

Da warf ihm der Vogel ein golden und silbern Kleid herunter und mit Seide und Silber ausgestickte Pantoffeln. In aller Eile zog es das Kleid an und ging zur Hochzeit. Seine Schwestern aber und die Stiefmutter kannten es nicht und

meinten, es müsste eine fremde Königstochter sein, so schön sah es in dem goldenen Kleide aus. An Aschenputtel dachten sie gar nicht und dachten, es säße daheim im Schmutz und suchte die Linsen aus der Asche. Der Königssohn kam ihm entgegen, nahm es bei der Hand und tanzte mit ihm. Er wollte auch mit sonst niemand tanzen, also dass er ihm die Hand nicht losließ, und wenn ein anderer kam, es aufzufordern, sprach er: »Das ist meine Tänzerin.«

Es tanzte, bis es Abend war; da wollte es nach Haus gehen. Der Königssohn aber sprach: »Ich gehe mit und begleite dich«, denn er wollte sehen, wem das schöne Mädchen angehörte. Sie entwischte ihm aber und sprang in das Taubenhaus. Nun wartete der Königssohn, bis der Vater kam, und sagte ihm, das fremde Mädchen wär in das Taubenhaus gesprungen. Der Alte dachte: »Sollte es Aschenputtel sein?«, und sie mussten ihm Axt und Hacken bringen, damit er das Taubenhaus entzweischlagen konnte: Aber es war niemand darin. Und als sie ins Haus kamen, lag Aschenputtel in seinen schmutzigen Kleidern in der Asche, und ein trübes Öllämpchen brannte im Schornstein; denn Aschenputtel war geschwind aus dem Taubenhaus hinten herabgesprungen und war zu dem Haselbäumchen gelaufen: Da hatte es die schönen Kleider abgezogen und aufs Grab gelegt, und der Vogel hatte sie wieder weggenommen, und dann hatte es sich in seinem grauen Kittelchen in die Küche zur Asche gesetzt.

Am andern Tag, als das Fest von Neuem anhub, und die Eltern und Stiefschwestern wieder fort waren, ging Aschenputtel zu dem Haselbaum und sprach:

»Bäumchen, rüttel dich und schüttel dich,
wirf Gold und Silber über mich.«

Da warf der Vogel ein noch viel stolzeres Kleid herab als am vorigen Tag. Und als es mit diesem Kleide auf der Hochzeit erschien, erstaunte jedermann über seine Schönheit. Der Königssohn aber hatte gewartet, bis es kam, nahm es gleich bei der Hand und tanzte nur allein mit ihm. Wenn die andern kamen und es aufforderten, sprach er: »Das ist meine Tänzerin.« Als es nun Abend war, wollte es fort, und der Königssohn ging ihm nach und wollte sehen, in welches Haus es ging: Aber es sprang ihm fort und in den Garten hinter dem Haus. Darin stand ein schöner großer Baum, an dem die herrlichsten Birnen hingen; es kletterte so behänd wie ein Eichhörnchen zwischen die Äste, und der Königssohn wusste nicht, wo es hingekommen war. Er wartete aber, bis der Vater kam, und sprach zu ihm: »Das fremde Mädchen ist mir entwischt, und ich glaube, es ist auf den Birnbaum gesprungen.« Der Vater dachte: »Sollte es Aschenputtel sein?«, ließ sich die Axt holen und hieb den Baum um, aber es war niemand darauf. Und als sie in die Küche kamen, lag Aschenputtel da in der Asche wie sonst auch; denn es war auf der andern Seite vom Baum herabgesprungen, hatte dem Vogel auf dem Haselbäumchen die schönen Kleider wiedergebracht und sein graues Kittelchen angezogen.

Am dritten Tag, als die Eltern und Schwestern fort waren, ging Aschenputtel wieder zu seiner Mutter Grab und sprach zu dem Bäumchen:

»Bäumchen, rüttel dich und schüttel dich,
wirf Gold und Silber über mich.«

Nun warf ihm der Vogel ein Kleid herab, das war so prächtig und glänzend, wie es noch keins gehabt hatte, und die Pantoffeln waren ganz golden. Als es in dem Kleid zu der Hochzeit kam, wussten sie alle nicht, was sie vor Verwunderung sagen sollten. Der Königssohn tanzte ganz allein mit ihm, und wenn es einer aufforderte, sprach er: »Das ist meine Tänzerin.«

Als es nun Abend war, wollte Aschenputtel fort, und der Königssohn wollte es begleiten, aber es entsprang ihm so geschwind, dass er nicht folgen konnte. Der Königssohn hatte aber eine List gebraucht und hatte die ganze Treppe mit Pech bestreichen lassen: Da war, als es hinabsprang, der linke Pantoffel des Mädchens hängen geblieben. Der Königssohn hob ihn auf, und er war klein und zierlich und ganz golden. Am nächsten Morgen ging er damit zu dem Mann und sagte zu ihm: »Keine andere soll meine Gemahlin werden als die, an deren Fuß dieser goldene Schuh passt.« Da freuten sich die beiden Schwestern; denn sie hatten schöne Füße. Die älteste ging mit dem Schuh in die Kammer und wollte ihn anprobieren, und die Mutter stand dabei. Aber sie konnte mit der großen Zehe nicht hineinkommen, und der Schuh war ihr zu klein; da reichte ihr die Mutter ein Messer und sprach: »Hau die Zehe ab: Wenn du Königin bist, so brauchst du nicht mehr zu Fuß zu gehen.« Das Mädchen hieb die Zehe ab, zwängte den Fuß in den Schuh, verbiss den Schmerz und ging heraus zum Königssohn. Da nahm er sie als seine Braut aufs Pferd und ritt mit ihr fort. Sie mussten aber an dem Grabe vorbei; da saßen die zwei Täubchen auf dem Haselbäumchen und riefen:

»Rucke di guck, rucke di guck,
Blut ist im Schuck (Schuh):
Der Schuck ist zu klein,
die rechte Braut sitzt noch daheim.«

Da blickte er auf ihren Fuß und sah, wie das Blut herausquoll. Er wendete sein Pferd um, brachte die falsche Braut wieder nach Haus und sagte, das wäre nicht die rechte; die andere Schwester sollte den Schuh anziehen. Da ging diese in die Kammer und kam mit den Zehen glücklich in den Schuh, aber die Ferse war zu groß. Da reichte ihr die Mutter ein Messer und sprach: »Hau ein Stück von der Ferse ab: Wenn du Königin bist, brauchst du nicht mehr zu Fuß zu gehen.« Das Mädchen hieb ein Stück von der Ferse ab, zwängte den Fuß in den Schuh, verbiss den Schmerz und ging heraus zum Königsohn. Da nahm er sie als seine Braut aufs Pferd und ritt mit ihr fort. Als sie an dem Haselbäumchen vorbeikamen, saßen die zwei Täubchen darauf und riefen:

»Rucke di guck, rucke di guck,
Blut ist im Schuck:
Der Schuck ist zu klein,
die rechte Braut sitzt noch daheim.«

Er blickte nieder auf ihren Fuß und sah, wie das Blut aus dem Schuh quoll und an den weißen Strümpfen ganz rot heraufgestiegen war. Da wendete er sein Pferd und brachte die falsche Braut wieder nach Haus. »Das ist auch nicht die rechte«, sprach er, »habt ihr keine andere Tochter?« – »Nein«, sagte der Mann, »nur von meiner verstorbenen Frau ist noch ein kleines verbuttetes Aschenputtel da: Das kann unmöglich die Braut sein.« Der Königssohn sprach, er sollte es heraufschicken, die Mutter aber antwortete: »Ach nein, das ist viel zu schmutzig, das darf sich nicht sehen lassen.« Er wollte es aber durchaus haben, und Aschenputtel musste gerufen werden. Da wusch es sich erst Hände und Angesicht rein, ging dann hin und neigte sich vor dem Königssohn, der ihm den goldenen Schuh reichte. Dann setzte es sich auf einen Schemel, zog den Fuß aus dem schweren Holzschuh und steckte ihn in den Pantoffel: Der war wie angegossen. Und als es sich in die Höhe richtete, und der König ihm ins Gesicht sah, so erkannte er das schöne Mädchen, das mit ihm getanzt hatte, und rief: »Das ist die rechte Braut!« Die Stiefmutter und die beiden Schwestern erschraken und wurden bleich vor Ärger: Er aber nahm Aschenputtel aufs Pferd und ritt mit ihm fort. Als sie an dem Haselbäumchen vorbeikamen, riefen die zwei weißen Täubchen:

»Rucke di guck, rucke di guck,
kein Blut ist im Schuck:
Der Schuck ist nicht zu klein,
die rechte Braut, die führt er heim.«

Und als sie das gerufen hatten, kamen sie beide herabgeflogen und setzten sich dem Aschenputtel auf die Schultern, eine rechts, die andere links, und blieben da sitzen.

Als die Hochzeit mit dem Königssohn sollte gehalten werden, kamen die falschen Schwestern, wollten sich einschmeicheln und teil an seinem Glück nehmen. Als die Brautleute nun zur Kirche gingen, war die älteste zur rechten, die jüngste zur linken Seite: Da pickten die Tauben einer jeden das eine Auge aus. Hernach, als sie herausgingen, war die älteste zur linken und die jüngste zur rechten: Da pickten die Tauben einer jeden das andere Auge aus. Und waren sie also für ihre Bosheit und Falschheit mit Blindheit auf ihr Lebtag gestraft.

Jacob und Wilhelm Grimm

Mein Märchen ist aus,
dort läuft eine Maus,
wer sie fängt,
darf sich eine große Pelzkappe daraus machen.

Quellenverzeichnis

Des Märchens Geburt
Aus: Ludwig Bechstein, Deutsches Märchenbuch, Leipzig 1844

Das Zweibrüdermärchen
Aus: Alfred Wiedemann, Altägyptische Märchen und Sagen, Leipzig 1906

Der verwunschene Prinz
Aus: ebd.

Der Schatz des Rhampsinit
Aus: Herodot, Historien 2,121. Aus dem Griechischen übersetzt von Erich Ackermann

Hero und Leander
Aus: Ernst Schwabe, Antike Erzählkunst, Leipzig 1915

Pyramus und Thisbe
Aus: Ovid, Metamorphosen. In: August Hausrath / August Marx, Griechische Märchen aus dem klassischen Altertum, Leipzig 1922

Die Hexe Pamphile
Aus: Apuleius, Metamorphosen 3,15 ff. Aus dem Lateinischen übersetzt von Erich Ackermann

Amor und Psyche
Aus: Apuleius, Metamorphosen 4,28–6,24. Aus dem Lateinischen übersetzt und gekürzt von Erich Ackermann

Der Schuss auf den Leichnam
Aus: Gesta Romanorum. Märchen, Sagen und Legenden des Mittelalters, Köln 2009

Der Wettlauf der Prinzessin
Aus: ebd.

Die untreue Frau
Aus: ebd.

Eliduc
Aus: Ernst Tegethoff, Französische Volksmärchen, Jena 1923

Aucassin und Nicolette
Aus: Wilhelm Hertz, Spielmannsbuch, Stuttgart 1912

Melusina
Aus: G. O. Marbach, Volksbücher, Leipzig 1838 (gekürzt und bearbeitet)

Die Zauberrose
Aus: Ernst Tegethoff, Märchen, Schwänke und Fabeln, München 1925

Die sieben Schwäne
Aus: Dolopathos, Historiae septem sapientum, Heidelberg 1913. Aus dem Lateinischen übersetzt von Erich Ackermann

Die Frau im Schrein
Aus: Albert Wesselski, Märchen des Mittelalters, Berlin 1925

Das Land der Cockanyngen
Aus: Ernst Tegethoff, Märchen, Schwänke und Fabeln, München 1925

Ritter- und Frauentreue
Aus: Albert Wesselski, Märchen des Mittelalters, Berlin 1925

Die drei Ratschläge
Aus: ebd.

Zauberer Merlin und der arme Holzfäller
Aus: Gaston Paris, Contes et Récits, Paris 1896. Aus dem Französischen übersetzt von Erich Ackermann

Thors Fahrt zum Utgard-Loki
Aus: Snorri Sturluson, Edda. Die jüngere Edda, übersetzt von Neckel / Niedner, Jena 1925

Balders Tod
Aus: Hans W. Fischer, Götter und Helden, Leipzig 1934

Der goldene Ball
Aus: Julius Rodenberg, Ein Herbst in Wales, Hannover 1857

Junker Rowland
Aus: Anna Kellner, Englische Märchen, Wien 1898

Der Katzenkönig
Aus: ebd.

Die Prinzessin von Colchester
Aus: ebd.

Die Geschichte von Tom Däumling
Aus: ebd.

Der Lindwurm von Lambton
Aus: ebd.

Jack der Riesentöter
Aus: ebd.

Jack und die Zauberbohnen
Aus: ebd.

Die drei Bären
Aus: ebd.

Tam Lin
Aus: F. J. Child, The English and Scottish Popular Ballads, London 1857, und Joseph Jacobs, English Fairy Tales, London 1890. Bearbeitet und aus dem Englischen übersetzt von Erich Ackermann

Herr und Diener
Aus: Thomas Crofton Croker, Irische Elfenmärchen, übersetzt von den Brüdern Grimm, Leipzig 1826

Der Pfeifer und der Puka
Aus: Käte Müller-Lisowski (Hg.), Irische Volksmärchen, Köln 2010

Conall
Aus: Anna Kellner, Englische Märchen, Wien 1898

Der Erzähler, dem die Geschichten ausgingen
Aus: ebd.

Die verheiratete Meermaid
Aus: Das andere Märchenbuch, Berlin um 1900

Die Schöne und das Tier
Aus: Ernst Tegethoff, Französische Volksmärchen, Jena 1923

Petiton
Aus: Ernst Karl Blümml, Schnurren und Schwänke des französischen Bauernvolkes, Leipzig 1906

Blaubart
Aus: Charles Perrault, Contes de ma mère l'oye, Paris 1697. In: Ernst Tegethoff, Französische Volksmärchen, Jena 1923

Der gestiefelte Kater
Aus: ebd.

Die Feen
Aus: ebd.

Riquet mit dem Schopf
Aus: Charles Perrault, Contes de ma mère l'oye, Paris 1697. Aus dem Französischen übersetzt von Erich Ackermann

Die Königin der Fische
Aus: Emmanuel Cosquin, Contes populaires de Lorraine, Paris 1886. Aus dem Französischen übersetzt von Erich Ackermann

Die drei Orangen
Aus: Frédéric Ortoli, Contes populaires de l'île de Corse, Paris 1883. Aus dem Französischen übersetzt von Erich Ackermann

Die Steine von Plouhinec
Aus: Emile Souvestre, Le Foyer Breton, Paris 1870. Aus dem Französischen übersetzt von Erich Ackermann

999 Die zwei alten Bäume
Aus: Anatole Le Braz, La Légende de la mort chez les Bretons armoricains, Paris 1893. Aus dem Französischen übersetzt von Erich Ackermann

Das Mädchen mit dem Leichentuch
Aus: ebd.

Der Karren des Todes
Aus: ebd.

Der König, der Kuhhirte und der Stier Barroso
Aus: Das andere Märchenbuch, Berlin um 1900

Juan Holgado und Frau Tod
Aus: Juan Caballero, Spanische Volkslieder und Volksreime, spanische Volks- und Kindermärchen, Paderborn 1862

Der goldene Apfelbaum und die neun Pfauinnen
Aus: Vuk Karadzic, Volksmärchen der Serben, Wien 1853

Der böse Blick
Aus: K. W. Wojcicki, Volkssagen und Volksmärchen aus Polen, Breslau 1920

Schön-Ilonka
Aus: E. Sklarek, Ungarische Volksmärchen, Leipzig 1901

Das goldene Spinnrad
Aus: Joseph Wenzig, Westslawischer Märchenschatz, Leipzig 1857

Von den zwölf Monaten
Aus: ebd.

Das Mädchen und der Vampir
Aus: August Leskien, Balkanmärchen, Jena 1915

Taubenliebe
Aus: J. G. Hahn, Griechische und Albanesische Märchen, München 1918

Petru Firitschell
Aus: Arthur und Albert Schott, Rumänische Volkserzählungen aus dem Banat, Bukarest o. J.

Der Tod als Geliebter
Aus: Heinrich von Wlislocki, Märchen und Sagen der transsylvanischen Zigeuner, Berlin 1886

Pfefferkorn
Aus: J. G. Hahn, Griechische und Albanesische Märchen, München 1918

Von dem Schönen und dem Drakos
Aus: ebd.

Das Schloss des Helios
Aus: Bernhard Schmidt, Griechische Märchen, Sagen und Volkslieder, Leipzig 1877

Die drei Rätsel
Aus: Christian Schneller, Märchen und Sagen aus Wälschtirol, Innsbruck 1867

Oraggio und Bianchinetta
Aus: Paul Heyse, Italienische Volksmärchen, München 1914

Die Tochter des Schlangenkönigs
Aus: Waldemar Kaden, Unter den Olivenbäumen. Süditalienische Volksmärchen, Leipzig 1880

Die Granatäpfel
Aus: Paul Heyse, Italienische Volksmärchen, München 1914

König Schwein
Aus: Francesco Straparole, Die ergötzlichen Nächte, Berlin 1904

Zauberturban, Zauberknute, Zauberteppich
Aus: Kunos, Türkische Volksmärchen aus Stambul, Leiden 1905

Die gebrochenen Eide
Aus: Das andere Märchenbuch, Berlin um 1900

1001 Oschoo
Aus: ebd.

Die Drachenprinzessin
Aus: Chinesische Volksmärchen, Jena 1914

Der neidische Nachbar
Aus: Das andere Märchenbuch, Berlin um 1900

Uraschimataro
Aus: ebd.

Märchen aus der Südsee
Aus: ebd.

Kohuki und seine zwei Frauen
Aus: ebd.

Der Mord des Massiloniane
Aus: ebd.

Der kleine Hase
Aus: ebd.

Die Vogelfrau
Aus: ebd.

Der Magier vom Huronsee
Aus: Karl Knortz, Märchen und Sagen der Indianer Nordamerikas, Jena 1871

Das Nordlicht
Aus: ebd.

Der rote Schwan
Aus: ebd.

Froschkönigs Tochter
Aus: Alois Essigmann, Sagen und Märchen Alt-Indiens, Berlin 1916

Der Brahmane, der Tiger und der Schakal
Aus: Mary Frere, Märchen aus der indischen Vergangenheit, Jena 1874

Prinz Achmed und die Fee Pari Banu
Aus: Märchen aus 1001 Nacht, Stuttgart um 1900

Die Abenteuer Sindbads des Seefahrers
Aus: ebd.

Der Fuchs und der Bär
Aus: Josef Calasanz Poestion, Lappländische Märchen, Wien 1886

Der Nordlands-Drache
Aus: Friedrich Kreutzwald, Estnische Märchen, Halle 1869

Wassilissa die Wunderschöne
Aus: A. N. Afanasjew, Russische Volksmärchen, Köln 2008

Schwesterchen Alenuschka und Brüderchen Iwanuschka
Aus: ebd.

Der Frost
Aus: ebd.

Zarewna Frosch
Aus: ebd.

Die weiße Ente
Aus: ebd.

Das Federchen vom hellen Falken Finist
Aus: ebd.

Das Märchen von Iwan-Zarewitsch, dem Feuervogel und dem grauen Wolf
Aus: ebd.

Marija Morewna
Aus: Martin Löpelmann, Russische Märchen, Berlin 1938

1003 Die Riesin im Steinboot
Aus: Josef Calasanz Poestion, Isländische Märchen, Wien 1884

Königssohn Ring und sein Hund Snati-Snati
Aus: ebd.

Östlich von der Sonne und westlich vom Mond
Aus: P. C. Asbjörnsen und Jörgen Moe, Nordische Volks- und Hausmärchen, München 1909

Per Gynt
Aus: ebd.

Die Mühle, die auf dem Meeresgrund mahlt
Aus: ebd.

Das Weihnachtsmahl der Zwerge
Aus: R. Müldener, Nordisches Märchenbuch, Langensalza 1907

Lippo und Tapio
Aus: Emmy Schreck, Finnische Märchen, Weimar 1887

Der Königssohn und die Prinzessin Singorra
Aus: Gunnar Olof Hyltén-Cavallius und George Stephens, Schwedische Volkssagen und Märchen, Wien 1848

Die Prinzessin in der Erdhöhle
Aus: ebd.

Die Rehprinzessin
Aus: S. Grundtvig, Volksmärchen der Dänen, Berlin 1924

Drei rote Ferkelchen
Aus: ebd.

In Hülle und Fülle
Aus: ebd.

Der Vogel Phönix
Aus: Johann Wilhelm Wolf, Deutsche Hausmärchen, Göttingen / Leipzig 1851

Hondidldo
Aus: Theodor Vernaleken, Kinder- und Hausmärchen dem Volke treu nacherzählt, Wien / Leipzig 1896

Da Seppl mit di goldenen Hoar
Aus: ebd.

Das Pomeranzenfräulein
Aus: Ignaz Vincent und Josef Zingerle, Kinder- und Hausmärchen aus Tirol, Innsbruck 1911

Der starke Hans
Aus: Otto Sutermeister, Kinder- und Hausmärchen aus der Schweiz, Aarau 1869

's Wiehnechtchindli
Aus: ebd.

Der Zwerg auf Herbergssuche
Aus: Thomas Keightley, The Fairy Mythology, London 1860. Aus dem Englischen übersetzt von Erich Ackermann

Der kleine Häwelmann
Aus: Theodor Storm, Gesammelte Werke. Märchen von 1849, Gütersloh o. J.

Rattenkönig Birlibi
Aus: Ernst Moritz Arndt, Märchen und Jugenderinnerungen, Berlin 1818

Nussknacker und Mausekönig
Aus: Kinder-Märchen von Contessa, de la Motte Fouqué und E. T. A. Hoffmann, Berlin 1810 (gekürzt)

Die künstliche Orgel
Aus: Richard Volkmann-Leander, Träumereien an französischen Kaminen, Leipzig 1878

Der verrostete Ritter
Aus: ebd.

Die Geschichte vom Kalif Storch
Aus: Wilhelm Hauff, Sämtliche Werke, Berlin um 1900

Woher der Rübezahl seinen Namen hat
Aus: J. K. A. Musäus, Volksmärchen der Deutschen, Leipzig 1926

Rübezahl und der Glashändler
Aus: ebd.

Rübezahl und der reiche Bäcker
Aus: ebd.

Die drei Schwestern
Aus: ebd.

Der Tannenbaum
Aus: Andersens Märchen, Köln 2010

Der Schweinehirt
Aus: ebd.

Das Feuerzeug
Aus: ebd.

Das kleine Mädchen mit den Schwefelhölzern
Aus: ebd.

Goldener
Aus: Ludwig Bechstein, Deutsches Märchenbuch, Leipzig 1844, und Neues Deutsches Märchenbuch, Wien 1856

Der goldene Rehbock
Aus: ebd.

Das Natternkrönlein
Aus: ebd.

Der starke Gottlieb
Aus: ebd.

Zwergenmützchen
Aus: ebd.

Vom Knaben, der das Hexen lernen wollte
Aus: ebd.

Der weiße Wolf
Aus: ebd.

Der Hasenhüter und die Königstochter
Aus: ebd.

Hirsedieb
Aus: ebd.

Die Sterntaler
Aus: Jacob und Wilhelm Grimm, Kinder- und Hausmärchen, Köln 2009

Jorinde und Joringel
Aus: ebd.

Die zertanzten Schuhe
Aus: ebd.

Von dem Machandelboom
Aus: ebd.

Dornröschen
Aus: ebd.

Sneewittchen
Aus: ebd.

Die Gänsemagd
Aus: ebd.

Der Froschkönig oder der eiserne Heinrich
Aus: ebd.

1007 Schneeweißchen und Rosenrot
Aus: ebd.

Brüderchen und Schwesterchen
Aus: ebd.

Aschenputtel
Aus: ebd.